婚姻家庭纠纷

案例百选与诉讼指引

蒋月◎主编

法律出版社
LAW PRESS·CHINA
北京

图书在版编目（CIP）数据

婚姻家庭纠纷案例百选与诉讼指引 / 蒋月主编.
北京：法律出版社，2025. -- ISBN 978-7-5244-0015-8

Ⅰ. D923.905

中国国家版本馆 CIP 数据核字第 20252MU528 号

婚姻家庭纠纷案例百选与诉讼指引
HUNYIN JIATING JIUFEN ANLI BAIXUAN YU SUSONG ZHIYIN

蒋　月　主编

策划编辑　张　珺
责任编辑　张　珺
装帧设计　汪奇峰

出版发行　法律出版社
编辑统筹　法商出版分社
责任校对　李慧艳　裴　黎
责任印制　胡晓雅
经　　销　新华书店

开本　787 毫米×1092 毫米　1/16
印张　44.5　　字数　867 千
版本　2025 年 3 月第 1 版
印次　2025 年 3 月第 1 次印刷
印刷　三河市兴达印务有限公司

地址：北京市丰台区莲花池西里 7 号（100073）
网址：www.lawpress.com.cn
投稿邮箱：info@lawpress.com.cn
举报盗版邮箱：jbwq@lawpress.com.cn

销售电话：010-83938349
客服电话：010-83938350
咨询电话：010-63939796

书号：ISBN 978-7-5244-0015-8　　定价：169.00 元

凡购买本社图书，如有印装错误，我社负责退换。电话：010-83938349

序　言

近年来,婚姻家庭问题广受社会关注,热点问题、热点事件频发。改革开放以来,特别是实行社会主义市场经济以后,人员流动性大,计划生育的实施,快速使得家庭结构小型化成为主流,2020 年公布的第七次全国人口普查结果显示,平均每个家庭户的人口为 2.62 人,家庭小型化、核心化已是不争的事实。民政事业发展统计公报载明:全年依法办理结婚登记人数为 2020 年 814.3 万对,2021 年 764.3 万对,2022 年 683.5 万对,2023 年 768.0 万对,结婚率分别为 5.8‰,5.4‰,4.8‰,5.4‰。2023 年依法结婚登记人数是连续十年下降后首次出现了回升;同时,民政部门登记离婚 373.6 万对,其中,法院判决、调解离婚 60.3 万对,离婚率为 3.1‰。社会老龄化加剧,我国自然人口出现了负增长。根据国家统计局公布的国民经济和社会发展统计公报,人口自然增长率,2022 年为 -0.60‰,2023 年为 -1.48‰。这些说明,我国婚姻家庭观念与行为、家庭规模和结构等都发生了深刻变化。个人财产不断增多,财产所有权人及利害关系人的权利意识越来越强,人人都想保护好自己的私有财产利益,若遇到争议无法协商解决的,诉诸司法维权成为常事。夫妻之间、父母子女之间各类身份争议、财产争议层出不穷。近年,全年依法批准离婚人数和离婚率如下:2021 年为 283.9 万对、离婚率为 2.0‰,2022 年为 287.9 万对、离婚率为 2.0‰,2023 年为 260.53 万对、离婚率为 2.6‰。《民法典》于 2021 年 1 月 1 日施行后,因为离婚冷静期制度等干预,离婚夫妻对数才出现较大幅度减少。令人不禁要问:婚姻怎么啦?家庭怎么啦?判例研究正是回答这两个问题的重要途径,从中了解曾经发生的婚姻家庭矛盾的种种原因,窥见各种纠纷、争议中人们的所思所想,更能了解法官裁决婚姻家庭纠纷案件的立场、思路和结论。本书既能为当事人寻求婚姻家庭矛盾解决和冲突化解提供可资借鉴的思路、对策和方案,又能为预防、减少、避免婚姻家庭冲突提供有益参考。近年来,最高人民法院重视统一各地法院裁判立场,以减少和避免“同案不同判”现象的发生。对典型、疑难、新型的案例进行研究,有助于法律专业人士了解同一问题可能存在的不同裁判思路及结果,促进个案裁决更公正、公平。

本书选取 100 个婚姻家庭领域的典型案例,撰写了 100 篇案例研究,引用的案例则达数百个,以此来分析婚姻家庭法领域具有代表性或者新出现或者有较大争议的问题。依据《民法典》婚姻家庭编各章顺序,结合最高人民法院关于民事案由的相关规定,全书共设九章:第一章恋爱、彩礼、非婚同居、结婚纠纷;第二章夫妻关系纠纷;第三章父母子女关系和其他亲属关系纠纷;第四章判决准许离婚或者不准许离婚的标准;第五章未成年子女直接抚养权、探望权和抚养费有关纠纷,离婚后子女抚养关系和子女姓氏变更争议;第六章夫妻共同财产、共同债务、家务劳动补偿和经济困难帮助纠纷;第七章离婚损害赔偿纠纷,离婚后财产、损害赔偿纠纷;第八章收养、人类胚胎监管和处理的纠纷;第九章民事行为能力认定、家庭暴力、管辖及其他纠纷。

本书具有下列主要特点:

1. 选取的判例是在婚姻家庭法领域具有代表性或者有一定疑难或者有较大社会影响的案件。每个案例均是人民法院已判决的案件,争议焦点问题明晰,裁判观点讨论充分。判例绝大多数源于"中国裁判文书网""北大法宝"等向社会公开的法律数据库,少数判例取之于其他适当途径。所有援引的判例均说明了审理法院、案由、案号等信息,方便读者了解详情。部分判例虽然是在《民法典》生效之前审结的,但其争议问题并未过时,对《民法典》实施之后相关争议解决思路和相关法律精神的理解与适用依然具有明显参考价值;这些案件裁判时援引的法律法规或者司法解释内容在《民法典》生效前后并无变化,即使少数有变化,也在该问题的"后续判例和规范的发展"栏目中列举了相关的新案例。《民法典》婚姻家庭编的绝大多数条文内容与此前施行的 2001 年《婚姻法》相同,《民法典婚姻家庭编的解释(一)》的绝大多数内容也与 2001 年《婚姻法》适用的几个司法解释的相关规定相同。

2. 判例研究原则上采用统一撰稿模式,由事实概要、判决要旨、判例评析三部分组成。其中,判例评析包括既往相关判例与观点、在学理框架内对相关问题的点评、本判例的规范逻辑或/和裁判逻辑、本判例的意义、后续判例和规范的发展等栏目。深度解读人民法院适用《民法典》等相关法律法规裁决案件的判决,学理梳析完整,观点鲜明,剖析有关规定的"前世今生",有理有据,内容丰富,有助于更好地理解和适用《民法典》相关制度和规则。目前,婚姻家庭案件的情况越来越复杂,研究借鉴法院同类案件的既有裁判已成为法官、律师等法律专业工作中的"常规动作"。本书为这类比较研究和借鉴提供了"合成式"的案例汇集,可以查阅到婚姻家庭领域各类新型、疑难纠纷的案例及解析。在民法典时代,阐述、分析婚姻家庭争议并援引相关规定成为解决争议的基本路径。本书切合最高人民法院推行的类案制度,可成为律师、法官、检察官处理同类或者类似婚姻家庭案件的专业"助理"。

3. 裁判要旨归纳得当,精准点评问题,评述法院裁判的规范逻辑,为同类争议解决提供参照。分析、评判法官裁决案件的思路,讨论其中涉及的法理,回溯相关法律法规和其他规定的变迁。本书讨论的问题都是婚姻家庭关系当事人关注的重要利益争点,如当事人双方恋爱期间往来的金钱，是赠与、借款还是不当得利或者投资？未婚同居一方是否有权请求另一方给付生活费、医疗费及精神损害赔偿？夫妻一方婚内请求法院判决准许房产加名的，是否应准许？夫妻一方为其持股公司借款提供担保所生之债，是否应为夫妻共同债务？裁判变更子女抚养关系争议时，法院应考虑的主要因素有哪些？老人诉请确认与儿子不存在亲子关系，法院应如何判？在讨论中剖析问题，评析梳理出判断标准，说明具体法律规则适用于当事人法律关系时的权利、义务，也反映出社会变化和变迁，还指出法律存在的不足或漏洞。婚姻家庭判例研究不仅关注个案的公平正义，而且揭示隐藏的价值理念、法学原理、法律规则。这些案例既反映了近些年来我国婚姻家庭领域存在的矛盾、冲突及当事人寻求司法解决所作出的努力，又呈现出婚姻家庭法的适用效果，可以看到当事人内心的纠结，反映出法官解决争议的专业和智慧。对于同一个问题，学术观点常常有肯定、否定、折中三种意见，法学界的认识并非一致，法官必须搭准脉搏，厘清法律关系，精准归纳出争议焦点，正确援引法律，得出公正的结论。研究者的评析无论是赞同已决案件的见解，还是提出可以补充的意见，或者质疑、批评判决阐述的理由和裁决结果，都为研究、解决同类纠纷提供了有益的参考意见。

4. 排列、比较同类判例，提供更多参考，更具深度。本书从编写至出版历时 4 年，精雕细琢，在探讨样本案例的同时，搜索、引用了不同时期、不同法院审结的同类案件，既展现了法院思考同一问题的逻辑轨迹，又为读者思考打开了思路，有利于深度沙盘推演争议解决方案，使结论更趋公平合理。

5. 结合最新规定编写，确保内容时效性。2024 年 11 月 22 日，国务院第 46 次常务会议通过了《关于修改和废止部分行政法规的决定》，包括《外国人在中华人民共和国收养子女登记办法》《婚姻登记条例》均有若干条文被修改，这些修改自 2025 年 1 月 20 日起施行。2025 年 1 月 15 日，最高人民法院公布了《关于适用〈中华人民共和国民法典〉婚姻家庭编的解释（二）》，自 2025 年 2 月 1 日起施行。本书结合了上述最新文件的内容编写。

6. 作者阵容强大。本书由 34 位法律专业人士精诚合作完成。他们中，既有专职从事法律工作多年的教授、副教授、资深法官、资深律师，也有深怀法律理想和抱负的青年才俊等。本书作者分布在多个地区，从事不同种类的法律工作，经验丰富，对案件的分析理解有其独到之处。全书可读性强。

本书作者及分工如下：

蒋月，厦门大学法学院、马克思主义学院教授、博士生导师，中国法学会婚姻家庭法学研究会副会长，本书主编，策划组织统筹规划全书写作，审订、统稿全书；独立撰写 5 篇案例研究。

李洪祥，法学博士，吉林大学法学院教授、博士生导师，中国法学会婚姻家庭法学研究会副会长，独立撰写 2 篇案例研究。

何丽新，法学博士，厦门大学法学院教授、博士生导师，中国法学会婚姻家庭法学研究会常务理事，中国法学会保险法研究会常务理事，独立撰写 3 篇案例研究。

于飞，法学博士，厦门大学法学院、马克思主义学院教授、博士生导师，中国国际私法学研究会常务理事，独立撰写1篇案例研究。

王丽萍，法学博士，山东大学法学院教授、博士生导师，中国法学会婚姻家庭法学研究会常务理事，合作撰写6篇案例研究。

熊金才，法学博士，汕头大学法学院教授，中国法学会婚姻家庭法学研究会理事，独立撰写2篇案例研究。

张伟，西北政法大学民商法学院教授，中国法学会婚姻家庭法学研究会常务理事，独立撰写3篇案例研究。

吴国平，福建江夏学院教授，中国法学会婚姻家庭法学研究会常务理事，合作撰写3篇案例研究。

张华贵，西南政法大学民商法学院副教授，中国法学会婚姻家庭法学研究会理事，独立撰写5篇案例研究。

雷春红，法学博士，浙江工业大学之江学院副教授，中国法学会婚姻家庭法学研究会理事，广东华商（杭州）律师事务所律师（兼职），独立撰写9篇案例研究。

唐琳，福建江夏学院副教授，北京市华泰（福州）律师事务所律师（兼职），独立撰写3篇案例研究。

刘诚，福建江夏学院副教授，北京德和衡（福州）律师事务所律师（兼职），合作撰写3篇案例研究。

陈霖，法学博士，南京师范大学法学院副教授，独立撰写5篇案例研究。

杜志红，法学博士，西南大学法学院副教授，国家三级心理咨询师，中国法学会婚姻家庭法学研究会理事，北京市京师（重庆）律师事务所兼职律师，撰写6篇案例研究。

李欣，法学博士，江南大学法学院副教授，中国法学会婚姻家庭法学研究会理事，独立撰写6篇案例研究

邓丽，法学博士，中国社会科学院法学研究所副研究员、中国社会科学院大学法学院副教授，中国法学会婚姻家庭法学研究会理事，独立撰写6篇案例研究。

陈丽英，法学硕士，福建省厦门市中级人民法院审监庭副庭长，四级高级法官，独立撰写7篇案例研究。

郭婕，法律硕士，福建省建宁县人民法院党组书记、院长，四级高级法官，合作撰写1篇案例研究。

黄涛，法学硕士，福建省三明市中级人民法院审判委员会委员，少年与家事审判庭庭长，四级高级法官，独立撰写1篇案例研究。

田宝玲，法律硕士，福建省大田县人民法院审判管理办公室主任，一级法官，独立撰写2篇案例研究。

赖丽华,法学学士,福建省宁化县人民法院华侨经济开发区人民法庭庭长,三级法官,合作撰写1篇案例研究。

邱翠,法律硕士,福建省南平市中级人民法院一级法官,独立撰写2篇案例研究。

林孟娴,法学硕士,福建省泉州市鲤城区人民法院家事少年庭,一级法官,独立撰写1篇案例研究。

陈伟莲,法学硕士,上海市松江区人民法院民事审判庭法官助理,独立撰写3篇案例研究。

王礼仁,湖北省宜昌市中级人民法院原法官,独立撰写2篇案例研究。

林亚真,法学硕士,福建明鼎律师事务所主任、合伙人、律师,独立撰写2篇案例研究。

刘福来,福建旭丰律师事务所主任、高级合伙人、律师,厦门市律师协会婚姻家庭与财富传承专业委员会副主任,独立撰写4篇案例研究。

梁瑛,上海锦天城(厦门)律师事务所高级合伙人、律师,独立撰写4篇案例研究。

张守真,法律硕士,北京浩天(福州)律师事务所合伙人、律师,独立撰写3篇案例研究。

吴引引,法学硕士,浙江省律师协会秘书长,独立撰写3篇案例研究。

底世清,法学学士,北京炜衡(杭州)律师事务所执行主任、合伙人、律师,合作撰写1篇案例研究。

王风瑞,中国社会科学院大学法学院2022级博士研究生,合作撰写6篇案例研究。

宋祎然,香港大学法律学院2023级法学专业硕士研究生,合作撰写2篇案例研究。

周艳,西南大学法学院法学专业2024年届本科毕业生,合作撰写2篇案例研究。

本书援引的法律法规和规范性文件,一般使用简称。对于部分文件,考虑到年代相隔较远等因素,简称中写明了该文件发布年份,以方便阅读和查对。条文序数均使用阿拉伯数,但直接引用者除外。

十分感谢全体作者的共同努力。感谢法律出版社原编辑黄琳佳,编写本书的最初设想来自她与我的商讨。感谢法律出版社编辑刘秀丽为本书前期编辑付出的辛苦劳动。特别感谢责任编辑张珺认真细致的工作,为本书面世所做的卓有成效的工作。

本书既适合作为大学法学院(系)师生研析婚姻家庭案例的教材,又可作为法官、检察官、律师、公证员、调解员和其他法律相关工作者研究相关案件时的参考,对于关心或者遭遇到相同或者类似纠纷、问题的人,本书也有很好的参考价值。

蒋 月
厦门大学法学院、马克思主义学院教授
中国法学会婚姻家庭法学研究会副会长
2025年2月1日

缩略语对照表

全称	公布/修改时间	简称	效力
《中华人民共和国民法典》	2020年公布	《民法典》	现行有效
《中华人民共和国反家庭暴力法》	2015年公布	《反家庭暴力法》	现行有效
《中华人民共和国未成年人保护法》	1991年公布、2006年修订、2012年修正、2020年修订、2024年修正	《未成年人保护法》	现行有效
《中华人民共和国妇女权益保障法》	1992年公布、2005年修正、2018年修正、2022年修订	《妇女权益保障法》	现行有效
《中华人民共和国老年人权益保障法》	1996年公布、2009年修正、2012年修订、2015年修正、2018年修正	《老年人权益保障法》	现行有效
《中华人民共和国公司法》	1993年公布、1999年修正、2004年修正、2005年修订、2013年修正、2018年修正、2023年修订	《公司法》	现行有效
《中华人民共和国土地管理法》	1986年公布、1988年修正、1998年修订、2004年修正、2019年修正	《土地管理法》	现行有效

续表

全称	公布/修改时间	简称	效力
《中华人民共和国民事诉讼法》	1991 年公布、2007 年修正、2012 年修正、2017 年修正、2021 年修正、2023 年修正	《民事诉讼法》	现行有效
《中华人民共和国行政复议法》	1999 年公布、2009 年修正、2017 年修正、2023 年修订	《行政复议法》	现行有效
《中华人民共和国行政诉讼法》	1989 年公布、2014 年修正、2017 年修正	《行政诉讼法》	现行有效
《中华人民共和国母婴保健法》	1994 年公布、2009 年修正、2017 年修正	《母婴保健法》	现行有效
《中华人民共和国刑法》	1979 年公布、1997 年修订、2009 年修正、2020 年修正	《刑法》	现行有效
《中华人民共和国传染病防治法》	1989 年公布、2004 年修订、2013 年修正	《传染病防治法》	现行有效
《中华人民共和国母婴保健法实施办法》	2001 年公布、2017 年修订、2022 年修正、2023 年修订	《母婴保健法实施办法》	现行有效
最高人民法院《关于适用〈中华人民共和国民法典〉总则编若干问题的解释》	2022 年公布	《民法典总则编解释》	现行有效
最高人民法院《关于适用〈中华人民共和国民法典〉时间效力的若干规定》	2020 年公布	《适用民法典时间效力的规定》	现行有效
最高人民法院《关于适用〈中华人民共和国民法典〉婚姻家庭编的解释(一)》	2020 年公布	《民法典婚姻家庭编解释(一)》	现行有效

续表

全称	公布/修改时间	简称	效力
最高人民法院《关于适用〈中华人民共和国民法典〉婚姻家庭编的解释(二)》	2025年公布	《民法典婚姻家庭编解释(二)》	现行有效
最高人民法院《关于审理涉彩礼纠纷案件适用法律若干问题的规定》	2024年公布	《审理彩礼案件的规定》	现行有效
最高人民法院《关于适用〈中华人民共和国民事诉讼法〉的解释》	2015年公布、2020年修正、2022年修正	《民事诉讼法解释》	现行有效
最高人民法院《关于审理民事案件适用诉讼时效制度若干问题的规定》	2008年公布、2020年修正	《审理民事案件诉讼时效规定》	现行有效
公安部、中央政法委、最高人民法院等《关于印发〈关于加强家庭暴力告诫制度贯彻实施的意见〉的通知》	2024年公布	《告诫制度实施意见》	现行有效
最高人民法院《关于审理民间借贷案件适用法律若干问题的规定》	2015年公布、2020年修正	《审理民间借贷案的规定》	现行有效
最高人民法院《关于民事诉讼证据的若干规定》	2001年公布、2019年修正	《民事诉讼证据规定》	现行有效
最高人民法院《关于确定民事侵权精神损害赔偿责任若干问题的解释》	2001年公布、2020年修正	《民事侵权精神损害赔偿的解释》	现行有效
最高人民法院《关于审理人身损害赔偿案件适用法律若干问题的解释》	2003年公布、2020年修正、2022年修正	《人身损害赔偿解释》	现行有效
最高人民法院《关于审理买卖合同纠纷案件适用法律问题的解释》	2012年公布、2020年修正	《买卖合同案件的解释》	现行有效
最高人民法院《关于民事执行中变更、追加当事人若干问题的规定》	2016公布、2020年修正	《民事执行变更、追加当事人的规定》	现行有效
最高人民法院《关于适用〈中华人民共和国刑事诉讼法〉的解释》	2021年公布	《刑事诉讼法解释》	现行有效
最高人民法院《第八次全国法院民事商事审判工作会议(民事部分)纪要》	2016年公布	《第八次审判会议(民事部分)纪要》	现行有效

续表

全称	公布/修改时间	简称	效力
最高人民法院《关于适用〈中华人民共和国行政诉讼法〉的解释》	2018 年公布	《行政诉讼法解释》	现行有效
公安部《关于父母离婚后子女姓名变更有关问题的批复》	2002 年公布	《子女姓名变更问题批复》	现行有效
最高人民法院《关于继母与生父离婚后仍有权要求已与其形成抚养关系的继子女履行赡养义务的批复》	1986 年公布	《继子女履行赡养义务的批复》	现行有效
最高人民法院《关于变更子女姓氏问题的复函》	1981 年公布	《变更子女姓氏复函》	现行有效
最高人民法院《关于子女姓氏问题的批复》	1951 年公布	《子女姓氏批复》	现行有效
《中华人民共和国民法通则》	1986 年公布	《民法通则》	已失效
《中华人民共和国民法总则》	2017 年公布	《民法总则》	已失效
《中华人民共和国合同法》	1999 年公布	《合同法》	已失效
《中华人民共和国侵权责任法》	2009 年公布	《侵权责任法》	已失效
《中华人民共和国收养法》	1991 年公布	《收养法》	已失效
《中华人民共和国婚姻法》	1980 年公布、2001 年修正	《婚姻法》	已失效
《中华人民共和国婚姻法》	1950 年公布	1950 年《婚姻法》	已失效
最高人民法院《关于贯彻执行〈中华人民共和国民法通则〉若干问题的意见(试行)》	1988 年公布	《执行民法通则的意见》	已失效
最高人民法院《关于适用〈中华人民共和国婚姻法〉若干问题的解释(一)》	2001 年公布	《婚姻法解释(一)》	已失效
最高人民法院《关于适用〈中华人民共和国婚姻法〉若干问题的解释(二)》	2003 年公布	《婚姻法解释(二)》	已失效
最高人民法院《关于适用〈中华人民共和国婚姻法〉若干问题的解释(三)》	2011 年公布	《婚姻法解释(三)》	已失效

续表

全称	公布/修改时间	简称	效力
最高人民法院《关于审理涉及夫妻债务纠纷案件适用法律有关问题的解释》	2018 年公布	《审理夫妻债务案的解释》	已失效
最高人民法院发布《关于人民法院审理离婚案件如何认定夫妻感情确已破裂的若干具体意见》	1989 年公布	《认定夫妻感情确已破裂的意见》	已失效
最高人民法院《关于人民法院审理离婚案件处理子女抚养问题的若干具体意见》	1993 年公布	《处理子女抚养的意见》	已失效
最高人民法院《关于人民法院审理离婚案件处理财产分割问题的若干具体意见》	1993 年公布	《离婚财产分割意见》	已失效
最高人民法院《关于人民法院审理未办结婚登记而以夫妻名义同居生活案件的若干意见》	1989 年公布	《审理同居案件的意见》	已失效
最高人民法院《关于贯彻执行民事政策法律若干问题的意见》	1984 年公布	《民事政策法律意见》	已失效

总　目 | CONTENTS

详　目 | CONTENTS

第一章

恋爱、彩礼、非婚同居、结婚纠纷

001. 当事人双方恋爱期间往来的钱财是赠与、附条件赠与、借贷，还是不当得利？*

李某某与程某某民间借贷纠纷案 ‖ 江苏省高级人民法院民事判决书，(2021)苏民再45号

事实概要

李某某(女)向一审法院起诉请求：判令程某某(男)归还借款100,827元及利息(从2017年8月28日起算，按照年利率6%的标准计算至给付之日止)。程某某辩称，李某某主张案涉款项均系借款，与事实不符。他一直从事公司经营，经济状况比较好。在双方恋爱期间，程某某多次借款给李某某，但因李某某每次都要求拿现金，所以无相应款项交付记录。同时，李某某转账的款项中还包括双方消费、旅游费用分摊，也有一些赠与款项。

一审法院认定：李某某与程某某曾是恋人关系。在两人恋爱期间，李某某曾多次向程某某的账户转款。2015年4月24日，程某某给李某某发短信："我的服务器处于超载状态，急需扩容！你先转给我两万五，我急用！我的回款到账后我再还给你！这笔钱是属于借款！有借有还！"李某某当日回短信："只能借你两万，不够，明天先转一万，还有一万要到下周。"2015年4月30日，李某某向程某某银行账户汇款2万元。

2018年7月20日，一审法院作出(2018)苏0115民初7591号民事判决书，判决如下：(1)程某某于判决发生法律效力之日起10日内归还李某某借款2万元及利息(自2018年5月4日起，按照年利率6%的标准计算至给付之日止)；(2)驳回李某某的其他诉讼请求。

李某某不服一审判决，上诉于江苏省南京市中级人民法院，请求依法改判程某某立即偿还借款80,827元(100,827元-20,000元)或者发回重审。

二审法院对一审法院查明的事实予以确认。另查明：程某某向一审法院提交的代理意见中称：双方在恋爱期间的款项往来并非借款，应认定为男女双方之间正常的馈赠或赠与。二审法院认为，根据2001年《民事诉讼证据规定》第5条第1款的规定，在合同纠纷

---

* 蒋月，厦门大学法学院、马克思主义学院教授、博士生导师。

案件中，主张合同关系成立并生效的一方当事人对合同订立和生效的事实承担举证责任。本案中，李某某向程某某转款合计100,827元，一审法院结合双方之间短信往来及时间，对其中2015年4月30日2万元转款的借款性质予以确认，对其他款项未认定为借款。李某某上诉认为一审认定有误，其余80,827元转款也应认定为借款；程某某则主张双方系恋爱关系，该部分款项为赠与。因李某某与程某某款项往来发生于恋爱期间，在程某某不认可款项性质为借款的情况下，李某某应就借款合意承担进一步举证责任，在李某某未能举证的情况下，一审法院综合案件事实所作的认定并无不当，二审法院予以维持。二审法院判决“驳回上诉，维持原判”。

李某某不服江苏省南京市中级人民法院(2018)苏01民终8280号民事判决，向江苏省高级人民法院(以下简称江苏高院)申请再审。李某某称，程某某称曾向其出借过十几万元现金，李某某的转款系归还过去的借款，但程某某未能提供证据证明向李某某交付借款的事实，应承担举证不能的责任。原判决认为双方存在恋爱关系，李某某出借的款项不能认定为借款，系认定事实错误。请求再审改判，撤销一审、二审判决，支持李某某的一审诉讼请求。

江苏高院再审查明的事实与二审法院查明的事实相一致。再审另查明：李某某自2014年3月至2017年4月，通过银行转账、支付宝、代还信用卡、代支付费用等方式共向程某某支付100,827元。再审期间，程某某提供其与自己公司会计郝某的微信聊天记录，拟证明程某某曾经以现金、银行转账等方式先后向李某某出借10余万元的情况。李某某不认可该聊天记录的真实性，且认为该聊天记录不能证明程某某向李某某交付款项的事实，李某某从未收到程某某交付的现金或银行、支付宝转账。

本案争议焦点是：程某某应否向李某某归还借款100,827元。江苏高院认为，2015年4月30日，李某某向程某某银行账户汇款2万元，程某某与李某某的往来短信中明确表示该笔款项系借款，程某某应予归还。对于另外支付的80,827元，程某某在二审中明确抗辩称其于2011年至2014年端午节前后陆续向李某某出借款项，用于李某某家庭装修、购买房屋以及李某某的弟弟购买房屋，李某某向其转款或代付费用均系归还上述借款。程某某在二审审理以及本院申请再审审查期间均称，其出借给李某某的款项系现金交付，且多数是李某某乘车从南京到淮安找其当面拿钱，故没有任何转账凭证，但其在再审庭审中又主张存在现金及银行转账交付，而李某某对程某某的主张均不予认可。对此，江苏高院认为，程某某的陈述前后不一，且程某某未能提供其他证据证明其向李某某交付现金或银行转账的事实，故应承担举证不能的法律后果。李某某主张程某某应归还借款100,827元，具有事实和法律依据，江苏高院予以支持。关于李某某主张的利息，因李某某并未举证证明双方约定借款利率、逾期利率以及还款日期，根据2015年最高人民法院《审理民间借贷案的规定》第29条第2款第1项的规定，本院确定自李某某起诉之日起次日即自

2018年5月4日起，程某某应按照年利率6%支付资金占用期间利息。综上，李某某的再审请求有事实和法律依据，法院予以支持。2021年3月18日，江苏高院依照2015年《审理民间借贷案的规定》第17条、第29条第2款第1项，《民事诉讼法》第207条第1款、第170条第1款第2项，《民事诉讼法解释》第407条第2款之规定，判决如下：(1)撤销江苏省南京市中级人民法院(2018)苏01民终8280号民事判决和南京市江宁区人民法院(2018)苏0115民初7591号民事判决；(2)程某某于本判决生效之日起10日内归还李某某借款100,827元及利息(以100,827元为基数，自2018年5月4日起按照年利率6%的标准计算至实际给付之日止)；(3)驳回李某某的其他诉讼请求。

判决要旨

1. 恋爱双方往来短信等电子数据中明确表示该笔款项系借款，接受款项方应予归还。

2. 恋爱一方主张曾出借金钱给另一方，且是现金交付，另一方不认可的，主张者应提供证据证明。若一方未能提供其他证据证明其向另一方交付现金或银行转账的事实，则应承担举证不能的法律后果。

3. 恋爱一方抗辩称其曾陆续向另一方出借款项，用于另一方家庭装修、购买房屋以及另一方的近亲属购买房屋，其收到另一方转款或代付费用均是另一方归还上述借款，也均应举证证明。未完成举证责任的，承担不利后果。

判例评析

一、既往相关判例与观点

在司法实践中，对于当事人双方在恋爱关系存续期间往来财物的纠纷，人民法院有五种不同归类和认定。首先，有些法院立案时将案由确立为“民间借贷纠纷”，例如，山东省淄博市中级人民法院审结的董某某、孙某某民间借贷纠纷；[①]有些法院将其归入“返还财产纠纷”予以立案；有些法院将这类案件确立为赠与合同纠纷；有些法院则确定为“婚约财产纠纷”案由；还有法院将该类案件立案为“不当得利”。其次，对这类争议的性质判定和原告诉求之裁决，相应地也出现了多种不同情形。有些法院认定其是借贷关系，理当是有借就有还，判决支持原告请求被告返还的要求；有些法院认定交付钱财性质是附条件的赠与或者为“彩礼”，双方结束亲密关系的，判决应当返还；有些法院的立场则是视具体情况而区别对待，若明确是“彩礼”的财物，应当返还，若非“彩礼”的财物往来，则不支持原告的返还请求；甚至还有法院认为获得财物一方持有该类财物的，构成不当得利。

---

① 参见山东省淄博市中级人民法院民事判决书，(2021)鲁03民终708号。

（一）借贷关系

1. 董某某、孙某某民间借贷纠纷

山东省淄博市张店区人民法院（以下简称张店区法院）一审认定事实如下：对当事人双方没有争议的事实，一审法院予以确认。孙某某、董某某于2016年初相识并保持一段时期恋爱关系。根据双方提供的支付宝、微信转账凭证，孙某某于2016年5月5日至2017年1月25日先后通过其支付宝账户向董某某账户转账30笔，合计182,748.12元。此外，孙某某先后通过微信向董某某转账10笔，合计11,010.36元。2016年，董某某先后向孙某某转账16笔，合计14,693.87元。针对双方有争议的事实，董某某依法提交了相关证据。孙某某辩称，对董某某提交的证据真实性无异议，认可与董某某交往、恋爱并发生过性关系，但不认可双方曾同居，也不认可董某某替其发放员工工资，董某某提供的人员名单中除了梁某某是孙某某的合作伙伴外，其他人均不认识，梁某某也并非孙某某公司员工，而是股东，不领取工资，负责孙某某第一家公司的运营，有权支配公司财务，孙某某没有义务给这些人发工资，如果董某某认为这钱与孙某某有关，可以起诉这些人不当得利。

张店区法院认为，本案争议的焦点是原告孙某某向被告董某某的转账是否系民间借贷。2017年修正的《民事诉讼法》第64条规定，当事人对自己的主张有责任提供证据，没有证据或者证据不足以证明当事人主张的事实的，由负有举证责任的当事人承担不利后果。2015年《审理民间借贷案的规定》第17条规定："原告仅依据金融机构的转账凭证提起民间借贷诉讼，被告抗辩转账系偿还双方之前借款或其他债务的，被告应当对其主张提供证据证明。被告提供相应证据证明其主张后，原告仍应就借贷关系的成立承担举证证明责任。"孙某某提交了其向董某某转账的支付宝和微信凭证，短期转账大额资金，董某某关于其本人收入稳定、孙某某没有出借能力、转款是由其代发工资或者用于共同生活的多份辩解及质证意见可以排除涉案款项属于孙某某单方赠与的可能，则董某某应就其代发工资或者将款项用于二人共同生活的主张提供证据，且其掌握受领工资人员账户等基本信息，完全有能力提供相关证据，但董某某没有提供证据证明二人交往期间存在对应的共同大额支出，也未提供证据证明孙某某曾委托其代发工资或受领工资人员是孙某某的员工，更不能证明本人合法受领涉案财物，其关于与孙某某之间不存在民间借贷关系的答辩理由不成立，一审法院不予采信。但孙某某与董某某确曾保持一段时间的恋爱关系，董某某提交的照片可以证明二人存在共同旅游等情形，双方之间少量财物往来符合情理民俗，不宜按照民间借贷处理，结合董某某向孙某某的转账中有2000元三笔、1000元一笔、2700元一笔，双方均未陈述是借贷关系；而在恋爱过程中，依据风俗习惯男性一般付出较多，故对双方之间4000元以下的转账不宜认定为民间借贷。依此计算，孙某某向董某某转账的款项中可认定借贷的金额为169,598.12元，董某某对此负有返还义务。综上所述，孙某某的诉讼请求部分成立，一审法院予以部分支持。张店区法院作出（2020）鲁0303民初6149号民事判决：

(1)被告董某某应向原告孙某某返还借款169,598.12元;(2)驳回原告孙某某的其他诉讼请求。

董某某不服一审判决,向山东省淄博市中级人民法院(以下简称淄博中院)提起上诉。二审查明的案件事实与一审认定一致。淄博中院认为,根据2015年《审理民间借贷案的规定》第17条规定,被上诉人持有银行转账凭证主张就案涉款项与上诉人董某某之间系借贷关系,上诉人董某某予以否定并主张案涉款项系被上诉人孙某某委托其向孙某某经营公司员工发放工资,上诉人董某某应当就其该反驳主张提供证据,否则应承担举证不能的法律后果。对于上诉人董某某的抗辩主张及所提交证据,一审判决均已阐述理由,淄博中院予以认同。上诉人董某某二审期间也未提交有效证据进一步证明其反驳主张,其上诉理由不能成立,法院不予支持。综上所述,董某某的上诉请求不成立,应予驳回;一审判决认定事实清楚,适用法律正确,应予维持。依照2017年修正的《民事诉讼法》第170条第1款第1项规定,判决“驳回上诉,维持原判”。①

2. 王某某、谭某民间借贷纠纷

关于谭某于2019年10月11日后向王某某交付的150,802元是否属于借款的问题。一审理法院认为,谭某与王某某于2019年8月建立恋爱关系、2019年12月初分手,双方基于恋爱关系互相赠与财物乃人之常情,但并非所有在恋爱期间的往来财物均是赠与,同时,短时间内谭某向王某某转款金额高达432,167元,普通的恋爱消费难以达到如此金额。根据2015年《审理民间借贷案的规定》第17条规定,谭某举示的转款凭证已完成了证实双方之间存在民间借贷法律关系的证明责任,王某某未提交证据证明案涉款项系赠与或者用于两人共同生活开支,考虑到2019年10月11日之前的转款双方已经签订了借款合同,加之2019年10月11日之后的转款与之前的转款交付方式并无明显区别,故一审法院对于谭某主张2019年10月11日之后交付的款项属于借款的陈述予以支持。关于谭某主张的借款利息和违约金如何认定的问题。第一,对于借款合同约定的借款利息和违约金。双方对借款合同约定的利息方式为从2019年10月11日按照月利率1.2%计算的方法没有异议,一审法院予以确认,但是该部分借款的利息应以实际借款本金281,365元为基数从2019年10月11日按照月利率1.2%进行计算至本金付清之日止。双方在借款合同中约定的违约金为50,000元,该约定并不违反法律规定。但是,根据2015年《审理民间借贷案的规定》第30条“出借人与借款人既约定了逾期利率,又约定了违约金或者其他费用,出借人可以选择主张逾期利息、违约金或者其他费用,也可以一并主张,但总计超过年利率24%的部分,人民法院不予支持”的规定,该借款合同项下的利息和违约金应

① 参见董某某、孙某某民间借贷纠纷案,山东省淄博市中级人民法院(2021)鲁03民终708号民事判决书。

以实际借款本金 281,365 元为基数从 2019 年 10 月 11 日按照年利率 24% 计算至判决之日,共计 47,546.83 元(281,365 元 × 24%/年 ÷ 365 天/年 × 257 天);之后的利息以 281,365 元为基数从 2020 年 6 月 25 日按照月利率 1.2% 计算至借款本金付清之日止。第二,关于 2019 年 10 月 11 日之后的借款。因双方未约定还款时间以及利息,根据 2015 年《审理民间借贷案的规定》第 29 条第 2 款第 1 项“既未约定借期内的利率,也未约定逾期利率,出借人主张借款人自逾期还款之日起按照年利率 6% 支付资金占用期间利息的,人民法院应予支持”的规定,该部分借款的利息应自起诉之日起按照年利率 6% 计算至借款本金付清之日。据此,依照《合同法》[①]第 196 条、第 205 条、第 206 条、第 207 条、第 210 条,2015 年《审理民间借贷案的规定》第 17 条、第 27 条、第 29 条第 2 款、第 30 条,2017 年修正的《民事诉讼法》第 64 条,2015 年《民事诉讼法解释》第 90 条规定,一审法院判决:(1)王某某在判决生效后十日内向谭某归还借款本金 432,167 元并支付利息(利息分两部分计算,第一部分以 281,365 元为基数从 2020 年 6 月 25 日起按照月利率 1.2% 计算至本判决确定的借款本金付清之日止,第二部分以 150,802 元为基数从 2020 年 1 月 6 日起按照年利率 6% 计算至本判决确定的借款本金付清之日止,若未在本判决确定的借款本金付清之日给付本金,则利息计算至借款本金实际付清之日止);(2)王某某在判决生效后十日内向谭某支付违约金 47,546.83 元;(3)驳回谭某的其他诉讼请求。

二审法院认为,因谭某与王某某在案涉 150,802 元转款发生时处于恋爱阶段,从常理来说,其转款性质本身是难以完全界定,但综合本案相关事实,一审法院认定案涉款项系借款并无不当。首先,双方虽然有恋爱关系,但两人相识及恋爱时间较短,谭某是一名普通公务员,王某某主张谭某在短短一个月内对其赠与高达 150,802 元,与正常恋人之间财务往来不符;其次,根据 2015 年《审理民间借贷案的规定》第 17 条规定,王某某主张全部款项均系赠与,应当提交初步证据予以证明,但王某某除了本人陈述外并无证据证实案涉款项系赠与,故谭某举证已经达到了案涉款项系借款的证明目的。[②]

(二)赠与或者附条件赠与

将一方婚前交付给另一方财产的行为视为赠与,主要是因为交付财物一方是自愿的,对于部分人而言,该交付行为有明确指向,即通过此类行为增进彼此的亲密程度,期待另一方择日愿意与交付财物之人结婚。最高人民法院相关司法解释的立场倾向于“赠与”观点。1993 年《离婚财产分割意见》第 19 条规定:“借婚姻关系索取的财物,离婚时,如结婚时间不长,或者因索要财物造成对方生活困难的,可酌情返还。对取得财

---

① 《合同法》相关内容见《民法典》第三编。

② 参见王某某、谭某民间借贷纠纷案,四川省成都市中级人民法院(2020)川 01 民终 12801 号民事判决书。

物的性质是索取还是赠与难以认定的,可按赠与处理。”该司法解释第5条规定:“已登记结婚,尚未共同生活,一方或双方受赠的礼金、礼物应认定为夫妻共同财产,具体处理时应考虑财产来源、数量等情况合理分割。各自出资购置、各自使用的财物,原则上归各自所有。”

例如,湖南省溆浦县人民法院于2017年审结的原告向某与被告王某1、黄某、王某2婚约财产纠纷。法院经审理查明:向某与王某1经媒人舒某某介绍,于2015年正月十六日相识。双方经父母张罗依习俗行婚约之礼,向某先后多次向王某1及其母亲黄某、父亲王某2给付彩礼。经被告认可的较大金额的礼金红包有:见面当天“对面”给付48,800元;农历2016年腊月二十日“报日”给付34,000元;农历2017年正月初三日“过礼”给付34,000元,上述合计116,800元。经原告认可,被告回礼第一次4800元,第二次2000元,第三次888元外加2套衣服;被告置办了嫁妆包括被褥四床、棉芯两床、电视机一台、床上用品四件套四套及部分日常生活用品。依据被告提供的购物票据,能够直接确定被告置办嫁妆花费的部分费用为13,384元。在双方举行婚礼仪式前,原告赠与被告王某1金戒指、金耳环、金手镯、金项链。庭审中,被告认可接收过原告的“四金”,但辩称在双方关系出现危机时已被原告拿回。农历2017年正月初三、初四分别在双方家举行婚礼仪式。举行婚礼仪式后,双方同居生活共计9日,因双方不能相互信任,缺乏感情基础,加之被告王某1未达到法定结婚年龄,双方至今未能结婚登记。双方出现矛盾后,经各方多次调解而不能和好,婚约已无继续履行之基础。原告以双方婚约关系解除为由要求被告退还婚约礼金,双方纠纷成诉。另查明,被告王某1为聋哑人,在与原告向某婚约活动中,其父王某2、其母黄某不同程度参与了婚约彩礼的收受与处分。

溆浦县人民法院认为:在符合法律规定的情况下,一方当事人请求返还按照习俗给付的彩礼的,人民法院应当予以支持。“所谓彩礼,通常指婚恋中男方在婚姻约定初步达成时,按风俗、传统赠送给女方的聘礼或礼金。婚约成立后男女互赠彩礼的行为,是一种附条件民事法律行为即附条件的赠与合同,是预设今后婚约成立而进行的一种赠与,这种赠与的目的既是确立男女双方婚约和恋爱关系,又是为促进将来正式缔结婚姻关系,一旦解除婚约,赠与合同生效条件已不存在,受赠人继续占有彩礼已无法律依据。”原告向某与被告王某1经媒人介绍相识,按当地风俗习惯举行了婚约礼仪,男方给付女方及家人以缔结婚约为目的的礼金,三被告接收礼金应允了婚事,双方婚姻约定初步达成,男方给予女方金额较大的红包礼金应属彩礼范畴。因双方至今未办理结婚登记,存在被告王某1未达到法定结婚年龄的事由,但更多地应归咎于双方已经破裂的感情因素。双方缺乏缔结婚姻关系的情感基础,相识相知却不深爱对方,不能相互包容对方的缺点,婚约关系已经破裂。现双方就婚约财产返还不能妥善解决是本案的焦点问题。关于原告给付被告彩礼数额问题,鉴于给付彩礼行为具有一定特殊性,一般情况下,给付方不会要求接受方出具收据等书面证明，载明已经收到多少彩礼，同时参与者一般大多为亲友，原告举证的证据能够达到本院对案件法律事实的高度确信，并排除合理怀疑，可认定法律事实达到客观真实。原告主张的彩礼经被告质证认可的金额为116，800元，该116，800元为本案明确的彩礼金。被告答辩主张彩礼金及其父母打发的钱共约11万多元在原告家不见，所收原告的金戒指、金耳环、金手镯、金项链已被原告拿回，因缺乏证据，法院不予采信。原告主张的金戒指、金耳环、金手镯、金项链，因缺乏充分证据，无法确定价值及标的所在，法院不予采信。原、被告双方在订婚及举行结婚仪式前均未充分了解对方的性格和生活理念，导致婚约最终解除，双方均有一定过错；双方为举办婚礼花费部分费用，结合双方当事人以夫妻名义同居生活时间仅有9天及其他因素，该彩礼款应酌情予以返还，法院酌定被告王某1返还原告向某彩礼90，000元。被告黄某、王某2虽不是婚约关系的当事人，但其收取了原告给付的彩礼款，也应共同承担返还原告彩礼款的民事责任。原告要求被告返还彩礼的诉讼请求，有事实和法律依据，法院予以部分支持。依照2001年《婚姻法》第3条第1款、2003年《婚姻法解释（二）》第10条第1款及2012年修正的《民事诉讼法》第64条规定，判决王某1、黄某、王某2共同返还向某彩礼款90，000元，于本判决生效之日起10日内履行完毕。①

（三）区分情形而判定有别

在冯某某（女）与石某某（男）民间借贷纠纷中，肇庆市鼎湖区人民法院（以下简称鼎湖区法院）认为恋爱期间借款且承诺还款的，属于民间借贷，应当归还。石某某为完全民事行为能力人，其与冯某某恋爱期间因经营生意向冯某某借款，分手后，双方对其向冯某某所借款项进行了核算，冯某某提供了出借款项的相应转账凭证，石某某向冯某某出具所借款项的借条并承诺并定期归还，签订借条系双方的真实意思表示，且确定了双方有借贷合意，存在冯某某向石某某支付借条列出的款项，借条未违反法律、行政法规的强制性规定，应属合法有效。双方之间借贷关系依法成立，石某某负有偿还冯某某借款的义务，其未按约定履行偿还全部借款的义务，属违约行为，依法应承担违约责任。冯某某主张石某某归还借款，理据充分，一审法院予以支持。石某某以借条为冯某某伪造，实为保证书，没有真实的借贷意图的抗辩，没有事实依据，一审法院不予采纳。关于石某某尚欠冯某某的借款金额问题，在恋爱期间，双方互相都有开销，但没有对这些开销达成借贷合意；2017年9月23日借条确定的金钱往来，为借贷关系，应以30万元确定为石某某向冯某某借款的金额。而对于2017年9月23日之后发生的石某某已还金额，应以石某某向冯某某直接归还3200元和苏某某转账支付的六笔款项37，610元，予以认定。因此，石某某实际向冯某

---

① 参见原告向某与被告王某1、黄某、王某2婚约财产纠纷案，湖南省溆浦县人民法院（2017）湘1224民初339号民事判决书。

某借款300,000元以及套现的15,000元,共计315,000元,已还款为40,810元,尚欠款274,190元。双方确立借条借款时,未约定借款利息,冯某某主张石某某支付利息,依据不足,一审法院不予支持。综上所述,一审法院依照2015年《审理民间借贷案的规定》第2条,《民法通则》第90条、第108条,2017年修正的《民事诉讼法》第142条规定,判决如下:(1)限石某某于该判决发生法律效力之日起十天内向冯某某归还借款274,190元;(2)驳回冯某某其他的诉讼请求。冯某某与石某某均不服鼎湖区法院(2019)粤1203民初1632号民事判决书,提起上诉。

在二审中,广东省肇庆市中级人民法院认为,本案争议焦点是案涉借款是否确实。二审法院确认一审查明的事实基本正确。另查明,石某某提出其一审提交的证据证实其通过"苏某某"向冯某某转款共计67,610元,而一审判决认定该转款为37,610元,冯某某确认收取"苏某某"转款共计67,610元,并同意在一审判决认定的本金中予以扣减该款项,并以扣减后的数额为本金主张利息。据查明,石某某与冯某某原为恋人关系,双方在恋爱期间互有款项往来及使用财物习惯,虽然石某某认为其向冯某某转款多,其不存在拖欠冯某某款项的事实,但因双方并未在款项往来及使用财物时明确财物的具体性质及具体数额,无法仅仅以双方诉讼中提供的银行转账数额作为支出依据,故石某某该主张理据不足。根据《合同法》第8条"依法成立的合同,对当事人具有法律约束力。当事人应当按照约定履行自己的义务,不得擅自变更或者解除合同。依法成立的合同,受法律保护"及2015年《审理民间借贷案的规定》第2条第1款"出借人向人民法院起诉时,应当提供借据、收据、欠条等债权凭证以及其他能够证明借贷法律关系存在的证据"的规定,本案中,经石某某与冯某某自行协商确认石某某拖欠冯某某欠款30万元,石某某对此签订立案涉借条,该情形与双方恋爱期间的财物往来及使用相关联,且经当事人自行确认,一审认定为借贷恰当,本院予以维持。石某某上诉否认案涉借条的真实性,但并未提供相应证据予以证实,其应承担举证不能的不利法律后果,故其上诉否认本案借款事实依据不足,二审法院不予采信。根据2015年《审理民间借贷案的规定》第29第2款第1项"既未约定借期内的利率,也未约定逾期利率,出借人主张借款人自逾期还款之日起按照年利率6%支付资金占用期间利息的,人民法院应予支持"的规定,因案涉借条明确具体的还款时间,现石某某逾期未还款,冯某某主张逾期后按照年利率6%计付利息理据充分,应予以支持,一审判决未支持冯某某的利息主张不当,本院予以纠正。而因冯某某对一审判决认定借款到期后石某某的还款为偿还本金的处理并无异议,且二审中又确认收取"苏某某"转款共计67,610元,并同意在一审判决认定的本金中予以扣减该款项,以扣减后的数额为本金主张利息,肇庆市中级人民法院对此予以确认,即扣减后的本金为244,190元,并从2017年11月1日起按照年利率6%计付利息至清偿之日。综上,石某某的上诉请求不能成立,应予驳回;冯某某的上诉请求成立,应予以支持;一审判决认定事实清楚,但实体处理部分不当,应予纠正。依照《合同法》第 8 条、2015 年《审理民间借贷案的规定》第 29 条第 2 款第 1 项、2017 年《民事诉讼法》第 170 条第 1 款第 2 项的规定,判决如下:(1)撤销肇庆市鼎湖区人民法院(2019)粤 1203 民初 1632 号民事判决第二项;(2)变更肇庆市鼎湖区人民法院(2019)粤 1203 民初 1632 号民事判决第一项为:石某某应在本判决发生法律效力之日起十日内向冯某某归还款项 244,190 元,并从 2017 年 11 月 1 日起按照年利率 6% 计付利息至清偿之日;(3)驳回冯某某的其他诉讼请求。[①]

(四)不当得利

江苏省南京市栖霞区人民法院审结的张某与肖某不当得利纠纷案中,将结束恋爱关系后继续占有对方交付的财物定性为不当得利。当事人双方通过某网络交友平台相识后,确立男女朋友关系。因原、被告分别居住于南京、苏州两地,其间原告曾数次驾车或搭乘高铁前往苏州与被告见面交往。2018 年 3 月 25 日、26 日,原告前往苏州看望被告时,通过 ATM 机转账方式分两笔将共计 10 万元转入被告银行卡中。其后,双方感情变淡,原告提出分手,并以不当得利为由诉至法院,要求被告还钱。对于 10 万元转账款的性质认定,双方产生分歧。原告认为这 10 万元是借款,理由是恋爱期间,被告以其经营的茶叶商店急需进货为由,向原告借款 10 万元,原告通过银行转账方式将该 10 万元汇入被告账户,被告收款后曾承诺在 1 个月内归还。原告提交了 2018 年 4 月 13 日原、被告双方电话录音作为证据,该录音显示:原告要求被告挣钱后将 10 万元尽快归还,被告表示“知道了”;原告进一步追问大概归还的时间,被告表示现在没钱。被告则主张该笔款项为赠与,理由是双方相识后,原告疯狂追求被告,在得知被告做生意负债的情况下,原告主动提出帮助被告偿还欠款,同时要求被告善待自己,多做美容、购置高档衣服;后原告主动从南京赶到苏州当天转账 5 万元给被告,第二天再次转账 5 万元,目的是得到被告芳心。虽然原告有汇款的事实,但该款项的性质系为了讨好和得到被告,实际应为赠与,且赠与行为已经完成,不得撤销赠与、要回钱款。原、被告之间无任何生意往来,也没有借贷合意证据,不构成借贷关系。被告在录音中表示“知道了”,只是模糊回答,仅仅表示知道原告想要回钱款,并非答应归还钱款。南京市栖霞区人民法院认为,被告主张案涉钱款为赠与,但未提供原告明确表示赠与被告钱款的证据。在双方微信聊天记录中,原告多次表示基于双方今后能共同生活的考虑,愿意出资给被告还债或做生意。因此,案涉钱款实际系在双方恋爱过程中,基于感情考虑,原告对被告给予资金周转方面的经济帮助。在原、被告双方已解除恋爱关系的前提下,被告继续占用案涉钱款、取得相关利益,缺乏合法根据。综上,法院判决被告返还 10 万元。[②]

---

① 参见冯某某、石某某民间借贷纠纷案,广东省肇庆市中级人民法院(2020)粤 12 民终 1229 号民事判决书。

② 参见《有“典”说法:爱情账,要不要还?》,载微信公众号“南京市中级人民法院”2021 年 1 月 31 日,https://mp.weixin.qq.com/s/37DzSKYd8sqwQxy9gb_0UQ。

（五）借婚姻索取财物

最高人民法院于2015年12月4日公布“婚姻家庭纠纷典型案例”的第27例“王鹏与徐丽丽彩礼返还案”中，审理法院将订婚男方及男方家给付女方及女方家彩礼的行为评定为附条件赠与，该婚姻短期存续后解除时，法院判定婚前男方父亲交付的摩托车归男方所有，女方使用彩礼款购置的摩托车返还给男方。

法院经审理认定：原告王鹏和被告徐丽丽经人介绍于2010年农历十一月十九日订婚，订婚时被告向原告索要彩礼款10万元。订婚当天被告收到彩礼款1万元，小相钱2000元，装烟钱2000元。2011年3月16日，原、被告办理了结婚登记手续。同年农历二月十六日原、被举行婚礼后在原告父亲住房的西屋居住生活。在原、被告结婚前，原告的父亲购买了一台价值2000元的某某牌二轮摩托车（现在保管在被告父母家），原告父母为原、被告购买了家电、家具等（现保管在原告家）；结婚前10天左右，被告收到彩礼款9万元。原、被告婚后，前期夫妻感情尚可；后因琐事，原、被告曾经发生口角。2012年10月，原、被告用被告收到的彩礼款购买了一台五菱荣光牌微型面包车（现由原告保管）。2013年10月，夫妻发生口角后，被告回娘家，与原告分居至今。原告为结婚向他人借款11万元至今未偿还。

辽宁省西丰县人民法院经审理认为，原告王鹏和被告徐丽丽经人介绍相处仅两个月余便登记结婚，由于婚前双方相互了解不够，婚后在日常生活中又未建立起真挚的夫妻感情，在共同生活期间曾发生口角打架，于2013年10月双方分居至今。分居后，经原、被告的亲属和法庭调解，双方已无和好可能，其夫妻感情确已破裂。原告的离婚请求应予以支持。在原、被告订婚时被告索要彩礼的行为，已违反了婚姻法关于禁止借婚姻索取财产的规定，且造成了原告家庭生活困难。据此，被告索要的彩礼款10万元应酌情予以返还。但考虑到原、被告已用彩礼款购买了面包车并由原告使用和管理的实际情况，可判决该车归原告所有。对原告父亲在原、被告结婚前购买的摩托车应认定为原告婚前财产，被告也应返还给原告。故判决如下：准予原告王鹏和被告徐丽丽离婚；原、被告用彩礼款购买的某某牌微型面包车一台归原告所有；被告自判决生效后10日内还给原告某某牌二轮摩托车1台（价值2000元）。[①]

二、在学理框架内对相关问题的点评

关于恋爱期间双方当事人之间确实发生过的金钱财物往来属于何种性质，应根据案情具体情况，以理性人的标准，结合社会生活经验、风俗习惯，客观公正地作出判断。若没有充分证据证实属于何种性质的，不能偏离生活常识、偏离当事人的具体情况进行判断。

---

① 参见《最高人民法院12月4日公布婚姻家庭纠纷典型案例》，载最高人民法院网，http://www.court.gov.cn//zixun-xiangging-16211.html。

我国历部婚姻法都明文禁止借婚姻索取财物。2020年5月28日通过和公布并于2021年1月1日起实施的《民法典》第1042条同样规定“禁止借婚姻索取财物”。

（一）双方基于恋爱关系互赠一定钱财，乃人之常情

男女恋爱是好事、喜事，结婚更是人生“大喜”之事，当事人双方互赠一定财物表达心意，是古今中外的普遍做法。在当代社会环境中，当事人结婚组成家庭，大多数都是“另立门户”，独立生活，的确需要准备一定物质生活条件。基于青年男女双方工作时间短，经济积累有限，恋爱双方的父母提供一定物质支持，在我国，是人之常情。有些父母自有财产不足以向新人馈赠较大或者巨大价值财物，愿意借贷一定数额金钱去为子女购置房屋或者轿车等，或者把金钱交给自己的子女、准新人或新人支配，并不违反法律、道德等主流规范和价值观约束。若是赠与，对于普通收入的家庭，除了特定物，通常给付的财物价值不大。普通收入的男女恋爱中的消费，也难以达到巨大金额。换言之，当事人或者当事人家庭互赠财物的行为均是你情我愿，量力而行的。超出当事人及其家庭支付能力的钱财往来或数额巨大的金钱，若双方意见相左的，欲认定为赠与，应有相应的证据证明。

（二）聘娶婚传统的影响依然比较普遍存在

男女谈婚论嫁过程中，男方或男家向女方或女家交付一定财物，是传统聘娶婚的基本礼仪之一。中国有过数千年实行聘娶婚的历史，基于文化的传统和延续性，聘娶婚传统的影响在中华人民共和国成立后乃至当前阶段依然存在，无论是我国农村地区还是部分城市居民家庭中，男女双方明确建立恋爱关系的或者进入商谈结婚阶段的，男方或者男家给付女方或者女家一定价值的财产之做法都比较普遍。

（三）禁止借婚姻索取财物

借婚姻索取财物，主要是指男女双方自愿或基本自愿结婚，但一方以对方给付一定的财物作为结婚先决条件的行为。中华人民共和国成立以来，实行登记婚制度，并且民法和历部婚姻法均明文禁止借婚姻索取财物。2001年《婚姻法》第8条规定：“要求结婚的男女双方必须亲自到婚姻登记机关进行结婚登记。符合本法规定的，予以登记，发给结婚证。取得结婚证，即确立夫妻关系。”第3条第1款规定，“禁止包办、买卖婚姻和其他干涉婚姻自由的行为。禁止借婚姻索取财物”。《民法典》第1042条第1款沿袭了《婚姻法》第3条第1款的规定。这些规定是针对现实生活中可能发生的婚姻财产问题，尤其是以对方给付一定财物作为结婚先决条件的行为，而实施的立法干预。我国实行婚姻自由，倡导以互爱为基础缔结婚姻。借婚姻索取财物的行为将物质利益与结婚捆绑在一起，妨碍婚姻自由原则，不符合社会主义婚姻道德观，有时还会给对方及其家庭生活造成困难。凡属于借婚姻索取财物的情形，获得财物一方应当将所得财物返还给另一方。

三、本判例的规范逻辑和裁判逻辑

(一)此类争议裁判规则的演变

人民法院审理这类争议的裁判规则,不同时期的评判标准和裁判结果不尽相同,但是,原则上,最高人民法院的观点是区分情况分别认定,倾向于将其认定为赠与。

1984年《民事政策法律意见》第17条规定:“属于包办强迫买卖婚姻所得的财物,离婚时,原则上依法收缴。”第18条规定:“借婚姻关系索取的财物,离婚时,如结婚时间不长,或者因索要财物造成对方生活困难的,可酌情返还。”

1989年《审理同居案件的意见》第10条规定,解除非法同居关系时,同居生活期间双方共同所得的收入和购置的财产,按一般共有财产处理。同居生活前,一方自愿赠送给对方的财物可比照赠与关系处理;一方向另一方索取的财物,可参照最高人民法院1984年《民事政策法律意见》第18条规定的精神处理。

1993年《离婚财产分割意见》第5条、第19条规定酌情判定与酌情返还的精神。

《婚姻法解释(二)》第10条规定:“当事人请求返还按照习俗给付的彩礼的,如果查明属于以下情形,人民法院应当予以支持:(一)双方未办理结婚登记手续的;(二)双方办理结婚登记手续但确未共同生活的;(三)婚前给付并导致给付人生活困难的。适用前款第(二)(三)项的规定,应当以双方离婚为条件。”此处的“生活困难”应按照该司法解释第27条中的解释,即是指依靠个人财产和离婚时分得的财产无法维持当地基本生活水平。

(二)样本案例的裁判逻辑

再审申请人李某某因与被申请人程某某民间借贷纠纷案中,江苏高院于2020年10月23日作出民事裁定[(2019)苏民申5116号],提审该案。江苏高院主张,合同关系成立并生效的一方当事人应对合同订立和生效的事实承担举证责任。李某某能够举证证明其交付给程某某的金钱是出借性质,故获得江苏高院支持。程某某不能证明其将金钱交付给李某某的事实,对出借方式的自我陈述又出现前后不一致,其主张李某某交付给他的金钱是归还原先借款的说法,逻辑无法自洽,被法院判定举证不能,故江苏高院不予支持。

四、本判例的意义

恋爱双方及其家庭之间,相互有一定财物来往,是生活中礼尚往来,蕴含着对美好爱情和未来缔结良缘的期待和祝福,不仅不违法,而且在道德上属于善。但是给付财物价值超出一定限度则可能超出彼此关系的接受度,导致行为性质改变。近年来,因恋爱期间财物往来引起的纠纷特别是彩礼纠纷较常见。本案具有典型意义。首先,恋爱期间,当事人相互之间有一定金钱或者财物往来是人之常情。在恋爱关系中,“当事人双方之间少量财物或者较小金额金钱往来,符合情理民俗,不宜认定为民间借贷关系。而依据风俗习惯,男性一般付出较多"[①]，这种判定符合大多数人的认知、社会心理和情感。当然，判定往来财物的数量是属于多还是少、金额是大还是小，应考虑到当事人及其家庭经济状况或者财务水平。既要肯定亲密恋人之间适度的分享、共享和互帮互助，又要避免一方对另一方的"等靠要"。其次，如果当事人之间往来的某笔或某几笔金钱或者某项财物确属于借贷的，应当在交流时意思表示明确，并留下证据，以免事过境迁或者时间久远导致记忆模糊。本案当事人双方做事风格差异明显。当需要举证时，一方能提供相应证据证明自己的主张，另一方却无法完成举证责任。程某某有收到李某某转来钱款的金融转账记录，却不能证明这些钱是女方清偿欠款之用的，相反，证实了李某某所称其出借钱款给另一方的说法。再次，较大数额或者大额金钱往来应通过银行等金融机构转账，并写明转款事由，尽量避免现金交付，以免日后因故发生争议时无据可查，无法举证。

五、后续判例和规范的发展

司法实践中，关于恋爱期间给付的财物、彩礼是否返还？如何返还？怎样界定彩礼与一般赠与，如何认定"共同生活"等问题，争议较大，已经成为广受社会各方关注的热点问题，也成为审判难点问题之一。《民法典婚姻家庭编解释（一）》第5条仅规定了未办理结婚登记、已办理结婚登记但确未共同生活、彩礼给付导致给付人生活困难这三种情形下可以支持返还彩礼的请求。随着人们婚恋观念变化，生活方式多元化，现实生活中，出现了较多恋爱期间同居生活或者导致女方怀孕流产或者育有子女、未办理结婚登记却按照当地习俗举办婚礼并共同生活、已办理结婚登记但共同生活时间较短就离婚等新情况和新问题，若继续适用上述司法解释规定进行裁决，结果不够公平合理。为进一步规范裁判标准，加强以案释法，引导民众树立正确的婚恋观，倡导形成文明节俭的婚姻习俗，最高人民法院不仅发布了涉彩礼纠纷典型案例，还制定并公布了专门的司法解释。

（一）后续判例

最高人民法院和全国妇联于2023年12月发布了四个涉彩礼纠纷典型案例，为实践中涉及恋爱期间的财物纠纷、彩礼争议的解决提供了指引。最高人民法院民一庭负责人表示，2023年这批典型案例明确了处理涉彩礼纠纷的三项原则：一是明确严禁借婚姻索取财物；二是充分尊重民间习俗，以当地群众普遍认可为基础，合理认定彩礼范围；三是坚持以问题为导向，充分考虑彩礼的目的性特征，斟酌共同生活时间、婚姻登记、孕育子女等不同因素在缔结婚姻这一根本目的实现上的比重，合理平衡双方当事人利益。[②]

案例1：王某某与李某某离婚纠纷案。已办理结婚登记但共同生活时间较短，离婚时

---

① 参见董某某、孙某某民间借贷纠纷案，山东省淄博市中级人民法院（2021）鲁03民终708号民事判决书。

② 孙航：《推进移风易俗　治理高额彩礼——最高人民法院发布涉彩礼纠纷典型案例》，载最高人民法院网2023年12月11日，https://www.court.gov.cn/zixun/xiangqing/419852.html。

应当根据共同生活时间、孕育子女等事实对数额过高的彩礼酌情返还。审理法院认为,双方当事人婚前缺乏了解,婚后亦未建立起深厚感情,婚姻已无存续可能,准予离婚。结合当地经济生活水平及王某某家庭经济情况,王某某给付的彩礼款18.8万元属于数额过高,给家庭造成了较重负担。综合考虑双方共同生活时间较短,女方曾有终止妊娠等事实,为妥善平衡双方当事人利益,酌定李某某返还彩礼款56,400元。最高人民法院阐明该案例的典型意义如下:一般情况下,双方已办理结婚登记并共同生活的,离婚时一方请求返还按照习俗给付的彩礼的,人民法院不予支持。但是,“给付彩礼的目的除了办理结婚登记这一法定形式要件外,更重要的是双方长期共同生活。因此,共同生活时间长短应当作为确定彩礼是否返还以及返还比例的重要考量因素”。该案中,双方共同生活一年有余,给付彩礼的目的尚未全部实现,给付方不存在明显过错,相对于其家庭收入来讲,彩礼数额过高,给付彩礼已造成较重的家庭负担。同时,考虑到终止妊娠对女方身体健康亦造成一定程度损害等事实,判决酌情返还部分彩礼。引导树立正确的婚恋观,倡导形成文明节俭的婚礼习俗,让婚姻始于爱,让彩礼归于“礼”。

案例2:张某与赵某婚约财产纠纷案。男女双方举行结婚仪式后共同生活较长时间且已育有子女,一般不支持返还彩礼。双方虽未办理结婚登记,但已按当地习俗举行婚礼并以夫妻名义共同生活三年多,且已经生育一子。审理法院认为,共同生活期间必然因日常消费及生育、抚养孩子产生相关费用,若仍要求女方返还彩礼,对赵某明显不公平。在处理涉彩礼返还纠纷时,着重考虑了共同生活以及孕育子女的事实,对返还彩礼的诉讼请求不予支持。该案例的典型意义:已经共同生活的双方因未办理结婚登记不具有法律上的夫妻权利义务关系,但不应当忽略共同生活的“夫妻之实”。该共同生活的事实不仅承载着给付彩礼一方的重要目的,也会对女性身心健康产生一定程度的影响,尤其是在孕育子女等情况下。如果仅因未办理结婚登记而要求接受彩礼一方全部返还,有违公平原则,也不利于保护妇女合法权益。该案的判决符合当地风俗习惯,平衡各方当事人利益,特别体现了对妇女合法权益的保护。

案例3:刘某与朱某婚约财产纠纷。已办理结婚登记,仅有短暂同居经历尚未形成稳定共同生活的,应扣除共同消费等费用后返还部分彩礼。审理法院认为,彩礼是男女双方在缔结婚姻时一方依据习俗向另一方给付的钱物。关于案涉款项的性质,除已明确注明为彩礼的80万元外,备注为“五金”的26万元亦符合婚礼习俗中对于彩礼的一般认知,也应当认定为彩礼。关于共同生活的认定,双方虽然已办理结婚登记,但从后续拍摄婚纱照、筹备婚宴的情况看,双方仍在按照习俗举办婚礼仪式的过程中。双方当事人工作、生活在不同的城市,婚姻关系存续不足三个月,对于后续如何工作与生活未形成一致的规划。双方短暂同居并未形成完整的家庭共同体和稳定的生活状态,不能认定为已经有稳定的共同生活。鉴于双方已经登记结婚,且刘某支付彩礼后双方有共同筹备婚礼、共同旅游、亲友相互往来等共同开销的情况，对该部分费用予以扣减。据此，法院酌情认定返还彩礼 80 万元。该案例的典型意义在于：一是“五金”款项符合居民对彩礼的一般认知，可以认定为彩礼。二是涉彩礼返还纠纷中，不论是已办理结婚登记还是未办理结婚登记的情况，在确定是否返还以及返还的具体比例时，共同生活时间均是重要的考量因素。

案例 4：张某某与赵某某、赵某、王某婚约财产纠纷案。婚约财产纠纷中，接受彩礼的婚约方父母可作为共同被告。审理法院认为，双方未办理结婚登记，现有证据不足以证明张某某与赵某某持续、稳定地共同生活，张某某不存在明显过错，但在案证据也能证实赵某某为缔结婚姻亦有付出的事实，故案涉定亲礼、彩礼在扣除嫁妆后应予适当返还。关于赵某、王某是否系本案适格被告的问题，审理法院认为，关于案涉彩礼 136，600 元，系张某某以转账方式直接给付赵某某，应由赵某某承担返还责任，扣除嫁妆后，酌定返还 121，820 元；关于案涉定亲礼 36，600 元，系赵某某与其父母共同接收，应由赵某某、赵某、王某承担返还责任，酌定返还 32，940 元。该案例的典型意义是法律没有规定彩礼问题，人民法院应当在不违背公序良俗的前提下，按照习惯处理涉彩礼纠纷。根据中国传统习俗，缔结婚约过程中，一般是由男女双方父母在亲朋、媒人等见证下共同协商、共同参与完成彩礼的给付。因此，在确定诉讼当事人时，亦应当考虑习惯做法。如果婚约当事人一方的父母接收彩礼的，可视为与其子女的共同行为，在婚约财产纠纷诉讼中，将婚约一方及父母共同列为当事人，符合习惯，也有利于查明彩礼数额、彩礼实际使用情况等案件事实，依法作出裁判。[①]

（二）涉彩礼纠纷的专门司法解释

为了弘扬社会主义核心价值观，提升高额彩礼专项治理效果，统一法律适用标准，依法平衡双方利益，最高人民法院出台了《审理彩礼案件的规定》。该司法解释规范了司法实践中存在的彩礼认定范围、彩礼返还原则、诉讼主体资格等问题，与《民法典婚姻家庭编解释（一）》结合，共同形成了彩礼纠纷法律适用的完整规则。

其主要内容如下：

1. 重申禁止借婚姻索取财物。借婚姻索取财物违反了婚姻自由原则。《民法典》第 1042 条规定禁止借婚姻索取财物。《审理彩礼案件的规定》明确，以彩礼为名借婚姻索取财物，另一方要求返还的，人民法院应予支持。

实践中，借婚姻索取财物与彩礼界限不能简单以是否有结婚意愿作为区分标准，因为有的情况即使当事人有结婚意愿，也可能借机索取财物，且结婚意愿作为主观因素在诉讼

---

① 参见《人民法院涉彩礼纠纷典型案例》，载最高人民法院网 2023 年 12 月 12 日，https://www.court.gov.cn/zixun/xiangqing/419922.html。

中亦需要客观事实证明,当事人很难举证证明。有意见提出,收受彩礼后携款潜逃或者短期内多次以缔结婚姻为名收取高额彩礼后无正当理由悔婚的,应认定为借婚姻索取财物。最高人民法院认为,如果有证据证明存在上述情形,一方根据《审理彩礼案件的规定》第2条,请求对方返还的,人民法院应予支持。实践中,若情形严重的,很可能涉嫌刑事犯罪,人民法院对该种行为应当坚决予以打击。

2. 明确区分彩礼与恋爱期间一般赠与。彩礼与恋爱期间的一般赠与,当事人的目的和动机相似,但是,彩礼给付一般是基于当地风俗习惯,直接目的是缔结婚姻关系,有其相对特定的外延范围。为此,《审理彩礼案件的规定》明确,在认定某一项给付是否属于彩礼时,可以根据一方给付财物的目的,综合考虑双方当地习俗、给付的时间和方式、财物价值、给付人及收受人等事实认定。比如,可以考察给付的时间是否是在双方谈婚论嫁阶段、是否有双方父母或介绍人商谈,财物价值大小等事实。同时。明确规定了几类不属于彩礼的财物,具体包括:一方在节日或者生日等有特殊纪念意义时点给付的价值不大的礼物、礼金,一方为表达或者增进感情的日常消费性支出等。此类财物或支出,金额较小,主要是为了增进感情的需要,在婚约解除或离婚时,可以不予返还。

3. 明确涉彩礼纠纷的诉讼主体。彩礼返还纠纷中,程序上的主要争议是婚约双方的父母能否作为诉讼当事人。在中国的传统习俗中,儿女的婚姻一般由父母操办,接、送彩礼也大都有双方父母参与。《审理彩礼案件的规定》充分考虑上述习俗,区分两种情况:(1)婚约财产纠纷。此类案件原则上以婚约双方当事人作为诉讼主体,但考虑到实践中,彩礼的给付方和接收方并非限于婚约当事人,双方父母也可能参与其中,为尊重习俗,同时也有利于查明彩礼数额、彩礼实际使用情况等案件事实,确定责任承担主体,适当将诉讼主体由婚约当事人扩大到了其父母。婚约一方及其实际给付彩礼的父母可以作为共同原告;婚约另一方及其实际接收彩礼的父母可以作为共同被告。如果出现其他亲属收受彩礼的特殊情况,可以基于习俗,参照适用该规定处理。[①] (2)离婚纠纷。考虑到离婚纠纷的诉讼标的主要是解除婚姻关系,不宜将婚姻之外的其他人作为当事人,该规定明确在离婚纠纷中一方提出返还彩礼诉讼请求的,当事人仍为夫妻双方。

4. 完善了彩礼返还规则。针对《民法典婚姻家庭编解释(一)》未涉及的两种情况,作出相应规定:(1)已经结婚并共同生活。双方已办理结婚登记并共同生活,离婚时一方请求返还按照习俗给付的彩礼的,人民法院一般不应予以支持。但是,共同生活时间长短应当作为确定彩礼是否返还以及返还比例的重要考量因素。在"闪离"情形下,很可能支持返还彩礼的诉讼请求,尤其当彩礼给付是举全家之力的,会使双方利益明显失衡。司法应

---

① 《最高人民法院发布关于审理涉彩礼纠纷案件适用法律若干问题的规定》,载中国法院网2024年1月18日,https://www.chinacourt.org/article/detail/2024/01/id/7772856.shtml。

当根据彩礼实际使用及嫁妆情况，综合考虑彩礼数额、共同生活及孕育情况、双方过错等事实，确定是否返还以及返还的具体比例。(2)如果双方未办理结婚登记的，原则上彩礼应当予以返还，但当事人双方有共同生活的“夫妻之实”，也不应忽略，尤其是女方因此有过妊娠经历或生育子女等情况。法院应当根据彩礼实际使用及嫁妆情况，综合考虑共同生活及孕育情况、双方过错等事实，确定是否返还以及返还的具体比例。关于共同生活的认定，《审理彩礼案件的规定》未规定可以不需要返还彩礼的具体生活时间长短，实践中应当依据个案具体情况综合认定。

关于嫁妆处理规则。作为与彩礼相伴相生的婚嫁习俗，嫁妆目前仍较为普遍，但不同地区、不同家庭可能存在较大差别。为此，该规定第5条和第6条均明确在彩礼返还时要考虑嫁妆情况，即应当扣减已经共同消费或已经添附到男方财产上的嫁妆数额。

《审理彩礼案件的规定》考虑到女性在妊娠、分娩、抚育子女等方面的付出，明确将此类因素作为酌情减少彩礼返还甚至不予返还的考量因素，以更好地保护妇女合法权益。

002. 女方恋爱交往中怀孕流产的，是否有权要求男方承担损害赔偿责任？*

闵某诉黎某生命权、健康权、身体权纠纷案‖浙江省杭州经济技术开发区人民法院民事判决书，(2020)浙0191民初2163号；浙江省杭州市中级人民法院民事判决书，(2020)浙01民终9219号

事实概要

闵某(女)与黎某(男)于2019年4月经人介绍认识后，建立恋爱关系。双方恋爱期间曾发生性关系。2019年12月，闵某发现自己怀孕并告知黎某。2020年3月4日，闵某住院接受中期人工流产术，并于同月10日出院，出院诊断为流产后过度出血。双方分手。2020年7月，闵某诉至法院，要求黎某赔偿其医药费、护理费、住院伙食补助费、营养费、交通费、误工费、精神抚慰金、补偿金共计76,126元。黎某请求法院驳回闵某的诉讼请求，辩称其无过错，无侵权行为，其行为与闵某的损害后果无因果关系。

一审法院认为：原、被告系自由恋爱的男女朋友关系，双方均系具有完全民事行为能力的成年人，在恋爱期间双方发生性行为属双方自愿行为，不违反法律禁止性规定。对于原告怀孕并选择流产及双方最终分手的结局，系双方原因所致，但不足以认定双方存在法律上的过错。鉴于被告自愿补偿原告5000元，法院对此予以确认，同时驳回原告诉讼请求。①

闵某不服一审判决，提起上诉，称黎某初始积极备孕，其后却明确表示将来不愿承担抚养义务，这是导致其怀孕后决定流产的主要原因，应对上诉人身心遭受重大伤害承担相当一部分的过错责任；一审判决对于这一侵权行为的认定和责任分配与客观事实不符合，应予纠正。黎某辩称其与闵某在自由恋爱期间系正常交往，其不存在任何侵害闵某健康权和身体权的行为。双方作为完全民事行为能力人，对恋爱行为、性行为等在合法自愿的

---

* 邓丽，法学博士，中国社会科学院法学研究所副研究员、中国社会科学院大学法学院副教授。

① 参见闵某诉黎某生命权、健康权、身体权纠纷案，浙江省杭州经济技术开发区人民法院(2020)浙0191民初2163号民事判决书。

情况下具有完整的处分权。闵某怀孕后选择流产亦是其对自身身体健康的处分行为，因此产生的经济损失并不能归责于他人。黎某认为一审法院认定事实清楚，适用法律正确，请求依法驳回上诉，维持原判。

二审法院认为，构成一般侵权行为应当符合以下四个要件：一是行为人主观上存在过错；二是行为具有违法性；三是产生有损害后果；四是违法行为与损害后果之间具有因果关系。本案中，闵某与黎某系完全民事行为能力人，两人拥有恋爱的权利和自由，同时也应当预见恋爱中发生性行为所产生的相应后果。双方在恋爱期间自愿发生性行为，虽然不被社会所倡导，但也未被我国法律明确禁止。闵某以双方恋爱期间的性行为致其怀孕后流产为由，要求黎某承担侵权损害赔偿责任，依据不足。考虑到双方对怀孕后流产均无过错，且黎某于一审期间自愿对闵某补偿，二审法院予以确认。综上，一审判决认定事实清楚，适用法律正确，应予维持。①

｜判决要旨｜

完全民事行为能力人对其自愿实施的行为承担责任和风险。恋爱交往中，双方发生性关系造成女方怀孕流产，双方均无过错的，女方无权要求男方承担损害赔偿责任，但男方自愿对女方予以补偿的，可予以确认。

｜判例评析｜

一、既往相关判例与观点

因恋爱交往产生的纠纷较少诉诸法律，其中女方因为怀孕流产而要求男方承担损害赔偿责任的案件更是数量有限，而且此类案件大多另有隐情。在以往判例中，这些情节和隐情或多或少会对裁判结果产生一定影响，导致判决中往往载明男方需对怀孕流产的女方承担一定的损害赔偿责任。

（一）男方隐瞒已婚事实与女方交往导致女方怀孕后流产的，判定侵权并赔偿

2015 年广东省深圳市福田区人民法院审结谌某诉李某人格权纠纷案。② 在该案中，男方隐瞒自己已婚的事实，与女方确立恋爱关系后同居，并以伴侣身份共同进行社交活动，女方一度属意与男方结婚。但是，在女方怀孕后，男方因故离去且中断联系。男方离去前，女方自行发现男方已婚的线索，遂被迫进行流产手术，并要求医院将人流术中取得的胚胎绒毛

---

① 参见闵某诉黎某生命权、健康权、身体权纠纷案，浙江省杭州市中级人民法院（2020）浙 01 民终 9219 号民事判决书。

② 参见谌某诉李某人格权纠纷案，广东省深圳市福田区人民法院（2015）深福法民一初字第 2868 号民事判决书。

保留2个月。女方因其怀孕至流产中的种种变故出现情绪和精神方面的种种不良症状,无法正常工作及与家人相处,就医后被诊断为患有应激相关障碍。法院审理后认为,男方故意隐瞒自己已婚的事实,欺骗女方与之确立恋爱关系,致使女方与其共同居住,公开以情侣身份生活,不仅有违社会公序良俗,亦属故意侵犯原告人格权的行为,故判决男方赔偿女方医疗费、营养费、误工费、精神损害抚慰金、交通费各项损失共计82,832.67元。

(二)恋爱交往的男女双方对女方怀孕流产均无过错,但男方应酌定分摊女方经济损失

2016年福建省厦门市思明区人民法院审结王某诉张某生命权、健康权、身体权纠纷案。① 该案双方当事人通过交友网站认识后,于2016年8月18日凌晨发生性关系,男方认为性行为系双方自愿,女方认为存在强迫情形,但未能有效证明。此后,女方发现怀孕,与男方协商无果后,做了人工流产手术。其后,女方诉至法院,要求男方承担损害赔偿责任。审理中,女方申请就其流产的胚胎是否与男方存在血缘关系进行司法鉴定,但因为男方的原因未完成。法院认为,公民享有生命健康权。当事人发生性关系后,女方怀孕并流产。虽然男方否认女方怀孕与其有关,但在女方已申请对流产后的胚胎与男方是否存在血缘关系进行司法鉴定的情况下,因男方的原因未完成鉴定,并且从双方发生性关系的时间和女方怀孕的时间来看,女方怀孕与双方发生性关系具有较大的可能性,故法院认定男方应对女方因怀孕流产造成的损失承担赔偿责任。由于当事人之间的关系特殊,且女方未举证证明其与男方发生性关系非其自愿以及其对于怀孕流产全无过错,故酌定男方应对女方的损失承担70%的赔偿责任。鉴于男方自愿支付医疗费2558.55元,法院予以确认。除此之外,女方被认定的损失尚有营养费、护理费、误工费、交通费共计4583元,法院判决男方应赔偿女方各项损失总额为5766.65元(2558.55元+4583元×70%)。

将上述两案与本案予以比较,可知在不同案情背景下,不同法院所持立场有所不同。

二、在学理框架内对相关问题的点评

关于恋爱交往中的女方怀孕流产,可否要求男方赔偿损失这一问题,我国法律无明确规定。现实生活中,一度广泛流传的"青春损失费"说法,在法理上不能获得支持,亦遭到司法界人士的批评和否定。有观点认为:"婚姻具有自然属性,男女双方在此期间彼此所承担的更多的是道义上的责任,多属道德规范调整的范畴,不管恋爱的结果能否促成婚姻关系的成立,任何一方都无须因此对对方在感情上、精神上的失落或受伤害承担法律上的责任。"②该

① 参见王某诉张某生命权、健康权、身体权纠纷案,福建省厦门市思明区人民法院(2016)闽0203民初17204号民事判决书。

② 李泽江:《"青春赔偿费"没有法律依据》,载《当代兵团》2014年第17期。

观点援引2001年《婚姻法》第3条[①]指出："男女在恋爱过程中都应坚持自爱，禁止借婚姻索取财物，既包括以结婚为目的的索要财物，也包括以终止恋爱为目的的索要财物……违法索要的不合理财物属不当利益，依法应当返还。"[②]青春损失费的说法被法律拒斥，其根本逻辑在于：虽然青春承载着很多价值和利益，但青春流逝是时间流转这一客观规律在个体形貌和机体上的反映，是不能归责于他人的自然现象。

在青春岁月的恋爱交往中，自然人确有可能遭受生命权、身体权和健康权方面的损害，其中尤以女性怀孕流产为甚，导致这一损害的直接原因是当事人在恋爱交往中的性活动和性关系。由于生物特性的差异，女性由于性行为而承担额外的生育风险，但在自由婚恋文化下，规避这种风险主要依靠道德自律和避孕技术。民法理念尊崇意思自治、自己责任，在不违反法律和公序良俗的前提下，完全民事行为能力人对其自愿从事的性活动应自行承担相应的责任和风险，性别在所不论。但是，多位行为人共同从事某项活动，造成现实损害的，也可适用侵权责任法上的公平责任条款彼此间分担损失。婚恋交往中的性行为导致女方怀孕这种情形正属此例，其实证法根据在于我国《民法典》第1186条规定："受害人和行为人对损害的发生都没有过错的，依照法律的规定由双方分担损失。"

当婚恋交往中一方当事人存在过错，例如，男方隐瞒已婚事实导致女方在未来与其成婚的虚假前景下"自愿"发生性行为，或者强迫女方实施性行为，那么，男方在民事法律层面会构成侵权，须承担女方由此遭受损害的赔偿责任，且在刑事法律层面可能涉嫌相关犯罪。其法律依据在于：《民法典》第1165条第1款规定，行为人因过错侵害他人民事权益造成损害的，应当承担侵权责任。《民法典》第1179条规定，侵害他人造成人身损害的，应当赔偿医疗费、护理费、交通费、营养费、住院伙食补助费等为治疗和康复支出的合理费用，以及因误工减少的收入。造成残疾的，还应当赔偿辅助器具费和残疾赔偿金；造成死亡的，还应当赔偿丧葬费和死亡赔偿金。

针对此类案件中，女方的何种权益受侵害的问题，从案由看，大多归于"生命权、身体权和健康权纠纷"。司法实践中，主要认定女方因怀孕流产而遭受身体权和健康权损害，此可视为传统民事权利体系的视角。在近年来兴起的关于性自主权的研讨中，男方强迫女方实施性行为是侵犯女方性自主权的这一观点，学界几乎已经达成共识，[③]而在隐瞒已婚状况下诱使女方以结婚为目的与其交往进而发生性关系的情形下，判例和论著也有认为侵犯女方性自主权的论点。[④] 笔者认为，后一情形下女方的性自主权是否一概受到侵犯

---

① 《民法典》第1042条沿用了2001年《婚姻法》第3条的内容。

② 李泽江：《"青春赔偿费"没有法律依据》，载《当代兵团》2014年第17期。

③ 参见贾健：《强奸究竟侵犯了什么？——作为通说的"性的自主决定权"法益之检讨》，载《法律科学（西北政法大学学报）》2018年第5期。

④ 参见张建文：《新兴权利保护中利益正当性的论证基准——以约为婚姻诱使他人与自己发生性关系的裁判立场为基础》，载《河北法学》2018年第7期。

尚值得研讨,但其婚姻自主权受到侵犯,应是不争的事实。

三、本判例的裁判逻辑

本案历经二审,两级法院确认的事实基本一致,裁判逻辑也保持了相当的延续性,一审判决被二审法院全面维持。综合来看,两审法院在如下四个方面达成共识:(1)当事人双方均系具有完全民事行为能力的成年人,在恋爱交往事项上享有自主权,同时也自行承担风险与责任。(2)恋爱交往当事人自愿发生的性行为,如不违反法律和公序良俗,则不构成违法行为。(3)恋爱交往中的自愿性行为导致女方怀孕流产的,双方均无过错。(4)对双方均无过错的行为造成的损害后果,一方不得请求另一方损害赔偿,但另一方自愿补偿的,可予确认。

此外,二审法院在说理部分就是否构成侵权行为略有论述,认为一般侵权行为应当具备四个要件:主观过错、违法行为、损害后果、违法行为与损害后果之间具有因果关系。对照本案事实,二审法院认为黎某不存在主观过错和违法行为,因此,黎某不存在侵权行为,从而也就无理由要求当事人承担侵权损害赔偿责任。

四、本判例的意义

恋爱交往中的女方怀孕流产后,要求男方承担损害赔偿责任,并非典型的婚姻家庭范畴的民事纠纷,但此类案件的裁判对于引导民众尤其是青年男女妥善处理恋爱交往中的欲望、权利与责任,具有显见的社会效应。

本案与点评中所援引的两个先前判例的立场有所不同:在广东省的判例中,男方存在隐瞒婚史的过错,女方对其所遭受的各项损害均有充分证据予以证明,法院认定男方存在侵权事实,较全面地支持了女方的诉求;在福建省的判例中,女方称男方有强迫行为,但未能提供有效证明,同时对其所主张的损害也未能完全充分地予以证实,法院认定男方对女方所遭受的损害应承担70%的赔偿责任。而在本案中,虽然女方主张男方最初积极备孕继而又回避将来须承担的抚养义务导致其流产,但法院并未认定此为过错,而是认为完全民事行为能力人在恋爱期间发生性行为属双方自愿行为,不违反法律禁止性规定,女方怀孕并选择流产及双方最终分手的结局系双方的原因所致,不足以认定双方存在法律上的过错,不存在侵权行为,故仅确认男方自愿补偿女方的意思表示。

比照之下可知,本案裁判思维上剥离了种种附加考量,直接明确地回应了如下法律命题:恋爱关系中的女方怀孕流产所致损害应否由男方承担赔偿责任。虽然在新的法治背景下,本案裁判所持认知和立场尚值得商榷,但它呈现的法律争点在引导大众认知方面具有独特意义:其一,在案情相对单纯的情形下直面恋爱交往纠纷,具有更广阔的适用空间;其二,强调恋爱交往当事人的自我责任,引导各方尤其是女性正视孕产风险,切实对己负责。但笔者认为,对于双方共同参与的行为,完全奉行自担风险、自我责任的立场,也不完全符合公平之法律原则,而《民法典》关于公平责任的相关规定为更妥善地处理此类纠纷提供了新的准则和依据。

五、后续判例和规范的发展

本案裁判传递出明确的信息,即正常恋爱交往中的女方怀孕流产所致损害无充分理由请求男方承担损害赔偿责任,但本案中适用法律方面亦存在一定疏漏,即没有考虑到公平分担损失规则的适用。

现代侵权法一般以行为人有过错为侵权行为基本构成要件,或者规定在特定情形下,行为人无过错亦须承担损害赔偿责任。在现实生活中,有些损害的发生,行为人虽无过错,法律也没有规定承担无过错责任,然而毕竟损害系由行为人引起,如果严格按照无过错即无责任的原则处理,受害人就要自担损失,这不仅有失公平,也不利于和谐人际关系的建立。① 早在《民法通则》施行时期,该法第 132 条已规定:"当事人对造成损害都没有过错的,可以根据实际情况,由当事人分担民事责任。"1988 年《执行民法通则的意见》第 157 条规定:"当事人对造成损害均无过错,但一方是在为对方的利益或者共同的利益进行活动的过程中受到损害的,可以责令对方或者受益人给予一定的经济补偿。"《侵权责任法》第 24 条规定:"受害人和行为人对损害的发生都没有过错的,可以根据实际情况,由双方分担损失。"《民法典》侵权责任编第 1186 条规定:"受害人和行为人对损害的发生都没有过错的,依照法律的规定由双方分担损失。"几度变迁和微调之后,《民法典》确立了公平分担损失的规则,该规则是根据社会生活实际作出的特别规定,与过错责任原则和无过错责任原则均有不同,适用于行为人和受害人对损害的发生均无过错的情况。司法实践中确定损失分担,应当考虑行为的手段、情节、损失大小、影响程度、双方当事人的经济状况等实际情况,达到公平合理、及时化解矛盾、妥善解决纠纷、促进社会和谐的目的。②

在《民法典》颁布之前,公平分担条款在恋爱交往中女方怀孕流产的案件中已有适用。例如,2014 年浙江省杭州市中级人民法院的一则民事判决书中写道:汪某甲对周某甲损害后果的发生没有过错。但因双方的同居行为造成了周某甲宫外孕并致身体受损害的事实,故依据《侵权责任法》第 24 条的规定及本案实际,依法酌情确定汪某甲对周某甲的相关损失分担 112,020.33 元。③ 但在其后各地出现的同类案件中,由于案情的细微不同,裁判文书对于"过错""损害""责任"的认定和判断不尽一致,导致此规则的适用并未成为通识。

这里择定点评的案件是已公开文书中较为晚近的,但该案只澄清了"其一",即双方均无过错不承担损害赔偿责任,并未顾及"其二",即"依照法律的规定由双方分担损失",后续案例能否全面、正确适用《民法典》第 1186 条的规定,尚有待观察。

---

① 参见黄薇主编:《中华人民共和国民法典侵权责任编解读》,中国法制出版社 2020 年版,第 89 页。

② 参见黄薇主编:《中华人民共和国民法典侵权责任编解读》,中国法制出版社 2020 年版,第 91 页。

③ 参见周某诉汪某生命权、健康权、身体权纠纷案,浙江省杭州市中级人民法院(2014)浙杭民终字第 2444 号民事判决书。

003. 结婚合意是认定彩礼的重要因素*

徐某、俞某婚约财产纠纷案 ‖ 山东省烟台市中级人民法院民事判决书，(2020)鲁06民终3689号

事实概要

俞某(男)与徐某(女)经人介绍在杭州发展确立恋爱关系，双方未共同居住，未办理结婚登记手续；恋爱两年半后，双方分手。2019年11月28日，俞某起诉至山东省招远市人民法院，要求徐某返还彩礼。招远市人民法院一审查明，在恋爱期间，俞某通过银行转账及微信转账等形式向徐某支付了款项共计956,720.31元，鉴于两人曾有恋爱关系，俞某只要求徐某返还862,800元，法院准许。徐某对俞某主张的款项数额没有争议，但她认为，俞某转款都是表达爱意的赠与行为，并非彩礼，不应返还。招远市人民法院作出(2019)鲁0685民初4328号民事判决，支持原告俞某的诉讼请求，判决被告徐某返还原告俞某彩礼款409,000元、买车款435,800元。徐某不服，提起上诉。2020年10月19日，山东省烟台市中级人民法院作出(2020)鲁06民终3689号民事判决，驳回上诉，维持原判。

判决要旨

1. 彩礼一般是男方为达成结婚的目的而给付女方的金钱或者财物。“彩礼”一词，并非规范的法律术语，而是婚约财产。最高人民法院《民事案件案由规定》(法〔2020〕347号)将彩礼纠纷案件的案由确定为“婚约财产纠纷”。《民法典》没有规定彩礼，2020年12月公布的《民法典婚姻家庭编解释(一)》第5条规定：“当事人请求返还按照习俗给付的彩礼的，如果查明属于以下情形，人民法院应当予以支持：(一)双方未办理结婚登记手续；(二)双方办理结婚登记手续但确未共同生活；(三)婚前给付并导致给付人生活困难。适用前款第二项、第三项的规定，应当以双方离婚为条件。”

2. 恋爱期间，男女双方有结婚的目的和意图，一方给予另一方价值较大的财产属于附解除条件的赠与。双方结束恋爱关系且没有结婚登记的，给付财产的一方有权依照《民法

---

* 雷春红，法学博士，浙江工业大学之江学院副教授、广东华商(杭州)律师事务所律师。

典婚姻家庭编解释(一)》第 5 条规定,要求另一方返还。

判例评析

一、既往相关判例与观点

恋爱期间,男方给予女方的钱物等是否认定为彩礼,一直是这类案件审理中双方争议的焦点问题。人民法院基于双方是否有结婚合意加以确定,如果双方关于是否曾有过结婚的合意发生分歧,根据"谁主张,谁举证"的规则,由无法举证的一方承担不利法律后果。例如,在浙江省湖州市的李某、顾某婚约财产纠纷案中,李某(男)与顾某(女)自 2003 年开始相恋并同居,2006 年二人共同购买一套房屋,首付款 435,387 元及维修基金通过李某的个人账户支付,剩余购房款 1,000,000 元由李某、顾某共同按揭贷款支付。二人与银行签订按揭贷款合同后,由李某个人账户进行还贷,登记购房人为李某、顾某。2007 年,房产交付,双方搬入该房屋居住。2009 年,二人因琐事争吵后分手。2020 年,李某诉至浙江省湖州市吴兴区人民法院,要求顾某返还附条件赠与的彩礼,即诉争房产 50% 份额。湖州市吴兴区人民法院认为,婚约是男女双方以今后缔结婚姻关系为目的作出的意思表示,因订立婚约而送的财物即为彩礼。原告李某并未举证证明双方有明确的结婚意图,且在庭审中多次陈述在诉争房产买卖合同签订前其要求与顾某登记结婚,在顾某明确表示不同意的情况下其仍与顾某共同与房产公司签订房屋买卖合同,故双方并未达成婚约,也就不存在赠送彩礼之说。湖州市吴兴区人民法院(2020)浙 0502 民初 1819 号民事判决驳回原告李某的诉讼请求。李某不服,提起上诉,浙江省湖州市中级人民法院(2020)浙 05 民终 1536 号民事判决驳回上诉,维持原判。

二、在学理框架内对相关问题的点评

彩礼的法律性质直接影响着彩礼是否应被返还。如果认为彩礼是一般赠与,根据赠与合同的法律规定,在标的物所有权转移后,除法定情形外,赠与方不能要求受赠方返还。然而,彩礼具有习俗性、仪式性和象征性等特征,并不同于一般赠与。法学界关于彩礼的性质,主要有六种观点:证约定金说、从契约说、赠与说、目的赠与说、附义务赠与说、附条件赠与说(分为附生效条件和附解除条件两种)。[①] 其中,附解除条件赠与说是大多数学者的观点。

史尚宽认为,当解除条件成就时,受赠人就丧失了对彩礼合法的占有,如果继续占有彩礼就构成了不当得利。[②] 有学者提出,彩礼的给付与合同法意义上的赠与有很多不同。首先,彩礼具有显著的身份属性,是将要缔结婚姻关系的双方,为了将来能够正式缔结婚

---

① 参见马忆南、庄双澧:《彩礼返还的司法实践研究》,载《中华女子学院学报》2019 年第 4 期。

② 参见史尚宽:《亲属法论》,中国政法大学出版社 2000 年版,第 154 页。

姻关系而进行的赠与；其次，彩礼的给付有特定时间范围，并且一般有着特定的仪式；最后，彩礼涉及的标的物一般价值较大。彩礼更符合附解除条件赠与的特征，所附解除条件就是赠受双方没有达成有效的婚姻关系。当解除条件成立时，接受赠与的一方就没有继续占有彩礼的正当理由，构成了不当得利，应当对彩礼予以返还。① 法官亦认为，彩礼在性质上是属于“附解除条件的赠与”。其目的性、现实性、无奈性都不容否认和忽视。给付彩礼的代价本身就蕴含着以对方答应结婚这一前提。如果没有结成婚，赠与方的目的落空，此时彩礼如仍归对方所有，与其当初给付时的本意明显背离。②

可见，理论界与司法实践关于彩礼性质的观点大体一致，即认为彩礼属于附解除条件的赠与。

三、本判例的规范逻辑

本案争议焦点是：恋爱期间，俞某向徐某支付的862，800元的性质以及徐某应否返还相应款项。徐某称，俞某请求返还的所有款项都是赠与，不应返还。而俞某主张，恋爱期间，其对该款项确实没有说明系附条件的赠与，但双方在交往中已谈婚论嫁，如果不是为了结婚，不可能送徐某的母亲2万元。综合本案包括转账记录及双方的陈述等证据，山东省烟台市中级人民法院认定，被上诉人俞某在微信中称上诉人徐某的母亲为丈母娘，说明双方并非普通意义上的男女朋友，二人结婚的意图明显。而且，被上诉人俞某给予上诉人徐某的钱款、购车款数额巨大，明显不同于一般的双方在恋爱中为表达爱意的小额赠与，超出了普通赠与的范围，不应视为无条件的赠与。因双方未办理结婚登记手续，该款项为附解除条件的赠与，赠与人可要求解除赠与。一审法院以双方身份考量为前提适用婚姻法的相关规定，参照彩礼的规定处理，判令上诉人徐某返还被上诉人俞某恋爱期间为其支付的购车款等大额支出，适用法律并无不当，符合《民法总则》规定的公平原则和公序良俗原则。③ 故判决驳回上诉，维持原判。

四、本判例的意义与后续判例和规范的发展

本判例2万多字的二审民事判决书，详细记叙了案情和审理情况，深入分析和论证了裁判依据及判决结果，为同类案件审理提供了有益的借鉴。

在田某（女）、吴某赠与合同纠纷案中，田某向安徽省高级人民法院申请再审称：“吴某出具的赠与协议明确载明一旦履行完毕即不可撤销，系吴某与田某恋爱交往过程中基于情感关系，为联络感情和表达爱意而自愿赠与田某，并不是为缔结婚姻而实施。”但安徽省

---

① 参见马忆南、庄双澧：《彩礼返还的司法实践研究》，载《中华女子学院学报》2019年第4期。

② 参见最高人民法院民事审判第一庭编著：《最高人民法院婚姻法解释（二）的理解与适用》，人民法院出版社2004年版，第104页。

③ 《民法典》第6条规定：“民事主体从事民事活动，应当遵循公平原则，合理确定各方的权利和义务。”第8条规定：“民事主体从事民事活动，不得违反法律，不得违背公序良俗。”

高级人民法院认为，吴某帮田某支付 240 万元购房款及相关费用已经明显超出情侣间日常情谊交往范畴，此种行为具有特殊性质，是基于缔结婚姻关系为目的，并非单纯无偿转移财产。原审法院依据公平原则，认定吴某为附条件的赠与较为合理，酌定田某退还吴某 120 万元，并无明显不当。故裁定驳回田某的再审申请。①

而在惠某（男）、张某婚约财产纠纷案中，双方恋爱期间，惠某曾向张某之母王某转账 20 万元，之后双方分手，惠某主张财产给付条件未成就，张某及王某应返还财产。天津市高级人民法院认为，虽然张某认可双方存在情侣关系，但惠某提交的证据不能充分地证明诉争款项是以双方结婚为目的成立的。综合本案在案证据及惠某在另案诉讼中的多次陈述，诉争款项难以认定为婚约彩礼。两审法院以惠某提供的证据不足为由，认定惠某承担举证不能的责任而驳回惠某的诉讼请求并无不当。故法院裁定驳回惠某的再审申请。②

可见，司法实践中男方以附条件赠与为由，向女方主张返还恋爱期间给付的彩礼，是否能充分举证证明曾有结婚合意，是获得法院支持的关键因素。《审理彩礼案件的规定》第 1 条规定："以婚姻为目的依据习俗给付彩礼后，因要求返还产生的纠纷，适用本规定。"此规定明确了给付彩礼是以婚姻为目的，如果不是以婚姻为目的给付的财产不是彩礼，不适用此规定，进而统一了彩礼纠纷案件的裁判标准。

---

① 参见安徽省高级人民法院民事裁定书，(2021)皖民申 1169 号。

② 参见天津市高级人民法院民事裁定书，(2021)津民申 543 号。

004. 彩礼和陪嫁的性质与返还*

常某和李某婚约财产纠纷案‖安徽省淮南市中级人民法院民事判决书，(2021)皖04民终125号

| 事实概要 |

常某与李某经人介绍相识，于2018年2月21日举行订婚仪式，后按当地习俗举办结婚仪式，但未办理结婚登记。在此期间，常某给付李某彩礼款212,600元及金银首饰若干。双方举办结婚仪式时，李某的陪嫁物品有洗衣机一台、创维冰箱一台及床上用品等物件若干。结婚仪式后，常某向李某转账共计57,700元，李某向常某转账累计4700元。李某主张其陪嫁款还有婚礼当天送亲磕头红包2000元、上卤碗菜红包600元、婚后头趟红包3000元，但常某仅认可送亲磕头红包2000元和婚后头趟红包3000元两项。2020年4月7日，双方发生纠纷后，李某离开常某家中。现双方因彩礼和陪嫁返还等事宜无法达成一致意见，遂成本案诉讼。

| 判决要旨 |

一审法院认为，李某与常某虽按当地习俗举行了结婚仪式，但双方未办理结婚登记，不存在法律认可的婚姻关系。我国《婚姻法》禁止借婚姻索取财物，一方因婚姻接受对方所给付的彩礼款物的，在具备法律规定情形时，应当适当予以返还。常某给付李某共计212,600元的款项是根据当地习俗，以其与李某缔结婚姻为目的的财物，应认定为彩礼。常某在庭审中已表示放弃返还红包款3952元的诉讼请求，法院应予以准许。关于彩礼款物返还的具体数额问题，考虑到双方虽未办理结婚登记，但已按当地习俗举行了结婚仪式且共同生活，并基于在共同生活期间李某转账常某4700元的事实，因此法院酌情将彩礼款返还的数额确定为130,000元。李某主张彩礼款项已全部消费支出，但未能提供证据加以证明，其不返还的理由不能成立，法院不予支持。举行婚礼仪式后，常某在短时间内给付李某57,700元，数额较大，应视为常某以期望双方结为夫妻、共同生活为目的的附条

---

* 何丽新，厦门大学法学院教授、博士生导师。

件赠与，现双方未办理结婚登记，也无法再继续共同生活，故对常某要求返还的请求予以相应支持。李某主张 57,700 元系共同财产，无法律依据，法院不予采纳。李某在与常某举行婚礼时娘家陪嫁的物品，在性质上虽属于李某一方的财产，但考虑到当地风俗以及财产使用属性等情况，以作价折抵部分李某一方应当返还的彩礼款为妥。关于具体折抵数额，法院根据物件的购置时间并参考相关购置价格等因素，酌情确定为 3000 元。在扣除李某以陪嫁物品折抵的数额后，李某实际应向常某返还 157,000 元。由于李某主张送亲磕头红包 2000 元和婚后头趟红包 3000 元具有礼节往来性和相互性，故该部分不应作为陪嫁款；李某对于主张的其他陪嫁款未提供证据，不予采纳。据此，法院判决：(1)李某返还给常某 160,000 元；(2)李某的陪嫁物品折价 3000 元冲抵其应当返还的彩礼款后，均归常某所有；(3)第(1)(2)项冲抵后，李某应返还常某 157,000 元，于本判决生效之日起十日内履行完毕；(4)驳回常某的其他诉讼请求。

安徽省淮南市中级人民法院二审认为，李某与常某从举办婚礼仪式到发生纠纷，持续时间一年多，故对常某上诉认为双方共同生活期间较短及将共同生活狭隘理解为“同床生活”的理由，不予采信。一审法院结合双方共同生活时间，酌定李某应返还双方举行订婚和结婚仪式期间给付的彩礼款 130,000 元及举行结婚仪式后给付的彩礼款 30,000 元，合理允当，应予以维持。对李某上诉认为对方存在家暴行为导致其离家和举行婚礼后的钱款不属于彩礼款，且已全部用于共同生活而不应返还的理由，不予采纳。二审维持原判。

判例评析

一、既往相关判例与观点

彩礼作为一项传统婚嫁习俗，一般是男方为缔结婚姻而给付女方或女方家庭的具有习俗性、仪式性、象征性的金钱和财物的总称。彩礼给付的名目或数额受到各地风俗影响而千差万别，与一般赠与之间存在区别。1950 年《婚姻法》颁布伊始，司法机关曾把彩礼认定为“变相买卖婚姻”，需斟酌具体情况与情节轻重予以没收。1980 年《婚姻法》将彩礼认定为“借婚姻索取的财物”，仍属于《婚姻法》禁止的行为。2001 年修正的《婚姻法》没有明确规定彩礼问题。最高人民法院 2003 年《婚姻法解释(二)》从解决实际问题入手，第 10 条规定了彩礼返还的基本规则，成为解决彩礼问题的主要依据，但该司法解释没有界定彩礼的范围。我国以往司法判例多是基于下列四类支出用途来判断是否属于彩礼：(1)习俗给付；(2)以结婚为目的；(3)价值较高且具有特殊含义的财物；(4)举办婚宴、拍摄婚纱照等支出。[①] 因此，对于红包、小额转账、衣服等物品，通常认定为男女交往中的正常赠与；

① 参见陈晓卓：《彩礼返还的法律问题研究——以中国裁判文书网的案例为例》，载《邯郸职业技术学院学报》2020 年第 3 期。

对于拍摄婚纱、结婚宴请等属于消费性的支出，也不属于彩礼范围。同时，法院在认定彩礼时一般还考虑当地习俗，若当地没有给付彩礼的习俗，就不将相关财物的赠与认定为彩礼。有的法院还以数额大小予以界定，对于款项或价值较大的赠与，例如男方赠与女方的贵重首饰或订婚仪式、结婚仪式中的礼金等，给付数额超过给付方所在地年平均收入的2～3倍的，将其认定为“数额较大”而定性为“依习俗给付的彩礼”。

《婚姻法解释(二)》第10条规定的彩礼返还规则，是以当事人是否已缔结婚姻关系为主要判断依据。主要基于以下三种情形：(1)双方未办理结婚登记手续的；(2)双方已办理结婚登记手续但确未共同生活的；(3)婚前给付并导致给付人生活困难的。我国幅员辽阔，各地婚嫁风俗千差万别，经济发展水平参差不齐，各地法院对彩礼返还数额的认定标准不一。

司法实践中，一般还考虑以下因素：

1.针对双方虽未办理结婚登记手续但已共同生活的情形，法院以共同生活时间长短判定返还彩礼的数额。双方共同生活时间越长，彩礼返还的比例越低。有法院认为，当事人双方共同生活超过5年的，则不再返还彩礼。① 但何为共同生活？不同法院作出不同的界定，多数法院认为男女双方共同生活不仅包括性生活，还包括精神生活和物质生活，可以从以下方面综合评定：(1)男女之间是否存在性生活；(2)男女之间是否有共同的精神生活，主要是基于男女双方的相互理解和慰藉；(3)男女双方是否履行相互扶助的义务；(4)男女之间是否共同承担对其他家庭成员所负的义务。② 有的法院以双方共同承担家庭义务和照顾老人等因素予以判断。③

2.过错因素。多数法院判定，因男方过错导致双方无法共同生活的，女方彩礼返还的比例低。例如，在王某与孙某返还彩礼案中，④江苏省睢宁县人民法院认为：原、被告双方未办理结婚登记，原告要求被告返还彩礼，符合法律规定，但彩礼返还的数额应综合考虑双方分手原因，过错情况，彩礼的数额、用途及消耗情况，兼顾妇女利益等因素确定。原告王某(男)与被告孙某(女)恋爱交往、共同生活时间较长，鉴于2020年5月被告孙某流产等情形，原告陈述因被告与异性有不正当关系故提出分手，但未向法庭提供任何证据予以证明，相反原告直至庭审时仍与被告共同生活，可以认定原告过错程度较大。根据公平原

---

① 参见广西壮族自治区隆林各族自治县人民法院民事判决书，(2021)桂1031民初1001号；湖北省武汉市中级人民法院民事判决书，(2021)鄂01民终2732号；甘肃省正宁县人民法院民事判决书，(2017)甘1025民初268号。

② 参见河南省周口市中级人民法院民事判决书，(2020)豫16民终3278号；河北省磁县人民法院民事判决书，(2019)冀0427民初1011号。

③ 参见福建省漳浦县人民法院民事判决书，(2015)浦民初字第4833号。

④ 参见江苏省睢宁县人民法院民事判决书，(2021)苏0324民初4687号。

则，本院酌定被告孙某返还原告彩礼15,000元（彩礼返还比例约13.6%）为宜。但因女方过错而导致双方无法共同生活的，女方彩礼返还的比例高，例如，在郑某与曾某返还彩礼案中，[1]莆田市荔城区人民法院认为：本院考虑到郑某与曾某已按民俗举办婚礼且已同居生活，依照民俗，男方的目的已实现，并结合郑某与曾某共同生活的时间（约3年）、实际给付婚约彩礼的数额及当地的婚约习俗、女方（曾某）过错（出轨）等因素，酌情予以认定曾某按50%的比例返还郑某彩礼。但也有法院认为，彩礼返还与当事人过错无关，为保障婚姻自由原则，男方即使违反婚约，也可请求返还彩礼。[2]

3. 女方是否生育子女，或者经历怀孕或流产等因素。若存在这些情形，则女方彩礼返还的比例低。部分法院认为，被告流产一次，这对被告是一个极大的心理和生理的创伤，如果原告方要求被告方返还全部彩礼，也实为不妥，因此法院认为，被告方应按部分返还原告彩礼。[3]

4. 该条款的"生活困难"是以绝对生活困难，而不是相对生活困难为标准。绝对生活困难是指给付彩礼方靠自己的力量已经无法维持当地最基本的生活水平，而相对生活困难，是针对给付彩礼的前后生活水平相比。[4] 因给付彩礼导致绝对生活困难，才发生彩礼返还问题。

在彩礼返还时，是否可以与女方的陪嫁款物进行抵扣？2003年《婚姻法解释（二）》没有就此作规定。在司法实践中，多数法院认为陪嫁是女方家庭或父母对女方的赠与，属于女方的婚前财产。在女方返还彩礼给男方时，可以直接抵扣陪嫁款物后返还。[5]

二、在学理框架内对相关问题的点评

就彩礼的定性，法学界存在定金担保说、一般赠与说、附义务赠与说、附生效条件赠与说和附解除条件赠与说。定金担保说认为，当事人以给付的彩礼作为担保，能够证明婚约的成立并生效，如果婚约解除，接受彩礼方应当返还彩礼。一般赠与说认为，给付彩礼是一种赠与行为，符合赠与的法律要件，若赠与行为完成，彩礼的所有权发生了转移，赠与目的即告完成；日后发生纠纷，接受彩礼方不需要返还彩礼。附义务赠与说认为，给付彩礼的目的在于当事人双方能够缔结婚姻关系，缔结婚姻是一种义务，若当事人接受彩礼的赠与，事后不能共同缔结婚姻，则视为未能履行义务，接受彩礼方应当退还彩礼。附生效条

---

① 参见福建省莆田市荔城区人民法院民事判决书，（2020）闽0304民初1304号。

② 参见河北省保定市徐水区人民法院民事判决书，（2017）冀0609民初1769号。

③ 参见河南省固始县人民法院民事判决书，（2012）固民初字第1244号；河北省邯郸市中级人民法院民事判决书，（2021）冀04民终2359号；河北省肃宁县人民法院民事判决书，（2021）冀0926民初609号。

④ 参见最高人民法院民事审判第一庭编著：《最高人民法院婚姻法司法解释（二）的理解与适用》，人民法院出版社2004年版，第5页。

⑤ 参见湖南省泸溪县人民法院民事判决书，（2020）湘3122民初253号；湖南省怀化市中级人民法院民事判决书，（2020）湘12民终114号。

件赠与说认为，彩礼的赠与以婚姻关系缔结为生效要件，只有婚姻关系正式缔结，彩礼的赠与行为才生效并完成，彩礼的所有权才发生转移；彩礼的赠与行为具有条件性，若缔结婚姻的生效条件没有成就，则应当返还彩礼。通说观点认为，彩礼属于附解除条件赠与，即将婚约解除或成就作为彩礼给付行为的所附条件，如果婚约不解除，赠与行为继续有效，赠与物归受赠人所有；如果婚约解除即解除条件成就时，由于给付目的嗣后不存在，赠与行为失去法律效力，赠与物应予返还。以上观点均认为给付与收受彩礼的双方之间形成民事之债，是男女双方为了缔结婚姻关系所订立的赠与合同，彩礼的返还请求权建立在合同之债的返还请求权基础上。这种请求权既不违反社会公共利益和公序良俗，又对当事人的合法权益予以保护。

但法学界也存在反对观点，认为我国婚姻法明确规定婚姻自由原则，以彩礼等金钱关系作为衡量和维持婚姻关系的条件，完全改变婚姻关系的本质属性，即使赠与行为附加条件，但所附条件亦不能违反法律规定，若彩礼定性为以婚约为生效条件或解除条件的赠与行为，将违背婚姻自由原则，不应予以返还。同时，在我国婚约没有法律拘束力，属于伦理道德范畴，男女一方违反婚约而不缔结婚姻关系，不发生彩礼返还问题。①

三、本判例的规范逻辑

在本判例中法院指出，李某与常某从举办婚礼仪式到发生纠纷，双方共同生活期间较短，且未办理结婚登记手续，不存在法律认可的婚姻关系，现双方无法再继续共同生活，依据 2001 年修正的《婚姻法》第 3 条第 1 款规定“禁止借婚姻索取财物”，彩礼应予以返还。

对于常某给付李某的共计 212, 600 元款项是根据当地习俗，以其与李某缔结婚姻为目的，且数额较大，属于以期望双方结为夫妻而共同生活为目的的附条件赠与，应认定为彩礼。既然双方未办理结婚登记，也无法再继续共同生活，故对常某要求返还彩礼的请求予以相应支持。李某主张的送亲磕头红包 2000 元和婚后头趟红包 3000 元，具有礼节往来性和相互性，不认定为陪嫁款。

关于彩礼返还的具体数额，本判例认为李某娘家陪嫁的物品在性质上虽属于李某一方的财产，但考虑到当地的风俗以及财产的使用属性等情况，以作价折抵李某一方应当返还的部分彩礼款为妥，同时根据物件购置时间并参考相关购置价格等因素，酌情抵扣彩礼的部分款项后，法院判决李某返还彩礼 157, 000 元。

四、本判例的意义

本判例将彩礼定性为男女双方以缔结婚姻而共同生活为条件的赠与，这种赠与的前提是将来双方缔结婚姻关系，属于“附解除条件赠与”。而本案因双方未办理结婚登记且

---

① 参见陈益群：《论习惯和法律在司法领域中冲突与互动　兼谈司法公正的评价立场》，载《法律适用》2005 年第 1 期。

无法继续共同生活，属于"给付目的不成立或解除条件成就"所导致的彩礼返还，依据《婚姻法》第3条"禁止借婚姻索取财物"，确立彩礼返还请求权成立。本判例在彩礼的认定上，主张根据当地习俗，以缔结婚姻为目的，且给付数额较大的款物为彩礼；对于给付数额较小的男女双方礼节性和相互性的款物，则不认定为彩礼。在彩礼的返还数额问题上，本判例以男女双方共同生活的时间为前提，考虑到当地的风俗以及财产的使用属性等情况，将女方的陪嫁款物作价在应当返还的彩礼款予以抵扣后返还余下彩礼款项。

五、后续判例和规范的发展

给付聘礼以订立婚约是中国长久以来的婚礼习俗，但我国《婚姻法》没有就此作出规定，《婚姻法解释（二）》第10条是解决彩礼问题的主要依据。但是，该司法解释在关于彩礼的认定问题上，以"按照习俗给付的彩礼"作为彩礼的判断标准；在决定是否返还彩礼的问题上，以当事人是否缔结婚姻关系作为主要判断依据。而针对当事人给付彩礼的主观意愿，彩礼返还纠纷的诉讼主体，彩礼返还请求权的规范性，彩礼返还的性别关怀和女性权益保护，以及完善婚约制度，赋予无过错方赔偿请求权等问题均未予以明确规定。

《民法典》婚姻家庭编没有明确规定婚约和彩礼问题。第1042条第1款在"禁止的婚姻家庭行为"中规定"禁止借婚姻索取财物"，这不宜直接理解为是对彩礼的规定。从学理上分析，"借婚姻索取财物"与"彩礼"存在区别，"借婚姻索取财物"是一方索要的财物数额明显高于按当地婚前给付钱财的习俗的一般水平，抑或索要方并无与对方缔结婚姻的真实意思。而"彩礼"是男女在缔结婚姻过程中，基于习俗由男方给付女方或其父母的金钱或实物，以此作为婚约或婚姻成立的程序和标志。① 因此，借婚姻索取财物属于法律禁止性行为，而彩礼基于传统婚嫁习俗的考虑，《民法典》未明文予以禁止。最高人民法院《民法典婚姻家庭编解释（一）》第5条规定与《婚姻法解释（二）》第10条基本一致。

在《民法典》及其司法解释2021年1月1日生效后，多数法院仍然坚持本判例的基本裁判逻辑，以是否缔结婚姻关系为判断依据决定是否返还彩礼。女方收受的款物数额价值较小的，属于以此增进男女双方感情而促成婚姻的成立的无偿赠与行为，不发生返还问题；女方收受的数量价值较大的财物，不必然转化成女方的个人财产，在性质上属于以结婚为目的的附条件的赠与，在双方无法继续共同生活或解除婚约时可以请求返还。

最高人民法院在2023年11月公布了《审理彩礼案件的规定》（2024年2月1日施行），该司法解释根据《民法典》，结合司法审判经验，规定了彩礼返还的情形：（1）一方以彩礼为名借婚姻索取财物，另一方要求返还的，人民法院应予支持；（2）双方已办理结婚登记且共同生活，离婚时一方请求返还按照习俗给付的彩礼的，人民法院一般不予支持。但是，如果共同生活时间较短且彩礼数额过高的，人民法院可以根据彩礼实际使用及嫁妆情

① 参见薛宁兰、谢鸿飞主编：《民法典评注：婚姻家庭编》，中国法制出版社2020年版，第26页。

况,综合考虑彩礼数额、共同生活及孕育情况、双方过错等事实,结合当地习俗,确定是否返还以及返还的具体比例;(3)双方未办理结婚登记但已共同生活,一方请求返还按照习俗所给付彩礼的,人民法院应当根据彩礼实际使用及嫁妆情况,综合考虑共同生活及孕育情况、双方过错等事实,结合当地习俗,确定是否返还以及返还的具体比例。可见,在《民法典》生效后的上述司法解释,仍然以结婚登记和共同生活为彩礼返还的基本条件,综合当地习俗,确定是否返还以及返还的具体比例。

005. 男方给付的“彩礼”，女方一定要返还吗？*

谢某与王某婚约财产纠纷案‖广东省高级人民法院再审民事判决书，(2020)粤民再94号

事实概要

王某(男)与谢某(女)经亲属做媒而结识。2015年10月1日，王某与谢某订婚，双方家人商谈后确定彩礼为198,000元。其后，谢某到王某家居住。2015年10月5日，王某通过父亲的银行账户向谢某转账支付了彩礼198,000元。2016年8月谢某生育一女。2016年9月22日，谢某与王某的家人发生矛盾后报警处理。2017年某日，谢某带着女儿离开江西，来到广东省佛山市顺德区现户籍地居住。其间，王某通过微信多次向谢某另外支付一些款项，其中在2017年3月17日通过银行向谢某转账支付10,000元。由于王某与谢某因在买房买车等问题上发生纠纷，双方一直没有登记结婚。王某向法院提起诉讼，要求谢某返还彩礼208,000元。一审和二审法院均认为198,000元为彩礼，判决谢某应返还10万元，再审法院则判决谢某无须返还彩礼。

判决要旨

本案当事人双方在江西订婚时，当地客观存在迎亲嫁娶前给付彩礼的习俗，王某支付198,000元给谢某是以缔结婚姻为目的，顺应当地风俗习惯而实施的支付彩礼行为。因双方没有办理结婚登记手续，王某依据2003年《婚姻法解释(二)》第10条①规定，要求谢某返还彩礼。法院认为，在习俗观念中婚姻关系的实质在于男女双方是否共同生活，结婚登记为法律形式要求。在处理按照习俗支付的彩礼应否返还及返还数额的问题时，人民法院应以双方是否共同生活、未办理结婚登记手续的原因、彩礼的数额、生育子女的情况、财

---

* 张华贵，西南政法大学民商法学院副教授。

① 2003年《婚姻法解释(二)》第10条规定：“当事人请求返还按照习俗给付的彩礼的，如果查明属于以下情形，人民法院应当予以支持：(一)双方未办理结婚登记手续；(二)双方办理结婚登记手续但确未共同生活；(三)婚前给付并导致给付人生活困难。适用前款第(二)(三)项的规定，应当以双方离婚为条件。”

产使用情况、对家庭贡献大小等作为考量依据。本案当事人虽然没有办理正式的婚姻登记手续,但是已经按照当地风俗订婚并共同生活近两年,且育有一女。双方未能办理结婚登记手续不能归责于单独一方的过错。谢某自女儿出生后放弃工作,全职抚养女儿,对家庭生活付出较多。因此再审法院撤销了原审法院判决谢某酌情返还10万元彩礼的判决,认定谢某无须返还上述198,000元彩礼给王某。

| 判例评析 |

一、既往相关判例与观点

对彩礼返还纠纷的处理,主要涉及对彩礼范围认定、返还比例确定,而在确定彩礼返还比例时,往往会考量双方的过错情况、嫁妆情况、生育子女情况、同居时间长短等。司法实践中,对前述问题的裁判,各地法院存在不同结果。

(一)彩礼范围认定的裁判观点

关于彩礼范围认定,主要裁判观点和理由有下列三种:

1. 按照当地习俗确认是否属于彩礼。法院判决一般是按照当地的习俗进行认定。在刘某与吕某婚约财产纠纷案中,河南省漯河市中级人民法院认为,结婚仪式当天刘某支付给吕某的上车礼1100元,下车礼200元、行礼时支付的8000元礼金,按照当地的风俗属于男女双方举行结婚仪式时男方对女方的礼节性赠与,女方可不予返还。双方见面仪式上给付的9200元礼金,商定结婚仪式时给付的10,000元礼金,以上19,200元属于彩礼,因为没有办理结婚登记,吕某应当予以返还。①

2. 以当事人是否具有缔结婚姻的目的认定。在张某与宋某1、宋某2、王某的婚约财产纠纷案中,广西壮族自治区河池市中级人民法院认为,男方送给女方的猪、米、糖、烟、酒、果、火炮、衣服、婚纱、化妆费、请人吹八仙、请婚车等物品和服务是双方在按照当地风俗定亲要八字、举办婚礼宴请宾客的过程中共同消费使用,加之双方举行婚礼后曾有过短暂的共同生活,因此,上述财物不属男方张某以缔结婚姻为目的而给付宋某1等人的"彩礼"范畴。张某支付给女方的40,000元礼金、5000元衣服钱、5500元鞋子钱是以结婚为目的而给付的钱财,属于彩礼,应当返还。② 在张某与徐某婚约财产纠纷案中,甘肃省天水市中级人民法院认为,男方给女方结婚所需的费用4000元、带花钱和开箱钱120元不属于彩礼,不需要返还。③

3. 以财物的价值认定。在梁某与李某的婚约财产纠纷案中,安徽省宿州市中级人民

---

① 参见河南省漯河市中级人民法院民事判决书,(2011)漯民二终字第77号。

② 参见广西壮族自治区河池市中级人民法院民事判决书,(2017)桂12民终1855号。

③ 参见甘肃省天水市中级人民法院民事判决书,(2013)天民一终字第091号。

法院认为,彩礼系婚约关系一方当事人给付对方金额较大财物。本案中,李某给付梁某见面礼 11,000 元、购买金项链、金手镯、钻戒、挂件等价值 21,206 元的“三金”花费、订婚当日通过媒人送的彩礼款 60,000 元、婚前折礼款 40,000 元均属彩礼款范畴。[①] 在宋某与孙某的婚约财产纠纷案中,法院认为男方给女方肉钱 1000 元、压箱钱 400 元不属于彩礼。[②]

(二)关于彩礼返还比例的裁判观点及理由

关于彩礼返还比例,有下列几种裁判观点和裁判结果:

1. 未结婚登记且未共同生活的,应全部返还。由于在相关司法解释明确规定中,未登记结婚应当返还彩礼,因而不少法官认为此种情形应当全部返还彩礼,其判决不考虑当事人的特殊情况,只要认定为彩礼,且双方没有结婚就应当返还。例如,在山西省太原市的席某与杨某婚约财产纠纷案中,由于席某与杨某并未登记婚姻,彩礼应当予以返还。判决对款项属于彩礼或是赠与作出了区分,并排除了双方共同花费的款项,但是对当事人提出的未缔结婚姻的原因与过错不置一词,此案经历了一审、二审维持原判[③]和驳回再审申请[④],在这三份民事判决书中,法院都严格适用 2003 年《婚姻法解释(二)》第 10 条规定,主张没有结婚,就应当返还彩礼。

2. 适当返还或者不予返还。在确定返还彩礼时,要考量当事人是否结婚、当地习俗、当事人过错情况、共同生活时间长短等情况确定返还比例及返还与否。例如,在安徽省淮北市中级人民法院审结的马某某与梁某某婚约财产纠纷案中,马某某和梁某某通过网络认识,同年开始同居生活。在双方按照当地风俗习惯举行了结婚仪式后,马某某的母亲董某甲通过银行转账的形式交付梁某某彩礼 2 万元。共同生活期间梁某某流产一次。后双方发生争吵,梁某某便离开马某某家。回娘家居住至今。马某某起诉要求梁某某返还全部彩礼。法官认为,本案双方当事人虽未办理结婚登记手续,但已举行结婚仪式,双方以夫妻名义共同生活时间较长,且在其同居生活期间,梁某某怀孕并流产,在生活中梁某某亦支出部分款项。对马某某要求梁某某返还彩礼的诉讼请求,法院部分予以支持,判决女方返还法院认定的 2 万元彩礼中的 1 万元。[⑤] 在宋某与孙某的婚约财产纠纷案[⑥]中,男方宋某在 2015 年 2 月与孙某订立婚约,并给付女方彩礼现金 26,000 元(其中男方给的肉钱 1000 元、压箱钱 400 元,法院未认定为彩礼)。双方约定:“若男方提出退婚,彩礼不予返还;若女方提出退婚,彩礼全部返还。”订婚后不久,二人发生口角,宋某悔婚,并起诉至法

① 参见安徽省宿州市中级人民法院民事判决书,(2020)皖 13 民终 2921 号。

② 参见河南省鹿邑县人民法院民事判决书,(2016)豫 1628 民初 1961 号。

③ 参见山西省太原市中级人民法院民事判决书,(2016)晋 01 民终 137 号。

④ 参见山西省高级人民法院民事裁定书,(2017)晋民申 130 号。

⑤ 参见安徽省淮北市中级人民法院民事判决书,(2014)淮民一终字第 00316 号。

⑥ 参见河南省鹿邑县人民法院民事判决书,(2016)豫 1628 民初 1961 号。

院，要求孙某返还全部彩礼。河南省鹿邑县人民法院认为，双方未登记结婚，宋某主张孙某返还按照习俗给付的彩礼，人民法院应予支持。法院按照公平原则及当地习俗，判令酌情减少彩礼返还数额，女方返还彩礼 26,000 元中的 15,000 元。在过错认定上存在例外，如果是婚姻(同居)当事人以外的人，比如男方的父母提起诉讼，要求返还彩礼的情况下，法院往往不考虑婚约当事人的过错。比如，在甘肃省庆阳市中级人民法院审结的李某某与贾某 1、贾某 2 婚约财产纠纷案中，李某某之子梁某某经人介绍与贾某 2 建立恋爱关系，订婚后双方未经登记即同居生活。后贾某 2 多次借故外出，且与梁某某因生活琐事发生矛盾，再次外出至今未归，为此李某某诉至法院要求返还彩礼及因婚花费共计 9 万元。虽然贾某 2 已经举证证明梁某某在共同生活中经常对其施暴，并导致其流产，根据本案证据以及生活常识，可判断婚约解除的全部过错或大部分过错在于梁某某，但是法院的判决并未认定该过错，也并未因此而调整彩礼返还的数额。① 在甘肃省庆阳市中级人民法院审结的马某 1 与李某 1、刘某的婚约财产纠纷案②中，2011 年 11 月马某 1 的儿子马某 2 与李某 2 结婚，马某 1 支付李某 1、刘某彩礼 62,800 元后，马某 2 与李某 2 登记结婚，不久因夫妻感情不睦发生纠纷，马某 2 提起离婚诉讼，法院判决马某 2 与李某 2 离婚。后马某 1 提起婚约财产纠纷之诉，一审判决李某 1、刘某返还彩礼 50,240 元。李某 1 和刘某不服判决，提起上诉，认为马某 2 多次对李某 2 实施家庭暴力是导致李某 2 离家的主要原因，但法院对此均未反映。法院认为：本案是婚约财产纠纷案，判决彩礼是否返还及返还数额主要是考虑婚姻形式是否符合法定要求，婚后共同生活时间及因彩礼给付金额是否造成给付方生活困难，家庭暴力不是婚约财产纠纷案件判决彩礼返还与否的法定理由。二人结婚时间较短，现已经离婚，李某 1、刘某收取马某 1 的彩礼数额较大，对于农村家庭势必造成一定经济负担。原判结合上述因素判处彩礼返还适当，认为男方对女方的家庭暴力导致婚姻的维持时间的短暂并非婚约财产纠纷案件的法定理由，在男方父亲提起的婚约财产之诉中，不予考量。

司法实践中，存在大量当事人认为需要适用当地彩礼习惯的起诉意见、答辩意见或上诉意见。彩礼中受到普遍认同的习惯为："婚约解除系由于男方过错的，女方不需要返还彩礼；若是女方过错导致，则女方需要返还彩礼。"从该习惯可反映出，婚约当事人普遍认为过错应纳入彩礼返还的考量，但在裁判文书中，此类约定或习俗往往没有被直接认同，法官只能依据公平原则予以考量。

上述案例显示，有些法院坚持法律的文义解释，认为只要司法解释没有规定的情形即不应纳入彩礼返还考量的范畴，但也有些法院考量当事人过错等因素决定返还的数额，以寻求双方利益的平衡与公正。

---

① 参见甘肃省庆阳市中级人民法院民事判决书，(2014)庆中民终字第 301 号。

② 参见甘肃省庆阳市中级人民法院民事判决书，(2014)庆中民终字第 23 号。

二、在学理框架内对相关问题的点评

（一）彩礼的概念界定

“彩礼”是依习俗订婚时男家送给女家的礼物，[①]又称财礼、聘礼、聘财、纳币，其源于古代的“六礼”（即纳彩、问名、纳吉、纳征、请期、亲迎）中的纳征。[②] 纳征是男方向女方赠送贵重财物作为订婚的正式聘礼，是宣告婚事已定的主要程序，因而受到社会的承认和保护。[③] 但是，在现代社会，彩礼已不具有证明婚姻是否合法的意义；彩礼的给付不再被认为是婚姻是否合法的标志，也不具有填补女方经济损失的功能，彩礼的传统功能已经衰落；彩礼不再是两个家庭之间礼节性的礼物交换或者支付手段，而是财富从上一代往下一代转移的新途径。[④] 彩礼是指男女双方达成了将来要结婚的合意，根据当地习俗，当事人一方（主要是男方）付给另一方（主要是女方）及其亲属的财物。给付人可能是男方本人，也可能是男方的父母等亲属。收受彩礼的一方可能是女方，也可能是女方的父母等亲属。我国当今社会仍然有部分地区流行给付彩礼的习俗。例如，安徽省砀山县的彩礼习俗被称为“城南城西产粮区，万紫千红一片绿”，林林总总加起来至少 15 万元[⑤]；在山东部分农村地区的彩礼需用秤称百元金额的人民币 3 斤 3 两。[⑥] 随着社会的发展，彩礼问题逐渐引发了一系列的社会问题，一是过高的彩礼加重了男方家庭的负担，导致一些家庭为了支付彩礼负债累累；二是有人将彩礼的多少作为衡量婚姻价值的标准，扭曲了婚姻的本质；三是有的人通过索取高额的彩礼敛财，不仅违背了婚姻的伦理道德，也严重影响了社会的公平正义。

（二）处理彩礼返还纠纷的基本原则

法律原则是指构成法律基础和根源的总的或者根本性的规则与原理。[⑦] 由于彩礼返还纠纷的复杂性，再加上司法解释既没有明确返还彩礼是全部返还还是部分返还，也没有明确“酌情返还”时考量因素，因此，需要明确彩礼问题的基本原理以指导司法实践，避免过度自由裁量的出现。有的学者提出，处理彩礼返还纠纷应坚持平等、过错、酌情返还三原则。[⑧]

---

① 参见中国社会科学院语言研究所词典编辑室编：《现代汉语小词典》，商务印书馆 1980 年版，第 100 页。

② 参见李洪祥：《彩礼返还之规定的社会性别分析》，载《法学杂志》2005 年第 2 期。

③ 参见张希坡：《中国婚姻立法史》，人民出版社 2004 年版，第 21 页。

④ 参见李付雷：《论彩礼的功能转化与规则重构》，载《中国社会科学院研究生院学报》2021 年第 1 期。

⑤ 参见阚枫：《新春返乡见闻："彩礼之痛"致脱贫农民一夜返贫》，载中国新闻网，http://www.chinanews.com/gn/2016/02-12/7754270.shtml。

⑥ 参见李昭翼：《山东部分农村彩礼拿秤称，一般是 3 斤 3 两百元大钞》，载央广网，http://news.cnr.cn/native/gd/20160223/t20160223_521439230.shtml。

⑦ 参见谭启平主编：《中国民法学》，法律出版社 2015 年版，第 50 页。

⑧ 参见最高人民法院中国应用法学研究所编：《案例解读婚姻法司法解释（三）》，人民法院出版社 2011 年版，第 24 页。

笔者认为,处理彩礼返还纠纷应坚持遵循当地习俗原则、照顾无过错方原则、平等原则和利益衡平原则。

所谓遵循当地习俗原则,是指处理彩礼返还纠纷要按照当地的习俗来认定彩礼范围和返还的多少。2001 年《婚姻法》和《民法典》都没有规制彩礼返还,《民法典婚姻家庭编解释(一)》完全引入了 2003 年《婚姻法解释(二)》的相关规定,仍然将给付彩礼的依据限定于"按照习俗给付"。事实上,当事人订婚、给付彩礼、解除婚约多半是按照当地习俗进行的,对彩礼返还的处理也存在一些乡规民约。因此,处理彩礼返还返问题也就应当适当遵循当地的风俗习惯,在彩礼认定、彩礼范围、是否返还彩礼以及彩礼返还比例等方面,都应当遵循当地的风俗习惯。[①] 当地存在给付彩礼习俗是适用司法解释条款的前提,确系有客观存在的习俗时才得以适用该条规定。如果非因习俗存在,而是恋爱过程中男方出于对女方的爱慕而自愿赠与的财物,则一般不得主张返还。[②] 所谓照顾无过错方原则,是指在处理彩礼返还纠纷中,要考虑当事人双方在婚姻缔结过程中的过错程度,在返还彩礼及返还的金额确定上,让无过错方不承担责任或者少承担责任。在彩礼返还纠纷中,往往是因当事人一方或者双方存在严重过错,导致当事人不能结婚或者离婚的情形,从而影响一方的信赖利益损失或者其他的财产损失。在处理婚约财产纠纷时,需要理清当事人发生纠纷的原因,查明当事人是否存在过错导致无法结婚或者离婚,要保护无过错方的利益。如果是彩礼给付一方存在过错,接受彩礼的一方可以不还或者少还钱款。反之,如果是接受彩礼的一方有过错,应当较多返还或者全部返还。因此,判断当事人是否存在导致二人分手的过错以及过错的严重程度,关系到返还的份额认定,这样才能公平地处理彩礼纠纷。所谓平等原则,是指要平等保护各方当事人的利益。平等是指法律确保所有参与民事活动的当事人都平等地享有主体资格,在一切民事活动中,各方当事人地位平等,任何一方均不得将自己的意志强加给对方。[③]《民法典》第 4 条明确规定:"民事主体在民事活动中的法律地位一律平等。"在彩礼返还纠纷中,不论当事人何方提供的彩礼都应当受到同等法律保护。之所以要将平等原则作为处理彩礼返还纠纷的基本原则,是因为根据民法的基本原理,当事人在民事活动中法律地位平等,这也是世界各国立法的普遍规定。[④] 在彩礼返还纠纷处理中,应当对当事人双方的权利进行平等保护。所谓利益衡平原则是指要对当事人双方的利益进行考量,公平决定彩礼的返还。在彩礼返还纠纷中,涉及的当事人可能不仅仅是男女双方本人,可能还涉及双方的父母。有人通过对 95 份裁判文书的实证分析发现,诉讼主体仅为男女双方的仅占 31.58%,为男女双方及父母的占 64.21%,

---

① 参见徐静莉、王坤:《婚姻法前沿问题研究》,知识产权出版社 2016 年版,第 63 页。

② 参见陈爱武主编:《最高人民法院婚姻法司法解释精释精解》,中国法制出版社 2016 年版,第 120 页。

③ 参见谭启平主编:《中国民法学》,法律出版社 2015 年版,第 54 页。

④ 参见张华贵主编:《夫妻财产关系法研究》,群众出版社 2017 年版,第 65 页。

为男女双方和其他利害关系人的占4.21%。[①] 在第二种类型中，女方及女方父母这一情形最多。因此，彩礼可按照接受的主体分为“女方获得的彩礼”和“女方亲属获得的彩礼”，[②]彩礼常常是男方给予女方，或者是女方及父母共同接受。同样，给付彩礼的一方，可能是男方本人，也可能是男方父母等亲属。这些人都有可能成为彩礼纠纷中的诉讼主体。依照法律规定，民事诉讼的当事人是指因民事权利义务发生争议，以自己的名义进行诉讼，要求法院行使民事审判权的人及其相对人。[③] 在彩礼返还纠纷中，既要考量婚姻当事人的状况，也要考量出资人和接受人的情况，在对各方当事人情况进行综合分析后，根据具体情况平衡保护各方的利益。综合当地习俗、彩礼数额、彩礼来源、给付彩礼方的经济情况，提供彩礼的动机和接受彩礼方的经济状况、索要彩礼动机，双方是否共同生活、是否生育子女等因素，确定彩礼返还的比例，充分发挥法律评价的预防、指引和教育作用。

（三）彩礼的范围

正确界定彩礼范围，是处理彩礼返还纠纷的前提。各地的风俗习惯有所不同，给付彩礼的金额大小不一，赠送实物的多少和价值各不相同，导致法院认定标准不同。学术上对此问题的认识也有不同观点。康娜、[④]孙梦娇、李拥军[⑤]等学者认为，按照文义解释，当事实符合司法解释的三种情形时，接受彩礼方就应当全部返还彩礼。有学者列举了当前认定彩礼需要考量的因素，认为应当仅按当地是否有给付彩礼的习俗、是否具有结婚目的、财物的贵重程度或赠受时间进行判定等。[⑥] 也有学者认为，以缔结婚姻为目的的贵重财物以及有家族传承意义的财物应当被认定为彩礼，一般价值的财物、人情礼节支出、共同消费应当予以排除。[⑦] 各地法院在裁判案件中的认定也并不一致。

笔者认为，认定彩礼范围应当从以下几个方面考量。首先，看当地是否存有给付彩礼的习俗。如若当地有给付彩礼的习俗，则可根据当地习惯认定彩礼的范围。一般说来，一个地方如果存在给付彩礼的习俗，通常这一习俗也包括彩礼的数额。如果所给付的彩礼数额超过了当地习俗中的彩礼金额，超过的部分应当按照借婚姻索取财物对待，不能认定

---

① 参见林兴勇：《彩礼返还的司法困境及解决路径——基于95份裁判文书的实证分析》，第八届中国婚姻家事法实务论坛论文，2021年4月于北京。

② 参见张学军：《彩礼返还制度研究——兼论禁止买卖婚姻和禁止借婚姻索取财物》，载《中外法学》2006年第5期。

③ 参见《民事诉讼法学》编写组：《民事诉讼法学（第2版）》，高等教育出版社2018年版，第79页。

④ 参见康娜：《婚约彩礼习惯与制定法的冲突与协调——以山东省为例》，载《民俗研究》2013年第1期。

⑤ 参见孙梦娇、李拥军：《善良风俗在我国司法裁判中的应用现状研究》，载《河北法学》2018年第1期。

⑥ 参见黄小筝：《彩礼返还纠纷司法裁判的“法”与“理”》，载《湘潭大学学报（哲学社会科学版）》2015年第3期。

⑦ 参见吴娟：《解除同居关系后彩礼返还的法律分析》，载《东南大学学报（哲学社会科学版）》2017年第19期。

为彩礼;符合当地风俗的,应当予以认定为彩礼。其次,看当地经济发展水平和当事人的经济状况。当今社会,存在有的人利用结婚索要天价彩礼,导致着急结婚的一方为了达到成婚的目的,不得不答应对方要求,使得给付方债台高筑甚至陷入深度贫困的局面。这种情形已经严重影响社会的和谐稳定,应当将超过部分认定为借婚姻索取财物,收受财物方必须返还支付方。最后,应考虑财物的用途价值,应排除价值不大的消费性物品。男女双方在婚前交往过程中,一般都存在相互赠送财物的行为和共同消费(如一起吃饭等),可能收彩礼的一方将所收的钱款用于二人的共同生活,如果大大小小的给付都纳入彩礼的话,不利于公平保护当事人的利益。如果男方支付的财物是用于举办二人订婚仪式或者结婚仪式的,或者是用于二人共同消费及一般人情花费,则相关财物不属于彩礼,应当予以排除。裁判文书中认定彩礼范围时作出这种排除的比较多。例如,有判决认为:买狗及鞋子的400元系男方按当地习俗为祈福而产生的必要开支,并非系为结婚而给付,不属于彩礼范围;男方给付伴娘的1200元系婚礼的礼节性开支,不属于彩礼范围;男方亲戚在迎娶女方进门后给女方的19,600元,不符合彩礼给付的主体要求,应视为上诉人一方的亲戚对韦某2的赠与,不予返还;化妆费1788元,该费用系为婚礼更加隆重、出彩及富有纪念意义的开支,不属于彩礼的范围,该部分费用法院不予支持返还。[①] 对于彩礼,若单纯从习俗认定有可能扩大或者缩小彩礼的范围,不利于维护一方或双方的利益,且无法达到抑制天价彩礼的效果。既要抑制天价彩礼,也要维护当事人的正当利益。

(四)彩礼返还数额的确定

关于如何确定返还的数额或者比例的问题,有法院的裁判指引中明确判断彩礼返还数额应当结合彩礼的数额、男女双方共同生活时间长短、有无子女、过错程度、当地风俗和经济水平等因素综合认定,并且对一些特殊情况的彩礼返还比例进行了规定。[②] 2003年《婚姻法解释(二)》第10条只是明确了应当返还,但没有明确是全部返还还是部分返还彩礼数额。

笔者认为,在确定彩礼返还数额上要综合从彩礼数额大小、是否结婚、是否共同生活、是否生育子女、过错程度、当地的经济发展水平、当事人的经济状况等综合进行认定。对于彩礼返还比例,许多法官为使案件得到公正与双方利益得到平衡的结果,并未轻率的认定彩礼全部返还或者不予返还,而是依托于法律原则对案件事实进行评判。若一类案件的大部分情形仅能依靠法律原则予以解决,法律原则的过多运用将有可能导致案件裁判道德化的风险,并且此类案件的裁判将导致司法的确定性以及权威性缺失。有法官撰文

① 参见广西壮族自治区河池市中级人民法院民事判决书,(2017)桂12民终1408号。

② 参见《商丘市中级人民法院关于审理婚约财产纠纷案件的裁判指引(试行)》(2020年)第5条。

提出："法官在裁判时可以参考同一地区中类似案件的裁判情况以及裁判效果。"①由于涉及彩礼的案件具有地区性，因此参照同一地区的案例具有一定意义，但同一地区其他法院所下判决未必合法合理，对于彩礼返还金额的判定亦未必实现了当事人之间的利益平衡，若仅是为了实现同一地区同案同判而参照，易顾此失彼。也有法官认为需要衡量双方的利益而非简单适用法条，也有的判决书中认为要综合各方面的情况，决定彩礼返还数额时要考量彩礼数额的多少，双方是否同居生活及共同生活时间的长短，是否生育子女，未能结婚的原因等因素。有法官认为在彩礼返还规则尚未得到立法的完善之前，法官不能生硬适用法条，而是应当有一定的灵活性。② 最高人民法院回应人民关切，全面总结近年来的司法实践经验，经过充分调研，反复论证、广泛追求意见，制定了《审理彩礼案件的规定》。这一司法解释也体现了这种"灵活性"，在确定彩礼返还比例的时，根据是否登记结婚，分两种情形处理。一是如果双方已办理结婚登记且共同生活，离婚时一方请求返还按照习俗给付的彩礼的，人民法院一般不予支持。但是，如果共同生活时间较短且彩礼数额过高的，人民法院可以根据彩礼实际使用及嫁妆情况，综合考虑彩礼数额、共同生活及孕育情况、双方过错等事实，结合当地习俗，确定是否返还以及返还的具体比例。人民法院认定彩礼数额是否过高，应当综合考虑彩礼给付方所在地居民人均可支配收入、给付方家庭经济情况以及当地习俗等因素。二是双方未办理结婚登记但已共同生活，一方请求返还按照习俗给付的彩礼的，人民法院应当根据彩礼实际使用及嫁妆情况，综合考虑共同生活及孕育情况、双方过错等事实，结合当地习俗，确定是否返还以及返还的具体比例。

三、本判例的规范逻辑

在处理按照习俗支付的彩礼应否返还及返还数额的问题时，人民法院应以双方是否共同生活、未办理结婚登记手续的原因、彩礼的数额、生育子女的情况、财产使用情况等作为考量依据。本案中，谢某虽未与王某正式办理的婚姻登记手续，但是双方已经按照当地风俗订婚并共同生活近两年且育有一女。双方未能办理结婚登记手续不能归责于单独一方的过错。谢某自女儿出生后放弃工作全职抚养女儿，对家庭生活付出较多。综合上述情形，并按照"应照顾妇女、儿童的利益"的法律原则，再审法院判决谢某无须返还彩礼。

四、本判例的意义

（一）处理彩礼返还纠纷不能机械照搬司法解释的规定

按照2003年《婚姻法解释（二）》第10条规定，谢某与王某在给付彩礼之后，没有办理结婚登记手续，男方提出返还彩礼的请求，应当判定女方返还彩礼。但在本案中，二人虽

① 年颖、尹秀峰：《婚约财产纠纷中对彩礼返还的法律认定》，载《人民法院报》2017年11月8日，第7版。

② 参见张瑞：《解除同居关系时彩礼应否返还》，载《人民司法》2016年第32期。

然没有办理结婚登记,但举办了订婚仪式,在一起共同生活近两年,还生了子女。在这种情况下,法院如果支持男方返还彩礼的请求,对女方而言太不公平。尤其在现代社会,婚姻不再是人们家庭生活的唯一选择,非婚同居、同性结合等多元生活方式已经成为传统婚姻的补充。[①] 现实生活中,有不少人选择同居生活而不去结婚登记。也有一些地方在习俗观念中认为婚姻关系的实质在于男女双方共同生活,而不是去办理结婚登记。有的地方法院直接作出了变通性的规定,例如,江西省高级人民法院《关于审理婚姻家庭纠纷案件适用法律若干问题的解答》第19条规定:“双方共同生活时间超过两年或已生育子女,因感情破裂提出分手或离婚的,一方要求对方返还彩礼的,不予支持。”[②]

(二)彩礼返还的数额确定要综合考量各方面的因素

本案判决书中明确在处理按照习俗支付的彩礼应否返还及返还数额的问题时,人民法院应以双方是否共同生活、未办理结婚登记手续的原因、彩礼的数额、生育子女的情况、财产使用情况等作为考量依据。本案中,谢某虽未与王某办理正式的婚姻登记手续,但是双方已经按照当地风俗订婚并共同生活近两年且育有一女。双方未能办理结婚登记手续不能归责于单独一方的过错。谢某自女儿出生后放弃工作全职抚养女儿,对家庭生活付出较多。因此,再审法院认为谢某无需返还彩礼。这对彩礼返还的数额确定有借鉴作用,即不能简单从是否结婚,是否同居,是否造成给付方生活困难来确定返还数额,还要综合考量彩礼的数额、双方的经济状况、彩礼的使用情况与是否生育子女等因素。

五、后续判例和规范的发展

《民法典婚姻家庭编解释(一)》第5条[③]沿用了原司法解释关于彩礼返还的规定。进入2021年以后,法院在彩礼范围的认定及返还数额的确定上,仍然存在不同的认定和处理。在2021年4月湖南省衡阳市珠晖区人民法院审结的陈某与宋某婚约财产纠纷案[④]中,法院判决认定男方在与女方认识5个月后,到女方家发给女方4999元红包,给女方父母、哥哥、侄子发了5000元红包,共计支出红包9999元。两天后男方再次发给被告20,000元红包。法院认为,原告给付给被告的红包共计29,999元,系基本以结婚为目的给付的钱财,应认定为彩礼,被告应当酌情予以退还,结合本案案情,以退还25,000元为宜。同是2021年4月,在湖北省石首市人民法院审结的某案件中,双方于2019年4月经人介绍相识恋爱,2019年6月18日原告应被告要求,向被告姐姐张某香微信转账50,000

---

① 参见陈苇主编:《当代中国内地与港、澳、台婚姻家庭法比较研究》,群众出版社2012年版,第203页。

② 江西省高级人民法院《关于审理婚姻家庭纠纷案件适用法律若干问题的解答》(2008年)。

③ 《民法典婚姻家庭编解释(一)》第5条规定:“当事人请求返还按照习俗给付的彩礼的,如果查明属于以下情形,人民法院应当予以支持:(一)双方未办理结婚登记手续;(二)双方办理结婚登记手续但确未共同生活;(三)婚前给付并导致给付人生活困难。适用前款第二项、第三项的规定,应当以双方离婚为条件。”

④ 参见湖南省衡阳市珠晖区人民法院民事判决书,(2021)湘0405民初407号。

元作为彩礼，后又陆续给付被告47,360元，共计97,360元。法院认定，原告向被告转账5万元，根据本地婚俗习惯，符合当地彩礼特征，故原告向被告转账的5万元可认为是彩礼；其余不认定为彩礼。①

彩礼返还一直是社会关注度比较高的问题，在《婚姻法解释（二）》征求意见的过程中，对彩礼问题如何规定的部分收集到的群众意见最多，最集中。②

① 参见湖北省石首市人民法院民事判决书，(2021)鄂1081民初353号。

② 参见最高人民法院民事审判第一庭编著：《最高人民法院婚姻法司法解释（二）的理解与适用》，人民法院出版社2004年版，第90页。

006. 短暂共同生活且生育子女后，女方拒绝办理结婚登记的，男方可否请求返还彩礼？*

谢某、谢某忠诉王某容、叶某秀、王某雄婚约财产纠纷案‖福建省寿宁县人民法院民事判决书，(2019)闽0924民初475号

| 事实概要 |

2016年初，谢某（男，原告1）与王某容（女，被告1）经人介绍认识。双方于2016年9月举办订婚仪式。订婚当天，谢某、谢某忠（原告2，系谢某的父亲）根据当地风俗，在介绍人见证下，按照订婚礼单所列项目悉数向王某容、叶某秀（被告2，系王某容的母亲）、王某雄（被告3，系王某容的父亲）支付彩礼共计人民币160,469元（其中抚养酬金100,600元，送亲肉价9900元，黄金首饰32,749元，送亲饼价7920元，迎亲礼担6000元，送亲礼果3300元）。订婚后，谢某与王某容共同生活，于2017年8月非婚生育一子王某。后因双方争吵，王某容携子回娘家生活，并多次拒绝谢某的结婚登记要求。谢某、谢某忠遂向福建省寿宁县人民法院（以下简称一审法院）提起诉讼，请求判令王某容、叶某秀、王某雄共同返还彩礼人民币160,469元。

一审法院认为，谢某与王某容虽已订婚并短暂同居生活，但二人未办理结婚登记，同时二人现已分开生活，且谢某不同意办理结婚登记，说明二人已无和好、办理结婚登记和再共同生活的可能，谢某现基于未实现婚约目的，要求被告方返还彩礼，符合2003年《婚姻法解释（二）》第10条“双方未办理结婚登记手续，当事人请求返还按照习俗给付彩礼的，法院应当予以支持”的规定，予以支持。但是，按照当地风俗，送亲肉、送亲饼、迎亲礼担、送亲礼果等项目钱款系用于订婚时馈赠亲朋好友的开支，属于赠与性质，不属于彩礼，因此，彩礼应当按照人民币133,349元计。至于被告应返还的具体金额，综合考虑被告因订婚需要也支付了相应费用以及谢某、王某容短暂同居生活并生育孩子的实际情况，一审法院酌定王某容、叶某秀、王某雄共同返还谢某、谢某忠彩礼人民币66,000元。

---

* 刘福来，福建旭丰律师事务所主任、高级合伙人、律师。

| 判决要旨 |

男女未办理结婚登记但已共同生活一定时间，双方终止关系时，一方请求另一方返还彩礼的，法院应综合考虑彩礼的具体数额、双方共同生活的时间、是否妊娠或者生育子女等因素，以确定是否返还及返还的具体数额。

| 判例评析 |

一、既往相关判例与观点

在我国，男女双方结婚应当以爱情为基础，不支持以给付彩礼为条件。《民法典》及2001年《婚姻法》均未就婚约财产问题作出规定。在审判实践中，以相关司法解释公布时间为分界点，不同时期判例观点存在显著区别：一是以2003年《婚姻法解释（二）》的实施为界；二是以2011年《全国民事审判工作会议纪要》为界，前后的观点有明显不一致。

2003年《婚姻法解释（二）》施行前，以"是否办理结婚登记"作为判断是否应当返还彩礼的唯一标准。这一观点以《最高人民法院公报》2002年第3期刊登的案例——杨某坚诉周某妹、周某皮返还聘金纠纷案为典型代表。在该案例中，福建省厦门市中级人民法院（以下简称厦门中院）认为，被上诉人杨某坚是为与上诉人周某妹结婚，才给付周某妹、周某皮23万元聘金。双方并未办结婚登记，而是按民间习俗举行结婚仪式，进而以夫妻名义共同生活，这种不被法律承认的"婚姻"构成同居关系，应当解除。杨某坚在同居前给付聘金的行为虽属赠与，但该赠与行为追求的是登记结婚这一目的，现结婚目的不能实现，为结婚而赠与的财物应当返还。故厦门中院认为，一审人民法院根据该案的实际情况，在酌情扣除周某妹、周某皮为举办"结婚"仪式而支出的费用后，判决周某妹、周某皮将聘金的余款返还给杨某坚并无不当。

2003年《婚姻法解释（二）》第10条对彩礼返还问题作出了原则性规定。该规定明确在三种情形下，人民法院应当支持当事人返还彩礼的请求：一是双方未办理结婚登记手续的；二是双方办理结婚登记手续但确未共同生活的；三是婚前给付并导致给付人生活困难的。但是，各地高级人民法院的观点仍存在差异。例如，上海市高级人民法院认为，彩礼给付后，男女双方仅形成同居关系，一方请求返还彩礼的，人民法院应根据个案实际情况判定是否返还，必要时，可向同居男女双方释明法律规定，在其不补办结婚登记的情况下，可判决返还。① 江西省高级人民法院认为，考虑农村未办理结婚登记而同居生活情形的普遍性，《婚姻法解释（一）》作出了追溯补办结婚登记手续效力的规定，根据该司法解释的

① 参见上海市高级人民法院《关于适用最高人民法院婚姻法司法解释（二）若干问题的解答（二）》（沪高法民一〔2004〕26号）。

精神,未办理结婚登记而同居生活引起的彩礼纠纷,如符合2003年《婚姻法解释(二)》第10条规定的情形,可以参照该规定精神,酌情返还。[①] 辽宁省高级人民法院认为,2003年《婚姻法解释(二)》第10条规定的三项彩礼返还条件属于原则性规定,审判实践中遇到特殊情况,可根据该原则性规定的精神灵活把握。对于双方虽未办理结婚登记,但以夫妻名义同居时间较长,甚至生育子女的情况,当事人返还彩礼的请求,法院原则上不应予以支持。[②]

为统一裁判标准,最高人民法院在2011年《全国民事审判工作会议纪要(草案)》第50条第1款明确,婚约财产纠纷案件中,当事人请求返还以结婚为条件而给付的彩礼,如果未婚男女双方确已共同生活但最终未登记结婚,人民法院可以根据双方共同生活的时间、彩礼数额并结合当地农村的风俗习惯等因素,确定是否返还及返还数额;该条第2款更是明确规定,《婚姻法解释(二)》第10条第1款第1项的规定针对的是双方并未共同生活的情形。2015年,《最高人民法院第八次全国法院民事商事审判工作会议纪要(民事部分)(征求意见稿)》第10条重申了前述观点,明确"双方未办理结婚登记手续"是指男女双方既未办理结婚登记手续,也未共同生活的情形。可见,最高人民法院认为,双方虽未办理结婚登记但已共同生活甚至生育子女,不能简单以"未办理结婚登记"为由判令返还彩礼,应当结合双方共同生活的时间、彩礼数额以及当地风俗习惯等因素确定是否返还及返还的具体数额。

二、在学理框架内对相关问题的点评

赠与彩礼,表面上看是赠与彩礼的一方当事人的自愿行为,但实际上大多数赠与彩礼的一方当事人实施赠与行为都是非自愿的。[③] 对于彩礼的法律性质,我国的法学理论和实务界均认为是一种赠与行为,但又非一般赠与行为,至于应该如何准确界定,未达成共识。

当前,有下列几种主要学说,并简要评价如下:

1. 从契约说。这种观点认为,彩礼是一种赠与契约,是婚约关系的从契约,它依附于婚约关系而存在。若婚约关系解除,因主契约消灭,则作为从契约的彩礼约定便失去了存在的基础,婚约所给付的彩礼构成不当得利之债。从契约说将失去婚约缔结基础的彩礼返还认定为返还不当得利,具有一定法理依据,但不当得利之债在法律上通常扮演着兜底角色,在能寻求其他彩礼返还依据时不应贸然引入不当得利,且彩礼返还所生之债不同于一般债务,除考量是否应当返还外,还须考虑返还的数额,仅依据不当得利理论予以解释

---

① 参见江西省高级人民法院《关于审理婚姻家庭纠纷案件适用法律若干问题的解答》(2008年8月14日江西省高级人民法院审判委员会第22次会议通过)。

② 参见辽宁省高级人民法院《全省法院民事审判工作座谈会会议纪要》(辽高法〔2009〕120号)。

③ 参见最高人民法院民事审判第一庭编著:《最高人民法院婚姻法司法解释(二)的理解与适用》,人民法院出版社2004年版,第66页。

和解决，过于简单而不够周全了。

2. 附义务赠与说。附义务赠与说的主要依据是《民法典》第 661 条的规定。这种观点将缔结婚姻作为一种法律义务，即接受彩礼的一方负有与给付彩礼一方缔结婚姻关系的义务。该观点的缺陷是显而易见的，因为是否缔结婚姻、与何人缔结婚姻是公民的权利而非义务，附义务赠与说显然有违结婚自由原则。

3. 目的性赠与说。这种观点认为，2003 年《婚姻法解释(二)》中规定的彩礼具有明显的针对性，必须是基于当地风俗习惯，为了最终缔结婚姻关系不得已而为的给付，其具有明显的习俗性。① 因此，当缔结婚姻的目的无法实现时，应当允许当事人请求受赠方返还已接受的财物。

4. 附条件赠与说。该说主要依据《民法典》第 158 条关于附条件的民事法律行为的规定。附条件赠与是指当事人对赠与行为设定一定的附加条件，将附加条件的成就与否作为赠与行为效力的发生或消灭的前提。史尚宽先生认为："证明婚约的成立并以将来应成立的婚姻为前提而敦厚其因亲属关系所发生的相互间的情谊为目的的一种赠与，它是一种附有解除条件的赠与，它具有普遍无偿赠与所不具有的特性。"附条件赠与说是目前解释彩礼返还的通说观点。

笔者认为，目的赠与说与附条件赠与说具有相似之处，且不易区分。附条件赠与说认为，彩礼是一种附解除条件的赠与，当双方无法缔结婚姻时，彩礼给付的解除条件便成就，接受彩礼一方应当返还彩礼。目的性赠与说同样认为，彩礼具有极强的缔结婚姻的目的性，当双方无法缔结婚姻时，应当返还彩礼。很显然，这两种观点虽在表述上不同，但所依托的法理基础其实相同，故并无显著的区分必要。鉴于我国现行法律框架内对附解除条件赠与有直接明确的规定，故将其作为彩礼返还的正当性法理基础更加合适。

三、本判例的规范逻辑

在本判例中，福建省寿宁县人民法院的裁判思路较清晰、典型。首先，法院对双方是否符合 2003 年《婚姻法解释(二)》第 10 条第 1 款第 1 项规定的彩礼返还条件进行判定。其通过查明谢某与王某容未办理结婚登记且王某容拒绝结婚登记，已无办理结婚登记可能的事实，认定符合司法解释规定的"双方未办理结婚登记手续"的返还条件。其次，法院根据当地的风俗习惯界定彩礼的范围，剔除了非彩礼部分的项目，从而明确了彩礼的具体数额。即法院按照当地风俗，明确了送亲肉、送亲饼、迎亲礼担、送亲礼果等事项钱款系用于购置订婚时赠与亲朋好友的礼品，属于赠与性质，不属于彩礼范畴，最终确定彩礼金额为人民币 133, 349 元。最后，在返还金额上，法院并非简单以"是否办理

① 参见肖峰、田源主编：《婚姻家庭纠纷裁判思路与裁判规则》，法律出版社 2017 年版，第4 页。

结婚登记”为条件判决全部返还，而是综合考虑共同生活时间长短、是否生育子女、女方因订婚而支出的费用等实际情况，酌定王某容、叶某秀、王某雄共同返还谢某、谢某忠彩礼人民币66,000元。

四、本判例的意义

本判例属于较典型的婚约财产纠纷，其典型性体现在以下几个方面：

1.案情典型。在涉及彩礼返还的婚约财产纠纷中，确定彩礼的具体范围是判令彩礼返还的前提，虽然我国法律目前未对彩礼的范围作出规定，但《婚姻法解释（二）》第10条将“彩礼”限定为“按照习俗给付的彩礼”，因此司法实践普遍将“有无给付彩礼的风俗”作为确定彩礼范围的重要标准。本判例中，谢某、谢某忠根据当地风俗，在订婚当天按照礼单所列项目悉数向王某容、叶某秀、王某雄支付彩礼共计人民币160,469元。审理法院也正是以订婚礼单为依据，结合当地风俗来确定彩礼范围。

2.诉讼主体典型。对于涉及彩礼返还的婚约财产纠纷的诉讼主体，在本判例的判决作出时，我国婚姻法及其司法解释并未规定，各地法院做法不一。但是大部分法院认为，男女双方以及他们的父母均可成为适格诉讼主体，例如，上海市高级人民法院认为，彩礼的给付人和接受人除男女双方外，还可能包括男女双方的父母及亲属，这些人均可成为返还彩礼诉讼的当事人。广东省深圳市中级人民法院发布的婚姻家庭纠纷裁判指引中也有类似观点。[①] 本判例的诉讼主体除男女双方当事人外，还包括双方各自的父母，可谓周全。《审理彩礼案件的规定》也印证了本判例在诉讼主体认定中的典型性。根据该规定第4条第1款，婚约财产纠纷中，婚约一方及其实际给付彩礼的父母可以作为共同原告；婚约另一方及其实际接收彩礼的父母可以作为共同被告。

3.裁判规则的典型性。寿宁县人民法院以最高人民法院的裁判观点为依据，在综合考虑双方共同生活时间长短、是否生育子女、女方因订婚支出的费用等因素的情况下，酌定返还数额，具有较强的说服力。

五、后续判例和规范的发展

民法典时代已经到来，但是在《民法典》中，我们看不到彩礼的踪迹。显然，《民法典》未将彩礼返还问题的相关司法解释规定上升为法律规定，依旧仅由《民法典婚姻家庭编解释（一）》第5条保留了《婚姻法解释（二）》第10条关于彩礼返还的规定。然而，又于2024年2月1日施行了最高人民法院《审理彩礼案件的规定》，该规定第6条阐明，双方未办理结婚登记但已共同生活，一方请求返还按照习俗给付的彩礼的，人民法院应当根据彩礼实际使用及嫁妆情况，综合考虑共同生活及孕育情况、双方过错等事实，结合当地习俗，确定是否返还以及返还的具体比例。因此，在未来很长一段时间，对于“双方未办理

---

① 参见深圳市中级人民法院《关于审理婚姻家庭纠纷案件的裁判指引》（2014年5月21日修订）第20条。

结婚登记但共同生活甚至生育子女”的情形，各地法院将会依据上述规定结合案件事实裁量，确定彩礼是否返还及返还的具体数额。然而，随着社会文明与移风易俗的不断深入，也许彩礼的给付与返还问题将如《民法典》立法者所希望的，在未来某个时期退出历史舞台。

007. 同居期间与成年非婚生子女共同经营公司的，股权该如何分割？共同经营的举证责任如何分配？*

郭某卿诉林某铁同居关系析产纠纷案 ‖ 福建省厦门市中级人民法院民事判决书，(2020)闽02民终4944号

| 事实概要 |

1982年，郭某卿(女)与林某铁(男)相识交往并发生两性关系。两人分手之后，林某铁与案外人结婚并取得香港永久居民身份，前往香港发展。郭某卿也另嫁他人，并生育四个子女，其一为林某铁的女儿。1992年，郭某卿离婚，林某铁得知郭某卿为其生育一女，与郭某卿取得联系。1994年至1996年，郭某卿带女儿多次前往香港探望林某铁，1997年，林某铁返回福建省大田县与郭某卿同居生活。2003年，经亲子关系鉴定确认郭某卿生育的女儿与林某铁有血缘关系，该女儿改随林姓叫林某。2003年，林某铁与香港妻子离婚。

林某铁于1992年与郭某卿恢复联系后，即向郭某卿所在地福建省大田县投资，并取得相应收益。2012年，林某与其他案外人合作，共同投资设立了海西置业公司。根据各方签订的投资协议及补充协议，林某所持有的7%股权由海西置业公司控股股东王某阅代持，工商登记的林某持有股权为12%，协议要求投资款均转入海西置业公司的控股股东王某阅个人账户。其后，林某铁、郭某卿、林某三人均实际出资投资海西置业公司，三人合计出资共计1514.3万元。2013年2月1日，林某作为海西置业公司登记在册的股东出具授权委托书一份，明确其个人投资海西置业公司的款项为林某铁全额出资。

其后，郭某卿与林某铁关系恶化，各方提起一系列诉讼。

2014年4月，林某铁向厦门市中级人民法院提起林某股东资格确认纠纷，请求确认登记于林某名下的海西置业公司12%股权归林某铁所有。经调解后，林某铁撤诉。根据林某铁与林某签订的《股权代持及投资收益分配协议书》，再次确认以林某名义实际享有的海西置业公司16%的股权由林某铁全额投资，林某铁是唯一的投资人，林某为名义股东代

---

* 梁瑛，上海锦天城(厦门)律师事务所高级合伙人、律师。

持相应股权。郭某卿及其他股权相关人员作为协议见证人在协议上签名确认。2015 年 5 月，林某铁再次向厦门市中级人民法院提起林某股东资格确认纠纷，经法院主持调解，各方确认以林某名义实际享有的海西置业公司 16% 的股权，8% 归林某铁，8% 归林某。林某铁另有 1500 万元由林某代管，其中 750 万元给林某，50 万元给郭某卿，700 万元由林某返还给林某铁。在该案件中，林某推翻双方第一次诉讼签订的《股权代持及投资收益分配协议书》，陈述相应的股权投资款中有郭某卿投资的部分，并非林某铁全额投资。

2015 年 10 月，郭某卿起诉林某铁同居关系析产纠纷。福建省大田县人民法院（2015）大民初字第 2789 号民事判决书认定：林某铁提供的证据虽能够证明其在 1998 年 4 月以香港大华公司名义投资的华太公司 60% 股份系其个人出资，但是，郭某卿提供的证据也足以证明其在本案讼争的二处房产取得期间，系与林某铁同居生活，并共同管理经营华太公司及相关配套工程、恒华公司而获利的事实。因此，郭某卿主张的房产归其所有。2017 年 4 月，林某铁和林某共同与案外人签订《海西置业公司股权转让协议》，约定将林某持有的海西置业公司的 16% 股权以 4800 万元对外转让。林某铁于当月收到股权转让款 2450 万元。2017 年 7 月，林某铁的香港前妻向福建省大田县人民法院起诉郭某卿、林某铁，请求改变或撤销第 2789 号民事判决书。2020 年，郭某卿向厦门市思明区人民法院起诉林某铁，将林某列为第三人，请求确认林某铁对外转让海西置业公司 8% 股权所获得的 2450 万元股权转让款为同居期间取得的共同共有财产，郭某卿应分配得到一半款项 1225 万元。一审法院判决驳回原告郭某卿全部诉讼请求。郭某卿上诉，二审法院判决驳回上诉，维持原判。

判决要旨

关于郭某卿诉林某铁分割海西置业公司股权转让款的同居关系析产纠纷，一审法院从三方面进行了认定。首先，对郭某卿与林某铁之间的关系进行认定。本案中，林某铁否认双方之间存在同居关系，因双方在本案之前已经提起过同居关系析产纠纷，相应的（2015）大民初字第 2789 号民事判决书在本案审理之前已经生效，一审法院直接援引生效法律文书认定的事实和结论确认双方存在同居关系。延伸至（2015）大民初字第 2789 号民事判决书的裁判逻辑，在一方否认同居关系时，尽管双方存在非婚生子女，主张同居关系的一方仍需对双方是否长期稳定的共同生活作相应的举证。其次，即便存在同居关系也不能直接认定同居财产的共有属性，这与夫妻共同共有财产基于配偶身份产生，强调身份关系完全不同，需要进一步举证证明共同投资、共同劳动或者共同经营才能认定为共有。最后，主张同居期间财产共有的一方应承担相应的举证责任。本案中，郭某卿诉请分割海西置业公司股份转让款项，应就其实际投资海西置业公司，或者投资海西置业公司的投资款来源于双方共同财产承担举证责任。现有在案证据表明，本案讼争的海西置业公司的公司股权投资款直接来源为林某铁及林某的转账，且股权的登记所有权人林某已通过协议自认其代持股份为林某铁一人所有，郭某卿本人作为见证人签名确认。二审中，福建省厦门市中级人民法院（以下简称厦门中院）认为，郭某卿提交的证据不足以证明林某铁对海西置业公司的投资款系源于双方共同劳动、共同投资经营所得，其主张分割股权转让款缺乏事实和法律依据，一审法院不予支持并无不当，故二审法院驳回上诉。

判例评析

一、既往相关判例与观点

（一）相关法律规范

在《民法典》实施之前，调整同居期间财产分割的法律法规及司法解释规定，主要有最高人民法院 1989 年《审理同居案件的意见》第 8 条、第 10 条，最高人民法院《婚姻法解释（二）》第 1 条。[①] 裁判规则的具体内容，是同居生活期间双方共同所得的收入和购置的财产，按一般共有财产处理。对于无效或被撤销的婚姻，在此同居期间所得财产的规定则为 2001 年《婚姻法》第 12 条[②]、《婚姻法解释（一）》第 15 条[③]，即被宣告无效或被撤销的婚姻，当事人同居期间所得的财产，按共同共有处理。

《民法典》于 2021 年 1 月 1 日施行后，包括 1989 年《审理同居案件的意见》在内的上述规定全部废止，同居关系财产分割的规定并未更新，也未予以细化规定，仅将无效或被撤销的婚姻所导致的同居情形吸收进了《民法典》第 1054 条[④]，最高人民法院《民法典婚姻家庭编解释（一）》第 3 条、第 22 条。

当前，对于同居关系纠纷财产分割将如何裁判，人民法院审理此类案件时面临着无法可引的尴尬处境。因同居关系导致的析产纠纷与法院将认定无效的或者被撤销的婚姻视作同居关系的情形又有本质的不同。前者根据 1989 年《审理同居案件的意见》按一般共有财产处理，而后者在同居期间所得财产则被视为共同共有，故在法律适用上无法类比适

---

① 2003 年《婚姻法解释（二）》第 1 条第 1 款规定，当事人起诉请求解除同居关系的，人民法院不予受理。但当事人请求解除的同居关系，属于《婚姻法》第 3 条、第 32 条、第 46 条规定的"有配偶者与他人同居"的，人民法院应当受理并依法予以解除。

② 2001 年《婚姻法》第 12 条规定，无效或被撤销的婚姻，自始无效。当事人不具有夫妻的权利和义务。同居期间所得的财产，由当事人协议处理；协议不成时，由人民法院根据照顾无过错方的原则判决。对重婚导致的婚姻无效的财产处理，不得侵害合法婚姻当事人的财产权益。当事人所生的子女，适用本法有关父母子女的规定。

③ 《婚姻法解释（一）》第 15 条规定，被宣告无效或被撤销的婚姻，当事人同居期间所得的财产，按共同共有处理。但有证据证明为当事人一方所有的除外。

④ 《民法典》第 1054 条规定，无效的或者被撤销的婚姻自始没有法律约束力，当事人不具有夫妻的权利和义务。同居期间所得的财产，由当事人协议处理；协议不成的，由人民法院根据照顾无过错方的原则判决。对重婚导致的无效婚姻的财产处理，不得侵害合法婚姻当事人的财产权益。当事人所生的子女，适用本法关于父母子女的规定。婚姻无效或者被撤销的，无过错方有权请求损害赔偿。

用。2025 年 2 月 1 日起施行的《民法典婚姻家庭编解释(二)》明确了双方均无配偶的同居关系的析产基本原则,即“有约定按约定,没有约定归各自所有,共同部分按出资比例分配”。该种析产方式与婚姻关系的共同共有不同,这是法律对合法婚姻关系的明确保护,也是对日益增长的同居社会现象的明确回应。

(二)既往判例观点和理由

既往判决对于同居期间的财产认定问题,为避免麻烦以及从常理、公平推断,通常会算作同居关系当事人之间的共同共有,无明显的相反证据支持涉案财产为一方所有的情况下,双方当事人通常平分切割。例如,厦门市思明区人民法院(2010)思民初字第 7569 号民事判决书中,当事人自 1998 年开始共同生活,在此期间以一方或双方名义购买的房屋,法院认为应视为双方同居期间共同购置的财产,应按共同共有的原则处理。厦门市思明区人民法院(2017)闽 0203 民初 7225 号民事判决书认定,当事人同居生活期间共同购置的房产,虽登记在一人名下,但双方共同生活时间较长,对财产的取得均有贡献,故涉案房产应认定为双方共有,由双方依法均分为宜。在《民法典婚姻家庭编解释(二)》生效之后,该种情况应按照解释第 4 条第(2)项规定“共同出资购置的财产或者共同生产、经营、投资的收益以及其他无法区分的财产,以各自出资比例为基础,综合考虑共同生活情况、有无共同子女、对财产的贡献大小等因素进行分割”,不再是“共同共有”原则以均分为常规的处理方式,而是以出资比例为基础,考虑其他因素,这也赋予了法官更大的自由裁量权。

二、在学理框架内对相关问题的点评

(一)同居关系当事人共同财产的认定

1989 年《审理同居案件的意见》中规定的“共同所得”,是共同生活期间的一切所得,[①] 还是共同劳动、共同经营所得?如果一切都属于共同所得,就与夫妻婚后所得共同财产制无区别了,这既不利于维护婚姻的权威性与严肃性,也违背了当事人选择同居的初衷。[②] 在本案例中,厦门中院认为不能仅以同居的存在就确认财产的共有属性。同居关系与夫妻之间的权利义务关系有性质区别。同居共有财产关系与夫妻共同共有财产关系的最大区别在于夫妻共有财产是基于配偶身份产生,虽然夫妻共同财产中也含有共同投资、共同劳动形成的情形,但法律更强调配偶身份关系,而同居共有财产关系则不然,当事人不具有法定配偶身份关系,故不能仅凭同居事实确认财产的共有属性。

同居期间所得财产欲归双方共同所有,这些财产应当是双方在同居期间共同劳动、投

① 参见张影:《非婚同居期间所得财产的性质与归属》,载《哈尔滨工业大学学报(社会科学版)》2002 年第 2 期。

② 参见张舒彤、吴国平:《同居财产的归属认定与分割规则新探》,载《福建警察学院学报》2019 年第 5 期。

资经营所创造或收益的财产。双方在共同生活的过程中,事实上存在共同投资、共同经营的合伙关系的,在有证据证实财产系由双方共同投资所得或购置时,该财产应认定为双方共有。对同居财产的保护首先建立在保护个人财产所有权的基础上,因此本案原、被告之间的财产关系,应以厘清原告诉请分割的财产是否属于双方共同劳动、投资经营所创造的财产为要点。通常,共同投资或者合伙关系当事人之间存在投资份额大小之区别,或者约定了各自所占比例,因此,也需要依照出资比例或者约定各自所占比例进行分割。但是,如若双方同居期间的财产已经混同,在无法区分份额的情况下,是可作共同共有财产予以分割。例如,郑某善、裴某国同居关系析产纠纷再审审查与审判监督案件涉及的(2019)最高法民申44号再审审查与审判监督民事裁定书载明,"考虑到二人长期同居生活的事实,认定同居期间财产已经混同,在无法区分份额的情况下作为共同共有财产予以分割亦无不当"。①

(二)举证责任分配及证明标准

在我国民事诉讼中,举证责任分配的一般规则为"谁主张,谁举证",即当事人对其主张的诉讼请求负有举证义务,没有证据或者证据不足的,将面临举证不能的法律后果。同居关系析产纠纷的解决本就缺少明文法律规定约束,因此适用举证责任分配一般规则,此时,举证方的证明结果是否能达到高度盖然性标准将极大影响案件的走向。特别是在此类无具体法律规范的案件中,法官的自由裁判权将会极大扩展,若能增强法官对己方的内心确信,那案件的结果很可能将有利于己方而不利于对方。

在同居关系案件中,其争议核心是基于人身关系的属性而引发的财产纠纷,当事人往往会基于对对方的信赖而忽视证据的收集,由此在庭审中会陷入双方各执一词,难辨真假的僵局。这时候,就需要法官代入日常生活经验进行价值判断。在同类案由的最高人民法院判例(2016)最高法民申95号民事裁定书中,最高人民法院认为,审判法官有权运用逻辑推理和日常生活经验,对证据有无证明力和证明力大小独立进行判断,可以认定某方的证据更占优势,可以根据现有证据对案件事实作出合理的推断。② 在本案中,厦门中院认为主张共有的一方应承担举证责任。在同居关系中,不同于夫妻共有财产关系中一旦认定配偶身份关系存在即推定双方财产共有的举证情形,主张财产共有的一方对于该财产系源自双方共同劳动、投资经营负有举证责任;不但要看财产取得的时间,更应该看是否有充分的证据证明财产系双方共同取得,如共同出资购买、共同劳动的收益等。

三、本判例的规范逻辑

本案是在我国《民法典》实施之前受理并审结的案件。首先,就当事人是否构成同居

---

① 郑某善、裴某国同居关系析产纠纷再审审查与审判监督案,最高人民法院民事裁定书,(2019)最高法民申44号。

② 参见郝某与张某同居关系析产纠纷案,最高人民法院民事裁定书,(2016)最高法民申95号。

关系而言,一审法院依据之前的既定判决认定双方之间存在同居关系。其次,在确定同居关系存在之后,一审法院认为,不能仅以同居事实的存在就确认财产的共有属性,需要判断是否在同居期间共同劳动、投资经营所创造的财产以判断财产属性。最后,再根据民事诉讼中的举证原则,由主张共有的当事人一方承担举证责任,以其是否满足高度盖然性标准作出法院的判断。通过上述三层推理,法院结合依照 2003 年《婚姻法解释(二)》第 1 条,1989 年《审理同居案件的意见》第 8 条、第 10 条规定,驳回郭某卿的全部诉讼请求。厦门中院经审理认为,一审判决认定事实清楚,适用法律正确,应予维持。依照 2017 年《民事诉讼法》第 170 条第 1 款第 1 项规定,判决驳回上诉,维持原判。

四、本判例的意义

根据中国人民大学性社会学研究所的调查,在全国 18 ~ 61 岁的未婚人口中,已经同居人口的比例的数据在 2000 年为 21.4%;2006 年为 19.4%;2010 年为 24.6%,无显著增加;但到 2015 年,这一比例上升到 31.4%,构成了统计学上的显著差异。[①] 随着社会经济不断发展,人们精神文化生活日益丰富,对于同居关系的看法也日渐宽容,因同居关系导致的案件纠纷数量也在不断上升。以同居关系析产纠纷案由为例,截至 2021 年 8 月 15 日,通过"威科先行"数据库检索该案由项下的民事判决书数量,2017 年为 1418 份,2018 年为 1560 份,2019 年为 1793 份,2020 年与 2019 年大致持平,为 1792 份,呈增长趋势。

虽然同居关系纠纷案件在不断上升,但是法律对此的规范与保障却停滞不前。《民法典》的出台导致一批规范性文件被废止,而相应的规定却未更新,使现行法律规范出现了空白,故通过判例掌握司法实践动态便具有了重要意义。本案也是《民法典》出台前福建省内可供查询的该项案由下标的额最大的一件,具有一定参考价值。《民法典婚姻家庭编解释(二)》积极回应了社会热点,填补了同居析产方面的法律空白。在此之后,此类案件中,就哪些财产属于个人财产、哪些财产属于共同创造的财产,以及应如何进行分割均有了相对明确的规定,实践中此类法律适用争议也将减少,但司法解释赋予了法官较大的自由裁量权,是否能做到分配的公平合理、息讼止争,更大程度取决于法官的价值取向及生活经验。

综上,在处理同居析产纠纷时,可按以下原则处理:首先,应判断双方之间是否存在财产协议,若有,则按财产协议分割;其次,在没有财产协议时,小额动产的分割可根据财产性质进行推定,通过明确用途和人身属性进行分割;再次,对其他财产当事人应就取得财产的方式和实际出资人进行举证,财产的归属和分割比例以出资人和出资比例为准,对登记在一方或双方名下的不动产,可对购买该不动产的出资比例进行举证和确认权利,就形

---

① 参见张楠、潘绥铭:《性关系的核心结构及其意义——非婚同居与婚姻的实证比较研究》,载《学术界》2016 年第 6 期。

式上表现为个人所有或共同共有的不动产，确认各自权利份额；最后，如若同居期间的财产发生混同无法区分份额，则对无法举证证明实际出资人或出资比例的财产，需要从共同生活情况、有无共同子女、对财产的贡献大小等因素进行充分举证。

五、后续判例和规范的发展

从威科先行法律信息库中检索，2021 年后，福建省范围内能检索到的同居关系析产纠纷案件裁判文书中包括福建省安溪县人民法院民事判决书，(2021)闽 0524 民初 327 号，其认为男女在同居生活期间的财产应为按份共有，当事人同居期间作出的内部财产处分应尊重当事人的意思自治，就同居期间的财产权益作出的书面协议可以在当事人之间产生法律效力，双方均应依约承担相应的权利义务。此外，笔者对 2021 年之后案由为同居关系析产纠纷的案例继续检索，发现法院在无法可依的处境下，于说理部分继续引用 1989 年《审理同居案件的意见》"一般共有"财产的概念，例如，北京市大兴区人民法院民事判决书(2020)京 0115 民初 18901 号，意味着 1989 年《审理同居案件的意见》相关条文仍具有参考价值，厦门中院对此的延伸说理值得探究。本案最具参考价值的地方在于法院对同居财产关系的认定上，认为其是在同居期间共同劳动、投资经营所创造的财产，即使民法典实行后此部分内容仍可以在判决说理中使用。

同居析产纠纷相比于普通财产关系纠纷会考虑人身关系的纠葛，但相比于婚姻关系中的财产纠纷，又不能过分强调身份关系。本书刊印前，《民法典婚姻家庭编解释(二)》正式发布，相比较征求意见稿，对双方均无配偶的同居关系析产的处理方式删除了"按照照顾子女、女方和无过错方权益的原则""一方因抚育子女、照料老年人、协助另一方工作等负担较多义务而请求另一方补偿，双方对此无协议约定且协商不成的，人民法院可以根据同居生活时间、负担相应义务投入的精力及对双方的影响、同居析产情况、双方经济状况以及给付方负担能力、当地收入水平等实施，确定补偿数额"的内容。根据最高人民法院的意见，对此类纠纷的处理"应坚持婚姻家庭受国家保护的基本原则"，同居关系不能等同于婚姻关系。这也是坚持弘扬社会主义核心价值观原则的具体体现。《民法典婚姻家庭编解释(二)》的施行，回应了社会热点，填补了《民法典》对于同居析产的空白，对此后类案纠纷的处理具有积极的现实意义。

008. 解除非婚同居的法律后果*

王某与王某香同居关系解除案‖山东省威海市文登区人民法院民事判决书，(2020)鲁1003民初第5099号；山东省威海市中级人民法院民事判决书，(2021)鲁10民终第60号

事实概要

王某与王某香于2017年举办婚礼，但未办理结婚登记手续。在举行婚礼之前，王某香向王某出具保证书，内容为："保证孩子是王某的，如果不是，结婚花多少钱，照价赔偿5万~6万元。"2018年，王某香生育一女。王某香与王某同居生活到2019年2月。2019年5月27日，一审法院立案受理王某香与王某变更抚养关系纠纷一案，同年7月15日王某香向一审法院提出撤诉申请。一审法院以(2019)鲁1003民初3293号民事裁定书裁定，准许王某香撤诉。在该案的审理中，威海华康司法鉴定所出具鉴定意见：依据现有资料和DNA分析结果，排除王某为王某女的生物学父亲。2019年，王某诉请解除与王某香的同居关系，诉请王某香和其母张某某对结婚费用、精神损害赔偿费等有关费用承担连带责任。

判决要旨

一审法院认定本案王某与王某香系同居关系，归纳案件的争议焦点是：

1. 张某某作为王某香的母亲，是否对本案的结婚费用、精神损害赔偿费用等承担连带责任。一审法院根据《民法总则》第178条第3款的规定认为，连带责任是由法律规定或者当事人约定而产生，本案中，王某与王某香系因同居而产生纠纷，既无相关法律规定，亦无相关约定，故王某要求张某某承担连带责任之诉求无事实和法律依据，法院不予支持。

2. 王某要求王某香赔偿结婚费用、生活费、精神损害赔偿费、生育费的合法性和合理性问题。有关王某主张王某香赔偿婚礼费用54,248元的问题。一审法院认为，《民法总则》第8条规定：民事主体从事民事活动，不得违反法律，不得违背公序良俗。第153条第

---

* 何丽新，厦门大学法学院教授、博士生导师。

2 款规定:违背公序良俗的民事法律行为无效。本案中,王某根据王某香向其出具的保证书要求赔偿婚礼费用 54,248 元,从保证书相关内容可以看出,王某与王某香是以胎儿作为合同生效的条件,该约定不仅违背正常的爱情伦理关系,而且也违背正常的婚姻家庭伦理关系,故王某香向王某出具保证书的行为当属无效,王某的此项请求于法无据,不予支持。

有关王某主张王某香赔偿生活费 23,490 元、生育费 5600 元,根据已查明的事实可知,王某香与王某自 2017 年起共同生活至 2019 年 2 月止,且王某不是王某女生物学父亲,故王某要求王某香支付生活费、生育费之诉求,应予以支持。有关诉求数额,应根据本案的案情,参照山东省上一年度公布的农村居民人均消费性支出额,计算每一年度的生活费为宜,由此,2017 年度的生活费以山东省 2016 年度农村人均消费性支出额进行确定,以此类推,生活费核定为 10,324 元【[(9519 元/年 ÷ 12 月 × 10 个月 + 9519 元/年 ÷ 365 天 × 19 天) + 10,342 元/年 + (11,270 元/年 ÷ 12 个月 × 2 个月)] ÷ 2 人 = 10,324 元】。同时根据王某提交的医疗费单据,认定王某主张的生育费 5600 元属合理,法院予以支持。

有关王某主张精神损害赔偿费 20,000 元。一审法院认为,虽然王某与王某香在同居期间生活如同夫妻,但是该同居关系非婚姻家庭关系的社会主流,不仅违反婚姻法,而且违背公序良俗,属于非法同居关系。如支持男方以其不是非婚生子女的生物学父亲、在同居期间感情受到伤害为由,要求女方支付精神损害赔偿费之诉求,则间接认可了同居关系在一定程度上的合法性,且认可在同居期间生育子女的行为,必定违背婚姻家庭关系的正常社会价值取向,由此,王某的此项诉求于法无据,于理不通,不应支持。

3. 王某主张的"其他检查费用待申请调取后确定"问题。因王某未在一审法院指定的期间内就其该项诉求提交书面材料,故应视为王某放弃此项诉求的举证权利,依法承担对己不利的法律后果。

综上所述,一审法院依照《民法总则》第 8 条、第 153 条第 2 款、第 178 条第 3 款、第 179 条第 1 款第 4 项,2017 年《民事诉讼法》第 64 条、第 65 条规定,判决:(1)王某香于判决生效后十日内向王某支付生活费 10,324 元、生育费 5600 元,共计 15,924 元;(2)驳回王某对张某某的诉讼请求;(3)驳回王某的其他诉讼请求。

二审期间,当事人围绕上诉请求依法提交了证据。王某提交金利金店保修单三份,拟证实 2016 年 9 月 1 日王某母亲为王某香购买戒指、项链、耳环共花费 6666 元,还包括原来的戒指总价值 9025.55 元,应予返还。经质证,王某香对上述证据的真实性与关联性均不予认可。二审法院认为,该保修单无法体现购买人,亦无法确认系为王某香购买,在王某香不予认可的情况下,不予采信。二审法院对一审查明的其他事实予以确认。

二审法院认为,本案系因王某与王某香系因同居而产生的纠纷,双方同居违背正常的婚姻家庭伦理关系,违背公序良俗,王某根据王某香向其出具的保证书要求王某香赔偿婚礼费用54,248元,因该保证书无效,该项诉讼请求于法无据,不予支持。对于王某以同居期间其不是非婚生子女的生物学父亲、感情受到伤害、人格尊严受到损害为由,要求王某香支付精神损害赔偿费20,000元的诉讼请求,一审法院以该项诉讼请求亦违背婚姻家庭关系的正常社会价值取向,且于法无据,于理不通而不予支持,判决正确,二审法院予以维持。一审法院根据查明的事实,参照山东省上一年度公布的农村居民人均消费性支出额,计算王某香应支付给王某的生活费数额,亦予以维持。同时,一审法院在庭审调查过程中,根据查明的情况和2017年《民事诉讼法》及其司法解释有关举证的相关规定,已对王某调取王某香其他检查费的申请进行了释明。王某的委托诉讼代理人对释明事项明确表示知悉。王某未在一审法院指定的期间内就该项诉求提交书面材料,一审法院据此认定王某放弃该项诉求的举证权利并承担不利的法律后果,判决正确,二审法院亦予以维持。综上所述,一审判决认定事实清楚,适用法律正确,二审法院应予维持。

｜判例评析｜

一、既往相关判例与观点

2001年修正的《婚姻法》坚持结婚登记作为婚姻成立的要件,第8条明确规定:“要求结婚的男女双方必须亲自到婚姻登记机关进行结婚登记。符合本法规定的,予以登记,发给结婚证。取得结婚证,即确立夫妻关系。未办理结婚登记的,应当补办登记。”对于“未结婚登记”的情形,2001年《婚姻法解释(一)》第5条第2项规定,在1994年2月1日民政部《婚姻登记管理条例》公布实施以后,男女双方符合结婚实质要件的,人民法院应当告知其在案件受理前补办结婚登记;未补办结婚登记的,按解除同居关系处理。在本案,王某与王某香虽举办婚礼,而没有办理结婚登记手续,且共同生活后未补办结婚登记,应认定为非婚同居关系。

结婚登记是婚姻成立和生效的有效要件。自1980年《婚姻法》和1986年《婚姻登记办法》采用结婚登记原则以来,只有完成结婚登记,才能确立夫妻关系。虽有结婚合意且亦具备结婚实质要件,并存在以夫妻名义同居等事实,但未办理结婚登记的,都不具有法律所确认和保护夫妻关系的依据。但是,由于民众沿袭传统民间习俗,仍大量存在不登记而以夫妻名义同居生活的现象或只举行结婚仪式而不登记结婚的情况,1984年最高人民法院《民事政策法律意见》作出一定的妥协,对于“没有配偶的男女,未按《婚姻法》规定办理结婚登记手续,起诉时双方都已达到《婚姻法》规定的婚龄和符合结婚的其他条件的,可按《婚姻法》第二十五条规定的精神处理”,进而实质上承认并保护了符合结婚实质要件的事实婚姻的法律效力,但严格限制构成事实婚姻的条件。最高人民法院1989年《审理同居案件的意见》以1986年3月15日《婚姻登记办法》为时间标准,对没有配偶的男女,未办理结婚登记即以夫妻名义同居生活的,作出事实婚姻与非法同居的划分。为严肃结婚登记制度,遏制违法婚姻的发生,1994 年 2 月 1 日民政部颁布《婚姻登记管理条例》,在该条例颁布实施后,对未办理结婚登记即以夫妻名义同居生活者均按非法同居对待。在此期间,法院针对没有结婚登记的男女同居行为,多数作出否定性的判决,定性为非法同居关系,同居者所生子女为非婚生子女,同居期间产生的财产以一般共有关系处理。

2001 年《婚姻法》第 8 条在 1980 年《婚姻法》第 7 条基础上增加:“未办理结婚登记的,应当补办登记。”该规定具有此含义:坚持结婚登记制度的同时,对于不登记的仍可以“补办”加以弥补。2001 年,最高人民法院《婚姻法解释(一)》排除 1989 年《审理同居案件的意见》中的部分“非法”性的同居关系,其第 5 条第 2 款规定:“1994 年 2 月 1 日民政部《婚姻登记管理条例》公布实施以后,男女双方符合结婚实质要件的,人民法院应当告知其在案件受理前补办婚姻登记;未补办婚姻登记的,按解除同居关系处理。”就此,符合结婚实质要件且不违反一夫一妻制的男女同居关系不具有“非法”性,该司法解释采用中立的态度解决其中问题。因此,该司法解释实施后,非法同居主要体现在违反一夫一妻制的重婚和姘居,即男女一方或双方有配偶,又与他人同居生活,其特征是存在多重的两性关系。而对于不受法律承认和保护的事实婚姻则称为非婚同居。最高人民法院 2003 年《婚姻法解释(二)》第 1 条第 1 款规定,当事人起诉请求解除同居关系的,人民法院不予受理。因此产生的财产和子女等其他纠纷,法院虽受理,但对其关系的解除不适用《婚姻法》有关离婚的规定,不调解,不准许当事人撤诉,而一律判决予以解除。可见,从“不予受理”到“一律解除”在不同程度上反映了司法对同居关系纠纷的简单化处理。由于我国婚姻法等相关法律从未就同居关系作出明确的规定,因此针对同居协议中的“违约金”约定,多数法院判决认为其不具有法律拘束力。男女双方解除同居关系时,法院以“身份关系协议的签订是基于婚姻特定人身关系而产生的权利义务的约定,并非合同关系,不宜适用违约金等予以约束”,驳回了当事人的相关诉讼请求。但是,也有的法院认为,同居关系中以出轨作为补偿前置要件的,签订同居协议的双方并未遭受胁迫、欺诈等情况,基于真实意思表示订立的同居协议是对处分财产权利的约定,且不违反法律、行政法规的强制性规定,应认定为有效,一方出轨的,法院支持按照同居协议约定的补偿数额对另一方当事人进行补偿。① 在雷某与陈某同居关系析产纠纷案②中,法院认为,原、被告达成的解除同居协议系双方当事人的真实意思表示,且不违反法律规定,在双方当事人签字盖章后即具有法律效力,对双方均有约束力。现被告违反约定未支付原告约定的款项,实属违约行为,应当承担支付原告款项并承担支付违约金的民事责任。

基于同居关系对财产进行处分的协议,法院在适用《合同法》认定其效力时更加慎重,

---

① 参见四川省眉山市中级人民法院民事判决书,(2020)川 14 民终 809 号。

② 参见重庆市涪陵区人民法院民事判决书,(2021)渝 0102 民初 1228 号。

援引《合同法》时会进行较长篇幅的说理。例如，在钟某、罗某婚约财产纠纷案中，法院强调协议书和承诺书是钟某与罗某对恋爱期间财产的自愿处分，协议书关于财产处分的内容可以适用《合同法》进行调整。但在充分论证适用《合同法》的正当性之后，法院方援引《合同法》第44条，判决双方应该按照协议书的约定全面、正确、适当地履行合同义务。[①]但对于同居期间的财产问题，多数法院认为，非婚同居关系是当事人共同生活的一种事实状态，不同于婚姻而形成的特殊人身财产关系。解除同居关系时，同居生活期间双方共同所得的收入和购置的财产按一般共有财产处理。能够确定共有份额的，应当按照按份共有来处理。[②]

总之，在我国长期司法实践中，人民法院偏向于维持家庭关系的身份性质，强调对当事人基于身份的情感牵连与互动，不予以过多司法干预。非婚同居关系的法律规制，也从“非法”走向“合法”，对同居期间的财产关系以尊重同居协议为原则，进行有限的调整。但同居协议不能等同于普通民商事合同，一方以另一方违反同居协议的约定为由主张违约方按照约定应支付违约金的，法院通常不予支持。

二、在学理框架内对相关问题的点评

上述司法解释从“非法同居”到中立性质的“同居”定性而言，内在地反映了“法不明文禁止即可为”，即法律对于非婚同居的认可，应保护同居者意思自由，在婚姻并非情感维系和家庭组建的唯一方式的时代，家庭法领域下的真正意思自治在于充分尊重当事人自主选择的生活方式，[③]非婚同居不应受到法律否定性的评价。

但是，同居也是一种身份关系，同居行为本身具有伦理属性，同居期间男女双方所签协议不同于普通的合同。1999年《合同法》第2条规定了合同法的调整范围，将身份关系协议排除在外。[④] 在《合同法》第2条第2款的规定下，婚姻家庭法领域内有关身份关系的协议应当适用“其他法律的规定”。但《婚姻法》等“其他法律”没有就同居问题作出明确规定，同居协议适用合同法规则缺失依据。同时，我国缺乏广泛适用同居协议的社会基础，大多数人观念上难以接受通过合同调整两性关系的做法，合同内在的商业倾向和个人主义特征不符合一般民众的感情和公共政策的价值取向。[⑤] 本案以胎儿是否亲生作为同居协议的条件，显然违背公序良俗。但是，签订同居协议的当事人为了感情伦理的事项，通过经济方面的得失约定，从而维系身份关系稳定并保障自己的利益。这种财产利益的

① 参见贵州省铜仁市中级人民法院民事判决书，(2020)黔06民终34号。

② 参见江苏省无锡市中级人民法院民事判决书，(2020)苏02民终5485号。

③ 参见杨彪、林艳祺：《非婚同居中的家务劳动补偿请求权》，载《政治与法律》2020年第12期。

④ 《合同法》第2条规定：“本法所称合同是平等主体的自然人、法人、其他组织之间设立、变更、终止民事权利义务关系的协议。婚姻、收养、监护等有关身份关系的协议，适用其他法律的规定。”

⑤ 参见何丽新：《我国非婚同居立法规制研究》，法律出版社2010年版，第328页。

考虑,使得同居协议兼具身份效果和财产效果,同居协议涉及生活费、生育费等财产方面的安排,是当事人意思自治的结果,并不违背法律的强制性规定,笔者主张应对其约定的效力予以认可。

三、本判例的裁判逻辑

在本案中,王某与王某香虽举办婚礼而未登记结婚,不产生婚姻法保护的婚姻关系,但法院认定两人形成同居关系。在同居时,王某香向王某出具保证书,以"保证孩子是王某的,如果不是,结婚花多少钱,照价赔偿5万~6万元"作为同居协议的条件,该约定不仅违背正常的爱情伦理关系,而且也违背正常的婚姻家庭伦理关系,故王某香向王某出具保证书的行为当属无效,法院对于该约定中所涉婚礼费用不予以保护。

法院基于查明的事实,认定王某不是王某女的生物学父亲,故王某要求王某香返还已支付生活费、生育费之诉求,法院应予以支持,且按上一年度公布的农村居民人均消费性支出额,计算每一年度的生活费,判决王某香支付生活费、生育费等相关费用。针对王某的精神损害赔偿的诉请,法院认为该同居关系不仅违反婚姻法,而且违背公序良俗,如支持男方以其不是非婚生子女的生物学父亲,在同居期间感情受到伤害为由,要求女方支付精神损害赔偿费之诉求,则间接认可了同居关系在一定程度上的合法性,且认可在同居期间生育子女的行为,必定违背婚姻家庭关系的正常社会价值取向,故不应予以支持。

四、本判例的意义

本案对没有履行结婚登记的男女同居关系予以否定性的评价,认为此"非法"同居关系不能作为婚姻法认可的婚姻家庭关系,其不仅违反婚姻法,而且违背公序良俗。针对男女双方在同居期间的同居协议,审理法院认定双方当事人约定的内容不发生法律效力,不论是对婚礼费用等财产性支出,还是对精神损害赔偿,均不予以支持和保护。

但是,在本案中因王某香在同居期间生育的子女非王某的亲生子女,法院对于同居期间产生的生育费、生活费等支出,经合理计算后予以支持王某的诉求。这反映出法院对于解除非婚同居关系的,内在地肯定同居者在同居期间的财产性的客观支出,且予以正面的承认和支持。

五、后续判例和规范的发展

《民法典》第464条第2款规定的身份关系协议"参照适用",合同编的此规定改变了《合同法》第2条第2款规定的价值取向,成为《民法典》整合合同编与婚姻家庭编的重要产物之一,规定"婚姻、收养、监护等有关身份关系的协议,适用有关该身份关系的法律规定;没有规定的,可以根据其性质参照适用本编规定"。该规定中强调身份关系协议可以参照适用合同编规则,但参照适用须遵循"根据其性质"的出发点。当事人根据意思自治签订的有关身份关系的各种协议,在符合伦理价值与保护弱者利益的要求下,均有参照适用合同编规定的可能性。同居当事人依据双方的真实意思表示所达成的同居协议,是符合法律规定的有效协议,对双方具有法律约束力。2025年公布的《民法典婚姻家庭编解释(二)》第4条也充分肯定了同居协议的优先效力,该条明确规定:双方均无配偶的同居关系析产纠纷案件中,对同居期间所得的财产,有约定的,按照约定处理;没有约定且协商不成的,人民法院按照同居析产规则处理。该司法解释第4条确立的同居析产规则基于婚姻不同于同居关系的基本前提和价值理念,规定在没有同居析产协议或者达不成同居析产协议的情形下,在同居关系财产分割时遵循"各自所得归各自所有"的基础规则,并综合考虑同居共同生活情况、有无共同子女、对财产的贡献大小等因素进行分割。

但是,身份关系的内容多为法律强制性规定确定,自治性不能与财产关系比肩。同居协议作为身份关系的协议,其自由创设是有限度的,并非当事人的所有意思表示均可以无条件具备法律约束力。同居者纯粹的身份法律行为在法律效果上仍深受家庭伦理的限制,需要格外地注重婚姻家庭法的特殊价值取向,违约责任的约定不能违反公序良俗,不能对双方造成过于悬殊的差距,否则参照合同编有关规则进行调整的空间较小。在同居协议中,若兼具身份和财产性质的行为的内容,其伦理性特征在一定程度上被削弱,是最有可能参照适用合同编法律规则的"主力军",特别是单纯属于财产行为的约定,由于具有意思自治的特征,则当然可以参照适用合同编法律的规定。

009. 当事人一方“隐瞒疾病”登记结婚,是否该宣告撤销其婚姻?*

李某与西城区民政局撤销婚姻纠纷案‖北京市第二中级人民法院行政裁定书,(2021)京02行终132号

| 事实概要 |

李某与吴某经人介绍相识,自由恋爱。2019年8月22日,李某与吴某共同前往北京市西城区民政局申请结婚登记,二人在申请结婚登记声明书上签字确认:双方均无直系血亲和三代以内旁系血亲关系,了解对方的身体健康情况,均未患有医学上认为不应当结婚的疾病,依照《婚姻法》规定,自愿结为夫妻。同时,二人还在结婚登记告知单上签字,该告知单主要内容有:“(一)结婚登记的条件……(二)禁止结婚的情形1.直系血亲和三代以内的旁系血亲,2.患有医学上认为不应当结婚的疾病;(三)应当提交的证件和证明材料……(四)夫妻权利和义务……(五)法律救济途径,如果你们认为我机关的具体行政行为侵犯了你们的合法权益,可自即日起六十日内向市民政局或者本区人民政府申请行政复议;或者自即日起六个月内向本区人民法院提起行政诉讼。”当日,西城区民政局经审查,认为二人符合结婚条件,准予登记,并向二人颁发了结婚证。2020年8月26日,上诉人李某向西城区人民法院提起行政诉讼,称自己隐瞒重大疾病与吴某登记结婚,存在“禁止结婚的情形”,被上诉人西城区民政局未尽合理审查义务、提示义务,颁发结婚证违反法定程序等,请求撤销上诉人李某与第三人吴某的婚姻登记。一审法院裁定驳回李某的起诉。二审法院维持原判。

| 裁判要旨 |

公民、法人或者其他组织向人民法院提起行政诉讼,应当在法定的起诉期限内提出,超过法定起诉期限提起诉讼的,裁定驳回其起诉。《行政诉讼法》第46条第1款规定,公

* 张华贵,西南政法大学民商法学院副教授。

民、法人或者其他组织直接向人民法院提起诉讼的，应当自知道或者应当知道作出行政行为之日起 6 个月内提出。超过上述法定起诉期限，且无正当理由，不符合法定起诉条件，应予驳回。上诉人李某提出的应适用 5 年最长起诉期限的上诉意见，因李某与吴某自愿申请结婚登记，李某在婚姻登记时已明确知道被诉行政行为内容，不属于应当适用最长起诉期限的情形，故二审法院对李某的该项上诉意见不予采纳。

｜判例评析｜

一、既往相关判例与观点

《民法典》婚姻家庭编承继了 2001 年《婚姻法》相关规定，但无效婚姻和可撤销婚姻制度的规定经过修改与革新，发生了较大的实质性变化。其中之一是不再将“婚前患有医学上认为不应当结婚的疾病，婚后尚未治愈”作为婚姻无效事由，而是新增了疾病婚姻及其撤销之规定。根据《民法典》第 1053 条，患有重大疾病的一方当事人负有婚前如实告知义务，若其未履行该义务的，另一方有权要求撤销婚姻。该条从根本上改变了婚姻因一方当事人存在禁止结婚的疾病而无效的局面。因此，《民法典》实施前无此类案例。

2001 年《婚姻法》将婚前患有医学认为不应当结婚的疾病且婚后没有治愈的，作为无效婚姻的一种情形，如果一方隐瞒疾病登记结婚的，当事人的救济方式有以下几种：其一，请求宣告婚姻无效；其二，主张离婚；其三，以婚姻登记存在瑕疵为由主张撤销婚姻登记。对于当事人请求宣告婚姻无效的案件，争议焦点主要在于当事人罹患的疾病是否属于“医学上认为不宜结婚的疾病”。由于我国《婚姻法》未明确该问题，司法实践中一般根据《母婴保健法》《母婴保健法实施办法》，1986 年 7 月卫生部发布的《异常情况的分类指导标准（试行）》《婚前保健工作规范（修订）》等规定进行判断，但是由于缺乏统一、明确的规定，各地法院对禁婚疾病的判断并不一致，出现了同种疾病患者在 A 地可以结婚，在 B 地不能结婚的情形。[①] 也有法院回避该问题，将患病方婚前是否隐瞒病情作为落脚点，若患病方存在隐瞒病情行为的，宣告其婚姻无效；若患病方曾告知过另一方的，则按离婚处理。[②] 由于法律和行政法规的稳定性和滞后性的特点，立法列举式规定“医学上认为不应当结婚的疾病”的病种或病名是不可能的。[③]

《民法典》生效后，已有法院依据《民法典》第 1053 条审理了撤销婚姻纠纷，从现有少数案例看，争议焦点仍然集中于“重大疾病”的认定。以抑郁症为例，有的裁判观点认为，

---

① 参见北京市第二中级人民法院民事判决书，（2020）京 02 民终 7880 号。

② 参见夏吟兰等主编：《中国民法典释评——婚姻家庭编》，中国人民大学出版社 2020 年版，第 82 页。

③ 参见马忆南：《民法典视野下婚姻的无效和撤销——兼论结婚条件》，载《妇女研究论丛》2018 年第 3 期。

抑郁症属于重大疾病范畴，一方未履行如实告知义务的，可导致婚姻撤销。① 有的裁判则持相反观点，认为抑郁症并非导致婚姻撤销的重大疾病，因此驳回了原告诉讼请求，②其理由在于《民法典》第1053条之适用应当相对严格，仅在疾病严重危害共同生活之人或其后代的健康时，方可准予撤销婚姻。当事人请求离婚的案件的争议焦点在于夫妻感情是否破裂。多数裁判认为，尽管存在一方当事人隐瞒疾病的事实，但该疾病不属于不宜结婚的疾病且夫妻感情有修复余地的，法院不应准予离婚。③ 对于以婚姻登记程序存在瑕疵为由主张撤销婚姻的案件，人民法院或如本判例般以当事人超过法定起诉期限为由裁定驳回起诉，或以当事人的证据无法证明婚姻登记机关确实未尽到审慎审查义务等理由判决驳回了诉讼请求，④鲜有裁判支持撤销结婚登记。

二、在学理框架内对相关问题的点评

（一）隐瞒重大疾病可撤销婚姻的构成要件

《民法典》第1053条规定：一方患有重大疾病的，应当在结婚登记前如实告知另一方；不如实告知的，另一方可以向人民法院请求撤销婚姻。请求撤销婚姻的，应当自知道或者应当知道撤销事由之日起一年内提出。按照此条规定，另一方因为一方隐瞒重大疾病请求撤销婚姻的情形，其构成要件包括：第一，登记结婚前，一方当事人患有重大疾病；第二，患病方隐瞒了其患重大疾病的事实与另一方登记结婚；第三，仅被隐瞒的一方有权享有撤销婚姻的请求权，患病方及其他利害关系人均无权主张撤销；第四，权利人应在知道或应当知道撤销事由之日起一年内行使撤销权，该期限为除斥期间；第五，仅人民法院有权宣告撤销婚姻。《民法典》明确当事人只能向人民法院请求撤销婚姻，取消了婚姻登记机关撤销婚姻的资格。

（二）重大疾病的界定

根据《现代汉语词典》相关词条，疾病是指“生理上或心理上发生的不正常的状态”。这意味着对于“重大疾病”的范围认定应当包括“身体疾病”和“精神疾病”两种。对“重大疾病”的定义和范围，《民法典》和《民法典婚姻家庭编解释（一）》均未明确，这就导致在法律适用中不可避免地会对“重大疾病”的认定产生争议；法学界对此问题的认识，有多种不同观点。当事人对是否为重大疾病的判断无疑也会有不同看法。有学者认为：“司法实践中对于何为重大疾病可以参考《母婴保健法》及卫生部关于不宜结婚或暂缓结婚的疾病的

① 参见福建省长汀县人民法院民事判决书，(2021)闽0821民初242号。

② 参见浙江省金华市婺城区人民法院民事判决书，(2021)浙0702民初1387号。

③ 例如，山东省济南市历城区人民法院民事判决书，(2014)历城民初字第586号；湖北省麻城市人民法院民事判决书，(2016)鄂1181民初784号。

④ 参见安徽省淮北市相山区人民法院行政判决书，(2014)相行初字第00003号。

相关规定进行判定。”[①]吴晓芳法官认为，中国保险行业协会、中国医师协会最新修订的《重大疾病保险的疾病定义使用规范》明确了包括恶性肿瘤、重大器官移植术等在内的31种重大疾病，人民法院在审理具体案件时亦可作为参考。[②] 有学者认为应采客观标准，并应将范围限定在对婚后生活有重大损害的疾病类型中。[③] 还有的认为应采“决定性影响”标准，即足以影响另一方是否缔结婚姻的决定的疾病，即属此条所称的重大疾病。[④] 还有观点认为应兼顾主客观标准。概言之，该疾病需对婚姻有着决定性影响，同时在客观上涉及婚姻本质。但是，基于重大疾病的变化性与发展性，这一问题无须通过立法确定，可由司法机关和有关部门在司法实践中进行认定。[⑤]

认定重大疾病应以客观标准为基础，同时兼顾主观标准。婚姻当事人构成婚姻家庭共同体，《民法典》第1053条亦是基于对此种性质的认可而设立的，尽管该条的目的在于保障婚姻关系当事人的知情权和婚姻自主权，但出于维护法律权威和婚姻家庭关系稳定性的考虑，重大疾病不能仅依据该疾病是否会影响另一方缔结婚姻的真实意思而进行认定。“决定性影响”标准主观性较强，客观标准未考虑婚姻关系当事人的个性。一方面，一方隐瞒的疾病当属医学认可的重大疾病。最高人民法院认为，重大疾病应“参照医学上的认定，借鉴保险行业中对重大疾病的划定范围”，对于一些如肿瘤、结核病、脊髓灰质炎等需长期治疗、花费较高的疾病以及其他直接关乎生命安全的疾病，应认定为重大疾病。[⑥] 需要注意的是，2001年《婚姻法》中的“医学上认为不应当结婚的疾病”多不在前述列举中。但是，根据“举重以明轻”原则和《民法典》第1053条对《婚姻法》第7条第2项和第10条第3项的承继性，《母婴保健法》等确定的传染期内的指定传染病和发病期内的有关精神病等应当暂缓结婚的疾病、不宜生育的严重遗传性疾病，亦应属于《民法典》第1053条规定的重大疾病。另一方面，认定重大疾病还需结合婚姻的目的进行考量。每个年龄阶段人群罹患重大疾病的情况并不相同，人民法院在具体个案中，应当审慎判断一方当事人所隐瞒的重大疾病是否确实将导致另一方与之缔结婚姻的意思表示发生变化。对不在前述规定范围内的重大疾病，如根据双方当事人的婚姻生活状况和家庭情况确实可以判

---

① 参见夏吟兰：《婚姻家庭编的创新和发展》，载《中国法学》2020年第4期。

② 参见吴晓芳：《对民法典婚姻家庭编新增和修改条文的解读》，载《人民司法》2020年第19期。

③ 参见龙卫球主编：《中华人民共和国民法典婚姻家庭编与继承编释义》，中国法制出版社2020年版，第49页。

④ 参见蔡颖雯、秦英：《民法典婚姻家庭编释论：条文缕析、法条关联与案例评议》，中国法制出版社2020年版，第66页。

⑤ 参见石宏主编：《〈中华人民共和国民法典〉释解与适用——婚姻家庭继承编》，人民法院出版社2020年版，第35页。

⑥ 参见最高人民法院民事审判第一庭编著：《最高人民法院婚姻法司法解释（三）理解与适用》，人民法院出版社2015年版，第86页。

断隐瞒行为将影响另一方缔结婚姻的自由意志的，可以准予撤销婚姻。

（三）可撤销婚姻的请求权人

《民法典》第1053条第1款规定："一方患有重大疾病的，应当在结婚登记前如实告知另一方；不如实告知的，另一方可以向人民法院请求撤销婚姻。"据此，有权请求撤销婚姻的权利人是被隐瞒的一方。隐瞒疾病的一方不是可撤销婚姻的请求权人。如果患病方未履行如实告知义务，另一方当事人在婚前通过其他途径已知对方患病事实仍与之结婚的，能否主张撤销婚姻？从条文上理解，《民法典》第1053条反映的法理是婚姻家庭关系中的"人际诚信"，[①]负有如实告知义务的主体是罹患重大疾病的一方，只要其未履行该义务，无论另一方在婚前是否知晓其患病，似乎都有权要求撤销婚姻。也有观点认为，此种情形并不会导致婚姻可撤销。其理由在于《民法典》第1053条旨在保护另一方的善意，若其在婚前知晓对方患重大疾病的，不再享有撤销权。[②] 笔者认为，《民法典》第1053条规定是该法第148条在婚姻家庭编的细化，根据《民法典》第148条的规定，一方通过欺诈手段使相对人在违背真实意思的情况下实施的民事法律行为可撤销。需要注意的是，此处的"欺诈"不仅包括故意告知对方虚假情况，还包括故意隐瞒真实情况。第1053条第1款的规范内容为：一方故意隐瞒自己患重大疾病的事实，导致另一方在认识错误的情况下与其缔结了婚姻关系的，另一方有权在法定期限内主张撤销婚姻。因此，仅在另一方因患病一方故意隐瞒真实情况而陷入错误认识与之缔结婚姻时，方可能导致婚姻可撤销。故在缔结婚姻时，若患病方并不知晓己方患病事实，婚后另一方不得主张撤销婚姻；若另一方婚前已知晓对方的患病事实仍与之结婚的，由于不存在认识错误，其缔结婚姻的行为未违背本人真实意思，即使患病方未履行如实告知义务，也不导致婚姻可撤销。

（四）关于可撤销婚姻请求权行使的期限

《民法典》第1053条明确了可撤销婚姻请求权行使时间，即权利人应在知道或应当知道撤销事由之日起一年内行使撤销权，该期限为除斥期间。所谓"知道"是指有直接和充分的证据证明当事人知道对方患有重大疾病。所谓"应当知道"是指虽然没有直接和充分的证据证明当事人知道，但根据生活经验、相关事实和证据，按照一般人的普遍认知能力，运用逻辑推理可以推断当事人知道对方患病。[③] 超过一年的，请求权丧失。在浙江省台州市路桥区人民法院审结的甲女与乙男的撤销婚姻纠纷案中，被告乙男婚前患有精神分裂症，持有精神残疾人证，残疾等级为三级，每月需要到医院领取药物进行治疗。双

---

① 参见龙翼飞：《编纂民法典婚姻家庭编的法理思考与立法建议》，载《法制与社会发展》2020年第2期。

② 参见李昊、王文娜：《〈民法典〉婚姻无效和婚姻可撤销规则的解释与适用》，载《云南社会科学》2021年第2期。

③ 参见黄薇主编：《中华人民共和国民法典婚姻家庭编解读》，中国法制出版社2020年版，第63页。

方在民政局登记结婚时，登记处工作人员曾指出被告乙男持有残疾人证，需要征得监护人同意才能登记结婚，并当场询问了被告监护人的意见。经征得监护人同意后，工作人员当场为原、被告办理了结婚登记手续。婚后，被告乙男仍每月去医院领取药物以稳定病情，其间由原告代为看管被告经营的小卖部。2020 年 12 月 18 日，原告甲女以被告乙男婚前隐瞒重大疾病为由请求法院撤销双方之间的婚姻关系。按照规定，被告婚前未如实告知原告其患有重大疾病，原告请求撤销婚姻也应在知道或者应当知道撤销事由之日起一年内行使。原告在结婚登记之初应当知道被告患有精神疾病，却于 2020 年 12 月 18 日提起诉讼请求撤销婚姻，已超过了一年的除斥期间。法院驳回了原告甲女的诉讼请求。①

（五）撤销婚姻之诉在程序上如何适用

《民法典》实施之前，我国撤销婚姻程序采取双轨制，即行政机关和人民法院都有权撤销婚姻。《民法典》改变了此种机制，明确规定仅人民法院有权撤销疾病婚，又依《民法典婚姻家庭编解释（一）》第 17 条规定，仅在当事人认为结婚登记程序存在瑕疵时，方可通过行政程序寻求救济，这就排除了疾病婚姻撤销案件的行政救济路径。疾病婚中，违反法律规定的是隐瞒患病事实的一方，另一方请求撤销婚姻时，只能以侵犯其权益的配偶为被告，而非婚姻登记机关，同时，此类案件的诉讼标的为婚姻关系，而非婚姻登记行为。综上所述，疾病婚姻撤销案件应通过民事诉讼途径解决。

需要注意的是，在婚姻法相关司法解释中，确认婚姻无效案件和撤销婚姻案件适用的程序大有不同，前者为非讼程序，比照特别程序审理的思路进行；后者为普通程序或简易程序。《民法典婚姻家庭编解释（一）》对此进行了重置，对确认婚姻无效案件和撤销婚姻案件的适用程序进行了一体处理，即均适用普通程序或简易程序审理。

作为民事权利的宣言书，《民法典》的突出特点之一便是强调以人为本。《民法典》第 1053 条规定的准配偶婚前如实告知义务，要求患重大疾病的婚姻关系当事人在缔结婚姻前如实告知相对方自己的患病事实，系诚信原则在婚姻家庭编的具体体现，也是对准配偶婚前知情权的确认。② 同时，该条还设置了救济规则，即“不如实告知的，另一方可以向人民法院请求撤销婚姻”。从该规定可以看出，法律将撤销婚姻的权利赋予被隐瞒方，而非公权力直接干预，尊重了当事人的意思自治，彰显了对婚姻自主权的保护，是我国立法的重要进步。

三、本判例的规范逻辑

本案一审发生于2020 年8 月，该案原告以被告未履行合理审查义务和提示义务，违反

---

① 参见浙江省台州市路桥区人民法院民事判决书，(2020) 浙 1004 民初 5692 号。

② 参见中国审判理论研究会民事审判理论专业委员会编著:《民法典婚姻家庭编条文理解与司法适用》，法律出版社 2020 年版，第 62 页。

法定程序办理结婚登记以及自己患有不宜结婚的重大疾病为由将被告西城区民政局诉至法院,主张撤销该结婚登记。从行为性质看,被告为原告和第三人办理结婚登记的行为属于行政确认,是具体行政行为,当事人认为该行为存在瑕疵侵害其合法权益,根据原《婚姻法解释(三)》第1条和《行政诉讼法》第2条规定,其有权向人民法院提起行政诉讼。法院裁定驳回起诉的依据为我国《行政诉讼法》第46条第1款和相关司法解释的规定,即除非法律另有规定,行政相对人或利害关系人直接向人民法院提起行政诉讼的起诉期限为6个月,自知道或应当知道行政行为作出之日起计算;若行政机关未告知行政相对人起诉期限的,自相对人或利害关系人知道或应当知道起诉期限之日起计算,但从其知道或者应当知道行政行为内容之日起最长不得超过1年。遗憾的是,由于本案原告超过该法定期限起诉,法院裁定驳回。裁定书未对行政机关行政行为之合法性进行详细审查和说理,更未就原告提及的导致其婚姻可撤销的原因进行分析。但从程序上看,审理法院依据《行政诉讼法》对案件进行审理,因原告的起诉确实超过了法定起诉期限,故其裁定并无不当。

四、本判例的意义

(一)有利于为婚姻关系当事人在《民法典》时代维护婚姻自主权提供经验指引

本案当事人起诉的理由,一是婚姻登记机关违反法定程序办理结婚登记;二是被告患有应当暂缓结婚或禁止结婚的疾病且未履行如实告知义务。案件发生时,《民法典》已通过,但尚未生效,故该案本质上仍系因婚姻登记瑕疵引起的行政行为纠纷,而非隐瞒患病事实导致的撤销婚姻纠纷。总体而言,该案体现了利用行政程序处理撤销婚姻案件的裁判思路,继而昭示了此前将撤销婚姻案件纳入行政程序处理所存在的明显的制度性和功能性障碍,有助于促进婚姻登记瑕疵案件的审判改革,同时也有利于为婚姻关系当事人在民法典时代维护婚姻自主权提供经验指引。

(二)用民事诉讼的方式解决婚姻登记的瑕疵问题更有利于提高审判效率

虽然我国法律规定了结婚登记的条件和程序,但结婚登记存在瑕疵的情况不少,《民法典婚姻家庭编解释(一)》第17条规定:当事人以《民法典》第1053条规定的三种无效婚姻以外的情形请求确认婚姻无效的,人民法院应当判决驳回当事人的诉讼请求。当事人以结婚登记程序存在瑕疵为由提起民事诉讼,主张撤销结婚登记的,告知其可以依法申请行政复议或者提起行政诉讼。一方面,根据《婚姻登记条例》、《行政复议法》和《行政诉讼法》等法律法规的规定,因婚姻登记瑕疵提起行政复议的法定期限为60日,直接提起行政诉讼的时效期间一般为6个月。从社会生活实践看,办理婚姻登记之后,当事人在短期内不易发现婚姻登记或婚姻本身存在的违法性,若严格执行行政程序规定的时效，不少案件将因超过法定期限而被驳回，当事人易陷入“求助无门”的窘境。[①]另一方面，在具体审理过程中，行政诉讼主要审查的对象是婚姻登记这一行政行为的合法性，其功能在于认定行政行为的效力。而民事诉讼不仅可以对婚姻的效力作出认定，还可以一并处理婚姻关系当事人之间的财产分割与子女扶养等问题，有利于提高审判效率，节约司法资源，及时回应当事人需求。

（三）隐瞒重大疾病的可撤销婚姻的请求权主体

根据《民法典》第1053条的规定，有权请求撤销婚姻的权利人是被隐瞒的一方。隐瞒疾病的一方，不是可撤销婚姻的请求权人。即结婚前未如实告知患有重大疾病的，另一方当事人为请求权人，可以请求撤销婚姻。撤销权仅由不知道对方患有重大疾病的一方行使，主要是为了尊重当事人的意愿。被隐瞒重大疾病的一方，因与对方共同生活一段时间后可能已经建立起一定的感情，或者已经生育子女，本人愿意继续与对方共同生活，而不愿意解除婚姻关系。在此情况下，如果法律硬性规定一律将该婚姻予以撤销，不利于保护当事人及其子女的利益。

五、后续判例和规范的发展

《民法典》第1053条系新增条款，从现有公开案例看，争议焦点在于“重大疾病”的认定。新近发布的《民法典婚姻家庭编解释（一）》并未就此进行明确，是为了保障《民法典》的延续性，将认定“重大疾病”的权力交给了人民法院。因我国幅员辽阔，各地经济社会发展不平衡，加之法官经验和知识积累的差异性，故各地法院对“重大疾病”的理解差异几乎是必然存在的，这可能导致诸多“同案不同判”的情形发生。人民法院在裁判过程中，应当结合医学建议和当事人具体情况审慎甄别“重大疾病”，最大限度维护当事人的合法权益。

在天津市红桥区人民法院审结的董某与刘某撤销婚姻纠纷案[②]中，原告董某以刘某婚前隐瞒重大疾病为由，请求法院撤销婚姻关系。法院审理后认为，我国关于医学上认为不应当结婚的重大疾病种类主要参考《母婴保健法》、《母婴保健法实施办法》和《异常情况的分类指导标准（试行）》。其中《母婴保健法》第8条第1款规定：婚前医学检查包括对下列疾病的检查：（1）严重遗传性疾病；（2）指定传染病；（3）有关精神病。被告所患急性精神分裂症应属于不应当结婚的重大疾病；庭审中，经查阅病历及就诊记录，法院发现虽然被告刘某发病时间距离结婚登记时间较短，但其所患精神类疾病系急性，且目前未发现刘某婚前有精神分裂症的就诊记录，亦无家族遗传的相关记录，原告董某主张被告婚前隐瞒

---

① 参见最高人民检察院：《2020年度十大行政检察典型案例之一：姚某与福建省某县民政局撤销婚姻登记检察监督案》，载最高人民检察院网上发布厅，https://www.spp.gov.cn/spp/xwfbh/wsfbh/202101/t20210128_507972.shtml。

② 参见天津市红桥区人民法院民事判决书，（2021）津0106民初770号。

重大疾病的行为没有事实依据，法院不予采信。判决驳回原告董某的诉讼请求。

在河南省鹿邑县人民法院审结的郭某与王某的撤销婚姻纠纷案①中，原告郭某与被告王某于2018年初办理结婚登记，婚后郭某发现王某举止不正常，于2020年3月16日在郑州市第八人民医院调取被告病例，病例显示被告因精神分裂症于2016年2月17日至4月29日在郑州市第八人民医院精神科入院治疗，入院记录显示被告发病日期为2016年，且存在家族精神病史。现原告郭某于2021年3月4日诉至法院，要求撤销原告郭某与被告王某的婚姻。法院认为，《民法典》第1053条规定，一方患有重大疾病的，应当在结婚登记前如实告知另一方；不如实告知的，另一方可以向人民法院请求撤销婚姻。请求撤销婚姻的，应当自知道或者应当知道撤销事由之日起一年内提出。本案中，被告王某患有精神分裂症，应当在结婚登记前如实告知原告郭某，现因被告未将其患病一事如实告知原告，原告可向人民法院请求撤销婚姻。本案原告于2020年3月16日知道被告患病，于2021年3月4日提起撤销婚姻之诉，系在知道撤销事由之日起一年内提出，符合上述法律规定。法院判决撤销原告郭某与被告王某的婚姻。

在河南省卫辉市人民法院审结的郭某与马某的撤销婚姻纠纷案②中，法院认为，原、被告自2015年11月3日结婚，婚后被告于2016年先后在卫辉市人民医院及新乡医学院第一附属医院住院治疗。原、被告庭审中均称原告在被告住院期间多次陪护过被告，但原告称不知道被告的病情，显然不符合常理。且原告在被告住院期间多次陪护，故法院推定原告在2016年应当知道被告的病情。由于原告未在法律规定的期限内请求撤销婚姻，根据《民法典》第1053条之规定，法院判决驳回原告郭某的诉讼请求。

浙江省金华市婺城区人民法院审结的汪某与郑某的撤销婚姻纠纷案③中，原告汪某请求撤销其与妻子的婚姻关系，法院审理后认为，《民法典》第1053条规定婚姻一方患有重大疾病的，应当在结婚登记前如实告知另一方；不如实告知的，另一方可以向人民法院请求撤销婚姻。依据上述规定，原告汪某在本案中要求撤销婚姻，前提必须是被告郑某在婚前患有重大疾病且主观上故意隐瞒。对于重大疾病认定，法律并无明确规定，但该条款设立的目的，应当以疾病严重危害共同生活的人员或者其后代的健康，且足以危及婚姻本质为前提。该条款的适用应当有相对严格的条件，一方面应当保护在婚姻中受到欺诈的一方，另一方面也不能将之扩大化适用。双方在缔结婚姻时应当慎重，在对婚姻状况不满意时，亦应当理性处理。原告认为被告患有严重抑郁症，一方面并无相关证据，另一方面抑郁症不属于可以撤销婚姻的重大疾病。原告庭审中所陈述的相关事实仅在一定程度上反

---

① 参见河南省鹿邑县人民法院民事判决书，(2021)豫1628民初1545号。

② 参见河南省卫辉市人民法院民事判决书，(2021)豫0781民初52号。

③ 参见浙江省金华市婺城区人民法院民事判决书，(2021)浙0702民初1387号。

映双方在婚后共同生活中存在沟通问题，并不构成撤销婚姻的法定条件。原告据此要求损害赔偿亦无相应依据。原告主张对被告精神状况进行鉴定亦不符合启动鉴定程序的情况。综上，根据《民法典》第 1053 条、《民事诉讼法》第 64 条之规定，判决驳回原告汪某的诉讼请求。

在周某与黄某的撤销婚姻纠纷案①中，原告周某请求撤销与黄某的婚姻关系，重庆市大足区人民法院审理后认为，原告周某与被告黄某于 2020 年 5 月 19 日缔结婚姻关系，被告黄某在婚前便患有精神分裂症，经治疗好转，但目前仍需药物控制。结合媒人陈某、冉某，被告母亲熊某的证人证言，被告和被告的父母，在原告与被告办理结婚登记前，并未将被告患有精神疾病的情况如实告知原告。被告辩称，婚前有将其患有精神疾病的事实如实告知，但被告并未举示相应的证据，亦无相反证据推翻三名证人当庭所作的证言。当事人对自己提出的诉讼请求所依据的事实或者反驳对方诉讼请求所依据的事实，应当提供证据加以证明，若当事人未能提供证据或者证据不足以证明其事实主张的，由负有举证证明责任的当事人承担不利的后果。故对被告的辩解理由，法院不予采信。《民法典》第 1053 条系民法典的新增条文，规定了患有重大疾病一方当事人婚前如实告知义务，赋予了另一方当事人撤销权。根据《适用民法典时间效力的规定》第 3 条规定，民法典施行前的法律事实引起的民事纠纷案件，当时的法律、司法解释没有规定而民法典有规定的，可以适用民法典的规定。本案中，虽然被告未如实告知原告其患有精神疾病，且其与原告登记结婚的事实发生在民法典施行前，而当时的婚姻法及司法解释并没有相关规定，但根据时间效力的规定，本案可以适用民法典进行审理。婚姻自由是我国婚姻制度的基本原则，在不违背社会公共道德和国家利益的前提下，应当尽可能地保障公民的婚姻自主权。但是，婚姻自由的本质是当事人作出是否缔结婚姻关系的意思表示，是建立在彼此相互了解信任的基础上，故一方患有重大疾病的情况，对于另一方当事人来说，可能将会影响其作出结婚的意思表示是否真实完整，也可能会造成另一方生活上的不便。因此，一方当事人患有重大疾病的情况属于足以影响另一方当事人是否愿意缔结婚姻关系而应当知情的基本信息，另一方当事人对其结婚对象是否患有重大疾病当然享有知情权。而对于重大疾病的具体范围，《民法典》未作明确规定。但根据《母婴保健法》规定，婚前医学检查包括下列疾病的检查：(1)严重遗传性疾病；(2)指定传染病；(3)有关精神病。经婚前医学检查，对患指定传染病在传染期内或者有关精神病在发病期内的治疗对象，医师应当提出医学意见，准备结婚的男女应当暂缓结婚。有关精神病，则是指精神分裂症、躁狂抑郁型精神病以及其他重型精神病。由此可知，婚前已患有上述疾病的公民暂时不适宜结婚，根据“举重以明轻”的原则，本案中，被告在办理结婚登记前知晓自身患有精神分裂症，且仍需

① 参见重庆市大足区人民法院民事判决书，(2021)渝 0111 民初 243 号。

药物控制，应当视为其患有《民法典》第 1053 条规定的重大疾病，被告应将患病信息如实告知原告。被告未在结婚登记前如实告知其病情，既侵犯了原告的知情权，也违反了法律规定，故原告在知道撤销事由之日起一年内向本院申请撤销婚姻，符合《民法典》第 1053 条的规定，本院依法予以支持。综上，根据《民法典》第 1053 条，《母婴保健法》第 8 条、第 9 条、第 38 条，最高人民法院《适用民法典时间效力的规定》第 3 条和《民事诉讼法解释》第 90 条规定，判决撤销原告周某与被告黄某的婚姻关系。

010. 一方婚前隐瞒重大疾病，适用《民法典》判决撤销婚姻*

甄某某诉贾某撤销婚姻纠纷案‖山东省济南市历下区人民法院民事判决书，(2021)鲁0102民初3323号

事实概要

甄某某与贾某于2020年12月16日登记结婚。婚后甄某某发现贾某患有淋病，2020年12月27日医院诊断证明显示贾某患有“淋球菌性尿道炎(慢性)”。甄某某遂以贾某结婚登记前隐瞒不宜结婚的重大疾病、未如实告知为由，起诉至济南市历下区人民法院(以下简称历下区法院)，要求判决撤销二人的婚姻。庭审中，贾某自认患上述疾病七八年，至该案件审理期间仍未治愈，婚前未向甄某某如实告知。历下区法院于2021年4月19日作出(2021)鲁0102民初3323号民事判决：撤销原告甄某某与被告贾某的婚姻。

判决要旨

在婚姻关系缔结前，一方患有重大疾病的，应当在结婚登记前如实告知另一方，若未告知的，为可撤销婚姻，另一方可以向人民法院请求撤销。撤销权的行使期间为一年，自撤销权人知道或者应当知道撤销事由之日起一年内提出。

判例评析

一、既往相关判例与观点

(一)《民法典》生效之前

1950年《婚姻法》和1980年《婚姻法》均要求结婚必须符合法定要件，婚姻才具有法律效力，但对于不具备法定条件的结婚行为的法律后果却没有明确，这就使得我国的

* 张伟，西北政法大学民商法学院教授。

结婚制度处于不完整状态。2001 年《婚姻法》增设了无效婚姻制度①与可撤销婚姻制度。② 在《民法典》修改结婚条件以前,“婚前患有医学上认为不应当结婚的疾病,婚后尚未治愈”属于 2001 年《婚姻法》第 10 条规定的婚姻无效情形。

在理论上和实践中,患有特定疾病将导致婚姻无效这一观点受到的正当性质疑颇大。孙若军教授认为,疾病不应是缔结婚姻的法定障碍。在司法实践中,法律对哪些是医学上认为不应当结婚的疾病无明确规定。从科学上讲,公示影响婚姻的疾病是困难的,医学越发展,发现的病态基因就越多,治疗疾病的方法也在不断地更新和进步,但法律和行政法规的稳定性、滞后性,致使列举医学上认为不应当结婚的疾病纳入规制范围具有一定困难。即便是婚检机构,对遗传病、精神病的检查能力也是有限的,依目前的医疗水平和检测技术,很难在婚前检查出婚后生育子女的健康状况。③

在郑某某与陆某某婚姻无效纠纷案[(2015)渝二中法民终字第 00853 - 1 号]中,郑某某与陆某某于 2014 年 1 月 22 日在巫溪县民政局办理结婚登记,2014 年 2 月 5 日,双方举行结婚仪式。婚后陆某某出现语无伦次、行为怪异、喜怒无常的异常表现。2014 年 2 月 22 日,郑某某发现陆某某偷偷在服药。陆某某婚前由于升学等原因,精神上受到过一定的刺激,曾在重庆市巫溪县精神卫生保健院治疗好转。法院认为,陆某某在办理结婚登记前患有精神分裂症,婚后尚未治愈,故郑某某与陆某某的婚姻应属无效婚姻。

在另一案例[(2017)辽 0111 民初 6014 号]中,马某与郭某于 1998 年经人介绍相识并确立恋爱关系,双方于 1999 年登记结婚,婚生一名男孩郭小某(现已成年)。2017 年,马某以郭某婚前患有精神疾病,婚后复发,无法治愈为由,诉至法院要求确认其与郭某婚姻无效。马某在庭审中提供了诊断郭某为分裂样精神病的病情介绍单一份。法院考虑到被告郭某虽婚前患有精神疾病,但其与原告马某在登记结婚时并未处于发病期间,认知能力未受影响,且二人生育健康男婴,对后代未造成影响,被告亦可以自理生活,不属于法律上的“重型精神病”,因此认定郭某的病情不属于医学上认为不应当结婚的疾病,驳回了马某要求确认婚姻无效的请求。

(二)《民法典》生效之后的相关判例和观点

2021 年初,上海市闵行区人民法院(以下简称上海闵行区法院)审结的李某与江某撤

---

① 《婚姻法》第 10 条规定:“有下列情形之一的,婚姻无效:(一)重婚的;(二)有禁止结婚的亲属关系的;(三)婚前患有医学上认为不应当结婚的疾病,婚后尚未治愈的;(四)未到法定婚龄的。”

② 《婚姻法》第 11 条规定,因胁迫结婚的,受胁迫的一方可以向婚姻登记机关或人民法院请求撤销该婚姻。受胁迫的一方撤销婚姻的请求,应当自结婚登记之日起 1 年内提出。被非法限制人身自由的当事人请求撤销婚姻的,应当自恢复人身自由之日起 1 年内提出。

③ 参见孙若军:《疾病不应是缔结婚姻的法定障碍——废除〈婚姻法〉第 7 条第 2 款的建议》,载《法律适用》2009 年第 2 期。

销婚姻案也具有典型意义。李某与江某在2019年11月订婚，开始同居。2020年4月李某怀孕，二人遂于同年6月28日登记结婚。当天二人到民政机关指定的机构进行婚前检查，在第二天检查结果出来后，江某才主动向李某坦白其已身患艾滋病多年且长期服药。尽管江某坚持其所患的艾滋病已不在传染期，且最终证实李某确实并未被感染，但李某仍然无法接受，并坚持终止妊娠。其后，李某向上海闵行区法院提起诉讼要求撤销二人的婚姻关系。2021年1月4日，依照《民法典》第1053条及相关司法解释的规定，法院判决撤销原告李某与被告江某的婚姻关系。

艾滋病不属于《民法典》规定可导致婚姻无效的疾病。本案中，被告虽然患有艾滋病，但经过长期的药物控制，已经不在传染期内，因此若原告起诉要求宣告婚姻无效，将无法得到支持；而若原告起诉要求撤销婚姻，符合《民法典》规定的可撤销的情形。原告作为无过错方，得知丈夫隐瞒婚前患有重大疾病的事实，应当如何获得有效救济呢？《民法典》第1053条第1款规定："一方患有重大疾病的，应当在结婚登记前如实告知另一方；不如实告知的，另一方可以向人民法院请求撤销婚姻。"该条文为《民法典》颁布后新增的内容，将"结婚登记前未如实告知患有重大疾病"作为可撤销婚姻的情形之一。实际上这条规定是由《婚姻法》第10条规定的婚姻无效的情形转化而来的。《婚姻法》第10条规定："有下列情形之一的，婚姻无效：(一)重婚的；(二)有禁止结婚的亲属关系的；(三)婚前患有医学上认为不应当结婚的疾病，婚后尚未治愈的；(四)未到法定婚龄的。"

针对该案件的特殊性，上海闵行法院立案后法官进行了大量细致充分的论证。从保护无过错方利益出发，根据《民法典》1053条规定，法院经审理认为，本案中被告在结婚登记之前未如实告知原告其患艾滋病的事实，原告在知情后一年内向法院起诉要求撤销婚姻，法院应予以支持，故依法判决撤销原、被告的婚姻关系。原、被告的婚姻关系被撤销后，双方的婚姻自始没有法律约束力。

本判例是上海闵行法院系统适用《民法典》相关规定判决的第一案，引起了社会较大关注。[①] 2021年1月4日，上海闵行区法院梅陇法庭宣判该案件的判决书。依照《民法典》第1053条及相关司法解释的规定，法院判决撤销原告李某与被告江某的婚姻关系。审理案件的法官事后接受媒体访时表示，本案中，原、被告登记结婚的时间虽然是在《民法典》实施之前，却是在《民法典》颁布后，且原、被告的婚姻状态一直持续至今，所涉可撤销情形属于《民法典》的新增规定，从保护无过错方的利益出发，按照有利溯及的原则，法院

① 多家大型媒体对该案件的宣判进行了报道。例如，《〈民法典〉实施给婚姻带来哪些影响？以上海市闵行区人民法院审结的一方隐瞒重大疾病而最终被法院判决撤销婚姻为例》，载中央电视台"24小时"栏目2021年1月5日，https://tv.cctv.com/v/v1/VIDEA8HettSGwgmO1dYusu7K210105.html。

最终依据《民法典》的相关规定作出上述判决。①

二、在学理框架内对相关问题的点评

《民法典》第1053条和第1054条规定确立了一项新制度,即准配偶负有重大疾病告知义务。如一方未及时履行该告知义务导致另一方不知情而结婚的,无过错方有权请求撤销婚姻,并向过错方主张损害赔偿。该权利应当自知道或者应当知道撤销事由之日起一年内行使。《民法典》规定的准配偶的重大疾病告知义务相比较2001年修正的《婚姻法》的规定,扩大了婚姻制度中当事人意思自治的程度。《婚姻法》第7条第2项规定,患有医学上认为不应当结婚的疾病禁止结婚,《民法典》将其修改为告知义务,而不是直接"一刀切"地认定为全部无效,保障了另一方当事人知情后的自主选择权和决定权。

配偶的健康对婚姻家庭具有重要影响。结婚必须男女双方完全自愿,如一方在婚前未将患有重大疾病的情形告知另一方,对方无法知晓其患大病事实,无过错方在未知实情的同时还承担了该疾病带来的风险,不公平,也不利于维护和睦稳定的婚姻家庭关系。

关于"重大疾病"的理解。"疾病"是指"生理上或心理上发生的不正常的状态"。"重大疾病"的范围也应当包括"身体疾病"和"精神疾病"两种。《婚姻法》中的相关规定表述为"患有医学上认为不应当结婚的疾病",《民法典》修改为"重大疾病"。显而易见"重大疾病"的内涵与外延范围应当等于或大于禁止结婚的疾病范围。然而之前我国法律对禁止结婚疾病的认定一直未有定论,司法实践中大多根据《母婴保健法》第8条的明文规定:"婚前医学检查包括对下列疾病的检查:(一)严重遗传性疾病;(二)指定传染病;(三)有关精神病。……医疗保健机构应当出具婚前医学检查证明。"这几类基于保护母婴健康而被列入指定医学检查范围的疾病,无疑应当被认定为重大疾病。②《民法典》第1053条第1款中的"重大疾病"的认定范围应当包含以下几类:第一是"精神疾病",并且应当包括精神发育迟滞或称精神发育不全、迟滞以及智力低下、精神分裂症、躁狂抑郁症等重型精神类疾病;第二是"严重遗传性疾病",该类疾病后代遗传性高,患者会全部或部分丧失自理能力,因此该种遗传性疾病也应当包括显著影响生育的疾病;第三是"指定的部分传染病",由于《传染病防治法》规定了包括艾滋病、麻风病等39种不同等级的传染病,并按照《母婴保健法》第9条的规定,属于患有《传染病防治法》中尚在传染期内的传染病的患者,都应当暂缓结婚,因此这类疾病的患者在传染期结束后但尚未治愈的,也应在婚前告知义务范围内。

---

① 参见《另一半婚前隐瞒患有重大疾病,法院这样判……》,载搜狐网2021年2月7日,https://www.sohu.com/a/449284038_235265。

② 参见蒋月:《准配偶重疾告知义务与无过错方撤销婚姻和赔偿请求权——以〈民法典〉第1053条和第1054条为中心》,载《法治研究》2020年第4期。

关于告知义务的履行期限。依据《民法典》第1053条规定，一方行使撤销权，应当以另一方在办理结婚登记之前患有被医学诊断或经过治疗的重大疾病为限。如果一方患上重大疾病发生于婚后且并未如实告知对方的，另一方不应当享有撤销权。

关于婚姻被撤销的后果。根据《民法典》第1054条，被撤销的婚姻自始没有法律约束力，当事人双方不再具有夫妻的权利义务。同居期间所得的财产，由当事人双方先行协商处理；在协议不成时，由人民法院根据照顾无过错方的原则判决。当事人所生的子女，适用《民法典》关于父母子女的规定。并且婚姻被撤销的，无过错方有权向另一方主张损害赔偿。

三、本判例的规范逻辑

艾滋病不属于导致婚姻无效的情形。《民法典》第1051条规定："有下列情形之一的，婚姻无效：(一)重婚；(二)有禁止结婚的亲属关系；(三)未到法定婚龄。"因此，李某与江某的婚姻不属于无效婚姻。

在该案具有特殊性的情况下，法院应当从保护无过错方利益的角度出发。《民法典》第1053条明确规定："一方患有重大疾病的，应当在结婚登记前如实告知另一方；不如实告知的，另一方可以向人民法院请求撤销婚姻。请求撤销婚姻的，应当自知道或者应当知道撤销事由之日起一年内提出。"本案的江某应当属于《民法典》第1053条中规定的婚前未如实告知重大疾病的情形，因此原告李某在知情后的一年内请求法院撤销其与江某之间的婚姻关系的请求，法院应当予以支持，原、被告双方的婚姻关系被撤销后，婚姻自始没有法律约束力。

首先，婚姻关系应该建立在充分了解和自愿的基础上，如一方患有重大疾病，应该在婚前向对方坦诚相告，让对方在充分知情的情况下作出是否愿意结婚的真实意思表示。强调婚前告知义务，既有利于保障另一方的知情权，也有利于家庭和睦稳定，更加符合实际，更富于人性，体现了《民法典》对诚信、友善等社会主义核心价值观的弘扬。根据《民法典》第1053条的规定，本案中李某有权依法向法院申请撤销其与江某的婚姻。其次，被撤销的婚姻自始没有法律约束力。作为无过错方的李某可以依据《民法典》进行维权。《民法典》第1054条规定："无效的或者被撤销的婚姻自始没有法律约束力，当事人不具有夫妻的权利和义务。同居期间所得的财产，由当事人协议处理；协议不成的，由人民法院根据照顾无过错方的原则判决。对重婚导致的无效婚姻的财产处理，不得侵害合法婚姻当事人的财产权益。当事人所生的子女，适用本法关于父母子女的规定。婚姻无效或者被撤销的，无过错方有权请求损害赔偿。"根据《民法典》的规定，李某不仅可以向人民法院请求撤销婚姻，并且有向江某主张损害赔偿的权利。

四、本判例的意义

疾病婚在2001年《婚姻法》中是属于无效事由，但是，《民法典》将其改造，移入可撤销婚姻事由，赋权无过错方当事人自己决定是否申请撤销。这是《民法典》加大保护结婚自由权力度之体现。

与《婚姻法》相比，《民法典》取消了将疾病作为禁止结婚情形的规定，同时增加以下规定，一方隐瞒重大疾病的，另一方可以向人民法院请求撤销婚姻。将无效婚姻改为可撤销的婚姻，体现了法律对当事人结婚权利的保障和对当事人意愿的尊重。男女结婚组建家庭后，不仅开启了两人的共同生活，夫妻互相依存、互相帮助、互相扶养，而且还承担着养育子女的义务。为了配偶及子女的身体健康，禁止患有严重疾病的男女双方结婚，其目的是防止当事人所患的疾病传染给对方或传染、遗传给下一代。《民法典》明确一方患有重大疾病的，应当在结婚登记前如实告知另一方；不如实告知的，另一方可以向法院请求撤销婚姻。婚姻无效或者被撤销的，无过错方有权请求损害赔偿。这一规定强调了伴侣的婚前告知义务，有利于保障另一方的知情权，防止因一方隐瞒疾病导致婚后病发时给另一方带来过重的扶养义务，以及防止骗婚等道德风险的存在。这样的变化，是尊重人权，保障婚姻自由权利的体现，也是立法史上的重大进步。婚姻是终身大事，为避免产生一些不必要的争议，患病的一方在结婚之前须依法履行告知义务，让婚姻多一些坦诚和理解，才能给未来的婚姻生活打好基础。《民法典》不仅将登记结婚前隐瞒重大病情作为无过错方可以撤销婚姻的情形之一，而且赋予无过错方主张损害赔偿的权利，原告因此得到了最有效的维权途径。

五、后续判例和规范的发展

《民法典》对《婚姻法》第10条的修改增加了公民婚姻的自由度，但是，该条文的具体适用仍然有些不明晰之处，其中最大问题是未明确“重大疾病”的范围。为保持法律规定的周延性、延续性和严谨性，在法律中直接规定重大疾病的范围的确不宜。一方面，未来可能会出现新型不适宜结婚且严重危害身体健康的疾病，或因目前医学、科技等因素的限制无法发现的某些疾病；另一方面，由于现代医学的不断进步，一些疾病也可能会被治愈，逐渐不再属于该范围。然而，重大疾病范围不明晰，可能会增加民众理解该法条的困难，也可能导致司法适用中的理解分歧，引发“同案不同判”的后果。因此，对该条规定的进一步解释，还有待于相关学术研究深入探讨和司法实践经验总结。另外，一般不适宜结婚的重大疾病的界定与夫妻之间的权利义务、优生优育政策等密切相关，因此一方不能以隐私权对抗另一方的知情权。另外，据《人民法院报》2021年6月26日报道：2019年5月1日，小张经人介绍认识了小林。经过一年多的恋爱，两人于2020年8月底在江苏省南通市海门区民政局登记结婚。妻子小张(化名)后发现丈夫小林(化名)长期服用药物，经多次询问得知丈夫婚前曾经患过甲状腺癌，大惊之下，小张以丈夫隐瞒重大疾病侵害其知情权和婚姻选择权为由起诉，请求法院撤销双方在民政部门办理的结婚登记。近日，江苏省南通市海门区人民法院对这起婚姻撤销纠纷案作出一审判决，驳回原告的诉讼请求。

海门区法院审理后认为，因民法典对重大疾病没有明确界定，本案的争议焦点系甲状腺左叶乳头状癌是否属于重大疾病。一般来讲，重大疾病通常是指医治花费巨大且在较长一段时间内严重影响患者正常工作和生活的疾病，应当审慎认定。本案中，小林曾患有甲状腺左叶乳头状癌，该疾病不属于《母婴保健法》中规定的三类不适宜结婚的疾病，且该疾病经过手术和药物治疗可以治愈，小林的病情得到有效控制并不影响正常生活，故不属于重大疾病。因此，小张以小林于婚前隐瞒重大疾病为由主张撤销婚姻于法无据，法院不予支持。同时，婚姻是人生大事，缔结婚姻的双方都应如实向对方告知自身实际情况，小林未能如实反映其患病事实，致夫妻关系紧张的做法不当，夫妻双方应诚恳做好沟通交流。综上，法院驳回了原告小张的诉讼请求。一审判决后，小张和小林均未提起上诉，该判决已发生法律效力。

因夫妻在共同空间内长久生活，并且两性关系具有高度的亲密性，双方在经济上互相扶持，在精神上互相抚慰，因此，如果一方确实患有重大疾病，应该向另一方坦诚相告，履行婚前告知义务，让另一方在充分知情的情况下作出是否愿意结婚的真实意思表示。如果一方在婚前未能如实告知患病情况，除可能对婚姻双方感情造成伤害，还可能面临婚姻被撤销和多重赔偿的风险，其做法不可取且得不偿失，婚后也难以收获真正的幸福。

总之，作为拟结婚的恋人，如果一方确实患有重大疾病，应该向另一方坦诚相告，履行婚前告知义务。《民法典》规定了无过错方请求撤销婚姻的期限，即应当自知道或者应当知道撤销事由之日起一年内提出。一旦超过这个时间，撤销权消灭，婚姻有效，该方就只能选择离婚的方式来结束婚姻关系。

011. 婚姻不成立之诉是解决“被结婚”诉争案件的有效手段*

原告周某敏与被告张某婚姻无效纠纷案‖江苏省徐州市贾汪区人民法院民事判决书,(2019)苏0305民初3260号

事实概要

2001年4月,周某花与男友张某到民政局办理结婚登记,因当时周某花未达法定结婚年龄,便借用出嫁外省的表姐周某敏的身份证,以周某敏的名义与张某办理了结婚登记,结婚证所用照片是周某花本人照片。之后,张某与周某花一直以夫妻名义共同生活。

2019年年初,周某敏欲回家乡买房,得知自己身份信息被周某花冒用于结婚而不能贷款。2019年5月,周某敏提起行政诉讼,要求撤销民政局2001年4月的婚姻登记,一审和二审法院均以超过行政诉讼期限为由驳回周某敏的起诉。2019年7月,周某敏以张某为被告向法院提起民事诉讼,要求确认周某敏与张某的结婚登记行为无效,后变更诉讼请求,要求确认周某敏与张某婚姻关系不成立。江苏省徐州市贾汪区人民法院经审理认为,周某敏与张某没有缔结婚姻的意思表示,亦没有共同到婚姻登记机关依法进行结婚登记,更没有共同生活,双方的婚姻关系不存在。判决周某敏与张某婚姻关系不成立。判决生效后,周某敏凭判决书到民政局更正了登记信息。

该案系江苏省高级人民法院和江苏省妇女联合会联合发布的“2020年度江苏婚姻家庭典型案例”之一。①

判决要旨

在冒用他人身份结婚的案件中,被冒用者与他人没有缔结婚姻的共同意思表示和共同登记结婚的法律行为,亦没有共同生活的目的和婚姻事实,被冒用者只是身份信息被冒用于办理结婚登记而已,与他人不存在婚姻关系,被冒用者与他人的婚姻不成立。

---

* 王礼仁,湖北省宜昌市中级人民法院原法官。

① 《江苏高院:2020年度江苏婚姻家庭典型案例》,载百度网2021年3月5日,https://baijiahao.baidu.com/s?id=1693389681869747515&wfr=s,pider&for=pc。

｜判例评析｜

一、既往相关判例与观点

对于“被结婚”或者有其他程序瑕疵的婚姻，过去主要采取行政程序处理。该种处理模式导致三种结局：一是民事程序驳回起诉，拒绝受理；二是大量案件因超过行政程序起诉期限亦被驳回起诉；三是行政程序违反起诉期限和受理条件的规定，导致违法受理并违法处理。此处所称“违法处理”即简单适用行政违法性判断标准，对于凡存在登记违法情形的婚姻登记，判决撤销结婚登记或者确认登记行为无效。而所谓的行政违法性判断标准，实际上是将当事人弄虚作假的民事行为视为行政违法行为，造成了行政机关“被过错”“被违法”。还有的行政判决虽然认为登记机关已尽到形式审查义务而无过错，但以“解决实际问题”为由，判决撤销婚姻登记或确认登记行为无效。

这种处理模式导致“被结婚”案件“诉讼难”和“处理乱”，甚至造成严重后果。例如，河南省的尚女士和男友前往婚姻登记处申请办理婚姻登记时，被告知其已于 2004 年 9 月至 2005 年 7 月先后在山东邹城、河北定州、河北围场自治县、安徽界首以及江苏如东五次“被结婚”，因此无法准许其结婚登记。尚女士在各地投诉时，遭遇法院因超过起诉期限而拒绝受理等困境。江苏省南通市开发区人民法院则认为，无效行政行为不受起诉期限限制，故而受理了尚女士的起诉，经审理此案，判决确认原婚姻登记行为无效，并判令民政机关删除错误信息。该案入选《人民法院报》“2020 年十大典型案件”。[①]

行政程序处理婚姻登记纠纷的主要理由是婚姻登记属于行政机关的具体行政行为，不属于民事法律调整的范畴，需要通过行政复议或者行政诉讼处理。[②]“民事诉讼只能受理婚姻无效和撤销婚姻案件，婚姻登记机关也只能就胁迫结婚的自行撤销，因婚姻登记瑕疵造成的婚姻不成立之诉应由行政诉讼处理”[③]。

二、在学理框架内对相关问题的点评

从程序上考察，行政程序不适用婚姻效力案件的审理，民事程序可以审理婚姻效力案件，且婚姻效力案件适用民事程序是必然选择。从实体上考察，程序瑕疵婚姻不属于原《婚姻法》和《民法典》规定的无效婚姻或可撤销婚姻的范畴。《婚姻法解释（三）》第 1 条更是明确规定，除法定无效婚姻外，不得主张婚姻无效。[④] 而且无效婚姻须以婚姻成立或

---

① 参见《〈人民法院报〉评出 2020 年人民法院十大典型案件：尚某状告江苏如东县民政局案——因个人信息被冒用“被结婚五次有错难改”的行政纠纷案》，载中国法院网 2021 年 1 月 9 日，https://www.chinacourt.org/article/detail/2021/01/id/5709696.shtml。

② 参见杨立新：《最高人民法院婚姻法司法解释（三）理解与运用》，中国法制出版社 2011 年版，第 127～128 页。

③ 邓忠明：《如何解除使用他人身份证登记的婚姻》，载《人民法院报》2014 年 5 月 22 日，第 7 版。

④ 《民法典婚姻家庭编解释（一）》第 17 条保留了该条的基本内容。

存在为前提,而“被结婚”缺乏婚姻的基本要素,不符合婚姻的一般属性和构成要件。被结婚者只是自己身份信息被人冒用,其本人与他人不存在婚姻关系,故应认定被结婚者与他人的婚姻不存在或不成立。

(一)行政程序不适用婚姻效力,不宜采取行政诉讼解决“被结婚”等登记婚姻效力纠纷

本案反映出来的问题虽然只是行政诉讼的起诉期限不适用于“被结婚”等婚姻登记效力纠纷,行政诉讼造成了资源浪费,加重了当事人诉累,但实际上行政诉讼不适用登记婚姻效力纠纷的原因与行政诉讼的本质相关。① 诸如行政诉讼受理条件、证据规则、审查对象、判断标准等均不适用登记婚姻效力纠纷。如行政诉讼的受案条件必须是行政机关具有违法性。如果登记机关在婚姻登记中尽到了必要形式审查义务,登记工作无过错,其登记结果错误完全是因当事人弄虚作假造成的。此类情形中,登记机关不具有行政违法性,显然不符合行政诉讼受案条件。此外,婚姻是否成立有效的标准是民法的婚姻成立要件与效力要件,不是行政违法性标准,因此行政违法性标准也不适用婚姻效力判断。②

行政程序的功能与“被结婚”案件更如方枘圆凿。无论是撤销婚姻登记还是确认登记行为无效,都不符合“被结婚”案件的性质和特点。如果行政判决撤销婚姻登记,那么到底是撤销了表妹周某花与张某的婚姻,还是撤销了表姐周某敏与张某的婚姻?如果是撤销表妹周某花与张某的婚姻,则有侵害他人婚姻之嫌。表姐无权请求撤销表妹的婚姻,只能请求确认其与妹夫的婚姻不成立或不存在。这就如同别人使用偷窃的钱建造了房屋,被盗者只能主张别人还钱,而不是主张拆除已建造的房屋。表姐只能解决自己身份被盗用问题,不能拆散表妹的婚姻。至于表妹与张某的婚姻是否有效,只能由表妹与张某依法诉请解决。如果撤销了表姐周某敏与张某的婚姻,就更不符合客观事实。表姐只是身份被表妹冒用,自己并没与张某进行婚姻登记,更没有与张某结婚的意思和共同生活的婚姻事实,因而,行政程序撤销婚姻登记或确认登记行为无效,都不适用于“被结婚”案件。

江苏省南通开发区法院的上述判决至少有三个问题:一是存在违反行政诉讼起诉期限的法律硬伤;③二是确认原婚姻登记无效的处理方式不科学;三是存在将民事违法行政

① 参见王礼仁:《聚焦婚姻法司法解释三——婚姻登记效力纠纷行政诉讼的十大缺陷》,载北大法宝网,https://www.pkulaw.com/experts/7c28e2fe1e0135e3eefcd01a1d6f5039.html;王春晖、王礼仁:《婚姻效力纠纷管辖权再分配》,载《人民司法》2015 年第 3 期。

② 参见王礼仁:《民法典实施后婚姻登记纠纷救济路径的思考》,载《湖北省警官学院学报》2020 年第 3 期。

③ 2018 年《行政诉讼法解释》第 162 条规定:公民、法人或者其他组织对 2015 年 5 月 1 日之前作出的行政行为提起诉讼,请求确认行政行为无效的,人民法院不予立案。

化之嫌。用法治思维审视这个案件的处理方式,该判决结果值得商榷。① 主张婚姻登记效力应当由行政程序解决,主要是混淆了行政确认行为与要式民事行为,混淆了当事人争议的基本法律关系之性质,并错误地采用撤销婚姻登记行为或确认登记行为无效的方式否定婚姻效力。婚姻登记是要式民事法律行为,当事人因婚姻关系效力发生的争议,属于民事法律关系争议,行政程序的功能与婚姻效力所属的民事案件不匹配,从而无法完成其诉讼使命。②

(二)在民事程序中确认婚姻不成立或不存在之诉是解决"被结婚"诉争的最合理选择

1. 使用他人身份信息结婚是二合一的"阴阳身份"行为,并非完全是被冒名者(被结婚者)的身份行为。"阴阳身份"主要体现在"照片身份"与"姓名身份"不相吻合,既使用甲的姓名身份及其相关信息,同时照片身份信息则是来自乙。这种"阴阳身份"本身已经说明两者信息来源并非同一人,否认了婚姻登记中的"姓名身份"就是婚姻登记当事人。至于婚姻登记的行为人和共同婚姻生活者,则更不是"姓名身份"者。

2. 被结婚者涉及婚姻关系诉讼时,只能通过民事诉讼解决,而且只能选择确认婚姻不成立或不存在之诉才合乎法律逻辑。表姐周某敏在民事诉讼中,将请求确认周某敏与张某的结婚登记行为无效,变更为确认周某敏与张某婚姻关系不成立,在司法实践中十分必要。首先,"请求确认周某敏与张某的结婚登记行为无效"不准确。民事程序只审理婚姻是否成立、是否有效,不单独审理"婚姻登记行为"的效力。其次,确认登记行为无效则是对整个婚姻登记效力的否定,其结果必然导致表妹与张某的婚姻被否决。这既超越了表姐周某敏的诉讼目的,更有侵害表妹婚姻之嫌。最后,表姐周某敏不能申请确认与张某的婚姻无效或撤销与张某的婚姻,因为确认婚姻无效或撤销婚姻,都必须以存在婚姻关系为前提则意味着表姐与张某存在婚姻关系,只是婚姻无效而已。这将会造成已婚者构成重婚,未婚者成为已婚者的荒唐现象。

3. 被结婚者可以针对他人诉讼,反诉婚姻不成立或不存在。如果有人主张与"被结婚者"存在婚姻关系或起诉与"被结婚者"离婚,"被结婚者"可以直接反诉婚姻不成立或不存在。例如,广西一名未婚女性收到法院离婚传票,③则可直接反诉与他人婚姻不成立或不存在。

---

① 参见王礼仁:《用法治思维审视江苏与江西婚姻登记行政判决的差异》,载法学在线空间网,http://article.chinalawinfo.com/Space/SpaceArticleDetail.aspx?AuthorId=105878&&AID=114603&&Type=1。

② 参见王礼仁:《民法典中婚姻登记效力纠纷回归民事的理解与适用》,载《人民法院报》2020年12月3日,第5版。

③ 参见《未婚女收法院离婚传票　媒体:民政部门也是受害者》,载人民网,http://m.people.cn/n4/2019/0121/c676-12219853.html。

4. 司法实践中，婚姻成立与不成立之诉是解决婚姻纠纷的通例。例如，我国台湾地区“民事诉讼法”原第568条、第572条和“家事事件法”第52条至第57条，均有关于婚姻成立与不成立之诉以及婚姻存在与不存在之诉的规定。《德国民事诉讼法》第606条、第632条，[①]《日本人事诉讼法》第2条均有婚姻关系是否存在确认之诉规定。[②]

三、本判例的规范逻辑

婚姻的本质是男女两性互为伴侣共同生活。符合结婚条件的人依照法律规定完成缔结婚姻的程序要件后，婚姻才成立有效。根据2001年《婚姻法》第5条（《民法典》第1046条）和第8条（《民法典》第1049条）规定，结婚需要具备下列三个条件：双方具有共同生活目的；双方达成结婚合意；双方共同完成婚姻登记行为（共同到婚姻机关办理婚姻登记）。否则，其婚姻不成立。依法成立的婚姻还要符合结婚的实质要件，否则属于无效婚姻。针对周某敏“被结婚”案件，法院紧扣婚姻成立要件，抓住身份被他人用于结婚的“三无”特征，即无结婚合意、无婚姻登记法律行为、无共同生活目的和婚姻事实，得出了“被结婚者”只是自己的身份信息被他人用于结婚，其本人与他人不存在婚姻关系的结论，遂依照《婚姻法》第5条和第8条规定，判决其婚姻不成立。

四、本判例的意义

在现实生活中，身份被他人用于结婚的“被结婚”现象时有发生，但是，“被结婚者”寻求救济难的问题长期得不到解决。究其原因，主要是相关法律制度不完善乃至存在一些错误规定，由此造成登记程序瑕疵的婚姻只能采取行政程序（包括行政复议和行政诉讼）解决，而不能通过民事程序解决。而行政程序事实上又无权解决或无法解决，即民政机关既无权力又无能力处理婚姻登记引起的婚姻效力纠纷，案件无法进入行政复议程序；行政诉讼也因其功能所限，无法解决婚姻效力纠纷。

本案适用民事程序审理“被结婚”案件，其意义至少有下列三方面：首先，解决了长期困扰当事人的“诉讼难”的法律问题，为当事人选择救济路径提供了正确的法律指引，避免当事人在选择救济路径上走弯路，甚至陷于困境。其次，为正确司法提供了科学方法，避免行政执法上的“二难现象”，即要么拒绝受理或驳回起诉，要么违法受理或违法处理。再次，为建立科学的相关法律（立法和司法解释）制度提供了实践支撑。该案有力证明了民事程序才是解决被结婚等程序瑕疵婚姻的有效手段，有关立法和司法解释可以在总结司法经验的基础上，修改完善有关法律制度。

五、后续判例和规范的发展

适用民事程序解决解决“被结婚”等程序瑕疵婚姻效力的纷争，成为江苏省徐州市贾

① 参见《德意志联邦共和国民事诉讼法》，谢怀栻译，中国法制出版社2001年版，第163页。

② 参见［日］松本博之：《日本人事诉讼法》，郭美松译，厦门大学出版社2012年版，第363页。

汪区人民法院必选的一种诉讼模式。在本案判决之后,该院于2020年直接适用民事程序判决确认杜某美与王某龙婚姻关系不成立;[①]2021年判决确认姜某环与盛某众婚姻关系不成立。[②]未来适用民事程序审理“被结婚”等程序瑕疵婚姻效力纠纷,将成为全国司法处理这类争议的大趋势。

---

① 参见江苏省徐州市贾汪区人民法院民事判决书,(2020)苏0305民初3657号。

② 参见江苏省徐州市贾汪区人民法院民事判决书,(2021)苏0305民初868号。

012. 婚姻登记机关不批准同性别当事人结婚登记申请，是限制婚姻自由吗？*

孙某、胡某诉长沙市芙蓉区民政局不作为案‖湖南长沙市中级人民法院行政判决书，(2016)湘01行终452号

事实概要

孙某与胡某均为男性，二人在2014年相识后感情迅速发展并确立了恋爱关系。2015年6月23日，孙某、胡某到长沙市芙蓉区民政局要求办理结婚登记。芙蓉区民政局工作人员在审查后，认为孙某、胡某均为男性，其结婚登记申请不符合《婚姻法》和《婚姻登记条例》关于结婚必须是男女双方的规定，决定对孙某、胡某不予办理结婚登记，并当场告知孙某、胡某不予办理结婚登记的理由和结果。孙某、胡某不服，于2015年12月16日诉至法院，请求判令芙蓉区民政局为其办理结婚登记。一审法院判决驳回孙某、胡某的诉讼请求。之后，二人提起上诉，二审法院判决驳回上诉，维持原判。

判决要旨

我国法律明确规定了结婚的条件和程序，民政部于2003年颁布了《婚姻登记条例》(已失效)用以指导婚姻登记工作。根据2001年《婚姻法》第2条①、第5条、第8条和《婚姻登记条例》第7条等相关规定，要求结婚的男女双方必须亲自到婚姻登记机关进行结婚登记，“婚姻登记机关应当对结婚登记当事人提供的证件、证明材料进行审查并询问相关情况。对当事人符合结婚条件的，应当当场予以登记，发给结婚证；对当事人不符合结婚条件不予登记的，应当向当事人说明理由。”由此可见，办理结婚登记的必须是男女双方。本案两名上诉人均为男性，明显不符合法律规定的办理结婚登记的条件，其要求判令被上诉人为其办理结婚登记，理由不成立。法院判决驳回其诉讼请求。

---

* 张华贵，西南政法大学民商法学院副教授。

① 2001年《婚姻法》第2条第1款规定，实行婚姻自由、一夫一妻、男女平等的婚姻制度。

｜判例评析｜

一、既往相关判例与观点

同性恋者到婚姻登记机关申请结婚的虽然少见，但仍存在。2012 年 2 月 14 日，北京一对同性情侣在婚姻登记处申请结婚登记，未果。① 2013 年 3 月 26 日，广州的一对情侣九九和阿雅在好友陪同下，前往海珠区民政局婚姻登记处要求婚姻登记，工作人员拿出两张空白申请结婚登记声明书准备让二人填写时，发现二人均为女性，即告知二人依据我国法律不允许结婚，拒绝为二人办证。② 婚姻登记机关拒绝为当事人颁发结婚证的根据是原《婚姻法》相关规定。法院以往判决涉及同性恋的有 2014 年 12 月 19 日北京市海淀区人民法院判决曾给原告实施电击"治疗"的重庆"心语飘香心理咨询中心"向原告公开道歉并赔偿经济损失，认为"同性恋并非精神疾病，心语中心承诺可以进行治疗亦属虚假宣传"。该中心需针对专业治疗同性恋的虚假宣传及超出咨询范围对原告实行治疗的行为公开赔礼道歉，致歉内容需持续 48 小时，并应赔偿原告经济损失 3500 元。③

二、在学理框架内对相关问题的点评

（一）什么是婚姻

我国婚姻家庭立法一直没有明确定义"婚姻"一词，学者对"婚姻"所下的定义也有所不同。有观点认为，婚姻曾经长期被定义如下："婚姻是以性别差异为基础的男女，基于相互缔结夫妻关系的一致意思表示而实施的结婚行为而在法律上获得的身份关系。"④有观点主张，婚姻"是男女双方以永久共同为目的，以夫妻权利义务为内容的合法结合"。⑤ 有观点认为，"婚姻，是男女双方以永久共同生活为目的，以夫妻权利义务为内容的结合"。⑥也有观点认为，婚姻是指"为当时社会制度所确认的，男女两性以互为配偶为目的的结合"。⑦ 还有观点认为，婚姻是指男女双方以永久共同生活为目的，具有社会认可的夫妻身份的男女两性的结合⑧。有观点认为，婚姻是指"男女双方以共同生活为目的而缔结的，具

---

① 参见苏丹：《北京同性情侣情人节登记结婚 遭登记处婉拒》，载搜狐网，http://news.sohu.com/20120215/n334778533.shtml。

② 参见黄玉杰：《广州首对同性恋情侣欲登记结婚 却被工作人员"教育"》，载人民网，http://scitech.people.com.cn/n/2013/0227/c1057-20613120.html。

③ 参见周辰：《中国首例同性恋矫正案昨日宣判：原告胜诉》，载腾讯网，https://cul.qq.com/a/20141220/013345.htm。

④ 蒋月：《婚姻家庭法前沿导论（第 2 版）》，法律出版社 2016 年版，第 1 页。

⑤ 周晖、苑莹焱主编：《婚姻家庭与继承法》，清华大学出版社 2018 年版，第 2 页。

⑥ 马忆南主编：《婚姻家庭法》，北京大学出版社 2012 年版，第 3 页。

⑦ 房绍坤、范李英、张洪波编著：《婚姻家庭继承法（第 6 版）》，中国人民大学出版社 2020 年版，第 1 页。

⑧ 王洪：《婚姻家庭法》，法律出版社 2003 年版，第 62 页。

有公示的夫妻身份的两性结合”。[①] 还有观点认为,“婚姻是男女双方以共同生活为目的而缔结的,具有夫妻身份公示性的两性结合”。[②] 笔者赞成最后一种观点。

婚姻应当同时具备下列三个条件:

1. 婚姻必须是男女两性的结合。这是婚姻成立的自然条件,男女两性的差别和人类的性本能,是男女两性结合的生理基础。[③] 婚姻仅存在于男女两性之间,是婚姻关系与其他社会关系相区别的特征。我国《婚姻法》明确规定实行一夫一妻制,结婚必须男女双方完全自愿,要求结婚的男女双方必须亲自到婚姻登记机关进行结婚登记等,《民法典》第1046~1049条也有同样规定。这些规定表明我国立法上认为婚姻是男女两性的结合。

2. 婚姻必须是男女两性以夫妻身份共同生活为目的的结合。这是婚姻成立的主观条件。缔结婚姻关系时,男女双方均应当具有与对方以夫妻名义共同生活的目的,即在主观上有与对方结婚的目的,就是要与对方建立夫妻关系,以夫妻名义公开共同居住生活,而不论当事人在主观上是否有与对方“永久共同生活的目的”。

3. 婚姻须是具有公示性的男女两性结合。这是指男女两性以夫妻名义共同生活为周围人所知晓,这是婚姻成立的社会条件。当事人要以夫妻名义公开同居生活,例如,前往婚姻登记机关登记结婚,或者公开举行结婚仪式,或以夫妻名义探亲访友,或以夫妻名义登记户口等公开的行为,使得双方的亲友和周围群众认为他们是夫妻,使婚姻得到公众的认可。得到社会承认和具有合法性是合法婚姻应当具备的特征,违法婚姻不具有此特征。如我国婚姻家庭立法中的包办婚姻、买卖婚姻、无效婚姻、可撤销婚姻都是属于违法婚姻,是既得不到社会认可又不具有合法性的两性结合。因此,作为合法婚姻和违法婚姻共同上位概念的“婚姻”,不必具备“合法性”这一特征。

(二)婚姻自由权的行使要受法律约束

婚姻自由是近现代婚姻家庭立法努力推进的一项基本原则,以人格的独立、平等、自由、尊严为基础。[④] 所谓婚姻自由是指公民有权按照法律规定,自主地决定自己的婚姻问题,不受任何限制和干涉。它是我国宪法赋予公民的一项基本权利,也是我国婚姻家庭立法的重要原则之一,该原则对于建立和巩固以爱情为基础的婚姻关系,保障公民的合法权益,具有十分重要的作用。我国《宪法》第49条第4款规定:“禁止破坏婚姻自由。”原《婚姻法》及

---

① 方文晖:《论婚姻在法学上的概念》,载《南京大学学报(哲学·人文科学·社会科学版)》2000年第5期。

② 陈苇主编:《婚姻家庭继承法学(第3版)》,群众出版社2017年版,第2页。

③ 参见夏吟兰:《婚姻家庭法的伦理分析》,载夏吟兰、龙翼飞主编:《家事法研究》2013年卷,社会科学文献出版社2013年版,第4页。

④ 参见陈苇:《改革开放三十年(1978~2008)中国婚姻家庭继承法研究之回顾与展望》,中国政法大学出版社2010年版,第42页。

现在的《民法典》都有相关规定。《民法典》第 1041 条第 2 款规定“实行婚姻自由”,第 1042 条第 1 款规定:“禁止包办、买卖婚姻和其他干涉婚姻自由的行为。”第 1046 条规定:“结婚应当男女双方完全自愿……”可见,婚姻自由是法律赋予公民的一种人身权利,并受法律保护。权利是指主体依法享有并受法律保护的利益或实施一定行为以实现某种利益的资格,是法律赋予人实现其利益的一种力量。权利是与义务相对应的,权利的行使必须以法律为根据。① 在符合法律规定的前提下,公民有权决定自己婚姻问题,不受任何强迫、限制和干涉。婚姻关系任何一方当事人无权对他方加以强制;任何第三者,包括当事人的父母,都不得侵犯这种权利。但是,婚姻自由权与公民的其他权利一样,不是绝对的,无限制的,而是相对的,要受约束的。“在结婚制度上,将个人自由与社会正义达到较好的平衡状态,才是理性的选择。”②行使婚姻自由权,必须遵守法律规定。我国《民法典》规定了结婚和离婚的条件与程序,结婚离婚当然要符合相关法律的规定,婚姻关系的缔结和解除必须依照法律的规定进行,否则就是违法行为,不会受到法律保护。因此,公民不可滥用婚姻自由。

(三)结婚的条件和程序是对公民行使结婚自由权的限制

婚姻不只是个人私事,结婚必须符合国家法律规定的条件以及社会伦理、善良风俗的要求。③ 我国原《婚姻法》及现行《民法典》都对结婚的条件和程序作出了规定。《民法典》第 1046 ~ 1049 条明确了结婚的条件和程序。当事人必须具备的条件是:男女双方完全自愿,必须达到法定婚龄、当事人之间没有直系血亲关系和三代以内的旁系血亲关系。只有当事人符合法定的结婚条件,婚姻登记机关才会依法办理结婚登记。不符合结婚条件的公民要求结婚,民政部门依法不予登记。婚姻自由权必须在遵守法律规定的条件下行使,而不是想结婚就结婚,想离婚就离婚。婚姻自由包括结婚自由和离婚自由,所谓结婚自由,是指当事人有依法缔结婚姻关系的自由,此种自由意味着当事人关于结婚的相关意愿在不违反法律的前提下都应得到尊重。④

(四)婚姻家庭法上的男女平等

男女平等原则是我国婚姻法规定的基本原则之一,贯彻执行这一原则,对于保护妇女合法权益,实现妇女在婚姻家庭方面的彻底解放,具有十分重要的意义。男女平等,从概念上说有广义和狭义之分。广义的男女平等是指男女两性在政治、经济、文化、社会生活及婚姻家庭等各方面平等地享有权利和承担义务。狭义的男女平等,仅仅是指男女两性在婚姻家庭领域平等地享有权利和承担义务。我国婚姻家庭法中的男女平等即属于狭义的男女平

---

① 参见唐竞:《民政部门是否应当为同性恋者办理婚姻登记》,载湖南省高级人民法院网,http://hunanfy.chinacourt.gov.cn/article/detail/2018/01/id/3154302.shtml。

② 夏吟兰:《离婚自由与限制论》,中国政法大学出版社 2007 年版,第 102 页。

③ 参见景春兰:《婚姻家庭法理论与案例研究》,中国政法大学出版社 2017 年版,第 4 页。

④ 参见马忆南主编:《婚姻家庭法》,北京大学出版社 2012 年版,第 71 页。

等，内容十分广泛，它贯穿整个婚姻家庭领域，既表现在人身关系方面的平等，又表现在财产关系方面上的平等。其内容包括两方面：第一，夫妻在婚姻家庭中地位平等。《民法典》第1055条有明文规定。据此原则性规定，夫妻在人身关系和财产关系两个方面的权利义务应都是平等的。第二，不同性别的家庭成员在家庭中平等地享有权利和承担义务。在我国家庭成员中，除夫妻外，还有父母与子女，祖父母、外祖父母与孙子女、外孙子女以及兄弟姐妹关系。在这些关系中，无论男性还是女性，都平等享有权利和承担义务。本案中的孙某、胡某认为《婚姻法》第2条①所指的男女平等应当是男女可以平等地和男方结婚，也可以平等地和女方结婚。这是他们对第2条的曲解。

三、本判例的规范逻辑

婚姻自由权虽然是法律赋权，但行使这一权利要受到法律的约束。我国民政部门具有对辖区内居民结婚登记申请作出是否办理婚姻登记决定的法定职权。是否办理结婚登记的审查标准，当然是法律规定的结婚条件，要求结婚的男女双方必须亲自到婚姻登记机关进行结婚登记，婚姻登记机关应当对结婚登记当事人出具的证件、证明材料进行审查并询问相关情况，对当事人符合结婚条件的，应当当场予以登记，发给结婚证，对当事人不符合结婚条件不予登记的，应当向当事人说明理由。在本案民政部门进行结婚登记审查时，法律没有关于同性恋登记婚姻的规定，《婚姻法》虽然没有明确禁止同性婚姻，但在结婚条件中规定了结婚当事人是男女双方。因此，民政部门决定不予办理结婚登记，并当场告知理由，符合法律、行政法规的规定，且行政程序合法。

四、本判例的意义

（一）表达了对同性恋者权利的重视

一对同性恋者申请结婚登记，对婚姻登记机关不予登记的决定不服，向法院提起行政诉讼，请求法院判决婚姻登记机关予以办理结婚登记，法院予以立案并进行了公开审理，通过审判来求证民政部门不予登记是否合法，这一审判意义重大，具有明显的公益诉讼性质。② 立案者都清楚该案件原告几乎不可能胜诉，但法院受理这一案件的意义在于体现当下的一种社会态度。婚姻必须是异性之间的结合，这是传统婚姻法最基本的要求。③ 我国婚姻家庭立法一贯坚持结婚当事人双方为一男一女，要求婚姻是男女两性的结合。因此，长期以来同性恋是被主流社会排斥的。根据李银河教授在2006年公开的研究推测，我国有3900万～5200万名同性恋者。④ 从2006年到现在，同性恋者的绝对数有了增长。长沙

---

① 《民法典》第1041条第2款规定："实行婚姻自由、一夫一妻、男女平等的婚姻制度。"

② 参见杨慧彩：《2016年度中国行政诉讼十大案件发布》，载政府法治网，http://fzzfyjy.cupl.edu.cn/info/1021/6490.htm。

③ 参见蒋月：《婚姻家庭法前沿导论（第2版）》，法律出版社2016年版，第46页。

④ 参见李银河：《同性恋亚文化》，载高燕宁主编：《同性恋健康干预》，复旦大学出版社2006年版，第4页。

这一对同性恋者申请结婚并提起诉讼,在社会上引起了比较大反响,也对整个同性恋群体产生影响。同性恋者也具有合法的诉权,法院不能拒绝立案和审判,人民法院对该案件的受理也反映了社会对同性恋行为在价值观和宽容度上的变化。因此,该案诉讼,曾被“中国新闻网”等多家媒体报道,产生了较大社会影响,[①]被称为“同性恋婚姻维权第一案”,入选“2016 年度中国行政诉讼十大案件”。

(二)婚姻登记机关要依法依职权审查当事人的结婚申请

我国实行婚姻登记制度,区民政局具有对辖区内居民结婚登记申请作出是否办理婚姻登记的法定职权。根据现行《婚姻登记条例》第 2 条第 1 款规定,内地居民办理婚姻登记的机关是县级人民政府民政部门或者乡(镇)人民政府,省、自治区、直辖市人民政府可以按照便民原则确定农村居民办理婚姻登记的具体机关。据此,芙蓉区民政局具有对辖区内居民结婚登记申请作出是否办理婚姻登记决定的法定职权,有权对当事人的结婚申请进行审查。根据 2001 年《婚姻法》第 2 条、第 5 条、第 8 条以及《婚姻登记条例》第 4 条、第 7 条规定,结婚必须是男女双方,要求结婚的男女双方必须亲自到婚姻登记机关进行结婚登记,婚姻登记机关应当对结婚登记当事人出具的证件、证明材料进行审查并询问相关情况,对当事人符合结婚条件的,应当当场予以登记,发给结婚证,对当事人不符合结婚条件不予登记的,应当向当事人说明理由。民政部门不予登记的依据就是《婚姻法》和《婚姻登记条例》,无须其他证据。对于婚姻法的相关条款,立法原意即异性婚姻,行政机关是法律的执行机关,只能严格依法执法,没有超越法律的权力。本案中要求结婚的二人均为男性,其结婚登记申请不符合我国上述法律、行政法规的规定。区民政局对二人的结婚登记申请,不予办理结婚登记,并当场告知二人其结婚登记申请不符合我国上述法律、行政法规关于男女双方登记结婚的规定。

(三)引起社会对同性婚姻合法化的更多关注

本案件的审理引起了社会的较大关注。比如,同性恋者的结婚权是否属于人权应当予以保护?同性恋者在不能办理婚姻登记的情况下,同性恋者之间选择建立同居关系,该如何规制当事人的人身和财产关系?在中国存在一定数量的同性恋者的情况下,该如何选择保护同性恋者的立法道路?以上都是值得我们思考和关注的问题。

五、后续判例和规范的发展

该样本案件之后,截至 2021 年年底,没有其他涉及同性恋者结婚的行政诉讼案例。

---

① 参见赵孟:《湖南现“同性恋婚姻维权第一案”:登记结婚遭拒后起诉民政局》,载澎湃新闻网,https://www.thepaper.cn/newsDetail_forward_1410583;《湖南长沙同性恋者结婚遭拒　起诉民政局获法院受理》,载央视网,http://news.cntv.cn/2016/01/05/ARTI1452003865509888.shtml;曾妍、李革文:《长沙“男同”申请结婚登记被拒状告民政局　法院一审判决驳回诉讼请求》,载湖南省高级人民法院网,http://hngy.hunancourt.gov.cn/article/detail/2016/04/id/1840053.shtml。

20世纪中期后,随着医学和心理学的发展进步,人们逐渐接受同性恋非病态化的观念,不少国家相继将同性恋从精神病和心理疾病的目录中删除,并反对将同性恋“治疗”成为异性恋。① 随着对同性恋问题研究的进步,又大大增强人们对同性恋的宽容和认知。在现代社会,不少国家和地区已经允许同性结婚或者允许同性恋者建立家庭伴侣关系,并给予同性结合者一定的法律保护。正如有学者说,“在很大的程度上,已经赋予同性恋者与异性恋者同样的权利,甚至同样的尊重”。② 自丹麦议会于1989年通过《家庭伴侣法》率先承认同性伴侣关系以来,同性婚姻合法化的国家和地区在增加,迄今已有超过20多个国家和地区承认同性结合,赋予了同性伴侣许多类似婚姻当事人的权利,少数国家和地区还允许同性结婚。③ 荷兰、比利时、西班牙、加拿大及我国台湾地区等承认和保护同性婚姻;还有部分国家和地区制定家庭伴侣法,赋予同性伴侣相关的权利义务。我国2001年4月版《中国精神障碍分类与诊断标准》已将“同性恋”从精神疾病名单中剔除,实现了中国同性恋非病理化。有学者提出,我国法律应当赋予同性结合者以婚姻当事人所享有的一部分权利。④ 有学者认为,“我国应当适时采取保护同性恋群体正当权益的公共政策”。⑤ 还有学者认为,国家有义务破除普遍存在的,认为只限于生理性别为“男”或“女”者始得缔结婚姻的社会性别歧视,才能使得婚姻成为每一个个体都可以享有的一种平等选择权,才能平等地保护同性的结婚权。⑥ 同性婚姻合法化颠覆了人类性关系的最基本价值观,将极大地影响未来的婚姻和家庭。⑦ 所以,有关同性结合的争议无疑不会停止。2019年8月21日,全国人大常委会法制工作委员会发言人在记者招待会上,当记者提问民法典是否会规定同性结合问题时,臧铁伟表示:“我国现行婚姻法规定的一夫一妻制是建立在一男一女结为夫妻基础上的婚姻制度,这个规定是符合我国的国情和历史文化传统的。据我所知,目前世界上绝大多数国家都不承认同性婚姻的合法性,因此民法典婚姻家庭编草案也维持了现行婚姻法规定的一夫一妻制。”⑧随着社会的发展和进步,相信在未来将会出现调整同性恋群体的相关法律规定。

---

① 参见纪红心:《自由视域下的同性恋及同性婚姻》,载《法学杂志》2015年第3期。

② [美]理查德·A.波斯纳:《性与理性》,苏力译,中国政法大学出版社2002年版,第389页。

③ 参见蒋月:《婚姻家庭法前沿导论(第2版)》,法律出版社2016年版,第313页

④ 参见陈苇主编:《外国婚姻家庭法比较研究》,群众出版社2006年版,第94页。

⑤ 蒋月:《婚姻家庭法前沿导论(第2版)》,法律出版社2016年版,第329页

⑥ 参见景春兰:《婚姻家庭法理论与案例研究》,中国政法大学出版社2017年版,第7页

⑦ 参见蒋月:《中国改革开放三十年婚姻家庭立法的变革与思考》,载《浙江学刊》2009年第3期。

⑧ 全国人大常委会法制工作委员会发言人记者招待会文字直播,载中国人大网,http:www.npc.gov.cn/wszb/wszb1/wszb_zzzb.shtml。

013. 采用“假结婚”“假离婚”骗取拆迁补偿款，是否应被判定诈骗罪？*

骆某泉等诈骗罪案‖浙江省杭州市西湖区人民法院刑事判决书，(2017)浙0106刑初521号

｜事实概要｜

被告人方某秀、骆某泉原系夫妻关系，二人所在的杭州市西湖区转塘镇住所于2005年被拆迁，被告人方某秀、骆某泉户共获得200平方米的拆迁补偿面积，他们选择了120平方米的房屋安置补偿，剩余的80平方米补偿面积留待以后安置。2011年，方某秀、骆某泉因故离婚。2015年1月，方某秀、骆某泉在得知原拆迁安置回迁项目即将截止的情况下，欲通过与他人分别领取结婚证书的形式增加回迁安置人口，以达到增加回迁安置补偿面积的目的。方某浩在明知二被告人目的的情况下，将同为离异的被告人朱某芹、金某恩介绍给二被告人。

2015年1月27日，方某秀与金某恩、骆某泉与朱某芹到民政部门领取结婚登记证书，方某秀按约定支付朱某芹、金某恩1万元“好处费”，朱某芹、金某恩随即回安徽老家生活，方某秀仍与骆某泉在转塘一同生活。之后，方某秀、骆某泉以四被告人名义向政府申请回迁安置，并通过了审核，增加了朱某芹、金某恩的回迁安置面积110平方米。2015年年底，方某秀、骆某泉领取了面积134平方米回迁安置房屋一套以及回迁费人民币870,575.38元。2015年12月11日，方某秀、骆某泉分别与金某恩、朱某芹办理离婚登记手续，并向朱某芹、金某恩支付剩余“好处费”人民币19万元。

2017年6月26日，杭州市西湖区人民检察院以西检公诉刑诉(2017)543号起诉书指控被告人方某秀、骆某泉、朱某芹、金某恩犯诈骗罪，向杭州市西湖区人民法院提起公诉。杭州市西湖区人民法院经审理认为，被告人方某秀、骆某泉、朱某芹、金某恩以非法占有为目的，通过领取结婚证的手段向安置部门申请并骗取安置利益，数额特别巨大(共计人民币1,161,397.87元)，其行为均已构成诈骗罪。综合各被告人的犯罪动机、主观恶性、认

* 雷春红，法学博士，浙江工业大学之江学院副教授、广东华商(杭州)律师事务所律师(兼职)。

罪悔罪表现、危害后果等因素,判处四名被告人构成诈骗罪,免予刑事处罚。

| 判决要旨 |

1. 婚姻是男女双方自愿以永久共同生活为目的,按照法定的条件和程序建立夫妻关系的结合。婚姻家庭承载着人口再生产、经济生活、性满足、教育、精神抚慰等诸项职能,尽管现代家庭形式多样化,但婚姻以共同生活为目的的性质并没有任何改变。因此,本案四名被告人虽然都符合结婚的条件,并办理了结婚登记,但是他们并非以共同生活为目的,也没有共同生活的事实,而是为了非法占有安置利益,不符合婚姻的目的和实质。

2. 诈骗罪是指以非法占有为目的,用虚构事实或者隐瞒真相的方法骗取数额较大的公私财物的行为。《刑法》第 266 条规定:"诈骗公私财物,数额较大的,处三年以下有期徒刑、拘役或者管制,并处或者单处罚金;数额巨大或者有其他严重情节的,处三年以上十年以下有期徒刑,并处罚金;数额特别巨大或者有其他特别严重情节的,处十年以上有期徒刑或者无期徒刑,并处罚金或者没收财产。本法另有规定的,依照规定。"各地根据本地区实际情况,规定认定诈骗罪的具体数额标准。

| 判例评析 |

一、既往相关判例与观点

现实生活中,采用"假结婚""假离婚"方式骗取拆迁补偿款、逃避国家和地方政府购房政策的限制或者逃避债务,或者取得他国国籍和移民利益等案例并不少见。在更早之前的案件中,主要是当事人因矛盾而起诉至人民法院,要求认定结婚并非真实意思表示,请求判定婚姻无效。采用"假结婚""假离婚"的方式骗取拆迁补偿款涉嫌犯罪的,多见于新闻报道。例如,2012 年 8 月 22 日,《北京日报》报道,四川省宜宾市一名男子为多得拆迁费而和丈母娘假结婚,人民检察院对该名男子及其妻子以诈骗罪提起公诉。① 2017 年前后,人民法院判决确认此类行为构成诈骗罪的案件逐渐增多。例如,在彭某诈骗案中[湖南省长沙市中级人民法院刑事判决书(2017)湘 01 刑终 1218 号],被告人彭某因不能参与拆迁而与妻子离婚,两人分别与本地拆迁户结婚,在获得拆迁补偿款后,又各自离婚。此后,被告人彭某与其原配妻子复婚。法院经审理认为,被告人彭某以非法占有为目的,采用虚构事实、隐瞒真相的方法,骗取国家征地拆迁款且数额巨大,其行为构成诈骗罪。

二、在学理框架内对相关问题的点评

采用"假结婚""假离婚"方式骗取拆迁补偿款的行为是否构成诈骗罪,学术争议很

---

① 参见陈凯:《和丈母娘假结婚诈骗了谁》,载大众网,https://www.dzwww.com/shandong/201208/t20/20822_7354699.htm。

大,形成两种完全对立的观点:“有罪说”与“无罪说”。

持有罪观点的学者认为,在私法层面,法院不对“假离婚”行为作过多评判,而在公法层面,法院将“假离婚”认定为违法行为,由公权机关对“假离婚”行为进行相应惩治,这符合公、私法二分的现代法律体系框架。[①] 另有学者主张,采取虚假结离婚而骗取拆迁款的行为构成诈骗罪,但宜贯彻违法一元论,即只有在民事违法的前提下始有成立诈骗罪的可能。在民事违法性的认定上,应对结婚和离婚中的“自由意思表示”进行违法性的实质分析,虚假结离婚行为即使经过登记,仍然属于无效的民事法律行为。[②]

持无罪观点的学者指出,结婚证或者离婚证本身真实有效,行为人也就符合参与相应的利益分配的资格。有关部门在涉及法益的重要事项上并不存在认识错误,被欺骗者充其量也只可能主张对方存在民事欺诈,自身具有重大误解而申请撤销先前的补助合同,行为人不构成刑法上的诈骗罪。[③]

笔者认为,“假结婚”“假离婚”虽然是当事人的虚伪意思表示,但是在私法领域,只要符合当时生效的《婚姻法》或者后来实施的《民法典》关于结婚、离婚条件和程序的规定,即可认定为有效。因此,诸多因“假结婚”“假离婚”而后悔的当事人,诉诸法院请求判令婚姻无效,都没有得到支持。最高人民法院《民法典婚姻家庭编解释(二)》第 2 条明确规定:“夫妻登记离婚后,一方以双方意思表示虚假为由请求确认离婚无效的,人民法院不予支持。”但采取这种方式骗取巨额拆迁安置补偿款,则侵犯了国家、集体的财产利益,触犯刑法,构成犯罪。

三、本判例的规范逻辑

2001 年《婚姻法》第 5 条规定:“结婚必须男女双方完全自愿,不许任何一方对他方加以强迫或任何第三者加以干涉。”[④]第 31 条规定:“男女双方自愿离婚的,准予离婚。双方必须到婚姻登记机关申请离婚。婚姻登记机关查明双方确实是自愿并对子女和财产问题已有适当处理时,发给离婚证。”[⑤]本案中,2011 年被告人方某秀与被告人骆某泉离婚后,2015 年 1 月 27 日,被告人方某秀与被告人金某恩登记结婚、被告人骆某泉与被告人朱某芹登记结婚;2015 年 12 月 11 日,被告人方某秀与被告人金某恩协议离婚、被告人骆某泉与被告人朱某芹协议离婚。这一系列结婚、离婚行为符合《婚姻法》规定的结婚条件与程序,符合离婚的法律规定,在私法上都是有效的。但是,杭州市西湖区公安机关、人民检察院、人民法院并不局限于《婚姻法》的相关规定,而是查清四名被告人结婚、离婚的目的与事实,认定四名被告人这一系列行为的目的是非法占有征收安置补偿利益,而且确实骗取

① 参见蔡立东、刘国栋:《司法逻辑下的“假离婚”》,载《国家检察官学院学报》2017 年第 5 期。

② 参见杨智博:《虚假结离婚骗取拆迁款行为的刑民规制》,载《北方法学》2020 年第 3 期。

③ 参见付立庆:《财产损失要件在诈骗认定中的功能及其判断》,载《中国法学》2019 年第4 期。

④ 参见《民法典》第 1046 条。

⑤ 参见《民法典》第 1076 条、第 1078 条。

了安置面积和补偿款,数额特别巨大,构成诈骗罪。

杭州市西湖区人民法院认定,四名被告人构成共同犯罪,被告人方某秀起主要作用,系主犯;被告人骆某泉、朱某芹、金某恩起次要作用,均系从犯,对被告人骆某泉、朱某芹、金某恩均予以减轻处罚。被告人骆某泉犯罪后自动投案,如实供述自己罪行,系自首,予以减轻处罚。被告人方某秀、朱某芹、金某恩归案后如实供述自己罪行,系坦白,均予以从轻处罚。被告人方某秀、骆某泉积极退赃,酌情予以从轻处罚。各被告人犯罪情节轻微,杭州市西湖区人民法院根据《刑法》相关规定,判决四被告人构成诈骗罪,免予刑事处罚。

四、本判例的意义

本案彰显了国家机关下定决心严惩采用“假结婚”“假离婚”手段,骗取拆迁安置补偿利益的违法犯罪行为,具有很强的警示作用。本案案情虽不复杂,但四被告人的行为是否构成犯罪存在较大争议,定性较难。结婚、离婚是当事人意思表示一致的结果,属于私法自治的范畴,根据《婚姻法》相关规定,四被告人之间的结婚、离婚都是合法有效的。即使依据《民法总则》第 146 条第 1 款“行为人与相对人以虚假的意思表示实施的民事法律行为无效”的规定。[①] 但这只是民事法律行为的一般性规定,结婚、离婚的法律效力依据《婚姻法》的规定判定。因此,在私法层面上无法追究四名被告人的法律责任。然而,本案中的四名被告人表面上合法的行为却非法获取了巨额拆迁安置补偿利益,造成国有资产流失,产生极其恶劣的社会影响,严重损害了国家、集体利益。杭州市西湖区公安机关、人民检察院、人民法院突破私法规定的局限性,依据《刑法》的有关规定,追究四名被告人诈骗行为的刑事责任,成为此类案件审理中的典型判例。同时,本案的判决结果对此类违法犯罪行为起到了惩戒、警示和教育作用,能够有效地避免和遏制此类违法犯罪行为的发生。

五、后续判例和规范的发展

在本案之后,采用“假结婚”“假离婚”的方式骗取拆迁补偿款、增加拆迁安置面积等利益的案件仍不少见。在谢某甲诈骗案中,谭某甲(已判决)预谋采取同抚养一个小孩的单身女性结婚后将户口迁到其家的方式,获得更多的征地拆迁补偿款。谢某甲、谢某乙夫妇明知谭某甲的目的,为获取利益而协助。谢某甲与谢某乙办理了离婚登记后,谢某甲与谭某甲登记结婚。登记结婚后,谭某甲与谢某甲并未共同居住生活,且谭某甲将谢某乙与谢某甲的儿子谢某丙及谢某甲的户籍迁到谭某甲的户口上登记。通过上述方式谭某甲所在户口增加了补偿人口,多获得拆迁补偿安置款 31.2 万元。其中,谭某甲分得赃款 23.4 万元,谢某甲、谢某乙两人共分得赃款 7.8 万元。法院判决,被告人谢某甲犯诈骗罪,判处有期徒刑三年,缓刑四年,并处罚金人民币 1 万元。[②] 与骆某泉等诈骗罪案人民法院判决免予刑事处罚不同,此案人民法院判处被告人相应的刑罚处罚,体现出司法机关严厉惩处此类案件的决心和态度。

---

① 《民法典》第 146 条第 1 款规定:“行为人与相对人以虚假的意思表示实施的民事法律行为无效。”

② 湖南省涟源市人民法院刑事判决书,(2020)湘 1382 刑初 463 号。

014. 婚姻效力与离婚合并审理的司法价值*

原告刘某玲与被告赵某武离婚纠纷案 ‖ 湖北省宜昌市点军区人民法院民事判决书,(2010)点民初字第18号

事实概要

原告刘某玲与被告赵某武未婚先育,刘某玲遂借用姐姐刘某英身份证为女儿赵某晶办理了出生医学证明。2006年5月10日,因本人未达到法定婚龄,原告又借用其姐刘某英的身份证与被告赵某武登记结婚,但是,结婚证上所贴照片确为原告刘某玲。刘某玲与赵某武以夫妻名义共同生活。2006年年底,被告赵某武外出打工,从此再未与原告联系,已两年有余,被告仍无下落,原告遂于2009年12月11日向宜昌市点军区人民法院提起诉讼,要求与赵某武离婚,子女由其本人抚养,并要求法院向民政部门发送撤销其婚姻登记的司法建议。经法院释明,原告变更诉讼请求为:请求法院确认刘某玲与赵某武的婚姻成立有效,刘某英与赵某武的婚姻不成立;判决刘某玲与赵某武离婚;女儿赵某晶由刘某玲负责监护。

点军区人民法院判决认为,原告刘某玲借用其姐姐刘某英的身份证与被告赵某武办理结婚登记和子女出生证明,其行为是错误的。但原告刘某玲与被告赵某武具有共同结婚的合意和行为,且双方确以夫妻身份共同生活;刘某英与赵某武无结婚合意,也没有以夫妻身份共同生活的事实。因此,刘某玲与被告赵某武的婚姻关系成立,刘某英与赵某武的婚姻关系不成立。现原告刘某玲与被告赵某武均已达法定婚龄,其婚姻无效的情形已经消失,应当认定婚姻成立有效。因被告赵某武下落不明已两年有余,双方夫妻关系名存实亡,故对原告刘某玲的离婚请求予以支持。遂依法作出判决:(1)原告刘某玲与被告赵某武的婚姻成立有效;刘某英与赵某武的婚姻关系不成立;(2)原告刘某玲与被告赵某武离婚;(3)赵某晶由原告刘某玲负责监护。

判决要旨

1. 婚姻是否成立并有效属于民事纠纷,民事程序审理婚姻效力具有正当性与优越性。

---

* 王礼仁,湖北省宜昌市中级人民法院原法官。

2. 婚姻效力与离婚均属身份关系诉讼，应当合并审理，一次性解决，禁止另诉。

3. 以结婚为目的使用他人身份结婚，符合婚姻实质要件的，其婚姻成立并且有效；结婚时存在无效情形者，其无效情形消失后，不得再主张婚姻无效。

4. 身份被他人冒用结婚的"被结婚者"没有缔结婚姻的合意和结婚登记的行为，也没有共同生活的婚姻事实，与他人之间不存在婚姻关系，其婚姻不成立。

5. 夫妻一方下落不明两年以上，双方夫妻关系名存实亡，属于夫妻感情破裂情形之一，应当准予离婚。

判例评析

本案涉及的法律和法理多，限于篇幅，亦为了避免与其他案件重叠，这里重点评析婚姻效力与离婚合并审理事由，主要阐释民事程序审理婚姻效力的正当性与合法性；婚姻效力与离婚合并审理的必要性与优越性；程序瑕疵婚姻效力的认定和法律适用等。

一、既往相关判例与观点

长期以来，理论上的主流观点认为，民事程序不能审理程序瑕疵婚姻效力案件。这种观点又可进一步区分为"无权审理说"与"无法审理说"。

1. "无权审理说"认为，民事程序无权审理程序瑕疵婚姻效力。其主要理由是婚姻登记是行政确认行为，不属于民事程序审查范围。[①] 也有学者认为，由于"结婚登记是婚姻登记机关依当事人申请做出的具体行政行为""婚姻效力的认定以及婚姻的解除，有赖于结婚登记行为效力的先行解决，如此，结婚登记行政行为的效力就成为民事诉讼的先决问题"[②]。有观点甚至认为，"结婚登记未撤销，法院不能判决其婚姻无效"[③]。

2. "无法审理说"认为，民事程序无法处理程序瑕疵婚姻效力问题。有些法官认为，婚姻登记身份错误，尤其当事人一方下落不明，没有明确的被告，民事程序无法审理。例如，武汉市新洲区的鲁某某（女）与林某胜（男）恋爱期间未婚先孕，因鲁某某未达到法定婚龄，鲁某某与林某胜商定伪造鲁某某虚假户口，以"鲁仙丽"名义与林某胜登记结婚。婚后因家庭矛盾，鲁某某离家出走。2012 年 5 月林某胜到新洲区人民法院起诉离婚。法官审理后认为，"鲁仙丽"是个不存在的"空气人"，没有明确被告，法院无法受理和判决离婚，最后林某胜撤诉。[④] 这种观点在司法实践中较普遍。

---

① 参见最高人民法院民事审判第一庭编著：《最高人民法院婚姻法司法解释（三）理解与适用》，人民法院出版社 2011 年版，第 7～8、16 页。

② 孙若军：《瑕疵结婚登记处理方式的体系化思考》，载《中华女子学院学报》2014 年第 6 期。

③ 朱友学：《婚姻效力探析》，载中国法院网，https://www.chinacourt.org/article/detail/2004/09/id/133329.shtml。

④ 参见《男子和"空气人"离婚遇难题》，载长江网，https://news.sina.com.cn/sywh/201304/t2244467.htm。

民事程序中不合并审理婚姻效力与离婚案件成为司法主流意见。在离婚案件中,对于身份信息等婚姻瑕疵,则驳回原告的离婚起诉或动员撤诉。由此造成因身份信息等婚姻瑕疵不仅不能离婚,甚至遭遇“双驳回”,即离婚诉讼被驳回与行政诉讼超过起诉期限被驳回。当事人丧失救济路径,无法离婚或结婚,无法摆脱生活困境。

这种状况至今仍没有从根本上扭转。例如,姚某与自称“莫某”的女子登记结婚后,“莫某”带着彩礼消失。姚某以诈骗为由报案,公安局不立案;要求民政撤销婚姻登记又被拒绝;起诉离婚,法院不受理;请求宣告婚姻无效,法院也不受理;提起行政诉讼因超起诉期限被驳回。姚某走投无路,向检察院投诉。2020 年,福建省三级检察院成立联合调查组调查,并组织专家组论证,最后发出检察建议由民政机关撤销婚姻登记。此案被评为“2020 年度十大行政检察典型案例”。[①] 笔者认为,此案并不具有典型价值,因为此案没有采取正确的法治路径,不具有普遍适用性,不能成为解决“被结婚”的救济范例。试想:难道每个案件,都要检察院介入,组织专家论证,发出撤销婚姻登记的检察建议吗?检察建议是何性质,它能否成为解决此类案件的有效途径?民政机关撤销婚姻登记合法吗?可见,解决婚姻效力诉讼难和处理乱的问题,无论是在过去、现在或将来,都是司法审判需要解决的重要课题。

二、在学理框架内对相关问题的点评

(一)民事程序审理婚姻效力争议具有正当性与合法性

婚姻登记是民事登记。在我国,婚姻登记符合民事法律关系成立要件亦是共识。原国务院法制办指出,婚姻登记是对民事关系的确认,即“以第三人的身份出现,起证实和确认作用”,[②]其性质属于民事登记。2001 年《婚姻法》第 8 条和《民法典》第 1049 条都将婚姻登记作为婚姻成立法定要件,婚姻登记属于要式民事法律行为的基本性质十分明了。

尽管对于婚姻登记是要式民事法律行为还是行政确认行为之认识仍有分歧,但婚姻效力争议是民事婚姻关系是否成立与有效的争议,系民事性质问题。评价婚姻是否成立有效只有一个标准,即民事标准。行政程序的行政行为违法性标准不适用婚姻效力,无法就婚姻效力作出正确判断。民事法律关于婚姻是否成立与有效的规定决定登记行为有效或者无效。因而,“婚姻效力的认定以及婚姻的解除,有赖于结婚登记行为效力的先行解决”的观点,不符合民事婚姻效力的特点。

关于一方身份不明或下落不明的民事“无法审理说”,则是把“被告身份信息不明”与

---

① 参见《2020 年度十大行政检察典型案例》,载最高人民检察院网上发布厅,https://www.spp.gov.cn/spp/xwfbh/wsfbh/202101/t20210128_507972.shtml。

② 参见《行政许可法知识解答》,载正保法律教育网,http://www.chinalawedu.com/news/21606/21698/21701/2006/3/li0520445439323600221384-0.htm。

“没有明确的被告”相混淆。“被告身份信息不明”与“没有明确的被告”是两个范畴。[①] 而且既然是民事案件，必须通过民事程序审理，不存在民事无法审理的问题。所谓民事无法审理，主要是认识问题。即使存在民事程序的制度障碍，那也应该是修改完善民事程序，而不是将民事案件推给行政程序。

(二)婚姻效力与离婚合并审理具有必要性与优越性

婚姻事件合并审理是当代立法与司法共识。婚姻事件不仅可以而且应当合并审理，禁止别诉主义是立法通例。我国台湾地区2000年“民事诉讼法”第572条第1款规定，婚姻无效、确认婚姻成立或不成立、撤销婚姻、离婚或夫妻同居之诉，得合并提起，或于第一审或第二审言词辩论终结前，为诉之变更、追加或提起反诉。第2款规定，依前项规定得为诉之变更、追加或提起反诉者，不得另行起诉。我国台湾地区2013年“家事事件法”系统规定了家事事件合并审理，并在第56条重述家事事件不得另行起求。《日本人事诉讼程序法》及《德国民事诉讼法》第六编家事事件过程都有关于家事事件应当合并审理、禁止别诉的规定。

婚姻事件合并审理，主因是其涉及公益。社会系以家庭为其构成单位，家庭是社会的基本细胞。婚姻家庭不安定，则国家和社会不安定。对于同一婚姻关系如多次提起诉讼，在此诉讼判决确定后，再行提起他种诉讼，将使有婚姻纷争之家庭长期处于不安定状态。而且若由当事人分别起诉，法院分别裁判，还可能发生判决矛盾情形。数个婚姻事件相互间有其密切牵连关系存在，在同一程序中合并起诉或于起诉后追加诉讼或反诉，可以在同一诉讼程序一并解决，既可避免分别诉讼引起的婚姻长期动荡不安，又可将各类婚姻事件一揽子解决，高效便捷，有利于节约司法资源，减轻当事人诉累。

(三)《婚姻法》未规定以虚假身份结婚属于无效婚姻

以结婚为目的使用他人身份结婚，符合婚姻实质要件的，其婚姻成立与有效。结婚时存在无效情形者，其无效情形消失后，不得再主张婚姻无效，这是司法解释的明确规定。至于“被结婚者”，由于没有缔结婚姻的合意和结婚登记行为，也没有共同生活的婚姻事实，与他人不存在婚姻关系，其婚姻不成立。

(四)夫妻一方下落不明两年以上，夫妻关系名存实亡

根据《婚姻法》和相关司法解释规定，该类情形属于感情破裂情形，应当准予离婚。

三、本案的规范逻辑

婚姻效力纠纷属于民事案件的定性，奠定了民事程序可以审理此案的程序基础。婚姻效力与离婚均属于婚姻事件，应当合并审理，禁止别诉，则为本案合并审理提供了理论

① 参见王礼仁:《“身份信息不明”与“没有明确被告”之关系再辨析》，载新浪网，http://blog. sina. com. cn/s/blog_629353af0101j9qs. html;王礼仁:《婚姻登记后身份不明或下落不明不影响民事立案和审判》，载法律图书馆网，http://m. law-lib. com/lw/lw_view. asp? no =24863。

根据。根据 2001 年《婚姻法》和相关司法解释规定，当事人结婚时未到婚龄，属于无效情形，但其情形消失后不得再主张婚姻无效。以结婚为目的使用他人身份结婚，不属于法定无效婚姻或可撤销婚姻，由此得出婚姻登记身份瑕疵不影响婚姻成立有效的结论，具有充分的法律依据。至于被结婚者的婚姻不成立，则是其无结婚的主观意思与客观事实的必然结论。在确认刘某玲与赵某武婚姻成立有效，刘某英与赵某武婚姻不成立的基础上，法院依法判决刘某玲与赵某武离婚，并同时解决子女抚养问题，则顺理成章。

四、本判例的意义

本判例的意义可表述为下列六个方面。其一，该判例开创了民事程序婚姻效力纠纷的新路径，破解了程序瑕疵婚姻效力纠纷救济难困境。其二，为婚姻效力与离婚案件合并审理提供了范例，对减少当事人讼累，节约行政司法资源具有重要意义。其三，婚姻效力与离婚案件合并审理，有利于维护婚姻家庭乃至社会稳定。其四，同一诉讼程序中合并审理婚姻案件，既可避免民事判决矛盾，更有利于统一执法标准，避免行政判决与民事判决双重标准造成的执法混乱。其五，有利于行政机关从民事纠纷中解脱出来，不再成为解决民事纠纷的“桥梁性被告”，减少行政人力资源浪费，节约因行政诉讼被过错被败诉等所承担的诉讼费和律师费用。其六，有利于民事法官和民法学者将瑕疵婚姻效力纳入民法研究范畴，扭转行政民事“两不管”或行政程序“管不好”的局面，在民法领域集中解决婚姻效力纠纷的程序和实体难题，为尽快完善立法和司法解释提供理论支持。

五、后续判例和规范的发展

本案在理论上和司法实践中产生了较大影响。《人民法院报》、[①]《人民法院案例选(月版)》[②]和《最新行政审判与行政执法文件解读》[③]等专业刊物[④]分别专门刊载或引用了该案例。

在司法实践中，借鉴该判例在民事程序中处理婚姻效力纠纷的案例越来越多。例如，2013 年宁波市奉化区人民法院在民事程序调解了一起当事人未到婚龄使用虚假身份结婚的离婚案。[⑤] 2013 年，安徽省歙县人民法院网刊登了两例以虚假身份结婚的离婚案，

---

① 参见王礼仁、罗红军、黄金波：《借用他人身份证登记结婚的诉讼路径及效力判断》，载《人民法院报》2010 年 11 月 11 日，第 7 版。

② 参见《借用他人身份证登记婚姻关系成立》，载微信公众号“指导性案例审判规则”2017 年 5 月 11 日，https://mp.weixin.qq.com/s/nBDvi1Hi2oomO9Y4B6HkRQ。

③ 参见最高人民法院《最新法律文件解读》编辑委员会主编：《最新行政审判与行政执法文件解读》2010 年第 12 期。

④ 参见冉克平：《论婚姻缔结中的意思表示瑕疵及其效力》，载《武汉大学学报(哲学社会科学版)》2016 年第 5 期。

⑤ 参见冯筱、蒋煜明：《19 岁用假身份证结婚　婚姻算不算有效　法官：有效》，载腾讯网，https://zj.qq.com/a/20130628/003731.htm。

一例调解和好,另一例在下落不明公告送达后法判离婚。[①] 2013 年《人民法院报》刊登了一起使用假身份结婚"下落不明"的离婚案件,法院经过细致工作找到当事人,最后调解离婚。[②] 2015 年,最高人民法院公布的孙某某与被告田某某离婚案,亦是假身份结婚"下落不明",公告送达后判决离婚的案件。[③] 江苏省徐州市贾汪区人民法院 2019 年至 2021 年民事程序适用婚姻不成立之诉审理三起"被结婚"案件,其中一起案件属于江苏省高级人民法院、江苏省妇联联合发布的 2020 年度江苏婚姻家庭典型案例。[④] 可以预见,民事程序审理婚姻效力案件将成为未来方向。

---

① 参见方钦源:《假身份证登记结婚 离婚案怎么办?》,载中国法院网,http://ahsxfy.chinacourt.gov.cn/article/detail/2013/08/id/1054148.shtml。

② 参见周燕、乐嘉波:《用假身份证结婚后的困局》,载《人民法院报》2013 年 8 月 11 日,第 3 版。

③ 参见最高人民法院 2015 年 12 月 4 日公布婚姻家庭纠纷典型案例。

④ 参见江苏省徐州市贾汪区人民法院民事判决书,(2019)苏 0305 民初 3260 号、(2020)苏 0305 民初 3657 号、(2021)苏 0305 民初 868 号。

015. 自诉重婚罪的立案与认定*

高某某自诉王某某、宋某某重婚罪案‖甘肃省兰州市中级人民法院刑事判决书,(2015)兰刑一终字第100号

事实概要

高某某(女)与王某某(男)于1979年5月18日登记结婚。2005年至2015年,二人分居。2010年5月,王某某向甘肃省兰州市卓尼县人民法院起诉离婚,法院判决驳回原告起诉。2011年4月,王某某再次提起离婚诉讼。同年5月3日,高某某向兰州市七里河区人民法院起诉王某某、宋某某重婚罪。同年6月13日,兰州市卓尼县人民法院裁定中止离婚诉讼。

2011年12月15日,兰州市七里河区人民法院作出刑事裁定,驳回高某某起诉。高某某不服,向兰州市中级人民法院提起上诉。2012年7月9日,兰州市中级人民法院作出刑事裁定,认定原判程序违法,发回重审。2013年6月26日,兰州市七里河区人民法院作出刑事判决,驳回高某某的自诉。高某某不服,向兰州市中级人民法院提起上诉。2013年9月30日,兰州市中级人民法院作出刑事裁定,又以原判程序违法为由,发回重审。2014年7月9日,兰州市七里河区人民法院作出刑事判决,认定王某某、宋某某无罪。高某某不服,向兰州市中级人民法院提起上诉。2014年12月5日,兰州市中级人民法院作出刑事裁定,再次以原判程序违法为由,发回重审。重新审理过程中,高某某撤回对王某某的自诉。2015年3月25日,兰州市七里河区人民法院作出(2015)七刑初字第36号刑事判决,认定宋某某无罪。高某某不服,向兰州市中级人民法院提起上诉。2015年10月20日,兰州市中级人民法院作出(2015)兰刑一终字第100号终审判决:撤销兰州市七里河区人民法院(2015)七刑初字第36号刑事判决;原审被告人宋某某犯重婚罪,免于刑事处罚。

判决要旨

1. 对于被害人有证据证明的重婚案件,其可以直接向人民法院起诉,人民法院应当依

---

* 雷春红,法学博士,浙江工业大学之江学院副教授、广东华商(杭州)律师事务所律师(兼职)。

法受理。人民法院经审查,认为符合受理条件的,应当决定立案,并书面通知自诉人或者代为告诉人。证据不足的,人民法院可书面通知自诉人在一定期限内补足证据。自诉人在指定期限无法补足证据的,人民法院应当说服自诉人撤回起诉;自诉人不撤回起诉的,裁定不予受理。

2. 构成重婚罪的情形主要包括:有配偶者与他人登记结婚;有配偶者与他人以夫妻名义居住生活;明知他人有配偶而与之登记结婚;明知他人有配偶而与之以夫妻名义居住生活。重婚案件的立案和构成犯罪的认定,对证据要求非常高。由于私人生活具有隐蔽性,重婚自诉案件的自诉人调查取证难度很大。对于自诉人提供的各类证据,人民法院应在全面、综合鉴定的基础上,准确判定是否立案以及是否构成重婚罪。

| 判 例 评 析 |

一、既往相关判例与观点

《刑事诉讼法解释》第 1 条规定了三类由人民法院直接受理的刑事自诉案件。根据该条第 2 项的规定,对人民检察院没有提起公诉,被害人有证据证明的重婚案件,被害人直接向人民法院起诉的,人民法院应当依法受理。对其中证据不足,可以由公安机关受理的,或者认为对被告人可能判处 3 年有期徒刑以上刑罚的,人民法院应当告知被害人向公安机关报案,或者移送公安机关立案侦查。然而,刑事案件的立案审查相当严格、证据要求非常高,当事人的私人侦查能力有限,往往无法达到立案的标准。《刑法》第 258 条规定:“有配偶而重婚的,或者明知他人有配偶而与之结婚的,处二年以下有期徒刑或者拘役。”因重婚罪最高刑为二年有期徒刑,人民法院不能以认为“可能判处三年有期徒刑以上刑罚”为由将自诉重婚罪案件移送公安机关立案侦查。人民法院对于证据不足的重婚罪刑事自诉案件,移送公安机关立案侦查的情况存在,但比较少[如海南省五指山市人民法院一审判决书(2014)五刑重字第 2 号]。

根据《刑事诉讼法解释》第 320 条的规定,对自诉案件,人民法院应当在十五日内审查完毕。经审查,符合受理条件的,人民法院应当决定立案,并书面通知自诉人或者代为告诉人。缺乏罪证的,人民法院应当说服自诉人撤回起诉;自诉人不撤回起诉的,裁定不予受理。司法实践中,人民法院对于当事人提交的重婚自诉材料都会予以接收,其认为证据不足的,应出具补充、补正材料告知书。在指定期限内,自诉人无法提供充分证据的,人民法院应当说服自诉人撤回起诉[如湖南省麻阳苗族自治县人民法院(2013)麻刑初字第 46 号刑事裁定书]。自诉人不撤回起诉的,人民法院应当以证据不足为由裁定不予受理[如广东省电白县人民法院(2014)茂电法立刑初字第 1 号刑事裁定书]。

人民法院立案审理并判决构成重婚罪的刑事自诉案件非常少。人民法院判决认定构成重婚罪的,绝大多数是由公安机关侦查、检察院提起公诉的案件,如海南省五指山市人民法院(2014)五刑重字第2号一审判决的黄某强重婚案、河南省睢县人民法院(2014)睢少刑初字第24号一审判决的吕某重婚案等。

二、在学理框架内对相关问题的点评

重婚罪的司法适用率一直偏低与重婚犯罪的特点有关。有法官从实证研究的角度,指出重婚犯罪的特点:一是自诉案件收集证据难和定罪难;二是重婚犯罪受害人几乎均为女方;三是案犯超过85%为外来务工人员;四是相对其他犯罪而言,重婚罪量刑较轻。①

关于重婚自诉案件立案难、定罪难的原因,有学者认为,重婚罪在诉讼程序上公诉、自诉的混同,在司法实践中造成如下难题:一是重婚罪的严重情形不属于自诉案件范围,但是法律和司法解释没有规定重婚罪的严重情形。二是重婚罪自诉倾向严重,加重了当事人的举证责任,当事人依靠自己的力量收集证据难度大、风险高。② 有法官提出,绝大部分法院都特别重视夫妻名义这一形式要件,强调是否对外以夫妻名义共同生活。此种做法,一方面为实践中的重婚关系者规避法律制造了条件,致使实质上的重婚者逍遥法外;另一方面司法人员要花费大量时间调查询问证人,导致诸多诉累。③

针对上述问题,有学者建议将重婚罪纳入公诉案件范围,对重婚罪中"以夫妻名义共同生活"作出界定和具体解释,并增加重婚罪结果加重情节。④ 还有学者指出,"以夫妻名义同居生活,群众也认为是夫妻"的重婚罪认定标准仅是对配偶身份的外部认可,不能取代对配偶身份的内部认同。对配偶身份的内部认同,包含性因素、经济因素、感情因素,具备结婚实质要件的事实同居关系。如果具备这些因素,就可以认定二人构成事实婚姻关系,而不应以夫妻名义为必要。具体可以综合维持同居性关系的时间,是否存在同财共居、生育子女的事实,以及是否按照习俗举办结婚仪式等方面的情况来判定。⑤

简言之,重婚自诉案件的立案与认定一直是法学研究与司法实务的难点问题,我国现行立法对重婚罪的态度更倾向于"自诉为主,公诉为辅",其中的重要原因是,司法者认为重婚是家庭内部的问题,侵害的是配偶权,属于私权自治的范畴,适用"不告不理"原则。法学研究中,学者们已提出了不少有益的法律修改和完善的建议,然而,关于重婚侵犯的是社会公共利益还是私人配偶权益,何者更为重要等基础法理问题仍待进一步深入研究和探讨。

---

① 参见黄彩华:《保护爱的港湾:重婚犯罪的特点及预防》,载《人民法院报》2014年3月23日,第7版。

② 参见张雅维:《刑民法律冲突视角下的重婚罪认定》,载《山东社会科学》2020年第6期。

③ 参见孙启福等:《规范重婚案件审理 维护社会和谐稳定——重庆二中院关于重婚案件的调研报告》,载《人民法院报》2017年7月13日,第8版。

④ 参见张雅维:《刑民法律冲突视角下的重婚罪认定》,载《山东社会科学》2020年第6期。

⑤ 参见张光君:《重婚罪的司法衰微及理论回应》,载《中国刑事法杂志》2010年第11期。

三、本判例的规范逻辑

根据《刑事诉讼法解释》第320条的规定，对自诉案件，人民法院应当在十五日内审查完毕。缺乏罪证的，人民法院应当说服自诉人撤回起诉；自诉人不撤回起诉的，裁定不予受理。本案中，兰州市七里河区人民法院立案审理了高某某的重婚自诉案，但却因证据不足，先后两次以裁定、判决驳回高某某的起诉，而不是裁定不予受理。兰州市中级人民法院对此先后两次以程序违法为由，发回重审。可见，对于高某某提起的重婚自诉案件，兰州市七里河区人民法院予以立案审理再驳回起诉，在程序上是存在错误的。

2014～2015年，在兰州市七里河区人民法院第三次重新审理过程中，高某某撤回对王某某重婚的自诉，并非因证据不足，而是因王某某悔过，回归家庭，高某某原谅了他。2015年3月25日，兰州市七里河区人民法院判决认定宋某某无罪。虽然兰州市七里河区人民法院纠正了程序错误，但高某某对判决结果不服，提起上诉。兰州市中级人民法院对17项证据的真实性、合法性予以确认。最高人民法院《关于〈婚姻登记条例〉施行后发生的以夫妻名义非法同居的重婚案件是否以重婚罪定罪处罚的批复》（已失效）规定："……有配偶的人与他人以夫妻名义同居生活的，或者明知他人有配偶而与之以夫妻名义同居生活的，仍应按重婚罪定罪处罚。"因此，人民法院判定王某某与宋某某构成事实上的婚姻关系，宋某某的重婚罪成立。兰州市中级人民法院根据17项证据，详细分析了王某某与宋某某以夫妻名义同居的严重程度，按照十个要点归结如下：

（1）高某某、王某（高某某与王某某的儿子）证实，王某某自2005年起与高某某分居，多年不回家，与宋某某一起生活。高某某打听到二人先后在兰州租房、购房共同居住，并找到丽人小区二人居所拍照并发生冲突。（2）王某某供述，其自2005年起与宋某某发生婚外情后，先在飞天家园租房，后在丽人小区购房供宋某某居住。王某某往返于甘南与兰州之间，来兰州时住在宋某某处，直至2011年春节后二人逐渐不来往。（3）证人郭某某证明其于2007年将丽人小区房屋出售给王某某，后在变更售房合同时征得王某某的同意将购买人变更为宋某某，证实王某某与宋某某有经济关系。（4）王某某供述其工资收入全部交给宋某某，且用工资卡抵押为宋某某贷款15万元，提交的贷款凭证与供述能够印证，高某某二审期间提交的王某某工资卡取款凭证中亦有两份上确是宋某某签名，证实王某某、宋某某二人之间经济关系紧密。（5）高某某提交的照片和王某某提交的手机储存卡上的照片和视频，证实王某某与宋某某同居期间并不避讳其他亲属等。（6）丽人小区保安鲁某某的证言，证明2008年王某某入住某室，且装修和搬家时均在场；宋某某带孙子居住该房，其儿子和儿媳也常来。（7）丽人小区居民崔某某证明，经常见宋某某和一个子不高、戴眼镜、较胖的男子一起出入小区，其听其他邻居说二人是同居关系。崔某某所述男子特征与王某某体貌特征吻合。（8）证人王某甲证明在外吃饭时王某某与宋某某同行，且其于2008年春节到王某某丽人小区住处拜年时见到了宋某某和宋某某的儿子。（9）王某某供述其兄弟姐妹和朋友中有很多人见过其和宋某某在一起，大家心里明白二人的关系，其并未刻意避嫌。（10）王某某供述确实考虑过离婚后和宋某某组建家庭，在亲戚朋友面前再未避嫌。

以上证据相互印证，证实二人非法同居具有公开性和稳定性。王某某、宋某某二人具有建立婚姻的目的，已突破了非法同居的界限，形成了事实上的婚姻关系。被告人宋某某明知他人有配偶，仍公开与王某某以夫妻关系长期共同生活，主观上具有重婚的直接故意，其行为构成重婚罪。鉴于宋某某的重婚行为已停止，现实危害已消失，对其免予刑事处罚。

四、本判例的意义

兰州市中级人民法院最终认定宋某某构成重婚罪，该判决是在大量的、充分的证据基础上作出的。其中，当事人王某某的供述是本案的突破点，此外还有诸多亲戚朋友、丽人小区的保安、居民、房屋出售者的证人证言，以及2011年2月11日晚的冲突报警记录和照片、视频等。可见，重婚罪刑事自诉案件的立案、认定构成犯罪的过程相当不易。2011年至2014年，兰州市中级人民法院以原判程序违法为由，三次裁定发回重审。此后，兰州市中级人民法院二审审理此案，于2015年作出宋某的行为构成重婚罪的判决。历经四年多时间，纠正程序错误和认定事实的错误。值得一提的是，本案刑事判决书尾部对重婚社会危害性的阐述说理性强："家庭是社会的重要单元，而婚姻关系则是维系家庭的重要因素和纽带，应弘扬尊重配偶维护婚姻的良好风气。包括事实婚姻在内的重婚行为导致原有夫妻关系发生严重裂痕甚至难以为继，使得原配偶基于婚姻关系产生的各种婚姻家庭权利受到严重侵犯，对法律保护的一夫一妻制度造成强烈冲击，损害国家婚姻制度，社会危害大，应予严惩。"①本案在重婚刑事自诉案件的立案程序、罪责判定以及理由阐述方面具有典型的示范意义。

五、后续判例和规范的发展

重婚罪刑事自诉案件一直处于立案难的状况，基本上会因自诉人证据不足而撤回起诉，或者被人民法院裁定不予受理。人民法院判决认定构成重婚罪的，绝大多数是公诉案件，判决构成重婚罪的刑事自诉案件屈指可数。例如，在文某某重婚案中，云南省昆明市官渡区人民法院认定的事实如下：自诉人陈某某与被告人文某某于1986年结婚，婚后育有一子两女，后二女儿病逝。被告人文某某外出承包工程常年不回家，在外期间与张某以夫妻名义长期生活在一起，并育有两女一男。为了让子女上学，被告人文某某通过关系将其与张某生的两女一男落户至与自诉人陈某某的共同户口本上。在家族组织撰写族谱时，被告人文某某还将张某以自己夫人的名义提供情况并撰写在族谱上。昆明市官渡区

① 甘肃省兰州市中级人民法院刑事判决书，（2015）兰刑一终字第100号。

人民法院认为,被告人文某某的行为已触犯刑律,构成重婚罪。鉴于被告人文某某重婚由一定的历史原因造成,且现在又独自一人抚养三个未成年子女的客观实际情况,昆明市官渡区人民法院判决:(1)被告人文某某犯重婚罪,免予刑事处罚。(2)解除被告人文某某与张某的非法同居关系。①

从目前的立法规定与司法实践进行预判,重婚自诉案件的审理情况将在未来很长一段时期内不会发生实质性的改变。

① 参见云南省昆明市官渡区人民法院刑事判决书,(2016)云0111刑初620号。

第 二 章

夫妻关系纠纷

016. 忠诚协议的效力*

刘某与杨某离婚案‖四川省成都市中级人民法院民事判决书,(2019)川01民终1078号

事实概要

刘某与杨某登记结婚。双方于2015年9月17日签订《婚内忠诚协议》,约定:“……3.若在婚姻关系期间,一方经语音、图片、视频、网络短信等其他方式被证明出现精神或肉体出轨的不忠诚现象(包括但不限于婚外情、与他人发生性关系、同居、重婚等行为)或者对另一方有家庭暴力、遗弃、虐待等违反夫妻忠诚协议行为的,过错方的全部婚前财产及男女双方的夫妻共同财产将自愿赠与无过错方,归无过错方所有;同时,自协议签订之日后取得的所有财产按此约定内容执行:男方婚前财产包括但不限于:位于成都市金牛区××路15号某幢1104号房产;男女方婚后共同财产包括但不限于存款目前为10万元……6.男女双方完全认可、理解本协议书所约定的全部内容,并自愿按本协议书约定的内容执行。”2018年5月14日,一审法院受理了刘某起诉杨某离婚纠纷一案,刘某通过相关网页的证据保全的公证书、录音证据、QQ聊天记录、微信记录等证明杨某婚外与他人发生性关系、婚后嫖娼等不忠于婚姻的行为,遂诉请解除与杨某的婚姻关系,并请求法院判决婚内全部共同财产和杨某婚前财产的50%份额归刘某,且杨某赔偿刘某精神抚慰金等。

判决要旨

一审法院认为,刘某、杨某均为具备完全民事行为能力的成年人,签订的《婚内忠诚协议》系双方当事人真实意思表示,不违反法律、行政法规的禁止性规定,亦无证据证明存在受胁迫、受欺诈、显失公平等情形,合法有效,应予以确认。根据生效法律文书确认的事实,杨某在婚姻关系存续期间违反了上述协议约定,故应按上述协议约定承担“全部婚前财产及男女双方的夫妻共同财产将自愿赠与无过错方,归无过错方所有”的后果。根据庭审查明事实,杨某的婚前财产为位于成都市金牛区××路15号某幢2单元1104号住宅房

---

* 何丽新,厦门大学法学院教授、博士生导师。

屋部分所有权。刘某、杨某的夫妻共同财产包括成都市金牛区××路15号-×层081号停车位、川A×××××宝马牌小型轿车、为购买位于成都市武侯区××路某幢8楼802号住宅房屋,与案外人彭某共同签订的商品房买卖合同中享有的合同权利。根据刘某、杨某签订的婚内忠诚协议,上述夫妻共同财产中位于成都市金牛区××路15号-×层081号停车位、川A×××××宝马牌小型轿车应归刘某所有。因上述停车位的所有权尚未登记,故该车位归刘某使用,待所有权登记后另行解决。因川A×××××宝马牌小型轿车的所有权已于2018年3月27日登记转移而无法进行价值评估,而双方均未举证证明该车辆所有权转移时的价值数额,故一审法院酌情确定杨某向刘某支付该项财产折价款5万元。另刘某在庭审中陈述位于成都市武侯区××路某幢8楼802号住宅房屋所有权尚未登记,且该房屋所涉《商品房买卖合同》权利人亦有案外人彭某,故本案对上述房屋暂不予处理,当事人可待所有权登记办理后另行解决。刘某主张杨某享有位于成都市金牛区××路15号某幢2单元1104号住宅房屋50%所有权,并请求判决该份额归其所有或向其支付相应财产折价款10万元,但是,刘某未提交证据证明上述主张,亦未申请对该房屋价值进行鉴定,且该房屋所有权涉及案外人彭某权利,故本案中不予处理,当事人可另行解决。刘某请求判决在婚姻关系存续期间所有的家具家电,以及杨某工资、公积金归其所有,但未提交证据证明上述财产存在状况、价值,以及杨某工资、公积金数额等,依照最高人民法院《民事诉讼法解释》第90条的规定,对刘某上述诉讼请求不予支持。刘某请求判决杨某赔偿其精神损害抚慰金3万元,因其作为无过错方且主动起诉离婚,而未在一审提起离婚诉讼的同时提出该项请求,依照《婚姻法解释(一)》第30条第1项的规定,不予支持。依照2001年《婚姻法》第19条、第39条、第46条,《婚姻法解释(一)》第30条第1项,《民事诉讼法解释》第90条,2017年修订的《民事诉讼法》第144条的规定,判决如下:(1)位于成都市金牛区××路15号-×层081号停车位归刘某使用;(2)杨某于判决生效之日起10日内支付给刘某财产折价款5万元;(3)驳回刘某其他诉讼请求。①

二审法院查明的事实与一审法院认定的事实一致,并予以确认。关于一审法院酌情认定杨某向刘某支付宝马车折价款5万元是否恰当的问题。经查,根据二手车市场参考2014年同品牌车型二手交易挂牌价格,该诉争车辆价值为22万元左右,因而一审法院酌情确定诉争车辆折价款为5万元明显偏低,应予以调整;因双方未能举证证明该车辆所有权转移时间的价值数额,结合二手车交易挂牌价格,酌情确定该车辆折价款为11万元,故对上诉人提出应增加折价款的主张,二审法院予以支持。综上所述,原审判决认定事实清楚,但认定的车辆折价款数额不当,应予更正。根据2017年《民事诉讼法》第170条第1款第1项、第2项的规定,判决如下:(1)维持成都市金牛区人民法院民事判决第一项、第

① 参见四川省成都市中级人民法院民事判决书,(2019)川01民终1078号。

三项,即位于成都市金牛区××路15号-×层081号停车位归刘某使用;驳回刘某其他诉讼请求;(2)杨某于本判决生效之日起10日内支付给刘某车辆折价款11万元。[①]

判例评析

一、既往相关判例与观点

忠诚协议,是指夫妻双方在婚前或婚后达成的,要求在婚姻关系存续期间双方应恪守忠诚义务,违反忠诚义务的一方须实施一定行为的约定,包括财产条款(金钱给付义务、财产权利放弃的承诺)和非财产条款(行为限制的承诺、人身权利放弃的承诺、婚姻关系的解除等)。[②] 因此,忠诚协议是双方当事人在准备缔结婚姻关系或在婚姻关系存续期间签订的,不得违背婚姻忠实义务的协议,否则,违约一方将承担婚姻关系解除或"净身出户"又或者过错方赔偿方案等种种不利后果。"婚姻关系解除"使夫妻双方的身份关系发生改变,而"净身出户"条款使协议双方的财产关系发生变化。

2001年《婚姻法》第4条明确规定,夫妻应当互相忠实,互相尊重。但针对忠诚协议的效力却没有作出规定。2001年《婚姻法解释(一)》第3条则明确规定:"当事人仅以婚姻法第四条为依据提起诉讼的,人民法院不予受理;已经受理的,裁定驳回起诉。"该司法解释明确指出,《婚姻法》关于夫妻应当忠实的规定是婚姻家庭道德规范的法律化,是倡导性条款,体现了我国以德治国方略在婚姻家庭关系中的贯彻执行,其目的在于倡导男女平等、尊老爱幼,建立和维护平等、和睦、文明的婚姻家庭关系,不能将其作为夫妻的实体权利义务予以确认。[③] 据此,即使当事人有不忠诚行为,违反双方事先签订的忠诚协议,多数法院基于《婚姻法解释(一)》第3条规定,认定这是家庭内部矛盾,属于对道德伦理的违反,并不具有违法性。法律不涉足婚姻忠诚协议纠纷,当事人应本着诚实信用的原则自觉履行,当事人诉请履行忠诚协议内容的约定不在人民法院受理民事诉讼的范围,且从整体社会效果分析,法律虽不禁止夫妻之间签订忠诚协议,但也不能赋予此类协议强制执行力,因此多数法院不受理此类协议的纠纷,即使受理离婚案件中涉及忠诚协议,也认为不具有法律约束力。例如,在王某与申某离婚案[④]中,一审法院认为:"夫妻是否忠诚实质属于情感道德范畴,夫妻之间订立的忠诚协议,应由当事人本着诚信原则自觉履行,法律并不禁止夫妻之间签订此类协议,但也不赋予此类协议强制执行力,不能以此作为分割夫妻

---

① 参见四川省成都市中级人民法院民事判决书,(2019)川01民终1078号。

② 参见李然、郑思清:《夫妻忠诚协议审判问题研究》,载《时代法学》2019年第3期。

③ 参见最高人民法院民事审判第一庭编著:《婚姻法司法解释的理解与适用》,中国法制出版社2002年版,第18页。

④ 参见北京市顺义区人民法院民事判决书,(2020)京0113民初9414号。

共同财产或确定子女抚养权归属的依据。”二审法院维持该判决,①并支持该判决认定的“夫妻关系存续期间‘任一方感情背叛则净身出户’的内容,系以夫妻身份关系为前提,基于夫妻忠诚协议的身份性,虽以合同形式存在,但基于夫妻身份关系而发生,不属于合同编意义上的合同,故不宜纳入合同编财产关系法律规范调整的范围。这种协议应建立在双方诚信自愿履行基础之上,不具有合同法上的法律约束力,故不能通过外在法律的强制手段予以解决”。但是,也有法院认为,忠诚协议是当事人签订的一般民事约定,对签订双方当事人具有拘束力,应当按照协议的约定履行。例如,在陈某某和杨某某离婚案②中,法院认为:“夫妻忠诚协议是已婚公民对自己的性自由进行自愿限制和约束的体现,这种限制完全是夫妻双方合意的结果,完全符合婚姻法的原则和精神,符合婚姻法关于忠实义务的规定,符合社会公序良俗,只要缔约过程中不存在欺诈、胁迫等情形,该协议就应当受到法律保护。”在杨某与刘某的离婚案③中,法院认为:“刘某、杨某均为具备完全民事行为能力的成年人,签订的《婚内忠诚协议》系双方当事人真实意思表示,不违反法律、行政法规的禁止性规定,亦无证据证明存在受胁迫、受欺诈、显失公平等情形,合法有效,一审法院予以确认。”

在司法实践中,就法院是否应受理忠诚协议纠纷问题,长期存在争论。2011 年最高人民法院《婚姻法解释(三)(征求意见稿)》中规定:“夫妻一方以婚前或者婚后双方所签订的相互忠实、违反予以赔偿的财产性协议主张权利的,人民法院不予受理;已经受理的,裁定驳回起诉。”但是,正式发布的《婚姻法解释(三)》删除了该条款,显示法院对是否受理婚姻忠诚协议保持沉默,不予以规定。就此,在婚姻关系存续期间,夫妻一方单纯以违反忠诚协议为由提起的诉讼,人民法院不予受理。然而,在离婚诉讼中,婚姻忠诚协议仍属于法院的审理范围,当事人以违反忠诚协议而请求过错方应当少分或不分夫妻共同财产或者履行协议约定补偿或赔偿金给付义务,或者离婚损害赔偿予以救济。而对于在婚姻关系终结后,一方又以违反忠诚协议为由提起的诉讼,法院倾向于将此类案件归于婚后的当事人财产纠纷,予以受理。

二、在学理框架内对相关问题的点评

忠诚协议主要包括两部分内容:其一,夫妻相互忠诚的约定;其二,出现不忠诚行为的后果,如身份关系的变更和财产的分割等。关于忠诚协议的性质、效力等问题的学术讨论,分歧较大。

(一)关于忠诚协议的性质

有学者认为,夫妻忠诚协议仅仅是具有特定身份关系的主体之间签订的有关财产关

① 参见北京市第三中级人民法院民事判决书,(2021)京 03 民终 8334 号。

② 参见广东省中山市中级人民法院民事判决书,(2016)粤 20 民再 15 号。

③ 参见四川省成都市金牛区人民法院民事判决书,(2018)川 0106 民初 8237 号。

系的协议，并非身份关系协议。其理由是身份关系协议要具有身份法律效果，而忠诚协议却设立、变更或终止了当事人之间的财产关系。① 该观点仅以财产关系在夫妻忠诚协议中产生的法律效果来认定协议性质，而忽略了夫妻忠诚协议中的身份法律效果。身份性是判断身份关系协议的本质要素，忠诚协议具有协议主体身份性和协议内容身份性，属于具有身份性质的协议。② 根据夫妻忠诚协议是否具有身份法律效果来进行分析，将夫妻忠诚协议区分为以离婚为条件的夫妻"忠诚协议"、无须离婚即生效的夫妻"忠诚协议"，前者兼具身份关系和财产关系的变动，而后者仅涉及财产关系，不涉及身份关系的变动。③ 也就是说，前者满足身份关系协议所需的二要素，属于身份关系协议，同时也是属于兼及财产关系和身份关系变动的一种复合法律行为。后者为发生在婚姻关系存续时期的财产约定，实际上属于特殊的夫妻财产制契约形式。因此，以离婚为条件的夫妻忠诚协议是一种兼具身份性和财产性的协议，不应否认夫妻忠诚协议作为一种身份关系协议对于身份法律关系进行安排的可能性。

（二）关于忠诚协议的法律效力、请求权基础、法律适用

讨论中，对此问题分别有否定、肯定两种截然不同的观点。

否定观点认为，以离婚为条件的夫妻忠诚协议，本质上属于道德协议，不具有法律拘束力，其支撑的理由是：(1)赋予忠诚协议法律拘束力的后果之一，就是鼓励当事人在婚前签订忠诚协议，此举将加大婚姻成本，使建立在双方情感和彼此信任基础上的婚姻关系变质。(2)道德法律化。忠诚协议实质属于道德范畴，是道德义务而非法律义务，以当事人自愿自觉履行为基础，若一方不愿履行，忠诚协议难以执行，即使强制履行亦违反公序良俗，不应予以支持。(3)忠诚协议主要内容涉及身份关系，即使部分内容关于财产分割及经济补偿，也不属于婚姻法的夫妻财产约定情形，不能作为分割夫妻共同财产的依据，不具有发生请求权的基础。(4)将夫妻感情、亲情等身份情感契约化，难免会使亲友间的相互宽容、理解、扶持、帮助等行为金钱化、功利化，进而以财产关系取代伦理关系。在婚姻领域若允许意思自治任意商业化，显然有违婚姻的本质。④ (5)2001 年《婚姻法》第 4 条虽然规定"夫妻应当相互忠实"，但这只是代表立法者价值追求的倡导性规范。在适用于具体案件时，这种价值追求无法被法官作为裁判依据所援引。⑤ (6)主张按照忠诚协议赔偿

---

① 参见孙良国、赵梓晴：《夫妻忠诚协议的法律分析》，载《社会科学战线》2017 年第 9 期。

② 参见姚邢：《〈民法典〉体系化视野下的夫妻忠诚协议》，载《法学家》2024 年第 2 期。

③ 参见冉克平：《论意思自治在亲属身份行为中的表达及其维度》，载《比较法研究》2020 年第 6 期。

④ 参见于飞：《公序良俗原则研究——以基本原则的具体化为中心》，北京大学出版社 2006 年版，第 124～125 页。

⑤ 参见何俊萍：《论婚姻家庭领域道德调整与法律调整的关系——兼谈对婚外恋的道德调整和法律调整》，载《政法论坛》2000 年第 3 期。

的一方当事人应举证证明对方具有违反忠诚协议的行为,即为获取相关证据,涉及窃听电话、私拆信件、捉奸在床等侵犯个人隐私权的情形,其负面效应不可低估。(7)忠诚协议涉及身份权,而身份权具有法定性,排除当事人的约定权,夫妻双方所签订的忠诚协议违反身份权法定原则。[①] (8)"净身出户"的忠诚协议,违反2001年《婚姻法》第19条第1款的规定"夫妻可以约定婚姻关系存续期间所得的财产以及婚前财产归各自所有、共同所有或部分各自所有、部分共同所有",该规定排除夫妻可以约定婚姻关系存续期间所得的财产以及婚前财产"全部归对方所有"的情形,所以"净身出户"违反"全有全无"的约定无效。[②]

肯定观点认为,忠诚协议是具有完全民事行为能力的主体所做出的意思表示而达成的协议,符合民事法律行为一般有效要件的规定,是对婚姻法中抽象的夫妻忠实义务或责任的具体化,完全符合婚姻法的原则和精神。[③] 在不违反法律的禁止性规定时,忠诚协议应受到法律保护。其具体理由是:(1)以一方出轨对其不利的财产变动为生效要件的忠诚协议,并不违反夫妻应当忠实的规定,且没有不当限制他人的婚姻自由和人身自由,从《民法总则》第158条的规定分析,夫妻财产约定可以附条件不损及身份关系本身的稳定性,应承认忠诚协议的有效性。(2)关于违约赔偿的"忠诚协议",实际上是忠诚协议涉及身份、财产复合的内容无效,但在亲属身份关系终止时,这种协议相当于损害赔偿的预定,应发生法律效力。[④] (3)在法律框架下肯定忠诚协议的有效性,维护的不仅是婚姻制度,还有家庭伦理、人文关怀以及对弱势群体保护等基本价值理念,同时也是在推动现代平等家庭关系的发展。[⑤]

在司法实践中,关于忠诚协议的效力认定,多以其内容为依据,分析其责任负担或承诺是否违反法律、法规的强制性规定,或者违背公序良俗原则。对违反忠诚协议而作出的人身权利放弃承诺等内容,因违反法律效力性强制性规定和公序良俗而无效;对于违反忠诚协议而作出的财产上的负担承诺,则以公平原则为界,认定过错方的责任负担范围。[⑥] 深圳市中级人民法院《关于审理婚姻家庭纠纷案件的裁判指引(2014年修订)》第37条规定,夫妻忠诚协议约定的损害赔偿数额过高时,法院可以适当调整,使财产责任负担趋于公平。

三、本判例的规范逻辑

本判例在离婚纠纷中确认忠诚协议的有效性,认为刘某、杨某均为具备完全民事行为

---

① 参见何晓航、何志:《夫妻忠诚协议的法律思考》,载《法律适用》2012年第3期。

② 参见王雷:《论身份关系协议对民法典合同编的参照适用》,载《法学家》2020年第1期。

③ 参见宋豫、李建:《夫妻忠诚协议的价值判断与效力分析》,载《重庆工商大学学报(社会科学版)》2012年第3期。

④ 参见谢鸿飞:《论创设法律关系的意图:法律介入社会生活的限度》,载《环球法律评论》2012年第3期。

⑤ 参见孙若军、封子路:《〈民法典〉视角下夫妻忠实协议的法律效力》,载《法律适用》2023年第4期。

⑥ 参见李然、郑思清:《夫妻忠诚协议审判问题研究》,载《时代法学》2019年第3期。

能力的成年人，签订的《婚内忠诚协议》系双方当事人真实意思表示，不违反婚姻法的禁止性规定，亦无证据证明存在受胁迫、受欺诈、显失公平等情形，符合协议生效的一般要件，合法有效，应予以确认。本案的刘某与杨某签订的《婚内忠诚协议》明确约定："若在婚姻关系期间，一方经语音、图片、视频、网络短信等其他方式被证明出现精神或肉体出轨的不忠诚现象（包括但不限于婚外情、与他人发生性关系、同居、重婚等行为），或者对另一方有家庭暴力、遗弃、虐待等违反夫妻忠诚协议行为的，过错方的全部婚前财产及男女双方的夫妻共同财产将自愿赠与无过错方，归无过错方所有……"这些内容实质上是一方违反忠诚协议而导致离婚情况下的夫妻财产分割和赔偿办法，是离婚协议的组成部分，在不存在欺诈、胁迫等意思表示瑕疵的情况下，应确认其法律效力。

在本案中，刘某通过相关网页的证据保全的公证书、录音证据、QQ 聊天记录、微信记录等证明杨某婚外与他人发生性关系、婚后嫖娼等不忠于婚姻的行为，遂诉请解除与杨某的婚姻关系，并要求按照《婚内忠诚协议》的约定，在法院认定的夫妻财产范围内予以分割和赔偿，法院应予以支持。一审法院和二审法院均判决确认忠诚协议的效力，并以此为依据解除刘某与杨某的婚姻关系，确认夫妻财产的分割和赔偿事项。

四、本判例的意义

在现代社会，夫妻之间以保持相互忠诚等伦理和情感理想状态为标的的协议并不少见。但在司法实践中，法院在是否受理忠诚协议纠纷和忠诚协议是否有效的问题上，长期存在争议。本案例通过评析刘某与杨某的离婚纠纷案，确认《婚内忠诚协议》的效力，指出忠诚协议是夫妻自愿签订并反映当事人真实意思表示的协议，是对婚姻法抽象的夫妻忠实义务的具体化，符合婚姻法的原则和精神，且不存在受胁迫、受欺诈、显失公平等情形，应获得法律上的效力。

本案的忠诚协议以约定违约责任的方式，指向婚姻关系解除时的过错赔偿，构成离婚协议的组成部分，其违约责任的约定获得法律上的效力，法院按照忠诚协议约定的内容，肯定协议所涉及的赔偿事项，明确夫妻财产的归属和分割。

五、后续判例和规范的发展

忠诚协议虽存在合同之形，却因涉及道德伦理情感等内容，在法律效力上一般给予否定评价。

《民法典》颁布后，笔者认为，夫妻忠实协议效力问题有重新认识的必要。《民法典》第 464 条第 2 款规定："婚姻、收养、监护等有关身份关系的协议，适用有关该身份关系的法律规定；没有规定的，可以根据其性质参照适用本编规定。"这体现了民法典的体系化功能以及合同编对于身份关系协议的重大影响。① 在没有破坏身份性的前提下，身份关系协议的效力

① 参见冉克平：《论意思自治在亲属身份行为中的表达及其维度》，载《比较法研究》2020 年第 6 期。

可以参照适用这些规定。忠诚协议是以维系婚姻关系为核心,以规范夫妻双方权利、义务为内容的身份协议,以互负忠诚为合同内容,以违约损害赔偿为请求权基础,一方违反忠诚协议视为违约,应承担违约责任。① 鉴于《民法典》婚姻家庭编及其司法解释并未就夫妻忠诚协议进行规定,忠诚协议可依据《民法典》第 464 条所规定的“根据其性质”参照适用合同编的规定而获得法律效力。也有学者提出,应从《民法典》总则编、婚姻家庭编、合同编、侵权责任编以及人格权编的内在关联,体系化审查忠诚协议的效力,肯定忠诚协议在违约之诉与离婚诉讼中仍具有适法空间。② 夫妻忠诚协议维护婚姻家庭伦理,强化夫妻忠实义务。对违反忠实义务的违约责任的约定,特别是对财产利益的分配,是意思自治的结果,是《民法典》所倡导的“夫妻应当互相忠实、互相尊重”的具体化,应赋予其法律效力,以推动社会道德环境的优化。

---

① 参见孙若军、封子路:《〈民法典〉视角下夫妻忠实协议的法律效力》,载《法律适用》2023 年第 4 期。

② 参见姚邢:《〈民法典〉体系化视野下的夫妻忠诚协议》,载《法学家》2024 年第 2 期。

017. 夫妻之间的保证书是否有效？*

刘某诉李某离婚纠纷案‖浙江省海宁市人民法院民事判决书，(2019)浙0481民初7108号

事实概要

原告刘某(女)与被告李某(男)于1986年经人介绍相识。1989年7月，双方按安徽当地民俗举行婚礼后，开始以夫妻名义共同生活，生育一子一女。2003年2月，双方补办结婚登记。婚后，夫妻双方在浙江省海宁市海昌街道某某花园添置了房产一套。双方于2001年起分居至今。2005年，被告李某结识了案外人周某，在没有与刘某离婚的情况下，被告又与周某以夫妻名义共同生活，并生育了一子一女。后为孩子上学，李某在安徽为自己与周某办理了新的身份信息，于2011年8月使用新身份在安徽老家办理了结婚登记，并注销了刘某的户口。2019年，刘某发现自己的户口被注销，遂报案，揭露了被告李某重婚一事。被告李某因犯重婚罪，于2019年9月被判处有期徒刑10个月；因被告提起上诉，同年12月被法院作出刑事裁定驳回上诉，维持原判。2019年3月，被告李某书写保证书，载明"被告保证把海宁的房子给刘某一人，所有债务问题与刘某无任何关系"。后因李某不配合办理房产过户手续，刘某起诉要求离婚，请求依法分割夫妻共同财产，并要求李某支付精神损害赔偿金5万元。一审法院支持原告要求与被告离婚的诉讼请求；判令被告向原告支付5000元精神抚慰金。

判决要旨

1. 本案原、被告虽按民俗举行婚礼后即以夫妻名义开始同居生活，但其后补办了结婚登记手续，该婚姻关系合法有效，受法律保护。

2. 原、被告虽有一定的感情基础，但婚后双方缺少沟通交流，自2001年起分居，至今已达十八年之久。双方分居时间较长，未共同负担起家庭责任，夫妻感情逐渐淡漠，夫妻关系已名存实亡，且被告因与第三人登记结婚犯重婚罪受到刑事处罚，双方当事人之间的

---

* 吴引引，浙江省律师协会秘书长。

矛盾实际已难以调和,故可以认定原、被告夫妻感情已彻底破裂。

3. 关于夫妻共同财产分割。原、被告就坐落于海宁市海昌街道某某花园某幢1单元202室房屋的归属已达成合意,且被告在庭审中亦表示同意该房屋归原告所有,不要求原告折价补偿,法院对此予以确认,故海宁市海昌街道某某花园房屋归原告所有。

4. 关于原告主张的精神损害抚慰金。被告在未与原告离婚的情况下,与他人登记结婚,并生育儿女,被法院以重婚罪判处刑罚,从而导致夫妻感情彻底破裂,过错在于被告。被告的重婚行为给原告造成了精神损害,但原告主张精神损害抚慰金50,000元过高,根据本案实际情况,本院酌定由被告赔偿原告精神损害抚慰金5000元。

｜判例评析｜

本案涉及夫妻之间婚内保证书的效力问题。

婚内保证书通常是在夫妻关系存续期间,夫妻一方因为自己的过错行为,比如婚外恋、家暴、赌博等,为承认错误、挽回婚姻而作出的书面承诺。常见的有"如若再犯,自愿离婚""财产归对方所有""放弃孩子的抚养权""给予对方经济赔偿"等各种承诺。这是一种民事法律行为。要使承诺有效,其必须具备民事法律行为的基本生效要件。《民法总则》第143条规定:"具备下列条件的民事法律行为有效:(一)行为人具有相应的民事行为能力;(二)意思表示真实;(三)不违反法律、行政法规的强制性规定,不违背公序良俗。"现行《民法典》第143条也作了相同规定。因此,作为承诺的婚内保证书必须是夫妻一方真实意愿的反映,承诺方不能被强迫、威胁或利诱、欺骗等;其内容合乎法律的规定,不能违反法律、行政法规的禁止性规定,也不得违背社会公序良俗,更不能因此侵犯到他人合法利益。在司法实践中,婚内保证因其内容不同,其法律效力也大相径庭,法院认定情况也各不相同。

一、婚内保证的主要类型

1. 有关婚姻关系的保证。婚姻当事人签署的婚姻保证书大多是夫妻双方婚姻忠贞及夫妻义务与责任的书面宣誓,涉及道德或精神层面的居多。夫妻一方存在过错的,往往会向另一方保证"如若再犯就离婚",这类保证并非当然有效。我国婚姻家庭法律规定了婚姻自由原则,包括结婚自由和离婚自由。婚姻关系具有强烈的人身属性,为了离婚而附设的条件并不当然具有法律效力。夫妻感情破裂、无和好可能才是法院准予离婚的法定标准。判断夫妻感情是否破裂,需要有明确的证据予以证明。保证书中记载的夫妻一方的过错行为,可以作为法院认定是否存在过错行为以及该过错行为是否导致夫妻感情破裂的证据之一。在具体案件中,法官应当结合当事人提供的证据综合评判夫妻感情是否破裂,只有符合法定离婚条件的,才准予离婚。在当前婚姻案件审理中,这类保证充其量是评判双方感情不和时的一个参考。

2. 有关亲子关系的保证。有些当事人在婚内保证书中作出“放弃孩子的抚养权”“不得探望子女”“不得做孩子的父母”诸如此类的承诺，这种保证或约定概属无效。父母子女关系是身份关系，当事人不能通过承诺或者约定方式予以否定或排除，尤其是涉及未成年子女的相关事项。抚养、教育、保护子女，既是父母的权利，更是父母的法定义务，这种关系并不因为夫妻双方离婚而消除。因此，在夫妻双方离婚时对于子女抚养问题争执不下的情况中，法院会根据子女的年龄、父母的经济情况、既往父母照顾子女日常生活情况、生活环境等情况综合考虑，从有利于子女身心健康出发，确定抚养权归属问题。

3. 有关分割夫妻财产的保证。在婚内保证书中常常有“如犯错就放弃所有财产”“净身出户”等言词，这种承诺并不违反法律禁止性规定。只要一方在承诺当时的意思表达真实，且不存在欺诈、胁迫等违法行为，也不损害国家、集体或第三人的合法权益，保证书就应视为夫妻对其所属财产约定的书面形式，受到法律保护。但是，如果作出该项保证的当事人有证据证明其在作出该意思表示时存在被胁迫、被欺骗等情况，依据民法上的意思自治及公平原则，此承诺亦可撤销。

本案中所涉及的保证书实质上是一份分割夫妻财产的承诺，且在庭审过程中被告明确表示同意，内容不违反我国法律法规的有关规定，应当认定该保证书合法有效。

4. 有关损害赔偿的保证。有些婚内保证书载明，只要再发生过错行为，包括赌博、吸毒、婚外情、家庭暴力等，保证人愿意向对方支付赔偿金的承诺。这实际上是对无过错方损害赔偿请求权的约定。对于出现法定损害赔偿事由的，无论是现行《民法典》还是原《婚姻法》都赋予无过错方请求权。原《婚姻法》第 46 条规定：“有下列情形之一，导致离婚的，无过错方有权请求损害赔偿：(一)重婚的；(二)有配偶者与他人同居的；(三)实施家庭暴力的；(四)虐待、遗弃家庭成员的。”《民法典》在此基础上，增加了“有其他重大过错”一项。这是法律对无过错方权益的最基本的保障。虽然我国婚姻家庭法律并未明确规定夫妻双方可以就离婚损害赔偿作出约定，但是，并没有作出限制或者禁止性规定。按照民事领域“法无禁止即可为”的原则，只要该离婚损害赔偿约定符合民事法律关系生效要件，即具有法律约束力。

二、既往相关判例与观点

在甘肃省高台县人民法院审结的原告孙某诉被告王某离婚纠纷一案中，原、被告双方在婚后共同生活期间，不能较好地经营婚姻生活，尤其是被告酒后不能控制自己的言行，对原告实施家庭暴力。其间，被告曾写下保证书。双方再次发生矛盾后，原告外出到新疆打工，夫妻分居生活已满 2 年。法院支持原告的诉讼请求，判决准许双方离婚。被告写下的夫妻保证书经证据审查后被法院确认并在卷佐证。①

---

① 参见甘肃省高台县人民法院民事判决书，(2017) 甘 0724 民初 2791 号。

在江西省都昌县人民法院审结的原告张某诉被告童某离婚纠纷一案中，原告以与被告性格不合，夫妻感情完全破裂为由请求法院判决离婚，并提供了保证书一份，证明被告曾在家人面前写了保证书，承诺对原告好，不再打原告，但是被告未做到。法院认为，是否准予离婚应以夫妻感情是否确已破裂为依据。现原告提出与被告离婚，应提供证据证明夫妻感情确已破裂，而庭审中原告提供的证据不足以证明其主张，故法院判决驳回了原告张某的诉讼请求。①

在贵州省贵阳市中级人民法院审结的叶某诉沈某离婚后损害责任纠纷一案中，原告发现被告有婚外情并报警，被告出具保证书，内容为“本人沈某由于行为不规范，为对家庭和叶某造成了深深的伤害和痛苦而感到深深的后悔，今后保证不再出现这事，不再和她有任何来往，如再发生，本人自愿净身出户并赔叶某 50 万元，今后也不能提出离婚申请，如提出离婚申请，自愿净身出户并赔叶某 50 万元”。后双方协议离婚。原告起诉请求判令被告按保证书支付赔偿金 50 万元。被告辩称该保证书在原告胁迫下出具的，并非其真实意思表示。法院认为，保证书是原告通过报警等措施给被告造成压力，被告为平息激化的矛盾而出具的，故可视为非被告真实意思表示。从保证书内容看，原告未在离婚前主张该项权利，故应视为放弃了婚内索赔权利。因原告主动提出离婚，故被告不应履行离婚后的赔偿约定。且双方离婚时，被告未分得任何共同财产，已系净身出户。法院驳回了叶某的诉讼请求。②

在广西壮族自治区柳州市柳北区人民法院审结的黄某诉熊某离婚后损害责任纠纷一案中，原告黄某与被告熊某于 2019 年 8 月 22 日登记离婚。被告熊某于 2019 年 4 月 27 日签订一份保证书，内容为“熊某现向女方黄某作出离婚后保证：熊某保证从今以后断绝和李某的所有联系，不再有任何来往，不能再在一起，如发现图片，录音，视频证据熊某赔偿我个人精神损失费 20 万元”。法院认为，被告熊某自愿订立的保证书系对离婚后被告的夫妻忠实义务的延伸约定，但夫妻忠诚协议是一种身份协议，原、被告离婚后，二人不再系法定夫妻关系，双方不存在忠实义务的履行问题，保证书的内容实际上侵害了被告离婚后人身自由的权利，应认定为无效，故对于原告主张被告支付精神损害赔偿的诉请不予支持。③

三、本判例的意义

如何认定婚内保证书的法律效力，对于公正处理离婚纠纷，保护双方当事人的合法权益具有重要意义。婚内保证书的法律效力不能一概而论，应分具体情况确定。婚内保证

---

① 参见江西省都昌县人民法院民事判决书，(2015) 都民一初字 1675 号。

② 参见贵州省贵阳市中级人民法院民事判决书，(2020) 黔 01 民终 286 号。

③ 参见广西壮族自治区柳州市柳北区人民法院民事判决书，(2020) 桂 0205 民初 253 号。

书中关于是否解除婚姻关系和子女抚养问题,在离婚诉讼中并不具有法律效力,不过该约定既可以作为判断是否符合离婚条件的重要证据,也可以作为决定孩子抚养权归属的重要参考因素。关于财产分割处理的保证,判断其法律效力则要看是否符合夫妻财产协议的构成要件,即是否具有夫妻法律关系,是否完全民事行为能力人,约定是否自愿,内容是否合法,还要看其意思表示是否真实,是否符合当事人实际经济状况等情况,具体情况具体分析。损害赔偿的保证要符合婚姻家事法律对于无过错方损害赔偿请求权的有关规定,且赔偿金额要具有可执行性,如果明显超出当事人实际承受能力,那么也不具有法律效力。

018. 婚内财产协议书约定夫妻共同房产归一方所有的，另一方不能撤销该约定*

上诉人谢某1、谢某2与原审第三人广州市某房地产开发有限公司离婚后财产纠纷案‖广东省广州市中级人民法院民事判决书，(2019)粤01民终3828号

事实概要

谢某1、谢某2夫妻关系存续期间，购买了荔湖城801号房，该房产登记在双方名下。其后，谢某1和谢某2签订一份《婚内财产公证协议书》，双方约定：因谢某2有婚外情过失，谢某2自愿同意将名下房产所有权赠与谢某1作补偿，为防止今后可能出现的夫妻婚姻财产关系纠纷，现双方达成如下公证协议：(1)订约依据……(2)婚姻财产范围及归属：经过双方共同清点和协商，对于双方婚后共同财产作出如下约定：①房屋：坐落于××市荔湖城801号商品房一套，归谢某1一人所有。……(3)离婚条款：……

双方因夫妻感情破裂，谢某1提起离婚诉讼。一审法院判决准予双方离婚，但未对荔湖城801号房进行处理。后谢某1向一审法院提起离婚后财产纠纷诉讼，请求判令荔湖城801号房归其所有，谢某2配合办理房屋产权证并协助过户。一审法院认为，根据《婚姻法解释(三)》第6条①的规定，人民法院可以按照《合同法》第186条规定②的处理，即赠与人在赠与财产的权利转移之前可以撤销赠与。现涉案房屋未办理变更登记手续，涉案房屋的所有权尚未发生转移，谢某2不同意荔湖城801号房归谢某1一人所有，认为应平均分割，符合上述法律规定，一审法院对谢某2要求平均分割荔湖城801号房的请求予以支持。

谢某1不服一审法院判决，提起上诉，请求：依法撤销一审判决，改判为荔湖城801号房归谢某1所有，并且谢某1不需要补偿谢某2。二审法院认为，根据2001年《婚姻法》第

---

* 林亚真，福建明鼎律师事务所主任、合伙人、律师。

① 参见《民法典婚姻家庭编解释(一)》第32条。

② 参见《民法典》第658条。

19 条第 1 款[①]规定,夫妻可以约定婚姻关系存续期间所得的财产以及婚前财产归各自所有、共同所有或部分各自所有、部分共同所有。《婚内财产公证协议书》合法有效,本案不适用《合同法》的规定。同时,案涉房屋是夫妻共同财产,而非谢某 2 的个人财产,本案不适用《婚姻法解释(三)》第 6 条规定,改判荔湖城 801 号房归谢某 1 所有,具备条件时,谢某 2 有义务协助谢某 1 前往房管部门办理房屋的产权变更登记手续等。

判决要旨

1. 2001 年《婚姻法》第 19 条第 1 款规定,夫妻可以约定婚姻关系存续期间所得的财产以及婚前财产归各自所有、共同所有或部分各自所有、部分共同所有。约定应当采用书面形式,没有约定或约定不明确的,适用《婚姻法》第 17 条[②]、第 18 条[③]的规定。《民法总则》第 143 条[④]规定,具备下列条件的民事法律行为有效:(1)行为人具有相应的民事行为能力;(2)意思表示真实;(3)不违反法律、行政法规的强制性规定,不违背公序良俗。

2. 荔湖城 801 号房系于谢某 1、谢某 2 婚姻关系存续期间购买的,案涉房屋性质上属于夫妻共同财产。谢某 1、谢某 2 签订了《婚内财产公证协议书》,该协议第 2 条明确约定了荔湖城 801 号房归谢某 1 所有。谢某 1、谢某 2 均为完全民事行为能力人,签订上述协议时不存在法律规定,该协议无效或者可以撤销的法定情形,上述协议是谢某 1、谢某 2 在婚姻存续期间对夫妻部分共同财产的归属作出的明确清晰的约定,应为合法有效,应当遵照执行。《婚内财产公证协议书》是否办理公证,产权变更是否登记以及房屋首期款的来源等情形均不影响案涉房屋性质及归属的认定。

3. 在婚姻家庭纠纷中处理夫妻共同财产问题,因包含了夫妻双方的人身关系、财产关系和婚姻家庭伦理道德等属性,本案不适用《合同法》的规定。《合同法》第 2 条第 2 款[⑤]明确规定婚姻、收养、监护等有关身份关系的协议,适用其他法律的规定,排除了我国《合同法》在婚姻问题当中的适用。《合同法》第 186 条第 2 款[⑥]亦明确规定,具有救灾、扶贫等社会公益、道德义务性质的赠与合同或者经过公证的赠与合同,不适用前款规定。同时,案涉房屋是夫妻共同财产,而非谢某 2 的个人财产,故本案亦不适用《婚姻法解释(三)》第 6 条的规定。

---

① 参见《民法典》第 1065 条。

② 参见《民法典》第 1062 条。

③ 参见《民法典》第 1063 条。

④ 参见《民法典》第 143 条。

⑤ 参见《民法典》第 464 条第 2 款。

⑥ 参见《民法典》第 658 条第 2 款。

｜判例评析｜

一、既往相关判例与观点

在本判例之前，涉及夫妻间就一方个人财产或双方共有财产约定归属的判例，案件审判中的争议焦点主要集中在对此类协议性质的判断上，该协议的性质是夫妻财产约定协议还是赠与协议，并对究竟是选择适用《婚姻法》第19条还是选择适用《婚姻法解释（三）》第6条产生争议。而协议性质和法律适用的不同，则导致判决的结果完全不同。

以往法院对此类案件判决的观点归纳如下：

1. 属于夫妻财产制协议的观点。有些法院认为，《分居协议书》约定："××中心房屋归李某拥有，李某可以任何方式处置这些房产，唐某3不得阻扰和反对，并有义务协办相关事务。"唐某3与李某关于讼争房产的约定属于其婚内财产分割协议，性质上属于夫妻财产制契约，该协议书对双方均具有约束力。唐某3与李某关于房屋的分割协议，属于夫妻内部对财产的约定，不涉及家庭外部关系，应当优先和主要适用《婚姻法》相关规定。该房屋虽登记在唐某3名下，但《物权法》的不动产登记原则不应影响婚内财产分割协议关于房屋权属约定的效力。故判决××中心房屋归李某个人所有。①

2. 属于赠与的观点。有些法院认为，根据《合同法》第185条②的规定，一方承诺将自己的财产无偿给予另一方，另一方愿意接受的，系赠与性质。《合同法》第186条第1款规定，赠与人在赠与财产的权利转移之前可以撤销赠与。故侯某梅持夫妻协议请求法院判令该房产归其所有，冯某强履行过户义务，该法院认定，冯某强明确表示不同意办理房产所有权转移手续的行为应认定为撤销赠与行为，对侯某梅的请求不予支持。③

二、在学理框架内对相关问题的点评

约定财产制是指夫妻以契约方式约定婚前财产和婚姻关系存续期间所得的归属、管理、使用、收益、处分及债务清偿，婚姻终止时财产的分割与清算等事项，并排除法定夫妻财产制适用的制度。④

我国的夫妻约定财产制，无论是已废止的《婚姻法》第19条规定，还是《民法典》第1065条规定，二者并无明显区别。夫妻约定财产具有以下性质：第一，夫妻财产约定具有

---

① 参见李某、唐某1与唐某2法定继承纠纷案，北京市第三中级人民法院（2014）三中民终字第09467号民事判决书。

② 参见《民法典》第657条。

③ 参见侯某梅与冯某强夫妻财产约定纠纷案，河南省郑州市中级人民法院（2011）郑民二终字第1222号民事判决书。

④ 参见蒋月、何丽新：《婚姻家庭与继承法（第4版）》，厦门大学出版社2013年版，第151页。

特定的身份属性。“夫妻财产之契约,为婚姻身份之从契约”①,若协议的约定双方并非配偶关系,那双方约定的则是一般财产约定。因此,夫妻财产制约定应当是夫妻之间在婚姻关系存续期间或婚前对婚姻财产的约定的合意。第二,对于夫妻财产制约定的时间,我国法律并未有明确规定。相关协议可以成立于婚姻关系成立之前,不过若是之后订约双方的婚姻关系不成立或者无效,双方签订的财产契约无效。正如史尚宽先生所言:“然夫妻财产契约,于结婚前亦得订立。财产契约,于婚姻成立时始发生效力。在未结婚前,所经登记,亦不发生效力。婚姻关系不成立或无效时,财产契约不发生效力。”②在婚姻关系存续期间所做的约定,如采用分别所有或部分各自所有、部分共同所有的分配方式,应当明确是否溯及既往。第三,夫妻财产约定的内容。夫妻财产约定的标的既可以是婚前个人财产,也可以是婚后共同财产;既可以是全部财产,也可以是部分财产。第四,夫妻财产约定的效力。根据《民法典》第1065条第2款之规定,夫妻财产约定及于当事人的效力,可称为对内的效力。根据《民法典》第1065条第3款之规定,夫妻财产约定对第三人的效力,可称为对外的效力。

结合本案,荔湖城801号房系于谢某1、谢某2的婚姻存续期间购买,案涉房屋性质上属于夫妻共同财产。谢某1、谢某2在婚姻关系存续期间签订了《婚内财产公证协议书》,该协议第2条明确约定了登记于荔湖城801号房归谢某1所有。该协议书对谢某1、谢某2具有法律效力。《婚姻法解释(三)》第6条规定,婚前或者婚姻关系存续期间,当事人约定将一方所有的房产赠与另一方,赠与方在赠与房产变更登记之前撤销赠与,另一方请求判令继续履行的,人民法院可以按照《合同法》第186条的规定处理。《合同法》第186条第1款规定,赠与人在赠与财产的权利转移之前可以撤销赠与。在本案中,案涉房屋是夫妻共同财产,而非谢某2的个人财产,故本案不适用《婚姻法解释(三)》第6条的规定的情形。根据2001年《婚姻法》第19条规定,《婚内财产公证协议书》合法有效,故二审法院支持谢某1的诉讼请求。

三、本判例的规范逻辑

本判例的争议焦点为:案涉《婚内财产公证协议书》应该认定为夫妻财产约定还是夫妻间赠与协议?无论是适用《婚姻法》第19条,还是适用《婚姻法解释(三)》第6条?主要有下列两种不同观点。

观点一认为,《婚内财产公证协议书》系夫妻财产约定协议,应当适用《婚姻法》第19条规定。其理由如下:首先,案涉房屋是于谢某1、谢某2的婚姻关系存续期间购买,该房产性质上属于夫妻共同财产。其次,《婚内财产公证协议书》系谢某1和谢某2签订,两人

① 史尚宽:《亲属法论》,台北,荣泰印书馆1980年版,第305页。

② 史尚宽:《亲属法论》,台北,荣泰印书馆1980年版,第305页。

均为完全民事行为能力人，签订该协议时不存在欺诈、胁迫等导致无效或者可以撤销的法定情况，上述协议是谢某1、谢某2对夫妻部分共同财产的归属作出的明确清晰的约定，应为合法有效，应当遵照执行。再次，本案是离婚后财产纠纷，属于在婚姻家庭纠纷中处理夫妻共同财产问题，因包含了夫妻双方的人身关系、财产关系和婚姻家庭伦理道德等属性，不适用《合同法》的规定。而《合同法》第2条第2款明确规定婚姻、收养、监护等有关身份关系的协议，适用其他法律的规定，排除了我国《合同法》在婚姻问题当中的适用。《合同法》第186条第2款亦明确规定，具有救灾、扶贫等社会公益、道德义务性质的赠与合同或者经过公证的赠与合同，不适用前款规定。最后，《婚内财产公证协议书》是否办理公证，产权变更是否登记以及房屋首期款的来源等情形均不影响案涉房屋性质及归属的认定。《物权法》规定"物权公示原则"：不动产物权登记生效；但是《物权法》第9条①"但书"规定"但法律另有规定的除外"，这意味着不动产物权的变动并不是都需要依法登记才发生法律效力。因此，夫妻对共有财产进行了约定，其不动产物权变动，并不以登记为必要。

观点二认为，《婚内财产公证协议书》系夫妻间赠与协议，应当适用《婚姻法解释(三)》第6条规定。根据《婚内财产公证协议书》的内容，谢某2实际上是将夫妻共同财产荔湖城801房属于其所有的份额赠与给谢某1。《婚姻法解释(三)》第6条规定，婚前或者婚姻关系存续期间，当事人约定将一方所有的房产赠与另一方，赠与方在赠与房产变更登记之前撤销赠与，另一方请求判令继续履行的，人民法院可以按照《合同法》第186条的规定处理。《合同法》第186条第1款规定，赠与人在赠与财产的权利转移之前可以撤销赠与。现涉案房屋未办理变更登记手续，涉案房屋的所有权尚未发生转移，故谢某2可以撤销该赠与。

综合以上两个观点，二审法院的判决系赞同上述观点一，认为该争议应当适用《婚姻法》第19条的规定。而第二种观点没有注意到案涉房产系夫妻共同房产而非夫妻一方个人房产的事实，故存在适用法律错误的情形。

四、本判例的意义及后续判例和规范的发展

关于夫妻就个人房产或共有房产进行约定，具体有以下几种情形：(1)约定夫妻一方房产归另一方所有；(2)约定夫妻一方房产归双方共同所有；(3)约定夫妻共有房产归一方所有；(4)约定夫妻共有房产部分归一方所有，部分归共同所有。上述几种情形的判例，主要的争议点还是在于该约定是夫妻财产约定协议还是夫妻赠与协议。由于不同判例对夫妻约定协议性质的定性不同，判决结果也就截然不同，因此相关的争议一直很大。

本判例的意义在于对夫妻财产约定的法律适用问题明确了以下原则：第一，处理婚姻

---

① 参见《民法典》第209条。

家庭纠纷应着重考虑人身关系、财产关系和婚姻家庭伦理道德等属性。夫妻财产约定的协议双方因为婚姻而具有身份关系,法院在处理该类案件时应当区别于一般的财产约定关系纠纷。第二,夫妻财产约定并不强制要求以登记作为物权变动公示要件。一般的物权变动需要将登记对外公示,才能达到物权变动之效果,但夫妻财产约定只要双方形成书面合意,就对双方具有约束力。第三,夫妻双方就房产的约定,如约定夫妻共有房产归一方所有或者约定夫妻共有房产部分归一方所有、部分归共同所有,则该协议属于夫妻财产约定,应适用《民法典》第1065条规定处理。若夫妻双方约定夫妻一方所有的房产归另一方所有或归双方共同所有,则应适用《民法典婚姻家庭编解释(一)》第32条和《民法典婚姻家庭编解释(二)》第5条规定处理。相比《民法典婚姻家庭编解释(一)》第32条的规定,2025年1月公布的《民法典婚姻家庭编解释(二)》第5条的内容更详细,适用中针对的情形更具体、精准。

019. 夫妻一方婚内请求法院判决准许房产加名，是否应准许？*

邓某与梁某婚姻家庭纠纷案‖广东省广州市中级人民法院民事判决书，(2019)粤01民终14772号

事实概要

邓某与梁某经登记结为夫妻。婚后，双方购买位于广州市越秀区某某路6号908房、某某路12号负二层139号车位，产权均登记在梁某名下，登记时间为2007年至2008年。邓某曾于2013年起诉要求与梁某离婚，因梁某承诺将其名下所有物业均加上邓某姓名，双方于2014年1月9日调解和好。2018年11月5日，邓某向一审法庭起诉，请求确认系争房屋和车位属于邓某与梁某的夫妻共同财产，由双方各占1/2产权份额，梁某应协助邓某办理产权变更手续。邓某主张梁某有隐藏、转移、变卖、毁损、挥霍夫妻共同财产或者伪造夫妻共同债务等严重损害夫妻共同财产利益行为，未能提供证据。

一审法院将案由确定为婚姻家庭纠纷，根据特别法优于一般法的法律适用原则，应适用婚姻法及其司法解释处理。根据最高人民法院《婚姻法解释(三)》第4条规定，邓某提起本案诉讼期间婚姻关系存续，邓某主张梁某存在恶意转移夫妻共同财产的行为，但未能提供证据证实，故邓某的主张缺乏事实依据，法院不予支持。邓某主张对上述涉案财产权属进行依法确认、确定产权份额并办理产权变更登记手续，属于对涉案房屋的权属确认及分割请求，符合上述法条规定的处理范围，其主张仅为确权，不属于分割请求，依据不足，不予接纳。

二审法院认为，邓某在一审审理期间的诉讼请求是确认系争房屋与车位属于双方夫妻共同财产，双方各占1/2产权份额。根据2001年《婚姻法》第17条①规定，婚姻关系存续期间取得的财产，除个人特有财产外，应为夫妻双方的共同财产，且归双方共同共有，而邓某一审时的诉请是确认双方各占有上述房产1/2的产权份额，即按份占有上述财产。一审法院据此认定邓

---

* 李欣，法学博士、江南大学法学院副教授。

① 现为《民法典》第1062条。

某请求分割系争房屋与车位并无不当,驳回上诉,维持原判。且邓某于二审时变更诉请为确权,其请求的性质已发生变化,属二审期间变更诉讼请求,违反法定程序,故法院不予支持。

判决要旨

基于法律和相关司法解释的规定,法院确认系争房屋和车位的性质属于夫妻共同财产。但是,鉴于当事人的诉讼请求偏向于在夫妻关系存续期间分割财产,而当事人无法对夫妻关系存续期间的财产分割事由进行举证,尽管当事人在二审期间变更诉讼请求,但法院考虑到对当事人权益的保护,判决驳回原告、上诉人关于分割财产的诉讼请求。

判例评析

一、既往相关判例与观点

在婚姻关系存续期间,未登记产权一方诉请法院确认婚内所购房屋为夫妻共同共有,并要求登记产权一方协助加名,此类案件是否应予受理?受理后是否予以支持?司法实践中,不同法院处理方式各异,有的法院予以受理,有的法院则不予受理。以下是两种处理方式所对应的理由:

1. 法院应当受理此类案件并依法裁判。其理由如下:除法律另有规定外,不动产物权的设立、变更、转让和消灭应当依法登记,未经登记,不发生效力。婚姻关系存续期间取得的财产一般属于夫妻共同财产。对于不动产而言,其权属的外部公示表现为不动产登记簿上的登记。在此情况下,未登记产权的隐性共有人的合法权益不能对抗善意第三人。为保护隐性共有人的合法权益,对系争房屋的产权确认为共有,并判令登记产权一方协助未登记产权一方在房产证上加名,有其必要性。此外,加名使夫妻财产从隐性共有到显性共有,是对外宣示该财产的共有性,能更好地保护交易的安全①。

2. 应裁定不予受理此类案件或驳回起诉。其理由如下:婚姻关系存续期间购置的房屋归夫妻共同共有,此观点基本为学术界与实践中所公认。相关纠纷属于婚姻家庭内部纠纷,为避免诉累,无须司法进行重复的事实判断;反之,不进行司法确认,未登记产权一方的合法权益也受法律保护。例如,当未登记产权的隐性共有人与交易第三人的权益发生冲突时,可采用实践中的主流方案,即以无权处分规则对二者的权益作出平衡。此外,为维护与稳定婚姻家庭关系,除具有法律规定的事由,对于夫妻关系存续期间的分割共同财产的请求,法院均不予受理。在此类案件中,当事人的诉请往往看似是请求确认系争房屋为共同共有,实则还要求确认明确的份额,本质上是请求法院分割共同财产。因此,未

---

① 参见沙兆华:《确认房屋为夫妻共有并在房产证上"加名"之诉应否受理》,载《人民法院报》2014 年 4 月 3 日,第 7 版。

登记产权一方请求房屋共同共有并加名,法院不应受理。

二、在学理框架内对相关问题的点评

(一)婚内房产加名的法律性质

2011 年《婚姻法解释(三)》明确规定了以房产为代表的夫妻财产归属的审理原则。由此,传统夫妻财产一元治理结构转向夫妻共同共有和夫妻一方单独所有的二元治理结构。根据我国《物权法》相关规定,房产加名行为可以分为“转移登记、变更登记和更正登记”三类,我国《物权法》第 6 条[①]规定:“不动产物权的设立、变更、转让和消灭,应当依照法律规定登记……”第 9 条第 1 款规定:“不动产物权的设立、变更、转让和消灭,经依法登记,发生效力;未经登记,不发生效力,但法律另有规定的情况除外。”[②]据此可知,房产加名行为属于不动产权利变动行为,具有公示公告的物权效力,即房产加名行为一旦完成,则产生财产转移的法律效力。在房产加名的问题上,可以将其法律关系性质的类型分成五种情形,[③]本案所涉其中的一种情形,即从隐性共有到显性共有。显性共有包括显性按份共有和共同共有两种类型。隐性共有同样包含两种情形:一是一方婚后取得的房产,本为共同共有,但只登记在一方名下;二是一方婚前取得,婚后共同还贷的房产,只登记在一方名下。针对隐性共有的两种情形,在房产加名情形下,亦有两种不同的法律性质:其一,从隐性共同共有到显性共同共有/按份共有。加名后,事实物权转变为登记物权;该房产的加名情形系非显名方的固有权利;且非显名方具有更正登记请求权。该法律性质在理论和实践方面均争议不大,基本达成一致。其二,从隐性按份共有到显性共同共有/按份共有。此种情形大多数会涉及房产份额的调整,涉及财产权益的移转,表面上是无偿移转,但事实上大多是含有对价的。例如非显名一方在家庭劳务和子女抚养的事务上投入和付出较多等。此时,一般不宜认定为普通赠与,而应认定为基于婚姻之特殊赠与或婚内分割协议。

(二)夫妻婚内确认财产所有权之诉的立案问题

根据最高人民法院《民事案件案由规定》(法发〔2008〕11 号)的规定,夫妻婚内确认财产所有权之诉的案由应为“物权确认纠纷”。但是,此种案件立案时却可能会受阻。很多地方法院认为,根据 2001 年《婚姻法》相关规定,婚姻关系存续期间取得的财产应划归为夫妻共同财产。在共有基础不丧失的情况下,确定夫妻财产的所有权多此一举,浪费司法资源。

事实上,法院不予立案的做法并不可取。在所有权不明的情况下,人民法院作为裁判机构,应就受理案件作出公正判决,以便定分止争。所有权纠纷当然也应该包括夫妻婚内

---

① 现《民法典》第 208 条。

② 现《民法典》第 209 条。

③ 参见叶名怡:《“夫妻婚内房产加名的法律分析”讲座》,载豆瓣网,https://www.douban.com/note/778456418/。

财产权属纠纷。[①] 最重要的一点是，婚内确权之诉与婚内要求分割共同财产之诉是两个性质完全不同的诉。根据物权法的相关规定，夫妻共同财产原则上不能主张分割，除非发生夫妻实行分别财产制或配偶一方死亡、离婚等情形。而婚内确权之诉不会导致共有基础丧失，不会使财产的状况发生改变，婚内一方提起的财产权确认之诉在法理上应被完全支持。[②] 但在司法审判实践中，对于一方当事人不仅要求确认共有，而且要求明确各自所占具体份额为其所有的诉请，法院则确定不会支持。[③]

（三）胜诉后的共有权人产权登记变更的"瓶颈"问题

夫妻一方提起这种婚内确认财产所有权之诉，其目的绝不仅仅在于"确认所有权共有"本身，而在于是否能够最终在房屋权属登记部门的不动产登记簿上添加共有权人姓名，最终起到将该方法律上的权利变为现实权利、杜绝财产转移风险的关键作用。对于已经付清全款且已有房产证的房屋，当事人持已生效民事判决书及法院协助执行通知书到房屋权属登记部门要求添加姓名的，该部门一般会协助办理。最容易遇到麻烦的是尚有银行贷款未清偿完毕的房屋，房屋权属登记部门则要求银行同意方能办理。实务中，当胜诉方找到贷款银行商量增加贷款人时，贷款银行经常会嫌变更手续麻烦，而不同意办理。[④] 对于贷款银行不配合胜诉方添加姓名或者变更贷款合同的做法，无论在情理上还是从法理上都是说不通的，因为婚内确权不同于分割，其目的不是变更贷款人，而是增加贷款人。事实上，该加名行为会使法律上可追偿的两个债务人变为实际贷款合同中写明的两个债务人，会使贷款银行的权利得到更充分的保护。在实践中，还需要人民法院、贷款银行及房屋权属登记部门三方就夫妻婚内确认财产所有权之诉的执行问题达成新的共识，才能最大限度地保护当事人的利益。

三、本判例的规范逻辑

从论证逻辑来看，二审判决驳回邓某请求确认系争房屋和车位属于共同财产并确认

---

① "物权法颁布后，审判实践中出现了一种新类型案件，即在婚姻关系存续期间，因夫妻共同共有房产登记在一方名下，另一方为防止其擅自处分共有的房产，所提起的婚内要求确认财产共有权并在房屋产权证书上加名的诉讼。这种纠纷的案由定为'物权确认纠纷'比较适宜，及时、公正地处理婚内确权之诉，可以使配偶一方在房屋权属登记部门的不动产登记簿上添加其共有权人的名字，减少夫妻共有房屋被一方擅自出卖的风险。"杜万华、程新文、吴晓芳：《关于适用婚姻法若干问题的解释（三）的理解与适用》，载《人民司法》2011 年第 17 期。

② 夏吟兰认为："夫妻共同共有是夫妻双方对在婚姻关系存续期间所得的财产不区分份额地享有所有权。"参见夏吟兰：《婚姻家庭编的创新和发展》，载《中国法学》2020 年第 4 期。

③ 参见薛某某与蒋某某所有权确认纠纷案，上海市宝山区人民法院民事判决书，（2021）沪 0113 民初 4827 号："另原、被告现仍为夫妻，系争房屋属于两人共同共有，共同共有人对共有的不动产共同享有所有权，故对被告主张其应享有更多的份额，本院不予采纳。"

④ 参见北京市第二中级人民法院执行裁定书，（2016）京 02 执复 92 号。此案为财产分割加名执行纠纷，与本案不完全相同，但具有相似性。此案中银行为抵押权人，"在贷款未结清的情况下，抵押权人不同意办理房屋所有权变更登记"。

各占 1/2 产权份额的诉讼请求,主要诉诸如下相关的论证步骤。首先,法院确认了系争房屋与车位为夫妻关系存续期间取得的财产;其次,确认被告未举证证明系争房屋与车位为其个人财产,从而认定系争财产为夫妻共同财产;最后,确认当事人的诉讼请求为婚内分割共同财产,而原告未能举证证明被告具有婚内分割共同财产的事由,因此法院对于当事人分割婚内共同财产的诉讼请求不予支持。

四、本判例的意义

尽管法院驳回了本案当事人的诉讼请求,但是法院驳回的主要理由在于认为本案系婚内共同财产分割纠纷。本案中,法院仍对系争财产属于夫妻共同财产的性质予以了确认,并且根据其他相关案例的分析可见,法院对于夫妻关系存续期间一方要求加名的行为通常是予以认可的。如果未登记产权的配偶一方提起确认之诉,最终“加名”成功,其合法权益则会得到更充分的保障。该方将自己的姓名记载于房屋所有权证上,取得了享有该房屋产权的证明,对外具有公示效力,可以清楚地向外界展示自己为房屋所有权人。配偶未经另一方同意,不能擅自处分共有房产,不能办理房屋的过户登记,也不会发生因第三人不知道存在房屋共有人而善意取得房屋的情况。这将大大加强未登记产权夫妻一方对共有房屋的保护力度,防止配偶单方处分、恶意过户,确保自身合法权益不受侵犯。本案也对此后当事人提起类似诉讼起到了一定的参考作用,如果涉及加名的诉请,应避免提出类似确认份额、分割财产的诉请,而应向法院主张财产为夫妻共同共有,另一方协助办理登记,以有效保护自身的合法权益。

五、后续判例和规范的发展

将“夫妻共同财产”“加名”作为关键词进行案件检索,发现在 2020 ~ 2021 年间夫妻一方诉请法院判决于不动产登记簿上加名的纠纷,多定性为所有权确认纠纷。在这些案件中,无论法院最终是否判决准许在系争不动产登记簿上加名,其审理思路都大致相同。首先,法院判断系争不动产是否属于夫妻共同财产;其次,若确认为夫妻共同财产,则多数案件判决准许加名,并要求显性共有人协助另一方进行登记。《民法典》实施以后,法院依据第 1062 条规定,通常也认定在婚姻存续期间取得的财产为夫妻共同财产。例如,在李某与周某共有权确认纠纷案中,北京市丰台区人民法院认为李某与周某在夫妻关系存续期间购买了案涉房屋并取得了所有权证书,该房屋系李某与周某夫妻关系存续期间取得的财产,应为夫妻共同财产,处于共有状态。周某未能提供证据证明案涉房屋系其婚前个人财产,故李某要求法院确认案涉房屋系双方共同共有符合法律规定,法院予以支持。周某应协助李某办理案涉房屋的共有产权登记手续。[①] 再如,在郁某某与吴某强、吴某康所有权确认纠纷中,原告要求确认吴某强对案涉房屋享有的 40% 份额为夫妻共同共有,并要求

---

① 参见李某与周某共有权确认纠纷案,北京市丰台区人民法院民事判决书,(2020)京 0106 民初 30706 号。

被告协助原告加名。上海市松江区人民法院认为，夫妻在婚姻关系存续期间继承的财产为夫妻的共同财产，归夫妻共同所有。在吴某强无法证明该份额系其个人财产的情况下，系争房屋中吴某强名下40%的房产份额应属原告和被告吴某强的夫妻共同财产。原告据此要求确认系争房屋中吴某强名下40%的房产份额归原告和被告吴某强共同共有，符合法律规定。原告要求两被告协助办理系争房屋的产权变更登记手续，同样符合法律规定，且不存在障碍。原告提起的是所有权确认之诉，原告基于被告吴某强配偶的身份，只要求确认吴某强名下的房产份额属于夫妻共同财产。此诉请并未涉及系争房屋中吴某康依法享有的财产份额，也不会影响被告吴某康作为系争房屋的按份共有人，按照其所占份额对系争房屋享有的权益。①

因此，考虑到对夫妻财产的价值体系的维护、保护夫妻未登记产权一方的合法利益、维护不动产登记的公示效力以及交易安全等因素，当夫妻一方诉请法院判决在不动产登记簿上加名时，只要能够证明该财产为夫妻共同财产，目前该诉请通常都能够得到法院的认可。

① 参见郁某某与吴某强、吴某康所有权确认纠纷案，上海市松江区人民法院民事判决书，(2021)沪0117民初4034号。

020. 在产权证上加名,是否属于夫妻之间的赠与?*

芦某诉金某离婚纠纷案‖沈阳市中级人民法院民事判决书,(2020)辽01民终9791号

事实概要

芦某与金某登记结婚后,生育一子金某宇。婚后初期,双方感情尚好,后因生活琐事等原因产生矛盾,芦某曾于2017年7月10日诉至法院,要求解除双方婚姻关系,法院于同年8月14日判决驳回了芦某的离婚诉讼请求。2010年7月,金某与案外人郭某东签订《房屋买卖协议》,约定以55万元价格购买位于沈阳市铁西区某处、建筑面积90.85平方米的房屋;并于2014年2月17日取得房产证,登记为金某、芦某共同共有。双方均认可该房屋现价值为85万元,但是金某主张购房款均是在婚前由其母亲出资并出借给金某的,在还清借款前不同意分割。芦某主张上述房屋购房款中有50万元系金某母亲出资赠与双方,另5万元由双方共同出资,要求金某按房屋现值支付其一半折价款。双方婚后购买一辆东风日产小型汽车,登记于金某名下,双方认可该车辆现价值为9万元。经双方确认,金某名下住房公积金账户尚有余额10万元。此外,双方一致同意婚生子金某宇由金某抚养,芦某称其因新冠疫情影响,目前没有收入,双方对于抚养费金额未能达成一致。一审法院审理后,判决准许离婚,并判决了子女抚养和财产分割问题。

金某不服一审判决,认为一审判决抚养费过低,不能满足婚生子日常需求,涉案房屋系婚前购买并由其母亲支付房款,应属于婚前个人财产,办理产权登记时系应按照房产局要求而以结婚证上双方的姓名进行登记。登记仅是一种形式,不能据此认定房屋归属,金某遂向沈阳市中级人民法院提起上诉。

一审判决要旨

1. 婚姻关系存续应以夫妻感情为基础。金某、芦某虽系自主婚姻,但双方婚后产生矛盾,在前次诉讼后夫妻感情仍未见好转,且长期维持分居状态,现金某亦同意离婚,双方矛

---

* 吴引引,浙江省律师协会秘书长。

盾已经无法调和,夫妻感情已彻底破裂,无和好可能,故法院准予金某、芦某离婚。

2. 关于婚生子金某宇的抚养权问题。在双方分居期间,孩子一直跟随金某一起生活,现双方亦一致主张由金某抚养,故确认婚生子金某宇由金某抚养。关于抚养费,双方均未能提供芦某收入证明,芦某主张其因疫情影响目前没有工作,但作为孩子的母亲,其应积极投身于社会工作中,对孩子尽到应尽之责。法院结合居民服务行业收入标准及当前社会人均消费水平,酌定由芦某每月支付抚养费 1000 元,至孩子年满 18 周岁为止。

3. 关于涉案房产的分割问题。位于沈阳市铁西区,建筑面积 90.85 平方米的房屋于婚后登记于双方名下,由金某、芦某共同共有,故尽管该房屋为金某婚前购买,购房款由金某母亲出资,仍应当认定为夫妻共同财产。考虑到孩子由金某独自抚养,芦某亦放弃该房屋所有权,故确认该房屋归金某所有。因双方均认可房屋现价值为 85 万元,故由金某给付芦某房屋折价款 425,000 元,由芦某协助办理房屋更名过户至金某名下。

4. 关于涉案车辆的分割问题。双方均认可车辆现价值 9 万元,因登记于金某名下,确认该车辆归金某所有,由金某给付芦某车辆折价款 45,000 元。

5. 关于住房公积金的分割问题。双方均认可金某名下住房公积金账户尚有 10 万元为夫妻共同财产,故由金某给付芦某公积金补偿款 5 万元。

二审判决要旨

1. 关于金某所提改判抚养费每月 2000 元的上诉请求。因双方当事人均未能提供芦某的收入情况证明,一审法院结合居民服务行业标准及社会人均消费水平酌定芦某每月支付抚养费 1000 元并无不当,本院予以维持。

2. 关于金某所提涉案房产应归其单独所有的上诉请求。经查,涉案房屋虽购买于婚前,但婚后登记为金某、芦某共同共有,该登记行为可以认定为金某通过加名的方式,完成了对芦某的赠与。故一审法院将该房产认定为夫妻共同财产并无不当,本院予以确认。

判例评析

本案中,双方争议焦点在于婚前一方父母出资以一方名义购买、婚后产权登记在双方名下的房屋权属及分割问题。结婚购房是中国人的传统习惯。现阶段,由于城市房价高,很多年轻人无法独立承担房款,而父母为了子女的幸福,往往会不遗余力地给予支持和帮助。一方在婚前购房,结婚后随着夫妻感情稳定或者其他原因,特别是生育孩子后,另一方在配偶婚前房产上加名,将房产变更登记在夫妻双方名下,这种情况也时有发生。由于房价不断攀升,房产已成为大多数家庭的主要财富,在双方感情破裂而离婚时,因房屋分割引发的纠纷争议和法律问题也层出不穷。

一、既往相关判例与观点

在山东省泰安市中级人民法院审结的靳某诉郑某离婚后财产纠纷一案中，原告主张分割的营业房由被告婚前出资购买，原系被告的婚前个人财产，但是，在婚姻存续期间，被告向原告出具了书写“同意于2005年10月8日后所获财产为共同财产，共同经营。附注：婚后东平及泰安两房加名靳某”的字据，但双方未去房屋产权登记部门办理产权变更登记手续，该房产仍登记在被告一人名下，并未完成转移登记。一审法院认为被告向原告出具写明上述内容的字条并不能改变该房屋系被告婚前个人财产的性质，该房产仍应系被告郑某的婚前个人财产。故原告要求分割该房产的诉讼请求于法无据，一审法院不予支持。双方当事人均接受此项判决，未将此房产分配问题列入上诉事由。①

在广东省广州市中级人民法院审结的莫某诉梅某离婚后财产纠纷一案中，莫某的父母在莫某与梅某结婚前全额出资购房，莫某在购房合同上自主加上梅某名字，产权亦登记在双方名下。后双方离婚，莫某请求确认登记在莫某、梅某双方名下的涉案房屋归其所有。一审、二审法院均不予支持，认为根据最高人民法院《婚姻法解释（二）》第22条第1款的规定，“当事人结婚前，父母为双方购置房屋出资的，该出资应当认定为对自己子女的个人赠与，但父母明确表示赠与双方的除外”。涉案房屋是莫某、梅某婚前由莫某的父母出资购买，莫某的父母没有明确表示赠与给莫某、梅某双方，故根据上述法律规定，莫某父母的出资应当认定为对莫某的个人赠与。莫某在接受其父母赠与之后，自愿在《商品房买卖合同》买受人处加上梅某的名字，涉案房屋登记在莫某、梅某两人名下，应视为莫某将涉案房屋的部分权益赠与给梅某。根据《合同法》第186条、第187条的规定，莫某赠与给梅某的房产已经办理产权变更登记手续，莫某无权撤销赠与。②

在上海市松江区人民法院审结的郭某诉郑某离婚后财产纠纷一案中，涉诉房产系原告郭某婚前个人财产，原、被告结婚后，应被告郑某要求，将房屋产权变更登记在双方名下。后双方离婚，郭某起诉请求判令该房产归其所有。被告郑某辩称涉讼房屋登记在原、被告名下，应按夫妻共同财产平均分割。松江区法院经审查认为，该财产确属离婚时未涉及的夫妻共同财产，考虑到原告年龄较大，且一直在该房屋居住至今，为其安享晚年，法院判决涉讼房屋归其所有，但原告应给付被告房屋折价款，房屋折价款数额应综合考虑原、被告结婚时间、离婚原因等因素，并按涉讼房屋市场价值进行分割。③

二、本判例的规范逻辑

1. 婚前，父母出资购房的行为是父母对自己子女个人的赠与。此判定的依据是《婚姻

① 参见山东省泰安市中级人民法院民事判决书，（2020）鲁09民终2403号。

② 参见广东省广州市中级人民法院民事判决书，（2020）粤01民终12961号。

③ 参见上海市松江区人民法院民事判决书，（2017）沪0117民初3360号。

法解释(二)》第22条第1款规定。此条规定与《民法典婚姻家庭编解释(一)》第29条规定完全相同。[①] 本案中,金某结婚前,金某的母亲出资50万元为其购买房屋,是对金某个人的赠与。

2. 婚后在房屋产权登记上的加名行为系对另一方配偶的赠与。双方婚后对房屋产权登记簿上的加名行为,视为一方自愿赠与房屋产权,已发生了变动房屋产权的法律效力,即婚前购买的房因婚后加名后变为双方共同拥有。我国《物权法》第9条规定:不动产物权的设立、变更、转让和消灭,经依法登记,发生效力;未经登记,不发生效力。不动产登记具有公示公信的效力,也就是说,原来一方名下的婚前房屋变更登记在夫妻双方名下后,房屋就从一方的婚前房产变为夫妻双方的共同房产。《婚姻法解释(三)》第6条规定:"婚前或者婚姻关系存续期间,当事人约定将一方所有的房产赠与另一方,赠与方在赠与房产变更登记之前撤销赠与,另一方请求判令继续履行的,人民法院可以按照合同法第一百八十六条的规定处理。"《合同法》第186条规定:"赠与人在赠与财产的权利转移之前可以撤销赠与。具有救灾、扶贫等社会公益、道德义务性质的赠与合同或经过公证的赠与合同,不适用前款规定。"最高人民法院《民法典婚姻家庭编解释(一)》第32条吸收了《婚姻法解释(三)》第6条,但有调整,规定:"婚前或者婚姻关系存续期间,当事人约定将一方所有的房产赠与另一方或者共有,赠与方在赠与房产变更登记之前撤销赠与,另一方请求判令继续履行的,人民法院可以按照民法典第六百五十八条的规定处理。"

3. 婚后赠与若无正当理由的,不可撤销。我国婚姻家庭法规定了三种夫妻财产约定制度,即分别所有、共同共有和部分共同共有,其中并不包括将一方所有财产约定为另一方所有的情形。将一方所有的不动产约定为另一方所有,是夫妻之间的赠与行为,虽然双方达成了有效的协议,但仍需要办理房屋产权变更登记手续。因未办理房屋变更登记手续,依照物权法的规定,房屋所有权尚未转移,故依照有关赠与的法律规定,赠与房产的一方可以撤销赠与。《合同法》对赠与问题进行了比较详尽的规定,例如,"赠与人在赠与财产的权利转移之前可以撤销赠与""赠与的财产依法需要办理登记等手续的,应当办理有关手续""具有救灾、扶贫等社会公益、道德义务性质的赠与合同或者经过公证的赠与合同,赠与人不交付赠与的财产的,受赠人可以要求交付"。《民法典》合同篇第三章"赠与合同"的规定承续了《合同法》相关规定。

我国采取不动产法定登记制度,无论基于何种原因发生的权属变动,均需经登记才产

---

① 最高人民法院《民法典婚姻家庭编解释(一)》第29条第1款规定:"当事人结婚前,父母为双方购置房屋出资的,该出资应当认定为对自己子女个人的赠与,但父母明确表示赠与双方的除外。"

生效力。[1] 在实际生活中,赠与往往发生在具有亲密关系或者血缘关系的人之间,一方赠与另一方房产,只有正式办理了房屋所有权变更登记手续后,产权才会发生转移;在没有完成变更过户之前,是可以撤销赠与的;如果已经办理了登记过户手续,在一般情况下,赠与是不可撤销的。根据《民法典》第663条的规定,受赠人有下列情形之一的,赠与人可以撤销赠与:(1)严重侵害赠与人或者赠与人近亲属的合法权益;(2)对赠与人有扶养义务而不履行;(3)不履行赠与合同约定的义务。赠与人的撤销权,自知道或者应当知道撤销事由之日起一年内行使。《民法典》第664条又规定,因受赠人的违法行为致使赠与人死亡或者丧失民事行为能力的,赠与人的继承人或者法定代理人可以撤销赠与。该撤销权自知道或者应当知道撤销事由之日起6个月内行使。

本案中,金某的母亲在金某婚前出资50万元帮助其购房,在金某婚后进行房屋所有权登记时加上妻子芦某的名字,实则是将婚前购买的房屋部分赠与芦某,与芦某共同共有。因为完成了权属变更登记事宜,且芦某亦不存在可以撤销赠与的法定或约定事由,因此,在离婚时该房屋作为夫妻共同财产进行分割。

三、本判例的启示

对于在产权证上加名是否属于夫妻之间赠与这一问题,现行《民法典》及其司法解释与原《婚姻法》及其司法解释的有关规定基本一致,都认为属于赠与行为。而且,《民法典婚姻家庭编解释(一)》比原婚姻家事法律的规定更加详细,规定了"当事人约定将一方所有的房产赠与另一方或者共有"的赠与处理依据,增加了"共有"这一情形。在实践中,此赠与行为能否撤销,关键在于双方是否办理了房屋所有权人变更登记手续。因此,为避免夫妻离婚时的财产分割争议,夫或妻一方在同意将个人所有的房屋赠与另一方单独所有或者共同所有时,应当及时到当地房屋管理部门办理相应的产权变更转移登记。

---

① 《准确适用婚姻法维护婚姻当事人的合法权益——最高人民法院民一庭庭长杜万华就〈最高人民法院关于适用《中华人民共和国婚姻法》若干问题的解释(三)〉答记者问》,载最高人民法院民事审判第一庭编著:《最高人民法院婚姻法司法解释(三)理解与适用》,人民法院出版社2011年版,第13~14页。

021. 夫妻婚内财产分割协议约定夫妻共有房屋权属的，产权登记是否应作为认定该房屋权属的主要依据？*

唐某诉李某某、唐某乙法定继承纠纷案‖北京市第三中级人民法院民事判决书，(2014)三中民终字第09467号

| 事实概要 |

唐某甲与被告李某某系夫妻关系，二人生育一子唐某乙。唐某甲与前妻曾生育一女唐某，离婚后，由其前妻抚养。2002年12月16日，唐某甲作为买受人，与北京香江兴利房地产开发有限公司签订了商品房买卖合同，约定：唐某甲购买该公司开发的财富中心房屋，价款总金额为1,579,796元。唐某甲与时任妻子被告李某某于2010年10月2日签订分居协议书，①其中与案件争议标的有关的主要内容为："唐某甲、李某某的感情已经破裂。为了不给儿子唐某乙带来心灵伤害，双方决定分居。夫妻之间的财产作如下切割：……财富中心的房子归李某某拥有……"

唐某甲在外地出差期间，因突发疾病于2011年9月16日死亡，未留下遗嘱。唐某甲父母已亡。其女唐某请求一审法院判决唐某甲的全部遗产由唐某、配偶李某某、唐某乙依法继承。被告李某某、唐某乙辩称：认可李某某、唐某、唐某乙作为唐某甲的继承人参与继承。但根据前述分居协议书约定，该财富中心房屋属于李某某的个人财产，之所以没有变更登记，是因为有贷款没还清，登记在唐某甲名下的财富中心房屋并非唐某甲的财产，不应作为其遗产予以继承；且这份协议书没有以离婚为前提，属于双方对婚后共同财产的安排，在唐某甲去世前，双方均未对此协议反悔，该协议书有效。庭审中，原告唐某、被告唐某乙、李某某均认可截至唐某甲去世的时间点，该房屋仍登记在唐某甲名下，尚欠银行贷

---

* 陈霖，法学博士，南京师范大学法学院副教授。

① 《分居协议书》内容如下：财富中心和慧谷根园的房子归李某某拥有。李某某可以任何方式处置这些房产，唐某甲不得阻挠和反对，并有义务协办相关事务。湖光中街和花家地的房产归唐某甲所有。唐某甲可以任何方式处置这些房产，李某某不得阻挠和反对，并有义务协办相关事务。儿子唐某乙归李某某所有。唐某甲承担监护、抚养、教育之责。李某某每月付生活费5000元。双方采取离异不离家的方式解决感情破裂的问题。为了更好地达到效果，双方均不得干涉对方的私生活和属于个人的事务。

款 877,125.88 元未偿还。

一审法院认为,争议标的财富中心某房屋属于夫妻共同财产,减去尚欠银行贷款、折价后的数额一半为夫妻共同财产,一半为唐某甲遗产。属于唐某甲遗产的份额应均分为三份,由李某某、唐某乙和唐某均分。考虑到唐某乙尚未成年,而唐某要求获得折价款,故法院判决该房屋归李某某所有,由李某某向唐某支付折价款并偿还该房屋剩余未还贷款。

李某某、唐某乙不服一审判决,向北京市第三中级人民法院提起上诉称:唐某甲与李某某签订的分居协议书的性质应属婚内财产分割协议,财富中心房屋无论登记在何方名下,都应以唐某甲与李某某的有效婚内财产约定来确定其归属。李某某、唐某乙请求二审法院撤销原审判决,改判财富中心房屋为李某某个人所有,不属于唐某甲遗产范围。二审法院认为,本案中唐某甲与上诉人李某某所签订的关于财富中心房屋的分割协议,属于夫妻内部财产约定,应当优先适用婚姻法相关规定。该房屋权属未经变更登记,亦可被认定为李某某的个人财产,而非唐某甲的遗产。故对上诉请求予以支持。

｜判决要旨｜

本案争议的焦点在于:财富中心房屋是否属于唐某甲的遗产范围。解决此问题的根本在于厘清财富中心房屋的权属问题,当夫妻婚内财产分割协议已经约定夫妻共同所有的房屋归一方所有,但没有办理不动产变更登记时,如需对此房屋的权属进行认定,是以夫妻婚内财产分割协议为准,还是以不动产登记簿上的产权登记为准?围绕此问题,本案二审法院明晰了以下三个问题:

1. 分居协议书的法律性质为婚内财产分割协议。上诉人认为分居协议书属于婚内财产分割协议,是协议书当事人基于意思自治对婚姻关系存续期间所得财产权属的约定,该约定合法有效。被上诉人则认为该协议系以离婚为目的之离婚财产分割协议,属于附停止条件的合同,因双方并未离婚,该协议不发生法律效力。二审法院认为,从文义解释来看,此分居协议书明确约定当事人之间“离异不离家”,虽夫妻二人已经感情破裂,但基于子女最大利益之维护,自愿决定不离婚,在婚姻关系存续的基础上选择分居,并对此存续期间的共同财产予以分割。因此,该分居协议书并非离婚财产分割协议,应属于婚内财产分割协议。

2. 夫妻婚内财产分割协议约定夫妻共同所有房屋权属的,优先适用《婚姻法》,而非《物权法》的法律规范。上诉人认为应优先适用 2001 年《婚姻法》第 19 条,此案诉争不动产房屋所有权的转移无须经过不动产过户登记,从婚内财产分割协议生效之时起即完成不动产所有权变动。而被上诉人认为应优先适用《物权法》第 9 条,不动产物权的权属变更未经登记,不发生法律效力。二审法院认为,婚姻家庭成员的财产关系区别于一般民事主体间的财产关系,因此,《物权法》的适用不能原封不动地完全扩张至婚姻家庭关系中。

本案中,关于财富中心房屋的分割属于夫妻内部对财产的约定,不涉及家庭外部关系,应当优先和主要适用《婚姻法》的相关规定,《物权法》等调整一般民事主体间财产关系的相关法律的规定应作为补充。

3. 本案不涉及第三人利益,双方当事人是在真实意思表示一致下签订协议,因此法律应当尊重与保护夫妻间的意思自治,依据双方达成的婚内财产分割协议优先保护事实物权人,《物权法》的不动产登记原则并不影响基于婚内财产分割协议发生的房屋所有权变动。财富中心的房屋虽然登记在唐某甲名下,但是基于分居协议书的约定,即使在没有进行不动产过户登记情形下,婚姻关系存续期间的双方当事人,可以利用"债权意思主义",发生"物权直接变动"的法律效果。因此,财富中心房屋认定为李某某的个人财产,而非唐某甲之遗产。

| 判例评析 |

一、既往相关判例与观点

在司法实践中,关于夫妻间财产分割协议的性质及效力存在不同观点,有的认定为赠与合同的,有的认定为夫妻财产制约定。

1. 有些法院将其认定为赠与合同,即夫妻一方基于自己的意愿,在意思表示真实情况下将自己全部或部分财产赠与对方的债权行为,该财产分割协议对当事人双方的法律拘束力当然仅具备债权性质。在山东省烟台市中级人民法院审结的麻某与于某夫妻财产约定纠纷案中,该法院认为,上诉人与被上诉人签订的房产处分协议属于被上诉人麻某在婚姻关系存续期间将其个人婚前财产赠与被上诉人于某的协议,因该赠与的房产并没有办理产权变更登记,故该诉争房产仍归被上诉人所有,现被上诉人麻某要求撤销赠与符合法律规定,应予支持。① 该种观点忽略了夫妻作为婚姻生活共同体时的高度信赖感,倾向于认定婚内财产分割协议为赠与合同,其在夫妻间发生的法律效力与市场平等交易主体间相同,在不动产所有权登记以前,赠与人具备任意撤销权。

2. 有些法院认定婚内财产分割协议为夫妻财产制契约。在上海市杨浦区人民法院审结的郑某某与江某夫妻财产约定纠纷案中,该法院认为,根据2001年《婚姻法》第19条规定,依夫妻双方在财产分割协议中所欲发生法律后果的一致意思表示,物权直接发生变动。②

但是,相较于本案中法院认为此种物权变动模式属于非基于法律行为发生的物权变

---

① 参见麻某与于某夫妻财产约定纠纷案,山东省烟台市中级人民法院(2014)烟民四终字第201号民事判决书。

② 参见上海市杨浦区人民法院民事判决书,(2010)杨民一(民)初字第5068号。

动，以往裁判观点中并未明确此种变动模式属于何种类型。

二、在学理框架内对相关问题的点评

关于案涉分居协议书的性质，二审法院将其认定为婚内财产分割协议，依据2001年《婚姻法》第19条，婚内财产分割协议与夫妻财产制契约等同。但是，也有学者持反对观点，认为夫妻婚内财产分割协议不仅区别于夫妻间赠与合同，也不同于夫妻财产制契约，“夫妻财产制契约是一般性地建构夫妻之间的财产法状态，而婚内财产分割协议是对某个或某些特定财产归属作出的约定”[①]。不过是否严格区分婚内财产分割协议与夫妻财产制契约，在判断本案分居协议书能否直接发生不动产所有权变动上并无太大影响，所以，暂先不论前述二者之间的异同。至于婚内财产分割协议抑或夫妻财产制契约的效力问题，只要是在夫妻双方意思表示真实且一致情况下签订，且在没有违反国家强制性法律规定以及没有违背公序良俗的情况下就应当认定为有效。

生效的婚内财产分割协议在夫妻之间是仅发生债权性质约束力，还是发生物权性质约束力？学术观点并不一致。物权的变动区分为基于法律行为的物权变动与非基于法律行为的物权变动，前者之变动规范模式包括债权意思主义、债权形式主义、物权形式主义，《民法典》物权编原则上采取债权形式主义的物权变动模式，仅在法律明文规定的例外情形下才适用债权意思主义。[②] 非基于法律行为的物权变动情形则通过该法第229条至第232条进行了例示性规定，不过由于此种列举并未完全详尽，因此有观点认为婚内财产分割协议应归类于非基于法律行为的物权变动类型；又因婚姻家庭中财产关系的特殊性，其法律效力区分为对内与对外两种类型，即在对内的夫妻财产关系中，婚内财产分割协议直接发生物权变动效果；在对外与第三人的财产关系中，不动产未经登记、动产未经交付，不得对抗善意第三人。[③] 不过，亦有持不同意见者，认为无论是婚内财产分割协议还是夫妻财产制契约，都是双方当事人在意思自治下达成合意之结果，是典型的双方法律行为，因此婚内财产分割协议引起的物权变动类型不是非基于法律行为的物权变动，而应当属于基于法律行为的物权变动。[④] 此观点亦关注到夫妻间财产关系相较于一般民事主体间财产关系的特别之处，因此认为在夫妻内部关系中基于婚内财产分割协议产生的物权变动效果可适用债权意思主义，而涉及第三人时，仍旧回归《民法典》物权编之债权形式主义的

---

① 程啸：《婚内财产分割协议、夫妻财产制契约的效力与不动产物权变动——“唐某诉李某某、唐某乙法定继承纠纷案”详释》，载《暨南学报（哲学社会科学版）》2015年第3期。

② 参见刘曦：《婚内财产分割协议的定性及其法律效力——基于“唐某诉李某某、唐某乙法定继承纠纷案”》，载《东南大学学报（哲学社会科学版）》2019年第S2期。

③ 参见刘曦：《婚内财产分割协议的定性及其法律效力——基于“唐某诉李某某、唐某乙法定继承纠纷案”》，载《东南大学学报（哲学社会科学版）》2019年第S2期。

④ 参见程啸：《婚内财产分割协议、夫妻财产制契约的效力与不动产物权变动——“唐某诉李某某、唐某乙法定继承纠纷案”评释》，载《暨南学报（哲学社会科学版）》2015年第3期。

物权变动模式。

综上所述,无论将夫妻婚内财产分割协议引发的物权变动模式归类为基于法律行为的物权变动,抑或非基于法律行为的物权变动,在最终结论上都殊途同归,即该类协议是否直接导致物权变动在婚姻关系内部或婚姻关系外部有所差异。只要是夫妻在婚姻关系存续期间,于平等、自愿、意思表示真实前提下,订立的夫妻财产契约或者婚内财产分割协议能够直接导致所有权变动,无须等待至符合所有权变动之程序要件后始生物权变动效果。如若一旦发生争议时,应当根据导致不动产物权变动的原因行为是否存在意思表示瑕疵、是否涉及第三人利益等因素进行综合分析,而非以产权登记作为确认不动产权属的唯一依据。

三、本判例的规范逻辑

2001 年《婚姻法》第 19 条第 1 款(对应《民法典》第 1065 条①)对夫妻约定财产制作出明确规定:“夫妻可以约定婚姻关系存续期间所得的财产以及婚前财产归各自所有、共同所有或部分各自所有、部分共同所有。约定应采用书面形式。没有约定或者约定不明确的,适用本法第十七条、第十八条的规定。夫妻对婚姻关系存续期间所得的财产以及婚前财产的约定,对双方具有约束力。”本案所涉及的分居协议书基于唐某甲与李某某真实一致的意思表示达成,因此是有效的。

本案婚内财产分割协议所涉及的不动产财富中心房屋之所有权在未经登记的情形下是否已经发生转移,被上诉人唐某认为应当适用《物权法》第 9 条(对应《民法典》第 209 条)规定:不动产物权的设立、变更、转让和消灭,经依法登记,发生效力;未经登记,不发生效力,但法律另有规定的除外。而上诉人李某某、唐某乙认为,根据 2001 年《婚姻法》第 19 条的规定,只要夫妻双方以书面形式对财产分割作出真实意思的约定即发生物权变动效力,无需过户登记。该案中,二审法院认为,该争议的解决首先要厘清物权法与婚姻法在调整婚姻家庭领域内财产关系时的衔接与适用问题,《物权法》第 28 条至第 30 条(对应《民法典》第 229 条至第 232 条)规定了非因法律行为无须登记即直接发生物权变动之情形。就本案而言,夫妻间婚内财产分割协议应纳入前述非依法律行为即可发生物权变动效力的范畴,因为结婚作为客观事实,已经产生公示效果,夫妻间的财产关系没有必要再另行公示。

但是,涉及婚姻关系外部第三人利益时,即夫妻一方或双方欲与家庭以外的第三人进

① 《民法典》婚姻家庭编第 1065 条规定:男女双方可以约定婚姻关系存续期间所得的财产以及婚前财产归各自所有、共同所有或者部分各自所有、部分共同所有。约定应当采用书面形式。没有约定或者约定不明确的,适用本法第 1062 条、第 1063 条的规定。夫妻对婚姻关系存续期间所得的财产以及婚前财产的约定,对双方具有法律约束力。

行物权处分时，就应当适用《物权法》等调整一般主体间财产关系的法律规范。而对于夫妻家庭关系内部财产问题，优先适用2001年《婚姻法》的相关规定较为合适。

四、本判例的意义

物权法作为调整平等主体间财产关系的基础性法律，立法目的在于保护市场交易的安全；而婚姻法作为身份法，其不仅调整夫妻间的财产关系、还重点关注夫妻间的人身关系，而夫妻财产关系又依附于人身关系，因此婚姻法立法目的并不在于追求功利性，而在于保持家庭伦理中的利他性与团体性。《民法典》物权编以原子化个人作为基本单位构造法律规范，而婚姻家庭编则侧重以团体性的家庭共同体作为基本单位构造法律规范。

因此，基于立法价值取向的差异，婚姻家庭中夫妻间财产关系的调整未必能完全适用市场平等交易主体间的财产法规则。在夫妻财产关系领域，物权法应保持适当谦抑性，尊重夫妻间的意思自治与婚姻法的调适功能。在当下婚姻家庭编已经作为《民法典》中独立一编的情况下，为了使婚姻法的相关规则与民法典在逻辑、体系上保持融洽，可考虑将调整夫妻间财产关系法律规则的效力区分为对内与对外，对内优先适用婚姻家庭编，对外考量财产编的相关规则，达成法律适用的协调。

五、后续判例和规范的发展

法院根据案件实际情况，区分夫妻财产分割协议与夫妻间赠与合同、夫妻离婚财产分割协议，其中夫妻财产分割协议在夫妻关系内部具备物权变动效力。法院在进行判决时一般会审查作为引发物权变动之原因行为的双方法律行为是否有效，如果当事人的婚内财产分割协议是一方以欺诈或胁迫手段使对方在违背真实意思的情况下签订的，受欺诈或胁迫方有权请求人民法院予以撤销。

应当注意的是，最高人民法院《民法典婚姻家庭编解释（二）》的出台改变了以往“夫妻间赠与”的司法裁判立场。该解释第5条关于“夫妻间房产给予”的规定相比之前参照适用《民法典》合同编的规定，限制了赠与方的任意撤销权。《民法典婚姻家庭编解释（二）》第5条规定，人民法院可以根据当事人诉讼请求，结合给予目的，综合考虑婚姻关系存续时间、共同生活及孕育共同子女情况、离婚过错、对家庭的贡献大小及离婚时房屋市场价格等因素判决。也就是说，司法解释生效后，夫妻间财产分割协议即使不被认定为夫妻约定财产制契约，也没有完成权属变更登记，在离婚财产分割时，受赠方亦可以获得房产。

022. 夫妻一方对双方共有房屋无权处分的效力*

顾某福与王某寿、王某香房屋买卖合同纠纷案‖南京市中级人民法院民事判决书,(2013)宁民终字第208号

事实概要

2006年1月13日,王某寿购买南京市中源房产开发有限公司开发的某某阳光城06幢101室商品房,房价为826,308元。2006年1月17日王某寿贷款48万元付清了房款(王某寿及其妻王某香以某某新村A-12号房产作了贷款抵押)。2009年10月29日,顾某福与王某寿达成商品房变户(转让)协议,约定王某寿将该房转让给顾某福,转让价为100万元,可行的转让方式有两种:第一种是由王某寿先领取房产证,再以二手房的方式转让;第二种是采取退房过户的方式。在后种方式下王某寿不承担任何税费,在前种方式下王某寿须承担办理第一次房产证的相关税费,并对二手房转让应交的营业税、所得税酌情分担3万元。因此,王某寿与顾某福达成合意,以第二种方式交易,付款方式为:以顾某庆为中介人,双方分别与顾某庆办理结算。协议一式三份,双方及中介人各执一份,三方共同签字后生效,协议生效后,王某寿应积极配合顾某福办理相关过户手续。顾某福于2009年12月10日及2010年1月22日共向王某寿支付了房款60万元。2010年2月8日王某寿向南京市中源房产开发有限公司承诺:本人已将某某阳光城06幢101室房屋卖给他人,为了减少过户费用,本人已申请贵公司采用起诉的方式解除与本人的买卖合同;由于本人已收取了他人的购房款,故在双方的买卖契约解除后,本人承诺无须贵公司退回本人所缴纳的房款。2010年3月19日南京市中源房产开发有限公司起诉王某寿,以王某寿在购房合同签订以后3年多时间里经多次催要仍未支付分文房款为由,要求解除购房合同。诉讼中,王某寿同意南京市中源房产开发有限公司的诉讼请求及理由。2010年3月26日,原审法院判决解除关于双方所签房屋买卖契约。该案中,顾某福作为王某寿的代理人参加诉讼并支付了诉讼费12,063元。但2010年4月9日王某寿出具委托书,委托顾某福办理该房的房产证、土地使用证及相关的过户手

---

* 陈霖,法学博士,南京师范大学法学院副教授。

续。2010 年 4 月 13 日顾某福为王某寿办理了房产证，办证过程中顾某福支付了契税 33,502 元、工本费 235 元。另外，顾某福支付了二手房转让评估费 5000 元。顾某福起诉，请求法院判令王某寿协助顾某福办理某某阳光城 06 幢 101 室房屋过户手续并承担相应税费。王某寿和王某香主张房屋转让未经王某香同意，系无权处分。一审法院认定顾某福与王某寿签订的商品房变户（转让）协议无效，二人依据该协议所取得的利益应当相互返还。顾某福不服，提起上诉，认为房屋转让合同系双方真实意思表示，合法有效；又根据物权公示公信原则，主张其有理由相信王某寿对涉案房屋有处分权，故可以取得争议房屋所有权。二审法院经审理，判决顾某福与王某寿签订的房屋买卖合同有效，但是不支持其取得房屋所有权。

｜判决要旨｜

1. 最高人民法院《买卖合同案件的解释》第 3 条规定，当事人一方以出卖人在缔约时对标的物没有所有权或者处分权为由主张合同无效的，人民法院不予支持。故王某寿、王某香以王某寿在缔约时未征得王某香同意，属无权处分为由主张合同无效，没有法律依据，法院不予支持。顾某福与王某寿签订的协议系双方真实意思表示，其效力不因王某寿是否系涉案房屋所有权人以及是否有处分权而受影响；且该协议不违反相关法律法规的禁止性规定，合法有效，双方之间形成债权债务关系。

2.《物权法》第 106 条规定的无权处分下的不动产或动产善意取得制度需满足以下条件：受让人受让该不动产或者动产时是善意的，以合理的价格转让，转让的不动产或者动产依照法律规定应当登记的已经登记，不需要登记的已经交付给受让人的，受让人取得该不动产或者动产的所有权。本案中，虽然王某寿未经妻子王某香同意，构成无权处分，但由于争议房屋的过户手续并未完成，不符合善意取得的构成要件；故王某香对涉案房屋的物权优于上诉人顾某福对涉案房屋的债权，王某香作为共有人有权追回。

｜判例评析｜

一、既往相关判例与观点

在司法实践中，围绕夫妻一方对双方共有房屋无权处分行为的认识争议主要集中于下列两个方面。

（一）出卖人与市场交易第三人签订的房屋买卖合同是否有效

在最高人民法院《买卖合同案件的解释》公布以前，根据 2001 年《婚姻法》第 17 条①、

① 《婚姻法》第 17 条规定："夫妻在婚姻关系存续期间所得的下列财产，归夫妻共同所有：（一）工资、奖金；（二）生产、经营的收益；（三）知识产权的收益；（四）继承或赠与所得的财产，但本法第十八条第三项规定的除外；（五）其他应当归共同所有的财产。夫妻对共同所有的财产，有平等的处理权。"

《合同法》第51条[①]的规定，从文义解释来看，夫妻一方未经另一方同意处分共有房屋的合同属于效力待定的合同。因此，在“李某诉何某、何良某纠纷”中，江苏省徐州市中级人民法院认为，夫妻一方无权处分共有房屋，另一方知道后明确表示反对的，其与市场交易第三人订立的房屋买卖合同无效。[②] 但是，最高人民法院《买卖合同案件的解释》第3条规定：“当事人一方以出卖人在缔约时对标的物没有所有权或者处分权为由主张合同无效的，人民法院不予支持”，此后，较多法院依据该条文，改变了之前的裁判立场，大多数认为夫妻一方无权处分时与第三人订立的房屋买卖合同有效。例如，在“张某诉雷某欧等房屋买卖合同纠纷案”中，北京市第二中级人民法院认为：妻子未经丈夫同意擅自销售共有房屋的，显然构成无权处分。但是，根据相关司法解释规定，妻子的无权处分行为并不导致其与第三人签订的买卖合同无效。[③] 后来的裁判回应了前述最高人民法院司法解释的规定，认可夫妻无权处分时与第三人订立的买卖合同之效力。

（二）买受人能否依据善意取得主张其对争议房屋享有所有权

买卖合同有效不一定能够引起物权发生变动。我国《物权法》第106条[④]规定，善意取得制度可使无权处分下的处分行为发生物权变动之法律效果。然而，此类诉讼案件中的争议焦点恰是夫妻一方对双方共有房屋无权处分时，作为买受方的第三人能否主张善意取得。在吉林省的“崔某诉仇某买卖合同纠纷案”中，被告仇某未经原告崔某同意，将属于夫妻共同财产的房屋卖给第三人孟某、关某夫妻，吉林市昌邑区人民法院认为，此案中买受人的孟某、关某夫妻有理由相信仇某出售房屋为夫妻双方共同合意之结果，且孟某、关某已支付房屋对价并办理有关登记手续，属于善意第三人，能够取得该争议房屋所有权。[⑤] 但是，有的法院持谨慎态度，认为此种情况下的买受人是否可依善意取得制度获得争议房屋所有权，重点在于应依具体情况判断其是否真正符合“善意”，从而予以区别对待。[⑥]

二、在学理框架内对相关问题的点评

因夫妻一方未经另一方同意而处分夫妻共有房屋引发的夫妻一方或双方与房屋买受人之间的纠纷日趋增多，此类案件的根源在于我国财产法中不动产登记的公示公信原则，与婚姻家庭法中夫妻婚后财产共同所有制基础上形成的事实物权之间的不一

---

① 现《民法典》合同编已删除此条，原有规定为《合同法》第51条：“无处分权的人处分他人财产，经权利人追认或者无处分权的人订立合同后取得处分权的，该合同有效。”

② 参见江苏省徐州市中级人民法院民事判决书，（2005）徐民一终字第1345号。

③ 参见北京市第二中级人民法院民事判决书，（2013）二中民终字第00379号。

④ 《民法典》物权编第312条有相同规定。

⑤ 参见吉林省吉林市昌邑区人民法院民事判决书，（2006）昌民二初字第43号。

⑥ 参见吴小成主编：《婚姻法适用与审判实务》，中国法制出版社2008年版，第5页。

致。而在法律规范的具体解释上，则因《合同法》《婚姻法》相关法律规则的变迁，围绕上述情境下签订的房屋买卖合同效力以及房屋所有权是否发生转移的问题发生了学术争议。

以法律行为的内容为标准，财产行为可以分为债权行为与物权行为，而物权行为的独立性与无因性则为民法中重大的理论问题之一。[①] 在本案件所涉的无权处分下房屋买卖中，包含了房屋买卖合同的债权行为与房屋所有权转移的处分行为。在最高人民法院《买卖合同案件的解释》颁布以前，因适用《合同法》第51条相关规定，无权处分的买卖合同属于效力待定的合同。对此，有学者表示质疑：在买受人无法适用善意取得情况下，如出卖人在买卖合同订立后，拒绝办理过户手续，若再允许出卖人以无处分权为由主张买卖合同无效，不仅不符合私法自治的精神，而且不利于正常市场秩序的建立。[②] 最高人民法院《买卖合同案件的解释》颁布施行后，其第3条承认了无权处分订立的买卖合同之有效性，但是，合同是否有效与物权是否发生变动在效果上是可以分离的，即使物权行为无效或者效力待定亦不影响债权行为生效。当让与人无权处分时，无法适用善意取得制度取得物权的交易第三人也可请求无权处分的夫或妻一方承担违约责任。

既然承认导致物权变动之原因行为的房屋买卖合同有效，那么配偶一方无权处分共有财产时，买受方可否适用善意取得制度取得房屋所有权。最高人民法院《婚姻法解释（三）》第11条[③]第1款肯定了此种情形下符合善意取得制度规定的第三人可以取得争议房屋所有权的情形。学理上也有支持观点，认为婚姻法是民法的组成部分，其财产规则在对外适用时理应遵循民法关于财产关系的相关规定，否则将会破坏民法规则的统一性。[④] 不过，亦有学者强烈批判前述司法解释的规定，认为在民法典框架下也应注重对婚姻家庭成员的人文关怀，并且家庭的稳定是社会稳定的基础，因此原则上需优先保护婚姻家庭住房权，否定第三人的善意取得，同时在条件可能的情况下兼顾市场交易安全和善意第三人的利益。[⑤]

三、本判例的规范逻辑

根据2001年《婚姻法》第17条“夫妻对共有财产享有平等处理权”[⑥]及《婚姻法解释

---

① 参见梁慧星：《民法总论》，法律出版社2018年版，第169页。

② 参见崔建远：《无权处分辨——合同法第51条规定的解释与适用》，载《法学研究》2003年第1期。

③ 《婚姻法解释（三）》第11条规定：一方未经另一方同意出售夫妻共同共有的房屋，第三人善意购买、支付合理对价并办理产权登记手续，另一方主张追回该房屋的，人民法院不予支持。夫妻一方擅自处分共同共有的房屋造成另一方损失，离婚时另一方请求赔偿损失的，人民法院应予支持。

④ 参见杨立新：《最高人民法院〈关于适用《婚姻法》若干问题的解释（三）〉的民法基础》，载《法律适用》2011年第10期。

⑤ 参见陈苇、姜大伟：《论婚姻家庭住房权的优先保护——与“否定说”商榷》，载《现代法学》2013年第6期；孙若军：《家庭共同生活居住所需房屋不适用善意取得制度研究》，载《政治与法律》2011年第4期。

⑥ 《民法典》第1062条有同样规定。

(三)》第17条"夫或妻非出于日常生活的需要对夫妻共同财产作出重要处理决定,夫妻双方应进行平等协商,达成一致意见"的规定,夫妻之间适用法定婚后财产共同所有制的,如果夫或妻在处分重大财产时没有经过另一方同意,则构成无权处分。本案中,面对王某寿对夫妻共有房屋的处分行为,王某香作为财产共有人表示反对,因此王某寿一人做出的房产转让处分行为侵犯了涉案房屋共有人王某香的合法权益,已经构成无权处分。

而《合同法》第51条规定:"无处分权的人处分他人财产,经权利人追认或者无处分权的人订立合同后取得处分权的,该合同有效。"根据该条,本案中在房屋过户登记时,王某香表示反对,效力待定的买卖合同未经权利人追认,应当归于无效。但后颁布的《买卖合同案件的解释》第3条改变了前述规定:"当事人一方以出卖人在缔约时对标的物没有所有权或者处分权为由主张合同无效的,人民法院不予支持。出卖人因未取得所有权或者处分权致使标的物所有权不能转移,买受人要求出卖人承担违约责任或者要求解除合同并主张损害赔偿的,人民法院应予支持。"顾某福与王某寿订立的买卖合同不再因为无权处分而无效,而是属于有效合同,无法履行的,应当承担违约责任。因此,《民法典》合同编规则吸收了最高人民法院司法解释的立场,删除了前述《合同法》第51条。

关于争议房屋所有权是否发生转移,根据《婚姻法解释(三)》第11条第1款:"一方未经另一方同意出售夫妻共同共有的房屋,第三人善意购买、支付合理对价并办理产权登记手续,另一方主张追回该房屋的,人民法院不予支持",以及《物权法》第106条第1款、第2款规定:"无处分权人将不动产或者动产转让给受让人的,所有权人有权追回;除法律另有规定外,符合下列情形的,受让人取得该不动产或者动产的所有权:(一)受让人受让该不动产或者动产时是善意的;(二)以合理的价格转让;(三)转让的不动产或者动产依照法律规定应当登记的已经登记,不需要登记的已经交付给受让人。受让人依照前款规定取得不动产或者动产的所有权的,原所有权人有权向无处分权人请求赔偿损失。"善意人可以主张善意取得制度从而取得争议房屋所有权。本案中,由于顾某福还未完成房屋的过户手续,因此,不符合善意取得所需要件,无法取得争议房屋所有权。

四、本判例的意义

在婚姻法回归民法典的框架下,身份关系中的财产法规则势必面临转型发展:是坚持身份法上的伦理性,还是回应财产法与之调和?《婚姻法解释(三)》的价值取向体现出更重的财产法色彩,婚姻家庭法的伦理价值让位于市场交易秩序的稳定。在具体条文设计上,婚姻法规则应消除财产法的局限之处,尽量遵循物权法、合同法的逻辑体系。对此,学者观点中亦有批判与反思,而赞成者既为避免架空财产法相关规则,又欲保持婚姻法价值取向,便从婚姻关系外部与婚姻关系内部两个维度,对财产法规则在夫妻间的适用进行了阐释。但婚姻关系"内"与"外"的区分并未能完全解决法律规则适用时产生的冲突,尤其在权利冲突指向唯一标的时,如在本案中争议房屋的所有权究竟归善意买受第三人还是王某香夫妻。虽然本案否定买受人顾某福取得房屋所有权的主要原因在于不符合善意取得制度所要求的房屋已经完成过户登记，但是从法院的判决观点来看，其认为王某香对涉案房屋的物权优于上诉人顾某福对涉案房屋的债权，从某种程度隐含了对作为房屋共有人的另一方配偶的房屋所有权之优先考量。

五、后续判例和规范的发展

《买卖合同案件的解释》公布后，司法实践中关于夫或妻一方无权处分共有房屋时与第三人签订房屋买卖合同的效力已经较少发生争议；但是在对外关系上，对于善意第三人可否取得房屋所有权则依旧意见不一。从《婚姻法解释（三）》的规定来看，似乎已经突破了婚姻法偏向关注婚姻内部秩序的价值取向，在市场交易中，使婚姻共同体的利益让位于不特定第三人的利益，认可了第三人可主张对房屋的善意取得，此时第三人代表的不再是某个个体的利益，而是承载了市场交易安全的社会整体之利益。[①] 在《婚姻法解释（三）》（征求意见稿）第12条曾经有但书，“但该房屋属于家庭共同生活居住需要的除外”，赞成者亦认为“婚姻家庭成员的基本生存权优先于购买房屋的善意第三人之发展权”[②]，但反驳者表示：“如果善意第三人购买的房屋也是其家庭唯一生活住房时，其与无权处分的夫妻之间，何者的生存权优先。”[③]因此在司法实践中，法院坚持在处理此类案件时，当涉及婚姻关系及外部财产关系的，民法典财产编的规则优先于婚姻家庭编规则。

---

① 参见孙鹏：《民法上信赖保护制度及其法的构成——在静的安全与交易安全之间》，载《西南民族大学学报（人文社会科学版）》2005年第7期；裴桦：《夫妻财产制与财产法规则的冲突与协调》，载《法学研究》2017年第4期。

② 陈苇：《婚姻家庭住房权的优先保护》，载《法学》2010年第12期。

③ 最高人民法院民事审判第一庭编著：《最高人民法院婚姻法司法解释（三）理解与适用》，人民法院出版社2011年版，第183页。

023. 夫妻一方大额举债等超越日常家庭生活代理权的，债权人等第三人对“有理由相信其为夫妻双方共同意思表示”负有一定的举证义务*

赵某某与吴某某、郭某某民间借贷纠纷案‖江苏省徐州市中级人民法院民事判决书，(2020)苏03民终5474号

事实概要

郭某某与赵某某于2005年1月19日在山东省鱼台县办理结婚登记。2013年6月15日，郭某某向吴某某出具借条1份，内容为：“今借吴某某贰万元整；利息(15%)壹分伍；2013年6月15日；借钱人：郭某某。”2013年7月12日，郭某某向吴某某出具证明1份，内容为：“证明今借吴某某叁万元整；利息壹分伍；2013年7月12日；借钱人：郭某某；担保人：王某。”2013年9月21日，郭某某向吴某某出具借条1份，内容为：“今借吴某某贰万元整；利息1分5，用期一年；借钱人：郭某某；担保人：刘某某；2013年9月21日。”2014年，吴某某多次到赵某某住处，告知郭某某欠其钱，并说家里小孩着急交学费，于是，赵某某归还1万元给吴某某。

后吴某某向一审法院提起诉讼，请求法院判决郭某某、赵某某共同归还借款。一审法院判决支持原告诉讼请求。赵某某不服，提起上诉，请求二审法院改判由被上诉人郭某某单独偿还其向被上诉人吴某某的借款。债权人吴某某辩称，赵某某归还借款的行为即是对郭某某借款是夫妻共同债务的追认，因此一审法院认定事实清楚，适用法律正确，请求二审法院驳回上诉，维持原判。二审法院认为，涉案借款发生在赵某某与郭某某婚姻关系存续期间，且存在赵某某偿还涉案借款的事实，该借款应认定为夫妻共同债务。故二审法院驳回了上诉，维持原判。

判决要旨

1. 日常家事代理权是夫妻共同债务的法理基础。在夫妻一方存在诸如大额举债等超

---

* 陈霖，法学博士，南京师范大学法学院副教授。

越日常家事代理权的行为中，债权人等第三人对“有理由相信其为夫妻双方共同意思表示”负有一定的举证义务。

2. 根据当地经济收入、生活状况，案件争议借款数额超过夫妻日常家事代理范围，案涉借款发生在夫妻关系存续期间，虽是郭某某以个人名义向吴某某借款，但事后赵某某归还借款的行为构成对该借款为夫妻共同债务之共同合意的意思表示，因此本案中赵某某应与郭某某共同偿还此借款。

｜判例评析｜

一、既往相关判例与观点

在司法裁判中，我国法院对夫妻共同债务的认定，先后经历了 2001 年《婚姻法》之用于“夫妻共同生活”的判断标准，最高人民法院《婚姻法解释（二）》之债务是否发生于婚姻关系存续期间的“推定论”标准，直至 2018 年《审理夫妻债务案的解释》以及《民法典》婚姻家庭编颁布后的多重认定标准。

2001 年《婚姻法》第 41 条规定：“离婚时，原为夫妻共同生活所负的债务，应当共同偿还。共同财产不足清偿的，或财产归各自所有的，由双方协议清偿；协议不成时，由人民法院判决。”但是法院对于“共同生活”的认定较为严格，且此项内容的举证责任由债权人承担，由于婚姻家庭生活相较于市场交易的非开放性，容易导致债权人举证困难，现实中出现了大量夫妻恶意串通逃避债务之情形。①

为了降低上述债务逃避情况的出现概率，有效保护债权人利益，最高人民法院基于我国夫妻间婚后财产共同所有的法定夫妻财产制度，强化了共同财产制下的夫妻债务共同负担规则，《婚姻法解释（二）》第 24 条第 1 款规定：“债权人就婚姻关系存续期间夫妻一方以个人名义所负债务主张权利的，应当按夫妻共同债务处理。但夫妻一方能够证明债权人与债务人明确约定为个人债务，或者能够证明属于婚姻法第十九条第三款规定情形的除外。”由此，法院审判时，逐渐淡化对“夫妻共同生活”的认定，而是倾向于关注债务发生的时间点——只要债权人证明债务是发生在婚姻关系存续期间的，且非举债的夫妻一方如果无法举证或者证明程度不能达致前述第 24 条所要求的，法院即将婚姻存续期间一方的负债认定为夫妻共同债务。例如，李某、甘某分别以私人名义向某小额贷款公司借款几千万元，用于公司经营（其配偶与该公司并无直接关系），均被认定为李某与其配偶、甘某与其配偶的夫妻共同债务。② “推定论”将《婚姻法》中债权人对“共同生活”的举证责任，转移为非举债配偶一方对婚姻期间举债方与债权人发生的债务“并非共同债务”的举证责

---

① 参见李洪祥：《〈民法典〉夫妻共同债务构成法理基础论》，载《政法论丛》2021 年第 1 期。

② 参见（2015）渝五中法民初字第 00569/570/571 号裁判文书。转引自李贝：《夫妻共同债务的立法困局与出路——以“新解释”为考察对象》，载《东方法学》2019 年第 1 期。

任,从而在司法实践中扩大了"夫妻共同债务"的认定空间;但同时也因片面关注夫妻共同生活的外观形式,加重了非举债方举证责任而遭受诟病。因此,2017 年最高人民法院又公布了最高人民法院《关于适用〈中华人民共和国婚姻法〉若干问题的解释(二)的补充规定》,明确了虚假债务以及赌博、吸毒等非法债务不受法律保护的态度。

《审理夫妻债务案的解释》否定了"推定论"中对夫妻共同债务"一刀切"的时间认定标准,阐释了最高人民法院对待夫妻共同债务的新视角,即三个径路的判断标准:夫妻共债共签或者双方共同意思的,婚姻存续期间以个人名义但基于日常家事代理的,婚姻存续期间以个人名义超出日常家事代理范围但用于共同生活、生产经营的;[①]但这并未迎来《婚姻法解释(二)》第 24 条立即停止适用之效果。从《审理夫妻债务案的解释》实施起一段时间内,法院判决中仍有继续适用共同债务之"时间推定"标准的。[②] 而采用前述"新解释"规则的法院中,不同法院之间对"行使日常家事代理权"与"超越日常代理权"情况下债权人举证程度差异的认识不一。例如,在青岛市中级人民法院发布的 2018 年民间借贷十大典型案例之一的"某公司诉常某等民间借贷纠纷案"[③]中,法院明确本案中的争议借款款项巨大,明显超出家庭日常生活需要,债权人应证明该借款用于夫妻共同生活、共同生产经营或基于共同意思表示。如果待证事实未达到高度可能性标准,则其主张认定为夫妻共同债务的诉讼请求将不被支持。而有些法院并未以争议的债务关系属于日常家事代理范围为判决前提,再去决定债权人是否承担举证不能之不利法律后果;而是采取如果债权人举证不能,则直接推定为个人债务之立场。例如,在宁夏回族自治区银川市兴庆区人民法院(2017)宁 0104 民初 9872 号民事判决书中,兴庆区人民法院直接认为该借款虽然发生在被告王某、高某某婚姻关系存续期间,但债权人未能举证证明借款用于二被告共同生活、共同生产经营或者基于二被告双方共同意思表示,故其对被告高某某主张夫妻共同债务的诉讼请求,该法院不予支持。

二、在学理框架内对相关问题的点评

本案基于《审理夫妻债务案的解释》的相关规定,判决认可日常家事代理范围以外基

---

① 2018 年《审理夫妻债务案的解释》第 1 条规定:"夫妻双方共同签字或者夫妻一方事后追认等共同意思表示所负的债务,应当认定为夫妻共同债务。"第 2 条规定:"夫妻一方在婚姻关系存续期间以个人名义为家庭日常生活需要所负的债务,债权人以属于夫妻共同债务为由主张权利的,人民法院应予支持。"第 3 条规定:"夫妻一方在婚姻关系存续期间以个人名义超出家庭日常生活需要所负的债务,债权人以属于夫妻共同债务为由主张权利的,人民法院不予支持,但债权人能够证明该债务用于夫妻共同生活、共同生产经营或者基于夫妻双方共同意思表示的除外。"

② 参见李贝:《夫妻共同债务的立法困局与出路——以"新解释"为考察对象》,载《东方法学》2019 年第 1 期。

③ 参见《青岛市中级人民法院发布 2018 年民间借贷十大典型案例之六:某公司诉常某等民间借贷纠纷案》,载北大法宝 2019 年 1 月 10 日,https://www.pkulaw.com/pfnl/c05aeed05a57db0a25c054dqb87bd22b77f8d0c8fbe331dbdfb.html?。

于夫妻共同意思形成的债务为夫妻共同债务。伴随夫妻共同债务有关法律规范的变迁，学理上也围绕"共同生活—时间推定"的多重判断标准进行讨论。2001年《婚姻法》第41条提到的"夫妻共同生活"作为夫妻共同债务的法理依据源于中国传统家庭文化中同居共财、利益共享、风险负担之观念。但由于现实生活中夫妻串通、恶意逃债现象频发，最高人民法院基于对市场交易第三方债权人利益之考量，通过《婚姻法解释(二)》修改夫妻共同债务的认定标准为"时间推定"规则。

"时间推定"规则与《物权法》中共同共有的基本原理是一致的，基于我国法定的夫妻共有财产制，夫妻共同债务作为一种消极财产被纳入夫妻共有财产的框架内；这不仅保持了体系解释上与财产法逻辑的一贯性，而且符合婚姻家庭中夫妻共同体下财产关系的团体特征。而具体清偿时，《婚姻法解释(二)》第25条[①]亦延续了财产法中共同共有内外部关系之逻辑：对外是连带责任，对内是按份责任。但相较于《婚姻法》"共同生活"标准下债权人对共同债务的举证责任，"推定论"因对婚姻关系存续期间夫妻共同债务的直接推断性，使非举债方若欲对此种推定进行抗辩，则需承担举证责任。由于此种证明存在一定困难，导致"推定论"逐渐架空"用途论"，针对"推定论"的学术批判也愈演愈烈。[②] 因此，2016年最高人民法院在官网发布了《关于"撤销婚姻法司法解释(二)第24条的建议"的答复》，并在第24条的两种但书情形外，增加"配偶一方举证证明所借债务非用于夫妻共同生活的，配偶一方不承担偿还责任"的说明[③]。

《民法典》婚姻家庭编[④]吸收了《审理夫妻债务案的解释》的立法理念，将夫妻共同债务的认定标准分为三类：日常家事代理权、夫妻共同意思、共同生活与经营。其背后的法理基础已经由"推定论"下的财产共同共有理论转向法律行为理论，即依据法律行为理论构建夫妻共同债务制度立法规则。夫妻共同债务制度建立在夫妻双方法律行为的基础上，并以夫妻债务的来源为根据，将夫妻与第三人之间的行为分为个体行为和共同行为。[⑤]

---

① 《婚姻法解释(二)》第25条规定："当事人的离婚协议或者人民法院的判决书、裁定书、调解书已经对夫妻财产分割问题作出处理的，债权人仍有权就夫妻共同债务向男女双方主张权利。一方就共同债务承担连带清偿责任后，基于离婚协议或者人民法院的法律文书向另一方主张追偿的，人民法院应当支持。"

② 参见叶名怡：《〈婚姻法解释(二)〉第24条废除论——基于相关统计数据的实证分析》，载《法学》2017年第6期；李洪祥：《论夫妻共同债务构成的依据》，载《求是学刊》2017年第3期；曲超彦、裴桦：《论我国夫妻债务推定规则》，载《求是学刊》2017年第3期；陈法：《我国夫妻共同债务认定规则之检讨与重构》，载《法商研究》2017年第1期。

③ 李贝：《夫妻共同债务的立法困局与出路——以"新解释"为考察对象》，载《东方法学》2019年第1期。

④ 《民法典》第1064条规定：夫妻双方共同签名或者夫妻一方事后追认等共同意思表示所负的债务，以及夫妻一方在婚姻关系存续期间以个人名义为家庭日常生活需要所负的债务，属于夫妻共同债务。夫妻一方在婚姻关系存续期间以个人名义超出家庭日常生活需要所负的债务，不属于夫妻共同债务；但是，债权人能够证明该债务用于夫妻共同生活、共同生产经营或者基于夫妻双方共同意思表示的除外。

⑤ 参见李洪祥：《〈民法典〉夫妻共同债务构成法理基础论》，载《政法论丛》2021年第1期。

具体而言：

1. 日常家事代理权下的夫妻共同债务。夫妻平等享有财产处分权利，对于家庭重大财产的处分需双方合意，否则会构成无权处分；但夫妻亦因结婚形成生活共同体，为了维持婚姻共同生活的高效运转，在涉及家庭日常生活的小额交易上，夫妻双方互为代理人，其中一方与市场交易第三人的财产行为效力自然及于另一方。日常家事代理不适用显名主义，不存在授权行为，因此不属于法定代理的范畴，可以视为婚姻法赋予配偶双方的一种权能。[①] 以个人名义为家庭日常生活需要所负的债务自然被推定为夫妻共同债务，当然，为避免对非举债方造成不利，法律应界定何为"日常家事"。

2. 夫妻双方共同意思。根据《民法典》婚姻家庭编第 1064 条的规定，共同意思的表示包括夫妻共债共签，夫妻一方事后追认，以及超出"家庭日常生活所需范围"时债权人能够证明基于夫妻共同意思表示的。基于法律行为理论，在当事人意思表示真实且一致的情况下，夫妻共同的举债行为当然在夫妻双方与第三人之间发生债权债务关系。此种对夫妻共同意思表示的举证责任由债权人承担，立法上期待能够借此引导债权人在交易时强化注意义务。而学理上的发展在于结合司法裁判的经验，对"共同意思"的证明不再仅局限于外观形式上的"共债共签"，而是对此作出柔软多元化解释。

3. 客观上用于共同生活与经营。在实践中，不乏超出日常家事代理范围，却又无法证明是夫妻共同意思表示下产生债务之情形；但是，这并未完全排斥将其认定为夫妻共同债务之可能。若债权人能够证明举债一方以个人名义的负债行为所获之利益用于夫妻共同生活或者共同生产经营的，享受此种利益的非举债一方自然要共同承担对此债务的清偿责任。

本案中，法院判决时应用了《审理夫妻债务案的解释》的构建思路，先基于债务的性质、数额认定其超出了日常家事代理事务，而债权人对此又能够证明非举债的一方有事后追认行为。如一审时，被告赵某某在答辩时称"我们从来都没说这个钱不还""我现在借的钱还没还完，我没有能力还，我不是不想还"，综合来看，可以认定赵某某认可了涉案借款，故二审法院支持一审法院判决，认定涉案借款是赵某某与郭某某夫妻的共同债务。

三、本判例的规范逻辑

1.《审理夫妻债务案的解释》第 2 条规定："夫妻一方在婚姻关系存续期间以个人名义为家庭日常生活需要所负的债务，债权人以属于夫妻共同债务为由主张权利的，人民法院应予支持。"本案中，经查明，债权人吴某某与举债配偶一方郭某某的三笔借款共计 7 万元，是连续借贷，已远远超过了住在农村偏僻小庄的夫妻"日常生活需要"之家事代理权范

---

① 参见缪宇：《走出夫妻共同债务的误区——以〈婚姻法司法解释（二）〉第 24 条为分析对象》，载《中外法学》2018 年第 1 期。

围。因此,不能直接将上述债务认定为夫妻共同债务。债权人吴某某若欲主张其为夫妻共同债务的,需承担此夫妻之间是否有举债的共同意思或者客观上分享了债务所带来的利益的举证责任;否则,应承担举证不能之后果。

2.《审理夫妻债务案的解释》第1条规定:“夫妻双方共同签字或者夫妻一方事后追认等共同意思表示所负的债务,应当认定为夫妻共同债务。”本案中,争议借款发生在非举债方赵某某与举债方郭某某婚姻关系存续期间,且存在赵某某偿还涉案借款的事实。依此可以认为赵某某对郭某某借款行为的追认是对其属于夫妻共同债务之共同意思表示,故争议债务为夫妻共同债务。

四、本判例的意义

本案例是适用夫妻共同债务认定新标准的典型。《婚姻法解释(二)》曾确立的“时间推定论”基于传统婚姻家庭关系中同居共财、风险共担的伦理价值观而构建;因此,只要是婚姻关系存续期间一方的举债行为,配偶方当然应承担相应债务。而在现代婚姻家庭法理念下,夫妻虽因结婚形成婚姻共同体,但夫妻作为个体的人格并没有因此发生混同,不仅在对外与第三人交易时,而且在对内的彼此关系上亦保持人格独立。因此,前述“时间推定论”的理论之基未必恰当。不过,在人格独立基础上的夫妻财产关系又与一般民事主体间的其他民事关系不同,原子化的个体形成婚姻共同体,在此身份基础上的夫妻法律关系具备团体性特征,如果在与第三人进行交易行为时,任何事务都必须由双方作出共同意思表示,势必降低家庭与社会互动之效率。故《审理夫妻债务案的解释》的夫妻共同债务认定标准是多元化的:第一,以法律行为理论为中心设计。债权人如果能够证明夫妻双方有共同举债意思的,当然认定为夫妻共同债务。第二,吸收日常家事代理制度。在日常家事范围内,夫妻之间互为代理,一方举债行为之法律效果当然及于另一方。第三,兼顾客观上的共同意思。即使夫妻一方举债,如果债权人能够证明为夫妻共同利益而使用的,也为夫妻共同债务。后出台的《民法典》婚姻家庭编第1064条也主要延续此种构建思路。

在本案适用法律规则时,法院查明是“以夫妻一方名义举债”情形后,首先判断其是否在日常家事代理范围内举债,当确定夫妻一方的举债内容超越日常家事代理权的,将该债务“基于夫妻双方共同意思”所形成的举证责任赋予债权人。其次对于共同意思的判断,运用法律行为相关理论进行认定,不仅局限于夫妻双方事先的“共同合意”,事后另一方表示追认或者同意的,也属于“共同意思”。本案中,非举债一方配偶在答辩时认可了涉案借款,故法院最后判定属于夫妻共同债务。相较于《婚姻法解释(二)》,虽然债权人被赋予了较重的举证责任,但其实是以日常家事代理权作为前置判断条件的二元举证模式,在关注债权人利益保护的同时通过举证责任分配照顾夫妻共同利益。

五、后续判例和规范的发展

夫妻共同债务认定的多元标准以法律行为理论为中心构建,但是现实中并不是只有外观上的共债共签被认为是夫妻共同意思,基于夫妻身份形成的财产关系具备一定团体性,因此探究非举债一方的真意亦成为司法判断中的关注重点。例如,举债一方配偶事后的还款行为;夫妻一方作为债务人、另一方作为连带责任担保人的,这些情形下的相关债务在法院中也有可能被认定为夫妻共同债务。另外,除去主观探究外,客观效果上一方举债是否用于夫妻共同生活的利益用途也是夫妻共同债务的判断依据。

024. 以夫妻共同财产出资设立的公司,并非一概定性为"一人有限责任公司"*

泰安市岱岳区新地龙打井服务中心与济南鸿诺空调有限公司建设工程施工合同纠纷案 ‖ 中华人民共和国最高人民法院民事裁定书,(2020)最高法民申6688号;山东省高级人民法院民事判决书,(2019)鲁民终1775号;山东省济南市中级人民法院民事判决书,(2019)鲁01民初148号

| 事实概要 |

经仲裁确认,A中心享有对B有限责任公司(以下简称B公司)的债权约100余万元。A中心向法院申请执行,后又申请追加B公司股东贾某、梁某为被执行人,被驳回。A中心遂提起执行异议之诉。一审法院查明,B公司成立于2010年6月29日,法定代表人为贾某,公司股东为贾某和梁某;在2018年1月2日将法定代表人变更为贾某1。2011年至2015年,B公司账户与梁某、贾某等个人账户之间有资金往来。一审法院认为,B公司虽无财产可供执行,但该公司自然人股东是贾某和梁某,并非一人有限责任公司,A中心主张B公司实质应为一人公司,没有事实和法律依据。另外,B公司账户虽与贾某、梁某等个人账户之间有资金往来,但并不能得出梁某、贾某无偿接受B公司财产的结论,且A中心亦未能举证B公司处于歇业状态。故A中心依据《公司法》第63条,2016年《民事执行变更、追加当事人的规定》第20条、第22条申请追加贾某、梁某为执行案件被执行人,与事实不符,法院不予支持。A中心上诉,但是,二审判决未支持其请求。

A中心遂向最高人民法院申请再审。再审中,A中心主张:B公司法定代表人贾某1将身份证借给贾某使用,由贾某和梁某管理B公司,B公司已停止经营。贾某1未参与B公司管理,且有山东省高级人民法院执行局于某日对贾某1所作笔录证实其并未注册、购买或接收过任何企业。A中心认为,贾某、梁某于婚后出资设立B公司,二人在工商登记中未提交财产分割书面证明或者协议,应认定出资财产为夫妻共同财产,形成夫妻共同持

* 邓丽,法学博士,中国社会科学院法学研究所副研究员,中国社会科学院大学法学院副教授。

股的单一股权。B公司大量收益流向贾某和梁某的个人账号,形成人格混同,夫妻二人应当承担公司债务,A中心申请追加贾某和梁某为被执行人。

最高人民法院审理后认为,《公司法》第57条第2款规定,一人有限责任公司是指只有一个自然人股东或者一个法人股东的有限责任公司。B公司系有限责任公司,即使如A中心所述系由股东贾某、梁某以夫妻共同财产出资设立,将其定性为“一人有限责任公司”仍缺乏法律依据,A中心要求根据2016年《民事执行变更、追加当事人的规定》第20条追加当事人的依据并不充分。A中心提供的新证据尚不能充分证明B公司处于歇业状态,故A中心要求根据2016年《民事执行变更、追加当事人的规定》第22条追加当事人的依据并不充分。法院裁定驳回A中心的再审申请。

判决要旨

一人有限责任公司是指只有一个自然人股东或者一个法人股东的有限责任公司。仅有夫妻以双方共同财产出资设立的事实,不足将公司定性为一人有限责任公司。

判例评析

一、既往相关判例与观点

夫妻以其共同财产投资设立的公司,是否应认定为一人有限责任公司?对这一问题的认识,历来存在争议和分歧。就在本案裁定作出之前不久,最高人民法院曾经在一则再审判决书中给出肯定回答,但是对判决结果的认知一定要考虑个案的具体情形。

前案事实如下:熊某与沈某登记结婚后,出资成立C有限责任公司(以下简称C公司),双方分别持股50%。C公司欠D公司货款近300万元,D公司根据民事调解书申请执行,但所得甚少;后主张C公司符合一人公司的实质要件,请求追加熊某、沈某为被执行人,对C公司所欠债务承担连带责任,被法院裁定驳回。D公司遂提起诉讼,一审被驳回诉求后,又提起上诉。二审法院认为,C公司系熊某、沈某于婚姻存续期间设立,且其未提交证据证明双方对其婚前财产或婚后所得财产归属进行了约定,故应认定C公司的注册资本来源于熊某、沈某的夫妻共同财产,且C公司的全部股权是双方婚后取得的财产,归双方共同共有。D公司二审中所举证据虽不能证明熊某、沈某的财产与C公司财产混同,但从一定程度上印证了熊某、沈某均实际参与了C公司的管理经营,C公司实际由夫妻双方共同控制。鉴于C公司的全部股权实质来源于同一财产权,并为一个所有权共同享有和支配,该股权具有利益的一致性和实质的单一性,据此,应认定其为实质意义上的“一人公司”。有必要参照《公司法》“一人公司举证责任倒置”规则,将公司财产独立于股东自身财产的举证责任分配给熊某、沈某,其在举证不力的情形下,应对C公司所负债务承担连带清偿责任。D公司申请追加熊某、沈某为被执行人具有事实和法律依据。二审法院判决撤销一审判决，追加熊某、沈某为相关案件被执行人，对C公司在有关案件中所负债务承担连带清偿责任。再审法院对一审、二审中认定的事实予以确认，认为C公司与一人有限责任公司在主体构成和规范适用上具有高度相似性，二审法院认定C公司系实质意义上的一人有限责任公司并无不当。再审法院以此为基础，根据《公司法》第63条和2016年《民事执行变更、追加当事人的规定》第20条的规定，认为熊某、沈某应对C公司财产独立于双方其他共有财产承担举证责任，并在举证不力时承担相应的法律后果，二审法院支持D公司追加熊某、沈某为被执行人的申请并无不当。综上，判决维持湖北省高级人民法院终审判决。

再往前追溯，将夫妻婚后共同出资的有限责任公司认定为一人公司实则较为通行。例如，E公司诉F公司与盘某、李某买卖合同纠纷案。① 该案案情为，盘某、李某是夫妻关系，同时也是F公司仅有的两名股东和实际经营人。2017年9月27日，E公司与F公司签订买卖合同，E公司依约支付了30%预付款，但F公司未按时交货，构成违约。E公司诉请F公司返还货款并支付违约金，并要求盘某、李某对上述债务承担连带清偿责任。一审法院判决F公司向E公司返还预付款并支付违约金，但是驳回了E公司的其他诉讼请求。E公司提出上诉。二审法院改判F公司向E公司返还预付款并支付违约金，盘某、李某对上述债务承担连带清偿责任。该案件的二审合议庭成员撰文认为，一人公司可分为形式意义上的一人公司与实质意义上的一人公司。在该案中，盘某、李某作为夫妻双方共同投资设立有限公司，在形式上股东虽为复数，但该公司实际上只有一个股权，盘某、李某是公司唯一股东权的共同享有人，应承担一人有限公司的相应义务，在不能证明公司财产独立于股东自己的财产时，应当承担举证不能的不利后果，对一人公司的债务承担连带清偿责任。②

对照上述两则案例，本案构成一个反例，揭示出夫妻二人出资设立有限责任公司并不必然被认定为一人有限责任公司。

二、在学理框架内对相关问题的点评

关于夫妻婚后以共同财产出资设立的公司是否属于一人有限责任公司，在何种情形下会导致公司法人人格否认，是跨越公司法和婚姻法等不同法律领域的重要实践问题。

就概念和外观而言，夫妻婚后以共同财产出资设立的公司与严格意义上的一人有限责任公司是有区别的：前者存在两名股东，而后者只有一名股东。但是，就股权行使与分

---

① 参见某贸易有限公司诉某服装有限公司买卖合同纠纷案，广东省广州市中级人民法院（2018）粤01民终13451号民事判决书。

② 参见陈舒舒、谢佩君：《某贸易公司诉广州某服装公司与盘某、李某买卖合同纠纷案——夫妻共同出资的有限责任公司是否属于一人公司》，载《法治论坛》2019年第3期。

割而言,在夫妻没有分割共同财产的情形下,夫妻双方既是公司仅有的两名股东,又是婚后所得财产包括公司股权的共同所有人,这就使得公司股东的权益出于同源、趋于一致,在股权的行使及利益分配上与一人有限责任公司如出一辙,同时也可能给债权人带来更大风险。国家市场监督管理总局曾经要求,家庭成员出资设立有限责任公司,必须以各自拥有的财产作为注册资本,并各自承担相应的责任,登记时需提交财产分割的书面证明或协议。[①]

对夫妻出资设立有限责任公司的过度管制及对夫妻型公司法人人格否认的倾向性引发了理论上的反思。有观点认为,一些否认夫妻有限责任公司法人人格的裁判理由是避免单一主体设立公司,其实质是认为公司财产与夫妻共同财产可能发生混同,导致单一主体设立有限责任公司不符合有限责任公司的传统机理,但是,这一观点实际上混淆了公司法人财产权与股东股权,为了保护债权人的利益而倾向于否认夫妻型公司法人人格的做法,不仅挫伤投资人的积极性,也无法真正保护好债权人利益。修订后的《公司法》肯认了一人有限公司,因此夫妻型公司的夫妻共同财产不再是妨害其法人人格存续的障碍,不能随意否认其法人人格;要否认其人格,必须依据《公司法》第 20 条妥善处理此类案件。[②] 还有观点提出,夫妻型公司在性质上与一人公司是相同的,但这并不必然导致对夫妻公司的法人人格否认,只有在其股东滥用公司人格的情况下,才适用法人人格否认制度;一人公司法人人格否认的司法认定标准,应主要考虑是否出资不足或抽逃出资、股东与公司人格是否混同、母公司是否对子公司过度控制等,公司法人人格否认的适用应具谦抑性。[③]

总体而言,在既往的研究框架下,夫妻以其共同所有的财产投资设立有限责任公司,且未对财产予以分割,仅以该夫妻二人为股东的有限责任公司往往被认为属于实质意义上的一人有限责任公司,但在否认夫妻型公司法人人格的问题上,各方观点都倾向于谨慎把握。于此而言,本案对《公司法》第 57 条第 2 款关于一人有限责任公司的界定采用严格的文义解释,认为仅由夫妻二人以其共有财产出资设立公司的事实尚不足以认定其为一人有限责任公司,属于新的司法实践动态,值得关注和研究。

三、本判例的裁判逻辑

本案历经一审、二审、再审,当事人不断提供新的证据,但是,最终各级法院采信的关键事实基本一致,裁判立场和说理逻辑也具有一定延续性,其基本判断有三:

首先,无充分证据证明 B 公司应被认定为一人有限责任公司。在案件审理中,A 中心

---

① 参见国家工商行政管理局《关于公司登记管理中几个具体问题的答复意见》(工商企字〔1995〕第 303 号)第 5 条。该文件现已失效。

② 参见孙巍:《夫妻型公司的法人资格认定问题》,载《人民司法》2007 年第 21 期。

③ 参见王惠玲:《一人公司的法人人格否认之诉》,载《人民司法》2009 年第 11 期。

主张并力图证明B公司系贾某、梁某于婚后出资设立，二人在工商登记中未提交财产分割书面证明或者协议，应认定出资财产为夫妻共同财产，形成夫妻共同持股的单一股权。然而，根据《公司法》第57条第2款规定，一人有限责任公司是指只有一个自然人股东或者一个法人股东的有限责任公司，各级法院都援引此条规定对一人有限责任公司予以界定，并最终未支持将B公司认定为一人有限责任公司。其次，鉴于B公司无法被认定为一人有限责任公司，2016年《民事执行变更、追加当事人的规定》第20条即无适用余地。该条规定，作为被执行人的一人有限责任公司，财产不足以清偿生效法律文书确定的债务，股东不能证明公司财产独立于自己的财产，申请执行人申请变更、追加该股东为被执行人，对公司债务承担连带责任的，人民法院应予以支持。一审法院还同时考量了《公司法》第63条规定，即"一人有限责任公司的股东不能证明公司财产独立于股东自己的财产的，应当对公司债务承担连带责任"。但该规定亦因B公司不具有一人有限责任公司地位而不得适用，这意味着，贾某、梁某作为B公司的股东无须承担证明公司财产独立于其自身财产的举证责任。最后，没有充分证据证明B公司处于歇业状态，故2016年《民事执行变更、追加当事人的规定》第22条亦无适用余地。该条规定，作为被执行人的法人或其他组织被注销或出现被吊销营业执照、被撤销、被责令关闭、歇业等解散事由后，其股东、出资人或主管部门无偿接受其财产，致使该被执行人无遗留财产或遗留财产不足以清偿债务，申请执行人申请变更、追加该股东、出资人或主管部门为被执行人，在接受的财产范围内承担责任的，人民法院应予支持。再审法院在裁定书中一一论及A中心提交的光盘、照片和执行笔录，以及济南中院公告送达的报纸等证据，认为均无法证明B公司处于歇业状态，故上述规定亦不得适用。

综上所述，鉴于B公司未能依据《公司法》第57条第2款被认定为一人有限责任公司，则《公司法》第63条和2016年《民事执行变更、追加当事人的规定》第20条均无适用余地，即贾某、梁某作为B公司的股东并不承担证明财产独立的举证责任；又由于没有充分证据证明B公司处于歇业状态，故2016年《民事执行变更、追加当事人的规定》第22条也不得适用。因此，A中心要求贾某、梁某对B公司的债务承担连带责任的主张未获法院支持。

四、本判例的意义

在涉及夫妻型公司法人人格否认的系列案例中，本判例显得非常独特。在过往案例中，对于夫妻婚后以共同财产投资设立、未提交财产分割协议或证明的有限责任公司，一般认为其出资财产和出资后取得的股权属于夫妻共同财产范畴，股东权益具有高度的统一性，故倾向于将其认定为实质意义上的一人有限责任公司。基于此定性，《公司法》第63条和本案所涉及的2016年《民事执行变更、追加当事人的规定》第20条所规定的证明股东财产与公司财产独立的责任应由作为股东的夫妻双方承担，一旦其举证不力，则将承担不利后果。

个案中总会存在证据的干扰,但总体而言,本案的裁判逻辑在认定一人有限责任公司的基础问题上采取了不同的立场和标准。各级法院对《公司法》第57条第2款规定的"一个自然人股东或者一个法人股东"作严格的文义解释,似乎不承认存在实质意义上的一人有限责任公司。由此前提出发,后续法律适用的逻辑均被改变。所以,本案将我们重新带回基础论题:一人有限责任公司该如何界定和认定,关于《公司法》第57条第2款的法律解释是否存在引申空间,是否应肯定实质意义上一人有限责任公司的存在。

五、后续判例和规范的发展

在同类争点的案件中,本案是目前可见较为新近、审级最高的案例。它在一定程度上动摇了当前关于一人有限责任公司之界定和认定的基本认知,从规范解释角度重新提出问题,势必把相关研究引向更深入的维度。

尤其值得关注的是,虽然各级法院均援引《公司法》第57条第2款作为不支持将B公司认定为一人有限责任公司的依据,但不同审级的法院的具体表达之间存在微妙的差异。一审法院认为,B公司的自然人股东为贾某和梁某,其并非一人有限责任公司,A中心主张B公司的实质应为一人公司,没有事实和法律依据。再审法院出具的裁定书则载明,本案中B公司作为有限责任公司,即使如A中心所述是由股东贾某、梁某以夫妻共同财产出资设立,但将其定性为"一人有限责任公司"仍缺乏法律依据。由此可推知,一审法院采严格文义解释,认为本案中B公司的自然人股东数量超过一个,所以不能认定为一人有限责任公司;而再审法院没有明确否认夫妻型公司被认定为一人有限责任公司的可能性,只是称在本案中认定为一人公司仍缺乏法律依据。那么是否意味着夫妻型公司被认定为一人有限责任公司需要若干要件,夫妻以其共同财产出资设立有限责任公司仅为其一,尚需其他要件?那些要件应是什么?裁判文书未涉及,但关于这一论题的研究和有关案例的司法审判还将继续深入探索,值得密切关注。

025. 夫妻一方请求确认另一方较大金额打赏网络直播的行为无效，法院是否应给予支持？*

干某琼与沈某凯、林某、武汉斗鱼网络科技有限公司赠与合同纠纷案‖上海市第二中级人民法院民事判决书，(2020)沪02民终9826号

| 事实概要 |

本案系作为配偶的原告干某琼起诉被告，请求确认被告沈某凯向被告武汉斗鱼网络科技有限公司（以下简称斗鱼公司）、被告斗鱼主播林某的充值、赠送虚拟礼物的行为无效。一审原告干某琼不服上海市杨浦区人民法院（2019）沪0110民初13220号民事判决书，上诉至上海市第二中级人民法院，请求二审法院撤销一审判决，改判支持其在一审提起的全部诉讼请求，即（1）确认沈某凯于2016年5月至2019年2月，在斗鱼公司开设的斗鱼直播平台上为林某充值、打赏的赠与行为无效；（2）判令林某和斗鱼公司共同返还干某琼人民币（以下币种均为人民币）913,559元。

干某琼与沈某凯于2005年5月21日登记结婚。沈某凯在2016年3月至2019年2月的近三年时间中，多次使用斗鱼公司运营的斗鱼直播平台观看直播，陆续用本人名下银行卡、支付宝、微信充值等6个账号充值金额总计744,004元。沈某凯充值后获得虚拟货币（鱼翅），通过上述账号进入林某的直播间（房间号584854），观看直播并发送虚拟道具（如火箭、飞机、喷泉、冲鸭等），合计打赏给主播林某以753,693.2个鱼翅所兑换的虚拟礼物。

一审法院经审理认为：沈某凯的充值行为，应理解为一种网络消费行为。沈某凯通过充值成为斗鱼平台的用户并与斗鱼公司成立网络服务合同关系，可以使用斗鱼平台提供的各项网络服务，包括会员服务、直播服务、游戏服务等；主播林某与平台虽非劳动关系，但依附于平台；直播服务是斗鱼平台的一个子栏目，系斗鱼平台提供的服务内容之一。沈某凯对主播林某的打赏系支付消费直播服务的对价，不是无偿的赠与，不构成赠与合同关系；沈某凯与林某虽存在日常交流互动，但未有证据证明二人存在违背公序良俗的不正当

* 熊金才，法学博士，汕头大学法学院教授。

关系,亦无证据证明直播内容有悖公序良俗,不存在效力瑕疵。沈某凯的充值、打赏行为虽发生于婚姻关系存续期间,但金额系多次、长期累计形成,干某琼在近三年时间内未关注夫妻共同财产的变动,有悖常理,且娱乐消费属于日常生活所需,其提出沈某凯的充值、打赏行为属于擅自处分夫妻共同财产而无效的主张,法院不予采纳。故对干某琼要求确认赠与合同无效并要求林某、斗鱼公司返还充值、打赏金额的诉讼请求,法院不予支持,判决驳回干某琼的全部诉讼请求。

干某琼不服一审判决,向上海市第二中级人民法院提出上诉。二审法院认定“未有证据和事实表明林某存有违背公序良俗的行为”,上诉理由不成立。2020 年 12 月 30 日,判决驳回上诉,维持原判。

判决要旨

1. 网络直播打赏的法律性质。网络直播服务是一种互联网新业态,涉及直播平台、主播和观众(粉丝)三方主体。其中,直播平台由直播服务运营商建立和运营,并以营利为目的;主播基于其与平台之间的协议,依附直播平台向观众提供解说、表演、互动等服务而获得报酬和其他收入;观众,也称为粉丝,是为直播平台充值的注册用户,与平台成立网络直播服务合同关系,通过向主播进行打赏完成直播消费服务对价的支付。由此,网络直播打赏的法律性质宜界定为网络服务合同关系,即网络服务供给与消费形成的权利义务关系,不符合无偿赠与合同关系的构成要件。主要包括以下原因:第一,直播平台作为以营利为目的之直播服务商主体,其收入源于观众的充值与打赏,由此决定观众的充值与打赏不是无偿的赠与行为。第二,主播与直播平台之间不是典型的劳动合同关系,二者通过协议明确双方的权利义务,包括直播打赏的分成与结算等。观众在直播间对主播的打赏并非直接归主播所有,而是由直播平台管理并依其与主播的约定结算。因此,观众的打赏行为不能在其与主播之间形成直接的合同法律关系。第三,无论主播与平台通过协议建立何种非典型劳动关系,二者均以营利为目的,是一种商业合作关系,观众的打赏是主播提供直播服务的主要收入来源之一,亦是观众支付消费主播直播服务、获取精神享受的对价,而不是无偿的赠与。

2. 关于合同效力问题。沈某凯与斗鱼公司的网络直播服务合同是否存在效力瑕疵取决于以下方面。第一,三方主体的行为是否违背公序良俗,进而导致合同无效。原告主张沈某凯与主播林某有网上暧昧、网络婚外情的关系,缺乏事实与法律依据;主张斗鱼直播平台的直播内容低俗、不雅,有悖公序良俗等亦缺乏证据支持。第二,沈某凯的充值、打赏行为是否侵犯了妻子的财产权益,进而导致其对夫妻共同财产的处分行为无效或部分无效。法院经审理认为,沈某凯的充值、打赏行为虽发生于婚姻关系存续期间,但娱乐消费也属于日常生活所需,且充值金额系多次、长期累计形成,应为有权处分。干某琼在近三年时间内未关注夫妻共同财产的变动，有悖常理；直播平台难以就该充值是否侵害其他共有人权益作出审查和判断，因此也无法推定斗鱼公司对沈某凯所处分的财产属于夫妻共同财产是知情的或为恶意的。故对于原告提出沈某凯的充值、打赏行为属于擅自处分夫妻共同财产而无效的主张，法院不予采纳。

判例评析

一、既往相关判例与观点

近年来，网络直播服务作为一种互联网新业态发展迅速，因网络直播打赏引发的纠纷频发。由于相关法律制度建设滞后，对网络直播平台的法律性质及直播平台与主播间法律关系的定性尚不明确，直播打赏的法律关系界定及效力认定也存在争议。有些法院认定打赏人与被打赏主播及直播平台构成赠与合同关系，打赏人对夫妻共同财产的处分属于无权处分，应予返还；有些法院则认定平台直播消费者与平台之间是网络直播服务合同关系，打赏是对主播提供直播服务的对价行为。整体来看，法院多认定观众对主播的送钱赠物行为属于无偿赠与合同关系，而在直播平台对主播的打赏行为性质认定上存在较大分歧，既有认定为赠与合同关系的，也有认定为网络直播消费服务合同关系的，还存在同一案件一审、二审法院判决所持观点相反的情形。例如，在北京字节跳动有限公司与江某慧、钟某淘赠与合同纠纷案中，一审法院安徽省无为市人民法院作出(2020)皖0225民初1671号民事判决，确认直播打赏赠与合同无效。该案件二审中，安徽省芜湖市中级人民法院通过(2020)皖02民终2598号判决书作出撤销前述一审判决的决定，认定钟某淘与北京字节跳动有限公司之间成立网络服务合同关系，裁定驳回江某慧主张钟某淘与北京字节跳动有限公司的赠与合同无效的诉讼请求。

从近年网络直播打赏纠纷判例的统计数据看，将网络直播打赏定性为网络服务合同关系的趋势日趋明显。在张某与北京密境和风科技有限公司、罗某燕、何某均不当得利纠纷中，重庆市奉节县人民法院(2019)渝0236民初5472号民事判决书认定第三人何某均作为完全民事行为能力人，在同意并阅读网络直播平台的相关协议后，自愿在花椒直播平台、NOW直播平台注册账号成为直播平台的注册用户，应按约定行使权利，履行义务，判决驳回原告张某要求被告北京密境和风科技有限公司、罗某燕返还直播打赏的诉请。在赵某辉、倪某合同、无因管理、不当得利纠纷再审审查与审判监督案件中，安徽省黄山市中级人民法院民事裁定书[(2020)皖10民申17号]认定网络直播打赏行为是指在互联网模式下，直播平台注册用户为购买网络主播提供的服务而支付相应对价的行为。倪某作为富聊直播平台的主播，通过提供直播服务，接受用户赵某辉通过充值换取虚拟货币后购买的虚拟礼物，具有正当性，并不违反法律的禁止性规定，法院裁定驳回赵某辉的再审申请。在王某与随某、孙某的赠与合同纠纷案中，浙江省杭州市中级人民法院民事判决书(2020)

浙01民终3982号改变了一审法院对直播打赏认定为不可撤销的赠与合同的判决，认定隋某在抖音直播平台为用户提供直播等服务，孙某在接受主播的服务后获得精神层面的愉悦，将抖音币打赏给隋某，是一种消费行为，双方之间实际上存在对价给付，即成立网络服务合同关系。

二、在学理框架内对相关问题的点评

针对网络直播打赏的法律性质，目前法学界主要存在服务合同和赠与合同两种不同认识。持赠与合同的观点认为，观众虽然与平台订立网络服务合同，但并未与主播订立任何合同，其对主播的表演是否打赏以及打赏多少纯属自愿。打赏是观众的情感表达方式，具有单务性、无偿性，符合赠与合同的法律特征。持服务合同的观点认为，主播提供了表演服务，作为打赏方的观众获得了精神上的享受或智识上的提高，这属于网络新业态下非强制性付费的一种服务形态，打赏是观众支付给主播的报酬。①

网络直播服务运行实践表明，以互联网等现代信息技术为支撑的直播平台是网络直播服务的依托和载体，直播平台运营商、主播和观众三方主体依托直播平台形成不同的法律关系。其中，观众与平台签订充值协议并成功充值后即完成直播服务合同的付款义务，享有直播平台提供的娱乐服务以及行使参与互动的权利（直播打赏，如购买虚拟币打赏主播以获取在线优先与主播互动的资格、管理直播间的特权、要求主播进行特定表演的权利等）。平台通过与主播的协议，约定由主播向观众提供直播服务，借由主播提供的直播服务完成平台对观众提供网络直播服务的合同义务。直播平台运营商与主播一般为合作关系，双方均以营利为目的，以协议约定的权利义务为依据，以提供服务和支付报酬为对价，通过观众的充值、打赏或植入广告等方式获取并分享收益。因此，在直播平台、主播和观众三方主体中存在两个合同，即观众与直播平台的服务合同以及主播与直播平台的协议，观众和主播均依赖于直播平台的组织和结算，但彼此之间不存在合同关系。

对网络直播打赏法律性质的学理解释不仅需要突破传统无偿赠与合同之拘囿，还需要对网络直播服务这一互联网新业态形成充分的认知、认同和正确的价值取向。从网络直播打赏涉及的三方主体看，直播平台运营商和主播进入直播平台的目的是营利，观众进入直播平台并打赏的目的是享受更优质的主播服务；三者通过两个合同进入平台并形成以直播服务和直播消费为内容的权利义务关系，该法律关系的客体为网络直播服务。据此可以认定网络直播打赏行为是指在互联网模式下，直播平台注册用户为购买网络主播提供的服务而支付相应对价，并据此与网络直播运营商形成网络直播服务合同关系的行为。打赏是观众对其享有特定直播服务支付的对价，而不是对直播平台运营商或主播的

① 参见罗敏、苏敏：《论网络直播打赏的法律性质》，载《人民司法》2020年第19期。

无偿赠与。①

三、本判例的规范逻辑和裁判逻辑

上海市第二中级人民法院经审理认为，涉案合同应界定为网络服务合同，而不是赠与合同。该合同已实际履行完毕，且不存在效力瑕疵或合同无效的情形，应认定有效。法院对于某琼要求确认赠与合同无效并要求林某、斗鱼公司返还充值、打赏金额的诉讼请求，不予支持。《民法典》第143条规定："具备下列条件的民事法律行为有效：(一)行为人具有相应的民事行为能力；(二)意思表示真实；(三)不违反法律、行政法规的强制性规定，不违背公序良俗。"本案中，打赏人沈某凯系完全民事行为能力人，充值、打赏是其真实意思表示，该行为不违反法律、行政法规的强制性规定，不违背公序良俗，不存在合同效力瑕疵，对当事人具有法律约束力，依法应予保护。最高人民法院《关于依法妥善审理涉新冠肺炎疫情民事案件若干问题的指导意见(二)》对未成年人参与网络付费游戏和网络打赏纠纷提供了更明确的规则指引。该指导意见明确，限制民事行为能力人未经其监护人同意，参与网络付费游戏或者通过网络直播平台打赏等方式支出与其年龄、智力不相适应的款项，监护人请求网络服务提供者返还该款项的，人民法院应予支持。该规定更多地考量了对未成年人合法权益的保护，同时引导网络公司进一步强化社会责任，为未成年人健康成长创造良好网络环境。同时法院认定，打赏是观众对其享有特定直播服务的对价，而不是对直播平台运营商或主播的无偿赠与，不符合无偿赠与合同的构成要件，打赏人自然也不能行使撤销权。《民法典》第657条规定："赠与合同是赠与人将自己的财产无偿给予受赠人，受赠人表示接受赠与的合同。"第658条规定："赠与人在赠与财产的权利转移之前可以撤销赠与。经过公证的赠与合同或者依法不得撤销的具有救灾、扶贫、助残等公益、道德义务性质的赠与合同，不适用前款规定。"关于本案是否存在违背公序良俗的事实从而影响沈某凯的充值、打赏行为的效力，根据《民法典》第153条第2款规定："违背公序良俗的民事法律行为无效。"法院经审理认为，没有证据证明打赏人沈某凯、主播林某、直播平台运营商斗鱼公司的行为违反公序良俗的民法基本原则，沈某凯充值、打赏的行为合法、有效。关于沈某凯的充值、打赏行为是否侵犯了妻子的财产权益，进而导致其对夫妻共同财产的处分行为无效或部分无效。《民法典》第1060条规定："夫妻一方因家庭日常生活需要而实施的民事法律行为，对夫妻双方发生效力，但是夫妻一方与相对人另有约定的除外。夫妻之间对一方可以实施的民事法律行为范围的限制，不得对抗善意相对人。"

---

① 但亦有部分学者认为，网络直播打赏应定性为赠与合同。李婉琳、符凯悦提出，主播的表演多为即兴表演，表演内容具有不确定性；将主播接受用户打赏视为赠与合同成立的起点，可以有效减少未成年人打赏和天价打赏的问题；虚拟财产属于赠与标的的范畴，并且在用户打赏后发生了权利转移；打赏行为具有非强制性与非对价性。因此，打赏行为形成的法律关系更接近于赠与合同，也更符合大众的认知习惯。参见李婉琳、符凯悦：《网络直播打赏行为的法律性质探析》，载《文化学刊》2021年第1期。

法院经审理认为，沈某凯的充值、打赏行为虽发生于婚姻关系存续期间，但娱乐消费属于日常生活所需，且充值金额系多次、长期累计形成，应为有权处分。

四、本判例的意义

网络经济是在互联网等当代信息技术发展的基础上出现的新型经济业态，其改变了传统行业的价值创造方式，甚至可能会出现颠覆传统经济模式的现象。网络直播服务又是网络经济的新业态，与之伴随的充值、打赏更是冲击了传统的消费观念和价值观，不仅普通民众对直播打赏的态度迥异，法学理论界和实务界对此也存在严重分歧，加之法律制度对新业态调整规范的滞后性，司法实践中频频出现“同案不同判”现象。在此背景下，本判例至少具有下列积极的理论意义和实践价值：

1. 深化对网络直播服务等经济新业态的理论研究。随着信息技术的高速发展，经济新业态不断涌现，如网络经济、知识经济、数字经济、共享经济等。加强对经济新业态的实证调查和研究不仅能够为理论研究提供数据支持，亦有助于深化人们对经济新业态的认知和认同，推进观念转变和体制机制创新，使我国在未来新经济的竞争中处于有利地位。

2. 推进网络直播服务的法律制度规范。网络直播服务作为一种经济新业态，在为经济社会发展增添活力的同时，也容易滋长不良乃至不法行为，如直播内容低俗、不雅、有悖公序良俗等，给观众特别是青少年的人生观、价值观、消费观带来不利影响。因此，亟待建立健全网络直播服务等经济新业态的法律制度规范，在保障其发展的同时，规范其运行，增进社会整体利益。

3. 推进网络直播打赏纠纷司法实践的统一。本判例通过理论阐释和判例辨析，对直播打赏法律关系的主体、客体、内容及其特征进行了较全面的分析，认为打赏是观众对其享有特定直播服务的对价，而不是对直播平台运营商或主播的无偿赠与，并据此将直播打赏认定为网络直播服务合同关系。该判例增进了人们对网络打赏行为法律性质的认识，对于统一网络直播打赏的司法实践标准具有积极意义。

4. 当下，无论是法学理论界还是实务界均宜回归到打赏是观众与平台之间的网络服务合同的本质，在统一认识的基础上推进相关法律制度的完善，以推进网络直播新业态的发展，平衡网络直播各参与主体的利益和社会利益。鉴于直播平台在网络直播服务中的载体和依托作用，应当强化平台在直播服务中的首要责任义务，明确直播平台对主播的直播内容负有的主体责任。同时，网络服务行政主管部门应当对直播打赏进行规范，引导观众理性打赏，并对高额打赏进行限制。

五、后续判例和规范的发展

近年来，网络直播行业快速发展，直播打赏中的法律问题凸显，最典型的就是夫妻一方使用共同财产打赏引起的纠纷。“打赏”通常是用户对主播提供的表演和服务的酬谢，平台主播通过直播表演等方式获取虚拟礼物，这也是主播正当获取报酬方式之一，此类合同的性质是区别于法律规定的无偿、单务的赠与合同,司法实践中,对于夫妻一方使用夫妻共同财产打赏引发的纠纷的处理,有基于大额打赏构成无效处分,判决全额返还的;有区分合理消费与挥霍,判决部分返还的;还有认定主播是善意取得或者有偿服务,判决不予返还的。

(一)相关判例

2022 年 6 月 17 日,北京市通州区人民法院发布其审结的一案:妻子频频打赏主播,总计 10 余万元,丈夫起诉索讨,法院判决驳回原告诉求。妻子韩某给短视频平台的主播打赏花费 10 余万元。丈夫李某发现后,起诉至法院,要求确认韩某与短视频平台主播管某的赠与行为无效、甲公司与管某连带返还打赏钱款共计 141,512.5 元。北京市通州区人民法院经审理认为,根据查明的事实,管某是游戏主播,韩某观看管某直播的游戏服务,花费"A 币"购买虚拟礼物打赏,享受了精神利益,因此,该直播者与打赏行为人之间是网络服务合同关系而非赠与合同关系。韩某的打赏持续时间长、每次打赏金额小,但打赏频次高。丈夫认为妻子韩某擅自处分夫妻共同财产,但是,是否超出日常生活必要不能以简单的累积金额评判,而且正当途径的娱乐活动、追求精神愉悦也属于日常生活的一部分。故韩某以夫妻共同财产进行打赏,虽累积数额较大,但单次打赏行为未超出正常的日常生活消费范畴。原告主张韩某和管某存在不正当关系,但未提供充分有效的证据予以证实,且该项意见不是导致合同无效的当然事由。该案件中也不存在其他导致合同无效的情形。据此,法院判决驳回原告李某的全部诉讼请求。①

(二)新的司法解释规定

2025 年 2 月 1 日起施行的《民法典婚姻家庭编解释(二)》第 6 条规定:"夫妻一方未经另一方同意,在网络直播平台用夫妻共同财产打赏,数额明显超出其家庭一般消费水平,严重损害夫妻共同财产利益的,可以认定为《民法典》第 1066 条和第 1092 条规定的"挥霍"。另一方请求在婚姻关系存续期间分割夫妻共同财产,或者在离婚分割夫妻共同财产时请求对打赏一方少分或者不分的,人民法院应予支持。"

法院处理此类争议时,主要考虑因素包括:

(1)金额大小。小额打赏,通常视为日常消费;大额打赏,则需证明用途的合理性。

(2)行为性质。单纯娱乐消费的,一般可以认定为正常消费;若是存在婚外情等不正当关系的,倾向于认定赠与无效。

(3)主播是否善意。主播不知情且无过错的,可以适用善意取得;若主播诱导打赏或者具有其他恶意的,则很可能需返还。

① 安然:《妻子频频打赏主播总计 10 余万元,丈夫起诉索讨,法院这样判》,载北京日报客户端,https://baijiahao.baidu.com/s?id=1735882050779051196&wfr=spider&for=pc。

对于配偶一方在合理范围内的网络打,另一方应包容,并有一定接受度,假若遇到超出合理限度的打赏或者夫妻间发生纠纷的,应注意收集打赏记录、聊天内容等证据,以证明打赏事实存在、钱款用途是否合理以及是否有恶意等。发现配偶另一方大额打赏的,可以依法维权。

026. 出售婚前房产用于购买婚后房产的，不属于婚前财产的转化，但购房出资比例应予以认定*

王某与周某离婚后财产纠纷上诉案‖四川省成都市中级人民法院民事判决书，(2019)川01民终10727号①

事实概要

王某（女）和周某原为夫妻关系，双方因夫妻感情破裂，于2017年经四川省梓潼县人民法院调解离婚。② 离婚后，王某于2018年向四川省成都市武侯区人民法院起诉，要求平均分割双方婚姻存续期间购买的位于武侯区的一套商品房A。周某辩称该商品房A系其用婚后出售其婚前购买的商品房B所得的款项购买的，是其婚前财产的转化，应为其个人财产，王某无权要求分割。

四川省成都市武侯区人民法院审理查明，周某婚前于2007年5月14日购买了商品房B；婚后于2015年6月5日将该商品房B转让给案外人甲，转让价为555,000元。2015年7月19日，周某与案外人乙签订了房屋买卖合同，约定周某向案外人乙购买商品房A，房屋的成交价为1,600,000元，首付款500,000元，余下1,100,000元通过办理20年银行按揭贷款支付。案外人甲于2015年6月25日、7月9日分别将商品房B的转让款140,000元、410,000元合计550,000元汇至周某名下的尾号为2742的银行账户，周某在尾号为2742的银行账户收到550,000元后将其中的530,000元陆续转至其名下尾号为7917的银行账户，再从尾号为7917的银行账户转出335,000元至其名下尾号为7476的银行账户，分别为2015年6月25日80,000元、7月10日100,000元、7月14日110,000元、7月15日45,000元。该四笔款项进入尾号为7476银行账户后，全部转入证券账户；此后证券账户先后转回银行账户资金为400,000元、335,000元，再分别转入证券账户630,000元、转

---

* 陈伟莲，上海市松江区人民法院法官助理。

① 该案历经一审、二审、再审，案号分别为(2018)川0107民初8074号、(2019)川01民终10727号、(2020)川01民申182号。

② 参见四川省梓潼县人民法院民事调解书，(2017)川0725民初855号。

回银行账户498,000元、转入证券490,000元;此后其他款项转入证券50,000元;最后转回尾号为7476银行账户120,000元、365,000元。后于2015年7月29日支付案外人乙商品房A首付款500,000元,余款1,100,000元通过办理了银行按揭贷款支付。商品房A的按揭贷款系由王某和周某婚内以夫妻共同财产偿还。商品房A产权于2015年8月3日被登记到周某名下,产权显示单独所有。故法院判决位于武侯区商品房A(房权证监证字第××号)由王某、周某按份共有,其中王某占有45.975%份额、周某占有54.025%份额,周某协助王某办理前述房屋的产权变更登记手续,该房屋的贷款由王某、周某共同偿还,各承担50%;驳回王某的其他诉讼请求。

周某不服一审判决,提起上诉,主张商品房A系其用出售自己婚前房屋所得的款项购买的新房,为其个人财产;且一审法院在认定婚前财产在首付款中的比例计算错误,其证券账户2015年7月29日的总资产仅有391,992.29元,一审法院将该账户2015年6月24日的总资产805,355.21元作为计算依据不当。请求依法撤销一审判决,改判驳回王某的诉讼请求。王某在二审中辩称,商品房A属于夫妻共同财产,应当进行分割;商品房A的购房资金来源发生混同,不能区分是否属于一方的婚前个人财产,一审法院的计算方式和方法准确,应驳回上诉,维持原判。

| 判决要旨 |

四川省成都市中级人民法院认为,王某与周某离婚时未对诉争商品房A进行处理,王某现有权请求人民法院对商品房A进行处理,本案案由为离婚后财产纠纷。商品房A虽登记在周某个人名下,但系双方婚后购买,王某与周某未对婚内财产所有权进行书面约定,应将该商品房依法认定为夫妻共同财产。但周某将出售其婚前购买的商品房B所得的部分款项用于支付商品房A的首付款,该购房出资比例应予以认定。因周某将出售婚前房产所得款项中的335,000转入证券账户,其间证券账户进行了多次的银行、证券账户间的相互转账,该笔资金已经不能从整体中单独区分,故应根据资金的构成情况,以转入的购房款在证券账户内已有资产和转入资金的总和中的占比,认定婚前财产在首付款中的比例。周某提交的某证券公司出具的周某名下证券账户明细及资产情况表可证实周某名下的证券账户在2015年7月29日(周某支付首付款当天)证券转银行265,000元后的总资产为391,992.29元,一审法院将该证券账户2015年6月24日的总资产805,355.21元作为计算依据不当,予以纠正。据此计算周某婚前财产在商品房A首付款中的比例为29.08%[335,000元/(656,992.92元+495,000元)×100%],商品房A中属于周某婚前财产所占份额为9.09%(500,000元×29.08%/1,600,000元),其余份额作为夫妻共同财产由双方各自分得50%,即45.455%[(100% - 9.09%)/2]。因此,周某的份额为54.545%(45.455% +9.09%),王某的份额为45.455%。故法院判决位于武侯区商品房

A 由王某、周某按份共有,其中王某占有 45.455% 份额、周某占有 54.545% 份额,周某协助王某办理前述房屋的产权变更登记手续,该房屋的贷款由王某、周某共同偿还,各承担 50%;驳回王某其他诉讼请求。

| 判例评析 |

一、既往相关判例与观点

司法实践中,对于婚前财产在用于购置婚后财产时的出资比例认定问题,人民法院处理时存在不同的裁判标准,有的法院将其作为夫妻共同财产,不予单独处理;有的法院对此予以单独处理,但仅就出资比例原价进行返还,忽视了相应的增值部分。

在詹某与高某离婚纠纷案中,贵州省贵阳市花溪区人民法院认为,诉争房屋系原、被告在夫妻关系存续期间购买的,属于婚姻法规定的夫妻共同财产的范畴。被告提交的证据可以证实其中的 90,000 元购房款系被告转让婚前个人所有的农科院房屋所得,根据《婚姻法解释(一)》第 19 条"婚姻法第十八条规定夫妻一方所有的财产,不因婚姻关系的延续而转化为夫妻共同财产,但当事人另有约定的除外"之规定,其支付的 90,000 元应当认定为其以个人婚前财产进行的投资,在分割该房屋时,首先应当考虑将该部分从共同财产中分离出来,但不能以此作为将房屋认定为个人财产的理由。因原、被告尚未完全取得诉争房屋所有权,双方亦存在争议,故在本案中不宜判决该房屋所有权的归属,法院结合本案案情,判令由被告居住使用房屋,原、被告可待该房屋取得完全所有权之后再另行提起诉讼。①

在沈某与周某离婚后财产纠纷上诉案中,江苏省无锡市中级人民法院认为,双方婚后购买诉争的 801 号房屋的首付款 246,561.4 元来自沈某婚后出售其婚前个人所有的万达房屋所得的余款,双方离婚后对诉争的房屋进行分割,应在扣除沈某的个人财产出资部分后对房屋进行分割处理,即从诉争房屋价值中扣除沈某个人财产出资的 246,561.4 元后,由双方平均分割(忽视了个人出资比例的相应增值部分)。②

在陈某甲与陈某乙离婚纠纷案中,广东省揭西县人民法院则认为,原、被告婚后并未对夫妻个人财产进行约定,根据婚姻法司法解释规定,夫妻在婚姻关系存续期间,一方以个人财产投资取得的收益归夫妻共同所有,原告投资股票所涉的股票折款 27,000 元为婚后取得的夫妻共同财产,应由双方平均分割(未区分股票折款包含了个人出资的本金及婚后收益两个部分)。③

---

① 参见贵州省贵阳市花溪区人民法院民事判决书,(2017)黔 0111 民初 2176 号。

② 参见江苏省无锡市中级人民法院民事判决书,(2019)苏 02 民终 5249 号。

③ 参见广东省揭西县人民法院民事判决书,(2014)揭西法京民初字第 87 号。

二、在学理框架内对相关问题的点评

婚前财产是我国夫妻个人财产的基本类型和主要内容,也是维持和保护夫妻婚姻关系财产中个人属性的重要物质基础。目前我国夫妻财产实行以婚后所得共有制为主导的普遍形式,婚前财产则作为一种特殊形式依附于共有制而存在。但是,这种静态和僵化的财产界分制度并不能完全适应婚前财产与婚后财产相互融合与转化所产生的财产动态发展,从而在司法实践中产生了大量婚前个人财产在婚内和离婚中的财产处分与分割纠纷。在一定程度上,这种婚前财产形态变化后的归属纠纷,实质上是围绕"财产形态变化是否影响财产权属定性"而展开。由于受不同婚姻家庭立法理念的影响,在侧重个人财产保护还是婚姻共同体维护的取舍上,不同国家和地区,甚至同一国家在不同历史时期也存在巨大差异。因此,权衡个人利益和维护婚姻家庭稳定之间的关系就成为处理此类争议案件的应有之义。

婚前个人财产转化后的权属认定,在学理上区分为三种类型:夫妻个人财产、夫妻共同财产、婚前个人财产和婚后共同财产相结合。这三种转化形态财产的性质认定,直接决定和影响了婚前个人财产及其收益在婚后的归属与分割,并对各地不同的司法实践起到了重要的理论指导作用。

1. 夫妻个人财产。作为夫妻一方婚前财产在财产形态上转化的婚后财产,仍属于夫妻个人所有。有学者提出过"溯源理论",[①]即婚姻期间所得财产应推定为婚姻财产,但一方能举证证明该财产系其个人财产转化而来的,该财产应属于个人财产。该理论与主张现行的货币形式和其他财产形态之间的转化并不改变所有权性质的民法基本原理一脉相承。根据该民法的基本原理,学界普遍认为,婚后财产权属判定应兼顾资金来源及物权登记效力,不能单纯适用物权登记效力原则或机械适用法定夫妻财产制,即婚后所得为夫妻共同所有原则。若新财产是由一方的婚前财产全额出资且登记在出资方名下的,则该新财产应为出资方个人财产形态的转化,仍为个人财产;若新财产是由一方的婚前财产全额出资但登记在另一方名下(除非一方明确表示赠与另一方)或夫妻双方名下的,或是由一方的婚前财产和婚后夫妻共同财产混合出资的,应为夫妻共同财产。

2. 夫妻共同财产。一种情形是将婚前财产转化后的婚后财产作为夫妻共同财产的一部分,不予单独处理。王利明教授认为,在婚姻关系存续期间,一方当事人用其个人财产所购置的财产应为夫妻共同财产。[②] 该观点遵循的是婚姻存续期间所得财产为夫妻共有财产的原则。另一种情形是将夫妻一方婚前财产在婚后的收益认定为夫妻共同所有。该观点认为,收益虽源于夫妻一方婚前财产,但为了尊重和体现夫妻或家庭共同体的协作对

---

① 参见夏吟兰:《美国现代婚姻家庭制度》,中国政法大学出版社 1999 年版,第 240 ~ 243 页。

② 参见王利明等:《民法新论》,中国政法大学出版社 1988 年版,第 334 页。

收益的贡献,因而把婚后的收益认定为夫妻共同所有财产。此观点未区分收益的性质系投资收益或是经营性收入。

3. 婚前个人财产和婚后共同财产相结合。此种观点认为,婚前财产转化后的婚后财产,包含了部分夫妻共同财产,将其完全认定为夫妻共同财产或者是一方的个人财产都不公平,从而将其认定为婚前个人财产和婚后共同财产的混合体,进而对转化财产进行分割时严格区分,可以推定此种观点本质仍是"婚前个人财产转化后,其性质不变"。遗憾的是,有的法院仅仅就婚前财产出资的原价进行返还,忽略了其相应的财产价值变动,分割方式较为机械。

三、本判例的规范逻辑

本判例是由一方的婚前财产和婚后夫妻共同财产混合出资购买房产的典型,四川省成都市中级人民法院将其认定为夫妻共同财产,再扣除其中婚前个人财产出资及相应增值部分,符合财产形态转化不改变权属性质的理论,实际上亦是承认诉争商品房 A 应为个人财产和夫妻共同财产的混合体。

根据 2001 年《婚姻法》第 17 条①关于夫妻共有财产的规定,可知我国实行夫妻财产共同所有为原则,个人所有为例外,即夫妻共同所有的法定财产推定制。由第 18 条②关于夫妻一方的财产的规定可知,婚前财产是夫妻个人财产的法定内容之一,但婚前个人财产形态转化后财产是否归于此范围,婚姻法并未对此做出明确规定。涉案的房产 A 的产权取得发生于婚姻关系存续期间,无论产权登记情况如何,应先推定为夫妻共同所有,然后再判断是否有相反证据足以推翻先前的推定。根据"谁主张,谁举证"的原则,主张婚后财产为个人财产的一方负有举证证明责任。周某主张诉争的商品房 A 系其用婚后出售婚前商品房 B 所得的款项购买的,并提供相关房屋的购买、登记收据,银行流水和房款支付情况等证据拟予以证实,四川省成都市中级人民法院据此分析诉争房产 A、B 的房款支付情况及资金流向,认定商品房 A 的首付款部分来源于周某出售婚前商品房 B 所得,剩余款项由夫妻共同财产支付,故认定商品房 A 为夫妻共同财产,但应将周某出资及相应增值部分予以扣除。

本案的裁判思路也出现在其他地方司法实践中。2016 年 6 月 27 日浙江省高级人民法院印发的《关于审理婚姻家庭案件若干问题的解答》(高法民一〔2016〕2 号)第 8 条规定:"夫妻一方以其婚前财产全额出资在婚后购置房屋且产权登记在己方名下的,此为婚前个人财产在婚后发生形态上的转化,不影响财产性质,该房屋属于夫妻一方的个人财产。夫妻一方以其婚前财产全额出资在婚后购置房屋且产权登记在双方名下或对方名下的,或者夫妻以一方婚前财产及夫妻共同财产混合出资在婚后购置房屋的,该房屋属于夫

① 现为《民法典》第 1062 条。

② 现为《民法典》第 1063 条。

妻共同财产。”

四、本判例的意义

本判例对婚前财产在用于购置婚后财产时的出资比例及相应的增值部分，予以认定为出资方的个人财产，其余部分认定为夫妻共同财产，实则采用了混合制财产的理念，此种转化财产的处理和分割方式较为周密和严谨细致，彰显了具体个案的公平正义。

2001年《婚姻法》第18条明确规定“一方的婚前财产”为夫妻一方的财产，肯定了在婚姻关系存续期间财产的个人专属性，却忽略了夫妻一方如果动用该部分财产重新置换新的财产，新财产是否会因系婚姻关系存续期间取得而影响其权属性质。在部分案件中，法官根据“财产权利形态转化不影响权属性质”的思路，肯定婚前财产形态转变后仍归属夫妻一方所有，从而排除适用“婚姻关系存续期间所获财产共有”的规定，将案件所涉财产认定为归属婚前财产所有人一方。此种判断方式虽然保护了婚前个人财产在婚姻缔结后的独立性，但在一定程度上背离了2001年《婚姻法》的基本规定。值得肯定的是，本判例在个人财产自由与夫妻共同分担风险、共享收益之间取得了较好的平衡。对婚前个人财产的出资比例及增值部分予以认定，一方面权衡了夫妻共同财产权益的保护和特殊的个人财产权益的保护之间的关系，另一方面体现了保护个人财产自由的理念，有利于鼓励夫妻一方婚后对于婚前个人财产的处分使用，有利于促进经济社会发展。

需要指出的是，本案裁判有所不足。王某起诉时的诉讼请求为“平均分割诉争房屋”，本判例中的法院在未引导王某进一步明确诉讼请求的情况下，判决确定双方享有的房产份额，责令周某协助王某办理房屋的产权变更登记手续，双方共同清偿按揭贷款，均存在较大瑕疵。一方面，判决仅认定双方对诉争房产享有的产权份额不具有可执行性，导致增加当事人诉累。另一方面，判决周某协助王某办证的义务显得突兀，由于王某起诉时并未提出该项诉讼请求，且诉争房产系登记在周某名下，为何要变更登记到王某名下，法院对此未进行任何分析说理。最后，判决由双方共同清偿房屋的剩余按揭贷款亦容易引发新的矛盾，不利于定分止争。最高人民法院《婚姻法解释（三）》第10条①规定：“夫妻一方婚前签订不动产买卖合同，以个人财产支付首付款并在银行贷款，婚后用夫妻共同财产还贷，不动产登记于首付款支付方名下的，离婚时该不动产由双方协议处理。依前款规定不能达成协议的，人民法院可以判决该不动产归产权登记一方，尚未归还的贷款为产权登记一方的个人债务。双方婚后共同还贷支付的款项及其相对应财产增值部分，离婚时应根据婚姻法第三十九条第一款规定的原则，由产权登记一方对另一方进行补偿。”可见在本判例中，人民法院应当引导当事人进一步明确诉讼请求，进而判决房产归一方（一般是产权登记人）所有，而尚未归还的贷款为其个人债务，由取得产权的一方折价补偿另一方。

---

① 现为《民法典婚姻家庭编解释（一）》第78条。

五、后续判例和规范的发展

随着我国经济的快速发展,越来越多的人群步入小康家庭,财富形式呈现更为多元化的发展态势,财富转化与流转也越来越频繁。个人自主意识和财务独立思想日渐盛行,"闪婚闪离"现象频发,离婚率居高不下并持续攀升,都势必会对传统的夫妻财产推定共同所有制产生较大的冲击和挑战。与此同时,家庭是构建我国文明和谐社会的重要载体,而财产无疑是维系和处理各种夫妻关系的重要基石。在此制度框架背景下,后续的类案判例在保护传统的夫妻共同所有主导制度的基础上,将更为注重对夫妻婚前个人财产在婚后产生收益或转化分割的细致处理,以适应婚姻家庭关系和财产观念的时代变迁。

在婚前财产形态转化问题上,我国应坚持婚后所得共同制,重视夫妻协力,认同和尊重家务劳动在家庭共同生活及财产增值收益中的地位和价值。在区分夫妻个人财产和夫妻共同财产的问题上,应从溯源理论来探究婚前财产形态转化后是否仍应归属于夫妻个人财产,并以全部资金来源作为判别依据。夫妻一方以婚前财产在婚后的投资收益,应认定为夫妻共同所有。基于夫妻的特殊身份关系考虑,只有在能明确排除夫妻共同所有的情形下,才能够认定夫妻一方婚前财产在婚后所形成的新财产为一方个人所有。首先,在婚姻缔结前后,从夫妻明示或默示的意思表示进行认定。其次,如果无法确定意思表示,接下来可以借助该财产的物权登记或公示程序探究权属性质,也可通过其他辅助证据来进一步证明。

027. 配偶一方抵押其名下的夫妻共有房产的，该抵押是否有效？*

肖某红与深圳某银行、深圳市某文化公司抵押合同纠纷案‖深圳市宝安区人民法院民事判决书，(2018)粤0306民初1191号

事实概要

原告肖某红与王某于1990年登记结婚。1999年10月，夫妻双方购置深圳市南山区某处房产，登记于丈夫王某名下。2017年1月，王某、被告深圳市某文化公司、被告深圳某银行签订《授信合同》，深圳市某文化公司为授信贷款人，王某为担保人，三方协商设定340万元授信贷款额度。担保人王某以其名下的夫妻共有的南山区某房产设置抵押担保，并在房产登记部门办理了抵押登记。合同签订后，被告深圳某银行履行了贷款义务。2017年3月，王某去世。原告肖某红发现涉案房产被王某生前设立抵押权，诉至法院，以担保人未经共有人同意设定抵押为由，主张抵押合同无效。

法院经审理认为，涉案房产虽系原告与担保人在夫妻关系存续期间购置，但该房产登记在担保人名下，对外具有公示所有权人的法律效力，原告与担保人内部的共有关系依法不能对外对抗善意第三人。

被告深圳某银行依据担保人提交的申请材料进行贷款审批，接受担保人以其名下的上述房产作为贷款抵押物，且依法办理了抵押登记手续，无证据证明深圳某银行在此过程中知道上述房产存在共有关系，其作为善意第三人，有权依约享有相应的抵押权利。因此，涉案抵押条款系当事人的真实意思表示，内容没有违反法律和行政法规的强制性规定，合法有效，具备法律约束力。原告诉请确认抵押无效，缺乏事实和法律依据，法院不予支持。至于原告因担保人的上述行为遭受经济损失的问题，可另寻其他法律途径主张权利。最终法院判决驳回原告肖某红的全部诉讼请求。

---

* 熊金才，法学博士，汕头大学法学院教授。

| 判决要旨 |

1. 不动产所有权的公示与公信力。《物权法》第 14 条规定："不动产物权的设立、变更、转让和消灭，依照法律规定应当登记的，自记载于不动产登记簿时发生效力。"①夫妻双方共同购买房产，但产权仅登记在一方名下，基于保证不动产登记的公信力和保护交易安全的需要，未办理产权登记的配偶一方对系争房屋的共有权不得对抗善意第三人。非产权登记的配偶一方以另一方未经其同意而出售房屋或设定抵押为由，主张买卖合同或抵押合同无效，请求善意第三人返还财产或恢复物权原状的，人民法院不予支持；但是，产权登记配偶一方擅自处分夫妻共同共有的房屋造成非产权登记配偶一方损失，离婚时非产权登记配偶一方请求赔偿损失的，人民法院应予支持。

2. 不动产善意取得的构成要件。本案证据足以证实王某未经不动产共有人同意而擅自设立抵押权的事实，争议焦点是银行获得抵押权是否符合善意取得的情形。不动产的善意取得是指无权处分人将不动产处分给他人，善意受让人依法取得该不动产的所有权和包括担保物权的其他物权。本案中的抵押权为他物权中的担保物权，属于《物权法》第 106 条规定的"其他物权"，②参照适用善意取得制度的相关规定。本案中的抵押权人满足了不动产善意取得的构成要件，即抵押权人接受抵押时基于系争房产登记的公信力构成善意，并依照约定履行了贷款义务，向房产登记部门办理了抵押登记。

| 判例评析 |

一、既往相关判例与观点

夫妻一方未经另一方同意而擅自处分共有房产的判例并不鲜见。整体来看，系争房产登记在夫妻双方名下，配偶一方未经另一方同意擅自出让或设定抵押的，第三人通常难以满足善意取得的构成要件，法院普遍判决合同有效，但是，所有权不能转移或者抵押权不设立，第三人应返还房产或恢复物权原状，无处分权人向第三人承担违约责任。③ 系争房产登记在夫妻一方名下的，另一方未经该方同意擅自出让或设定抵押，第三人对夫妻共有不知情、支付合理对价并办理了产权过户登记手续的，基于不动产登记的公信力构成善意，法院往往判决第三人取得系争房产的所有权或抵押权。例如：

广东省深圳市南山区人民法院对柯某朝与李某芳、陈某梅确认合同无效纠纷作出一

---

① 现为《民法典》第 209 条。

② 现为《民法典》第 311 条。

③ 现为《民法典》第 597 条第 1 款规定："因出卖人未取得处分权致使标的物所有权不能转移的，买受人可以解除合同并请求出卖人承担违约责任。"该规定沿袭了《买卖合同案件的解释》第 3 条第 1 款的观点，采纳了合同效力与物权变动区分的原则，规定不动产无处分权合同的效力不受不动产所有权的影响。

审判决[(2020)粤0305民初11270号],判决驳回原告柯某朝(陈某梅之夫)主张夫妻房产登记之所有权人陈某梅与第三人李某芳订立的房屋买卖合同无效和返还房屋的请求,认定涉案房屋是否为夫妻共同财产存在争议,买卖双方恶意串通的证据不足,且涉案房屋登记在陈某梅一人名下,第三人李某芳已支付合理对价并完成产权过户登记,满足不动产善意取得的构成要件。

北京市朝阳区人民法院对陈某啼与卢某涛、唐某抵押合同纠纷作出一审民事判决[(2019)京0105民初22767号],判决驳回原告陈某啼(被告卢某涛之妻)主张夫妻房产登记之所有权人卢某涛与第三人唐某订立的房屋抵押权合同无效的诉讼请求,认定涉案房屋所有权的登记时间虽然为陈某啼与卢某涛婚姻关系存续期间,但《房屋所有权证书》记载的房屋所有权人为卢某涛一人,记载的共有情况为单独所有,唐某基于《房屋所有权证书》的记载内容,以及对登记公示权属状况的信赖利益向卢某涛出借款项,依法办理抵押登记,并取得涉案房屋的抵押权,构成善意取得。

二、在学理框架内对相关问题的点评

不动产所有权以及抵押权的设立均以登记为公示原则,未经登记,不发生所有权及抵押权设立的效力。该登记公示原则及其公信力有助于降低交易成本、提升交易效率、保护交易安全、维护交易秩序,已成为学术界共识并为多数国家的立法所确认,但是,在立法的价值取向上存在认识区分,例如,日本采用登记对抗原则,①瑞士采用登记要件原则,②德国则采取债权、物权二分原则。③

在司法实践中,基于不动产物权的登记公示原则,除当事人有相反证据证明外,记载于不动产登记簿上的人为该不动产的权利人,相对人基于不动产登记公示的公信力,与登记簿上记载的权利人交易,其利益应当受到保护,但其非善意的除外。而在婚姻家庭领域,因文化传承、夫妻家庭地位等因素的影响,登记簿上记为配偶一方所有而实际上属于夫妻共有的房产并不鲜见。对此,学理上的观点主张宜采用内外有别的方式处理,即夫妻内部应以共有处理,适用婚姻法规范调整;涉及第三人时,如出让、抵押等情形,适用物权

① 参见《日本民法典》第177条规定:"不动产物权之得丧变更,非按不动产登记法(平成十六年法律第一百二十三号)及其他登记相关法律之规定作出登记者,不得对抗第三人。"参见王融擎编译:《日本民法:条文与判例》,中国法制出版社2018年版,第151页。

② 参见《瑞士民法典》第656条第1款规定:"取得土地所有权,须在不动产登记簿登记。"参见《瑞士民法典》,殷生根、王燕译,中国政法大学出版社1999年版,第182页。

③ 德国法创设了物权行为概念,并认为物权变动不依赖于债权行为而产生,债权行为仅能产生具有相对效力的债的效果,而不能直接产生具有对世性的物权的效果。《德国民法典》第873条第1款规定:"土地所有权之移转或于土地上设定权利,及此等权利之移转或设定权利,应经权利人与相对人就发生权利变更之合意,并于土地登记簿上为权利变更之登记。但法律另有规定者,不在此限。"参见台湾大学法律学院、台大法学基金会编译:《德国民法典》,北京大学出版社2017年版,第778页。

法规范调整,但第三人对夫妻共有知情的除外。产权登记方未经另一方同意出售或抵押夫妻共同所有的房屋,第三人善意取得所有权或抵押权,离婚时另一方请求赔偿损失的,人民法院应予支持;第三人不能满足善意取得的构成要件时,则采用债权和物权二分的方法,由无处分权人对第三人承担违约责任。

三、本判例的规范逻辑

《民法典》物权编、婚姻家庭编及《民法典婚姻家庭编解释(一)》对夫妻共有不动产物权的设立、变更、转让及管理等作了明确规定,为夫妻不动产纠纷的解决提供了法律依据。《民法典》第 209 条第 1 款规定:“不动产物权的设立、变更、转让和消灭,经依法登记,发生效力;未经登记,不发生效力,但是法律另有规定的除外。”第 240 条规定:“所有权人对自己的不动产或者动产,依法享有占有、使用、收益和处分的权利。”第 311 条规定:“无处分权人将不动产或者动产转让给受让人的,所有权人有权追回;除法律另有规定外,符合下列情形的,受让人取得该不动产或者动产的所有权:(一)受让人受让该不动产或者动产时是善意;(二)以合理的价格转让;(三)转让的不动产或者动产依照法律规定应当登记的已经登记,不需要登记的已经交付给受让人。受让人依据前款规定取得不动产或者动产的所有权的,原所有权人有权向无处分权人请求损害赔偿。当事人善意取得其他物权的,参照适用前两款规定。”第 313 条规定:“善意受让人取得动产后,该动产上的原有权利消灭。但是,善意受让人在受让时知道或者应当知道该权利的除外。”《民法典婚姻家庭编解释(一)》第 28 条规定:“一方未经另一方同意出售夫妻共同所有的房屋,第三人善意购买、支付合理对价并已办理不动产登记,另一方主张追回该房屋的,人民法院不予支持。夫妻一方擅自处分共同所有的房屋造成另一方损失,离婚时另一方请求赔偿损失的,人民法院应予支持。”

四、本判例的意义

本判例以及同类判例在处理夫妻一方未经另一方同意出售或抵押夫妻共同所有的房屋的纠纷时,一般遵循不动产登记的公示原则,根据第三人是否满足不动产善意取得的构成要件,对案件依法作出判决,较好平衡了非产权登记的配偶一方与第三人之间的利益、婚姻家庭稳定与交易安全之间的关系,彰显了物权法和婚姻家庭法的目的价值。其积极意义和启示在于下列四个方面:

第一,夫妻共同购置的房产应当登记为双方共同共有或者按份共有,以不动产登记公示的公信力维护自己的财产权益。一般情况下,夫妻共有房产登记在双方名下的,一方未经另一方同意擅自出售或抵押房产,第三人因负有更严格的审核处分权行使之义务,这必然要求处分人的配偶通过有效途径作出同意处分的意思表示,因此第三人很难证明自己不知道处分人无处分权,更难以完成产权过户登记。然而,当夫妻共同共有的房产登记在一方名下时,基于不动产登记公示的公信力,第三人有理由认为该登记的权利人为所有权人,有权处分系争房产,一旦支付合理对价并完成产权过户登记,即善意取得了系争房产。

第二,由于各种原因,夫妻共有房产登记于一方名下的,非产权登记的配偶一方应当充分利用夫妻共同财产管理权保障自己的财产权益。当夫妻感情出现裂痕,非产权登记的配偶一方发现另一方有隐瞒、转移、变卖、毁损、挥霍夫妻共同财产或伪造夫妻共同债务等严重损害夫妻共同财产利益行为的,可以请求婚内财产分割,①以预防自身的财产利益损失。在此情形下,非产权登记的配偶一方应注意收集、保留证据,必要时应及时向法院起诉,请求婚内财产分割。建议配偶起诉时及时申请对涉讼房产进行保全,以免发生第三人善意取得而己方无法追回财产的情形。

第三,产权登记一方单独处分实质上属于夫妻共有的房产,若第三人存在恶意串通或存在过失不构成善意,另一方可起诉确认买卖合同或抵押合同无效,请求返还财产或恢复原状。在产权登记一方已完成处分,第三人善意取得房产所有权或抵押权的情况下,损害配偶财产权的事实已形成,若另一方决定维系婚姻关系,可以起诉请求婚内分割财产,及时保全售楼款或其他存在被私自处分风险的财产。

第四,若另一方决定离婚,可以根据《民法典婚姻家庭编解释(一)》第28条第2款"夫妻一方擅自处分共同所有的房屋造成另一方损失,离婚时另一方请求赔偿损失的,人民法院应予支持"的规定,主张损害赔偿;或根据《民法典》第1092条的规定,在离婚纠纷中请求认定处分方存在隐藏、转移、变卖、损毁、挥霍夫妻共同财产,或者伪造夫妻共同债务企图侵占另一方财产的情形,在离婚分割财产时,对处分方可以少分或者不分。②

---

① 《民法典》第1066条规定,一方有隐瞒、转移、变卖、毁损、挥霍夫妻共同财产或伪造夫妻共同债务等严重损害夫妻共同财产利益行为的,另一方可以请求婚内分割。此条吸收了原《婚姻法解释(三)》第4条规定。

② 此处的少分或不分的财产范围,主要是指被隐藏、转移、变卖、损毁、挥霍的夫妻共同财产或者伪造夫妻共同债务企图侵占的财产范围。此条文施行的法律效果与《民法典》第311条中关于受损害的共有人向无处分权人请求赔偿损失的规定基本一致,甚至更具惩罚性,更有利于保护夫妻关系中弱势一方。

028. 夫妻间借款协议性质的认定*

黄某诉周某潮民间借贷纠纷‖山西省大同市平城区人民法院(2015)城民初字第378号民事判决书,(2018)晋0202民再1号

事实概要

2012年7月5日,黄某和周某潮登记结婚,但未举办结婚仪式,也未同居生活。同年11月3日,周某潮给黄某出具借条一张,内容为"今黄某借给周某潮五万元整,自2012年11月3日,期限两年,最晚于2014年12月30日归还"。2012年11月12日黄某和周某潮登记离婚,离婚协议书上载明"婚后无子女、无财产、无债权债务"。2014年12月22日,黄某向山西省大同市城区人民法院提起诉讼,请求人民法院判令周某潮归还借款5万元及利息。周某潮辩称,黄某提供的借条上载明的5万元实际为支付给黄某的彩礼,目的是挽救婚姻,并非真实借款。

山西省大同市平城区人民法院经审理,于2015年8月27日作出(2015)城民初字第378号民事判决,判令周某潮在本判决生效后十日内偿还原告黄某借款本金50,000元,并从2014年12月31日起按照同期银行贷款利率计算利息,利随本清。被告周某潮不服该判决,向山西省大同市人民检察院申诉。山西省大同市人民检察院于2017年7月5日作出同检民[2017]140200000016号民事抗诉书,向大同市中级人民法院提出抗诉。2017年12月7日,大同市中级人民法院作出(2017)晋02民抗4号民事裁定书,指令山西省大同市平城区人民法院再审。山西省大同市平城区人民法院依法另行组成合议庭,开庭审理了该案。2018年5月3日,山西省大同市平城区人民法院作出(2018)晋0202民再1号民事判决书,维持原审裁判。

判决要旨

1.存在夫妻间借款协议的事实。山西省大同市平城区人民法院一审认为:原告黄某与被告周某潮订立的借款协议,并无证据证明违背双方的真实意思表示,且不违反法律的禁止性规定,故双方自然人之间的借款关系成立。

---

* 李洪祥,吉林大学法学院教授、博士生导师。

2. 夫妻间借款协议的主体双方是夫妻，与其他自然人应当有差别。大同市人民检察院的抗诉意见认为：法院认定夫妻在婚姻关系存续期间签订借款协议是自然人之间的债权债务关系，属于适用法律不当。夫妻在婚姻关系存续期间一方向另一方借款，除非有特别约定，否则无须再签订借款协议。如夫妻之间没有特别约定实行分别财产制的，通常不产生借贷关系。

3. 夫妻间借款协议与夫妻之外的自然人借款协议没有区别。山西省大同市平城区人民法院再审认为：法律并未禁止夫妻之间借款，且周某潮和黄某虽然登记结婚，但双方并未共同生活，他们之间的借款实质上仍然是自然人之间的借款。

| 判例评析 |

一、既往相关判例与观点

在司法实践中，夫妻之间存在婚内借款引发的纠纷时，不同人民法院对夫妻间借款协议的性质认定并不一致。关于夫妻间借款协议性质的认定，人民法院的裁判观点及理由可以区分为以下三种：一是将夫妻间借款协议认定为对个人财产的约定行为。例如，佛山市顺德区人民法院审理的何某某诉刘某民间借贷纠纷案。[①] 二是将夫妻间借款协议认定为夫妻共同管理财产的行为。夫妻关系存续期间出具借款协议不属于自然人之间民间借贷关系，如果借款用途为装修夫妻共同共有房屋，原、被告之间不存在约定财产的情形，一般不应当认定为借款关系。例如新疆生产建设兵团第四师中级人民法院审理的杨某某诉叶某某离婚纠纷案。[②] 三是将夫妻间借款协议纳入借款法律关系中。原告在婚内将个人财产出借给配偶，在被告不能举证证明其使用该款项及其收益用于夫妻双方或家庭共同生活的情况下，借款关系成立，被告应全额偿还所借款项。例如威海市中级人民法院审结的徐某诉胡某返还财产纠纷案[③]和浙江省高级人民法院审理的叶某某诉王某某民间借贷纠纷案[④]。

值得注意的是，就实际发生借款事实是否认定借款关系成立的必要前提条件这一问题，不同法院持不同意见。例如，在孙某与曾某某追偿权纠纷案[⑤]、吴某诉贺某民间借贷纠纷案[⑥]中，法院都认为夫妻之间仅存在借条即可确认双方的借款关系；而在叶某某诉王某某民间借款纠纷案[⑦]中，再审法院认为，没有实际发生借款事实，权借款关系不成立。

---

① 参见广东省佛山市顺德区人民法院民事判决书，(2019)粤0606民初9493号。

② 参见新疆生产建设兵团第四师中级人民法院民事判决书，(2017)兵04民终123号。

③ 参见山东省威海市中级人民法院民事判决书，(2020)鲁10民终2465号。

④ 参见浙江省高级人民法院民事判决书，(2008)浙民再抗字第34号。

⑤ 参见江苏省连云港市中级人民法院民事判决书，(2018)苏07民终3144号。

⑥ 参见湖南省湘乡市人民法院民事判决书，(2021)湘0381民初448号。

⑦ 参见浙江省高级人民法院民事判决书，(2008)浙民再抗字第34号。

二、在学理框架内对相关问题的点评

随着市场经济的快速发展，个人及家庭的经济生活变丰富了，夫妻间的财产关系呈现出更多样的情况，也带来了许多争议问题。对于夫妻间借款协议性质的认定，法律没有明确规定，学者也持有不同见解。虽然基于《婚姻法解释（三）》第16条规定，夫妻间借款协议的效力得到了确认，但其性质仍存在很大的学理争议。

夫妻间借款协议可能存在以下几种情形。

（一）将夫妻间借款协议认定为民间借款行为

夫妻间虽具有亲密关系，但仍互为独立的个体，法律也允许夫妻拥有个人财产。一方将其个人财产出借，应属于自然人间的借款关系。从《民法典》第464条第2款[①]规定可以看出，在法律适用上，夫妻间的相互借款不仅受到《民法典》婚姻家庭编及《民法典婚姻家庭编解释（一）》的规制，还要受到《民法典》合同编的法律规制。值得注意的是，由于借款关系发生于夫妻这一特殊身份关系之间，考虑到其中存在的伦理与情感联系，即使将其认定为民间借款协议，也应当优先适用《民法典》婚姻家庭编的规定，《民法典》合同编则由于其所保护的制度价值不同而应置于其后适用。[②] 判断夫妻在婚姻关系存续期间相互借款是否属于夫妻间借贷关系要更加慎重和严格。首先，要存在双方认可的借款协议，如果没有，则一般不宜认定为借款关系。其次，还需要查明借款用途，如果属于夫妻共同生活需要则不宜认定为借款关系。除此之外，由于自然人之间的借款协议为实践性合同，还应当查明夫妻间是否实际发生借款事实。

（二）将夫妻间借款行为看作夫妻对共同财产的合法处分行为

此种观点依据的是《民法典婚姻家庭编解释（一）》第82条，认为夫妻间借款涉及的财产范围应当限于夫妻共同财产，将会导致一方既是债权人又是债务人的情况，因而在离婚时将债权债务相抵后只需要清偿借款的一半。司法实践中存在此种判决，例如杨某某诉叶某某离婚纠纷案[③]及程某诉邹某离婚纠纷案[④]。

（三）将夫妻间借款行为的实质看成是夫妻双方合意对部分财产约定为分别所有

依据《民法典》第1065条第1款[⑤]的规定，法律允许并尊重夫妻间对于财产归属的自

---

① 《民法典》第464条第2款规定："婚姻、收养、监护等有关身份关系的协议，适用有关该身份关系的法律规定；没有规定的，可以根据其性质参照适用本编规定。"

② 参见姚邢、龙翼飞：《〈民法典〉关于夫妻间财产协议的法律适用》，载《法律适用》2021年第2期。

③ 参见新疆生产建设兵团第四师中级人民法院民事判决书，（2017）兵04民终123号。

④ 参见山东省海阳市人民法院民事判决书，（2014）海民初字第1377号。

⑤ 《民法典》第1065条第1款规定：男女双方可以约定婚姻关系存续期间所得的财产以及婚前财产归各自所有、共同所有或者部分各自所有、部分共同所有。约定应当采用书面形式。没有约定或者约定不明确的，适用本法第1062条、第1063条的规定。

由意愿。然而,夫妻关系蕴含较强的身份性和伦理性,[①]为了维护婚姻家庭关系稳定,促进夫妻间关系和谐,除非有夫妻间财产为分别所有的明确书面约定,否则仍应当依照法定财产制来处理财产问题,仅因存在借款协议的内容就认定分别所有,有悖于夫妻财产制的初衷。夫妻具有特殊身份关系,双方在婚姻存续期间获得的财产除特有财产外均为共同财产,除非夫妻双方存在书面形式的特别约定,而夫妻间的借款协议并不能直接等同于夫妻双方对于相关财产属于分别所有的书面约定。夫妻间对于财产分别所有的约定基于对未来生活的考量,具有长期性、稳定性和确定性,[②]与借款协议不应混同。

三、本判例的规范逻辑

山西省大同市平城区人民法院与大同市人民检察院就夫妻在婚姻关系存续期间发生的借款行为的性质认定存在的分歧,是本案裁判的争议焦点。依据《民法总则》第 143 条、《民法典》第 143 条[③]关于民事法律行为的效力规定,山西省大同市平城区人民法院一审以及再审中将夫妻间借款协议视同一般自然人间的借款协议,将合同行为或者民事法律行为作为裁判逻辑,主要是考虑到原、被告双方闪婚闪离,并未共同生活,夫妻间感情基础薄弱,妻子将个人财产借与丈夫而形成夫妻间的借款协议系夫妻双方间订立的借贷契约,并无证据证明违背双方的真实意思表示,且不违反法律禁止性规定,且存在借贷协议书,故双方之间借贷关系成立,借款行为表现为自然人之间的借款协议。

大同市人民检察院则持不同意见。依据 2001 年《婚姻法》第 19 条、《民法典》第 1065 条[④]的规定,在夫妻婚姻关系存续期间,一方向另一方借款,以存在夫妻间的特别约定作为认定借贷关系的前提,但是不能将夫妻间借款协议简单地直接认定为自然人之间的债权债务关系。

四、本判例的意义

本判例在裁判的过程中,通过检察机关抗诉的方式,展示了夫妻在婚姻关系存续期间的借款协议性质的认定存在不同观点。从目前的司法实践来看,在具有夫妻身份关系的主体之间形成的经济关系越来越多样化,司法人员对裁判标准的认识也不一致,其性质认定存在三种不同的情况。

由于夫妻约定财产在《民法典》中有明确具体的规定,所以当夫妻双方书面约定,婚姻关系存续期间所得的财产以及婚前财产归各自所有、共同所有,或者部分各自所有、部分

---

① 参见龙翼飞:《编纂民法典婚姻家庭编的法理思考与立法建议》,载《法制与社会发展》2020 年第 2 期。

② 参见姚邢、龙翼飞:《〈民法典〉关于夫妻间财产协议的法律适用》,载《法律适用》2021 年第 2 期。

③ 《民法总则》第 143 条、《民法典》第 143 条规定:"具备下列条件的民事法律行为有效:(一)行为人具有相应的民事行为能力;(二)意思表示真实;(三)不违反法律、行政法规的强制性规定,不违背公序良俗。"

④ 《婚姻法》第 19 条、《民法典》第 1065 条第 1 款规定:"夫妻(男女双方)可以约定婚姻关系存续期间所得的财产以及婚前财产归各自所有、共同所有或部分各自所有、部分共同所有。约定应当采用书面形式。"

共同所有的情形,应当认定为夫妻约定财产关系。夫妻间何种情形属于借款关系,何种情形属于夫妻合意处分夫妻共同财产的行为,对这两种行为如何认定,是本判例蕴含的法律意义所在。按照《民法典婚姻家庭编解释(一)》第 82 条规定:夫妻之间订立借款协议,以夫妻共同财产出借给一方从事个人经营活动或者用于其他个人事务的,应视为双方约定处分夫妻共同财产的行为,离婚时可以按照借款协议的约定处理。除了前述两种情形,还有一种应当属于夫妻间作为独立自然人的借款协议。夫妻间借款协议最显著的特征是出借方出借的款项是本人的个人财产。还应当注意,无论上述哪一种行为,都只在夫妻双方之间发生效力;在第三人不知道存在协议的情况下,不对第三人发生效力;夫妻之间的借款协议一般也不具有对抗司法执行的效力。

029. 夫妻一方为其持股公司借款提供担保所生之债，是否视为夫妻共同债务？*

赵某与河南获嘉农村商业银行股份有限公司等金融借款合同纠纷再审案‖最高人民法院民事裁定书，(2019)最高法民申2302号

| 事实概要 |

赵某与姬某某为夫妻。婚后，姬某某与他人成立了河南青岭实业有限公司(以下简称青岭公司)，姬某某为法定代表人，并持有该公司50%的股份。2013年，青岭公司向河南获嘉农村商业银行股份有限公司(以下简称获嘉公司)贷款，姬某某以个人名义为青岭公司借贷提供担保。后赵某与姬某某离婚，双方约定了财产的分割，青岭公司的相关权益归姬某某所有，双方共有的登记于赵某名下的3套房产归赵某所有。2015年，青岭公司未偿还贷款，获嘉公司将赵某诉至法院，要求承担共同偿还责任。

一审法院认为，担保人姬某某作为借款人青岭公司的法定代表人和大股东，其个人收益于青岭公司的经营情况有关，而姬某某的个人收益依法属于其与赵某的夫妻共同财产，故青岭公司的经营情况与姬某某和赵某婚姻存续期间的夫妻共同财产有直接关系，认定姬某某为青岭公司担保所产生的债务应属于其夫妻共同债务是合理合法的，赵某依法应当承担共同偿还责任。

赵某不服一审判决，提起上诉。二审法院同样认为姬某某作为借款公司的法定代表人和股东，其担保行为不仅是为了公司利益，而且为了个人收益，公司经营状况与姬某某、赵某的夫妻共同财产有直接关系，故赵某应承担共同偿还责任。

其后，赵某向最高人民法院申请再审。最高人民法院经审查后，认为二审判决并无不当，驳回了赵某的再审申请。

| 判决要旨 |

夫妻一方为其持股公司的借款提供担保所生之债是否为夫妻共同债务，与公司所得

---

* 李欣，法学博士，江南大学法学院副教授。

收益的用途密不可分。本案基于案件事实，厘清了个人债务与夫妻共同债务的界限。2001 年《婚姻法》第 41 条规定："离婚时，原为夫妻共同生活所负的债务，应当共同偿还。共同财产不足清偿的，或财产归各自所有的，由双方协议清偿；协议不成的，由人民法院判决。"二审法院认同了原审法院作出的判决，由于姬某某任该公司法定代表人，且持有该公司 50% 的股权，因此，认定姬某某为青岭公司提供担保不仅是为了公司经营，也是为个人收益，担保产生的债务属于夫妻共同债务。

| 判例评析 |

一、既往相关判例与观点

夫妻一方为持股的公司担保所生之债是否属于夫妻共同债务问题，实务上随着社会发展，出现了不同的认识和裁判结论。

（一）举债所得钱款用途论

2001 年《婚姻法》生效后，第一阶段的观点是遵照《婚姻法》第 41 条的规定，为夫妻共同生活所负的债务，属于夫妻共同债务。依据《婚姻法》第 41 条的规定，判定标准是债务所得钱财是否用于夫妻共同生活，没有用于夫妻共同生活或者无法证明用于夫妻共同生活的，不属于夫妻共同债务。①

（二）债务发生时间论

《婚姻法解释（二）》第 24 条第 1 款规定："债权人就婚姻关系存续期间夫妻一方以个人名义所负债务主张权利的，应当按夫妻共同债务处理。但夫妻一方能够证明债权人与债务人明确约定为个人债务，或者能够证明属于婚姻法第十九条第三款规定情形的除外。"该规定导致在司法实践中，审判规则认为无论借债所得金钱用途如何，只要此债务发生于婚姻存续期间，就属于夫妻共同债务，是简单的"一刀切"方式。②

（三）结合债务发生时间、用途等区分情形而不同对待论

这是 2018 年以后的观点。依据最高人民法院 2018 年《审理夫妻债务案的解释》，认定夫妻共同债务不仅要看是否发生在婚姻存续期间，还要考虑其他情况，且仅有下列三种情形，即夫妻双方共同签字或者夫妻一方事后追认等共同意思表示承认所负的债务；夫妻一方在婚姻关系存续期间以个人名义为家庭日常生活需要所负的债务，债权人以属于夫妻共同债务为由主张权利的；债权人能够证明该债务用于夫妻共同生活、共同生产经营或

---

① 参见王某平诉许某文等房屋租赁纠纷案，海南省三亚市中级人民法院（2001）三亚民终字第 97 号民事判决书。

② 参见四川省安泰建设有限责任公司诉王某雄等侵害企业出资人权利纠纷案，四川省盐亭县人民法院（2013）盐民初字第 1042 号民事判决书。

者基于夫妻双方共同意思表示而形成。但是司法实践中具体认定规则又有所不同。

1. 对于是否有共同的意思表示，不同法院的理解不尽相同。就夫妻双方在合同上签名行为而言，有的法院认为无法仅从行为人在财产共有人处签名的行为，推定保证人之配偶为借款公司的债务作出了担保的承诺，或该担保之债用于了夫妻共同生活，并可据此认定该担保关系的成立；①但是，有些法院则认为该签字行为属于"认可保证债务为夫妻共同债务"。②

2. 法院对于家庭日常生活需要也没有具体的判断标准，目前认定标准主要有两项：金额标准与用途标准。有的法院认为，金额不大，未超出本地区家庭日常生活所需，即可认定为夫妻共同债务；③有的法院认为，债务用于日常生活支出，且未超出合理范围，应为夫妻共同债务。④

3. 对于共同生产经营的判断，有的法院会考虑公司的股份等来认定，对于夫妻二人同属股东的情况，将其为公司所举债或担保产生的债务作为夫妻共同债务。⑤ 对于共同生活的判断，除了根据债务是否直接用于家庭生活之外，有的法院还会考虑间接利益的获取。对于举债方担保是为了自己的收入考虑，非举债方因举债方的担保行为而获益的债务，认定为夫妻共同债务。⑥

二、在学理框架内对相关问题的点评

(一)夫妻共同债务的认定标准

经过理论和实务的发展，对于夫妻共同债务的认定由简单的"时间论"转向"用途论"。时间论就是根据是否属于夫妻关系存续期间来判断是否属于夫妻共同债务，用途论就是根据债务的具体用途来确定是否属于夫妻共同债务。由于时间论倾向于保护债权人，也出现举债人与债权人恶意串通损害举债人配偶利益的情形，使得举债人配偶负担加重，不利于实现公平正义，因而将认定标准转向用途论。⑦ 根据《民法典》第1064条的规定，夫妻双方共同签名或者夫妻一方事后追认等共同意思表示所负的债务，以及夫妻一方

---

① 参见上海浦东发展银行股份有限公司武汉分行、武汉钢铁集团鄂城钢铁有限责任公司金融借款合同纠纷案，湖北省高级人民法院民事判决书，(2018)鄂民终1091号。

② 参见湖北省国有资本运营有限公司与赵某、云南兴龙实业有限公司保证合同纠纷案，湖北省高级人民法院民事判决书，(2018)鄂民初70号。

③ 参见张某与中国投融资担保股份有限公司上海分公司以及盛某追偿权纠纷案，上海市高级人民法院民事裁定书，(2018)沪民申1565号。

④ 参见周某、珠海华润银行股份有限公司中山分行金融借款合同纠纷案，广东省高级人民法院民事裁定书，(2018)粤民申8681号。

⑤ 参见王某燕、陈某民间借贷纠纷案，辽宁省大连市中级人民法院民事判决书，(2021)辽02民终4785号。

⑥ 参见徐某娟诉华某明、许某标、许某文、德金投资有限公司、北京清大德人科技有限公司、邓某云民间借贷纠纷案，最高人民法院民事裁定书，(2017)最高法民申1516号。

⑦ 参见李洪祥：《论夫妻共同债务构成的依据》，载《求是学刊》2017年第3期。

在婚姻关系存续期间以个人名义为家庭日常生活需要所负的债务，属于夫妻共同债务。夫妻一方在婚姻关系存续期间以个人名义超出家庭日常生活需要所负的债务，不属于夫妻共同债务；但是，债权人能够证明该债务用于夫妻共同生活、共同生产经营或者基于夫妻双方共同意思表示的除外，即夫妻共同债务的认定有三种情形，即共同意思表示，家庭日常生活和共同生活、生产经营。对于这三种情形，应当明确每种情形的标准，以明确夫妻共同债务与个人债务的界限。

1. 共同意思表示。共同意思表示是指夫妻双方都作出了举债的意思表示，因而需要共同承担责任。它的法理逻辑是法律行为理论，①即当事人依照自己的意思设定权利义务，实现意思自治，并自负责任。有学者认为"共债共签"原则并不成立，因为任何多个民事主体存在共同举债的意思表示都构成共同债务，这是民法意思自治的表现，无须法律规定。② 无论其理论依据如何，在夫妻双方共同作出了明确意思表示的情况下就应当认定为夫妻共同债务。而默示这种意思表示却难以界定，但有学者指出，依据《民法典》第 140 条第 2 款的规定："沉默只有在有法律规定、当事人约定或者符合当事人之间的交易习惯时，才可以视为意思表示。"因而在一般情况下是不考虑默示情况的。

2. 家庭日常生活需要的界定。家庭日常生活需要的法理基础是家事代理权（夫妻共同债务规则的法理逻辑），日常家事代理权系基于夫妻之间的身份权而自动产生，该代理权的行使不须以他方名义为之，也不以明示方式为必要。③ 对于家庭日常生活需要，有学者认为日常家事应涵盖共同生活中的一切必要事项，有些学者认为处分不动产、处分具有重大价值的财产、处分与婚姻当事人一方人身有密切关联的事务不应作为日常家事，④有学者认为日常生活需要目的应概括为"为维持家庭的日常消费、养育子女以及接受医疗服务等"，为满足家庭日常生活需要的支出应具有适当性，而对夫妻共同生活具有重大影响的交易以及分期付款必须由双方共同决定。⑤ 总的来说，家庭日常生活需要应当满足必要且适当的原则，而大额财产不适用此类型标准认定为夫妻共同债务。

3. 共同生活与共同生产经营的界定。对于共同生活和共同生产经营的关系，学术界通常认为夫妻共同生活包括夫妻在婚姻关系存续期间的生活、生产或经营等。夫妻共同生产经营是夫妻共同生活的表现形式，既包括夫妻共同投资、生产经营的情形，也包括夫妻一方从事生产经营活动但利益归家庭共享的情形。⑥ 夫妻共同投资、共同生产经营的理

---

① 参见李洪祥、曹思雨：《夫妻共同债务规则的法理逻辑》，载《交大法学》2021 年第 1 期。

② 参见裴桦：《〈民法典〉夫妻债务条款的不足与应对》，载《交大法学》2021 年第 1 期。

③ 参见冉克平：《论夫妻共同债务的类型与清偿——兼析法释〔2018〕2 号》，载《法学》2018 年第 6 期。

④ 参见曾祥生：《日常家事代理制度研究》，载《江西社会科学》2020 年第 11 期。

⑤ 参见冉克平：《论夫妻共同债务的类型与清偿——兼析法释〔2018〕2 号》，载《法学》2018 年第 6 期。

⑥ 参见曾祥生：《日常家事代理制度研究》，载《江西社会科学》2020 年第 11 期。

论基础依然是法律行为理论,夫妻双方通过自己的意思表示作出举债行为,但对于一方未参与生产投资,但另一方的利益归家庭共享的情况,学术界却有不同的看法。有学者认为举债方配偶在享受举债利益时就对举债行为作出了默认的意思表示;也有学者对“共同”进行扩张解释,认为“共同”应当包括“共同参与”“共同投资”“共同受益”。[①] 无论何种解释,最终考察的都是和家庭生活的密切程度,并且将无偿的、对家庭无益的举债行为,都排除在夫妻共同债务之外。

(二)夫妻共同债务的举证责任

依据《民法典》第1064条的规定,债权人要举证证明该债务用于夫妻共同生活、共同生产经营或者基于夫妻双方共同意思表示,实则将举证责任分配给债权人,在《民法典》出台前,举证责任属于非举债方,将举证责任转移的原因在于,如果一方在外举债不告知其配偶,而所借款项又未用于家庭共同生活,此种情况下要求债务人的配偶举证证明其不知道该债务的存在,这一要求是不合理的,因为这等于是要求其证明一种主观状态。如果将债务人向其配偶告知举债情况视为一种行为,则没有告知就是没有作出行为,要求对于不存在的行为“证无”,在逻辑上是讲不通的。本案例中的举证责任也在认定是否为夫妻共同债务的过程中产生了至关重要的作用,由于非举债方无法证明债务没有用于家庭共同生活,导致其承担举证不能的责任,因而导致其败诉,这对非举债方是不公平的。

但是把举证责任分配给债权人也是不合适的,债权人作为外部第三人,对于借款的具体分配、举债方家庭内部的财产支出不甚明了,其举证难度太大,同时增加了债权人的义务,对于保护债权人利益是不利的。而在三方关系中,举债方的举证责任却常常被忽略,举债方作为签署合同、支配财产的人,对于债务的具体分配最为清楚,由其举证既符合“谁主张,谁举证”的基本要求,也不会增加举证难度,因而将举证责任分配给举债方,由其承担举证不能的不利后果最为合适。

三、本判例的裁判逻辑

从论证逻辑来看,本案法院从以下几部分进行论证:首先明确夫妻共同债务的条件,即在婚姻存续期间产生并用于夫妻共同生活或共同生产经营活动,本案担保行为发生于婚姻存续期间;其次论证担保目的是夫妻共同生活,青岭公司成立于赵某与姬某某婚后,所得收益已形成夫妻共同财产,姬某某作为法定代表人和大股东,青岭公司的经营状况同时与赵某、姬某某的夫妻共同财产有直接关系,且赵某也未提供证据证明姬某某未将青岭公司股权收益用于夫妻共同生活或未转化为夫妻共同财产,故推定相关股权收益用于夫妻共同生活,也就是本案涉及债务属于夫妻共同债务,并否定了赵某提出的适用最高人民法院民一庭《关于夫妻一方对外担保之债能否认定为夫妻共同债务的复函》(〔2015〕民一

① 裴桦:《〈民法典〉夫妻债务条款的不足与应对》,载《交大法学》2021年第1期。

他字第9号,以下简称9号复函)的观点,认定9号复函系针对个案作出的回复,不具有普遍适用的效力,且本案情形与复函答复的案件情形并不相同,故对赵某该主张不予支持。

四、本判例的意义

本判例主要解决了在一方当事人以个人名义举债时是否应当将相关债务认定为夫妻共同债务的问题,明确了夫妻共同受益就要共同偿还的裁判标准。正确区分夫妻共同债务和夫妻个人债务不仅能解决债务清偿的问题,在实践中既有利于债权人正确地确定债务人,防止盲目滥列债务人导致诉讼资源的浪费,也有利于防止错误地让不该承担责任的一方配偶承担连带责任,损害其合法权益。同时也保护善意的第三人,维护交易安全。经济交往的频繁和信息的不对称均可能导致市场主体的交易风险,现代法治的一个重要目标就是降低主体从事经济活动的风险从而降低交易的成本,促进经济交往的稳定发展。由于夫妻之间特殊的人际关系,夫妻双方均有可能频繁地与第三人进行交易,由此而产生的债务有的属于夫妻个人债务,有的则是夫妻共同债务。现实生活中也出现不少夫妻逃避共同债务的司法案例,对夫妻共同债务和夫妻个人债务加以区分认定,使夫妻共同债务中的夫妻双方承担连带责任,对于保护善意的第三人,维护交易安全具有十分重要的作用,这也是法律为实现其安全、效率价值的应有之举。

五、后续判例和规范的发展

《民法典》第1064条总体上吸收了2018年出台的司法解释的立法精神,以法条的形式明确夫妻共同债务的三种情形,明确了夫妻共同生活的基本标准,有助于维护债权人和举债方配偶的合法权益,解决对夫妻共同债务认定不统一的问题,提高司法公信力。

在李某某、朴某某民间借贷纠纷二审中,上诉人以案涉借款与其家庭生活无关系为由,请求撤销认定为夫妻共同债务的判决,法院经审理后认为两名上诉人自认其婚后始终共同生活,李某(举债方)的收入来源是在朝鲜从事贸易。李某系为了与陈某共同从事朝鲜贸易生意向陈某借款,虽然朴某(举债方配偶)并未签名或者事后追认,但是李某从事生产、经营、投资所得收入属于夫妻共同财产,则李某为生产、经营、投资所负债务亦应认定为夫妻共同债务。①

在徐某某与江苏天宇建设集团有限公司、王某某建设工程施工合同纠纷二审中,对于举债方的债务问题,法院认为:王某某与徐某某系夫妻关系,王某某实施的涉案工程发生在二人婚姻关系存续期间。而且王某某向徐某某出具授权委托书,王某某、徐某某共同向江苏天宇建设集团有限公司出具承诺书,可见,徐某某知晓并参与了涉案工程,王某某所负债务系基于夫妻双方共同意思表示,故徐某某应对王某某所负债务向江苏天宇建设集

---

① 参见李某某、朴某某民间借贷纠纷案,辽宁省丹东市中级人民法院民事判决书,(2021)辽06民终1312号。

团有限公司承担责任。①

在儋州鑫海混凝土有限公司（以下简称鑫海公司）、曹某买卖合同纠纷二审中，法院认为：曹某向鑫海公司购买混凝土，用于曹某实际施工的案涉项目工程，曹某所负鑫海公司的债务系混凝土货款及逾期付款违约金，不是夫妻日常生活需要所负债务。鑫海公司在一审中提供的曹某与唐某的婚姻登记资料、离婚协议书，唐某名下的不动产登记情况表，在二审中提供的湖南省第二工程有限公司的财务记账表均不能证明该债务用于夫妻共同生活或共同生产经营的事实。唐某未参与买卖合同的签订与履行，且对该笔债务明确表示不知情，鑫海公司亦未举证证明该笔债务是基于夫妻共同意思表示所负担，在此情况下，鑫海公司主张该笔债务系夫妻共同债务无事实和法律依据，法院应予驳回。②

① 参见徐某某与江苏天宇建设集团有限公司、王某某建设工程施工合同纠纷案，宁夏回族自治区石嘴山市中级人民法院民事判决书，（2021）宁02民终721号。

② 参见儋州鑫海混凝土有限公司、曹某买卖合同纠纷案，湖南省益阳市中级人民法院民事判决书，（2021）湘09民终1100号。

030. 儿媳妇以个人名义向公公借款开店,是否属于夫妻共同债务?*

上诉人林某与被上诉人施某离婚纠纷案‖福建省三明市中级人民法院民事判决书,(2020)闽04民终166号

事实概要

施某与林某于2009年初确定恋爱关系,2012年3月15日生育一女,取名林某甲,双方于2013年12月10日办理结婚登记手续。婚后初期,施某在家照顾孩子,林某从事货物运输工作,夫妻双方感情尚可。2014年5月后,因施某到某市区开店经营,双方从某镇搬到市区居住生活。自2016年1月起,施某到某公司工作至今。近两年来,双方常常为家庭琐事发生争吵。施某自2018年2月起大部分时间居住在公司宿舍,较少回家居住。婚生女林某甲自2016年以来主要随林某共同生活。婚姻关系存续期间,施某曾以个人名义先后向林某的父亲林某乙借款37,500元和50,000元用于开店,开店收入用于家庭共同生活。

2018年8月,林某乙以施某为被告提起民间借贷纠纷诉讼。其后,法院并判决施某偿还林某乙借款本金87,500元及利息。该判决书已发生法律效力。2019年,施某以夫妻感情破裂为由向一审法院提起离婚诉讼,请求准予施某与林某离婚,婚生女林某甲由施某抚养,林某每月支付抚养费,并由林某承担夫妻共同债务87,500元及利息36,000元等。林某辩称,其虽然同意离婚,婚生女抚养权归林某;但先前已生效判决民事判决确认借款由施某偿还,未经法定程序不能改变原判决内容,林某无须承担还款责任。

判决要旨

当作为出借人的亲属仅起诉借条中作为借款人签字的夫或妻一方时,已生效民事判决虽确认对外由夫或妻其中一方向亲属归还借款,但前述借款若明确用于家庭共同生产、

* 黄涛,福建省三明市中级人民法院审判委员会委员,少年与家事审判庭庭长,四级高级法官。

生活,对内应属夫妻共同债务,夫或妻离婚时主张该借款系夫妻共同债务,人民法院予以支持。

判例评析

一、既往相关判例与观点

在夫妻共同债务的认定案件中,已在民间借贷纠纷的生效判决中确认为夫或妻一方的债务,但因出借人、借款人之间身份关系特殊,夫或妻在离婚纠纷中主张系夫妻共同债务应予以分割,对于这一问题应如何处理,学术界存在两种不同观点。

一种观点认为,已经生效的民事判决确认债务属夫或妻一方,未经法定程序不能改变生效判决内容,法院在审理离婚纠纷过程中,应依据民间借贷的生效判决,将该债务认定为夫或妻一方的债务,不宜认定为夫妻共同债务。

另一种观点认为,虽在先前的民间借贷纠纷中,因出借人仅起诉夫或妻一方,生效判决亦仅确认债务属夫或妻一方,但若其中的出借人、借款人之间的身份关系特殊,例如系近亲属关系,在离婚纠纷的审理过程中,应依据是否为夫妻共同债务及夫妻关系存续期间债务的对内、对外效力予以区别认定,若确实用于夫妻共同生产、生活,应认定为夫妻共同债务,其与确认债务归还主体的民间借贷判决的裁判结果并无冲突。

二、在学理框架内对相关问题的点评

(一)关于夫妻共同债务认定问题

最高人民法院2018年《审理夫妻债务案的解释》将一方以个人名义所负的超出日常生活需要的债务,是否属于夫妻共同债务的举证责任从夫妻一方转移给了债权人,举证不力的后果自然也由债权人承担,未举债配偶一方发生了从连带清偿到“无债一身轻”的转变。该司法解释设立了夫妻共债共签制度,即以夫妻双方的合意作为认定共同债务的依据,亦改变了原司法解释武断的共债推定,体现了最高人民法院旨在通过强化债权人在交易中的注意审慎义务,力求从源头上解决债务定性的不确定性,有效地平衡了各方利益。因此,《民法典》婚姻家庭编对于夫妻债务问题基本沿用了夫妻债务司法解释的规定精神,简单来说夫妻共同债务包括以下四种情形:(1)夫妻双方共同签字;(2)夫妻一方签字,另一方事后追认的;(3)日常家事范围内所负的债务;(4)债权人能够证明债务人把钱用于夫妻共同生活、共同生产经营或者基于夫妻双方共同意思表示的用途。该规定旨在避免处理夫妻债务时出现两个极端,既要避免夫妻双方恶意逃债损害债权人的利益,又要避免夫妻一方离婚时背负高额负债。

本案中林某乙依据借条起诉施某归还借款,且已生效判决确认施某应向林某乙归还借款,而林某在二审庭审中明确表示其知道施某向林某乙借款,且施某向林某乙的借款是用于开店,施某开店的收入有用于家庭共同生活,故施某的借款应属夫妻共同债务。

（二）夫妻共同债务对内对外法律效力的区别

在司法实践中，离婚纠纷中涉及其他法律行为，可能导致其对外与对内效力产生区别。

1. 法律依据不同。在对外的民间借贷纠纷中，本案债权人林某乙系施某的公公，其与施某的丈夫林某有特殊的关系，债权人出于亲情等因素的考量，依据民诉法的相关规定选择仅起诉借条中的借款人施某，属对自己权利的处分。人民法院依据民间借贷纠纷的有关规定，判决施某向林某乙偿还债务，但在民间借贷纠纷中并未审查、处理该笔借款是否属于夫妻共同债务等问题。而在本案的离婚纠纷中，认定该笔借款经生效判决确认后是否属于林某与施某之间的夫妻共同债务，应依据前述2018年《审理夫妻债务案的解释》进行认定，以理清施某与林某夫妻之间对该笔借款应承担的法律责任。

2. 举证责任不同。在民间借贷纠纷的认定上，出借人仅起诉了施某，只要举证证明施某负有债务，应予偿还即可。而在对内责任的认定上，因借条上仅有施某的签字，可先推定为施某的个人债务；若要认定为夫妻共同债务，施某应承担举证责任，证明举债是为了夫妻共同生活，举证不能时，则该债务由施某个人承担。本案中，施某明确借款系用于开店，而开店的收入用于家庭共同生活，林某亦予以认可，法院应将该笔借款认定为用于家庭共同生产、生活，故属夫妻共同债务。

3. 法律后果不同。在对外责任的认定上，因系出借人自行处分权利，即使民间借贷纠纷判决确认债务由施某偿还，但该判决仍只有相对效力，只是对于债权人而言视为由施某偿还，但该笔债务在对内效力的认定上还是需要按照实质标准进行再审查。而针对对内效力审查后，可以直接认定该债务属夫妻共同债务，就施某与林某而言，施某有权要求林某就该债务共同清偿。

4. 责任并非终局。事实上，依据民间借贷纠纷的生效法律文书，施某承担的还款责任并未终局责任，其承担责任后，可依照2018年《审理夫妻债务案的解释》的规定，要求认定为夫妻共同债务，并由林某共同偿还。

在民间借贷案件中，债权人若依据借条仅起诉夫或妻一方，已生效判决虽确认夫或妻一方对外应归还债务，但不能在离婚案件中作为认定夫妻之间共同债务的依据，内部效力要严格依照前述关于夫妻共同债务的四种情形进行认定。生效民事判决书中确认的施某尚欠林某乙的债务，属夫妻共同债务，林某应共同偿还。

三、本判例的意义

夫妻共同债务为夫妻共同生活所负担的应由夫妻双方共同偿还的债务。本案中，施某与林某婚姻关系存续期间，施某以个人名义向其公公林某乙借款87,500元用于开店，且开店收入亦用于施某与林某的家庭共同生活，属于前述司法解释规定的夫妻共同债务的情形。虽然在林某乙诉施某民间借贷纠纷一案中，施某对外以个人名义向林某乙借款，林某乙亦依据借条向施某个人主张还款,但该债务对内属林某、施某的夫妻共同债务,施某要求林某予以处理,符合法律规定,且并未改变生效民事判决所确定的义务,切实维护了施某的合法权益。

四、后续判例和规范的发展

《民法典》第1064条第1款规定,夫妻一方在婚姻关系存续期间以个人名义为家庭日常生活需要所负的债务,属于夫妻共同债务。虽对外在民间借贷纠纷等案件中,债权人因亲属关系等因素未同时起诉夫妻二人,但就对内的离婚纠纷而言,若能明确该债务系用于家庭共同生产、生活,夫妻一方主张为夫妻共同债务的,人民法院应予支持,从而充分保障夫妻一方的合法权益。

031. 父母为儿子儿媳偿还信用卡债务支付的金钱，是否认定为儿子儿媳的夫妻共同债务？*

河南省南阳市宛城区人民法院民事判决书，(2020)豫1302民初2079号；河南省南阳市中级人民法院民事判决书，(2020)豫13民终6081号

| 事实概要 |

宋某、羊某与李某1系父母子女关系，李某1与李某2是夫妻关系。2019年12月至2020年1月，李某1与李某2拖欠民生、招商、广发等银行的信用卡欠款共计362,226.76元，宋某、羊某按照李某1、李某2信用卡到期的时间和欠款额度将上述所欠款项全部支付完毕。2020年5月12日，宋某和羊某起诉，要求李某1和李某2归还借款共计362,226.76元。2020年5月26日，李某2在法院提起诉讼，要求与李某1离婚。

李某1对于双方之间的借贷关系无异议，并认为其属于夫妻共同债务。李某2认为双方无借款合意，宋某和羊某的还款行为不属于借款，即使借贷关系成立，该笔借款并未用于家庭生活，不属于夫妻共同债务。

一审法院认为，民事法律行为的核心是意思表示。宋某、羊某在替李某2偿还信用卡借款之后作出其代为归还银行欠款的行为属于借款的意思表示，如李某2也作出是借款的意思表示，则借款关系成立；如李某2作出不是借款的意思表示，双方没有达成借款合意，则借款关系不成立，其应该将钱款退还，而不应该继续占用不还。而且父母无继续抚养成年子女的义务，其对成年子女的资助如果明确表示是借款的，应认定为借款。本案中，宋某、羊某在李某2拖欠银行的欠款较多且面临到期不能按时归还的情况下，为了帮助其摆脱困境，才代其归还借款，并非主动赠与，当事人之间应确认为借款关系。关于该借款是否属于夫妻共同债务，李某1对该借款属于夫妻共同债务没有异议，李某2认为不属于夫妻共同债务，但是本案中，李某2将信用卡交给李某1使用并告知其密码，应视为授权，说明二人在支出上并未作出区分，同时也说明李某1使用李某2的信用卡是二人的

* 邓丽，法学博士，中国社会科学院法学研究所副研究员、中国社会科学院大学法学院副教授。

共同意思表示，因此，二人的信用卡支出均应视为夫妻共同债务。综上，李某1、李某2在拖欠银行信用卡欠款的情况下，宋某、羊某按照两者信用卡到期的时间和欠款额度支付了共计362,226.76元，应视为借款行为，且该借款属于李某1、李某2的夫妻共同债务，应由李某1和李某2共同偿还。

李某2不服一审判决提起上诉。二审法院对一审查明的相关事实予以确认，重申父母没有承担具有完全民事行为能力的子女所负担债务的义务，宋某、羊某考虑系李某1的养父、母的特殊关系，而代为偿还李某1、李某2的信用卡欠款，并以诉讼行为明确表示为借款，原审认定双方构成借贷关系，并无不当。根据《审理夫妻债务案的解释》第1条规定，[①]夫妻双方共同签字或者夫妻一方事后追认等共同意思表示所负的债务，应当认定为夫妻共同债务。本案中，李某2的信用卡支出均发生在其与李某1的夫妻关系存续期间，李某2的行为表明其对李某1使用其信用卡存在认可及授权，且李某2未提交充分证据证明李某1并未将信用卡用于共同生活，而是用于不法消费，故原审认定该笔债务为夫妻共同债务，并无不当。判决驳回上诉，维持原判。

| 判决要旨 |

在子女成年且具有完全民事行为能力的情况下，父母对其不再承担抚养的义务。父母对成年子女的资助明确表示为借款的，应认定为借贷关系。夫妻之间存在信用卡授权的，信用卡支出形成的债务应视为夫妻基于共同意思表示所负的债务，属于夫妻共同债务。

| 判例评析 |

一、既往相关判例与观点

本案核心事实是父母帮助儿子、儿媳偿还其信用卡欠款，争点则在于是否构成借贷关系，是否属于夫妻共同债务。与之高度相似的案件并不易见，但巧合的是，在本案于2020年12月30日宣判之前不久，2020年12月14日黑龙江省齐齐哈尔市富拉尔基区人民法院宣判了一例类似的案件，但由于案件事实和司法立场略有不同，两案裁判结果大相径庭。

齐齐哈尔市富拉尔基区人民法院的判决书载明：张某系张某1、赵某之子。张某与高某于2008年5月23日登记结婚，后于2020年6月11日经判决离婚。婚姻关系存续期间，对于赵某享有的债权4万元，高某与张某各分得2万元。现张某1起诉，请求法院判令张某、高某偿还其替二人垫付的欠款75,130元并向其支付房屋租金64,573元，其中欠款包括张某1代为归还的张某与高某的两张银行卡透支款共计25,000元，以及张某1代为

① 《审理夫妻债务案的解释》于2021年1月1日失效，其第1条内容为《民法典》第1064条第1款所吸收。

偿还的张某与高某向他人所借的几处借款。法院认定,因张某有几笔外债未能偿还,其父张某1代替其偿还,但这几笔债务均无高某签字认可,且张某承认相关收条及借条系张某2020年9月时补充出具的,没有证据证明高某同意偿还其中任何一笔款项,亦不能证明几笔款项系用于张某、高某的共同生活或共同生产经营,该债务应认定为张某个人债务,高某无须承担偿还责任。另查明,张某与高某在婚姻关系存续期间经营过一家饭店,使用张某1夫妻的房屋15.5个月,未签订书面的租赁协议。鉴于张某认可张某1主张的租金,但高某并不认可,张某1及张某无证据证明高某有义务给付房屋租金,基于张某1与张某之间的父子关系,张某1夫妻免费提供房屋供儿子、儿媳使用符合常理,现张某自愿给付租金系其个人行为,租金属于其个人债务,高某无须承担偿还责任。综上所述,因高某与张某已经诉讼离婚,对于张某1主张的债务张某均自愿承担,属于其个人债务,不属于高某与张某夫妻关系存续期间的共同债务。①

二、在学理框架内对相关问题的点评

本案所涉争议焦点主要有二:其一,父母对成年子女的经济资助应怎样定性;其二,夫妻混用信用卡过程中产生的债务是否构成夫妻共同债务。就学理而言,前一问题的关键在于排除亲子关系的干扰,后一问题的关键在于把握夫妻共同债务认定的法律基准。

(一)父母对成年子女的经济资助应的定性

父母子女关系包括自然血亲亲子关系和拟制血亲亲子关系,其中拟制血亲亲子关系又可分为经由收养程序形成的养父母子女关系、经由继父(母)与生母(父)的结婚行为或者继父母与继子女之间的抚养教育事实形成的继父母子女关系。拟制血亲亲子关系的法律效果与自然血亲亲子关系相同。根据《民法典》第26条、第1067条和第1068条的规定,父母对未成年子女负有抚养、教育和保护的义务,但对成年子女仅在其不能独立生活时负有给付抚养费的义务。子女一旦成年,且具有完全民事行为能力,父母为之提供的资助便不再是履行义务,而应根据双方的意思表示确定其民事法律关系。本案中,宋某、羊某系李某1的养父母,在李某1成年成家之后,以代为清偿信用卡欠款的方式为李某1及其妻李某2提供资助,并在法院审理中声明其行为并非赠与而系借贷,因此享有受偿或收回此笔款项的权利。

(二)夫妻混用信用卡过程中产生的债务是否构成夫妻共同债务

关于夫妻共同债务,《民法典》第1064条几乎完整吸纳了《审理夫妻债务案的解释》的内容,将婚姻存续期间产生的三类负债认定为夫妻共同债务:其一,夫妻双方共同签名或者夫妻一方事后追认等共同意思表示所负的债务;其二,夫妻一方在婚姻关系存续期间以

---

① 参见张某1诉张某、高某无因管理纠纷案,黑龙江省齐齐哈尔市富拉尔基区人民法院民事判决书,(2020)黑0206民初1102号。

个人名义为家庭日常生活需要所负的债务;其三,夫妻一方在婚姻关系存续期间以个人名义超出家庭日常生活需要所负的债务,债权人能够证明该债务用于夫妻共同生活、共同生产经营或者基于夫妻双方共同意思表示。本案中,李某2将自己名下的信用卡交付给其夫李某1并告知其密码,使李某1能够使用信用卡从发卡银行提取资金,故此由该信用卡支付行为形成的持卡人与发卡银行之间的债务关系,应视为李某1和李某2基于共同的借贷意思表示而形成的夫妻共同债务。

三、本判例的裁判逻辑

本案历经两审,二审法院重申一审法院的立场与观点,最终维持原判,两者的裁判逻辑主要包括以下两个方面:

首先,在排除赠与的情形下,父母对成年子女的金钱资助构成借贷关系。本案中,两审法院都申明对于已经成年且具有完全民事行为能力的子女,父母没有抚养的义务,因而其资助成年子女的行为应按照普通民事法律关系予以认定。本案中,宋某、羊某在养子李某1及其妻李某2的信用卡还款期限已届至的情形下,为助其摆脱困境而代为清偿欠款,且在诉讼中明确表示该笔款项系借款,李某1对此予以认可。李某2虽不承认己方有借款意思表示,却也没有证据证明宋某、羊某为其支付的款项系赠与,因而不具有无偿占用该款项的合法性基础,无论是基于借贷关系还是基于不当得利之债,均应向宋某、羊某返还此笔款项,无由逃避债务。

其次,夫妻之间混用信用卡的行为视为对信用卡使用方的授权,信用卡支出形成的债务视为夫妻基于共同意思表示而形成的夫妻共同债务。本案审理中查明,李某1存在使用李某2信用卡进行支付的行为,该使用行为以李某2交付其信用卡并告知密码的行为为前提。鉴于信用卡在持卡并获知密码的情形下即可现实地取得资金,李某2放任李某1使用其信用卡的行为应被视为授权行为,由此对信用卡支付所形成的债务应当基于共同的合意而承担共同清偿责任。李某1主张李某2使用信用卡所取得的资金并未用于家庭共同生活,但未提出充分证据予以证明,而且也无法推翻前述基于信用卡授权而达成共同合意,从而形成夫妻共同债务的逻辑推导。因此,本案中基于信用卡支出形成的债务应被认定为夫妻共同债务。

两审法院的上述裁判逻辑就其局部而言是正确的,但在整体逻辑上还有待商榷,在逻辑衔接上也还有待添补。因为李某1、李某2与宋某、羊某之间的法律关系基于信用卡代偿而形成,故认定信用卡支出形成的债务为夫妻共同债务这一定性不能直接适用于李某1、李某2与宋某、羊某之间的法律关系,两审法院的说理恰恰遗失了其间的逻辑链条。

笔者认为,基于本案案情,应当首先认定信用卡支出形成的债务系夫妻共同债务,此债务的当事人为李某1、李某2夫妻与信用卡所属银行,然后宋某、羊某代其清偿共同债务的行为使李某1、李某2与银行之间的贷款合同基于清偿而履行完毕,同时也使宋某、羊某与李某1、李某2之间形成债务关系。宋某、羊某认为其债务关系的性质为金钱借贷,李某1认同,则应承担相应的清偿责任,李某2若坚称其不具有借贷意向,则应基于不当得利归还相应的款项。

四、本判例的意义

对照前述所引齐齐哈尔市的相似案例来看,二者之间的主要不同在于:样本案例争议焦点系父母为儿媳名下的信用卡代偿欠款,而在先案例所查明的事实并未强调信用卡究竟在何人名下,而是强调儿媳对代还欠款事并不知情;本案主审法官认为父母给付成年且具有完全民事行为能力的子女款项,在后续明示为借贷的情形下即应认定为借贷关系,而在先案例主审法官则认为父母为成年子女及其配偶免费提供房屋使用是符合常理的,父母后期主张的租金因不被儿媳认可而对儿媳没有约束力。从中可以看出,不同主审法官对于父母为成年子女及其配偶提供资助的法律定性及夫妻共同债务的立场还是存在差异的。

本案在父母为成年且具完全民事行为能力的子女及其配偶提供资助的定性上存在较明显的倾向。裁判文书认为,在父母不存在抚养义务的前提下,即使资助行为在前,意思表示在后,亦应以其意思表示为主导来认定资助行为的性质,同时结合相对方的意思表示,灵活运用不同的法律路径保护老年人的利益。本案注重意思表示的立场,还体现在认为夫妻之间交付信用卡并告知密码的行为在法律效果上系授权,从而认定夫妻双方基于共同的意思表示,就信用卡欠款承担共同清偿责任。

五、后续判例和规范的发展

本案距今不久,系较为晚近的案例,但本案之后,又有先前的案件经过再审审查与审判监督程序对有关法律问题予以审视和回应,以下简介该案事实及审判意见。

此案比较复杂,历经一审、二审、再审,最终由天津市高级人民法院于2021年3月19日作出民事裁定书终止诉讼。[①] 一审法院认定:陈某1、彭某系陈某之父母,陈某与李某于2013年11月11日登记结婚。2018年1月25日李某起诉要求解除婚姻关系,被驳回。2018年6月5日,陈某起诉要求解除婚姻关系,一审期间该案尚在审理之中。另查明,2013年9月至2017年11月,彭某及一案外人陆续向陈某、李某转账共计90万元左右。彭某提供了三份借条及转账流水等证据,皆为陈某所出具,后在庭审中说明其中一份落款日期为2013年9月的借条实形成于2018年1月。一审法院认为,彭某提供的三份借条均为陈某在与李某感情不和后,向其父母出具的补写的借条,并无李某的签字或盖章,无法证实李某在接收彭某的款项时是出于借款的意思表示。且彭某在庭审中数次称当时的转

---

① 参见彭某诉李某民间借贷纠纷案,天津市高级人民法院民事裁定书,(2020)津民申1680号;天津市第一中级人民法院民事判决书,(2019)津01民终7866号。

款，包括装修款、购买车位款等，均是为了帮助陈某、李某更好地生活。另外，李某、陈某离婚案件的开庭笔录显示，彭某作为陈某的委托诉讼代理人出庭，在李某与陈某均作出没有债权债务的陈述后未提出异议。且陈某在笔录中陈述其母彭某向李某账户转账的195，456元为夫妻家庭收入，其父陈某1向李某转账的26，266元为夫妻二人的生活费，并未表示存在对父母的借款。而李某抗辩陈某、李某双方非借贷关系，其对借条一事完全不知情，此陈述与离婚诉讼笔录一致。基于双方的亲缘关系，综合考虑彭某与陈某的母子感情，以及陈某与李某感情不和正在进行离婚诉讼的事实，一审法院认为彭某凭三份借款条及转账的流水并不能证明其在向陈某、李某转出款项时，陈某、李某存在借款的意思表示，彭某应对是否存在真实的借贷关系承担举证不能的不利后果，一审法院不予支持其全部诉讼请求。虽然陈某表示愿意向彭某返还相关款项，但因不能确定借贷关系的真实存在，该主张一审法院亦不予支持。

彭某不服，提起上诉，并在二审期间补充有关证据。二审法院进一步查明，彭某确为装修婚前购买并登记于李某名下的房产提供装修款310，877元，认为房屋装修系房屋添附，其不但加强了房屋的使用功能，而且增加了房屋的价值，系房屋组成一部分。从公平角度出发，将装修费用排除在购房出资比例之外对出资装修一方显然不公。而且，装修行为发生在陈某、李某婚姻关系存续期间，因李某没有证据证实装修款确系由彭某明确表示赠与，则用于房屋装修的款项则应视为彭某对陈某、李某系以帮助为目的的临时性资金出借，故该部分款项应认定为借款。且该借款用于陈某、李某婚后房屋装修，属于夫妻共同债务，李某和陈某应就该部分款项承担共同还款义务。除房屋装修款之外的其他款项在数额及转款时间上具有不特定性，且基本用于日常生活消费支出，基于双方当事人之间的亲属关系，彭某主张该部分款项性质为借款，二审法院不予采信。彭某、李某均不服，双方都提起再审。再审法院审查后认为二审判决并无不当，裁定驳回彭某和李某的再审申请。

该案一审程序中，举证责任落于彭某一方，且法院要求其证明交付款项时的意思表示，而不论其在诉讼中的意见，彭某因无法完成举证责任而全面败诉。二审程序中，法院根据具体额度和用途区分了彭某转账给其子和前儿媳的款项，认定其中用于装修房屋的大额款项为其子与前儿媳的共同债务，其他款项因基本用于日常生活消费支出且存在亲属关系而未予认定为债务。再审程序全面支持了二审判决。

从点评案例与在先案例、后续案例的审判情况来看，点评案例严格区分父母资产与成年且结婚成家子女的资产的立场尚未达成坚定的共识。在社会生活中，以《民法典》相关规定为基准，对父母与成年成家子女发生的资金往来作出明确的意思表示，有助于清晰界定双方权利义务关系，减少讼争和法律风险。

032. 夫妻一方生前将重大疾病保险理赔款赠与其他异性,配偶另一方是否有权要求受赠人返还?①*

董某等与张某某不当得利纠纷案‖北京市第二中级人民法院民事判决书,(2021)京02民再4号

事实概要

赵某和董某某系夫妻关系,董某系二人所生之女。2015年2月,董某某在中国太平洋人寿保险股份有限公司购买了重大疾病保险。2016年9月23日,董某某在确认其患有肺癌后,将保险受益人变更为张某某。2016年11月8日,董某某因病委托张某某办理了保险理赔手续。2016年12月9日,董某某账户收到保险公司向其支付的保险理赔款15万元。2016年12月12日,董某某从其账户向张某某账户转款150,974.51元,并于2017年8月21日因病死亡。

2018年8月,赵某、董某因不当得利纠纷诉至法院,请求法院判令张某某返还不当得利150,974.51元。被告张某某答辩称,董某某于2016年12月9日收到理赔款,生病期间赵某一直没去看他,董某某心里很伤心,不想给她留钱,就把钱给张某某了,张某某一直照顾董某某到2017年6月。钱本是让张某某保管,给他治疗用,但他没用上,最后病危时董某某说送给张某某。2018年9月26日,一审法院作出(2018)京0102民初39354号民事判决,判决张某某返还赵某、董某150,974.51元。

张某某不服判决,提出上诉。2018年12月25日,二审法院作出(2018)京02民终11814号民事判决,驳回上诉,维持原判。原审判决生效后,赵某、董某通过执行已经取得了全部执行款150,974.51元。

其后,张某某向北京市高级人民法院申请再审。2019年12月30日,北京市高级人民法院作出(2019)京民申5296号民事裁定,指令北京市第二中级人民法院再审。2020年5月14日,北京市第二中级人民法院作出(2020)京02民再33号民事裁定,撤销(2018)京

---

① 西南大学法学院2020级本科生杨丞怡同学协助完成了前期的案例和文献收集工作,笔者特在此致谢。

* 杜志红,法学博士,西南大学法学院副教授,北京市京师(重庆)律师事务所兼职律师。

02 民终 11814 号及(2018)京 0102 民初 39354 号判决,发回北京市西城区人民法院重审。北京市西城区人民法院于 2020 年 10 月 26 日作出(2020)京 0102 民初 16485 号民事判决,驳回原告赵某、董某的诉讼请求。

赵某、董某不服该判决,向北京市第二中级人民法院提起上诉。2021 年 2 月 22 日北京市第二中级人民法院作出(2021)京 02 民再 4 号民事判决书,驳回上诉,维持原判。

判决要旨

夫妻一方生前的重大疾病保险理赔款属于夫妻一方的个人财产,夫妻一方将该理赔款赠与婚外第三人的,另一方无权请求第三人予以返还。

判例评析

一、既往相关判例与观点

夫妻一方生前将重大疾病保险理赔款赠与其他人特别是异性的,受赠人是否属应予返还?对此,存在以下两种不同观点:

一种观点认为,受赠人应当返还。其理由是重大疾病保险理赔款是夫妻共同财产。[①]根据《婚姻法》第 17 条的规定,[②]夫妻在婚姻关系存续期间取得的财产,归夫妻共同所有,夫妻对于共同财产有平等的处理权。而用于缴纳重疾保险的保费出于夫妻共同财产,理赔款是在婚姻关系存续期间获得,因此,该理赔款应当认定为夫妻共同财产。如配偶一方未经另一方同意就处分了该财产,其侵害了夫妻对共同财产所享有的平等处理权,故该处分行为无效,第三人对因此而受赠的财产应予返还。

另一种观点认为,受赠人不应当返还。根据《婚姻法》第 18 条的规定,夫妻一方因身体受到伤害获得的医疗费、残疾人生活补助费等费用系夫妻一方的个人财产。[③] 夫妻一方生前所获得的重大疾病保险理赔款应类推解释为因身体受到损害而获得的赔偿款,该款项应属于获得赔偿款一方的个人财产。故该方基于个人真实的意思表示将其赠送给第三人,且赠与行为已完成,受赠人对于该受赠款不应予以返还。例如,在郭某与杜某扶养纠纷案中,河北省隆尧县人民法院认为,被告尚存原告为看病筹款及保险金理赔 146, 096. 76 元,属原告个人财产,被告据有显系不当得利,理应及时返还原告。[④] 在潘某诉张某继承纠

---

① 参见孙菁:《夫妻离婚财产分割中的人身保险权益处置问题》,厦门大学 2018 年硕士学位论文,第 38 页。

② 参见《民法典》第 1062 条第 1 款。

③ 参见《民法典》第 1063 条第 1 款第 2 项规定:下列财产为夫妻一方的个人财产:一方因受到人身损害获得的赔偿或者补偿。

④ 参见河北省隆尧县人民法院民事判决书,(2020)冀 0525 民初 1062 号。

纷案中,江苏省南京市六合区人民法院也持相同观点。[①]

此外,2016 年《第八次审判会议(民事部分)纪要》第 5 条第 1 款也明确规定:"婚姻关系存续期间,夫妻一方作为被保险人依据意外伤害保险合同、健康保险合同获得的具有人身性质的保险金,或者夫妻一方作为受益人依据以死亡为给付条件的人寿保险合同获得的保险金,宜认定为个人财产,但双方另有约定的除外。"

二、在学理框架内对相关问题的点评

夫妻一方生前将重大疾病保险理赔款赠与其他异性,受赠人是否应予返还?该问题的实质是要界定重大疾病理赔款是属于夫妻共同财产还是夫妻一方的个人财产。关于夫妻双方在婚姻关系存续期间投保的保险,根据性质不同可以作如下区分。

1. 夫妻双方在婚内购买的下列保险属于夫妻共同财产:(1)夫妻双方在婚内使用夫妻共同财产为夫妻一方投保的、含有的储蓄功能的个人健康险,如退保,所缴纳的保险费可形成退保现金价值,这部分属于夫妻共同财产。如果一方继续持有而不愿意退保,则其应向另一方支付保险单现金价值的一半。这是以 2016 年《第八次审判会议(民事部分)纪要》第 4 条为依据的。[②] (2)婚姻关系存续期间,夫妻一方依据以生存到一定年龄为给付条件的、具有现金价值的保险合同获得的保险金,除双方另有约定外,属于夫妻共同财产。这是以 2016 年《第八次审判会议(民事部分)纪要》第 5 条第 2 款为依据。(3)夫妻双方在婚姻存续期间以夫妻共同财产购买的、具有理财性质的分红型保险和养老保险等,此类保险的目的是实现家庭财产的增值保值,是家庭的一种投资方式,当然也属于夫妻共同财产。

2. 夫妻双方在婚姻关系存续期间取得的意外伤害险和医疗保险等的理赔款属于夫妻个人财产。根据 2001 年《婚姻法》第 18 条和 2016 年《第八次审判会议(民事部分)纪要》第 5 条规定,夫妻双方以夫妻一方为被保险人,购买意外伤害和医疗保险等人身健康险,如在婚内发生理赔,该理赔款是专门在被保险人身体健康受到损害时进行赔付的,具有人身专属性,应当用于被保险人的医疗和生活补助,除双方另有约定外,一般应认定是个人财产,而非夫妻共同财产。

因此,在判断夫妻一方生前将重大疾病保险理赔款赠与其他异性,受赠人是否应予返还时,重点应界定投保的保险性质,如是夫妻共同财产,夫妻一方超出家庭日常生活需要处分财产,均需征得另一方的同意。[③] 如是夫妻一方的个人财产,则夫妻一方就享有个人

---

① 参见江苏省南京市六合区人民法院民事判决书,(2015)六东民初字第 126 号。

② 2016 年《第八次审判会议(民事部分)纪要》第 4 条规定:婚姻关系存续期间以夫妻共同财产投保,投保人和被保险人同为夫妻一方,离婚时处于保险期内,投保人不愿意继续投保的,保险人退还的保险单现金价值部分应按照夫妻共同财产处理;离婚时投保人选择继续投保的,投保人应当支付保险单现金价值的一半给另一方。

③ 《民法典》第 1060 条第 1 款规定:夫妻一方因家庭日常生活需要而实施的民事法律行为,对夫妻双方发生效力,但是夫妻一方与相对人另有约定的除外。

处分权，另外一方无权干涉。

三、本判例的规范逻辑

本判例中，北京市第二中级人民法院认为赵某、董某主张的不当得利不能成立，驳回了其诉讼请求。其规范逻辑如下：

首先，案涉财产中的150,974.51元是董某某的个人财产。其中的15万元是董某某患病后获得的重大疾病保险理赔款，其属于身体受到损害而获得的赔偿金，具有人身专属性，根据2001年《婚姻法》第18条和2016年《第八次审判会议（民事部分）纪要》第5条规定，其应属于董某某的个人财产。而其余974.51元是董某某个人账户中的资金，虽不属于涉案保险金，但也属董某某个人所有。

其次，董某某将150,974.51元赠送给张某某是其真实的意思表示。董某某在确认其患有肺癌后首先是将保险受益人变更为张某某，后又将重大疾病理赔款从其账户转入被告张某某的账户。现无证据证明董某某病故前对将属于其个人财产的涉案款项处分给张某某有异议，故应当认定董某某变更受益人及转款行为系其真实的意思表示。

最后，赵某、董某认为，张某某接受该款项不具有合法性，赵某、董某应对其主张负有举证责任。但其并无有效证据证明张某某接受该款项不具有合法性，且张某某已基于董某某的转账行为实际取得了该笔款项。因此，赵某、董某的主张不能成立。

综上所述，在赵某和董某某婚姻关系存续期间，董某某基于其真实的意思表示将属于其个人财产的重大疾病理赔保险款赠与张某某，该行为合法有效。赵某和董某所主张的张某某不当得利不能成立。

四、本判例的意义

本判例厘清了夫妻婚姻关系中重大疾病保险理赔款的性质，对于司法实践中同类案件的处理具有重要的参考意义。在当今社会生活中，夫妻一方将巨额财产赠与第三人的情形时有发生，该赠与是否有效，主要看赠与的财产是属于夫妻共同财产还是个人财产。本判例中，法院认为董某某的重大疾病保险理赔款属于其个人财产，董某某将重大疾病保险理赔款赠与张某某的行为符合所有权绝对自由的原则，其他任何第三人无权干涉。

五、后续判例和规范的发展

关于夫妻一方将重大疾病保险理赔款赠与第三人，受赠人是否应当返还的问题，主要是要界定该保险理赔款的性质。在司法实践中，因夫妻投保保险的情形较复杂，法院还应根据《民法典》第1062条、第1063条关于夫妻共同财产和个人财产的相关规定的精神，对于实践中保险的性质进行具体的界定。2025年1月公布的最高人民法院《民法典婚姻家庭编解释（二）》第7条明确规定："夫妻一方为重婚、与他人同居以及其他违反夫妻忠实义务等目的，将夫妻共同财产赠与他人或者以明显不合理的价格处分夫妻共同财产，另一方主张该民事法律行为违背公序良俗无效的，人民法院应予支持并依照民法典第一百五十七条规定处理。夫妻一方存在前款规定情形，另一方以该方存在转移、变卖夫妻共同财产行为，严重损害夫妻共同财产利益为由，依据民法典第一千零六十六条规定请求在婚姻关系存续期间分割夫妻共同财产，或者依据民法典第一千零九十二条规定请求在离婚分割夫妻共同财产时对该方少分或者不分的，人民法院应予支持。”司法解释进一步明确了婚姻关系存续期间，夫妻一方出轨将财产赠与第三者行为的效力，为该类案件的处理指明了方向。

033. 哪些情形下，夫妻一方请求婚内财产分割应当予以支持？*

胡某、鲍某1婚内夫妻财产分割纠纷案‖甘肃省平凉市中级人民法院民事判决书，(2021)甘08民终1478号

事实概要

胡某(女)向甘肃省静宁县人民法院(以下简称静宁县法院)起诉，请求依法分割其与丈夫鲍某1的夫妻共同财产。静宁县法院认定事实：胡某与鲍某1为夫妻关系。2021年2月，胡某再次起诉离婚，静宁县法院于2021年3月10日作出(2021)甘0826民初779号民事判决书，判决驳回胡某离婚请求。后胡某提出上诉，同时申请保全财产。2021年6月22日，甘肃省平凉市中级人民法院(以下简称平凉中院)作出(2021)甘08民终621号民事判决书，判决驳回上诉，维持原判，同时作出(2021)甘08民终621号民事裁定书，裁定驳回胡某的诉讼保全财产申请。2021年3月1日，鲍某1姐姐鲍某2和鲍某3起诉请求继承父母遗产，后因遗产和鲍某1、胡某夫妻共同财产未进行析产而申请撤诉。2021年4月2日，鲍某1与前妻雷某萍生育的女儿王某雨(由雷某萍抚养)起诉要求鲍某1支付教育、生活费用18万元，静宁县法院于5月24日作出(2021)甘0826民初1314号民事调解书，确定鲍某1愿于2021年6月10日前给付王某雨教育、生活等费用18万元。

胡某认为鲍某1转移夫妻共同财产、虚构夫妻共同债务、断供家庭生活费用、隐藏家庭共有财产、挥霍夫妻共同财产，侵犯胡某的合法财产权益，起诉要求依法分割夫妻共同财产。静宁县法院认为，胡某的诉讼请求无事实和法律依据，作出(2021)甘0826民初2376号民事判决，判决驳回胡某的诉讼请求。

胡某不服静宁县法院一审判决，向平凉中院提出上诉，请求撤销原判，改判胡某与鲍某1婚内财产分割或发回重审。事实及理由：(1)一审判决查明事实不清。2020年夫妻双方商量将棚户区补偿款一部分给鲍某1前妻的女儿作为抚养费补偿未果后，双方打闹。

---

* 蒋月，厦门大学法学院、马克思主义学院教授、博士生导师。

后胡某起诉离婚,连续出现七次诉讼案件和三次上诉案件,理由是鲍某1没有处理好家庭生活关系,有隐瞒财产、转移夫妻共同财产的事实。(2)一审法院认定证据错误。(3)一审程序违法。胡某在静宁县法院对鲍某1提起了多起诉讼,与本案均有直接关联。虽然本案与另一起案件是独立审判,但在2021年9月30日同时领取判决书,一审法院没有严格遵循证据审判原则,程序违法。(4)一审判决适用法律错误。一审法院依照《民事诉讼法》(2017年修正)第64条规定,认定鲍某1未转移夫妻共同财产、未虚构夫妻共同债务、未隐藏家庭共有财产,法律适用错误。鲍某1在一审庭审中提交其母亲的自书遗嘱,证明2012年鲍某1家老宅院子属于危房,于2012年改造,遗嘱中未说明新建房款出资情况。2008年鲍某1父亲鲍某刚去世,遗产应由继承人合法按份继承。鲍某1的姐姐鲍某2变更房屋产权登记,放弃继承。后胡某与鲍某1将原老宅房子拆除重建,修房款由胡某和鲍某1出资,新建房屋为夫妻共同财产。该上诉于2021年11月1日获准立案。

鲍某1辩称,(1)一审法院认定事实清楚,适用法律正确,应驳回胡某的上诉请求。鲍某1婚内未转移夫妻共同财产。胡某对鲍某1在经济上不信任,无端猜疑,且急于领取棚改补偿款,于2020年7月起诉离婚,后经法院调解和好。父亲鲍某刚于2008年去世,母亲赵某文于2019年去世,留下位于静宁县城关镇新街××号房产一处,房产证记载产权人为鲍某刚。2018年棚户区改造,签订补偿协议,补偿款732,832.75元,鲍某1之母于2016年2月29日自书遗嘱一份,被征收房产属于其遗产。鲍某1不存在中断生活费,其一直在给付生活费及其他费用,但因棚户区改造,小卖部及出租房没有收入,家庭失去主要经济来源。领取拆迁款须经相关继承人员同意,其未转移财产。鲍某1与前妻的女儿王某雨抚养费纠纷一案,法院调解给付抚养费18万元。(2)原判证据认定正确,诉讼程序合法。2021年2月胡某再次起诉离婚,一审法院判决不准离婚。后胡某提出上诉,同时申请保全财产,二审法院判决驳回上诉,维持原判。2021年3月鲍某1的姐姐鲍某2、鲍某3起诉继承遗产,后因遗产和鲍某1夫妻共同财产未进行析产而申请撤诉。鲍某2、鲍某3主张继承父母遗产属于行使合法权利。胡某提交的证据不足以证明鲍某1转移夫妻共同财产,虚构夫妻共同债务,挥霍夫妻共同财产,断供家庭生活费用,隐藏家庭共有财产,侵犯胡某的合法财产权益。(3)胡某应维护和睦的家庭关系。(4)鲍某1请求驳回胡某的诉讼请求,解冻棚改补偿款73万元,由棚改办完善征收手续后协商解决家庭纠纷。2012年修房的时候,鲍某1母亲在世,故新修的房屋属于鲍某1母亲的财产。

二审法院确认一审法院认定的事实属实。平凉中院认定胡某的上诉请求不能成立,应予驳回。一审法院认定事实清楚,适用法律正确,诉讼程序合法,应予维持。2021年12月7日,平凉中院判决驳回上诉,维持原判。[①]

---

① 参见甘肃省平凉市中级人民法院民事判决书,(2021)甘08民终1478号。

| 判决要旨 |

本案的争议焦点是胡某主张进行婚内财产分割是否应当支持。

1. 静宁县法院认为，鲍某1、胡某的夫妻共同财产与案外人鲍某1姐姐鲍某2、鲍某3主张的父母遗产尚未析产，需先行析产并完成遗产分割后，才能确定鲍某1、胡某夫妻共同财产。王某雨起诉要求鲍某1支付教育、生活费用，鲍某2、鲍某3主张继承父母遗产均属行使其合法权利。胡某提交的证据不足以证明鲍某1转移夫妻共同财产、虚构夫妻共同债务、断供家庭生活费用、隐藏家庭共有财产、挥霍夫妻共同财产、侵犯胡某的合法财产权益。

2. 平凉中院认为，《民法典》第1066条规定："婚姻关系存续期间，有下列情形之一的，夫妻一方可以向人民法院请求分割共同财产：（一）一方有隐藏、转移、变卖、毁损、挥霍夫妻共同财产或者伪造夫妻共同债务等严重损害夫妻共同财产利益的行为；（二）一方负有法定抚养义务的人患重大疾病需要医治，另一方不同意支付相关医疗费用。"胡某在一审、二审中出示的证据并不能证明鲍某1存在法律规定可以提起婚内共同财产分割的行为。至于鲍某1与前妻所生女儿抚养费纠纷一案的调解书，胡某已通过第三人撤销之诉行使权利。根据《民事诉讼法解释》第90条第2款"在作出判决前，当事人未能提供证据或者证据不足以证明其事实主张的，由负有举证证明责任的当事人承担不利的后果"的规定，胡某应承担举证不能的后果，一审法院判决驳回胡某的诉讼请求并无不当。

| 判例评析 |

一、既往相关判例与观点

在既往的司法实践中，关于婚内夫妻财产分割，有两大类情形：一是夫妻一方请求分割全部夫妻共同财产；二是夫妻一方仅请求分割某项夫妻共同财产，最常见的是房屋等价值较大的财产。登录"中国裁判文书网"，输入"婚内夫妻共财同产分割"，就可以检索到相关案例。

（一）夫妻一方请求婚内分割全部夫妻共同财产

上诉人姜某1与被上诉人曹某1婚内夫妻财产分割纠纷案，曹某1向山东省东阿县人民法院起诉，请求依法分割夫妻共同财产。一审法院认定事实：2009年5月12日曹某1与姜某1在东阿县民政局登记结婚。2020年7月2日曹某1提起离婚诉讼，同年9月14日东阿县法院以（2020）鲁1524民初1900号民事判决书判决双方不准离婚。判决生效后，双方仍处于分居状态。2020年11月初曹某1发现姜某1通过中介机构处置房产，遂与姜某1电话联系，通话中姜某1予以认可。曹某1随即提起保全申请，提起本案诉讼。

一审法院认为，该案诉争焦点有两个：一是婚内曹某1要求分割夫妻共同财产是否符合法定情形；二是夫妻共同财产和夫妻共同债务的认定及分割。关于焦点一：根据《民法典》第 1066 条规定，婚姻关系存续期间，如一方配偶存在损害夫妻共同财产利益或不同意支付医疗费的情形时，另一方配偶可以主张婚内分割夫妻共同财产。本案中，姜某 1 在本院判决不准离婚后且双方处于分居状态下，未与曹某 1 充分协商，擅自通过中介机构发布售楼消息，并与买受人达成买卖意向，该行为危及曹某 1 共有财产的利益，构成潜在危害，曹某 1 要求婚内分割夫妻共同财产，符合法定情形，依法应予支持。关于焦点二：财产和债务的分割及认定问题。本案涉及楼房一套（含储藏室）系婚后夫妻共同财产、鲁牌照的小型汽车和鲁牌照的重型货车各 1 辆，均购置于婚后，应为夫妻共同财产。山东省东阿县人民法院（2020）鲁 1524 民初 3899 号民事判决书，根据《民法典》第 1066 条规定，判决：（1）东阿县南关昌隆名郡 × 号楼 × 单元 10 楼东户楼房一套（含储藏室，不动产登记证号为东阿房权证铜城字第 3 × ×7 号）归原告曹某 1 所有。原告曹某 1 于本判决生效后三十日内给付被告姜某 1 楼房分割款 202, 572. 86 元。原告曹某 1 将楼房分割款支付完毕后十五日内，被告姜某 1 将上述楼房交付给原告曹某 1，并待产权变更登记条件成就时十日内协助原告曹某 1 办理过户登记。剩余房贷 294, 854. 28 元，由原告曹某 1 承担偿还责任。（2）鲁牌照小型汽车和鲁牌照重型货车归被告姜某 1 所有。被告姜某 1 于本判决生效后三十日内给付原告曹某 1 车辆分割款 82, 500 元。（3）夫妻共同债务 70, 000 元（包括曹某东 40, 000 元、姜某超 10, 000 元、崔某宝 20, 000 元），由原告曹某 1 与被告姜某 1 共同承担偿还责任。（4）驳回原告曹某 1 与被告姜某 1 的其他诉讼请求。

姜某 1 上诉请求撤销原审判决，依法改判或发回重审。事实和理由：原审法院认定事实不清，适用法律错误。上诉人不存在《民法典》第 1066 条规定的两种情况，即不符合“一方隐藏、转移、变卖、毁损、挥霍夫妻共同财产”和“负有法定抚养义务的人患有重大疾病需要医治，另一方不同意支付相应医疗费用”的情形。上诉人打算出售涉案房产属于正常的日常生活，已征询过被上诉人的意见，且涉案房屋房产证在被上诉人手里，上诉人没有事实上转移资产的行为。

山东省聊城市中级人民法院认为，该案争议焦点为：（1）上诉人是否存在转移夫妻共同财产的情形，一审判决对涉案房产的分割是否适当。（2）对上诉人主张的夫妻共同债务是否应予认定。关于第一个焦点问题，一审法院作出（2020）鲁 1524 民初 1900 号民事判决书，判决不准双方当事人离婚，后双方处于分居状态。一审中，被上诉人提交通话录音证实在被上诉人不知情的情况下，上诉人处置了涉案房产，属于转移夫妻共同财产的情形。上诉人主张其打算出售涉案房产征询过被上诉人的意见，但其对该项主张并未举证证明，故不予采信。一审法院对涉案房产的分割于法有据，分割适当。关于第二个焦点问题，上诉人虽提交证据拟证明存在夫妻共同债务，但因一审对此未作出处理，二审不宜直接审理，上诉人可另案主张。综上所述，上诉人姜某 1 的上诉理由不能成立。2021 年 5 月

28日，依照《民事诉讼法》(2017年修正)第169条、第170条第1款第1项、第175条规定，判决“驳回上诉，维持原判”。①

（二）夫妻一方请求分割某项夫妻共同财产

内蒙古京洋食品有限公司案外人执行异议之诉案。王某风(女)向内蒙古自治区包头市九原区人民法院(以下简称九原区法院)起诉，请求确认王某风对包头市东河区环城路油厂宿舍楼某号房产享有50%份额；立即停止执行王某风享有的该房产的份额。包头市东河区人民法院(以下简称东河区法院)认定事实：于某1是于某2、于某3的父亲。王某风与于某3系夫妻关系(结婚证原件显示双方于1982年1月3日登记结婚)。东河区法院判决确认于某1、于某2与京洋公司之间有债权债务关系，于某1、于某2应向京洋公司偿还债务，并在诉讼保全中查封了于某2的房屋，但因于某2已将房屋出售，于某2与于某3商量后，提出用于某3提供的位于包头市某区的一处房屋(房产证原件显示于某3于2005年3月16日取得产权证)进行置换，但未告知王某风，而该房屋一直由王某风及于某3居住。东河区法院查封了于某3的上述房屋。上述判决生效后，由东河区法院执行，后转至九原区法院执行。一审法院另查明，该院在执行京洋公司与于某2、于某1合同纠纷一案时，于2020年8月7日作出(2018)内0207执556号之一执行裁定，续行查封于某3名下的案涉房屋。王某风对查封该房屋不服，向一审法院提出异议，请求终止对案涉房屋的强制执行。一审法院经审查作出(2020)内0207执异19号执行裁定，驳回王某风的异议请求。王某风不服，提起本案诉讼。

一审法院认为，案涉房屋系王某风与于某3婚姻关系存续期间取得，属于夫妻共同财产。但案涉房屋系于某3自愿提供的诉讼保全房屋，系生效案件进入执行程序中的被执行财产，而且案涉房屋登记在于某3名下，法院对案涉房屋采取强制执行措施并无不当。王某风对案涉房屋享有的共有权不足以排除人民法院的强制执行。且根据《婚姻法解释(三)》第4条规定，不支持婚内分割夫妻共同财产，除非存在法定例外情形。而本案中不存在法定例外情形，故王某风要求确认其对案涉房屋占50%的份额，亦不予支持。一审法院依照2001年《婚姻法》第17条第1款第(5)项及第2款、《婚姻法解释(三)》第4条、最高人民法院《关于人民法院民事执行中查封、扣押、冻结财产的规定》第14条、《民事诉讼法》(2017年修正)第144条规定，判决驳回原告王某风的诉讼请求。

上诉人王某风向内蒙古自治区包头市中级人民法院(以下简称包头中院)提出上诉，请求撤销一审判决，改判王某风对包头市东河区环城路油厂宿舍楼某号房产享有50%份额，并请求人民法院立即停止执行王某风享有包头市东河区房产的份额。事实和理由：(1)一审判决认定王某风对案涉房屋享有的共有权不足以排除人民法院的强制执行是错

① 参见山东省聊城市中级人民法院民事判决书，(2021)鲁15民终1168号。

误的。一审判决已经确认了案涉房产是王某风和于某3的夫妻共同财产，但是又判决王某风对案涉房屋享有的共有权不足以排除强制执行，自相矛盾。王某风对于某3为于某2提供担保并不知情，也未在同意担保的相关手续上签过字，其是在2020年7月从九原区法院执行局贴在其家门上的法律文书中得知这一事实。担保行为是于某3的个人行为，即使于某3依法应当承担担保责任，但这也仅属于于某3的个人债务，法院只能执行于某3的个人财产。况且案涉房屋是王某风和于某3的共同财产，该房产中的50%归王某风所有，如果人民法院对案涉房产全部强制执行，将损害王某风作为房屋共有人的合法权益。即使于某3是不动产登记簿记载的登记名义人，也不能改变房屋共有的事实。因此，一审法院以该案涉房产登记在于某3名下，认定强制执行措施并无不当是不能成立的。(2)一审判决适用法律错误。一审判决依据《婚姻法解释(三)》第4条规定，不支持婚内分割夫妻共同财产，故对王某风要求确认其对案涉房屋占50%的份额不予支持是错误的。王某风一审的诉讼请求是要求法院确认其对案涉房产享有50%的份额，排除人民法院全部执行案涉房产，并非要求婚内分割案涉房产，上述规定不能在本案中予以适用。京洋公司未作答辩。于某2述称，同意王某风的上诉意见，案涉房屋是王某风与于某3的夫妻共同财产。于某3同意王某风的上诉意见。于某1未到庭作陈述。

包头中院经二审审理查明的事实与一审法院认定的事实一致。包头中院认为，虽然案涉房屋系王某风与于某3婚姻关系存续期间取得，属于其二人的夫妻共有财产。但该房屋的权属登记证书上记载房屋所有权人为于某3，共有人为0人，王某风的共有人身份并未对外公示，而不动产登记具有权利推定效力，从权利外观上判断于某3对案涉房屋有处分权。在此情形下，于某3自愿以该房屋为于某2提供解除保全的反担保，人民法院据此查封案涉房屋，不违反法律规定，王某风请求确认并停止执行其对案涉房屋享有的份额，依据不足，不予支持。综上所述，王某风的上诉请求不能成立，应予驳回。一审判决认定事实清楚，适用法律正确，应予维持。2021年4月14日，包头中院依照《民事诉讼法》(2017年修正)第170条第1款第1项规定，判决“驳回上诉，维持原判”[①]。

二、在学理框架内对相关问题的点评[②]

婚内分割夫妻共同财产，是指在保持婚姻关系的前提下，因特定事由或情形发生，夫妻双方协商分割夫妻共同财产不成的，一方以另一方配偶为被告向法院起诉请求分割，法院依法准许分割并裁决财产分配方案的制度和实践。《民法典》第1066条确立了婚内分割夫妻共同财产请求权，这是一项新的权利：“婚姻关系存续期间，有下列情形之一的，夫

---

① 内蒙古自治区包头市中级人民法院民事判决书，(2021)内02民终205号。

② 参见蒋月：《论婚内分割夫妻共同财产制及其完善》，载《云南师范大学学报(哲学社会科学版)》2021年第1期。

妻一方可以向人民法院请求分割共同财产:(一)一方有隐藏、转移、变卖、毁损、挥霍夫妻共同财产或者伪造夫妻共同债务等严重损害夫妻共同财产利益的行为;(二)一方负有法定扶养义务的人患重大疾病需要医治,另一方不同意支付相关医疗费用。"在《民法典》之前,2011 年《婚姻法解释(三)》第 4 条首次引入婚内分割夫妻共同财产制,作了相同规定。具有《婚姻法解释(三)》规定情形之一的,夫妻一方可以向法院起诉,请求分割夫妻共同财产。《民法典》第 1066 条吸收了既往相关司法解释和实践经验,并将其上升为法条,确立婚内分割夫妻共同财产制度,旨在公平保护夫妻双方的财产权和财产利益,并提供新的救济。按最高人民法院的说明,该请求权突破了传统民法的共有理论,允许共同共有人在特殊情况下请求分割共有物,同时又要保持共有关系。但是,在不解除婚姻关系的前提下对夫妻共同财产予以分割只能是一个例外,须具有"重大理由""否则,其负面效应不可低估"。[①] 该制度赋予司法干预婚姻存续期间夫妻财产关系的调整权,其目的不仅在于解决夫妻之间发生的财产纠纷,而且注重防范夫妻因重大财产利益冲突危及婚姻稳定,以利于保全婚姻,体现《民法典》第 1041 条确立的"婚姻家庭受国家保护"之精神。

(一)婚内分割夫妻共同财产的法定事由

1. 夫妻一方实施严重损害夫妻共同财产利益的行为。适用《民法典》第 1066 条规定的行为,应具有夫妻一方隐藏、转移、变卖、毁损、挥霍夫妻共同财产或者伪造夫妻共同债务等严重损害夫妻共同财产利益的情形。该类行为的核心是"严重损害夫妻共同财产利益"。具备以下三种情形之一的,即满足该法定事由:

(1)隐藏、转移、变卖、毁损、挥霍夫妻共同财产的行为。"隐藏"是指行为人将财产藏匿起来,不让他人发现,使另一方无法获知财产的所在从而丧失对财产的控制。"转移"是指行为人私自将财产移往他处,或者将资金取出移往其他账户,脱离另一方的掌握。隐藏、转移夫妻共同财产,均是为了独自占有该财产而排斥另一方配偶共享,其意愿明显,行动逻辑清晰。"变卖"是指出卖人未经对方配偶同意而擅自出卖的行为,被出卖的财产价值较大甚至是巨大的,其中常见的是将财产折价卖给他人。若配偶一方将悄悄出卖财产后换取的现金据为己有,不让另一方配偶知晓或共享,当然侵害另一方配偶的平等财产权。即使换取的现金用于家庭生活,也会严重损害另一方配偶享有的对夫妻共同财产的平等处分权。根据 2025 年 2 月 1 日起施行的《民法典婚姻家庭编解释(二)》第 7 条规定,夫妻一方基于重婚、与他人同居以及其他违反夫妻忠实义务等目的,将夫妻共同财产赠与他人或者以明显不合理的价格处分夫妻共同财产,该行为属于转移、变卖夫妻共同财产的行为,构成对夫妻共同财产利益的严重损害,另一方主张婚内分割,法院应予以支持。"毁

---

① 张先明:《总结审判实践经验 凝聚社会各界智慧正确合法及时审理婚姻家庭纠纷案件——最高人民法院民一庭负责人答记者问》,载《人民法院报》2011 年 8 月 13 日,第 4 版。

损”是指采用打碎、拆卸、涂抹等破坏手段，改变财产原状，使之失去部分或者全部原有价或者使用价值等。故意毁灭或者损坏夫妻共同财产，数额较大或者有其他严重情节的行为。“挥霍”是指超出合理范围任意处置，任性地浪费钱财、无节制地大肆开支夫妻共同财产的行为。不同收入水平的夫妻，其消费习惯和财务行为特点会有所差异，故而其行为是否构成“挥霍”将会是该五类行为中最可能引起争议的。按一般社会理性标准去衡量，应该是可以判断并能得出共识结论的。根据《民法典婚姻家庭编解释(二)》第6条规定，夫妻一方未经另一方同意，在网络直播平台用夫妻共同财产打赏，数额明显超出其家庭一般消费水平，严重损害夫妻共同财产利益的，可以认定为“挥霍”。

(2)伪造夫妻共同债务的行为。伪造夫妻共同债务，是指制造内容虚假的凭证，包括合同、欠条等，意图侵占另一财产。伪造夫妻共同债务，是最近二十年间时有发生的财务问题，甚至有些情形十分严重。从《婚姻法解释(二)》第24条规定婚姻关系存续期间，夫妻一方单方向外借款，原则上推定为夫妻共同债务以后，夫妻共同债务争议问题即成为社会热点问题，原因之一是夫妻一方与第三人恶意串通伪造夫妻共同债务，企图在夫妻共同财产分割时占有更多财产，或者迫使另一方不得不放弃行使夫妻共同财产分割请求权。但是根据法律规定，夫妻一方伪造夫妻共同债务的，另一方有权请求提前分割共同财产，及时止损。

(3)其他严重损害夫妻共同财产利益的行为。例如，夫妻一方实施财产管理或处分行为，依法应征得另一方同意，但另一方无正当理由拒不同意的。这个“兜底性条款”是为司法酌情裁量或者适应复杂社会生活而预留的空间。

作为行使请求权的配偶另一方实施上述三类行为，均应是出于故意，行为人主观上有“通过上述行为，实现侵占夫妻共同财产的目的。因过失行为导致的共同财产毁损，不适用该条规定”。①

2. 夫妻一方应负担患重疾的法定扶养权人的医疗费而另一方不同意。《民法典》第1067条、第1072条第2款、第1074条、第1075条规定，父母有义务抚养未成年子女或者不能独立生活的成年子女，成年子女有义务为缺乏劳动能力或者生活困难的父母提供赡养费。符合法定条件的，继父母、兄弟姐妹、祖父母与孙子女、外祖父母与外孙子女相互之间都负担相应的扶养、抚养和赡养义务。此处的扶养费、抚养费和赡养费均包括医疗费在内。所以，夫妻一方履行该类法定义务而需要金钱开支，另一方无正当理由拒不同意的，该方可以请求提前分割夫妻共同财产，从而明确其个人财产，方便其按本人意愿处分财产。

---

① 最高人民法院民事审判第一庭编著:《最高人民法院婚姻法司法解释(三)理解与适用》，人民法院出版社2015年版，第84页。

(二)适用范围是否可以适当扩展

夫妻一方对双方共同财产的分配请求权,源自婚姻身份关系派生的夫妻财产共有关系。夫妻作为各自独立的民事主体,双方利益既高度重合又有相当程度的分离,夫妻财产关系与人身关系之间的适度分离,除了夫妻约定实行分别财产制外,还可以在哪些情形下被允许,是一个平衡困难的微妙问题。无论从情理看还是观察复杂的社会生活,《民法典》第1066条规定的婚内分割夫妻共同财产的法定事由偏少。实际上,还有不可归责于夫妻任何一方的情形也可能使夫妻财产关系无法继续维持。例如,夫妻一方失踪或一方丧失民事行为能力,或者夫妻一方宣告破产等,如果另一方希望保持婚姻关系,但要求分割夫妻共同财产,以方便其实施财产的占有、管理、收益和处分行为,是为合理。然而,在审判实践中,行使婚内分割夫妻共同财产请求权应当具备《民法典》第1066条规定的情形,并且请求权人应举证证明另一方实施了该条规定的行为,否则,请求将不可能获得法院支持。

(三)裁判分割的夫妻共同财产范围

适用《民法典》第1066条分割夫妻共同财产时,会遇到裁判分割的共同财产范围多大的疑问。进一步说,需要回答下列两个问题:其一,分割全部夫妻共同财产抑或仅分割部分共同财产?其二,仅单纯分割夫妻共同财产而不涉及债务清偿责任分配,抑或既应当分割夫妻共同财产又应当确定债务清偿责任?该条规定仅赋予当事人请求分割权,没有规定"变更夫妻共同财产制"或者"终止夫妻共同财产制"。

首先,该条规定本意应当是允许当事人请求分割双方全部共同财产。该强制分割制度适用于婚姻存续期间,且分割事由仅限于法定情形。婚内打破常规,许可"特事特办",是维护夫妻经济公平之需,不得不采用的非常规救济。无论是对当事人还是对社会而言,该救济之成本都较大。如果仅仅分割部分夫妻共同财产,不仅不容易确定分割的财产对象,而且容易导致经分割确定归夫妻一方个人所有的财产与后续婚姻存续期间所得财产混淆,还可能导致反复诉诸司法请求分割共同财产,过度占用司法资源。其次,关于是否应当确定共同债务清偿责任。既然全部共同财产均分割完毕,若夫妻有共同债务的,理当一并确定共同债务清偿责任,否则,对债权人不公。此外,适用第1项、第2项规定分割共同财产时,应注意是否允许分割财产范围有异问题。仅从字面上看,第1项规定的情形重于第2项,然而,如果遇到第2项规定的情形,是否仅把可用于支付医疗费的夫妻共同财产分割清楚,即可满足请求权人履行法定扶养义务的紧急需要?不过,这仅仅是将该笔医疗开支理解成通常水平,如果医疗开支巨大,请求权人将其全部个人财产投入其中,也可能不足以解决的,又将如何?所以,从制度解释论角度看,两项规定之间的差异主要不在于其应覆盖的共同财产范围,而在于第1项是配偶一方的行为具有违法性,第2项中配偶的行为并不违法,其维护个人财产利益,仅仅是道德上不高尚。

分割夫妻共同财产的前提是认定夫妻有哪些共同财产。不过，夫妻共同财产的认定是个大问题，此处不讨论。建议参见本书中的其他相关判例研究。

（四）裁判分割时应考虑的主要因素

夫妻双方在诉讼期间，若能够协商分割的，理当有权协商分割；若协商不成的，则由法院依法裁决分割。如此一来，法院裁判分割的依据是什么呢？《民法典》未规定，但《民法典婚姻家庭编解释（二）》对此已作了明确规定。该解释第6条、第7条规定，无过错方请求对过错一方予以少分或者不分的，人民法院应予以支持。换言之，对因夫妻一方实施严重损害夫妻共同财产利益行为而导致婚内分割夫妻共同财产的，分割时应照顾无过错方，将夫妻共同财产多数乃至全部分配给无过错一方，以示对过错行为的惩处。而在《民法典婚姻家庭编解释（二）》生效前，由于没有相关规定，实践中是参考《婚姻法》及相关司法解释有关离婚时夫妻共同财产分割的相关规定的。[①]《民法典》实施后是参照适用离婚时夫妻共同财产分割应遵循的原则的，即《民法典》第1087条第1款规定，由人民法院根据财产的具体情况，按照照顾子女、女方和无过错方权益的原则判决。该强制分割夫妻共同财产完毕，原属于夫妻双方共同共有的财产，依法归属于夫妻双方各自所有，变成了夫妻各自的个人财产。

婚内分割夫妻共同财产时，也应当照顾子女利益。有观点认为，“在婚姻关系存续期间，发生本条规定可以分割共同财产情形的，如果分割财产并不会影响到子女成长的需要，则无需考虑保护子女利益原则”。对于该解释意见，笔者不敢苟同，因为保护儿童权益是《民法典》婚姻家庭编坚持的基本原则之一，“保护未成年人，应当坚持最有利于未成年人的原则”是2024年修正后的《未成年人保护法》第4条确立的基本原则。

三、本判例的裁判逻辑

原告胡某指控被告鲍某1转移夫妻共同财产、虚构夫妻共同债务、断供家庭生活费用、隐藏家庭共有财产、挥霍夫妻共同财产，侵犯了胡某的合法财产权益，起诉要求依法分割夫妻共同财产。为此，请求权人应当举证证明夫妻另一方实施了《民法典》第1066条规定的行为。胡某与其丈夫鲍某1的婚姻的确实存在很大的矛盾冲突，胡某不仅起诉请求离婚，而且她与丈夫之间还因其他原因发生了数次诉讼，该对夫妻关系不处在正常状态。然而，即便如此，胡某指控丈夫实施了《民法典》第1066条规定的侵害配偶一方夫妻共同财产权的行为，原告依然需要提供证据来证明。因为胡某的指控遭到了丈夫鲍某1的否认，却又没有证据证明原告主张，所以，一审、二审法院认为，胡某的诉讼请求无事实依据，不符合适用《民法典》第1066条规定的条件，故判决驳回胡某的诉讼请求。

---

① 参见最高人民法院民事审判第一庭编著：《最高人民法院婚姻法司法解释（三）理解与适用》，人民法院出版社2015年版，第87页。

四、本判例的意义

搜索“中国裁判文书网”中涉及婚内分割夫妻共同财产纠纷案，进一步阅读相关裁定书和民事判决书，发现大多数案件中，原告的诉求都没有得到法院支持，少部分案件中原告的诉求得到了法院支持。驳回原告婚内分割夫妻共同财产请求或者不支持其请求的原因，主要有下列两类：一是原告所称没有事实依据，这种情形最常见。原告虽有提供部分证据，但由于所提供证据证明力不足，或者证据指向并不针对被告等，使得法院无法确认原告陈述内容属实。二是原告的诉求不符合《民法典》1066 条规定的能分割夫妻共同财产的特定情形。“打官司就是打证据”，如果原告不能提供充分证据证明其主张配偶另一方实施了侵害夫妻共同财产的行为或者妨碍原告履行法定义务的。根据民事诉讼证据规则，原告应当承担举证不能的不利法律后果。

案例 1：朱某彬与高某婚内夫妻财产分割纠纷再审案件。朱某彬申请再审，请求撤销原一审、二审判决；依法改判将高某的全部婚内财产判归朱某彬所有；依法改判将高某转移的婚内夫妻共同财产判归朱某彬所有；申请网络查控高某 2014 年以来的银行存款流水明细及其他全部财产；申请保全高某的银行存款及其他全部财产；申请调查取证高某出资购买的房产权属和购房资金来源、2014 年以来的银行存款明细及薪资收入等；申请调查取证两家关联公司注册资金来源及经营。理由如下：两审判决认定朱某彬提交的证据不足以证明其主张，应承担举证不能的后果，该认定缺乏事实基础；两审判决适用法律错误；再审申请人有新的证据，足以推翻原判决，申请再审改判。北京市高级人民法院经审查认为，当事人对自己提出的诉讼请求所依据的事实或者反驳对方诉讼请求所依据的事实，应当提供证据加以证明，但法律另有规定的除外。在作出判决前，当事人未能提供证据或者证据不足以证明其事实主张的，由负有举证证明责任的当事人承担不利的后果。本案中，朱某彬主张婚内分割夫妻共同财产，但其提交的证据尚不足以证明高某在婚姻关系存续期间存在隐藏、转移、变卖、毁损、挥霍夫妻共同财产或者伪造夫妻共同债务等严重损害夫妻共同财产利益的行为，故应当承担举证不能的不利后果，朱某彬再审申请理由不能成立，本院不予支持。朱某彬申请调查取证，依据不足，不予准许。二审审理不存在违反法定程序应予再审的情形。朱某彬提交的证据不足以推翻二审判决，故驳回朱某彬的再审申请。①

案例 2：朱某霞、倪某彬等赠与合同纠纷中，淄博市张店区人民法院一审认定事实：朱某霞与倪某钧系夫妻关系，倪某彬系倪某钧之母。朱某霞以在其不知情的情况下，倪某钧将夫妻共同财产赠与倪某彬为由提起诉讼，要求被告返还并赔偿损失，遂引发此案。对当事人二审争议的事实，山东省淄博市中级人民法院认定如下：上诉人提交的证据一能够证

① 参见北京市高级人民法院民事裁定书，(2022)京民申 7354 号。

明车辆购买时间但无法证明是否为婚后共同购买之财产，进而无法证明被上诉人倪某钧存在婚内隐藏、转移、变卖、毁损、挥霍夫妻共同财产，具有符合《民法典》第1066条规定的婚内分割夫妻共同财产的情形，对上诉人提供的相应证据不予采纳认定。证据二无房证明不能直接证明被上诉人倪某彬具有购买能力，本院亦不予采纳。对于上诉人申请调取的倪某彬购买涉案福特车的购车手续及登记手续、倪某彬的社保个人账户明细及余额、倪某彬有无驾驶证信息的证据，首先，上述证据不能证明购买车辆的具体出资为上诉人与被上诉人倪某钧的夫妻共同财产、该车辆为两被上诉人之间的赠与、上诉人有权主张撤销相应车辆的赠与等情况，本院对此不予准许。对于两被上诉人提供的证据一、证据二不能直接证明购买车辆的出资等情况，对争议事实不具有证明力，本院不予采纳。证据三与本案争议事实无直接关联，本院亦不予采纳。对倪某彬名下的工商银行卡问题，原审经查证确认该卡中有交易流水涉及被上诉人倪某钧个人业务往来，但该卡目前仍在使用状态，现有证据并不足以证实被上诉人倪某钧将相应款项赠与了被上诉人倪某彬以及该款项的具体数额，上诉人要求两被上诉人负有关款项的连带返还责任，于法无据。对倪某彬农业银行卡中15.7万元奔驰车款问题，上诉人首先应提供证据证明该款确系双方共有车辆销售所得款项，其次应提供证据证明本案符合婚内分割夫妻共同财产的法律规定的情形，因上诉人在本案中尚未完成以上举证责任，原审未对上诉人该项诉讼主张予以支持并无不当。对于倪某彬名下鲁C8××××福特牌轿车的问题，因上诉人在本案中提供的证据无法证明该车辆为上诉人与被上诉人倪某钧之夫妻共同财产购买，其要求倪某彬予以返还并协助过户的主张不能成立。对于上诉人要求被上诉人倪某钧赔偿经济损失9200元、倪某彬赔偿20,000元的诉讼主张，缺乏事实及法律依据，原审未予支持并无不当。综上所述，朱某霞的上诉请求不能成立，应予驳回。一审判决认定事实清楚，适用法律正确，应予维持。[①]

案例3：原告袁某某与被告王某某婚内分割夫妻共同财产纠纷案：分割诉求获得法院支持。

袁某某向河北省景县人民法院（以下简称景县法院）起诉丈夫王某某，请求法院判决婚内分割夫妻双方共同财产共计1677,000元。事实和理由：原、被告双方于1954年缔结事实婚姻，双方婚后共生育三个女儿现均已成年。夫妻经常发生矛盾。从2017年9月被告带着家庭所有存款离家，至今未归，原告暂由二女儿和三女儿照顾至今。被告于2010年6月23日和2011年1月13日分两次擅自将其持有的景县银行的股金45,000元转入大女儿王某娥名下。2016年10月3日至2017年9月12日，被告分别在中国建设银行景县支行和景县农商银行存入定期存款共计332,000元，定期存单均由原告保管。然而，被

① 参见山东省淄博市中级人民法院民事判决书，(2022)鲁03民终17号。

告于2017年9月25日和2017年10月5日在原告不知情的情况下擅自分两次通过挂失，将上述存款取走。根据相关法律规定，婚姻关系存续期间的工资、资金、劳动报酬收入均为夫妻共同财产。被告系退休职工，原告年老又无任何经济收入。被告抛弃原告后的五年间，有工资收入共50万元，均应属于夫妻共同财产；原、被告婚后的房产有：位于景县住宅一处及院落一处（房屋所有权登记在原告名下），位于景县平房三间及院落一处（房屋所有权登记在被告名下），以上四项财产要求分割，让原告不再过身无分文的生活。在庭审过程中，原告撤回了要求分割房产的请求，增加了要求分割被告离家时其工资存款8406元。被告王某某答辩称，原告所诉不实，不予认可，不同意分割婚内财产。被告常年体弱多病，目前咳嗽吐血，重病缠身，需要专人护理及高额医疗费。被告同意与原告共同生活，不同意原告分割财产的请求。

景县法院经审理认定事实如下：原告袁某某与被告王某某于1954年2月结婚，婚后共生育三个女儿，现均已成年。2017年9月，被告生病住院治疗，双方为此事发生纠纷，治疗终结后，被告未回家并开始与原告分居生活。原告曾分别于2018年1月和2019年1月两次向法院提出离婚诉讼，法院以感情尚未完全破裂为由，不准予原、被告离婚。现原告随二女儿、三女儿生活，被告在养老院居住生活。被告于2010年6月23日和2011年1月13日分两次将自己持有的景县农商银行的股金45,000元转入其大女儿王某娥名下。2016年10月3日至2017年9月12日间，被告分别在中国建设银行景县支行和景县农商银行定期存款共计332,000元，定期存单由原告保管，被告于2017年9月25日和2017年10月5日将上述存款挂失取走。被告离家时，其建行代发工资存折内有存款8406元，后被被告支取。原告无经济收入，患有冠心病、高血压、慢性肾炎等疾病，部分生活不能自理。被告有退休工资收入，现每月退休金为3977元。另外，双方分居后，被告所得单位发各类奖金共65,400元，被告患有肺病、糖尿病、肾病等疾病。原、被告的住宅有：位于景县平房3间及院落1处，位于景县房屋4间及院落1处。原告在双方分居期间住院治疗费用为3729.23元，自负医疗费用为1274.07元。被告分居期间的住院费用为52656.87元，但未提供住院自负医疗费用的数额，被告现住养老院，每月费用约为2000元左右，被告日常生活开支现由王某娥负责。上述事实有原告提供的证据中国建设银行股份有限公司存折复印件、（2018）冀1127民初432号民事判决书、（2019）冀1127民初297号民事判决书、景县中医医院诊断证明、住院费用清单3张和报销凭证；被告提供的证据景县人民医院诊断证明、景县人民医院费用清单、哈励逊国际和平医院费用明细、衡水市第四人民医院费用明细清单、河北医科大学第二医院费用清单、德州人民医院住院费用清单、衡水市桃城区久重阳托老院出具的收据、景县益民医院出具的证明、收据、景县人民医院门诊收费电子票据、交通费车票；原告申请法院调取的被告的银行账户明细、景县机关事业单位保险所的证明；庭审笔录、质证笔录等为证。

景县法院认为，原告要求分割婚内夫妻共同财产应当符合相关法律规定的分割条件。《民法典》第1066条规定，“婚姻关系存续期间，一方有隐藏、转移、变卖、毁损、挥霍夫妻共同财产或者伪造夫妻共同债务等严重损害夫妻共同财产利益的行为，另一方可以请求分割共同财产”。本案被告在与原告分居后，未与原告协商，且不顾及原告无经济收入，无其他生活来源的情况，分两次将大额夫妻共同定期存款取走，后又将活期存款取走，明显有转移财产的嫌疑。被告为否认转移财产的行为，向本院提供了相关住院、住养老院费用及交通费的证据，以上被告提供的各项费用的总额远远小于二人分居期间被告的工资奖金收入总额，且被告提供的部分费用并不属实，双方分居期间被告的收入完全能支付被告主张的费用，无需动用共同存款予以支付，综上，被告无证据证明其所支取的共同存款用于自己的合理开支，也无证据证明其有将全部存款支取出来的必要，因此，对于被告支取的共同存款已花完的主张，不予采信，应认定被告存在隐藏、转移夫妻共同财产的故意，原告要求分割夫妻共同财产中的共同存款340,406元的请求，应予以支持。关于原告要求分割的2010年、2011年转到王某娥名下的股金45,000元，因该股金转到第三人名下，是否应予以分割涉及第三人利益，不宜在本案中一并处理，原告可另行诉讼。关于原告要求分割二人分居期间被告的工资、奖金收入的请求，原告虽然申请本院调取了被告的相关工资、奖金收入明细，但该明细未显示被告的工资收入有剩余存款。分割夫妻共同财产应当是分割双方现有的财产，而不是分割工资、奖金收入明细上的工资数值；而且双方分居后，被告确有因医疗、住养老院等实际正常开支，原告也未提供证据证明二人分居后被告工资收入有可分割的剩余部分，故对原告的此项请求，不予支持。原告撤回对房产的分割请求，系对自己权利的处分，本院予以准许。

2021年7月26日，景县法院依照《民法典》第1066条第1款规定，《民事诉讼法》第64条规定，判决被告王某某于本判决生效之日起五日内给付原告袁淑平共同存款170,203元；驳回原告袁淑平的其他诉讼请求。①

如果夫妻一方实施严重损害夫妻共同财产利益的行为，或者面临该类争议时，请注意《民法典》第1066条以及《民法典婚姻家庭编解释（二）》第6条、第7条等规定，以及相关典型案例。

① 河北省景县人民法院民事判决书，(2021)冀1127民初574号。

034. 夫妻关系存续不影响侵权责任的构成*

曹某松与吴某生命权、健康权、身体权纠纷案 ‖ 新疆维吾尔自治区乌鲁木齐市中级人民法院民事裁定书,(2016)新01民终3384号

| 事实概要 |

2011年6月2日,曹某松与吴某签订离婚协议后,一同前往民政局办理离婚手续。行至某农机厂路口时,吴某手机来电,因路边吵闹,便边接电话边走向路边一个小区,并示意曹某松等一会儿。曹某松跟随其后,同时也给自己的律师打了电话,结束通话后,曹某松向吴某索要离婚协议,吴某没有答应,双方发生争执。为抢回包内离婚协议,曹某松拉扯吴某的挎包,吴某用双手护包,双方拉扯过程中,因挎包包带处被扯烂,吴某摔倒。后经法医人体损伤程度鉴定,吴某所受伤亡程度为轻伤,司法鉴定其左腿股骨颈骨折伤残等级为八级,两下肢不等长伤残等级为十级。新市区公安分局在2011年8月对此进行立案,并将案件移送至新市区人民检察院,检察院向新市区人民法院提起公诉,2012年10月11日在新市区人民法院开庭,在审理中法院以证据不足要求检察院补充侦查,因无现场视频和第三方证人,2013年8月14日公安机关作出了撤销案件的决定。后吴某将本案自诉至新市区人民法院,法院在2013年12月10日作出一审判决。原告吴某不服一审判决中被告应付赔偿数额,上诉至中级人民法院,中级人民法院于2014年1月24日作出终审裁定,裁定驳回上诉,维持原判。

| 判决要旨 |

1. 离婚损害赔偿以权利救济主体无过错、当事人离婚、救济范围特定为适用限制,因本案的损害赔偿请求是在夫妻关系存续期间提出,故无法适用离婚损害赔偿规则。

2. 自然人的人身权利受法律保护,行为人因过错侵害他人人身权利的,应当承担赔偿责任。本案当事人虽为夫妻,但夫妻关系的存续不影响侵权责任的构成。

---

* 陈霖,法学博士,南京师范大学法学院副教授。

判例评析

一、既往相关判例与观点

是否支持婚内侵权损害赔偿,司法实务中观点不一。多数法院认为夫妻间原则上不成立婚内侵权责任。在"蒋某芬与黄某华机动车交通事故责任纠纷案"中,被告蒋某芬驾驶汽车,因不规范驾驶造成交通事故,导致原告黄某华受伤,经查明二人为夫妻关系,因此案件争议焦点为:被告是否因前述行为对原告构成侵权责任。广东省深圳市龙岗区人民法院在一审中认为应该严格适用2001年《婚姻法》第46条,即夫妻间侵权损害赔偿责任成立需以离婚为前提,故判决驳回原告诉讼请求。广东省深圳市中级人民法院在二审中则认为即使是夫妻间也成立侵权责任,撤销一审判决,支持原告诉讼请求。广东省深圳市中级人民法院再审时认为婚内侵权责任仅限于故意,夫妻间发生交通事故属于过失侵权,过失只是伦理问题,不存在赔偿,最终撤销二审判决,维持一审判决。[①] 如二审判决一般,司法裁判中亦有持夫妻间成立侵权责任之立场者,婚姻关系并不能成为夫妻间承担侵权责任的阻却屏障,我国2001年《婚姻法》虽然确认夫妻婚后共同财产制为法定财产制,但同时亦肯定夫妻关系存续期间的个人财产制度,从而为婚内侵权损害赔偿确立了执行基础,有利于保护婚姻家庭生活中各家庭成员的合法权益。故在婚姻关系存续期间夫妻一方即使不起诉离婚而是单独提起损害赔偿请求的,只要符合侵权责任构成要件,人民法院应当予以支持。

二、在学理框架内对相关问题的点评

《婚姻法》第46条(现为《民法典》第1091条)明确规定了适用离婚损害赔偿制度的法定理由,但是,《婚姻法解释(一)》第29条第3款明确表示,当事人单独提出损害赔偿却不提起离婚的,人民法院不予受理,这可谓否定了婚内损害赔偿制度。

关于夫妻间能否成立侵权责任,学术界历来存在争议。持否定意见者认为,夫妻间具备共同利益,婚姻共同体的亲密关系自然阻却夫妻间侵权责任的成立。如果支持夫妻间的婚内侵权损害赔偿请求,反而可能会加速婚姻关系的破裂,而选择婚内侵权损害赔偿者的初衷是希望在不离婚的前提下完成权利救济。[②] 即使认可夫妻间可以成立侵权损害赔偿责任,但如果配偶一方除共有财产外别无其他可用于负担损害赔偿的个人财产时,如何承担此赔偿责任亦是一个难题。持肯定意见者认为,离婚损害赔偿无法覆盖婚内侵权损害赔偿的功能,即使在婚姻存续期间,夫妻间也具备独立的人格、其合法的民事权益依旧受到法律保护,而构建婚内侵权损害赔偿制度的关键在于克服损害赔偿责任实现的窒碍,

---

① 参见广东省深圳市中级人民法院民事判决书,(2015)深中法审监民再字第33号。

② 参见冉克平:《论夫妻之间的侵权损害赔偿》,载《华中科技大学学报(社会科学版)》2010年第2期。

通过非常财产制和债权凭证制度可加以解决[①]。

倘若认可夫妻婚内侵权损害赔偿责任成立，那么需要进一步讨论在法律适用中夫妻间的哪些民事权益可以受到法律保护。首先，夫妻各自的人格权可以受到保护。本案即认可了婚姻关系存续期间，夫妻一方人格权受到另一方侵害时，行为人的侵权损害责任成立。人格权是一种绝对权，以人格利益为客体。人格权在我国《民法典》中独立成编，更肯定了其作为一种法定权利应当受到保护，我国的民法人格权体系构成模式为“具体人格权＋一般人格权”，[②]具体人格权又区分为身体权、生命权、健康权等物质性人格权与隐私权、肖像权、性自主权等精神性人格权。其次，夫妻间的身份权可以受到保护。《民法典》总则编第112条明确自然人因婚姻家庭关系等产生的人身权利受法律保护，此即意味夫妻之间因配偶身份产生的身份权利可利用婚内侵权损害赔偿制度进行保护。此外，作为夫妻个人一方的具备绝对权性质之财产权也应囊括进法律保护的民事权益范围内。

三、本判例的规范逻辑

2001年《婚姻法》第46条规定：“有下列情形之一，导致离婚的，无过错方有权请求损害赔偿：(一)重婚的；(二)有配偶者与他人同居的；(三)实施家庭暴力的；(四)虐待、遗弃家庭成员的。”[③]该条规定的离婚损害赔偿制度在适用前提、适用主体、适用事由上较为严格，导致人身权益受到侵害的配偶一方难以在婚姻关系存续期间基于此条规定提起损害赔偿请求。

而《侵权责任法》第6条(现为《民法典》第1165条[④])规定：“行为人因过错侵害他人民事权益，应当承担侵权责任。根据法律规定推定行为人有过错，行为人不能证明自己没有过错的，应当承担侵权责任。”《侵权责任法》第16条(现为《民法典》第1179条[⑤])规定：“侵害他人造成人身损害的，应当赔偿医疗费、护理费、交通费等为治疗和康复支出的合理费用，以及因误工减少的收入。造成残疾的，还应当赔偿残疾生活辅助具费和残疾赔偿金。造成死亡的，还应当赔偿丧葬费和死亡赔偿金。”因此，司法实践中围绕婚姻关系存续

---

① 参见范李瑛：《婚内损害赔偿与夫妻共同财产制的冲突和协调》，载《烟台大学学报(哲学社会科学版)》2006年第3期；郗伟明：《论婚内一般侵权责任制度的建立——兼评离婚损害赔偿制度》，载《南京大学学报(哲学·人文科学·社会科学版)》2010年第3期；夏吟兰、罗满景：《夫妻之间婚内侵权行为的中美法比较》，载《比较法研究》2012年第3期。

② 刘召成：《民法一般人格权的创设技术与规范构造》，载《法学》2019年第10期。

③ 现为《民法典》第1091条。《民法典》第1091条在《婚姻法》第46条规定基础上，增加了一项规定，即：“(五)有其他重大过错。”

④ 《民法典》第1165条规定：行为人因过错侵害他人民事权益造成损害的，应当承担侵权责任。依照法律规定推定行为人有过错，其不能证明自己没有过错的，应当承担侵权责任。

⑤ 《民法典》第1179条规定：侵害他人造成人身损害的，应当赔偿医疗费、护理费、交通费、营养费、住院伙食补助费等为治疗和康复支出的合理费用，以及因误工减少的收入。造成残疾的，还应当赔偿辅助器具费和残疾赔偿金；造成死亡的，还应当赔偿丧葬费和死亡赔偿金。

的夫妻之间可否适用该条规定发生分歧,若持即使是夫妻之间,也不因婚姻关系的存在而隐藏法律对民事权益保护之观点,就如同本案裁判立场一般,认为侵权责任的相关规定亦可有限适用于夫妻之间。

从《民法典》总则编第112条“自然人因婚姻家庭关系等产生的人身权利受法律保护”观之,《民法典》特别明示婚姻家庭内部成员间人身权的法律保护应当受到重视,更是进一步肯定婚姻关系并不能阻碍夫妻婚内侵权损害赔偿之救济。

四、本判例的意义

在现代婚姻家庭相关法律规定中,夫妻关系的理论之基已经由夫妻一体主义转向夫妻别体主义。夫妻对外是伦理性的婚姻共同体,对内彼此之间亦是独立的个体,不能因为婚姻外衣的掩盖,而无视夫妻本身作为民事主体时理应享有的受到法律保护之人身权和财产权。虽然2001年《婚姻法》规定的离婚损害赔偿制度在一定程度上可以保护前述夫或妻的民事权益,但在具体适用时只能以离婚为前提,若欲在婚内实现侵权责任的求偿则面临适用不能。因此,在夫妻婚姻关系尚未完全破裂但个体民事权益被侵害事实的确存在时,通过婚内侵权损害赔偿制度的构建可以在不解消夫妻关系的前提下有效保护夫或妻的个体民事权益。本案正是对《民法典》总则编呼吁保护婚姻家庭关系中家庭成员人身权利的切实回应。不过,婚姻家庭关系中的“人”毕竟不同于市场交易关系中平等的“人”,婚内侵权损害赔偿制度对于夫或妻人身权、财产权的保护力度不能完全等同于一般民事主体之间,其在参照适用《民法典》侵权责任编相关法律规则时应当有限适用,此亦不容忽略之处。

五、后续判例和规范的发展

伴随《民法典》人格权编明确保护民事主体的人格权后,夫妻间婚内侵权损害赔偿之诉的请求权基础获得法律正当性。此类侵权之诉大多围绕人格权纠纷而发生,如果在婚姻关系存续期间,因配偶一方的侵权行为,导致另一方身体权、生命权、健康权发生损害结果而提起侵权损害赔偿之诉的,法院逐渐愿意受理此类诉讼请求。即夫妻间物质性人格权的法律保护程度与一般民事主体间的法律保护程度相当。

不过,在司法实践中对夫妻婚内侵权损害赔偿之诉依旧尚存争议,主要包括:

1. 夫妻间的身份权是否可以作为此类侵权之诉的保护对象。学理上虽欲推进夫妻间因违反忠实义务而通过侵权之诉予以救济之路,但大多数法院仅支持因违反忠实义务而向第三人提起的侵权损害赔偿请求。

2. 夫妻间隐私权等其他非物质性人格权的保护程度是否与一般民事主体间隐私权的保护程度相同。大多数法院采取有限保护夫妻间隐私权之立场,[①]即非物质性的具体人格

---

① 参见上海市第二中级人民法院民事判决书,(2014)沪二中民一(民)终字第2589号。

权一般认为具备可克减性,①而夫妻身份角色所承载的婚姻共同体之秩序价值即为隐私权在夫妻间发生克减的原因之一。试想,若对夫妻间隐私权的法律保护程度与私法的“人”完全等同,那么,婚姻共同生活将会变得越来越小心、夫妻权利义务亦越来越个体化,最终只会架空婚姻家庭的“利他性”。放任隐私权在夫妻间过度扩张,并不利于凝聚异质性个体结合形成的婚姻共同体,亦不符合我国长期以来的“家”文化。因此,在未来的司法实践中,法官要根据婚内夫妻侵权之诉所欲保护标的之不同而区分裁量是否支持受害一方的损害赔偿请求,以及给予何种程度的法律保护。

① 参见王利明:《〈民法典〉人格权编中动态系统论的采纳与运用》,载《法学家》2020 年第 4 期。

第三章

父母子女关系和其他亲属关系纠纷

035. 名为儿童监护权纠纷，实为亲子关系确认、否认之诉的，应如何处理？*

原告王某与被告蒋某甲监护权纠纷案 ‖ 江苏省南京市秦淮区人民法院民事判决书，(2014)秦少民初字第45号①

| 事实概要 |

李某与蒋某甲于2009年4月在南京市秦淮区(原白下区)民政局登记结婚。在与蒋某甲婚姻关系存续期间，李某与王某发生婚外情。2013年4月李某在某医院生育一女，取名蒋乙。蒋某甲在南京市公安局瑞金路派出所，以父亲身份代女儿蒋乙申报户口。2014年1月，王某委托鉴定部门做DNA亲子鉴定，鉴定意见为王某系蒋乙生物学父亲。之后，蒋乙随王某生活。后李某因病去世。2014年3月，王某向法院提起诉讼，请求法院判决变更蒋乙的法定监护人为自己。法院经过审理，从儿童最大利益原则出发，判决变更蒋乙的法定监护人为王某。

| 判决要旨 |

1. 未成年人父母是未成年人的法定监护人。蒋乙出生于李某与被告蒋某甲夫妻关系存续期间，应推定为此二者的婚生女儿。并且，在夫妻婚姻关系存续期间，被告已履行父亲职责，如为女儿申报户口、接种疫苗等。即使李某去世后，DNA亲子鉴定结果显示蒋乙与蒋某甲并非生物学意义上的父女，但被告仍应作为蒋乙的法定监护人，继续履行抚养教育蒋乙的职责。

2. 被告已经明确放弃对蒋乙的监护权，为切实保障蒋乙享有的生存权、发展权，需及时确定蒋乙的法定监护人。虽然原告王某与李某的婚外情应受到道德谴责，但为了最大化地保护未成年人权益，为蒋乙生活成长创造更好的环境与条件，综合考察原告的经济条

---

* 陈霖，法学博士，南京师范大学法学院副教授。

① 参见原告王某与被告蒋某甲监护权纠纷案，江苏省南京市秦淮区人民法院民事判决书，(2014)秦少民初字第45号。

件、健康状况、人际关系，以及其父母身体较好并愿意帮助原告照顾孩子等情况，变更王某为蒋乙的法定监护人。

｜判例评析｜

一、既往相关判例与观点

本案"名"为儿童监护权争议纠纷，"实"为对亲子关系的确认。关于亲子关系的确认与否认之诉在婚姻家庭法司法实践中并不少见，但是，《婚姻法》未明确规定与之有关的法律规范。《婚姻法解释（三）》①，其第 2 条被认为是关于亲子关系确认、否认的法律规则，但由于具体规范条文设计简略，文义表达上对亲子关系确认、否认之诉适格当事人的界定过于模糊，导致司法实践中相关纠纷在法律适用上存在分歧。根据该规定，提起亲子关系确认之诉的适格民事诉讼主体为"当事人"，在具体案件中，此类当事人主体呈现出多元化现象，包括生父、生母、未成年子女、成年子女。在某些情况下，亲子关系确认之诉面临裁判困境。例如，生父提起亲子关系确认请求，法律推定之父明确表示反对时，法院即使判决支持生父的诉讼请求也将可能面临学理上的质疑：一个人不可能同时处于两个亲子关系中，生父提起的亲子关系确认诉求获得支持的，并不当然消灭争议案件中已形成的法律性亲子关系。概言之，亲子关系确认之诉是否应以亲子关系否认之诉作为前提条件。② 但是，在我国司法裁判中，能够提起亲子关系否认之诉的主体普遍被认为是法律上的"父"或"母"。例如，在"刘某某与方某某确认非亲子关系纠纷案"中，方某某与刘某某未登记结婚，在恋爱期间产下一女，后刘某某提起确认亲子关系不存在之诉，湖北省荆州市中级人民法院在二审中认为其并非《婚姻法解释（三）》规定的合法夫妻关系中的"夫"，诉讼主体身份不适格，从而将法律父母以外的其他主体排斥于请求权主体之外。③ 而最高人民法院解释："虽然血缘联系是发生父母子女关系的直接依据，但当事人在实际生活中已产生亲生父母子女般的感情，强行恢复自然、真实的亲生父母子女关系不利于对子女的保护，也不利于婚姻家庭或社会秩序的稳定，故将否认权的主体限制为子女的父或母，第三人无权提起否认之诉。"④因此，能够提起亲子关系否认之诉的父或母主要是法律上的"父"或

---

① 《婚姻法解释（三）》第 2 条规定：夫妻一方向人民法院起诉请求确认亲子关系不存在，并已提供必要证据予以证明，另一方没有相反证据又拒绝做亲子鉴定的，人民法院可以推定请求确认亲子关系不存在一方的主张成立。当事人一方起诉请求确认亲子关系，并提供必要证据予以证明，另一方没有相反证据又拒绝做亲子鉴定的，人民法院可以推定请求确认亲子关系一方的主张成立。

② 参见张燕玲：《亲子否认之诉的理念变迁》，载《南京大学学报（哲学·人文科学·社会科学版）》2019 年第 5 期。

③ 参见湖北省荆州市中级人民法院民事裁定书，(2016) 鄂 10 民终 1192 号。

④ 张燕玲：《亲子否认之诉的理念变迁》，载《南京大学学报（哲学·人文科学·社会科学版）》2019 年第 5 期。

“母”,并不包括生父或者生母。[①]

在我国法律尚未赋予生父亲子否认之诉的诉讼主体资格,而亲子关系确认之诉又要以亲子否认之诉为前提的法律逻辑下,实践中会因此出现生父通过提起监护权异议之诉,达致亲子关系确认之司法现象。而法院基本倾向“自然血缘”说。例如,在“文某诉岳某抚养权纠纷案”中,判决生父文某与岳小某存在亲子关系,由其获得抚养权[②]。

二、在学理框架内对相关问题的点评

由于生物学父母与法律上的父母不一定完全重合,亲子关系确认之诉和否认之诉屡见不鲜,而亲子关系确认与亲子关系否认在学理上被认为紧密关联,普遍认同亲子关系确认需以亲子关系否认为前提。虽然历经了《婚姻法解释(三)》、《民法典》婚姻家庭编(草案)、《民法典》婚姻家庭编的相关法律设计,我国亲子关系确认、否认制度仍不够完善。例如,关于亲子关系否认之诉的请求主体范围。《民法典》婚姻家庭编最终将亲子关系否认之诉的原告限定为法律父亲、母亲,将成年子女和其他主体都排除在外。[③] 不过,学理上对亲子关系否认之诉的请求权主体可否包含生物学父母,尤其是生物学父亲尚存争议(一般情况下通过分娩这一外观形态基本可以准确推断生物学母亲)。

前述争议的根源是对亲子关系真实性与安定性的矛盾采取何种立法政策。[④] 若就强调血统真实性角度而言,亲子身份关系确立应以血缘主义为重,因此确立子女的生物学父母尤其关键。基于此立场,肯定观点认为欲确立亲子关系的生物学父亲当然可以提起作为前提的亲子关系否认之诉。但就亲子关系安定性角度而言,赋予生物学父母亲子关系否认的请求权,将可能会因为其滥用权利而导致推定的法律亲子关系解消,进而影响在此基础上形成的婚姻家庭秩序之稳定,因此,反对观点认为亲子关系否认之诉的请求主体仅限于法律性父母。[⑤] 而折中观点参考了德国法限制认可生父提起亲子关系否认之诉的经验,建议在一定条件下赋予生父否认权,具体而言:第一,有证据证明其血统上的生父身份;第二,子女未与推定父形成实际家庭关系;第三,生父有明确的抚养意愿。[⑥] 此种观点着眼于儿童最大利益,原则上保护子女成长既已依存的家庭生活关系,以实质上并未与法律父亲建立生活关系为前提,同时强调生父需具备抚养意愿,以免其滥用权利使子女失去法律父亲后自己又不愿意认领。当然,即使不以生父具有抚养意愿作为限制性要求,在其

---

① 参见黄薇主编:《中华人民共和国民法典婚姻家庭编解读》,中国法制出版社2020年版,第223页。

② 参见河南省平顶山市中级人民法院民事判决书,(2013)平民二终字第522号。

③ 参见黄薇主编:《中华人民共和国民法典婚姻家庭编解读》,中国法制出版社2020年版,第223页。

④ 参见李春景:《关于亲子关系否认制度若干问题探讨——评析〈婚姻法司法解释(三)〉第2条第1款之规定》,载《河北法学》2016年第12期。

⑤ 参见梁慧星编:《中国民法典草案建议稿附理由:亲属编》,法律出版社2013年版,第228~230页。

⑥ 参见张燕玲:《亲子否认之诉的理念变迁》,载《南京大学学报(哲学·人文科学·社会科学版)》2019年第5期。

提起亲子否认之诉后，未成年子女的母亲也可以依据《民法典》第1073条的规定，[①]向生父提出非婚生子女的强制认领之诉，但无疑增加了诉讼成本。

三、本判例的规范逻辑

1.《民法通则》第16条第1款（现为《民法典》第27条）规定："未成年人的父母是未成年人的监护人。未成年人的父母已经死亡或者没有监护能力的，由下列人员中有监护能力的人担任监护人：（一）祖父母、外祖父母；（二）兄、姐；（三）关系密切的其他亲属、朋友愿意承担监护责任，经未成年人的父、母的所在单位或者未成年人住所地的居民委员会、村民委员会同意的。"本案中，法院认为被告蒋乙出生于蒋某甲与李某婚姻关系存续期间，在其出生后蒋某甲亦尽到了父亲的监护责任，因此蒋某甲应推定为蒋乙法律上的父亲，其当然是蒋乙的法定监护人。

2.《民法通则》第16条第2款（现为《民法典》第31条第1款）规定："对担任监护人有争议的，由未成年人的父、母的所在单位或者未成年人住所地的居民委员会、村民委员会在近亲属中指定。对指定不服提起诉讼的，由人民法院裁决。"本案中，生父王某提起监护权变更请求，在蒋某甲明确放弃对蒋乙的监护权以及抚养权的前提下，从儿童最大利益原则出发，亟须保护蒋乙的生存权、发展权，综合考虑王某相关情况后，法院判决支持其监护权变更请求。

3.2001年《婚姻法》第4条规定："夫妻应当互相忠实，互相尊重；家庭成员间应当敬老爱幼，互相帮助，维护平等、和睦、文明的婚姻家庭关系。"[②]虽然本案中，原告王某与李某的婚外情破坏了我国一夫一妻的婚姻制度，其行为违背了公序良俗，但作为子女的蒋乙并不因此受到道德谴责承受法律不利后果，从保护未成年人权益角度出发，保障其健康成长的环境与条件尤为关键。

四、本判例的意义

按照部分人的学术观点，亲子关系确认之诉要以亲子关系否认之诉为前提，[③]但亲子关系否认之诉的适格诉讼主体仅限于法律性父母。这将造成如果法律父亲拒绝提起亲子关系否认之诉时，生父如何通过提起亲子关系确认之诉进行亲子关系变更之难题。而在部分类型的监护权争议案件中，法院会以亲子关系作为监护权确定之裁判基础，因此，司

---

① 《民法典》第1073条规定：对亲子关系有异议且有正当理由的，父或者母可以向人民法院提起诉讼，请求确认或者否认亲子关系。对亲子关系有异议且有正当理由的，成年子女可以向人民法院提起诉讼，请求确认亲子关系。

② 《民法典》第1043条规定："家庭应当树立优良家风，弘扬家庭美德，重视家庭文明建设。夫妻应当互相忠实，互相尊重，互相关爱；家庭成员应当敬老爱幼，互相帮助，维护平等、和睦、文明的婚姻家庭关系。"

③ 参见张燕玲：《亲子否认之诉的理念变迁》，载《南京大学学报（哲学·人文科学·社会科学版）》2019年第5期。

法实践中存在不少“名”为监护权纠纷，“实”为亲子关系确认的案件。诉求主体若以监护权争议纠纷为诉讼理由，在程序上无须受到前述亲子关系否认之诉这一前提条件的限制，亦可能在最终结果上达致亲子关系确认之效果。

本案争议焦点虽然并不在于亲子关系的判断，因法律父亲已明确放弃对子女蒋某乙的监护权及抚养权，但为保护蒋某乙的生存权、发展权等，法院从儿童最大利益原则出发，支持了原告提出的法定监护权变更请求，实质上也带来了亲子关系变更之法律效果。而且，儿童最大利益原则的裁判立场突破了亲子关系认定时究竟采取“血缘主义”还是“亲子关系安定性”的纷争框架，重点关注何种环境更有利于未成年子女成长，从而进行综合裁量。

五、后续判例和规范的发展

在司法实践中，仍有不少监护权纠纷实质是为解决亲子关系的确认。例如，“陈某甲、陈某乙与周某、陈某丙监护权纠纷案”中，案件争议的焦点为：判断陈某甲、陈某乙与周某、陈某丙所抚养的小孩是否存在生物学上的亲子关系。江苏省泰州市中级人民法院在二审中从保护未成年人合法权益角度出发，认为在原告提供证据不足却请求亲子鉴定的情况下，启动亲子鉴定程序将可能会给孩子的心灵造成巨大的创伤，不利于孩子的健康成长。故判决驳回原告变更周某、陈某丙监护权、抚养权之上诉请求。[①] 可见，伴随亲子法律立法理念经历了从父母本位到儿童本位之转变，亲子关系确认的裁判立场也相应地在经历了“血缘主义”与“身份安定主义”博弈后，转变为“儿童最大利益”。

① 参见江苏省泰州市中级人民法院民事判决书，(2015)泰中民四终字第00440号。

036. 老人诉请确认与儿子不存在亲子关系，法院应如何判？*

刘某1与刘某2婚姻家庭纠纷案‖北京市第二中级人民法院民事判决书，(2020)京02民终9408号

事实概要

刘某1与洪某原系夫妻关系，根据刘某2入伍登记表及户籍登记信息记载，刘某2系刘某1与洪某之子；刘某2于1957年3月11日出生，系婚后所生；洪某于1988年5月7日死亡。后刘某1与刘某2产生矛盾。2018年，刘某1向法院起诉请求解除与刘某2的收养关系，北京市丰台区人民法院认为刘某1提交的证据难以证明其与刘某2系养父子关系，故于2018年12月20日出具了(2018)京0106民初12083号民事裁定书，裁定驳回刘某1的起诉。刘某1不服，提起上诉。北京市第二中级人民法院于2019年3月7日裁定驳回上诉，维持原裁定。刘某1再次向北京市丰台区人民法院提起诉讼，在诉讼过程中变更诉讼请求为请求确认刘某1与刘某2不存在亲子关系。

判决要旨

一审法院认为，当事人对自己提出的主张，有责任提供证据。夫妻一方向人民法院起诉请求确认亲子关系不存在，并已提供必要证据予以证明，另一方没有相反证据又拒绝做亲子鉴定的，人民法院可以推定请求确认亲子关系不存在一方的主张成立。本案中，刘某2出生于刘某1与洪某婚姻关系存续期间，刘某2的个人档案及户籍信息均显示刘某2系刘某1与洪某之子。现刘某1请求确认其与刘某2之间不存在亲子关系，刘某2拒绝做亲子鉴定，故刘某1应当提供必要的证据证明其主张。所谓必要证据，即对亲子关系的认定具有实质影响的证据。刘某1提交的证据为其自述或是证人从他人处听说刘某2系收养，且证人未出庭作证，刘某1亦未提交证据证明刘某2与刘某1、洪某的血型不相符，故北京市丰台区人民法院对刘某1的诉讼请求不予支持。

刘某1因不服北京市丰台区人民法院(2020)京0106民初6700号民事判决，向北京市

* 王丽萍，山东大学法学院教授；王风瑞，中国社会科学院大学法学院2022级博士研究生。

第二中级人民法院提起上诉。刘某1上诉称,本案程序违法,一审法院采取刘某1线上先审、刘某2线下后审相结合的开庭审理形式,导致刘某1的证人未出庭,客观上限制了刘某1的举证、质证和辩论的权利,最终使法院对本案作出错误的认定和判决。此外,由于收养事实发生在20世纪50年代,当时收养的法律制度尚未建立,现已过去六十多年,知情人大多数已经过世,直接知情人只有刘某1本人。刘某1作为一名90岁高龄的老革命军人和老党员,其本人口述内容和亲笔手书,具有极高的证明力。故请求二审法院改判确认刘某1与刘某2的亲子关系不存在。

二审法院认为,根据已查明的事实,刘某1主张其与刘某2的亲子关系不存在,并向法庭详细陈述了刘某2出生及双方形成父子关系的过程,该陈述清楚、流利,且有相应细节,作为当事人陈述具有较强的可信性。证人朱某、纪某虽系其亲属,但考虑到亲缘关系的特殊性,部分事实一般只有亲属或关系较亲近的人才知道,证人的陈述有细节,相应的证言亦应予以采信。现刘某1年事已高,因刘某2出生的事实发生在六十三年前,与刘某1同龄的人大多已不在世,要求刘某1提供当时相应的证人证言及物证已不可能,故进行亲子鉴定是确认刘某1与刘某2之间是否存在亲子关系的唯一途径。经一审法院及本院反复释明,刘某2坚持不同意进行亲子鉴定,其所举的证据如户籍登记、档案登记等,均不能证明其与刘某1之间具有生物学上的亲子关系。据此,根据最高人民法院《婚姻法解释(三)》第2条,[①]针对刘某1的请求对双方当事人不存在亲子关系进行确认,双方当事人之间不涉及可能存在的其他关系,也不具有当然解除刘某1与刘某2之间父子关系的效力。应当指出,家庭和睦是社会和谐的基础。刘某1与刘某2作为同一个家庭的成员,已经共同走过了半个多世纪,有过许多相处融洽的时光,现均已步入老年。近年来,刘某1多次提起诉讼,皆因家庭生活矛盾所致。化解家庭矛盾,需要家庭成员之间进行良好的沟通和交流。刘某1作为长辈,应念及与刘某2六十余年的父子情分,避免用过于极端的方式处理家庭纠纷;刘某2作为晚辈,更应当注意自己的沟通方式和态度,在生活上充分尊重长辈的意愿和选择。

| 判例评析 |

亲子关系的确认,是亲子之间权利义务关系产生的基础和前提,对于家庭和谐、社会稳定至关重要。世界大多数国家和地区的法律均采取亲子关系推定的方式来确认亲子关系,即推定与母亲有婚姻关系的男子是出生孩子的父亲。当然,如果推定与客观事实不符时,也允许当事人提起否认之诉。[②] 通过亲子鉴定的方式否认亲子关系,比较常见。但是,当一方无正当理由拒不配合鉴定时,亲子关系的确面临"真伪不明"的尴尬境地,为此,《婚

---

① 参见《民法典婚姻家庭编解释(一)》第39条。

② 参见王丽萍:《亲子法研究》,法律出版社2004年版,第46~53页。

姻法解释(三)》第2条[①]规定:“夫妻一方向人民法院起诉请求确认亲子关系不存在,并已提供必要证据予以证明,另一方没有相反证据又拒绝做亲子鉴定的,人民法院可以推定请求确认亲子关系不存在一方的主张成立。当事人一方起诉请求确认亲子关系,并提供必要证据予以证明,另一方没有相反证据又拒绝做亲子鉴定的,人民法院可以推定请求确认亲子关系一方的主张成立。”但是,“夫妻一方向人民法院起诉请求确认亲子关系不存在,并已提供必要证据予以证明”中“必要证据”的证明对象、证明标准于司法裁判中并不统一、多有争议。此处的“必要证据”仅指足以使法官产生内心确信,使举证责任产生转移的证据。[②]

一、既往相关判例与观点

在亲子关系否认之诉中,对于推定制度“必要证据”的证明对象、证明标准,各法院裁判观点并不一致,甚至在同一案件中,一审、二审法院可能会秉持不同观点。

首先,有些判例中,法官忽视“必要证据”这一前提,认为若一方当事人请求确认亲子关系不存在,而另一方没有相反证据又无正当理由拒绝做亲子鉴定的,则直接推定亲子关系不存在。例如,在“牟某某、牟某婚姻家庭纠纷案”中,台州市黄岩区人民法院(2019)浙1003民初1048号民事判决书即是一例,人民法院认为,“原告牟某某在庭审中提出要求进行亲子关系鉴定,被告的法定代理人李某某明确表示不会携被告牟某进行鉴定,又未提出相反证据予以反驳,故本院依法推定原告与被告不存在父子亲子关系”。[③] 这实际上是将《民事诉讼证据规定》第95条[④]的认定规则适用于《婚姻法解释(三)》第2条[⑤]。

其次,有些判例中,法官坚持“必要证据”须足够“必要”,其证明力须足够充分以至于能够对亲子关系的认定具有实质影响,其理由即类似于前述案例一审判决理由。例如,“朱某1与朱晓某确认劳动关系纠纷案”中,江苏省无锡市中级人民法院(2018)苏02民终2040号民事判决书[⑥]即是一例。

最后,有些判例中,法官认为“必要证据”仅需使其对亲子关系的存在与否产生怀疑即可,这类似于前述案例二审的判决理由。例如,在“朱某2、程某某侵权责任纠纷案”中,浙

---

① 参见《民法典婚姻家庭编解释(一)》第39条。

② 参见栗明:《亲子关系推定规则的理解与适用——基于“北大法宝”251份民事判决书的分析》,载《证据科学》2021年第2期。

③ 牟某某、牟某婚姻家庭纠纷一审民事判决书,载北大法宝网,https://www.pkulaw.com/pfnl/a6bdb3332ec0adc49d73b1c93c54e1347235542956f621e4bdfb.html?。

④ 《民事诉讼证据规定》第95条规定:“一方当事人控制证据无正当理由拒不提交,对待证事实负有举证责任的当事人主张该证据的内容不利于控制人的,人民法院可以认定该主张成立。”

⑤ 参见《民法典婚姻家庭编解释(一)》第39条。

⑥ 参见朱某1与朱晓某二审民事判决书,载北大法宝网,https://www.pkulaw.com/pfnl/a25051f3312b07f39b4bb7ef1e394d00d5a123f0015f0ca8bdfb.html?。

江省杭州市中级人民法院(2017)浙01民终5082号民事判决书即持此观点。人民法院认为,“朱某2已经提供了其单方委托鉴定的《遗传咨询意见书》、证人阮某某的证言,且程某某也自述曾与他人发生性关系,朱某3是否为朱某2亲生的并不确定,故应认定朱某2已经提供必要证据予以证明,现程某某没有相反证据,且朱某3已经成年,在一审、二审中均拒绝做亲子关系鉴定,故应依法推定朱某2关于确认其与朱某3非亲子关系的主张成立。”①

二、在学理框架内对相关问题的点评

(一)亲子关系推定与否认制度的适用前提

通常,母亲与子女间的亲子关系是明显的,可以通过子女出生的事实加以确定;而父亲与子女关系的确定,则相对比较复杂,因为可能存在生物性的父亲与社会性的父亲不相符的情况。亲子关系推定是最有效率的确认亲子关系的方法,如推定婚姻关系存续期间出生的子女,以其母亲的丈夫为父亲……②“推定”是指事实裁判者依据法律规定或者经验法则,从已知事实推断未知事实之存在,并允许当事人举证推翻的证明规则。③ 在亲子关系推定错误时,当事人可以提起不存在亲子关系的诉讼,但当事人必须就特定事实举证证明。“没有父之推定的规则,无法建立亲子关系确认和否认规则”。④

在我国相关立法中,没有亲子关系推定制度与否认制度,但有关于亲子关系确认与否认之诉的相关规定。例如,《民法典》第1073条规定:“对亲子关系有异议且有正当理由的,父或者母可以向人民法院提起诉讼,请求确认或者否认亲子关系。对亲子关系有异议且有正当理由的,成年子女可以向人民法院提起诉讼,请求确认亲子关系。”另外,《民法典婚姻家庭编解释(一)》第39条规定:“父或者母向人民法院起诉请求否认亲子关系,并已提供必要证据予以证明,另一方没有相反证据又拒绝做亲子鉴定的,人民法院可以认定否认亲子关系一方的主张成立。父或者母以及成年子女起诉请求确认亲子关系,并提供必要证据予以证明,另一方没有相反证据又拒绝做亲子鉴定的,人民法院可以认定确认亲子关系一方的主张成立。”

(二)亲子关系的确认与否认之诉

确认之诉,是指在父、母或成年子女对于父亲或母亲身份存有异议并有正当理由时,提起确认亲子关系的诉讼。有权提起亲子关系确认之诉的请求权人有三类,即父亲、母亲和成年子女。

---

① 朱某2、程某某侵权责任纠纷二审民事判决书,载北大法宝网,https://www.pkulaw.com/pfnl/a25051f3312b07f3882fc2598c84befa7570a247113aee5ebdfb.html?。

② 参见王丽萍主编:《婚姻家庭继承法学》,北京大学出版社2010年版,第146~147页。

③ 参见江伟主编:《证据法学》,法律出版社2004年版,第130页。

④ 杨立新:《民法典婚姻家庭编完善我国亲属制度的成果与司法操作》,载《清华法学》2020年第3期。

否认之诉，是指对亲子关系有异议且有正当理由的，当事人可以向人民法院提起诉讼，请求否认自己的父母身份，否认父母子女关系。亲子关系否认的前提条件是亲子关系推定制度，[①]即在婚姻关系存续期间所出生的子女，推定母亲的丈夫或者与母亲有同居关系的男子为子女之父亲。在推定发生错误的情况下，允许当事人提出亲子关系的否认之诉，主张异议者负有举证责任，方有亲子关系否认制度的适用空间。一般提出亲子关系否认，需要证明妻在受胎期间未与夫同居，或者证明妻受胎与夫无关。例如，在妻受胎期间，夫在外地生活工作、生病住院、在监狱服刑以及夫有生理缺陷等原因不能生育或者经亲子鉴定证明父子(女)无血缘关系等。

亲子关系否认诉讼请求权人仅包括父亲或母亲。与亲子关系的确认不同的是，亲子关系否认诉讼请求权人不包括成年子女。这是因为，若被父母抚养长大的成年子女享有否认亲子关系的请求权，则部分成年子女可能会借此逃避赡养父母的义务，这不利于老年人权益的保护。法律在权衡血缘关系与事实养育时，规定基于事实养育产生的亲子权利义务关系不能仅因无血缘关系而被否认。因此，被父母抚养长大的成年子女即使与父母没有血缘关系，也没有权利请求否认亲子关系[②]。

(三)亲子关系确认与否认之诉中的亲子鉴定

亲子鉴定技术简便易行、准确率高，因此在亲子关系确认与否认的诉讼中，必要时会运用亲子鉴定技术手段来确定亲子血缘关系是否存在。有时会出现一方当事人要求做亲子鉴定，而对方拒绝的情形。在司法实践中，如一方提供了必要证据，能够证明当事人之间可能存在或不存在亲子关系，另一方没有相反证据又拒绝做亲子鉴定的，人民法院可以推定请求确认亲子关系一方或请求否认亲子关系一方的主张成立。这里的必要证据是指能够初步证明亲子关系存在或不存在的证据，例如一方曾以父、母身份的签字、记载有父母子女关系的出生医学证明、一方曾承认亲子关系的信息、男女双方在特定时段有或没有同居生活等证据。如果这些证据能够形成“高度概然性”的证据链条，而拒绝做亲子鉴定一方又没有证据推翻请求方的主张，这时就可以推定请求方的主张成立。

三、本判例的规范逻辑

在本判例中，人民法院表达的法律观点与逻辑符合前述亲子关系推定与否认之诉的理论框架。首先，由于刘某2出生于刘某1与洪某婚姻关系存续期间，因此推定刘某1为婚生子刘某2之生父。其次，虽然一审法院对于“必要证据”证明对象、证明标准的理解存

---

① 在此不使用婚生子女推定制度。因为婚生子女与非婚生子女的分类，是以父母有无婚姻关系为标准对于子女的分类，是对非婚生子女的歧视。所以我们认为，不应使用婚生子女与非婚生子女的分类标准。参见王丽萍：《亲子法研究》，法律出版社2004年版，第93～94页。由于我国《民法典》中仍然使用婚生子女与非婚生子女的法律术语，为表述方便，本书有时会使用婚生子女与非婚生子女的表述。

② 参见杨立新、郭明瑞主编，王丽萍、李燕等编著：《中华人民共和国民法典婚姻家庭编释义》，人民出版社2020年版，第86～89页。

在误区,但二审法院已经予以纠正,认为刘某1提供的诸多证据足以使法官对于亲子关系存在与否产生怀疑,已构成《婚姻法解释(三)》第2条中的“必要证据”。最后,此时被上诉人刘某2并未提供相反证据,且无正当理由拒不配合进行亲子鉴定。综合上述前提条件,本案二审法院依法推定刘某1与刘某2之间不存在亲子关系,可谓平衡举证责任、追求公平正义的具体体现。

四、本判例的意义

亲子关系的确定事关家庭和谐、社会稳固,《婚姻法解释(三)》第2条[①]所规定的亲子关系确认与否认之诉则恰恰为处于真伪不明状态下的亲子关系提供了有效的解决方案。然而,司法实践中存在忽视“必要证据”、仅因对方当事人拒绝配合做亲子鉴定即对其进行不利推定的做法,也有因对“必要证据”把握不清导致“类案不同判”的情形。本判例中二审法院对一审法院的改判,进一步彰显了法院对待“必要证据”证明对象、证明标准的态度,既考虑到原告方的举证责任,又在法官对双方亲子关系存在与否质疑时将举证责任倒置,合理权衡了双方利益,有利于为后续相关案例提供参考借鉴。

五、后续判例和规范的发展

虽各地法院的裁判标准并未完全统一,但后续判例大多与本判例的裁判要旨相同,即认为亲子关系推定制度中的“必要证据”仅需达到令法官对双方的亲子关系产生怀疑的程度即可,而不必出具专业的亲子鉴定意见或者达到符合遗传学规律的周延推演结果。例如,在乜某2与姚某同居关系子女抚养纠纷案中,安徽省阜阳市颍州区人民法院(2021)皖1202民初739号民事判决书认为,姚某与乜某2于同居期间生育一女,在乜某2向姚某主张抚养费的过程中,乜某2未提供亲子关系鉴定证明,是由于姚某拒绝做亲子鉴定,法院因此推定亲子关系存在。[②] 但值得注意的是,若是今后将“必要证据”的把握完全交由法官于审判实践中自由裁量,则无疑会导致全国各地裁判难以统一,难以避免“类案不同判”。因此,有必要在明确“必要证据”证明对象、证明标准的基础上,对相关案例进行类型化研究,总结司法实践经验,对该司法解释条文进一步具体化、明确化,为后续裁判提供参考。

---

① 参见《民法典婚姻家庭编解释(一)》第39条。

② 参见乜某2与姚某同居关系子女抚养纠纷一审民事判决书,载北大法宝网,https://www.pkulaw.com/pfnl/c05aeed05a57db0aa0a76bef83a1311a04d52351d6206467bdfb.html?。

037. 婚内抚养义务不得随意免除*

原告黄某与被告黄某1抚养费纠纷案 ‖ 福建省泉州市鲤城区人民法院民事判决书,(2018)闽0502民初3275号

事实概要

黄某向泉州市鲤城区人民法院(以下简称鲤城区法院)起诉,请求:1. 黄某1即时履行对黄某的法定抚养义务,从起诉之日起每月支付黄某抚养费4515元;2. 本案的诉讼费用由黄某1承担。诉讼过程中,黄某增加两项诉讼请求:1. 黄某1支付黄某从2015年1月1日至起诉之日应支付的抚养费196,402.5元(每月4515元×43.5个月=196,402.5元);2. 黄某1支付黄某50,000元精神损害抚慰金。其诉称:黄某自2005年12月5日出生至今都是其母亲一人独自辛苦抚养,黄某1从未履行过抚养义务。黄某1于2015年年初至今没回过家,没看望过黄某,也未支付过任何抚养费用。黄某1每月工资8210元,年底单位多发10个月工资,一年共有22个月的工资合计180,620元,分摊下来,每个月实际收入有15,051元。黄某现在泉州某中学读书,每年学费14,000元,每个月应向学校缴交生活费1050元,毛笔、竹笛等兴趣班也需要费用,且黄某正处于成长高峰期,需要营养补充以及偶尔生病也需要医疗费,黄某1拒不支付抚养费的行为严重损害了黄某的合法权益。黄某1不履行抚养义务导致黄某在成长过程中严重缺失应有的温暖和爱护,影响黄某的生活和学习,是对黄某变相的精神虐待,给黄某的身心造成严重的伤害。

黄某1辩称,黄某系其与洪某某共育的婚生子,出生至今均由两人共同抚养。洪某某自结婚后就没有固定职业,没有正常经济收入,家庭的开支基本靠黄某1的工资收入。黄某1除了支付家庭的生活费用之外,还要缴交购房的按揭贷款。黄某1因工作性质,无法整天在家陪伴孩子,孩子在洪某某身边较多,但对孩子的生活、学习,黄某1已尽到基本义务。孩子自出生至今的生活、学习花费均由黄某1支付。黄某1为避免因夫妻感情发生纠纷而影响孩子的健康成长,近两三年到单位宿舍居住,但与洪某某只是分居,并非离开家庭和孩子。孩子考上民办中学的学费,黄某1也相应支付。黄某及洪某某诉称黄某1

* 林孟娴,福建省泉州市鲤城区人民法院家事少年庭一级法官。

每月工资收入有15,051元没有事实根据。在婚姻关系存续期间,黄某1与洪某某均是黄某的法定代理人和法定监护人,无论黄某由谁抚养,均视为夫妻共同抚养,黄某及洪某某诉请黄某1支付黄某抚养费,缺乏法律依据,况且黄某1至今尚在对黄某进行抚养,请求驳回黄某的诉讼请求。

鲤城区法院认定事实如下:黄某1与洪某某于2005年3月22日登记结婚,于2005年12月5日生育黄某。2014年12月起,黄某1到单位宿舍居住,2015年1月起,黄某由洪某某抚养照顾。2018年5月23日,黄某1以夫妻感情破裂为由,向鲤城区法院起诉请求与洪某某离婚。鲤城区法院于2018年7月31日作出(2018)闽0502民初字2192号民事判决,判决驳回黄某1的离婚请求。2018年6月,黄某考上本市某中学,应交纳学费14,000元,黄某1支付了其中7000元。

判决要旨

鲤城区法院认为,父母对子女有抚养教育的义务,父母不履行抚养义务时,未成年或不能独立生活的子女,有要求父母给付抚养费的权利。本案中,黄某1与洪某某尚未离婚,但双方分居,未共同生活。自2015年起,黄某由洪某某单独抚养,黄某1未举证证明其除支付黄某中学的学费7000元外,还支付过其他的抚养费,现黄某要求黄某1给付2015年1月1日至起诉之日的抚养费的诉讼请求,予以支持。对黄某要求黄某1支付起诉之后的抚养费的诉讼请求,黄某2018年8月起诉至12月诉讼期间,黄某1与洪某某虽分居但子女抚养状态仍然持续,故对此部分抚养费进行处理。由于黄某1与洪某某尚处于婚姻关系存续期间,其婚姻关系是否最终解除、离婚后黄某直接抚养权的归属等目前尚不确定,在本案中处理今后抚养费可能与之后离婚诉讼、抚养关系确定等发生矛盾冲突,因此,后续抚养费可待后续相关事项实际发生后,根据实际情况另行解决。关于抚养费的具体数额,本院结合黄某1与洪某某的分居时间、黄某1的收入情况及参照当地生活水平、黄某的实际需要酌情确定。由于黄某1有固定的工资收入,根据黄某1的工资收入情况,法院酌情按黄某1月总收入的25%左右计算其应付的抚养费。黄某1应支付2015年1月至2018年12月黄某的抚养费86,000元,但应扣除诉讼过程中黄某1先予支付的抚养费12,000元。黄某要求黄某1支付精神损害抚慰金没有法律依据,不予支持。法院判决:(1)黄某1应于本判决生效之日起十日内支付黄某抚养费74,000元;(2)驳回黄某的其他诉讼请求。

判例评析

依照《民法典》第1067条规定:"父母不履行抚养义务的,未成年子女或者不能独立生活的成年子女,有要求父母给付抚养费的权利。成年子女不履行赡养义务的,缺乏劳动能力或者生活困难的父母，有要求成年子女给付赡养费的权利。”父母有抚养未成年人子女或者不能独立生活的成年子女的义务，但是在司法实践中，未成年子女要求的抚养费，基本都是在夫妻离婚时或离婚后才产生的。那么，婚姻存续期间，由于夫妻财产共有，能否要求不尽抚养义务的一方支付抚养费呢？依照最高人民法院《民法典婚姻家庭编解释（一）》第 43 条规定：“婚姻关系存续期间，父母双方或者一方拒不履行抚养子女义务，未成年子女或者不能独立生活的成年子女请求支付抚养费的，人民法院应予支持。”因此，在婚姻存续期间不得随意免除对子女的抚养义务。

一、既往相关判例与观点

1. 如何界定拒不履行抚养子女义务

一般认为父母不履行抚养子女义务表现为父母没有从物质上、生活上对未成年人子女进行教育和照顾。在实践中具体表现为父母没有负担未成年子女的生活费、教育费、医疗费，但父母一方承担大部分未成年子女生活照顾责任，另一方承担了大部分费用支出的除外。在司法实践中，从未成年人最大利益原则出发，笔者认为，在认定父母拒不履行抚养子女义务时应当以法官依职权探知为主，但不能免除当事人的协力义务。在本案中，虽黄某 1 辩称其仍在承担抚养黄某的义务，但承办法官通过调查了解黄某 1 除承担了黄某小部分的学费外，并未承担黄某的其他教育生活支出，且黄某随母亲洪某某一起生活，黄某 1 也鲜少照顾黄某，故认定黄某 1 在婚姻关系存续期间未履行抚养黄某的义务。但在实践中，法官依职权调查，需要耗费法官大量的精力，因此由专业人员辅助法官进行证据收集与事实调查，可缓解法官压力。近年来，鲤城区法院在家事审判改革中，引入家事调查员制度，公开聘任了 16 名家事调查员，囊括司法局、关工委、学校、妇联、社区等各行业领域，他们参与家事纠纷调查工作，协助法官查明家事案件事实情况。调查事项以《家事审判意见（试行）》所规定的为主，但家事调查员还可以对家事纠纷的起因、经过、家庭现状以及对父母监护能力、子女意愿等方面进行调查。在不影响当事人正常工作生活的基础上可采取走访、问卷调查等方式进行调查，但不能侵犯当事人的隐私。其调查内容以书面形式或其他便于查看的形式递交法官，可进行专业的分析，并提出相应的建议。

2. 抚养费的计算标准

我国并没有单独的家事程序法，民事诉讼法也未就家事纠纷设置独立程序，家事案件的审判仍然与普通民事案件审判一样适用诉讼法理与规则。虽说抚养费为财产纠纷，且当事人双方对于费用的分担金额及履行方式等均可能有强烈争执，但这类基于一定身份关系的诉讼并不同于一般财产纠纷，其关注重点在于未成年人利益的保护，而非纯粹的诉讼标的利益之争。与其说是利益对抗，不如说是继续性法律关系内部的再调整。抚养费的给付金额、方式、时间既要考虑未成年子女的成长需求，又要酌定父母各自的经济状况、支付能力等。依照《民法典婚姻家庭编解释（一）》第 49 条规定：“抚养费的数额，可以根据子女的实际需要、父母双方的负担能力和当地的实际生活水平确定。有固定收入的，抚养费一般可以按其月总收入的20% ~30%的比例给付。负担两个以上子女抚养费的，比例可以适当提高，但一般不得超过月总收入的50%。无固定收入的，抚养费的数额可以依据当年总收入或者同行业平均收入，参照上述比例确定。有特殊情况的，可以适当提高或者降低上述比例。"从实践情况来看，首先，教育费和医疗费按实际支出由双方分担，具体金额由事实主张者提出相关单据等予以证明，对方自认的事实则无须举证；其次，生活费的酌定，如果父母有工作，一般按经济收入的一定比例确定，而确定父母收入则主要依据双方提交的工资等收入证明材料。本案中，经本院调查黄某1系某市公安局干部，其于2015年1月至2018年9月，月总收入约7094元(包括实发工资、补贴，不含年终奖金)。结合黄某1与洪某某的分居时间、黄某1的收入情况及参照当地生活水平、黄某的实际需要酌情确定，鲤城区法院酌情按黄某1月总收入的25%左右计算其应付的抚养费。笔者认为，在审理此类案件过程中，就落实夫妻双方离婚前分居状态时，未与子女同住一方是否需要支付抚养费以及如何判断应当支付的金额，除了父母的负担能力、子女的实际需要之外，法院还需要考虑父母的分居状态和分居期间的具体情况，包括夫妻双方经济是否独立、抚养子女一方对共同财产是否具有支配权、未与子女共同居住一方是否补贴家用等情况，进行综合分析判定。

3. 过去抚养费代垫返还问题

审理中，关于原告实际垫付费用多少、相对人已为给付金额或抵消抗辩等具体事实由当事人收集并提供证据予以证明，当事人自认的事实对法官有拘束力。如在本案中，双方当事人均确认黄某1已支付学费7000元。还有另外一个问题就是不同类型抚养费案件能否合并审理，如本案黄某变更前后的诉讼请求实际为将来的抚养费与代垫抚养费返还的区别。在离婚诉讼中，当事人虽然往往会将代垫抚养费与将来抚养费一并诉讼，但是夫妻关系存续期间，基于对双方存在夫妻共同生活及共同财产等问题的考虑，司法实践中更倾向于只就将来抚养费给付作出判决。但笔者更倾向于若一方确实存在拒不履行抚养子女义务的情况，在审理离婚案件时，应当根据抚养费的计算标准，酌定返还实际抚养一方过去代垫的抚养费。

二、本判例的意义

抚养费案件类型多样、性质不一，《民法典》明确规定父母不履行抚养义务的，子女有要求父母给付抚养费的权利。父母对子女的抚养义务，与父母的婚姻状况无关，父母婚内对子女的抚养义务更不得随意免除。法院审理时，应依据有利于未成年子女利益的原则，最大限度考虑未成年子女的利益。父母在因抚养费问题引发纠纷时，双方应尽量协商解决，保证子女正常的教育和生活，保障未成年子女健康成长，以免因诉讼引起父母与子女之间的矛盾。

038. 直接抚养子女的一方请求未履行抚养义务一方返还垫付的抚养费，是否受诉讼时效限制？*

黄某诉谭某抚养费纠纷案‖广东省肇庆市中级人民法院民事判决书，(2020)粤12民终1164号

事实概要

黄某与谭某因恋爱而同居。谭某怀孕后，二人因生育等问题产生分歧而分开居住。2000年12月11日，谭某非婚生育一子，取名谭某丰。自谭某丰出生至其年满18周岁时止，均由谭某独自抚养。谭某遂于2019年11月26日向肇庆市端州区法院提起诉讼，请求判令黄某向其支付谭某丰19年的抚养费。黄某辩称，谭某不具备本案一审原告的诉讼主体资格，谭某丰才是本案的适格原告。同时，黄某提出诉讼时效抗辩。

一审肇庆市端州区人民法院认为，本案属请求支付抚养费的案件，根据《民法总则》第196条①的规定，不适用诉讼时效期间，故酌定黄某承担谭某丰自2000年12月11日起至2018年12月11日的抚养费每月人民币800元，合计172,800元。黄某不服一审判决，提起上诉。

二审肇庆市中级人民法院认为，本案系谭某起诉请求黄某返还其已垫付的非婚生子谭某丰的抚养费，故本案案由应确定为追偿权纠纷，一审案由定性欠妥，予以更正。本案二审争议的焦点为：其一，谭某作为本案一审原告，主体是否适格。根据2001年《婚姻法》第25条第2款②的规定，黄某、谭某作为非婚生子谭某丰的生父、生母，均负有抚养教育谭某丰的义务，应当共同负担谭某丰未成年期间的抚养费。但黄某未能履行对谭某丰的抚养教育义务，谭某因替黄某垫付抚养费而提起本案诉讼，主张黄某应返还其垫付的抚养费，故谭某作为本案一审原告诉讼主体适格。其二，黄某关于抚养费诉讼请求已超过诉讼时效期间的抗辩理由是否成立。对于抚养费，因谭某一直垫付至谭某丰年满18周岁，即至2018年12

* 刘福来，福建旭丰律师事务所主任、高级合伙人、律师。

① 现为《民法典》第196条。

② 现为《民法典》第1071条第2款。

月11日,在此之前尚无法确定垫付抚养费的数额,故追索垫付的抚养费的诉讼时效期间应从2018年12月12日起计算,谭某于2019年11月26日向一审法院提起本案诉讼,没有超过三年的诉讼时效期间。一审判决对此论述有误,本院予以纠正。

判决要旨

直接抚养子女一方作为已尽抚养义务方有权请求未尽抚养义务一方返还垫付的抚养费,垫付抚养费的数额自未成年子女年满18周岁时确定并起算三年诉讼时效。

判例评析

一、既往相关判例与观点

在司法实践中,对于"直接抚养子女的一方请求未尽抚养义务一方返还垫付的抚养费是否受诉讼时效限制",实际上包含了两个方面的法律问题。一是诉讼主体适格问题,即直接抚养子女的一方是否有权以自己的名义起诉,请求未尽抚养义务一方返还垫付的抚养费。二是诉讼时效问题,即请求返还垫付的抚养费是否受诉讼时效限制。

关于诉讼主体适格问题,根据《民法典》第1067条第1款的规定,父母不履行抚养义务的,未成年子女或者不能独立生活的成年子女,有要求父母给付抚养费的权利。对于诉讼主体问题,在司法实践中主要存在两种观点:第一种观点认为,抚养费基于特定身份关系而产生,具有专属性,其权利主张主体只能是子女,直接抚养子女一方要提起追索抚养费的诉讼只能以法定代理人的身份提起①。第二种观点认为,直接抚养子女一方独自履行抚养义务后,有权以自己名义起诉未尽抚养义务一方返还垫付的抚养费。从审判实践来看,大多数法院更倾向于第二种观点,如在"郭某与徐某抚养费纠纷案"②中,法院认为"郭某独自承担女儿郭某某的抚养费后,有权向徐某主张分担合理的子女抚养费用";在"印某与张某追偿权纠纷案"③中,法院认为"原告印某与被告张某分开生活后,作为张某某的母亲,独自承担了抚养张某某的义务,有权向被告追偿其作为父亲应承担的抚养费"。就本判例而言,二审法院认为"黄某未能履行对谭某丰抚养教育的义务,谭某因替黄某垫付抚养费而提起本案诉讼,主张黄某应返还其垫付的抚养费,故谭某作为本案一审原告诉讼主体适格",并将案由更正为追偿权纠纷,显然持第二种观点。

关于抚养费请求权是否受诉讼时效限制的问题,在《民法总则》公布实施前,法学理论界和实务界争议较大。《民法通则》第188条明确了民事权利受诉讼时效限制的规则,但

---

① 参见湖南省沅陵县人民法院民事判决书,(2014)沅民一初字第435号。

② 江苏省镇江市中级人民法院民事判决书,(2017)苏11民终1263号。

③ 江苏省泰兴市人民法院民事判决书,(2014)泰黄民初字第0417号。

2008年《审理民事案件诉讼时效规定》第1条明确了对债权请求权不适用诉讼时效抗辩的三种情形，同时，该条第4项规定了兜底条款“其他依法不适用诉讼时效规定的债权请求权”，由此引发法学理论界和司法实务界对追索抚养费是否属于不适用诉讼时效规定的债权请求权的争论。有观点认为“既然抚养费请求权为一种法定债权，债权即应受诉讼时效的限制”；还有观点认为“如果规定追索抚养费不受诉讼时效限制，可能会导致大量抚养费纠纷诉至法院，客观上不利于家庭和睦和社会稳定”。鉴于此，《婚姻法解释（三）》最后定稿时删除了原征求意见稿中关于子女抚养费不受诉讼时效限制的规定，由法官根据案件具体情况，从有利于保护子女利益角度出发，作出公正裁决。① 事实上，最高人民法院倾向于认为追索子女抚养费主要基于身份利益（血亲关系），被父母抚养的权利应是一种持续性权利，因抚养义务的持续性，被抚养子女的抚养费请求权不应适用诉讼时效的规定。②《民法总则》第196条第3项明确规定了抚养费请求权不适用诉讼时效的规定，至此才有了定论。

但是，对于“以直接抚养子女一方为诉讼主体请求未尽抚养义务一方返还已垫付的抚养费的，是否也同样不适用诉讼时效的规定”，在审判实践中存在不同观点。第一种观点认为，已尽抚养义务一方向未尽抚养义务一方请求返还垫付的抚养费，属于债权请求权范畴，应适用诉讼时效的规定，故只能请求返还自起诉之日起往前三年的抚养费。③ 第二种观点认为，直接抚养子女一方作为已尽抚养义务方，有权请求未尽抚养义务一方返还垫付的抚养费，垫付抚养费的数额自未成年子女年满18周岁或独立生活时确定并自此起算三年诉讼时效。本判例中，二审法院持第二种观点。第三种观点认为，不考虑以直接抚养子女一方为诉讼主体还是以未成年子女或不能独立生活的成年子女为诉讼主体，只要是追索抚养费均不适用诉讼时效的规定。本判例中，一审法院持第三种观点。

二、在学理框架内对相关问题的点评

全国人大常委会在《关于〈中华人民共和国民法总则（草案）〉的说明》中提出，诉讼时效是权利人在法定期间内不行使权利，该期间届满后，权利不受保护的法律制度。该制度有利于促使权利人及时行使权利，维护交易秩序和安全④。因此，诉讼时效是一项实体上的抗辩权制度。从诉讼时效制度设立的目的角度来说，追索起诉后的抚养费根本不存在诉讼时效问题，故不适用诉讼时效的规定应该仅针对追索起诉前的抚养费的情形，否则该制度的设计没有实际意义。

---

① 参见最高人民法院民事审判第一庭编著：《最高人民法院婚姻法司法解释（三）理解与适用》，人民法院出版社2011年版，第71页。

② 参见杜万华主编：《中华人民共和国婚姻法案典》，人民法院出版社2014年版，第159页。

③ 参见广东省东莞市中级人民法院民事判决书，(2018)粤19民终7008号。

④ 参见朱晓喆：《关于〈民法总则（草案）〉诉讼时效制度的批评意见》，载《交大法学》2016年第4期。

《民法总则》关于抚养费请求权不适用诉讼时效的规定源于梁慧星教授《中国民法典草案建议稿附理由:总则编》第197条第1项,其立法理由为"借鉴墨西哥民法典的经验,规定抚养费、扶养费、赡养费请求权不适用诉讼时效。因为受抚养、扶养或受赡养者一般是年幼、年老或其他缺乏劳动能力的人,抚养费、扶养费、赡养费是这些人生活的来源,若无此等费用,将严重影响他们的生活,甚至生存"。[①] 同样,最高人民法院民法典贯彻实施工作领导小组也认为,"虽然给付抚养费请求权具有交付财产的内容,但这首先体现为身份利益上的请求权,尤为重要的是这关涉人的基本生存权利,也涉及对弱势群体利益的保护,义务人若以时效经过而不支付上述费用将使权利人的生活没有保障,不仅违背公序良俗原则,更是有违基本人文关怀,故不应适用诉讼时效,更能彰显保护人权的原则"。[②] 但是,如前所述,对于主张主体为直接抚养子女一方时,有观点认为,请求返还垫付抚养费的请求权已转为普通债权,应受诉讼时效限制。

三、本判例的裁判逻辑

本案的裁判时间为2020年,在观点上具有代表性,二审判决说理部分也较为充分、典型。本案中,原告谭某请求被告黄某向其支付谭某丰19年来的抚养费,被告黄某提出了主体不适格及诉讼时效抗辩。一审法院在说理时,首先将案由定为抚养费纠纷,并直接依据《民法总则》第196条的规定,认定本案不适用诉讼时效,且对于被告关于主体不适格的抗辩未进行任何说理。一审法院在说理上不太充分,按照一审法院的逻辑,我们似乎可以得出一个结论:无论是以直接抚养子女一方为诉讼主体,还是以未成年子女或不能独立生活的成年子女为诉讼主体,只要是追索抚养费均不适用诉讼时效的规定,且永久不适用。

二审法院的裁判思路则更为清晰、明了。首先,法院对案由进行了更正,认为本案系谭某起诉请求黄某返还其垫付非婚生子谭某丰的抚养费,故本案案由应确定为追偿权纠纷。其次,二审法院将"谭某作为本案一审原告主体是否适格"作为争议焦点之一进行说理,认为抚养子女是原、被告双方的义务,因黄某未能履行对谭某丰抚养教育的义务,谭某系替黄某垫付了抚养费,故其有权向黄某主张返还其垫付的抚养费,其诉讼主体适格。二审法院的这一说理,符合审判实践中大部分法院的观点。最后,就第二个争议焦点"黄某关于抚养费诉讼请求已超过诉讼时效期间的抗辩理由是否成立"问题,二审法院认为,垫付抚养费的数额自未成年子女年满18周岁或独立生活时才能确定,并自此起算三年诉讼时效。故追索垫付的抚养费的诉讼时效期间应从2018年12月12日起计算,因此,谭某于2019年11月26日向一审法院提起本案诉讼,没有超过三年的诉讼时效期间。显然,二审

---

① 梁慧星主编:《中国民法典草案建议稿附理由:总则编》,法律出版社2013年版,第383页。

② 最高人民法院民法典贯彻实施工作领导小组主编:《中华人民共和国民法典总则编理解与适用》,人民法院出版社2020年版,第990页。

法院认为,在未成年子女未满 18 周岁或不能独立生活时因抚养费具有持续性,故不适用诉讼时效的规定。但是,年满 18 周岁或独立生活后,抚养费已确定,此时应起算三年的诉讼时效。笔者赞同二审法院的观点,理由是:已发生的抚养费自子女年满 18 周岁或独立生活后已完全确定,不再关涉人的基本生存权利及对弱势群体利益的保护,不再具有持续性及较强的人身属性,故与普通债权无异,应适用三年诉讼时效。

四、本判例的意义

本判例较为典型,其典型性表现在以下几个方面:一是基本案情及争议焦点的典型性。本案中原告系以自己的名义起诉请求被告向其返还谭某丰 19 年来的抚养费,而被告则提出诉讼主体不适格和诉讼时效两大抗辩,而这两大抗辩恰恰是审判实践中最常遇到的争议焦点。二是裁判说理具有典型性。一审法院的裁判说理不充分,而二审法院对两大争议焦点进行了充分说理并纠正一审法院确定的案由。三是裁判观点具有典型性。二审法院的裁判观点符合审判实践的普遍观点,未机械适用法律,并在此基础上有所创新,尝试将案由更正为追偿权纠纷,为原告的诉讼主体资格提供了有力依据。

五、后续判例和规范的发展

对于诉讼主体问题,一直都是司法实践中的焦点,随着《民法典婚姻家庭编解释(二)》的施行,这一问题有了答案。根据《民法典婚姻家庭编解释(二)》第 17 条的规定,如果子女尚未成年或者虽已成年但尚不能独立生活的,则以子女作为请求支付欠付抚养费的主体;如果子女已经成年并能够独立生活的,则由直接抚养子女的一方请求不直接抚养子女方支付欠付的费用。这种诉讼主体的区分规则将成为审判实践中处理此类纠纷的一般规则。而对于诉讼时效问题,我国现行《民法典》中已明确请求支付抚养费不适用诉讼时效的规定,故追索已发生抚养费不适用诉讼时效已无争议。但审判实践中机械适用该规定的案例也将大量出现,对于被抚养人年满 18 周岁或者独立生活后追索垫付抚养费是否要适用诉讼时效问题,仍将是审判实践中的争点。

039. 成年子女请求父母支付抚养费，能否获得法院支持？*

王某1诉王某抚养费案‖北京市第一中级人民法院民事判决书，(2018)京01民终4939号

事实概要

王某(男)与李某(女)原系夫妻，双方于1999年7月17日生育一子王某1。2004年3月18日，王某与李某经法院调解离婚，调解协议中约定王某1由李某直接抚养，王某支付抚养费至王某1独立生活时止。其后，王某按约定给付王某1抚养费至2017年7月王某1年满18周岁。2017年7月，王某1以其被台北科技大学录取为由，请求王某继续支付抚养费并增加至2100元/月，同时支付王某1在大学期间所需住宿费、交通费，购置电脑、手机、眼镜等费用。王某以王某1已成年，且能够独立生活为由，不同意支付抚养费及其他费用。王某每月收入约7000元。王某1诉至北京市海淀区人民法院(以下简称海淀法院)。

海淀法院认为，虽王某1已年满18周岁，但鉴于我国台湾地区和台北科技大学有关规定，不允许在校生在外专职或兼职工作，王某1尚不具备独立生活的能力，且王某有给付能力，故支持王某1主张王某支付抚养费的请求，并根据实际情形确定为2000元/月，支付至王某1独立生活时止。

王某、王某1不服一审判决，均提出上诉。北京市第一中级人民法院(以下简称北京一中院)判决撤销一审判决，驳回王某1的诉讼请求。

判决要旨

北京一中院认为，王某1已年满18周岁，是完全民事行为能力人，已经完成高中学历教育且并未丧失劳动能力，不属于不能独立生活的子女，其要求王某给付抚养费的主张，没有法律依据，不予支持。①

* 唐琳，福建江夏学院法学院副教授。

① 参见北京市第一中级人民法院民事判决书，(2018)京01民终4939号。

｜判例评析｜

一、既往相关判例与观点

司法实践中，成年子女诉请父母支付抚养费纠纷时有发生，对此类纠纷的判决结果，因成年子女所诉抚养费之具体种类的不同而不同。《民法典婚姻家庭编解释(一)》第42条规定，父母对子女所承担的抚养费，包括子女生活费、教育费、医疗费等费用。其中，生活费，主要是子女在日常生活方面所需要的费用；医疗费，是子女在生病医治时所产生的合理费用；教育费，即子女在接受文化教育方面的合理开支。实务中，有成年大学生子女诉请以教育费为主的抚养费纠纷，也有成年子女诉请以医疗费为主的抚养费争议。在成年子女主要诉请大学教育费的案件中，除调解结案或父母双方曾有明确约定的外，人民法院基本上都不支持原告的请求。对于成年子女主要诉请医疗费的案件，法院一般会根据实际情况酌情给予支持。对此类抚养费纠纷案，法官判决时依据的法律均是2001年《婚姻法》第21条第2款"……不能独立生活的子女，有要求父母付给抚养费的权利"。[①] 对于何谓"不能独立生活"的成年子女，不同法官的理解和判断有所不同。如本案中，一审法官认为，原告属于不能独立生活的成年子女，支持其要求父亲承担抚养费的诉请；而二审法官认为，原告不属于不能独立生活的成年子女，驳回了其要求父亲承担抚养费的诉请。该二审法院判决的立场代表着目前此类成年大学生子女诉请父母承担教育费纠纷的结果。对于成年子女是否有权利要求父母给付其读大学期间的学费、生活费的问题，黑龙江省大庆市高新区人民法院付建国认为，已经年满18周岁的在校大学生并不具有抚养费的请求权。因为我国法律上没有把供子女上大学设定为父母的法定义务，故负担上大学的费用也不应成为父母的法定义务。[②]

二、在学理框架内对相关问题的点评

父母赋予子女生命，在子女来到这个世界时，便将自己置于一种责任关系——对子女的养育之责中。[③] 父母抚养未成年子女是无条件的，法律明确规定了父母对未成年子女的抚养义务是法定的、强制的、必须履行的。抚养义务是父母对未成年子女承担的最主要义务，是保障未成年子女生存和健康成长的前提。这里的抚养，是指父母在经济上供养子女和在生活上对子女的照料，其经济负担内容包括负担子女的生活费、教育费、医疗费等。同时，父母对于未成年子女的抚养义务，不因父母离婚而消灭，父母离婚后，不与子女共同生活的父母

---

① 参见《民法典》第1067条第1款：父母不履行抚养义务的，未成年子女或者不能独立生活的成年子女，有要求父母给付抚养费的权利。

② 参见付建国：《成年子女是否有权利向父母索要上大学的费用?》，载中国法院网，https://www.chinacourt.org/article/detail/2016/05/id/1874674.shtml。

③ 参见杨国荣：《伦理与存在——道德哲学研究》，上海人民出版社2002年版，第88~89页。

一方仍应负担必要的生活费、教育费和医疗费的一部分或全部,直至子女成年为止。因为未成年人只有通过父母或者其他监护人的抚养和照顾,通过学习社会生活技能和文化科学知识,通过学习掌握并遵守各种社会规范,才能实现个人的发展,才能由一个生物意义上的人变成一个社会意义上的人,从而融入社会、适应社会进而改造社会、造福社会。[①] 所以,各国和地区的法律均明文规定了父母对未成年子女的抚养义务。我国《民法典》关于父母对未成年子女的抚养义务,明确规定于第 26 条第 1 款、第 1058 条、第 1067 条第 1 款、第 1071 条第 2 款、第 1084 条、第 1085 条第 1 款中。即使父母离婚,无论子女随哪一方共同生活,也不免除另一方对子女的抚养义务,而且子女对父母支付抚养费的请求权,不受诉讼时效的限制。

父母履行法定的抚养义务是有期限的,待子女成年,具有完全民事行为能力,能独立生活时,父母便不再承担抚养义务。但是,若成年子女属于我国《民法典》第 1067 条规定的"不能独立生活的成年子女",则仍有要求父母给付抚养费的权利。这说明父母对成年子女的抚养是有条件的,只有在成年子女没有劳动能力或具有其他特殊原因导致其不能独立生活时,例如,因身体疾病丧失劳动能力无法自食其力的,父母才有继续抚养的义务。

上海市黄浦区人民法院审结的"史甲与史乙抚养费纠纷案",是成年子女被诊断为股骨髁发育不良,因残疾而不具有独立生活能力与父母产生抚养费纠纷的典型案件。在该案中,19 岁的大学生史甲因左膝髌骨关节脱位接受手术治疗,需支付五万多元的费用,诉请其父亲史乙支付一半的费用。上海市黄浦区人民法院一审时认为,史甲属于确实因身体状况等客观条件限制而无法独立生活、无经济来源的成年子女,且其患有先天性的股骨髁发育不良疾病,一定程度上已经影响到劳动能力,父母有继续给付抚养费的法定义务。史甲暂时无法承受大额的医疗费用,其父史乙作为近亲属有相互扶助的义务,原告要求被告分担一定的医疗费用、于法有据。考虑到原告已成年,病情康复后尚有通过劳动获得经济来源的可能性,法院酌情支持原告部分诉讼请求。因此,判决史乙分担部分医疗费用。[②] 被告史乙不服一审判决,上诉至上海市第二中级人民法院,上诉请求被驳回后,又申诉至上海市高级人民法院。二审和再审均维持了一审判决。[③]

在司法实践中,对于因病就医但无经济来源的成年子女,如果该成年子女的疾病已经影响到其独立获得经济来源的能力,法院一般将其认定为无法独立生活的成年子女,而其父母作为家庭成员有相互扶助的义务,需酌情承担一定比例的医疗费或生活费。实际上,在此类案件中,父母对成年子女的抚养属于"广义的扶养"的内容。婚姻家庭法上的扶养,

---

① 参见王丽萍:《亲子法研究》,法律出版社 2004 年版,第 118 页。

② 参见上海市黄浦区人民法院民事判决书,(2014)黄浦少民初字第 23 号。

③ 参见上海市第二中级人民法院民事判决书,(2014)沪二中少民终字第 41 号;上海市高级人民法院民事裁定书,(2015)沪高民一(民)申字第 475 号。

是指一定范围内的亲属间相互供养和扶助的法定权利义务。该扶养的概念有广义和狭义之分。“狭义的扶养”仅指夫妻和兄弟姐妹等平辈亲属之间相互供养和扶助的法定权利义务。“广义的扶养”没有身份、辈分的区别，是赡养、扶养、抚养的统称，即包括晚辈亲属对长辈亲属的赡养、平辈亲属之间的扶养、长辈亲属对晚辈亲属的抚养。[①] 例如，我国台湾地区“民法”，不分赡养、扶养和抚养，一概称之为扶养。扶养的内容涉及物质上和生活上的扶助供养，不以维持生活为限，包括生活费、教育费、医疗费等的供给和生活上的照顾。[②] 这种亲属间的扶养，一般限于近亲属之间，且除夫妻相互间的扶养、父母对未成年子女的抚养是无条件的外，其他均为有条件的扶养：扶养权利人限于不能维持生活及无谋生能力者；扶养义务人须以有扶养能力为限。

三、本判例的规范逻辑

本判例所适用的法律规范是2001年《婚姻法》第21条第2款规定的“父母不履行抚养义务时，未成年的或不能独立生活的子女，有要求父母付给抚养费的权利”，以及2001年《婚姻法解释（一）》第20条规定的“不能独立生活的子女”是指尚在校接受高中及其以下学历教育，或者丧失或未完全丧失劳动能力等非因主观原因而无法维持正常生活的成年子女。王某1作为成年人，若属于“不能独立生活的子女”，则可以要求其父亲继续承担抚养费给付义务。然而，王某1作为完全民事行为能力人，既不符合“尚在校接受高中及其以下学历教育”的情形，又不符合“丧失或未完全丧失劳动能力等非因主观原因而无法维持正常生活”的情形，所以王某1要求父亲给付抚养费的主张，没有法律依据，法院依法不予支持。现实生活中，绝大部分就读于高等学校的成年子女仍依靠父母供养，但此为父母自愿所为而非现行法律规定下父母的法定义务。因此，对于与本案类似的成年子女诉请父母支付大学期间抚养费的案例，除调解结案或父母双方事先对子女大学期间的抚养费有明确约定的以外，法院基本上以子女已成年、无生理疾病且已完成高中学历教育，不属于法定的抚养主体范围为由，依法驳回成年子女对父母抚养费的诉讼请求。

本案虽发生于《民法典》实施以前，但其所依据的法律规范为《民法典》及司法解释所吸收。《民法典》第1067条第1款规定“……不能独立生活的成年子女，有要求父母给付抚养费的权利”。根据《民法典婚姻家庭编解释（一）》第41条规定，“不能独立生活的成年子女”是指尚在校接受高中及其以下学历教育，或者丧失、部分丧失劳动能力等非因主观原因而无法维持正常生活的成年子女。因此，将来再发生成年子女请求父母承担大学期间抚养费的纠纷，只要法律规定不变，且无父母曾明确约定等情形，则此类纠纷的判决结果基本上是成年子女败诉。

---

① 参见陈苇主编：《当代中国内地与港、澳、台婚姻家庭法比较研究》，群众出版社2012年版，第651页。

② 参见李景禧：《台湾“亲属法”和“继承法”》，厦门大学出版社1991年版，第68页。

四、本判例的意义

本案二审驳回了成年大学生主张其父亲给付抚养费的诉求,但在一审中,法官根据案件的具体情形判决支持该诉请,理由主要是该成年大学生就读的高校和地域具有特殊性,按当地规定不允许高校在校生在外专职或兼职工作,因此该成年大学生尚不具备独立生活的能力,且其父亲有给付能力,应给予一定的支持。一审判决支持,最终却被二审法院撤销。

实际上,一审判决的结果具有现实性,且合乎一定情理。诚然,就法律角度而言,大学教育并不是义务教育,大学阶段是成年子女为以后个人发展、适应社会进行深造学习的,提供子女大学期间的相关费用不是父母的法定义务,但现实是高校的学费和学生个人的日常基本生活费都不是小数目,离开了父母经济上的支持,成年子女早期阶段基本上难以自我承担本科学习阶段的费用。我国未建立公立大学本科免学费制度。针对高校学生,虽有教育贷款、助学金或某些勤工俭学的机会,但这仅针对能够提供家庭贫困证明的学生,适用范围小。[①] 2007 年,时任最高人民法院法官的程新文和吴晓芳,基于 2004 ~ 2006 年全国法院受理的抚育费案件,就尚在大学就读的成年子女的抚养费问题提出异议,他们认为将成年大学生排除在“不能独立生活的子女”之外的规定比较超前,不符合中国的国情,大学学费日益高涨,靠成年子女自己勤工俭学很难完成学业。[②] 高校设有奖学金制度,本科生可以通过刻苦勤奋获得奖学金,但鉴于奖学金的发放时间和金额的限制,基本上不可能维持一个大学生的基本生活。若兼职打工,仅有高中毕业文凭的大学生不太可能找到薪酬较高的兼职,大多只能从事工资低且耗时长的简单工种,要赚取自己的教育费和生活费,同时兼顾好本科学习任务,基本上不太可能。可以说,绝大多数成年在校本科生难以凭借自身实力,在不耽误本科学业的情况下,以自己的劳动能力保持“独立生活”的状态。

五、后续判例和规范的发展

2019 年,安徽省淮南市八公山区人民法院一审判决驳回了年满 18 周岁的大学生芳芳起诉要求父亲支付大学期间的抚养费的诉讼请求。淮南市八公山区人民法院审理认为,根据《婚姻法》规定,父母不履行抚养义务时,未成年或不能独立生活的子女,有要求父母给付抚养费的权利。“不能独立生活的子女”是指尚在校接受高中及其以下学历教育,或者丧失或未完全丧失劳动能力等非因主观原因而无法维持正常生活的成年子女。本案中,年满 18 周岁的芳芳已经高中毕业且并未丧失劳动能力,不属于不能独立

---

① 蒋璐明、高磊:《在校大学生生活与教育费的来源调查报告》,载夏吟兰等主编:《婚姻家庭法前沿:聚焦司法解释》,社会科学文献出版社 2010 年版,第 265 页。

② 程新文、吴晓芳:《当前婚姻家庭案件中的若干新情况新问题》,载《法律适用》2007 年第 8 期。

生活的子女，大学期间的学习、生活费用不属于法律规定的其父亲必须负担的抚养义务范围①。

笔者认为，父母不负担成年子女大学本科期间学习和生活费的规定存在一定的不合理性。首先，将成年子女本科教育费排除在父母抚养义务之外的《婚姻法解释(一)》制定于二十几年前，在那个时期，接受高等教育，是少数人才能获得的机会。如今高等教育已经大众化，社会竞争激烈，需要个体投入更多的时间和成本去接受更高、更专业的教育，此时仍一味要求成年子女自行负担本科教育费，是否利于我国高等教育的人才培养、公民个体的高质塑造？其次，司法实务中，在大学就读的成年子女起诉父母索要教育费的纠纷，绝大多数发生在父母离异的家庭。近年来，我国离婚率趋高，单亲抚育的情形越来越常见。随着二孩、三孩家庭的增多，此类纠纷未来可能有增无减。如何保障刚成年的大学生群体的利益，是立法需要正视的社会问题。实际上，有些国家法律对于成年子女的教育费用是提供保障的。例如，在德国，很多成年子女还在接受学校或职业培训，没有取得经济上的独立。对此，《德国民法典》第1603条、第1609条特别规定：未满21岁的成年且未婚子女，若其仍与父母共同生活且正在上学，视同未成年的未婚子女，同样享有受父母抚养的权利。②《瑞士民法典》第277条规定：父母的抚养义务至子女成年时终止；子女此时尚未完成合理教育的，父母得在其条件许可的限度内，继续履行抚养义务，直至相应的教育得以正式结束。③ 这即是对成年子女教育费一定程度的支持。在日本，对于无收入的成年子女，父母对其有亲属之间的相互扶助义务，主要包括子女考入大学需要的教育费、子女因重病需要的医疗费等。对于在高校读书的成年子女，应当鼓励父母根据自己收入水平和生活水平，尽自己所能支付子女在大学期间的费用，尤其是学费。我国将成年大学生排除在“不能独立生活的子女”之外的规定，不符合我国的现实情况和文化传统。因为全日制本科生毕竟没有足够时间去兼职或打工挣到足够的钱满足自己的需要。樊丽君教授也认为，在父母有给付能力的条件下，在校大学生可以请求父母支付其接受大学教育期间全部或部分的生活费。④ 因此，我国应合理支持成年子女请求具有给付能力的父母承担普通高等教育本科阶段的教育费用，将其认定为具有给付能力的近亲属之间相互扶助义务的履行。如此，既能保障成年在读大学生的权益，也符合我国的现实国情和传统社会观念。

---

① 刘晓洁：《女大学生起诉父亲要求支付抚养费被驳回》，载中国法院网，https://www.chinacourt.org//article/detail/2019/03/id/3747362.shtml。

② 参见《德国民法典》，陈卫佐译注，法律出版社2019年版，第494～495页。

③ 参见戴永盛译：《瑞士民法典》，中国政法大学出版社2016年版，第277页。

④ 参见樊丽君：《浅议在校大学生对父母的生活费和教育费请求权》，载夏吟兰等主编：《婚姻家庭法前沿：聚焦司法解释》，社会科学文献出版社2010年版。

在法律还未放宽对“不能独立生活的成年子女”的认定时,法院可主动寻求和解或调解的方式,促使父母子女双方加强情感沟通,尽量使双方能够在抚养问题上达成一致。毕竟父母子女之间的亲情是无法割裂的,不和谐的父母子女关系会对双方及以后的家庭生活产生负面影响,不利于家庭的稳定和社会发展。

040. 分居期间夫妻财产约定的效力以及其中约定的生活费、抚养费的诉讼主体*

杨某某与林某庆夫妻财产约定纠纷案‖福建省厦门市中级人民法院民事判决书,(2019)闽02民终2331号

事实概要

杨某某与林某庆于2011年9月16日登记结婚,2012年6月22日生育一女林某。2013年12月24日,杨某某起诉要求离婚,2014年12月3日申请撤诉,一审法院予以准许。2015年8月8日,林某庆与杨某某签订夫妻财产约定,内容为经双方友好协商,就婚姻关系存续期间共同财产做如下约定:(1)某安项目债务、股权为共同所有,其中债务为10,500万元,股权为41%。杨某某放弃"某安项目",由林某庆继续经营。无论项目盈亏,林某庆均分期支付杨某某500万元,第一期2015年8月21日支付30万元,第二期2017年8月6日支付200万元,第三期2017年11月6日支付200万元,第四期2017年12月31日支付70万元。(2)婚前财产归各自所有。(3)杨某某希望在重庆市生活,由林某庆出资购置一套房子,建筑面积约230平方米,登记在杨某某名下,但产权归女儿林某所有,房子供母女居住;林某庆每月支付4万元抚养费给女儿、杨某某,直至女儿18周岁,若女儿需要其他意外费用,均由林某庆承担,女儿18周岁之后所需的相关费用由林某庆、杨某某按8∶2比例分担。(4)若离婚,双方同意离婚协议书条款与上述约定条款一致。2015年8月10日,林某庆以杨某某的名义购买了重庆市某处一房屋(以下简称案涉房屋),并支付了首付款及第一期银行按揭贷款。2015年8月13日,林某庆转账给杨某某30万元。从2015年8月至2016年3月,林某庆每月支付给杨某某4万元。另外,从2011年1月至2013年9月,陆续由林某庆处转账支付给杨某某款项共计达600多万元。

2016年6月1日,杨某某向一审法院提起夫妻财产约定纠纷一案,要求撤销双方于2015年8月8日签订的夫妻财产约定,该案经一审、二审法院审理均驳回了杨某某的诉讼

* 陈丽英,福建省厦门市中级人民法院审监庭副庭长、四级高级法官。

请求。二审认定上述夫妻财产约定非以协议离婚为前提条件，系夫妻双方对婚姻关系存续期间所得财产及婚前财产的约定，该合同合法有效，驳回上诉，维持原判。

双方经诉讼离婚。一审离婚诉讼中，法院对子女抚养费、争议房产作出判决："……二、婚生女林某由杨某某直接抚养，林某庆应自判决生效次月开始于每月 15 日前支付给杨某某子女抚养费 3 万元，至婚生女 18 周岁，婚生女 18 周岁后至独立生活时的各项费用支出，由林某庆、杨某某按 8∶2 比例分担……六、案涉房屋归杨某某及婚生女共同共有，尚未偿清的银行贷款由林某庆偿还；七、双方各自名下的其他财产均归各自所有。"林某庆不服原判，提起上诉。二审法院判决撤销了一审第六、七项判决，维持了其他判项。该离婚诉讼一审、二审判决均认定：关于双方夫妻财产约定中林某庆每月支付杨某某及婚生女的 4 万元，可明确其中 3 万元作为婚生女的抚养费，另 1 万元作为林某庆自愿支付给杨某某的生活费。

上述离婚判决于 2017 年 10 月生效后，杨某某提起本案诉讼，要求：(1)判令林某庆依约支付 2016 年 4 月至 2017 年 10 月共计 19 个月的抚养费、生活费 76 万元；(2)判令林某庆赔偿因其违约行为导致杨某某名下位于重庆市江北区某某路 151 号 1 幢 22－2 室房屋灭失的全部损失 418.73 万元。

本案焦点：离婚或分居的当事人通过协议约定抚养费及归属于子女的财产权益，是否有效？夫妻一方就此提出主张，是否具有主体资格，可否适用合同法处理？

判决要旨

一审法院认为，案涉夫妻财产约定合法有效，杨某某与林某庆应依约履行该合同。首先，关于争议的抚养费、生活费，可参照双方生效离婚判决中对该问题的认定，4 万元中 3 万元为婚生女的抚养费，另 1 万元作为杨某某的生活费，故对其中属于杨某某的 19 万元予以支持。其次，杨某某主张因林某庆违约导致其名下讼争房屋灭失，要求按照拍卖评估价赔偿其损失。依据案涉协议约定以及离婚生效判决可以认定，讼争房屋产权归婚生女林某所有，杨某某所称讼争房屋归其所有、发生继承事由时再由女儿继承的主张不成立，因其并非利他合同中的受益人，对其该项诉求亦不予支持。依照 2001 年《婚姻法》第 19 条，《合同法》第 60 条、第 64 条，《婚姻法解释(三)》第 3 条，2017 年《民事诉讼法》第 64 条第 1 款之规定，判决：(1)林某庆于判决生效之日起十日内向杨某某支付生活费 19 万元；(2)驳回杨某某的其他诉讼请求。

双方当事人不服，提出上诉。二审法院认为，双方争议焦点为：第一，关于杨某某主张的 76 万元抚养费。案涉夫妻财产约定合法有效，对双方当事人均有约束力，其中约定"林某庆每月支付 4 万元抚养费给女儿、杨某某"，且从 2015 年 8 月至 2016 年 3 月，林某庆已每月支付给杨某某 4 万元，这也能体现出是双方真实的意思表示，故杨某某主张抚养费共计76万元,符合协议约定,应予支持。夫妻财产约定表述4万元抚养费的支付对象是杨某某及女儿林某,并未对两人的份额予以区分。离婚诉讼生效判决对杨某某与其女儿林某各自享有的抚养费及生活费作出认定,并不影响夫妻财产约定中约定的抚养费由杨某某与林某共同支配的性质,杨某某作为夫妻财产约定的合同相对方和婚生女的直接抚养方,有权依夫妻财产约定主张约定期间的婚生女的抚养费。夫妻财产约定中有关抚养费的约定基于身份关系产生,同时亦具有财产性质,对于涉及数额及支付方式等财产属性方面的约定属于可以意思自治的范畴,适用合同法进行处理并不会与法律基本原则及一般法理相矛盾。第二,关于争议房屋,生效判决已认定该房屋的产权归林某所有,故该房产的相关权益应归属于林某,现该房产因未缴纳按揭而在另案中被拍卖执行,杨某某在本案中主张的是该房产的损失赔偿责任,但该损失赔偿责任在夫妻财产约定中并无约定,杨某某对该房屋的相关主张,缺乏事实和法律依据。二审法院依照2017年《民事诉讼法》第170条第1款第2项规定,判决如下:(1)撤销一审判决之第二项;(2)变更一审判决之第一项为林某庆于判决生效之日起十日内向杨某某支付生活费76万元;(3)驳回杨某某的一审其他诉讼请求;(4)驳回杨某某的其他上诉请求;(5)驳回林某庆的上诉请求。

| 判 例 评 析 |

一、既往相关判例与观点

案例1:张某诉薛某1抚养费纠纷。① 一审法院认为,父母对子女有抚养教育的义务。抚养费的数额,可根据子女的实际需要、父母双方的负担能力和当地的实际生活水平确定。本案中,张某每月收入3415.07元,给付薛某30万元抚养费明显超过其经济能力,故张某主张减少抚养费的诉请合理合法,予以支持,其应给付抚养费的数额由法院依法酌判为每月800元。张某给付薛某的抚养费与薛某1给付张某的房屋折价款无法抵销,故对于薛某1主张债务已实际履行完毕的抗辩不予支持。北京市第二中级人民法院二审作出了改判,主要裁判理由与观点是:离婚后,一方抚养子女,另一方应负担部分或全部必要的生活费和教育费,负担费用的多少和期限的长短,由双方协议;协议不成时,由人民法院判决。根据查明的事实,张某与薛某1在离婚协议书中约定薛某由薛某1抚养,张某一次性给付薛某抚养费30万元。该约定系张某与薛某1离婚时就子女抚养问题达成的一致意见,双方应按协议约定履行各自的义务。张某虽称其签订此协议时系受胁迫,但未向二审法院提交相关证据,二审法院不予采信。张某与薛某1离婚后,其收入情况无明显变化,且其亦未就双方签订的离婚协议书提起撤销权诉讼,故在该协议未被撤销或未被确定为无效前,该协议内容对协议双方均有约束力,张某要求减少抚养费数额,于法无据,不予支

① 参见北京市第二中级人民法院民事判决书,(2009)二中少民终字第13516号。

持。原审法院未考虑张某与薛某1所签离婚协议书中有关抚养费的约定而作减少给付抚养费数额的判决不妥,予以撤销。

案例2:徐某与王某离婚后财产纠纷。① 徐某与王某于2012年5月3日协议离婚,双方协议约定:徐某某,男,2007年11月14日出生,由男方抚养,女方承担抚养费每年3000元整(年底支付),直至孩子18周岁为止。2012年年底,王某支付给徐某5000元抚养费,此系2012年度和2013年度应当支付的抚养费数额。而后王某不再支付抚养费,徐某诉至法院要求王某继续履行支付抚养费义务。山东省滨州市中级人民法院裁判认为,夫妻双方离婚时,孩子的抚养和财产由双方协商处理。夫妻双方在民政局签订的离婚协议书,系双方的真实意思表示,双方均应按照协议约定履行。在一方拒不履行时,另一方有权要求履行。双方已经协议一方应当支付孩子的抚养费,则应当依约定履行。

案例3:吴某2与吴某1抚养费纠纷。② 在该判例中,吴某2与吴某1之母亲离婚时签订了离婚协议,约定由吴某2每月支付2000元吴某1的抚养费至吴某1年满18周岁。现吴某2起诉请求变更其每月向被告吴某1支付抚养费500元。江苏省盐城经济技术开发区人民法院审判该案的主要观点与理由如下:本案原告吴某2与被告吴某1的母亲汤某于2016年7月6日签订的离婚协议书系双方真实意思表示,应为合法有效。原告陈述,其在非理性的情况下签订离婚协议,而没有考虑自己的实际履行能力。原告作为完全民事行为能力人,理应知晓自己与他人签订协议所应当承担的法律义务及后果,原告陈述的该理由不能成为其不履行生效离婚协议的合法事由,故对该陈述意见不予采纳。原告与被告的母亲签署的离婚协议书对其双方均有约束力,各方都应根据协议的约定,运用正确、合法、理性的方式履行各方的义务、行使各方的权利。在原告并未提供充分的证据证明其本人或家庭发生重大变故足以影响离婚协议的履行的情形下,不应诉请法院对约定的抚养费标准予以降低。

案例4:原告李某与被告马某离婚纠纷。③ 原告李某与被告马某婚后,与案外人罗某存在不正当交往。2017年1月,李某与马某签署婚内协议约定因李某实施与第三者罗某发生不正当关系的过错行为,现李某表示悔改,如双方今后再有一方有婚外情、与他人同居、重婚、家庭暴力、遗弃、虐待等过错行为,造成夫妻感情破裂为由而离婚的,则婚生女儿李某某由无过错方直接抚养,有过错方每月给女儿抚养费3000元,直到女儿大学毕业;过错方无偿放弃双方名下一切财产……后李某仍与罗某继续交往致罗某怀孕产子。李某向法院提起诉讼,要求判决离婚、婚生女由其抚养并依法分割夫妻共同财产。江苏省淮安区

① 参见山东省滨州市中级人民法院民事判决书,(2015)滨中民一终字第434号。

② 参见江苏省盐城经济技术开发区人民法院民事判决书,(2017)苏0991民初1016号。

③ 参见江苏省淮安区中级人民法院民事判决书,(2019)苏08民终3201号。

中级人民法院审判的主要理由与观点如下：关于婚内协议的效力。根据2001年《婚姻法》第19条第1款的规定，夫妻可以约定婚姻关系存续期间所得的财产以及婚前财产归各自所有、共同所有或部分各自所有、部分共同所有。该条文规定的是夫妻财产约定制度。本案中，李某与马某订立的婚内协议，其中关于子女的抚养约定因涉及身份关系，应属无效。另外关于财产分割及经济补偿的约定，实质上是为保证双方今后在夫妻关系存续期间不违反夫妻忠诚义务而以书面形式所作出的约定，系一份“忠诚协议”。夫妻是否忠诚属于情感道德领域的范畴，夫妻之间签订的“忠诚协议”应由当事人本着诚实信用的原则自觉履行，法律虽不禁止夫妻之间签订类似协议，但亦无法律对此赋予强制执行力，该约定不属于2001年《婚姻法》第19条规定的夫妻财产约定情形。综上所述，马某主张按婚内协议约定处理子女抚养、夫妻共同财产分割及经济补偿等无法律依据，不予支持。

前述案例1及案例3能够反映司法实践中对离婚协议或者夫妻财产约定中抚养费的约定的效力持肯定态度的居多，在没有发生重大变故或协议未被依法撤销的情况下，诉求予以降低原约定的抚养费数额无法得到法院支持。案例2也体现了夫妻一方具有根据协议起诉另一方主张子女抚养费的主体资格。然而，案例4中法院没有支持夫妻婚内协议有关孩子的抚养约定，理由是该抚养约定涉及身份关系。对此，笔者认为，案例4中有关抚养费的判决值得商榷，子女抚养问题虽涉及身份关系，但抚养费的约定却具有财产属性，从有利于未成年人及无过错方的角度，即使无法确认该协议中有关抚养的约定的效力，在判决抚养费时还是可以参照协议约定的金额并予以支持。

二、在学理框架内对相关问题的点评

（一）夫妻财产约定效力认定的问题

夫妻财产约定只要是基于夫妻双方真实的意思表示作出且不违反法律规定，效力是毫无疑问的。夫妻财产约定往往涉及双方的重要财产且可能为子女设置了权益，因此，司法机关对夫妻财产约定中有关抚养费及子女权益的约定效力进行判断时应充分考虑子女的利益，谨慎为之。若在涉及子女利益的家事诉讼中，我国能实行子女利益保护人制度（子女利益保护人并不是诉讼程序代理人，其不仅倾听子女关于纠纷的意见，还有权通过事实调查向法院提出如何解决纠纷的具体意见），[①]则更能确保实现子女利益的最大化。

目前，我国司法实践中，就夫妻财产约定的效力提出异议的情形常表现为以下两种：

1. 一方主张夫妻财产约定是以离婚为条件的，另一方否认。若夫妻财产约定本身并未体现以离婚为条件，则以约定的具体内容无法判断是否以离婚为条件，特别是分居期间或者双方被不准予离婚后的感情修复期间，双方达成的夫妻财产约定，只要没有明确以离婚为条件，均不宜以《民法典婚姻家庭编解释（一）》第69条第1款对应前述《婚姻法解释

① 参见陶建国：《家事诉讼比较研究》，法律出版社2017年版，第18页。

(三)》第14条规定来否定其效力。

2. 主张其中约定的抚养费、生活费过高,从而主张显失公平不应该履行。实践中,为了保障孩子的权益,较多夫妻财产约定中存在约定了比较高额的子女抚养费的情形,比如本案就约定了每月数万元的抚养费。在司法实践中,除非有法定需要减少抚养费的情形出现,或者当事人之间重新协商一致,否则,通常确认协议约定的抚养费数额有效。一是该约定是双方意思自治的结果,随意反悔不应得到支持。二是抚养费的给付往往是保障未成年人的成长与生活需要,数额的高低标准对于不同家庭亦是不同的,没有绝对标准。

(二)本案所涉诉讼主体资格问题

夫妻一方一般有权以夫妻财产约定的合同主体身份直接主张已约定的子女抚养费,但对于约定归属于子女的房产权益则应视合同有无直接约定而认定是否可由夫妻一方直接主张。

在诉讼主体资格方面,本案涉及夫妻一方能否主张子女抚养费以及约定归属于子女的其他财产权益两方面,二者是有区别的,审理中应予注意。首先,在夫妻双方对抚养费有书面约定的情况下,其中一方能否主张子女的抚养费。本文认为,在离异双方就子女抚养费进行书面协议约定的情形下,作为离异双方中的一方基于协议作为原告向另一方主张子女抚养费,是具有合同法依据的,应予支持。而且离婚诉讼中有关抚养费支付的对象往往也是直接抚养子女的一方,直接抚养子女的一方以未成年子女的法定代理人的身份,作为抚养费的支付对象,亦于法不悖。因此本案二审认定杨某某作为夫妻财产约定的合同相对方和婚生女的直接抚养方,有权依夫妻财产约定主张约定期间的婚生女的抚养费。其次,关于约定归属于子女的其他财产权益的主张主体。其他财产权益与抚养费的性质上有所差别,抚养费属于日常需要支配的费用,由直接抚养方支配符合未成年子女的利益及生活需要,且实践中由直接抚养方先行支出的情况也较普遍。但夫妻设定的关于子女的其他财产权益,除非协议中有约定夫妻一方可以作为主体来主张,否则应由子女本人作为主体来主张,夫妻一方提出主张的应不予支持,以免造成未成年人利益被损害的风险。因此,本案二审支持杨某某有关抚养费的上诉请求,驳回有关房产的上诉请求,符合合同法的基本原则及相关规定,也充分体现了婚姻法的相关精神。

三、本判例的规范逻辑

《民法典》第1065条第1款、第2款规定,男女双方可以约定婚姻关系存续期间所得的财产以及婚前财产归各自所有、共同所有或者部分各自所有、部分共同所有。约定应当采用书面形式。没有约定或者约定不明确的,适用本法第1062条、第1063条的规定。夫妻对婚姻关系存续期间所得的财产以及婚前财产的约定,对双方具有法律约束力。

根据上述规定,婚姻关系存续期间包括分居期间夫妻都可以对夫妻财产作出约定。然而,对分居期间涉及生活费、抚养费给付的财产约定是否有效,现有法律法规中并未作出规定。考虑到生活费、抚养费虽然是基于身份关系产生，但其中给付的约定亦有财产属性，故对于当事人在分居期间达成的生活费、抚养费的约定，应当尊重当事人的意思自治，不宜否定其效力。但分居期间的夫妻财产约定，特别是包括抚养费约定的，与离婚协议的内容相近，故应区分是否是以登记离婚或者到人民法院协议离婚为条件的财产分割协议，若是以离婚为条件的协议，则应根据最高人民法院《婚姻法解释(三)》第14条规定进行认定，即当事人达成的以登记离婚或者到人民法院协议离婚为条件的财产分割协议，如果双方协议离婚未成，一方在离婚诉讼中反悔的，人民法院应当认定该财产分割协议没有生效，并根据实际情况依法对夫妻共同财产进行分割。

四、本判例的意义

根据《民法典》以及2001年《婚姻法》等法律法规的规定，我国夫妻财产一般为共同财产制，同时，夫妻财产亦可实行约定制。随着社会经济生活的发展，夫妻对婚前及婚内财产进行约定的情形越来越多，而且往往其中还涉及对子女权益的设定，具体情形较为复杂，司法实践中的审理存在一定难度，值得进一步研究总结。

本案涉及的是夫妻分居期间的财产约定，除了对财产作出约定之外，还对抚养费、生活费作出了约定，内容与离婚协议相近，涉及与离婚协议的甄别，效力认定具有一定典型意义；同时，又涉及子女财产权益设定，诉讼主体的确定亦有一定代表性。

五、后续判例和规范的发展

本案例系在《民法典》颁布前发生的案例，当时的法律未明确涉及身份关系的协议可以适用合同法的相关规定。本案的法律适用在判决时具有一定的超前性。《民法典》施行后，本案的裁判观点、理念与《民法典》合同编第464条第2款"婚姻、收养、监护等有关身份关系的协议，适用有关该身份关系的法律规定；没有规定的，可以根据其性质参照适用本编规定"确立的适用原则完全吻合。该案二审中，林某庆以抚养费涉及身份关系为由提出本案不应适用合同法的上诉主张，法律依据是《合同法》第2条第2款的规定。法院认为，合同法不适用于有关身份关系的协议，但夫妻离婚过程中所订立的协议书往往属于合同法中的混合合同，并非单纯有关身份关系的协议。其中夫妻双方针对抚养费作出的约定，除去身份关系的内容外，财产性质十分明显，特别是抚养费的支付完全属于财产性的内容。同时，2001年《婚姻法》第19条第1款明确赋予夫妻对婚内及婚前财产进行约定的权利，夫妻财产约定虽然因身份关系产生，但其中涉及财产及抚养费支付的约定，本质与其他普通合同并无差异。因此，该类财产及抚养费约定中涉及数额及支付方式等财产属性方面的内容属于可以意思自治的范畴，适用合同法进行处理并不会与法律基本原则及一般法理相矛盾，也不会与身份关系的法律相冲突，与婚姻法有关夫妻财产约定自由的规定是相吻合的。

041. 被赡养人的收入可满足日常生活需求的，赡养义务人可否拒绝支付赡养费？*

陈某1与陈某2、陈某3等赡养费纠纷案‖上海市第二中级人民法院民事判决书，(2020)沪02民终7336号

事实概要

陈某1(1924年12月出生)与刘某系夫妻，共生育陈某2、陈某3、陈某4、陈某5、陈某6五个子女。刘某2013年12月去世后，陈某1与陈某6共同生活，2016年起陈某6雇请保姆照料陈某1。2017年11月21日上海市某区人民法院作出判决，认定陈某1为限制民事行为能力人，指定陈某6为陈某1的监护人。2018年4月25日法院判决增加了陈某3为其监护人。陈某1继承其妻子的遗产58,335元及利息由陈某3保管。2020年，陈某1向法院提起诉讼，一是要求陈某2、陈某3、陈某4、陈某5分别支付自2019年12月1日起的赡养费每月800元；二是要求陈某2、陈某3、陈某4、陈某5应分摊2018年5月31日至2019年5月31日的保姆费63,850元(保姆费总额的4/5)。法院查明：陈某1与陈某6及保姆共同生活在一起；陈某1有保管在子女处的存款近10万元，其每月退休金6619.56元；陈某1无医保范围外的大额医疗支出情况。法院判决对陈某1的诉讼请求不予支持。二审法院维持原判。

判决要旨

根据2001年《婚姻法》第21条规定，子女对父母有赡养扶助的义务。子女不履行赡养义务时，无劳动能力的或生活困难的父母，有要求子女给付赡养费的权利。(现为《民法典》第1067条第2款)在父母的经济能力足以负担自己的生活开支和雇用家政工的费用开支的情况下，子女没有支付赡养费的义务。如果被赡养人日后有大额支出项目或者赡养方式需要改变的，应根据其生活需要、身体状况及子女照顾能力，由所有子女共同协商确定为宜。

---

* 张华贵，西南政法大学民商法学院副教授。

｜判例评析｜

一、既往相关判例与观点

赡养父母是子女应尽的法定义务，也是中华民族优良美德之一。在司法实践中，赡养纠纷一直以来都比较多。在以往赡养纠纷案件的处理中，对自有生活来源的父母提出给付赡养费的诉讼请求，赡养人往往以被赡养人不存在"生活困难"为由进行抗辩，法院在认定被赡养人是否存在生活困难时，也具有裁判不一的情况。例如，在天津市第一中级人民法院审结的马某与李某1、李某2的赡养纠纷案①中，上诉人认为被赡养人马某不存在2001年《婚姻法》第21条第3款规定的生活困难需要赡养的情形。因为马某有养老保险，在天津市有两处房产，马某在2015年7月领取了上诉人父亲的死亡抚恤金210,000元，还有单位发放的遗孀费每月近1000元，不存在生活困难需要赡养的情形，不应当判决其承担赡养费。上诉人还提出，其当年是由任职水利部干部的父亲养大，与马某没有抚养关系，马某应当由她自己的亲生子女赡养，但法院认为，受继父母抚养教育的继子女有赡养扶助的义务。本案中，马某与李某1、李某2的生父李某再婚时李某1、李某2尚未成年，由其抚养教育，故李某1、李某2作为受马某抚养教育的继子女依法应对马某履行赡养义务，照顾好马某的晚年生活，在物质上提供保障，在精神上给予安慰。现马某年逾古稀，体弱多病，无法独自生活，需要子女照顾，其亦无医疗保险，李某1、李某2理应尽赡养之义务。因马某曾获得抚恤金，并有单独住房居住，结合马某每月生活需要及李某1、李某2的经济情况，马某主张每月赡养费1000元的数额过高，故法院予以调整为每人每月400元。二审维持原判。

在李某诉李甲、李乙赡养纠纷案②中，65岁的李某与妻子育有二子李甲、李乙，李某以自己年老体弱，无劳动能力，要求李甲、李乙每人每月承担500元生活费，另如果将来生病产生住院医疗费，两个儿子各承担相关费用的50%。李甲表示他愿意与父亲同住，如果父亲坚持独居，他愿意每月支付500元生活费；如果将来父亲生病住院，他愿意承担一半医疗费。李乙表示希望父亲与自己共同生活，但目前自己经济压力很大，每月只能支付父亲200元生活费；如果父亲将来住院，应当先由父亲用存款支付医疗费，不足部分自己承担该费用的50%。法院认为，成年子女应当履行赡养义务。李某在土地被征收后，虽然获得各项补偿款近20万元，但他没有自有房屋居住，需要租赁或购买房屋，同时还需要购买日常生活资料。李某目前每月领取养老保险金605元，参照当地上年度城镇居民人均消费性

---

① 参见天津市第一中级人民法院民事判决书，(2017)津01民终3594号。

② 参见最高人民法院：《"用公开促公正，建设核心价值"主题教育活动——婚姻家庭纠纷典型案例》，载最高人民法院网，http://www.court.gov.cn/zixun-xiangqing-16211.html。

支出标准，李甲和李乙每人每月还应当向李某支付300元生活费。李甲明确表示愿意支付500元，法院予以确认。另李某并未举证证明其产生了住院医疗费，故可在实际产生费用后另行向义务人主张。综上所述，法院判决李甲每月向李某支付生活费500元，李乙每月向李某支付生活费300元。法院认为，《老年人权益保障法》第14条第1款规定，赡养人应当履行对老年人经济上供养、生活上照料和精神上慰藉的义务，照顾老年人的特殊需要。因此，子女不能因为父母有存款或者有一定经济来源就完全将父母置之不顾，否则，该行为不仅将违反法律规定，也违背了中华民族“百善孝为先”的传统美德。

在广东省中山市中级人民法院审结的郑某1与郑某2、郑某3赡养费纠纷案[①]中，上诉人郑某1要求其子女郑某2和郑某3每人每月给付赡养费1500元。郑某2和郑某3认为，郑某1有经济收入且不存在生活困难的情形，拒绝支付赡养费。法院认为，履行赡养义务不应以父母是否具有生活收入来源为前提。郑某1除每月1500元的养老金收入外，村民股份分红每年不超过1000元，出租收入亦不固定，且郑某1已80多岁，体弱多病，仅靠上述收入不足以维持正常生活。即使其有其他子女照料供养，亦不能免除郑某2、郑某3的赡养义务。因此，根据双方经济收入、身体状况及当地生活水平，法院酌定郑某2每月应向郑某1支付赡养费金额为200元、郑某3每月支付100元。

二、在学理框架内对相关问题的点评

（一）父母子女关系的分类

父母子女关系，又称亲子关系，在法律上是指父母与子女之间的权利和义务关系。父母子女是血亲关系中最近的直系血亲，是家庭关系的核心。现代亲子法一般将父母子女区分为两大类：一是自然血亲的父母子女关系，包括父母与婚生子女、生父母与非婚生子女；二是法律拟制的父母子女关系，主要是指养父母与养子女。我国《民法典》承继了2001年《婚姻法》的规定，将父母子女关系划分为两类：一是自然血亲的父母子女关系。这一关系是基于子女出生的法律事实而产生的，父母与子女之间以血缘为纽带，相互间的权利义务不会因为任何人为的原因而消灭，只会因依法送养子女或者是父母子女一方死亡而消灭。二是法律拟制的父母子女关系，包括养父母与养子女、形成抚养教育关系的继父母与继子女。这一关系是基于收养的成立或者继子女受继父母抚养而产生，可以因为出现一定的法律事实而消灭。按照法律规定，这些父母子女之间有法定的权利义务。被赡养人的亲生子女、养子女、形成抚养教育关系的继子女，都是赡养义务人。

（二）成年子女对父母的赡养扶助义务

2001年《婚姻法》第21条明确规定，子女对父母有赡养扶助的义务；子女不履行赡养义务时，无劳动能力的或生活困难的父母，有要求子女付给赡养费的权利。《民法典》第

---

① 参见广东省中山市中级人民法院民事判决书，(2019)粤20民终400号。

26条第2款明文规定，成年子女对父母负有赡养、扶助和保护的法定义务；第1067条第2款规定："成年子女不履行赡养义务的，缺乏劳动能力或者生活困难的父母，有要求成年子女给付赡养费的权利。"《老年人权益保障法》第14条第1款明确规定："赡养人应当履行对老年人经济上供养、生活上照料和精神上慰藉的义务，照顾老年人的特殊需要。"按照上述规定，成年子女对父母的赡养、扶助和保护义务应当从以下几个方面理解：

1. 对父母承担赡养扶助义务的是有独立生活能力的成年子女。所谓成年子女是指达到法定成年年龄标准，①即年满18周岁的子女。虽然在原《婚姻法》第21条中没有明确界定子女为成年子女还是未成年子女，但在该条的第2款明确了未成年的或者不能独立生活的子女，有要求父母付给抚养费的权利。我国《宪法》第49条第3款也明确"……成年子女有赡养扶助父母的义务"。因此，对父母承担赡养义务的主体在原《婚姻法》实施期间就应当理解为有独立生活能力的成年子女。

2. 赡养扶助的内容。赡养是指子女对父母经济上的供养，即在物质上和经济上为父母提供必要的生活条件。扶助是指子女对父母在精神上的安慰和生活上的照料。《老年人权益保障法》特别对赡养人的义务作出了规定。首先，赡养人应当履行对老年人经济上供养、生活上照料和精神上慰藉的义务，照顾老年人的特殊需要。其次，赡养人应当使患病的老年人及时得到治疗和护理。对经济困难的老年人，应当提供医疗费用。对生活不能自理的老年人，赡养人应当承担照料责任。不能亲自照料的，可以按照老年人的意愿委托他人或者养老机构等照料。再次，赡养人应当妥善安排老年人的住房，不得强迫老年人居住或者迁居条件低劣的房屋。老年人自有的或者承租的住房，子女或者其他亲属不得侵占，不得擅自改变产权关系或者租赁关系。老年人自有的住房，赡养人有维修的义务。最后，赡养人有义务耕种或者委托他人耕种老年人承包的田地，照管或者委托他人照管老年人的林木和牲畜等，收益归老年人所有。② 正如有专家认为，履行赡养义务应当落实到日常生活中，我们应当在物质上、精神上、生活上给予老人全方面地关心和爱护，妥善安排老人的衣、食、住、行，鼓励老人健康生活、快乐生活，使他们在感情上得到慰藉，愉快地安度晚年③。

（三）请求成年子女给付赡养费的父母应符合哪些条件

赡养父母是子女的法定义务，但如果父母在有劳动能力或者经济不困难的情况下，还是否能够请求子女给付赡养费？应如何理解父母行使赡养请求权应当具备的条件？或者说，父母请求子女给付赡养费提供经济上的供养扶助，是否应同时具备缺乏劳动能力和经

① 参见张新宝：《〈中华人民共和国民法总则〉释义》，中国人民大学出版社2017年版，第51页。

② 参见《老年人权益保障法》第14～17条。

③ 参见吴晓芳主编：《婚姻家庭继承案件裁判要点与观点》，法律出版社2016年版，第277页。

济困难两个条件？学术界对此有明显分歧。

有学者认为，按照原《婚姻法》规定，子女对父母物质上的供养扶助是有条件的，应同时具备子女已经成年且有赡养扶助能力；父母必须是无劳动能力或者生活困难的。[①]《民法典》第1067条第2款规定："成年子女不履行赡养义务的，缺乏劳动能力或者生活困难的父母，有要求成年子女给付赡养费的权利。"按照此条规定，赡养费的请求权主体是缺乏劳动能力或者生活困难的父母。可见，父母要求子女支付赡养费并不需要同时满足无劳动能力和生活困难两个条件。如果父母不缺乏劳动能力或者无生活困难，则不具备请求子女给付赡养费的主体资格。[②] 在这种情况下，成年子女当然也没有支付赡养费的义务。也有学者认为，父母拥有积蓄或者工资，并且能够维持正常生活、医疗开支的，子女可不支付赡养费。[③] 在父母能够维持自己正常的生活、医疗开支的情况下，子女对父母的义务就是精神上的安慰和生活上的扶助。

笔者认为，父母请求子女给付赡养费不需要同时具备两个条件，只要具备其中一个条件即可。《民法典》和原《婚姻法》虽然将有权请求子女给付赡养费的父母分别表述为"缺乏劳动能力或者生活困难的父母"和"无劳动能力的或生活困难的父母"，但没有实质上的差异。在现代社会，随着社会保障制度的完善，一般情况下，老年人都可以领取一定的养老金，甚至部分老年人自有的收入确实能够满足其日常生活的需要。但是，老年人的合法收入，不能代替子女的赡养费。不能因为父母有收入，就当然地免除子女支付赡养费的义务。在父母无劳动能力或生活困难时，赡养费支付体现的是对父母经济上的供养；在父母有劳动能力，经济生活依靠自身的力量就可以得到满足的情况下，赡养费支付是对父母精神上的慰藉。[④] 现实生活中，不少子女面对老人的赡养请求时，提出各种各样的理由予以拒绝，有些子女以父母有足够的收入和享有医疗保险待遇为理由而不支付赡养费；有些子女以父母有过错为由，拒不承担赡养义务；有的子女以父母离异后长期未与父母一方共同生活为由，不愿意承担赡养义务。在多子女的情况下，因为相互之间经济条件的差异或者认为老年人在处分财产时偏心而相互推诿，不承担赡养义务。但是，按照法律规定，赡养父母是法定义务，是不附加任何条件的。法院在认定赡养费的承担时，要考量被赡养人的身体状况、日常生活水平、当地消费水平、赡养人是否可以正常工作等。本案中的陈某1已满96周岁，虽然有自己的收入，但也确实需要子女的关爱，这种关爱不仅是物质上的，更重要的是精神层面的陪伴，使其有所慰藉，以安享晚年。虽然陈某1有保管在子女处的存款、每月退休金有6000多元及基本上未发生医保范围外的大额医疗支出，但毕竟陈某1

---

① 参见马忆南主编：《婚姻家庭法》，北京大学出版社2012年版，第194页。

② 参见房绍坤等编著：《婚姻家庭继承法》，中国人民大学出版社2020年版，第117页。

③ 参见熊金才：《婚姻家庭纠纷解决法理与实务》，清华大学出版社2018年版，第60页。

④ 参见范李英、付斌：《子女赡养父母的几个法律问题》，载《烟台大学学报（哲学社会科学版）》2014年第2期。

年事已高,生活不能自理,需要雇人照顾其生活起居,所需的开支是比较大的,其提起诉讼,可能就是为了解除自己的后顾之忧。因此,在陈某1提起诉讼,要求其子女给付赡养费的情况下,适当判决子女给付一定数额的费用,是对老人精神上的安慰。完全无视一个年满96岁老年人的诉讼请求,是不妥当的。

三、本判例的规范逻辑

依据2001年《婚姻法》第21条第3款规定:"子女不履行赡养义务时,无劳动能力的或者生活困难的父母,有要求子女给付赡养费的权利。"①本案中,法律规定的父母已经有足够的经济来源负担自己的日常开支及雇用保姆的费用,成年子女不再承担支付赡养费的义务。父母在没有出现经济困难的情况下向子女主张支付赡养费的请求不予支持,但如果以后出现生活困难,可由子女协商解决或者向法院起诉。

四、本判例的意义

(一)明确赡养义务人为已经成年并且能够独立生活的成年子女

尊老爱幼是中华民族的传统美德,在法律中也有明确的规定。赡养义务人应是已经成年的子女,而且具有负担能力。有赡养能力的子女是指有独立的劳动收入或其他收入,并且在满足自己的基本生活之后还有剩余的成年子女,或者已满16周岁而未满18周岁但能够以自己的劳动收入满足自己的基本生活且还有剩余的子女。具备上述条件的子女,才有赡养的能力。如果成年子女连自己的基本生活都难以维持,也就没有负担赡养费的能力,无法履行对父母提供经济供养的义务。

(二)赡养费的请求权主体应具备相应的条件

法院在审理赡养费案件时,应当综合考虑各方面的因素。比如,被赡养人的实际需求、当地的经济水平、赡养人的生活条件等。② 在本案例中,法院判决明确了赡养法律关系的请求权主体是无劳动能力或生活困难的老年人。法院认为,陈某1有10万元存款保管在子女处,有每月6000多元养老金,其经济能力尚能负担目前的保姆费开支及自己的生活开支。因此,驳回了陈某1主张子女支付赡养费的请求。这一裁判,值得我们重新思考赡养费支付的意义。

《老年人权益保障法》第13条规定:"老年人养老以居家为基础,家庭成员应当尊重、关心和照料老年人。"成年子女对父母的赡养是其法定义务,不得附加任何条件。赡养费的给付,是子女履行赡养义务的一个重要内容,其主要的作用在于满足父母的生活需要。在父母缺乏劳动能力或生活困难时,赡养费支付是对父母经济上的供养扶助。在父母有

---

① 参见《民法典》第1067条第2款规定:"成年子女不履行赡养义务的,缺乏劳动能力或者生活困难的父母,有要求成年子女给付赡养费的权利。"

② 参见孙硕:《赡养费纠纷的解决路径研究》,载《辽宁公安司法管理干部学院学报》2017年第6期。

劳动能力或生活无困难时，赡养费支付体现的是对父母精神上的慰藉。[①] 父母能够满足自己的生活需要以及父母的收入状况，只影响子女给付赡养费的数额，不影响子女是否应支付赡养费。本案中的陈某1系年逾96岁耄耋老人，目前生活不能自理，与保姆及监护人陈某6共同生活在一起，虽然有退休金，有保管在子女处的存款近10万元，没有医保范围外的大额医疗支出情况，但是，如此高龄老人要求自己的另外4个子女每人每月支付800元赡养费，分担支付其雇佣保姆的费用的4/5，而一审、二审法院都判决驳回老人的诉讼请求。该裁判是否最妥当，尚可探讨。老人生活不能自理，日常生活需要雇请保姆照顾，生活开支比较大，存款也仅有10万元，一旦生大病，经济上就会出现窘迫。老人提起诉讼更多可能是因为担心自己的收入和存款难以抵抗高龄老人面临的疾病威胁，为了满足自己今后的医疗和护理照顾的需要，希望通过诉讼让自己今后的医疗及护理照顾无忧。因此，法院应当酌情考虑，裁定其他4个子女适当支付赡养费给老人，使老人在暮年能够得到精神上的慰藉，使之安度晚年。

五、后续判例和规范的发展

在北京市第二中级人民法院审结的马某与聂某赡养纠纷案[②]中，67岁的马某请求继子聂某给付赡养费每月2500元。法院认为，马某自述其每月退休收入4300元，其女儿马某1每月对其亦有资助。根据马某提供的证据，无法证明其具有缺乏劳动能力或者生活困难的情形。马某主张其与聂某已形成了事实上的抚养教育关系。聂某对马某的上述主张不予认可，称其并未与马某共同居住生活，其生活教育费用主要由其他亲属承担。对此，法院认定马某提供的证据不足以证明其对聂某履行了抚养教育责任。综上所述，马某请求聂某支付赡养费的理由缺乏依据，一审法院综合考虑本地生活水平、马某的收入情况及其他亲属对其生活扶助的情况，对马某的诉讼请求未予支持并无不当，二审法院予以维持。

在安徽省合肥市中级人民法院审结的徐某与潘某1、潘某2、潘某3、潘某4、潘某5赡养纠纷案[③]中，2019年10月，徐某由于年老体弱，不能独立生活，被其儿子潘某3、潘某4送至巢湖市老吾老养老院居住生活，每月护理费用为3400元。后几个子女相互推脱，不支付徐某在养老院的费用，虽经当地村委会调解，但仍无法达成一致意见。86岁的徐某诉至一审法院，请求5个子女平均承担其每月在养老院的费用（每人承担每月赡养费680元），平均承担其以后的医疗费用。据查，徐某由于年老体弱现在巢湖市老吾老养老院养老，目前处于半失能状态。法院认为，徐某共养育五名子女，均已成年，应对徐某履行赡养

① 参见范李英主编：《婚姻家庭继承法案例教程》，北京大学出版社2004年版，第62页。

② 参见北京市第二中级人民法院民事判决书，（2021）京02民终5540号。

③ 参见安徽省合肥市中级人民法院民事判决书，（2021）皖01民终667号。

义务。现徐某年老不能独立生活,应由其子女进行赡养、护理,但其子女由于工作、生活,难以贴身照顾,让老人入住养老机构,为老人购买养老服务,也是一种赡养方式,为此每月所产生的费用3400元,应由其5名子女平均分摊。故对徐某要求潘某1、潘某2、潘某3、潘某4、潘某5自其起诉之日即2020年9月21日起支付其赡养费每月680元的诉讼主张,予以支持。对于徐某主张的医疗费用,因该费用尚未实际发生,本案不作处理,待实际发生后,如果其子女未能主动承担,徐某可另行起诉。法院判决:5个子女分别自2020年9月21日起每月支付徐某赡养费680元(每季度支付一次,于每季度的第一个月月底前支付该季度费用2040元)。驳回徐某的其他诉讼请求。二审法院维持原判。

042. 被赡养人要求到养老院养老,赡养义务人可否拒绝?*

任某2与吴某英、任某1、任某3、任某4等赡养纠纷案‖江苏省镇江市中级人民法院民事判决书,(2019)苏11民终3849号

| 事实概要 |

吴某英与任某是夫妻,婚后生育了二女一子任某1、任某2、任某3,又收养了一女任某4。1993年任某去世。其后,吴某英主要随任某1生活,也曾外出做保姆。现吴某英因年迈无经济收入,生活不能自理,与儿女有矛盾,不愿与子女共同生活,要求入住当地养老院,每月花费约1000元。吴某英要求子女承担养老院费用、医疗费及百年后的费用。法院查明,现吴某英每月有收入168元。各子女经济条件均一般。吴某英要求入住的当地养老院每月花费约1000元。一审法院判决:(1)自2019年11月起,吴某英每月实际支付给养老机构的费用由四个子女共同负担,每位子女平均承担该费用的1/4;如吴某英不住养老机构,则由四个子女每月每人给付吴某英生活费250元,至吴某英百年之日。(2)自2019年10月起,吴某英的医疗费用,扣减报销部分后,由四个子女平均承担1/4。(3)吴某英百年后的丧葬费用,由四个子女平均承担。任某2不服原判,提起上诉。二审法院维持原判。

| 判决要旨 |

成年子女对父母负有赡养、扶助和保护的义务,包括对老年人经济供养、生活照料和精神慰藉,以及照顾老年人的特殊需要。子女履行赡养义务时,应尊重被赡养人的意愿,也要尊重和理解老年人对赡养方式的选择决定。只要父母要求子女承担赡养义务的诉讼请求合理且符合法律规定,法院应当予以支持。法院对老年人赡养方式的判决,应当充分尊重老年人本人的意愿。本案吴某英已逾80岁,无劳动能力和收入来源,而今卧病在床,亦无力医治。要求子女承担赡养义务的诉讼请求符合法律规定,应予支持。吴某英坚持要求入住养老院,不愿随儿女生活,其要求入住养老院的花费每月约1000元,仅为当地普

* 张华贵,西南政法大学民商法学院副教授。

通标准,诉讼请求尚属合理。四个子女虽各有一定的生活困难,但共同分担吴某英入住养老院有限的花费并不足以影响他们的正常生活。作为子女,要多从尊老敬老角度考虑,对老人的意愿予以理解与尊重,并在经济上给予支持。吴某英自愿选择在养老院生活,由子女负担相关费用,既不违反法律规定,也符合情理。上诉人任某2未提供证据证明或提供确切的证据线索表明吴某英有经济能力,而且,虽然任某2称其家庭困难,但每月250元的赡养费仍可负担,该花费不足以影响其正常生活。二审法院认为上诉人任某2的上诉请求不能成立,应予驳回;一审判决认定事实清楚,适用法律正确,应予维持。

｜判例评析｜

一、既往相关判例与观点

在老龄化社会,养老结构处于不断发展和变化中,越来越多的老年人对养老方式的选择发生了变化,从单纯居家养老发展到选择去养老机构养老的越来越多,有些老年人不愿意与子女同住,选择自己独居;有些老年人不愿意居家养老而愿意去养老机构养老;也有的老人要求子女轮流赡养。老年人独居生活或者去养老机构的成本可能会大于与赡养人共同生活的开销,赡养人与被赡养人之间容易出现意见不一致,引发纠纷。

在司法实践中,对老年人养老方式的选择,往往给予了充分的尊重,对于老年人选择入住养老机构或者单独居住并主张由子女承担相关费用的诉讼请求,多地人民法院都有予以判决支持的。例如,在北京市第二中级人民法院审结的石某某与孙甲赡养费纠纷案①中,法院认为,赡养人在履行赡养义务时应当充分尊重、关心和照料老年人。石某某主张自行居住,不愿在子女家中轮流居住,是其本人对养老居住方式的选择,子女应当尊重。因此,法院判决孙甲支付赡养费每月300元。

在广东省中山市中级人民法院审结的郑某1与郑某2、郑某3赡养费纠纷案②中,上诉人郑某1要求子女郑某2和郑某3每人每月支付赡养费1000元。郑某2在庭审中表示,若郑某1愿意回家,其愿意承担赡养义务。法院认为,子女履行赡养义务不应附条件。根据双方经济收入、身体状况及当地生活水平,法院酌定郑某2每月应向郑某1支付赡养费金额为200元、郑某3每月支付赡养费100元。

二、在学理框架内对相关问题的点评

解决好赡养义务人与被赡养人之间因为养老方式、养老水平等意见不一致而发生的纠纷,应充分考虑到保障老年人权益。

(一)赡养的界定

赡养是指晚辈对长辈进行经济上的供养扶助,即提供必要的生活费用,给予物质上的

---

① 参见北京市第二中级人民法院民事判决书,(2014)二中民终字第05332号。

② 参见广东省中山市中级人民法院民事判决书,(2019)粤20民终400号。

帮助。[①]《老年人权益保障法》第14条规定,赡养人应当履行对老年人经济上供养、生活上照料和精神上慰藉的义务,照顾老年人的特殊需要。赡养人是指老年人的子女以及其他依法负有赡养义务的人。赡养人的配偶应当协助赡养人履行赡养义务。老年人对家庭和社会都作出了贡献,在其年老时,理应得到社会和家庭的尊重和照顾,有从国家和社会获得物质帮助的权利。但是,由于我国目前的社会保障制度、社会福利事业发展得不够完善,还不能满足老年人的需要,家庭养老职能仍然发挥着重要作用。赡养老人主要是靠家庭成员,父母抚养子女长大,在父母年老体弱的时候,子女理应赡养扶助父母,使他们能够安享晚年。

根据《老年人权益保障法》明确规定,赡养的具体内容主要包括以下几个方面:首先,赡养人应当履行对老年人经济上供养、生活上照料和精神上慰藉的义务,照顾老年人的特殊需要。其次,赡养人应当使患病的老年人及时得到治疗和护理。对经济困难的老年人,应当提供医疗费用。对生活不能自理的老年人,赡养人应当承担照料责任,不能亲自照料的,可以按照老年人的意愿委托他人或者养老机构等照料。再次,赡养人应当妥善安排老年人的住房,不得强迫老年人居住或者迁居条件低劣的房屋。老年人自有的或者承租的住房,子女或者其他亲属不得侵占,不得擅自改变产权关系或者租赁关系。老年人自有的住房,赡养人有维修的义务。最后,赡养人有义务耕种或者委托他人耕种老年人承包的田地,照管或者委托他人照管老年人的林木和牲畜等,收益归老年人所有。[②]

(二)赡养关系的概念与特征

赡养关系是指晚辈亲对长辈亲进行经济供养扶助的权利义务关系。赡养关系的存在,是处理赡养纠纷的基础。赡养关系具有以下特征:

1. 专属性。特定身份关系的存在,是产生赡养关系的基础。《民法典》第26条第2款规定:"成年子女对父母负有赡养、扶助和保护的义务。"第1074条第2款规定:"有负担能力的孙子女、外孙子女对于子女已经死亡或者子女无力赡养的祖父母、外祖父母,有赡养的义务。"按照《民法典》的规定,明确了赡养义务人和赡养权利人的范围。一般情况下,赡养人是老年人的成年子女及其他负有赡养义务且具有赡养能力的人。[③] 被赡养人是缺乏劳动能力或生活困难的父母,或者是子女死亡或虽子女健在但确实无力赡养的祖父母、外祖父母等老年人。只有具备这些身份关系的特定人之间,才会产生赡养关系。当特定的身份关系消灭时,赡养关系才会随之消灭。专属性的最大特性在于权利属于特定身份的人所享有,具有不可转让性。正如史尚宽先生所说:"扶养请求权作为一种专属权利,可以

---

① 参见陈苇:《婚姻家庭继承法学》,群众出版社2017年版,第130页。

② 参见《老年人权益保障法》第14~17条。

③ 参见巫昌祯、夏吟兰主编:《婚姻家庭法学》,中国政法大学出版社2007年版,第126页。

分为行使上的专属权与享有上的专属权。前者是指只能由权利人享有,不可与权利人分离,不得转移(让与、继承)的权利;后者是指只能由权利人决定是否行使,他人不得代理或者代为行使的专属权。"[①]具有赡养关系的当事人因为身份关系的存在,而享受权利或者承担义务,这些权利义务属于具有特定身份的人所享有,是不可转让的。

2. 法定性。我国《宪法》《民法典》《老年人权益保障法》等法律均对赡养有相关的规定,对赡养关系的主体、赡养人与被赡养人之间的权利义务及赡养人不履行法定赡养义务的法律后果等,都作出了明确规定。赡养人与被赡养人之间发生赡养关系,是由法律规定而产生的,具有强制性,不以赡养人与被赡养人的意志为转移,赡养人必须履行其法定义务。老年人接受赡养、扶养的法律正当性既不基于身份尊卑之别,也不基于扶养与赡养关系的对等性。[②] 老年人之所以获得法律赋权,一方面是因其身心不可逆转地趋于脆弱,另一方面是老年人为国家的发展付出了辛勤劳动,贡献了毕生精力,为社会创造了财富。在家庭中为培养后代和家庭建设操劳一生,履行了应尽的法律义务。因此,当他们年老丧失劳动能力时,应当受到社会的尊重和关怀,得到后代的尊敬和生活上的赡养扶助,使他们幸福、愉快地安度晚年。《老年人权益保障法》第 18 条第 1 款、第 2 款特别规定:"家庭成员应当关心老年人的精神需求,不得忽视、冷落老年人。与老年人分开居住的家庭成员,应当经常看望或者问候老年人。"法律规定赡养人不得以放弃继承权、父母的婚姻关系变化或者其他理由,拒绝履行赡养义务。

(三)子女对父母的赡养扶助不得附加条件

在赡养关系中,赡养人是被赡养人的晚辈直系亲属。"由家庭赡养人对被赡养人进行赡养是一种天然的选择,从社会分工的角度来说,也是赡养人无法回避的社会义务。"[③]《老年人权益保障法》明确规定,赡养人是指被赡养人的子女以及其他依法负有赡养义务的人。明确了赡养人应当履行对老年人经济上供养、生活上照料和精神上慰藉的义务。根据法律规定,虽然经济上的供养是有条件的,但赡养人对被赡养人生活上的照料和精神上的慰藉是不可免除的。赡养人履行经济供养的条件,一是父母是属于缺乏劳动能力或者生活困难的,二是子女必须为有赡养能力的成年人。只要是符合法律规定的赡养义务人,就应当依法履行义务。赡养人的赡养扶助义务是无期限的,并且不得附加条件。[④] 赡养人不得以放弃继承为由,拒绝履行赡养义务,也不得以老人不愿意在几个子女家轮流居住,愿意选择独居或者去养老院为由而拒绝履行赡养义务。例如,有赡养人表示,如果被

---

① 史尚宽:《亲属法论》,中国政法大学出版社 2000 年版,第 752 页。

② 参见覃李慧:《论老龄化背景下家庭养老的法制保障及完善路径》,载《华中科技大学学报(社会科学版)》2021 年第 2 期。

③ 丁竞:《家庭赡养法律关系主体角色的重塑》,载《学术交流》2020 年第 10 期。

④ 参见王丽萍主编:《婚姻家庭继承法学》,北京大学出版社 2004 年版,第 179 页。

赡养人与自己共同居住，就承担赡养义务，如果要去养老院，就不承担相关费用。这种行为是对老年人的不尊重，也违反法律规定。经济供养义务的确定，是以对当事人双方的经济状况、当地的生活水平、被赡养人的身体状况等情况进行综合考量为前提的，而不是简单地取决于老年人选择用什么样的方式养老就以其意愿为之。一旦确定赡养人的经济供养义务，其就必须严格履行。

（四）赡养方式的决定要尊重被赡养人的意愿

赡养方式可以多种多样，既可以是赡养人与被赡养人共同居住生活，赡养人直接履行赡养义务，也可以采取由赡养人提供生活费用的方式承担经济责任。《老年人权益保障法》第13条规定："……家庭成员应当尊重、关心和照料老年人。"老年人对自己的养老方式有决定权，既可以选择自己单独居家养老，也可以选择与某一个子女共同居住生活养老，或者选择决定轮流到各子女家中共同生活养老。赡养人要尊重被赡养人的选择。现实中，有子女会认为父母选择与自己共同生活的养老模式，在经济上相对节约些，因此，反对老人去养老院居住养老。如上述案例中的赡养人之一就表示："母亲如果回家，我作为儿子愿意养她，不要其他子女负担相关费用，但我不愿意出钱送她进养老院。"因这一要求违背被赡养人的意愿，所以没有得到法院支持。只要被赡养人选择入住的养老机构需要缴纳的费用与老年人的经济状况、赡养人的赡养能力相适应，就应当予以尊重。

三、本判例的规范逻辑

成年子女对父母负有赡养、扶助和保护的法定义务。如果成年子女不履行赡养义务的，缺乏劳动能力或者生活困难的父母，有要求成年子女给付赡养费的权利。赡养就是指成年子女在经济上供养父母，为父母的生活需要提供金钱和物质。确定赡养费的数额，要根据赡养人和被赡养人双方的经济状况、被赡养人的身体状况、当地生活水平等方面的情况综合进行裁定，不能只根据老人的请求，不考虑子女的实际情况，也不能只考虑子女的状况，忽视老年人的要求进行判决。而且赡养方式的决定，应尊重老年人的意愿。

四、本判例的意义

此案的裁判明确了老年人有选择决定赡养方式的权利。2021年公布的第七次全国人口普查结果显示，60岁及以上人口占18.70%，其中65岁及以上人口已占13.50%。[①] 养老将是涉及全国近1/5人口的大问题。

（一）赡养方式的决定应当尊重老人意愿

赡养方式的决定尊重老年人的意愿，是家庭成员应当尊重、关心和照料老年人的具体

---

① 参见国家统计局、国务院第七次全国人口普查领导小组办公室：《第七次全国人口普查公报（第五号）——人口年龄构成情况》，载国家统计局网，www.stats.gov.cn/tjsj/tjgb/rkpcgb/qgrkpcgb/202106/t20210628_1818824.html。

体现。随着养老服务业的发展壮大,许多地方都建有养老院,且养老服务越来越完善,不少老年人选择去养老机构养老,而不愿意选择在儿女家或者自行在家养老,老年人享有自主决定的权利。子女要多从尊老敬老的角度考虑,给予老人经济上的供养、生活上的照料和精神上的慰藉。本案中,法院判决吴某英每月实际支付给养老机构的费用应由任某1、任某2、任某3、任某4共同负担,每人平均承担该费用的1/4。

(二)决定赡养费数额要考量养老机构的收费状况等因素

判决明确赡养费的计算标准,应当结合当地经济水平、被赡养人的实际需求、赡养人的经济能力、被赡养人的身体状况等进行综合确定。在本案中,吴某英已经80多岁,每月有收入168元,其坚持要求入住养老院,不愿随儿女生活,要求入住养老院的花费每月约1000元,仅为当地普通标准,诉讼请求尚属合理。四个子女虽各有一定的生活困难,但每月250元的赡养费仍可负担,四人共同分担吴某英入住养老院的有限开支并不足以影响其正常生活。作为子女,要多从尊老敬老角度考虑,对老人的意愿予以理解与尊重,并在经济上给予支持。

(三)养子女和亲生子女都负有赡养义务

《民法典》第1111条明确规定:"自收养关系成立之日起,养父母与养子女间的权利义务关系,适用本法关于父母子女关系的规定;养子女与养父母的近亲属间的权利义务关系,适用本法关于子女与父母的近亲属关系的规定。养子女与生父母以及其他近亲属间的权利义务关系,因收养关系的成立而消除。"这就意味着,在收养关系成立后,养父母子女之间的权利义务与自然血亲的父母子女相同。无论是亲生子女还是养子女,都有赡养的义务。本案中的任某4是吴某英与丈夫任某结婚后收养的子女,任某1、任某2、任某3是吴某英和丈夫在婚后所生。法院认为,养子女和亲生子女一样,都要承担赡养义务,因而判决四人共同承担母亲住养老院的费用,每人每月250元;并且,在判决书中还明确指出,如果吴某英不入住养老机构,则由四人每人每月给其生活费250元,至吴某英百年之日止;吴某英的医疗费用,扣减报销部分后,也由四人各承担1/4;吴某英百年后的丧葬费用,由四人各承担1/4。该判决体现了养子女与亲生子女对父母的赡养义务是平等的。

五、后续判例和规范的发展

在2020年9月11日作出的李某2、李某3、李某4与李某赡养纠纷二审民事判决书①中,河北省沧州市中级人民法院认定:第一,子女对父母有赡养扶助的义务。在父母育有多名子女的情况下,各子女均对父母负有赡养义务,各子女依法分担父母的赡养费用,但相互之间并不承担连带责任,不属于必要的共同诉讼。在仅有部分子女拒绝承担赡养义务的情况下,被赡养人向人民法院起诉该部分子女履行赡养义务,符合法律规定。被上诉

① 参见河北省沧州市中级人民法院民事判决书,(2020)冀09民终4183号。

人共生育4名子女，李某在起诉时，仅将其中3名子女列为被告，一审法院查明事实后判决3名被告各负担被上诉人全部生活费用的1/4，未损害3名被告的合法利益。上诉人主张一审法院未依职权追加长子李1参加诉讼，程序违法，没有法律依据，本院不予支持。第二，法院对老年人赡养方式的判决，应当充分尊重老年人本人的意愿。本案中，被上诉人明确表示不同意3名被告提出的轮流赡养的赡养方式，并自愿选择在养老院生活，由子女负担相关费用，既不违反法律规定也符合情理，本院应予支持。第三，3名被告主张的家境贫寒等，均不是其拒绝履行赡养义务的正当理由，由3名被告按比例分担被上诉人的医疗费及新农合医保费，并按月分担被上诉人入住老年公寓的费用，符合法律规定，本院予以维持。

在李某与陈某1、陈某2的赡养纠纷案二审①中，李某要求其子女支付其居住社会养老院的费用。河北省邯郸市中级人民法院认为：关于二被上诉人是否应当支付上诉人居住社会养老院的费用的问题，在原审法院审理的(2018)冀0432民初346号民事判决书中，已确认上诉人在二被上诉人家中轮流居住，二被上诉人亦不反对上诉人李某在其家中轮流居住，而且上诉人主张的该费用并未实际发生，故上诉人李某要求支持其在养老院居住费用的请求，本院不予支持。

在蒋某1、蒋某2、蒋某3、蒋某4与刘某的赡养纠纷案②中，贵州省黔南布依族苗族自治州中级人民法院认为：上诉人主张由赡养义务人每家轮流对被上诉人刘某赡养两个月，原审被告蒋某6依从于被上诉人刘某的意见，被上诉人刘某不同意上诉人主张的赡养方式，并坚持要求在福泉居住生活，由子女每人每月给付其赡养费810.58元，共计4864元。法院认为，基于被上诉人刘某年事已高，且其对现居住生活在福泉其子女蒋某6家表示满意的情况下，从有利于保障其身体健康和现居住生活环境相对稳定，使其免受往返于各子女家居住生活的折腾劳累，让被上诉人刘某安享晚年等角度出发，对上诉人主张由赡养义务人每家轮流赡养的意见，不予采纳，即一审认定由原审被告蒋某6负责被上诉人刘某的生活，且其提供在自家楼下的另一套住房给被上诉人刘某居住的赡养方式并无不当，应予确认。

在天津第三中级人民法院审理的史某1、史某2与被上诉人郭某、史某5、史某3、史某4赡养纠纷一案③中，郭某共育有子女五人，长女史某3、次女史某1、三女史某2、长子史某5、次子史某4。现因赡养问题，郭某起诉至法院。庭审中，5个子女均同意以后以轮流照顾的方式赡养郭某。郭某年事已高，身体多病，其丈夫已于2016年去世，若独自一人生

① 参见河北省邯郸市中级人民法院民事判决书，(2021)冀04民终2028号。

② 参见贵州省黔南布依族苗族自治州中级人民法院民事判决书，(2021)黔27民终902号。

③ 参见天津市第三中级人民法院民事判决书，(2021)津03民终2155号。

活，从衣、食、住、行等日常生活到精神及情感上，都不能满足其基本需求，其需要有家人及子女的陪伴、关心。作为子女，史某3、史某1、史某2、史某5、史某4应当尽自己所能的履行赡养义务，赡养方式也并非固定不变，应该根据老人的意愿、实际需求进行调整，使郭某在经济上得到供养、在生活上得到照料、在精神上得到慰藉，让郭某在有生之年感受到家人的关爱及家庭的温暖。郭某起诉要求五子女轮流照顾赡养，符合法律规定，予以支持。依照《民法典》第26条第2款规定，判决5个子女自本判决生效之日起依次轮流赡养郭某，每人每次赡养一个月。二审维持原判。

在赖某2、赖某1、赖某平与被上诉人蔡某、原审被告赖某5、赖某3、赖某4、赖某6赡养纠纷一案[①]中，蔡某因中风无人照顾，于2020年4月27日被送至龙南馨康医养结合服务中心生活，每月需支付住宿费、伙食费、护理费共计3700元。依据原告蔡某对各被告尽到的抚养教育义务的不同程度，一审法院认定由被告赖某平、赖某1、赖某2、赖某5、赖某6每人每月各承担300元赡养费，由被告赖某3、赖某4每人每月各承担1100元赡养费。二审法院维持原判。

总之，家庭是由一定范围亲属组成的亲属团体，承担着养老育幼的重要职能。《民法典》第1043条第1款明确规定："家庭应当树立优良家风，弘扬家庭美德，重视家庭文明建设。"以家庭为典范的给予与接受之网构成人生的基本之善，是人类生活繁荣兴旺的一个基本条件。[②] 因此，法律对家庭养老功能的维护体现了对"善"之理念的坚守。[③] 当代中国法律在捍卫家庭责任的同时，需要面向老龄化社会，不断完善法律制度，更好地保护老年人的权益。

---

① 参见江西省赣州市中级人民法院民事判决书，(2021)赣07民终177号。

② 参见王珏：《老龄化背景下的代际公平问题——从儒家伦理的视角看》，载《现代哲学》2019年第3期。

③ 参见覃李慧：《论老龄化背景下家庭养老的法制保障及完善路径》，载《华中科技大学学报(社会科学版)》2021年第2期。

043. 成年子女探望老年父母的实务问题探讨*

上诉人许某燕与被上诉人许某杰等人婚姻家庭纠纷案‖福建省厦门市中级人民法院民事判决书，(2019)闽02民终3228号①

事实概要

许某燕与许某杰、许某彪、许某红系兄弟姐妹关系，其父亲为许某水，母亲已去世。2018年5月20日，双方因许某燕欲看望许某水发生纠纷。诉讼过程中，许某杰、许某彪、许某红共同提交一份许某水的手写材料，许某水在该材料中表示其现在的生活由许某彪、许某红、许某杰以及聘请的一个保姆共同照料，“吃穿住行游都很好，日子过得安静、平和、幸福，不希望被打扰”，同时表示请许某燕放心，不必到家里看望。

此外，法院亦对许某水进行调查询问，其表示现在生活条件及身体状况都很好，希望许某燕不用担心，也不必到家里探望；许某水另确认上述手写材料系其本人意思，亦是其本人所写。

判决要旨

一审法院认为，《婚姻法》第21条规定：“父母对子女有抚养教育的义务；子女对父母有赡养扶助的义务……子女不履行赡养义务时，无劳动能力的或生活困难的父母，有要求子女付给赡养费的权利。”《老年人权益保障法》第14条第1款规定：“赡养人应当履行对老年人经济上供养、生活上照料和精神上慰藉的义务，照顾老年人的特殊需要。”作为成年子女，在经济上应为父母提供必要的生活用品和费用，在生活上、精神上、感情上对父母应尊敬、关心和照顾。对于子女而言，赡养扶助父母是法定义务，并非法定权利。对于父母而言，要求子女赡养扶助自己是法定权利。同理，父母也有拒绝子女赡养扶助的权利。本案中，双方之父许某水在诉讼过程中以及法院对其的调查询问中，均明确表示不需要许某燕探望。因此，许某燕无法看望父亲许某水系其父的意思表示，并非许某杰、许某彪、许某

---

* 陈丽英，福建省厦门市中级人民法院审监庭副庭长、四级高级法官。

① 该民事判决书已生效。

红故意设阻妨碍,许某燕亦无证据证明其与许某水之间的通信往来被许某杰、许某彪、许某红所阻断,故对许某燕的诉讼请求,依法不予支持。一审法院依照《婚姻法》第 21 条、《老年人权益保障法》第 14 条、2017 年《民事诉讼法》第 64 条第 1 款规定,判决:驳回许某燕的诉讼请求。

许某燕不服,提出上诉。二审经审理,驳回上诉,维持原判。

| 判例评析 |

一、既往相关判例与观点

案例 1:刘某甲与刘某乙赡养纠纷。[①] 原告刘某甲起诉请求判决:(1)儿子刘某乙每月回家一次,每次不少于 6 小时;(2)刘某甲每月去刘某乙住处一天,每次不少于 6 小时。湖北省武汉市中级人民法院审判的主要理由与观点:刘某乙作为刘某甲的唯一婚生子,是对刘某甲承担法定赡养义务的赡养人。刘某甲已年满 80 周岁,虽有稳定而充足的收入,生活亦能够自理,但其妻熊某某、儿子刘某乙离家近十年,双方缺少感情交流。儿子刘某乙对刘某甲负有生活上照料和精神上慰藉的义务,应满足刘某甲得到家人关心和照顾的需求。刘某甲诉请"判令刘某乙每月回家一次,每次不少于 6 小时"的主张,是父母享有的被子女探望的权利,其要求刘某乙回家探望的诉讼请求,于法有据,应予支持。对刘某甲提出"每月去刘某乙住处一天,每次不少于 6 小时",要求每月去刘某乙住处团聚一次的诉讼请求,在刘某甲与熊某某、刘某乙双方关系没有得到根本改善,刘某甲自身年龄大且多病的客观情况下,为避免出现新的矛盾,对该项诉讼请求不予支持。

案例 2:周某某与肖某 1、肖某 2、肖某 3 赡养费纠纷。[②] 原告周某某起诉请求判决:(1)被告每人每月支付原告赡养费 300 元、医疗费 200 元;(2)被告每月定期探望原告。四川省筠连县人民法院判决支持周某某的第(1)项诉讼请求但未支持第(2)项诉讼请求,审判的主要理由与观点:赡养老人是中华民族的传统美德,也是法律规定的义务。父母对子女有抚养教育的义务,子女对父母有赡养扶助的义务。父母不履行抚养义务时,未成年的或不能独立生活的子女,有要求父母付给抚养费的权利。子女不履行赡养义务时,无劳动能力或生活困难的父母,有要求子女付给赡养费的权利。赡养人不得以分家析产、继承财产、耕种土地、帮助做家务等理由拒绝承担赡养责任。只有成年子女丧失劳动能力、父母对子女存在严重犯罪或父母未抚养未成年子女,子女才不承担赡养父母责任。原告抚育了被告肖某 1、肖某 2、肖某 3,被告肖某 1、肖某 2、肖某 3 应承担赡养原告的义务。结合本地经济发展、消费水平和原告年龄等客观情况,法院酌定支持原告每月赡养费(含日常小

---

① 参见湖北省武汉市中级人民法院民事判决书,(2016)鄂 01 民终 105 号。

② 参见四川省筠连县人民法院民事判决书,(2019)川 1527 民初 663 号。

病医疗)1200 元。被告肖某 1、肖某 2、肖某 3 每人每月支付原告赡养费 400 元。《老年人权益保障法》第 14 条规定了赡养人应当履行对老年人在精神上慰藉的义务,但未规定成年子女探望年老父母的固定时间,故对原告提出被告肖某 1、肖某 2、肖某 3 每月探望原告的诉讼请求,不予支持。

案例 3:刘某 1、刘某 2 等与刘某 3 等探望权纠纷。① 原告起诉请求判决:三被告认真履行 2017 年 11 月 1 日所共同签订的赡养协议第 5 条约定,准许并安排好原告探望母亲路某某的地点。河南省开封市龙亭区人民法院支持了原告的诉讼请求,审判的主要理由与观点:原、被告双方所签订的关于赡养母亲路某某的协议是双方的真实意思表示,协议内容不违反法律规定,系有效协议,双方均应按照协议内容履行。原告要求探望母亲,既是履行协议内容,也是对母亲尽孝的一种表现,依法应当予以支持。为维护老年人的合法权益,原、被告作为路某某的子女,都有照料、探望母亲路某某的义务。不管路某某跟随谁生活,其他子女均有探望路某某的权利和义务,同路某某一起生活的子女有协助其他子女探望路某某的义务。综上所述,判决原告刘某 1、刘某 2 有探望母亲路某某的权利和义务,被告刘某 3、刘某 4、刘某 5 有协助原告刘某 1、刘某 2 探望母亲路某某的义务。

案例 4:朱某 1 等四人诉冯某某探望权纠纷。② 原告要求法院确认原告对父亲朱某某的探望权,并判令被告(朱某某养子)不得以任何形式阻止原告行使探望权。经询问案外人朱某某本人,其表示被告对其日常照顾得很好,自己生前并不愿意其亲生子女来探望。天津市河东区人民法院审判的主要理由与观点:探望权系因身份权而产生,并基于血缘及亲属关系而存在,是法律赋予公民的基本权利之一,无须通过诉讼予以确认。本案双方当事人讼争的探望权又是基于赡养而存在的,故探望权对于探望人而言,既是权利又是义务。子女探望父母是法定义务,该项法定义务本身系为了保护老年人的合法权益,故该项义务是否应履行首先要取决于被探望人是否同意接受子女探望的意思表示,否则便违背了立法的初衷。四原告起诉主张是被告阻碍其实现这一权利,故四原告对此负有举证责任。然而原告提供的现有证据,不足以推翻被告所提供的反证。综上所述,四原告要求探望父亲朱某某于法于理无可非议,任何人不得干预,虽被告当庭表示并不阻碍原告探望,但亦不可因案外人朱某某表示拒绝子女探望,而免除四原告的法定义务。故判决四原告在征得其父朱某某本人同意后可以前去探望,但不得违背朱某某的意志。

上述四个判例均是涉及成年子女探望老年父母的案件,呈现出在司法实践中成年子女探望老年父母问题的各种情形。案例 1、案例 2 是前文所述的第一种类型,对于该类型

---

① 参见河南省开封市龙亭区人民法院民事判决书,(2018)豫 0202 民初 1310 号。

② 最高人民法院中国应用法学研究所编:《人民法院案例选》(2003 年第 1 辑,总第 43 辑),人民法院出版社 2003 年版,第 273 页。

纠纷,法院较多判决支持老年人有关子女定期探望的诉讼请求,较少出现案例 2 不予支持的情形。案例 3、案例 4 与本文判例案情相似,案例 3 中并未出现老年人拒绝子女进行探望的情形,该案判决子女一方予以配合另一方探望母亲,也有案例认为子女不能以探望权纠纷提起诉讼要求其他子女配合探望父母,而应提起侵权之诉①。案例 4 指出成年子女探望父母应征得父母同意,与本文判例观点一致,但处理方式有所不同。

二、在学理框架内对相关问题的点评

(一)成年子女探望老年父母是子女的权利还是义务

探望权是基于亲权的一种派生权利,是父母子女间因身份关系而产生的一种民事权利,包括联系、会面、交流、短暂共同生活等权利内容。只要父母子女之间的身份关系存在,探望权就是父母或子女的法定权利,非有法定事由不得予以限制或剥夺。探望权通常指离婚后不与未成年子女共同生活一方对未成年子女的探望权利,《民法典》以及最高人民法院《民法典婚姻家庭编解释(一)》中对此也有较详细的规定。可见,探望权是从父母对子女的照顾权中派生出来变成一项相对独立的权利,不是义务。而我国《老年人权益保障法》所规定的子女应当经常看望父母,也即成年子女对父母的探望,在行为内容、性质上与上述"对未成年子女的探望权"类似,但实际属于赡养权的有机组成部分,是子女赡养义务的一部分,立法目的也不是赋予成年子女享有探望父母的权利。因此,成年子女对父母的探望与前述对未成年子女的探望权有明显的区别。本文倾向认为,虽然探望权的精神利益不完全归于探望人,它是由探望人与被探望人共享的,即子女与父母同时享有,但基于我国现行的法律规定,成年子女对父母的探望对其而言主要具有义务性质。实践中,存在因成年子女探望父母受阻而起诉第三人得以支持的案例,从这一角度观之,似乎对子女而言也具有权利性质的成分。但子女的相关诉求是否被支持仍然要以其是否利于赡养义务的履行作为大前提,若其探望不利于赡养义务的履行,特别是父母认为子女的探望会打扰到其生活,比如本案中的情形,父亲许某水视女儿许某燕的探望为打扰,明确表示不需要女儿许某燕的探望,那么,许某燕的诉求理应无法得到支持。

(二)成年子女要求排除妨碍探望父母纠纷的相关诉权与案由

对于成年子女要求排除妨碍探望父母的纠纷,有的观点认为,除非父母是无民事行为能力人或者限制民事行为能力人,否则成年子女无权起诉他人要求探望自己的父母,父母

---

① 参见北京市第二中级人民法院民事判决书,(2021)京 02 民终 2887 号认为:本案系张某 1、张某 2 以张某 3、张某 4 阻止其行使探望母亲陆某某的权利以探望权纠纷提起的诉讼,而探望权纠纷中的探望权是指离婚后不直接抚养子女的父亲或母亲有探视子女的权利。张某 1、张某 2 以探望权纠纷要求张某 3、张某 4 承担相应责任,缺乏依据。如张某 1、张某 2 认为张某 3、张某 4 侵害了其基于与陆某某的母女关系产生的相关权利,其可另行提起侵权之诉。

应该是这类纠纷的诉讼主体；也有观点认为，这类纠纷应作为探望权纠纷来审理，探望权纠纷的诉讼主体是有探望需求的一方和有协助义务的一方，被探望人本人不能成为探望权纠纷的诉讼主体。也就是说，探视权之诉实质上是一种排除妨碍之诉。笔者认为，成年子女探望父母是基于赡养父母行为产生，因此产生的纠纷应当属于婚姻家庭纠纷的范围，主体符合相关法律规定的，法院可以受理。如前文分析，成年子女探望父母并不构成独立的探望权，其要求排除妨碍探望父母，不是“维权”之诉，不宜定为探望权纠纷进行处理。若当事人以探望权提起此类诉讼，法院应确定正确的案由进行审理，不宜仅以案由不正确而驳回诉讼请求。

三、本判例的规范逻辑

关于成年子女探望父母的问题，我国法律并未作出具体的规定。而《民法典》规定的探望权是指父母离婚后不直接抚养子女的父或母享有探望未成年子女的权利。在我国现行法律体系中，对于成年子女探望父母的规定主要体现在子女对老年人的赡养义务方面，具体是《民法典》第1041条第3款“保护妇女、未成年人、老年人、残疾人的合法权益”；第1043条“家庭应当树立优良家风，弘扬家庭美德，重视家庭文明建设”“……家庭成员应当敬老爱幼，互相帮助，维护平等、和睦、文明的婚姻家庭关系”以及《老年人权益保障法》第14条第1款“赡养人应当履行对老年人经济上供养、生活上照料和精神上慰藉的义务，照顾老年人的特殊需要”。《老年人权益保障法》第18条还规定：“家庭成员应当关心老年人的精神需求，不得忽视、冷落老年人。与老年人分开居住的家庭成员，应当经常看望或者问候老年人。用人单位应当按照国家有关规定保障赡养人探亲休假的权利。”

根据上述规定，通常认为，《老年人权益保障法》第14条规定的“精神上慰藉的义务”包括第18条规定的成年子女对老年父母的探望义务，也即父母享有被成年子女探望的权利。自《老年人权益保障法》施行之后，最高人民法院已经明确老年人要求子女探望可以作为一项单独的诉讼请求。实务中，已存在不少判例支持老年父母要求成年子女定期探望的诉讼请求。

四、本判例的意义

随着人口老龄化情况的到来，老年人的赡养问题日趋重要。老年人对子女的赡养要求已不停留在物质性的需求上，提出精神性需求的主张也日益增多，要求子女对其进行探望的诉请较为普遍。目前实务中，涉及成年子女探望老年父母的纠纷主要有两类：一类是老年父母起诉成年子女，要求成年子女对其进行定期探望；另一类则是成年子女起诉兄弟姐妹或者其他与老年父母共同生活的家庭成员，要求保障其探望老年父母的权利。本案即属于后一类，本案纠纷的处理能够体现成年子女探望父母的一个侧面，案情虽简单，但借此我们可以对子女探望父母的实务问题进行更为深入的思考，特别是在法律法规对此没有作出具体规范的情况下，有利于实务中对成年子女探望老年父母纠纷的处理统一。

五、后续判例和规范的发展

在父母愿意或者需要被成年子女探望的前提下，法院通常应作出成年子女定期探望父母的判决。探望需要亲子双方自愿配合完成才能发挥其维系情感的意义，虽然成年子女探望老年父母的判决执行存在问题，但是，该等支持探望诉求的判决仍有其积极意义。

显而易见的，诉至法院的赡养纠纷中，父母与子女双方的亲子关系一定是受到了较为严重的破坏，双方甚至可能矛盾很深。虽然法律规定了成年子女探望父母的义务，父母的相关诉讼请求几乎很难不被支持，但是，强扭的瓜不甜，探望的目的是使老人从中获得亲情和温暖，使老人有一个幸福的晚年。通过判决来要求子女探望父母，虽然探望的频率、次数、时长容易执行，但探望的质量基本无法保证。通常子女与父母之间的矛盾没有化解，感情没有修复，经过诉讼甚至积怨更深，子女心不甘情不愿地履行判决，达不到探望的真正效果，被探望的父母无法从子女不自愿的探望中获取精神利益。若子女不履行判决，需强制执行该判决，探望质量自是可想而知。既然执行效果不好，那么判决是否就失去实际意义了呢？本文认为，判决支持父母要求子女探望的诉求，可能从个案看难以达到预期的实际效果，但从宏观看，仍然具有一定的积极意义：首先，能够让老年人感受到法律的保护，老年人的主张得以支持，心理也能得到一定安慰；其次，能够对《民法典》第 1043 条规定的婚姻家庭关系进行落实贯彻；最后，对子女的赡养义务也有一定的导向与督促作用，能够引导子女对父母付出更多的关爱，知悉敬老爱老的法律标准。

044. 老母亲起诉子女追索12年赡养费，是否应支持？*

张某与周某2等赡养费纠纷案‖北京市第二中级人民法院民事判决书，(2020)京02民终9274号

事实概要

张某、周某夫妇育有四子一女，即周某5(已故)、周某4(已故)、周某6(已故)、周某2、周某1。周某已于2008年11月30日去世。张某年迈，生活需要他人照料，除每月领取国家养老补贴外，无其他收入。现张某与周某4之妻张某1共同生活。周某2、周某1均系北京市房山区×镇×村农民，周某1为低保户，每月领取低保金。张某因赡养事宜诉至法院，要求周某2、周某1支付2008年12月至2020年2月期间的赡养费202,400元。

判决要旨

一审法院认为，子女对父母有赡养扶助的义务，子女不履行赡养义务时，无劳动能力或生活困难的父母，有要求子女给付赡养费的权利。给付赡养费系基于血缘或抚养关系产生的子女对父母的法定义务，赡养费的数额应结合子女的人数和收入水平、父母的经济来源以及父母维持日常生活所需的实际开销等情况综合确定，而非单纯考虑子女的收入水平。根据我国法律规定，赡养父母是每个子女应尽的义务。某个子女在自愿情况下支付比其他子女更多的医疗费用或者给予更多的生活照顾等是其承担赡养义务的方式，并不存在履行义务超出其应当承担份额的问题。依据本案事实，张某已年老丧失劳动能力，鉴于其现在张某1家，由张某1照顾其生活起居，张某要求周某2、周某1支付赡养费用并无不当，周某2、周某1应向张某履行2020年2月(起诉之日)之后的赡养义务。但张某起诉要求周某2、周某1支付其2008年12月至2020年2月期间的赡养费，无法律依据，故判决驳回张某的全部诉讼请求。

张某不服北京市房山区人民法院(2020)京0111民初7454号民事判决，向北京市第二中级人民法院提起上诉。张某上诉称：其一，一审法院认定周某1、周某2应向张某支付

---

* 王丽萍，山东大学法学院教授、博士生导师；王风瑞，中国社会科学院大学法学院博士研究生。

2008 年 12 月至 2020 年 2 月期间的赡养费没有法律依据错误。张某丈夫于 2008 年因病去世，此时其已丧失劳动能力，长子周某 4 与被上诉人周某 1、周某 2 将其安排到周某 4 家居住，赡养费由周某 1、周某 2、周某 4 共同负担。2015 年 12 月 1 日，周某 4 去世。此后，张某因生活不能自理一直由周某 4 之妻张某 1 照顾，但张某 1 对张某并无法定赡养义务。其二，周某 1、周某 2 作为张某之子，并未尽到赡养义务，且《民法总则》规定追索赡养费不适用诉讼时效，因此张某主张周某 1、周某 2 支付 2008 年 12 月至 2020 年 2 月期间的赡养费应属合理。故请求二审法院改判周某 2、周某 1 向张某支付 2008 年 12 月至 2020 年 2 月期间的赡养费 202,400 元。

二审法院认为，本案中，上诉人张某早已丧失劳动能力，无其他收入，无论是经济上还是生活上，均需要子女赡养及扶助。周某 4 与张某 1 在 2015 年 12 月之前承担了对张某的赡养义务，不再支持其赡养费的追索。根据《老年人权益保障法》第 14 条的规定："赡养人应当履行对老年人经济上供养、生活上照料和精神上慰藉的义务，照顾老年人的特殊需要。赡养人是指老年人的子女以及其他依法负有赡养义务的人。赡养人的配偶应当协助赡养人履行赡养义务。"张某 1 作为周某 4 的配偶，应当协助周某 4 履行赡养义务，但协助义务并非赡养义务，且上述规定只适用于夫妻关系存续期间。周某 4 于 2015 年 12 月去世后，随着婚姻关系的终止，张某 1 的协助赡养义务也自然终止。故自 2015 年 12 月起，对张某负有赡养义务的子女只有周某 2 和周某 1，张某在该阶段虽由张某 1 代为照料及赡养，但不能因此免除周某 2、周某 1 的赡养义务。关于诉讼时效，《民法总则》第 196 条规定："下列请求权不适用诉讼时效的规定：(一)请求停止侵害、排除妨碍、消除危险；(二)不动产物权和登记的动产物权的权利人请求返还财产；(三)请求支付抚养费、赡养费或者扶养费；(四)依法不适用诉讼时效的其他请求权。"[①]据此，赡养费的追索不受诉讼时效的限制，被赡养人可以就已发生的赡养费向赡养义务人进行追索。二审法院酌定周某 1、周某 2 每人向张某支付 2015 年 12 月至 2020 年 2 月的赡养费 2 万元。

判例评析

能否追索赡养费，关键在于对赡养费性质及功能的理解。赡养费以满足被赡养人的生活需要为基础，特别是在赡养义务人未支付赡养费，被赡养人仍然能够维持其基本生活开支的情况下，被赡养人没有权利要求赡养义务人支付赡养费。在学理上，判断被赡养人是否具有赡养费请求权，其适用的条件是被赡养人丧失劳动能力、没有生活来源或者生活困难。在赡养人负有赡养义务而未履行的情况下，丧失劳动能力、没有生活来源或者生活困难的被赡养人有权要求赡养义务人履行赡养义务，支付必要的赡养费用。因此，北京市第二中级

① 现为《民法典》第 196 条。

人民法院(2020)京02民终9274号判决中要求当事人补交赡养费是合法合理的。

一、既往相关判例与观点

从以往判例看,人民法院基本上均支持了父母追索赡养费的请求,判决结果较为统一。在“池某与董某甲赡养费纠纷上诉案”中,福建省福州市中级人民法院(2016)闽01民终4959号民事判决书认为,原告池某自1995年10月起,长期无养老保险和医保,无收入、生活困难;并且当时池某已逾52岁,超过法定退休年龄,故支持了池某的赡养费追索请求。[①]“黄某1、刘某2赡养费纠纷案”中,山东省泰安市中级人民法院(2020)鲁09民终3882号民事判决书认为,子女对父母履行赡养义务,应当履行对老年人经济上供养、生活上照料和精神上慰藉的义务,应当尊重老人、关心老人。子女不履行赡养义务时,无劳动能力或生活困难的父母,有要求子女给付赡养费的权利。原告刘某1 2019年时已满55周岁,其以年老体弱、无生活来源为由要求被上诉人支付赡养费,于法有据。故泰安市中级人民法院支持了刘某1自2019年起的赡养费追索请求。[②]其他案件中法院也以相似的理由支持了父母的赡养费追索请求。[③]

从法院判决理由来看,追索赡养费请求能否得到法院支持,其关键因素在于老年父母追索赡养费与其是否具有劳动能力、是否生活困难有关。若父母追索赡养费期间仍然具有劳动能力或生活尚未陷入困难境地,则其请求一般得不到支持,即不具有追索赡养费的请求权基础。例如,“黄某1、刘某2赡养费纠纷案”中,山东省泰安市中级人民法院(2020)鲁09民终3882号民事判决书认为,原告刘某1 2018年时尚未满55周岁,亦未有证据证明其无劳动能力或者生活困难,因此法院对于其2018年至2019年的赡养费追索请求,并未给予支持。[④]值得注意的是,在某些案件中,一审法院认为当事人并未就之前的赡养费用达成约定,[⑤]或者认为当事人之前并未丧失劳动能力或者生活困难,[⑥]因而驳回了当事人追索赡养费请求,但二审法院却予以改判。可见,有的法院对于追索赡养费案件,侧重于只要子女负有支付赡养费的义务并且有履行能力,就可支持当事人追索赡养费的

---

① 参见池某与董某甲赡养费纠纷上诉案,载北大法宝网,https://www.pkulaw.com/pfnl/a25051f3312b07f32e1b920d69279c8a892ca435890ea29fbdfb.html?。

② 参见黄某1、刘某2赡养费纠纷二审民事判决书,载北大法宝网,https://www.pkulaw.com/pfnl/a6bdb3332ec0adc412f55f0fea6a6000bde5360ed368a745bdfb.html?。

③ 参见新疆维吾尔自治区高级人民法院伊犁哈萨克自治州分院民事判决书,(2019)新40民终2034号;天津市第二中级人民法院民事判决书,(2017)津02民终7012号;广东省肇庆市中级人民法院民事判决书,(2017)粤12民终1904号。

④ 参见黄某1、刘某2赡养费纠纷二审民事判决书,载北大法宝网,https://www.pkulaw.com/pfnl/a6bdb3332ec0adc412f55f0fea6a6000bde5360ed368a745bdfb.html?。

⑤ 参见山东省青岛市中级人民法院民事判决书,(2015)青民五终字第470号。

⑥ 参见河北省唐山市中级人民法院民事判决书,(2018)冀02民终7936号。

请求。

二、在学理框架内对相关问题的点评

养老育幼是中华民族的传统美德，也是家庭法倡导的家庭文明的表现。在目前阶段，国家虽然在一定程度上参与了老年人的照顾，但是家庭赡养仍然具有基础性地位。赡养，是成年子女在物质上、经济上为父母提供必要的生活费用和条件。与赡养相关的是扶助，即成年子女为父母提供精神上的安慰和生活上的照料。赡养扶助的义务主体为成年子女。① 赡养基于一定的身份关系发生，是亲属间成立的私法上的法定义务。② 按照《民法典》第1067条第2款规定，成年子女不履行赡养义务的，缺乏劳动能力或者生活困难的父母，有要求成年子女给付赡养费的权利。给付赡养费是子女履行赡养义务的重要方式之一。

(一)赡养费请求权的成立条件

父母的赡养费请求权须基于特定条件产生，只有在符合法定条件的情况下，父母才可行使赡养费请求权。父母行使赡养费请求权，首先，应是其自身缺乏劳动能力或生活困难。《民法典》第1067条第2款规定："成年子女不履行赡养义务的，缺乏劳动能力或者生活困难的父母，有要求成年子女给付赡养费的权利。"子女对父母的赡养义务并不以年龄作为要件，而以"缺乏劳动能力或者生活困难"作为要件。缺乏劳动能力是指父母因年老、疾病、残疾等无法从事体力或者脑力劳动，丧失全部或者部分劳动能力，而其是否退休在所不问。生活困难是指父母无法以自己的收入或者财产维持生活。父母只需满足两项中的一项条件，即可行使赡养费请求权。其次，要求子女具有赡养能力且不履行赡养义务。只有子女不履行赡养义务时，父母才可请求子女支付赡养费。若子女已经通过各种形式履行了赡养义务，则父母不得再请求子女支付赡养费。虽然《民法典》规定赡养义务的主体是成年子女，但是"成年"的条件本质上是对子女赡养义务履行能力的要求，即子女有支付能力。如果子女因支付赡养费用而导致生活困难的，则其可以依此作为抗辩。例如，成年子女因残疾、精神疾病等不具有赡养能力，则不应使其负担赡养费支付义务。如果未成年子女已经具有独立生活能力，倘若父母因缺乏劳动能力等陷入生活困难的，也应使其负担赡养费支付义务。

子女对父母的赡养义务是法定义务，不得附加任何条件，赡养人不得以放弃继承或者其他理由，拒绝履行赡养义务。赡养的方式既可以是与父母共同生活直接履行赡养义务，也可以采用提供生活费用的方式承担经济责任。③

---

① 参见夏吟兰主编：《婚姻家庭继承法》，中国政法大学出版社2021年版，第158页。

② 参见史尚宽：《亲属法论》，中国政法大学出版社2000年版，第751～752页。

③ 参见蒋月主编：《婚姻家庭与继承法》，厦门大学出版社2014年版，第169页。

（二）赡养费请求权的性质

赡养费请求权的性质是影响赡养费能否追索的关键因素。有学者认为，赡养费请求权基于父母需要子女给付的特点，属于债权，因此可以类推适用有关债的规定。从债的种类来看，基于赡养费给付请求权所产生的债属于法定之债，因法定赡养义务而产生，子女必须履行；①从给付内容来看，赡养费请求权属于财产性给付，不会发生给付不能的情形。且赡养费请求权的全部内容构成一个统一的整体，不可分割，其不同于一般的债权债务关系，不受诉讼时效约束。② 因此，子女基于赡养义务所产生的债务属于可追索的范畴。虽然给付赡养费的目的系维持父母的生活需要，父母应于生活困难时立即主张，但是家庭关系不同于普通债权债务关系，基于父母子女间的特殊关系，父母可能碍于亲情等因素而于当时不愿主张，然而不能因为父母当时的生活困难境地已经过去就免除子女的赡养义务。因此，父母可以追索其自丧失劳动能力或者生活困难时起至起诉时止子女所应支付的赡养费。

三、本判例的裁判逻辑

在本判例中，审理法院对赡养费请求权的成立条件和性质作出了准确认定。在一审中，人民法院首先明确了赡养费请求权的产生条件。人民法院认为，赡养义务是子女基于血缘关系或者抚养关系产生的法定义务，当父母无劳动能力或者生活困难时，如果子女未履行赡养义务，则父母享有赡养费请求权，可以请求子女支付赡养费。同时，赡养费的具体数额应当根据子女的人数、子女的收入水平、父母的经济来源以及父母维持日常生活所需的实际开销等情况确定。虽然一审法院并未支持原告张某追索赡养费的请求，但是一审判决已将赡养义务的法律性质、赡养请求权的成立条件进行了准确阐释，明确了父母主张赡养费的请求权基础。

二审法院对于判决理由进行了更细致的阐述。首先，二审法院详细剖析了张某是否具备“无劳动能力或者生活困难”这个条件，认为张某“已经年满 88 周岁，早已丧失劳动能力，且行动不便，每月仅靠领取国家养老补贴 700 余元生活，无其他收入”，并因此认定张某已经无劳动能力并且生活困难。其次，二审法院对于子女赡养义务的产生时间进行了说明，认为在 2015 年 12 月之前，周某 1、周某 2 曾履行过对张某的赡养义务，依据赡养义务份额的不可分性，不再支持张某赡养费的追索请求。张某自 2015 年 12 月与张某 1 共同居住，但此时张某 1 已无赡养义务，周某 1、周某 2 负有赡养义务却未履行，因此认为张某赡养费请求权的产生时间为 2015 年 12 月。最后，二审法院对于与追索赡养费有关的诉讼时效予以了说明，即赡养费请求权不受诉讼时效的限制，张某有权追索其对于周某 1、周某

---

① 参见杨立新：《债法》，中国人民大学出版社 2014 年版，第 33 页。

② 参见史尚宽：《亲属法论》，中国政法大学出版社 2000 年版，第 752 页。

2自2015年12月至起诉时的赡养费。

四、本判例的意义

赡养父母是中华民族的传统美德，也是每个子女的法定义务。老有所养、老有所依是每个老年人的心愿。自2000年以来，我国快速进入老龄化社会，老年人权益应当日益受到社会关注。按照国际通行划分标准，当一个国家或地区65岁及以上人口占比超过7%时，意味着进入老龄化；达到14%，为深度老龄化；超过20%，则进入超老龄化社会。2021年5月11日公布的我国第七次人口普查结果显示，全国人口中，60岁及以上人口为264,018,766人，占全国总人口的18.70%，其中65岁及以上人口为190,635,280人，占全国总人口的13.50%。① 保障老年人晚年的物质需要是解决养老问题的基础，如果连老年人经济上的供养都无法实现，对其生活上的照顾、精神上的慰藉更无从谈起。

本判例对于子女不履行赡养义务时父母追索赡养费案件具有重要的指导意义。首先，本判例明确了父母赡养费请求权的成立条件，即父母缺乏劳动能力或生活困难，子女未履行赡养义务且具有赡养能力，这两项要求缺一不可。本判例即为老年人请求赡养费支付提供了具体的规则引导，同时也避免了实务中对于不符合赡养条件的父母无端索要赡养费请求的支持。其次，本判例为后续案件中子女赡养义务的确定时间提供了指导。赡养义务作为整体义务，具有不可分性，某个子女在自愿的情况下支付比其他子女更多的医疗费用或者给予更多的生活照顾等是其承担赡养义务的方式，并不存在履行义务超出其应当承担份额的问题，不得予以追索。最后，本判例就赡养费请求权是否适用诉讼时效作出了准确判断。赡养费请求权作为基于身份关系产生的请求权，不同于普通的债权请求权，不受诉讼时效的限制。在子女应当履行赡养义务而未履行时，父母可以基于赡养费请求权追索赡养费，而不仅限于要求子女支付以后的赡养费。本判例通过系统性释法说理，将父母追索赡养费的法律依据作了全面阐释。

五、后续判例和规范的发展

查阅后续判例之后，笔者发现对于赡养义务的份额确定又出现了新的发展。在"王某2、杨某赡养费纠纷案"中，山东省烟台市中级人民法院(2021)鲁06民终3188号民事判决书认为，原告杨某与被告王某2以及原告另外两子女王某3、王某4曾在2004年约定每人每年给付原告赡养费400元，但王某2自2011年起未履行赡养义务。一审法院认为，取暖费系原告必须支出的一项生活费用，原告经济困难，故2011年至2020年的取暖费由王某3、王某4为其垫付，被告王某2应负担1/3的取暖费。当事人不服提出上诉，二审法院对

① 参见中华人民共和国国家统计局:《2010年第六次全国人口普查主要数据公报(第1号)》，载国家统计局网，http://www.stats.gov.cn/tjsj/tjgb/rkpcgb/qgrkpcgb/201104/t20110428_30327.html。

一审法院的判决予以了全面肯定。[①] 由此可以看出，虽然抚养义务不具有可分性，但是子女赡养义务的履行可以有多种方式，不可因赡养义务履行方式的不同或履行具体内容的多少而对未以财物方式履行赡养义务或履行赡养义务较少的子女追索赡养费。然而，若父母与子女已经约定了具体的赡养费金额，或赡养义务中特定义务的内容可得确定，则赡养义务变为具体之债，对于未履行或者未完全履行赡养费义务的子女，父母可以追索其未履行的部分。山东省烟台市中级人民法院(2021)鲁06民终3188号民事判决书为父母赡养费在存在事先约定与不存在事先约定情况下的赡养费追索提供了不同的解决路径，为父母追索赡养费案件的处理提供了更为丰富的指导。

① 参见王某2、杨某赡养费纠纷二审民事判决书，载北大法宝网，https://www.pkulaw.com/pfnl/c05aeed05a57db0a69a673dc5b6b3eba329962a023635372bdfb.html?。

045. 父母在子女婚后购房中出资的性质*

唐某成、陈某娣与贡某萍、唐某民间借贷纠纷案‖常州市天宁区人民法院民事判决书，(2017)苏0402民初2754号；江苏省常州市中级人民法院民事判决书，(2017)苏04民终3655号；江苏省高级人民法院民事裁定书，(2019)苏民申3826号

｜事实概要｜

唐某成、陈某娣系夫妻，唐某系唐某成、陈某娣之子。唐某与贡某萍原系夫妻，于2007年12月28日结婚，于2017年4月8日经法院调解离婚。2007年唐某、贡某萍贷款购买住房一套。2011年1月17日，唐某成将23.5万元汇入唐某的银行账户中，其后，唐某使用该款归还了银行贷款。唐某于2014年10月至11月左右补充出具借条一张，载明："今借本人父母人民币23.5万元用于提前还贷，收款后由本人夫妻逐渐归还，特立此据。借款人唐某。2011年1月15日。"唐某成、陈某娣在唐某与贡某萍离婚后起诉至法院，要求唐某与贡某萍共同归还借款本金23.5万元并承担自起诉之日起至实际还清之日止按银行同期贷款利率计算的利息。

一审法院认定唐某成、陈某娣主张的借贷事实成立，判决唐某、贡某萍偿还借款。贡某萍不服一审判决，提起上诉。二审法院认定23.5万元出资应推定为赠与，驳回唐某成、陈某娣主张贡某萍承担责任的诉求。唐某成、陈某娣不服二审判决，申请再审。

｜判决要旨｜

一审法院认为，本案是民间借贷纠纷，根据法律规定，当事人应对自己主张的事实举证，若举证不能应承担不利后果。《审理民间借贷案的规定》第17条载明："原告仅依据金融机构的转账凭证提起民间借贷诉讼，被告抗辩转账系偿还双方之前借款或其他债务，被告应当对其主张提供证据证明……"现唐某成向唐某转账且该款项已用于归还房贷这一

* 邱翠，福建省南平市中级人民法院，一级法官。

事实双方没有异议,该院予以确认。现唐某成、陈某娣主张上述转账的款项是借款,已经提供了转账凭证,唐某对此予以认可,并自认借条是其补充出具。现贡某萍主张上述转账为赠与,应就此举证,且根据法律规定,赠与必须明示,即必须有明确的赠与意思表示,而贡某萍未能提供任何证据证明唐某成的上述转账为赠与,故视为举证不能。根据唐某成、陈某娣提供的证据可证明唐某曾向唐某成、陈某娣借款23.5万元且已全额交付的事实,因唐某未能还款且借款未约定还款日期,故唐某成、陈某娣可随时主张要求唐某还款。因唐某的借款发生于夫妻关系存续期间,借款用途又是用于归还房贷,可以视为用于夫妻共同生活,应共同偿还。虽然唐某与贡某萍现已离婚,但借款和使用的时间均在夫妻关系存续期间,故不能免除贡某萍的共同还款义务。关于利息部分,法律规定即使没有约定利息的,也可主张自逾期之日起至实际付清之日止按年息6%计算的利息。依照《民法通则》第90条、第108条,《审理民间借贷案的规定》第17条、第29条第1款,《婚姻法解释(二)》第24条第1款规定,判决:(1)唐某、贡某萍于判决发生法律效力之日起十日内归还唐某成、陈某娣借款本金23.5万元,并支付自2017年5月25日起至实际付清之日止按同期银行贷款利率计算的利息(以年息6%为上限);(2)驳回唐某成、陈某娣的其他诉讼请求。

常州市中级人民法院二审认为,该案二审争议焦点为:(1)唐某成、陈某娣当时出资的23.5万元系对唐某、贡某萍的借款还是赠与;(2)在唐某单方出具借条后,该款项的性质及还款的主体有无发生变化。

关于争议焦点(1)。23.5万元出资当时应推定为赠与。有下列三方面理由:第一,从法律规定来看,《婚姻法解释(二)》第22条第2款明确规定,当事人结婚后,父母为双方购置房屋出资的,该出资应当认定为对夫妻双方的赠与,但父母明确表示赠与一方的除外。本案中,唐某成、陈某娣交付款项属唐某、贡某萍夫妻关系存续期间。唐某成、陈某娣现并无证据表明在唐某、贡某萍感情出现问题前曾明确表示案涉款项的性质是借款而非赠与,或者说是对一方的赠与,故从社会常理出发,应推定该款项在实际出资时系对夫妻双方的赠与。第二,从诚信原则考量,虽然案涉借条署期为2011年1月15日,但唐某自认其是在2014年10月至11月左右出具,当时属夫妻关系恶化期间,且其在出具借条后直至离婚诉讼过程中从未向贡某萍披露过该事实,甚至在分割案涉房产时也对此保持缄默,并向法院确认双方再无其他债权债务关系。再加上子女离婚系重大事件,唐某成、陈某娣作为唐某的父母,不可能对此不知情,其完全可以要求唐某在分割房产时对其所谓的既存债务予以充分关注,并予以合理分割,而非在房产分割完毕,离婚诉讼结束后再行提起本案诉讼,此举动机令人生疑,也有悖于诚信原则。第三,从公平原则出发,唐某、贡某萍于2017年协议将案涉房产归并给唐某,由唐某分期支付37万元给贡某萍,是建立在房屋属共同共有的前提下,兼顾房屋的实际涨幅情况、双方各自父母的出资数额等众多因素,作出的相对公平合理的结果。

关于争议焦点(2)。鉴于唐某是在未征得贡某萍同意的情况下,单方向其父母出具的借条,故根据前述论证,案涉款项系赠与款。虽然唐某与其父母合意,将该款项性质变更为唐某、贡某萍夫妻双方的借款,但是在欠缺贡某萍同意的情况下,其仅对唐某产生法律效力,这与唐某在离婚诉讼过程中确认双方再无其他债务的意思表示契合,故应由唐某个人偿还。在唐某确认其对外无任何债务的情形下,即使外部债务真实存在,就夫妻双方内部关系而言,一旦贡某萍承担,其仍可以向唐某追偿,故最终的责任主体仍应为唐某个人。综上所述,一审认定案涉债务系夫妻共同债务属认定事实不清,适用法律错误,予以纠正。

二审法院判决如下:(1)撤销常州市天宁区人民法院(2017)苏0402民初2754号民事判决;(2)唐某于判决生效之日起十日内归还唐某成、陈某娣借款本金23.5万元并支付自2017年5月25日起至实际付清之日止按中国人民银行同期同档贷款利率计算的利息;(3)驳回唐某成、陈某娣的其他诉讼请求。

再审法院认为,本案主要争议在于唐某成、陈某娣所主张的债权是赠与性质还是借贷性质。首先,本案争议发生于亲属之间,又没有书面的合同可以清晰界定法律关系的性质,只能按照事实证据及法律规定进行推定。其次,根据《婚姻法解释(二)》第22条第2款规定:“当事人结婚后,父母为双方购置房屋出资的,该出资应当认定为对夫妻双方的赠与,但父母明确表示赠与一方的除外。”该规定不仅明确了父母出资是赠与夫妻一方还是赠与夫妻双方,还明确了在父母出资意思不明了的情况下,从社会常理出发,一般应当推定出资性质属于赠与。复次,唐某成、陈某娣所主张的债权发生于2011年,当时没有明确出资性质,虽然唐某承认该出资为借款,但事实上一直没有得到贡某萍的认可,2014年贡某萍不愿意补写借条实际上已经表明贡某萍对借款关系不认可。唐某在三年之后才出具借条,结合出具借条的时间发生于唐某与贡某萍夫妻关系恶化期间,对唐某认可的借款关系的真实性应当产生合理怀疑。也就是说,根据目前所查明的事实,不能认定唐某成、陈某娣出资时,各方已经将出资明确为借款关系。再次,尽管唐某成、陈某娣出资没有发生于购置房屋时,而是发生于事后帮助唐某归还购房贷款时,但是本质上与购房出资不存在明显区别,应当仍属于为子女购房出资的范畴。最后,唐某与贡某萍离婚时已经将财产分割完毕,虽然离婚与本案是各自独立的法律关系,但存在事实上的牵连。双方在分割财产时考虑父母出资购房因素不能完全排除,虽然不能作为决定性因素考量,但可以作为次要因素综合考量。综上,本案二审判决认定事实及适用法律并无不当,唐某成、陈某娣的再审申请理由不能成立。再审裁定:驳回唐某成、陈某娣的再审申请。

| 判例评析 |

一、既往相关判例与观点

父母在子女婚后购房中出资是我国社会的常态。但当子女与其配偶发生离婚纠纷时,出资父母往往以出资属借款为由向子女及其配偶主张偿还款项。诉讼中,子女一方往往附和出资父母的主张,而子女的配偶则认为是赠与,争议较大,法院对此类案件的处理多有不同。笔者认为,裁判者对法律规范的理解以及举证责任分配的差异是影响出资性质认定的最主要因素。因此,此部分主要通过对比两个典型判例以观法院在此类案件中法律规范解释以及举证责任分配上的不同取向。

在刘某塔等与李某等民间借贷纠纷案中,北京市大兴区人民法院认为,赠与合同是赠与人将自己的财产无偿给予受赠人,受赠人表示接受的合同,属于单务合同,应当谨慎认定。《民事诉讼法解释》第 109 条规定,“当事人对欺诈、胁迫、恶意串通事实的证明,以及对口头遗嘱或者赠与事实的证明,人民法院确信该待证事实存在的可能性能够排除合理怀疑的,应当认定该事实的存在”,这表明对于赠与事实的认定高于一般事实“具有高度可能性的标准”。本案刘某塔、黄某华所提交的证据以及刘某河、李某的陈述,能够证明款项交付真实存在,刘某河、李某是该款项的接收方和收益方,至于上述款项是经二人转手交付购房款还是由刘某塔、黄某华直接交付在所不论。现刘某河亦认可上述款项系借贷关系,在刘某塔、黄某华否认具有赠与意思表示的情况下,根据《审理民间借贷案的规定》第 17 条规定,证明上述款项系赠与的举证责任,首先应当由被告李某承担。现李某提交的证据不足以证明刘某塔、黄某华对其与刘某河有赠与的意思表示,结合刘某塔、黄某华二人的经济能力、对赠与意思表示的否认、刘某河对借贷关系认可等情况,认定存在赠与事实不能排除合理怀疑。本案的涉案房屋因系以李某的名义购买,不满足《婚姻法解释(三)》规定的登记在出资人子女名下的情形,不再赘述。《婚姻法解释(二)》第 22 条第 2 款“当事人结婚后,父母为双方购置房屋出资的,该出资应当认定为对夫妻双方的赠与,但父母明确表示赠与一方的除外”的规定,系基于父母有赠与意思表示的前提下,赠与对象不明确时的认定依据,并不适用于本案的情况。需要指出的是,在当前高房价背景下,部分子女经济条件有限,父母在其购房时给予资助属于常态,但不能将此视为理所当然,也绝非法律所倡导,否则严重违背法律公平正义之理念。子女成年后,父母已经尽到了抚养义务,并无继续提供供养的义务。子女买房是父母出资,除父母明确表示赠与外,应当视为以帮助为目的的临时性资金出借,子女负有偿还义务。综上,刘某河、李某作为购房款的借款人,应当返还出借人刘某塔、黄某华上述借款共计 1,372,063 元。①

在原告朱某革与被告朱某光、齐某民间借贷纠纷案中,一审法院认为,民间借贷在性质上属于自然人之间诺成性的借款合同关系,出借人必须同时举证证明双方存在借款事实及借款合意。从借款事实分析,本案虽然能够确认原告朱某革向被告朱某光转款 5 万元,但是该转款本身在性质上无法自证是借款,还是赠与,抑或其他经济往来款项。从借款合意分析,本案虽然能够查实涉案当事人在转款时均为家庭成员,转款用途为朱某光、

① 参见北京市大兴区人民法院民事判决书,(2018)京 0115 民初 15091 号。本文援引的判例均来源于中国裁判文书网,后续不再说明。

齐某共同购买位于成都市成华区双桥路的房屋,但是无法查实转账款项性质。分析《婚姻法解释(二)》第22条第2款和《婚姻法解释(三)》第7条第1款规定可知,相关司法解释实际已将父母出资性质的举证责任分配给主张借贷的父母,而不是接受赠与的子女,其缘由为借贷的双务属性相较于赠与的单务属性更容易证明,借贷的立据惯例相较于赠与的被动接受更容易留存证据。现有国情中基于双方亲缘关系决定父母出资为赠与的盖然性高于借贷,故在父母一方不能就出资为借贷提供充足证据的情形下,一般宜认定为对子女的赠与。该案中,涉案转款发生在2014年4月21日,金额相较于购房款不大仅为5万元,距离被告朱某光于2016年7月提起离婚诉讼有两年多时间,其间原告并未就此向二人主张为借款性质。与被告朱某光在提起离婚诉讼前向被告齐某父母补充出具的63万元借条明显不同,原告在无足够证据证明双方确实存在借贷合意的情况下,上述款项为赠与性质更具高度盖然性。综上,对于原告所诉本案请求,法院不予支持①。

对比上述两个判例的裁判理由可以看出两个方面的明显差异。首先,在法律解释方面,北京市大兴区人民法院将《婚姻法解释(二)》第22条第2款解释为系基于父母有赠与意思表示的前提下,赠与对象不明确时的认定依据;而成都市成华区人民法院将该条款解释为在父母一方不能就出资为借贷提供充足证据的情形下,依据该条文,推定父母出资为对夫妻双方的赠与。其次,在举证责任分配上,北京市大兴区人民法院适用《民事诉讼法解释》第109条以及《审理民间借贷案的规定》第17条,②认定款项交付事实存在,将案涉款项系赠与的证明责任分配给子女的配偶承担;而成都市成华区人民法院适用当时《民事诉讼法》第64条"谁主张,谁举证"的一般性原则,将存在借贷合意和款项交付的证明责任分配给出资父母。

二、在学理框架内对相关问题的点评

本文讨论判例的核心争议点是:《婚姻法解释(二)》第22条第2款应作何种解读才能更加符合我国婚姻家庭法中法定夫妻财产制的价值取向。最高人民法院先后颁布了三个婚姻法司法解释,其中大量条文涉及夫妻财产的归属和认定。这些条文在满足审判需求的同时,在理论界与实务界中亦引起了较大争议,前述案例对《婚姻法解释(二)》第22条第2款的不同解读即是其中之一。由于司法解释是对既有法律条款的细化与说明,我们在考量前述何种解读更加具有正当性时,应当建立在其是否符合既有法律制定时的价值取向。《婚姻法解释(二)》第22条是对2001年《婚姻法》第17条、第18条法定夫妻财产制的进一步细化。根据2001年《婚姻法》第17条、第18条规定,我国法定夫妻财产制为婚后所得共同制,即婚姻关系存续期间夫妻一方或双方所得的财产,均归夫妻双方共有,

---

① 参见成都市成华区人民法院民事判决书,(2017)川0108民初6185号。

② 2020年12月《审理民间借贷案的规定》经第二次修正,对应修正后的司法解释第16条。

但法律另有规定的除外。在理论层面,有学者认为将"命运共同体理论"作为此规定的理论依据,其要义在于把婚姻看成命运共同体,夫妻在婚姻关系存续期间休戚相关、祸福与共。将该理论反映在财产制上,即为夫妻双方婚后除了应分享彼此的劳动成果以外,至少还应分享或分担彼此经济上的幸运或不幸。[①] 也有学者将认可夫妻之间存在"协力"关系作为婚后所得共有制的法理基础。[②] 上述理论内涵不同,但本质上均肯定了通过婚姻结合形成"家庭"这个团体的利益。家庭是社会的基本细胞,是人们社会生活的基本单位,因此,家庭利益在婚姻家庭法的价值取向中居于首要地位。2001 年《婚姻法》第 4 条对婚姻家庭道德规范作倡导性规定,即体现了家庭利益是婚姻家庭法的伦理追求。[③]

回到父母对子女婚后购房的出资问题上,此类争议一般没有明确充分的证据证明父母出资时的动机,考虑到父母与子女及其配偶间的特殊身份关系以及中国传统婚嫁习俗,将《婚姻法解释(二)》第 22 条第 2 款解读为除有相反证据的情况外,应推定父母出资的性质为对夫妻双方的赠与,符合婚后所得共同制的一般性规定,亦更加契合家庭利益本位的价值取向。具体而言,这种解读符合子女的配偶在接受出资时认知,而且基于子女的配偶系受益一方,赠与之举将转化为对其的正向激励,鼓励其为家庭事务作出更多贡献,进而实现家庭经济利益、情感利益的最大化。对该条款另一种解读是,该条款是基于出资父母有赠与意思表示的前提下,赠与对象不明确时的认定依据。据此解释,配偶一方需先证明父母出资是赠与意思,但该种解读不仅不符合人们日常生活经验,而且容易导致配偶一方背负个人利益在婚姻危机到来时受损的隐忧,在婚姻危机未显露时就出现追求个人利益最大化的行为,不利于家庭的和睦。

有观点认为,如果父母将自己多年积累的积蓄拿给子女买房,但是,子女购房后对父母不孝,在已经推定为赠与且无法撤销的情况下,父母可能会陷入真正的"人财两空"绝境。[④] 按此逻辑,在作另一种解读的情境下,在离婚时配偶一方是否也是陷入了"情财两空"的境地。因此,在此类型案件中,简单地从结果意义上的个体经济利益增减出发,去考量出资是认定赠与还是借款更符合情理,容易导致裁判结果的不确定性,有损司法的统一性和权威性。

三、本判例的裁判逻辑

从讨论判例的一审、二审法院的裁判理由可以看出,两个法院由于选择具体规范的不

---

① 参见贺剑:《夫妻个人财产的婚后增值归属——兼论我国婚后所得共同制的精神》,载《法学家》2015 年第 4 期。

② 参见薛宁兰、许莉:《我国夫妻财产制立法若干问题探讨》,载《法学论坛》2011 年第 2 期。

③ 《民法典》第 1043 条保留和吸收了《婚姻法》的该条款内容。

④ 参见王丽:《婚后父母为子女出资购房的夫妻财产性质认定——兼评〈婚姻法司法解释二〉第二十二条与〈婚姻法司法解释三〉第七条之适用》,载《中国律师》2019 年第 3 期。

同,导致了举证责任分配差异,进而影响了对是赠与还是借贷意思的识别与判断。一审法院选择了《审理民间借贷案的规定》第 17 条规定,以转账凭证推定借贷事实可能存在,此时举证责任转移至配偶一方,由其举证证明赠与意思的存在;配偶一方举证不能,承担败诉后果。而二审法院选择了《婚姻法解释(二)》第 22 条第 2 款,先推定该款项系赠与,将举证责任分配给主张借贷性质的父母;出资父母举证不能,承担败诉后果。实际上,前述两条司法解释从内容上看分别与借款合同、赠与合同的实体规范要求不尽相同,都是在缺乏合同意思要件的基础上作出的一种法律推定。那么,是否意味着出资父母或配偶能利用对各自有利的条款,将举证不能的不利后果推向对方,这是本文讨论案例的第二个争议点。

笔者认为,一审法院在适用《审理民间借贷案的规定》第 17 条时出现了逻辑错误。根据该第 17 条规定,被告对其抗辩事实举证只需达成合理可能的标准,而非要求达到高度盖然性的程度。[①] 本判例中,父母关于证明借贷合意的证据借条是存在缺陷的,依据《审理民间借贷案的规定》第 17 条的规定出资父母仅完成了初步证明的责任。但是,一审法院随后给配偶一方就抗辩事实(赠与事实)设置了更为严苛的证明标准,违背了前述条款的文义本身,实质上降低了出资父母应达成的证明责任的门槛要求,有违《民事诉讼法》“谁主张,谁举证”的基本原理。而二审法院适用了《婚姻法解释(二)》第 22 条规定,将出资推定为赠与,此时出资父母就借贷承担举证责任。虽然出资父母举有借条和转账凭证,但二审法院通过分析借条实际出具时间、离婚诉讼的诉辩情况、离婚时财产分割情况综合认定父母未完成“高度盖然性”的证明标准要求。因此,笔者认为,裁判者在具体适用法律时出现了逻辑错误才导致一审、二审判决结果大相径庭,而非司法解释之间出现了不可调和的冲突。

四、本判例的意义

社会生活千差万别,父母在子女婚后购房中出资的意思表示并不拘泥于借贷或赠与,应当注意避免依据《婚姻法解释(二)》第 22 条或是《审理民间借贷案的规定》第 17 条走向当然认定是赠与关系或者是借贷关系的极端。在相关证据的认定和采信上,注意适用《民事诉讼法解释》第 105 条的规定,运用逻辑推理和日常生活经验法则,对证据有无证明力和证明力大小进行判断,从而准确认定法律关系的性质。[②] 本判例的意义在于,在处理该类问题时,对司法解释的解读以及证据的认定和采信,提供了一个具有参考意义的

---

① 参见陈群峰、张衡:《论民间借贷案件中借贷合意的事实审查与举证责任——以〈民间借贷司法解释〉第 17 条的适用为视角》,载《法律适用》2020 年第 22 期。

② 参见刘敏等:《〈关于适用民法典婚姻家庭编解释(一)〉若干重点问题的理解与适用》,载《人民司法》2021 年第 13 期。

范式。

《民法典》施行后,《婚姻法解释(二)》废止,该规定整合体现在《民法典婚姻家庭编解释(一)》第 29 条第 2 款中,即"当事人结婚后,父母为双方购置房屋出资的,依照约定处理;没有约定或者约定不明确的,按照民法典第一千零六十二条第一款第四项规定的原则处理"。《民法典》第 1062 条第 1 款第 4 项规定:"夫妻在婚姻关系存续期间所得的下列财产,为夫妻的共同财产,归夫妻共同所有:……(四)继承或者受赠的财产,但是本法第一千零六十三条第三项规定的除外……"据此,对于父母在子女婚后购房出资的性质,应有约定的从约定,没有约定或约定不明的,应直接转引《民法典》第 1062 条第 1 款第 4 项进行处理。我们可以看出最高人民法院试图通过司法解释引导家庭成员在出资时对款项性质进行坦诚交流,以期减少纠纷。

五、后续判例和规范的发展

《民法典》施行后,从司法实践现状看,可能系受诸如刘某塔等与李某等民间借贷纠纷案(经北京高院再审维持一审、二审判决)、余某等与黄某等民间借贷纠纷案(经四川高院再审维持一审、二审判决)等判例的影响,仍有少数判例延续了既往案件判决中的分析意见,认为前述条款单纯是解决父母出资是对子女一方的赠与还是对夫妻双方的赠与问题。例如,张某专与张某、周某斐民间借贷纠纷案,山东省济南市章丘区人民法院民事判决书,(2020)鲁 0181 民初 7517 号;许某升与张某华、许某江民间借贷纠纷案,河南省信阳市浉河区人民法院民事判决书,(2021)豫 1502 民初 210 号。但是,多数法院在认定出资性质时,严格遵守了《民法典婚姻家庭编解释(一)》第 29 条第 2 款规定,在缺乏证据证明对出资性质存在明确约定的情况下,推定出资性质为赠与。例如,付某与魏某某离婚纠纷案,上海市闵行区人民法院民事判决书,(2020)沪 0112 民初 28451 号;上诉人吴某 1 与被上诉人吴某 2 离婚后财产纠纷案,贵州省贵阳市中级人民法院民事判决书,(2021)黔 01 民终 1507 号;上诉人马某因与被上诉人梁某、焦某谦债权人撤销权纠纷案,河南省新乡市中级人民法院民事判决书,(2021)豫 07 民终 792 号。同时,我们在后续部分判例中也看到了法院基于父母出资数额等因素综合考量分割财产比例,以期追求实质公平。而这种裁判思路也为《民法典婚姻家庭编解释(二)》所吸收。该司法解释第 8 条对于父母在子女婚后购房中出资没有约定或约定不明确的情况,规定了以出资来源及比例为基础,综合考虑离婚过错、家庭贡献等因素,确定离婚时房屋归属以及对另一方的补偿数额。显然最高人民法院注意到此类纠纷频发、各地处理标准不一的现状,再次通过明确具体的规定,为审判实践提供了更完善的裁判依据,力求定分止争。对于离婚纠纷当事人而言,该条规定的适用,可以最大限度地恢复伴随婚姻关系解除而被打乱的经济利益平衡,同时也能一定程度上缓解父母诉子女的乱象。

046. 婚前由父母出资购买且婚后由父母还贷的房屋，权属应如何认定？*

孙某与聂某离婚后财产纠纷案‖北京市顺义区人民法院民事判决书，(2019)京0113民初695号

｜事实概要｜

孙某(女)与聂某(男)相识已久，渐渐发展为男女朋友关系，其时孙某尚处于婚姻关系存续期间。2008年8月28日，孙某接受了人工流产手术，聂某在手术知情同意书上的家属签字处签字，与患者关系处写着“夫妻”二字。2009年4月17日，孙某与前夫离婚。2011年1月21日，孙某与聂某登记结婚，婚后双方未生育子女。2018年，孙某与聂某经法院判决离婚，因涉案房产的出资、归属认定可能涉及案外人利益，离婚诉讼中，法院未处理涉案房产。后孙某就涉案房产的权属及分割问题另行提起诉讼。

所涉房产系聂某于2009年3月以其母杨某提供的首付款377,074元所购买，购房合同约定剩余购房款500,000元以聂某名义通过住房公积金贷款支付，贷款期限30年。2009年6月10日，涉案房产登记于聂某名下，并于当月开始由其母杨某经手偿还银行贷款。2010年12月26日，孙某向杨某转账15万元，其在离婚诉讼中称此款项是用于购房。聂某及其母杨某、其父聂某1不认可这一说法，并称此款系因聂某与孙某打架报警，经过派出所调解，聂某1替聂某赔偿孙某20万元，后二人和好，准备登记结婚，孙某遂退还杨某15万元用于结婚，剩余5万元用于购买其他结婚用品。

2016年8月5日，涉案房屋贷款一次性还清，其中418,938元系聂某之父聂某1直接转入聂某名下。关于这笔418,938元的款项，孙某在离婚诉讼中表示其中10万元是双方的公积金支出，其余款项才是聂某父母的钱。孙某及聂某的公积金提取情况为：孙某于2012年6月20日、2016年7月5日分别提取住房公积金35,400元、57,900元，聂某于2012年6月20日之前、2012年6月20日、2016年7月6日分别提取住房公积金22,600

---

* 邓丽，法学博士，中国社会科学院法学研究所副研究员、中国社会科学院大学法学院副教授。

元、102,500元、89,600元，其中89,600元由聂某通过转账方式存入孙某账户内，2016年7月17日、29日聂某又分别自该账户内支取9万元和8万元。但没有证据证明上述款项交付给聂某1或杨某用于偿还贷款。

本案中，孙某主张涉案房产为夫妻共同财产，但是聂某及第三人聂某1、杨某持不同意见，认为涉案房产为借聂某名义所买。法院审理后认为：首先，孙某与聂某登记结婚前支付的15万元，不能认定为以结婚为目的的恋爱期间购买不动产的共同出资。聂某购买涉案房产并支付首付款时，孙某尚未离婚。涉案房产产权登记在聂某名下，与孙某支付给杨某15万元相距1年6个月之久，孙某15万元支付给杨某，与聂某、孙某登记结婚只有不足1个月时间，孙某主张15万元是购房款，欠缺与聂某或杨某之间的意思表示，没有证据表明该15万元用于购房或还房贷，因而仅以婚前大额转账不能表明其是用于购房，聂某、聂某1、杨某亦对15万元进行了解释。其次，现有证据不能证明聂某或孙某在婚姻关系存续期间支付了房贷。涉案房产为婚前以聂某名义购买，房屋首付、婚前还贷均是聂某之母杨某支付，婚后还贷亦为杨某经手，且还贷所用款项，对照杨某、聂某1的存款提取记录与还贷款基本一致，即上述款项不是来源于聂某或孙某。孙某提出的提取公积金用于还贷，其证据只能证实其提取了公积金，而不能证明钱款交给了杨某用于还贷。故现有证据不能证明聂某或孙某用夫妻共同财产支付了房贷。最后，杨某、聂某1还贷不是对聂某、孙某夫妻的赠与。《合同法》第185条①规定，赠与合同是赠与人将自己的财产无偿给予受赠人，受赠人表示接受赠与的合同。聂某婚前向银行贷款，该债务是聂某婚前个人债务。鉴于银行偿还贷款的特殊性要求，只能通过指定的银行账户进行还款，故聂某父母在婚前、婚后持续还贷并将贷款还清的行为，是替聂某偿还婚前个人债务行为，不能得出孙某主张的按照2001年《婚姻法》第17条②赠与聂某、孙某夫妻的结论。综上，法院判决驳回原告孙某的诉讼请求。

| 判决要旨 |

一方婚前采用首付款加贷款的方式购买商品房，首付款为该方父母支付，婚后还贷仍由该方父母清偿的，离婚诉讼中不应作为夫妻共同财产予以分割。

| 判例评析 |

一、既往相关判例与观点

关于婚前贷款购买的房产权属，司法实践中，法院倾向于对权属登记和资金来源综合

① 《合同法》第185条现为《民法典》第657条所沿用。

② 《婚姻法》第17条的内容已被《民法典》第1062条吸收。

考虑后作出判断。

2018 年北京市第一中级人民法院的一份民事判决书针对相似的问题作出了裁判。[①]该案事实为:王某与李某自 2003 年起共同居住生活,居住在某院的宿舍。2003 年 9 月 26 日,李某作为买受人签订一份购房合同,并在抵扣定金和交付首付款之后办理了住房贷款抵押登记。2005 年 5 月 18 日,李某取得该房屋的所有权证。2005 年 11 月 14 日,该房屋的住房贷款全部偿还完毕。自 2005 年该房屋装修完毕后,王某与李某搬入此房屋居住。2007 年 8 月 28 日,王某与李某在北京市海淀区民政局登记结婚。双方于 2011 年 4 月 11 日生育一子。2014 年 8 月 25 日,王某与李某在北京市海淀区民政局登记离婚,双方签订的离婚协议未就诉争房产归属作出约定。针对此案的诉争房产,法院判决载明:该房屋购买于双方同居期间,至该房屋的住房贷款偿还完毕之日,双方尚未举办婚礼,亦未领取结婚证书,故对该房屋的分割主要考虑双方的出资及还贷情况,根据双方对购买该房屋的出资份额及还贷份额予以分割。审理中,王某虽提交了交纳该房屋自来水费的部分单据以及购买家具、装修装饰用品的单据,但这些单据不足以证明王某对购买该房屋存在出资行为。王某提交的另一份证据是王某 1 的书面证言,但因王某 1 系其父亲,仅凭该证据亦不足以证明王某对购买该房屋存在出资行为。王某就该房屋的出资及还贷情况未向法院提供其他证据。相反,李某提交的银行存折载明其于该房屋购买当日存入 16 万元、支出 177,638 元,钱款存入时间及支出金额与支付该房屋购房款的时间及首付款金额相互吻合,银行出具的贷款结清证明亦显示为李某的个人贷款。根据现有证据,难以认定王某对购买该房屋存在出资或还贷行为,故该房屋应当认定为李某的婚前个人财产,对王某要求分割该房屋的诉讼请求,法院不予支持。

广东省佛山市中级人民法院审结的麦某诉梁某离婚后财产纠纷案中,针对婚后父母出资购买且经手还贷,登记在己方子女名下的房产之归属,法院甄别具体资金来源,认为:麦某与梁某婚后在梁某父亲开办的公司工作,每月收入两三千元,无证据证明麦某与梁某有其他收入来源,故麦某、梁某明显无能力出资购买涉案房屋。该案件一审开庭中,麦某陈述,购买涉案房屋的款项及供房款是由梁某父亲开办的益达公司经营所得的利润支付;梁某陈述,购买涉案房屋的款项及供房款是由其父母支付的。购买涉案房屋首付款的资金以及每月按揭还款,虽从梁某的银行账户中扣除,但款项均由梁某的父母通过银行转账的方式转入该账户,即实际付款人是梁某的父母。涉案房屋登记于梁某名下,根据《婚姻法解释(三)》第 7 条第 1 款规定,[②]应认定该房屋是梁某的父母对梁某个人的赠与。另外,

① 参见北京市第一中级人民法院民事判决书,(2018)京 01 民终 9562 号。

② 最高人民法院《婚姻法解释(三)》现已失效,其第 7 条第 1 款的内容与现行的最高人民法院《民法典婚姻家庭编解释(一)》第 29 条相关,但有所不同。

麦某与中国银行签订的《个人二手住房贷款合同》中，在“共有人签名”处签名，是为了办理房屋的贷款手续而应银行的要求所为，该“共有人签名”的表述并非梁某、麦某之间关于共同财产的明确约定，故法院对麦某的该主张不予支持，涉案房屋属梁某的财产，贷款也是以其个人名义所贷，故该房屋剩余的贷款本息，应由梁某个人负责归还。①

二、在学理框架内对相关问题的点评

离婚诉讼中对婚前贷款所购住房的权属认定及利益分割，在学理上属于离婚财产分割的范畴。在离婚财产分割时，归夫妻一方所有的财产由其自行取回，一方所负的个人债务由其自身承担；而夫妻双方共有的财产则应按照双方协议或经协商进行分割，协商不成的，由法院判决予以分割；夫妻为共同生活所负的债务应由双方共同清偿，具体由当事人协商确定清偿责任分配，协商不成时，由法院判决确定。因此，在离婚财产分割时，实际上应先区分、界定夫妻共同财产与一方个人财产。

对于以婚前贷款所购买的房产，首先要考查其是夫妻共同财产还是夫妻一方的财产。在约定夫妻财产制下，夫妻双方以契约的形式约定为共同所有的财产，夫妻双方在离婚时应当均等分割。这里主要讨论法定财产制下的情形。《民法典》第 1062 条第 1 款规定，夫妻在婚姻关系存续期间所得的下列财产为夫妻的共同财产：工资、奖金、劳务报酬；生产、经营、投资的收益；知识产权的收益；继承或者受赠的财产，但是本法第 1063 条第 3 项规定的除外；其他应当归共同所有的财产。第 1063 条规定夫妻一方的个人财产包括：一方的婚前财产；一方因受到人身损害获得的赔偿或者补偿；遗嘱或者赠与合同中确定只归一方的财产；一方专用的生活用品；其他应当归一方的财产。在此规范框架下，以婚前贷款所购的房产，如果在婚前即已办理房产登记，则属于婚前财产，与婚姻关系无涉；如果在婚前未完成交易，婚后才办理房产登记，则属于婚姻关系存续期间取得的财产，但它又非第 1062 条第 1 款明确列举的工资、奖金、劳务报酬或生产、经营、投资的收益或知识产权的收益，因此并不能确定其属于夫妻共同财产，而须进一步探究案件事实与规范要素的匹配。

对婚前购买、婚后还贷并办理登记的房产，要确定其财产性质，须考察购房资金的来源。从社会生活现实来看，购房资金可能仅来源于夫妻双方，也可能不仅来源于夫妻双方，还来源于夫妻双方的原生家庭，即一方或双方的父母也有出资。在购房资金仅来源于夫妻双方的情形下，由于婚后的工资、奖金、劳务报酬或生产、经营、投资、知识产权的收益均明确属于夫妻共同财产，即便是一方的上述财产用于还贷，在法律上也被认定为以夫妻共同财产还贷，故此种情形下的房产作为婚后取得且夫妻具有出资的财产应被认定为夫妻共同财产，离婚诉讼中应予以分割。最高人民法院《民法典婚姻家庭编解释（一）》第 78 条体现了这一逻辑，其第 1 款规定：“夫妻一方婚前签订不动产买卖合同，以个人财产支付

---

① 参见广东省佛山市中级人民法院民事判决书，(2018) 粤 06 民终 7745 号。

首付款并在银行贷款，婚后用夫妻共同财产还贷，不动产登记于首付款支付方名下的，离婚时该不动产由双方协议处理。”第2款规定：“依前款规定不能达成协议的，人民法院可以判决该不动产归登记一方，尚未归还的贷款为不动产登记一方的个人债务。双方婚后共同还贷支付的款项及其相对应财产增值部分，离婚时应根据民法典第一千零八十七条第一款规定的原则，由不动产登记一方对另一方进行补偿。”

对于购房资金同时来自一方或双方父母的情形，最高人民法院《民法典婚姻家庭编解释(一)》第29条用两款内容对父母出资的性质予以规定，第1款规定：“当事人结婚前，父母为双方购置房屋出资的，该出资应当认定为对自己子女个人的赠与，但父母明确表示赠与双方的除外。”第2款规定：“当事人结婚后，父母为双方购置房屋出资的，依照约定处理；没有约定或者约定不明确的，按照民法典第一千零六十二条第一款第四项的原则处理。”要特别注意的是，该规则并未直接对房屋权属作出认定，但其对父母出资性质的认定会影响对房屋权属的认定：其一，在父母出资被认定为仅赠与自己子女个人的情形下，依照《民法典》第1063条，该出资应被认定为夫妻一方的个人财产。此际再析分为两种具体情形，如该出资已达房款总额，则经由该出资转化的房产即被认定为夫妻一方的个人财产；如该出资未达房款总额，则应将此出资及其增值利益认定为夫妻一方的个人财产。其二，在父母出资被认定为赠与夫妻双方的情形下，依照《民法典》第1062条的规定，该出资应被认定为夫妻共同财产，相应地，经由该出资转化的房产也应被认定为夫妻共同财产，与自房产取得视角得出的结论一致，之后再遵循夫妻共同财产分割的原则和方法予以分割。

在上述分析框架下，以法院认定的事实为准，本案中影响析产的关键要素如下：(1)聂某父母在聂某婚前购买并支付首付款；(2)房产在聂某婚前落户于其名下；(3)聂某父母在聂某婚后经手并出资向银行归还贷款。这些要素的规范意义在于：第(1)个要素决定聂某父母在聂某婚前支付的款项系对聂某个人的赠与，第(2)个要素决定房产权归属于聂某，第(3)个要素决定聂某父母为归属于聂某的房产还贷，是对聂某个人的赠与。据此，本案中所涉房产的权属与利益分明都归于聂某。

三、本判例的裁判逻辑

本案判决文书载明，裁判结果基于如下三个方面的判断：

1. 孙某与聂某登记结婚前支付的15万元，不能认定为以结婚为目的的恋爱期间购买不动产的共同出资。这是对案中孙某称其婚前支付给聂某15万元系参与出资购买不动产之陈述的否定。作出这一判断的事实依据在于：聂某、聂某1和杨某对此15万元转账的用途作出不同于孙某的陈述，该方认为15万元来自聂某向孙某赔款20万元中的退款，之所以有赔款情事是因为两方产生纠纷经公安机关调解聂某1代聂某向孙某支付赔偿，之所以有退款情事则是因为此后双方和好准备婚嫁孙某退回部分款项用于相关支出。在两方持论不同情形下,法院究竟采信于何方取决于何方更近情理更接近事实真相。这里,法官主要从时间线的角度作出推断:聂某购房时,孙某尚身处与前夫的婚姻关系中,其与聂某的关系面临法律、道德等各方面障碍,于正常社会观念而言,实无由期待或谋划与聂某共同出资购买婚房。且孙某转账 15 万元距聂某支付房屋首付款已有一年半之遥,亦未见孙某转账前后聂某集中归还 15 万银行贷款的证据,此款去向不明。孙某转账后月余即是双方登记结婚的时间,推断此时两方有结婚合意并筹备婚礼,似乎较为合理。

2. 现有证据不能证明聂某或孙某在婚姻关系存续期间支付了房贷。这主要是根据双方提交的证据对购房出资来源予以认定。法院通过审查房屋首付款的来源、贷款手续、还款细节,比对各方存款或公积金提取记录等,认定房屋首付款及还款主要来自聂某父母即聂某1 和杨某的资金,从而排除了聂某或孙某在婚姻关系存续期间支付房贷的可能。判决书提到聂某和孙某公积金账户的提取情况及相互间的资金往来,但是囿于双方举证情况,未能厘清此笔大额款项的去向。

3. 杨某、聂某1 还贷不是对聂某、孙某夫妻的赠与。这是对杨某、聂某1 还贷之法律性质的认定。案中,孙某主张,杨某、聂某1 在聂某与孙某登记结婚之后的出资应认定为对于夫妻双方的赠与。法院认为,涉案房产是聂某婚前所购并由其办理银行贷款,属于婚前个人债务,聂某父母通过聂某账户持续还贷是代聂某偿还婚前个人债务,而非对聂某、孙某夫妻的赠与。

结合案中有关事实,以上三个判断在法律上构成如下逻辑链条:涉案房产非由孙某与聂某共同出资购买,亦非双方以夫妻共同财产清偿房贷,孙某不能证明其参与出资购买该房产。该房产在婚前落户于聂某名下,并以聂某名义办理银行贷款,聂某在婚前取得房产权属,并为之负担婚前个人债务,聂某父母为此房产支付的首付款和银行还款应视为其与聂某之间成立的民事法律关系(究竟属于借贷还是赠与,本案在所不论),而与孙某无涉。由此,孙某既非涉案房产的共同所有人,也不能就其中聂某父母所支出的款项分得利益。综上,本案判决书载明,驳回孙某的诉讼请求。

四、本判例的意义

房产在现代家庭资产配置中占到相当大的比重,同时其独特的经销模式又使得购房在价款支付和权属转移等方面区别于传统的即时交易,房产分割问题因此成为离婚诉讼中的焦点和难点。细分起来,离婚诉讼所涉房产的交易情况多种多样,签订购房合同、支付首付款、房产落户、清偿银行贷款等各交易环节发生在婚姻缔结前还是婚姻缔结后,资金来源于夫妻一方还是双方抑或父母,都对房产权属的认定及其利益分割有影响。这里选取的点评案件及与之相比照的过往案例都聚焦于在一方婚前贷款购房的情形下,房产权属如何认定,出资利益归于何方。

两则在先案例与本案具有相似性:北京市第一中级人民法院审理的案件与点评案例

的相似处在于，都是一方婚前贷款购房且在婚前即已落户于己方名下，因此房产本身的权属都归于购房一方，而对方当事人则是争辩其在购房中存在出资或还贷行为因而应当分得相应的权益，但两案中对方当事人都未能成功证明其出资或还贷事实，故其诉求未获法院支持。广东省佛山市中级人民法院审理的案件与点评案例的相似处在于，房产登记于夫妻一方名下，且由该方父母支出购房首付款并出资通过其子女的账户清偿银行贷款，最终父母出资转化而来的房产权益均被认定为归于己方子女。

点评案例中，经法院认定的事实较为单纯，从而在法律定性上具有一定的典型意义：一方婚前贷款购房并办理房产登记手续，婚后房产持有人的父母继续供贷，呈现出清晰的房产权属状态和房产资金脉络，由此关于房产权属的认定与房产利益的归属趋于一致。但在案件研判中，对离婚诉讼中的房产分割问题应注意把握房产权属与出资利益两分的基本思维，在夫妻另一方对房产确有出资或参与还贷的情形下，其合法权益应获肯认。

五、后续判例和规范的发展

后续判例在多个方面充实和发展了涉父母出资的离婚房产分割规则。

案例 1：河北省迁西县人民法院的一则判决书：①涉案房产虽登记在朱某父母名下，但由刘某与朱某成婚后在内居住；证据表明刘某与朱某在婚姻关系存续期间共同偿还涉案房屋贷款 90，179.16 元，故朱某应给付刘某共同还贷款项 45，089.58 元；因刘某未申请对房屋现值进行评估，无法确定财产增值部分的金额，故不支持其要求给付对应财产增值部分补偿款的诉请。此案是在父母出资且登记为房产持有人的情形下，分割夫妻共同还贷的本金。

案例 2：广东省广州市中级人民法院的一则民事判决书载明：②涉案房屋虽然是在钟某与冯某的婚姻关系存续期间购买的，但登记在冯某与其妹妹名下，证据证明绝大多数购房款资金来源于冯某的父母，钟某亦未提供任何证据证明冯某父母将涉案房屋赠与钟某和冯某。结合涉案房屋的实际居住情况，冯某与其妹妹主张冯某父母对涉案房屋实际出资并将涉案房屋赠与两个女儿，故冯某所享有的产权份额应为其个人财产更符合一般常理。由此，一审法院不支持钟某要求将冯某名下份额认定为夫妻共同财产并进行分割的诉请，合法合理，本院予以维持。此案认定，婚姻关系存续期间夫妻一方的父母出资购买、登记在夫妻一方及第三人名下的房产，属于夫妻一方的个人财产。

在规范层面，《民法典》第 1062 条第 1 款、第 1063 条和最高人民法院《民法典婚姻家庭编解释（一）》第 29 条结合，确立夫妻共同财产与夫妻一方个人财产的区分规则，奠定了离婚财产分割包括房产分割的逻辑前提。在离婚制度中，《民法典》第 1087 条第 1 款规定

① 参见河北省迁西县人民法院民事判决书，（2021）冀 0227 民初 501 号。

② 参见广东省广州市中级人民法院民事判决书，（2021）粤 01 民终 1685 号。

了夫妻共同财产分割原则,最高人民法院《民法典婚姻家庭编解释(一)》第76条至第79条针对离婚诉讼中的房产分割问题确立了具体规则,其中与这里点评的案件争点关联紧密的是第78条,该条第1款规定:“夫妻一方婚前签订不动产买卖合同,以个人财产支付首付款并在银行贷款,婚后用夫妻共同财产还贷,不动产登记于首付款支付方名下的,离婚时该不动产由双方协议处理。”第2款规定:“依前款规定不能达成协议的,人民法院可以判决该不动产归登记一方,尚未归还的贷款为不动产登记一方的个人债务。双方婚后共同还贷支付的款项及其相对应财产增值部分,离婚时应根据民法典第一千零八十七条第一款规定的原则,由不动产登记一方对另一方进行补偿。”该规则明确的是,在争讼之际,婚前支付首付款购买并在婚后登记于首付方名下但由夫妻共同还贷的房产,其权属归于房产登记持有人,夫妻共同还贷支付的款项及其增值部分则予分割。以此为指引,离婚房产的分割应结合权属登记与出资来源进行综合分析,并遵循权属认定与价值补偿两分的路径予以裁判。

047. 父母将房产登记在未成年子女名下的产权归属认定*

王某轩、贺某明执行异议之诉案‖湖北省宜昌市中级人民法院民事判决书，(2016)鄂05民初152号；最高人民法院民事裁定书，(2017)最高法民申3404号

事实概要

2012年8月24日，贺某明与王某权签订借款合同，约定王某权向贺某明借款1000万元。后来，还款期限届满，王某权无力偿还贺某明借款本息。贺某明向湖北省宜昌市中级人民法院起诉，诉请王某权与其妻子姚某春共同偿还借款1000万元本息，湖北绅达公司承担连带保证责任；登记在王某轩（王某权与姚某春的婚生子）名下的18套房屋属于王某权、姚某春、王某轩的家庭共同财产，拍卖上述房产用于偿还债务。一审法院作出(2014)鄂宜昌中民一初字第00363号民事判决，认定登记在王某轩名下的18套房屋属于王某权、姚某春、王某轩的家庭共同财产，判决支持贺某明的诉讼请求。王某权、姚某春不服，向湖北省高级人民法院提起上诉。湖北省高级人民法院(2015)鄂民一终字第00069号民事判决驳回上诉，维持原判。

二审判决生效后，贺某明向宜昌市中级人民法院申请执行。宜昌市中级人民法院作出(2015)鄂宜昌中执字第00351号执行裁定书，其中第二项内容为：查封、拍卖、变卖王某权、姚某春、王某轩共有的，登记在王某轩名下的18套房屋。王某轩向宜昌市中级人民法院提出执行异议，认为登记在王某轩名下的18套房屋属于王某轩个人所有，请求法院解除对上述房屋的查封，中止对该标的的执行。宜昌市中级人民法院作出(2016)鄂05执异34号执行裁定书，裁定驳回王某轩的异议申请，王某轩不服该裁定，向宜昌市中级人民法院提起执行异议之诉。

湖北省宜昌市中级人民法院查明，案涉18套商品房买卖合同，系姚某春作为王某轩的委托代理人，于2010年11月2日与宜昌环中房地产开发有限公司签订，当时王某轩刚年满13周岁，没有独立的经济来源，购房款来源于父母王某权、姚某春。2013年5月6日

---

* 雷春红，法学博士，浙江工业大学之江学院副教授、广东华商（杭州）律师事务所律师。

至5月23日,案涉18套房屋的所有权被登记在王某轩名下时,王某轩未满16周岁,不具有独立取得经济收入的能力。同时,房屋一直由王某权、姚某春夫妻用于经营,明显超出王某轩的基本生活需要,故认定案涉18套商品房属于王某权、姚某春的家庭共有财产,作出(2016)鄂05民初152号民事判决,驳回王某轩的诉讼请求。王某轩不服,向湖北省高级人民法院提起上诉。湖北省高级人民法院认为一审法院判决并无不当,作出(2017)鄂民终105号民事判决书,驳回上诉,维持原判。王某轩向最高人民法院申请再审,最高人民法院经审查认为,父母出资购买的房屋产权登记在未成年子女名下,未成年子女未举证证明系其劳动所得或因继承、奖励、他人赠与、报酬、收益等合法来源取得,应认定诉争房屋真实所有权人为父母。王某轩申请再审的理由不成立,作出(2017)最高法民申3404号民事裁定书,裁定驳回王某轩的再审申请。

| 判决要旨 |

1. 不动产权属证书是权利人享有该不动产物权的证明,一般情况下,登记权利人即推定为实际权利人,这是基于物权公信公示原则的判定。另外,房屋权属登记是行政确认,不是行政确权,是行政机关对不动产权属关系的认可和证明,不创设权利义务关系。利害关系人有证据证明购房款的实际出资人不是登记权利人时,可结合房款出资、房屋交付、居住使用等情况确定房屋的真实归属。

2. 父母对外欠债,债务形成的时间早于父母将房屋登记在未成年子女名下的时间,可以认定是为了逃避债务,不构成赠与。此举关涉债权人利益的实现,应依据实际出资等情况确定房屋属于家庭共同财产,准予强制执行,这有利于保护债权人的利益,保护交易的安全。

| 判例评析 |

一、既往相关判例与观点

在司法实务中,对此问题处理不尽一致,出现"同案异判"。有的法院认定为未成年子女的个人财产[参见浙江省高级人民法院民事判决书,(2017)浙民再140号];有的法院认定为家庭共有财产[参见浙江省高级人民法院民事裁定书,(2013)浙民申字第1160号];有的法院认定为夫妻共同财产[参见江西省高级人民法院民事判决书,(2017)赣民终463号]。可见,法院对父母子女间的财产关系、债权人保护等问题存在不同认识。其中,还有债务形成时间与债务人将房屋登记在未成年子女名下时间的先后问题,前者早于后者的,认定为恶意转移财产,逃避债务,法院判决准许执行未成年子女名下的房产以偿债;但是,前者晚于后者的,是否亦应将该房产认定为债务人的家庭共有财产,准予强制执行?实务中存在不同审判结果的判例。

在官某敏与张某、官某全、许某容执行异议之诉一案中,官某全与许某容是夫妻,官某敏是二人的婚生子,张某是官某全与许某容的债权人。四川省高级人民法院认为,官某全向张某借款最早发生在2008年12月18日,而官某敏房产证填发日期为2008年6月3日,该房屋买卖合同签订于2006年10月23日,均发生在张某与官某全民间借贷关系产生之前,不属于为逃避债务而将房产转移登记至官某敏名下的情形。在该房屋产权证没有变更登记官某全、许某容为所有权人或共有人的前提下,不应直接将该房屋作为张某与官某全民间借贷纠纷案件执行标的。① 在孟某、欧某敏申请执行人执行异议之诉一案中,广西壮族自治区高级人民法院再审时持相同意见。②

然而,在郭某甲与占某、郭某、李某执行异议之诉一案中,某地人民法院不考虑债务形成时间与父母将房屋登记在未成年子女名下时间的先后。该案中,郭某与李某是夫妻,郭某甲是二人的婚生子。郭某、李某被法院判决偿还占某700万元债务及利息。一审法院认为,购买案涉房屋时,郭某甲年仅11岁,无独立的经济能力,诉争房屋购房款实际由郭某、李某支付;且郭某在一审法院执行笔录中曾承诺同意以评估价18,166,200元将诉争房屋抵偿给占某,这一行为足以表示郭某认为其与李某是诉争房屋的所有权人。二审法院认为,本案诉争房屋虽然由郭某、李某出资购买,但于2012年4月25日即办理了房屋权属证书,登记该房产由李某、郭某甲按份共有,李某占5%的份额,郭某甲占95%的份额;占某与郭某债权债务关系的形成时间为2014年1月26日,权属登记行为发生在债权债务关系形成之前;占某亦未提交其他证据证明郭某、李某将诉争房屋95%的份额登记在郭某甲名下的行为系恶意串通、逃避债务。故撤销一审判决,确认郭某甲对诉争房产95%的份额享有所有权。占某不服,向省高级人民法院申请再审。该院指令二审法院重审。二审法院重审认为,一审判决结合涉案房屋取得时的真实意思表示、出资情况,共同生活居住情况等进行综合判断,认定诉争房屋的真实所有权人为郭某及李某,并无不当。占某作为债权人根据生效判决申请执行诉争房屋并无不当。撤销二审判决,维持一审判决。③

笔者认为,债务形成时间与债务人将房屋登记在未成年子女名下的时间先后,对于判决结果至关重要。如果债务形成的时间晚于债务人将房屋登记在未成年子女名下的时间,不宜认定债务人构成逃避债务,而应根据公示公信原则认定登记权利人就是房屋真实所有权人。否则,执行面过大,不能体现法律的公正、公平。

二、在学理框架内对相关问题的点评

父母将房产登记在未成年子女名下的,关于该房产的归属,法学界有三种不同观点。

---

① 参见四川省高级人民法院民事判决书,(2016)川民再433号。

② 参见广西壮族自治区高级人民法院民事判决书,(2016)桂民再95号。

③ 参见朱红祥:《登记在未成年子女名下房产可否被执行》,载微信公众号"审判研究"2020年5月12日,https://mp.weixin.qq.com/s/grdl491DyI5XjJ9jg08mLQ。

观点一:父母出资购买房屋登记在未成年子女名下的行为应认定为父母对未成年子女的赠与。在夫妻离婚财产分割纠纷中大多作出上述认定。观点二:不构成赠与,登记在未成年子女名下的房屋属于父母及子女的家庭共有财产。这种观点一般出现在未成年子女提出执行异议的案件中。观点三:综合分析购房时间、房屋实际使用情况判断是否构成赠与,若不构成赠与则认定为父母及未成年子女的家庭共同财产。① 王某轩、贺某明执行异议之诉案中,三级法院即采第三种观点。

但就王某轩、贺某明执行异议之诉案件中的三级法院的判决理由,有学者提出不同意见,认为为了杜绝可能的恶意逃债行为,将父母出资购买登记在未成年子女名下的房产认定为家庭共有财产,不仅存在逻辑问题,在学理上也难以自圆其说。如果坚持不动产登记的推定力和公信力,只要没有证据证明赠与不成立,即将之认定为未成年人的个人财产,然后运用债权人撤销权制度对债权人利益进行保护,一切问题将迎刃而解。②

然而,有学者不同意适用债权人撤销权制度处理,因为父母将房产登记在未成年子女名下,可能基于各种原因,并非均为赠与,故对双方是否构成赠与应严格审查,不能依据签订商品房买卖合同的买受人系未成年子女以及房产证登记权利人为未成年子女认定赠与合同的成立及履行。对于系赠与的主张,由未成年子女承担举证责任。③

可见,法学理论与司法实践的观点差异较大,主要原因在于侧重点不同。法学理论追求法律原理的运用与逻辑推理无懈可击;而司法审判中,法院的意见虽然存在可商榷之处,但判决的结果确实维护了债权人的利益,打击了恶意转移财产、逃避债务的违法行为。

三、本判例的裁判逻辑

《物权法》第 17 条规定:"不动产权属证书是权利人享有该不动产物权的证明……"④据此,案涉 18 套房屋登记在王某轩名下,应属于王某轩的个人财产。但《物权法》第 33 条规定:"因物权的归属、内容发生争议的,利害关系人可以请求确认权利。"⑤贺某明作为利害关系人,有权请求确认案涉 18 套房屋的真正权利人。根据《婚姻法》第 17 条第 1 款规定,⑥夫妻在婚姻关系存续期间取得的财产不管登记在夫或妻哪一方名下都均为夫妻共有财产。未成年子女作为家庭成员中的一员,其一般没有独立的经济来源,日常生活尚且靠父

---

① 参见朱红祥:《登记在未成年子女名下房产可否被执行》,载微信公众号"审判研究"2020 年 5 月 12 日,https://mp.weixin.qq.com/s/grdl491DyI5XjJ9jg08mLQ。

② 参见夏昊晗:《亲子间赠与、债权人保护与未成年人名下房产所有权归属的认定——王某轩、贺某明执行异议之诉一案评析》,载《华东政法大学学报》2019 年第 3 期。

③ 参见朱红祥:《登记在未成年子女名下房产可否被执行》,载微信公众号"审判研究"2020 年 5 月 12 日,https://mp.weixin.qq.com/s/grdl491DyI5XjJ9jg08mLQ。

④ 现为《民法典》第 217 条规定:"不动产权属证书是权利人享有该不动产物权的证明……"

⑤ 现为《民法典》第 234 条规定:"因物权的归属、内容发生争议的,利害关系人可以请求确认权利。"

⑥ 现为《民法典》第 1062 条第 1 款。

母供给，其名下财产自然是共有财产的组成部分，我国家庭成员的基础关系决定了未成年子女名下房产的家庭共有属性。所以未成年人王某轩作为家庭成员之一，其名下的财产除因继承、奖励、他人赠与、报酬、收益等合法来源获得外，不论来源于父母任何一方，都具有家庭共同财产的性质。《合同法》第 187 条规定："赠与的财产依法需要办理登记等手续的，应当办理有关手续。"在案涉房屋登记在王某轩名下之前，王某轩尚未取得赠与财产，更谈不上对赠与财产即案涉房产进行合理使用且取得收益。案涉 18 套房屋的所有权被登记在王某轩名下时，王某轩未满 16 周岁，不具有独立取得经济收入的能力。同时，房屋一直由王某权、姚某春夫妻用于经营，明显超出王某轩的基本生活需要。因此，本案三级人民法院认定案涉 18 套房屋属于王某权、姚某春、王某轩的家庭共同财产，认定事实有据，适用法律正确。

本案中，王某轩认为，其取得案涉房屋未损害债权人贺某珠的利益。然而，王某权、姚某春以王某轩名义签订案涉房屋购买合同时间是 2010 年 11 月 2 日，王某权与贺某明签订借款合同时间是 2012 年 8 月 24 日，王某权、姚某春将案涉房屋登记在王某轩名下是 2013 年 6 月 4 日。王某权、姚某春将涉案 18 套房屋登记在未成年子女王某轩名下时，王某权、姚某春尚未归还贺某明借款，因此，三级法院均认定，王某轩认为其取得案涉房屋未损害债权人贺某明利益的理由不成立。

四、本判例的意义

物权公示公信原则是物权法的基本原则之一，根据物权公示原则，不动产物权以登记为其公示方法，通过登记的方式向外界展示物权的得丧变更，以明确物权归属、保护物权人的权利。根据物权公信原则，不动产物权登记的权利外观，使第三人基于信赖而与登记权利人从事的法律行为有效，从而保护交易安全。但是，本案三级法院并没有囿于物权法公示公信原则进行裁决，而是根据 2001 年《婚姻法》关于夫妻财产制的规定，认定涉案房屋属于家庭共同财产。该判决反映出法官大胆地行使自由裁量权，准确适用法律，以维护实质正义为基点，有效打击和扼制借婚姻家庭关系逃避巨额债务的违法行为。该判例也体现了物权法与婚姻家庭法的关系，在涉及婚姻家庭财产关系时，应优先适用婚姻家庭法律规则，而不是以一般财产法规为依据，否则判决将可能出现有悖公平公正的法律后果。当然，不依据财产权利外观而以财产真实来源确定财产归属，需有严格的限制，对证据证明力要求高，否则易出现损害权利人利益的情况。

五、后续判例和规范的发展

针对父母将房产登记在未成年子女名下以逃避债务的行为，江苏省高级人民法院于 2018 年 6 月发布《江苏省高级人民法院关于执行疑难问题的解答》提出："对于被执行人未成年子女名下与其收入明显不相称的较大数额存款，登记在被执行人未成年子女单方名下的房产、车辆或者登记在被执行人和其未成年子女名下的房产等，执行法院可以执行。”[①]该解答并未明确登记行为是否为父母对未成年子女的赠与，但从表述中可以看出，将未成年子女名下的大额财产认定为家庭共同财产，执行法院可以对此执行。然而，该解答没有明确债务形成的时间与房产登记在被执行人未成年子女单方名下的时间先后顺序，在适用中有必要严格审查，根据时间先后等因素判定债务人是否存在转移财产，逃避债务的行为。自 2021 年 1 月 1 日起，《民法典》施行，其中关于物权公示公信原则、夫妻共同财产制的规定较之前的《物权法》《婚姻法》没有改变，与本案案情相同或相似的案件，可遵循相同的裁判思路。

① 《江苏省高级人民法院关于执行疑难问题的解答》，载江苏省法院切实解决执行难信息网，https://jszx.court.gov.cn/1150/ExecuteInterlocution/36471.jhtml。

048. 父母擅自抵押未成年子女名下房产的法律效力*

厦门明瑞达投资咨询有限公司与福建省晋江市陈埭苏厝强达鞋塑服装厂、苏某强等借款合同纠纷案 ‖ 最高人民法院民事裁定书,(2015)民申字第766号

事实概要

福建省晋江市陈埭苏厝强达鞋塑服装厂(以下简称强达厂)因办厂需要,向厦门明瑞达投资咨询有限公司(以下简称明瑞达公司)借款,强达厂厂长苏某强以自己两个儿子苏某京和苏某耀名下的房屋抵押担保。1998年3月27日,在签订最高额抵押合同和具结书时,苏某京刚满十周岁,苏某耀不满十周岁,苏某强与妻子庄某凤作为法定代理人代为签章。后来,因强达厂无法按时偿还明瑞达公司借款,明瑞达公司向福建省晋江市中级人民法院起诉,请求就苏某京和苏某耀名下的房屋行使抵押权。晋江市中级人民法院判决认定抵押合同无效,驳回明瑞达公司的诉讼请求。明瑞达公司不服,上诉至福建省高级人民法院。福建省高级人民法院作出(2013)闽民终字第1172号民事判决书,驳回上诉,维持原判。明瑞达公司向最高人民法院申请再审。

最高人民法院认为,1998年3月27日案涉抵押合同签订时,苏某耀不满十周岁,属无民事行为能力人,苏某京刚满十周岁,属于限制民事行为能力人。他们不可能对签订房屋抵押合同作出真实的意思表示,因为这种民事行为与他们的年龄和智力不相适应。上述二人的父母代替他们签章让其承担抵押风险的行为不属于接受奖励、赠与、报酬等纯获利益的行为,应属无权代理,该代理行为无效。一审、二审法院判决苏某京、苏某耀不承担赔偿责任并无不当。2015年6月3日,最高人民法院作出(2015)民申字第766号民事裁定书,驳回明瑞达公司的再审申请。

判决要旨

1. 父母代替未成年子女签字,将未成年子女名下的房产为父亲担任代表人的公司借

---

* 雷春红,法学博士,浙江工业大学之江学院副教授、广东华商(杭州)律师事务所律师。

款提供抵押,属于无权代理,该代理行为无效。

2. 根据最高人民法院1988年《执行民法通则的意见》第6条规定,无民事行为能力人、限制民事行为能力人接受奖励、赠与、报酬等纯获利益的行为有效。[①] 父母代替未成年子女签章让其承担抵押风险的行为,不属于接受奖励、赠与、报酬等纯获利益的行为,而属于无权代理。

3. 无权代理,是指代理人在从事代理行为时没有代理权,主要类型有:没有代理权、超越代理权、代理权终止后的行为等。根据《民法通则》第66条第1款的规定,无权代理只有经过被代理人的追认,被代理人才承担民事责任。[②]

判例评析

一、既往相关判例与观点

在本案之前,对于案情相同的案件,最高人民法院认定抵押合同有效,主要有下列三种不同理由:

1. 抵押行为属于无权处分,但因相对人构成善意取得,故抵押合同有效。在最高人民法院《关于中国信达资产管理公司福州办事处与张某宗、雷某珊、张某琠、厦门正丰源保税有限公司借款合同纠纷一案请示的复函》[最高法(2001)民一他字第34号]中,最高人民法院认为:"购房合同书上的买方是张某宗和张某琠的名字,而张某宗是张某琠的法定监护人,张某琠是未成年人,无法向其征询意见,所以保税区建行有理由相信张某宗具有对该房屋的处分权,因而与其签订了抵押合同,并依法办理了抵押登记,这充分表明,保税区建行尽到了注意义务,是没有过错的,因而是善意的……本案抵押合同合法有效。"然而,如何认定相对人构成善意是个难题,不少法院以父母出具不损害未成年人利益的保证书或为其利益的承诺书为由认定相对人善意。例如,黄某妃与华夏银行股份有限公司深圳天安支行、昶皓照明股份有限公司、上赫股份有限公司、黄某燊、温某乔借款担保合同纠纷案[参见广东省高级人民法院民事判决书,(2013)粤高法民二终字第97号];[③]江苏银行股份有限公司南京城西支行与魏某1、王某倩、魏某瑶、魏某2金融借款合同纠纷案[参见江苏省南京市鼓楼区人民法院民事判决书,(2013)鼓商初字第224号][④]等。

---

① 《民法典》第19条规定:"八周岁以上的未成年人为限制民事行为能力人,实施民事法律行为由其法定代理人代理或者经其法定代理人同意、追认;但是,可以独立实施纯获利益的民事法律行为或者与其年龄、智力相适应的民事法律行为。"第20条规定:"不满八周岁的未成年人为无民事行为能力人,由其法定代理人代理实施民事法律行为。"

② 《民法典》第171条第1款规定:"行为人没有代理权、超越代理权或者代理权终止后,仍然实施代理行为,未经被代理人追认的,对被代理人不发生效力。"

③ 参见广东省高级人民法院民事判决书,(2013)粤高法民二终字第97号。

④ 参见江苏省南京市鼓楼区人民法院民事判决书,(2013)鼓商初字第224号。

2. 抵押合同因法定代理人的追认而有效。在白某威等与辽宁葫芦岛连山农村商业银行股份有限公司城北支行抵押借款合同纠纷案中，白某威是白某满与李某敏的儿子，白某威、李某敏在申请再审时，提供葫芦岛市康宁精神疾病司法鉴定所《司法鉴定意见书》证明白某威属于限制民事行为能力人。最高人民法院认为，白某威在抵押担保借款合同、公证书上的签字系本人所签，即使当时其属于限制民事行为能力人，白某满作为白某威的父亲同时在场并签字确认，应视为监护人的认可。因本案签订合同、进行公证时，白某满并不是直接代理白某威行使权利，而是对白某威行为的确认，不属于监护人滥用代理权处理被监护人财产的情形。故本案抵押担保行为合法有效。[①]

3. 未成年子女有权要求父母承担相应责任，而无权主张抵押合同无效。在黄某妃与华夏银行股份有限公司深圳天安支行、昶皓照明股份有限公司、上赫股份有限公司、黄某燊、温某乔借款担保合同纠纷案中，黄某燊出资购买案涉房屋，登记为黄某燊与其未成年女儿黄某妃按份共有。后来，黄某燊任法定代表人的公司向华夏银行深圳天安支行贷款，黄某燊与妻子温某乔（黄某妃的母亲）以案涉房屋抵押，黄某妃在抵押合同上的签字系温某乔代签；二人还向银行出具了不损害未成年人利益的声明。最高人民法院认为，我国现行法律对抵押人的身份并无限制，温某乔以监护人的身份代黄某妃签订抵押合同不违反法律禁止性规定。即便监护人温某乔代黄某妃签订抵押合同的行为损害了黄某妃的利益，法律也仅规定由监护人来承担相应责任，而非由此否定合同效力并由合同相对人承担责任。此外，黄某妃的监护人当初为获取贷款利用未成年人黄某妃名下的财产进行抵押并出具不损害其利益的声明，在获得贷款之后又以损害未成年人利益为由主张合同无效，该抗辩理由属恶意抗辩，违背诚实信用原则。因此，裁定驳回黄某妃的再审申请。[②]

二、在学理框架内对相关问题的点评

与司法实践不同，学术界大多数观点认为，抵押合同的效力存在瑕疵。有学者提出，宜将父母代签的抵押合同定性为无权代理行为，即使相对人为善意，亦不成立表见代理。不过，子女成年后可通过追认使其生效。如果子女成年后不追认则无效，父母应对相对人承担责任。[③] 有学者认为，应按照无权代理路径认定合同效力，因我国未采物权行为无因性理论，合同无效即导致物权变动行为无效。[④] 还有观点认为，法定代理人违反法定职责的代理行为属于基础关系的内部义务违反，代理行为原则上对外有效；但相对人非善意

---

① 参见最高人民法院民事裁定书，(2013)民申 344 号。

② 参见最高人民法院民事裁定书，(2014)民申字第 308 号。

③ 参见夏昊晗：《父母以其未成年子女房产设定抵押行为的效力——最高人民法院相关判决评析》，载《法学评论》2018 年第 5 期。

④ 参见陈甦主编：《民法总则评注》，法律出版社 2017 年版，第 262 页。

时,法定代理人系滥用代理权,适用无权代理规则,对被代理的未成年子女不发生效力。[①]

从婚姻家庭法保护未成年子女利益的原则出发,父母擅自将未成年子女的房产抵押,用于担保自己的或企业的债务,很难认定是为了未成年子女的利益,因此认定抵押合同无效更合理,但不利于保障交易安全。这与我国监护监督制度不完善有关,在现行立法下,认定抵押合同无效,可促使借款人(尤其是商业银行)严格审查借款用途、监护人还款能力、抵押房屋的居住情况等,谨慎接受抵押,以防范风险,减少纠纷。

三、本判例的规范逻辑

《民法通则》第 12 条规定:"十周岁以上的未成年人是限制民事行为能力人,可以进行与他的年龄、智力相适应的民事活动;其他民事活动由他的法定代理人代理,或者征得他的法定代理人的同意。不满十周岁的未成年人是无民事行为能力人,由他的法定代理人代理民事活动。"最高人民法院认为,案涉抵押合同签订时,苏某京刚满十周岁,属于限制民事行为能力人,签订抵押合同的行为明显与他的年龄、智力不相适应;苏某耀不满十周岁,属于无民事行为能力人,不能独立从事民事活动。因此,苏某京和苏某耀都不可能对签订抵押合同有真实的意思表示。

签订抵押合同是否属于法定代理人可以代理从事的民事活动?《民法通则》第 18 条第 1 款规定:"监护人应当履行监护职责,保护被监护人的人身、财产及其他合法权益,除为被监护人的利益外,不得处理被监护人的财产。"[②]然而,最高人民法院没有依据此规定作出裁定,而是依据 1988 年《执行民法通则的意见》第 6 条的规定,认为父母为未成年子女签章而使其承担抵押风险的行为不属于接受奖励、赠与、报酬等纯获利益的行为,应属无权代理。[③] 根据《民法通则》第 66 条第 1 款的规定,无权代理只有经过被代理人的追认,被代理人才承担民事责任。[④] 苏某京、苏某耀过于年幼,不可能对父母代其签订抵押合同的行为加以追认,因此,代理行为无效,苏某京、苏某耀不承担赔偿责任。

四、本判例的意义

最高人民法院的以往裁决中,一般将抵押合同认定为有效,各地法院加以参照。而对

---

① 参见谷昔伟:《父母处分未成年子女房产行为的效力认定——基于代理权滥用的规范分析》,载《现代法治研究》2020 年第 2 期(总第 16 期)。

② 《民法典》第 35 条第 1 款规定:"监护人应当按照最有利于被监护人的原则履行监护职责。监护人除为维护被监护人利益外,不得处分被监护人的财产。"

③ 有学者指出,如此理解,在未成年子女系限制行为能力人时,法律规定父母作为其法定代理人就完全丧失了意义,因为按照《民法典》第 19 条的规定,纯获法律上利益的行为本就是限制行为能力人可以独立实施的。参见夏昊晗:《父母以其未成年子女房产设定抵押行为的效力——最高人民法院相关判决评析》,载《法学评论》2018 年第 5 期。

④ 《民法典》第 171 条第 1 款规定:"行为人没有代理权、超越代理权或者代理权终止后,仍然实施代理行为,未经被代理人追认的,对被代理人不发生效力。"

于本案却将抵押合同认定为无效,未成年的抵押人无须承担赔偿责任,在一定程度上,可以说是个“颠覆”。本判例为此类案件的审理提供了另一个视角,转换了新的思路,注重未成年人利益的保护,同样是追求法律的公正与公平。最高人民法院将父母代理签订抵押合同的行为认定为无权代理,从法律原理而言,也是有理有据的。

五、后续判例和规范的发展

与本案类似,在中国农业银行股份有限公司泸溪县支行与戴某确认合同无效纠纷案中,湘西土家族苗族自治州中级人民法院亦认定抵押合同无效。理由是戴某的监护人戴某文、杨某莲以戴某的财产向他人提供抵押违反了《民法通则》第 18 条第 1 款规定,①不能让戴某从中受益,反而使得戴某的合法财产处于不确定状态。涉案抵押合同违反了法律效力性强制性规定,属于无效合同,不具有法律效力。② 但也有部分法院的判决书提出,《民法通则》第 18 条第 1 款规定③并非效力性强制性规定,例如,江苏省苏州市中级人民法院(2015)苏中商终字第 01230 号民事判决书、江苏省苏州市中级人民法院(2017)苏 05 民终 7469 号民事判决书等。而有的法院还认为,基于家事行为封闭性、不规范性的特点,债权人不负有审查未成年人父母的抵押行为是否符合未成年人的利益的义务,故属于善意取得,抵押合同有效。④

2016 年,在朱某 1、南京华能南方实业开发股份有限公司买卖合同纠纷案中,最高人民法院以与本案相同的理由再审裁定抵押合同无效。最高人民法院认为,朱某 2、朱某 3 作为朱某 1 的法定监护人,虽然有权代朱某 1 与债权人华能公司签订抵押合同,但抵押增加了朱某 1 的财产被处置的风险,该行为不属于为朱某 1 接受奖励、赠与、报酬等受益行为,属于无权处分。现朱某 1 已经成年,明确表示对朱某 2、朱某 3 的抵押行为不予追认,故应认定抵押合同为无效合同。且因涉案房屋产权证上明确载明朱某 1 为共同共有人,华能公司对该事实理应知晓,而径行与朱某 2、朱某 3 签订合同并办理抵押登记手续,存在过失,不宜认定华能公司为善意第三人。因此,裁定指令江苏省高级人民法院再审此案。⑤

然而,后续判例中遵循本案思路,认定抵押合同无效的仅占少数,绝大多数判决都认定抵押合同有效。在达州市农业和中小企业融资信用担保有限责任公司与开江县回龙镇金鑫陶瓷厂、王某成等保证抵押合同纠纷案中,四川省达州市中级人民法院(2016)川 17 民终 232 号民事判决书根据最高人民法院《关于中国信达资产管理公司福州办事处与张某宗、雷某珊、张某瑱、厦门正丰源保税有限公司借款合同纠纷一案请示的复函》[最高法

---

① 参见《民法典》第 35 条第 1 款。

② 参见湖南省湘西土家族苗族自治州中级人民法院民事判决书,(2015)州民二终字第 36 号。

③ 参见《民法典》第 35 条第 1 款。

④ 参见北京市高级人民法院民事判决书,(2019)京民终 14 号。

⑤ 参见最高人民法院民事裁定书,(2016)最高法民申 2472 号。

(2001)民一他字第34号],认定抵押合同有效。在杨某霖、鞍山银行股份有限公司等金融借款合同纠纷案中,最高人民法院(2016)民申900号民事裁定书认为,父母的签字视为法定代理人的追认,故抵押合同有效。上海市第二中级人民法院(2017)沪02民终578号民事判决书、广东省中山市中级人民法院(2020)粤20民终5934号民事判决书等,参照最高人民法院(2014)民申字第308号民事裁定书,认为子女向监护人主张赔偿责任足以保护其利益,故不能否定抵押合同的效力。在马某远、马某娥金融借款合同纠纷案中,最高人民法院认为,依据《民法总则》第34条第3款的规定:“监护人不履行监护职责或者侵害被监护人合法权益的,应当承担法律责任。”①父母对未成年子女名下房产设定抵押的行为损害了未成年子女的利益,应由父母承担责任,而非否定外部法律行为的效力。②

最高人民法院的裁判文书在认定父母抵押未成年子女房产效力上的立场摇摆,裁决理由也不一致。但大多数裁判书在未成年子女利益与交易安全保护的衡量中,侧重于后者,认定抵押合同有效,《民法典婚姻家庭编解释(二)》第15条规定:“父母双方以法定代理人身份处分用夫妻共同财产购买并登记在未成年子女名下的房屋后,又以违反民法典第三十五条规定损害未成年子女利益为由向相对人主张该民事法律行为无效的,人民法院不予支持。”该规定没有明确处分行为是否有效,也没有涉及相对人是否善意,而是从司法裁判角度确定:父母以损害未成年子女利益为由向相对人主张该民事法律行为无效的,人民法院不予支持。可见,该规定侧重于保护交易安全,防止父母以“损害未成年子女利益”为借口出尔反尔,损害相对人的利益。以此为依据,父母抵押未成年子女名下的房产,如果该房产是以夫妻共同财产购买的,可认定抵押合同有效,支持相对人的权益主张。

① 现为《民法典》第34条第3款。

② 参见最高人民法院民事裁定书,(2019)最高法民申1300号。

049. 父亲死亡后,祖父母与母亲争夺孩子监护权,是否应当支持*

甘某1、古某秀与古某珍监护权纠纷上诉案‖广东省梅州市中级人民法院民事判决书,(2019)粤14民终293号①

事实概要

甘某1、古某秀夫妇之子甘某2与古某珍为夫妻关系。古某珍与甘某2婚后生育女儿甘某3、甘某4,尚且年幼。古某珍夫妇因在外务工,2015年3月开始便将甘某3、甘某4交由其祖父母甘某1、古某秀在五华县梅林镇梅林村抚养照看,古某珍夫妇每月支付甘某1、古某秀1600元。2018年1月30日,甘某2在东莞虎门公园发生工伤事故后死亡。因甘某2工伤死亡事故,甘某2家属获得惠州华源电力工程有限公司补偿款68万元。

2018年3月8日,古某珍向五华县人民法院提起诉讼要求其及两个孩子与甘某1平均分割共有补偿款634,950元。甘某1、古某秀向五华县人民法院起诉,主张古某珍长期在外务工,甘某3、甘某4在2018年2月21日前均由甘某1、古某秀抚养照顾、接送入学,古某珍夫妇每月支付的1600元是甘某1、古某秀的赡养费,古某珍从未支付孩子的抚养费及劳务管理费;甘某3、甘某4父亲已故,其母亲古某珍承认自己没有经济来源,丧失监护能力,两个孩子应由其祖父母甘某1、古某秀监护,故请求判令甘某3、甘某4由甘某1、古某秀监护等。古某珍辩称:甘某1、古某秀与包括甘某2在内的两个儿子一直是共同生活,共同维持家庭经济,没有分家。古某珍夫妇在外务工期间每月支付甘某1、古某秀1600元是作为两个孩子的抚养费,古某珍也经常回家探望孩子。孩子在家由甘某1、古某秀照看属于代为监护,古某珍作为两个孩子的母亲,具有民事行为能力及监护能力,甘某2的死亡赔偿金亦包含了两个孩子的抚养费,古某珍有监护、抚养孩子的能力,两个孩子应由其

---

* 陈伟莲,上海市松江区人民法院法官助理。

① 本案例出自中国裁判文书网,https://wenshu.court.gov.cn/website/wenshu/181217BMTKHNT2W0/index.html?pageId=2051507fb554c03a35e1e500ac16f997&s7=%EF%BC%882019%EF%BC%89%E7%B2%A414%E6%B0%91%E7%BB%88293%E5%8F%B7。

监护。五华县人民法院作出(2018)粤1424民初2297号民事判决书,判决驳回甘某1、古某秀诉讼请求等。

甘某1、古某秀不服,提起上诉,主张一审法院在处理两个小孩监护权问题时完全不考虑亲情、家庭伦理和良好的社会风尚,不顾及两个老人"亡儿失孙"所带来的双重打击,硬生生将两个小孩的监护权全部判给古某珍,掐断了其家族香火,是照本宣科的做派,是错误的;古某珍争取两个小孩的监护权,无非是为了多分得甘某2的死亡赔偿款,且古某珍必然会带两个小孩改嫁,不利于两个孩子的成长。请求撤销一审判决,改判甘某3、甘某4由甘某1、古某秀监护等。古某珍在二审中辩称,其作为两个小孩第一顺位监护人,同时也具有监护能力,两个小孩应由其监护;其当初将两个小孩交由甘某1、古某秀代为抚养是为了整个家庭的生计,现在悲剧发生,其作为母亲最大的心愿就是两个孩子能在身边健康快乐成长,请求驳回上诉,维持一审判决。

判决要旨

广东省梅州市中级人民法院认为本案为监护权纠纷,根据《民法总则》第27条的规定,未成年人的监护人首先是未成年人的父母,在未成年人的父母已经死亡或者没有监护能力的情况下,才能由有监护能力的祖父母等担任监护人。本案未成年人甘某3、甘某4是古某珍与甘某2的婚生女,现甘某2已故,作为母亲的古某珍当然地成为其女儿甘某3、甘某4的唯一法定监护人,享有对甘某3、甘某4的法定监护权。甘某1、古某秀作为甘某3、甘某4的祖父母,在古某珍夫妇外出期间代为抚养甘某3、甘某4,虽付出了较多的心血,但只有在甘某3、甘某4的父母已经死亡或者没有监护能力的情况下才享有对甘某3、甘某4的监护权。甘某1、古某秀提供的证据不足以证明古某珍丧失监护抚养能力或者有侵害被监护人利益的行为,且甘某3、甘某4年幼时期不能缺少母爱。古某珍作为完全民事行为能力人,有监护抚养未成年子女的能力,对甘某3、甘某4享有监护权,故甘某1、古某秀请求甘某3、甘某4由其监护没有事实和法律依据,判决驳回上诉,维持原判。

判例评析

一、既往相关判例与观点

司法实践中,对于父母一方死亡后,祖父母或外祖父母与健在的父母另一方争夺孙子女或外孙子女监护权的案件,裁判立场存在明显分歧。在本判例之前,已有大量这类争议。对于祖父母或外祖父母对孙子女、外孙子女的监护权请求,有些法院支持,有些法院却不予支持。分歧根源是对法律规定的祖父母或外祖父母对孙子女、外孙子女享有的监护权的不同理解和适用。

1.有些法院强调未成年人的父母是未成年人的第一顺位监护人。在霍某与王某、张某监护权纠纷上诉案中,河北省邯郸市中级人民法院认为未成年人王炘某的父亲已去世,霍某作为王炘某的母亲,对王炘某享有法定监护权,有权行使法律赋予的权利,对王炘某进行抚养教育。作为祖父母,只有对于父母已经死亡或父母无力抚养的未成年孙子女,才有抚养的权利和义务,故判决王炘某由霍某监护。①

2. 有些法院认为,若祖辈与孙子女、外孙子女关系特别亲密的,可以支持其对孙辈的监护权请求。在周某某与李某某监护权纠纷案中,湖南省嘉禾县人民法院认为,未成年人李某甲、李某乙在出生后长期与祖母李某某共同生活居住,与祖母李某某建立了深厚的亲情关系。在母亲周某某与父亲李某丙离婚且李某丙逝世后,李某某成了李某甲、李某乙事实上的监护人。现李某甲、李某乙表示愿继续随李某某生活,应当尊重其选择,由李某某继续抚养监护,据此,对母亲周某某要求李某甲、李某乙的监护权归其的诉讼请求不予支持。②

在陈连某诉施兰某、武绍某抚养关系纠纷案中,云南省禄劝彝族苗族自治县人民法院则区分了监护权与抚养权两个不同的概念。法院认为本案所调整的是抚养关系,并从有利于孩子身心健康成长的角度考虑,认为父亲死亡,母亲再婚后生育了两个男孩且生活在山西省沟口村,其抚养三个男孩的能力有限;祖父母家庭经济条件较好,具有抚养小孩的能力,且小孩已跟随祖父母生活了两年,当庭亦表示愿随祖父母生活,不愿随母亲到山西生活,若改变其生活、学习环境,将对其健康成长明显不利,故判决驳回母亲要求变更小孩由其抚养的诉讼请求。③

二、在学理框架内对相关问题的点评

监护,是指对无民事行为能力人和限制民事行为能力人的人身权利、财产权利以及其他合法权益等设定监督和保护人的一项民事法律制度。所设定的监督保护人称为监护人,被监督和保护的无民事行为能力或限制民事行为能力的人称为被监护人。为防止精神病人及未成年人因缺乏自制、判断能力而致财产浪费和倾家荡产,现代各国民事立法中几乎都规定了对无民事行为能力人和限制民事行为能力人设立监护人的制度,但在具体做法上有所不同。我国的监护制度分为对未成年人的监护和对无民事行为能力或限制民事行为能力的成年人的监护两种情况,设定监护人主要有法定和指定两种形式。④

在我国传统家庭观念和伦理道德中,父母与未成年子女之间的血缘关系最为密切,父母子女关系是家庭关系的核心。以未成年人权益保护最大化为基本原则,父母对子女的

---

① 参见河北省邯郸市中级人民法院民事判决书,(2016)冀04民终2887号。

② 参见湖南省嘉禾县人民法院民事判决书,(2017)湘1024民初761号。

③ 参见云南省禄劝彝族苗族自治县人民法院民事判决书,(2004)禄民初字第304号。

④ 参见唐德华、高圣平主编:《民法通则及配套规定新释新解》,人民法院出版社2003年版,第169~172页。

监护权天然地具有优先性和排他性，在父母具有监护能力的情况下，禁止他人随意介入干涉甚至剥夺。而祖父母、外祖父母与孙子女、外孙子女之间是父母子女以外的最近的直系血亲，属于紧密家庭关系范畴。在父母死亡或者监护能力不足的情况下，由祖父母、外祖父母、兄姐等担任未成年人的监护人具有一定的必要性和合理性，这是基于血缘关系上的亲疏远近及便利程度以及我国的社会生活习惯综合考量的结果，有利于解决父母行为能力不足的问题，维护未成年人的合法权益及社会正常秩序。① 为此，我国采用了列举形式规定未成年人的法定监护人范畴，明确了父母是未成年子女第一顺序的监护人，具有法定优先性，祖父母、外祖父母是第二顺序的监护人，只有在“未成年人的父母已经死亡或者没有监护能力的”的情形下，才能行使法律赋予的监护权利及义务。如果有两个或者两个以上具有监护资格的人都愿意担任监护人，并为此产生纠纷，可以按照法定顺序确定监护人，也可以由具有监护资格的人协议确定监护人。② 此外，如果监护人没有能力履行或不履行监护职责，实施有损未成年人权益的行为，有关个人或者组织可以申请撤销其监护人资格，指定其他监护人进行监护，以督促监护人切实履行监护职责。

司法实践中，监护权与抚养权的概念容易混淆不清，二者均既是权利也是义务，权利基础均是基于血亲关系（包括拟制血亲），均不因离婚而丧失；不同的是抚养权有直接抚养和间接抚养之分，未成年子女在父母离婚后只能随其中一方共同生活且可以变更，而监护却是共同监护，即父母离婚后不与未成年子女共同生活的一方仍然享有监护的权利及应履行监护的义务。因现行法律未规定在审理离婚案件时应对未成年子女的监护权一并处理，所以法院在审理离婚案件的过程中，只处理未成年子女的抚养权，对其监护权不予评判。③

三、本判例的规范逻辑

本判例的争议焦点是父亲死亡，祖父母是否享有对孙子女的监护权。《民法总则》第27条④规定：“父母是未成年子女的监护人。未成年人的父母已经死亡或者没有监护能力的，由下列有监护能力的人按顺序担任监护人：（一）祖父母、外祖父母……”第30条⑤规定：“依法具有监护资格的人之间可以协议确定监护人。协议确定监护人应当尊重被监护人的真实意愿。”本判例中，在父亲死亡的情况下，母亲的法定监护权任何人不得剥夺，只有在母亲不履行监护职责或没有能力履行监护职责的情况下，才能由第二顺序的祖父母、

---

① 参见最高人民法院民法典贯彻实施工作领导小组主编：《中华人民共和国民法典总则编理解与适用》，人民法院出版社2020年版，第167～172页。

② 参见贾东明主编：《〈中华人民共和国民法总则〉释解与适用》，人民法院出版社2017年版，第62、93页。

③ 参见中国审判理论研究会民事审判理论专业委员会编著：《民法典婚姻家庭编条文理解与司法适用》，法律出版社2020年版，第74页。

④ 现为《民法典》第27条。

⑤ 现为《民法典》第30条。

外祖父母担任监护人。甘某1、古某秀作为甘某3、甘某4的祖父母，提起诉讼要求甘某3、甘某4由其监护，须提供充分证据证明古某珍作为母亲没有能力履行监护职责或者不履行监护职责，但其并未提供。反观古某珍，其虽承认自己没有经济来源，但其作为健康的成年人，且考虑到劳动能力、精力和情感等方面，推定其有能力亲自抚养两个孩子。至于经济方面，有甘某3、甘某4父亲死亡赔偿款保证各项生活费用及学习开支，故古某珍并非没有能力履行监护职责，不宜随意剥夺古某珍作为母亲享有的法定监护权。甘某1、古某秀晚年丧子之痛可以共情，但不能因此干涉古某珍的监护权。甘某1、古某秀虽不享有对甘某3、甘某4的监护权，但不影响其作为祖父母享有对孙女的亲情及其他权利义务，其完全可以在经济条件允许的情况下，支持古某珍及孙女的生活，可以与古某珍协商定期探望孙女等。

四、本判例的意义

含饴弄孙历来是我国传统家庭观念的体现，加上现代社会父母常年在异地工作和竞争压力的增大，祖父母、外祖父母替代其子女抚养孙子女、外孙子女的“隔代抚养”现象在我国非常普遍，以至于祖父母和外祖父母具有事实上的监护权。尤其在独生子女家庭中，一旦子女一方死亡，孙子女或外孙子女便成了祖父母或者外祖父母全部或唯一的依托和希望，祖父母、外祖父母主张对孙子女、外孙子女具有监护权的现象就更为普遍和突出。但是，这种传统的家庭伦理观念能否自然推导出祖父母享有对孙子女的监护权呢？传统文化的影响和现实“隔代抚养”所形成的事实上“监护”，使祖辈主张监护权极易得到社会普通民众的心理认同和支持。这种偏颇的社会认知究其根源，还是混淆了家庭道德伦理与法律权利之间的明确界限。

上述判例没有向社会舆论和社会道德妥协，坚定地维护了古某珍作为母亲享有的法定监护权。本判例再一次生动地阐释了父母对未成年子女的法定优先监护权。同时，判决明晰了祖父母对长期抚育的孙子女享有补充性和附条件的监护权，但即使存在事实上的监护权也不能剥夺母亲的法定监护权。

本判例也明确了甘某1、古某秀作为祖父母享有对孙子女的亲情及其他家庭权利义务，在较为激烈的监护权之争背后，体现出对老年人晚年丧子之痛的同情和长期照看孙子女辛劳付出的认可和尊重，不失为一份“离家不离情”的有家庭温情的判决。与亲人的感情联络与维系，家庭和谐氛围的共同营造，也是“有利于未成年子女的健康成长”司法原则的具体体现，生动再现了赋情于法、情法交融的灵活运用。

五、后续判例和规范的发展

随着婚育观念的变化和少子独子家庭的不断增多，在夫妻离婚和传宗接代等传统思想的催化下，围绕着未成年子女监护权的诉争会越来越多。尤其是祖辈“失独”后，子女配偶另一方的再婚会进一步激化对未成年子女监护权的争夺。如何平衡祖辈与父辈的监护权、如何适当照顾老年人的亲情需要以及保护未成年人的健康成长,以维护家庭和社会的和谐稳定,成为后续类案处理中必须综合衡平考量的法益因素。

此前的《民法通则》《民法总则》等法律关于未成年子女监护权的规定,历来采取位阶序位的立法模式,即严格保护上级序位的监护权。只有在前一序位不能行使监护权的情形下,后一序位监护人才能递补。当然,若后一序位监护人主张前一序位监护人主体不适格,还需要由后一序位的备选监护人能够有效证实前一序位监护人的不适格。值得注意的是,《民法典》仍然贯彻了这一立法思路,且更为明确。其第27条规定:"父母是未成年子女的监护人。未成年人的父母已经死亡或者没有监护能力的,由下列有监护能力的人按顺序担任监护人:(一)祖父母、外祖父母;(二)兄、姐;(三)其他愿意担任监护人的个人或者组织,但是须经未成年人住所地的居民委员会、村民委员会或者民政部门同意。"因此,可以预见,后续司法判例将一以贯之地严格落实父母的法定监护权。与此同时,只有在未成年子女的父母死亡或没有监护能力的情形下,才赋予祖父母、外祖父母等主体对未成年子女的补充性监护权。经未成年人住所地的居民委员会、村民委员会或者民政部门同意的其他个人或社会组织等监护主体的补充性规定,①也集中呈现了家庭成员、社会和国家"三位一体"的具有中国特色的未成年人监护权体系。

完整的监护权制度包含监护权的设立与撤销两个方面。《民法典》在赋予和扩大监护权主体资格的同时,在第36条也规定了监护权撤销制度。② 个人和社会组织未及时向人民法院申请撤销监护人资格的,民政部门应当向人民法院申请。父母的监护权具有法定性和优先性,在监护权制度中占据主导地位,相对而言,祖辈的监护权具有指定性和补充性,但二者之间仍然存在内在的制衡关系。如父母双方或一方没有能力履行监护职责或不履行监护职责的,祖父母或外祖父母仍然可以突破法定监护权,向人民法院申请撤销其孙子女父母双方或一方的监护权。因此,监护人主体资格范围的扩大,利害关系人和民政部门撤销权的设定,都在一定程度上推动了父母法定监护权的合法正当行使,从而保障了包括祖父母和外祖父母等其他主体监护权的有效行使。从这个角度而言,监护权撤销制度的推行在一定程度上对父母的法定监护权进行了有效的监督和约束。质言之,前一个监护权的撤销也就意味着下一个监护权的确立。因此,可以预见,将来监护权确立纠纷案件往往伴随着监护权的撤销之争。

---

① 本条规定的有关个人、组织包括:其他依法具有监护资格的人,居民委员会、村民委员会、学校、医疗机构、妇女联合会、残疾人联合会、未成年人保护组织、依法设立的老年人组织、民政部门等。

② 监护人有下列情形之一的,人民法院根据有关个人或者组织的申请,撤销其监护人资格,安排必要的临时监护措施,并按照最有利于被监护人的原则依法指定监护人:(1)实施严重损害被监护人身心健康的行为;(2)怠于履行监护职责,或者无法履行监护职责且拒绝将监护职责部分或者全部委托给他人,导致被监护人处于危困状态;(3)实施严重侵害被监护人合法权益的其他行为。

050. 祖父母垫付抚养照料孙子女的开支后要求子女偿还的，子女是否应当偿还*

侯某与刘某1、杨某、刘某2无因管理纠纷上诉案‖四川省成都市中级人民法院民事判决书，(2020)川01民终6903号

事实概要

刘某1、杨某系刘某2的父母。侯某与刘某2于2013年12月3日登记结婚，2014年7月7日生育婚生子刘某3。因夫妻感情不和，侯某于2019年9月3日向四川省成都市青羊区人民法院（以下简称青羊区法院）起诉请求离婚。青羊区法院于2019年10月24日作出(2019)川0105民初13162号民事判决书，判决：准予侯某与刘某2离婚；婚生子刘某3由侯某直接抚养，刘某2自2019年11月起，每月15日前支付刘某3当月生活费1200元至刘某3年满18周岁止。

该离婚案审理期间，刘某1、杨某向青羊区法院提起无因管理诉讼，案号为(2019)川0105民初16594号。刘某1、杨某向法院主张刘某2、侯某二人的婚生子刘某3在随刘某1、杨某生活期间，刘某1、杨某垫付了刘某3的教育费97,786元、医疗费8303元；刘某1、杨某并无抚养刘某3的法定义务，其垫付的费用应由刘某2、侯某共同偿还；请求刘某2、侯某连带偿还刘某1、杨某垫付的教育及培训费97,786元、医疗费8303元。青羊区法院审理查明，刘某3在3岁时就随祖父母刘某1、杨某共同生活，刘某1、杨某提供的各类票据原件，可以证实刘某1、杨某垫付刘某3各项费用的事实。故判决刘某2、侯某向刘某1、杨某支付102,498.99元(4712.99元+97,786元)，驳回刘某1、杨某的其他诉讼请求。

侯某不服一审判决，提起上诉，主张：刘某1、杨某对刘某3仅仅是一种看管或者代管，并不存在法律意义上的“随其居住、生活”；刘某3的教育费均系刘某2用夫妻共同财产支付；刘某2与刘某1、杨某是一家人，刘某2在对离婚判决不满的情况下，事先串通刘某1、杨某，将原本是刘某2缴纳教育费的凭证交由刘某1、杨某提起本案诉讼，故意以虚假事实

* 陈伟莲，上海市松江区人民法院法官助理。

加重侯某离婚后的责任,故不能以票据在谁的手上就认定是谁支付的费用。请求:撤销一审判决,改判驳回刘某1、杨某的诉讼请求。刘某1、杨某、刘某2在二审中均辩称,一审法院认定事实清楚,适用法律正确,应驳回上诉,维持原判。

| 判决要旨 |

四川省成都市中级人民法院认为,刘某1、杨某二审中补充提供的5份银行账户交易明细的原件、微信转账截图与相关教育费、医疗费的收据原件相互印证,可以证实刘某1、杨某支付了刘某3幼儿互助金、学习资料费、国际象棋费、教材费、体检费、资料费、绘画培训费、语音培训费、医院预约挂号费、药费等费用,经核算,医疗费为8303元(其中3590.01元是通过刘某2的社保卡账户支付)、教育费为97,786元。根据《民法总则》第26条第1款"父母对未成年子女负有抚养、教育和保护的义务"、第121条"没有法定的或者约定的义务,为避免他人利益受损失而进行管理的人,有权请求受益人偿还由此支出的必要费用"之规定,刘某1、杨某出于亲情的考虑,在力所能及的范围内帮助子女照看孩子并垫付医药费和教育费无可厚非,但这绝非他们的法定义务,不能用传统的家庭观念和伦理习惯来超越法律的规定。刘某1、杨某抚养照料刘某3期间支付的医疗费、教育费构成无因管理,刘某2、侯某作为刘某3的法定监护人,应当承担因抚养、教育和保护刘某3而支出的相关费用,一审处理并无不当,故判决驳回上诉,维持原判。

| 判例评析 |

一、既往相关判例与观点

关于祖父母、外祖父母抚养照料孙子女、外孙子女的法律性质及父母是否应当支付祖父母、外祖父母抚养照料孙子女、外孙子女期间的开支或报酬,在司法实践中存在着较大分歧。有的地方法院将此情形认定为委托合同或无因管理,有的地方法院则直接认定为婚姻家庭纠纷,从而存在完全不同的裁判结果。目前,我国法律及司法解释对此问题并没有进行明确规定,从而导致各地司法裁判标准的不统一。

在周某1夫妇与周某2、杨某萍无因管理纠纷案①再审审查中,四川省高级人民法院认为,祖父母、外祖父母出于帮扶子女的亲情目的,自愿或不得不协助子女抚养和教育孙子女,除了情感和精力的投入与付出之外,甚至在孙子女的生活开销、教育投资、医疗费用等方面承担了较大的支出和负担。这种出于亲情的投入一般是不求回报的自愿行为,除非双方在事前就通过协议约定一定数额的报酬。本案中,周某2、杨某萍长年在外务工,周某1夫妇帮忙照看孙女周某3应理解为出于亲情支持子女的工作。周某1夫妇与周某2、杨

① 四川省高级人民法院民事裁定书,(2017)川民申2528号。

某萍之间形成委托关系，现周某1夫妇并未举证证明双方约定了委托管理的费用及金额，故应认定周某1夫妇抚养周某3系无偿自愿的受委托行为，双方之间不存在无因管理的法定情形，周某1夫妇在周某2、杨某萍离婚后向周某2、杨某萍主张周某3的抚养费于法无据。

在马某梅与杨某萍无因管理纠纷案①中，宁夏回族自治区银川市西夏区人民法院则认为，有负担能力的祖父母、外祖父母对于父母已死亡或者父母无力抚养的未成年孙子女、外孙子女才有抚养义务。马某梅作为马某的祖母在马某母亲健在且有抚养能力的情况下，并没有法定抚养义务，其抚养马某的行为构成无因管理。马某梅可以依据无因管理的规定要求受益人杨某萍返还必要的管理费用，包括马某的生活费、教育费及医疗费等。判决：杨某萍支付马某梅垫付的马某的生活费、教育费、医疗费共计13,428.13元。

在彭某、龙某诉小彭、小罗抚养费纠纷案②中，重庆市第五中级人民法院认为此类纠纷应为婚姻家庭纠纷，认定为无因管理并不妥当。2001年《婚姻法》第4条③规定了家庭成员间互相帮助的义务，家庭成员在家庭中的付出，不应仅以支付费用来衡量，而应当查明是否共同生活及经济情况、家庭义务的负担等。案例中的祖父母并未提供证据证明其抚养孙子期间支出的费用情况，且双方当事人也没有关于抚养费的约定，故不支持祖父母关于追索抚养费的请求。

二、在学理框架内对相关问题的点评

当今社会生活中，祖父母、外祖父母抚养照料孙子女、外孙子女情况较为普遍，由此也产生了诸多代为抚养后追偿的纠纷。我国未成年子女的法定监护人体系确立了父母为第一顺序的监护人，有抚养教育子女的义务；祖父母、外祖父母作为第二顺序的监护人只有在未成年子女的父母已经死亡或者没有抚养能力的情况下，才有抚养孙子女、外孙子女的义务。在未成年子女的父母健在且具有抚养能力的情况下，对祖父母、外祖父母代为抚养照料孙子女、外孙子女的行为性质认定存在分歧。

无因管理说认为，祖父母、外祖父母没有法定的或者约定的义务，其积极自愿地实施抚养照料孙子女、外孙子女的行为，避免了孙子女、外孙子女利益受损失，该行为使未成年子女的父母受益，符合无因管理的构成要件。故祖父母、外祖父母有权要求作为受益人的父母偿付代为抚养孙子女、外孙子女期间垫付的必要费用，但不得请求支付报酬。

委托合同性质说认为，监护人可以将监护职责部分或者全部委托给他人，祖父母、外

① 宁夏回族自治区银川市西夏区人民法院民事判决书，(2019)宁0105民初6057号。

② 参见龙飞：《代为抚养孙子女可向子女追讨抚养费》，载重庆市第五中级人民法院网，http://cq5zy.chinacourt.org/article/detail/2017/02/id/2546864.shtml。

③ 现为《民法典》第1043条第2款。

祖父母代为抚养孙子女、外孙子女的行为符合委托合同性质说，即未成年子女的父母将抚养子女的义务委托由祖父母、外祖父母履行，该委托行为可能是有偿行为也可能系无偿自愿的受托行为，这取决于家庭成员之间的约定。

婚姻家庭说则认为，从婚姻家庭法角度出发，祖父母、外祖父母代为抚养孙子女、外孙子女的行为是基于特殊的血缘亲属关系，带有很强的人身属性，不应适用合同法或准合同性质的无因管理，而应该受到婚姻家庭法的约束。我国婚姻法规定了家庭成员间应当敬老爱幼，互相帮助，维护平等、和睦、文明的婚姻家庭关系。祖父母、外祖父母代为照看孙子女、外孙子女的行为符合家庭成员之间的道德规范义务，不宜用金钱进行衡量，否则极易导致家庭成员间大量互帮互助的行为变味，损害家庭成员之间的亲情，动摇以血缘亲情为纽带的家庭存续的基础，进而给社会关系的稳定带来巨大的冲击。故而祖父母、外祖父母自愿实施代为抚养孙子女、外孙子女的行为后不得要求支付报酬或追索其他费用，除非家庭成员间对此有明确约定。

三、本判例的裁判逻辑

本判例的争议焦点是祖父母抚养孙子女而垫付的抚养、教育和医疗等生活开支费用，能否向其子女追偿。2021 年《婚姻法》第 21 条①规定："父母对子女有抚养教育的义务；子女对父母有赡养扶助的义务。父母不履行抚养义务时，未成年的或不能独立生活的子女，有要求父母付给抚养费的权利……"第 28 条②规定："有负担能力的祖父母、外祖父母，对于父母已经死亡或父母无力抚养的未成年的孙子女、外孙子女，有抚养的义务……"从上述两个条文内容来看，第 21 条与第 28 条是有条件的替代性法律适用关系。也就是说，祖父母、外祖父母在一般情况下没有抚养孙子女、外孙子女的法定义务，只有在父母已经死亡或无力抚养，且祖父母、外祖父母有负担能力的特殊情况下，祖父母、外祖父母才对孙子女、外孙子女负有抚养义务。本判例中刘某 2、侯某作为刘某 3 的父母，因工作等原因无暇照看刘某 3，刘某 1、杨某作为刘某 3 的祖父母代为履行照看义务，该行为符合无因管理的构成要件：一是刘某 1、杨某没有法定或约定的抚养孙子的义务，即无法律上的原因；二是刘某 1、杨某有为刘某 2、侯某代为照看孩子、减轻刘某 2、侯某负担的意思，即有为他人谋求利益的主观动机；三是实施了代为抚养孩子的行为。综上，刘某 1、杨某抚养刘某 3 的行为符合无因管理的构成要件，刘某 1、杨某与刘某 2、侯某之间形成无因管理之债，刘某 1、杨某可以据此要求刘某 2、侯某支付代为抚养刘某 3 所支出的费用。刘某 1、杨某完成相应的举证责任，即可获得胜诉。

---

① 现为《民法典》第 1067 条、第 1068 条。

② 现为《民法典》第 1074 条第 1 款。

四、本判例的意义

祖父母出于亲情为支持子女的工作、学习等，代为抚养照料孙子女是我国大多数普通家庭的生活现象。不可否认祖父母照顾孙子女付出了时间、精力和感情，这种付出系祖父母基于血缘关系及亲情等因素而帮助照看孙子女。基于传统的家庭伦理观念和祖辈帮忙照看孙辈的惯性思维，多数民众习惯上将隔代抚养行为认定为无偿性质。但从法律上讲，祖父母没有义务替具有抚养能力的子女代为抚养孙子女，故其没有义务承担代为抚养孙子女所列支的教育、培训、医疗等费用。质言之，当承担了隔代抚养任务的祖父母向有抚养能力的子女请求追偿相关抚养费用时，子女应当补偿或支付。

本判例严格区分了法律义务和道德义务的界限，跳出传统家庭纠纷的固定思维，用"无因管理"的说理要求有抚养能力的子女向父母补偿和支付一定的抚养费用，一方面肯定了祖父母、外祖父母对家庭的持续不断的贡献和付出，体现了对老人劳动精神和劳动价值的尊重和认可；另一方面，支持祖父母诉求的裁定，在司法案例上确立了祖辈事实支出抚养费与追偿抚养费之间的法律对应关系，能有效遏制过度"啃老"的巨婴行为，有利于弘扬赡养父母和尊老爱幼的中华民族传统美德。

需要指出的是，鉴于祖父母、外祖父母与其子女及其孙子女、外孙子女之间的特殊身份关系，对祖父母、外祖父母抚养照料孙子女、外孙子女的行为不宜适用合同法或准合同性质的无因管理，而应该由婚姻家庭相关法律约束。故本判例中虽然裁判结果具有一定价值取向，值得肯定，但其将祖父母抚养孙子的行为认定为无因管理并不是很恰当，甚至可以认定为法律适用错误。祖父母向其子女追偿抚养费用的，应该在婚姻家庭法律的体系范围内参照适用无因管理理论进行释法说理，但不宜直接适用债法中无因管理的相关法律规定。

五、后续判例和规范的发展

随着异地工作和家庭结构的发展变化，以及生育政策的放开，子女抚养问题日益牵动着社会敏感的神经，隔代抚养现象也会越来越普遍，因而祖父母、外祖父母追索孙子女、外孙子女的抚养费用的纠纷案件会越来越多。其实，祖父母、外祖父母提起此类纠纷，本意往往不在于对"劳务费"的期待，多数情况是因为子女夫妻感情不和甚至处于离婚状态，子女的父母或出于挽救子女婚姻的考虑，或出于为自己子女"讨说法"的心理而起诉子女，但意在针对子女的配偶；也有少数情形是因为子女疏于对父母的照顾和情感上的安抚，导致父母心理失衡，出于"惩戒"子女的心理而起诉索要"带孙费"。综合上述诉由可知，祖辈提起抚养费之诉，不在于费用之争，其在乎的仍然是家庭伦理关系的维护。

《民法典》第1043条规定："家庭应当树立优良家风，弘扬家庭美德，重视家庭文明建设。夫妻应当互相忠实，互相尊重，互相关爱；家庭成员应当敬老爱幼，互相帮助，维护平等、和睦、文明的婚姻家庭关系。"这些规定无疑将成为司法机关在具体适用《民法典》第五编婚姻家庭编时的重要指导原则,也将为后续类案的裁判指引提供重要的发展方向。《民法典》的最新规定更加注重家庭伦理情感的德治与法律规定的法治之间的协调。因此,重视家庭建设,注重家庭、注重家教、注重家风,紧密结合培育和弘扬社会主义核心价值观,发扬中华民族传统家庭美德,促进家庭和睦,将成为后续判例发展的落脚点。[①]

① 参见最高人民法院民法典贯彻实施工作领导小组主编:《中华人民共和国民法典婚姻家庭编继承编理解与适用》,人民法院出版社 2020 年版,第 34 页。

051. 同居当事人一方赠与双方非婚生子女的房产被另一方擅自出售的，赠与方可否要求另一方分割、返还或由其保管房产出售款？*

上诉人林某某与陈某某同居关系纠纷案‖福建省厦门市中级人民法院民事判决书，(2019)闽02民终1271号

事实概要

2006年9月18日林某某与前妻离婚。2014年10月，林某某与陈某某通过婚介所认识，11月同居。2014年11月17日林某某(甲方)与陈某某(乙方)签订协议书载明，甲、乙双方认识后，乙方愿意照顾甲方生活起居并自愿与其生活在一起，为避免今后纠纷，在自愿的基础上签订如下协议：(1)甲方在一起生活时以乙方名义购买一套公寓，作为今后双方所生儿子的资产。在有双方儿子的情况下，双方共同生活期间若甲方自然死亡，该套房子的按揭贷款仍然由甲方遗产偿还。(2)甲、乙双方未成年子女的生活费、教育费由甲方负担。(3)对于甲、乙双方所生的子女，甲方根据需要将购买教育险、医疗险，若双方共同生活期间甲方自然死亡，所需续交的费用由其遗产支付。(4)双方未生育儿子的情况下，因乙方原因无法生活在一起的，则该房产甲方有权处置，投入的部分甲方收回、增值部分归乙方。因甲方原因无法生活在一起的，所投入购房资金无权索回。甲、乙任何一方不强求办理法定婚姻手续。(5)甲、乙共同生活期间，家庭开支费用由甲方负责。乙方辞职后，甲方定期给予乙方一定的服装及其他费用。(6)购房手续以及房产证办理后，乙方应配合甲方办理委托公证手续，相关手续留存在乙方处。2014年11月28日，双方再次签订与上述协议内容基本一致的协议书，其中第1条增加“如果生的三个都是女儿，则该房子由乙方支配”。2015年4月11日，二人举办婚礼。同年8月15日陈某某生一子林某1。2017年5月双方结束同居关系，林某1随同陈某某生活至今。

2015年5月14日，林某某全额出资60万余元购买中澳城一房产，产权登记在陈某某

* 陈丽英，福建省厦门市中级人民法院审监庭副庭长、四级高级法官。

名下。2015年12月25日,陈某某公证委托林某某出售该房产。2017年9月28日,林某某以145万元出售,现得款125万元。2015年10月23日,林某某购买东浦路一房产,总价310万元,林某某支付首付款1,369,300元,余款170万元办理银行按揭。林某某自2015年11月至2017年5月每月还按揭10,897元,陈某某自2017年6月至8月偿还3个月按揭合计32,693.37元。2016年1月21日,东浦路房产登记在陈某某名下。2017年8月,陈某某将该房产出卖。2016年1月5日,陈某某向林某某转账合计10万元。

林某某向一审法院的起诉请求:(1)非婚生子林某1归林某某抚养;(2)陈某某赔偿林某某因其擅自出售东浦路房产的损失490万元;(3)陈某某赔偿林某某因其擅自出售东浦路房产致室内物品损失3万元。

本案争议焦点:同居一方将房产赠与双方共生子但登记在另一方名下,另一方擅自出售该房产的,赠与方是否有权要求另一方分割、返还或保管房产出售款?本案争议最大的是陈某某是否应就其擅自出售东浦路房产赔偿林某某相应款项的问题。

判决要旨

一审法院认为,同居生活期间双方共同所得的收入和购置的财产,除非双方另有约定或能够证明为一方所有,否则按一般共有财产处理。本案双方协议书第一条约定同居生活期间林某某须以陈某某名义购买一套公寓作为今后所生儿子的资产,该约定有利于未成年子女利益,应为有效约定。林某某主张其先后购买中澳城的房产、东浦路的房产都是为非婚生子林某1购买,因陈某某嫌中澳城房产太远太小,为此经常吵闹才购买了东浦路的房产,其并无赠与陈某某房产的意思表示。陈某某主张林某某购买中澳城房产并赠与林某1,该赠与已经完成,而东浦路房产系陈某某以接受林某某赠与的128万元及自己出资的10万元用于支付首付款,并在同居关系结束时支付三个月按揭款所购买的,房屋所有权登记在陈某某名下,是陈某某的个人财产。首先,根据《物权法》第17条的规定,不动产权属证书、不动产登记簿记载在交易中仅具有权利推定的证明力,不具有绝对的权利证明效力。若有相反的证据推翻不动产权属证书、不动产登记簿记载的内容,就应以真实的权利状态据实登记。根据协议书第1条约定,中澳城房产系林某某为林某1出资购买以陈某某名义进行登记,因此该房产实际的权利人为林某1。根据《物权法》第103条的规定:“共有人对共有的不动产或者动产没有约定为按份共有或者共同共有,或者约定不明确的,除共有人具有家庭关系等外,视为按份共有。”东浦路房产虽然登记在陈某某名下,但购房款来源于林某某、陈某某两人,双方不具有家庭关系,应为按份共有东浦路房产。根据相关法律规定,赠与合同是赠与人将自己的财产无偿给予受赠人,受赠人表示接受赠与的合同。林某某主张从其出资为林某1购买房产的过程看,中澳城的房产已由陈某某公证委托其出售,且该房产未登记在受赠人林某1名下,其有权撤销赠与,此后其又出资购买东浦路房产赠与林某1,因此东浦路房产才是赠与林某1的房产。陈某某主张赠与林某1的房产系中澳城的房产,而东浦路房产系其一人所有,其有权出卖。一审法院认为,东浦路房产系林某某、陈某某按份共有房产,陈某某并未作出将东浦路房产赠与林某1的意思表示,林某某就东浦路房产赠与的意思表示系单方意思表示,不能产生按份共有物赠与效力。而中澳城的房产符合双方协议第一条,应为林某1的受赠房产。林某某主张其有权撤销赠与,因涉及林某1的利益,而林某1非本案当事人,因此应另案处理。其次,东浦路房产购房款中包括以林某某名义支付的首付款1,269,300元,偿还按揭款207,043元;陈某某支付购房款包括10万元及按揭款32,693.37元。经计算,该房产出售所得3,109,225.37元,该房产林某某占91.75%,陈某某占8.25%,据此,判决陈某某应补偿林某某2,852,714.28元。但陈某某不服,提出上诉。

二审法院经审理认为,东浦路房产不属于双方同居期间的共同财产。认定理由:林某某与陈某某未办理结婚登记同居,双方系同居关系。双方为了各自的利益订立了同居协议书,协议中约定,甲方(林某某)在一起生活时以乙方(陈某某)名义购买一套公寓,作为今后双方所生儿子的资产,因此,双方为所生儿子购买一套公寓是双方的真实意思。非婚生子林某1出生,该条款成就,从保护未成年人的利益出发,该条款有效,对林某某与陈某某均有约束力。根据在案证据及庭审笔录可确认,林某某在履行同居协议书约定为所生儿子购买一套公寓的过程中,先后多次购房,又应陈某某的要求变更调换,最终双方确定购买东浦路的房产作为所生儿子的房产。2015年10月23日林某某以陈某某名义出资购得了东浦路的房产,之后办理了权属登记,产权虽登记在陈某某名下,但依据双方同居协议约定,双方真实意思是该房产为儿子的资产,且审理中,林某某亦明确表示系给儿子购得的,是赠与儿子的财产,故二审法院确认东浦路房产系双方的儿子林某1的房产,并非林某某与陈某某共同共有的房产。

东浦路房产的权利人为林某1,陈某某将其出售变现得款3,109,225.37元,虽改变了财产形式,但财产权利仍属于儿子林某1所有。因此,林某某起诉请求分割或返还林某1财产,没有法律依据,法院不予支持,对其请求应当驳回。一审法院将属于非婚生子林某1的财产作为双方共同财产进行分割处理,是适用法律错误,应当予以纠正。林某1系未成年人,林某某与陈某某均系林某1的监护人,均对林某1的财产负有保护义务。陈某某将林某1的房产出售变现,在管理和保护林某1的财产时,除了林某1生活和教育等合理需要外,不得随意侵犯和处理林某1的财产。

二审据此改判驳回林某某的相关诉讼请求。

| 判例评析 |

一、既往相关判例与观点

案例1：徐某1诉陈某某、吴某某赠与合同纠纷。[①] 徐某1系被告陈某某与前夫徐某某于1996年所生子女。徐某某死亡后，被告陈某某于2004年与被告吴某某登记结婚。婚后购置衢州市某单身公寓房屋一套。2008年1月，两被告共同签署赠与书并办理赠与公证，决定将前述房屋无偿赠与原告徐某1。赠与公证办理后，两被告未进行房屋所有权变更登记。同年5月，因感情破裂两被告协议离婚。其间，双方分别签署"解除公证协议"和"撤销赠与说明"各一份，言明撤销前述房屋赠与，并同时在双方的离婚协议中，将该房屋作夫妻共同财产分割归被告吴某某所有。协议离婚不久，两被告又于同年7月初重新开始同居生活。其间，两被告于2008年8月将前述房屋以110,000元价格转让给案外人，由被告陈某某收取，并由其出具欠条载明欠被告吴某某现金110,000元。原告徐某1以其祖父徐某2为其法定代理人提起诉讼，请求认定"解除公证协议"和"撤销赠与说明"无效，吴某某与陈某某限期履行赠与协议。

浙江省衢州市衢江区人民法院经审理认为：未成年人的父母是未成年人的监护人，系未成年人的法定代理人，有权代理未成年人进行民事活动。本案原告徐某1为未成年人，被告陈某某系其母亲，是原告法定的监护人和法定代理人，有权代为原告进行民事活动。在本案赠与民事活动中，被告陈某某作为赠与人之一，同时也为受赠人原告徐某1的监护人和法定代理人，有权代原告作出接受赠与的意思表示。因此，其在与被告吴某某婚姻关系存续期间作出将其和被告吴某某共有之房产赠与原告的意思表示，兼具代表原告作出接受赠与的意思表示，故其与被告吴某某共同签署赠与书时，形式上虽欠缺受赠人即原告的签名，但不影响赠与书的合同性质。同理，在赠与房屋所有权转移变更登记前，被告陈某某在与被告吴某某共同签署协议解除撤销赠与时，被告陈某某也同样具有代表原告放弃受赠的效果。在受赠人放弃受赠的情形下，不受经公证的赠与不得撤销的约束，属合同协议解除的法律调整范畴。因此，原告现依据已经法定代理人协议解除的赠与合同主张合同权利，缺乏合同和法律依据。关于监护人不当履行监护职责侵害被监护人合法权益所产生的损害赔偿责任，非属本案原告提出请求权所依据的法律关系基础。因此，法院判决驳回原告徐某1的诉讼请求。

案例2：刘某与王某同居关系析产纠纷，参见重庆市涪陵区人民法院民事判决书，(2018)渝0102民初6485号。原告刘某、被告王某从2012年2月起同居生活。同居生活期间生育一女。2016年6月7日，双方签订解除同居关系协议，就同居期间共同购买的房

---

① 参见杨立新主编：《合同法典型案例与法律适用》，中国法制出版社2014年版，第184～185页。

产达成了分割协议。刘某起诉要求王某履行上述协议中有关房产分割的约定。重庆市涪陵区人民法院审判的主要理由与观点：原告刘某、被告王某在解除同居关系时，双方签订的解除同居关系协议中对同居期间共同财产的处理是当事人的真实意思表示，该协议处理双方同居期间的共同财产依法成立，对双方当事人具有法律效力。解除同居关系协议双方对共同所有的房屋产权变动、取得补偿款作出特别约定。被告王某在房屋所有权变动后，未按照解除同居关系协议约定支付给原告刘某共有房屋补偿款，已经违反双方解除同居关系协议中关于同居关系共同财产处理的约定，被告王某应承担向原告刘某支付房屋补偿款的民事责任。

案例3：王某1、王某2同居关系析产纠纷，参见安徽省安庆市中级人民法院民事判决书，(2019)皖08民终1019号。王某2与王某1均属离异，2017年两人相识并确定恋爱关系并签订同居协议，该协议约定："……三、金钱方面：甲方(王某2)愿意承担乙方(王某1)的每月还款房贷，甲方每月的工资主动交给乙方保管，做后来装修费用的备用……五、因性格不合，或甲方没有做到以上几点，乙方向甲方提出分手时，甲方将净身出户，甲方所付出的价钱，全部让给乙方。"协议签订后，两人开始同居生活。2018年7月双方分居，后双方签订分手协议1份。该分手协议约定："由于脾气和性格不合，决定分手。关于经济问题解决，甲方赔付乙方现金共计5万元整(50,000.00元)；付款方式：1. 今天付1万元现金；2. 限一个月内再付4万元。"王某2起诉，请求判令被告立即支付原告同居期间财产分割补偿款50,000元。安徽省安庆市中级人民法院判决的主要理由与观点：《民法总则》第153条第2款规定，违背公序良俗的民事法律行为无效。本案双方当事人在进行结婚登记前所进行的同居行为违背了传统的伦理道德、公序良俗，在此基础上签订的同居协议和分手协议不受法律保护。最高人民法院1989年《审理同居案件的意见》第10条规定，解除非法同居关系时，同居生活期间双方共同所得的收入和购置的财产，按一般共有财产处理。

案例1认为父母作为子女法定代理人对子女受赠房产进行处分侵害子女权益的应当承担相应的法律后果，由子女主张损害赔偿。与本文案例对法定代理人擅自处分子女受赠房产的审判思路有共通之处。案例2、案例3同居双方均不是有配偶者与他人同居，两案的判决反映出司法实践中，对同居协议以及解除同居关系协议中涉及财产内容的约定的效力认定存在截然不同的认识。

二、在学理框架内对相关问题的点评

(一)关于同居关系析产纠纷的法律适用

同居关系本身不受法律保护，其中有配偶者与他人同居是法律禁止的。但同居关系析产纠纷及子女抚养纠纷又是人民法院的受理范围。《民法典》及司法解释关于同居关系的相关规定，包括《民法典》第1042条第2款规定，禁止有配偶者与他人同居。最高人民法院《民法典婚姻家庭编解释(一)》第3条规定,当事人提起诉讼仅请求解除同居关系的,人民法院不予受理;已经受理的,裁定驳回起诉。当事人因同居期间财产分割或者子女抚养纠纷提起诉讼的,人民法院应当受理。

关于同居关系的析产及子女抚养问题,《民法典》及《民法典婚姻家庭编解释(一)》中均无明确的具体规定。其中子女抚养问题,根据《民法典》第1071条第1款的规定,非婚生子女享有与婚生子女同等的权利。因此,同居期间所生子女,理应适用《民法典》中有关父母子女的规定。而关于析产,《民法典》第1054条对无效的或者被撤销的婚姻的相关规定中指出:"……同居期间所得的财产,由当事人协议处理;协议不成的,由人民法院根据照顾无过错方的原则判决。对重婚导致的无效婚姻的财产处理,不得侵害合法婚姻当事人的财产权益……"参照此条规定,对于同居期间的析产有协议则按协议处理。无协议的情况下,同居关系析产的处理原则,以1989年《审理同居案件的意见》作为参考,即分割同居期间所得的财产时,应照顾妇女、儿童的利益,考虑财产的实际情况和双方的过错程度,妥善分割;同居生活期间双方共同所得的收入和购置的财产,按一般共有财产处理,同居生活前,一方自愿赠送给对方的财物可比照赠与关系处理;一方向另一方索取的财物,可参照最高人民法院1984年《民事政策法律意见》第18条规定的精神处理;同居期间为共同生产、生活而形成的债权、债务,可按共同债权、债务处理;一方在共同生活期间患有严重疾病未治愈的,分割财产时,应予适当照顾,或者由另一方给予一次性经济帮助。

(二)赠与子女房产被出售的法律适用

赠与未成年子女的房产往往为便利而登记于直接抚养子女一方的名下,登记产权的这方即子女的监护人。将房产出售实际上涉及的是未成年子女的权益,《民法典》婚姻家庭编并未对此作出明确规定,但在《民法典》总则第二节"监护"中对监护人的职责以及监护人处理被监护人的财产应遵循的原则均作出了明确规定:第34条第1款规定,"监护人的职责是代理被监护人实施民事法律行为,保护被监护人的人身权利、财产权利以及其他合法权益等"。第35条第1款、第2款规定,"监护人应当按照最有利于被监护人的原则履行监护职责。监护人除为维护被监护人利益外,不得处分被监护人的财产。未成年人的监护人履行监护职责,在作出与被监护人利益有关的决定时,应当根据被监护人的年龄和智力状况,尊重被监护人的真实意愿"。

赠与子女的房产被一方出售时,另一方作为孩子的监护人以有损于子女权益提起诉讼的,应当予以审理。仅凭出售房产行为尚不足以评判为侵害被监护人权益的,应结合具体出售的原因、出售后款项的处理等来判断是否维护被监护人的权益。若监护人确有实施严重侵害被监护人合法权益的行为,还可能产生被撤销监护人资格的后果。

三、本判例的裁判逻辑

本案主要涉及两方面的裁判,一是依据案涉同居协议认定赠与房产给双方子女的约定是有效的，进而根据查明的事实认定讼争东浦路房产属于赠与双方子女的房产；二是对林某某是否有权要求返还、赔偿或保管出售东浦路房产的钱款作出认定。

（一）同居关系析产的规则及协议效力的认定

长期司法实践中，根据1989年《审理同居案件的意见》相关规定，对同居关系析产纠纷，一般遵循以下裁判规则：第一，如果同居双方就共同财产分割能够达成协议，则按协议处理；第二，双方不能达成协议的情况下，则由法院依法分割；第三，属于双方共同财产的，原则上均等分割，同时综合考虑照顾妇女、儿童以及无过错方的利益；第四，双方同居期间为共同生活而形成的债权、债务，一般按双方的共同债权、债务处理；第五，一方在共同生活期间患重病未治愈的，法院可判决其多分财产或由另一方给予适当帮助。

而关于同居关系中达成的协议，往往可能涉及违背法律强制性规定或者公序良俗而可能被认定为无效，最常见的情形有：有配偶者与他人同居或者以生育子女为目的达成的同居协议，但若是无配偶者同居后仅就财产及子女抚养达成的协议，一般会被认定为有效；还有一类是无配偶者同居关系结束时约定由一方给予另一方经济补偿的协议，一般也会被认定为有效。但关于合同的性质，存在不同的观点，分别为赠与协议、自然之债[①]、非典型性合同[②]（无名合同），实务中倾向于认定该类协议为非典型性合同。该类协议本质是一方承担结束同居关系的义务，另一方承担给付经济、精神补偿金的义务，属于非典型性的双务合同。当然，该类协议应属于《民法典》第467条第1款规定的无名合同。

本案中，同居双方不是有配偶者，二人同居虽没有违反法律的强制性规定，但案涉同居协议实际包含了对生育子女的约定，该部分属于违反公序良俗的内容，应当认定为无效。然而，同居协议中又对房产赠与子女作了约定，该部分具有利他合同性质[③]，事实上，双方也共育子女并实际进行了房产赠与，已履行了这一部分利他约定，且并不有损于社会公共利益以及他人权益，因此，从保护未成年人权益的角度，宜认定该部分约定有效。笔者认为，《民法典》第522条第2款已确立了利他合同制度，同居双方在协议中作出有利于未成年子女的财产性约定，也属于利他合同性质，基于未成年人利益最大化的角度，原则上均应认定为有效。

（二）同居一方擅自出售另一方赠与子女的房产，另一方是否有权要求返还或者赔偿，是否可以保管出售房产的钱款？

本案中，同居双方约定一方将其所有的房产赠与双方的子女，赠与的房产并未登记于

---

① 自然之债是指当事人负有的受一般道德标准或社会观念支持、法律虽不强制履行但在自愿履行后即维护履行效果，给付人不得请求返还，受领人得受领并保有给付的债。

② 非典型性合同又称无名合同，指法律未特别规定而赋予一定名称的合同。

③ 利他合同是指合同当事人为使第三人直接享有和取得合同利益而订立的合同。

子女名下,而是登记于与子女共同生活一方的名下,该方事后将房产出售,另一方则起诉主张返还房产出售款或者赔偿房产损失。

林某某与陈某某在二审中均确认林某某原购买了中澳城的房产赠与双方的儿子林某1,后应陈某某的要求又出售中澳城的房产更换为东浦路房产,亦是要赠与林某1。房产虽登记于陈某某名下,但因林某1是未成年人,而陈某某亦是林某1的监护人,应视为房产的赠与行为已完成,不因房产后来的出售而被撤销。因此,房产出售所得钱款仍是属于林某1,双方并未在协议中对房产出售的后果作出约定,林某某仅因房产被出售而要求返还或赔偿该部分价款,缺乏合同或法律依据。

林某某作为林某1的监护人之一,是否有权保管出售房产所得钱款呢?上述房产若未出售,依双方约定本就由陈某某与林某1占有并使用,陈某某实际拥有房产的使用权,然而房产出售后,所得钱款是否当然应由陈某某保管呢?本案中,法庭仍需调查陈某某出售房产是否基于维护林某1利益的需要,在出售房产并不损害林某1利益的情形下,二审认为出售房产的钱款仍应由陈某某保管,因陈某某是林某1的母亲及直接抚养人,这也符合照顾妇女、儿童利益的原则,便于林某1使用其财产。同时,二审判决也强调陈某某不得随意侵犯和处理林某1的这部分财产。当然,由于货币的支配是比较难以控制与监管的,若有证据表明陈某某保管钱款有可能不利于林某1,比如陈某某有高消费习惯等,那么出售房产所得钱款则可考虑由作为林某1的监护人之一的林某某代为保管,或者由双方共同保管。可见,即使同居一方未与另一方协商将赠与子女的房产出售后所得钱款由谁保管,也仍然是秉持有利于未成年人的原则,一般仍由直接抚养子女一方保管,除非由该方保管可能存在不利于子女的因素,则考虑由另一方或者双方共同保管。若双方已约定不得出售该房产,而一方并非基于子女的需要明显违反诚信将房产出售,基于公平与诚信,由另一方共同保管该钱款为宜。

四、本判例的意义

司法实践中,同居关系析产纠纷是较难审理的一类案件,往往争议较多,而本案同居关系纠纷中的财产争议还涉及赠与双方子女及一方擅自出售房产的问题,事实认定及法律适用均存在一定难度,是同居关系析产纠纷中较典型的一种类型。同时,在其他婚姻家庭纠纷案件中,一方或双方将房产赠与子女后,另一方擅自出售,也易引发纠纷。

相关法律法规对前述问题没有具体规定,应如何处理存在一定争议。本案的处理能够体现同居协议效力的认定规则及赠与未成年人的房产被出售后的处理规则,具有较强的实践意义。

五、后续判例和规范的发展

最高人民法院2025年1月公布的《民法典婚姻家庭编解释(二)》第4条对同居关系析产纠纷的处理作出了较为明确的规定,此前涉及该类纠纷的相关规定仅在1989年《审理同居案件的意见》中有提及。

解除同居关系的双方或离婚双方赠与房产给未成年子女，在子女成年之前，势必存在一方作为子女法定代理人而实际控制该房产的情形，该房产极有可能被该方擅自处分甚至发生损害未成年子女利益的情况。《民法典婚姻家庭编解释（二）》第20条对离婚协议约定财产给予子女的情形作出规定，包括是否可撤销及履行，赔偿损失等。但为更充分地保障未成年人的合法权益，减少此类纠纷的发生，解除同居关系双方或离婚双方在订立类似的房产赠与协议时，宜对房产是否可以出售等作出具体约定，如约定若实际控制房产一方擅自出售房产应承担什么责任，包括所得售房款应交由谁保管等。

052. 婚姻家庭关系中的居住权纠纷*

孙某苓、张某志等排除妨害纠纷案‖辽宁省盘锦市中级人民法院民事判决书,(2021)辽11民终13号

| 事实概要 |

张某友与孙某苓(女)是夫妻关系,张某志、张某兰(女)是张某友的父母,张某是张某友的弟弟。张某友与孙某苓共有位于辽宁省盘锦市双台子区的一套房屋。2019年3月8日,孙某苓与张某志、张某兰签订协议,约定张某志、张某兰有权在该房屋居住,在哪个房间住都行,一直住到老。2020年5月19日,孙某苓与张某友协议离婚,约定双台子区的房屋归孙某苓所有,并变更登记到孙某苓一人名下。孙某苓要求张某志、张某兰和张某搬出该房屋,三人拒绝,孙某苓将三人起诉至盘锦市双台子区人民法院,请求排除妨害。盘锦市双台子区人民法院经审理认为,原告孙某苓与被告张某志、张某兰之间的借用合同关系合法有效,原告要求被告搬出此房屋的诉讼请求,不予支持,判决驳回原告孙某苓的诉讼请求。

孙某苓不服,上诉至盘锦市中级人民法院。盘锦市中级人民法院于2021年1月7日立案后,依法组成合议庭公开开庭进行了审理。盘锦市中级人民法院认为,上诉人孙某苓与前夫张某友就案涉房屋与被上诉人张某志、张某兰设立了居住权合同,该合同成立并生效,上诉人孙某苓及其前夫张某友应当履行该合同义务,上诉人孙某苓在离婚时对案涉财产分割的选择就意味着愿意承担合同义务。张某系因张某志、张某兰身体原因而暂时居住照顾的家庭成员,法律上赋予其有期限的居住期间。故判决驳回上诉,维持原判。

| 判决要旨 |

1. 居住权是《民法典》新设立的一项用益物权。根据《民法典》第366条和第371条的规定,居住权是指自然人依据合同或遗嘱取得的,对他人的住宅享有占有、使用以满足生活居住需要的用益物权。

---

* 雷春红,法学博士,浙江工业大学之江学院副教授、广东华商(杭州)律师事务所律师。

2. 居住权可依据合同、遗嘱设定。通过合同设定的，当事人应当订立书面形式的居住权合同。设立居住权的，应当向登记机构申请居住权登记。居住权自登记时设立。居住权大多在家庭成员之间设立，基于亲情关系，一般是无偿的，但当事人另有约定的除外。

3. 案件事实发生在《民法典》施行之前，在案件审理过程中，《民法典》正式实施，法院能否适用《民法典》审理？最高人民法院《适用民法典时间效力的规定》第3条规定："民法典施行前的法律事实引起的民事纠纷案件，当时的法律、司法解释没有规定而民法典有规定的，可以适用民法典的规定，但是明显减损当事人合法权益、增加当事人法定义务或者背离当事人合理预期的除外。"在符合此规定情形下，人民法院可以适用《民法典》规定裁判。

｜判例评析｜

一、既往相关判例与观点

在《民法典》颁布之前，我国法律没有规定居住权制度。各地法院根据相关法律规定审理居住权纠纷案件，主要有以下情形：当事人之间是否有关于居住权约定的书面协议；被继承人生前是否立有合法有效的遗嘱，在自己的房产上为他人设立了居住权；离婚时，当事人是否就房屋的居住权达成过离婚协议；等等。

例如，在沈某娣与陈某庆赠与合同纠纷案中，一审的浙江省绍兴市越城区人民法院与二审的浙江省绍兴市中级人民法院都否认当事人已设居住权。主要理由之一是上诉人（原告）主张其与被上诉人（被告）在签订赠与合同时，口头约定该房屋系用于被上诉人（被告）儿子读书，由上诉人（原告）夫妻居住到老，因被上诉人（被告）予以否认，上诉人（原告）无法提供证据，故其对涉案房屋主张居住权的依据不足，法院不予采纳。被上诉人（被告）提起诉讼要求上诉人搬离房屋的行为，不能认定为侵害了上诉人（原告）的居住权。[①] 在刘某芳与肖某、刘某军占有物返还纠纷一案中，甘肃省嘉峪关市中级人民法院认为，居住权是用益物权的一种，是指对他人所有的住房及其附属设施占有、使用的权利。居住权的取得必须符合法律规定，比如购买、建设、受赠、抵押等方式。上诉人（原告）刘某芳因购买案涉房屋成为所有权人，上诉人（被告）肖某没有居住权，肖某称其不知该房屋已出售于法无据，其上诉请求不予支持。[②]

在胡某霞、赵某1遗赠纠纷案中，被继承人赵某有为其妻胡某霞设立居住权得到了福建省南平市延平区人民法院的确认。在该案中，赵某有丧偶后与胡某霞结婚，赵某有与前妻育有赵某1等四名子女。2003年6月17日，赵某有与胡某霞重新签订夫妻财产约定协

① 参见浙江省绍兴市越城区人民法院民事判决书，(2020)浙0602民初3967号。

② 参见甘肃省嘉峪关市中级人民法院民事判决书，(2020)甘02民终444号。

议书,并在南平市公证处公证,该协议书中约定:“若赵某有先于胡某霞死亡,上述房产由胡某霞居住至去世后,由赵某有的儿子赵某1、女儿赵某2、赵某3、赵某4继承。在胡某霞居住期间,赵某有的子女无权居住,不得干涉……”2018年10月10日,赵某有去世。胡某霞、赵某1关于该套房屋的居住问题发生争议,该房由赵某1一人居住。胡某霞向法院起诉赵某1,案由为:占有保护纠纷。南平市延平区人民法院经审理认为,赵某有与胡某霞签订夫妻财产约定协议书不仅具有民事合同的性质,更是赵某有生前对自己的财产所作的处分,对双方及赵某有的继承人均具有约束力。胡某霞对该房屋的占有是合法占有,具有排他的效力。占有的不动产被侵占的,占有人有权请求返还原物,故胡某霞要求赵某1交付诉争房屋给其居住的要求于法有据,法院予以支持。①

司法实践中,家庭成员间因居住权发生纠纷的案件很多,这促使《民法典》新设居住权制度,以使司法裁判有法可依。

二、在学理框架内对相关问题的点评

居住权是法律为了保障特定人的居住利益而赋予其使用他人房屋的权利。居住权的性质是用益物权,但最初的居住权以家庭供养等生存保障为目的,具有人身专属性,因而在婚姻家庭、继承领域的居住权内容十分丰富。

在《物权法》制定过程中,对是否规定居住权存在较大争议,《物权法》最终没有规定。《民法典》颁布之前,学者大多从物权法角度论证居住权的含义、内容与功能,但也有学者全面论述居住权的类型与规范,提出居住权以其不同适用领域可区分为家庭保障性居住权、社会保障性居住权、投资性居住权以及消费性居住权等四个类型。建议《民法典》物权编中确立居住权的一般性规范,在婚姻家庭编和继承编中规定居住权的特殊性与补充性规范。② 有学者从婚姻家庭与继承的司法案例中论证我国《民法典》规定居住权制度的必要性:继承纠纷中被继承人通过遗嘱分割房屋所有权和居住使用权;赡养纠纷中法院判决设立居住权和当事人协议约定设立居住权;离婚纠纷中以设立居住权的形式对生活困难一方予以帮助;分家析产纠纷中当事人通过分家协议分别确立所有权和居住使用权的归属。③

《民法典》颁布后,法学界对居住权制度的适用展开讨论。有法官指出,人民法院审理涉居住权纠纷案件,应当发挥居住权制度为现代经济社会服务、维护公序良俗的立法目的;依法保障婚姻家庭案件中照顾子女方和生活困难者等住有所居;依法满足继承案件中

---

① 福建省南平市延平区人民法院民事判决书,(2019)闽0702民初3146号。

② 参见曾大鹏:《居住权的司法困境、功能嬗变与立法重构》,载《法学》2019年第12期。

③ 参见辜明安、蒋昇洋:《我国〈民法典〉设立居住权的必要性及其制度构造》,载《西南民族大学学报(人文社科版)》2020年第2期。

配偶老有所养或者其他家庭成员的生活居住需要；依法维护家庭成员之间互相帮助、和睦文明的公序良俗。① 总之，在《民法典》颁布前后，我国法学界关于居住权制度的研究已较充分，有力地推进了该制度的设立及其在婚姻家庭、继承等领域的适用。

三、本判例的裁判逻辑

本案争议焦点是上诉人（原审原告）与被上诉人（原审被告）之间是借用合同法律关系，还是居住权法律关系。一审中，盘锦市双台子区人民法院认为双方形成借用合同法律关系，签订借用合同是双方当事人的真实意思表示，内容不违反法律及行政法规的强制性规定，故对当事人具有法律约束力，应当共同遵守。

在二审中，盘锦市中级人民法院则认为，上诉人及其前夫就涉案房屋与被上诉人设立了居住权合同，该合同成立并生效，上诉人及其前夫应当履行该合同义务。主要理由是：其一，在上诉人与其前夫婚姻关系存续期间，被上诉人张某志、张某兰为了上诉人的家庭经营提供帮助并与其共同生活，现被上诉人除了案涉房屋外无其他住房。上诉人离婚分割财产时选择该房屋归自己所有，随即起诉排除妨害令被上诉人搬出该房屋，中华民族是礼仪之邦，如果支持其诉讼请求势必存在引发道德风险的可能。其二，上诉人认为，原审法院认定为借用合同纠纷，在认定事实和适用法律上均错误，该案应当是与居住权有关的纠纷。二审盘锦市中级人民法院依法予以确认，法律依据是《民法典》第 1 条与第 3 条的规定。其三，因双方对居住权合同内容达成合意，双方应依据《民法典》第 509 条第 1 款规定的“当事人应当按照约定全面履行自己的义务”继续履行合同。

四、本判例的意义

根据《民法典》第 368 条的规定，设立居住权的，应当向登记机构申请居住权登记，居住权自登记时设立。本案中，上诉人与被上诉人签订居住权合同的事实发生在《民法典》施行之前，双方没有办理居住权登记，故被上诉人在涉案房屋上并不享有居住权。但是，盘锦市中级人民法院不局限于此规定判案，而是认定双方具有居住权合同法律关系，依据《民法典》关于合同应全面履行的规定作出判决。二审法官还将中国传统家庭伦理道德写入判决书：“中华民族是礼仪之邦，如果支持其诉讼请求势必存在引发道德风险的可能。”充分反映了家庭亲属成员之间的伦理、道德义务，将情理寓于法理中，说理性强，值得借鉴。

此外，盘锦市中级人民法院适用新颁行的《民法典》判决此案，对《民法典》时间效力规定的准确理解与大胆适用也是值得肯定的。《适用民法典时间效力的规定》与《民法典》的实施时间相同，即 2021 年 1 月 1 日。本案一审结案于 2020 年年底，二审立案于 2021 年 1 月 7 日。盘锦市中级人民法院依据《适用民法典时间效力的规定》第 1 条与第 3 条，

---

① 参见孙茜：《〈民法典〉视野下居住权制度的理解与适用》，载《法律适用》2020 年第 21 期。

适用《民法典》的相关规定判案，确认了上诉人提出的本案是与居住权有关的纠纷的主张，在准确定性的基础上，依据《民法典》的规定判决驳回上诉，具有很强的说服力。

五、后续判例和规范的发展

《民法典》施行后，各地人民法院适用《民法典》居住权制度裁判案件的报道屡见不鲜。例如，北京市海淀法院网发布文章：《〈民法典〉实施，海淀法院宣判首例居住权案件》。在该案中，王迪（化名）系王家和（化名）与李芳（化名）所育之女，王家和与李芳早年离婚，王迪随王家和共同生活在涉案房屋内。后王家和与张杨（化名）再婚，王迪称张杨不让其在涉案房屋内居住，要求确认其对涉案房屋享有居住权。海淀法院经审理认为，王迪对涉案房屋没有权利基础，其主张既不具有《民法典》施行前的相关法律依据，亦不符合《民法典》中关于居住权的规定，故判决驳回王迪的诉讼请求。①

湖北省武汉市洪山区人民法院于 2021 年初就强制执行了《民法典》颁布实施以来的武汉首例居住权执行案件。李先生与许女士（化姓）结婚后共同居住在许女士婚前购买的一套房屋内，该套房屋登记在许女士名下。2014 年 1 月，许女士立下遗嘱，该套房屋所有权归弟弟许先生（化姓），并在遗嘱中表示，李先生再婚之前可一直住在房屋内。2016 年许女士病逝后，许先生和李先生因许女士的遗产纠纷对簿公堂。2016 年 11 月，武汉市洪山区法院判决该房屋归许先生所有，李先生拥有该套房屋的居住使用权。此后，李先生发现许先生将该房屋挂在某网络平台出售，遂向武汉市洪山区法院执行局申请居住权强制执行。2021 年 2 月 26 日，法院作出执行裁定，将该套房屋居住权登记在李先生名下②。

《民法典》新规定的居住权制度及时地弥补了立法的空白，使法院判案有法可依，有效保护当事人的合法居住权益，往后涉及居住权纠纷案件的裁判将更加规范、统一。

---

① 参见史敬阳：《〈民法典〉实施，海淀法院宣判首例居住权案件》，载海淀法院网，http://bjhdfy.chinacourt.gov.cn/article/detail/2021/01/id/5690633.shtml。

② 参见《民法典实施后武汉首例居住权案尘埃落定》，载全国法院切实解决执行难信息网，http://jszx.court.gov.cn/main/ExecuteNewsletter/284807.jhtml。

第四章

判决准许离婚或者不准许离婚的标准

053. 夫妻感情确已破裂在司法实践中“证明”的适用*

罗某某与林某某离婚纠纷案‖广东省揭阳市中级人民法院民事判决书,(2014)揭中法民一终字第9号

事实概要

上诉人(原审原告)罗某某与被上诉人(原审被告)林某某于2002年7月经人介绍认识谈恋爱。一年后,双方按农村习俗举行婚礼,随后以夫妻名义同居生活。其后三年间,生育三子。2005年7月13日补办结婚登记。罗某某、林某某共同生活期间曾因生活琐事发生矛盾,罗某某先于2012年5月17日向原审法院起诉与林某某离婚,原审法院判决驳回罗某某的诉讼请求。林某某2013年4月10日因犯盗窃罪被原审法院判处有期徒刑六个月。2013年7月23日,罗某某再次向原审法院提起诉讼,法院对其主张的夫妻分居和林某某与他人有不正当关系、被林某某施以家暴的指控,因未能提供充足的证据而不予支持,判决不准予离婚。罗某某不服判决,遂提起上诉,以与一审同样的理由诉请离婚,但并未提供新的证据。上诉法院在查明以上事实的基础上另查明,2013年10月17日,原审法院就罗某某与林某某离婚纠纷一案向罗某某父母了解情况,罗某某父母均认为二人有和好可能,不愿二人离婚。二审法院于2014年2月22日作出驳回起诉,维持原判的判决。

判决要旨

1. 应否判决准予离婚应当以是否夫妻感情确已破裂为标准。认定“夫妻感情确已破裂”时应当严格适用准予离婚的法定情形。《婚姻法》第32条列举了四种应当准予离婚的情形,以及1989年《认定夫妻感情确已破裂的意见》列举的十四种情形可以作为判决准予离婚的情形。法院在审查是否属于“夫妻感情确已破裂”时,结合该意见的指示,应当对婚姻基础、婚后感情、离婚原因、夫妻关系的现状和有无和好可能等方面综合分析。

2. 主张夫妻感情确已破裂的事实应有充足的证据予以证明,否则法院将推定夫妻感

---

* 李洪祥,吉林大学法学院教授、博士生导师。

情尚未破裂，判决不准予离婚。

3. 裁判离婚案件应以“保障离婚自由，反对轻率离婚”为基本指导原则，将社会主义核心价值观融入裁判文书释法说理，主张无实质矛盾的夫妻双方应当多加强沟通和理解，互相信任、互相尊重、互相体谅和包容，共同珍惜和呵护已建立起来的婚姻家庭关系。

｜判例评析｜

一、既往相关判例与观点

自1980年《婚姻法》颁布以后，全国各地法院一直以“夫妻感情确已破裂”的标准来决定是否准予离婚，此标准一直延续至今，但该标准的“证明”问题成为各个法院裁判不一的主要原因。在以往出现的离婚纠纷案件中，法官于裁判文书中认定“夫妻感情确已破裂”的理由大致有以下几种：一是原告先前起诉请求离婚被法院驳回后，再次起诉，法院认定分居满一年的[①]，也有未满一年的[②]；二是夫妻双方因感情不和分居满两年的，此种情形最为常见；三是被告在感情不和后离家出走，下落不明，下落不明年限有已满两年的[③]，也有未满两年的[④]；四是双方都同意离婚的；五是夫妻双方感情不和、性格不合，没有其他认定“夫妻感情确已破裂”事实的[⑤]；六是被告一方存在重婚或者与他人同居行为的[⑥]；七是被告存在家暴行为的[⑦]；八是被告曾被判过有期徒刑的。[⑧]

在以上情形中，有些是符合《婚姻法》第32条第3款规定的应当准予离婚的情形，且大致涉及的是第3款第1项、第2项、第4项；剩下的裁判理由中也有涉及最高人民法院1989年《认定夫妻感情确已破裂的意见》中列举的几项情形，其中第7项、第11项、第12项适用的较多，但大部分并未严格适用。表现在如适用“……经人民法院判决不准离婚后又分居满1年，互不履行夫妻义务的”这一条款时，有些案件法官对第一次审判后在未认定存在分居的情况下也作出了准予离婚的判决[⑨]，还有少数案件根据该司法解释第2项和

---

① 例如，李某与何某甲离婚纠纷案，浙江省新昌县人民法院民事判决书，(2010)绍新民初字第1738号。
② 例如，杨某某与沈某离婚纠纷案，南京市六合区人民法院民事判决书，(2012)六民初字第40号。
③ 例如，蒿某甲与栗某某离婚纠纷案，河北省魏县人民法院民事判决书，(2010)魏民初字第00878号。
④ 例如，高某某与王某某离婚纠纷案，陕西省澄城县人民法院民事判决书，(2014)宁民初字第63号。
⑤ 例如，朱某某与解某某离婚纠纷案，河南省宁陵县人民法院民事判决书，(2014)宁民初字第63号。
⑥ 例如，赵某因离婚纠纷案，安徽省阜阳市中级人民法院民事判决书，(2010)阜民一终字第01100号。
⑦ 例如，宋某甲与梁某甲离婚纠纷案，河南省柘城县人民法院民事判决书，(2012)柘民一初字第145号。
⑧ 例如，项某与吴某离婚纠纷案，杭州市拱墅区人民法院民事判决书，(2010)杭拱半民初字第465号。
⑨ 例如，叶某与周某离婚纠纷案，浙江省象山县人民法院民事判决书，(2010)甬象民初字第1510号。

第6项,仅凭认定夫妻感情基础薄弱,性格不合,就判定夫妻感情确已破裂准予离婚。[①] 可见,法官在认定"夫妻感情确已破裂"的时候自由裁量空间比较大,甚至通过以上分析发现,有些法官存在并未严格适用《认定夫妻感情确已破裂的意见》规定的情形。

法院对认定"夫妻感情确已破裂"所主张案件事实的证明标准参差不齐。吴某诉蔡某离婚纠纷案[参见(2013)官民一初字第229号[②]]中,原告称二人分居已满三年,符合法定离婚条件,但被告予以否认。原告对分居事实提供的证据是保姆的证词,且经过公证,法院予以认可,然而,法院称该证据只能证明被告2012年12月外出居住的事实,不能证明分居已满三年的事实。可见,此案件中法官对证据的筛查严格缜密,对证据的证明程度要求较高。但在(2013)巨民初字第217号"王某某与贾某某离婚纠纷案"[③]中,法院对支持该分居事实的证据并未明确提及,在被告未答辩的情况下就以"分居"为由认定"夫妻感情确已破裂"而判决准予离婚。可见不同法院对同一事实的证明程度要求是不同的,这很容易出现同案不同判的情况。

综上所述,在以往审判过程中,法院为证明"夫妻感情确已破裂"会根据《婚姻法》第32条第3款规定的四种情形进行判决,且大多数裁判文书虽未提及《认定夫妻感情确已破裂的意见》,该司法解释列举的十四种情形却有被援引到案件中作为法官判断是否"夫妻感情确已破裂"的依据。如上述分析,因为判断"夫妻感情确已破裂"方面立法采取的是列举开放式,所以出现非法定情形时,法官有很大的自由裁量空间,极易出现判决结果不一致的情况。不同法院对主张"夫妻感情确已破裂"的案件事实的证明程度要求也不一致。

二、在学理框架内对相关问题的点评

如今,"破裂主义"已成为世界上大多数国家裁判离婚理由的选择。在此之前,裁判离婚理由在立法主义上经历了一个由"有责主义"到"无责主义"的转变,[④]有责主义要求一方有过错才可判决离婚,而无责主义也叫破裂主义,即当出现客观原因导致婚姻破裂时也允许离婚,这体现了法律重视保障离婚自由。我国1950年《婚姻法》采取自由离婚主义,保障离婚自由,但该法律条文未对裁判离婚理由作出具体规定。但在《关于中华人民共和国婚姻法起草经过和起草理由的报告》中指出"就是有正当原因不能继续夫妻关系的一方坚决要求离婚而达到目的的",可以看出其离婚理由应当是"有正当原因"和"不能继续夫妻关系"[⑤]。之后1980年《婚姻法》便对这一问题作出回应,明确"夫妻感情确已破裂"是

---

① 例如,龙某与YUKMANLO离婚纠纷案,广东省广州市荔湾区人民法院民事判决书,(2011)穗荔法民一初字第969号。

② 参见吴某诉蔡某离婚纠纷案,云南省昆明市官渡区人民法院民事判决书,(2013)官民一初字第229号。

③ 参见王某某与贾某某离婚纠纷案,山东省巨野县人民法院民事判决书,(2013)巨民初字第217号。

④ 参见马忆南、罗玲:《裁判离婚理由立法研究》,载《法学论坛》2014年第4期。

⑤ 刘素萍主编:《婚姻法学参考资料》,中国人民大学出版社1989年版,第73页。

判决准予离婚的唯一理由。[①] 正如马克思在《论离婚法草案》里提到的“法院判决的离婚只能是婚姻内部瓦解的记录”[②],法院判决离婚唯一的理由是也只能是“夫妻感情已经破裂”。婚姻本就应是因感情而开始,若结束也理应是因为感情破裂而结束,故“夫妻感情确已破裂”作为司法裁判离婚的法定理由具有正当性。但随之而来的问题在于“夫妻感情”具有很大的主观性、隐秘性和可变性,给“夫妻感情确已破裂”证明带来极大困难,容易导致司法裁判不一致。

此后的立法一直致力于解决这一难题,立法模式也从《婚姻法》的概括式发展成了2001年《婚姻法》中的概括加列举式,规定了四种法定情形和一项兜底性条款。而在2001年修正《婚姻法》之前,1989年《认定夫妻感情确已破裂的意见》已经列举了十四种认定“夫妻感情确已破裂”准予离婚的情形。目前看来,采取这种立法模式来证明“夫妻感情确已破裂”是最为妥当的。一方面,法律应发挥保障离婚自由的价值功能,将当事人从婚姻中拯救出来,因此由法院去评判是否“夫妻感情确已破裂”具有正当性;另一方面,“夫妻感情确已破裂”是个很主观、只存在于夫妻内部的证明对象,外部力量不好加以评判,所谓“清官难断家务事”正在于此。因此,当由外界来评判“夫妻感情确已破裂”时就只能通过形式外观去判断,从而限制法官的自由裁量权。由此可见,在证明“夫妻感情确已破裂”时,除了要严格适用立法列举的各项情形,司法实践对法官裁决离婚案件也提出了较高的要求。

《婚姻法》列举的四种情形是从1989年《认定夫妻感情确已破裂的意见》列举的十四种情形中提取出来的。在该司法解释于2021年1月1日被废止之前,法官除了援用《婚姻法》第32条第3款作为裁判依据之外,1989年《认定夫妻感情确已破裂的意见》也是裁判的重要标准。因为《婚姻法》列举的情形并不能涵盖所有的实际情况,甚至大多数情况都是符合该司法解释列举的情形,尽管有些情形援引该司法解释,但是法官仍然有难以判定的。[③] 应当注意的是,《婚姻法》列举的情形是经调解无效、感情确已破裂,“应当”准予离婚的情形,且前三项情形均是因为一方过错导致的夫妻感情确已破裂[④],而对司法解释规定的情形法官自由裁量空间较大,在综合分析婚姻基础、婚后感情、离婚原因、夫妻关系的现状和有无和好的可能等方面后,结合出现的情形“可以”判决准予离婚,也可以判决不准

---

① 1980年《婚姻法》第25条规定:“男女一方要求离婚的,可由有关部门进行调解或直接向人民法院提出离婚诉讼。人民法院审理离婚案件,应当进行调解;如感情确已破裂,调解无效,应准予离婚。”

② 马克思、恩格斯:《马克思恩格斯全集》(第十一卷),人民出版社1995年版,第349页。

③ 诸如“一方好逸恶劳、有赌博等恶习,不履行家庭义务、屡教不改,夫妻难以共同生活的”当中,对“屡教不改”和“难以共同生活”的认定较困难。

④ 《婚姻法》第32条前三项规定的情形分别是“重婚或有配偶者与他人同居的”、“实施家庭暴力或虐待、遗弃家庭成员的”和“有赌博、吸毒等恶习屡教不改的”。

予离婚。《婚姻法》通过列举应当判离的情形的立法模式，指导在审判离婚纠纷案件时应当秉持“谨慎判离”的司法理念，当出现法定情形或者法官认为达到“夫妻感情确已破裂”的情形时则应当判决准予离婚。那么，法官认为“夫妻感情确已破裂”的情形如何判定？不少实践中的做法就是依据1989年《认定夫妻感情确已破裂的意见》中所列情形，结合法官自己经验进行认定是否“夫妻感情确已破裂”。但正如上述所言，实践中出现《婚姻法》列举的情形要么不多，要么证据不充足，大多数情形还是以“性格不合”“聚少离多，感情淡化”等作为离婚理由申请离婚的，如此，法官在《婚姻法》和1989年《认定夫妻感情确已破裂的意见》并存的时代关于审理离婚纠纷案件的自由裁量空间比较大。

民法典时代，证明夫妻感情确已破裂的立法模式依旧还是概括加列举式。如何降低法官自由裁量空间，提高案件判决的一致性，是后民法典时代婚姻家庭编要持续关注的问题。和之前《婚姻法》不同之处在于，《民法典》增加了“经人民法院判决不准离婚后，双方又分居满一年，一方再次提起离婚诉讼的，应当准予离婚”的情形，这一条在没有提高离婚成本的情况下解决了很大一部分人离婚难的问题，有人称其为“二次离婚诉讼审判规则”①。

三、本判例的规范逻辑

本判例严格适用《婚姻法》第32条第3款规定的四种法定离婚情形和1989年《认定夫妻感情确已破裂的意见》中规定的十四种情形，对是否“夫妻感情确已破裂”进行了缜密的判定。由于立法规定的情形为“准予离婚”的情形，因此法院认定本案中罗某某和林某某的夫妻感情尚未破裂在适用逻辑上属于推定适用。本判例在事实认定（离婚原因分析）完成之后，还结合婚姻基础、婚后感情、子女情况、被告态度和有无和好可能等方面进行了综合考量，论证以上因素都支持了罗某某和林某某感情尚未破裂的认定结果，作出驳回起诉，维持原判的判决。同时在判决文书最后，法院呼吁夫妻双方应当珍惜和呵护婚姻关系和家庭关系，传达了“保障离婚自由，反对轻率离婚”的价值取向和倡导社会主义核心价值观的作用。②

值得一提的是，本判例在事实认定即离婚理由分析方面逻辑清晰，重视证明事项论理的阐释，且针对罗某某提出的各项主张均进行了回应，具有说服力。首先，针对罗某某提出的分居事实因没有充足的证据证明而不予采信；其次，罗某某对存在家暴行为这一法定应当认定“夫妻感情确已破裂”准予离婚的事实提供了受伤照片及病例证据，法院对证据进行了严格论证，认为这不能直接证明是林某某殴打所致，同样，罗某某提供的手机短信

① 刘敏：《二次离婚诉讼审判规则的实证研究》，载《法商研究》2012年第6期。

② 参见李洪祥、王畅：《离婚苛刻条款的利弊分析》，载《求是学刊》2020年第1期。该文指出：“树立正确的婚姻意识、离婚意识是当前我国不可回避的任务。面对新时代，我们必须把社会主义核心价值观‘自由、诚信、文明、和谐’牢牢地根植到婚姻家庭之中，并在立法、司法中体现。”

和照片内容也不能直接证明林某某有外遇；最后，法院严格适用1989年《认定夫妻感情确已破裂的意见》第11项规定的情形，要求对林某某的违法行为严重损害夫妻感情予以证明，但罗某某没有证据证明，法院对该理由不予支持。

四、本判例的意义

“保障离婚自由，反对轻率离婚”是裁判离婚的不可动摇的基本原则，司法审判应在离婚纠纷案件中承担起维护婚姻稳定的社会责任。以往审判实践表明，由于我国裁判离婚理由采取的是概括加列举式的立法模式，给法官留有较大的自由裁量的空间，而本案例为法官提供了一个在自由裁量过程中如何拿捏好准予离婚或者不准予离婚的证明过程和证明尺度。在证明“夫妻感情确已破裂”的过程中，应当严格适用离婚的法定情形，[①]一般做法是法官应当综合婚姻基础、婚后感情、子女情况、夫妻现状和有无和好可能性等各种因素进行考量，这些因素的论证过程要清晰地体现在裁判文书的论理过程中。当出现夫妻感情确已破裂准予离婚的法定情形时，原则上应当判决准予离婚；倘若未出现夫妻感情确已破裂准予离婚的法定情形或者证据不足以支持属于夫妻感情确已破裂的情形时，因为没有充分证据证明夫妻感情确已破裂，应当判决不准予离婚。“婚姻不能听从结婚者的任性，相反，结婚者的任性应该服从婚姻”，[②]草率判离将会导致各种不利影响甚至威胁着社会秩序的稳定。[③] 正如经典作家所指出的，法院判决离婚只能是婚姻内部瓦解的记录，离婚仅仅是对死亡婚姻事实的确认。所以，该判例为后民法典时代司法实践中审判离婚纠纷案件提供了一个可资参考的证明夫妻感情确已破裂或者尚未完全破裂的说理规范。

---

① 《婚姻法》和1989年《认定夫妻感情确已破裂的意见》均已于2021年1月1日被废止。如今，证明“夫妻感情确已破裂”的法定理由应当依据《民法典》第1079条第3款规定认定。

② 马克思、恩格斯：《马克思恩格斯全集》(第十一卷)，人民出版社1995年版，第347页。

③ 参见夏吟兰：《对离婚率上升的社会成本分析》，载《甘肃社会科学》2008年第1期。该文分析了离婚率上升会带来的各种不利影响，如高离婚率会带来离婚妇女及其抚养的子女生活贫困化、不利于未成年子女的身心健康、会带来犯罪、会影响社会公众对婚姻的信心，以上的不利影响同时也会给个人和社会带来诸多经济成本。

054. 如何判断夫妻感情是否确已破裂?*

苏某与林某离婚纠纷案‖福建省大田县人民法院民事判决书,(2020)大民初字第139号

| 事实概要 |

苏某与林某系夫妻关系,双方在婚后共同生育了三个子女,均未成年。在共同生活期间,夫妻双方因性格不合,经常为家庭经济负担、子女抚养问题和其他家庭琐事发生争吵,林某多次殴打苏某,夫妻感情比较差。特别是从2018年起至今,林某没有稳定的工作和收入,养成酗酒和赌博恶习,经常酒后殴打苏某,且多次趁苏某外出时随意打骂三个孩子,导致夫妻关系和家庭经济状况不断恶化。2019年3月29日,苏某以夫妻感情不和为由向法院起诉离婚,后经法官多次调解,苏某考虑养育三个子女经济困难且孩子年幼需要完整家庭,加之林某书面保证改进自身各方面不足,夫妻双方和好。从2019年4月起,为了阻止林某酗酒后打骂孩子,苏某在福田工业园区宿舍楼另行租房给林某一个人住。但是,林某并未改变酗酒、赌博恶习,经常向家中索要钱财未果后打骂妻儿。在2019年4月至2020年3月期间,因林某多次酒后殴打苏某和三个孩子,苏某先后五次向当地派出所报警救助,公安部门多次组织行政治安调解,但林某未能予以改正,夫妻矛盾和家庭矛盾不断激化。苏某遂再次以夫妻感情破裂为由起诉离婚并要求三个子女由苏某抚养。林某未应诉答辩。大田县人民法院经审理认为,苏某与林某经人介绍认识后不久结婚,婚后虽共同生育了三个子女,但二人经常为家庭经济负担、子女抚养问题和其他家庭琐事发生争吵,婚姻感情基础一般。特别是自2018年以来,林某不务正业,沉迷酒精,多次酒后打骂苏某和三个孩子,导致夫妻关系不断恶化,家庭经济状况举步维艰。2019年3月,苏某以林某长期酗酒、赌博、家庭暴力、不承担家庭义务而导致夫妻感情破裂为由起诉离婚,后经法院调解和好后,夫妻关系并未能有效改善。从2019年4月至今,林某经常酒后打骂苏某和三个孩子,导致家庭矛盾更加激烈。现苏某离婚意愿十分坚决,且林某经法院依法传唤无正当理由拒不到庭应诉,应当认定夫妻双方感情确已破裂。因林某有酗酒恶习,且多次对三

---

* 田宝玲,福建省大田县人民法院审判管理办公室主任,一级法官。

个子女实施家庭暴力行为，加之其目前仍无稳定工作和住所，三个孩子均由苏某抚养更有利于孩子的健康成长。遂判决：(1)准予苏某与林某离婚。(2)婚生长女林某甲、次女林某乙、长子林某丙均由苏某抚养；林某应从2020年4月起，每月15日前支付抚养费共计2100元给苏某，直至林某甲、林某乙、林某丙具有独立生活能力为止。判决后，双方当事人均未上诉。

｜判决要旨｜

判断夫妻感情是否确已破裂，应当从婚姻基础、婚后感情、离婚原因、夫妻关系的现状和有无和好的可能进行综合判断。对于生育多名子女且共同生活的夫妻，若双方长期感情不和关系恶劣的，应判决准予离婚。

｜判例评析｜

一、既往相关判例与观点

人民法院审理离婚案件，是否准予离婚应以夫妻感情是否确已破裂为标准。从立法规定而言，符合《婚姻法》第32条第3款规定的情形之一，或者符合最高人民法院1989年《认定夫妻感情确已破裂的意见》规定的情形之一的，人民法院应判决准予离婚。但是，在审判实践中，以"夫妻双方因感情不和而分居满两年"为由起诉后，判决准予离婚的案件相对较多，因实施家庭暴力等其他事由而起诉离婚的案件，因当事人举证困难而判决准予离婚的较少。如样本案例中，对夫妻双方共同生活多年且共同生育多名子女的离婚案件，即便查明夫妻双方经常发生争吵甚至存在家庭暴力情形的，通常仍被认定"婚姻基础较好、夫妻感情尚未破裂"，法官一般会从维系家庭完整性和社会和谐稳定性角度出发，尽量调解和好或者判决不准离婚。尽管1989年《认定夫妻感情确已破裂的意见》罗列了"夫妻感情确已破裂"的十四种情形，但在离婚诉讼中，只作为可以判决离婚的依据，而非应当判决准予离婚的依据。

二、在学理框架内对相关问题的点评

婚姻是以夫妻感情为基础、以家庭权利和义务为纽带的结合。因此，夫妻感情是否确已破裂是衡量婚姻关系能否维系的标准。判断夫妻感情是否确已破裂，一般从婚姻基础、婚后感情、离婚原因、夫妻关系的现状和有无和好的可能等方面综合分析。首先，婚姻感情基础即双方在结婚时的感情状况。当事人是自由恋爱后建立的婚姻还是父母包办、买卖的婚姻，是经过慎重了解后结婚还是认识不久便草率结婚，直接关系到婚姻基础是否牢固，进而对双方婚后生活是否和谐及夫妻感情是否升华产生影响。其次，婚后感情即夫妻双方在共同生活期间的感情状况，它是评价婚姻关系好与坏的基本尺度。当事人的道德品质、性格习惯、子女抚养、家务分担等，都会不同程度地影响夫妻感情。再次，离婚原因

即导致离婚的直接诱因,比如一方存在赌博、酗酒、家庭暴力、不承担家庭经济负担等。离婚原因对判断夫妻感情是否破裂以及夫妻双方是否有和好可能具有重要意义。最后,夫妻关系的现状和有无和好可能,即双方在离婚诉讼前后夫妻共同生活的实际情况,以及当事人对婚姻的主观态度和客观表现。夫妻感情是动态变化过程,既要考察过去相处方式,更要着眼当下的冲突和恶化程度。

从《婚姻法》第32条第3款、最高人民法院《婚姻法解释(一)》、1989年《认定夫妻感情确已破裂的意见》分析,我国实行破裂主义、无责主义和有责主义的并合。① 其中,关于分居的规定,体现了破裂主义的原则;一方被宣告失踪,另一方提出离婚体现了无责主义和目的主义;重婚或有配偶者与他人同居的,实施家庭暴力、虐待、遗弃家庭成员的,有赌博、吸毒等恶习、不履行家庭义务的,体现了有责主义。因此,不论被告是否存在过错,只要满足"夫妻感情确已破裂"的情形,都应当判决准予离婚。

三、本判例的裁判逻辑

本案中,苏某与林某经人介绍认识后不久便登记结婚,婚前感情基础一般。婚后,双方虽共同生育了三个子女,但二人经常为家庭经济负担、子女抚养问题和其他家庭琐事发生争吵甚至发生肢体冲突,婚后夫妻感情较差。特别是在2018年至2020年,林某不务正业,沉迷酒精,多次酒后打骂苏某和三个孩子,导致夫妻关系不断恶化,林某对夫妻感情恶化存在重大过错。2019年3月,苏某以林某长期酗酒、赌博、家庭暴力、不承担家庭义务而导致夫妻感情破裂为由起诉离婚,但未能提供充分证据予以证实。后经法官多次劝解和林某书面保证后,苏某为了子女有完整家庭而选择忍让和牺牲。但法院调解和好后,夫妻关系并未能有效改善,林某经常酒后打骂苏某和三个孩子,导致家庭矛盾更加激烈。至此,夫妻双方感情更加恶化,已和好无望,难以共同生活。从双方挽救婚姻的主观态度分析,苏某第二次起诉时离婚态度十分坚决,林某经法院传票传唤无正当理由拒不到庭应诉,应当视为林某对挽救婚姻的主观意愿并不强烈,夫妻双方无和好可能,故应认定苏某与林某夫妻双方感情确已破裂。综上,苏某与林某虽共同生活多年且生育多名子女,但夫妻感情确已破裂,难以继续共同生活,应当判决准予离婚。

四、本判例的意义

本案系因丈夫不务正业,存在酗酒、家暴等行为导致夫妻感情逐渐破裂,最终走向婚姻尽头的案件,这在近年审理的进城务工人员离婚案件中比较典型。经调查,林某出身于独子多女家庭,从小在父母宠溺中长大,成家后仍延续霸道、任性、好吃懒做的生活态度,宛如巨婴。在本案审理过程中,法官以苏某提供的多次报警记录为线索,对林某和苏某的婚后夫妻感情状况和家庭成员关系进行了较为深入的社会调查,发现苏某与林某共同生

① 参见王礼仁:《婚姻诉讼前沿理论与审判实务》,人民法院出版社2009年版,第240~243页。

活多年，且生育了多名子女，容易被认定为“婚姻基础较好，夫妻感情尚未破裂”的情形。但在日常家庭生活中，林某长期不尽家庭义务，将家庭主要义务全部让苏某一人承担，为此夫妻双方经常争吵，夫妻感情较差，婚姻家庭的维系是靠苏某的忍让和牺牲换来的。尤其是进城务工定居后，林某不务正业且养成酗酒恶习，为满足个人需求和其他家庭琐事与苏某发生争吵，甚至趁苏某外出时多次打骂三个子女，家庭关系不断恶化，难以共同生活。因此，不论是从夫妻感情的实际状况，还是从保障三个子女的身心健康发展的角度出发，都应当认定夫妻感情确已破裂，判决准予离婚。

五、后续判例和规范的发展

婚姻关系的维系离不开夫妻双方的共同经营，如果夫妻感情破裂，勉强维持婚姻关系既不利于家庭和睦，也不利于社会和谐。从《民法典》以及《民法典婚姻家庭编解释(一)》的规定看，夫妻感情是否破裂仍是法官判决是否解除婚姻关系的重要标准。针对审判中存在久诉难判这一问题，《民法典》第 1079 条第 5 款规定，经人民法院判决不准离婚后，双方又分居满一年，一方再次提起离婚诉讼的，应当准予离婚。这是对最高人民法院 1989 年《认定夫妻感情确已破裂的意见》“……经人民法院判决不准离婚后又分居满 1 年，互不履行夫妻义务的”这一规定的改进和升华，将该条意见中的“可判决离婚”变更为“应当判决离婚”。因此，从《民法典》生效之日起，夫妻一方第一次起诉离婚被判决驳回诉求后，只需要证明双方事实上分居满一年，并向法院再次起诉的，法院就应当认定婚姻已无挽救可能，判决准予离婚。这一规定对判断夫妻感情是否确已破裂提供了更为明确的证明标准，不仅贯彻了婚姻自由原则，降低了当事人的诉讼成本，同时也节约了法院的司法资源。当然，基于人权保护和高质量裁判的追求，家事法官们似乎更加从“本本主义”走向“人本主义”，当事人对维系健康婚姻的主观意愿和客观行为越来越引起法官的重视，在此理念下，离婚更加自由是总体趋势。

从 2021 年实施《民法典》以来，多数法院对第一次起诉离婚但无证据证实存在法定离婚事由的案件，在被告明确不同意离婚的情况下，一般判决不准离婚；但对被告拒不到庭应诉的案件存在不同判决，多数法院仍判决不准离婚，仅少数法院判决准予离婚。例如，沈阳市辽中区人民法院于 2021 年 7 月 28 日作出的(2021)辽 0115 民初 3495 号民事判决中，薛某以肖某不尽家庭义务、酗酒、经常辱骂家人导致夫妻感情破裂为由起诉离婚，虽未能提供任何证据予以证实，但肖某无正当理由拒不到庭应诉也不提交书面答辩意见，法院认定肖某对薛某的陈述构成默认，且肖某拒不应诉的行为被视为无挽回夫妻感情的意愿，故判决准予离婚。

对于第一次起诉但有证据证实存在法定离婚事由的，则应判决准予离婚。例如，甘肃省东乡族自治县人民法院于 2021 年 8 月 13 日作出的(2020)甘 2926 民初 1814 号民事判决中，马某因吸毒被三次采取强制隔离戒毒措施，汪某以对方存在严重恶习导致夫妻感情破裂为由起诉离婚,即便马某不同意离婚,法院也在第一次起诉时判决准予离婚。而在福建省大田县人民法院2020年4月15日作出的(2020)闽0425民保令2号民事裁定中,法院对一般程度家暴引发的离婚诉讼案,即便夫妻双方自愿和好,法官在判断被告方仍存在家暴风险的情况下,为了防止受害人再次被家暴,维系健康的婚姻家庭关系,对原告方申请人身安全保护令的,仍予以签发落实,以便结案后在夫妻感情恢复阶段对施暴方起到警示和约束作用。

当然,对于夫妻感情破裂的认定,不一定过错在于被告方,起诉离婚的原告存在严重过错的,即便被告不同意离婚,法院根据当事人婚姻经营状况依法判定夫妻感情已经破裂且无法挽回的,无和好希望的,同样也会判决准予离婚。例如,福建省三明市中级人民法院于2021年6月24日作出的(2021)闽04民终640号民事判决中,陈某乙因患病治疗导致家庭经济困难,夫妻双方为家庭经济负担和日常琐事多发争吵,特别是陈某甲发生婚外情后,为了与他人结婚而长期逼迫陈某乙离婚,并采取断绝经济来源、实施家庭暴力等极端措施。虽然陈某乙不愿离婚,但经法院多次调解后陈某甲仍坚决要求离婚,法院遂认定夫妻感情已经彻底破裂,判决准予离婚,并在夫妻财产分割和经济补偿方面对非过错方予以倾斜保护。

055. 现役军人起诉离婚的，法院裁判是否准许时应考虑哪些要素？*

张某甲与张某乙离婚纠纷案 ‖ 福建省宁化县人民法院民事判决书，(2019)闽0424民初303号

事实概要

张某甲是现役军人。2010年上半年，张某甲与张某乙经人介绍认识，并于2010年12月按习俗举行结婚仪式。2011年4月1日，张某甲与张某乙在福建省宁化县民政局登记结婚。婚后，夫妻感情一般。2015年2月19日，双方通过医学技术手段辅助生育一子，为其取名张某丙。后在张某乙到部队探亲期间，因张某甲玩游戏到很晚，双方发生争吵，引起夫妻矛盾。2017年5月9日，张某乙向张某甲提出离婚，但因双方未达成一致意见而未果。2019年2月19日，张某甲以夫妻感情破裂为由，向福建省宁化县人民法院（以下简称宁化县法院）起诉离婚。2019年4月8日，宁化县法院判决驳回张某甲的诉讼请求。

判决要旨

宁化县法院认为，张某甲与张某乙系军婚，婚后双方通过医学技术手段辅助生育一子，建立了一定的夫妻感情。由于军婚的特殊性，双方聚少离多，且在探亲期间，因张某甲玩游戏，双方发生争吵，引起夫妻矛盾。今后，只要双方从维护家庭和睦、有利于孩子健康成长的角度考虑，互相尊重，互相信任，互相关心，加强沟通交流，其夫妻感情是有修复可能的。因此，宁化县法院认定张某甲与张某乙之间的夫妻感情尚未彻底破裂，对张某甲要求与张某乙离婚的诉讼请求不予支持。

---

* 郭婕，福建省建明县人民法院书记、院长，四级高级法官；赖丽华，福建省宁化县人民法院华侨经济开发区人民法庭庭长、三级法官。

判例评析

一、既往相关判例与观点

对军人婚姻实行特殊保护是新中国婚姻制度的特色之一。是2020年修订的《国防法》第62条第3款规定“依照法律规定对军人的婚姻实行特别保护”。对现役军人离婚作出特殊规定是立法保护军婚的重要举措。无论是革命战争年代还是和平时期,军人作为从事军事工作的特殊群体,都对国家和平与发展作出了极大贡献。军队是国家安定和人民政权稳定的基础,军人婚姻的稳固,关系到军心的稳定。立法和司法实践表明,对军人婚姻实行特别保护,对于鼓励军人献身国防,提高部队战斗力起着积极的作用。由于军人生活的特点,他们无法和配偶经常共同生活在一起,因此,对军人婚姻实行特别保护有利于维护部队广大官兵的切身利益,有利于维护军队的稳定,符合我国的国情和军情,对于消除军人的后顾之忧,激发军人保家卫国的热情,增强部队战斗力起到了十分积极的作用。同时,这也是拥军优属工作的一项重要内容。长期以来,我国《婚姻法》对军婚实行特殊保护。

例如,福建省厦门市海沧区人民法院(以下简称海沧法院)审理了(2015)海民初字第1310号霍某与杨某离婚纠纷一案。该案中,原告霍某与被告杨某(现役军人)系高中同学,2005年双方登记结婚,婚后双方一直两地分居。2012年1月23日,双方生育一女。考虑到夫妻长期分居对孩子成长不利,霍某于2013年1月来厦门工作。霍某平时工作繁忙,婚生女日常主要由杨某带在部队照顾,仅周末时才能一家团聚。双方为孩子日常照顾、经济问题、照顾家里老人等琐事屡有争吵。2015年4月底,霍某认为双方感情确已破裂,夫妻无和好及继续生活可能,遂提起离婚诉讼。本案审理过程中,中国人民解放军某部队政治部向法院出具了《关于霍某诉杨某离婚一案的处理意见》的函,称:杨某长期在一线部队工作,部队战备训练任务繁重,夫妻聚少离多,一定程度上影响夫妻感情交流,容易产生家庭矛盾;双方之间偶尔发生的言语和肢体冲突,属正常的夫妻家庭矛盾,尚未构成家庭暴力,也未造成严重后果。经征求杨某本人的意见,其坚决不同意离婚,认为夫妻感情尚未破裂,有和好可能,并愿意为此努力改变,积极化解矛盾。从维护部队建设和军人思想稳定出发,充分考虑军人职业的特殊性和保护军婚稳定的重要性,应依法妥善处理。

海沧法院审理后认为,霍某与杨某交往多年后结婚,并育有一女,显然有感情基础。《婚姻法》第33条规定:“现役军人的配偶要求离婚,须得军人同意,但军人一方有重大过错的除外。”杨某系现役军人,其明确表示与霍某的夫妻感情尚未达到破裂程度,不同意离婚,其所在部队亦出具书面证明,建议从维护部队建设和军人思想稳定出发,充分考虑军人职业的特殊性和保护军婚稳定的重要性,依法妥善处理。霍某亦未举证证明杨某存在重大过错。在婚姻出现问题时,双方应冷静理智地解决问题,珍惜夫妻感情,互相谅解、沟通，解决夫妻矛盾，积极寻找解决婚姻问题的途径，多从孩子和对方的角度考虑和处理问题。现霍某主张夫妻双方感情破裂，证据不足，杨某在庭审中明确表示不同意离婚，也希望霍某能考虑到孩子，维持完整的家庭。因此，对霍某要求离婚的诉讼请求，海沧法院不予支持，并依据《婚姻法》第 32 条、第 33 条，2012 年《民事诉讼法》第 64 条第 1 款之规定，判决驳回原告霍某的全部诉讼请求。

再如，大连市西岗区人民法院（以下简称西岗法院）审理了王某与鲁某离婚纠纷一案，（2018）辽 0203 民初 5849 号。该案中，原告王某（现役军人）与被告鲁某结婚后生育一女。婚后初期夫妻感情尚可，后因家庭生活琐事，双方产生矛盾，导致夫妻关系不睦。2017 年 8 月，王某诉至法院要求与鲁某离婚，法院判决不准双方离婚。2018 年 6 月，王某再次诉至法院要求与鲁某离婚，法院判决准予双方离婚，婚生女由鲁某抚养，王某每月负担抚养费 3400 元。王某与鲁某均不服并提起上诉。本案发回重审后，鲁某表示不同意离婚。另查，2018 年 12 月 6 日，王某所在部队政治机关领导对王某、鲁某进行调解，因双方分歧较大，未能调解成功。西岗法院审理后认为，王某、鲁某系自主婚姻，有感情基础，婚后初期双方感情尚好。因王某系现役军人，两人常分居，鲁某怀孕后，王某对鲁某的照顾不能像同居相处的夫妻那样周到，继而产生矛盾，致双方感情不睦。从庭审中看，双方陈述的离婚理由均是由一些家庭成员中的琐事而引起的矛盾。本案双方均有过错。一是王某因身份原因，对家庭、对妻子、对孩子无法全身心尽到责任，且其对家庭中的一些事务在处理上缺乏宽宏大量，过多计较小是小非。二是鲁某没有完全理解王某的特殊身份，处理夫妻间的关系缺乏耐性和温度，且因长期一人带孩子产生被动情绪。如果双方能互谅互尊互敬，这些琐事是能够处理好并解决好的。为了从破碎的边缘挽救一个家庭，法院应给双方一次机会，希望双方能够再次努力，共同经营好婚姻，这也是从维护军人合法权益，保护妇女儿童合法权益的角度考虑。西岗法院遂依据《婚姻法》第 32 条之规定，判决驳回王某的诉讼请求。

二、在学理框架内对相关问题的点评

现行法律对军婚的特殊保护主要体现在《民法典》婚姻家庭编中。《民法典》第 1081 条规定，现役军人的配偶要求离婚，应当征得军人同意，但是军人一方有重大过错的除外。根据本条规定，只有在军人一方有重大过错的情况下，配偶要求离婚才无须征得军人的同意，也就是即使军人一方不同意离婚，法院也可以判决离婚。对于重大过错的情形，本条并没有明确规定，但根据《民法典婚姻家庭编解释（一）》第 64 条的规定，《民法典》第 1081 条所称的“军人一方有重大过错”，可以依据《民法典》第 1079 条第 3 款前三项规定及军人有其他重大过错导致夫妻感情破裂的情形予以判断。实践中，主要有以下几种情形：（1）军人重婚或者与他人同居的；（2）军人实施家庭暴力或虐待、遗弃家庭成员的；（3）军人有赌博、吸毒等恶习屡教不改的；（4）军人有其他重大过错行为的。其他重大过错行为主要是指其他严重违背社会公德,并对夫妻感情造成严重伤害的行为。比如,强奸妇女、奸淫幼女、嫖娼等违法犯罪行为,可以认定为重大过错行为。

本案是军人一方起诉要求和非军人一方配偶离婚,那么,就不适用《民法典》第1081条规定,而应当按照一般离婚纠纷处理。在一般离婚纠纷中,根据《民法典》第1079条的规定,有下列情形之一,调解无效的,应当准予离婚:(1)重婚或者与他人同居;(2)实施家庭暴力或者虐待、遗弃家庭成员;(3)有赌博、吸毒等恶习屡教不改;(4)因感情不和分居满二年;(5)其他导致夫妻感情破裂的情形。一方被宣告失踪,另一方提起离婚诉讼的,应当准予离婚。经人民法院判决不准离婚后,双方又分居满一年,一方再次提起离婚诉讼的,应当准予离婚。即便按照一般离婚纠纷处理,也应当充分考虑到军人一方职业的特殊性,全方位对军婚进行保护。应首先进行调解,调解无效的,在不存在法定离婚情形的情况下,为维护军婚稳定性,应驳回军人一方要求离婚的诉讼请求。本案张某甲为现役军人,张某甲与张某乙婚后聚少离多,因工作原因,张某甲无法较多地给予妻子关爱,双方由此经常发生争吵,张某甲一时冲动起诉离婚。在本案中,法官通过深入了解双方相识相恋相爱的过程,以及在婚姻生活过程中产生矛盾的原因,充分认识到双方系因长期异地分居而沟通不畅,产生隔阂,张某乙并不存在法定离婚的情形,张某甲亦未能证明夫妻双方感情已彻底破裂。最终法院认为,只要今后双方从维护家庭和睦、有利于孩子健康成长的角度考虑,互相尊重,互相信任,互相关心,加强沟通交流,夫妻双方感情是有修复可能的,故依法判决驳回张某甲要求与张某乙离婚的诉讼请求,给予双方一个冷静的过渡期,可以使双方认真反思自己在该段婚姻中的失职,弥补各自的过失,同时也维护了军婚的稳定性。

三、后续判例和规范的发展

家庭是社会的细胞,是社会和谐稳定因素,而军人家庭更是关乎国防利益、国家存亡。因此,法院审理军婚案件应从有利于国家发展、家庭和谐,有利于维护军队稳定、增进夫妻感情,有利于子女成长等角度出发,力争破镜重圆,和好如初。长期以来,我国法院在军婚司法审判实践中,充分尊重军人一方所在部队对军人离婚的意见,且从严把握军婚夫妻感情彻底破裂的标准,依法维护军人合法权益。

《民法典》于2021年1月1日施行后,河南省临颍县人民法院(以下简称临颍法院)审理了(2021)豫1122民初835号张某诉刘某离婚纠纷一案。该案中,原告张某系现役军人,2014年12月经人介绍与被告刘某相识并建立恋爱关系,双方登记结婚后生育一子。双方婚前感情基础较好,婚后生活期间及孩子出生后两人关系尚好,后因张某工作原因双方长期两地分居及家务琐事产生矛盾,张某遂提起离婚诉讼。另查明,张某曾于2019年、2020年两次提出离婚诉讼,均被判决不准离婚。

临颍法院审理后认为,良好的夫妻感情是婚姻关系得以维持和存续的基础,夫妻双方在日常生活中应当相互理解相互包容,才能使家庭生活幸福和睦。本案张某与刘某经人介绍相识后,经历近一年时间的相互了解后组成家庭,婚姻基础较为牢固。张某结婚之初亦是军人,承担着保家卫国的光荣使命和神圣职责,特殊的使命注定双方聚少离多。刘某在家操持家务,照顾孩子,所付出的也比平常家庭多一份艰辛和不易。虽然双方在日常生活中存在一些矛盾,但也属正常现象。虽然张某两次提出离婚诉讼,但两次判决中均未体现出导致夫妻感情破裂的因素,结合本次庭审实际,刘某表现出对幸福家庭生活的强烈渴望并坚决不同意离婚。当家庭生活出现矛盾时,夫妻双方更应懂得以互谅互让、相互理解包容的态度和恰当的方式化解矛盾。本案双方婚姻出现问题,系彼此长期两地分居和缺乏包容理解、有效沟通所致,夫妻感情并未达到完全破裂的程度。本案张某提供的证据不能证明夫妻双方感情完全破裂,且刘某也不同意离婚。临颍法院遂依照《民法典》第 1079 条规定,判决驳回张某的诉讼请求。

056. 判决不准离婚后又分居满一年，夫妻一方再次起诉离婚，法院是否应予支持？*

刘某与祝某离婚纠纷案‖北京市第一中级人民法院民事判决书①

事实概要

刘某与祝某2005年登记结婚，双方均系再婚，婚后未生育子女。双方婚后因拆迁利益分配产生矛盾并分居。2019年4月，刘某向法院起诉请求离婚，但被法院判决驳回。2020年10月，刘某再次起诉要求离婚，主张双方自2015年6月起分居，祝某对其缺少关心和照顾，不履行夫妻义务，第一次起诉离婚被判决驳回后，双方仍然处于分居状态，关系并未改善。祝某不同意离婚，经法院主持调解，双方未能达成一致意见。

一审法院经审理后认为：双方均系再婚，对于家庭生活中产生的问题应在相互信任、相互理解、加强沟通、互谅互让的基础上理性解决。只要双方各自检讨自身存在的问题，加强沟通和交流，双方的婚姻关系就还有改善的可能。故本案不足以认定夫妻感情确已破裂，判决驳回刘某离婚的诉讼请求。

二审法院经审理后认为：《民法典》施行前的法律事实持续至《民法典》施行后的，该法律事实引起的民事纠纷案件，应适用《民法典》的规定。《民法典》施行前，经人民法院判决不准离婚后，双方又分居满一年，一方再次提起离婚诉讼的，适用《民法典》第1079条第5款的规定。《民法典》于2021年1月1日已开始施行，法院于2019年5月判决双方不准离婚后，双方又分居至今，已满一年，现刘某再次起诉要求离婚，应当准许，故改判支持刘某关于离婚的诉讼请求。

判决要旨

经人民法院判决不准离婚后，双方又分居满一年，一方再次提起离婚诉讼的，应根据

* 邓丽，法学博士，中国社会科学院法学研究所副研究员、中国社会科学院大学法学院副教授。

① 参见方硕：《北京一中院适用民法典新规定审结首例婚姻关系解除案件》，载北京市第一中级人民法院网，https://bj1zy.chinacourt.gov.cn/article/detail/2021/01/id/5715110.shtml。

《民法典》第1079条第5款新增规定准予离婚。

｜判例评析｜

一、既往相关判例与观点

长期以来，司法实践中，对于当事人以夫妻双方分居为理由起诉离婚的案件多按照《婚姻法》和有关司法解释文件的规定予以裁判。在我国，1950年《婚姻法》没有规定具体的离婚标准，1980年《婚姻法》始将离婚标准明确规定为夫妻“感情确已破裂，调解无效”。2001年修正后的婚姻法在抽象层面和程序规则上都承续了1980年《婚姻法》的相关规定，但在法律规范的表述方式上更科学，以列举方式规定了准予离婚的五种情形，其中与分居有关的情形表述为“因感情不和分居满二年的”①。1989年12月13日，最高人民法院发布《认定夫妻感情确已破裂的意见》，②详细列举了十多种可认定夫妻感情确已破裂的情形，其中关于分居情形的具体规定如下：“因感情不和分居已满3年，确无和好可能的，或者经人民法院判决不准离婚后又分居满1年，互不履行夫妻义务的。”人民法院在审判中严格比照和适用这些规定，以下简要列举三例予以说明。

案例1：河北省遵化市人民法院民事判决书③载明：曹某与陈某经人介绍相识并登记结婚，婚后生育一子，现随陈某共同生活。原告曹某曾于2013年起诉要求与陈某离婚，后于2014年2月13日撤回起诉。后原告曹某又于2015年4月16日再次起诉要求离婚，被判决驳回，其遂于2016年3月3日再次起诉要求与陈某离婚。法院认为：曹某与陈某登记结婚后共同生活多年并育有一子，双方均应珍惜彼此的夫妻感情。曹某虽提交了遵化市西下营满族乡东沟村村民委员会于2016年3月1日出具的证明和(2015)遵民初字第1851号民事判决书，证明双方分居已满两年，但均未能证明分居原因。依据《婚姻法》第32条第3款第4项之规定，认定夫妻感情破裂，准许离婚的法定条件为“因感情不和分居满二年的”，单纯的分居满二年并不能当然地构成法定的离婚条件，双方必须系因感情不和而分居。曹某对此未能有效证明，亦未能举证证明其要求与被告离婚符合2001年修正的《婚姻法》规定的其他条件，故对原告曹某要求与被告陈某离婚的诉讼请求，法院不予支持。

案例2：河北省邱县人民法院民事判决书④载明：闫某与赵某经人介绍相识，于2013年举行结婚仪式后开始共同生活，后在邱县民政局办理结婚登记手续。婚后无子女。闫某

---

① 《婚姻法》第32条的内容经修改及增补后为《民法典》第1079条所沿用。

② 该司法解释文件现已失效，其部分内容为《民法典》第1079条所吸收。

③ 参见河北省遵化市人民法院民事判决书，(2016)冀0281民初1182号。

④ 参见河北省邱县人民法院民事判决书，(2016)冀0430民初863号。

曾于2016年2月25日起诉要求与赵某离婚，被判决驳回后，于2016年10月9日再次起诉要求与赵某离婚。赵某经传票传唤，无正当理由未到庭参加诉讼。法院认为，闫某和赵某按农村习俗举行结婚仪式后开始共同生活，其后又办理了结婚登记，理应夫妻恩爱、和睦相处，共同构建和睦家庭。本案自上次判决不准离婚后，至今未满一年，不符合判决离婚的法定条件，闫某也未提交其夫妻感情确已破裂，符合判决离婚条件情形的证据，故不支持闫某要求与赵某离婚的诉讼请求。

案例3：江苏省淮安市淮安区人民法院民事判决书[①]载明：郑某与姜某经人介绍相识，举行结婚仪式后领取了结婚证，后生育一子现在姜某处生活。近年来，双方因家庭生活琐事产生矛盾，导致夫妻感情不和。2015年5月4日，郑某提起离婚诉讼，被驳回。此后双方仍未能和好，2016年6月28日，郑某再次诉请离婚，自述其近三四年上班，月工资3000元，愿意每月支付子女抚养费200元。另郑某与姜某结婚前曾与他人同居生育一女，现随郑某生活。法院认为，夫妻感情确已破裂是离婚的法定条件。郑某与姜某虽为合法婚姻，但近年来因家庭琐事发生矛盾，致夫妻双方感情不和，郑某首次提起离婚诉讼后被驳回已经超过一年，双方仍未能和好，应认定双方夫妻感情确已破裂，符合法律规定的离婚条件，准予离婚。关于子女抚养问题，父母与子女的关系不因婚姻关系的存在与否而受到影响，离婚后父母对于子女仍有抚养和教育的权利和义务。郑某与姜某的婚生子未成年，不宜改变其生活环境，故判决孩子随姜某生活并由其抚育，郑某每月承担其抚养费600元。

综合以上案例来看，实践中对以分居为由提出离婚的案件，法院在审判时主要把握两个基准，即因感情不和分居满二年，或经人民法院判决不准离婚后又分居满一年，总体上倾向于从严把握离婚标准。

二、在学理框架内对相关问题的点评

在学理上，本案争议焦点主要涉及两个方面问题：其一，诉讼离婚的法定条件；其二，准予离婚的法定情形。围绕诉讼离婚的法定条件，在我国学界曾先后因应立法需求展开过数次大争鸣：20世纪50年代的“正当理由论”与“感情破裂论”之争，20世纪80年代初对社会主义婚姻基础的讨论，20世纪90年代的“夫妻感情破裂”与“婚姻关系破裂”之争。[②] 近年来虽仍有主张将“感情确已破裂”修改为“婚姻关系确已破裂”的观点，[③]但也有在新思潮下捍卫“感情确已破裂”标准的立场。[④] 在立法层面，自1980年《婚姻法》始将离婚标准明确规定为“夫妻感情确已破裂，调解无效”以来，这一标准从未动摇。《民法典》

---

① 参见江苏省淮安市淮安区人民法院民事判决书，(2016)苏0803民初5020号。

② 参见薛宁兰：《与立法相伴前行：七十年来的婚姻家庭法学研究》，载《暨南学报(哲学社会科学版)》2019年第10期。

③ 参见王歌雅：《变异与矫正：离婚制度的公正抉择》，载《中华女子学院学报》2017年第5期。

④ 参见李洪祥、王畅：《离婚苛刻条款的利弊分析》，载《求是学刊》2020年第1期。

第1079条第2款并对此予以承袭，明确规定："人民法院审理离婚案件，应当进行调解；如果感情确已破裂，调解无效的，应当准予离婚。"根据这一规定，感情确已破裂，调解无效，是人民法院判决准予离婚的法定条件。其中，夫妻"感情确已破裂"是人民法院判决准予离婚的实质条件，而"调解无效"则是判决准予离婚的程序条件。

感情确已破裂是准予离婚的实质性条件，但感情本身具有复杂多变、难以认定的特点。为了增强法律的可操作性，提高审判工作效率，《民法典》第1079条第3款进一步规定："有下列情形之一，调解无效的，应当准予离婚：（一）重婚或者与他人同居；（二）实施家庭暴力或者虐待、遗弃家庭成员；（三）有赌博、吸毒等恶习屡教不改；（四）因感情不和分居满二年；（五）其他导致夫妻感情破裂的情形。"除以上五种情形外，《民法典》第1079条第4款沿袭《婚姻法》第32条第4款的规定："一方被宣告失踪，另一方提起离婚诉讼的，应当准予离婚。"这是因为，婚姻关系是非常紧密的人身财产结合，如一方长期下落不明，婚姻的功能势必难以实现，故应当准予另一方解除婚姻关系。同样基于婚姻制度功能的考量，第1079条增设第5款，补充规定："经人民法院判决不准离婚后，双方又分居满一年，一方再次提起离婚诉讼的，应当准予离婚。"这些情形是准予离婚的法定情形。所谓法定情形，是指法律已就该情形下的裁判规则作出明确指引，故就法律逻辑而言，确认该情形的存在即导致相应的裁决，进而发生相应的法律后果。以离婚法定情形为例，有学者将其概括为绝对离婚主义，即"只要原告举证证明其婚姻关系中发生法定离婚事项之一项或多项，法官就必须作出准许离婚的判决，不享有自由裁量权"。①

正确适用离婚法定情形条款，对于抵制和对抗司法审判实践中的"二次诉讼裁判离婚"隐规则具有重要意义。该规则是指，对有争议的初次离婚诉请人，人民法院一般判决不予离婚，判决生效6个月后再次提起诉讼的，人民法院一般判决准予离婚，亦有学者谓之"二次离婚诉讼审判规则"②。该规则的形成始于保护家庭维持婚姻家庭秩序的初心，但一旦形成定型的操作模式，令法官放弃就当事人感情是否破裂予以细察和斟酌，必然会损害到当事人的离婚自由。

三、本判例的裁判逻辑

在本案中，一审法院未就夫妻感情是否破裂的判断予以细述，而是重在伦理性引导，认为双方当事人既然是再婚家庭，就更应相互信任、相互理解、加强沟通；只要双方各自检讨加强沟通，双方的婚姻关系就"有改善可能"，故概括认定本案不足以认定夫妻感情确已破裂，判决驳回刘某的离婚诉求。二审法院亦未重点阐述当事人双方感情破裂的具体认定，而是着重阐述法律适用问题：《适用民法典时间效力的规定》第1条第3款规定，"民法

---

① 蒋月：《论我国现行法定离婚理由立法主义》，载《东方法学》2009年第4期。

② 刘敏：《二次离婚诉讼审判规则的实证研究》，载《法商研究》2012年第6期。

典施行前的法律事实持续至民法典施行后，该法律事实引起的民事纠纷案件，适用民法典的规定，但是法律、司法解释另有规定的除外”。对于本案中的情形，之前的法律、司法解释并未另作规定，但是上述司法解释第22条专门对此予以规定："民法典施行前，经人民法院判决不准离婚后，双方又分居满一年，一方再次提起离婚诉讼的，适用民法典第一千零七十九条第五款的规定。"经此规范，该案应适用《民法典》第1079条第5款予以裁判，该条文将判决不准离婚后又分居满一年的情形作为离婚法定情形，其裁判指引为"应当准予离婚"，因此，本案应在证明判决不准离婚后又分居满一年的事实基础上作出准予离婚的判决。

四、本判例的意义

最高人民法院《适用民法典时间效力的规定》于2021年1月1日起施行。本判例正确适用《民法典》第1079条第5款、最高人民法院《适用民法典时间效力的规定》第1条第3款和第22条规定，对于将判决不准离婚后又分居满一年作为离婚法定情形应用于具体个案的裁判，具有示范意义，有利于统一司法实践中对于以分居为理由诉请离婚案件的法律适用，也有利于依法保障离婚自由，维护当事人合法权益。该案件经法院官网及时报道，产生了较大影响。[①]

五、后续判例和规范的发展

本案例是目前所见适用《民法典》新增法定离婚情形规定的新案例，后续案例尚不可见，但依法裁判、正确适用《民法典》是可期待也可预期的。

在适用《民法典》关于离婚条件和离婚法定情形的规定时，要准确把握离婚条件与离婚法定情形的关系：离婚条件是唯一的，即《民法典》第1079条第2款规定："人民法院审理离婚案件，应当进行调解；如果感情确已破裂，调解无效的，应当准予离婚。"离婚法定情形是将离婚条件具体化、可操作化。为了更好地统一认识，《民法典婚姻家庭编解释（一）》第63条明确指出，人民法院审理离婚案件，对符合《民法典》第1079条第3款规定"应当准予离婚"情形的，不应当因当事人有过错而判决不准离婚。但从准确理解和适用《民法典》的视角而言，"应当准予离婚"情形包括第1079条第3款前4项和第4款、第5款，而该条第3款第5项应理解为兜底条款，在不存在法定离婚情形的个案中给予法官一定的自由裁量权。从我国长期司法实践经验看，法官在判断夫妻感情是否破裂时，主要从婚姻基础、婚后感情、离婚原因、夫妻关系现状以及夫妻有无和好可能五个方面来考量。基于破裂主义的立法精神，在是否准予离婚问题上，我国现行法律着重考察婚姻关系双方的感情是否无可挽救，并不进行过多道德评判，而将重点聚焦于科学的法律适用上。

① 参见方硕：《北京一中院适用民法典新规定审结首例婚姻关系解除案件》，载北京市第一中级人民法院网，https://bj1zy.chinacourt.gov.cn/article/detail/2021/01/id/5715110.shtml。

第五章

未成年子女直接抚养权、探望权和抚养费有关纠纷，离婚后子女抚养关系和子女姓氏变更争议

057. 确定离婚父母给付未成年子女抚养费金额时应考虑的主要因素*

朱某与邢某离婚纠纷二审案件 ‖ 北京市第二中级人民法院民事判决书，(2014)二中民终字第02678号

事实概要

邢某与朱某于2008年2月6日登记结婚。2010年3月15日，双方生育一女邢某1。2013年11月，邢某向法院起诉离婚。

庭审中，邢某与朱某均提出孩子抚养权应归己方。邢某主张抚养邢某1，要求朱某每月支付抚养费800元；朱某亦主张抚养女儿，要求邢某每月支付抚养费10,000元；双方均认可邢某1自出生后一直由朱某的父母照顾，目前随朱某的父母居住在浙江省宁波市；邢某主张自己月收入5000元左右，朱某主张其月收入6000元左右。

判决要旨

原审法院认为：夫妻关系应以感情为基础。现邢某、朱某双方均表示夫妻感情已破裂，同意离婚，故对邢某要求与朱某离婚的诉讼请求，法院予以支持。关于子女抚养权归属，应当以最大限度地保护未成年子女权益，保障其身心健康成长为原则，同时综合父母双方的具体情况，予以妥善处理；关于子女抚养费的数额，应当根据子女的实际需要、父母双方的负担能力和本地区的实际生活水平综合确定；考虑到邢某1年纪尚幼，且一直跟随朱某及其父母共同生活，故法院酌定邢某1应由朱某抚养，邢某应每月给付抚养费2000元。

二审法院认为：关于子女抚养问题，人民法院在审理离婚案件时，应当从有利于子女身心健康，保障子女的合法权益目的出发，结合父母双方的抚养能力和抚养条件等具体情况予以解决。邢某、朱某婚姻关系存续期间生有婚生女邢某1，考虑到邢某1年纪尚幼，且一直跟随朱某及其父母共同生活，故原审法院确定邢某1由朱某抚养是适当的。而邢某

---

* 李欣，法学博士，江南大学法学院副教授。

作为不直接抚养子女的一方父母，应当给付一定的抚养费用，原审法院酌情确定由邢某每月给付邢某1抚养费2000元。朱某上诉坚持认为原审法院确定的抚养费数额过低，对此，北京市第二中级人民法院认为，原审法院确定的抚养费数额既反映了邢某的收入情况，又考虑到邢某1实际生活需要，故对于原审法院确定的抚养费数额予以确定。

判例评析

一、既往相关判例与观点

1993年《处理子女抚养的意见》经最高人民法院审判委员会第603次会议讨论通过，自1993年11月3日施行。该意见第7条规定：子女抚育费的数额，可根据子女的实际需要、父母双方的负担能力和当地的实际生活水平确定。有固定收入的，抚育费一般可按其月总收入的20%～30%的比例给付。负担两个以上子女抚育费的，比例可适当提高，但一般不得超过月总收入的50%。无固定收入的，抚育费的数额可依据当年总收入或同行业平均收入，参照上述比例确定。有特殊情况的，可适当提高或降低上述比例。第11条规定：抚育费的给付期限，一般至子女18周岁为止。16周岁以上不满18周岁，以其劳动收入为主要生活来源，并能维持当地一般生活水平的，父母可停止给付抚育费。

对于被起诉的有固定收入者，法院因能查清支付方的收入，故判决理由较为明确，也基本按照1993年《处理子女抚养的意见》的规定，在支付抚养费一方收入的20%～30%的范围内判决抚养费金额。这个比例一般来说，并不会影响给付方的正常生活，是合理的。从法理上讲，父母从把子女生下来的那一天起到成年那天止，对子女负有抚养其长大成人的义务，子女作为父母生活中的一部分存在，从另一个角度看，是自己的利益共同体。抚养的程度取决于自己的生活水平，但是，通过判例检索发现，大部分家庭很难实现与其他家庭享有同等的生活水准，这就需要针对不同的家庭情况来判定不同的抚养费数额。而根据国家统计局调查统计，2014年居民人均消费支出已达到14,491元。因此，在我国离婚案件中，未与未成年子女共同生活的父母一方给付的抚养费数额偏低，且还有很大一部分尚未达到居民人均消费支出水平，恐难以满足未成年子女的一般生活需求。

在山西省的马某斌诉马某琴同居关系子女纠纷案一审中，山西省长治市城区人民法院经审理认为：原、被告儿子马某乐现尚未成年，且长期随母亲马某琴共同生活，被告父母也对孩子的抚养起到较大帮助作用，从有利于孩子健康成长的角度出发，马某乐随被告生活为宜；原告现每月收入1000元，由其承担马某乐抚养费每月300元至其独立生活时止。[①] 在海南省的钱某、王某1离婚纠纷再审审查与审判监督民事裁定中，法院认为：首先，关于抚养权的问题。钱某与王某1生育有两个孩子（儿子王某于2007年12月22日出生，女儿王

① 参见山西省长治市城区人民法院民事判决书，(2013)城五民初字第345号。

某2于2016年4月13日出生)。一审法院认为,王某2未满3周岁,王某于2009年10月26日钱某与王某1第一次离婚后一直跟随王某1生活,综合本案实际情况,立足于保障孩子健康成长的目的,判决王某2归钱某抚养,王某归王某1抚养。对此,二审判决予以维持,并无不妥。其次,关于抚养费的问题。钱某与王某1各自抚养一个孩子,两个孩子均可享有同等的被抚养权、受教育权等,因王某2与王某相差8岁,故海南省海口市中级人民法院的二审判决认为,王某1每月向钱某支付王某2的抚养费2500元至王某2年满11周岁止,钱某不向王某1支付王某的抚养费,该认定并无不当。王某1称,王某11岁时参加补习班等抚育费支出较多,而王某2不足3岁抚育费支出较少,二审判决认定对王某1少付8年的抚育费是错误的,该项主张不能成立,法院不予支持。另外,一审诉讼时,钱某请求判令两个孩子归其抚养并由王某1每月对每人支付1000元抚养费,而二审判决每人各抚养一个孩子并由王某1每月支付2500元抚养费。法院认为,本案系离婚诉讼纠纷,在解除双方婚姻关系的同时需妥善处理婚生子女的抚养权归属等问题。本案自一审诉讼以来历时较长,结合当地经济发展水平以及王某1现有的经济状况,从维护妇女儿童的合法权益出发,二审法院认定王某1每月支付王某2抚养费2500元,程序上虽然存在瑕疵,但处理结果公平合理。因此,为减少当事人诉累,节约司法资源成本,对王某1认为二审判决违背不告不理原则应予以再审的主张,海南省高级人民法院不予支持。①

在田某某与马某某变更抚养关系纠纷再审审查与审判监督民事裁定中,宁夏回族自治区高级人民法院认为:田某某认可自双方2011年3月离婚至今其并未抚养婚生子田某甲,婚生子女田某甲、田某乙一直和马某某共同生活,田某某未支付过抚养费。田某某主张其未抚养婚生子田某甲系马某某阻挠所致,并无事实依据。一审法院征求田某甲(已年满11周岁)意见,田某甲明确表示愿意与马某某一起生活,故一审法院根据本案的实际情况及被抚养人意愿判决变更田某甲的抚养权,并无不当。关于抚养费支付时间及数额问题,自2011年3月至今田某某未曾抚养田某甲,也未支付抚养费,一审法院判决田某某从2011年3月开始支付抚养费每月400元,符合当地生活实际及法律规定。② 在马某俊与张某梅离婚纠纷再审审查与审判监督民事裁定中,法院认为:关于双方的非婚生子女马某的抚养费承担问题,再审申请人马某俊提出一审、二审法院判决免除其与张某梅所生女儿马某7年抚养费的支付义务与法相悖,理由是,因马某现由申请人马某俊抚养,张某梅对此并无异议,理应承担马某的抚养费用。我国现行法律对未成年人的教育成长作出特殊保护的规定,其中包括生存权、健康权、受教育权等权利,应当遵循一切以有利于孩子健康生

① 参见海南省高级人民法院民事裁定书,(2020)琼民申447号。

② 参见宁夏回族自治区高级人民法院民事裁定书,(2018)宁民申845号。

活为前提的原则。①

在刘某甲与刘某乙抚养费纠纷再审复查与审判监督民事裁定中，法院认为：刘某甲虽为非婚生子女，但其享有与婚生子女同等的权利，作为父母对子女负有抚养教育的权利和义务。刘某甲因抚养费事由曾向晋江市人民法院诉请刘某乙支付抚养费，晋江市人民法院综合刘某乙的抚养能力以及参考晋江市当地的生活水平，判决刘某乙一次性向何某支付刘某甲至18岁止的抚养费86,400元，该判决已生效并执行完毕。本案刘某甲再次诉请刘某乙增加抚养费，但其在原审中所提交的医疗费支出票据及保育院收据，不足以证明刘某甲抚养费数额不足难以维持生活，且前判抚养费采取一次性支付的方式实际也包含了该笔抚养费所产生的孳息，以此来消除物价波动对刘某甲生活所造成的影响。何某系刘某甲的母亲，自称开有理发店，也有一定的劳动收入，对刘某甲亦负有抚养教育的义务，故其对刘某甲也应当承担50%的抚养责任。②

二、在学理框架内对相关问题的点评

随着“儿童利益最大化”成为全球立法趋势，近年来我国更加重视对于儿童利益的保护，但目前立法更侧重于对未成年人群体性、基础性权益的保护，维护儿童权益停留在基本层面，而对精神利益等高层级利益的保护尚有所不足。同时，当代社会主张和追求婚姻自由，有关婚姻家庭的思想观念更加开放，但在子女利益往往受到家庭关系影响的现实情况下，父母追求个人自由时会导致子女权益无法得到最大化的优先保障。要真正达成“儿童利益最大化”的目标，应当加强对于未成年人个体的关注，注重差异化解决纠纷，同时以立法形式明确保障儿童更多权利。在社会背景、家庭环境复杂化的今天，模糊的、不确定的立法根本无法全面保障未成年人的利益。只有将婚姻家事纠纷中有关未成年人利益保护的规定进一步精准化、扩大化，才能顺应当前“儿童利益最大化”的发展趋势。

《民法典》规定，在协议离婚中由父母协商决定子女抚养费数额和期限，因此子女的抚养费将成为父母双方博弈的对象。但现实中，不少父母存在因迫切希望离婚而就该费用进行妥协不考虑子女的实际需要等情况，而婚姻登记机关处于中立的消极地位，不会审查有关费用的合理性。目前，我国法律关于抚养费数额的确定是依照1993年《处理子女抚养的意见》的规定，以个人收入或行业平均收入为计算标准。但随着经济的转型和发展，个人收入呈现多元化趋势。首先，对于“收入”的范围容易产生纠纷，如是否包括奖金、不动产增值、债券、股利等。其次，由于我国缺乏完善的税收系统，对于有固定收入者，连其单独的净固定收入额都难以确定，而对于无固定收入者的年总收入更是难以查明，其所依据的行业平均收入在我国每半年公布1次，这使得抚养费的支付存在滞后的可能性。再

① 参见甘肃省高级人民法院民事裁定书，(2018)甘民申417号。

② 参见福建省高级人民法院民事裁定书，(2014)闽民申字第802号。

次，尽管该规定提到“要结合子女的实际需要”，但在之后的数额计算标准中并无体现，也未明确对“实际需要”应当保障至何种程度，导致在实践中出现抚养费数额过少，只能保证儿童基本温饱，造成未成年子女的生活水平、生活质量急剧下降。因此，仅以收入作为抚养费数额计算标准是否符合子女利益最大化原则，也值得商榷。最后，我国在家事法律中暂未明确规定“子女本位”，存在“父母权利”实际凌驾于“儿童权利”之上的情况：依照我国传统和法律规定，父母负责支付未成年子女的生活费、教育费、医疗费等费用，因此抚养费会直接交由直接抚养方支配。而在实际使用过程中，无明文规定应以何种手段监督抚养方在使用抚养费的过程中是否实际用于儿童抚养以及是否尊重儿童意愿，因为暂无监管措施，直接抚养子女的父或母可以随意使用抚养费，而有使用需求的未成年人在主张权利时会受制于父或母。这与《民法典》规定的“监护人除为维护被监护人利益外，不得处分被监护人的财产”，即未成年人享有独立的财产权相冲突。①

为了实现儿童利益最大化，与其物质生活水平直接相关的抚养费标准应当有所调整。首先，应建立利益代理人制度。许多国家和地区为了防止父母为尽快调解成功而放弃抚养费的索取或降低抚养费的数额导致未成年人利益受损，建立了代理人制度。例如，《日本民法典》就有关于特别诉讼代理人制度的规定。如果在家事纠纷解决过程中独立的利益代理人能够帮助未成年人主张自己的利益，参与抚养费协商，就可以防范父母过度关注自身利益而侵害子女利益。一方面可以减少儿童因直接参与父母对峙产生的负面影响，另一方面可以确保未成年人利益的实现不会受制于父母。其次，应修改抚养费数额的确立标准。目前，我国抚养费的确定并未将保持未成年人原有生活水平作为参考标准，支付一方仅有履行法律规定的或协商的抚养费数额的义务而无保证子女生活质量的义务。这方面如《美国统一结婚离婚法》，即对抚养费数额的确定应当参考离婚前子女原有的生活水准。父或母有能力承担抚养费时，应尽量保证子女的生活条件不会因父母离婚而遭受显著变化。最后，关于抚养费审查和监督。由于婚姻家事纠纷的解决往往以双方当事人达成一致为结局，为了保护未成年人的利益最大化，法院或婚姻登记机关应当对抚养费进行实质性审查。在后续过程中涉及抚养费的使用、支付和调整问题的，可以参照澳大利亚建立儿童抚养费局，由独立机构全面地保障儿童抚养费的支付使用，具体工作内容包括确定抚养费数额，并根据经济发展和居民生活水平的变化，对抚养费作出新的评估以及代收抚养费。我国可以由婚姻登记部门或成立单独的未成年人社会保障机构持续跟进核准抚养费的支付和使用方式，以及根据子女需要并结合父母的经济水平及时对抚养费金额作出调整，以促进子女的权益真正得到落实。

---

① 参见陈奇伟、邱子芮、来文彬：《论“儿童利益最大化”在家事立法与司法中之贯彻与完善》，载《南昌大学学报（人文社会科学版）》2020年第5期。

美国法律关于抚养费金额的确定方式、计算抚养费给付金额时义务人收入的认定，有值得借鉴之处。首先，对于抚养费金额的确定方式。1984 年，美国联邦政府发布《抚养费计算指南》，[①]规定各州抚养费计算方式，各州抚养费收取机关必须按照指南的标准确定抚养费金额，只有在特别情况下法院才能以书面方式变更相关标准。传统上抚养费的计算由法院根据具体案件进行，这一方式容易造成抚养费额度较低、相同情况下抚养费额度不同以及案件审理时间较长等问题。指南有助于避免这些现象。为了准确确定抚养费数额，夫妻双方应当向法院提交各自的资产、收入、负债等证明资料。法院有权向有关机关发出协助命令，调查当事人收入情况。而抚养费金额认定方式分为两种，一是分担制；二是比例制。分担制是根据父母的收入比率确定抚养费额度，确保子女能够达到与父母共同生活时的生活标准，这一方式考虑了直接监护人一方的收入情况，但计算方法较为复杂。比例制是指不考虑直接监护人的收入，仅命令非直接监护人一方按照收入的一定比例支付抚养费。不同的计算方式会产生不同的效果。抚养费额度与未成年子女数量亦有关联，不同州确定的比例不尽相同。除判决每月支付一定比例抚养费外，法院还可以命令义务人支付子女监护人从事工作或寻找工作时的子女入托费用、子女加入健康保险费用、子女升入大学的学费及支出的医疗费等。在离婚程序中，夫妻双方可以通过协商确定抚养费负担额，但不能低于州设定的最低标准。在纽约州，对于抚养费的协商还需满足以下要件：(1)合意书中必须表明双方了解州的抚养费收取指南设定的标准；(2)必须表明是如何根据《抚养费强制收取指南》[②]计算抚养费金额的；(3)若合意达成的金额不同于依据《抚养费强制收取指南》确定的金额，必须说明原因。当符合以上若干条件时，法院才会对合意书进行司法确认。其次，计算抚养费时关于义务人收入的认定。美国法院确定抚养费金额时，通过州抚养费收取机关的网络自动计算，只要把准确的收入填入公式中，网络软件便计算出某一方应负担的抚养费。除非有特殊情况，否则法官不会采纳别的数据进行认定，但问题是确定当事人的准确收入较为困难。在司法实践中，形成了一些关于认定收入额的判例。例如，认定当事人总收入时，不但考虑其目前所得，还可以基于过去雇佣状况或未来的工作盖然性推算总收入；根据当事人的实际事业收入，在考虑生活支出等因素后来计算确定基础收入；当事人收入大幅度超过计算指南最高额时，法院可以行使裁量权，在斟酌

---

① 《抚养费计算指南》(Child Support Guideline 1984)：由美国联邦政府于 1984 年发布，规定各州抚养费计算方式，各州抚养费收取机关必须按照该指南的标准确定抚养费金额。陶建国：《美国夫妻离婚后未成年子女抚养费制度及其启示》，载《理论月刊》2016 年第 3 期。

② 《抚养费强制收取指南》[Child Support Enforcement (CSE)]：由美国国会于 1975 年颁布，加强全国范围内对子女抚养义务的强制执行。该抚养费强制收取指南，历经 1984 年、1988 年、1996 年三次修改，逐步将子女抚养费强制执行制度纳入公共扶助体系。陶建国：《美国夫妻离婚后未成年子女抚养费制度及其启示》，载《理论月刊》2016 年第 3 期。

子女最大利益、当事人各自情况等基础上确定抚养费金额;等等。①

三、本判例的裁判逻辑

在本案中,一审法院判决邢某应每月给付抚养费2000元。二审法院根据《婚姻法》第37条"离婚后,一方抚养的子女,另一方应负担必要的生活费和教育费的一部或全部,负担费用的多少和期限的长短,由双方协议;协议不成时,由人民法院判决。关于子女生活费和教育费的协议或判决,不妨碍子女在必要时向父母任何一方提出超过协议或判决原定数额的合理要求"的规定,认为原审法院确定的抚养费数额既反映了邢某的收入情况,又考虑到邢某1实际生活需要,故对于原审法院确定的抚养费数额予以确定,维持原判。该案法官并未支持原告每月10,000元抚养费的请求,相反还降低了一大半的比例,就笔者检索到的判例中,大多数法院都没有支持这种高额抚养费,理由是超出子女实际需要。但也有观点认为,子女应与父母生活水平基本相当,可以有超出一般需求的费用主张。当然,超出部分如果支付方认可也可以在协议中体现,这个完全看每个人的实际情况和能力,法律需要尊重支付方作出的选择。父母对于子女的抚养可以"共生义务"作为一种标准,当父母一方收入较高时,可以考虑将子女的抚养费数额进一步提高,以维持与自己生活水平相当的水准。

四、本判例的意义

最高人民法院1993年《处理子女抚养的意见》确定了抚养费的计算比例,施行近30年之后,该标准是否还符合子女的实际需要,是个值得讨论的问题。在抚养费比例的确定上,我们应以儿童最大利益原则作为指导思想,由国家权威机构通过数据分析科学地判断这一比例的合理性,以期计算出能保障子女生活且合理的抚养费计算比例。按收入比例计算抚养费是最方便可行的,既符合社会发展规律,又能够因地制宜,其结果也大致能间接与当地消费水平相一致。依照收入计算抚养费时,就有必要界定收入的范围及收入的举证责任分配,加强法院对收入问题举证的协助,防止当事人隐瞒收入,以期计算出真实的、符合现实需要的抚养费数额。抚养费支付问题时常困扰着诉讼当事人,对于一次性支付还是分期支付的问题,法院应当根据实际情况加以判断,而非简单的只适用分期支付。支付方式应当在适应现代社会发展进程中有所变通,以实现效率最大化为准则,对于大学生是否属于抚养费的支付对象的问题,应从促进整个社会的发展进程的目的出发来探讨。

我国没有设立儿童权保护的专门监督机关。对于直接抚养方的行为没有监督,对非直接抚养方的收入、支付行为亦无监督,抚养费的执行也只能依靠法院的执行部门来实现。而抚养费的支付具有长期性、连续性、反复性的特点,且涉及亲情的维系,法院一次又一次的执行,不仅浪费司法资源,而且效率低下,如何将抚养费落到实处及如何监督父母双方的行为问

① 参见陶建国:《美国夫妻离婚后未成年子女抚养费制度及其启示》,载《理论月刊》2016年第3期。

题,与儿童切身的利益息息相关,不可忽视。

五、后续判例和规范的发展

《婚姻法》及相关司法解释,《民法典》及最高人民法院《民法典婚姻家庭编解释(一)》,都一以贯之地坚持以保护未成年人身心健康成长为宗旨。在审理婚姻家庭案件过程中,人民法院特别强调对未成年人的保护,并以保护未成年人的权益、确保未成年人的身心健康成长为宗旨。尤其在离婚案件中,法院判决确定子女直接抚养权归属时,更是从子女利益最大化的原则出发。

《民法典》施行之后,法院同样严格适用相关法条规定进行判决。在谢某、范某1同居关系子女抚养纠纷案二审民事判决中,法院认为:两周岁以下的孩子应当属于正在哺乳期的孩子,一般随母亲生活。同时在特殊情况下,也可随父亲生活。其中,母亲有抚养条件不尽抚养义务,而父亲要求子女随其生活的,或者母亲并非无抚养能力和抚养条件,而是母亲不尽抚养义务,在婴儿出生后一直由父亲抚养的情况下,如果父亲提出婴儿随其生活的要求时,应该判决或确认由父亲抚养。本案中,虽然上诉人谢某具有抚养子女的条件,但上诉人谢某在儿子范某2出生18天后,因家庭矛盾离家出走,未尽到一个母亲对孩子的关爱、抚养义务。现被上诉人范某1愿意抚养儿子,结合儿子跟随范某1生活至今,改变范某2的生活环境对其成长不利等情况,原判范某2仍由被上诉人范某1抚养并无不当,上诉人谢某诉称范某2应由其抚养的理由不能成立,法院不予支持。原审法院判决认为,不直接抚养非婚生子女的生父或者生母,应当负担未成年子女或者不能独立生活的成年子女的抚养费,谢某须支付范某2抚养费70,809元(按照河南省上一年度农村居民人均可支配收入标准16,107.93元计算,16,107.93元/年×25%×17年零7个月=70,809元)。二审中,关于计算抚养费的标准和数额符合法律规定,但考虑上诉人谢某的实际情况,抚养费4026.98元(16,107.93元/年×25%)应在每年12月31日前支付,至范某2十八周岁。①

在龚某1、龚某2抚养费纠纷案二审中,辽宁省沈阳市中级人民法院认为:子女抚育费的数额,应根据子女的实际需要、父母双方的负担能力和当地的实际生活水平确定。龚某2与龚某1法定代理人孙某离婚协议中约定龚某2自2019年7月起每月给付子女抚养费2000元,现龚某1要求增加抚养费数额,一审法院综合考量龚某1的日常生活实际开销及龚某2收入水平,酌情认定龚某2给付子女抚养费增加至每月2600元,一审该项认定并无不当,二审予以维持。②

在辽宁省的郝某、刘某1抚养费纠纷案件中,北票市人民法院一审认为:离婚后的父

---

① 参见河南省周口市中级人民法院民事判决书,(2021)豫16民终3169号。

② 参见辽宁省沈阳市中级人民法院民事判决书,(2021)辽01民终8306号。

母对子女仍负有抚养教育义务,父母不履行抚养义务时未成年的子女有要求父母给付抚养费的权利。原告父亲与被告虽经北票市人民法院判决离婚并且被告每月支付抚养费300元,但随着原告年龄的增长以及人们消费水平的日益提高,加之现原告正处于九年义务教育阶段,其生活费和教育费等支出逐年增加,每月300元的抚养费已不足以维持生活需要。现原告要求被告增加抚养费,符合法律的相关规定,对于原告的诉讼请求,法院予以支持。二审中,辽宁省朝阳市中级人民法院认为:离婚后,父母对于子女仍有抚养、教育、保护的义务。父母不履行抚养义务的,未成年子女有要求给付抚养费的权利。本案中,被上诉人已经上小学,考虑到学习费用增加和物价上涨,为了被上诉人更好地成长,应适当增加被上诉人的抚养费。原审法院判决上诉人每月给付被上诉人1000元抚养费是合理的。综上,上诉人的上诉请求不能成立,原判认定事实清楚,适用法律正确。[①]

① 参见辽宁省朝阳市中级人民法院民事判决书,(2021)辽13民终1851号。

058. 离婚诉讼中，法院能否主动判决未成年子女由离婚父母轮流抚养？*

陈某1与陈某2离婚纠纷二审案件‖福建省福州市中级人民法院民事判决书，(2016)闽01民终4078号

事实概要

原告(男方)、被告(女方)于2005年3月经人介绍认识后，于2005年8月1日登记结婚；2006年3月29日生育一子陈某某。2015年，男方以离婚纠纷起诉女方至法院，要求：(1)判决原、被告离婚；(2)婚生子陈某某由原告(男方)抚养，被告(女方)每月支付抚养费1000元；(3)分割夫妻共同财产约××万元。一审庭审中，被告同意离婚，原、被告均主张婚生子陈某某的抚养权。

判决要旨

福建省福州市鼓楼区人民法院认为，原、被告均同意离婚，予以支持。原、被告均主张婚生子的抚养权，从有利于保护婚生子利益的角度考虑，婚生子由原、被告轮流抚养至其年满18周岁为宜；每年的2月至7月由原告抚养，在此期间婚生子的教育费和生活费等各项费用由原告承担；每年的8月至次年的1月由被告抚养，在此期间婚生子的教育费和生活费等各项费用由被告承担。若与婚生子共同生活的一方不尽抚养义务或有虐待子女行为，或其与婚生子共同生活对子女身心健康确有不利影响的，另一方可以主张变更抚养关系。综上，依据《婚姻法》第32条①、第36条②、第39条③第1款，最高人民法院1993年《处理子女抚养的意见》第6条④、第16条⑤，最高人民法院《民事诉讼证据规定》第2条规

* 张守真，北京浩天(福州)律师事务所合伙人、律师。

① 参见《民法典》第1079条。

② 参见《民法典》第1084条。

③ 参见《民法典》第1087条第1款。

④ 参见最高人民法院《民法典婚姻家庭编解释(一)》第48条。

⑤ 参见最高人民法院《民法典婚姻家庭编解释(一)》第56条。

定，判决如下：(1)准予原告与被告离婚。(2)婚生子陈某某由原、被告轮流抚养至婚生子年满18周岁；每年的2月至7月由原告抚养，在此期间婚生子的教育费和生活费等各项费用由原告承担；每年的8月至次年的1月由被告抚养，在此期间婚生子的教育费和生活费等各项费用由被告承担。

原、被告均不服一审法院关于婚生子轮流抚养的判决，分别提起上诉。福建省福州市中级人民法院经审理认为，原告与被告抚养子女的条件基本相同，双方都强烈要求抚养婚生子陈某某，在有利于保护子女利益的前提下，一审法院判决由双方轮流抚养婚生子陈某某并无不当，法院予以维持。

判例评析

一、既往相关判例与观点

以“子女抚养关系”作为关键词，查询“威科先行·法律信息库”以及中国裁判文书网上所公开的民事判决案例，基本上未见法院直接判决未成年子女由父母轮流抚养的案例，但是可以看到部分案例中，一方在起诉状或答辩意见中要求子女由父母双方轮流抚养①，即父母一方有要求轮流抚养子女的客观需求。由于离婚案件、子女抚养问题涉及个人隐私，根据我国《民事诉讼法》，依法或依当事人的申请，法院不公开审理，相应的裁判文书也未予公开。所以，各种法律专业数据库中所能查找到的判决未成年子女由父母轮流抚养的案例极少②，但是，这并不意味着司法实践中没有法院直接判决未成年子女由父母轮流抚养的案例，本文所探讨的案例就是其中一个。

《民法典》第1085条只规定了离婚后子女由一方直接抚养的问题，并未明确规定父母轮流抚养子女的条件和情形。最高人民法院《民法典婚姻家庭编解释(一)》第48条规定：“在有利于保护子女利益的前提下，父母双方协议轮流直接抚养子女的，人民法院应予支持。”只有在父母双方就子女抚养问题达成轮流抚养协议的前提下，法院才应当支持。笔者认为，在父母对子女(包括未成年子女、不能独立生活的成年子女)抚养问题未达成轮流抚养的一致意见时，法院主动判决子女由父母轮流抚养，甚至直接判决确定轮流抚养的方式，突破了现有法律的规定，没有法律依据。基于此，审判实践中，我们也较少看到法院直接判决子女由父母双方轮流抚养的案例。

参考本文案例以及笔者所了解到的同类案例，法院判决子女由父母轮流抚养的前提主要考量下列因素：(1)父母双方条件相当，都有抚养子女的能力；(2)父母双方都有强烈

① 参见河南省郸城县人民法院民事判决书，(2020)豫1625民初4285号；山东省高密市人民法院民事调解书，(2021)鲁0785民初725号；上海市浦东新区人民法院民事判决书，(2021)沪0115民初2368号。

② 参见宁夏回族自治区银川市中级人民法院民事判决书，(2020)宁01民终1116号。

要求直接抚养子女的意愿，而且都不同意由对方单独直接抚养；(3)父母轮流抚养，不影响子女的生活、学习，不损害子女利益。基于上述考量，在法院无法衡量由父母中的哪一方抚养子女对子女更有利时，为缓解原、被告关于子女抚养问题的矛盾，可以考虑判决未成年子女由父母双方轮流抚养。①

二、在学理框架内对相关问题的点评

子女轮流抚养，面临的是父母双方对子女所享有的法定亲权以及未成年子女自身权益保护之间的冲突和平衡，解决的是“父母间谁有直接抚养子女的权利”与“未成年子女由谁抚养更好”的司法理念问题。体现在立法上，就是在父母离婚后，支持并保护未成年子女由父母中的一方单独抚养的单亲抚养模式，还是由父母共同或轮流抚养的双亲抚养模式，或者对两种模式皆予以保护和支持。

随着世界经济的发展和文化的进步，越来越多的国家认可并加入了联合国1989年《儿童权利公约》，将儿童最大利益原则作为处理与未成年人有关问题的法律原则。我国《民法典》第五编婚姻家庭编对离婚后子女抚养问题的相关规定，体现和贯彻的也是子女最大利益原则。然而，我国目前法定的父母离婚后的子女抚养模式依然是单亲直接抚养，它更多地考虑了离婚后父母双方的权益，但该抚养模式单一，没有充分贯彻子女最大利益原则。

三、本判例的规范逻辑

本文所探讨的判例中，审理法院就是在考量“原告与被告抚养子女的条件基本相同，双方都强烈要求抚养婚生子陈某某，在有利于保护子女利益的前提下”，判决“婚生子由父母双方轮流抚养至年满18周岁”，并进而判决“每年的2月至7月由原告抚养，每年的8月至次年的1月由被告抚养”。在无法确定父母中的哪一方更适合抚养子女时，法院认为双亲轮流抚养，并从公平角度考虑，每半年轮流一次，更有利于保护子女利益。从子女最大利益原则来说，法院这样裁判符合立法本意。但是，在我国现行法律法规内，无法找到明确的裁判依据，法院最终适用最高人民法院1993年《处理子女抚养的意见》第6条“在有利于保护子女利益的前提下，父母双方协议轮流抚养子女的，可予准许”。显然，如果本判例是调解结案，法院支持这样的调解方案，是合法的，但是如果直接据此判决，并不符合法律规范逻辑，且有对法律作扩大化解释的嫌疑。

四、本判例的意义

尽管本判例存在裁判依据不明确、适用轮流抚养的判断条件比较简单、判决每半年轮流一次的抚养方式值得商榷等问题，但是客观上却兼顾并满足了父母双方的需求，解决了

---

① 参见曾青：《家事审判中未成年子女利益保护的路径——以大理州法院家事审判实践为例》，载《西南民族大学学报》2019年第9期。

裁判中面临的“两难”问题,切实贯彻了子女最大利益原则,对解决父母离婚后子女抚养问题具有非常积极的意义。

判决子女由父母轮流抚养,是对我国法定单亲抚养模式的补充。从子女利益角度考虑,父母共同抚养会为子女提供更好的物质条件,父母的共同关爱也会更有利于子女人格的塑造,总体上说,会更有利于未成年子女身心健康发展。但是由于我国现行法律没有对轮流抚养子女的适用条件、轮流抚养的方式、是否需听取子女的意见等进行规定,法官在裁判时更多是从务实、解决个案问题的角度作出自由裁量,客观上会影响判决的公正性和司法效果。继续关注轮流抚养模式的裁判效果,并尽快在立法上作出相应的突破,才能从根本上发挥轮流抚养模式的积极作用,切实贯彻子女最大利益原则。

五、后续判例和规范的发展

我国《民法典》实施后,关于离婚后的子女抚养问题,沿袭了《婚姻法》及相关司法解释的规定,但对父母轮流抚养子女问题未作突破性改变。现有的判例判决父母轮流抚养子女依然很少见,更多见的仍是判决父母中的一方直接抚养的单亲模式,或者诉讼中父母双方达成轮流抚养子女的一致意见或协议,法院予以支持。[①]

① 参见赵莉、丁钰:《离婚案件中涉及未成年子女抚养权归属存在的问题及对策——以南京市六家基层法院四年(2011—2014年)离婚纠纷案件判决书为样本》,载《中华女子学院学报》2016年第1期。

059. 离婚纠纷中多名子女的抚养权归属如何确定？*

王某与韩某离婚纠纷案‖上海市浦东新区人民法院民事判决书，(2020)沪0115民初307号

事实概要

王某(男)与韩某(女)于2011年3月22日登记结婚。双方于2012年4月5日生育双胞胎女儿王某1和王某2。由于双方性格不合，从2017年9月起开始分居。其后，王某曾两次起诉要求离婚，法院均判决驳回起诉。然而，夫妻关系仍未改善。2020年1月，王某再次诉请离婚。针对两个女儿的抚养问题，王某诉请直接抚养两个女儿，不要求韩某承担抚养费；韩某也要求直接抚养两个女儿，同时要求王某承担相应的抚养费。

上海市浦东新区人民法院认为，关于双胞胎女儿的抚养问题，双方均坚持要求女儿随己方共同生活，体现了双方对女儿诚挚的关爱之心，也体现了为人父母极强的责任心。判决两个女儿均随韩某共同生活，王某应给付抚育费每月5000元。①

判决要旨

根据孩子的性别及夫妻分居后随母亲共同生活的实际情况，特别是考虑到孩子目前的年龄及双胞胎的特殊情况，如两个孩子分别判归父母一方抚养，既不方便生活，也不利于孩子健康成长，故两个孩子随母亲韩某共同生活，由父亲王某承担合理的抚育费更为合适。该抚育费的数额根据双方目前的收入情况及孩子的实际需要，酌情确定。

判例评析

一、既往相关判例与观点

离婚案件经常涉及夫妻对未成年子女抚养权的争夺。以往的离婚纠纷中，多数是夫妻双方争夺一个孩子的直接抚养权。随着我国生育政策的调整，对子女抚养权的争夺扩

---

* 唐琳，福建江夏学院法学院副教授。

① 参见上海市浦东新区人民法院民事判决书，(2020)沪0115民初307号。

及二孩甚至三孩。对于这类多子女抚养权争夺的离婚案件，不同法官判定抚养权归属时审酌的因素、判决的理由各有不同。以较常见的对两个孩子抚养权的争夺为例，在既往判例中，有判两个孩子均由父母一方直接抚养的，也有判决父母双方一人抚养一个孩子的。

例如，在上海市第二中级人民法院审结的案件中，法官认为两个孩子未满两周岁且一直随母亲生活，形成了较稳定的生活环境，且两个孩子均由一方抚养，有利于两个孩子间的感情联系和交流，故两个孩子均判由母亲抚养。① 也有判决父母双方一人抚养一个孩子的，例如，在上海市杨浦区人民法院审结的案件中，法官认为，夫妻双方各取得一个孩子抚养权较为合理，并从性别塑造的角度考虑，判决女孩随母亲共同生活，男孩随父亲共同生活。② 又如新疆维吾尔自治区昌吉回族自治州中级人民法院审结的[(2019)新23民终1461号]案件中，法官认为夫妻任何一方单独抚养两个孩子均要付出较多的精力，一人抚养一个孩子既能使孩子得到更多的关心和照顾，又便于抚养人兼顾事业与家庭，同时还能满足父母对子女的亲情需要。③

查阅中国裁判文书网公布的相关判决书，可以发现法院判决夫妻双方各自抚养一个孩子的占多数，其判决理由多是从夫妻双方的个人素质、经济能力、亲情需求，孩子的年龄、实际生活情况及健康成长等角度进行论证。曾有学者考证了江苏省南京市六家基层法院四年(2011~2014年)离婚纠纷案件的判决书，发现了在多子女离婚案件中，法院确定直接抚养人时，存在"离婚夫妻各抚养一个占据多数，呈现简单拆分化现象，即使是双生子也是一人一个"的问题。④ 也有学者统计分析了某个审理离婚纠纷案件较多的基层人民法院连续五年(2015~2019)审结的多子女离婚案件，得出"不同子女判归父母双方抚养"的判例占比明显更多的结论：父母双方均获得不同子女抚养权的判例(14件)，占多子女抚养权案件总数(17件)的85.35%。⑤ 换言之，如果父母双方均具备抚养条件，只要有一方坚持一人抚养一个孩子的，除当事人有赌博、家暴等不适合抚养子女的情形外，法院基本上倾向于支持夫妻双方各抚养一个孩子。甚至还有法院虽然在事实认定中查明父亲有赌博嗜好，但是仍判决女孩随母、男孩随父。⑥ 而那些判定两个孩子均归同一方抚养的离

---

① 参见上海市第二中级人民法院民事判决书，(2016)沪02民终3204号。

② 参见上海市杨浦区人民法院民事判决书，(2020)沪0110民初12900号。

③ 参见江钦辉：《离婚案件未成年子女直接抚养人酌定之考量因素检视——以H州S市法院近5年(2015—2019年)离婚纠纷判例为分析样本》，载《新疆社会科学》2020年第4期。

④ 参见赵莉、丁钰：《离婚案件中涉及未成年子女抚养权归属存在的问题及对策——以南京市六家基层法院四年(2011—2014年)离婚纠纷案件判决书为样本》，载《中华女子学院学报》2016年第1期。

⑤ 参见江钦辉：《离婚案件未成年子女直接抚养人酌定之考量因素检视——以H州S市法院近5年(2015—2019年)离婚纠纷判例为分析样本》，载《新疆社会科学》2020年第4期。

⑥ 参见赵莉、丁钰：《离婚案件中涉及未成年子女抚养权归属存在的问题及对策——以南京市六家基层法院四年(2011—2014年)离婚纠纷案件判决书为样本》，载《中华女子学院学报》2016年第1期。

婚纠纷中，有的案件实际上是夫妻双方自行提出两个孩子不应分开、应共同生活的，只是最终通过法院来判决归某一方直接抚养更为合适，例如本案。

二、在学理框架内对相关问题的点评

在早期，人们认为婚姻破裂标志着核心家庭的解体，子女未来的成长取决于两个方案之间的选择：在母亲家里生活或者在父亲家里生活。在英美法地区，通常是将父母亲的权利赋予一方监护人，并且作为监护人的父母一方与非监护人的父母一方的角色之间有着很大区别。[①] 然而，我国婚姻家庭相关法律是采用共同监护观的，父母离婚后，子女依然由父母双方共同监护，除非父母一方依法被剥夺了监护权。但是，离婚后，直接抚养子女的父母一方和非直接抚养子女的一方对子女的权利行使将发生一定的变化，这就是为什么父母双方离婚时，常会争夺孩子的直接抚养权，而法官需要对此做出选择。那么，法官依据什么来判定子女抚养权的归属呢？

自联合国1989年《儿童权利公约》第3条确立"儿童最大利益原则"并作为处理儿童相关事务的基本原则后，"子女最大利益原则"成为世界上许多国家在离婚案件中处理子女抚养纠纷时最重要、最具支配性的标准。我国于1991年加入该公约，并注重对儿童最大利益原则的落实。受我国计划生育政策及养儿防老传统观念的影响，《民法典》实施前，对离婚案件中的子女抚养权归属的确定，实务中主要依据《婚姻法》第36条、《妇女权益保障法》第50条、《未成年人保护法》第3条以及最高人民法院1993年《处理子女抚养的意见》，总体上以子女最大利益为原则，并适度兼顾父母利益。《民法典》颁布后，其第1084条第3款规定"……已满两周岁的子女，父母双方对抚养问题协议不成的，由人民法院根据双方的具体情况，按照最有利于未成年子女的原则判决……"，这确立了抚养权纠纷应以"最有利于未成年子女的原则"进行判决的规则。从国际公约和学界的表述看，"最有利于未成年子女的原则"与"子女最大利益原则""儿童最大利益原则"的含义大致相同。

《儿童权利公约》第3条第1款规定："关于儿童的一切行动，不论是由公私社会福利机构、法院、行政当局或立法机构执行，均应以儿童的最大利益为首要考虑。"虽然该公约对"儿童最大利益原则"进行了规定，但在具体内涵上没有明确的界定，导致该原则即使被尊为确定子女抚养权的最高准则，却因其较抽象而在实施中存在模糊性、给予法官过大的裁量空间而饱受争议。在20世纪末，美国、英国、德国等国家针对离婚案件中子女监护权的确定，列出若干决定子女最佳利益的具体审酌事项，例如，监护人的监护能力、子女受养育环境的继续性与适应性、子女的意愿、年龄及性别等，但这些审酌事项的具体内容为何、究竟应如何审酌，才是最难的问题。另外，子女最佳利益难以判断的一个主要原因，在于

① 参见[澳]帕特里克·帕金森：《永远的父母：家庭法中亲子关系的持续性》，冉启玉主译，法律出版社2015年版，第27页。

它不但涉及对现有或过去的事实因素的考量，还涉及大量对未来的预期与判断，预测未来何种安排对子女最为有利。[①] 因此，在抚养权归属纠纷中，如何将该原则具体化，使其具有可操作性，一直是学术界和实务界研究的重点问题之一。目前我国司法实务在抚养权纠纷中，判断子女最大利益时主要考虑以下因素：(1)继续性因素，即继续保持有利于子女的原有的生活环境，尽量避免生活环境的巨变带给子女不利的影响。(2)子女年龄，即2周岁以下幼儿由母亲抚养为宜，因为幼儿所依恋的“心理父母”主要是母亲，幼儿时期保持和母亲的亲密互动有利人格的正常发展。[②] (3)父母的抚养能力，包括考量父母的职业、教育、性别、身体状况、经济条件，以及是否具备培养子女良好品格与道德的能力。(4)子女意愿，即8周岁以上的限制民事行为能力人，在其具备分辨能力和理性能力时，可以尊重该子女的意愿。(5)子女性别，即对已有性别认识能力的子女，随同性别父母一起生活，更为方便，也有利于其人格的发展。[③] (6)主要照顾者，即客观上考量父或母谁主要承担了子女生活、上学、就医等日常照顾事宜。(7)其他因素，例如，祖父母或外祖父母能助力抚养，给予未成年人更好的照顾。当然，以上所有的因素需要放在具体个案、具体环境中去评估，去权衡利弊，才能最终判断由谁抚养能使子女利益最大化。《民法典婚姻家庭编解释(二)》第14条对何为不利于未成年子女的情形作了一些列举，包括存在实施家庭暴力、虐待、遗弃家庭成员的行为，存在赌博、吸毒等恶习，存在重婚、与他人同居或者其他严重违反夫妻忠实义务的情形，存在抢夺、藏匿未成年子女等不利于未成年子女身心健康的情形。该规定的施行为司法实践中妥善处理抚养权纠纷提供了明确的依据。

需要注意的是，针对多子女抚养权纠纷，除考虑上述因素外，还应将“手足不分离”作为审酌子女最大利益的重要考量因素。兄弟姐妹的相处是孩子成长过程中的重要一环，未成年人对亲密伙伴的心理需求和精神需求，是父母无法给予子女的那一部分。而且多子女共同生活所形成的手足之间的情感联系与亲密关系，有利于子女未来人格的健全发展。尤其是年幼的双胞胎子女，人类学家、心理学家和社会学家的研究成果显示，双胞胎子女的成长有其特殊性，他们对彼此的依赖程度高于非双胞胎手足，共同生活比分开生活更有利于双胞胎的健康成长。[④] 我国台湾地区司法实务中，对子女年幼的多个子女案件，一般尽可能将子女判给同一亲权人，使他们得以共同生活，如此才有利于其健全成长。[⑤] 当然，如果是半

---

① 参见王洪：《论子女最佳利益原则》，载《现代法学》2003年第6期。

② 参见[澳]帕特里克·帕金森：《永远的父母：家庭法中亲子关系的持续性》，冉启玉主译，法律出版社2015年版，第28页。

③ 参见王洪：《论子女最佳利益原则》，载《现代法学》2003年第6期。

④ 参见陈心想：《从“龙生龙，凤生凤”说起——布查德和他的双生子研究》，载《社会学家茶座》2004年第8期。

⑤ 邓学仁：《离婚后子女亲权酌定之问题与对策》，载《月旦法学杂志》2011年第191期。

血缘关系的兄弟姐妹，则不受“手足不分离”的限制。

三、本判例的规范逻辑

本判例发生在《民法典》实施之前，当时对抚养权纠纷的裁判标准主要是2001年《婚姻法》第36条和1993年《处理子女抚养的意见》第1条至第6条。由于本案涉及的是未满8周岁的双胞胎女儿，法官在考虑直接抚养权归属时，根据原告的诉请、被告的意愿，结合两个女儿的权益和夫妻双方的具体情况，适用了1993年《处理子女抚养的意见》第3条第2项“子女随其生活时间较长，改变生活环境对子女健康成长明显不利的”的规定，判定两个女儿随母亲一起生活，父亲承担抚养费。在这个离婚纠纷案中，难能可贵的是夫妻双方都很愿意也很希望能直接抚养孩子，但他们都很理智地选择不拆分双胞胎姐妹。对此，法官表示赞赏，认为两个孩子一起生活更有利于孩子的健康成长，从而将家庭解体对孩子的影响降低到最小。可以说，该判决考虑了双胞胎成长中生理、心理及人格发展方面的需要，也考虑了她们居住生活的环境与父母双方的抚养条件等具体情况，真正体现了子女利益最大化。

《民法典》实施后，其第1084条[①]修改了《婚姻法》第36条，删除了“哺乳期”这个不够准确和科学的术语，将其界定为“不满两周岁”。同时，《民法典婚姻家庭编解释(一)》第44条至第48条基本吸收了1993年《处理子女抚养的意见》第1条至第6条的内容。因此，本案若依现行法判决，其理由和结果基本一样。

四、本判例的意义

近年来，我国生育政策持续发展变化。2011年11月，实施“双独”二孩政策；2013年12月，实施“单独”二孩政策；2015年10月，实施全面二孩政策；2021年7月，实施全面三孩政策。国家人口政策的变化，将带来多子女家庭数量的明显增多，加之最近十几年我国离婚率居高不下，可以预见未来多子女抚养权纠纷有增加趋势。离婚导致婚姻解体，对未成年人而言，无论是随父或随母一起生活，都意味着完整亲子关系在沟通联络上的重大变化、父母一方陪伴的减少甚至缺失，未成年人因此不得不经历一次其难以承受的重大挫折，其身心健康或多或少都会受到较大或者重大的影响。此时，如果人为导致一定程度的“手足分离”，使其丧失生活中的亲密小伙伴，将会增加未成年人面对家庭变故时的焦虑，不利于其未来人格的健全发展。如前所述，目前多子女抚养权纠纷案件的司法判例中，有“父母本位”之倾向，法官在审酌子女最大利益的同时，往往还会考虑父母利益因素及父母对子女的情感需求，未能真正实现子女的最大利益。笔者认为，法官在解决多子女抚养权

---

① 《民法典》第1084条规定，离婚后，不满两周岁的子女，以由母亲直接抚养为原则。已满两周岁的子女，父母双方对抚养问题协议不成的，由人民法院根据双方的具体情况，按照最有利于未成年子女的原则判决。子女已满八周岁的，应当尊重其真实意愿。

纠纷时,更需坚守"子女最大利益原则",以子女利益为出发点,将子女抚养权问题的焦点确定为"谁担任监护人对子女最为有利",而不应将多子女视为一种夫妻共同"财产",按照分割夫妻共同财产的方式确定子女的抚养权,更不应出于平息纠纷的考虑将多子女平分给夫妻双方抚养。

作为父母,很难理性地放下自己对子女的情感需求,有些父母甚至将与子女共同生活作为未来生活的精神支柱。但是,法官作为中立的裁判者,应该理性地看待抚养权归属问题,把父母对子女的情感需求放在第二位,仅在优先维护子女最大利益的前提下适度兼顾父母利益。因此,对多子女抚养权纠纷案,法院应倡导多子女抚养权归属一方的判决理念,在当事人有抚养多子女能力的情况下,将多个子女的抚养权作为整体予以考虑。[①] 同时,应充分考虑父母单方直接抚养多个子女时将可能遇到的方方面面的困难和压力,在遵守未成年子女利益最大化原则下,尽可能使多子女在父母离婚后仍能共同生活、共同成长,维护兄弟姐妹之间稳定、亲密的人际关系。把父母离婚对子女的伤害降到最小,真正实现维护未成年子女的最大利益。

五、后续判例和规范的发展

在中国裁判文书网上,笔者以"双胞胎"为关键词,选择"民事案由"中的"离婚纠纷",搜索了 2021 年 1 月 1 日至 2021 年 10 月 1 日期间公开发布的判决书,共检索到 40 篇相关判决书。其中,判决准予离婚的共有 9 个案件。除 1 个案件未直接确认孩子抚养权外,其他 8 个案件中双胞胎抚养权的归属情况如下:(1)有2 个案件,原告愿意直接抚养双胞胎,被告同意,法院判决支持原告直接抚养双胞胎[②];(2)有 2 个案件,均涉及 3 个未成年子女,法院判决双胞胎均由一方抚养,另一方抚养第 3 个子女[③];(3)有 4 个案件,双胞胎被分开抚养,父母各直接抚养一个。[④] 对于家事案件中未成年人权益保障问题,担任过最高人民法院民事审判庭庭长的杜万华法官曾说,家事纠纷涉及家庭成员之间的身份关系以及当事人的情感、伦理、道德问题,具有高度的人身性、敏感性和社会性特点,为真正保障未成年人的权益,应强化法官职权探知、自由裁量和对当事人处分权的适当干预。[⑤] 因此,在未来的离婚纠纷中,多子女家庭应当被特殊化,法官对多子女家庭应审慎适用分开抚养的裁判规则,并加强对此类离婚纠纷的司法干预。

---

① 参见赵莉、丁钰:《离婚案件中涉及未成年子女抚养权归属存在的问题及对策——以南京市六家基层法院四年(2011—2014 年)离婚纠纷案件判决书为样本》,载《中华女子学院学报》2016 年第 1 期。

② 参见(2021)豫 1322 民初 792 号民事判决书、(2021)豫 1729 民初 1059 号民事判决书。

③ 参见(2020)苏 0924 民初 64 号民事判决书、(2021)冀 0423 民初 1727 号民事判决书。

④ 参见(2021)豫 1729 民初 3230 号民事判决书、(2021)豫 1623 民初 3738 号民事判决书、(2021)豫 1122 民初 1951 号民事判决书、(2021)甘 1223 民初 16 号民事判决书。

⑤ 参见杜万华:《杜万华大法官民事商事审判实务演讲录》,人民法院出版社 2016 年版,第 444 页。

060. 继父离婚时诉求返还继子女抚养费，是否应该准许？*

申某与吕某婚姻家庭纠纷案‖江苏省泰州市中级人民法院民事判决书，(2015)泰中民终字第00022号

事实概要

吕某系沈某与吕某1二人所生之子。吕某1去世后，申某与沈某于1994年10月经人介绍相识，于1994年年末登记结婚。1995年初，申某搬至沈某处居住，当时吕某读初中三年级。后来，吕某读高中、大学期间均住宿在学校。申某与沈某结婚初期，夫妻感情较好，后双方因生活琐事发生矛盾致夫妻关系不睦。2010年，吕某向江苏省射阳县人民法院起诉申某及沈某，认为申某、沈某擅自处分了其位于射阳县某某小区9号楼304室房屋，要求申某、沈某返还卖房款以及利息损失。射阳县人民法院经审理认为，涉案房屋为吕某、申某、沈某的家庭共有财产，吕某多年因读书、生活花费的钱远远超出了该共有财产中属于吕某的份额，申某、沈某的行为未侵犯被监护人吕某的利益，判决驳回了吕某的诉讼请求。申某曾于2012年3月向射阳县人民法院提起离婚诉讼，法院作出不准离婚的判决。申某又于2012年12月向射阳县人民法院提起诉讼，要求与沈某离婚，后该院作出(2013)射民初字第0006号民事判决，判决准许申某与沈某离婚。为此，申某以其与吕某母亲已离婚，双方关系恶化为由提起诉讼，要求解除与吕某之间的继父子关系，并要求吕某补偿抚养费157,600元(其中生活费52,650元、学费22,600元、购房款82,350元)。

判决要旨

一审法院认为，申某与吕某的母亲沈某结婚时，因吕某当时尚未成年，且此后吕某跟随母亲及申某共同生活，则申某与吕某之间形成具有抚养关系的继父子关系。根据《婚姻法》有关规定，形成具有抚养关系的继父母与继子女之间的权利义务，适用父母子女关系的规定。申某与沈某夫妻关系存续期间，申某作为继父对吕某负有抚养、教育的义务，申某在解除与吕某之间的继父子关系时，无权要求吕某返还实际支付的抚养费用。

---

* 王丽萍，山东大学法学院教授；王风瑞，中国社会科学院大学法学院2022级博士研究生。

申某不服泰州市海陵区人民法院(2014)泰海民初字第1317号民事判决,向江苏省泰州市中级人民法院提起上诉。申某上诉称:(1)一审认定事实不清不全。第一,申某与沈某离婚系由于沈某过错导致,吕某与沈某恶意串通,贬低申某人格,导致二人夫妻关系破裂。第二,射阳县某某小区9号楼304室房屋中属于吕某的补偿款是2.5万元,而吕某在南京购房花去20.47万元,扣除2.5万元及借款,实际支付16.47万元,该房于2009年5月以42.6万元转让,转让款全部归吕某个人所得,一审对该事实未予确认。(2)原审定性不当。第一,我国《婚姻法》没有明确规定继父母对继子女应承担抚养教育义务。第二,上诉人为被上诉人所支出的抚养、教育费中80%是其成年以后的大学费用。根据省高级人民法院的规定,大学费用不应成为亲生父母的法定义务,申某作为继父更没有义务承担吕某成年以后的教育抚养费。(3)原审适用法律不当。上诉人申某请求的是解除继父子关系后教育抚养费的补偿,并非主张给付赡养费,应参照适用《收养法》第30条第1款规定。故请求二审法院撤销一审法院对于申某抚养费补偿请求的驳回判决,依法改判。

二审法院认为,《婚姻法》第21条第1款规定:"父母对子女有抚养教育的义务;子女对父母有赡养扶助的义务。"①第27条规定:"继父母与继子女间,不得虐待或歧视;继父或继母和受其教育的继子女间的权利和义务,适用本法对父母子女关系的有关规定。"②本案中,上诉人申某与沈某再婚时,被上诉人吕某尚未成年,上诉人申某与被上诉人吕某已形成具有抚养关系的继父子关系,上诉人申某对被上诉人吕某有法定的抚养教育义务。即使在被上诉人吕某成年后,上诉人申某主张其作为继父为被上诉人吕某支出的抚养和教育等费用亦应视为其自愿赠与,上诉人申某无权要求返还抚养费和教育费。

| 判例评析 |

继父母与继子女之间的法律关系,以双方之间是否形成抚养关系为标准而有所不同。形成抚养教育关系的继父母与继子女之间的法律关系,等同于父母子女关系,继父母对于继子女负有抚养教育义务,继子女对继父母负有赡养义务,此义务为法定义务,当事人应当履行,并且不因双方的意思表示而得以免除。继父母基于法定抚养教育义务所支付的费用与基于无因管理、不当得利所产生的债权具有本质上的不同,继父母并不因履行法定义务而与继子女之间产生债权债务关系,因此继父母要求返还抚养费的请求不存在请求权基础。

一、既往相关判例与观点

在以往判例中,法院对于离婚后继父母要求继子女返还抚养费用的,几乎均持否定态度。"李某甲与李某乙抚养纠纷案",河北省灵寿县人民法院(2015)灵法立字第00005号

---

① 参见《民法典》第1067条。

② 参见《民法典》第1072条。

民事裁定认为，1986 年最高人民法院《继子女履行赡养义务的批复》指出，继父母与继子女之间已经形成的抚养关系不随生父(母)与继母(父)之间婚姻关系的消灭而消灭。据此，有抚养关系的继父母与继子女之间的关系既不能自然终止，亦不能通过法律程序解除。根据《婚姻法》第 27 条第 2 款规定，继父或者继母与受其抚养教育的继子女之间的法律关系，视同亲生父母子女之间的法律关系，①是一种具有拟制血亲性质的父母子女关系。在这种关系下，继父母抚养继子女是一种法定义务，继父母履行抚养义务后，无权请求返还。② 甘肃、湖南、山东等地的法院基本也持类似理由驳回了抚养费返还请求。③ 然而当男女双方处于同居关系、尚未登记结婚时，尽管一方承担了对方与第三方所生子女的抚养教育费用，但是缺乏婚姻关系基础，不能在他们之间成立继父母子女关系，因而对对方子女并不具有法定的抚养教育义务，法院判决予以返还。④

二、在学理框架内对相关问题的点评

本案涉及的学理框架是继父母与继子女之间，依据何种关系产生抚养(扶养)义务；继父(母)与生母(父)之间婚姻关系解除时，继子女所接受的抚养费、教育费等是否因婚姻关系解除而丧失法律基础、从而构成不当得利，即继父或者继母对于其已经给付的抚养教育费用可否因此请求返还？

(一)继父母与继子女间的抚养义务基础

亲生父母一方死亡，或者亲生父母离婚后，未成年子女随父母一方共同生活，当父或母再婚时，就会形成继父母与继子女关系。这是一种姻亲关系，其前提是父母一方死亡，或者父母离婚。为维持和谐幸福的家庭关系以及保障未成年人健康成长，法律鼓励继父母抚养教育继子女、收养继子女。在现实生活中，继父母子女关系有三种类型：一是名分型直系姻亲关系，即生父(母)与继母(父)再婚时，继子女已经成年独立生活，或者虽未成年但仍单纯由生父(母)提供抚养教育费用；二是共同生活型的拟制血亲关系，即生父(母)与继母(父)再婚时，继母(父)对于未成年继子女承担了全部或部分抚养教育费用，或者成年继子女对于继母(父)长期进行了赡养扶助，此类继父母子女之间形成了法律上的抚养或赡养关系；三是收养型的拟制血亲关系，即继父或者继母经继子女的生父母同意，正式收养继子女为其养子女，此时，该子女与共同生活的生父(或者生母)、继母(或者

① 参见《民法典》第 1072 条第 2 款。

② 参见李某甲与李某乙抚养纠纷一审民事裁定书，载北大法宝网，https://www.pkulaw.com/pfnl/a25051f3312b07f3311fee0aaec68ac46635a03fa188c0dbbdfb.html?。

③ 参见甘肃省平凉市中级人民法院民事判决书，(2015)平中民一终字第 428 号；山东省菏泽市中级人民法院民事判决书，(2014)菏民三终字第 105 号；湖南省湘潭市中级人民法院民事判决书，(2015)潭民一终字第 440 号；广西壮族自治区玉林市中级人民法院民事判决书，(2015)玉中民一终字第 540 号。

④ 参见山西省运城市中级人民法院民事判决书，(2015)运中民终字第 1174 号。

继父)间具有父母子女关系,而与不一起共同生活的生母(或者生父)一方的权利义务关系消灭。① 当然,也有学者认为,基于父母结婚的事实,继子女与继父母之间形成姻亲关系;同时,如果继父母与继子女相互间发生抚养或赡养的事实,则双方之间成立拟制血亲关系。②

婚姻制度的意义在于确立对子女的双系抚育,在于确定子女的社会性父母而非生物性父母。③ 正是由于继子女与继父(母)生活在同一个家庭中,而未成年继子女的教育、抚养过程漫长,需要夫妻双方分工合作协力完成,因此,《民法典》第1072条第2款规定,继父母和受其抚养教育的继子女之间的权利义务关系适用关于父母子女关系的有关规定。对于"抚养教育的事实"如何判断,《民法典婚姻家庭编解释(二)》第18条规定:"对民法典第一千零七十二条中继子女受继父或者继母抚养教育的事实,人民法院应当以共同生活时间长短为基础,综合考虑共同生活期间继父母是否实际进行生活照料、是否履行家庭教育职责、是否承担抚养费等因素予以认定。"如果继子女为未成年人或者不能独立生活的成年人,长期与继父母共同生活,并且继父母在共同生活的过程中实际承担了继子女的抚养教育费用,履行了抚养教育职责,则继父母与继子女的权利义务关系应当适用父母子女之间权利义务关系的规定。此时,继父母对继子女的抚养教育义务属于法定义务,继子女亦应承担对继父母的法定赡养义务。

(二)婚姻关系解除后的继父母子女关系

婚姻关系解除后的继父母子女关系是否解除,情况比较复杂。如果双方之间仅仅是名分型的直系姻亲关系,没有形成抚养教育关系,则继父母子女间的关系随生父(或生母)与继母(或继父)的婚姻关系解除而消灭。而对于已形成抚养关系的继父母子女之间的关系,学界有三种不同看法。第一种观点认为,具有抚养关系的继父母子女身份一旦形成,即受法律保护,一般不得任意解除;第二种观点认为,继父母子女关系的产生系因生父(母)与对方结婚而形成,当生父(母)与继母(父)离婚时,以婚姻关系为前提的继父母子女关系也就不再存在;第三种观点认为,继父母子女之间形成的抚养关系,是基于继母(父)与生父(母)结婚和抚养的事实产生,其中既有法律拟制的父母子女关系,也有因抚养事实和身份关系形成的权利义务关系。基于身份关系的人为创设性,继父母子女关系是否解除取决于当事人的意思表示。④ 对于婚姻关系解除后继父母子女关系的判断,《民法典婚姻家庭编解释(二)》采用了"意思表示+行为事实"的复合判断标准。该解释第19条第1款规定:"生父与继母或者生母与继父离婚后,当事人主张继父或者继母和曾受其

---

① 参见夏吟兰主编:《婚姻家庭继承法》,中国政法大学出版社2021年版,第185~186页。

② 参见杨大文主编:《亲属法与继承法》,法律出版社2013年版,第189页。

③ 参见费孝通:《生育制度》,华东师范大学出版社2019年版,第52~59页。

④ 参见蒋月、何丽新:《婚姻家庭与继承法(第4版)》,厦门大学出版社2013年版,第236页。

抚养教育的继子女之间的权利义务关系不再适用民法典关于父母子女关系规定的，人民法院应予支持，但继父或者继母与继子女存在依法成立的收养关系或者继子女仍与继父或者继母共同生活的除外。”首先，婚姻关系解除后，如果继父母或者继子女主张不再继续维持继父母子女关系的，应当尊重当事人的意思表示。此处的意思表示并不以明示为必要，当事人亦可通过行为作出。例如，婚姻关系解除后，继父母或者继子女搬离原住所，不再与继子女共同生活或者继父母不再支付抚养教育费用等。以上行为均属于主张不再维持继父母子女关系的行为，应当推定当事人以行为的方式作出了“不再适用民法典关于父母子女关系规定”的意思表示。其次，婚姻关系解除后，如果继父母与继子女之间存在合法的收养关系，当事人未根据《民法典》第1116条依法解除收养关系的，当事人之间的收养关系仍然存在，仍然适用《民法典》关于父母子女关系的规定，因为收养关系依然存在。此时，当事人适用《民法典》关于父母子女关系规定的基础并非《民法典》第1072条，而是第1111条。最后，婚姻关系解除后，如果继父母与继子女仍然共同生活的，则应当推定当事人通过其行为作出继续维持继父母子女关系的意思表示，当事人之间的关系应当继续适用《民法典》关于父母子女关系的规定。

在继父（母）与生母（父）的婚姻关系解除之后，继子女受领的抚养教育费用是否因此而丧失法律基础呢？在继父母与继子女关系中，对继子女履行了抚养教育义务的继父（或继母）与继子女间形成拟制血亲关系，这种拟制血亲关系的形成是以履行抚养教育义务的客观事实为前提的。1986年《继子女履行赡养义务的批复》指出，继父母与继子女之间已经形成的抚养关系不随生父（母）与继母（父）之间婚姻关系的消灭而消灭。根据《民法典》第1072条第2款的规定，既然继父母和受其抚养教育的继子女之间的权利义务关系适用《民法典》关于父母子女关系的规定，则继父母对继子女的抚养教育义务属于法定义务。即使继父母子女关系随着生父（生母）与继母（继父）间的婚姻关系解除而解除，但是已经成立的继父母子女关系并不因婚姻关系的解除而溯及性消灭。因此，继父母于婚姻关系存续期间履行的抚养教育义务并不因婚姻关系的解除而丧失基础。当生父（或生母）与继母（或继父）的婚姻关系解除时，继母（父）不得基于不当得利要求继子女返还抚养教育费用。同时，由于继父母已经对继子女履行了抚养教育义务，在生父（生母）与继母（继父）的婚姻关系解除后，如果继父母缺乏劳动能力又缺乏生活来源，其亦有权要求受其抚养教育的成年继子女给付一定的生活费用。《民法典婚姻家庭编解释（二）》第19条第2款规定：“继父母子女关系解除后，缺乏劳动能力又缺乏生活来源的继父或者继母请求曾受其抚养教育的成年继子女给付生活费的，人民法院可以综合考虑抚养教育情况、成年继子女负担能力等因素，依法予以支持，但是继父或者继母曾存在虐待、遗弃继子女等情况的除外。”

三、本判例的规范逻辑

在本案中，人民法院根据继父母与继子女之间权利义务关系的基础学理，进行了符合法理与实践认知的释法说理。人民法院认为，在申某与吕某母亲沈某结婚时，吕某尚未成年，并且之后一直跟随申某及沈某生活，申某承担了实际的抚养教育义务，因此在申某与吕某之间形成了具有抚养教育关系的继父母子女关系。此种继父母与继子女之间的权利义务关系，适用法律关于父母子女关系的规定，因此申某对吕某承担的抚养教育义务属于法定义务。由于这种抚养关系并不因婚姻关系解除而消灭，即使在申某与吕某母亲解除婚姻关系后，申某也无权请求返还已经支付的抚养教育费用。

在二审中，二审法院全面肯定了一审法院的裁判理由，同时对吕某成年之后申某对其支付的抚养教育费用的性质进行了认定。二审法院认为，在吕某成年之后，申某对其支付的抚养教育费用被视为自愿赠与。由于权利已经转移的财产赠与不具有可撤销性，申某不得要求返还已经支付的抚养教育费用。二审法院的判决将抚养教育费用的支出分成了两个阶段，即吕某成年之前和吕某成年之后，并对两个阶段费用的性质进行了不同的认定。

四、本判例的意义

相比其他的亲子关系，继父母子女关系较为复杂。继父母子女关系的产生、继父母子女之间的权利义务、继父母子女关系的终止，会因具体情形而有所不同，不宜“一刀切”地判定。在处理时，既要顾及未成年人利益的保护，又要考虑当事人的主观意愿。

本判例的意义有二。首先，对一直以来学术界所坚持的继父母子女之间权利义务关系的产生与终止的学理解释予以肯定，即继父母对于未成年的继子女尽到抚养教育义务的，有着与亲生父母子女间同样的权利义务。生父（母）与继母（父）离婚后，继父母不得要求返还已经支付的抚养教育费用。其次，在以往的判例中，关于继父或继母为继子女支出的抚养教育费用，法院并未区分对未成年继子女支出的抚养教育费用与对成年继子女支出的抚养教育费用的不同。而本判例认为，继子女在成年之前与成年之后所受领的、来自继父或继母的抚养教育费用具有不同的法律基础：继子女在成年之前所受领的来自继父或继母的抚养教育费用，属于继父母法定义务的履行费用；而继子女在成年之后所受领的来自继父或继母的抚养教育费用，属于接受赠与的范畴。

五、后续判例和规范的发展

从后续判例来看，继父或继母追索抚养教育费用案件的诉讼理由逐渐增多，不仅有之前较多出现的离婚纠纷、不当得利纠纷，还出现了无因管理纠纷、[①]追偿权纠纷，[②]但是，判决结果并未因当事人诉讼理由不同而受到影响。对于形成抚养教育关系的继父母与继子

① 参见覃某某与张某无因管理纠纷案，四川省资阳市雁江区人民法院民事判决书，（2020）川 2002 民初 2900 号。

② 参见宋某某与袁某追偿权纠纷案，新疆维吾尔自治区呼图壁县人民法院民事判决书，（2019）新 2323 民初 1853 号。

女之间，法院均未支持继父母要求返还抚养教育费用的诉讼请求。

从判决理由来看，本判例将继父母对成年子女支付的抚养教育费用认定为自愿赠与的理由并未在后续的判例中得到适用。在宋某本与袁某追偿权纠纷案中，新疆维吾尔自治区呼图壁县人民法院（2019）新2323民初1853号民事判决书认为，继子女尚未成年，与继父或继母生活在一起，继父或继母对未成年继子女进行了抚养教育，因相互间存在着抚养事实而产生拟制血亲关系。继父（母）子之间的关系如同亲生父（母）子之间的关系，继父（母）对未成年继子女有抚养义务，成年继子女对老年继父母有赡养义务。原告宋某本与袁某之间的继父子关系受法律保护，虽然双方的继父子关系已经解除，但由于继父子关系如同亲生父子之间的关系，原告对未成年被告有抚养义务，被告对原告有赡养义务，这些义务是法定的，原告不能因为解除了继父子关系就要求返还抚养费。[①] 该案中，在继子女已经成年且继父母与继子女关系已经法定程序解除的情况下，继父母对继子女履行的抚养教育义务仍然被认定为继父母的法定义务，该项抚养教育费用并未视为继父母对继子女的赠与。本判例中，二审法院之所以将吕某成年后，申某为吕某支出的抚养和教育等费用视为赠与，系对于上诉人申某具体上诉理由的回应，而不具有普遍适用性。

---

① 在本案中，原告宋某某与袁某某于1996年1月5日再婚，被告袁某从11岁时，与宋某某共同生活，其间袁某就学、参军入伍、参加工作。宋某某与袁某某于2013年解除婚姻关系，同时，宋某某于2019年提起诉讼，与袁某解除了继父子关系。参见宋某某与袁某追偿权纠纷案一审民事判决书，载北大法宝网，https://www.pkulaw.com/pfnl/a6bdb3332ec0adc4f4539bb37a666b8f2d7e567cee076d96bdfb.html?。

061. 父母离婚后，未成年子女直接抚养权的确定*

谢某与赵某婚姻家庭纠纷案‖四川省高级人民法院民事判决书，(2016)川民再208号

事实概要

谢某(女)与赵某(男)登记结婚后，生育一女儿赵某2。2012年10月29日，二人因感情不和，由成都市锦江区人民法院判决准予离婚，赵某2随谢某共同生活，赵某按月支付生活费700元，教育费、医疗费二人各自承担一半，至赵某2独立生活为止。赵某不服，提起上诉。成都市中级人民法院驳回上诉，维持原判。赵某不服，申请再审，四川省高级人民法院指令再审。成都市中级人民法院于2014年4月23日作出裁定，发回成都市锦江区人民法院重审。

2015年4月21日，成都市锦江区人民法院一审判决，赵某2随赵某共同生活，谢某按月支付生活费700元，教育费、医疗费二人各自承担一半，至赵某2独立生活为止。谢某不服，提起上诉。成都市中级人民法院于2015年10月15日驳回上诉，维持原判。

谢某不服，申请再审。2016年5月12日，四川省高级人民法院作出民事裁定，提审该案，并于2016年7月18日作出终审判决：撤销成都市锦江区人民法院一审判决和成都市中级人民法院二审判决；改判赵某2由谢某直接抚养，赵某每月支付抚养费700元，教育费、医疗费二人各自承担一半，至赵某2独立生活为止；赵某有探望赵某2的权利，谢某有协助的义务。

判决要旨

本案的争议焦点是未成年人赵某2的直接抚养权归属。父母离婚时，未成年子女直接抚养权的确定，以未成年子女最大利益为原则，主要考量以下因素：

1. 未成年子女的意愿。根据《民法典》第1084条第3款规定，父母离婚时，对未成年子女抚养问题协议不成，子女已满八周岁的，应当尊重其真实意愿。

---

* 雷春红，法学博士，浙江工业大学之江学院副教授、广东华商(杭州)律师事务所律师。

2. 父母各自的经济能力、品格素质、责任心等。父亲、母亲各自的经济条件、个人品德，对未成年子女的责任心、陪伴和付出等，直接影响未成年子女的身心健康。

3. 未成年子女生活、教育环境的稳定程度。父母离婚后，未成年子女与其中一方共同生活，不改变其原有的居住地点、就读学校的，将更有利于未成年子女的健康成长。

4. 祖辈协助抚养未成年子女的因素。在我国，(外)祖父母协助抚养未成年(外)孙子女的现象普遍，许多判决将其作为确定未成年子女与父母哪一方共同生活的重要参考因素。

5. 父或母一方是否有隐藏、抢夺未成年子女的情形。隐藏、抢夺未成年子女，割裂孩子与父亲或母亲的亲情，对未成年子女的身心健康造成不良影响，这是判决不能取得直接抚养权的重要事实依据。

判例评析

一、既往相关判例与观点

父母离婚时或者离婚后的未成年子女直接抚养权纠纷案件的审理中，法官的自由裁量权很大，对何为“有利于子女身心健康，保障子女的合法权益”，亦存在不同的判断。

就未成年子女意愿而言，最高人民法院 1993 年《处理子女抚养的意见》第 5 条规定：“父母双方对十周岁以上的未成年子女随父或随母生活发生争执的，应考虑该子女的意见。”①鉴于此规定仅是“考虑”，至于未成年子女的意见所占的分量如何，由法官自由裁量。2017 年《民法总则》将限制民事行为能力人年龄确定为八周岁，②而对于八周岁以上不到十周岁的未成年人，是否考虑其意愿，法官们的理解不尽相同。在宋某诉洪某(女)离婚纠纷案中[浙江省杭州市西湖区人民法院民事判决书，(2017)浙 0106 民初 10061 号]，双方当事人对九周岁儿子的直接抚养权发生争议。法官询问后得知孩子要求与母亲共同居住，但鉴于父亲是本地人且有安置房，法官将直接抚养权判给父亲宋某。洪某不服，提起上诉。二审法官在询问孩子的意见后，仍认为原判决认定事实清楚，适用法律正确，驳回上诉，维持原判[浙江省杭州市中级人民法院民事判决书，(2018)浙 01 民终 5663 号]。判决结果与事实相悖，是否遵循了有利于未成年子女健康成长的基本原则，值得商榷。

就父母抚养条件比较而言，诸多判例主要就经济条件进行对比，包括稳定的工作、收入、固定的住所等，尤其是住房条件，很少涉及品德、责任心、陪伴等方面的因素。有些判

---

① 《民法典》第 1084 条第 3 款规定：“离婚后，不满两周岁的子女，以由母亲直接抚养为原则。已满两周岁的子女，父母双方对抚养问题协议不成的，由人民法院根据双方的具体情况，按照最有利于未成年子女的原则判决。子女已满八周岁的，应当尊重其真实意愿。”

② 现为《民法典》第 19 条规定：“八周岁以上的未成年人为限制民事行为能力人……”

决书则概括性地陈述事实,不阐明理由。例如,在王某某与张某某离婚纠纷案中,判决书简要地陈述了二人因生活琐事发生矛盾后分居,原告王某某带孩子回娘家共同生活,案件审理期间,被告张某某将孩子抱回其家抚养。根据本案实际,孩子随被告张某某生活为宜。①

根据1993年《处理子女抚养的意见》第3条第2项规定,两周岁以上未成年子女随父或母一方生活时间较长,改变生活环境对其健康成长明显不利的,可作为优先考虑另一方取得直接抚养权的情形。② 因此,维持未成年子女生活、教育环境的稳定,是绝大多数判决的重要依据。例如:在王某与魏某离婚纠纷案中,山东省阳谷县人民法院认为:"孩子现在随原告生活,如改变其生活环境,恐不利于其成长,应继续随原告生活为宜,被告应依法承担抚养费。"③

二、在学理框架内对相关问题的点评

婚姻家庭相关法学研究中,学者们关于如何确定离婚后未成年子女直接抚养权归属的观点比较一致。

首先,关于所应遵循的基本原则,主要有以下表述:子女最佳利益原则;④儿童最大利益原则;⑤未成年人利益最佳原则。⑥ 虽然名称不完全相同,但核心意旨是一致的:直接抚养权归属的确定,应以实现未成年子女利益的最大化为根本。其次,关于未成年子女的意愿对法官判决直接抚养权归属的影响力,大多数学者主张应当充分尊重。"即使子女的意愿与法官对其最佳利益的判断完全不同,也应当充分尊重该子女的意见。"⑦有学者指出,司法实践中,子女与一方共同生活的意愿只是作为法院判决的参考因素之一,并没有得到足够的重视。⑧ 但也有学者提出不同意见,认为听取未成年子女之意愿,并非就要完全按照其意愿去酌定直接抚养人,而是应在符合其利益最大化的前提下根据未成年子女的年

---

① 参见甘肃省镇原县人民法院民事判决书,(2016)甘1027民初1118号。

② 参见《民法典婚姻家庭编解释(一)》第46条规定:"对已满两周岁的未成年子女,父母均要求直接抚养,一方有下列情形之一的,可予优先考虑:……(二)子女随其生活时间较长,改变生活环境对子女健康成长明显不利……"

③ 山东省谷阳县人民法院民事判决书,(2012)阳民初字第3908号。

④ 参见孙若军:《父母离婚后的子女监护问题研究》,载《法学家》2005年第6期。

⑤ 参见陈苇、张庆林:《离婚诉讼中儿童抚养问题之司法实践及其改进建议——以某县法院2011—2013年审结离婚案件为调查对象》,载《河北法学》2015年第1期。

⑥ 参见赵莉、丁钰:《离婚案件中涉及未成年子女抚养权归属存在的问题及对策——以南京市六家基层法院四年(2011—2014年)离婚纠纷案件判决书为样本》,载《中华女子学院学报》2016年第1期。

⑦ 孙若军:《父母离婚后的子女监护问题研究》,载《法学家》2005年第6期。

⑧ 参见李洪祥、王希元、郑凯波:《离婚家庭儿童权益法律保障司法调查分析——以吉林省经济发展程度不同地区离婚案件为例》,载《中华女子学院学报》2016年第3期。

龄和成熟度予以妥当的尊重。[①] 再次，关于父母的抚养能力，有学者指出，司法实践中，过于着重父母经济条件的对比，忽略责任心、养育付出和品格影响等因素。现今，在人们生活水平普遍提高的情况下，未成年子女的生活抚养已不是大问题，更重要的是父母亲的陪伴、教导和品德的培养。[②] 还有学者指出，"抚养能力"不仅包括"经济能力"这一要素，还包括"心理能力""教育能力"等其他要素，实务判例中对"抚养能力"要素的认定有欠妥当。[③] 最后，关于未成年子女生活、教育环境的持续稳定性，有学者提出，司法实践中，存在片面考虑子女现状的情形，"现状"究竟对未成年子女是否有利，在案多人少的情形下法官已经无力调查；[④]还有学者指出仅将现状作为"继续性"因素认定的做法，可能会将子女判给离婚诉讼前或诉讼中抢夺孩子的一方，这实质上是纵容父母对子女实施"先抢先赢"之不当行为，也会进而诱发离婚诉讼当事人之间发生"抢夺子女"之战，不利于子女最大利益的维护。[⑤]

总之，我国关于离婚后未成年子女抚养的学理研究，更注重采用判决文本分析、数据统计和典型案例研究的方法，归纳与总结法律规定、司法裁判的不足，提出立法完善与实务改进的建议。处理离婚后未成年子女抚养纠纷案件，应明确规定和落实儿童最大利益原则，并规定具体的考量因素，强调子女的心理、意愿和情感是裁决的重要依据。针对案多人少的现状，可由社会工作者调查当事人各方面情况，撰写详细的调查报告，并作为法院判决的事实依据。

三、本判例的裁判逻辑

父母离婚后，未成年子女与谁共同生活才更符合有利于子女原则，需综合考量各方面因素，但在择优的判断上，法院的前后意见却大相径庭。

关于谢某与赵某的条件对比，各级法院均认为，二人均有相对固定的工作和收入，均有较高的文化水平，均有抚养赵某 2 的能力。在此情况下，成都市锦江区人民法院［（2014）锦江民初字第 2761 号民事判决书］认为，应综合考虑赵某 2 的生活、学习环境。谢某将赵某 2 带到南京，但在南京没有查找到赵某 2 的学籍信息，无法确认赵某 2 是否在

---

① 参见江钦辉：《离婚案件未成年子女直接抚养人酌定之考量因素检视——以 H 州 S 市法院近 5 年（2015—2019 年）离婚纠纷判例为分析样本》，载《新疆社会科学》2020 年第 4 期。

② 参见雷春红：《论离婚后未成年子女抚养探望规定的缺失与修正——以儿童最大利益原则为切入点》，载《时代法学》2020 年第 5 期。

③ 参见江钦辉：《离婚案件未成年子女直接抚养人酌定之考量因素检视——以 H 州 S 市法院近 5 年（2015—2019 年）离婚纠纷判例为分析样本》，载《新疆社会科学》2020 年第 4 期。

④ 参见赵莉、丁钰：《离婚案件中涉及未成年子女抚养权归属存在的问题及对策——以南京市六家基层法院四年（2011—2014 年）离婚纠纷案件判决书为样本》，载《中华女子学院学报》2016 年第 1 期。

⑤ 参见江钦辉：《离婚案件未成年子女直接抚养人酌定之考量因素检视——以 H 州 S 市法院近 5 年（2015—2019 年）离婚纠纷判例为分析样本》，载《新疆社会科学》2020 年第 4 期。

正常接受教育,故赵某2随赵某共同生活较为适宜。成都市中级人民法院持相同意见[(2015)成民终字第4681号民事判决书],认为谢某在南京无固定住所,从稳定的生活条件看,赵某的条件优于谢某,故维持原判。但是,四川省高级人民法院再审认为,谢某提供的证据以及二审法院到南京核实的情况足以证明赵某2在南京与谢某共同生活,接受正常的教育。而且,谢某系博士研究生,职业较为固定,更有利于教育和抚养赵某2。此外,赵某2作为女孩跟随母亲谢某生活,更有利于赵某2健康成长。就赵某2的生活、学习环境而言,赵某2跟随谢某共同生活的时间较长,继续维持赵某2既有的、其较为熟悉的生活环境更有利于其身心健康发展。由于该案审理时间长,四川省高级人民法院再审时,赵某2已满10周岁,法官询问了赵某2的意见,其本人明确要求与母亲谢某共同生活。综上,四川省高级人民法院改判赵某2与谢某共同生活。

四、本判例的意义

父母离婚后,未成年子女抚养纠纷本是一起普通的家事纠纷案件,却历经了四年共六次诉讼、其中两次再审,足以见得四川省各级人民法院非常重视。审理过程中,成都市锦江区人民法院和成都市中级人民法院在南京调查核实赵某2的生活、学习情况,这些都为法院审理此类案件树立了典范。有利于未成年子女利益原则具有抽象性和概括性,司法实践中,法官如何综合考量和判断至关重要。四川省高级人民法院在对比双方当事人的条件、能力,听取未成年子女意愿,考量其生活、学习环境的稳定性、性别、心理特点等因素上,更加全面、细致。此外,四川省高级人民法院判决第三项确定:赵某有探望赵某2的权利,谢某有协助的义务。当事人离婚后争夺未成年子女抚养权一个重要原因是,当事人认为自己不能与子女共同生活,就不能再见到孩子了。而本案判决解决了此问题,使案件得以结案。

庭审中,赵某出示一份其母亲(小学高级教师,已退休)出具的说明,表示其愿意协助赵某确保赵某2的人身安全,认真辅导赵某2,促进赵某2健康成长。四川省高级人民法院并没有因此认为赵某比谢某具有更优的抚养条件。这对于过分强调祖辈协助抚养因素的裁判,是有益的参考和借鉴。至于赵某2在南京没有学籍信息,四川省高级人民法院判决认定是二人在争夺抚养权背景下,谢某为隐藏赵某2所采取的措施。但该隐藏行为并没有被法院认定为影响谢某取得直接抚养权的不利因素,其主要原因是隐藏行为情节尚不严重,所以判决书第三项确认了赵某的探望权。

综上,样本案例综合性很强。目前,不少法院关于离婚后未成年子女抚养案件的审理存在走流程、简单化现象,该案件的审理付出了巨大的诉讼成本,却是具有正面引导性的典型判例。

五、后续判例和规范的发展

《民法典》对此问题做了某些修改和完善,虽然没有明文确定儿童最大利益原则,但

《民法典》第 1084 条第 3 款规定了“最有利于未成年子女的原则”，该条文还规定了“子女已满八周岁的，应当尊重其真实意愿”，而不再是原先的“考虑”。《民法典婚姻家庭编解释（一）》的相关规定与 1993 年《处理子女抚养的意见》基本一致，没有做出实质性的修改。因此，后续关于离婚后未成年子女直接抚养权的判例，将更加尊重八周岁以上未成年子女的意愿，但其他因素的考量，基本导向没有改变。例如，在张某 1 与张某 2 离婚纠纷案中，陕西省铜川市印台区人民法院认为：“因孩子年龄尚小，自出生后一直由原告抚养照顾，加之被告也建议孩子由原告抚养，故从更有利于孩子成长的角度出发，应由原告抚养孩子为宜。”①这是以维持未成年子女生活环境的稳定为主要裁判依据。在罗某 1 与傲某离婚纠纷案中，四川省巴塘县人民法院认为，结合目前孩子的年龄及其与母亲生活习惯、生活环境及适应程度等因素，以对孩子身心健康成长有利为原则，婚生女罗某 2 由母亲抚养教育为宜。② 这是概括性的理由，而不阐明具体情况和事实依据。2025 年 2 月 1 日起施行的《民法典婚姻家庭编解释（二）》第 14 条增加规定了离婚诉讼中，父母均要求直接抚养已满两周岁的未成年子女的处理规则。根据此规定，人民法院应当按照最有利于未成年子女的原则，在一方有下列情形之一的，优先考虑由另一方直接抚养：（一）实施家庭暴力或者虐待、遗弃家庭成员；（二）有赌博、吸毒等恶习；（三）重婚、与他人同居或者其他严重违反夫妻忠实义务情形；（四）抢夺、藏匿未成年子女且另一方不存在第一项或者第二项等严重侵害未成年子女合法权益情形；（五）其他不利于未成年子女身心健康的情形。其中，将一方抢夺、藏匿未成年子女的情形作为不利于该方取得直接抚养权的重要因素，为司法实践中处理此类案件提供明确的法律依据，对“先抢先赢”“抢夺子女”等不利于未成年子女身心健康的违法行为起到震慑作用。

---

① 陕西省铜川市印台区人民法院民事判决书，（2021）陕 0203 民初 71 号。

② 参见四川省巴塘县人民法院民事判决书，（2021）川 3335 民初 45 号。

062. 抚养费协议约定中的“出国教育费用”之认定*

上诉人林某1与林某抚养费纠纷案‖福建省厦门市中级人民法院民事判决书,(2019)闽02民终5052号

事实概要

林某与许某某原为夫妻关系,林某1系双方婚生子。林某与许某某于2013年10月11日登记离婚,林某与许某某在离婚协议书中约定林某1抚养条款:“林某1抚养权归女方,由女方直接抚养,孩子日常生活由女方照顾,因房屋产权归女方所有,女方同意男方不承担抚养费用。出国教育费用、医疗费等较大支出由双方共同承担。”2018年7月6日、2018年7月11日,许某某、林某签署父母同意函,同意林某1申请去英国某校就读,寄宿于该校的学生宿舍,并请徐某某(男)担任林某1在英国的监护人,并与徐某某签署了监护人合约。林某1于2018年9月入学在英国某学校就读,系该校全寄宿生,2018—2019学年在该校产生费用总额36,725.1英镑,该笔费用已支付给该校。林某1去英国就读之前,曾于2014年至2017年就读于厦门某才学校,2017年9月至2018年7月就读于厦门市思明区某某教育培训中心(中英某禾学校),并在课外接受多种英语培训与辅导。

2015年至2019年,林某通过微信、支付宝、银行转账等方式向林某1陆续转账多笔钱款,总计7万余元。林某于2017年12月25日与陈某某结婚,两人生育一子林某易。陈某某与前夫所生女儿邓某某与林某、陈某某共同生活。2019年5月22日中国人民银行征信中心个人信用报告显示林某未结清贷款2笔,共计180,979元;未销户贷记卡已用额度696,694元。2019年5月24日中国人民银行征信中心个人信用报告显示陈某某未结清贷款11笔,共计3,663,375元;未销户贷记卡已用额度636,704元。林某2、王某某系林某的父母,2017年10月12日,林某2通过银行转账10万元人民币给许某某。2018年8月17日林某2账户取现3万元,2018年8月15日林某2账户取现11,400元,2018年8月16日王某某银行定期账户当天支出10万元,收入6万元。

---

* 陈丽英,福建省厦门市中级人民法院审监庭副庭长、四级高级法官。

判决要旨

一、一审法院判决要旨

关于涉案“出国教育费用”范围。一审法院经审理认为，林某1于2018年9月就读于英国某学校，林某亦签署了父母同意函表明其对该事实知情且同意，在该学校产生的费用属于离婚协议书中约定的“出国教育费用”范畴。林某1所主张的2000英镑监护费可纳入出国教育费用，但因无证据证明该笔费用已经实际支出，故不予确认。林某1出国之前就读于厦门某才学校、中英某禾学校以及接受的各类英语培训，并非出国接受教育的必要条件，也并非必须的义务教育范畴，在案亦无证据证明这些就学及培训计划有事先经过林某同意并获得林某承担相应费用的允诺，故上述费用不能纳入离婚协议书中约定的“出国教育费用”范畴，不属于林某的法定抚养义务。故对该部分费用不予支持。

关于林某所称其与父母多年来已支付林某1总计几十万元费用的问题：

1. 关于林某所称已支付12.5万元林某1出国教育费用的问题。林某称林某1去英国读书之前，许某某找到林某父母林某2、王某某要求筹集林某1出国念书学费，林某2、王某某从银行取现，林某向自己舅舅借款5万元，共筹集12.5万元现金给许某某用于林某1英国求学。许某某对此予以否认。一审法院分析认定如下：林某1于2018年9月在英国入学，2018年8月15日至17日，林某2、王某某共从银行取现81,400元，王某某出庭陈述当时因林某经济状况较紧张，林某1出国念书需要费用。根据在案证据和庭审陈述，林某2、王某某作为林某1的祖父母，与许某某时有联系，对林某1亦时有资助，林某2、王某某上述取现时间与林某1出国就学时间存在高度关联性，其所述林某的经济状况亦与中国人民银行征信中心个人信用报告所示相符，故对林某2、王某某取现81,400元用于支付林某1出国教育费用的事实，予以确认。林某2、王某某并无抚养林某1的法定义务，其在林某经济紧张的情形下代林某支出的说法，合情合理，一审法院予以认定。林某称其向舅舅王某高借款5万元用于支付林某1出国教育费用，在案虽有王某高转账给林某的记录，但并无林某向许某某或林某1转账或取现的记录，故一审法院对林某向林某1支付该笔5万元款项不予确认。

2. 林某2、王某某其他时间段给予许某某的转账或现金，因在时间上与林某1出国时间相距较远，应视为对林某1其他学习、生活费用的承担，不能认定为支付林某1在英国的教育费用。林某数年来陆续支付给林某1的其他费用，视为其作为父亲对儿子的关心和照顾，不能直接抵扣涉案出国教育费用。

关于林某承担“出国教育费用”比例。虽然林某与许某某的离婚协议书中约定由双方共同承担林某1的“出国教育费用”，但并未约定各自具体承担的比例。通常情况下由双方平分承担较为合理，但鉴于在案证据显示林某现有两名亲生子女（林某1、林某易），其妻子陈某某与前夫所生女儿邓某某亦与之共同生活，加上林某、陈某某目前存在较高金额的债务，故一审法院酌情认定林某对林某1的上述出国教育费用承担40%的义务。

二、二审法院判决要旨

二审法院经审理，另查明，许某某于2018年8月18日向林某1出国留学的监护人徐某某指定的收款人徐某范转账人民币20,000元。根据林某提交的中国银行交易流水明细清单所载，王某高于2018年8月13日向林某转账人民币50,000元后，当日林某现金取款人民币49,000元。

二审法院分别就下列五个方面作出认定：

1. 关于林某1出国之前就读于厦门英才学校、中英某禾学校以及接受的各类英语培训的费用是否属于讼争“出国教育费用”。一审判决对上述费用的性质认定正确。

2. 林某1所主张的2000英镑监护费，属于出国教育费用。二审期间，林某1已举证证明其实际向监护人徐某某指定的国内收款人徐某范支付了该笔监护费，故林某1主张监护费人民币17,620元应计入出国教育费用依据充分，应予支持。

3. 关于林某主张已支付人民币125,000元林某1出国教育费用的问题。林某主张其系通过向父母林某2、王某某及舅舅王某高借款已向林某1的母亲许某某支付出国教育费用人民币125,000元，其提供了林某2、王某某的取款记录以及王某高向林某转账后林某现金取款的记录，同时，林某的母亲王某某一审时亦作证证实上述款项的构成及其交付上述人民币125,000元的事实。虽然林某无法提交其他客观证据证实款项的交付，但考虑到本案当事人之间系亲属关系，林某、王某某所述的交付125,000元的过程具有现实合理性，结合王某某系林某1奶奶的身份，足以令人对“因林某1出国之需王某某有交付人民币125,000元给林某1母亲许某某”的事实形成内心确信。根据取款记录，该人民币125,000元中有人民币49,000元系林某提供，其余人民币76,000元系王某某、林某2提供。从现有证据看，王某某向许某某交付款项时并没有明确款项系代林某支付的性质，林某2、王某某虽对林某1无抚养义务，但二人系林某1的爷爷、奶奶，系直系亲属，其给付的款项与林某支付的款项存在性质差别。林某主张该人民币76,000元应予抵扣其应承担的部分，林某1不认可，该款项不宜作为林某支付的部分予以抵扣，但从本案现有证据分析该部分款项高度盖然系用于林某1出国教育的费用，故应从本案认定的出国教育费用总额中扣除后再计算林某应承担的份额。综上，应认定林某已支付出国教育费用为人民币49,000元，林某1以其学费系由其外公账户转出为由抗辩未收到上述人民币125,000元，理由不足，不予支持。一审判决认定王某高转账给林某后，林某没有现金取款记录，该事实认定有误，法院予以纠正。

4. 关于林某主张在2015年至2019年其通过微信、支付宝、银行转款等方式向林某1陆续转账多笔钱款合计人民币7万余元(其中被上诉人在上诉人出国之后支付的金额为人民币25,971.8元)应予抵扣出国教育费用的问题。从在案的证据看，上述款项确系林某零散支付给林某1主要用于餐饮、游玩、零花等日常所需，一审判决认为该部分款项不能认定为支付林某1在英国的教育费用，符合事实与情理，于法不悖。而本案已认定的出国教育费用并未包含生活费，林某主张应以该部分款项抵扣本案已认定的出国教育费用理由不足，不予支持。

5. 关于林某承担林某1"出国教育费用"比例问题。林某与许某某在离婚协议书中仅约定："出国教育费用、医疗费等较大支出由双方共同承担。""共同承担"在没有作特别约定的情况下应理解为各承担50%。一审判决以林某现有两名亲生子女且与现任妻子的孩子共同生活、林某现负有较高的债务为由，酌定变更林某的承担比例为40%，二审认为该认定不当，理由是：林某现增加一名亲生子女系由其与现任妻子共同抚养，林某对其现任妻子与前夫所生之女并无法定抚养义务，林某虽有新增被抚养人的情况，但因此减少其对林某1教育费用的承担于法无据。同时，虽然林某举证证明其与其经营的公司现有负债情况，但公司的负债情况属于一般公司经营中的正常现象，并不等同于公司的盈亏情况。目前的证据尚不能体现林某存在无法承担讼争出国教育费用的情形，故本案的出国教育费用应由林某承担50%为宜。

二审法院根据重新确定的出国教育费用金额及比例作出了相应的改判。

判例评析

一、既往相关判例与观点

案例1：麻某某诉麻晓某抚养费纠纷。[①] 该案审判的主要理由与观点：关于子女生活费和教育费的协议或判决，不妨碍子女在必要时向父母任何一方提出超过协议或判决原定数额的合理要求。根据《婚姻法解释（一）》第21条的规定"抚养费包括子女生活费、教育费、医疗费等费用"，但不应就此一概认为每月支付固定数额抚养费后，无须再支付医疗费，而应考虑抚养费、教育费、医疗费支出的原因与具体数额，同时兼顾夫妻双方的利益公平。因此，我国规定的抚养费包含教育费、医疗费，应理解为抚养费包含基本的教育费与医疗费，而不应包含为孩子利益客观上必须支出的较大数额的医疗与教育费用。同时，为保护未成年人利益，促进未成年人身心的全面发展，法律适当鼓励未成年人根据个人天赋与爱好参与一定的课外辅导课程。本案中，麻某某长期参加围棋辅导班，从父母婚姻关系存续期间持续到离婚之后，麻晓某在婚姻关系存续期间对此同意，离婚后知情但未明确表示反对，目前缺乏证据证明围棋班与麻某某兴趣不符，并不属于过分报班的情形，因而依法应予支持。

该判例与本文判例一样，离婚夫妻离婚时均对子女的教育费分担作出了约定，两个判例均对教育费的具体认定标准提供了参考。司法解释所规定的抚养费下的教育费一般是

① 北京市第一中级人民法院民事判决书，（2013）一中少民终字第13395号。

指基本教育费,出国教育费与兴趣班学费一般不属于基本教育费的范畴,要根据离婚夫妻双方的约定及结合子女的需求等因素进行综合认定为妥。教育费在离婚夫妻双方之间进行合理分担,更有利于保障子女受教育的条件。

案例2:谭某1诉林某抚养费纠纷。① 该案审判的主要理由与观点:《婚姻法》第37条规定,离婚后,一方抚养的子女,另一方应负担必要的生活费和教育费的一部或全部,负担费用的多少和期限的长短,由双方协议;协议不成时,由人民法院判决。关于子女生活费和教育费的协议或判决,不妨碍子女在必要时向父母任何一方提出超过协议或判决原定数额的合理要求。就该条规定中的"必要时"这一要件的认定,须结合负法定抚养义务一方的客观生存状况(包含死亡、失踪、遭受重大人身事故及重大财产损失等情形)及被抚养人生活、教育费用改变等情形综合加以认定。本案中,原告之母谭某2与被告林某经诉讼离婚,离婚判决明确"婚生女儿谭某1由谭某2抚养,抚养费自行负担"。谭某2与被告林某诉讼离婚时,谭某1未满3周岁,未有教育费用发生,现谭某1已入园学习受教,应认定为情势变更,故原告诉求被告支付部分教育费用,有事实与法律依据。原告提供的相关收据凭证,涉及学费、报名费总计为3600元(学费2500元+报名费1100元),故法院确定由原告法定代理人谭某2与被告林某各负担1800元。就原告已支付但未提交证据的相关教育费用,因无证据支持,法院不予确认。就原告主张被告须一次性支付其至18周岁抚养费与教育费的诉讼请求,缺乏事实与法律依据,法院不予支持。

该判例中,幼儿园教育费应属于基本教育费用,属于抚养费的范围。离婚时直接抚养方同意自行负担抚养费,且孩子就读幼儿园也应是离婚时就能预期的,是否属于"情势变更"可商榷。笔者主张,一方判决离婚时同意自行负担教育费用,后短暂的时间内该方的经济、生活状况并未发生明显变化,又要求支付抚养费的,不宜支持。当然,该案中,法院认为应由离婚双方分担实际发生的费用是正确的,判决也照顾了妇女儿童利益。

二、本判例的规范逻辑

《民法典婚姻家庭编解释(一)》第42条规定,《民法典》第1067条所称"抚养费",包括子女生活费、教育费、医疗费等费用。抚养费包含教育费是毫无争议的,但教育费是指什么阶段的教育费以及包括哪些项目的教育费,则无明确规定,特别是子女接受大学教育的教育费是否应由父母负担问题,涉及"不能独立生活的成年子女"的认定。对此,《民法典婚姻家庭编解释(一)》不同于最高人民法院1993年《处理子女抚养的意见》第12条规定。1993年《处理子女抚养的意见》第12条规定,尚未独立生活的成年子女有下列情形之一,父母又有给付能力的,仍应负担必要的抚育费:(1)丧失劳动能力或虽未完全丧失劳动能力,但其收入不足以维持生活的;(2)尚在校就读的;(3)确无独立生活能力和条件的。

① 海南省海口市美兰区人民法院民事判决书,(2017)琼0108民初1294号。

《民法典婚姻家庭编解释(一)》第 41 条则规定，尚在校接受高中及其以下学历教育，或者丧失、部分丧失劳动能力等非因主观原因而无法维持正常生活的成年子女，可以认定为《民法典》第 1067 条规定的“不能独立生活的成年子女”。

三、本判例的意义

随着国际交流的不断发展，出国接受教育(中学或者大学教育)现象日益普遍。未成年人或者成年人出国接受教育的费用一般都比较高，夫妻协议离婚时往往会对孩子未来的大额教育费用包括出国教育费用作出一些约定，但离婚时孩子尚未实际出国，约定往往又不够具体。实际出国之后产生的费用(出国的国家选择等均可能产生费用)很可能超出未直接抚养孩子一方的预期，因而易产生出国教育费用承担纠纷。此类案件中不仅涉及教育费用范围的具体认定，还会涉及亲属之间各方往来款项的性质认定。对此类款项，法律法规无详细规定，司法实践中，如何合理把握以作出公平公正的判决，值得探讨与关注。

本案中的出国费用范围的认定及承担比例问题具有典型性，特别是祖父母、外祖父母支付钱款的认定标准、性质，以及离婚父母一方再婚成立新家庭的情况是否应作为确定其承担出国费用比例的考量因素，处理结果可能直接关系到祖孙情感、家庭和睦等。本案处理的理念一定程度上体现了弘扬社会主义核心价值观。

(一)“出国教育费用”的范围认定

未成年人在国外就学花费的监护人费用、为出国进行培训花费的费用是否属于“出国教育费用”?

首先，未成年人出国接受教育，在中上社会阶层的家庭中具有一定普遍性。未成年人在国外接受教育须有监护人，若父母不能同行，一般就需要商请当地适当人担任临时监护人，并可能需要支付费用。例如，本案就存在监护人费用，这项费用与出国接受教育是紧密相连的，是出国教育费用的有机组成，本案一审、二审均认为可纳入“出国教育费用”范畴，是符合日常经验法则的。其次，为出国培训支付的费用是否属于“出国教育费用”呢?为出国培训花费的费用，这确是“为了出国教育”而开支的费用，然而，本案一审、二审法院一致认为其不应认定为“出国教育费用”。一审、二审法院考虑到为出国培训花费的费用，并不必然需要发生，更重要的是，未直接抚养子女的父母一方往往并未参与这些培训的决策，且培训费用可高可低，培训时间长短不一，差别大，并无较统一的标准。因此，“出国教育费用”的外延不宜放宽到这类出国前的培训费用，对于这一部分费用的分担，当事人有明确约定的，方能从其约定。

(二)亲属之间款项支付的证据标准宜从严还是宜从宽

本案涉及林某 1 的祖父母将他们要给予林某 1 的出国教育费用支付给林某 1 母亲的情形。单纯从“支付款项”一般证据标准而言，林某 1 的祖父母仅有对应款项的取现凭证，在林某 1 母亲否认收到这部分款项的情形下，并无证据证明祖父母已将所取现金交付给林某1母亲,“支付”的证据明显不足。那么,是不是就不应当认定祖父母支付了该部分款项?显然,这不合适,因为根据日常经验法则,可以确认“该款项已支付”具有高度盖然性。首先,祖父母一直关爱林某1,此前就有付款给林某1母亲为林某1所用的情况;其次,祖父母年纪已高,取现交付也符合其年龄段交易的习惯;最后,亲属之间的钱款交付不留存证据也是常见的。在这种情形下,如果还坚持普通的交付证据标准,就会因证据不足而认定“没有交付”,老年人明明付出了积蓄却得不到确认,这并不利于林某1祖父母与林某1今后的关系与情感维系。因此,一审、二审法院把握这个问题时,鉴于亲属间钱款的交付区别于一般的交付,证据标准不宜过于严苛。

(三)祖父母、外祖父母支付的教育费用是否应认定为是父或母其中一方应承担的教育费用

关于这一问题,本案一审、二审法院的观点是不一致的。一审法院认为,林某1祖父母对林某1无法定抚养义务,故采纳林某及林某1祖母的证言,认定林某1祖父母支付的费用为替林某所支付的费用。二审法院则认为,祖父母给孙子的款项与父母支付给子女的款项存在性质差别,林某1祖父母支付的款项不应认定为是代林某支付的款项,故林某支付的出国教育费用中实际由林某1祖父母支付的部分应从本案诉讼请求中扣除。

笔者认为,二审处理符合客观事实,更能体现祖父母与孙子之间的情谊,更有利于家庭和睦、社会和谐。虽然祖父母没有法定抚养义务,但完全可以赠与财产给孙子,祖父母、父母都是独立的民事主体,除非有言在先,否则,其给付给林某1的款项不宜事后再主张是代林某支付。林某1祖父母支付的这笔款项用途指向明确,就是为林某1出国教育所用,直接从出国教育费用中扣除,剩余的费用再由林某1父母来分担,更为合理。

(四)离婚父母一方再婚后新增抚养人等情形是否影响对前婚所生子女的抚养费(教育费)的承担比例

根据《民法典婚姻家庭编解释(一)》第49条第1款规定,抚养费的数额,可以根据子女的实际需要、父母双方的负担能力和当地的实际生活水平确定。可见,抚养费的判决需要考虑双方的负担能力。司法实践中,关于“父母双方的负担能力”,较常遇到的抗辩主张是“离婚一方再婚后又生了子女,新增了抚养人”的情形,该种情形能否作为其负担能力减弱的评判呢?笔者持否定观点。新增抚养人确实会增加支出及负担,但支出的增加不应等同于负担能力的减弱,对负担能力应综合其收入等经济情况进行评判,若仅因新增抚养人就减少原应支付给前婚所生子女的抚养费,明显对前婚所生子女是不公平的,于法无据。此外,本案中,林某还主张其有贷款未清偿,经济情况不好,但二审认为贷款是公司经营中的正常活动,并不等同于亏损,贷款负债不代表其实际的财务支付情况,因此,认为林某应当按约定承担本案出国教育费用的50%,更为合理。

四、后续判例和规范的发展

关于出国教育费用的分担问题，若是离婚夫妻双方有约定的一般按约定处理即可，若未作约定，孩子又已成年的，则涉及对“不能独立生活的成年子女”的认定。如前文介绍的本案适用的法律条款，按照 1993 年《处理子女抚养的意见》规定，尚在大学接受教育的成年子女主张必要抚养费仍可被支持。若按现行《民法典婚姻家庭编解释(一)》第 41 条、第 42 条的规定，抚养费中包含了教育费，只要是子女成年之前，或是成年后仍在接受高中以下的学历教育的，其教育费就属于抚养费的组成部分，在无特别约定的情况下，理应由父母共同承担。而对于已成年尚在读大学的子女，是否属于“不能独立生活的子女”呢？笔者认为，按上述规定，已成年尚在接受大学教育的子女并不当然属于“不能独立生活的子女”，但亦并不当然排除于“不能独立生活的子女”之外，而应根据具体情形进行认定，是法律及司法解释制定上述规定的应有之义。尚在国外接受高中或者大学教育的成年子女，因教育费用及生活费用都比较高昂，一般并无独立生活能力，此时，仍需要父母来负担一定的抚养费，但要注意未直接抚养孩子的一方对子女出国接受教育的知悉及是否参与决策应是考量因素之一。若未直接抚养孩子的父母一方对子女出国接受教育是持否定态度甚至是不知情的，如果“一刀切”地认为需要由父母双方来共同负担，就可能对未直接抚养子女的一方不公平。无论如何，按现行司法解释的规定，成年子女高中学历以上的教育费用一般并不属于父母的法定义务，最好由父母双方在书面协议中约定对子女大学教育费用的负担，书面协议对双方是具有约束力的，其中一方或者子女可以要求另一方父母依协议来承担相关的教育费用。

在北京市海淀区人民法院民事判决书(2019)京 0108 民初 49668 号，原告栗某与被告申某抚养费纠纷案中，体现了明确约定的出国教育费用可以得到法律保护。该案原告栗某起诉请求：(1)判令被告按照离婚协议书支付原告已经垫付的子女抚养费 60 万元；(2)判令被告按照离婚协议书向原告支付违约金 18 万元。法院审判的主要理由与观点：双方就子女生活费、教育费达成的协议具有法律约束力，男女双方应按协议履行。本案中，栗某与申某所签订的离婚协议中约定两个女儿的教育费 120 万元由双方各负担一半，申某理应按该协议约定支付子女的教育抚养费 60 万元。现两个孩子已毕业，全部教育费用已由栗某负担，栗某起诉要求申某支付教育抚养费，证据充分，符合相关的法律规定，法院予以支持。其以申某未按期支付教育抚养费为由所主张的违约金，因双方未在协议中明确上述费用的给付期限，故法院对此不予支持。

关于教育费用的具体范围及认定标准，我国法律法规并未作出明确规定。若是义务教育或国内的公费教育一般争议不大，但若涉及出国接受教育的情形，费用情况复杂，还需由最高人民法院作出进一步的司法解释，目前裁判中，可根据日常经验法则以及公平合理的原则作出认定。

063. 征求未成年子女意见对判定非直接抚养的父母的探视权行使方式的影响*

汪某某诉詹某某探望权纠纷案‖福建省厦门市中级人民法院民事判决书,(2019)闽02民终5558号

事实概要

汪某某(男)与詹某某(女)原系夫妻关系。2013年,二人生育婚生女汪甲。2014年,双方因感情不和经法院调解离婚,约定女儿汪甲由詹某某直接抚养,汪某某每月支付抚养费1500元直至女儿成年;汪某某及其家人每月可探视女儿一次,具体时间、地点双方另行协商,汪某某应提前一天告知詹某某。其后,汪某某没有按时支付抚养费,也未及时探视,引发双方之间矛盾。2019年,汪某某起诉詹某某,要求每月选择一个周六或者周日从15时到20时探望婚生女。詹某某认为,汪某某探视女儿时,女儿应由詹某某陪同,且探视结束时间应符合孩子作息即应在18时结束。一审审理阶段,未成年子女就汪某某探视时是否需要詹某某陪伴的问题表达了个人意愿,其要求母亲予以陪同。

一审法院考虑到两人离婚时婚生女不满1周岁,其后一直与詹某某共同生活,本案起诉时孩子年仅6岁,为帮助孩子逐渐适应与父亲相处,在支持汪某某诉讼请求的同时,判令在半年内,汪某某探望女儿时,詹某某可以陪同;半年后,汪某某探望女儿时有权接走,单独与女儿相处。詹某某不服一审判决,认为一审法院没有认定汪某某在双方离婚后长期没有支付抚养费,没有探视女儿的事实;汪某某探视女儿只给詹某某半年的陪同时间,不利于女儿的身心健康;一审没有考虑孩子的作息时间,判定的探视时间过长,应在18时前结束。后提起上诉。

二审阶段,詹某某强调一审遗漏查明汪某某长期未探视女儿也没有支付抚养费的事实,且经过法院强制执行后才恢复支付抚养费,二审法院认为该事实与本案探望权纠纷不具有直接关联,一审法院就该事实未在判决书中载明并无不当。

---

* 梁瑛,上海锦天城(厦门)律师事务所高级合伙人、律师。

二审法院归结双方争议焦点：一是汪某某行使探望权时詹某某能否陪同；二是探视结束时间是在 18 时还是 20 时，何时更为妥当。二审对于两个争议焦点进行了充分论理，认为：詹某某、汪某某在女儿未满 1 周岁时即已离婚，在之后的探望权及抚养费问题上发生过不愉快，双方及双方家人之间存在一定隔阂。若汪某某探视女儿时詹某某持续性陪同，则可能会影响汪某某对探望过程的安排，不便于汪某某探望权的行使，也不利于汪某某与女儿之间充分交流和感情培养，一定程度上构成对汪某某探望权的限制，而探望权是法律直接赋予的民事权利，非经法律规定不得限制与剥夺。一审考虑汪某某与女儿相处时间较短，为让孩子逐渐适应与父亲相处，判决詹某某可在半年期间内陪同是恰当的，已充分考虑了未成年人的实际需要和身心健康。现詹某某、汪某某就行使探望权的方式、时间无法达成一致，一审在詹某某未就汪某某主张的行使探望权的时间提出异议的情况下，综合考虑汪某某主张探望的方式、时间及一般同龄儿童的作息习惯，支持汪某某关于探望结束时间为 20 时的主张并无不当。最终二审驳回詹某某上诉，维持原判。

判决要旨

探望权是法律直接赋予未直接抚养子女的父母一方的民事权利，非依法律规定，不得限制或者剥夺。行使探望权应在有利于未成年子女成长和尊重其意愿的基础上进行。

判例评析

一、既往相关判例与观点

本判例的裁判依据主要为《婚姻法》第 38 条第 1 款、第 2 款，即离婚后，不直接抚养子女的父或母，有探望子女的权利，另一方有协助的义务。行使探望权利的方式、时间由当事人协议；协议不成时，由人民法院判决。在《婚姻法》失效后，该条原文由《民法典》第 1086 条第 1 款、第 2 款吸收和保留。该法条赋予法官可在当事人无法达成探望权利的意思自治时，行使自由裁量权来判断当事人一方是否可以行使探望权以及行使探望权利的方式、时间。同时，法院在审理过程中，也会注意到未成年人在该探望方式中是否能得到良好的保护，是否有益其身心健康成长。

福建省泉州市丰泽区人民法院（2016）闽 0503 民初 9452 号民事判决书认为，父母离异后，非直接抚养方与未成年子女的感情培养往往需要一个循序渐进的过程，且随着未成年子女年龄的增长，其意识能力和意志能力逐渐成熟，非直接抚养方行使探望权时应当尊重子女本人的意愿，操之过急，将会适得其反，并可能加剧父母双方之间的情绪对立，进而对未成年子女身心健康产生不利影响。探望方式确定后，并非一成不变，父母双方在以后仍可视情况自行协议或根据未成年子女意愿，对探望方式作出适当调整。

二、在学理框架内对相关问题的点评

(一)未成年人意愿在裁判中的地位

根据最高人民法院的观点,[①]应在有利于未成年子女成长和尊重其意愿的前提下,保障当事人依法行使探望权。本案中,未成年子女已明确表达希望在汪某某探望时有詹某某陪同,但法院并未采纳其意见,并自行设置了半年的过渡期,在过渡期后,汪某某可单独行使探望权。对此,未成年人的意愿在探望权纠纷中处于何种地位?法院是否要以未成年的个人意愿作为裁判依据,以及如何作出裁判才能更好地保障未成年人的身心健康?均是在司法实践中应充分重视的问题。

目前,学术界对于父母对于未成年子女的会面探望,可划分为探视性探望和逗留性探望。前者相处时间较短,是指不与子女相处的一方到对方家中进行探望;后者是一种较长时间的探望,探望权人与孩子会面时可以领走孩子并在约定的时间内送回。[②] 有学者认为,对0~3岁的幼儿,以探视性探望为宜;对3岁以上的未成年人,则两种探望方式均可适用,其中对于7岁以上的,应征求其意见。[③] 本案二审法院的判决时间为2019年,而被行使探望权的未成年人于2013年出生,故在二审判决时该儿童大致是6岁,法院没有完全以该未成年人的意愿为依据做出相应判决,是符合日常生活逻辑的。因该未成年人尚且年幼,身心发育不完全,此时的想法还不能客观地认识其与父母双方之间的关系及变化,并易受实物诱惑或受到直接抚养方的操纵。笔者曾代理过的一起离婚纠纷案件中也曾遇到过类似情况:父母双方均争取11岁婚生子的抚养权,为实现目的,双方分别向该名未成年儿子作种种允诺,母亲答应给儿子买手机,父亲答应给儿子买平板。儿子自书了一份愿意和母亲共同生活的文件,由女方交给法庭作为争取抚养权的证据,然而,当法官单独询问孩子时,孩子却表示愿意和父亲共同生活。因此,按照年龄进行衡量,一定采纳某个年纪的孩子的意见,或一定不采纳某个年纪孩子的意见,并以此作为裁判的依据存在风险。此时,法官应结合社会生活经验,结合案件的具体情况,综合判断案情,代未成年人做出最符合其利益的行使探望权的方式的选择。当然,如若未成年人年龄增长,其能完全表达出其个人想法,法院在发挥自由裁判权的前提下,应尽量尊重未成年人的选择。

(二)法官的自由裁量权对原告诉求的突破

按照民事审判"不告不理"的基本原则,法院只能在原告的诉求范围内进行审理;超过

---

① 参见最高人民法院《第八次审判会议(民事部分)纪要》第2条规定:离婚后,不直接抚养未成年子女的父母一方提出探望未成年子女诉讼请求的,应当向双方当事人释明探望权的适当行使对未成年子女健康成长、人格塑造的重要意义,并根据未成年子女的年龄、智力和认知水平,在有利于未成年子女成长和尊重其意愿的前提下,保障当事人依法行使探望权。

② 参见孟晓丽:《未成年子女探望权制度的反思与重构》,载《大庆师范学院学报》2020年第4期。

③ 参见王丽萍:《亲子法研究》,法律出版社2004年版,第226~227页。

诉求范围的，法官不能任意裁判。但是，探望权纠纷案件极少完全在原告的诉求范围内进行裁决。本案中，原告方主张“每月选择一个周六或者周日，从15时到20时探望婚生女”，生效判决的内容为“汪某某每月可选择一个周六或者周日探望婚生女，探望时间15时至20时，汪某某应至少提前一天告知詹某某，在半年内，汪某某探望婚生女，詹某某可予以陪同；半年后，汪某某探望婚生女，有权接走单独与婚生女相处”。法官就原告的探望方式进行了拓展，不仅增加了另一方陪同，并增加了可以将孩子带离直接抚养方的探望方式。就该问题，笔者认为：探望权的本质是亲权，父母离婚后对子女的抚养权利是平等的，发生变化的只是父母对子女的抚养形式，不直接抚养子女的一方享有探望的权利，直接抚养子女的一方有让非直接抚养子女的一方探望子女的义务。探望权纠纷首先需要确认的是非直接抚养子女的一方是否有探望权，是否存在不利于未成年人健康成长等可能造成探望中止的情形，在该核心权益确认后，何种探望方式为最佳属于法官的自由裁量权范围，并不属于严格意义上的诉讼请求的范围。

（三）未成年子女权益与探望权人利益之冲突的解决

本案中，就非直接抚养方探视时直接抚养方是否陪同的论理过程，展现了未成年子女权益与探望权人利益之间的冲突及协调。本案的双方当事人离婚时婚生女不满1周岁，其后婚生女一直和母亲共同生活，男方较少探望，男方与未成年子女相处时间较短，并与女方因抚养费支付问题产生过诉讼。在此情况下，审理法院一方面认为应给未成年子女一个过渡期适应与父亲相处，所以可以由母亲陪同探视；另一方面考虑男女双方之间的矛盾，如果一直由女方陪同探视，必然会影响男方探视权的行使，为此自行创设了半年的过渡期。过渡期内，女方可以陪同探视，过渡期满后，男方可将未成年子女带走单独相处。通常而言，探望权的行使建立在未成年子女的利益保护之上，未成年子女的利益保护不仅是探望权的核心精神，也是双方当事人的利益共同点。如果行使探望权会造成未成年子女利益损害，探望权人的权利保障应当让位于子女的利益。如《江苏省高级人民法院涉家庭暴力婚姻家庭案件审理指南》第六章第二节“子女抚养和探望应注意的问题”明确规定，为了避免未成年子女成为加害人继续控制受害人的工具，最大限度保护未成年子女的利益，在探望权的问题上，当加害人存在相应情形时①，未成年子女、直接抚养子女的父或母及其他对未成年子女负担抚养、教育义务的法定监护人，有权向人民法院提出中止探望权的请求。本案中，女方在男方探视过程中的陪同，一方面消除了年幼孩子面对陌生亲人时的恐惧感，另一方面妨碍了探视权人的探视安排，在两种权益出现冲突的情况下，主审法

① “相应情形”包括：（1）利用探望权在未成年子女面前诋毁、恐吓或殴打承担直接抚养义务的受害人的；（2）利用探望权继续控制受害人的；（3）利用探望权对受害人进行跟踪、骚扰、威胁的；（4）利用探望权继续对受害人和/或未成年子女施暴的；（5）有必要中止探望权的其他情形。

官的过渡期安排较为巧妙地予以化解。

(四)探望权的执行问题

在实践中,法院判决确认了一方当事人享有探望权之后,假若另一方当事人不遵守生效法律文书,不提供协助、配合的,享有探望权的一方依然很难实现其探望权。是故,为保证探望权能得到实现,享有探望权的一方遇到阻碍时,往往申请法院强制执行,然而,法院的执行部门在审查执行内容时常常也会以人身关系不属于执行内容等原因拒绝当事人的申请。

因探望权的特殊人身属性,司法部门无法对未成年人采取强制措施,只能采用间接强制的方法。最高人民法院《民法典婚姻家庭编解释(一)》第 68 条规定[该条吸收和保留的是最高人民法院《婚姻法解释(一)》第 32 条]:“对于拒不协助另一方行使探望权的有关个人或者组织,可以由人民法院依法采取拘留、罚款等强制措施,但是不能对子女的人身、探望行为进行强制执行。”然而,此种执行方式实质并非强制执行判决内容,更类似于《民事诉讼法》第 114 条规定的针对妨害民事诉讼行为而可以采取的强制措施。

对未成年子女而言,执行的暴力是否会使其留下心理创伤,通过强制力实现的权利,是否会使其感受到与非直接抚养一方团聚的乐趣,这是在执行过程中首要考虑的。执行法官应着重运用疏导教育、训诫、责令具结悔过包括罚款措施,震慑拒不履行义务的一方当事人,而对拘留及刑事处罚应谨慎使用。究其实质,拘留等强制措施是对不履行协助行使探望权行使的义务人的制裁行为,但若其在被采取强制措施后仍不配合,判决内容一样无法得到执行,同时,这个过程中对未成年人造成的伤害也难以估量。故在探望权纠纷中,因判决的执行本身不具有可操作性,其更依靠对协助行使探望权的义务人的制裁促成判决执行,在此种情形下,应尽量避免使用实质上的强制措施,以免造成适得其反的后果。

三、本判例的规范逻辑

本案为探望权纠纷,当事人既然提起了诉讼双方之间自然是无法对探望权的处理方式达成一致,那么,根据《婚姻法》第 38 条第 2 款,在当事人无法达成协议时,应由法院来判决。故法院在审理过程中着重点在于是否有利于子女健康成长、是否尊重子女本人意愿、是否兼顾有利于探望权实现,根据这三点来最终判断探望权的实现方式。在上述基础上,法院最终在满足汪某某诉讼请求的基础上,创设了半年的过渡期,在过渡期内满足了詹某某的陪同要求,过渡期后满足了汪某某的单独探视的基本权益。二审法院在维持一审判决的基础上对论理进行了强化,形成了较为完整的审判逻辑。

四、后续判例和规范的发展

本案中,法院对如何行使探望权作出了充分的说理,并且不以未成年人的意见作为唯一判断依据,而是经综合判断后,作出法院认为的有利于被探望人身心健康的裁判。《民法典》的实施对本案裁判规则并无影响,法院对于抚养权归属的裁判有极大的自由裁量权，法官可通过自由心证判断由哪一方抚养子女对其成长是有利的。

在探望权纠纷中，法院一般都会支持主张探望权的一方行使其探望权利，但至多只是根据其自由裁量权判断如何行使探望权。以下判例即展示了就算申请探望的一方有过刑事处罚背景、吸毒历史，且未成年人反对探视，法院仍然赋予了当事人一定的探望权利。

在福建省晋江市人民法院审结的郑某某诉朱某某探望权纠纷案中，原告郑某某请求法院判令其每周五放学至周日早上探视婚生女郑某，并在该探视时间内孩子跟随原告生活。原告曾有吸毒行为并因贩卖毒品罪被判处有期徒刑，且其婚生女也知晓原告有吸毒经历；原告与被告曾因探望问题产生冲突，报警处理过。在该案中，虽然双方的婚生女明确表示其不愿意接受原告的探望，但是，最终法院判决仍然部分支持了原告的诉求，即原告可在公共场合且被告在场的情况下，在不影响婚生女正常学习、生活的基础上，每月第三周周末探望婚生女一次，时长为 2 小时。① 该判例进一步明确探望权只能被限制而不能被剥夺的基本精神和裁判原则。《民法典》第 1084 条明确规定了法院在处理未成年子女直接抚养权时“子女已满 8 周岁的，应当尊重其真实意愿”。但在司法实践中，即便子女没有达到 8 周岁，只要能清晰表达自己的意愿，如果一方申请法院征求子女意见，法官一般会同意该申请，并将子女意愿作为其判定直接抚养权的重要参考。在确定探望方式上，部分法官也会采取上述方法，充分重视未成年子女的意见。家事纠纷中，法官的自由裁量权在很多方面并无明确的边界，而对案件的判断往往与主审法官的年龄、个性、人生经历、婚恋生育背景等有着更为直接的关系。涉及未成年子女的抚养、探视，不囿于年龄的界限，更多的征求未成年子女的意见，并结合各方因素得出综合性的判断，对于裁判者而言未尝不是一个很好的路径。

《民法典婚姻家庭编解释（二）》自 2025 年 2 月 1 日起施行。该司法解释对婚姻纠纷中抢夺、藏匿未成年子女行为的处理作出了规定，在抢夺或隐匿的一方有正当理由（另一方存在赌博、吸毒、家庭暴力等严重侵害未成年子女合法权益情形）时，应以撤销监护人资格、中止探望或变更抚养关系等途径解决，而不应以抢夺或藏匿的方式“以暴制暴”。对于实践具有积极的行为指引意义。

① 参见福建省晋江市人民法院民事判决书，(2020) 闽 0582 民初 13151 号。

064. 变更抚养关系与否,应主要考虑哪些因素?*

王某诉郎某变更抚养关系纠纷案‖上海市奉贤区人民法院民事判决书,(2017)沪0120民初23654号

事实概要

王某(男)与郎某(女)原系夫妻,双方于2008年3月25日生育一女王某1。2010年5月6日,王某与郎某经民政局登记离婚,离婚协议中约定王某1由郎某直接抚养。时年,郎某是在读博士研究生。郎某毕业后因公出国参加医疗援助工作,暂无实际抚养王某1的条件,故王某1一直随爷爷、奶奶在山西老家一起生活。2015年10月,王某向上海市宝山区人民法院诉请变更王某1的抚养权,因郎某不同意改变,王某的诉请未能得到法院支持。王某1仍继续在爷爷、奶奶的照顾下生活。其后,郎某多次向王某要求将王某1接回身边抚养,未果。2017年,王某向上海市奉贤区人民法院(以下简称奉贤法院)起诉,再次诉请变更王某1的直接抚养权。

审理中,王某1表示愿意随王某一起生活,郎某不同意变更抚养权。奉贤法院认为,王某与郎某登记离婚时已明确约定女儿王某1的抚养权归母亲郎某,虽然王某1实际上随王某父母在山西老家生活,但该实际情况是双方考虑各自情况及孩子的实际生活状况而作出的权宜性安排,这种权宜性安排并未改变双方离婚时对女儿抚养权的约定。现郎某已回上海,有稳定的工作、收入和居住环境,抚养女儿的条件明显改善,相信王某1回到郎某身边后,会健康地生活和学习。最终,法院判决驳回了王某的诉讼请求。

判决要旨

直接抚养方的抚养条件未发生不利于被抚养人的变化,不宜变更抚养关系。已有性别认识能力的子女,与同性别的父母一方一起生活,更方便,也更有利于其人格的健康发展。王某1由郎某直接抚养,无论从生理方面还是从心理方面,对王某1的成长和身心健康更为有利。虽然王某1表示愿意随父亲共同生活,但考虑到其心智尚未完全成熟,也尚

---

* 唐琳,福建江夏学院法学院副教授。

未与母亲进行较长时间的共同生活，基于审判实践及本案情况，继续维持母亲郎某与女儿王某1的直接抚养关系更为合适。①

判例评析

一、既往相关判例与观点

当父母离婚时，未成年孩子往往成为父母双方争夺的对象。我国独生子女政策实施了三十余年，许多家庭只有一个孩子，即使2015年后，允许夫妻生二孩了，生育第二个孩子的家庭也不占多数。因此，法院审理离婚案件常涉及子女抚养权争议的裁决。这种争夺不一定会在离婚协议达成时或法院判决离婚时就终止，有时在离婚一段时间后，因非直接抚养方无法忍受与孩子分离的生活而重新起诉争夺直接抚养权。如今，随着我国离婚率不断走高，抚养权变更纠纷也随之增加，父母离婚会给未成年子女造成或多或少的伤害，而抚养权之争可能会再次造成伤害，因此，法官一般会慎重对待抚养权的变更。司法实践中，非直接抚养方想通过诉讼变更孩子的抚养权并不容易，除非能充分证明存在法定的变更事由，才可能得到法官的支持，包括：(1)直接抚养方因患严重疾病或因伤残无力继续抚养子女的；(2)直接抚养方不尽抚养义务或有虐待子女行为的；(3)直接抚养方与子女共同生活，对子女身心健康确有不利影响的；(4)8周岁以上子女希望和间接抚养方共同生活且该方又有抚养能力的。②

观察中国裁判文书网上此类纠纷的判决，可以发现，若离婚后直接抚养方的抚养条件并未发生不利于孩子成长的变化，则法官一般倾向于维持现状，不会轻易变更抚养关系。以中国裁判文书网上公布的上海地区2016～2018年的二审案件为例③：(1)2016年有27份变更抚养关系判决书，其中12份判决书内容公开，有9个案件被驳回变更诉请，有3个案件分别因不同的变更理由获得法院支持；④(2)2017年有31份变更抚养关系判决书，仅

---

① 参见上海市奉贤区人民法院民事判决书，(2017)沪0120民初23654号。

② 参见《民法典婚姻家庭编解释(一)》第56条、《民法典婚姻家庭编解释(二)》第12条。

③ 因变更抚养关系案件涉及未成年子女隐私，很多案件并未公开判决文书，故仅以有公开判决文书的二审案件为例。

④ 9个驳回变更抚养关系诉请的案件是：(2016)沪02民终8080号案件、(2016)沪01民终10325号案件、(2016)沪01民终8220号案件、(2016)沪02民终3916号案件、(2016)沪01民终5861号案件、(2016)沪02民终3301号案件、(2016)沪01民终3698号案件、(2016)沪02民终1688号案件、(2016)沪02民终243号案件。3个支持变更抚养关系诉请的案件是：(1)(2016)沪02民终6025号案件，因直接抚养人患病无力抚养子女，故主动诉请变更抚养关系；(2)(2016)沪01民终7099号案件，因实际抚养人提出变更诉请获法院支持；(3)(2016)沪01民终2193号案件，因母亲长期与儿子(4岁)一同生活，结合儿子的心理学调查报告，法官认为儿子随母亲生活更有利，故支持变更诉请。

2份判决书内容公开，结果均为驳回变更诉请；[①]（3）2018年有31份变更抚养关系判决书，仅4份判决书内容公开，其中有一个案件是因双方同意而变更抚养权归属，另外3个案件均是驳回变更诉请。[②] 变更抚养关系纠纷涉及未成年人隐私，公开的判决书数量有限，但从这些公开的判决书来看，实务中当事人诉请变更抚养关系获法院支持的实为少数。

二、在学理框架内对相关问题的点评

对于离婚后的父母子女关系，我国立法一直采用父母共同监护未成年子女的模式，父母与子女间的关系，不因父母离婚而消除。离婚后，子女无论由父或母直接抚养，仍是父母双方的子女，父母对于子女仍有抚养、教育、保护的权利和义务。子女由一方直接抚养的，另一方应负担部分或者全部抚养费，不直接抚养子女的父或者母，有探望子女的权利。[③]《民法典》将离婚后对子女的抚养分为直接抚养和间接抚养，体现的正是共同监护的理念，一方与子女共同生活，另一方通过行使探望权、支付抚养费来分担对子女的共同监护责任。但从抚养形式来看，我国采取的是"单亲抚养制"，因为未成年子女仅能和父母一方共同生活，和另一方只能保留有限的交往。可是，父母有抚养未成年子女的本能和欲望，父母抚养子女一方面是基于子女生存的需要，另一方面也是基于父母的本能及实现自己价值的冲动。[④] 为了能和孩子保持亲密的联系，更多地行使对孩子的监护权，间接抚养人可能会和直接抚养人争夺抚养权。

子女的健康成长需要有稳定的抚养关系。当父母离婚后因抚养问题发生争执不能达成协议时，就需要法院根据子女利益和父母双方的具体情况来判断是否变更抚养关系。同离婚纠纷确认抚养权归属一样，此类纠纷的裁判准则，仍是"子女最大利益原则"。法官需要审查父亲、母亲与孩子三方自离婚后的实际关系，判断在过去的那段单亲抚养期间，子女的最大利益是否得到维护。如果直接抚养方无力抚养子女或不愿抚养子女，或者存在不利于子女身心健康的情形，例如有赌博、家暴、虐待等问题，则严重背离了子女最大利益，需要司法干预，以维护子女的最大利益。抚养权纠纷的核心是子女权益的保护，解决这类纠纷的唯一途径，就是遵循子女利益最大化原则。例如，上海市闵行区人民法院审结的"董某诉卢某变更抚养关系纠纷案"，为切实维护未成年子女的最大利益，法院委托专业心理人员开展社会观护调查，从心理学的角度对父母双方和孩子进行心理评估，获得判断

---

① （2017）沪02民终3549号案件、（2017）沪02民终4188号案件，这两个案件一审法院均驳回变更抚养关系诉请，二审法院均维持一审判决。

② （2018）沪02民终9865号案件，双方当事人一致同意变更，故法院支持变更抚养关系；（2018）沪02民终10620号案件、（2018）沪02民终8604号案件、（2018）沪02民终754号案件，法院均驳回当事人的变更抚养关系的诉讼请求。

③ 参见《民法典》第1084条第1款、第2款，第1085条第1款，第1086条第1款。

④ 参见马忆南：《父母与未成年子女的法律关系：从父母本位到子女本位》，载夏吟兰等主编：《婚姻家庭法前沿：聚焦司法解释》，社会科学文献出版社2010年版，第206～207页。

子女利益的专业结论和数据支撑，从而作出符合孩子最大利益的判决。[①] 现实生活中，父母的分居、离异已经对孩子造成了伤害，即使父母均是真心想多陪伴孩子、多承担抚养孩子的义务，但其注重的往往是自己的感受，容易忽略孩子内心真正的需求，甚至还可能因抚养权的争夺对孩子造成新的伤害。子女是独立的个体，不是父母的私有财产和附属物，子女最大利益是规范父母子女关系的最高指导原则。

三、本判例的规范逻辑

本判例发生《民法典》实施之前，当时涉及抚养权变更的规定主要是《婚姻法》第 36 条[②]和 1993 年《处理子女抚养的意见》第 15 条至第 17 条，这些规定均为《民法典》第 1084 条和《民法典婚姻家庭编解释(一)》第 55 条至第 57 条所吸收，在内容方面基本没有变化。[③] 本案中，夫妻协议离婚时，自愿约定孩子由母亲直接抚养，但客观上，自 2010 年离婚至 2017 年，在长达 7 年时间里，孩子并未与母亲共同生活，而是一直由爷爷奶奶照顾生活，据此，父亲诉请变更抚养关系。表面上看，实际抚养人与名义抚养人不一致，且持续时间较长，为维持孩子现有生活状态的稳定性和连续性，似乎应支持父亲的诉讼请求。但实质上，本案并不具备法律所规定的可变更抚养关系的正当理由。首先，母亲多年未能与孩子共同生活是其出国工作等客观原因所致，并非其主观选择，不属于规定中的“不尽抚养义务”。其次，父亲并非亲自抚养孩子，而是在离婚后就将孩子送回山西老家由其父母照管。父母均未实际陪伴孩子生活，孩子处于留守儿童状态，这对孩子的成长是不利的，毕竟祖父母在儿童成长过程中始终不能代替父母的角色和作用。最后，母亲在上海已有稳定的工作和居住环境，有能力和孩子共同生活，也有较强的抚养意愿，女儿与母亲共同生活更为方便。因此，维持母亲对女儿的抚养关系，应是最符合该未成年人最大利益的选择。

四、本判例的意义

变更抚养关系案件，在某种意义上，是对未成年子女的抚养权归属的重新确认，其重要性不亚于离婚纠纷中的抚养权归属的判断。实务中，原告提出变更抚养权的原因多种多样，其中比较可能获得法官支持的理由，是原告以“实际抚养”为由诉请变更。此类案件中，实际抚养人与名义抚养人不一致，有直接抚养权的父母一方未真正与被抚养人一起生

---

① 参见上海市闵行区人民法院民事判决书，(2015)闵少民初字第 13 号。

② 《婚姻法》第 36 条规定：父母与子女间的关系，不因父母离婚而消除。离婚后，子女无论由父或母直接抚养，仍是父母双方的子女。离婚后，父母对于子女仍有抚养和教育的权利和义务。离婚后，哺乳期内的子女，以随哺乳的母亲抚养为原则。哺乳期后的子女，如双方因抚养问题发生争执不能达成协议时，由人民法院根据子女的权益和双方的具体情况判决。

③ 主要有两个细节变化：一是《民法典》第 1084 条第 3 款，删除了《婚姻法》第 36 条第 3 款中的“哺乳期”这个不够准确和科学的术语，将其修改为“不满两周岁”；二是《民法典婚姻家庭编解释(一)》第 56 条第 3 项，将 1993 年《处理子女抚养的意见》第 16 条第 3 项中的“十周岁”修改为“八周岁”。

活,被抚养人基本上或大部分时间都是由非直接抚养人实际抚养。对此,若原告能提供充分证据证明实际抚养事实,法官一般会支持原告的诉求。例如,上海市第一中级人民法院审结的姜某东诉丁某变更抚养关系纠纷案①、北京市第三中级人民法院审结的白某明上诉董某莲变更抚养关系纠纷案②、广东省揭阳市中级人民法院审结的黄某亮与钟某玫变更抚养关系纠纷案③、福建省厦门市中级人民法院审结的陈某1、洪某变更抚养关系纠纷案④,均是因原告证明实际抚养事实的存在从而变更了抚养关系。法官支持变更抚养关系的理由,主要是因子女与实际抚养人长期共同生活,业已形成较为稳定的学习、生活环境,改变其生活环境不利于未成年人的健康成长。相较于本案,虽然王某1未与母亲共同生活,而是由祖父母照顾生活了7年的时间,也形成了一个相对稳定的学习、生活环境,但法官未拘泥于这一情形裁决变更。因为判断个案中未成年人的最大利益,需要综合审酌各因素,例如,应考虑父母的性别、父母的抚养能力、父母的抚养意愿以及可预见的最有利于该未成年人的学习生活环境等因素,才能作出对该未成年人最为有利的判决。

五、后续判例和规范的发展

变更抚养关系案件,是在业已形成的子女抚养权归属的基础上进行变更,若未能妥善化解纠纷,极可能对未成年子女造成二次伤害。⑤ 因此,法官对待抚养权变更之诉多采相对保守和慎重的态度,除当事人能提供充分的证据证明存在《民法典婚姻家庭编解释(一)》第56条所列的情形外,一般不支持变更抚养关系。还有些抚养权变更案件,是因间接抚养方探望子女的权利未能得以实现,甚至遭到直接抚养方的严重阻挠,导致矛盾激化从而诉请变更抚养权,例如,上海的吴某某与张某变更抚养关系纠纷案⑥、北京的刘某与鲍某1变更抚养关系纠纷案⑦、浙江的吴某、徐某新变更抚养关系纠纷案⑧。此类纠纷的原告的主要目的在于能顺利地实现探望权,而非真的追求变更抚养权。对此,法官可以通过教育、说理,引导双方制定合理的探望安排从而平息纠纷。

此外,变更抚养关系案件,以调解方式结案的较多。笔者以"变更抚养关系纠纷"为案由在中国裁判文书网进行文书检索,发现采取调解方式结案的案件数量是以判决方式结

① 参见上海市第一中级人民法院民事判决书,(2016)沪01民终7099号。

② 参见北京市第三中级人民法院民事判决书,(2016)京03民终11049号。

③ 参见广东省揭阳市中级人民法院民事判决书,(2020)粤52民终602号。

④ 参见福建省厦门市中级人民法院民事判决书,(2020)闽02民终3761号。

⑤ 参见庞建琴:《变更抚养关系案件中未成年子女利益之保护》,载《山西省政法管理干部学院学报》2020年第3期。

⑥ 参见上海市第二中级人民法院民事判决书,(2018)沪02民终754号。

⑦ 参见北京市大兴区人民法院民事判决书,(2020)京0115民初10715号。

⑧ 参见浙江省杭州市余杭区人民法院民事判决书,(2020)浙0110民初12848号。

案的案件数量的2倍以上。[①] 变更抚养关系纠纷中，父母双方大多矛盾较大、积怨较深，单纯依靠判决强制的方式，往往难以化解父母双方在孩子抚养问题上的矛盾。因此，法官更愿意采用调解的方式，化解矛盾，引导父母重新审视子女抚养权归属对子女过去、现在和未来的影响，以求取双方当事人对孩子最大利益的共识，也利于日后当事人对法院裁决的自觉履行。

① 在中国裁判文书网上，搜索“变更抚养关系纠纷”案由，可检索到45,889篇判决书，检索到107,221篇调解书，调解书的数量明显多于判决书。

065. 为保障未成年子女受教育权，判决准许变更抚养关系*

肖某诉丁某变更抚养关系纠纷案‖福建省大田县人民法院民事判决书，(2019)大民初字第1369号

| 事实概要 |

原告肖某与被告丁某原系夫妻关系，婚后生育两个儿子，分别取名丁某甲、丁某乙。2018年4月17日，双方因夫妻感情破裂而自愿协议离婚，协议约定：长子丁某甲归男方丁某抚养，次子丁某乙归女方肖某抚养，抚养费由双方自行承担。而后，因工作不便和孩子就学等问题，两个孩子均与祖父母共同生活。因丁某曾多次要求与肖某复合并继续共同生活，遭到肖某拒绝后，丁某经常与肖某发生争执，肖某为此多次报警求助。为了逼迫肖某复婚，丁某采取非常手段，将丁某甲、丁某乙的书包藏匿、书本撕毁，并把孩子关在家里多日不让上学，并发送微信给肖某，要求肖某回家与其协商复婚，否则，一直不让孩子就学。2019年6月，肖某回前公婆家欲带丁某乙至泉州市共同生活，丁某甲得知后坚决要求肖某一起带其至泉州市共同生活。故肖某于2019年7月1日具状起诉，要求变更丁某甲的直接抚养权归原告。

福建省大田县人民法院经审理认为，离婚之后，丁某作为丁某甲的直接抚养人，并未积极履行抚养义务，而是将孩子日常起居生活长期交由父母照顾，平时甚少关心孩子的学习和生活。为了逼迫肖某复婚，丁某不惜以牺牲孩子学业为代价，两次中断孩子正常就学，严重影响了孩子正常的学习和生活，对孩子的身心健康发展造成不利影响，侵犯了未成年人的受教育权。为了保障丁某甲今后稳定的学习和生活环境，从有利于孩子身心健康成长角度出发，判决丁某甲变更为肖某直接抚养。判决后，双方当事人均未上诉。

| 判决要旨 |

离婚后，直接抚养人存在剥夺子女受教育权等不利于子女身心健康成长情况的，另一方为了保障子女的合法权益可向人民法院申请变更抚养权，人民法院应判决准予变更。

---

* 田宝玲，福建省大田县人民法院审判管理办公室主任，一级法官。

判例评析

一、既往相关判例与观点

离婚后，未成年子女大多跟随父母中的一方共同生活，另一方享有探视权并给付抚养费。共同生育两名以上子女的，在抚养能力相当的情况下，协议或者判决离婚后，一般由双方各抚养一个子女，费用各自承担。但是，离婚后随着时间的推移，可能之前确定的抚养关系不再有利于未成年子女利益，甚至发生了危害未成年子女的成长的情形，且离异后双方当事人对变更子女抚养权难以协商一致甚至发生冲突，诉至法院解决的情况越来越多。从近年判例看，人民法院在处理变更抚养关系的案件中，与确定抚养关系时的标准一样，一般会从有利于子女身心健康成长、充分保障子女合法权益的角度出发，尊重有识别能力子女的意愿，严格审查"对子女身心健康确有不利影响"的情形是否出现，尽可能避免因父母离异对子女心灵造成更大伤害。

具体处理时，原则上遵循以下几个要点：

(一)有利于子女成长的原则

首先，考虑父母双方的经济条件和生活环境，尽量让就学期间的子女能够获得更好的教育机会和更优越的生活条件，保障其成长环境的稳定性和连续性，减少父母离婚对其学习和生活带来的冲击。例如，在四川省凉山彝族自治州中级人民法院在2015年12月4日作出的(2015)川凉中民终字第766号判决中，法院认为，原、被告双方均主张婚生子叶某乙的抚养权，原告从事幼教行业，且其退休的父母均表示愿意协助原告抚养子女，而被告在从事信贷咨询工作之余，周末还经营甜品生意，且婚生子叶某乙目前尚不满三周岁，从有利于孩子健康成长方面综合考虑，原告抚养婚生子更为有益。故对原告主张婚生子抚养权予以支持。在安徽省怀远县人民法院作出的(2019)皖0321民初326号判决中，法院认定，非婚生女刘某已年满两周岁，且跟随原告生活，如果随意改变生活环境，恐对其身心造成不利影响；基于刘某的生理特征，如由原告抚养，更为便利，故根据有利于子女成长原则，刘某应由原告抚养更为适宜。在辽宁省高级人民法院2021年5月27日作出的(2021)辽民申2683号民事裁定中，法院认为，未成年人林某自幼在我国台湾地区生活，已在该地区建立了熟悉而稳定的生活环境，在其成长过程中，虽然幼儿时期由李某对其进行生活照料，但林某从未到大陆生活过，且在李某与林某1离婚后由林某1抚养至今，已经适应现有的生活环境，维持其现有生活的稳定性和连续性，对其健康成长较为有利。李某虽主张林某有与其共同生活的意愿，但未提供相关证据予以佐证，且林某1尚不存在不宜抚养林某的法定情形，故原审驳回李某要求变更对其次子林某的抚养关系并无不当。其次，充分考虑直接抚养人的生活习惯是否健康正常。要尽量避免子女与有赌博、吸毒、酗酒、家暴等不良行为习惯的一方或者家庭成员共同生活。例如，广西壮族自治区玉林市中级人民法院在2015年11月2日作出的(2015)玉中民一终字第324号民事判决中认定,上诉人林某2存在家庭暴力行为,婚生子林某乙由母亲周某抚养更为适宜。北京市高级人民法院在2019年6月28日作出的(2019)京民申2458号民事裁定中,法院认为,白某与陶某因感情破裂离婚,对婚生女白某甲的抚养应当以有利于其成长为出发点。婚姻关系存续期间白某存在家庭暴力情节,一审、二审法院考虑到白某甲的生理特点判决白某甲由陶某抚养,并无不当。最后,要特别考虑直接抚养方是否有真正抚养子女健康成长的强烈愿望。在现实生活中,有的当事人与对方争夺抚养权只是为了与对方赌气或是听从家中长辈要求,而并非出于对子女成长的考虑。在获得子女抚养权后,消极、被动接受的直接抚养人对子女的生活和学习往往是漠不关心,放任不管,甚至做出严重伤害子女身心健康的行为。因此,在审理过程中要充分了解双方当事人及其主要家庭成员的性格特点、抚养能力、抚养意愿以及过往对子女的关心照顾程度,并进行综合考量。例如,广东省肇庆市鼎湖区人民法院在2021年7月23日作出的(2021)粤1203民初712号判决中,认为年幼的黎某甲自原、被告离婚后随被告生活,被告黄某再婚重新组成家庭后,被告以及其现家人在抚养照顾黎某甲期间并未出现对女儿照顾不周及没有经济能力等不利于女儿健康成长的情形,反而,原告黎某没有对黎某甲进行探望等关心行为,且其拒按离婚协议的约定向被告给付黎某甲的抚养费。原告起诉要求变更女儿黎某甲的抚养关系理由不充分,故驳回其诉讼请求。

(二)尊重有识别能力子女的意愿

若被变更抚养权的子女已年满十周岁(按《民法典》关于限制民事行为能力人年龄的规定为八周岁,笔者认为只要就读小学一年级以上,未满八周岁的也可以征询其意见),已经具备一定的识别和判断能力,应当充分尊重子女随父或者随母生活的意愿。在对孩子做单独询问的过程中,应当充分了解和调查亲子关系状况以及子女选择意愿的理由和原因。只要变更抚养关系后的父母具有一定的抚养能力,可以确保孩子正常健康成长,就应尽量满足子女与更喜欢的一方共同生活的意愿,让孩子得到更多的关心和照顾,以减少父母离异对子女心灵造成更大的创伤。法院如何知道孩子的真实意愿呢?未成年人的真实意愿应该是其在不受外界或第三人干扰的情况下所作出的真实意思表示。一般情况下,法院在离婚诉讼案件审理过程中,法官于开庭前在办公室或者未成年人家中单独会见未成年人(除了法官和书记员,无其他任何人在场进行干扰),对其日常学习生活情况、家庭成员情况、父母感情状况、亲子关系现状进行询问和充分了解,并进一步询问其直接抚养人意愿以及选择的原因及理由。在询问过程中,法官要尽力帮助孩子消除父母离婚所造成的负面情绪,注意询问的方式和方法,减轻孩子的心理负担和压力,尽力帮助孩子做出最有利于其身心健康成长的真实选择。在询问结束后,会告知父母双方孩子的意愿及理由,并做好双方警示工作,防止其中一方对孩子采取报复和打击行为,给孩子的身心造成更大伤害。

（三）要正确把握“对子女身心健康确有不利影响”的情形

例如，直接抚养人经济条件和收入情况严重恶化、长期存在不良嗜好、对子女长期放任不管、侵犯子女受教育权甚至实施家庭暴力等情形的，都可以作为变更抚养权的重要依据。譬如，在甘肃省兰州市中级人民法院在2020年3月16日作出的（2020）甘01民终565号民事判决中，法院认为，虽然滕某甲与郭某协议离婚时约定滕某乙归滕某甲抚养，但滕某甲在离婚后的直接抚养期间，教育滕某乙的方式方法简单、粗暴，对滕某乙多次实施严重家庭暴力，严重影响了孩子的身心健康，符合1993年《处理子女抚养的意见》中变更抚养权的规定，故郭某带走滕某乙并起诉要求变更抚养权归属郭某的诉求成立，驳回滕某甲的上诉。

二、在学理框架内对相关问题的点评

根据《婚姻法》第36条以及1993年《处理子女抚养的意见》规定，为了子女的健康成长，保护子女的合法权益，结合父母双方的实际抚养能力和条件等具体情况，对子女直接抚养权的归属问题，按照以下原则处理：

1. 哺乳期内的子女由母亲抚养原则。根据《婚姻法》第36条第3款的规定：“离婚后，哺乳期内的子女，以随哺乳的母亲抚养为原则……”实践中，对哺乳期的认定存在一定差异，一般认定为婴儿出生后至两周岁。但是，若母亲存在患有久治不愈的传染性疾病或者严重疾病、被判处有期徒刑、有抚养条件而不尽抚养义务等情形的，可以变更为父亲一方抚养。

2. 哺乳期后的子女抚养以“儿童利益最大化”为原则。首先，应由双方当事人协商，协商不成的，再由人民法院依法判决。其次，法院判决时，应当充分考量父母双方的品行、抚养能力、生活环境、亲子关系状况等因素。对于八周岁以上具有一定识别能力的子女，应当征求并尊重子女的意见。如果出现父母双方都要求和子女共同生活的，一般应优先考虑已做绝育手术或丧失生育能力的一方；随子女生活较长的一方；有利于子女身心健康的一方。对于双方抚养条件相当，但子女单独与祖父母或外祖父母共同生活多年的，祖父母或外祖父母有负担能力且愿意继续代为照顾的，可作为子女随父或随母生活的优先条件考虑。在有利于保护子女合法权益的前提下，还可准许双方协议轮流抚养。

三、本判例的裁判逻辑

本案中，肖某与丁某在离婚协议中虽然约定丁某甲由丁某抚养，但是，离婚后的丁某并未积极履行抚养义务，而是将孩子的日常起居生活长期交由其父母照顾，平时对孩子的学习和生活漠不关心，甚至为了逼迫前妻复婚，不惜以牺牲孩子的学业为代价，两次中断孩子的正常就学，已经严重影响丁某甲正常的学习和生活，侵犯了丁某甲的受教育权，对孩子的身心健康成长造成不利影响。丁某甲现已年满十周岁，具有一定的识别能力来判断并选择与哪一方共同生活对其更为有利。丁某甲长期与弟弟丁某乙做伴并相互照顾，建立了比较深厚的感情，在肖某欲带离丁某乙的情况下，丁某甲强烈要求与弟弟一起跟随母亲肖某共同生活，应当予以充分尊重。为了保障丁某甲今后稳定和持续的学习和生活环境，减轻父母离异后对其造成的心灵创伤，从有利于孩子身心健康角度出发，在尊重丁某甲本人意见的基础上，综合考量肖某与丁某双方的抚养条件和抚养意愿后，法院判决认定丁某甲变更为肖某直接抚养更为妥当，对肖某请求变更丁某甲的抚养权的诉讼请求，应予以支持。

四、本判例的意义

父母感情不和甚至离异，对未成年人而言，是无法改变的家庭重大变故，甚至改变其人生轨迹。很多离异家庭的直接抚养人并未积极履行抚养义务，甚至随意打骂孩子，将孩子视为私有物品，作为和对方谈判的筹码，让孩子苦不堪言。在离婚率越来越高的今天，如何保障困境家庭未成年人的合法权益，引导未成年人受害学会法律救济，成为越来越严峻的社会问题。在处理未成年子女抚养问题上，必须尊崇“儿童利益最大化”这一根本宗旨，从有利于子女身心健康成长的角度出发，充分尊重未成年人的意愿，核实其陈述事实，尽可能避免父母离异对子女心灵造成更大创伤。对于直接抚养人而言，抚养不仅是法定权利，更是法律责任和义务。为人父母，应注意自己言行举止对子女的影响，要积极为孩子身心健康发展提供良好的生活和学习条件。以牺牲孩子的正常学习和生活为代价，利用亲情绑架对方，不仅增加男女双方的矛盾和怨恨，而且严重损害未成年子女的合法权益，所以应承担相应的法律责任。本案中，肖某与丁某虽协议约定双方各抚养一子，但丁某在离婚后未能积极履行抚养义务，撕毁书本并限制孩子人身自由不让其就学，侵害了丁某甲的受教育权，对肖某提出变更丁某甲抚养权的诉讼请求，应当判决予以支持。

五、后续判例和规范的发展

近年来，在审理涉子女抚养权的家事案件中，随着“儿童利益最大化”原则被更多人理解和接受，对子女的抚养权问题，已经从传统的“父母本位主义”逐渐转化为“子女本位主义”。《民法典》及《民法典婚姻家庭编解释(一)》关于“父母子女”的规定不仅吸收了《婚姻法》以及 1993 年《处理子女抚养的意见》相关规定，在变更子女抚养关系时充分考量“更有利于孩子身心健康成长”这一基本准则，还增加了监护权剥夺制度。根据《民法典》第 36 条以及最高人民法院、最高人民检察院、公安部、民政部联合下发《关于依法处理监护人侵害未成年人权益行为若干问题的意见》，对监护失当的父母，可以依法剥夺其监护权，并指定更为适宜的监护人，即在父母双方都不履行抚养义务或者抚养过程中实施严重损害子女合法权益行为的，可依法剥夺其抚养权，由父母之外更为适宜的人抚养。

例如，福建省大田县人民法院审理的(2021)闽 0425 民特 9 号大田县社会福利院诉沙某、马某监护权纠纷案中，沙某、马某为了处理二人婚外情所生的孩子，将孩子出卖给他人并获利，而后二人被判决拐卖儿童罪而收监执行。公安部门在侦查案件过程中将孩子移交给福利院代为照顾，福利院为了保障孩子今后稳定的学习和生活，申请撤销沙某、马某的监护权，并指定福利院作为孩子的监护人。法院认为，被申请人马某、沙某作为沙某甲的生物学父母，对未成年子女具有抚养义务，但二人却将孩子贩卖给他人，属于实施严重侵害被监护人合法权益的行为，故应当依法撤销二人的监护人资格。综合考虑双方家庭的经济条件、收入情况、当地生活水平和教育条件，以及双方家庭的抚养意愿，均不利于未成年孩子沙某甲的健康成长，故撤销马某、沙某的监护权，并指定大田县福利院作孩子的监护人。

066. 离婚父母一方单方决定变更婚生子女姓名的，其效力如何？*

薛某1与褚某姓名权纠纷案‖湖南省张家界市中级人民法院民事判决书，(2018)湘08民终324号

事实概要

薛某1与褚某于2013年5月6日登记结婚，2013年11月27日生育一子，取名薛某2。2014年12月30日，薛某1与褚某经慈利县人民法院调解离婚。原告薛某1与被告褚某离婚时约定：婚生子薛某2由褚某直接抚养，褚某自行承担抚养费，薛某1有探望薛某2的权利。2015年，褚某未与薛某1协商，将薛某2姓名变更为褚某2，其民族成分变更为土家族，并对薛某2的户籍信息申请了变更登记。薛某1诉请湖南省慈利县人民法院确认褚某单方面变更婚生子姓名和民族成分的行为无效。

判决要旨

湖南省慈利县人民法院认为，《民法总则》规定，违反法律、行政法规的强制性规定的民事法律行为无效，但是该强制性规定不导致该民事法律行为无效的除外。① 查阅我国关于离婚后一方更改子女姓名的有关规定，共有以下四份文件：1951年《子女姓氏批复》中明确："……我们认为父母离婚，除因协议变更子女姓氏或子女年已长成得以自己意志决定其从父姓或母姓外，并无使其子女改变原用姓氏的必要。"1981年《变更子女姓氏复函》认为，一方在离婚后，未征得另一方同意，单方面变更子女姓名，这种做法是不当的。如果一方不同意给子女改名，应说服另一方恢复子女原来姓名。最高人民法院1993年《处理子女抚养的意见》第19条规定："父母不得因子女变更姓氏而拒付子女抚育费。父或母一方擅自将子女姓氏改为继母或继父姓氏而引起纠纷的，应责令恢复原姓氏。"《子女姓名变更问题批复》中明确："……对于离婚双方未经协商或协商未达成一致意见而其中一方要

---

* 王丽萍，山东大学法学院教授；王风瑞，中国社会科学院大学法学院2022级博士研究生。

① 《民法典》第153条第1款有相同规定。

求变更子女姓名的，公安机关可以拒绝受理；对一方因向公安机关隐瞒离婚事实，而取得子女姓名变更的，若另一方要求恢复子女原姓名且离婚双方协商不成，公安机关应予恢复。”从上述四份文件的法律效力层级上看，该四份文件均不是全国人民代表大会及其常务委员会制定的法律和国务院制定的行政法规；从文件规定的内容看，该四份文件均不是强制性规范。故褚某的行为不属《民法总则》第153条第1款规定的因违反法律规定导致民事法律行为无效的情形。按《婚姻法》规定，子女可以随父姓，可以随母姓，[①]故褚某的行为也没有违背公序良俗。因此，薛某1的诉讼请求没有法律依据，不予支持。综上，湖南省慈利县人民法院根据《民法总则》第153条第1款之规定，判决驳回薛某1的确认被告褚某单方面修改婚生子姓名和民族成分的行为无效的诉讼请求。

一审法院判决驳回原告诉讼请求。薛某1不服一审判决，提起上诉。其认为褚某单方面修改婚生子姓名，未经上诉人薛某1同意，侵犯了薛某1对子女的亲权。虽然《婚姻法》规定子女可以随父姓，也可以随母姓，但这是在父母双方协商一致的前提下，而不包括父母离婚后单方面对姓名的修改，一审法院忽略了这一重要前提。褚某的行为违背了公序良俗，也不利于化解矛盾，不利于孩子的成长。故上诉请求二审法院撤销一审法院判决，予以改判。

二审法院认为，薛某1所提诉讼请求为“请求确认被告单方面修改婚生子姓名和民族成分的行为无效”，因变更登记薛某的姓名及民族成分的主体系行政机关，变更登记是行政机关行使其职权的一种行为，且该行为已完成。综合本案案情及当事人的诉讼目的，薛某1的诉讼标的实质上是行政机关变更登记薛某姓名及民族成分这一具体行政行为的效力，故本案不属于民事案件受理范围。依照2017年《民事诉讼法》第119条第4项、第154条第1款第3项、第170条第1款第2项规定，裁定撤销湖南省慈利县人民法院(2018)湘0821民初52号民事判决，驳回薛某1的起诉。

| 判例评析 |

在一审中，人民法院并未将焦点置于子女的姓名变更权上，而是置于法律行为的有效性上。根据《民法典》第153条的规定，违反法律、行政法规的强制性规定以及违背公序良俗的法律行为无效。在行为人所为的法律行为没有违背公序良俗的情况下，只要判断行为人是否违反有关规定以及有关规定是否属于法律、行政法规的强制性规定，就能判断法律行为的有效性。而在二审过程中，本案的焦点又转为变更姓名行为的性质上。由于原告所提起的诉讼为民事诉讼，而公安机关变更姓名的行为为行政行为，故不属于民事诉讼管辖的范畴。

---

① 《民法典》第1015条第1款也有相同的规定。

一、既往相关判例与观点

从人民法院有关判例来看，判决所适用的法律及其依据比较多，包括《民法通则》第18条、《婚姻法》第22条、1993年《处理子女抚养的意见》第19条、《子女姓名变更问题批复》等。判决结果明显区分为两类：一是判决子女改回原姓名；二是支持子女维持现姓名。

部分人民法院判决子女改回原姓名，这类案例不在少数。例如，"蒋某与赵某某姓名权纠纷案"，四川省南充市中级人民法院(2016)川13民终1604号；"朱某甲与朱某卫姓名权纠纷案"，河南省洛阳市中级人民法院(2016)豫03民终3339号；"罗某甲与谢某甲姓名权纠纷案"，湖南省郴州市中级人民法院(2016)湘10民终2289号等，其适用的判决理由也基本类似。我国法律规定子女既可以随父亲姓，可以随母亲姓；变更未成年子女的姓名时，必须征得监护人的同意。父母作为未成年人的监护人，在子女姓名的问题上享有平等权利，任何一方未征得另一方同意，单方决定改变未成年子女姓名的行为欠缺法律依据。即使离婚后子女由一方抚养，其变更子女姓名亦需取得另一方的同意，在未有证据证明已经取得另一方同意的情况下，其变更子女姓名的法律行为无效。虽然上述案例判决子女改回原姓名，但是对离婚后父母一方单方变更子女姓名行为的效力，并未作出说明。

也有部分人民法院裁判维持未成年子女姓名的变更，即维持现姓名。在判决子女维持现姓名的案例中，法院所适用的法律和裁判理由的侧重点有所不同。褚某甲与褚某乙姓名权纠纷案中，河北省廊坊市中级人民法院民事判决书的观点认为，虽然离婚后单方变更子女姓名的行为不当，但是在子女能够理解姓名的文字含义及社会意义的情况下，子女便具备了自主选择姓名的能力，应尊重其自身意见。① "上诉人姜某勇因与被上诉人姜某姓名权纠纷案"中，浙江省宁波市中级人民法院认为，在变更后的姓名已经被广泛使用的情况下，如果再进行变更将对子女的生活产生严重影响，不利于子女的身心健康成长。② "常某1与常某2姓名权纠纷案"中，河北省廊坊市中级人民法院二审时认为，在抚养子女一方离婚后已经再婚的情况下，如果不变更子女的姓名，重组后的家庭将出现三个姓氏，往往会受到来自外界的异样目光和非议，有悖于保护未成年人合法权益的原则……虽然上述判决未对法律行为效力作出说明，但是维持现姓名的判决本身便蕴含着对法律行为有效性的承认。③

---

① 参见褚某甲与褚某乙姓名权纠纷案，河北省廊坊市中级人民法院民事判决书，(2014)廊少民终字第5号。

② 参见上诉人姜某勇因与被上诉人姜某姓名权纠纷案，浙江省宁波市中级人民法院民事判决书，(2015)浙甬民一终字第1119号。

③ 参见常某1与常某2姓名权纠纷案，河北省廊坊市中级人民法院民事判决书，(2016)冀10民终3482号。

二、在学理框架内对相关问题的点评

(一)子女姓名变更权的权利主体

在不同时代,子女姓名变更权的权利主体有所不同。在古代社会,受到家父权或家长权的制约,子女不具有独立的人格,不具有姓名决定权和姓名变更权,子女的姓名均由家父决定,以体现家父的至高无上性。近代以来,基于性别平等、人格独立的民法观念,古代法中的家父制度逐渐被亲权制度或监护制度替代,因而子女的姓名变更权的主体也发生了变化:一是成年子女具备完全民事行为能力,具有独立的姓名变更权;二是未成年子女姓名变更权的行使主体为父母,夫妻具有平等行使对未成年子女姓名进行变更的权利。①

(二)子女姓名变更权与监护的关系

未成年子女不具有完全民事行为能力,不享有独立的姓名变更权,其姓名变更权仍然在监护(亲权)的内涵之中。在离婚父母一方单方决定变更婚生子女姓名的纠纷中,需要解决的问题不是"子女可以跟随谁姓氏"的问题,而是"如何确定子女姓氏"的问题。②

基于不同的理论基础,法学界就该问题提出了三种解决方案。其一,有学者认为,姓氏在现代社会仍然承载着家族血脉认同的功能,离婚夫妻在子女姓氏选择上的争执反映了人们对此功能的认同。若离婚后夫妻一方意欲更改子女的姓名,原则上应征得另一方的同意,未征得对方同意的,行政管理部门应不予更改;但行政管理部门基于未成年人利益最大化的考量,认为姓名更改后更有利于保护未成年子女利益的,可以予以变更。③ 其二,有的学者认为,离异子女的姓名变更问题是子女最大利益在现实中的体现,其影响着未成年子女的正常生活、身心健康。虽然未成年子女的姓名变更权包含于监护(亲权)之中,但是监护制度的目的亦在于保障未成年人的最大利益。同时,离异子女的利益应当高于父母监护(亲权)所代表的社会传统伦理,子女拥有独立的人格,不能将子女客体化。因此,在离婚后父母一方单方变更子女姓名行为的效力认定上,应当遵循未成年人利益最大化原则,直接扶养人可以单方面决定变更子女的姓名,但是如果子女已经成为限制行为能力人,则应征得子女的同意。④ 其三,有的学者认为,子女姓氏的选择除了考虑监护人意见之外,亦需要充分顾及未成年人的利益。在夫妻离婚后,一方拒绝履行抚养义务,则抚养一方欲改变子女姓名,且子女赞成的,则应当准予变更。⑤ 该种观点实际上也承认了夫妻

---

① 参见王歌雅:《子女姓名权:内涵检审与制度建构》,载《求是学刊》2016 年第 4 期。

② 参见任江、张小余:《子女姓名决定、变更权的实证分析与启示——实证主义路径下的我国首部民法立法解释评析》,载《河北法学》2015 年第 11 期。

③ 参见石冠彬:《民法典姓名权制度的解释论》,载《东方法学》2020 年第 6 期。

④ 参见刘练军:《儿童最大利益原则的中国实践——以离异子女姓名变更规范重构为中心》,载《法治现代化研究》2019 年第 6 期。

⑤ 参见陈甦、谢鸿飞主编:《民法典评注——人格权编》,中国法制出版社 2020 年版,第 189 ~ 190 页。

离婚后，在未取得对方同意的情况下，夫妻一方原则上不得单方决定变更子女姓名，其已变更姓名的行为无效。

三、本判例的规范逻辑

本案判决的创新性体现在一审判决之中，一审法院并未直接适用我国有关离婚后父母一方单方变更子女姓名的相关规定，而是根据原告的具体诉讼请求，适用《民法总则》中关于法律行为效力的规定，是对于该类纠纷判决逻辑思路的一种创新。

在本案中，原告薛某1诉请湖南省慈利县人民法院确认褚某单方面变更婚生子姓名的行为无效。我国当时法律并未对离婚后父母一方单方变更子女姓名行为的效力作出明确规定，最高人民法院1993年《处理子女抚养的意见》第19条规定："父母不得因子女变更姓氏而拒付子女抚育费。父或母一方擅自将子女姓氏改为继母或继父姓氏而引起纠纷的，应责令恢复原姓氏。"该规定并不涉及离婚后父母一方擅自将子女姓氏改为自己姓氏的情形，因而法院转而适用关于法律行为效力的一般规定。《民法典》第153条1款规定："违反法律、行政法规的强制性规定的民事法律行为无效。但是，该强制性规定不导致该民事法律行为无效的除外。"从规范文件的层级看，该条文所指的"法律"是由全国人民代表大会及其常务委员会制定的规范性文件，而"行政法规"是由国务院制定的规范性文件；从规范文件的属性看，该条文所指的"强制性规定"应当为效力性强制规定。[①] 我国目前有关离婚后父母一方单方决定变更子女姓名的规定，包括1951年《子女姓氏批复》、1981年《变更子女姓氏复函》、1993年《处理子女抚养的意见》《子女姓名变更问题批复》，该四个文件均非全国人大及其常委会、国务院制定；并且该四个文件均未规定离婚后父母一方未取得对方同意时不得更改子女姓名，亦未规定更改姓名的行为无效，仅规定父母一方单方更改子女姓名后，另一方有权要求恢复子女原姓名。因此，上述规定并不属于"法律、行政法规的强制性规定"。一审法院基于子女可以随父亲姓、可以随母亲姓的原理，判定离婚后改变未成年子女的姓名不违反社会公序良俗、不损害未成年子女利益，因此，不能认定褚某单方更改子女姓名的行为无效。

四、本判例的意义

本判例的意义在于改变了离婚父母一方单方变更婚生子女姓名案件的惯常逻辑。在以往类似案例中，法院往往将关注点聚焦于姓名权上，即未成年子女姓名变更权的行使主体到底是谁。在监护制度下，即使夫妻离婚，夫妻双方仍然均享有对于未成年子女的监护权，而子女的姓名变更权包含于父母的监护权之下，夫妻双方显然在子女姓名变更上享有同等权利。在未取得对方同意的情况下变更未成年子女的姓名，显然没有法律依据。尽管法院可能通过尊重未成年人本人意思、未成年人最大利益保护等原则支持离婚父母一

---

① 参见梁慧星：《民法总论》，法律出版社2011年版，第204页。

方单方变更子女姓名，证成父母一方单方变更子女姓名的正当性，但是其并不能打破变更子女姓名的父母一方超越监护权限的事实。

然而，在意思自治体系之下，并非所有超越权利范围的法律行为均为无效法律行为，只有特定条件下的法律行为才能被认定为无效。虽然离婚父母一方单方变更子女姓名的行为超越了其权利范围，但是该行为既未违反法律、行政法规的强制性规定，亦不属于违反公序良俗的法律行为，因此该行为虽然有失妥当，但可认定为有效的法律行为。这为离婚父母一方单方变更子女姓名行为的有效性提供了新的论证路径。本判例一改之前判决的思路及裁判逻辑，深具讨论价值。

五、后续判例和规范的发展

从后续案例发展来看，本案的判决逻辑并未得到广泛适用。在部分案件中，父母一方提起民事诉讼请求人民法院判决对方协助恢复原姓名的，人民法院认为该类案件不属于民事诉讼受案范围而予以驳回。例如，在“李某1与李某2姓名权纠纷案”中，山东省潍坊市潍城区人民法院(2020)鲁0702民初867号民事判决书[①]即采此观点。对于父母一方以对方单方变更子女姓名行为违法为由提起行政诉讼、请求人民法院恢复原姓名的，法院仍然依据1951年《子女姓氏批复》、1981年《变更子女姓氏复函》、1993年《处理子女抚养的意见》《子女姓名变更问题批复》的规定，认为离婚后未成年子女的姓名变更问题，应当由父母双方协商确定，而不能由父母单方面决定，因为父母与子女之间的监护职责及血亲关系并不因为婚姻关系的解除而消灭，这不仅符合前述司法指导性文件及部门规范性文件的制定初衷，也符合我国的国情，亦不违背《婚姻法》中关于子女姓名确定的原则。这在西安铁路运输中级人民法院(2020)陕71行终1256号行政判决书[②]、河北省黄骅市人民法院(2020)冀0983行初7号行政判决书[③]中也有所反映。同时，支持姓名变更有效的判决仍然是依据尊重未成年人自己的意思以及未成年人最大利益保护原则。

本判例一审判决的逻辑之所以未得到广泛适用，主要有以下两个原因：第一，以法律行为有效性的视角进行裁判的逻辑，受限于当事人的诉讼请求。在湖南省张家界市中级人民法院(2018)湘08民终324号一案中，当事人提起的是确认法律行为无效的确认之诉，如果当事人提起的是请求撤销姓名变更的变更之诉或者请求恢复原姓名的给付之诉，

---

① 参见李某1与李某2姓名权纠纷一审民事裁定书，载北大法宝网，https://www.pkulaw.com/pfnl/a6bdb3332ec0adc42305b1ee40bf3e43aec87e283f7c6a70bdfb.html?。

② 参见董某雨、西安市公安局雁塔分局曲江派出所与张某伟其他二审行政判决书，载北大法宝网，https://www.pkulaw.com/pfnl/c05aeed05a57db0a075278395c0f4ced45c0ee8d2b9b5d82bd fb.html?。

③ 参见刘某涛与黄骅市公安局齐家务派出所、黄骅市公安局公安行政管理：治安管理(治安)一审行政判决，载北大法宝网，https://www.pkulaw.com/pfnl/a6bdb3332ec0adc42e9f7e62550 c7a3b4ac05cc1481f2121bdfb.html?。

则本判例的裁判逻辑则不具有适用的空间。第二,在离婚父母一方单方变更子女姓名的纠纷存在多个层级的具体规范之时,如果法官贸然适用《民法典》总则编的规定进行判决,则有可能陷入"向一般条款逃避"的困境。特别在最高人民法院《民法典婚姻家庭编解释(一)》第59条已经对类似问题做出明确回应的情况下,承认离婚父母一方单方变更子女姓名行为的有效性变得更加困难。但是,需要注意的是,《民法典婚姻家庭编解释(一)》中第59条的规定"……父或母擅自将子女姓氏改为继母或继父姓氏而引起纠纷的,应责令恢复原姓氏",仅限于"父或母擅自将子女姓氏改为继母或继父姓氏而引起纠纷"的情形,并不包括离婚后父或母一方擅自将子女姓氏改为与子女共同生活的父或母一方姓氏的情形。因此,我们仍然主张离婚后父或母一方擅自将子女姓氏改为与子女共同生活的父或母一方姓氏的,只要不违背社会公序良俗、不损害未成年子女利益,特别是在尊重未成年子女意愿的情况下,应当允许。

从后续案例发展可以看出,对于离婚父母一方单方变更婚生子女姓名的案件,逐渐出现了两个走向:一是当事人提起行政诉讼,法院判决所依据的事实逐渐走向通过公安机关变更未成年子女姓名的行为是否合法,而不单纯考量离婚后父母单方是否有权变更子女的姓名;二是在此类案件中日益注重对于未成年子女权益的考量,即是否有利于保护未成年人合法权益、是否有利于未成年人健康成长以及是否尊重未成年人的意愿。

第六章

夫妻共同财产、共同债务、家务劳动补偿和经济困难帮助纠纷

067. 房产还贷资金来源是否影响离婚房产分割时的份额认定*

王某某与吴某某离婚纠纷案‖福建省厦门市中级人民法院民事判决书，(2019)闽02民终5627号①

事实概要

吴某某与王某某于2008年3月10日登记结婚，育有一子一女。吴某某起诉王某某要求判决离婚并分割夫妻共同财产。夫妻共同财产分割中，双方争议较大的是坐落于福建省晋江市某处一房产的分割，该房产权来源登记为2002年购买商品房。该房产的贷款金额为32万元，贷款期限120个月，自2002年11月30日开始偿还，至2011年7月1日提前清偿完毕。该房产于2011年4月28日取得的权属登记，登记于王某某名下，建筑面积125.88平方米。吴某某、王某某双方共同确认该房产价值以每平方米8000元计，房产总价1,007,040元。2012年5月至2014年1月，王某某嫂子郭某某账户中有数笔款项陆续转入王某某用于支付按揭款贷款的银行中，金额为数千元至数万元不等。

二审另查明：根据双方当事人均无异议的《商品房买卖合同补充协议》，上述争议房产中，王某某为买受人与开发商于2008年4月2日签订了商品房买卖合同，原合同约定的商品房建筑面积为124.94平方米，现办证建筑面积为125.88平方米，合同单价4358.95元每平方米，王某某于2011年3月28日向出卖人补交售房款4097元，调整后该房产合同总金额为548,705元整。另根据王某某提供的中国工商银行借款凭证、尾号5083银行卡的还贷记录及收款收据等其他相关交易凭证，王某某主张上述房产婚后按揭的贷款本金为320,000元，具有高度盖然性；被上诉人吴某某虽对银行按揭的相关证据提出异议，但并未提出该房贷非因上述房产发生，故根据王某某用于支付按揭款贷款的账户（尾号5083）的还款明细，自2009年1月10日起至2013年12月10日止，该账户固定于每月10日逐月分别扣缴贷款本金和利息，分60期偿还银行按揭贷款，总计偿还按揭贷款本息376,812.69

---

* 陈丽英，福建省厦门市中级人民法院审监庭副庭长、四级高级法官。

① 该民事判决书已生效。

元,其中本金320,000元。王某某提供了收款收据,主张其于2008年2月4日缴交了上述房产的燃气初装费等费用。

判决要旨

关于上述房产的分割,王某某主张的该房产系由其兄嫂出资,对此一审法院认为,首先,王某某提供的尾号为5083的银行账户明细,既无账户所有人信息,亦无证据佐证该账户与讼争房产之间关联性,一审法院难以采信;其次,所谓该"按揭款"中仅有部分款项来自王某某兄嫂,而非全部;再次,购房款的组成应包含首付款和按揭贷款,王某某仅提交部分"按揭款"明细而未提供首付款支付方式,其关于购房款项全部由其兄嫂出资的主张,缺乏充分证据支撑;最后,在"按揭款"清偿完毕后,王某某的该账户仍有款项汇自其嫂账户,可见双方素有经济往来,进而无法认定其嫂汇入款项的性质属于赠与。综上所述,对于王某某主张,一审法院不予采纳。该房产应按夫妻共同财产予以分割。鉴于房产登记于王某某名下,该房产宜归王某某所有,由王某某给予吴某某房产价值一半的补偿。

陈某某不服,提出上诉。二审法院认为,关于王某某认为上述争议房产系其及娘家人婚前支付首付款,婚后由娘家人全部偿还银行按揭贷款,属于其个人婚前财产的主张,二审认为,上述争议房产系于双方当事人夫妻关系存续期间签署房产买卖合同及取得产权,王某某主张其及其娘家家属于其婚前支付了该房产的首付款224,608元,其中119,681元的银行交易明细体现于2008年2月4日支付给房地产开发公司,与王某某提供的收款收据也能够印证,但其余首付款的支付情况王某某未能予以充分举证证明。然吴某某向一审法院起诉仅请求分割该房产的婚后按揭部分及其增值部分的房产价值,而首付部分是否全部由王某某婚前个人出资并不影响吴某某主张分割该房产的婚后共同还贷部分及该部分对应的增值,故对首付部分本案不予审查。关于婚后还贷部分,因该房产婚后由王某某账户进行还贷,依法该部分还贷属于婚后共同还贷,王某某主张婚后还贷部分及对应的房产增值应属其个人所有,缺乏法律依据,且王某某主张还贷款项系全部由其父亲、兄嫂支付,一审判决已对该房产的还贷资金情况进行了分析,虽婚后还贷资金部分来自王某某的兄嫂,但王某某与其兄嫂之间经济往来较为频繁、双方当事人的亲属之间亦有经济往来,故双方之间与亲属之间的经济关系应另行处理。该房产产权登记于王某某名下,一审判决认定该房产归王某某所有,由王某某对吴某某支付补偿款,双方当事人对该房产的归属并无异议,二审法院予以确认,根据二审查明的还贷情况(本金320,000元、利息56,812.69元)、房产购买价格548,705元及双方当事人在一审时确认的房产的现总价为1,007,040元,王某某应补偿婚后还贷部分及对应的增值的一半给吴某某,即[1,007,040×376,812.69/(548,705+56,812.69)]÷2=313,339.69元。因此,王某某有关该争议房产全部归其所有的上诉理由不能成立,但一审判决对上述争议房产的分割已超出吴某某诉讼请求的范围,二审予以调整。二审据此对补偿款金额进行了改判。

| 判例评析 |

一、既往相关判例与观点

房产通常价值较高且涉及居住,是夫妻共同财产中较为重大的部分,房产的分割也因此成为离婚纠纷中争议最大的问题之一,特别是房产的出资以及还贷资金来自双方亲属的情况,在实践中普遍存在。离婚时如何分割房产并进行折价补偿,情形较为复杂,购买、登记产权的时间是婚前还是婚后,产权登记在单方还是双方名下,出资的是父母还是其他亲属或他人等,如何认定存在一定难度。本案离婚纠纷中对双方争议房产的分割,能够体现资金来源与离婚分割房产时的份额认定的通常规则,具有一定代表性,可以作为此类纠纷处理的参考。

案例1:上诉人郭某某与被上诉人刘某离婚纠纷。[①] 讼争房产是在双方婚后购买,登记在郭某某名下,郭某某表示购房时其没有固定工作,只是在亲属公司里跑跑腿,购房时的首付款及归还贷款均系由父母出资,应属其个人财产。而刘某认为,购房首付款虽是华某某公司出具的支票,但当时郭某某在其父母处工作,理应有收入,且双方婚后又共同还贷,故涉案房屋应属共同财产。

江苏省南京市中级人民法院二审审判的主要理由与观点:讼争房屋虽然以郭某某个人名义签订购房合同,但购房行为发生在郭某某与刘某婚姻关系存续期间。郭某某虽主张购房首付款系其父母出资,但对此仅提供了华某某的证言,未能提供其他证据与之相印证,不足以证明购房首付款全部系其父母出资。另郭某某提供了其与其母亲纪某某的银行明细,主张婚后还贷的全部资金来自其父母,但由于上述还款均系现金存入郭某某账户,虽然纪某某的账户当日亦有现金支取行为,部分还款行为系纪某某操作,但上述银行明细尚不足以证明婚后还款的资金全部来自纪某某而非郭某某,刘某对此亦不予认可,故郭某某主张诉争房屋的款项全部系其父母出资,讼争房屋应认定为其个人财产的上诉意见,依据不足,不予采纳。原审法院认定讼争房屋系夫妻共同财产并无不当。原审法院综合考虑诉争房屋的来源以及双方对于家庭所做贡献,并从照顾子女和女方权益原则出发,酌定刘某享有诉争房屋40%的产权份额,郭某某享有诉争房屋60%的产权份额并无不当。

案例2:王某与袁某甲离婚后财产纠纷。[②] 双方当事人婚后共同居住的房屋坐落于青岛市崂山区,产权登记人为袁某甲。该房屋系袁某甲婚前交纳首付款购买,总房价

---

① 参见江苏省南京市中级人民法院民事判决书,(2015)宁民终字第3782号。

② 参见山东省青岛市中级人民法院民事判决书,(2014)青民再终字第223号。

1,613,115.2元,贷款80万元,贷款期限自2005年10月28日至2008年10月28日,共计36期,每月还款2万余元,并于2008年10月28日结清贷款。袁某甲提交婚姻关系存续期间共计27笔该房屋贷款偿还情况的证据,证明该房屋系袁某甲之父袁某丙在双方当事人婚前以袁某甲的名义购买,还贷是袁某甲之父还的,不是双方当事人婚后共同还贷,婚后还贷进账单上袁某甲的签字都是袁某丙公司的会计代签的。王某对袁某甲提交的婚姻关系存续期间还款证据的真实性无异议,但认为上述证据恰恰证明该房屋系由袁某甲婚前贷款购买,婚后夫妻共同还贷,夫妻共同还贷部分以及房屋增值部分属于夫妻共同财产。袁某丙银行转账部分属于夫妻共同债务,系袁某甲、王某婚后共同向袁某丙借款还贷,债权人袁某丙可以随时依据债权证据向原、被告主张债权。青岛保税物流园区源海丰国际贸易有限公司的进账单是袁某甲的收入所得,属于年终奖金,属于夫妻共同财产,因袁某甲在该公司担任监事,还担任该公司在海关的业务联系人。

该案二审认为:从本案查证的事实分析,该房屋应定性为袁某甲婚前个人财产,对此,各方当事人均无异议。双方诉争的焦点在于是否存在婚后共同还贷,从法院查实的婚后还贷可分两种情况:(1)以袁某甲个人名义现金还贷16笔。袁某甲在二审期间提交的证据可以证明16笔还贷款源自上诉人袁某甲父亲袁某丙或某报关有限公司。王某对资金来源不作解释,同时认为即使源自某报关有限公司,也只能说明是袁某甲的工资收入,但是,王某未能提交有效证据予以证明,对王某的陈述不予采纳。(2)从袁某甲父亲袁某丙账户内转账10笔以及某贸易有限公司转账1笔,能够直接反映11笔还贷款来自袁某丙及某贸易有限公司,而袁某丙及某贸易有限公司又认可是为袁某甲个人垫付,王某仅是陈述上述款项系上诉人袁某甲在其父亲公司以及某贸易有限公司的合法收入,未能提交有效的证据予以佐证,故上述11笔还贷款不能作为婚后共同还贷处理。

山东省青岛市中级人民法院再审的主要理由与观点:本案争议的焦点问题是双方当事人婚姻关系存续期间所偿还的27笔房贷是否应认定为以夫妻共同财产支付。首先,关于该27笔款项性质的认定。该院认为,该27笔款项应当认定为袁某甲之父代为偿还贷款。证人袁某乙、姜某提供的证人证言、27笔款项的存款记录等证据足以认定,证人系在袁某甲之父袁某丙的指令下分别从袁某丙个人账户、某报关有限公司、某贸易有限公司,通过取现或者转账的方式,将27笔款项以袁某甲的名义存入房贷还款账户,且还款的数额与房贷每月应偿还的数额基本一致。因此,该27笔款项应当认定为袁某甲之父代为偿还贷款。王某主张袁某甲在公司内担任职务,应认定该部分款项系其收入。对此,该院认为,袁某甲虽在前述二公司内分别担任副总经理、监事职务,但综合本案证据情况,仅以此理由不足以认定该27笔款项系袁某甲的收入。其次,关于该27笔款项应认定为给袁某甲个人的赠与还是夫妻双方的赠与。根据《婚姻法》第17条、第18条,《婚姻法解释(二)》第22条第2款规定,本案中袁某甲之父在双方当事人结婚后代为偿还贷款的27笔款项,除非确定只赠与袁某甲一方,否则应认定为对夫妻双方的赠与。本案中,袁某甲所提交证据不足以证明其父确定该27笔款项是赠与给袁某甲一方,在此情况下该部分款项只能认定为袁某甲之父给夫妻双方的赠与。但本案一审中,王某认可其中自袁某甲之父账户转账还款的10笔款项属于夫妻共同债务,系袁某甲、王某婚后共同向袁某丙借款还贷。对该10笔款项,债权人可另案主张。该10笔款项作为夫妻以共同债务还贷,仍应认定为以夫妻共同财产偿还贷款。

判例1涉及夫妻婚后共同还贷的资金来源的举证问题。判例1反映了关于离婚夫妻一方主张己方亲属出资还贷往往因亲属间的资金往来比较复杂而难以举证,该方以此为由主张多分房产份额往往无法得到支持,实践中这种情形较为普遍。判例2当事人能够举证证明婚后还贷资金来自一方的亲属,此时是否能够认定是共同还贷,判例2再审的观点与本文判例的观点一致,即还贷资金来源涉及的是当事人与亲属之间的法律关系,可能是赠与关系也可能是债权债务关系,但均不影响共同还贷的认定。

二、本判例的规范逻辑

关于离婚诉讼中房产分割所涉的出资因素,《民法典婚姻家庭编解释(一)》第29条规定:"当事人结婚前,父母为双方购置房屋出资的,该出资应当认定为对自己子女个人的赠与,但父母明确表示赠与双方的除外。当事人结婚后,父母为双方购置房屋出资的,依照约定处理;没有约定或者约定不明确的,按照民法典第一千零六十二条第一款第四项规定的原则处理。"第78条规定:"夫妻一方婚前签订不动产买卖合同,以个人财产支付首付款并在银行贷款,婚后用夫妻共同财产还贷,不动产登记于首付款支付方名下的,离婚时该不动产由双方协议处理。依前款规定不能达成协议的,人民法院可以判决该不动产归登记一方,尚未归还的贷款为不动产登记一方的个人债务。双方婚后共同还贷支付的款项及其相对应财产增值部分,离婚时应根据民法典第一千零八十七条第一款规定的原则,由不动产登记一方对另一方进行补偿。"第79条规定:"婚姻关系存续期间,双方用夫妻共同财产出资购买以一方父母名义参加房改的房屋,登记在一方父母名下,离婚时另一方主张按照夫妻共同财产对该房屋进行分割的,人民法院不予支持。购买该房屋时的出资,可以作为债权处理。"

上述司法解释的规定吸收了《婚姻法解释(二)》《婚姻法解释(三)》相关规定,而样本案例是于《民法典》施行前作出判决的,可以适用《婚姻法解释(二)》《婚姻法解释(三)》有关规定。该两个司法解释中涉及的"房产出资问题"还考虑了房产登记于谁名下这一因素,更具体。

1.《婚姻法解释(二)》第22条规定,当事人结婚前,父母为双方购置房屋出资的,该出资应当认定为对自己子女的个人赠与,但父母明确表示赠与双方的除外。当事人结婚后,父母为双方购置房屋出资的,该出资应当认定为对夫妻双方的赠与,但父母明确表示赠与一方的除外。

2.《婚姻法解释(三)》第7条规定,婚后由一方父母出资为子女购买的不动产,产权登记在出资人子女名下的,可按照《婚姻法》第18条第3项的规定,视为只对自己子女一方的赠与,该不动产应认定为夫妻一方的个人财产。由双方父母出资购买的不动产,产权登记在一方子女名下的,该不动产可认定为双方按照各自父母的出资份额按份共有,但当事人另有约定的除外。

3.《婚姻法解释(三)》第10条规定,夫妻一方婚前签订不动产买卖合同,以个人财产支付首付款并在银行贷款,婚后用夫妻共同财产还贷,不动产登记于首付款支付方名下的,离婚时该不动产由双方协议处理。依前款规定不能达成协议的,人民法院可以判决该不动产归产权登记一方,尚未归还的贷款为产权登记一方的个人债务。双方婚后共同还贷支付的款项及其相对应财产增值部分,离婚时应根据《婚姻法》第39条第1款规定的原则,由产权登记一方对另一方进行补偿。

4.《婚姻法解释(三)》第12条规定,婚姻关系存续期间,双方用夫妻共同财产出资购买以一方父母名义参加房改的房屋,产权登记在一方父母名下,离婚时另一方主张按照夫妻共同财产对该房屋进行分割的,人民法院不予支持。购买该房屋时的出资,可以作为债权处理。

可见,上述规定主要是针对父母为子女出资购房问题、婚前一方出资购买房产婚后共同还贷的相关规定,并未就还贷的资金来自父母以及其他亲属的情形作出规定,但实践中却常有此类纠纷需要处理,且《婚姻法解释(二)》《婚姻法解释(三)》中的相关规定现已失效,故尚需最高人民法院出台司法解释时对本案所涉问题予以关注。

三、本判例的意义

根据前述司法解释的规定,夫妻一方婚前出资或者双方婚前共同出资购买的房产,婚后共同还贷的,离婚时应就共同还贷的增值部分进行平均分割。对此,实践中当事人一方往往要求多分割或全部享有婚后还贷的增值部分,常见的理由是主张还贷的资金来自己方的亲属,进而主张该部分还贷对应的增值归己方所有。

本案恰系这种情形。下面围绕本案进行分析相关的裁判规则:

王某某主张婚后还贷的款项全部来自其亲属,故对应的房产增值应全部归属于其,但是,本案一审、二审均未支持王某某的主张。首先,从证据角度看,王某某与其亲属之间经济往来较频繁,虽然还贷资金表面看是来自亲属转入的钱款,但王某某也有向其亲属转出钱款,因此,并未能证明该钱款实际上是由王某某实际支出。亲属之间的经济往来往往都不可能是单向的,一般都是双向的、且比较琐碎,货币是种类物,故难以举证证明还贷资金是亲属所有的。其次,从法律关系看,王某某与亲属之间的款项往来应属另一法律关系,可能是借贷也可能是赠与,无论借贷或赠与,还贷的主体仍然是王某某,因此,即使能够证明还贷资金是王某某的亲属所有,王某某获取的资金都有可能属于夫妻共同所有,王某某的还贷行为一般仍应视为夫妻共同还贷,该部分增值仍应归属于夫妻双方。除非该房产是王某某婚前出资购买登记于自己一方名下,婚后仅进行还贷,同时,对方没有任何资金参与婚后还贷,所有还贷资金是王某某亲属所有,且王某某亲属提供资金时已向吴某某声明系赠与王某某一人,方有可能认定房产全部归王某某所有。然而,本案的房产虽是婚前订购并支付部分购房款,但系婚后签署买卖合同并取得产权,按现行法律规定,本案争议房产本就是夫妻共同财产,也不属于前述一方婚前购买并登记产权的情形。

综上,无论是从举证的角度还是从法律关系的角度,婚后还贷资金来源于配偶一方的亲属一般不影响离婚时对该部分资金对应的房产份额分割。来源于亲属的资金若存在纠纷,应根据具体的法律关系另行处理,通常或为赠与或为债权债务。

四、后续判例和规范的发展

本文判例所体现的关于夫妻房产共同还贷资金来源于亲属问题,《民法典》及司法解释无具体规定,后续判例裁判规则也未变化。值得关注的是,除主张房产还贷资金来自亲属的情形外,在司法实践中,还常遇到离婚时一方主张还贷资金来自其婚前财产的而请求多分割房产增值份额的情形。对此,若双方并未就此出资对应的份额归属达成协议,诉讼中常因来自婚前财产的资金,婚后已与共同财产混同,无法举证还贷资金与婚前财产的对应关系,该主张将无法得到法院支持。[①] 当然,若确有证据证实系用婚前财产还贷,出于公平的角度,应考虑该部分资金对应的增值归属于该方。例如,婚后还贷的资金是来自一方出售婚前房产所得。例如,山东省青岛市中级人民法院(2014)青民五终字第1415号上诉人侯某与被上诉人彭某离婚纠纷案,法院经审理认为,对于涉案房屋,从上诉人购房过程、资金的来龙去脉以及上诉人所提供的银行账户的进出账情况,应当认定上诉人的主张构成较为完整的证据链条,能够证明上诉人所称的卖出宁夏路房产以及购买徐州路房产的全过程,其资金的流向也足以说明所讼争房屋的资金是源于上诉人所卖出的婚前房产以及贷款所得,因此,尽管该部分款项是在婚后所支付,但其性质并不能因婚姻关系即转化为婚后夫妻共同财产。

此外,围绕夫妻共同还贷争议,还有一种情形,即离婚时一方主张分居期间己方的还贷及对应增值部分应归其所有的。分居期间若夫妻双方未约定财产归各自所有,一方单独还贷的部分一般仍应视为夫妻共同还贷;一方以此为由主张多分房产份额,难以得到支持,但若双方分居期间的收支相对独立,则该部分还贷资金本身可以考虑由双方共同分担,但对应的房产增值部分仍应归属于双方,较公平合理。

---

① 参见毛某1、秦某离婚纠纷案,辽宁省沈阳市中级人民法院民事判决书,(2020)辽01民终732号,被告辩称每月用来还贷的钱款来源于个人婚前财产,但未提供相关证据,法院不予支持。

068. 夫妻财产协议约定一方个人所有的房产归双方共有的，是否可任意撤销之裁判规则*

上诉人周某与被上诉人李某离婚纠纷案 ‖ 福建省厦门市中级人民法院民事判决书，(2019)闽02民终2575号

事实概要

李某(女)起诉周某(男)要求离婚并分割房产、股票、汽车等夫妻共同财产，对于房产，李某请求判决：周某名下位于厦门市思明区某处一房产，时价为300万元，由周某立即支付李某150万元。李某与周某于2012年6月6日登记结婚。该争议房产系周某婚前购买，登记于周某名下。周某与李某于2012年6月6日签订婚前协议书明确约定双方婚后采用约定财产制，并约定"夫之房产及房内所有用品于婚后归于夫妻共同财产"。

周某主张该婚前协议书无效，理由如下：第一，该协议书签署时间系2015年3月左右，而非2012年6月6日，且当时并非周某的真实意思表示。第二，该协议书有诸多不合常理之处：(1)最后页签订时间为2012年6月6日14时，第一页写明结婚登记时间为2012年6月6日16时，与民政局结婚登记程序与记录不符；(2)该协议第2、3页没有签名；(3)很多条款语义含混不清、充满戏谑，不是正式协议；(4)第八条"特约事项"规定一方具有无限权利，显失公平，违反法律；(5)该协议中的条款基本都没有履行，包括"约定财产制"中很重要的"家庭基金账户"没有成立。因此仍应适用法定财产制。周某提出，即使该协议有效，其也已于2018年12月9日书面通知李某依法撤销婚前协议书中的相关房产赠与条款。因此该房产应仍归周某所有。

另查明，2018年12月9日，周某以顺丰速运向李某发出撤销赠与通知书，通知内容：本人周某就李某于2018年10月12日离婚诉状中所出示的婚前协议书所含有的房产赠与条款，赠与人周某决定撤销该赠与条款。

---

* 陈丽英，福建省厦门市中级人民法院审监庭副庭长、四级高级法官。

| 判决要旨 |

关于案涉婚前协议书效力问题,一审法院分析如下:

1. 周某所提到的签署时间问题。首先,该婚前协议书出现周某所提到的两个时间点的首页与最后一页上,周某与李某均有签名,现周某否认签署时间缺乏证据;其次,该协议的签署时间无论是2012年6月6日还是周某所述的2015年3月,鉴于双方已经于2012年6月6日登记结婚,签署时间不影响该协议的效力。

2. 该协议中关于家务分工、特约事项等其他生活琐事的条款(周某所称的"充满戏谑"、不正式的方面),恰恰体现了该份协议是一份与婚姻生活相关的协议,不能反以此推定该协议无效;"家庭基金账户"是否成立只涉及该协议的履行程度问题,不能作为协议无效的依据。在案并无反证证明协议第2、3页内容不属实,故协议第2、3页没有签名,不影响该协议的效力;更重要的是协议首页上关于"约定财产制"及案涉房产的归属约定内容明确,该页有双方签名。

3. 周某作为成年人,在协议书上签字,应承担相应的法律后果。案涉婚前协议书是一份与婚约及家庭生活密切相关的涉及人身、财产的协议,在双方已经结婚生子数年的情况下,周某单方提出撤销该婚前协议书所确定的房产赠与条款,不符合法定撤销条件。案涉婚前协议书由周某、李某双方自愿签订,系双方真实意思表示,其中关于周某名下房产归属的约定清晰明确,合法有效,故该房产应依约在双方婚后归于夫妻共同财产,在本案中依法进行分割,周某、李某各占该房产的50%产权份额。根据该房产购买、登记情况及李某具体诉求,一审法院确认该房产归周某,由周某折价补偿李某相应的房产份额款项,现双方确认该房产现值300万元,故周某应补偿支付李某150万元。周某不服,提出上诉。

二审法院认为,讼争房产系周某婚前购得,并登记产权于周某名下。双方签字的婚前协议书,约定"夫之房产及房内所有用品于婚后归于夫妻共同财产"。双方采用书面形式对讼争房屋的产权状况进行了约定,周某签字即表明其同意将登记在其名下房屋归于夫妻共同财产,一审法院认定婚前协议书有关财产约定,符合《婚姻法》第19条"夫妻可以约定婚姻关系存续期间所得的财产以及婚前财产归各自所有、共同所有或部分各自所有、部分共同共有。约定应当采用书面形式。没有约定或约定不明确的,适用本法第十七条、十八条的规定"的规定,故应当尊重双方的约定,确认讼争房为夫妻共同财产,并无不当,二审予以确认。

《婚姻法》第19条第1款规定明确了分别财产制、共同财产制和混合财产制三种作为可供夫妻双方约定选择的婚姻财产制。《婚姻法》第19条第2款规定:"夫妻对婚姻关系存续期间所得的财产以及婚前财产的约定,对双方具有约束力。"这是约定财产制对内法律效力的规定。依据规定，只要夫妻双方基于意思自治原则签订书面协议，就其名下的财产权属进行约定，即对夫妻双方具有约束力，并未要求以夫妻双方办理物权变动手续为条件，也未赋予一方可以行使赠与合同任意撤销权的权利。而《婚姻法解释(三)》第6条规定："婚前或者婚姻关系存续期间，当事人约定将一方所有的房产赠与另一方，赠与方在赠与房产变更登记之前撤销赠与，另一方请求判令继续履行的，人民法院可以按照合同法第一百八十六条的规定处理。"该条仅适用于夫妻一方将其个人所有的房产赠与另一方个人所有的情形。此种约定不属于《婚姻法》第19条规定的约定财产制中财产类型的任意一种，因此，周某上诉主张其已向李某发出撤销赠与通知书，请求撤销婚前协议书的行为没有法律依据，二审法院对周某上诉主张2018年12月9日撤销赠与通知构成对婚前协议书中赠与行为的撤销，不予采纳。

关于讼争房产的离婚分割问题。依据1993年《离婚财产分割意见》第8条规定的"夫妻共同财产，原则上均等分割。根据生产、生活的实际需要和财产的来源等情况，具体处理时也可以有所差别"的精神。一审法院对双方约定的讼争房为共同财产按5∶5比例分割，但二审法院认为，本案涉案房产来自周某婚前个人财产，并由其婚前全额出资购得讼争房，在具体分割处理讼争房产时，适当考虑周某的权益，亦符合公平原则。结合周某出资情况，二审法院酌定讼争房按7∶3比例分割，即周某分得70%，李某分得30%。根据双方确认该房产现值300万元价格进行分割，周某应补偿支付李某90万元。

判例评析

一、既往相关判例与观点

案例1：赵某与邱某赠与合同纠纷。[①] 原告赵某诉至北京市朝阳区人民法院称：我与邱某的离婚纠纷案件目前正在审理中，双方之间签订的房屋共有协议，协议内容为赵某将朝阳区某房屋赠与邱某共同共有。因该房屋现在仍登记于赵某名下，并没有办理变更登记，符合合同法法规和婚姻法解释规定的撤销条件，请求法院依法撤销双方签订的关于朝阳区某房屋的赠与合同。北京市朝阳区人民法院判决支持赵某该诉讼请求，北京市第二中级人民法院二审判决维持原判。北京市第二中级人民法院审判的主要理由与观点：虽涉案协议名为房屋共有协议，但根据该协议的内容，并综合考虑本案案情，原审法院认定该协议实质应为赠与合同，并无不当。关于赵某是否有权撤销该房屋共有协议的问题，根据我国法律规定，赠与财产依法需要办理登记手续的，应当办理有关手续。赠与人在赠与财产的权利转移之前可以撤销赠与。具有救灾、扶贫等社会公益、道德义务性质的赠与合同或者经过公证的赠与合同，不适用前款规定。本案中，涉案房屋现仍登记于赵某个人名

① 参见北京市第二中级人民法院民事判决书，(2013)二中民终字第14787号。

下，涉案房屋共有协议未办理公证，在案亦并无合法、充足、有效的证据证明涉案房屋共有协议具有社会公益、道德义务性质，故原审法院判令撤销涉案房屋共有协议，符合法律规定。

案例2：谢某某诉谢某1、宋某某赠与合同纠纷。① 谢某某与宋某某原系夫妻关系，二人于1997年生有一女谢某1。谢某某与宋某某在婚姻关系存续期间贷款购买了位于北京市丰台区的某房屋，房屋登记的所有权人为谢某某。2013年，谢某某与宋某某签订“离婚协议书”并办理了离婚登记，该协议约定：“……二、夫妻共同财产分割：1. 房产：夫妻双方婚后购有坐落在北京市丰台区和光里小区××号楼1单元903的楼房一套，登记在男方名下，(按揭款约51万元)属夫妻共同财产。夫妻共同放弃此套房屋所得，归女儿谢某1所有(注：包括房内装修内附属设施及相关配套设施)。夫妻谢某某、宋某某同时享有居住权，但贷款由谢某某、宋某某共同承担，等女儿有经济能力时自行归还……”离婚后，三人仍在该房屋居住。现谢某某起诉，要求撤销赠与谢某1该房屋的协议条款。北京市丰台区人民法院经审理判决驳回谢某某的诉讼请求。

北京市丰台区人民法院审判的主要理由与观点：夫妻就财产归属、子女抚养等问题达成一致意见后，可以向婚姻登记机关申请办理离婚登记。夫妻离婚时，双方对财产问题所进行的约定，具有法律效力，双方均应遵照执行。本案争议的焦点在于“离婚协议书”中所约定的谢某某与宋某某将讼争房屋所有权赠与谢某1的条款，能否适用合同法上撤销赠与的规定。本院认为，谢某某与宋某某就903房屋产权赠与谢某1的合意，本质上是夫妻双方在离婚时对共有财产的分配所作的特殊约定。由于双方在离婚时对财产归属的约定属于离婚协议的一部分，而离婚协议具有身份属性，不属于合同法所调整的“合同”范畴。鉴于谢某某无法证明其在签订财产分割协议时存在受胁迫或受欺诈等情形，故对其要求撤销赠与的诉讼请求，不予支持。

案例3：李某1诉李某某赠与合同纠纷。② 讼争房屋产权人为李某某，系李某某婚前财产。李某某与周某某结婚并生育李某1。2013年7月26日，李某1(受赠人，李某某及周某某作为法定代理人代签)、周某某(受赠人)与李某某(赠与人)签订赠与合同一份，约定李某某将讼争房屋中的98%的产权份额无偿赠与儿子李某1所有，将上述房屋中的1%的财产份额无偿赠与妻子周某某所有，赠与人李某某保留上述房屋中的1%产权份额。上述赠与合同经公证处公证。2013年12月2日，李某某与周某某经法院调解离婚，因调解时未约定财产处理问题，后双方又签订离婚协议书一份，就财产及相关事宜作出约定。李某1起诉请求判决李某某履行公证赠与合同，将系争房屋98%产权份额登记至李某1名下。

---

① 参见北京市丰台区人民法院民事判决书，(2013)丰民初字第18787号。

② 参见上海市第二中级人民法院民事判决书，(2016)沪02民终5834号。

上海市第二中级人民法院审判的主要理由与观点：根据相关规定，赠与人在赠与财产的权利转移之前可以撤销赠与，但经过公证的赠与合同除外。经过公证的赠与合同，赠与人不交付赠与的财产的，受赠人可以要求交付。本案中，李某1、李某某和周某某签订的赠与合同系各方真实意思表示，且经过公证处公证，该赠与合同约定，李某某自愿将系争房屋98%的产权份额无偿赠与李某1，李某1的法定代理人李某某、周某某代表李某1自愿接受上述赠与。现无证据表明李某1存在赠与人可以撤销赠与的法定情形，且在李某某与周某某的离婚协议书中未对系争房屋归属作出明确的约定，当事人各方并未撤销该经过公证的赠与合同，因此，现李某1依据该经过公证的赠与合同的约定，要求李某某履行赠与合同，将系争房屋98%的产权份额登记至李某1名下，于法有据，应予支持。

如前所述，关于夫妻房产赠与问题由来已久，司法实践中分歧较大，存在大量截然不同的判决结果。例如，案例1和案例2就是同一时期同一地区的法院不同的判决观点。案例1认为夫妻之间赠与房产未登记过户或经公证的，赠与方可以行使任意撤销权；案例2则认为离婚双方在离婚时对财产归属的约定属于离婚协议，具有身份属性，不属于合同法所调整的“合同”范畴，赠与方不具有任意撤销权。司法实践中，支持夫妻房产赠与（包含将房产赠与给未成年人子女）不可任意撤销的判决相对更普遍。案例3则属于经公证的房产赠与，属于赠与人行使任意撤销权的例外，对此司法解释有明确规定，并无争议。

二、在学理框架内对相关问题的点评

关于夫妻财产约定制，《民法典》第1065条第1款和第2款规定：“男女双方可以约定婚姻关系存续期间所得的财产以及婚前财产归各自所有、共同所有或者部分各自所有、部分共同所有。约定应当采用书面形式。没有约定或者约定不明确的，适用本法第一千零六十二条、第一千零六十三条的规定。夫妻对婚姻关系存续期间所得的财产以及婚前财产的约定，对双方具有法律约束力。”

关于夫妻房产赠与，对新旧司法解释的相关规定，可以发现《民法典婚姻家庭编解释（一）》第32条规定明确了“当事人约定将一方所有的房产与另一方共有”的情形，也属于可以适用《民法典》第658条的范围。《婚姻法解释（三）》第6条规定：“婚前或者婚姻关系存续期间，当事人约定将一方所有的房产赠与另一方，赠与方在赠与房产变更登记之前撤销赠与，另一方请求判令继续履行的，人民法院可以按照合同法第一百八十六条的规定处理。”《民法典婚姻家庭编解释（一）》第32条规定：“婚前或者婚姻关系存续期间，当事人约定将一方所有的房产赠与另一方或者共有，赠与方在赠与房产变更登记之前撤销赠与，另一方请求判令继续履行的，人民法院可以按照民法典第六百五十八条的规定处理。”而《民法典》第658条规定：“赠与人在赠与财产的权利转移之前可以撤销赠与。经过公证的赠与合同或者依法不得撤销的具有救灾、扶贫、助残等公益、道德义务性质的赠与合同，不适用前款规定。”《民法典》第658条对应的是原《合同法》第186条规定，后者规定有两款,司法实践中对此两款在处理夫妻房产赠与时的理解与适用也曾存在过分歧,有的判决将夫妻房产赠与认定为上述规定第2款的“具有道德义务性质的赠与”,故不支持当事人要求撤销的诉求。

三、本判例的规范逻辑

在《民法典》及司法解释施行前,关于离婚纠纷中涉及妻财产协议约定一方个人房产归双方共有,原房产所有方主张撤销共有约定的问题,司法实践中的判决存在不统一的情况,主要的裁判思路是:基于对夫妻双方财产分割公平合理的角度,若认定为是夫妻财产约定,则不适用司法解释中有关夫妻房产赠与的相关规定,不支持撤销房产共有的主张,就比如本案的情形;也有认定为是具有道德义务性质的赠与,亦不支持撤销房产共有的主张;若认定为夫妻房产赠与,则意味着支持撤销房产共有的主张。

该问题在司法实践中分歧大的原因可能是:夫妻房产权属约定是基于婚姻家庭关系,涉及伦理价值,往往是建立在双方当事人对美好婚姻的期许与彼此信赖的基础上;同时,房产作为影响当事人居住生活条件的重大财产,离婚时的分割需要考虑基于婚姻对双方当事人是否公平合理,保护无过错方、妇女、儿童的利益。因此,裁判者可能会追求实质的公平正义,而对存在争议的法律规定作出不同的理解与适用,产生不同的结果并不当然影响个案中的公平。但从理论的角度,将夫妻财产约定与夫妻房产赠与以比例来区分,将夫妻一方个人房产约定归双方共有的认为是夫妻财产约定,将夫妻一方个人房产约定全部归另一方所有的认定为赠与,是说不通的,房产部分份额赠与并无理论障碍,夫妻一方个人房产约定归双方共有的本质就是赠与,夫妻财产约定与夫妻房产赠与不是并列关系,而应是包含关系。当然,在物权变动效力是否以登记为前提的问题中,夫妻之间部分份额房产赠与与整套房产赠与还是存在差异的,这也是此前实务中对于夫妻财产约定中约定一方房产归双方共有的情形不适用《婚姻法解释(三)》第6条规定的赠与任意撤销权的重要原因之一。在以往房产产权登记管理的制度下,夫妻一方名下的房产需要处分时,均需要由夫妻共同签名确认,也因此夫妻双方的房产登记于一方名下的情形十分普遍。涉及一方将婚前个人房产约定为婚后夫妻双方共同所有的情形时,当事人普遍没有选择到房产行政管理部门进行增加登记产权人,即房产证“加名”,既有便利的因素也有传统观念的因素,这是合情合理的选择。若仅因没有进行“加名”,就认定可以撤销,对被撤销共有的一方是不公平的,特别是实践中被撤销共有一方往往是离婚后直接抚养子女的女方,这也不利于保护妇女儿童的权益。比如,本案中,李某就是这种情形,而且协议是婚前订立,至双方离婚已履行了六七年,经历了六七年的岁月变迁后再将承诺归于零,于情于理不合。二审还根据具体案情,增加了周某享有的份额,整体法律效果与社会效果比较统一。

前述裁判规则实际上体现的关键问题是房产赠与的物权变动效力是否要以登记为前提,夫妻财产约定中对房产的约定能否直接产生物权变动的效力。在这一问题上,婚姻家庭法的特殊性与财产法规则是有一定冲突的。若规定夫妻财产约定中对房产的约定直接产生物权变动的效力，能够体现夫妻约定财产制度作为涉及身份关系的财产制度的特殊性，更能够体现婚姻家庭法的身份与伦理属性；当然，未经登记产生的物权变动效力，在此类房产与第三人发生交易时，无法对抗善意第三人。若规定夫妻财产约定中对房产的约定应以登记产生物权变动效力，与财产法的规定一致，亦能够使双方的权利义务清晰，“约定加登记”无疑充分体现当事人的真实意思表示，能够减少因此产生的纷争。

四、本判例的意义

随着时代变迁，夫妻采用财产约定制的情形增多，约定的具体内容可能各种各样，则离婚时往往容易就约定内容发生纠纷，特别是存在一方将自己的婚前财产约定归夫妻双方共同所有的情形。涉及房产的，日后双方离婚时，一方通常会主张以行使赠与房产的任意撤销权为由主张撤销其中的房产共有的约定；而赠与的任意撤销权如何适用于夫妻婚前或婚内的房产赠与，因涉及当事人的意思自治、性别平等以及保护家庭中付出方和无过错方的利益等，审判实务中存在不同的认识，一度判决尺度不太统一。《民法典婚姻家庭编解释（一）》第 32 条对原来司法解释中的相关规定作出了调整，则对该问题的裁判规则会有什么影响？本案恰是这一类型的纠纷，可以作为前述问题实务探讨的样本。

五、后续判例和规范的发展

从前文法律适用的条款可知，关于夫妻婚前或婚内财产赠与问题，《民法典》及司法解释，与此前《婚姻法解释（三）》的规定，从文字表述上并无明显的差别；《民法典》施行后，关于夫妻财产赠与，特别是夫妻约定房产归一方所有的情形，能否及如何适用赠与合同的任意撤销权的问题，仍然未明确。有观点认为：夫妻约定不动产“归一方所有”是夫妻双方对财产自由处分的结果，是意思自治在夫妻财产上的表达，其遵循的是从“自由意志”到“自己责任”的逻辑链条，只要不存在违反法律强制性规定和公序良俗的情形，法律就应当予以认可。在司法实务中，不少法院把夫妻约定不动产“归一方所有”按照赠与合同处理，其中或许有对个案公平正义权衡的因素，但更主要的原因是没有正确认识和把握夫妻财产制契约和一般的赠与合同之间的区别，从而混淆了夫妻约定不动产“归一方所有”和夫妻间不动产赠与。①

2021 年为统一今后司法实践中对此类纠纷的裁判尺度，最高人民法院民一庭编《民事审判实务问答》对离婚协议中约定的房产赠与问题作出了明确解答，其中第 85 问答的主要内容如下：

问：双方协议离婚后，一方不愿按离婚协议约定将自己名下房屋赠与子女或他人时，

---

① 罗师、颜凌云：《夫妻约定不动产“归一方所有”的性质、效力与物权变动——对〈民法典〉第 1065 条的解释论展开》，载《山东女子学院学报》2021 年第 5 期。

另一方请求法院判令一方按协议约定办理房屋过户手续,是否支持?

答:实践中,经常出现协议离婚后,一方反悔,拒绝交付离婚协议中约定的赠与房屋的情形。对此,赠与方的理由往往是根据《民法典》第658条第1款"赠与人在赠与财产的权利转移之前可以撤销赠与"之规定,主张可以无条件撤销赠与。赠与方的观点是不对的。其理由在于,离婚协议中关于房屋赠与的约定并不构成一般意义上的赠与合同。根据《民法典》第657条"赠与合同是赠与人将自己的财产无偿给予受赠人,受赠人表示接受赠与的合同"之规定,构成赠与合同的前提是赠与人将自己的财产无偿给予受赠人而不要求受赠人为此付出代价或承担任何义务。具体到离婚协议中的赠与而言,实务中很少出现受赠人在离婚协议上确认接受赠与的情形。① 也就是说,离婚协议中的所谓赠与并未在赠与人与受赠人之间达成一致,不构成赠与合同。既然不构成赠与合同,那么一般也就不存在赠与人依据《民法典》加以撤销的可能。②

最高人民法院《民法典婚姻家庭编解释(一)》第69条第2款"当事人依照民法典第一千零七十六条签订的离婚协议中关于财产以及债务处理的条款,对男女双方具有法律约束力"的规定可以理解为上述精神的体现。我国正在走向法治化,离婚协议的签订和履行应当贯彻诚实信用原则。

笔者认为,婚前或婚内夫妻赠与房产,始终是基于夫妻的身份关系、对婚姻的期待③等而设定,与普通的赠与合同不同,但与离婚协议中的房产归属约定却有相似之处,此时是否可以参照上述问答内容认为均不适用任意撤销权的规定呢?若是,那么《民法典婚姻家庭编解释(一)》第32条的规定就显得不必要。若对该条款理解为:对于婚前或婚内夫妻财产约定中约定一方个人房产归双方共有的情形,只要没有进行产权变更登记,原个人房产所有方即可以行使任意撤销权。那么,此类纠纷的裁判也将变得更为简单,尺度更为统一,也更能规范当事人在达成夫妻财产约定时涉及房产归属约定的及时进行变更产权登记;若怠于变更产权,则约定中房产赠与性质的内容就可以被任意撤销。

---

① 此前司法实践中多认为夫妻赠与房产给未成年子女的情形,夫妻作为子女的法定代理人已代表子女接受赠与。

② 最高人民法院民事审判第一庭编:《民事审判实务问答》,法律出版社2021年版,第126~127页。

③ 再审申请人李某某与被申请人杨某某夫妻财产约定纠纷案中,河北省高级人民法院作出的(2020)冀民申61号民事裁定认为:双方签订的婚前房产协议书附有结婚这一条件,双方已经结婚并共同在涉案房产中生活多年直至房产拆迁,且该房产自始未办理过产权登记,双方不可能通过办理产权变更登记进行物权的变动,故原审法院认定双方已经完成房产权利转移,并无不当。

069. 离婚时夫妻争执唯一的一套房屋归属，法院判决确定分割时应主要考虑哪些因素？*

翟某、张某离婚纠纷案‖最高人民法院（2015）民抗字第9号，山东省高级人民法院民事判决书，（2013）鲁民提字第90号

事实概要

翟某、张某于1999年经人介绍相识并登记结婚，婚后生一子张某炎。张某于婚前在其单位分得一套位于山东省德州市德城区的住房，1999年11月29日张某交房款2万元，同年12月31日交房款1万元。2002年6月6日，该房在房改时，认定其价值为26,305.58元。

2007年1月，张某以翟某为被告诉至山东省德州市德城区人民法院，以感情不和为由起诉要求离婚，因翟某不同意离婚，2007年3月30日德城区人民法院作出（2007）德城民初字第322号民事判决：不准原、被告离婚。2007年11月，张某再次以翟某为被告诉至山东省德州市德城区人民法院，称判决后双方一直分居生活，无和好可能，感情确已破裂，要求法院判决离婚，并分割财产。法院委托评估机构评估该房屋的价值为82,000元，双方对该价值均无异议。张某月工资额为1369元。此案经过山东省德州市德城区人民法院一审、重审，山东省德州市人民法院二审，山东省高级人民法院再审，最高人民检察院抗诉，最高人民法院再审，最终维持一审判决。

判决要旨

一审法院认为，张某、翟某因感情不和要求离婚，判决不准离婚后，张某、翟某一直分居生活，双方无和好可能，应认定双方夫妻感情已破裂，准许双方离婚。关于张某、翟某婚后共同财产及债务，因在庭审中双方对房屋价值达不成一致意见，都不缴纳评估费用，无法分割，故不予处理，张某、翟某可就财产问题另案诉讼。

翟某不服一审判决，上诉至山东省德州市中级人民法院。该院于2008年8月5日作

---

* 王丽萍，山东大学法学院教授；王风瑞，中国社会科学院大学法学院2022级博士研究生。

出(2008)德中民终字第367号民事裁定:第一,撤销山东省德州市德城区人民法院(2007)德城民初字第2584号民事判决;第二,发回山东省德州市德城区人民法院重审。

一审法院重审认为,当事人婚后不珍惜夫妻感情,经常为琐事吵闹,导致夫妻感情破裂,张某要求离婚,翟某同意离婚,予以准许。双方居住的房屋,张某婚前交付2万元,其婚后交付的1万元应认定为双方各交5000元。因房屋增值,故该房屋应按各自占有份额进行分割,比例为5∶1。因该房屋系张某单位的房屋,故该房屋应归张某所有,张某应付给翟某房屋价值的1/6。依据《婚姻法》第32条、第37条、第39条之规定①,该院于2010年1月29日作出(2008)德城民初字第1720号民事判决:第一,张某、翟某离婚……第三,位于德州市德城区房屋归张某所有,张某支付翟某房款13,666.67元。

翟某不服上述判决,向山东省德州市中级人民法院提起上诉。二审法院认为,原审卷宗中德州市职工购买公有住房申请表显示:申请人是张某,家庭成员翟某,家庭人口为2人,申请日期为2002年6月5日。德州市房屋所有权证存根显示,房改房100%产权。以上表明双方当事人争议的房屋是婚后取得的房改房,夫妻双方享受的福利都有所体现,属于夫妻共同财产,离婚时应按夫妻共同财产处理。由于该房产属于张某单位的房改房,房屋判归张某为宜,由张某给付翟某房产价值的一半,即41,000元。张某婚前交纳的2万元购房款,应按夫妻共同债务处理,由双方各负担1万元。由于翟某是女方,又抚养孩子,从照顾妇女儿童的利益考虑,可免除翟某承担该项债务。

翟某不服上述判决,向山东省高级人民法院申请再审。2013年4月28日,山东省高级法院作出(2013)鲁民提字第90号民事裁定,提审本案。山东省高级人民法院再审认为,本案争议焦点问题:一是争议的房屋是否为夫妻共同财产;二是原审对争议房产的分割是否适当。关于焦点问题一,最高人民法院《婚姻法解释(二)》第19条②:"由一方婚前承租、婚后用共同财产购买的房屋,房屋权属证书登记在一方名下的,应当认定为夫妻共同财产。"原审判决认定双方当事人争议的于2002年申请购买的职工公有住房是婚后取得的房改房,夫妻双方应享受的福利都已经有所体现,属于夫妻共同财产,离婚时应按夫妻共同财产处理并无不当。翟某提出的院内自建平房,因无房产证,尚未取得合法所有权证明,属违章建筑,故不应由法院作为夫妻共同财产予以分割。关于焦点问题二,原审判决对诉争房产价值依据评估报告进行分割并无不当。双方当事人均要求取得房屋,但无证据证明双方在原审中提出过竞价要求,法院对房屋依法委托第三方进行评估并无不妥。虽然翟某主张一审判决超出评估报告有效期,但该评估报告系法院在双方争议期间委托作出,确定的涉案房屋价值也是双方争议期间的合理价格,翟某也未提供充分证据证明出

① 参见《民法典》第1079条、第1085条、第1087条。

② 参见《民法典婚姻家庭编解释(一)》第27条。

现评估报告规定的可以重新评估的事由，且当时双方对评估报告并无异议，故原审依据该评估报告作出判决并无不妥。原审判决认定涉案房屋为夫妻共同财产，张某在婚前交纳的 2 万元购房款为夫妻共同债务，考虑到翟某抚养孩子，将翟某所承担的债务予以免除，判决双方平均分配房屋评估价款，已经体现出对妇女及孩子利益的照顾，并无不当。因此，对二审判决予以维持。

翟某不服再审判决，向检察机关申诉，最高人民检察院向最高人民法院提出抗诉。最高人民检察院抗诉认为：第一，再审判决依据德州正元房地产咨询评估有限公司的评估报告来认定争议房价值为 82,000 元属认定的基本事实缺乏证据证明。房屋估价的时间节点是 2009 年 1 月 13 日，有效期为 2009 年 1 月 16 日至 7 月 15 日，而本案重审判决作出日期是 2010 年 1 月 29 日，距评估报告有效期的截止日已超过三个月，不应再作为认定房屋价值的证据使用。况且，本案诉讼时间长达六年，房地产增值较大，尤其是本案 2013 年再审时，由于国家法律、法规、政策、经济环境及估价对象房地产本身的物理状况、市场价格等因素发生重大变化，这些变动足以对估价结果产生重大影响，2009 年 1 月 16 日作出的评估价格已不能反映再审终审时的房屋真实价值，应当重新评估。第二，再审判决依据讼争房屋原系张某分得的公有住房，就将该房屋分配给张某，属适用法律确有错误。涉案房屋虽系张某在婚前分得的公有住房，但婚后使用双方的福利进行了房改购房，属于夫妻共同财产，离婚时应按夫妻共同财产分配。因此，涉案房屋可以分配给张某或者翟某中任何一方，至于分配给谁则应依照相关法律的规定。2001 年《婚姻法》第 42 条规定："离婚时，如一方生活困难，另一方应从其住房等个人财产中给予适当帮助。具体办法由双方协议；协议不成时，由人民法院判决。"[①]最高人民法院《婚姻法解释（一）》第 27 条规定："婚姻法第四十二条所称'一方生活困难'，是指依靠个人财产和离婚时分得的财产无法维持当地基本生活水平。一方离婚后没有住处的，属于生活困难。离婚时，一方以个人财产中的住房对生活困难者进行帮助的形式，可以是房屋的居住权或者房屋的所有权。"1993 年《离婚财产分割意见》第 13 条规定，对不宜分割使用的夫妻共有的房屋，应根据双方住房情况和照顾抚养子女方或无过错方等原则分给一方所有。分得房屋的一方对另一方应给予相当于该房屋一半价值的补偿。在双方条件等同的情况下，应照顾女方。本案中，张某、翟某离婚时仅有一套住房，无论分配给任何一方都会导致另一方无房。但自发生离婚诉讼起，张某已将翟某赶出涉案房屋，翟某独自抚养子女，在外租房居住，张某一直未支付子女抚养费，翟某生活困难。从双方的实际生活情况看，将讼争房屋分配给翟某符合《婚姻法》及相关司法解释的规定，体现出对妇女儿童的照顾，也更有利于子女的成长。再审判决仅因讼争房屋原系张某分得的公有住房就将该房屋分配给张某并无法律上的依据，违反了

---

① 参见《民法典》第 1090 条。

《婚姻法》及相关司法解释的规定,属适用法律确有错误。

最高人民法院再审认为,第一,关于涉案房屋属于夫妻共同财产问题,本案中,涉案房屋系翟某、张某于2002年申请购买的职工公有住房,是婚后取得的房改房。在出售此类房屋时,单位往往根据职工的职务、工龄、工资、家庭人口等多种因素综合考虑后,在房屋价值计算上给予政策性优惠待遇,夫妻双方应享受的福利都已经在购买房屋的价格上有所体现。根据《婚姻法解释(二)》第19条[①]"由一方婚前承租、婚后用共同财产购买的房屋,房屋权属证书登记在一方名下的,应当认定为夫妻共同财产"的规定,原审判决认定涉案房屋属于夫妻共同财产,有事实和法律依据。张某辩称具备房改房购房资格的本单位职工才是房改房财产权利的享有者、涉案房屋应认定为其婚前财产的主张,没有事实根据与法律基础,本院不予支持。第二,关于依据当时的评估报告确定双方争议期间的涉案房屋价值是否符合法律规定的问题,本案翟某、张某离婚时仅有一套住房,双方在诉讼中均要求取得房屋且无法达成协议。《婚姻法解释(二)》第20条[②]规定:"双方对夫妻共同财产中的房屋价值及归属无法达成协议时,人民法院按以下情形分别处理:(一)双方均主张房屋所有权并且同意竞价取得的,应当准许;(二)一方主张房屋所有权的,由评估机构按市场价格对房屋作出评估,取得房屋所有权的一方应当给予另一方相应的补偿;(三)双方均不主张房屋所有权的,根据当事人的申请拍卖房屋,就所得价款进行分割。"在双方均未提出过竞价要求的情况下,一审法院对涉案房屋委托评估机构按市场价格对房屋作出评估,符合法律规定。涉案评估报告系一审法院征得双方当事人同意、在双方争议期间委托评估机构作出的,涉案房屋价值也是根据双方争议期间的市场价格确定,法庭开庭质证的时间在有效期范围内,且质证时双方对评估报告并无异议。翟某在重审判决后的2010年2月4日提起上诉时,对评估报告亦未提出任何异议。即便到现在为止,翟某也未提供充分证据证明出现可以重新评估的情形。由此表明,当时的评估报告对双方争议期间的涉案房屋的估价是客观合理的。因此,原审判决对评估报告予以采信并依据该评估报告作出判决,并无不当。翟某仅以重审判决超出评估报告有效期三个月作出即认为评估报告不应再作为认定房屋价值证据使用的申诉理由,尚不足以推翻评估报告的有效性,本院不予采纳。第三,涉案房屋分配给张某,适用法律并无不当。在离婚案件中,因房屋问题发生的纠纷主要集中在双方对房屋价值无法达成一致意见,导致无法分割;或者双方均主张房屋所有权,各不相让;或者是双方都不要房屋,而要相应房价款的;还有一方主张房屋所有权,另一方要求补偿等情况。上述《婚姻法解释(二)》第20条[③]的规定,即是以《婚姻

① 参见《民法典婚姻家庭编解释(一)》第27条。

② 参见《民法典婚姻家庭编解释(一)》第76条。

③ 参见《民法典婚姻家庭编解释(一)》第76条。

法》确定的分割夫妻共有房屋的原则为依据,针对司法实践中出现的夫妻就福利政策房屋的价值及归属无法达成协议的现状,结合审判实践经验,参考社会各界意见,确定的处理此类纠纷的三种情形。对于房屋所有权的归属,一般情况下,人民法院应当按照照顾子女和女方权益的原则进行确定,将房屋判决给子女随其生活的一方,或者无过错方,或者生活困难的一方。在双方当事人不能就共有房屋的价格达成一致意见时,委托评估机构按市场价格对房屋作出评估,由取得房屋所有权的一方给予另一方相应的补偿,才能使双方在对共有财产房屋的分割上达到利益平衡。在此种情况下,不存在对房屋所有权的争执,存在的只是如何公平解决取得房屋所有权的一方对另一方的补偿问题。本案的处理即属于《婚姻法解释(二)》第20条规定①的第二种情形。

本案中,翟某、张某离婚时仅有一套住房,无论分配给哪一方都会导致另一方无房居住,生活出现困难。从本案的诉讼过程来看,双方同意一审法院委托评估机构对涉案房屋作出评估报告后,由取得房屋所有权的一方给予另一方相应的补偿。在一审法院作出重审判决后,翟某上诉请求的第一项即是平均分割夫妻共有房屋(平均分割评估房款82,000元),上诉人应得41,000元。翟某、张某均有稳定工作,在此情况下,考虑到双方的财产状况、经济条件、生活困难程度、负担能力、当地生活水平等因素,原审判决涉案房屋分配给张某,由张某按市场评估价格的一半给予翟某补偿,与翟某的上诉请求基本一致,也符合本案实际情况,适用法律并无不当。同时,考虑到翟某独自抚养子女,在外租房居住,对于张某在婚前交纳的2万元购房款的夫妻共同债务,原审将翟某所承担的债务予以免除,亦相应体现出对妇女及孩子利益的照顾。对于翟某在再审过程中提出的要求张某支付孩子的抚养费及房租的问题,因在原一审、二审中均未提出过上述主张,故不属于本案再审审理范围。如翟某确属生活困难,无力支付房租,其亦可通过其他途径予以救济。因此,最高人民法院判决维持山东省高级人民法院(2013)鲁民提字第90号民事判决书。

判例评析

房屋,属于标的额比较大的不动产,离婚时有关房屋的分割问题往往成为双方当事人争执的焦点。我国的职工福利分房政策及20世纪末进行的住房制度改革,政策性强,情况复杂,与此有关的疑难案件频发。由于夫妻双方多只有一套房改房,离婚时房屋的归属不仅涉及夫妻财产分割,也关乎双方日常居住,对生活影响很大。因此,人民法院需要考虑多种因素,作出合法、合情、合理的判决。

一、既往相关判例与观点

不动产分割一直是离婚案件中的难点问题。在当代社会,随着房屋价值的不断升高,

① 参见《民法典婚姻家庭编解释(一)》第76条。

夫妻离婚时对于房产所有权的争夺成为离婚纠纷中的一大难题。基于房改房的特殊性质,房改房是否属于夫妻共同财产,在离婚时如何确定房改房的归属,均是房产分割中的棘手问题。

在“上诉人尤某与上诉人李某离婚纠纷一案”中,江苏省南京市中级人民法院(2015)宁民终字第7774号民事判决认为,根据最高人民法院《婚姻法解释(二)》第19条的规定,由一方婚前承租、婚后用共同财产购买的房屋,房屋权属证书登记在一方名下的,应当认定为夫妻共同财产。本案中,水佐岗房屋虽系尤某婚前单位所分福利房,但尤某后于2000年1月24日依据房改政策购买该房屋,取得房屋产权,该房屋产权系在双方婚姻关系存续期间购买取得,因此该房屋属于夫妻共同财产。由于该房屋原系尤某单位在双方婚前分配给其的福利房,后由尤某依据房改政策购买取得,房改房带有国家对于职工的福利补助性和政策优惠性,且考虑到购买人的职级、工龄等因素,实际购买价格远远低于市场价,综合考虑水佐岗房屋的来源、双方对于房屋取得的贡献以及购房时双方婚姻关系存续时间,酌定尤某享有70%的所有权,李某享有30%的所有权。[①]

而在“郭某与欧某润离婚纠纷案”中,湖南省永州市中级人民法院(2015)永中法民一终字第640号民判决认为,本案中双方所争议的房产的性质为房改房,房改房是在特定历史背景下的一项政策性极强的职工福利分房和优惠购房,虽然目前该房产登记在原告郭某名下,但根据国务院《关于深化城镇住房制度改革的决定》(国发〔1994〕43号)第18条的规定,职工按成本价或标准价购买公有住房,每个家庭只能享受一次,即房改是以家庭为单位进行的。本案中所争议的房产系在房改中原、被告以夫妻的名义向单位申请购买,且使用了原、被告共同的工龄进行折抵,具有夫妻共同财产的属性特征。且从本案查明的事实来看,订立公有住房买卖合同及登记房屋产权均在原、被告婚后,原告郭某也从被告欧某润折抵的工龄中获利,从预交的集资建房款中获得了部分退款,因此本案所争议的房产应当认定为原、被告夫妻共同财产。关于共同财产如何分割的问题,在离婚时取得房屋所有权的一方应当给予另一方相应的补偿,又因《婚姻法》第39条规定:“离婚时,夫妻的共同财产由双方协议处理;协议不成时,由人民法院根据财产的具体情况,照顾子女和女方权益的原则判决。”本案中原告郭某现居住在其女儿家中,被告欧某润除该房屋外无房居住,且相比原告郭某而言,被告欧某润的退休工资较低,且被告欧某润现身患疾病后期仍需继续治疗,原告郭某目前仍能通过劳动在外赚取经济收入,故综合本案原、被告具体情况,从照顾女方权益的原则出发,法院认为本案涉及的房屋产权归被告欧某润所有,由

① 参见上诉人尤某与上诉人李某离婚纠纷一案的民事判决书,载北大法宝网,https://www.pkulaw.com/pfnl/a25051f3312b07f3ebe487ec29f1e48c9513e13b65ca4aedbdfb.html?。

被告欧某润补偿原告郭某房屋分割款 110,000 元为宜。[①]

在以往判例中,凡是在婚姻关系存续期间取得的房改房,法院认为应属夫妻共同财产,对于房产所有的份额以及房产的归属,则应考虑双方对于房产的贡献程度以及夫妻双方离婚后具体的生活状况。

二、在学理框架内对相关问题的点评

在"房改房"取得的房屋中,存在多种不同的情形,有些系夫妻双方共同参加"房改房"所取得的房屋,有些系夫妻一方参加"房改房"取得的房屋,有些系以一方父母名义参加"房改房"取得的房屋,在不同情形之下,房屋的所有权归属不同,在离婚时房屋的归属亦有不同。

(一)以一方名义参加"房改房"的产权认定

"房改房"作为一种福利性房屋,一般只允许以家庭为单位购买。根据我国"房改房"的政策性要求,按成本价或标准价购买的公有住房,每个家庭只能享受一次。虽然夫妻双方均有参与"房改"的权利,但是一旦夫妻一方行使了该权利,另一方便丧失了"房改"的权利。这表明"房改房"政策中的优惠对象是夫妻双方而非夫妻一方。因此,"房改房"的权属不能简单按照房产权属证书的内容记载,而应当根据"房改房"的相关政策以及房屋的取得时间,进行综合判断。因此,一般而言,在夫妻关系存续期间,即使以一方名义参加"房改房"取得的房屋,亦属于夫妻共同财产,婚姻关系存续期间长短对这一性质并无影响。[②]

(二)以一方父母名义参加房改房时的产权认定

《民法典婚姻家庭编解释(一)》第 79 条规定:"婚姻关系存续期间,双方用夫妻共同财产出资购买以一方父母名义参加房改的房屋,登记在一方父母名下,离婚时另一方主张按照夫妻共同财产对该房屋进行分割的,人民法院不予支持。购买该房屋时的出资,可以作为债权处理。"由于此时房屋属于一方父母承租的公房,在房屋购买时基于工龄、职务、级别等因素,具有比较强烈的福利色彩。如果此时将房屋认定为出资人的夫妻共同财产,显然会损害一方父母的权益,也与国家有关房改的政策精神相悖。[③] 因此,当以一方父母名义参加房改房时,只要房屋登记在父母名下,无论是以个人财产购买,抑或使用夫妻共同财产购买,其均不属于夫妻共同财产。对于夫妻双方在购买房屋时的出资,应当作为债权关系处理。

---

① 参见郭某与欧某润离婚纠纷案,载北大法宝网,https://www.pkulaw.com/pfnl/a25051f3312b07f398c32e0c118787a1160b956262554cd3bdfb.html?。

② 参见刘建华:《论离婚案件中房改优惠住房的处理》,载《山东审判》1999 年第 1 期。

③ 参见巫昌祯主编:《婚姻与继承法学》,中国政法大学出版社 2017 年版,第 177 页。

争议较大的是，一方父母基于房改政策享受相关福利了购买房屋、并将产权登记于夫妻一方或双方名下时的房屋产权归属问题。一般情况下，“如果房改房已经登记在夫妻名下，可视作一方父母放弃对于房改房中因自己参加房改以职级、年龄、工龄等抵扣所享受的福利而对于夫妻双方的赠与”，[①]即如果房屋产权登记于夫妻二人名下的，属于夫妻共同财产；如果该房屋系登记于夫妻一方名下的，亦应视为夫妻共同财产，因为从我国2000年前后房产登记的实践情况看，房屋产权多登记在夫妻一方名下，但实际上通常为夫妻共同财产。

三、本判例的裁判逻辑

在本判例中，人民法院首先明确了房屋性质。虽然该房屋系张某房改房所取得的房屋，但是该房产系于夫妻婚姻关系存续期间取得，且夫妻双方均进行出资，因此该房产属于夫妻共同财产。在确定房屋属于夫妻共同财产的基础上，人民法院根据房屋性质，确定了房屋的归属。由于房改房是单位根据职工的职务、工龄、工资、家庭人口等多种因素综合考虑后给予职工的福利性住房，张某因具有单位职工身份而取得该住房，因此法院将住房判归张某所有。由于该住房属夫妻共同所有，张某在取得房屋后，应当根据房屋的市场价格给予翟某折价补偿。张某在婚前交纳的购房款属于夫妻共同债务，应当由夫妻共同负担，翟某应当支付给张某前期所交购房款的一半以偿还债务。但是，由于翟某抚养子女，基于照顾子女和女方权益的原则，免除翟某的债务。人民法院在综合房屋的产权归属、房屋的性质、夫妻双方的生活状况，并结合保护妇女、未成年人利益原则，作出了合理判决。

四、本判例的意义

房产作为家庭的重要财产，特别是在唯一房产的情况下，房产的归属不仅影响到夫妻双方财产分割的平衡，同时也关乎当事人居住权的保障和实现。虽然我国规定了多种夫妻财产制度，并且对不同情况下的房产所有权进行了细化规定，但是家庭唯一房屋的归属并非仅仅依靠所有权就能解决的问题。

本判例经历了一审、重审、二审、山东省高级人民法院再审、最高人民法院再审、最高人民检察院抗诉等多个程序，在审理过程中对于当事人所涉及的情形也进行了深入的释法说理，对后续离婚纠纷中家庭唯一房屋的归属所应考虑的因素具有重要参考意义。在房产的归属存在争议时，房屋所有权情况应当成为确定房屋归属的首要因素，特别是在夫妻双方仅具有房屋使用权、不具有房屋所有权之时。在房屋属夫妻共同所有时，则不应仅依据婚姻家庭法中照顾子女和女方利益的原则确定房屋的归属，房屋的性质、另一方是否

---

① 本刊研究组：《婚姻关系存续期间，取得一方父母单位房改房所有权，离婚时该如何处理?》，载《人民司法》2014年第3期。

有其他房屋居住、子女抚养状况、房产使用情况、夫妻双方的经济条件、生活困难程度、负担能力以及当地生活水平均应当成为家庭唯一房屋归属所应考虑的因素。同时,在确定房屋归属后,应当将房屋按照市场价格进行评估,对未取得房屋的一方进行折价补偿。

五、后续判例和规范的发展

从后续案例来看,对于房改房的所有权,房款出资并不是判断房屋归属的唯一标准。在“李某、龚某离婚纠纷”中,湖南省株洲市中级人民法院认为,房屋系原、被告共同的工作单位的房改房,带有福利性质,被告龚某作为单位的老员工亦享受了相应的政策。虽然原告李某出资较多,但是房款的出资不能作为该房屋产权归属的唯一标准,且该房屋现登记在被告名下,理应作为夫妻共同财产进行分割。综合案件情况,从照顾女方权益出发,人民法院酌定该房屋由原告李某享有55%的权益,被告龚某享有45%的权益。由于龚某并未主张房屋所有权,人民法院根据原告李某的诉求,将房屋判归李某所有,但要支付龚某相应的补偿。[①] 总之,婚姻家庭法领域是民法中最重视伦理因素的领域,但是,房屋归属问题本质上仍然属于财产问题,处理时应兼顾伦理逻辑。

① 参见李某、龚某离婚纠纷案,湖南省株洲市中级人民法院民事判决书,(2019)湘02民终2274号。

070. 离婚时婚内积累的住房公积金和养老保险金之分割*

再审申请人陈某因与再审申请人刘某离婚纠纷案|新疆维吾尔自治区高级人民法院民事裁定书,(2020)新民申2205号

事实概要

陈某(男)和刘某(女)系夫妻,在婚姻期间,双方无财产约定。离婚时,原审法院将刘某和陈某分居三年期间刘某名下积累的公积金作为夫妻共同财产进行分割,但法院没有把刘某名下的养老保险个人账户作为夫妻共同财产进行分割。陈某提出再审申请,申请对刘某名下的养老保险金进行分割,同时刘某亦提出再审申请,申请将分居三年期间积累的公积金认定为个人财产,新疆维吾尔自治区高级人民法院分别予以驳回。

判决要旨

1. 基于法律和司法解释的规定,法院对于刘某名下的婚内累积的养老保险金和分居三年期间刘某累计的住房公积金系夫妻共同财产予以确定。

2. 鉴于刘某尚未退休,不符合领取养老保险金条件,故陈某把刘某名下的养老保险金作为夫妻共同财产进行分割的诉讼请求,法院不予支持。

3. 对于住房公积金,虽然是处在双方三年分居期间累积的,但是,双方并未对分居期间的财产有其他约定,且双方的婚姻关系仍在持续,故住房公积金应当作为夫妻共同财产进行分割。

判例评析

一、既往相关判例与观点

(一)养老金的确认与分割

我国的法定夫妻财产制是婚后所得共同制,即夫妻关系存续期间所得原则上为夫妻

* 李欣,法学博士,江南大学法学院副教授。

共有,婚前财产不因婚姻关系缔结而转化为共同财产。以夫妻共同财产缴纳的养老保险金是共同财产的转化形式,除夫妻双方另有约定外,应属夫妻共同财产。我国《婚姻法》涉夫妻共同财产规定中没有提及养老金,对夫妻养老金权益分割的规定主要集中在2003年《婚姻法解释(二)》和2011年《婚姻法解释(三)》中。

《婚姻法解释(二)》第11条第3项规定婚姻关系存续期间男女双方实际取得或者应当取得的养老金属于《婚姻法》第17条所规定的“其他应当归共同所有的财产”。该项规定首次在法律层面明确养老金属于夫妻共同的财产,但是,该款未明示养老金权益的范围是否包括未到期养老金即预期利益,且对“实际取得或应当取得的养老保险金”也未予明释。有学者认为应包含预期利益,[①]建议依据德国联邦宪法法院对符合三要件的养老金期待权作为财产权保障标的覆盖范围;[②]“以难以预测为由从时间与范围两个角度对离婚时可分割的养老保险进行限缩解释,将养老保险期待利益排除在夫妻共同财产的范围之外,这种做法既违背了婚姻法理念,又与养老保险立法存在龃龉。应明确可分割养老保险利益的范围、具体分割方式”。[③] 但是,司法采纳了基于实际操作的困难,养老金权益的可分割范围不应包括预期利益的观点。[④] 例如,上海市高级人民法院于2007年发布的《关于审理婚姻家庭纠纷若干问题的意见》中规定养老金为职工退休后领取的工资,未达到退休年龄不得领取;养老金为职工退休后生活的基本保障,而非对退休前的工作补偿。因此,对于离婚诉讼时尚未退休、不符合领取养老金条件的当事人,其养老金不能作为夫妻共同财产予以分割。[⑤] 养老金具有“生活的基本保障”的性质,为专属参保人一方的个人财产,其人身专属性成为一部分人否定养老金可分性的关键理由,不纳入夫妻共同财产的范畴[⑥]。

《婚姻法解释(三)》第13条规定,离婚时夫妻一方未退休、不满足领取养老金条件,其配偶请求按照夫妻共同财产分配养老金的,法院不予支持;婚后,用夫妻共同财产缴纳养老保险费,离婚时一方主张将养老金账户中婚姻期间个人实际缴付部分作为夫妻共同体的财产分割的,人民法院应予支持。该款直接对预期利益全部予以否定。但“个人实际缴

① 参见林秀雄:《夫妻财产制之研究》,中国政法大学出版社2001年版,第147~160页;王玮玲:《论离婚时养老保险期待利益的处理——以〈《婚姻法》解释(三)〉第十三条为中心》,载《大连理工大学学报(社会科学版)》2016年第2期。

② 参见陈苇、陈思琴:《澳大利亚夫妻离婚时养老金分割立法及其借鉴》,载《法商研究》2008年第6期;张荣芳:《新型夫妻共同财产:婚姻期间的养老金权益》,载《法学评论》2018年第2期。

③ 参见王玮玲:《论离婚时养老保险期待利益的处理——以〈《婚姻法》解释(三)〉第十三条为中心》,载《大连理工大学学报(社会科学版)》2016年第2期。

④ 参见马泽华:《离婚案件中的养老金分割研究》,河南大学2018年硕士学位论文,第14页。

⑤ 参见上海市高级人民法院《关于审理婚姻家庭纠纷若干问题的意见》。

⑥ 参见马泽华:《离婚案件中的养老金分割研究》,河南大学2018年硕士学位论文,第14页。

付部分”如何界定以及对“养老金账户”的理解，理论和实务存疑。最高人民法院在《婚姻法解释(三)的理解与适用》中表示认可学者提出的家务劳动价值评价说、养老金权益包括期待利益应属于夫妻共同财产，但考虑到需考量个人累计缴费年限、缴费工资、当地职工平均工资、城镇人口平均预期寿命、[①]通货膨胀、婚姻存续时间等诸多变化因素，养老金具体数额“无法进行预先测算”，因预期利益评估、计算的困难否定了其可分配性。最高人民法院的法官解释道：“如果离婚时一方或双方尚未退休，按照目前养老保险金管理制度的规定，在未退休之前，将来取得养老保险金的具体数额无法进行预先测算，劳动者不可能实际取得个人账户下的养老保险金。鉴于此，我们认为离婚时一方或双方当事人尚未退休……当事人请求按照夫妻共同财产分割养老保险金的，不应予以支持。”[②]

例如，在王某、杨某离婚后财产纠纷二审民事判决中，山东省济宁市中级人民法院认为，养老保险金属于夫妻共同所有财产的前提是婚姻关系存续期间，故王某与杨某离婚后按月领取的养老保险金属于其个人财产，不属于二人婚姻关系存续期间实际取得或应当取得的财产，不属于二人共同财产。杨某要求分割王某的养老保险金，没有法律依据，不应予以支持。但王某缴纳的养老保险费 10,658.56 元是以王某和杨某夫妻关系存续期间的共同财产缴纳，该保险费应作为共同财产予以分割，由王某支付杨某养老保险费的 50% 即 5329.28 元。[③]

在朱某、严某离婚后财产纠纷二审民事判决书中，江苏省淮安区中级人民法院认为：被告以个人身份缴付养老保险费用，被告认可婚姻关系存续期间其共缴付 27,829.60 元，故原告有权要求分割被告缴付的养老保险费用。被告辩称其缴付的养老保险费不是夫妻共同财产的意见，法院不予采纳。[④] 此判决也认同了该观点。《民法典》婚姻家庭编承继了原《婚姻法》相关规定，《民法典婚姻家庭编解释(一)》第 80 条规定：“离婚时夫妻一方尚未退休、不符合领取基本养老金条件，另一方请求按照夫妻共同财产分割基本养老金的，人民法院不予支持；婚后以夫妻共同财产缴纳基本养老保险费，离婚时一方主张将养老金账户中婚姻关系存续期间个人实际缴纳部分及利息作为夫妻共同财产分割的，人民法院应予支持。”

(二)关于公积金的处理

夫妻离婚时如何处理住房公积金，主要看住房公积金是否属于夫妻共同财产。《婚姻

---

① 参见《养老金数额由哪些因素决定》，载华律网，https://www.66law_cn/laws/597004.aspx。

② 杜万华、程新文、吴晓芳：《〈关于适用婚姻法若干问题的解释(三)〉的理解与适用》，载《人民司法》2011年第17期。

③ 参见山东省济宁市中级人民法院民事判决书，(2020)鲁08民终6340号。

④ 参见江苏省淮安市中级人民法院民事判决书，(2020)苏08民终2884号。

法》第17条规定:"夫妻在婚姻关系存续期间所得的下列财产,归夫妻共同所有:(一)工资、奖金;(二)生产、经营的收益;(三)知识产权的收益;(四)继承或赠与所得的财产,但本法第十八条第三项规定的除外;(五)其他应当归共同所有的财产。夫妻对共同所有的财产,有平等的处理权。"最高人民法院《婚姻法解释(二)》第11条明确规定,婚姻关系存续期间,下列财产属于婚姻法第17条规定的"其他应当归共同所有的财产":第一,一方以个人财产投资取得的收益;第二,男女双方实际取得或者应当取得的住房补贴、住房公积金;第三,男女双方实际取得或者应当取得的养老保险金、破产安置补偿费。因此,住房公积金属于夫妻双方在婚姻关系存续期间的共同财产。所以刘某虽主张该公积金是双方处在三年分居状态内的公积金,但是双方并未对分居期间的财产作其他约定,且双方的婚姻关系仍在持续,故法院的处理并无不妥。

二、在学理框架内对相关问题的点评

(一)关于养老金预期利益的处理

依照《婚姻法》第17条和最高人民法院《婚姻法解释(二)》第11条的规定,在婚姻期间刘某名下累计的养老金属于夫妻共同财产。但是,我国有关养老保险立法还未将离婚作为提取养老保险金的法定理由,因此夫妻离婚时,能否主张分割一方的养老保险金,要取决于夫妻一方或双方是否已退休。对此,最高人民法院《婚姻法解释(三)》第13条规定:"离婚时夫妻一方尚未退休、不符合领取养老保险金条件,另一方请求按照夫妻共同财产分割养老保险的,人民法院不予支持;婚后以夫妻共同财产缴付养老保险费,离婚时一方主张将养老金账户中婚姻关系存续期间个人实际缴付部分作为夫妻共同财产分割的,人民法院应予支持。"本案中,刘某还未退休,不符合领取养老保险金条件,故陈某把刘某名下的养老保险金作为夫妻共同财产进行分割的主张法院不予支持。

从学理进行剖析讨论,尚存下列疑问:

首先,我国实行婚后所得共同所有的法定夫妻财产制,婚姻关系存续中夫妻因劳力所得之财产及原有财产之孳息归双方共同共有。这是对婚姻共同体的认可,将婚后所得视为夫妻双方合力的结果。在婚后所得共同制下判断一项财产是否属于夫妻共同财产的范畴,唯一需要考量的即是该财产是否为夫妻双方在婚姻关系存续期间所得。然而,《婚姻法解释(三)》第13条却在"婚后所得"的基础上附加了另一限制,规定"离婚时夫妻一方尚未退休、不符合领取养老保险金条件,另一方请求按照夫妻共同财产分割养老保险金的,人民法院不予支持"。按此规定,养老保险利益要想成为夫妻共同财产必须同时满足婚后积累、符合领取养老金的资格两个条件,其实际上是将婚姻存续期间积累的养老金期待利益排除在夫妻共同财产之外。此种解释显然违背了婚姻共同体理念,即婚姻是夫妻双方为共同利益而努力的伙伴关系,夫妻双方投资婚姻的原因在于婚姻法有关夫妻共同财产制的规定使婚姻者确信自己可以分享对方未来获得的成果及经济利益。① 婚姻关系破裂时该项财产是否实际取得并不影响财产的共同所有性质,该项期待利益在离婚时还未实际取得,但其转化为现实利益时是可以预期的。② 虽然对期待利益的分割实践操作上有较大的困难,但基于婚姻合伙关系的理念,明确期待利益归属于夫妻共同财产,是对人权保障的需要,也是社会性别平等原则的彰显。除此之外,将期待利益纳入养老金分割范围,可以使夫妻双方更坚定婚姻契约的相互信任感,从而使家务劳动者一方安心投入对家庭的付出上,从事社会生产劳动的一方为社会进步做出贡献,如此一来能够更好地保护夫妻双方合法的权益③。

其次,我国实施强制性的基本养老保险及自愿参加的补充养老保险(年金制度)相结合的养老保险制度。对于基本养老保险,《社会保险法》规定,职工参加基本养老保险,由用人单位和职工缴纳基本养老保险费。用人单位缴纳的基本养老保险费记入基本养老保险统筹基金;职工缴纳的基本养老保险费记入个人账户。对于企业年金和事业单位职业年金,所需费用也由单位和职工个人共同缴纳,采取个人账户方式管理,单位缴费、个人缴费及基金投资运营收益均计入个人账户④。然而,《婚姻法解释(三)》第 13 条对养老保险利益的处理规则时却脱离了上述规定,使用了完全不同的概念和术语,这一做法直接造成婚姻法与相关保险立法之间的龃龉。“以夫妻共同财产缴付养老保险费”是否包含用人单位缴纳部分的规定不明确;且养老保险费一经缴纳便成为养老保险基金(统筹基金或个人账户)的组成部分,在领取条件成就后领取的养老金并非其实际缴纳的养老保险费,因此,一方所要求分割的对象应为养老金,而非缴付的养老保险费。

最后,在离婚时未满足养老金领取条件的情况下,随着保险费的累加可领取的养老金也在不断变化之中,同时,养老金的发放数额和发放年限也是因人、因时、因事而异,由此导致养老保险利益的不可预测性和不确定性。但是,从法理上讲,“无法预先测算”与“难以预测”难以成为限缩解释的正当理由。一般认为,限缩解释的依据主要是立法目的、立法意图的考量。⑤ 从婚姻法角度来看,根据承认家务劳动与社会生产劳动具有同等价值的立法理念,夫妻一方在婚姻期间积累的养老金期待利益应当由夫妻共享。根据联合国相关文献倡导的精神,夫妻双方应当平等地共享在婚姻期间所得的一切财产权利。⑥ 背离婚

---

① 参见夏吟兰:《在国际人权框架下审视中国离婚财产分割方法》,载《环球法律评论》2005 年第 1 期。

② 参见陈苇、黎乃忠:《现代婚姻家庭法的立法价值取向——以〈《婚姻法》解释(三)〉有关夫妻财产关系的规定为对象》,载《吉林大学社会科学学报》2013 年第 1 期。

③ 参见牛莲莲:《夫妻养老金权益分割的司法困境及出路》,苏州大学 2020 年硕士学位论文,第 38 页。

④ 参见陈苇、陈思琴:《澳大利亚夫妻离婚时养老金分割立法及其借鉴》,载《法商研究》2008 年第 6 期。

⑤ 参见王利明:《法律解释学导论——以民法为视角》,法律出版社 2009 年版,第 326 页。

⑥ 参见陈苇:《中国婚姻家庭法立法研究》,群众出版社 2010 年版,第 233 页。

姻法的立法理念而进行限缩解释显然违反了法律解释的规范性要求。

(二)夫妻分居时共同财产的确认与分割

关于夫妻分居时共同财产的确认与分割问题,我国《婚姻法》及有关的司法解释无任何规定,分居时的夫妻财产性质不明确。多数国家对夫妻分居时的财产关系作了明确规定,大多数学者均认为设立非常法定财产制,明确分居财产制度,有助于清晰化夫妻分居时段的财产责任,防止夫妻一方人为制造分居的事实,恶意逃避责任,保护另一方及子女和第三方的合法权益①。

三、本判例的裁判逻辑

从逻辑论证的角度,在再审裁定书中,高级人民法院分别对陈某关于对刘某名下的养老保险金进行分割和对刘某关于其分居三年期间的公积金不应作为夫妻共同财产进行分割的诉求予以驳回。主要诉诸如下相关的论证步骤:首先,确认了系争确认婚姻存续期间的养老保险金和公积金为夫妻关系存续期间取得的财产;其次,确认当事人并未举证证明系争养老保险金和公积金为其个人财产,从而认定系争财产为夫妻共同财产;最后,确认当事人刘某并未退休,且分居期间仍属于婚姻关系维系期间,且夫妻间无特殊财产协定,因此法院对于当事人分割养老保险金和公积金不属于共同财产的诉讼请求,不予支持。

四、本判例的意义

本案中,法院仍对婚姻期间积累的养老保险金和分居期间的公积金为夫妻共同财产的性质予以确认。关于离婚时养老金的分割问题,本案延续司法实践一贯风格,未予分割。随着社会保障制度的推进和完善,养老金利益逐渐成为每个家庭的一项十分重要的财产。随着时代的发展,人们对夫妻共同财产的认识逐渐深化,养老金权益应属于夫妻共同财产重要的部分,预期利益虽难以预测、分割困难,但仍具有可操作性,应将其纳入夫妻养老金权益范围,才能保障夫妻财产分割的公平合理。

五、后续判例和规范的发展

检索《民法典》颁布后的相关判例,人民法院基本采纳了仅分割养老金的实际缴纳部分的观点。例如,在刘某与黄某离婚后财产纠纷一审民事判决中,河南省舞钢市人民法院认为,夫妻一方在婚姻关系存续期间所获得的住房公积金和养老保险账户中个人实际缴纳部分及利息应属于夫妻共同财产。② 这同样是将实际缴纳部分作为共同财产进行分割,但忽略了对于养老金期待利益的分配。再如,在林某 1、林某 2 离婚后财产纠纷二审民事判决中,福建省龙岩市中级人民法院认为在林某 1 与林某 2 夫妻关系存续期间,林某 1 名下的医保账户余额个人缴付部分、养老保险金的个人缴付部分、企业年金(个人账户)余

① 参见姜大伟:《法国夫妻分居制度及其借鉴意义》,载《理论月刊》2013 年第 11 期。

② 参见河南省舞钢市人民法院民事判决书,(2021)豫 0481 民初 1017 号。

额、武平机电工程公司、武平县龙华水电站、武平电力工会华兴综合服务公司和林某2名下的武平县增兴水电经营部的出资份额(以下简称案涉财产)均属于夫妻共同财产。[①] 明显是将上述观点一以贯之。在聂某与徐某离婚后财产纠纷一审民事判决中,辽宁省建平县人民法院认为因被告2015年至2020年的养老保险费均系在原、被告共同生活期间产生,现被告未达到领取基本养老金条件,故被告请求将该养老保险费按共同财产分割的诉讼请求,应予支持,被告应给付原告该项费用的50%即7374.14元。[②] 该法院同样是依据最高人民法院《民法典婚姻家庭编解释(一)》第80条规定进行判决的。由司法判例可见,对养老保险金中的期待利益进行分配确实还有赖于理论与立法的进一步完善与发展。

① 参见福建省龙岩市中级人民法院民事判决书,(2021)闽08民终32号。

② 参见辽宁省建平县人民法院民事判决书,(2021)辽1322民初378号。

071. 夫妻一方主张分割婚姻存续期间取得的知识产权收益，应负举证责任*

再审申请人黄某某因与被申请人郑甲离婚纠纷案‖上海市高级人民法院民事裁定书，(2015)沪高民一(民)申字第1932号

事实概要

郑甲、黄某某于1992年11月26日登记结婚。1994年5月27日生育一女郑乙。郑甲、黄某某均在某大学工作，郑甲系该校教授。两人婚后取得了上海市中山北路房屋及永德路房屋，产权均登记在郑甲名下。2008年5月开始，郑甲时常在“永德路房屋”居住，黄某某居住于中山北路房屋。2013年1月后双方分居至今。2013年年初郑甲诉请离婚，经调解未离。现郑甲以双方感情破裂为由再次诉请离婚。

原审、二审和再审审理中，黄某某均提出郑甲作为××大学的教授，名下有多个专利项目，且至少有5个项目已转化为成果投入市场，根据××大学的收入分成规定，推测郑甲有知识产权方面的收入。但郑甲表示，其名下确有不少专利，但都没有形成正式的产品，从未取得过知识产权方面的收益。郑甲从事科研工作，有一定的项目经费，但并不能随便使用。再审法院认为，黄某某坚持认为郑甲存在知识产权收益，对此应提供相应证据。二审法院依黄某某申请已前往某大学调查，认为依据现有证据无法证明郑甲的发明专利已经转化为经济收益，并无不当；并认为如黄某某有证据证明郑甲存在隐藏夫妻共同财产的事实，可另行起诉主张再次分割夫妻共同财产。由此，裁定驳回再审申请。

判决要旨

婚内取得的知识产权收益作为夫妻共同财产进行认定，而且是实际所得或明确可以实现的收益。如果无证据证明属于婚内实际取得或者可以明确取得的，亦无法主张其为夫妻共同财产。

---

* 李欣，法学博士，江南大学法学院副教授。

| 判例评析 |

一、既往相关判例与观点

关于离婚时知识产权收益的分割,分如下五种情形:第一,婚前完成的智力成果,婚后才取得知识产权收益的处理;第二,婚前完成的智力成果,婚后才取得知识产权收益的处理;第三,婚前完成智力成果,婚前即取得知识产权收益的;第四,离婚后完成,离婚后取得收益的;第五,婚姻关系存续期间完成智力成果,而且在婚姻关系存续期间即获得知识产权收益的。对于后三种情形,审判实践中一般不存在争议。本案主要涉及第二种情形。

根据《婚姻法》第 17 条第 1 款第 3 项规定,①夫妻在婚姻关系存续期间所得的知识产权的收益,归夫妻共同所有。对此,《婚姻法解释(二)》第 12 条进一步解释性规定,所谓知识产权的收益,是指婚姻关系存续期间,实际取得或者已经明确可以取得的财产性收益。该条规定以财产性收益取得的时间为标准判断该财产性收益是否属于夫妻共同财产,而无论知识产权取得的时间。根据该条规定,只要财产性收益系夫妻关系存续期间实际取得或者已经明确取得,即使该知识产权系夫妻一方婚前创作产生,或者婚前已经取得知识产权,均认定该收益系夫妻共同所有。就此而言,该条规定更有利于保护知识产权人配偶一方,但是,仍存在不足之处:对于夫妻关系存续期间创作或者创造,甚至已取得知识产权,但尚未实际取得或者已经明确可以取得的财产性收益的,离婚后的取得的收益(一般称为期待利益)归属如何并不明确。严格按照该条规定,期待利益不应作为共同财产予以分割,然而,如此一来,一旦出现离婚可能性时,知识产权人可能通过拖延申报知识产权,或者拖延确定财产性收益的办法来逃避分割该部分财产,这对于在夫妻关系存续期间一直支持知识产权人创作、研究的配偶一方而言亦不公平。

审判实践中,对于知识产权的期待利益是否应属于夫妻共同财产存在争议,法院做法不一。有的法院认为,对于婚姻关系存续期间取得的知识产权,尚未产生经济利益的,双方可待产生经济利益后再行分割。即认为知识产权的期待利益也属夫妻共同财产,并保留夫妻一方对于该收益的请求权。② 有的法院判决该类型的知识产权收益不是夫妻关系存续期间所取得的收益,由此驳回了当事人的诉讼请求。③ 在支持分割的观点中,有的认为:“在婚姻关系存续期间,夫妻一方就其知识产权尚未与他人订立使用合同,该项知识产权的经济利益只是一种期待利益,知识产权中的获得报酬权也只是期待权,该项财产性权利不能归夫妻共有;如作为知识产权人的夫妻一方已经与他人订立了使用合同,无论知识

① 参见《民法典》1062 条。

② 参见孙某某与徐某某离婚纠纷案,合肥市瑶海区人民法院(2013)瑶民一初字第 04548 号民事判决书。

③ 参见赵克:《析夫妻离婚时知识产权期待利益的归属》,载《法律适用》2015 年第 9 期。

产权人是否已实际取得了报酬,应属夫妻共同财产之利,归夫妻共有。"[①]也有观点补充了承认知识产权可期待利益能够分割的两个理由,其一,在婚姻关系存续期间,知识产权人的创作等科研及成果的取得离不开配偶另一方在生活、精神上的关心、支持等贡献,因此,凡知识产权人在婚姻关系存续期间完成的劳动成果,配偶另一方理应参与共同分配。其二,如此认定,可以避免知识产权人为达到离婚时避免对知识产权收益进行分割的目的而拖延申报知识产权,或者拖延确定知识产权人的收益,从而不利于知识产权的迅速转化为经济效益。但是,考虑到知识产权期待利益到底有多大,需要多长时间才能产生财产性收益难以确定,无论经过多长时间,都允许配偶另一方要求对财产性收益进行分割,权利将具有极大的不确定性。但只能对离婚后一定时间内实际产生或者明确可以产生的财产性收益认定为夫妻共同财产,例如十年,考虑到科研的不断进步,其他人也可能创作同样的或者类似的作品,研究出同样的或者类似的技术,知识产权人一方拖延十年以上才申报知识产权或者确定知识产权的收益的可能性极小,故如此一来,有利于兼顾知识产权人和配偶一方的利益。[②] 也有观点肯定对知识产权收益期待权限定合理期限,"虽然知识产权中的人身权不能由夫妻共同所有,但知识产权的收益即财产权应归夫妻共同所有,在实践中可考虑对婚姻关系存续期间形成的知识产权规定期待权:即离婚后一定时间内,若婚姻关系存续期间的知识产权产生了收益,一方有对所生成的价值分割的请求权"。[③]

二、在学理框架内对相关问题的点评

(一)离婚时知识产权期待利益的归属

《民法典》第1062条仅将知识产权的收益纳入夫妻共同财产的范围,但是对知识产权权利本身归属以及未取得权利的智力成果的分割,没有作出规定。本案中,若黄某某当下并未找到郑甲知识产权产生收益的证据,郑甲在婚姻期间的知识产权于将来产生收益,则法律对其如何分割未作明确规定。目前理论上存在截然相反的两种观点,个人财产说和共同财产说。

个人财产说认为,法律既然没有规定期待利益属于夫妻共有,那就严格按照法律规定,认定知识产权期待利益归属于知识产权权利人。理由有三:其一,我国《婚姻法》及司法解释并没有明确期待利益归夫妻共有,应根据文义解释规则,严格区分既得权与期待权对离婚时夫妻双方的意义。对于夫妻关系存续期间知识产权已经取得的收益,属于既得利益,按照法律规定当属夫妻共同财产没有争议;而对于知识产权的期待利益而言,属于

---

① 尚晨光:《婚姻法司法解释(二)的理解与适用》,中国法制出版社2004年版,第33页。

② 参见江必新、何东宁、肖芳:《最高人民法院指导性案例裁判规则理解与适用(婚姻家庭卷)》,中国法制出版社2018年版,第47页。

③ 邱忠献、韩枚:《司法实践中夫妻财产分割的几个问题》,载《人民法院报》2009年11月10日,第6版。

尚未行使的经济权利，不论将来是否行使，均不能作为共同财产。[①] 其二，以期待利益无法准确固定为由，主张知识产权期待利益归知识产权权利人。对于离婚时尚未进行任何收益的知识产权的期待利益，无法固定，也无法分割，根据其特性，以归属于权利人为宜。[②] 其三，从知识产权的人身属性出发，论证知识产权期待利益归知识产权权利人。对于知识产权而言，尤其是著作权，具有强烈的人身依附性[③]。

共同财产说认为，从利益平衡的角度出发，知识产品属于夫妻关系存续期间的创作或发明，不管在离婚时有没有产生收益，以及无论将来何时产生收益，都应该归夫妻共有。[④] 在“共有说”中，关于如何分割期待利益上，也存在分歧。“共同财产说”回避不了如何分割问题。需要解决的一个前提是“共同财产说”的“共同”包括什么内容？是财产权益的“共同”抑或是所有知识产权权利的“共同”？如果是权利共同，就意味着知识产权权利的行使要经过夫妻双方一致同意，操作上更是障碍重重。如果是财产收益的共同，就只面临如何分割知识产权财产收益的问题。目前存在的两种方式：一种是折价补偿，通过经专业机构评估知识产权的价值，由得到知识产权的一方给予另一方一半的价值补偿。由于知识产权评估受多种因素制约，此种方法也存在较大的不确定性。当前的评估往往照搬或基本照搬有形资产评估的方法，忽略了知识产权的特点，有可能使评估结果离有关知识产权的实际价值或市场价值很远。[⑤] 另一种是对离婚时知识产权尚未实现的期待利益暂不分割，名义上归双方共有，保留一方的请求权；这种方式不利于纠纷的及时解决及离婚时夫妻财产权利义务的确定性。总体来看，两种方式在操作中都存在一定弊端。

（二）离婚时知识产权收益分割的划分标准

《婚姻法解释（二）》第 12 条中是以知识产权收益取得时间为标准来判断其是否属于夫妻共同财产。[⑥] 该条规定，由于规定即便权利是在婚前获得，但其获得的收益却为夫妻共同所有，存有争议。其中，否定说认为既然该收益是婚前取得的知识产权所带来的，那么应作为个人财产。[⑦] 由于《婚姻法》第 18 条规定婚前个人财产不转化为夫妻共同财产的

---

① 参见郑成思：《知识产权法（第 3 版）》，法律出版社 2007 年版，第 82 页。

② 参见王洪：《婚姻家庭法》，法律出版社 2003 年版，第 131 页。

③ 参见张秀玲：《论夫妻财产中知识产权及其收益的归属》，载《甘肃理论学刊》2014 年第 5 期。

④ 参见陈苇：《婚内所得知识产权的财产期待权之归属探讨——兼谈对〈婚姻家庭法〉（1999 年法学专家建议稿）的修改建议》，载《现代法学》2000 年第 4 期；冉启玉：《论我国〈婚姻法〉对夫妻家务劳动价值的保护》，载《理论月刊》2011 年第 1 期；常素巧等编著：《婚姻家庭法实施中的疑难问题》，中国人民公安大学出版社 2009 年版，第 133 页；曹贤信、姚建军：《离婚后知识产权期待利益归属的立法选择》，载《知识产权》2012 年第 11 期。

⑤ 参见郑成思：《知识产权法（第 3 版）》，法律出版社 2007 年版，第 82 页。

⑥ 参见《民法典》第 1062 条。

⑦ 参见简敏：《对现行夫妻财产制的得失审视与完善建言》，载《云南大学学报（法学版）》2004 年第 1 期。

原则，该知识产权应当作为婚前个人财产。[①] 在立法上，将婚前取得的知识产权婚后获得的收益划为夫妻共同财产，显然是将个人财产转化为夫妻共同财产，完全违背了《婚姻法》的财产不转化原则。[②] 有学者认为，在收益归属的认定上，应当以知识产权权利的归属为准，而不应当以收益取得的时间来确定。收益取得的时间只能作为一种参考因素，而不是决定因素[③]。

（三）离婚后知识产权财产收益的追偿

在婚姻存续期间一方取得的知识产权，其财产权为夫妻共同所有，那该知识产权无论在婚姻存续期间内的财产收益还是离婚后所产生的收益均应当为夫妻共同所有。但是，在进行离婚诉讼分割财产时，离婚后知识产权能获得的收益往往是不确定的，且知识产权实际产生的价值与评估价值之间可能有巨大差异。有学者提出，应建立婚后知识产权收益追偿制度，目的在于在婚姻存续期间成立夫妻共有的知识产权的，离婚后产生的实际收益明显高于或者低于离婚时知识产权评估价值时，给予当事人救济的权利，允许其再次起诉分割知识产权的财产收益。[④] 当然，追偿时，应由诉请方承担举证责任，并明确追诉期限。

三、本判例的裁判逻辑

本判例中，上海市高院认为本案主要争议在于双方离婚时对婚姻关系存续期间夫妻共同财产的分割。首先，黄某某坚持认为郑甲存在知识产权收益，二审法院依申请已前往××大学进行调查，认为依据现有证据无法证明郑甲的发明专利已经转化为经济收益。其次，如黄某某有证据证明郑甲存在隐藏夫妻共同财产的事实，可另行起诉主张再次分割夫妻共同财产。最后，一审、二审法院根据查明的共同财产的情况，考虑到双方的实际居住、经济能力等因素，从照顾女方权益的角度出发，已依法予以分割，当属正确。黄某某其他申请再审的理由亦依据不足，难被法院采信。黄某某的再审申请不符合 2017 年《民事诉讼法》[⑤]第 200 条第 3 项至第 6 项、第 9 项、第 13 项规定的情形，依照 2017 年《民事诉讼法》第 204 条第 1 款规定驳回黄某某的再审申请。

四、本判例的意义

随着国家对知识产权保护力度的加强以及科学技术的不断发展，越来越多人拥有并享有知识产权收益。尽管知识产权具有人身属性，但婚内的知识产权收益是夫妻协力的结果，夫妻在婚姻关系存续期间所得的知识产权收益，归夫妻共同所有。离婚知识产权收

---

① 参见《民法典》第 1063 条。

② 参见王丽娜：《论离婚诉讼中知识产权财产权的分割》，吉林大学 2010 年硕士学位论文，第 20 页。

③ 参见胡静：《论离婚诉讼中知识产权财产权的分割》，吉林大学 2015 年硕士学位论文，第 7 页。

④ 参见何焕锋：《离婚财产分割中的知识产权问题》，载《齐鲁学刊》2009 年第 3 期。

⑤ 2021 年 12 月 24 日，《民事诉讼法》已进行了第四次修正。

益分割是十分重要和复杂的,要合理进行离婚知识产权收益分割,首先要了解知识产权不同于其他夫妻财产类型的特性:地域性、掌控性、时间性,还有最明显的特性,即无形性和两面性(人身性和财产性)。对于本案提及的共有知识产权在离婚时已实际取得或明确可以取得的收益,由双方协议分配,协商不成起诉要求分割的,一般应平均分配。而对于知识产权本身及未来收益(期待利益),如果已经认定或推定为夫妻共同财产或者追认为共有财产后,又提起财产分割之诉,也应进行评估并合理分割。离婚知识产权收益分割的合理化,有利于实现民事主体权利义务的均衡,在法律上肯定夫妻双方的付出,有利于实现追偿权并合理分配期待利益。

五、后续判例和规范的发展

《民法典》及其司法解释延续了原有法律规定,已然没有明确对知识产权收益做具体阐释。《民法典》第1062条规定,夫妻在婚姻关系存续期间所得的下列财产,为夫妻的共同财产,归夫妻共同所有:(一)工资、奖金、劳务报酬;(二)生产、经营、投资的收益;(三)知识产权的收益;(四)继承或者受赠的财产,但是本法第1063条第3项规定的除外;(五)其他应当归共同所有的财产。最高人民法院《民法典婚姻家庭编解释(一)》第24条规定,《民法典》第1062条第1款第3项规定的"知识产权的收益",是指婚姻关系存续期间,实际取得或者已经明确可以取得的财产性收益。近几年的审判实践中,多数法院亦按照证据证明力等评估该项知识产权收益是否属于婚姻关系存续期间的收益。例如,在张某等离婚后财产纠纷二审中,北京市第一中级人民法院认为,张某名下的著作权,虽部分取得时间在婚姻关系存续期间,但由于著作权具有人身属性,且价值无法衡量,现李某要求上述著作权归其所有缺乏事实及法律依据,二审法院维持原判,驳回原告起诉。[①] 又如,邱某、程某1离婚后财产纠纷案二审中,河南省开封市中级人民法院认为,"小鲲米线"属于注册商标,属于知识产权的一种,邱某要求分割"小鲲米线"注册商标没有法律依据,本院不予支持;邱某要求分割"小鲲米线"注册商标的收益,因邱某未能提供证据证明该注册商标在婚姻关系存续期间存在收益,法院不予支持[②]。

---

① 参见北京市第一中级人民法院民事判决书,(2021)京01民终1087号。

② 参见河南省开封市中级人民法院民事判决书,(2017)豫02民终3508号。

072. 离婚时分割属于夫妻共同财产的商标专用权，其价值应评估确定*

申请人王某因与被申请人涂某离婚纠纷案 ‖ 浙江省高级人民法院民事裁定书，(2012)浙民申字第1413号

事实概要

王某因与涂某离婚纠纷一案，不服嘉兴市中院(2011)浙嘉民终字第311号民事判决，向浙江省高级人民法院(以下简称浙江高院)申请再审。王某申请再审称，嘉兴市大洋窗饰有限公司的股东潘某彦在2009年6月23日成立亮彩布艺商行，构成同业竞争，因此亮彩布艺商行的营业收入应并入大洋窗饰有限公司，作为夫妻共同财产进行分配。“亮彩”商标专用权也属于大洋窗饰有限公司所有。涂某提交意见称：亮彩布艺商行的经营者是潘某彦，涉及案外人的利益不宜在本案中一并处理。王某的再审申请缺乏事实与法律依据，请求予以驳回。

浙江高院认为，因嘉兴建材陶瓷市场亮彩布艺商行系由潘某彦于2009年6月23日成立的个体工商户，故其营业收入不属于王某和涂某的夫妻共同财产。“亮彩”商标由涂某于2007年7月16日申请，2010年3月28日注册公告，发生在夫妻关系存续期间，属夫妻共同财产，但王某未在原审中申请对该商标专用权进行评估，故对王某提出的分割该财产的主张，不予支持。浙江高院驳回王某的再审申请。

判决要旨

夫妻一方在婚姻关系存续期间获得的注册商标，该商标专用权属于夫妻共同财产。离婚时，应对其价值进行评估后，再行分割。如未评估，法院对于分割该项财产的请求，不予支持。

---

* 杜志红，法学博士，西南大学法学院副教授，北京市京师(重庆)律师事务所兼职律师；宋祎然，香港大学法律学院2023级法学专业研究生。

判例评析

一、既往相关判例与观点

审判实践中，离婚时如何分割作为夫妻共同财产的商标专用权，存在两种不同观点。

一种观点认为，只能分割商标专用权在夫妻关系存续期间产生的收益，且对该收益应举证，否则，不予处理。根据《婚姻法》第17条规定，夫妻在婚姻关系存续期间取得的知识产权的收益归夫妻共同所有。[①] 根据最高人民法院《婚姻法解释（二）》第12条规定，知识产权收益是指婚姻关系存续期间，实际取得或已明确可以取得的财产性收益。[②] 例如，在张某等离婚后财产纠纷案中，北京市第一中级人民法院认为，因商标本身是一种用于区分商品的标志，故其权利本身无法进行分割，其价值亦无法进行衡量；故李某要求分割张某名下商标权，缺乏事实及法律依据，法院不予支持。关于商标权的收益，李某未就张某以及某1公司名下注册的商标在两人婚姻存续期间存有收益向法院充分举证，故其要求分割相关收益的诉请法院不予支持。[③] 在邱某、程某1离婚后财产纠纷案中，河南省开封市中级人民法院同样是持此观点的。[④]

另一种观点认为，对于在婚姻关系存续期间取得的商标专用权，其本身和产生的收益均可以作为夫妻共同财产进行分割。但分割时，应对商标权的价值进行评估，由取得商标权的一方对另一方进行补偿。如一方不要求对商标专用权进行评估而要求双方共有该商标，法院不予支持。例如，在黎某1与叶某离婚后财产纠纷案中，广东省佛山市禅城区人民法院认为，该商标的权利人是叶某，其确于原、被告婚姻关系存续期间取得的该项商标权，因此，在夫妻关系存续期间该商标产生的经济利益或已经具有的无形资产价值属于夫妻共同财产，黎某1可要求分割。然而黎某1于庭审中明确表示不要求对商标权的价值进行评估以价值补偿方式进行分割，要求对商标各占一半，登记为双方共有。该法院认为黎某1主张的分割方式无事实和法律依据，该法院不予支持。[⑤]

二、在学理框架内对相关问题的点评

离婚时，夫妻一方在婚姻关系存续期间取得的商标专用权，另一方是否有权请求分

---

① 参见《民法典》第1062条规定："夫妻在婚姻关系存续期间所得的下列财产，为夫妻的共同财产，归夫妻共同所有：（一）工资、奖金、劳务报酬；（二）生产、经营、投资的收益；（三）知识产权的收益；（四）继承或者受赠的财产，但是本法第1063条第三项规定的除外；（五）其他应当归共同所有的财产。夫妻对共同财产，有平等的处理权。"

② 《民法典婚姻家庭编解释（一）》第24条规定：民法典第1062条第1款第3项规定的"知识产权的收益"，是指婚姻关系存续期间，实际取得或者已经明确可以取得的财产性收益。

③ 参见北京市第一中级人民法院民事判决书，（2021）京01民终1087号。

④ 参见河南省开封市中级人民法院民事判决书，（2017）豫02民终3508号。

⑤ 参见广东省佛山市禅城区人民法院民事判决书，（2017）粤0604民初5841号。

割？应该如何分割？这是市场经济环境中夫妻离婚时常见的争议问题。

1. 商标专用权的收益属于夫妻共同财产。商标专用权是指商标注册人在核定使用的商品上专有使用核准注册的商标的权利，属于知识产权的一种。它既是一种财产权，也是一种人身权，具有很强的人身专属性。因此，婚姻关系存续期间一方取得的商标专用权本身归一方专有，权利也应归权利人行使。但是，根据《婚姻法》第17条规定，该收益应归夫妻共同所有，因为夫妻一方取得一商标专用权，除了其本人的智力劳动以外，也离不开另一方的协作或支持。关于商标专用权的收益是否包括可期待的利益，根据《婚姻法解释（二）》第12条规定，其只包括既得利益。然而，法学界部分学者对此有不同看法。有学者认为，"凡基于夫妻一方婚内所得知识产权的财产权产生的经济利益，无论是期待利益还是既得利益，因为其为婚内所得的无形财产权所生，均应属于夫妻共同财产"。[①] 离婚时，如因该商标专用权尚未产生收益，配偶就无权分割，将使配偶一方为另一方获得商标专用权而付出的家事劳动、金钱以及职业发展机会等付诸东流。

2. 商标专用权是无形资产，本身具有经济价值，在离婚时应作为夫妻共同财产进行分割。行使商标专用权，可能有益于增加商品的经济收益，而转让或许可他人使用商标也可以增加收益。这些都是商标专用权本身所具备的无形资产价值。因此，离婚时，商标专用权本身也应予分割。

3. 分割商标专用权时应先行评估其价值。目前，商标专用权的价值主要由资产评估机构根据当事人委托进行评估。根据中国资产评估协会2017年修订的《资产评估执业准则——无形资产》，对于包括商标权在内的无形资产，其价值的评估方法包括市场法、收益法和成本法三种基本方法。由于商标权较强的人身专属性，对商标权估值后，应由作为商标注册人的夫妻一方享有商标专用权，享有权利的一方对另一方进行合理补偿。[②]

三、本判例的裁判逻辑

在样本判例中，浙江高院认为，"亮彩"商标属于夫妻共同财产，但是，王某未在原审中申请对该商标专用权进行评估，故对王某请求分割该财产的主张，不予支持。

1. "亮彩"商标属于夫妻共同财产。"亮彩"商标是涂某于2007年7月16日以其个人名义申请的，2010年3月28日注册公告。根据《商标法》第3条的规定，经商标局核准注册的商标为注册商标，商标注册人享有商标专用权。[③] 因此，"亮彩"商标专用权属于涂

---

① 陈苇：《婚内所得知识产权的财产期待权之归属探讨——兼谈对〈婚姻家庭法〉（1999年法学专家建议稿）的修改建议》，载《现代法学》2000年第4期。

② 参见赵克：《析夫妻离婚时知识产权期待利益的归属》，载《法律适用》2015年第9期。

③ 参见2019年修正的《商标法》第3条第1款规定：经商标局核准注册的商标为注册商标，包括商品商标、服务商标和集体商标、证明商标；商标注册人享有商标专用权，受法律保护。

某,王某提出的“亮彩”商标专用权属于大洋窗饰有限公司不成立。根据《婚姻法》第17条的规定,“亮彩”商标注册于夫妻关系存续期间,因此,“亮彩”商标属于夫妻共同财产。

2. 王某未主张分割“亮彩”商标专用权产生的收益,也未申请对该商标的价值进行评估,故该商标无法进行分割。(1)根据相关司法解释,“亮彩”商标专用权的收益是实际取得或者已明确可以取得的财产性收益。如果“亮彩”商标在婚姻关系存续期间产生过收益,那么该收益属于夫妻共同财产,但王某未提供证据证明该商标曾产生过收益,也未主张分割收益。(2)王某未主张对“亮彩”商标专用权本身所具备的无形资产价值进行评估。当事人处分原则是民事诉讼法的基本原则之一,因此,原则上人民法院应当在当事人提出的诉讼请求的范围内审理案件,不能超出当事人的诉讼请求作出判决、裁定。因王某未在原审中申请对该商标专用权进行评估,所以对于王某提出的该财产分割请求不予支持。

综上所述,王某的再审申请不符合我国《民事诉讼法》的相关规定,应依法被驳回。

四、本判例的意义

本案例的参考意义在于提出了对于夫妻婚姻关系存续期间夫妻一方取得的商标专用权,离婚时,除了应分割其作为夫妻共同财产获得的收益外,商标专用权本身也应进行评估后予以分割。我国《商标法》未对有关商标价值评估的方式作出明确的规定。根据中国资产评估协会2017年修订的《资产评估执业准则——无形资产》,目前较常见的价值评估方法有三种,即市场法、收益法和成本法,上述评估方式均可以在离婚分割夫妻共有的商标权时进行参考和借鉴。例如,在四川华蓥山酒业有限责任公司、中国农业发展银行华蓥市支行金融借款合同纠纷执行案中,四川省华蓥市人民法院通过国通评估公司对华蓥山酒业的资产(包括商标权)进行价值评估,商标权采用市场法。最终评定商标权价值为23,786元。[①] 在最高人民法院审理的青岛威德生物技术有限公司、北京威德生物技术有限公司增资纠纷案中,北京大正评估公司使用收益现值法对北京威德公司拥有的“一种以菊芋或菊苣为原料制造菊粉的新方法”发明专利及相关全套工业生产技术、“红菊芋”注册商标、“Wede”注册商标3项无形资产作出168号评估报告,最终评估结果为1300万元。[②]

五、后续判例和规范的发展

在上诉人李某与上诉人张某离婚后财产纠纷案中,北京市第一中级人民法院审理后认为,因商标本身是一种用于区分商品的标志,故其权利本身无法进行分割,其价值亦无法进行衡量,故李某要求分割张某名下商标权,缺乏事实及法律依据,法院不予支持。关于商标权的收益,李某未就张某以及某1公司名下注册的商标在双方婚姻存续期间存有

---

① 参见四川省华蓥市人民法院执行裁定书,(2019)川1681执异16号。

② 参见最高人民法院民事判决书,(2019)最高法民终959号。

收益向法院充分举证，故其要求分割相关收益的诉请法院不予支持。[①] 可见，该案例持前述第一种观点，但我们认为，如前所述，商标专用权本身具有价值，在离婚时只有对商标专用权本身进行分割才能体现公平合理，才能保障夫妻双方的权益。因此，在后续类似案件的处理中，除了应对商标专用权在婚姻关系存续期间产生的收益进行分割外，还应通过对商标专用权评估的方式，由取得商标专用权的一方给予另一方予以补偿。

① 该案例为 2021 年《民法典》生效后的判决案例，参见北京市第一中级人民法院民事判决书，(2021) 京 01 民终 1087 号。

073. 离婚时约定归一方或子女所有的房产，特定情形下，可对抗债权的执行*

王某、钟某玉等股权转让纠纷、案外人执行异议之诉案 ‖ 最高人民法院民事判决书，(2015)民一终字第150号

| 事实概要 |

1996年8月7日，钟某玉(女)与林某达办理离婚登记手续，二人于1996年7月22日达成的离婚协议书约定：登记在林某达名下的两处夫妻共有房产归钟某玉及四个子女所有，但只准居住，不准转卖。此后，二人没有办理过户登记，房屋一直由钟某玉及其子女占有、使用。

2009年9月，王某与林某达进行股权转让。此后，二人发生股权转让合同纠纷，王某向福建省高级人民法院起诉林某达。2011年12月15日，福建省高级人民法院作出(2011)闽民初字第22号民事判决，判令林某达返还王某已支付的转让款人民币5000万元。判决生效后，王某向福建省高级人民法院申请强制执行。2013年6月19日，福建省高级人民法院作出执行裁定：继续查封林某达名下位于福建省上杭县的一处房产。2013年12月5日，钟某玉以被查封的房产系其所有为由，向福建省高级人民法院提起执行异议，该执行异议被裁定驳回。钟某玉不服，向福建省高级人民法院提起案外人执行异议之诉。福建省高级人民法院认为，钟某玉作为讼争房产的共有权人，依法享有该处房产之物权，其请求停止对讼争房产强制执行措施予以支持，遂于2015年3月2日作出(2014)闽民初字第7号民事判决，停止对位于上杭县房产的执行。

王某不服，向最高人民法院提起上诉。最高人民法院认为，基于钟某玉与王某各自债权产生的时间、内容、性质以及根源等方面来看，钟某玉对诉争房产享有足以阻却执行的权利，一审法院判决停止对讼争房产的执行正确。于2016年1月10日作出(2015)民一终字第150号民事判决书，驳回上诉，维持原判。

---

* 雷春红，法学博士，浙江工业大学之江学院副教授、广东华商(杭州)律师事务所律师。

判决要旨

1. 离婚财产分割协议不能产生物权变动的效力。被执行人与原配偶在离婚协议中约定，夫妻共有的房产归原配偶或子女个人所有，但一直没有办理不动产变更登记。《物权法》第 9 条第 1 款规定："不动产物权的设立、变更、转让和消灭，经依法登记，发生效力；未经登记，不发生效力，但法律另有规定的除外。"①该房产仍属于双方共有，不发生权属变更。

2. 债权人申请执行被执行人名下房产时，被执行人的配偶或子女提出执行异议，请求排除执行的，应予以支持，前提条件是：被执行人的债务形成时间在离婚协议之后，属于其个人债务；离婚财产分割协议不构成转移财产、逃避债务；被执行人的配偶或子女对没有办理过户登记不存在过错。

判例评析

一、既往相关判例与观点

以往案情相同的案件，大多数法院判决不支持案外人的执行异议申请。在付某华与吕某白、刘某锋案外人执行异议之诉案中，上海市第一中级人民法院[（2014）沪一中民二（民）初字第 3 号民事判决书]认为，原告付某华与第三人刘某锋在离婚协议中约定案涉房产归原告付某华所有，这是第三人刘某锋对自己在系争房屋产权中所拥有份额的处分，该处分行为未经产权变更登记并不直接发生物权变动的法律效果，也不具有对抗第三人的法律效力。故在第三人刘某锋对外尚存未履行债务的情况下，被告吕某白作为第三人刘某锋的债权人，要求对第三人刘某锋名下的财产予以司法查封并申请强制执行符合法律规定。一审判决后，各方当事人均未上诉。② 该案刊登在《最高人民法院公报》2017 年第 3 期，对类案裁判起了一定指导作用。

在李某与田某红、李某峰案外人执行异议之诉案中，李某峰与李某芳于 2011 年 3 月 15 日签订离婚协议书约定：将共同财产赠与其子李某，但李某峰并未将该房产过户至李某名下。2014 年 5 月 19 日，安徽省亳州市中级人民法院就田某红与李某峰的民间借贷纠纷案件调解结案。该案审理中，依据田某红的申请，原审法院查封了李某峰名下的案涉房屋。案件进入执行阶段后，李某提出的执行异议被裁定驳回。后李某向亳州市中级人民法院提起案外人执行异议之诉，一审法院判决驳回李某的诉讼请求。二审中，安徽省高级人民法院认为，

① 原《物权法》第 9 条被《民法典》第 209 条吸取和保留。

② 参见付某华诉吕某白、刘某锋案外人执行异议之诉案，载中华人民共和国最高人民法院公报网，http://gongbao.court.gov.cn/Details/330136384f5411f736df56eaea9953.html。

案涉房产并未办理产权变更登记手续,李某未取得涉案房产的物权,仅对赠与人即其父母享有债的请求权。李某父亲李某峰是涉案房屋登记的产权人,对涉案房屋享有物权,故李某对案涉房产不享有足以排除强制执行的民事权益。驳回上诉,维持原判①。

法院驳回案外人执行异议申请的理由是:处分行为没有办理产权变更登记,故不发生物权变动效果,不具有对抗第三人(债权人)的效力。不考虑被执行人与原配偶签订离婚财产分割协议是否有转移财产、逃避债务的恶意,这未免产生了不公平的后果。上述付某华与吕某白、刘某锋案外人执行异议之诉案中,各方当事人均未上诉,一审判决生效。但事后,付某华曾就此案提起申诉再审、就执行错误申请国家赔偿,虽然都没有得到支持。

二、在学理框架内对相关问题的点评

本案涉及的婚姻家庭法学理问题主要有三:其一,离婚财产分割协议的性质与法律效力;其二,离婚财产分割协议是否具有物权变动的效力;其三,离婚协议的财产约定能否排除执行。

首先,关于离婚财产分割协议的性质与法律效力,存在不同学术观点。有观点认为,离婚财产分割协议是一种附条件的民事法律行为,该协议只对夫妻具有约束力,对第三人没有约束力。② 另有观点认为,离婚财产分割协议实际是离婚财产清算协议,该协议与身份密不可分,对离婚当事人具有约束力,通常情形下,具有对抗第三人效力。③ 其次,关于离婚财产分割协议是否具有物权变动的效力。大多数学者持否定观点,如离婚财产分割协议中关于房产权属的约定不具有物权效力。④ 但亦有少数学者认为,离婚财产分割协议具有物权变动效力,能够直接导致物权变动;但是没有办理变更登记,不得处分,不得对抗善意第三人。⑤ 最后,对于离婚协议的财产约定能否排除执行,存在两种截然不同的观点。否定观点认为,夫妻双方的离婚协议属于当事人的意思自治,关于财产分配的意思表示在没有以特定的公示方法让第三人知晓的情况下,仅在双方之间发生效力。根据物权公信原则,参与交易活动的善意相对人,可以充分信赖不动产登记簿上公示记载的物权现状并据此进行交易。⑥ 肯定的观点则认为,社会生活中,权利外观有时不一定真实地反映权利实质状态,一味坚持权利外观作为判断标准,很有可能给案外人造成权利损害。赋予案外人提出执行异议,进而通过异议之诉维护权利,更符合社会发展要求,有利于实现社会公

---

① 参见安徽省高级人民法院民事判决书,(2015)皖民一终字第00215号。

② 参见李洪祥:《离婚财产分割协议的类型、性质及效力》,载《当代法学》2010年第4期。

③ 参见陆青:《离婚协议中的"赠与子女财产"条款研究》,载《法学研究》2018年第1期。

④ 参见叶名怡:《离婚房产权属约定对强制执行的排除力》,载《法学》2020年第4期。

⑤ 参见熊玉梅:《离婚财产分割协议效力探究——以不动产执行异议之诉为视角》,载《江西财经大学学报》2020年第2期。

⑥ 参见最高人民法院物权法研究小组编著:《〈中华人民共和国物权法〉条文理解与适用》,人民法院出版社2007年版,第39页。

平和司法正义。[①] 司法实践中,夫妻双方离婚,通常约定房屋属于负责抚养子女的一方,但为对对方形成牵制,不变更房屋产权归属的情况时常有之。此时若允许执行,则其基本生活将无保障。因此,处理此类纠纷时,要重点审查双方是否存在恶意串通以逃避债务的可能性,否则应宜支持其要求停止执行的诉讼请求。[②] 目前,持肯定观点的学者占大多数,只是论证的理由和角度有所不同。

三、本判例的裁判逻辑

最高人民法院归纳出本案的争议焦点是:钟某玉对本案讼争房产是否享有足以阻止执行的实体权利。1996 年 7 月 22 日,钟某玉与林某达签订的离婚协议书对夫妻共同财产的处分合法有效。时隔十几年之后,王某才因股权转让纠纷申请法院查封案涉房屋,因此,林某达与钟某玉不存在借离婚协议处分财产逃避债务的主观恶意。钟某玉及其子女基于离婚协议的约定,享有将讼争房产的所有权变更登记至其名下的请求权。从内容上看,钟某玉的请求权系针对诉争房屋的请求权,而王某的债权为金钱债权,并未指向特定的财产。在钟某玉占有诉争房屋的前提下,参考《审理买卖合同案件的解释》第 10 条规定的精神可知,其要求将讼争房产的所有权变更登记至其名下的请求权,应当优于王某的金钱债权。从性质上看,王某与林某达之间的金钱债权,系林某达与钟某玉的婚姻关系解除后发生的,属于林某达的个人债务。在该债权债务发生之时,诉争房屋实质上已经因钟某玉与林某达之间的约定而不再成为林某达的责任财产。从功能上看,该房产具有为钟某玉及其所生子女提供生活保障的功能。与王某的金钱债权相比,钟某玉及其子女享有的请求权在伦理上具有一定的优先性。综上所述,最高人民法院认为,钟某玉对诉争房产所享有的权利应当能够阻却对本案讼争房产的执行,钟某玉提起执行异议请求阻却对本案讼争房产执行的理由成立。

四、本判例的意义

本判例之前,被执行人的配偶提起案外人执行异议之诉不能得到法院的支持,司法实践和理论界观点各异。而本案两级法院的判决支持案外人执行异议申请,是否有矫枉过正?值得讨论。《最高人民法院公报》2017 年第 3 期刊发本判例,虽然最高人民法院的判决理由尚有可商榷之处,但就维护法律公平、公正角度而言,本案的判决是审理此类案件的重要借鉴。

五、后续判例和规范的发展

在本案之后,各地人民法院审理此类案件更加慎重。2019 年 2 月 26 日,江苏省高级

---

① 参见汤莉婷:《关于离婚协议能否排除执行的案外人执行异议之诉审查标准解析》,载《法律适用》2019 年第 10 期。

② 参见王毓莹、翟如意:《执行异议之诉中排除执行的民事权利类型化研究》,载《人民司法》2019 年第 28 期。

人民法院通过《执行异议及执行异议之诉案件审理指南(二)》,其中第 27 条规定:执行依据确定的债务人为夫妻一方,被执行人在案涉房产查封前已经协议离婚,约定被查封房产归另一方所有,被执行人原配偶提起执行异议及异议之诉的,区分三种不同情形处理。

在关某芳与王某和、邵某朋等案外人执行异议之诉一案中,最高人民法院再审认为,王某和(债权人)与邵某朋(债务人)的债权债务发生在关某芳与邵某朋离婚 3 年后,王某和提出关某芳与邵某朋协议离婚涉嫌转移财产、逃避债务,但未举出相应证据,不能予以认定。根据关某芳与邵某朋的离婚协议书约定,案涉房产归女方所有(在双方子女邵某红 18 周岁后归邵某红所有),而离婚协议书未约定子女抚养费负担。从家庭伦理及善良风俗的常理判断,关某芳关于由男方负责出租房屋,租金用于邵某红生活学习使用,以及邵某红因出国留学及未满 18 周岁,因而未过户的陈述,较为符合情理,不能就此径行认定关某芳存在严重主观过错。原审法院仅以关某芳未办理产权登记、不涉及其生活保障以及未占有案涉房屋为由,驳回关某芳诉请,依据不足。[①] 为此,最高人民法院于 2019 年 12 月 25 日下达(2019)最高法民申 6088 号再审审查与审判监督民事裁定书,指令黑龙江省高级人民法院再审此案。此外,李某华、郭某翠案外人执行异议之诉一案中,河南省高级人民法院(2021)豫民再 37 号民事判决书持相同的意见。

《民法典》施行后,关于不动产物权变动的规定,以及夫妻离婚财产分割协议效力的规定较之前立法没有改变,本案例确定的裁判思路,有利于指导司法审判,促进司法统一。

---

① 参见最高人民法院民事裁定书,(2019)最高法民申 6088 号。

074. 一审判决后至二审判决时的房产增值部分，应属于夫妻共同财产*

徐某1与蔡某离婚纠纷案‖江苏省无锡市中级人民法院民事判决书，(2016)苏02民终4486号

事实概要

徐某1与蔡某于2003年相识恋爱，后登记结婚并生育徐某2。婚姻期间，徐某1与蔡某共同购买了位于无锡市某某城D区20号1401室的商品房，该房屋建筑面积为139.35平方米，该房产亦登记在两个人名下。2015年10月15日，徐某1向原无锡市南长区人民法院提起离婚诉讼。一审期间，关于1401室房屋的价值，双方一致同意按照每平方米9000元计算，价值为1,254,150元。一审法院结合该案实际情况，判决该房屋归徐某1所有，并由徐某1给付蔡某相应的房屋归并款627,075元。

上诉人蔡某不服一审判决，向无锡市中级人民法院提起上诉。上诉人主张无锡市某某城D区20号1401室房屋的价值在一审法院判决时已大幅增长，现在每平方米单价在18,000元左右，一审关于房屋的分割不公平，请求根据现价18,000元/平方米进行分割。二审法院委托评估公司对上述房屋进行评估。评估报告载明，无锡市某某城D区20号1401室房屋公开市场价值为210.84万元(单价为15,130元/平方米)。无锡市中级人民法院认为，关于无锡市某某城D区20号1401室房产，虽然双方当事人在一审庭审时协商确定了房屋价值，但二审委托的评估机构出具的评估价与双方协商确定的价值相比较，增值幅度68.1%，在此情况下，如果仍按照双方确定的价值对该房产进行分割，显然不公平。故二审法院按照评估的价值210.84万元(单价为15,130元/平方米)重新进行分割。二审法院综合考虑双方当事人情况，判决无锡市某某城D区20号1401室房屋归徐某1所有，徐某1向蔡某支付房屋归并款105.42万元。

---

* 林亚真，福建明鼎律师事务所主任、合伙人、律师。

判决要旨

关于无锡市某某城 D 区 20 号 1401 室房产，虽然双方当事人在一审庭审时协商确定了房屋价值，但该案历经一审、二审，该房屋发生较大幅度增值，二审法院委托评估机构对该房产价值进行了评估，评估价与双方协商确定的价值相比较，增值幅度 68.1%。如果仍按照双方确定的价值对该房产进行分割，显然不公平。故该房产应按照价值 210.84 万元(单价为 15,130 元/平方米)重新进行分割。综合考虑双方当事人情况，二审法院判决无锡市某某城 D 区 20 号 1401 室房屋归徐某 1 所有，徐某 1 向蔡某支付房屋归并款 105.42 万元。

判例评析

一、既往相关判例的观点与理由

离婚诉讼中，分割夫妻共有房产时，对于房产价值的认定向来是争议的焦点。在一审法院中，男女双方或通过双方协商一致或经由评估鉴定的方式来确定夫妻共有房产的市场价值，但是，因民事案件审理周期较长，而房地产市场变动不居、价格波动频繁，一审判决后二审审理期间，在一审时确定的房产市场价值到二审期间已产生较大幅度变化的情形，比较常见。针对房产价值产生较大幅度增值的情形，各地法院审理此类案件的判决观点大致可归纳如下：

1. 男女双方已在一审法院时对夫妻共有房产的市场价值达成一致，以该房屋在一审判决下达时房产价格发生变动为由要求重新分割的请求于法无据，二审法院不予支持①。

2. 关于房屋的价值和房屋增值部分，在一审期间双方经协商达成了一致意见，二审中一方以房价波动要求重新商定和评估案涉房屋现价，无法律依据，也有违诚实信用，不予支持。②

3. 在一审法院庭审辩论终结前，上诉人与被上诉人就共同房产的价值已达成共识，现上诉人又主张房价升值部分，不属于本案处理范围，对此不予支持。③

4. 一审法院在审理过程中对该房屋的市场价格进行了委托评估，其过程并未违反法律规定，应当认定该评估机构合法有效。至于房屋价格的下跌与上涨，均是正常的市场价格波动，并不导致该评估结果无效。

通过以上梳理可知，各地法院在审理此类案件时，二审法院倾向于以一审评估基准日

---

① 参见朱某甲与刘某离婚纠纷案，河北省廊坊市中级人民法院民事判决书，(2014)廊民一终字第 749 号。

② 参见尤某与杨某 1 离婚纠纷案，江苏省无锡市中级人民法院民事判决书，(2016)苏 02 民终 4160 号。

③ 参见陆某与李某 1 离婚纠纷案，河北省石家庄市中级人民法院民事判决书，(2016)冀 01 民终 7213 号。

时评估确定的房产价值或已协商一致的房产价值作为依据,在二审中不支持市场波动对于房产价值带来的影响,即就现有的相关案例进行系统检索与分析,可以归纳,在当前的司法实践中,二审法院倾向于不支持审理周期房产价值的市场变动。

二、在学理框架内对相关问题的点评

凡是认定为夫妻共同财产的,须具备三个要件:第一,必须是在婚姻关系存续期间双方合法取得的财产。换言之,婚姻关系成立以前和终止以后双方所得,以及各种非法所得均不列入共同财产的范围。第二,必须是未被双方约定为个人所有的财产,或者虽约定为个人所有但约定无效的。凡是已经有效约定为个人所有的财产不得作为夫妻共同财产。第三,必须是法定个人特有财产以外的双方婚后所得财产①。

结合本案,本案讼争的房产系在婚姻关系存续期间取得,且登记在男女双方名下,系夫妻共同财产。一审判决后至二审判决前,此时离婚判决尚未生效,男女双方仍处于婚姻关系存续期间,房产增值的部分尚处于婚姻关系存续期间所取得,故该房产增值的部分应属于夫妻共同财产。既然诉讼离婚时,分割的是离婚时的夫妻共同财产,故房产增值部分亦属于夫妻共同财产,二审法院根据二审审理时的房产实际市场价值重新进行分割,使判决对双方而言更显公平。

三、本判例的规范逻辑

在本案中,法院审理判决主要援引的法律依据以及当事人存在解释争议的法律规范是《婚姻法》第 17 条的规定:②"夫妻在婚姻关系存续期间所得的下列财产,归夫妻共同所有:(一)工资、奖金;(二)生产、经营的收益;(三)知识产权的收益;(四)继承或赠与所得的财产,但本法第十八条第三项③规定的除外;(五)其他应当归共同所有的财产。夫妻对共同所有的财产,有平等的处理权。"夫妻在婚姻关系存续期间所得的财产,归夫妻共同所有。所谓婚姻关系存续期间即合法缔结婚姻到婚姻关系依法解除或自然终止的期间。结合本案,本案讼争的房产系在婚姻关系存续期间取得,也登记在男女双方名下,系夫妻共同财产。离婚财产分割,应以离婚时夫妻共同财产的价值为准,法院在判决时应综合考虑离婚时房产的实际市场价值,在一审法院审理时,虽双方对夫妻共有房产的市场价值达成一致,但在二审判决时,房产的价值已发生较大变化,且此时男女双方尚未离婚,尚在法律上的婚姻关系存续期间,故一审判决后至二审判决时的房产增值部分亦属于夫妻共同财产,二审法院对该房产增值部分进行分割更显公平。

四、本判例的意义

复杂的离婚诉讼案件往往经历较长的审理周期。而我国房地产市场处于较为频繁的

---

① 参见杨大文主编:《亲属法与继承法》,法律出版社 2013 年版,第 119 页。

② 参见《民法典》第 1062 条。

③ 参见《民法典》第 1063 条第 3 项。

波动状态。迄今大致经历了下列四个不同发展阶段:(1)1998 年至 2007 年,房地产进入平稳快速发展时期,也称"黄金十年",大部分城市的房价持续增长。(2)2008 年至 2009 年,受国际金融危机和房地产调控,房价回落,交易大幅萎缩,出现短暂低迷下跌时期。(3)2009 年至 2018 年,持续上涨期,也称白银十年。因一系列"回暖措施"实施,房地产市场开始复苏,全国大多数地区房价持续上升。(4)2019 年至今,下跌震荡分化期。随着经济下行,又强调房住不炒,多数城市房产价格下跌或者震荡。当然,各个地区、不同城市,具体时间可能还有差异。这就使离婚纠纷在一审判决后至二审判决时,案涉房产增值部分是否属于夫妻共同房产,二审法院是否应予以处理问题,于实务中一直有争议。本判例的判决区别于其他的判例,一是明确确认,二审期间房产的增值部分是夫妻共同财产,更符合客观事实和法律上认定的夫妻共同财产;二是判决结果对当事人而言更显公平。

同时,本判例也让我们进一步思考,是否所有房产的价值变动,二审法院均应介入重新进行分割?如果房产增值应进行分割,那么,假设房产贬值的,是否也应重新进行分割?如何看待双方当事人在一审时对房产价值的共同确认或鉴定机构的评估结果?对该实务问题的探讨和思考,也希望立法方面能对该问题作出进一步规范和界定。

075. 少分或不分共同财产，一般应以行为人转移、隐藏的夫妻共同财产的价值为限*

雷某某诉宋某某转移、隐藏夫妻共同财产案‖最高人民法院指导性案例66号

事实概要

原告雷某某(女)和被告宋某某(男)于2003年5月19日登记结婚，双方均系再婚，婚后未生育子女。双方婚后因琐事感情失和，于2013年上半年产生矛盾，并于2014年2月分居。雷某某曾于2014年3月起诉要求与宋某某离婚，经法院驳回后，双方感情未见好转。2015年1月，雷某某再次诉至法院要求离婚，并依法分割夫妻共同财产。宋某某认为夫妻感情并未破裂、不同意离婚。

雷某某称宋某某名下在中国邮政储蓄银行的账户内有共同存款37万元，并提交存取款凭单、转账凭单作为证据。宋某某称该37万元来源于婚前房屋拆迁补偿款及养老金，现尚剩余20万元左右(含养老金14,322.48元)，并提交账户记录、判决书、案款收据等证据。

宋某某称雷某某名下有共同存款25万元，要求依法分割。雷某某对此不予认可，一审庭审中其提交在中国工商银行尾号为4179账户自2014年1月26日起的交易明细，显示至2014年12月21日该账户余额为262.37元。二审审理期间，应宋某某的申请，法院调取了雷某某上述中国工商银行账号自2012年11月26日开户后的银行流水明细，显示雷某某于2013年4月30日通过ATM转账及卡取的方式将该账户内的195,000元转至案外人雷某齐名下。宋某某认为该存款是其婚前房屋出租所得，应归双方共同所有，雷某某在离婚之前即将夫妻共同存款转移。雷某某提出该笔存款是其经营饭店所得收益，开始称该笔款已用于夫妻共同开销，后又称用于偿还其外甥女的借款，但雷某某对其主张均未提供相应证据证明。另外，雷某某在庭审中曾同意各自名下存款归各自所有，其另行支付

---

* 张伟，西北政法大学民商法学院教授。

宋某某10万元存款,后雷某某反悔,不同意支付。

雷某某诉宋某某一案中,一审、二审法院关于雷某某有无转移、隐藏夫妻共同财产存在不同的观点。一审法院北京市朝阳区人民法院(2015)朝民初字第04854号民事判决中指出:“关于双方名下的存款,根据被告提交的证据,可以认定其存款中包含其原房屋拆迁所得款项。根据双方的实际情况,本院判决双方各自名下的存款归各自所有,互不向对方支付折价款。”宣判后,宋某某提起上诉,提出对夫妻共同财产雷某某名下存款分割等请求。北京市第三中级人民法院(2015)三中民终字第08205号民事判决指出,关于双方名下的存款,结合双方提供及本院调取的证据,可以认定宋某某名下存款主要是其婚前房屋拆迁所得的拆迁款,雷某某名下中国工商银行账户内的存款为夫妻关系存续期间的收入,应作为夫妻共同财产予以分割。雷某某始称该款项用于家庭开销,后又改口称该款项用于偿还外债,前后陈述明显矛盾,对其主张亦未提供任何证据予以证明,雷某某对钱款的去向不能作出合理的解释和说明,结合案件事实及相关证据,法院认定雷某某存在转移、隐藏夫妻共同财产的情节,根据法律规定,对雷某某名下中国工商银行×××账户内的存款,雷某某应予少分。宋某某主张对雷某某名下存款进行分割,符合法律规定,法院予以支持,具体分割比例由法院根据案情酌情予以确定。二审法院认为雷某某存在隐藏、转移夫妻共同财产的行为,侵害了夫妻对共同财产的平等处理权,离婚分割夫妻共同财产时,应当少分或不分财产。

判决要旨

1. 一方在离婚诉讼期间或离婚诉讼前,隐藏、转移、变卖、毁损夫妻共同财产,或伪造债务企图侵占另一方财产的,离婚分割夫妻共同财产时,依照《民法典》第1092条规定①,可以少分或不分财产。

2. 隐藏、转移夫妻共同财产是一种侵权行为。在夫妻财产共同所有制下,夫妻双方对于夫妻共同财产共同共有,关于离婚时夫妻共同财产的分割,依照民法理论,原则上应均等分割。如果离婚时一方隐藏、转移、变卖、毁损夫妻共同财产,或者伪造债务,均能够减少夫妻共同财产的数额,达到非法侵占共同财产中属于另一方的财产份额的目的,侵犯了另一方对共有财产的所有权。

3. 少分或不分共同财产的价值一般应以行为人转移、隐藏的夫妻共同财产部分为限。《婚姻法》第47条第1款中所指可以少分或者不分的夫妻共同财产价值应指被隐藏、转

① 参见《民法典》第1092条规定:“夫妻一方隐藏、转移、变卖、毁损、挥霍夫妻共同财产,或者伪造夫妻共同债务企图侵占另一方财产的,在离婚分割夫妻共同财产时,对该方可以少分或者不分。离婚后,另一方发现有上述行为的,可以向人民法院提起诉讼,请求再次分割夫妻共同财产。”

移、变卖、毁损的或者伪造的债务侵占的那一部分财产价值,而不是夫妻共同财产的全部价值。法律规定的本意要在合理限度内体现转移、隐藏夫妻共同财产一方应承担的民事责任,而不应随意扩大适用范围。

判例评析

一、既往相关判例与观点

双方协议离婚后,一方发现对方存在隐藏夫妻共同财产行为,该离婚协议中涉及双方离婚、放弃抚养等表征合意且排除重大误解的内容依然有效。对于被隐藏的夫妻共同财产,其可以向法院提起诉讼要求予以再次分割。在袁某与熊某涛离婚后财产纠纷上诉案[(2013)渝二中发民终字第01824号]中,被告熊某涛购买双色球中得巨额奖金460万元并故意隐瞒中奖事实,于兑奖前一天欺骗原告与其办理离婚登记。虽然熊某涛离婚后第二天才完成兑付彩票奖金行为,但该彩票系在离婚前购买并于当日获知中了巨额奖金,因此,该彩票奖金属于夫妻共同财产。重庆市第二中级人民法院经审理认为,熊某涛所购买彩票的奖金,应认定为袁某和熊某涛的夫妻共同财产,熊某涛故意隐藏夫妻共同财产本应少分或不分。

认定一方有无转移、隐藏夫妻共同财产时需特别注意。"转移"是指将夫妻共同所有的财产从一处地方转移到另一处地方,使对方无法控制或支配。是否属于故意转移财产,需要与夫妻在家庭生活中的投资理财、生活消费等款项支出进行区分,需从款项支出的目的性、惯常性、合理性等方面进行综合审查,不能简单地仅因夫妻一方将钱款支付给他人就认定为恶意转移夫妻共同财产。

二、在学理框架内对相关问题的点评

《民法典》第1092条关于一方侵害夫妻共同财产的法律后果的规定基本沿用了《婚姻法》第47条的相关规定,删去了以"离婚时"为前提的规定,无论是婚姻关系存续期间,还是双方已经进入离婚诉讼,只要夫妻中的一方有隐藏、转移、变卖、毁损、挥霍夫妻共同财产,或者伪造夫妻共同债务企图侵占另一方财产的行为,离婚分割夫妻共同财产时均可以对其少分或不分。夫妻共同财产是重要的家庭资产组成部分,夫妻双方是否能够本着诚信的原则进行处理,既事关对彼此财产权利的尊重,也事关家庭关系的和谐稳定,根据《婚姻法解释(一)》第17条规定[①],《婚姻法》第17条关于"夫或妻对夫妻共同所有的财产,有平等的处理权"的规定,应当理解为:(1)夫或妻在处理夫妻共同财产上的权利是平等的。因日常生活需要而处理夫妻共同财产的,任何一方均有权决定。(2)夫或妻非因日常生活需要对夫妻共同财产作重要处理决定,夫妻双方应当平等协商,取得一致意见。他人有理

① 《民法典》现有司法解释中尚未纳入此条内容。

由相信其为夫妻双方共同意思表示的，另一方不得以不同意或不知道为由对抗善意第三人。夫妻双方对夫妻共同财产共同享有所有权，这种权利并不因夫妻双方之间的感情状况发生改变。一方未征得另一方同意，在超出家庭代理权限范围的情况下，擅自对夫妻共同财产进行处理的，构成对配偶财产权利的侵犯，当然应受到规制和惩戒，并不会因发生时间不同而产生不同的法律评价。①

审判实践中，也不乏这样一种现象，即夫妻双方中的一方意图离婚，但出于不愿对方分得太多财产影响自己的财产数额的顾虑，并不表露离婚的意思，而是提前通过各种手段转移财产。双方真正进入离婚程序时，夫妻共同财产已所余不多，无论最终如何分割，均不致对其财产数额造成太大影响。在这种情况下，如果不能适用本条规定，使隐藏、转移、变卖、毁损、挥霍夫妻共同财产，或者伪造夫妻共同债务企图侵占另一方财产的一方得到相应的惩罚，必然导致实质上的不公，此种情形不仅会成为对夫妻离婚前转移、隐匿财产以争取离婚财产分割的更大利益的变相鼓励，更将使本条规定失去存在价值。

因此，无论隐藏、转移、变卖、毁损、挥霍夫妻共同财产，或者伪造夫妻共同债务企图侵占另一方财产的行为发生于离婚诉讼前还是离婚诉讼中，均不影响本条规定的适用。本条规定采取了列举式规定，即只有在发生隐藏、转移、变卖、毁损、挥霍夫妻共同财产，或者伪造夫妻共同债务企图侵占另一方财产这几种情形时，才能适用本条规定，对侵犯夫妻共同财产一方少分或不分财产；离婚后发现上述行为的，可以再次诉讼请求分割。《民法典》第 1092 条在《婚姻法》第 47 条基础上，增加了“挥霍”夫妻共同财产作为本条规定的适用情形。夫妻中的一方为了达到减少对方分得财产数量的目的，不惜牺牲自己的利益，采用隐藏、转移、变卖、毁损以外的方式，不以发挥财产效用为目的任意使用、处分夫妻共同财产，给夫妻共同财产造成无谓损失的行为，亦严重侵犯配偶的财产权利，构成民事侵权。

实践中，夫妻一方自行或与第三人恶意串通，伪造夫妻共同债务，意图侵吞另一方财产的情况并不少见。《民法典婚姻家庭编解释(一)》第 34 条第 1 款规定，夫妻一方与第三人串通，虚构债务，第三人主张该债务为夫妻共同债务的，人民法院不予支持。

三、本判例的裁判逻辑

法院生效裁判认为，婚姻关系以夫妻感情为基础。宋某某、雷某某共同生活过程中因琐事产生矛盾，在法院判决不准离婚后，双方感情仍未好转，经法院调解不能和好，双方夫妻感情确已破裂，应当判决准予双方离婚。

本案二审期间双方争议的焦点在于雷某某是否转移夫妻共同财产和夫妻双方名下的存款应如何分割。《婚姻法》第 17 条第 2 款规定：“夫妻对共同所有的财产，有平等的处理

---

① 参见吴颖超、吴光侠等:《〈雷某某诉宋某某离婚纠纷案〉的理解与参照——婚姻法第四十七条规定的“离婚时”含离婚诉讼期间与离婚诉讼前》，载《人民司法》2018 年第 2 期。

权。"《婚姻法》第 47 条规定:"离婚时,一方隐藏、转移、变卖、毁损夫妻共同财产,或伪造债务企图侵占另一方财产的,分割夫妻共同财产时,对隐藏、转移、变卖、毁损夫妻共同财产或伪造债务的一方,可以少分或不分。离婚后,另一方发现有上述行为的,可以向人民法院提起诉讼,请求再次分割夫妻共同财产。"①这就是说,一方在离婚诉讼期间或离婚诉讼前,隐藏、转移、变卖、毁损夫妻共同财产,或伪造债务企图侵占另一方财产的,侵害了夫妻对共同财产的平等处理权,离婚分割夫妻共同财产时,应当依照《婚姻法》第 47 条(现为《民法典》第 1092 条)的规定,少分或不分财产。

本案中,关于双方名下存款的分割,结合相关证据,宋某某婚前房屋拆迁款转化的存款,应归宋某某个人所有,宋某某婚后所得养老保险金,应属夫妻共同财产。雷某某名下中国工商银行尾号为 4179 账户内的存款为夫妻关系存续期间的收入,应作为夫妻共同财产予以分割。雷某某于 2013 年 4 月 30 日通过 ATM 转账及卡取的方式,将尾号为 4179 账户内的 195,000 元转至案外人名下。雷某某始称该款用于家庭开销,后又称用于偿还外债,前后陈述明显矛盾,对其主张亦未提供证据证明,对钱款的去向不能作出合理的解释和说明。结合案件事实及相关证据,认定雷某某存在转移、隐藏夫妻共同财产的情节。根据上述法律规定,对雷某某名下中国工商银行尾号为 4179 账户内的存款,雷某某可以少分。宋某某主张对雷某某名下存款进行分割,符合法律规定,予以支持。故判决宋某某婚后养老保险金 14,322.48 元归宋某某所有,对于雷某某转移的 19.5 万元存款,由雷某某补偿宋某某 12 万元。

四、本判例的意义

经法院调取证据和双方举证证明,宋某某养老保险金为婚后所得,应属夫妻共同财产。而雷某某名下的存款为夫妻关系存续期间的所得,当属夫妻共同财产。2013 年 4 月 30 日雷某某将名下账户内的 195,000 元转移。其称并未转移而是用于家庭开销和偿还外债,但其对自己的陈述和具体钱款的去向并未提供相关证据证明。后经法院查实并结合案件事实和相关证据,证实了雷某某转移夫妻共同财产的情节。根据一方恶意转移财产给另一方造成损害的,在财产分割时可以少分或不分规定,雷某某因其行为也应承担此法律后果,因而法院最后判决宋某某分得雷某某转移 19.5 万元中的 12 万元也就是合理的(分得恶意转移财产的 60%)。本案判决被收纳到最高人民法院公布的指导性案例中,说明此类案件在实务中时有发生以及引起了理论界和实务界的广泛关注。第 66 号指导案

---

① 参见《民法典》第 1062 条第 2 款规定:"夫妻对共同财产,有平等的处理权。"第 1092 条规定:"夫妻一方隐藏、转移、变卖、毁损、挥霍夫妻共同财产,或者伪造夫妻共同债务企图侵占另一方财产的,在离婚分割夫妻共同财产时,对该方可以少分或不分。离婚后,另一方发现有上述行为的,可以向人民法院提起诉讼,请求再次分割夫妻共同财产。"

例是原《婚姻法》第47条(参见《民法典》第1092条)在司法实践中的具体应用,也是对“可以少分或不分”的实际适用。这为司法实践中离婚财产分割均等原则打开了缺口,也是一次实践之旅①。

五、后续判例和规范的发展

伪造债务或将夫妻共同财产隐藏、转移拒不交出,或变卖、毁损夫妻共同财产的,实践中,因该部分财产已无法在形式上进行分割,可以把隐藏、转移、变卖、毁损的财产作为隐藏、转移、变卖、毁损财产的一方分得的财产份额,对另一方的应得的份额应以其他夫妻共同财产折抵,不足折抵的,差额部分由隐藏、转移、变卖、毁损财产的一方折价补偿对方。伪造债务旨在减少夫妻共同财产的数额,变相达到非法侵占共同财产中属于另一方的财产份额的目的,在处理时可以参照上述处理方式,将与该虚构债务价值对应的财产进行分割时,让行为人少分或不分。法律并未规定少分的具体比例以及在何种情况下可以不分,且使用的是“可以”,而非“必须”。在审判实践中,应当根据违法行为的情节和案件的具体情况进行处理。离婚后,财产权受到侵犯的一方可依照《民法典》第1092条及《民法典婚姻家庭编解释(一)》第84条的规定,向人民法院诉请再次分割夫妻共同财产,提起分割请求的诉讼时效期间为三年,从当事人发现之日起计算。

① 参见石宝琴:《离婚时一方恶意处分财产的法律问题研究》,沈阳师范大学2017年硕士学位论文,第31页。

076. 一方当事人持有证据却无故拒不提供，对方当事人主张该证据内容不利于证据持有人，可否推定该主张成立而对夫妻共同财产作相应认定处理？*

上诉人赵某、金某离婚纠纷案‖辽宁省沈阳市中级人民法院民事判决书，(2016)辽01民终10644号

事实概要

赵某与金某于1992年10月10日登记结婚，婚生女赵某某现已成年。赵某曾以夫妻感情破裂为由于2013年起诉要求离婚，被驳回。2015年2月，赵某再次向沈阳市沈河区人民法院起诉离婚。

一审法院审理过程中，金某指出双方婚姻关系存续期间收藏大量报纸广告画、实物广告、印刷广告，2001年1月赵某主编出版《中国近代广告文化》一书，该书记载有赵某珍藏字样的广告藏品共计200幅。2014年9月15日，沈阳赵某广告博物馆(赵某为法定代表人)作为甲方与中国传媒大学广告学院等订立合同，约定双方合作展览，甲方负责提供74件展览作品，其中62件为原件，12件为复制品，中国传媒大学广告学院为上述藏品在华泰财产保险有限公司北京分公司投保保险，展品总保险价值为841万元。庭审中，赵某陈述上述藏品仍在中国传媒大学处。同时，金某提供照片证明曾在沈阳公司等三处地点存放的红木家具共计92件现已经全部被赵某转移，赵某对照片真实性无异议，但表示家具早已因公司经营需要进行处置，现已不存在。

一审法院经审理认为，关于广告画的分配，根据2008年最高人民法院《民事诉讼证据规定》第75条规定，推定上述广告画目前仍由赵某持有。且因赵某具有隐藏、转移的行为，根据《婚姻法》第47条，对其在财产分配上可少分或不分。关于广告画的价值，以参展保险合同确定的保险价值841万元为准。广告画分配给赵某所有，由赵某给付金某折价

* 杜志红，法学博士，西南大学法学院副教授，北京市京师(重庆)律师事务所兼职律师。

款。关于红木家具的分配,金某已提供照片证明曾有红木家具共 92 件,但赵某表示已处置但未举证证明,故推定家具被赵某转移,赵某在其他财产分配上应少分。最终一审法院判决赵某分得 40%,金某分得 60%。

赵某不服一审判决,向沈阳市中级人民法院提起上诉,请求之一认为原审未经评估对涉案广告画价值直接认定属于认定事实错误,要求依法改判。① 二审法院审理后,认为本案双方争议的广告画,系实际由赵某控制,从赵某所从事的工作性质和专业能力,赵某应向法庭举证证明该广告画的具体价值。但赵某未提供相应的证据证明,因此,应承担对其不利的后果。而且,华泰财产保险有限公司为广告画投保时已根据权威的艺术品鉴定机构、专家评估或业内认可的证明文件对广告画的价值进行定值,其具有客观性,应予采纳。故二审法院驳回了赵某的该项诉讼请求,维持了一审判决②。

判决要旨

离婚纠纷中,夫妻一方提供初步证据证明某些财物属于夫妻共同财产,且提供了该财物价值的相关证明;另一方否认持有该财物以及该财物的价值,但拒不提供相关证据证明的,应推定上述财物为夫妻共同财产,且应按照夫妻一方提供的财物价值在离婚时对上述财物予以分割。

判例评析

一、既往相关判例与观点

离婚时,夫妻一方提供初步证据证明某些财物属于夫妻共同财产,另一方否认持有该财物,且拒不交出相关实物或证据的,举证责任应如何分配?在司法实践中,一直存在两种不同观点。

1. 根据民事诉讼中"谁主张,谁举证"的一般证据规则,应当由主张其为夫妻共同财产的一方继续举证。如不能举证,则其应当承担败诉的法律后果。《民事诉讼法解释》第 90 条第 1 款规定:"当事人对自己提出的诉讼请求所依据的事实或者反驳对方诉讼请求所依据的事实,应当提供证据加以证明,但法律另有规定的除外。"第 2 款规定:"在作出判决前,当事人未能提供证据或者证据不足以证明其事实主张的,由负有举证证明责任的当事

① 本案中,赵某和金某均向沈阳市中级人民法院提起上诉,赵某除该项请求外,还对其他夫妻共同财产的分割提出了请求。金某则认为原审法院判决给予的精神损害赔偿金过低,双方分配财产的比例不合理。

② 二审法院对于赵某的诉讼请求部分支持,部分予以驳回。参见辽宁省沈阳市中级人民法院民事判决书,(2016)辽 01 民终 10644 号。

人承担不利的后果。”上述规定表明，主张某些财产为夫妻共同财产的一方在行为上有对自己所提出的主张搜集和提供证据的义务。如其收集的证据没有达到让法官内心心证所认可的证明标准，就应承担于己不利的法律后果。[①]

2. 在负有举证责任的一方当事人已列举了该财产属于夫妻共同财产的基本证据，但由于另一方当事人故意或过失地损毁、隐匿相关证据而导致真伪不明时，举证责任转移，由持有该证据的一方就该事实进行举证。如持有该证据的一方不能或不愿举证，则推定原负有举证责任一方所主张的内容成立。[②] 其法律依据主要有二：一是 2015 年《民事诉讼法解释》第 112 条及第 113 条规定的责令提出书证制度；[③]二是 2008 年《民事诉讼证据规定》第 75 条规定：“有证据证明一方当事人持有证据无正当理由拒不提供，如果对方当事人主张该证据的内容不利于证据持有人，可以推定该主张成立。”[④]在婚姻家庭法领域，该推定被主要适用在亲子鉴定案件中。2011 年《婚姻法解释(三)》第 2 条第 2 款规定，当事人一方起诉，请求确认亲子关系存在或不存在，“并已提供必要证据予以证明”时，另一方当事人如果没有提出相反的证据，却又拒绝做亲子鉴定，法院就可以推定请求确认亲子关系存在或不存在的一方当事人主张成立。[⑤]

二、在学理框架内对相关问题的点评

离婚时，夫妻一方提供初步证据证明某些财物属于夫妻共同财产，另一方否认持有该财物，且拒不交出相关实物或证据，从而导致争议财产是否属于夫妻共同财产真伪不明的，此时，法官是应坚持“谁主张，谁举证”的原则，还是应将举证责任转移给证据实际持有一方？其实质是当存在证据妨害情形时，举证责任如何分配的问题。

---

① 参见辽宁省沈阳市中级人民法院民事判决书，(2021)辽 01 民终 7742 号；四川省德昌县人民法院民事判决书，(2021)川 3424 民初 1002 号。

② 参见北京市朝阳区人民法院民事判决书，(2018)京 0105 民初 654 号；重庆市潼南区人民法院民事判决书，(2019)渝 0152 民初 6214 号。

③ 2015 年《民事诉讼法解释》第 112 条规定：书证在对方当事人控制之下的，承担举证证明责任的当事人可以在举证期限届满前书面申请人民法院责令对方当事人提交。申请理由成立的，人民法院应当责令对方当事人提交，因提交书证所产生的费用，由申请人负担。对方当事人无正当理由拒不提交的，人民法院可以认定申请人所主张的书证内容为真实。第 113 条规定：持有书证的当事人以妨碍对方当事人使用为目的，毁灭有关书证或者实施其他致使书证不能使用行为的，人民法院可以依照《民事诉讼法》第 111 条规定，对其处以罚款、拘留。请注意，该司法解释已分别于 2020 年 12 月、2022 年 3 月进行两次修正。

④ 《民事诉讼证据规定》(2019 年修正)第 95 条规定：一方当事人控制证据无正当理由拒不提交，对待证事实负有举证责任的当事人主张该证据的内容不利于控制人的，人民法院可以认定该主张成立。

⑤ 《民法典婚姻家庭编解释(一)》第 39 条规定：父或者母向人民法院起诉请求否认亲子关系，并已提供必要证据予以证明，另一方没有相反证据又拒绝做亲子鉴定的，人民法院可以认定否认亲子关系一方的主张成立。父或者母以及成年子女起诉请求确认亲子关系，并提供必要证据予以证明，另一方没有相反证据又拒绝做亲子鉴定的，人民法院可以认定确认亲子关系一方的主张成立。

1. 一般情况下，在离婚纠纷中，应坚持一般举证责任分配原则，即“谁主张，谁举证”。离婚纠纷中，原告方请求分割夫妻共同财产的，应对夫妻共同财产的范围负举证责任。原告请求分割房产、车辆、存款和股票等的，均应提供相应的证据证明；请求分割房产的，可提供购房合同、房屋产权证、购房的相应支付凭证；涉及还贷的，还应包括银行流水等。如原告方不能提供上述证据证明，则其无权请求分割上述财产。

2. 在特殊情形时，如一方已提交初步证据证明有某项夫妻共同财产的存在，但是证据在另一方手中，但另一方拒不交出时，举证责任转移。法官为了调查清楚事实真相，其有权要求证据持有一方交出该证据。如在离婚纠纷中，原告提交合同照片证明被告曾在婚内购买房屋一套，房屋总价 50 万元。该合同现在被告手中，原告无法取得。此时，法官可以要求被告提供该购房合同。

3. 如持有证据一方拒绝提供相关证明的，根据诚实信用原则，应推定另一方当事人主张的不利于该证据持有人的内容成立。这是来自大陆法系德国、日本等国的民事诉讼法学的“证明妨碍”理论，其基本含义是在负有举证责任的一方当事人已尽最大努力收集并提出证据，但由于对方当事人故意或过失地损毁、隐匿相关证据而导致真伪不明时，如仍机械适用“谁主张，谁举证”，判处负有举证责任的当事人一方败诉，显然很不公平。因此，围绕实务中对这样的情形应如何处理，从理论上就产生了主张令实施妨碍行为的当事人承受相应不利后果的学说。在上述案例中，如法官要求被告提供相应的合同，而被告拒不提供，则法官可以推定该房屋为夫妻共同财产，且最低可按照 50 万元的价值进行分割。

三、本判例的裁判逻辑

本判例中，辽宁省沈阳市中级人民法院判决赵某持有的广告画价值为 841 万元，由赵某分得 40%，由金某分得 60%。其规范逻辑如下：

1. 金某已提供初步证据证明双方在婚姻关系存续期间内持有大量收藏的广告画，该广告画为婚内取得应属于夫妻共同财产。金某向法院提交的证据主要有：(1)赵某主编出版《中国近代广告文化》一书，该书记载有赵某珍藏字样的广告藏品共计 200 幅。(2)合同和保险单各一份，合同表明沈阳赵某广告博物馆与中国传媒大学广告学院等合作展览，博物馆负责提供 74 件展览作品，中国传媒大学广告学院为上述藏品在华泰财产保险有限公司投保，展品总保险价值为 841 万元。(3)结婚证 1 份，赵某与金某于 1992 年登记结婚，上述广告画取得均在婚姻关系存续期间。因此，根据《婚姻法》第 17 条的规定，①上述广告画应属于夫妻共同财产。

2. 现该画册实际控制人为赵某，现赵某拒不提供相应的广告画实物进行评估，也不提供广告画实际价值的相关证明，则推定金某主张的广告画价值为 841 万元成立。在中国

① 参见《民法典》第 1062 条规定。

传媒大学展览的74件作品，其实际控制人为赵某。从其从事的工作性质和业务领域考虑，赵某应向法庭举证证明该广告画的具体价值，但赵某拒绝提供。而且据为其投保的华泰保险公司的保险条款所示，广告画的保险价值确定是根据权威的艺术品鉴定机构等作出的，具有客观性，应予认定。因此，根据2008年最高人民法院《民事诉讼证据规定》第75条规定，赵某拒不提供实物进行评估也不提供相关证据证明其价值的，应推定金某主张的广告画价值为841万元成立。

3. 因赵某在婚姻关系存续期间存在隐匿、转移夫妻共同财产的行为，赵某应少分夫妻财产。赵某在婚姻关系存续期间实际收藏的广告画达200幅。但赵某仅认可在中国传媒大学展览的74件展品，对于其他展品拒不承认。而且对于金某举证的红木家具，赵某也表示全部处置但未提供相关证据证明。因此，根据《婚姻法》第47条的规定，①赵某应少分财产。最终，法院根据赵某转移财产的情况，酌情判定金某分得60%、赵某分得40%，广告画归赵某所有，由赵某补偿金某504.6万元。

四、本判例的意义

离婚纠纷中，由于男女双方工作情况、收入水平、学历高低等方面的差异，在离婚时，往往一方处于优势，一方处于劣势。民事诉讼法构建了民事诉讼举证责任的一般分配原则，即“谁主张，谁举证”。但现实生活中，往往由于上述差异的存在，而导致另外一方无法掌握全部的可以支持自己诉讼请求的证据。本案例则在负有举证责任的一方能初步证明自己所主张的客观事实存在时，将举证责任转移给另一方，并在另一方据不提供相关证据时，判定其承担对方所主张的不利于其的内容成立的后果。这不仅很好地保护了婚姻家庭中的弱者，而且对于类似案例的处理具有重要的参考意义。

五、后续判例和规范的发展

2019年修正的《民事诉讼证据规定》第95条关于证据的规定仍然保留了第75条规定，这表明未来在类似案例审理中仍应坚持这一原则，即在当事人对证据提交有妨碍行为时，举证责任转移并对有妨碍行为的证据持有者进行惩戒。② 正当程序有助于保护弱者权益、维护社会的公平正义。

---

① 《民法典》第1092条规定：夫妻一方隐藏、转移、变卖、毁损、挥霍夫妻共同财产，或者伪造夫妻共同债务企图侵占另一方财产的，在离婚分割夫妻共同财产时，对该方可以少分或者不分。

② 参见福建省浦城县人民法院民事判决书，(2020)闽0722民初687号；山东省禹城市人民法院民事判决书，(2020)鲁1482民初2348号，均持该观点。

077. 离婚时家事劳动补偿,应该如何判定?*

周某与高某离婚后财产纠纷(经济补偿)案 ‖ 江苏省徐州市中级人民法院民事判决书,(2020)苏03民终87号

事实概要

原告周某与被告高某于2009年9月登记结婚。2018年10月31日,原告起诉离婚,2018年12月14日,徐州市泉山区人民法院判决,准予原、被告双方离婚。2019年9月,原告起诉要求被告支付离婚家务劳动补偿费280,000元。经查,2015年5月,原、被告签订一份书面《夫妻财产约定协议书》,约定双方采取约定夫妻财产制。徐州市泉山区人民法院认为,原告周某提供的证据均不能证实其在婚姻家庭关系中付出了较多家庭义务,原告的诉请无事实依据,判决驳回原告诉讼请求。原告周某不服一审判决,上诉至江苏省徐州市中级人民法院,法院立案后,依法组成合议庭审理了本案。上诉人周某及其委托诉讼代理人周某1,被上诉人高某到庭参加诉讼,本案现已审理终结。上诉人的请求,因举证不足,未能获得二审法院支持。

判决要旨

1. 根据《民事诉讼证据规定》第2条的规定,当事人对自己提出的诉讼请求所依据的事实或者反驳对方诉讼请求所依据的事实有责任提供证据加以证明。没有证据或者证据不足以证明当事人的事实主张的,由负有举证责任的当事人承担不利后果。

2. 离婚家务劳动补偿制度是指在婚姻关系存续期间,一方在家务方面付出较多义务的,在离婚时有权请求另一方给予一定经济补偿的制度。根据《婚姻法》第40条(现为《民法典》第1088条)规定:"夫妻书面约定婚姻关系存续期间所得的财产归各自所有,一方因抚育子女、照料老人、协助另一方工作等付出较多义务的,离婚时有权向另一方请求补偿,另一方应当予以补偿。"上述规定中,一方向另一方请求补偿,应在离婚时提出,因为离婚时双方的夫妻关系尚未解除,相互有扶助的义务。在离婚案件诉讼中,周某并未主张要求补偿。

---

* 张伟,西北政法大学民商法学院教授。

判例评析

一、既往相关判例与观点

(一)关于家务劳动补偿请求权适用的条件

因《婚姻法》第40条与《民法典》第1088条各自规定的家务劳动补偿请求权行使条件不完全相同,所以,以《民法典》生效为时间界限,相关案例的裁判观点和结果均有所差异。

在《民法典》生效之前,法院裁判离婚时家务劳动补偿请求权争议,主要关注下列两方面:一是当事人双方是不是约定实行分别财产制;二是请求权人是否“付出了较多义务”。

在孙某与谭某1离婚纠纷[(2019)鲁0213民初4613号]中,原告主张被告应给予原告婚内家务劳动补偿2万元;被告不认可,认为其将工资收入全部交由原告保管和开支,已尽到了丈夫的职责,故认为补偿请求不合理。山东省青岛市李沧区人民法院认为,《婚姻法》第40条规定,夫妻书面约定婚姻关系存续期间所得的财产归各自所有,一方因抚育子女、照料老人、协助另一方工作等付出较多义务的,离婚时有权向另一方请求补偿,另一方应当予以补偿。原告主张婚内家务劳动补偿没有法律及事实依据,故判决不予支持①。

在周某与高某离婚后财产纠纷中,因请求人不能证明其在婚姻期间“付出较多义务”,家务劳动请求权未能获得法院支持。江苏省徐州市中级人民法院二审时认为,“关于因照顾子女是否付出较多义务的问题……周某与高某均有工作,工作之外的时间,周某提供的证据不足以证明其因抚育子女付出较多义务。关于因照料老人和协助另一方工作,付出较多义务的问题,判定周某没有提供证据证实”。周某的上诉理由不成立,其上诉主张,不予主持②。

至于当事人双方自愿达成的家务劳动补偿给付协议或条款,则不受前述两个法定条件的限制。只要当事人双方经过平等协商,自愿签订的协议,对当事人双方均有约束力。例如,在上诉人朱某因与被上诉人陆某夫妻财产约定纠纷案[(2012)浙嘉民终字第458号]中,陆某与朱某经协商后,由朱某使用电脑打印离婚协议一份,协议约定:“……二、从本月起由陆某归还朱某的工资卡,住房公积金归朱某所有,每月朱某补给陆某生活费1500元。”朱某按上述协议约定补给陆某三个月的生活费合计4500元之后,朱某未再支付陆某生活费,陆某遂诉至原审法院。法院认为,关于离婚后生活费的约定并非朱某的赠与,而是一种家务劳动补偿。由于陆某在多年的婚姻生活中,抚养子女、赡养老人,付出很多,故约定朱某以分月给付陆某生活费的方式给予补偿。退一步说,即便认为关于生活费的约定是赠与条款,由于该条款与离婚协议是一个整体,不能单独撤销。在双方已登记离婚的

① 参见山东省青岛市李沧区人民法院民事判决书,(2019)鲁0213民初4613号。

② 参见江苏省徐州市中级人民法院民事判决书,(2020)苏03民终87号。

情况下,赠与财产的条件已经实现,故该赠与不能随意撤销和更改。

《民法典》生效之后,法院裁判家务劳动补偿请求权争议时,关注重点更在于夫妻一方是否履行了较多义务。《民法典》第1088条删除了夫妻实行分别财产制作为适用家务劳动补偿请求权的法定条件,将家务劳动补偿制度扩展适用于夫妻共同财产制,即离婚救济制度的范围在扩大。故现适用离婚经济补偿制度的条件仅为判断其是否为家庭付出了较多义务。

(二)关于补偿金额的确定

根据《民法典》第1088条规定,夫妻一方因抚育子女、照料老年人、协助另一方工作等负担较多义务的,离婚时有权向另一方请求补偿,另一方应当给予补偿。具体办法由双方协议;协议不成的,由人民法院判决。故给予补偿的数额和给付方式,应首先由双方协商确定;协议不成时,应由人民法院在查明夫妻一方多付出义务情况和双方各自财产状况的基础上,按照权利与义务对等的原则予以确定。具体来说,应斟酌以下两大因素:

1. 一方付出义务的多少。以一方付出较多家庭义务为前提,付出义务的多少自然是确定补偿数额的主要因素。这种根据付出家务劳动的强度和时间、协助对方工作的多少来确定补偿数额,实际上就是将家务劳动和协助工作的价值货币化、有形化。为此,可以将向市场购买同等工作量的家务劳动所需要的价格、雇用他人需要花费多少成本作为参考因素。少付出义务一方因之获得的利益不仅包括显性的、有形的财产价值,如收入、购置的房产等,而且包括隐性的、无形的可期待性利益,如文凭、执照、专业职称、尚未获得利益的知识产权等。在确定补偿数额时,既应考虑少付出义务的一方因而获得的有形财产价值,更应考虑因之获得的无形的可期待财产利益的价值。在《婚姻法》实施期间,离婚经济补偿是对夫妻分别财产制的修改,但是,在民法典时代,主要是对配偶一方超义务承担家务劳动的特别贡献与付出的肯定和鼓励。

2. 双方的财产状况及其经济能力。就将承担给付义务一方当事人而言,其财务状况好,支付能力较强或者强的,可以考虑适当补偿金额高一些;对于行使补偿请求权人而言,其经济条件较差或者差的,也可以考虑确定补偿金时适当高一些。

二、在学理框架内对相关问题的点评

离婚经济补偿制度的主要目的是均衡夫妻利益,肯定家务劳动的价值,救济家务劳动贡献者的离婚权益。通常在家庭中承担家务劳动的多为女性,所以在一定程度上蕴含了提高女性地位的意义,有利于促进男女平等,维护公平正义。

(一)关于离婚经济补偿针对事项内容的认识分歧

学术界的主要争议点在于法条中表述的在婚姻家庭生活中“负担较多义务”是否仅限于家务劳动。将法条中“义务”理解为仅指家务劳动的观点认为,家务贡献的内容包括抚育子女、照顾老人和协助另一方工作,即法条中列明的三点内容,离婚经济补偿制度又可称为家务贡献补偿制度；而主张此义务不仅限于家务劳动的学者认为，除法条中列明的三条内容外，还应包括协助配偶工作的义务，因此，现在离婚经济补偿制度是指夫妻不管实行何种财产制，只要是对家庭生活事务和配偶事业发展付出义务较多、贡献较大的一方，离婚时可以得到补偿的一种离婚救济制度。笔者赞同第二种观点，婚姻家庭内部关系中的劳动应该细化为两类，一是纯粹的家事劳动，在家庭生活中“从事家事劳动”，以琐碎具体的家庭日常事务为主，如扫地做饭、照看老人、孩子的生活起居等；二是直接帮助另一方工作的生产劳动，对其营业或职业予以协助。

（二）适用离婚经济补偿的条件

应同时满足下列四个条件：第一，无论夫妻双方婚后实行法定财产制还是分别财产制，家务贡献者都可主张离婚经济补偿。《民法典》第1088条删除了《婚姻法》第40条规定的家务劳动补偿制度应以“书面约定分别财产制”为前提的条件，主要原因在于现实生活中，大部分家庭是“夫妻共同财产制”，“书面约定分别财产制”这个前提条件极大地限制了家务劳动补偿制度的适用范围，使其缺乏可操作性。第二，适用主体。婚姻存续期间，在家庭生活中付出较多义务的一方，男女任何一方均可主张对方对其超义务承担的家务劳动进行补偿。根据《民法典》第1088条规定，包括但不限于抚育子女、照料老人、协助另一方工作等。该规定主要在于肯定家务劳动的价值，家务劳动不同于雇佣劳动，发生在家庭成员之间即夫妻双方，处于私领域，不产生直观可计算的价值，却对稳固家庭生活以及辅助另一方的工作产生了不可估量的作用。在实际上，承担家务劳动较多的是女性，所以，离婚时妇女请求男方补偿的更常见。第三，适用时间。在离婚时请求补偿，即包括协议离婚和诉讼离婚之时。如果在离婚之时，家务贡献一方没有主张自己的离婚经济补偿请求权，说明请求权人已处分了自己权利，意味着在婚姻存续期间以及达成协议离婚后或者法院判决夫妻双方离婚后，家务贡献一方都没有权利向对方请求补偿。除此之外，离婚经济补偿不以是否存在过错为要件，即无论为家庭付出较多义务一方是否存在过错，只要符合法律规定的要件即可以主张离婚经济补偿请求权。第四，当事人自愿协商。在不违反法律强行性规定和社会公序良俗原则下，离婚经济补偿以当事人之间的协商为主，协商内容包括但不限于离婚经济补偿中的评价家务劳动价值的计算方法和参考因素、补偿数额、补偿支付方式和期限等，若双方当事人未达成合意，再由人民法院判决离婚经济补偿的具体办法，这充分尊重了当事人的意思自治①。

三、本判例的裁判逻辑

本案例适用《婚姻法》第40条规定（《民法典》第1088条），针对周某要求补偿的诉讼请求，一审法院不予支持，是基于下列两方面理由：首先，因周某提供的证据无法证明在照

① 参见刘金依：《论民法典中离婚经济补偿制度的构建》，山东大学2020年硕士学位论文，第9页。

料老人、抚养子女、协助另一方工作等方面负担了较多义务。关于因照顾子女是否付出较多义务的问题,周某之姐出庭作证,欲证明其帮忙照顾、接送周某和高某之子。高某问:“上幼儿园基本是你接,是不是我送的?”周某之姐回答:“我一直都说是我接的,送的,我不清楚,与我无关,我可以不回答。”高某又问:“是不是上小学以后,你只是很偶尔接一下?”周某之姐回答:“你们没空,我就接,是不是你母亲接,我不清楚,这个我可以不回答。”根据上述内容,一审法院认为不能认定高某及其家人没有照顾双方之子。至于双方家人基于具体情况,可能有一方照顾较多,但尚不足以达到《婚姻法》第40条规定的“付出较多义务”。周某与高某均有工作,工作之外的时间,周某提供的证据不足以证明其因抚育子女付出较多义务。关于因照料老人和协助另一方工作,付出较多义务的问题,周某没有提供证据证实。其次,周某依法是应在判决离婚时提出家务劳动补偿请求,但未提出;离婚后才主张,不符合第40条规定的适用条件。

二审期间,双方均未提交新证据。二审法院经审理,对一审法院查明的事实予以确认。二审法院认同一审法院的说理,支持一审法院的判决。

四、本判例的意义

本判例的争议焦点在于原告提供的证据是否符合离婚经济补偿制度的适用条件。判决明确了《民法典》第1088条(原《婚姻法》第40条)规定的离婚经济补偿制度的内涵和适用条件,为之后相关案例法官自由裁量权的行使提供了衡量和参照因素。《民法典》扩大经济补偿制度的适用范围,在一定程度上鼓励了夫妻双方多在家庭中投入时间和精力,更多为家庭做贡献,增进家庭和睦。但是,有人认为,之后的适用是否应当对该法条作限缩解释?实践中,部分夫妻一方为全职家庭主妇,而另一方打工所得收入本就为夫妻共同财产,另一方承担补偿义务是否有违公平?在双职工家庭状态下,该制度是否具有合理性?此外,根据男女双方权利义务平等原则,夫妻双方都应注重自身的成长和保持经济独立。但是,女性因生理结构特点而承担着孕育、哺乳的生育责任,在特定时期易遭遇职场困局,加之社会中存在的“男主外、女主内”传统观念对女性的压迫等问题,这样的判决是否客观上产生又是一次“结婚劝退”效应?上述问题仍值得进一步关注、思考和研究。

五、后续判例和规范的发展

在《民法典》放宽适用离婚经济补偿制度的条件后,未来相关案件数量将会有所增加。在实践中,应该如何去确定个案中的补偿数额,需要法官不断积累经验,因为每个家庭都不相同,很难有统一的补偿标准,需要法官在《民法典》框架下合理合情合法地行使自由裁量权,考虑双方婚后共同生活的时间、女方/男方在家务劳动中具体付出的情况(时间、强度等)、女方/男方个人的经济收入及家庭收入情况、家务劳动的负面影响(如从事家务劳动一方因而失去工作的,可以参考原工作的收入情况)、当地一般的生活水平等因素。

2021年2月,北京房山区人民法院审理的全职太太离婚获得5万元家务补偿一案,成为明确支持家务补偿的"民法典第一案",其补偿数额以及补偿标准备受关注。此案让《民法典》关于"家务劳动补偿"的规定再次进入社会舆论视线。对此,专家和律师表示,家务劳动补偿恰恰是对家务劳动价值的认可,法律并非不鼓励"全职太太"或是"家庭煮夫"。随着民法典深入日常生活,未来此类案件会越来越多,因此有必要给出相对明确、可供参考的考量标准,如双方婚姻关系存续时间的长短、家务劳动的强度、双方的经济情况、当地的生活水平、一方承担家务劳动丧失的机会成本等,建立多维度补偿标准,以起到化解争议的作用。李秀华教授认为,家务劳动补偿制度是一个从社会性别视角切入而设计的制度。原婚姻法因为强调约定分别财产制而使该制度在具体适用时陷入"僵尸"条款困局。《民法典》第1088条取消了只有约定分别财产制下才能请求离婚家务劳动经济补偿的前置条件限制,强调任何承担较多家务的一方都有权在离婚时行使离婚家务劳动补偿请求权。这项制度的意义以法律形式肯定了家务劳动的价值,有利于鼓励家庭成员参与家务劳动,促进夫妻双方互相尊重,对平衡夫妻经济利益,维护家庭和谐稳定有着积极意义,充分体现了《民法典》性别平等、公平的原则。家务劳动价值体现的绝非简单的经济价值的确定,其综合考量因素包括但不止于:婚姻关系存续时间,投入家务劳动的时间等。家务劳动的负面影响如从事家务一方因而失去工作,同时因此丧失的机会与提升的可能性亦应包括。笔者非常赞同李秀华教授的观点。

又如,2021年年初,浙江台州法院已审结的杨某诉齐某离婚案。2018年1月,浙江台州的齐女士与杨先生结婚后一直在老家带孩子,丈夫在外地工作。2020年5月,夫妻双方因家庭琐事产生矛盾,杨先生诉至法院离婚,但被驳回。2021年3月,杨先生再次诉请法院离婚,齐女士要求杨先生从双方结婚之日起按每月5000元的标准补偿共计19万元。审理过程中适用了《民法典》中的家务劳动补偿制度,综合该案案情,一审法院认为,齐女士所要求的补偿款过高,应依法予以调整,一审判决准予杨先生和齐女士离婚,孩子由齐女士抚养,参照当地生活水平,杨先生每年支付抚养费8400元。同时补偿齐女士1.5万元。杨先生不服,提起上诉,台州市中级人民法院二审维持原判。①

笔者认为,夫妻一方特别是女方为家庭全身心的付出是一种专用性的投入,如全职抚育子女、赡养老人、照顾家人等,属于经济学上所谓的"沉没成本",即不可回收的成本,甚至会贬值或被淘汰等;如长期在家付出的一方,离婚后涉及回归社会等问题。而另一方在外工作打拼的付出,它属于通用性的投入,成本是可以回收的,甚至可保值或升值;如在外工作的一方,离婚后可继续享有之前的资源、人脉,身份地位不变,甚至会上升。故夫妻一方特别是女方全职从事家务劳动,对家庭贡献和付出巨大,甚至有很多无形的付出和牺

---

① 参见李照:《全职太太离婚提家务劳动补偿获判1.5万 专家呼吁明确考量标准》,载新京报网2021年6月21日,https://www.bjnews.com.cn/detail/162453416914844.html。

性，理应在离婚时得到更多一些经济补偿。当然，我们应更新理念，要高度关注和明确认知家务劳动是一种生产力，是有价值有尊严的劳动，是对家庭的贡献和付出，是值得充分尊重和肯定及受到法律的保护的。故对家务劳动进行补偿，既利于增进家庭和睦，益于维护家庭乃至社会稳定，助于促进婚姻和谐与性别平等，又是对夫妻双方利益的平衡和充分保障。同时，对家务劳动经济价值的评估应综合多方面因素考量，应建构多维度补偿标准。

078. 离婚时无住房一方有权请求经济困难帮助吗？*

许某诉胡某离婚纠纷案 ‖ 浙江省杭州市滨江区人民法院民事判决书，(2020)浙0108民初4394号

事实概要

原告许某与被告胡某于2017年7月经人介绍认识，于2018年3月办理了结婚登记手续，婚后生育一女。许某在女儿出生后辞职在家抚养小孩，2020年4月后重新就职。2019年11月，胡某向法院起诉要求与许某离婚，2020年2月以疫情期间双方无法外出参加该案开庭审理为由撤回起诉。2019年12月，许某带着女儿一起在外租房居住至今，在此期间女儿的生活费等均由许某支出。2020年10月，浙江大学医学院附属第一医院出具医疗诊断说明书，记载胡某患陈旧性肺结核，于2019年5月至2020年5月进行抗结核治疗。2020年1月，许某经医院诊断确认为患肺结核。

胡某婚前购买了坐落于杭州市滨江区太阳国际公寓的房屋一套，于2016年10月取得该房屋的不动产权证，登记为其单独所有，按揭贷款期限30年，原、被告婚后居住该房屋。胡某婚前还购买了坐落于浙江省乐清市城南街道××路666号甲花园房屋一套，于2015年5月取得该房屋的不动产权证，按揭贷款期限10年，该房屋一直由胡某父母居住。上述两套房屋的按揭贷款每月偿还本息共约35,000元，均来自胡某父母汇款至胡某银行账户。

许某于2020年10月诉至法院要求与胡某离婚，同时请求：第一，依法判令婚生女儿归原告抚养教育，由被告按月支付生活费人民币2500元直至婚生女儿能独立生活，其间婚生女儿所产生的教育费和医疗费，由双方据实各半承担；第二，依法分割登记在被告名下的两套房屋，判令上述两套房屋均归被告所有，由被告向原告支付上述两套房屋净值人民币500万元的50%折价款；第三，依法判令被告向原告支付经济帮助金人民币50,000元；第四，依法判令被告向原告支付精神损害抚慰金人民币20,000元等。

* 吴引引，浙江省律师协会秘书长。

| 判决要旨 |

1. 原、被告双方经过短暂交往后即登记结婚,婚后亦未建立起深厚的夫妻感情,双方均同意离婚,故对双方的离婚请求予以准许。

2. 父母与子女的关系并不因父母离婚而消除,鉴于双方的婚生女儿年尚幼,在双方分居后一直随原告生活,故确定原、被告离婚后仍随原告共同生活,由被告支付一定的子女抚养费。子女抚养费的标准,结合被告的收入、子女的日常所需、当地的生活水平等酌情认定为每月 2000 元,包括子女生活费、教育费、医疗费等费用,对原告主张的离婚后女儿所产生的教育费和医疗费,由双方据实各半承担之诉讼请求不予支持。当然,上述子女抚养费的判决不妨碍子女在必要时向父母任何一方提出超过判决原定数额的合理要求。

3. 对于原告许某主张分割的两套房屋折价款的诉请,法院认为案涉两套房屋均系被告婚前购买,婚前取得房屋产权证书,故该两套房屋不是双方的夫妻共同财产。对于婚后被告按月偿还的银行按揭贷款,庭审中双方均确认款项来源于被告父母,由于抵押贷款的房屋系被告个人所有,贷款的债务人明确为被告个人,故原告认为该贷款款项系被告父母对双方的赠与无事实根据,不予确认。由此,对原告主张的婚后还贷的增值利益为夫妻共同财产予以分割的请求,法院不予支持。

4. 对于原告许某主张的经济帮助,法院认为,原告分娩后一直在家带小孩,未出去工作;离婚后原告暂时需租房居住;在婚姻关系存续其间原告还患上了结核病,故被告应予以适当的经济帮助,对原告该项请求予以支持,被告胡某支付原告许某经济帮助金 50,000 元。

5. 双方分居期间,原告对婚生女儿尽了较大的抚养义务,从公平原则考虑,对原告已支出的子女抚养费用,应由被告适当予以补偿,法院酌情认定被告补偿原告 25,000 元。

6. 本案无证据证明被告是在明知自己患结核病的情况下传播该病给原告,且家庭成员间尤其是夫妻之间也有互相帮助、相互扶养的义务,故原告主张的精神损害赔偿于法无据,法院不予支持。

| 判例评析 |

离婚经济帮助制度是离婚救济制度的重要组成之一,它是指夫妻离婚时,一方生活确有困难,经双方协议或由人民法院判决,由经济条件较好的另一方给其适当的经济资助的制度。经济帮助旨在使离婚时生活困难的人,可以得到原配偶的经济帮助,以便在离婚后能够维持正常的生活需求。它不是夫妻间的扶养义务,体现了法律保护弱者原则,是实现损害与救济之间衡平的离婚救济制度之一。

一、既往相关判例与观点

关于离婚时的经济困难帮助，既往有很多法院审结的相关案例，这些判决表明不同法院判决结果并非完全一致。

甘肃省金昌市张某诉罗某离婚纠纷案中，罗某以患乳腺癌需治疗为由，要求张某给予生活补助款300,000元。金昌市金川区人民法院支持罗某关于生活困难帮助的请求，认为张某应给予帮助金20,000元。① 张某不服上诉至金昌市中级人民法院。二审法院维持了一审判决，认为张某具有相应的经济来源，而罗某患有重大疾病，没有生活来源，确属生活需要帮助，张某应当在夫妻离婚时给予一定的经济帮助②。

在江西省赣州市陈某诉谢某离婚纠纷一案中，原告提出其因患病导致生活困难，主张经济困难帮助15万元，一审法院结合原告的经济收入酌定被告给予3万元经济帮助。原告不服上诉，二审法院认为：综合双方实际经济情况和当地生活水平等因素，3万元可以维持上诉人基本生活水平，上诉人主张15万元经济困难无事实与法律依据，不予支持。③

在广西壮族自治区南宁市苏某诉韦某离婚纠纷案中，苏某主张其生活困难要求韦某给予其经济帮助，对此，一审法院和二审法院均不予支持。法院认为，根据婚姻法的规定，离婚时如一方生活困难，另一方应从其住房等个人财产中给予适当帮助；而婚姻法所称"一方生活困难"是指依靠个人财产和离婚时分得的财产无法维持当地基本生活水平。一方离婚后没有住处的，属于生活困难。本案在处理双方的共同财产时已经充分考虑照顾了苏某的权益，认定三套房屋归苏某所有，且无须苏某补偿相应价款给韦某，苏某在离婚后不会出现没有住房的情形，其依靠离婚时分得的财产足以维持南宁市的基本生活水平，且苏某具有劳动能力，不存在生活困难的情形。④

在江西省宜春市宋某诉孙某离婚纠纷案中，双方在婚姻期间居住的房屋系宋某在婚前购买，属于其婚前个人财产，应归宋某所有。离婚后，孙某无住所，且要抚养孩子，生活存在一定困难，宋某应给予孙某适当经济帮助。故法院判令宋某一次性支付孙某15,000元经济帮助。⑤

二、在学理框架内对相关问题的点评

在我国，该制度最早规定于1980年《婚姻法》，2001年修正《婚姻法》时，扩大了其适用范围；《民法典》婚姻家庭编再次对其进行了修改。1980年《婚姻法》第33条规定："离婚时，如一方生活困难，另一方应给予适当的经济帮助。具体办法由双方协议；协议不成

---

① 参见甘肃省金昌市金川区人民法院民事判决书，(2019)甘0302民初2115号。

② 参见甘肃省金昌市中级人民法院民事判决书，(2020)甘03民终31号。

③ 参见江西省赣州市中级人民法院民事判决书，(2017)赣07民终2538号。

④ 参见广西壮族自治区南宁市中级人民法院民事判决书，(2015)南市民一终字第158号。

⑤ 参见江西省宜春市中级人民法院民事判决书，(2014)宜中民一终字第188号。

时，由人民法院判决。”2001年《婚姻法》第42条规定：“离婚时，如一方生活困难，另一方应从其住房等个人财产中给予适当帮助。具体办法由双方协议；协议不成时，由人民法院判决。”《民法典》第1090条规定：“离婚时，如果一方生活困难，有负担能力的另一方应当给予适当帮助。具体办法由双方协议；协议不成的，由人民法院判决。”

经济帮助具有纯粹的资助性质。它不以申请人无过错为前提，也不以帮助者曾经少尽义务或具有过失为前提。经济帮助制度的有效实施，有助于消除或减轻婚姻关系中处于弱势的一方对离婚后生活的顾虑，有利于离婚纠纷的圆满解决，有助于实现真正的婚姻自由。

经济帮助不同于离婚时共同财产的分割、离婚时尽义务较多一方的请求补偿权。在离婚时，适用生活困难，应具备以下三个条件：

1. 适用时间条件。一方生活困难必须是离婚时已经存在的困难且须在离婚时提出经济帮助。离婚以后发生的困难或者离婚以后提出经济帮助的要求，都不受法律保障。

2. 请求帮助一方确有生活困难。生活困难，是指依靠个人财产和离婚时分得的财产无法维持当地基本生活水平。主要包括但不限于下列情形：(1)一方有残疾或患有重大疾病，完全或大部分丧失劳动能力，又没有其他生活来源；(2)一方因客观原因失业且收入低于本市城镇居民最低生活保障线；(3)其他生活特别困难的情形；(4)一方离婚后没有住处的。①

3. 提供帮助的一方有负担能力。也就是说，提供经济帮助的一方在满足自己的合理生活需要后有余力的，才帮助原配偶一方。向对方提供帮助的财产来源是自己的个人财产，包括法定个人财产、约定个人财产、从共同财产中分得的财产。帮助不限于金钱，可以是生活用品，还可以是房屋的居住权或房屋的所有权。但是，如果另一方也存在生活困难，无法提供帮助，不能强行要求其帮助。

三、本判例的裁判逻辑

本案中，原告与被告分居后因在杭州没有住房而一直在外租房居住。被告婚前购买的两套房屋属于婚前个人财产，贷款的债务人明确为被告个人，婚后偿还银行按揭的款项来源于被告父母而非夫妻共同财产，因此对该两套房屋的增值部分原告未能分得任何利益。原告事实上存在住房困难问题，属于无房户；而且原告自女儿出生即辞去工作，在家照顾孩子和家庭，没有收入；在婚姻关系存续其间，原告还患上了结核病，虽然没有证据能够证明结核病是由被告传染的，但治疗须支付较大的医疗费用，故原告符合经济困难的条

① 参见最高人民法院《婚姻法解释(一)》第27条规定：“婚姻法第四十二条所称‘一方生活困难’，是指依靠个人财产和离婚时分得的财产无法维持当地基本生活水平。一方离婚后没有住处的，属于生活困难。离婚时，一方以个人财产中的住房对生活困难者进行帮助的形式，可以是房屋的居住权或者房屋的所有权。”

件。同时,被告有稳定的工作和收入,在杭州市和乐清市拥有两套住房,经济条件相对较好,具有负担能力,因此对于原告提出的经济帮助要求,应当予以支持。离婚经济帮助制度承担着保障离婚时生活困难一方的基本生存利益的重要功能,可以说是离婚救济体系中的兜底条款①。

四、本判例的意义

《民法典》第1090条延续原婚姻法的有关规定,明确"离婚时,如果一方生活困难,有负担能力的另一方应当给予适当帮助。具体办法由双方协议;协议不成的,由人民法院判决。"实践中,具体适用经济帮助制度应当综合考虑双方的经济条件、生存能力、夫妻关系存续期间生活水平、双方年龄健康状况、子女抚养情况等来确定。如果离婚时一方具有劳动能力,仅暂时生活困难,另一方可给予短期的或一次性的经济帮助;如果一方年老体弱、病残或失去劳动能力,且没有生活来源,另一方应当给予必要的经济帮助。在经济帮助执行期间,受资助方另行结婚或经济收入已能够维持当地基本生活水平的,即可终止帮助。

现行法律已经摒弃了"离婚时无住房的,属于生活困难"的规定,也就是说一方离婚时虽然无住房,但不达到生活困难标准的,另一方可以不予经济帮助。当然,对于一方离婚时无住房的,另一方自愿以其个人所有的房屋的居住权或所有权对其进行帮助,现行法律并不禁止。如果以房屋居住权对生活困难的或者无住房的一方进行经济帮助,必须需要符合《民法典》物权篇第十四章居住权制度的有关规定。居住权属于用益物权,居住权的设立应符合以下三个条件:(1)应当采用书面形式订立居住权合同或者以遗嘱方式设立居住权;(2)应当向登记机构申请居住权登记,居住权自登记时设立,自期限届满或者居住权人死亡时消灭;(3)居住权不得转让、继承,除非双方另有约定,设立居住权的住宅不得出租。

可见,在离婚案件中,居住权的设立只能基于离婚当事人双方的合意。在双方没有达成一致意见的情况下,依现行法律,法院不能强制一方在自己所有的房屋上为经济困难一方设定居住权。如果仅有一套住房的当事人一方,既不愿意在其房屋上设立居住权,又无能力给予生活困难且无住房的另一方经济帮助,另一方就会陷入生活危机。因此,建议立法在婚姻法律规范与物权法律规范之间搭建互通桥梁,明确规定在特殊情况下,人民法院有权以判决的方式为离婚当事人在涉案住房上设立居住权。

---

① 参见最高人民法院民法典贯彻实施工作领导小组主编:《中华人民共和国民法典婚姻家庭编继承编理解与适用》,人民法院出版社2020年版,第326页。

第 七 章

离婚损害赔偿纠纷，离婚后财产、损害赔偿纠纷

079. 离婚损害赔偿的范围、金额和赔偿责任主体*

叶某、卢某离婚后损害责任纠纷案‖四川省成都市中级人民法院民事判决书,(2021)川01民终19532号

事实概要

卢某(女)与叶某(男)于2016年4月19日签订离婚协议书,其中载明"……六、精神补偿:鉴于男方要求离婚的原因,男方应一次性补偿女方精神损害费1,000,000元(大写:壹百万元整)。上述男方应支付的款项,男方可于2016~2025年每年12月31日支付女方100,000元(大写:壹拾万元整);如男方在2016~2025年发生支付困难的情况,可与女方协商,经女方同意后暂缓支付,暂缓支付时间由双方协商后确定;但男方必须在2025年12月31日前付清精神补偿金……七、违约责任的约定:任何一方不按照本协议约定期限履行支付款项义务的,应每天按照所付款项金额的1%付违约金给对方直至付清该款项。"同日,双方登记离婚。离婚后,叶某未按照离婚协议书的内容向卢某支付任何精神损害费。

卢某向成都市青白江区人民法院(以下简称青白江区法院)起诉请求:1.判令叶某按照离婚协议的约定向卢某支付精神损害费50万元;2.判令叶某向卢某支付因拖欠精神损害费应承担的违约金58,949.99元。获准立案受理,案由是"离婚后财产纠纷"。一审法院遂依据《民法典》第1076条,2017年《民事诉讼法》第64条、第142条,《民法典婚姻家庭编解释(一)》第69条,《适用民法典时间效力的规定》第1条第3款规定,判决:1.叶某于判决发生法律效力之日起十五日内向卢某支付精神损害费500,000元及违约金38,450元;2.驳回卢某的其他诉讼请求。

上诉人叶某(男)因与被上诉人卢某(女)不服青白江区法院(2021)川0113民初2328号民事判决,向成都市中级人民法院(以下简称成都中院)提起上诉。2021年9月22日获准立案。叶某上诉请求撤销青白江区法院(2021)川0113民初2328号民事判决,改判叶某向卢某支付精神损害费10万元。事实和理由:上诉人与被上诉人在婚姻关系存续期

---

* 蒋月,厦门大学法学院、马克思主义学院教授、博士生导师。

间,上诉人无重婚、与他人同居、实施家庭暴力、虐待、遗弃家庭成员的情形,离婚协议载明离婚原因是因婚姻经营不善导致夫妻感情破裂,没有载明上诉人有损害被上诉人的行为事实。离婚协议第6条载明如果上诉人在2016年至2025年间发生支付困难的情况,可与被上诉人协商,经被上诉人同意后暂缓支付,上诉人在庭审时向法庭说明离婚后的实际困难,但一审法院未考虑上诉人实际困难,判决显失公平。精神损失费100万元是受被上诉人逼迫而签订的显失公平条款。被上诉人卢某辩称:上诉人与被上诉人婚姻存续期间与案外人同居,上诉人过错导致双方离婚。上诉人与被上诉人于4月离婚,上诉人于当年6月便与案外人结婚,并且于9月举办了其与案外人生育的孩子满月酒。双方离婚时对于孩子的抚养及财产分割是在尊重双方意愿下签订的,无显失公平的情形,未违反法律、行政法规的规定。被上诉人叶某近期有一笔政府拆迁赔偿款,该赔偿款对象是双方在夫妻关系存续期间经营农场的地方,被上诉人有支付精神损害费的能力。请求二审法院维持一审原判,驳回上诉人的上诉请求。

二审期间,上诉人叶某向成都中院提交(2021)川0113民初1976号民事调解书,拟证明上诉人叶某的支付能力有限,其已承担其女儿的抚养费,无法承担精神损害。卢某质证认为,对该新证据真实性、合法性予以认可,但与本案没有关联性,两者是两个不同的法律关系。成都中院经审查认为,该新证据与本案无关联性,不予采信。二审审理查明的事实和证据与一审审理查明的事实和证据一致,成都中院依法确认一审审理查明的事实和证据。二审中,卢某称叶某与其在4月离婚,当年6月叶某与案外人结婚,确实办了叶某与案外人所生孩子的满月酒。叶某对卢某关于其离婚和再婚的陈述并未反驳,仅强调自己无婚内出轨。在庭审中,当审判员询问叶某其在与案外人结婚后的孩子是何时出生时,叶某以该问题与本案无关为由拒绝回答。据此,2019年修正的《民事诉讼证据规定》第4条规定:“一方当事人对于另一方当事人主张的于己不利的事实既不承认也不否认,经审判人员说明并询问后,其仍然不明确表示肯定或者否定的,视为对该事实的承认。”二审查明叶某在与卢某婚姻关系存续期间存在婚内出轨行为并致案外人怀孕的事实。

成都中院依法把该案件的案由从一审确立的“离婚后财产纠纷”变更为“离婚后损害责任纠纷”。引起本纠纷的法律事实发生在《民法典》实施以前,但该法律事实持续到《民法典》实施以后,且本案适用《民法典》的规定更有利于保护民事主体合法权益,更有利于维护社会和经济秩序,更有利于弘扬社会主义核心价值观,根据《适用民法典时间效力的规定》第1条、第2条规定,本案应当适用《民法典》的相关规定。

该案件争议焦点有二:一是叶某是否应当支付损害赔偿金;二是双方离婚协议中关于损害赔偿金的金额、支付方式、期限、违约金等内容是否适当。成都中院认为叶某的上诉请求不能成立,应予驳回;一审判决认定事实清楚,判决结果正确,应予维持。2021年12

月 3 日，成都中院依照《民事诉讼法》(2017 年)第 170 条第 1 款第 1 项规定，判决“驳回上诉，维持原判”。①

| 判决要旨 |

1. 叶某是否应当支付损害赔偿金？青白江区法院认为，完全民事行为能力人签署的协议，且内容不违反法律法规强制性规定的，对当事人双方具有约束力。叶某在签订离婚协议书时系完全民事行为能力人，对该协议书的内容亦是明知，其在协议书上签字即表示其同意该协议书中约定的全部内容。叶某现辩称协议书中关于精神补偿的约定不是其真实意思表示，但未提交证据证明其主张，亦未举证证明签订离婚协议书时存在欺诈、胁迫等情形，故对叶某的主张不予采纳。案涉离婚协议书不违反法律、行政法规的强制性规定，且离婚协议书签订当日即交由婚姻登记机关备案登记，双方当事人亦于同日办理了离婚登记手续，故该份离婚协议书合法有效，对双方均具有法律约束力，双方当事人应当按照离婚协议书的内容全面履行各自的义务。现卢某诉讼要求判令叶某向其支付 2016～2020 年应当支付精神损害费 50 万元，符合协议约定及法律规定，予以支持。根据双方签订的离婚协议书中关于精神损害费以及违约金的约定，因叶某未按协议履行给付义务，现卢某主张按照一年期贷款市场报价利率计算违约金至 2020 年 12 月 31 日止，符合法律规定。根据每年年底应支付的金额 10 万元为计数按照卢某起诉时即 2021 年 7 月的一年期贷款市场报价利率 3.85% 的标准计算违约金共计 38,450 元，故叶某应支付卢某违约金 38,450 元，对卢某的该项诉讼请求部分予以支持。

成都中院认为，根据《民法典》第 1091 条、最高人民法院《民法典婚姻家庭编解释(一)》第 86 条、第 89 条规定，本案中，叶某在婚内出轨并致案外人怀孕，导致其与卢某婚姻关系破裂，属于《民法典》第 1091 条第 5 项规定的“有其他重大过错”的情形，故卢某有权在离婚时请求叶某支付精神损害赔偿。双方就精神损害赔偿金的金额及给付等问题在离婚协议中进行了明确约定，根据《民法典》第 464 条的规定，本案关于精神损害赔偿金的约定可以适用《民法典》合同编的相关规定，因此，叶某应当按照离婚协议的约定向卢某支付精神损害赔偿金。

2. 双方离婚协议关于损害赔偿金的金额、支付方式、期限、违约金等内容是否适当？成都中院认为，本案当事人是完全民事行为能力人，双方离婚协议中关于精神损害赔偿金的相关内容，如支付的金额、期限和违约责任等，应当参照《民法典》合同编规定处理。本案中，没有证据证实双方签订离婚协议时存在欺诈、胁迫的情形，当事人也未请求撤销离婚协议相关约定，故应当按照双方离婚协议来确定双方的权利和义务。叶某提出双方签

① 参见四川省成都市中级人民法院民事判决书，(2021)川 01 民终 19532 号。

订的离婚协议书第 6 条载明如果叶某在 2016 年至 2025 年发生支付困难的情况,可与卢某协商,经卢某同意后暂缓支付的内容,一审法院未考虑其实际困难的意见。二审法院认为,叶某、卢某双方作为完全民事行为能力人,其根据自身真实意思表示签订离婚协议书,且该离婚协议书并无欺诈、胁迫等情形,现叶某与卢某并未协商一致更改协议的支付内容,则双方对协议的原内容负有全面履行的义务,叶某需根据协议在 2016 年至 2020 年支付卢某 50 万元精神损害费。叶某主张其为赡养父母被卢某逼迫离婚,精神损失费是其受卢某逼迫而签订的显失公平的条款,叶某没有提供任何证据证实上述主张,也没有提出撤销协议相关内容的诉讼,其此项主张不能成立,二审法院不予支持。关于叶某是否应当支付违约金以及支付违约金具体数额的问题,成都中院认为,叶某未按照离婚协议的约定支付精神损害赔偿金,其应当按照离婚协议的约定,参照《民法典》合同编关于违约金的相关规定支付违约金,一审法院根据本案实际情况判决叶某支付的违约金金额并无不当,二审予以支持。

| 判例评析 |

一、既往相关判例与观点

离婚后损害责任是指配偶一方违法行为侵害配偶对方的合法权益,其过错行为导致婚姻关系破裂,无过错方有权要求过错方承担的民事损害赔偿责任。《婚姻法》第 3 条第 2 款规定:"禁止重婚……"第 4 条规定:"夫妻应当互相忠实,互相尊重……"第 46 条规定:"有下列情形之一,导致离婚的,无过错方有权请求损害赔偿:(一)重婚的;(二)有配偶者与他人同居的;(三)实施家庭暴力的;(四)虐待、遗弃家庭成员的。"《民法典》第 1042 条、第 1043 条、第 1079 条、第 1091 条不仅保留了前述《婚姻法》相关规定内容,而且扩大了损害赔偿范围,增加了损害赔偿事由;第 1054 条新增设了一方过错导致婚姻无效或者撤销的,无过错另一方享有损害赔偿请求权。司法实践中,近十五年来,人民法院审结的离婚后损害赔偿纠纷案件数量可观,其中有涉及离婚损害赔偿的,有涉及离婚后获知子女非亲生而要求对方赔偿的,也有因原配偶一方有其他过错情形而请求损害赔偿的等情形。2007 年,我国获准离婚的夫妻对数首次突破 200 万对,达到 209.8 万对。[①] 此后年份继续逐年上升,到 2019 年依法办理离婚手续 470.1 万对,其中民政部门登记离婚 404.7 万对,法院判决、调解离婚 65.3 万对。[②] 随着离婚人数增加,通过诉讼请求法院判令配偶或原配

① 参见民政部:《2007 年民政事业发展统计报告》,载中华人民共和国民政部网,https://www.mca.gov.cn//n156/n189/index.html。

② 参见民政部:《2019 年民政事业发展统计公报》,载中华人民共和国民政部网,https://www.mca.gov.cn/images3/www2017/file/202009/1601261242921.pdf。

偶承担离婚后损害责任的纠纷也相应增多。

(一)关于涉及人身关系的损害赔偿约定是否有法律依据

关于这个问题,以《民法典》的生效为时间界限,可以划分为两个不同时期:《民法典》生效之前、《民法典》生效之后。法院对相关争议的裁判观点有较大差异。

1.《民法典》生效之前

在此阶段,围绕涉及人身关系的损害赔偿约定是否具有约束力,法学界和司法审判实践中,显然存在下列两种截然相反的意见:肯定观、否定观。

(1)基于夫妻有法律上的忠实义务,支持无过错方享有请求过错方损害赔偿请求权。在江某兵与陶某琼某离婚后损害责任纠纷案中,江某兵请求法院判令陶某琼赔偿损失17万元(2002年至2019年,以一年1万元损失计算)。重庆市云阳县人民法院认为,“在婚姻关系存续期间,夫妻之间互相忠实、互相尊重不仅是道德上的责任,更是法律上的义务”。陶某琼在与江某兵婚姻关系存续期间,又与刘某军在广东省中山市三乡镇大布村西安大街×号以夫妻名义共同生活,并于2006年5月8日生育刘某,构成重婚,违反了夫妻之间互相忠实的法定义务,给江某兵精神上造成了极大的伤害。因此,江某兵作为无过错方,要求陶某琼赔偿精神损害抚慰金的理由正当,一审法院予以支持。陶某琼辩称证人江某出庭作证证明对于陶某琼重婚,江某兵有不可推卸的责任,但不能足以证明江某兵对陶某琼的重婚有过错,一审法院不予采纳。根据2001年《民事侵权精神损害赔偿的解释》第10条第1款规定,精神损害赔偿的数额应根据各种因素确定。“根据陶某琼的过错程度、侵权行为所造成的后果以及本地的平均生活水平等因素,江某兵要求精神损害抚慰金17万元过高,一审法院对陶某琼应赔偿的精神损害抚慰金数额酌情确定为3万元,超出部分一审法院不予支持”。

江某兵不服重庆市云阳县人民法院(2019)渝0235民初5216号民事判决,认为一审判决陶某琼赔偿江某兵精神损害抚慰金3万元过低等,提起上诉。重庆市第二中级人民法院经审理,认为陶某琼在与江某兵婚姻关系存续期间与他人重婚的行为已影响到婚姻关系的存续,江某兵可以请求陶某琼赔偿其精神损害抚慰金。该案中,受理本案诉讼的重庆市云阳县人民法院根据当地的基本生活水平、江某兵因陶某琼重婚给其造成的精神损害后果、陶某琼的经济负担能力以及陶某琼重婚的过错程度等,重庆市云阳县人民法院作出的酌情支持精神损害抚慰金3万元的判决并无不当。江某兵上诉理由不能成立,二审法院不予支持,于2020年4月20日判决“驳回上诉,维持原判”。①

(2)夫妻忠实,是道义上的责任,不是法律义务。围绕法律上夫妻有无忠实义务问题,在从20世纪90年代中期开启修改1980年《婚姻法》讨论以后,肯定观点与否定观点一直

---

① 参见江某兵与陶某琼离婚后损害责任纠纷案,重庆市第二中级人民法院(2020)渝02民终343号民事判决书。

争论不休。即使2001年修正的《婚姻法》第4条明文规定了“夫妻应当相互忠实”，依然有观点主张夫妻在法律上无忠实义务。这种争论在一定程度上影响到了最高人民法院相关司法解释就有关问题的规定。例如，2001年《婚姻法解释（一）》第3条规定：“当事人仅以婚姻法第四条为依据提起诉讼的，人民法院不予受理；已经受理的，裁定驳回起诉。”按照这种否定意见，针对当事人签订夫妻忠实协议或者约定配偶一方过错导致离婚的，过错方应当赔偿或者补偿另一方若干金钱或者放弃部分甚至全部夫妻共同财产分割中应得份额；如果当事人双方就该约定效力发生争议时，部分法院选择支持反悔一方的立场，认为该类约定不具有约束力。《民法典婚姻家庭编解释（一）》第4条吸收保留了前述第3条，规定：“当事人仅以民法典第一千零四十三条为依据提起诉讼的，人民法院不予受理；已经受理的，裁定驳回起诉。”2021年1月1日起实施的新司法解释没有改变对该问题的立场。

不过，从涉及忠实（或者不忠）等过错赔偿约定争议的相关裁判文书统计看，越来越多法院认为，只要当事人双方签订协议时具有完全民事行为能力，基于自愿签订协议，协议条款内容不违反法律法规禁止性规定，且不损害他人利益的，应当对当事人双方具有约束力。

2.《民法典》生效之后：对当事人具有约束力

《民法典》实施后，有关身份关系的协议之效力，立法态度发生了重大变化，即《合同法》由原先排斥适用于身份关系约定之争，转为有条件地适用于身份关系约定争议。《民法典》第464条第2款规定，有关身份关系的协议适用有关该身份关系的法律规定；没有规定的，可以根据其性质参照适用合同编规定。据此，最高人民法院《民法典婚姻家庭编解释（一）》第69条第2款规定：“当事人依照民法典第一千零七十六条签订的离婚协议中关于财产以及债务处理的条款，对男女双方具有法律约束力。登记离婚后当事人因履行上述协议发生纠纷提起诉讼的，人民法院应当受理。”第70条规定：“夫妻双方协议离婚后就财产分割问题反悔，请求撤销财产分割协议的，人民法院应当受理。人民法院审理后，未发现订立财产分割协议时存在欺诈、胁迫等情形的，应当依法驳回当事人的诉讼请求。”从此，当事人针对夫妻忠实或者配偶一方过错行为导致另一方利益受损的，双方约定过错方应当赔偿或者补偿无过错方经济损害、精神损害的协议条款，原则上将对当事人双方具有约束力。

（二）是否应当支持针对婚外第三人的损害赔偿请求

司法实践中，不同法院对此问题的裁判观点存在明显分歧：多数法院持否定意见，但也有法院持肯定意见。

1.否定意见

在江某兵与陶某琼某离婚后损害责任纠纷案二审审理过程中，江某兵向重庆二中院提交追加被告申请书，要求追加刘某军为该案被告，并请求刘某军和陶某琼共同赔偿江某兵精神抚慰金15万元、经济损失2万元。重庆二中院认为，根据《婚姻法解释（一）》第29

条规定：承担《婚姻法》第46条规定的损害赔偿责任的主体，为离婚诉讼当事人中无过错配偶。本案系离婚后损害责任纠纷，离婚诉讼案件中的当事人为陶某琼与江某兵，故本案当事人应为陶某琼与江某兵，刘某军不是离婚损害赔偿的责任主体，其不应作为该案当事人。因此，法院对江某兵要求追加刘某军为本案被告的申请不予准许。①

在原告黄某1与被告文某、刘某离婚后损害责任纠纷案中，黄某1向成都市双流区人民法院（以下简称双流区法院）提出诉讼请求：（1）判令文某、刘某返还黄某1对非婚生子黄某3的抚养费50,000元；（2）判令文某、刘某赔偿黄某1精神抚慰金50,000元。双流区法院认定，黄某1（男）与文某（女）原系夫妻，共育长子黄某2，文某生育次子黄某3。2018年1月29日双方协议离婚，离婚协议书载明：婚后双方有两个儿子，长子黄某2监护权归男方，随男方生活并由男方承担一切费用；次子黄某3监护权归女方，随女方生活并由女方承担一切费用。2016年5月24日，刘某委托四川西南司法鉴定中心对刘某是否为黄某3生物学父亲进行鉴定，同年5月31日，该鉴定中心出具《四川西南司法鉴定中心亲子鉴定意见书》，载明：本次鉴定支持刘某是黄某3的生物学父亲。现黄某1认为文某与刘某故意隐瞒黄某3不是黄某1亲生孩子的行为给其造成巨大的经济和精神损害，导致黄某1抚养非亲生子多年，遂起诉维权。庭审中，文某、刘某对二人存在不正当男女关系无异议，对黄某3是二人所生的事实无异议。上述事实，有当事人身份信息、结婚证、离婚证、《四川西南司法鉴定中心亲子鉴定意见书》、情况说明、询问笔录及当事人的当庭陈述等证据在卷佐证。关于刘某是否是本案适格的被告，是否应当对黄某1承担赔偿责任的问题，双流区法院认为，“离婚后损害责任纠纷，其赔偿主体是解除婚姻关系的有过错一方当事人。离婚后损害赔偿解决的是配偶之间基于婚姻关系这一特殊身份关系的法律问题。本案中刘某虽然在明知文某已经结婚的情形下仍与文某保持不正当男女关系并生育一子的行为破坏了他人家庭和睦，应当受到惩罚，但刘某不是离婚后损害赔偿的主体，不应在本案中承担损害赔偿责任。故对黄某1要求刘某退还黄某3抚养费及赔偿精神抚慰金的诉请，本院不予支持”。②

2. 肯定意见

原告孙某甲诉被告余某、吴某离婚后损害责任纠纷案。孙某甲于2014年10月27日向湖北省钟祥市人民法院起诉，请求责令两被告赔偿原告精神损害抚慰金3万元等。钟祥市人民法院认为，“被告余某在与原告孙某甲夫妻关系存续期间，向原告孙某甲隐瞒真情与被告吴某通奸生育小孩，原告孙某甲受欺骗而抚养了非亲生女，两被告侵害了原告孙某甲的财产权和人格权，两被告应对原告承担侵权赔偿责任，并互负连带赔偿责任。原告孙某甲起诉要求两被告返还其支付的孙某丙的生活费、护理费，余某生小孩的手术费及孙

① 参见江某兵与陶某琼离婚后损害责任纠纷案，重庆市第二中级人民法院（2020）渝02民终343号民事判决书。

② 参见成都市双流区人民法院民事判决书，（2018）川0116民初3318号。

某丙的医疗费及赔偿其鉴定费、交通费、精神损害抚慰金符合法律规定，本院予以支持。孙某丙的生活费、护理费应比照湖北省城镇居民人均消费性支出 15,750 元/年及居民服务业在岗职工人均年平均工资收入 26,008 元/年，计算 18 个半月，金额分别为 24,281.3 元、40,095.1 元(计算到单位角)，对原告孙某甲主张的其他赔偿项目、过高损失及赔偿标准不予支持。本院已确认余某及孙某丙开支的医疗费用为 13,455.7 元(计算到单位角)，孙某甲开支的鉴定费为 1200 元，交通费为 500 元。上述损失合计 79,532.1 元。原告孙某甲因两被告的欺骗行为而遭受精神痛苦，致名誉受损，本院结合本地的生活水平及两被告给原告造成的损害后果，对精神损害抚慰金酌情支持 20,000 元”。被告余某、吴某答辩称诉状上孙某甲的签名不是本人签署，本案诉讼不是孙某甲的真实意思表示，其他任何人无权主张离婚后损害赔偿，故应驳回起诉。法院认为，经本院核实，签名虽系原告孙某甲之父代为签署，但原告孙某甲明确表示，本案诉讼系其真实意思表示，故对两被告辩称意见不予采纳。被告余某辩称原告孙某甲与孙某丙系继父女关系，原告孙某甲系自愿抚养，被告余某离婚后未分得财产，故无权要求其返还小孩抚养费及赔偿损失。原告及其母亲系欺骗其与孙某甲结婚，孙某甲存在婚姻法禁止结婚的情形，故精神损害抚慰金不应予以支持，并申请法院对原告孙某甲的身体、智能进行司法鉴定。法院认为，继父母系子女母亲或者父亲再婚的配偶，继子女系夫或者妻一方与前配偶所生的子女，被告余某称原告孙某甲与孙某丙系继父女关系于法无据。被告余某是否分得财产不是其应否返还抚养费及赔偿损失的抗辩事由，故对该抗辩意见不予采纳。被告余某未提交证据证明其抗辩主张成立，其申请对原告孙某甲的身体、智能进行司法鉴定，没有法律依据，法院不予支持。2015 年 1 月 21 日，钟祥市人民法院判决被告余某、吴某返还原告孙某甲的损失 79,532.1 元，赔偿其精神损害抚慰金 2 万元，被告余某、吴某互负连带赔偿责任。①

（三）离婚损害赔偿是否应包括财产损失

重庆市第二中级人民法院认为，根据《婚姻法》第 46 条规定，离婚损害范围并不是指因离婚而对一方配偶造成的损害，而是指配偶一方导致离婚的侵权行为对无过错配偶方所造成的损害。离婚的经济损失与离婚损害赔偿存在差别，通常情况下，对财产权的侵害导致受害人财产利益的损失，可通过赔偿损失、恢复原状等民事责任方式予以救济。本案中，江某兵一审的诉讼请求有判决陶某琼赔偿江某兵的损失 17 万元(2002～2019 年每年 1 万元的损失)；二审中的上诉请求有判决陶某琼赔偿江某兵精神抚慰金 15 万元；在追加被告申请中有陶某琼和刘某军赔偿其精神抚慰金 15 万元、经济损失 2 万元。在二审审理过程中，江某兵称其欠账 30 万元，包括其去广州等地方找陶某琼 10 年花费了 17 万～18 万元(含其食宿费、车费、车子油费、写材料的费用等)，余下的 12 万元左右为修建房屋所欠账。江某

① 参见湖北省钟祥市人民法院民事判决书，(2014)鄂钟祥民一初字第 00190 号。

兵主张的损失17万~18万元从表面看是其在主张陶某琼重婚过程中所遭受的物质损失，但其必要支出的费用显然不是为了弥补其精神的损害，也不属于离婚损害赔偿中应赔偿的财产损失的范围。因此，江某兵主张其找陶某琼用去的有关费用不属于离婚后损害赔偿的物质赔偿范畴，故本院对其主张陶某琼赔偿其经济损失2万元的请求不予支持。①

(四)关于请求权行使的诉讼时效

对于离婚损害赔偿请求权的行使时效问题，最高人民法院司法解释有专门规定。《婚姻法解释(一)》第30条规定："人民法院受理离婚案件时，应当将婚姻法第四十六条等规定中的当事人的有关权利义务，书面告知当事人。在适用婚姻法第四十六条时，应当区分以下不同情况：……(二)符合婚姻法第四十六条规定的无过错方作为被告的离婚诉讼案件，如果被告不同意离婚也不基于该条规定提起损害赔偿请求的，可以在离婚后一年内就此单独提起诉讼……"离婚时，夫妻一方一并提出离婚损害赔偿请求，此为行使离婚损害赔偿请求权的最常见情形；但是，如果夫妻一方，特别是不同意离婚的被告在离婚纠纷处理时，未明确主张离婚损害赔偿的，在离婚生效后的一年内依然有权请求过错方承担离婚损害赔偿责任。

例如，原告王某与被告李某离婚后损害责任纠纷。王某诉称：其与李某原是夫妻关系，于2011年4月19日，经北京市第二中级人民法院判决双方离婚。在婚姻关系存续期间，表面上夫妻关系非常融洽，但是，在李某提出离婚期间，原告发现李某与多人存在第三者关系，由于李某不守妇道，违背了夫妻间相互忠诚的义务，故诉至法院，要求李某赔偿其精神损害费3万元。李某辩称：不同意王某的诉讼请求。其与王某离婚的原因是长期分居、性情不和、感情破裂，没有过错之说；本案中王某的诉讼请求是经生效的离婚判决书已经确定过的事实；本案已超过了1年诉讼时效，请求驳回王某的诉讼请求。北京市朝阳区人民法院认为："离婚后损害赔偿责任纠纷，无过错方作为原告向人民法院提起损害赔偿请求的，必须在离婚诉讼后一年内提出。王某表示在离婚诉讼时因超过举证时限，故法院对其主张不予采纳，李某亦对此表示认可。双方解除婚姻关系时间为2011年4月19日，王某于2012年4月13日向本院邮寄起诉书及相关证据材料，并未超过离婚判决书生效后一年的诉讼期间，故对于李某称王某之诉讼请求已经生效的离婚判决书确定，且本案已经超过了1年的诉讼时效之抗辩理由，本院不予采纳"。②

二、在学理框架内对相关问题的点评

(一)离婚损害赔偿范围

最高人民法院《婚姻法解释(一)》第28条规定：《婚姻法》第46条规定的"损害赔

---

① 参见江某兵与陶某琼离婚后损害责任纠纷案，重庆市第二中级人民法院民事判决书，(2020)渝02民终343号。

② 北京市朝阳区人民法院民事判决书，(2012)朝民初字第16241号。

偿”，包括物质损害赔偿和精神损害赔偿。涉及精神损害赔偿的，适用最高人民法院《民事侵权精神损害赔偿的解释》有关规定。

1. 关于物质损害赔偿。请求权人应当证明损失与过错人的过错行为之间存在因果联系。例如，再审申请人陈某因与被申请人韩某离婚后损害责任纠纷中，陈某不服湖南省常德市中级人民法院（2018）湘07民终89号民事判决，向湖南省高级人民法院申请再审。陈某再审请求：撤销湖南省常德市中级人民法院上述民事判决，改判被申请人承担再审申请人医疗费用或生活经济补偿费用10万元。事实和理由：再审申请人与被申请人结婚后，曾对申请人实施掐脖子、逼迫申请人离婚并书写离婚协议书的行为，申请人于2011年9月26日确诊为精神分裂症后，被申请人对申请人采取抛弃和遗弃态度。湖南省高级人民法院经审查认为，本案为离婚后损害赔偿纠纷。离婚损害赔偿的构成要件包括：一是夫妻一方具有主观上的过错；二是过错一方存在妨害婚姻家庭关系的违法行为，包括重婚、有配偶者与他人同居、实施家庭暴力和虐待、遗弃家庭成员四种情形；三是请求权人有遭受损害事实存在；四是过错行为与损害事实具有因果关系，并且最终导致夫妻双方离婚的。《民事诉讼法解释》第90条规定：“当事人对自己提出的诉讼请求所依据的事实或者反驳对方诉讼请求所依据的事实，应当提供证据加以证明，但法律另有规定的除外。在作出判决前，当事人未能提供证据或者证据不足以证明其事实主张的，由负有举证证明责任的当事人承担不利的后果。”本案中，陈某提出损害赔偿诉讼请求，主要是基于陈某认为韩某在婚姻关系存续期间对陈某实施了家庭暴力，并造成陈某患精神分裂症。从离婚损害赔偿的构成要件和上述法律规定来看，再审申请人陈某请求韩某赔偿50,000元，则不仅应当举证证明陈某患有精神分裂症这一损害事实存在，还应当举证证明韩某在婚姻关系存续期间存在家庭暴力以及陈某所患精神分裂症与韩某的家庭暴力之间存在因果关系，并且最终导致夫妻双方离婚。陈某在原审中提供的证据仅能证明陈某患有精神分裂症这一损害事实，在陈某未能提供其他证据的情况下，原一审、二审法院认定陈某的举证不足以证明韩某在婚姻关系存续期间存在家庭暴力，亦不足以证明陈某所患精神分裂症系韩某家庭暴力所致，对其损害赔偿请求不予支持并无不当。综上，申请人陈某的再审申请理由均不能成立，法院不予支持。2018年10月23日，湖南省高级人民法院依法裁定驳回陈某的再审申请。[①]

2. 精神损害赔偿。只要无过错配偶一方或原配偶一方证明另一方存在《民法典》第1091条规定的五类过错情形之一，[②]精神损害就可以成立，无须专门举证证明。此乃人性的结果或者人之常情，包括夫妻一方或者原配偶一方实施了重婚、与他人同居、家庭暴力、

① 参见湖南省高级人民法院民事裁定书，（2018）湘民申1416号。

② 在《婚姻法》生效期间，则是该法第46条规定的过错情形之一。

虐待或者遗弃家庭成员以及有其他重大过错的,这些无疑会对另一方造成精神创伤。

(二)离婚损害赔偿金是否可以事先约定

针对此问题,法学界的意见分歧明显。

肯定观点认为,一方面,签约当事人双方均具有完全民事行为能力,对其行为后果有清晰预知。另一方面,该类协议具有合同有效要件;形式和内容均不违反法律禁止性规定,且未损害他人利益,若生争议,指向明确,司法能够裁判,于法于理均应当有效,对当事人双方具有约束力。笔者赞同肯定观点。

否定观点主张,不应赋予该类协议条款具有法律效力。这类协议发生在夫妻之间,针对的是婚姻忠实与不忠实问题。但是,一方面,在法律上,夫妻并无法定忠实义务,该类高额赔偿金协议条款限制了当事人人身权;另一方面,损害赔偿金事先约定与损害赔偿法法理不吻合,此类协议不能强制执行,若赋予该类协议法律效力,将可能有损社会善良风俗。

(三)关于损害赔偿金额的确定

1.确定损害赔偿金时应考虑的主要因素。重庆二中院认为,在确定精神损害抚慰金的赔偿数额时,应从以下三个方面考虑:一要考虑赔偿数额应当能够抚慰婚姻无过错方所受到的心灵上的创伤和精神上的痛苦,且要以受理诉讼的人民法院所在地的基本生活水平为准;二要考虑过错方的经济负担能力,体现出对过错方的有效制裁;三是考虑过错方侵害的过错程度、手段、场合、后果和影响等具体情节确定其赔偿责任,以保护婚姻当事人的合法权益。①

孙某与付某离婚后损害责任纠纷案。针对责任承担的问题,四川省都江堰市人民法院认为,根据《侵权责任法》第6条第1款规定:"行为人因过错侵害他人民事权益,应当承担侵权责任。"第26条规定:"被侵权人对损害的发生也有过错的,可以减轻侵权人的责任。"本案中,孙某与付某曾系夫妻关系,在夫妻关系存续期间,双方因家庭琐事发生纠纷,最终导致孙某受伤,在此纠纷中,双方均存在一定过错。本院酌情付某应对孙某的受伤承担80%的责任,孙某自行承担20%的责任。②

2.赔偿标准。以孙某与付某离婚后损害责任纠纷案为例,四川省都江堰市人民法院认为,孙某的户籍地虽未在城镇,其受伤时也没有工作,但在婚姻关系存续期间的常住地系城镇,故应按照城镇标准进行计算。同时,根据2003年《人身损害赔偿解释》第35条规定,本解释所称"城镇居民人均可支配收入""农村居民人均纯收入""城镇居民人均消费性支出""农村居民人均年生活消费支出""职工平均工资",按照政府统计部门公布的各

---

① 江某兵与陶某琼离婚后损害责任纠纷案,重庆市第二中级人民法院民事判决书,(2020)渝02民终343号。

② 参见四川省都江堰市人民法院民事判决书,(2020)川0181民初2019号。

省、自治区、直辖市以及经济特区和计划单列市上一年度相关统计数据确定。"上一年度"是指一审法庭辩论终结时的上一统计年度。本案中,辩论终结前新标准已公布,故本院依法向原告进行释明后应当适用 2019 年度最新统计标准。[①]

3. 具体赔偿项目。在孙某与付某离婚后损害责任纠纷案中,因损害事实发生在婚姻关系存续期间,夫妻共同财产混同,孙某主张的住院期间的医疗费、护理费、住院伙食补助费、营养费、交通费、鉴定费已经在婚姻关系存续期间得以解决,故本院对上述费用不予支持。但就残疾赔偿金、被抚养人生活费、精神抚慰金而言,其主张应得到相应支持。(1)残疾赔偿金。根据四川福森特司法鉴定所出具的鉴定意见,残疾赔偿金确认为 72,308 元(36,154 元/年 ×20 年 ×10%)。(2)被抚养人生活费。孙某离婚后,仍对其婚生子魏某有一半的抚养义务,离婚时魏某已年满 14 周岁,故应为(25,367 元/年 ×4 年 ×10% ÷2 人)= 5073.40 元。(3)精神损害抚慰金。根据《侵权责任法》第 22 条"侵害他人人身权益,造成他人严重精神损害的,被侵权人可以请求精神损害赔偿"之规定,孙某因家庭琐事与付某发生纠纷,导致孙某受伤,客观上对其造成了精神损害,原告主张精神损害抚慰金,于法有据,本院予以支持。本院酌情认定精神损害抚慰金 3000 元。以上各项费用合计为 80,381.40 元,故付某在其过错范围内应承担相应的赔偿责任,赔偿金额为 80,381.40 × 80% =64,305.12 元。[②]

(四)赔偿责任主体

对于离婚当事人或者原配偶是离婚损害赔偿责任主体,原则上无争议。在婚姻关系存续期间,夫妻任何一方实施了《婚姻法》第 46 条规定的行为之一,在《民法典》生效后,具有第 1091 条规定的情形之一的,无过错配偶有权要求过错方承担离婚损害赔偿责任。

但是,对于明知对方有配偶依然与之保持不正常男女关系甚至同居、重婚的第三人,是否属于离婚损害赔偿的责任主体,学术观点和裁判意见都不尽相同。

三、本判例的裁判逻辑

本案不同于其他同类案件的,是离婚损害赔偿中的精神补偿金额、支付期限是双方在离婚协议中明文约定的,而且总金额达 100 万元。

一审、二审的两级法院在确认上诉人叶某在婚内出轨并致案外人怀孕而导致其与卢某婚姻关系破裂之事实基础上,判令叶某履行离婚协议约定的损害赔偿金支付义务。

一审法院是以当事人双方签署协议时具有完全民事行为能力,协议内容不违反法律法规强制性规定的基础上,认定该协议对当事人双方具有约束力。叶某辩称协议书中关于精神补偿的约定不是其真实意思表示,但未提交证据证明其主张,亦未举证证明签订离

① 参见四川省都江堰市人民法院民事判决书,(2020)川 0181 民初 2019 号。
② 参见四川省都江堰市人民法院民事判决书,(2020)川 0181 民初 2019 号。

婚协议时存在欺诈、胁迫等情形，故对叶某的主张不予采纳，依法判令叶某承担履约责任。

二审法院是确认叶某的出轨并婚外育子的行为属于《民法典》第1091条第5项规定的"有其他重大过错"的情形，原配偶卢某有权在离婚时请求叶某支付精神损害赔偿。同时，根据当事人双方离婚时明确约定了精神损害赔偿金的金额及给付等，根据《民法典》第464条规定，本案关于精神损害赔偿金的约定可以适用《民法典》合同编的相关规定，因此，叶某应当按照离婚协议的约定向卢某支付精神损害赔偿金。

从样本案例民事判决书的内容看，在一审、二审中，叶某均未主张损害赔偿金额过高，而是提出其因为需要抚养子女而无支付能力，但是，一审、二审法院未采信该辩解。诚如一审法院的判决理由所述，叶某、卢某都是具有完全民事行为能力的人，既然明知行为后果，依然同意签约离婚协议，就应当受到该协议约束。如果离婚之后，承担给付义务一方可以随意推翻协议，转而不履行约定的赔偿金给付义务，对原配偶另一方无疑是不公平的，因为离婚协议是就是离婚与否、子女抚养、财产分割和损害赔偿等与离婚相关事项达成的"一揽子"协议。

四、本判例的意义

诚信原则是《民法典》确立的民事主体从事民事活动应遵循的八大原则之一。当事人应当秉持诚实，恪守承诺。古语亦云"一诺千金"。离婚协议中，基于当事人双方自愿，可以就离婚损害赔偿或补偿进行约定，载明赔偿金或者补偿金的金额、币种、支付方式、支付期限、支付地点、违约责任等相关事项。在样本案例中，当事人双方不仅约定了一方给付义务，而且约定了违约责任。诉讼中，法院支持违约方不仅应当履行本金给付义务，而且应当承担违约金给付义务。

五、后续判例和规范的发展

查询"中国裁判文书网"等法律专业数据库，可以搜索到大量离婚后损害赔偿案例。这类案件争议主要涉及下列几方面：第一，是否存在一方当事人应当承担损害赔偿责任的法定事由；第二，请求人主张的赔偿金额是否合理或者有依据；第三，是否超过了诉讼时效？诚然，关键问题是主张损害赔偿责任一方能否完成举证责任。

（一）请求原配偶承担离婚后损害责任纠纷：关键在于是否有证据证明对方当事人具有法定过错？

匡某申请再审称有两段录音证据证明张某1在离婚前曾经明确承认与奸夫同居事实，原审法官却不予采信，一审、二审判决认定事实不清，证据不足，适用法律错误。故申请再审，依法公正审理。张某1则称，申请人提交的证据不能证明其出轨、存在过错，我无论是在庭上还是庭后提交的书面质证意见均不认可该录音的证明目的，已完成质证。本案一审、二审认定事实清楚，判决结果正确。

北京市高级人民法院经审查认为，当事人对自己提出的诉讼请求所依据的事实或者反驳对方诉讼请求所依据的事实有责任提供证据加以证明。

“现匡某主张张某1存在婚内出轨行为并给其造成精神损害，其应当对此提供证据加以证明。首先，匡某提交的诊断证明系双方离婚后取得，无证据证明该诊断结果与离婚之间具有因果关系。其次，一审法院调取的相关出警记录亦系双方离婚之后发生，难以佐证匡某的主张。最后，匡某虽提交了录音证据，但录音内容对匡某所主张事实表述含糊，仅依据录音难以认定张某1存在出轨行为。加之匡某在与张某1离婚诉讼中曾明确表示两人感情基础良好，故综合考量本案实际情况及现有证据，匡某要求张某1赔偿精神损害赔偿金并书面赔礼道歉的请求缺乏相关事实及法律依据。匡某称审判程序违法一节，缺乏事实依据，本院对此不予采信”。法院根据查明事实所作判决并无不当，判决认定事实清楚，适用法律正确。匡某申请再审的理由不能成立。裁定依法驳回匡某的再审申请。①

（二）张某1与彭某离婚后损害责任纠纷：是否存在损害赔偿30元约定？

张某1请求法院判令前配偶彭某承担离婚后损害赔偿责任。事实和理由：

彭某与张某1原系夫妻关系，双方于2016年5月24日在河北省张家口市赤城县登记结婚。双方婚姻关系存续期间，彭某与他人同居，属于导致婚姻关系解除的过错方，应当承担赔偿责任。张某1提交的证据显示，彭某系基于与张某1沟通时婚内存在过错的前提下，承诺向张某1给付30万元且已实际履行，故双方已经就过错、赔偿问题达成一致意见，对于未支付部分，彭某应当继续履行。

一审法院查明该案中，首先，张某1提供的双方短信聊天记录并未明确写明30万元是精神损害赔偿金。其次，双方在离婚协议书中虽载明离婚原因为男方存在婚外情并公开与他人同居，导致两人感情破裂，但是，亦对子女抚养、财产分割、债权债务的处理进行了明确的约定，男、女方意见处亦有双方手写“我自愿离婚，完全同意本协议书的各项安排，亦无其他不同意见”字样，且有双方各自签名捺印。最后，张某1提供的证据不足以证明彭某与婚外异性不以夫妻名义持续、稳定地共同居住。综上，张某1以离婚后损害责任纠纷为由要求彭某支付损害赔偿金的诉讼请求缺乏依据，一审法院不予支持。北京市怀柔区人民法院（2021）京0116民初3862号民事判决书，判决驳回张某1的诉讼请求。

张某1不服一审判决，提起上诉。二审法院经审理查明的事实与一审法院一致。北京市第三中级人民法院认为，本案为离婚后损害赔偿纠纷。“核心争议焦点双方是否存在30万元的赔偿约定，就此双方存在争议，张某1认为由于彭某在婚姻关系存续期间存在婚外情、公开同居等行为，双方存在彭某赔偿其30万元的约定；彭某表示双方并未达成30万元赔偿的协议。根据查明的事实，张某1主张双方存在上述赔偿约定的主要证据就是微

---

① 参见匡某与张某离婚后损害责任纠纷再审审查与审判监督案，北京市高级人民法院民事裁定书，（2022）京民申3148号。

信聊天记录,但是孤立地按照上述聊天记录认定双方存在上述协议在证据上明显不足。同时,上述聊天记录亦均发生在双方签订离婚协议之前,在该双方的离婚协议中亦明确离婚原因为男方婚外情,公开同居等,但是对于张某 1 主张的上述 30 万元的赔偿约定并未提及。在双方离婚后,张某 1 再以此为由提出赔偿请求,在证据上明显不足,亦缺乏相应的事实和法律依据”。二审法院依法判决驳回上诉,维持原判。①

(三)涉及诉讼时效的案例

在周某与张某离婚后损害责任纠纷中,周某主张在婚姻存续期间,张某对婚姻不忠,此系直接导致周某与张某感情破裂直至离婚的根本原因,张某给周某带来的情感伤害无法估量且一直持续,伤害了周某的亲子关系,周某的诉求符合离婚后损害赔偿所应具备的要素,未超过诉讼时效。张某则不同意。一审法院认为,当事人对于自己提出的主张有责任提交证据证明。本案中,通过周某提交的证据不足以证明其符合法律上关于主张损害赔偿的法定要件;且其于婚内 2016 年 8 月即知道张某与他人聊天记录一事,但其在双方协议离婚时,即 2017 年 9 月未向张某主张损害赔偿一事,离婚协议书中对此并无约定,周某于双方离婚后的 2021 年 4 月提起该项请求,其起诉已超过诉讼时效期间。综上,法院对于周某的诉讼请求不予支持。周某不服一审判决,提起上诉。北京市第一中级人民法院二审时认为,本案中,周某提交的证据不足以证明张某存在过错行为导致其精神受到损害,未提交充分证据证明其符合法律规定的主张损害赔偿的情形。对于涉案事实,周某于婚内即知晓,且与张某于 2017 年 9 月 19 日在民政部门协议离婚,未主张损害赔偿亦未在离婚协议书中对此约定。周某在协议离婚多年后提起离婚后损害责任纠纷诉讼。一审法院在现有证据基础上,综合考虑全案,对周某的诉讼请求不予支持,并无不当。周某的上诉主张,缺乏事实和法律依据,本院不予支持。驳回上诉,维持原判。②

---

① 参见北京市第三中级人民法院民事判决书,(2021)京 03 民终 15679 号。

② 参见北京市第一中级人民法院民事判决书,(2022)京 01 民终 3060 号。

080. 离婚协议履行过程中，协议变更行为的认定标准以及是否可撤销？*

上诉人韩某某与被上诉人柯某1、原审第三人柯某2、柳某某离婚后财产纠纷案‖福建省厦门市中级人民法院民事判决书，(2020)闽02民终945号

事实概要

韩某某与柯某1于2013年5月登记结婚。2017年4月，二人协议离婚并向婚姻登记处申办离婚登记获准。离婚协议书中约定"车牌号：闽D×××××，蓝色英菲尼迪归男方所有，贷款由女方负责偿还，贷款偿清后女方过户给男方"等。该车辆登记在柯某1名下。该离婚协议书经婚姻登记处备案。2017年7月，韩某某向柯某1发送短信："我准备离开厦门，车我还给你"，"其他的你出钱买的，我都不要，给我买的我先想办法折现"，"结婚四年，的确你付出了很多，相对我并没有给到你什么，这段婚姻里你是对的，只不过没遇到对的人，以后，祝你幸福，我也离开厦门，脱离这个环境，如果还能互相祝福，你一定会越来越好，我继续走我自己的路"。上述短信息经公证处进行证据保全。柯某1于2019年1月实际占有并使用该车辆。

韩某某提起本案离婚后财产纠纷，其诉讼请求之一是请求判令柯某1立即向韩某某交付上述车辆并配合办理车辆登记过户手续；判令柯某1向韩某某支付车辆使用费暂计5000元。其理由是：2017年7月发送的上述短信息不是其真实意思表示，即使该短信息是其真实意思表示，亦只是赠与的意思表示，其从未向柯某1交付该车辆，其有权撤销赠与。车辆系柯某1在其不知情的情况下通过更换钥匙盗取并占有的，故该车辆仍应归其所有，应由柯某1交付给其。

柯某1答辩认为：在离婚协议签订后不久，韩某某在短信中已经明确作出了同意将案涉车辆所有权转移给柯某1、放弃案涉车辆的所有权的意思表示，该意思表示合法有效，柯

---

* 陈丽英，福建省厦门市中级人民法院审监庭副庭长、四级高级法官。

某1也当即作出了承诺性质的表示，故双方之合意构成对离婚协议书中相关内容的有效变更及补充。案涉车辆的登记所有权人始终是柯某1，故只要韩某某作出了转移所有权的意思表示，无须再行办理登记手续，车辆的所有权即已经归属于柯某1。在车辆所有权人是柯某1的情况下，韩某某主张柯某1构成盗窃，既没有提交任何的刑事立案的证据，也没有任何事实依据，是对柯某1的诬蔑，人民法院对于明显不存在的虚假事实无须调查取证。韩某某主张其作出的真实意思表示只是赠与，没有任何事实与法律依据。该案件争议焦点：离婚协议履行过程中，一方明确表示将协议约定由其所有的财产权属归另一方所有的，是属于“赠与”还是“离婚协议的变更”？是否可撤销？

一审法院判决驳回原告韩某某的该项诉讼请求。韩某某不服一审判决，提出上诉，主张一审为柯某1取得车辆的证据系程序违法，并要求二审予以调取该证据。二审法院维持原判。

判决要旨

一审法院经审理认为：韩某某称短信是在其非正常情绪下发送，并非韩某某的真实意思表示，且事后双方未实际履行，即便认为意思表示真实也属于赠与，双方均未履行车辆的交付，事实上也属于对赠与的撤销。首先，意思表示不真实是指行为人表现于外部的意志与其内心的真实意志不一致，即行为人表示要追求的某种民事后果并非其内心真正希望出现的后果，包括受胁迫、欺诈、虚假表示、重大误解、显失公平等，而韩某某所谓“非正常情绪”不属于法律规定的意思表示不真实情形。其次，车辆属动产，其所有权随交付而转移。本案中，先有韩某某以短信方式明确向柯某1表示该车辆可归柯某1所有，后有柯某1实际对该车辆占有并使用，加之诉争车辆始终登记在柯某1名下而未发生权属变更登记，故一审法院认定诉争车辆的所有权应属柯某1所有。韩某某关于车辆未发生交付的主张缺乏证据支持。退言之，即便如韩某某所述，柯某1系自行取得车辆，柯某1基于韩某某意思表示而自取车辆的行为，亦可视为双方对动产的交付，韩某某并无向柯某1主张交付车辆及使用费的请求权基础。二审法院经审理认为：厦门市思明区民政局婚姻登记处备案的双方当事人离婚协议书中约定该车辆归韩某某所有、待贷款还清后由柯某1过户给韩某某。2017年7月12日韩某某向柯某1发送短信表示该车辆要还给柯某1，此时，车辆尚登记在柯某1名下，离婚协议书尚在履行过程中，韩某某作出该车辆权属归柯某1的意思表示，系对正在履行的离婚协议书中约定的财产权属作出变更的意思表示，属于对夫妻共同财产的自由处分，其主张该意思表示为赠与，缺乏事实和法律依据，而其主张其所发的短信不是其真实意思表示的理由亦不足，一审判决未予采信其相关抗辩，并无不当。柯某1是该车辆登记的权属人，韩某某同意将该车辆归柯某1所有后，柯某1有权取得并使用该车辆，柯某1取得该车辆是否经韩某某同意，并不影响该车辆权属的认定，若柯某1在取得该车辆过程中与韩某某存在其他纠纷，双方应另行处理；一审判决认定该车辆归柯某1所有并无不当，韩某某主张一审未予调取柯某1系取得该车辆的证据系程序违法，理由不足，不予支持，其于二审期间仍要求法院调取该证据，理由不足，不予准许。

｜判例评析｜

一、既往相关判例与观点

经类案检索，涉及离婚协议履行的离婚后财产纠纷中，一方诉至法院要求另一方按离婚协议书约定履行的判例较为常见，涉及离婚协议履行中发生协议内容变更的判例较少，本文选取两件较为典型判例具体分析如下：

案例1：谢某与赵某1离婚后财产纠纷。① 该案系离婚协议履行过程中，双方当事人经协商签订了协议书，部分变更了原离婚协议的内容，双方就协议书的效力及履行发生了纠纷。广西壮族自治区南宁市邕宁区人民法院审判该案的主要观点与理由如下：谢某、赵某1签订离婚协议书时，约定邕宁区某房屋的“房屋所有权”归赵某1所有。后谢某、赵某1自愿签订协议书，变更约定为该房“房屋所有权”归谢某所有。因该房属集资房，签订协议时尚未办有不动产权证，因此，双方在上述两份协议中约定的“房屋所有权”在本案中应理解为该房的居住、管理、使用、收益等权益。双方通过协议书对离婚协议书中关于该房的约定进行了实质性变更，因此，针对该房双方应按协议书的约定执行，且实际上，目前该房也已由谢某居住、管理、使用；故该房应由谢某继续居住、管理、使用和收益，谢某不须搬离该房。对于赵某1反诉主张谢某搬离该房，法院不予支持。

上述判例与本裁例的裁判观点一致，双方当事人自愿协商一致变更了原离婚协议内容的行为，应属合法有效，一方事后又反悔的，不应被支持。

案例2：张某与蓝某离婚后财产纠纷。② 该案原告以离婚协议的签订存在欺诈为由主张撤销离婚协议内容并分割相关财产。广西壮族自治区南宁市马山县人民法院审判该案的主要观点与理由如下：原告张某和被告蓝某于2013年7月26日在婚姻登记机关办理离婚登记手续离婚时，对夫妻共同财产经双方协议进行了处理。离婚协议中关于财产分割的条款，对双方具有约束力。现原告张某主张被告蓝某在签订财产分割协议时存在欺诈行为，对离婚协议中的共同财产分割问题反悔，依照法律规定，原告张某应在协议离婚后一年内提出变更或者撤销财产分割协议，现原告张某于2015年10月26日才提出请求变更或者撤销财产分割协议，已超过诉讼时效期间。另外，原告张某并未提供证据证明被告订立该协议时存在欺诈、胁迫等情形。现原告张某要求分割该协议中涉及的共同财产房

① 参见广西壮族自治区南宁市邕宁区人民法院民事判决书，(2019)桂0109民初556号。

② 参见广西壮族自治区南宁市马山县人民法院民事判决书，(2015)马民一初字第903号。

屋的请求,因证据不足和超过法定诉讼时效期间,该院不予支持。

上述判例涉及离婚协议签订后请求变更与撤销的诉讼时效及法定事由,也从另一侧面反映了当事人自愿签订的离婚协议对双方均具有约束力,非因法定事由及经法定程序撤销,不得随意反悔予以变更。

二、在学理框架内对相关问题的点评

本案争议焦点之一是韩某某发送短信息表示将车辆归柯某1所有的行为性质:其是协议的变更还是赠与?本案一审、二审的观点是:本案离婚协议约定车辆归韩某某所有,但车辆登记在柯某1名下且尚在偿还车贷,双方约定待柯某1偿还完车贷后再将所有权人变更登记韩某某。可见,在车辆车贷偿还完毕及权属变更登记之前,离婚协议尚未履行完毕。而此时韩某某在短信息中对车辆归柯某1所有作了明确的意思表示,柯某1对韩某某的上述表示亦进行了确认,应视为双方已协商一致,根据《民法典》第543条"当事人协商一致,可以变更合同"的规定,认定韩某某的行为属于变更协议的行为,依法有据。

若韩某某的行为是在上述离婚协议已履行完毕之后发生,那么就不存在变更协议的问题,车辆已是其离婚后的个人财产的情况下,其再处分给前妻,则韩某某主张是赠与方有可能成立。

本案协议变更后,车辆本就登记在柯某1的名下,且柯某1也实际取得了车辆,柯某1已当然取得车辆的所有权,变更后的协议就已履行完毕,韩某某再主张撤销没有依据。韩某某主张柯某1是强行盗取车辆,证据不充分,即便按韩某某主张柯某1是自行换车钥匙并取走车辆,也不构成刑法上的盗窃的构成要件。双方若因车辆的交付存在其他纠纷可以另行协商解决。

通过本案可知,关于离婚协议变更行为的认定应着重从以下三个要点进行把握:首先,协议变更应当发生在离婚协议履行过程中,离婚履行完毕后就不存在变更协议内容的问题。离婚协议履行完毕后一方对财产再行处分的行为,则是属于新的法律关系;是否构成赠与,以及赠与是否可撤销,则依赠与的相关法律规定予以认定。协议内容变更且履行后,一方再反悔要求撤销的,依法亦无法得到支持。其次,协议变更的内容应当是明确具体的,若变更指向不明则视为未变更。最后,为免争议,协议变更应尽量采用书面形式进行。口头约定的,若一方否认,则另一方的主张因证据不充分难以得到支持。

三、本判例的规范逻辑

关于离婚协议的效力问题,现行婚姻家庭法律及司法解释的规定是:《民法典》第1087条规定"离婚时,夫妻共同财产由双方协议处理",以及《民法典婚姻家庭编解释(一)》第69条第2款规定:"当事人依照民法典第一千零七十六条签订的离婚协议中关于财产以及债务处理的条款,对男女双方具有法律约束力。登记离婚后当事人因履行上述协议发生纠纷提起诉讼的,人民法院应当受理。"

可见，婚姻家庭法律及司法解释对离婚协议的变更并未作出明确规定，但《民法典》合同编第464条第2款规定："婚姻、收养、监护等有关身份关系的协议，适用有关该身份关系的法律规定；没有规定的，可以根据其性质参照适用本编规定。"因此，本案可以适用《民法典》合同编有关合同变更的相关规定。

四、本判例的意义

协议离婚是当前离婚的重要方式之一。根据《民法典》第1076条的规定，协议离婚应当签订书面离婚协议。因此，离婚协议的签订与履行是协议离婚的重要环节，因离婚协议签订内容存在争议或者一方未依协议履行，常易发生纠纷。在司法实践中，离婚双方中的一方起诉要求另一方要求履行离婚协议约定的案件较为普遍。本案也是因离婚协议履行引起的纠纷，涉及的是离婚协议履行过程中对协议原约定的财产归属进行变更的情形，对此，法律法规并无直接的明确规定，需要对变更行为的法律性质及法律后果进行分析论证。在司法实践中，目前此类案件相对较少，但对协议的变更又属于实际生活中常可能发生的情形，故本案的处理有一定理论及实务意义。

五、后续判例和规范的发展

本判例所涉及的离婚协议履行及变更的问题。离婚协议是基于身份关系订立，处理有关离婚协议的纠纷能否适用合同法相关规定的问题，一度是当事人诉讼过程中普遍会提出抗辩的问题；如前文所述，《民法典》实施后，婚姻、收养、监护等有关身份关系的协议可参照适用合同编规定的问题已明确，法律适用已不存在争议，审判难点更多的是对相关履行事实的认定与审查。而本案审判系在《民法典》颁布之前，当时法律并未规定对身份性质协议参照适用合同法的相关规定，但司法实践中对此问题认识较为统一，普遍认可身份性质协议中有关财产的内容可以适用合同法相关规定，这方面较不易存在判决不统一的现象，《民法典》实施后，此类案件的裁判观点也未发现有明显的变化。

081. 原配偶发现已离婚另一方隐瞒婚内曾购置房产并过户给同居第三者的,能否要求返还该房产以及应该如何主张权利?*

陈某与张某离婚后财产纠纷案‖福州市台江区法院民事判决书,(2018)闽0103民初2437号;福建省福州市中级人民法院民事判决书,(2019)闽01民终5374号

陈某、张某、徐某赠与合同纠纷二审案‖福建省福州市中级人民法院民事判决书,(2018)闽01民终3725号

事实概要

2016年4月,陈某(女)起诉至福州市台江区人民法院,请求:(1)解除与张某(男)的婚姻关系;(2)分割夫妻共同财产;(3)要求张某支付未成年婚生子女抚养费;(4)张某向女方支付精神损害赔偿金等。庭审后,男女双方自行达成离婚调解协议并请求法院予以确认,法院据此制作了民事调解书,调解书对如何分割夫妻共同财产作了详细约定,其中一条规定:"双方确认除上述财产外并无其他共同财产,任何一方隐瞒财产的,被隐瞒方均有权再次处分,且被隐瞒方可分得70%的财产份额。"①离婚后,陈某发现张某在婚姻存续期间曾购置一套公寓房屋及1个车位,但该房产和车位在陈某起诉离婚前已被转让过户给了与张某非法同居的第三者,张某在法院签订离婚调解协议时,竟然未提及该房产。为此,陈某再次向法院起诉,请求确认张某与非法同居的第三者所签的房屋及车位买卖合同无效。上述案件获得胜诉判决后,陈某再按"离婚后财产纠纷"起诉至法院,要求分割该房屋及车位,并依据(2016)闽0103民初1529号民事调解书所确认的调解协议,要求分得该房产及车位中的70%份额,并请求在对张某所享有的30%产权份额折价补偿后,房产及车位所有权归陈某。

---

* 张守真,北京浩天(福州)律师事务所律师。

① 参见福州市台江区人民法院民事调解书,(2016)闽0103民初1529号。

｜判决要旨｜

在离婚纠纷案件审理中，双方当事人自行达成离婚调解协议，并请求法院予以确认。福州市台江区人民法院经审查后，认为该协议符合有关法律规定，据此制作民事调解书［（2016）闽0103民初1529号］确认：一、原告与被告自愿离婚……三、关于夫妻共同财产的分割第6点规定“双方确认除上述财产外并无其他共同财产，任何一方隐瞒财产的，被隐瞒方均有权再次处分，且被隐瞒方可分得70%的财产份额”等。

法院调解离婚后，陈某发现婚姻存续期间张某曾在福州市某区购置房屋一套及车位一个，并早在调解离婚之前3年，将该房产转让过户给了张某婚内非法同居的第三者。陈某与张某在法院达成离婚调解协议时，张某未提及该房产。陈某遂以张某及张某婚内非法同居的第三者（房屋的受让人）为共同被告，在该房产所在地法院提起确认合同无效之诉。福州市晋安区人民法院经审理认为：讼争房屋及车位系原告（陈某）与被告（张某）婚姻关系存续期间所购买，属二人共同财产。被告未经共有人许可转让讼争房产及车位的行为须受让人为善意第三人且支付合理对价，本案受让人在受让房屋前后非婚生一女一子，两子女出生申报档案载明的父亲均为本案被告（张某），且张某拒绝原告作亲子鉴定的申请，不排除张某为非婚生子女生物学上的父亲的可能性；并且张某在与原告离婚后数月即与受让人登记结婚，足以认定两被告关系密切，受让人不符合善意第三人的特征。此外，在房屋买卖合同订立后受让人并未向被告（张某）支付购房款……两被告主张“以讼争房屋及车位抵偿250万元债务”依据不足，不能采信，受让人主张“已支付合理对价”不能成立。综上，两被告存在恶意串通损害原告利益的行为，故两被告订立买卖合同应为无效，受让人因无效合同取得的财产应当返还。但原告分割讼争房屋及车位的诉讼请求，属于另一法律关系，不宜与本案合并审理，原告可待讼争房屋及车位返还被告（张某）后再另行主张权利。综上所述，依照《合同法》第52条①、第58条②，《物权法》第106条③规定，判决：一、确认两被告于2013年8月28日签订的两份房地产买卖契约无效；二、被告徐某应于本判决生效之日起10日内将某区单元房屋及地下车位返还给被告张某；三、驳回原告的其他请求。

两被告不服一审判决，提起上诉。福州市中级人民法院经审理认为：讼争房产原系原告与被告张某的夫妻共同财产……不能仅依据离婚诉讼民事调解书未对讼争房产进行处理即推定原告对被告处分房产的行为是知情并同意的，其他意见与一审法院意见一致。

---

① 现为《民法典》第154条。

② 现为《民法典》第157条。

③ 现为《民法典》第311条第1款。

综上,两被告的上诉主张均不能成立,应予驳回。依照2017年《民事诉讼法》第170条第1款第1项规定,判决:驳回上诉,维持原判。①

陈某获得上述胜诉判决后,另行以张某为被告提起离婚后财产纠纷诉讼,诉请:1.判令福州市某区单元房产及车位归原告所有,被告享有30%产权份额由原告折价补偿;2.判令被告就上述房屋及车位腾空、交付原告,并协助原告办理不动产产权变更登记手续。福州市台江区人民法院经审理后认为:讼争房屋原系原、被告婚姻关系存续期间购买,且其讼争房产转让给案外人的行为已被生效判决撤销,故原告要求分割讼争房屋的请求于法有据。鉴于被告在与原告婚姻关系存续期间与他人育有子女,且有与案外人恶意串通、损害原告利益的行为,分割共同财产时可以少分或者不分。原、被告双方已通过人民法院调解离婚,离婚协议中财产分割的条款对男女双方均具有法律约束力,现原告诉请按照原告分得70%、被告分得30%的比例进行分割依据充分。现原告诉请讼争房屋归其所有,并愿意就被告可分得的份额进行补偿,本院予以支持。被告应将上述房屋及车位腾空、交付给原告,并协助原告办理上述不动产权属变更登记手续。而原告应在上述不动产权属登记变更后向被告补偿×××元(按房屋及车位评估价值的30%计算)。依照《婚姻法》第39条②、第47条第1款③及《婚姻法解释(三)》第14条④规定,判决支持原告诉讼请求。被告不服一审判决,提起上诉,二审法院经审理后,判决驳回起诉,维持原判。⑤

判例评析

本文讨论的是因一方隐瞒婚姻存续期间购置的财产并在离婚前将该财产转让给其非法同居的第三者,另一方离婚后知晓真相而引发的财产分割纠纷问题。在司法实践中,该案件是通过三个民事纠纷案件,即离婚纠纷、确认合同无效纠纷、离婚后财产纠纷逐步进行的,该争议历时三年多才得以最终解决。

一、既往相关判例与观点

对于离婚后,原配偶一方发现"夫妻一方隐藏、转移、变卖夫妻共同财产,起诉请求再次分割夫妻共同财产"的纠纷案件,审判中,争议焦点通常围绕以下问题:(1)如何判断被隐藏、转移、变卖的财产属于夫妻共同财产;(2)被隐藏、转移、变卖的财产是否还能追回;(3)如何确定双方对诉争财产价值的分割比例;(4)以哪个时间节点作为确定诉争财产价

---

① 参见福建省福州市中级人民法院民事判决书,(2018)闽01民终3725号。

② 现为《民法典》第1087条。

③ 现为《民法典》第1092条。

④ 现为最高人民法院《民法典婚姻家庭编解释(一)》第69条。

⑤ 参见福建省福州市台江区人民法院民事判决书,(2018)闽0103民初2437号;福建省福州市中级人民法院民事判决书,(2019)闽01民终5374号。

值的依据。

1. 如何判断被隐藏、转移、变卖的财产属于夫妻共同财产。判断被隐藏、转移、变卖的财产是否属于夫妻共同财产，主要依据以下事实来认定：(1)该财产取得时间是否发生在夫妻关系存续期间；(2)该财产是否登记在夫妻一方名下；(3)购买该财产的价款来源、支付人；(4)夫妻之间是否存在明确的书面财产约定。如果是，则按约定判断该财产的权属；如果不是，则依法推定当事人双方为夫妻共同财产关系；(5)该财产是否属于法定的夫妻个人财产(《民法典》第1063条所规定的夫妻一方个人财产)；(6)该财产是否属于法定的夫妻财产范畴(《民法典》第1062条所规定的夫妻共同财产)，或者是依靠上述夫妻共同财产而取得或形成的财产。

2. 被隐藏、转移、变卖的夫妻共同财产是否还能追回。判断被隐藏、转移、变卖的夫妻共同财产是否还能追回，主要考量以下因素：(1)夫妻一方实施“隐藏、转移、变卖夫妻共同财产”的行为时，另一方是否明知或者应当知道而没有提出异议。如果是，则相当于夫妻一方认可了另一方处分该财产的行为，不得要求再次分割。(2)第三人取得该财产是否构成善意取得(依据《民法典》第311条予以判断)。如果是，则善意第三人取得该财产的所有权，夫妻中的另一方无权追回该财产，只能要求另一方按照该财产本身的价值或另一方因实施上述行为而获得的财产价值，赔偿自己的财产损失。

3. 如何确定双方对诉争财产价值的分割比例。《婚姻法》第47条第1款规定：“离婚时，一方隐藏、转移、变卖、毁损夫妻共同财产，或伪造债务企图侵占另一方财产的，分割夫妻共同财产时，对隐藏、转移、变卖、毁损夫妻共同财产或伪造债务的一方，可以少分或不分。”①但是，对于“少分”的比例，以及哪些情形下“不分”，原来的法律法规以及《民法典》《民法典婚姻家庭编解释(一)》《民法典婚姻家庭编解释(二)》对此都无进一步规定，而且立法使用的是“可以”少分或不分，而不是“应当”少分或不分，因此，最后的裁量权基本上由审判法官根据自由心证来把握。司法实践中，判决无过错方分得财产价值中的50%、60%、70%、80%比例的案件皆大量存在，多数案件体现了“无过错方多分、有过错方少分”的原则，只有极少数案件仍然按夫妻共同财产均分的常见分割比例处理。笔者认为，对于分割比例，应当遵循“有约定按约定、没有约定按照法定”的原则，并综合考虑双方当事人在案件中的过错情节、损失大小以及保护妇女合法权益等因素来确定。上述案例所示，双方在离婚调解书中已明确约定“被隐瞒方可分得70%的财产份额”，法院分割财产时，应当尊重当事人的这一约定，而不应再予以调整。在没有明确约定的情况下，法院应当按照《民法典》第1092条之规定，体现少分或不分，没有特殊情节的，不应当均分。

4. 以哪个时间节点作为确定诉争财产价值的依据。实践中，婚后发现原夫妻一方隐

---

① 现为《民法典》第1092条。

瞒、转移财产而起诉要求重新分割财产的案件,最常见的情形就是转移房产。近二十年来,随着房屋价值的逐年攀升,以哪个时间节点确认房屋价值关系到被分割财产价值的大小,通常成为案件中的争议焦点。

当事人所提出的时间节点通常有下列几种情形:夫妻一方第一次非法转让或处置房屋的时间,一方向法院起诉要求重新分割该房屋的时间,第一次转让后受让人再次将房屋转让给第三人的时间,法院判决实际分割该房屋的时间等。① 笔者认为,如果起诉时,要求分割的房产还存在且未被转移给善意第三人,应当优先适用返还原物并就该房产在夫妻之间按比例分割,获得房产所有权的一方,按分割时的房屋评估价值、分割比例计算应补偿给另一方的金额。如果起诉时,房屋已经被转移给善意第三人或者已不复存在了,由于第三人善意取得后房屋的价值也归第三人所有,夫妻一方不得再追回,因此,分割房屋价值计算的时点应该是转移给善意第三人的前一日,或者是房屋拆迁、灭失时的时间,而不应适用第一次非法处分的时间点来计算房屋的分割价值。

诉讼中,夫妻一方一般需要先起诉确认另一方非法处分夫妻婚内共同财产的行为无效,然后,以该判决为依据,再起诉要求分割该财产并主张对方少分或不分。非法处分行为被认定无效后,该财产的利益(包括当前和以后的升值)应当归属夫妻共同所有。如果房屋被非法处分后,受让人再次转让时转让给了善意第三人,再次转让之前的房屋价值应当属于夫妻共同所有,转让之后房屋的所有权益(包括升值)归善意第三人所有,此部分就与夫妻无关了。实施非法处分行为的夫妻一方,应当按房屋被转让给善意第三人前一天时点的价值,以及约定或法定分割比例,计算应赔偿给另一方的金额。同样,如果夫妻一方第一次非法处分即以合理价格转让给了善意第三人,则另一方所能分割的对象也是转让所得价款,而不能追回该房屋的物权。

二、在学理框架内对相关问题的点评

本文探讨的问题,是在夫妻身份权利基础上,对夫妻财产关系的特殊要求,即夫妻对共同财产,享有平等的处理权,任何一方不得侵犯另一方的平等财产处理权。当夫妻财产权与夫妻一方对外所形成的一般民事债权债务关系发生冲突时,如何适用现有法律法规以及法理,解决两项权利之间的冲突,以及如何维护两种法律关系下权利人的合法权益。

如果夫妻之间没有对其财产进行书面的明确约定,依据《婚姻法》认定夫妻婚内财产为共同共有,对夫妻一方的个人财产及婚内分割夫妻共同财产的情形进行了列举式的规定,也即除此之外,夫妻婚内财产共同共有,不适用按份共有。在此基础上,夫妻离婚时,除非夫妻之间就财产分割达成一致约定,否则,夫妻共同财产应当均分,债务应共

① 参见湖北省武汉市中级人民法院民事判决书,(2019)鄂01民终13073号;山东省枣庄市中级人民法院民事判决书,(2020)鲁04民终3590号。

担。婚姻法属于民法的一个分支,为了保持法律的一致性,婚姻法调整夫妻财产关系时,也应适用民法总则的基本规定,即民事主体的财产权利受法律保护、民事主体从事民事活动应当遵循自愿原则、公平原则、诚信原则等。即使存在夫妻关系,夫妻任何一方依然是独立的民事主体,其基本民事权利应当受到法律的保护。为此,《民法典》从第1087条至第1092条,规定了离婚时夫妻财产的分割以及夫妻各方的权益。本文探讨的是《民法典》第1092条所规定的情形,在处理夫妻离婚后财产纠纷问题时,不仅要考虑夫妻财产关系,还要考虑该财产在流转过程中与第三人之间所发生的民事法律行为的效力及后果,为此需要考虑物权法、合同法等的相关规定,在解决夫妻财产分割问题时,不得损害善意第三人的合法权益,保证经济秩序的稳定。

三、本判例的裁判逻辑

本案审判中,法官按照确认被转让的财产是否属于夫妻共同财产、夫妻一方隐瞒另一方所实施的财产转让行为是否有效、财产被追回后夫妻之间应如何再次分割的逻辑线,认定案件事实并作出司法判决。财产再次分割时,法官充分采信了已生效裁判文书的既判力。

首先,福州市晋安区人民法院已生效判决认定诉争房屋属于夫妻共同财产。张某未经陈某同意转让了诉争房屋及车位,且受让人未提供证据证明支付了对价,存在恶意串通损害陈某利益的行为,判决:"一、确认张某与受让人徐某签订的转让合同无效;二、受让人徐某应当将诉争房屋返还给张某"。其次,福州市台江区人民法院作出的已生效民事调解书约定"被隐瞒方可以分得财产的70%",该约定对双方具有法律约束力,而且张某在与陈某婚姻关系存续期间与她人育有子女,且与案外人恶意串通、损害陈某利益的行为,依据法律规定,分割共同财产时可以不分或少分,故判决支持了原告要求分得财产价值70%份额的请求。判例判决充分考虑了已生效判决所认定的案件事实,兼顾了法律规定和社会主流的价值观与基本道德,实现了个案正义。

四、本判例的意义

本判例的主要意义在于:(1)离婚后,一方发现另一方有隐藏、转移、变卖夫妻共同财产的行为,作为无过错方,可以通过"起诉要求再次分割夫妻共同财产"来实现其权利的事后救济。(2)当事人及其代理律师一方,在面对该类诉讼案件时,要充分评估案情及掌握的证据,选择合适的诉讼策略。可以参照本判例先提起确认无效或撤销之诉,对夫妻一方非法处分婚内共同财产的行为在事实上和法律效力上作出认定,据此再提起离婚后财产分割纠纷诉讼,就相对容易得到法院的支持。由于《民法典婚姻家庭编解释(一)》第84条规定:"当事人依据民法典第一千零九十二条的规定向人民法院提起诉讼,请求再次分割夫妻共同财产的诉讼时效期间为三年,从当事人发现之日起计算。"笔者建议,在提起确认一方非法处分行为(隐藏、转移、变卖夫妻共同财产的行为)无效诉讼的同时,也立即提起离婚后财产纠纷诉讼,以防止请求再次分割夫妻共同财产的诉讼时效提前到期。

五、后续判例和规范的发展

笔者于2021年7月8日登录“威科先行法律信息库”,以《民法典》第1092条内容中的“夫妻一方隐藏、转移、变卖、毁损、挥霍夫妻共同财”为关键词进行查询,显示涉及的相关民事裁判文书共有22份,其中20份文书的裁判时间发生在2021年,另外2份裁判文书发生在2020年。相关裁判文书中关于上述争议问题的判决依据和判决内容,基本延续了《民法典》实施之前《婚姻法》相关规定,与本文上述分析一致,未出现明显改变。说明对本文所探讨的问题,我国现行法律法规及裁判规则、逻辑,还是持一贯的裁判思路。

082. 离婚协议只写“房屋产权归女方”，女方离婚后要求将对方名下房产判归其所有，法院不支持*

易某与赵某离婚后财产纠纷案‖湖南省湘潭市中级人民法院民事判决书，(2020)湘03民终1576号

｜事实概要｜

易某与赵某原为同事，因单位进行“公有住房改革”，易某购买了工作单位原分配居住的1号房屋，赵某购买了工作单位原分配居住的2号房屋。其后，双方登记结婚。婚后不久，二人各自支付了房款，并分别申请办理了房屋产权的初始登记。1997年12月15日，易某签订协议购买3号房屋，并于1998年4月6日获得该房屋权证。2001年11月26日，易某、赵某自愿离婚，约定财产分割为：男方只带走日常生活用品及衣物，房屋产权及家电家具等全归女方所有。2004年4月20日，易某与案外人签订房屋出让协议，将3号房屋出让。2019年7月4日，易某与案外人签订买卖合同，将1号房屋转让。此后，易某主张2号房屋的所有权，与赵某产生争议，遂诉至法院。

一审法院认为，2号房屋登记在赵某名下，3号房屋与1号房屋登记在易某名下，其中1号房屋、2号房屋均属于易某、赵某自购的单位住房，具有福利性质，因产权登记在各自名下，房屋产权初始登记日期距离双方结婚的时间短，涉案的2号房屋是否为夫妻共同财产以及如何分割，在双方离婚协议上应当明确具体，双方在拥有多套房屋的情况下仅仅约定“男方只带走日常生活用品及衣物，房屋产权及家电家具等全归女方所有”，内容并不明确具体，这是双方产生争议的根本原因。法律规定，向人民法院请求保护民事权利的诉讼时效期间为两年，超过诉讼时效期间的不受法律保护。本案中，易某、赵某离婚协议的签订时间为2001年11月26日，双方虽然就财产分割没有约定履行期限，但易某按协议主张2号房屋所有权应在合理期限内行使，现易某时隔19年主张权利，且未提供诉讼时效中断的证据，故赵某主张本案超过诉讼时效的抗辩理由成立，对易某的诉讼请求，一审法院不

---

* 邓丽，法学博士，中国社会科学院法学研究所副研究员、中国社会科学院大学法学院副教授。

予支持。易某不服,遂上诉。

二审法院认为,易某要求赵某将2号房屋过户至其名下的诉讼请求系基于物权期待权,具有物权请求权性质,不受诉讼时效期间的限制。一审法院以本案已过诉讼时效为由驳回易某的诉讼请求,适用法律不当,本院予以纠正;易某关于本案未超过诉讼时效的主张成立,本院予以支持。有关证据足以表明,赵某未以家庭名义购得诉争房产,其首次支付房款的时间距离双方结婚时间极短,结合房款数额及当时双方收入情况,不足以表明赵某在首次支付购房款时使用了夫妻共同财产。在之后的城镇住房制度改革中,诉争房产未使用易某的工龄,易某亦未提交赵某使用了夫妻共同财产支付购房款的相关证据,故诉争房屋不足以认定为夫妻共同财产。双方签订的离婚协议书中约定,家庭财产分割:有协议,无争议,男方只带走日常生活用品及衣物,房屋产权及家电家具等全归女方所有,在双方有多套房产的情况下,协议未明确指向哪套房产,且双方于2019年6月25日签订的具结保证书载明"经双方协商,现将离婚协议书第2条,重新协议为:1号不动产,证号107157,面积63.82平方米,归易某所有;双方就此承诺,如发生任何纠纷,概由我们负责",亦未表明离婚协议书中指向的房屋为诉争房产,故易某要求诉争房产归其所有、赵某将产权过户至其名下的依据不足,本院不予支持。综上所述,一审法院适用法律不当,但裁判结果正确,本院予以维持。①

判决要旨

在夫妻双方拥有多套房产的情形下,离婚协议仅笼统约定房屋产权归某一方,离婚后该方要求将另一方(婚前)所有的房产判归其所有的,法院不支持。

判例评析

一、既往相关判例与观点

本案是对离婚协议表意不明情形的处理,但其立场尚未成为共识。之前有案例表明,法院会通过案件具体事实推断离婚协议中概括语词的含义和外延,最典型者如下文所引案例。

2014年浙江省绍兴市中级人民法院一份民事判决书载明:②胡某与于某曾系夫妻关系,生育一女于某1。1999年6月26日,胡某与于某因夫妻感情已彻底破裂签订一份离婚

---

① 参见易某诉赵某夫妻财产约定纠纷案,湖南省湘潭市中级人民法院民事判决书,(2020)湘03民终1576号。

② 参见胡某、于某1诉于某分家析产纠纷案,浙江省绍兴市中级人民法院民事判决书,(2014)浙绍民终字第1522号。

协议书，约定：于某1由于某抚养至18周岁，抚养费全部由于某自行承担，胡某有权看望女儿；家中所有财产包括房产全部归于某所有。其后，双方按此协议办理了登记离婚。1999年7月2日，绍兴县水务集团有限公司在移民安置工作中将三人核定为一户，共分得建筑面积为144.78平方米的一栋房屋，即本案讼争房屋。后讼争房屋又纳入拆迁范围，胡某与于某就该房屋产权归属存有争议，于某1要求确认自己的共有份额，遂诉至法院成讼。

一审法院认为，根据移民安置政策，安置房面积系根据安置人口确定，若房屋产权份额未经处分，讼争房屋产权应为三方当事人共同共有。胡某与于某协议离婚在前(1999年7月8日)，三人取得讼争房屋产权在后(2000年)，但其协议离婚时知道或者应当知道移民安置政策，故讼争房产于原、被告而言是将来必然会取得的财产。再结合离婚协议书之约定，胡某不承担于某1～18周岁时的抚养费，系以处分家中所有财产包括房产归于某所有为对等条件，故在胡某与于某协议离婚时未明确约定所有财产应排除今后必然会取得的安置房的情况下，理应包含讼争房屋，以作为被征收房屋的延续。离婚协议书内容系胡某与于某的真实意思表示，胡某将讼争房产中其本人享有份额部分处分让与于某之事实，应予确认，但其无权处分于某1对于房产所享有之份额。综上，讼争房屋产权应认定为于某1与于某两人共有，其中1/3房屋产权归于某1所有，其余2/3归于某所有。胡某、于某1不服原判，提起上诉。

二审法院确认一审法院查明的事实认为，所涉移民安置政策于1998年已出台，当事人所在村安置移民户数、人数及安置点在其时均已确定；本案讼争房产系当事人必然会取得的财产。根据双方的离婚协议书，抚养费全部由于某承担，胡某不承担；家中所有财产包括房产全部归于某所有。故在双方未明确约定必然存在的讼争房屋不属于“家中所有财产”的情况下，本案讼争房屋作为被征收房屋的延续应包含在双方约定的“家中所有财产”中，故原审确认胡某将讼争房产中本人享有份额部分让与于某并无不当。驳回上诉，维持原判。胡某和于某1后又提出再审申请，但被驳回。①

在这一在先案例中，三级法院均立足于具体案情，结合相关事实和证明文件，对离婚协议中“家中所有财产包括房产”的含义进行了积极的分析和论证，这与本案裁判文书中仅申明离婚协议中“房屋产权”未明确指向哪套房产明显有不同。

二、在学理框架内对相关问题的点评

在学理框架下，本案所涉争议主要聚焦于离婚协议，尤其是其中房产权属条款的解释。离婚协议是夫妻双方权衡利益、考量利弊后，就婚姻关系解除、子女抚养、共同财产分割、夫妻债务承担、离婚损害赔偿等达成的“一揽子”协议，属于具有人身和财产双重性质

① 参见胡某、于某1诉于某分家析产纠纷案，浙江省高级人民法院民事裁定书，(2016)浙民申62号。

的合意。[①]《民法典》婚姻家庭编第1076条仅对离婚协议作了原则性规定:第1款,"夫妻双方自愿离婚的,应当签订书面离婚协议,并亲自到婚姻登记机关申请离婚登记。"第2款,"离婚协议应当载明双方自愿离婚的意思表示和对子女抚养、财产以及债务处理等事项协商一致的意见。"在《民法典》编纂过程中,随着婚姻家庭法回归民法已成大局,学术界开始讨论身份法律问题如何与财产法律规范相协调,有学者指出:"家庭法如果要在民法教义体系所提供的有限概念和体系中进行选择,债是唯一可能的方案,然而这一方案同样是存在局限性的。"[②]正式颁布的《民法典》合同编第464条第2款规定了身份关系协议的参照适用:"婚姻、收养、监护等有关身份关系的协议,适用有关该身份关系的法律规定;没有规定的,可以根据其性质参照适用本编规定。"如将合同解释法律规定参照适用于离婚协议,则可引致《民法典》第466条第1款:"当事人对合同条款的理解有争议的,应当依据本法第一百四十二条第一款的规定,确定争议条款的含义。"《民法典》第142条是关于意思表示解释的规定,其中第1款较切合离婚协议的性质,其具体内容为:"有相对人的意思表示的解释,应当按照所使用的词句,结合相关条款、行为的性质和目的、习惯以及诚信原则,确定意思表示的含义。"本案所涉争点即是如何解释和处理离婚协议中概括表述所有房产归一方所有的条款。

三、本判例的裁判逻辑

本案历经两审,虽裁判结果相同,但各自的裁判依据和裁判思维有所不同。一审裁判文书虽确认了有关事实,但并未继续明晰法理,转而以超过诉讼时效为由作出判决。该裁判文书厘清了本案中的基本事实:易某、赵某名下共涉及三套房屋,其中1号房屋、2号房屋分别为易某、赵某自购单位福利性住房,结婚不久即各自办理房屋产权初始登记,3号房屋登记在易某名下,双方离婚协议中仅概括表述"房屋产权及家电家具等全归女方所有",未就涉讼的2号房屋作出明确约定,因而引发争讼。一审裁判文书认为影响争讼结果的最重要法律事实在于,易某在离婚协议签订19年后方才主张权利,且无诉讼时效中断事由,超过诉讼时效,故不支持其诉讼请求。

二审法院关于诉讼时效问题的持论与一审法院迥然不同,裁判文书中明确将易某的主张定性为物权性质的请求权,认为此类请求权不受诉讼时效的限制,由此将法律适用的焦点重新转移到当事人房产权益上来。在确认一审认定的有关事实基础之上,二审裁判文书强调2号房屋系赵某以个人名义、折算个人工龄、主要运用个人资产向单位购得,无足够证据证明该房屋为夫妻共同财产。又因双方离婚协议中所称"房屋产权"未有明确指

---

① 参见王雷:《论身份关系协议对民法典合同编的参照适用》,载《法学家》2020年第1期。

② 刘征峰:《论民法教义体系与家庭法的对立与融合:现代家庭法的谱系生成》,法律出版社2018年版,第132页。

向，时隔多年后双方签订的补充性文件亦未涉及讼争房屋，由此认为易某无权依据离婚协议要求赵某将2号房屋过户至其名下。

二审裁判虽转向关注房屋产权这一实质性争议，但似乎仍有回避实体性法律问题之嫌。例如，2号房屋是否是赵某个人所有财产？易某的主张不被支持是因为其根本无权享有赵某名下的房屋产权，还是因离婚协议中的有关意思表示不清而归于部分无效？关于2号房屋权属问题，裁判文书虽未明言，但似可推知；关于易某主张权利的根本性障碍，以及离婚协议的解释、效力等，裁判文书深入说理不够。

四、本判例的意义

在先前判例中，浙江省两级法院对于当事人在离婚协议中约定不明的“家中所有财产包括房产”都积极地进行了阐释，结合当时的具体背景、当事人认知等探求当事人缔约时的真意，而不以当事人在庭审时为扩张权益而为之表态为转移。两级法院对于当事人缔约时知晓并可预期涉案房产这一点作出高度一致的判断，实是对离婚协议中约定不明的财产范围作出合理的解释。

反观本案，虽系晚近案例，但在对当事人离婚协议的解释方面趋于保守，对于当事人各方权益的边界亦不加明示；最终虽作出了裁决、解决了争端，但在说理和普法方面的效应却相当有限。点评本案，一则可揭示审判机关面对表意不清的离婚协议或会持论含糊，启发民众在约定离婚事宜时力求意思表示清晰、协议内容明确有效，从而产生当事人所期待的法律效果；二则亦可在个案情境下将《民法典》有关离婚协议的法律规定包括婚姻家庭编、合同编和总则编的相关规范统合一处，为离婚协议的解释提供更加充分的法律依据。

五、后续判例和规范的发展

夫妻离婚协议是跨越婚姻家庭法、合同法、物权法和民法总则等领域的法律问题，在各领域的衔接方面还存在很多规则罅隙，有待逐步发现和填补，后续判例将在不同方向提供思考和充实这些规范的可能。

例如，河南省高级人民法院2020年一份再审民事判决书认定：①黄某在与赵某协议离婚时将其所有房屋份额无偿转让与第三人，并不存在市场交易活动，不能排除双方存在恶意串通的合理怀疑，赵某并非善意取得上述房屋；黄某的债权人周某在申请执行中获知黄某无偿析产于赵某之情形，在一年内提起撤销权之诉是有效的，判决撤销认定事实不当、判决结果有误的二审判决，维持查明事实清楚、适用法律和判决结果正确的一审判决。

再如，陕西省高级人民法院2021年一份裁定书载明：②刘某与杨某在民政部门签署的

---

① 参见周某诉黄某债权人撤销权纠纷案，河南省高级人民法院民事判决书，(2020)豫民再515号。

② 参见张某诉刘某、杨某确认合同无效纠纷案，陕西省高级人民法院民事裁定书，(2021)陕民申273号。

自愿离婚协议书中约定，房产全部归刘某及二人之子，各自经手的债权债务，各自享有和承担。张某系杨某的债权人，认为杨某与刘某的离婚协议系恶意串通并以合法形式掩盖其逃避债务的非法目的，损害了其利益，故主张该离婚协议无效。再审法院认为，前有关于杨某之子在继承杨某遗产范围内向张某偿还10万元本金及利息的判决已生效并进入执行阶段，故杨某与刘某的离婚协议并未损害张某的利益，亦不违反《合同法》第52条第2项的规定。再审法院还强调，杨某与刘某的离婚协议系双方为解除婚姻关系而签订，其中不仅约定了财产归属，亦对其他事务进行了约定，协议中涉及财产分割的约定通常不能脱离其他约定而单独存在，根据协议的内容及签订过程不能证明其违反《合同法》第52条第3项的规定。裁定驳回张某的再审申请。

此两则晚近的案例虽未援引《民法典》相关条款作为裁判依据，但都将有关合同效力的法律规范适用于离婚协议中关于房产的处置，并力图将当事人之间的离婚协议作整体观。虽两者具体裁判结果因应个案事实有所不同，但其体现的法治理念与法律思维是相通的，代表着离婚协议裁判的先进路径。

083. 离婚协议中约定的赠与子女财产条款，离婚后一方能否请求撤销？*

田某喜、田某靖赠与合同纠纷再审审查与审判监督案‖贵州省高级人民法院民事裁定书，(2020)黔民申1002号

事实概要

田某喜与张某美于1980年登记结婚。婚后，双方共同生育田某靖、田某淑。在婚姻关系存续期间，田某喜与张某美在贵州省望谟县王母街道办××路共同修建砖混结构房屋一栋，房屋产权证号为"×房产字95-4"。1997年4月27日，田某喜与张某美因感情不和，自愿到婚姻登记机关办理了离婚登记手续。登记离婚时，男女双方约定"夫妻共同财产位于××路××号房屋第二层、第三层赠与田某靖、田某淑，归田某靖、田某淑所有。该房屋的第一层及空地一块归田某喜所有，田某靖、田某淑由张某美抚养，田某喜每月支付田某靖、田某淑一定的抚养费，田某靖、田某淑接受赠与，并在上学期间由张某美代为看管该房屋的第二层、第三层"。但是，讼争房屋一直未办理产权过户登记手续。2018年田某靖、田某淑提起诉讼，请求确认田某喜与张某美于1997年4月订立的离婚协议中关于夫妻共同财产的分割协议有效，并要求田某喜与张某美十日内协助田某靖、田某淑办理房屋产权转移登记手续。田某喜答辩认为，田某靖、田某淑此前未表示接受赠与，房屋也未办理过户手续，要求撤销离婚协议中的赠与财产条款。本案的一审、二审两级法院均支持了田某靖、田某淑的诉讼主张。田某喜不服终审判决，向贵州省高级人民法院申请再审。贵州省高级人民法院审查后认为，原审判决认定案涉离婚协议中"赠与子女房产"条款不能任意撤销，有事实基础和法律依据，裁定驳回田某喜的再审申请。

判决要旨

协议离婚时，夫妻双方达成的将共有房产赠与子女的条款与婚姻关系解除条款密不

* 刘福来，福建旭丰律师事务所主任、高级合伙人、律师。

可分,在双方当事人已经协议离婚的情况下,一方反悔,请求撤销赠与条款,经审查,签订离婚协议时没有欺诈、胁迫情形的,人民法院不予支持。

| 判例评析 |

一、既往相关判例与观点

夫妻双方协议离婚时,约定将夫妻共同所有的财产赠与子女,但没有办理房产权属转移登记手续,一方反悔,请求撤销离婚协议中的财产赠与条款的,审判实践中应如何处理,一直存在两种不同观点。

一种观点认为,在财产权利转移之前,一方可以任意撤销离婚协议中约定的赠与子女财产条款。其理由是:《合同法》第186条规定:“赠与人在赠与财产的权利转移之前可以撤销赠与。具有救灾、扶贫等社会公益、道德义务性质的赠与合同或者经过公证的赠与合同,不适用前款规定。”①最高人民法院《婚姻法解释(三)》第6条规定:“婚前或者婚姻关系存续期间,当事人约定将一方所有的房产赠与另一方,赠与方在赠与房产变更登记之前撤销赠与,另一方请求判令继续履行的,人民法院可以按照合同法第一百八十六条的规定处理。”②虽然依《合同法》之规定,经过公证的赠与合同或者具有救灾、扶贫等社会公益、道德义务性质的赠与合同不可撤销,但是,在婚姻登记机关备案的赠与合同,并不属于法定不能撤销的赠与合同。在办理财产权利转移之前,一方可以任意撤销离婚协议中约定的赠与子女财产条款。

另一种观点认为,在夫妻双方已经协议离婚的情况下,离婚协议中约定的赠与子女财产条款不能任意撤销。其理由是:最高人民法院《婚姻法解释(二)》第8条第1款规定:“离婚协议中关于财产分割的条款或者当事人因离婚就财产分割达成的协议,对男女双方具有法律约束力。”③同时,该司法解释第9条规定:“男女双方协议离婚后一年内就财产分割问题反悔,请求变更或者撤销财产分割协议的,人民法院应当受理。人民法院审理后,未发现订立财产分割协议时存在欺诈、胁迫等情形的,应当依法驳回当事人的诉讼请求。”④离婚

---

① 参见《民法典》第658条规定:赠与人在赠与财产的权利转移之前可以撤销赠与。经过公证的赠与合同或者依法不得撤销的具有救灾、扶贫、助残等公益、道德义务性质的赠与合同,不适用前款规定。

② 参见最高人民法院《民法典婚姻家庭编解释(一)》第32条规定:婚前或者婚姻关系存续期间,当事人约定将一方所有的房产赠与另一方或者共有,赠与方在赠与房产变更登记之前撤销赠与,另一方请求判令继续履行的,人民法院可以按照民法典第658条的规定处理。

③ 参见《民法典婚姻家庭编解释(一)》第69条第2款规定:当事人依照民法典第1076条签订的离婚协议中关于财产以及债务处理的条款,对男女双方具有法律约束力。

④ 参见《民法典婚姻家庭编解释(一)》第70条规定:夫妻双方协议离婚后就财产分割问题反悔,请求撤销财产分割协议的,人民法院应当受理。人民法院审理后,未发现订立财产分割协议时存在欺诈、胁迫等情形的,应当依法驳回当事人的诉讼请求。

协议中的房产赠与条款与整个离婚协议是一个整体,不能单独撤销。夫妻双方基于离婚事由将夫妻共同财产处分给子女的行为,可视为一种有目的的赠与行为,在双方婚姻关系因登记离婚而解除的情况下,应认为赠与房产的目的已经实现,故赠与房产条款不能随意撤销。①

二、在学理框架内对相关问题的点评

离婚协议中约定赠与子女财产条款能否撤销,本质上是婚姻法规范下离婚协议的法律约束力与合同法规范下赠与合同的任意撤销权之间的冲突处理问题。相较于合同法规范下的赠与,离婚协议书中赠与子女财产的行为,具有如下法律特征:

1. 该类赠与行为是双方的共同意思表示,是夫妻双方共同对子女的赠与。离婚协议中涉及的财产赠与,包含了两个层次的财产处分行为:第一层次是夫妻双方对离婚财产进行了分割,该分割可能明示双方之间的份额比例,也可能不明示;第二层次是对离婚财产共同作出赠与子女的意思表示,并形成书面条款。基于是共同意思表示而形成的共同赠与,在未取得双方一致同意撤销的情况下,任何一方不得擅自主张撤销,否则就违背了另一方的内心真意。

2. 该赠与行为不属于一般意义上的赠与。毋庸置疑,离婚协议既涉及夫妻之间的身份关系的解除,也涉及夫妻之间的财产关系处理。其中,财产关系的处理与身份关系的解除密不可分,二者之间往往互相牵制、互为因果。当夫妻达成一致协议时,意味着该处理结果达到了双方均认可的包括身份关系、财产关系在内的利益平衡状态。因此,离婚协议书中对子女的财产赠与,包含着身份、伦理、道德因素在内的赠与,明显区别于《合同法》第185 条规定的一般赠与。②

3. 根据特别法优于普通法,不适用《合同法》关于赠与任意撤销权的规定。《合同法》第 2 条第 2 款规定:“婚姻、收养、监护等有关身份关系的协议,适用其他法律的规定。”故夫妻之间有关身份关系的协议不适用《合同法》。夫妻之间有关财产关系的协议,从《合同法》规定上看,显然存在适用空间。但是,《合同法》第 186 条规定的特色在于撤销权的任意性,属于一般法,而最高人民法院《婚姻法解释(二)》第 9 条规定则强调离婚协议中财产分割条款的法律约束力,不可擅自变更或者撤销,属于特别法。根据特别法优一般法原则,离婚案件中关于赠与财产撤销问题应当优先适用《婚姻法》的相关法律规定。③

三、本判例的规范逻辑

本判例中,贵州省高院认为,田某喜与张某美在离婚协议中约定的“赠与子女房产”条

---

① 参见吴晓芳:《〈婚姻法〉司法解释(三)适用中的疑难问题探析》,载《法律适用》2014 年第 1 期。

② 参见《民法典》第 657 条。

③ 参见吴晓芳:《〈婚姻法〉司法解释(三)适用中的疑难问题探析》,载《法律适用》2014 年第 1 期。

款不能撤销,田某喜应当按照约定履行义务,其规范逻辑如下:

首先,离婚协议系婚姻关系解除条件下夫妻双方自愿达成的财产清算协议,系双方的真实意思表示。通常情形下,离婚协议不仅涉及夫妻共同财产和共同债务的处理,还可能涉及对配偶另一方的经济补偿、经济帮助、离婚过错损害赔偿、子女抚养费的承担,甚至在抚养费之外,为子女利益考虑,提供更好的财产安排。“赠与子女房产”条款作为离婚协议的重要组成部分,它与离婚协议中的其他约定相互依存,与整个离婚协议内容具有不可分的牵连性,从而具有“整体性”的特征。故一般情形下,“赠与子女房产”条款不能任意单独撤销。但在特定情况下,可因欺诈、胁迫等事由造成离婚协议财产处理内容的部分或整体撤销。

其次,此类财产清算安排的背后往往是各种复杂的情感、伦理、经济动因的综合考量,不同于一般意义上的赠与子女财产(房屋等),不能任由当事人一方意思而单独撤销。《合同法》第2条第2款规定:“婚姻、收养、监护等有关身份关系的协议,适用其他法律的规定。”夫妻双方在离婚协议中约定将房屋等共同财产赠与子女,貌似纯粹的财产处分,实质牵涉到婚姻关系存续、子女抚养权的归属等人身关系。夫妻双方协议离婚时考虑的往往不仅仅是抚养义务的履行问题,而是为了满足各种复杂的情感上或经济上的需求。例如,弥补离婚给子女带来的身心伤害;为子女未来婚嫁立业提前作出安排;对实际抚养一方提供居住等经济上的便利和生活保障;避免家庭财产随着一方未来组建新的家庭而外流;在存在多个子女的情况下将特定财产排除在法定继承范围之外。作出此类财产安排的背后往往是各种复杂的情感、伦理、经济动因的综合考量,而与一般意义上的赠与子女财产(房屋等)不同。故考量“赠与子女房产”条款能否撤销这个问题又必须落实在“离婚”这一特殊语境之中,并结合离婚协议中其他的人身、财产安排加以综合判定。因此,离婚协议中的财产赠与条款不能剥离出来作为财产约定来看待并进而单独适用《合同法》有关赠与的规定。

最后,未发现订立财产分割协议时存在欺诈、胁迫等情形的,不予支持。根据最高人民法院《婚姻法解释(二)》第8条规定:“离婚协议中关于财产分割的条款或者当事人因离婚就财产分割达成的协议,对男女双方具有法律约束力。当事人因履行上述财产分割协议发生纠纷提起诉讼的,人民法院应当受理。”赠与条款作为离婚协议的组成部分,不能与其他条款分离,夫妻双方应遵照履行。且《婚姻法解释(二)》第9条规定:“男女双方协议离婚后一年内就财产分割问题反悔,请求变更或者撤销财产分割协议的,人民法院应当受理。人民法院审理后,未发现订立财产分割协议时存在欺诈、胁迫等情形的,应当依法驳回当事人的诉讼请求。”夫妻双方请求变更或者撤销财产分割协议的,仍有救济途径,但仅限于订立财产分割协议时存在欺诈、胁迫等情形,否则人民法院不予支持。

本案中,田某喜明显并未在法定期间内就财产分割问题向人民法院提起诉讼,且其与张某美在约定房产赠与条款时并未受到欺诈、胁迫等情形,案涉离婚协议并未解除或者变更，故田某喜与张某美于 1997 年订立的离婚协议依法具有法律约束力，协议双方均应遵守诚信原则，依约履行。

四、本判例的意义

由于婚姻家庭关系的特殊性，对夫妻关系内部而言，配偶双方代表个体为内部法律行为，而当家庭与外部产生联系，涉及第三人时，夫妻一体性是当事人往往以一个家庭共同体的主体身份从事民事活动，这导致夫妻间协议引起的物权变动效力及物权对抗性效力在对内对外关系上具有特殊性。[①] 但是，从私法领域意思自治的理论角度看，夫妻之间的约定只要意思表示真实，不违反效力性强制性规定，就应在夫妻之间形成约束力；从立法价值与目的的角度看，诚实信用作为《民法典》的基本原则之一，是社会主义核心价值观的具体体现，也是婚姻家庭编所倡导的家庭文明建设的基石。离婚协议中赠与子女财产的条款，是父母作为共同体对子女所作的最后的承诺，如果在内部关系上也可以随意撕毁，对《民法典》倡导的优良家风、家庭美德的建设与传承将造成极大的破坏，也影响子女对诚信原则的敬畏。

本判例从离婚协议的整体性、订立协议的目的性及婚姻法律规范相较于合同法的特殊性等多个方面详细、理性地论证了离婚协议中"赠与子女财产条款"不能任意撤销的法理依据，对进一步统一司法裁判尺度、弘扬诚信原则、家庭美德等方面具有重大意义。

五、后续判例和规范的发展

随着《民法典》的实施，最高人民法院《民法典婚姻家庭编解释（一）》第 69 条第 2 款规定："当事人依照民法典第一千零七十六条签订的离婚协议中关于财产以及债务处理的条款，对男女双方具有法律约束力。"第 70 条规定："夫妻双方协议离婚后就财产分割问题反悔，请求撤销财产分割协议的，人民法院应当受理。人民法院审理后，未发现订立财产分割协议时存在欺诈、胁迫等情形的，应当依法驳回当事人的诉讼请求。"《民法典婚姻家庭编解释（一）》实施后，离婚协议中约定的赠与子女财产条款的撤销仍仅在存在欺诈、胁迫等违背当事人真实意愿的情形下予以支持；对当事人请求变更离婚协议中约定的赠与子女财产条款的，人民法院不予支持。这也表明，只要意思表示真实，不违反法律效力性禁止性规定，就应有诺必践。2025 年 2 月 1 日起施行的《民法典婚姻家庭编解释（二）》第 20 条第 1 款再次明确，未经另一方同意，"离婚协议约定将部分或者全部夫妻共同财产给予子女，离婚后，一方在财产权利转移之前请求撤销该约定的，人民法院不予支持"。同时，该条第 2 款、第 3 款明确了一方不履行约定义务的民事责任及权利主张的主体。第 4 款则重申了仅在欺诈、胁迫等情形下方可主张撤销约定。该解释的生效对此后该类案件的处理作出了明确指引。

---

① 参见王忠、朱伟：《夫妻约定财产制下的不动产物权变动》，载《人民司法》2015 年第 4 期。

084. 婚前和婚后先后共同出资购买的上市公司原始股在婚后继续持有及变现部分的分割裁判规则*

任某诉黄某离婚后财产纠纷案‖福建省龙岩市中级人民法院民事判决书,(2016)闽08民终1542号

事实概要

2002年,任某(女)与黄某(男)相识相恋,2002年10月,双方在任某娘家举行订婚仪式,其后同居生活。2003年3月,任某与黄某共同向案外人游某购买了1.42万股甲公司的原始股,出资总额7.1万元中有2.8万元系任某个人银行卡中取出,相应的股权转让协议为黄某执笔以任某名义购买,7.1万元股权转让款由双方交付给游某,并办理了股权账户移交手续。2003年4月,任某与黄某办理结婚登记手续,2004年任某继续购买了甲公司原始股5000股。2009年4月至2009年8月,甲公司原始股开始解禁,在扣除印花税等税费后,任某持有的1.92万股共获得解禁收益1725.3万元。此后,任某把解禁收益中的1254.8万元转给黄某,黄某收到该笔转账后又陆续转给任某451.7万元,黄某由此占有的解禁收益为803.1万元。之后,任某使用该笔收益继续炒股,购买保险、车位以及房产。

2014年7月,任某以夫妻感情破裂为由诉至法院要求与黄某离婚,8月撤回起诉,2015年3月,任某再次起诉离婚,2015年10月,法院判决双方离婚,双方对没有争议的财产进行了分配,对于双方有争议的1.92万股甲公司原始股解禁收益及所购置的财物、保险,被告持有的股份及分红等财产部分允许双方另行处理。

2015年11月,前述离婚判决生效后,任某以离婚后财产纠纷起诉黄某,要求黄某返还其婚前财产收益420万元,并对其他未处理的婚内夫妻共同财产进行分配。其中,任某认为婚前购买的1.42万股甲公司原始股均为她个人出资,应为其婚前个人财产;婚后购买的5000股甲公司原始股为任某嫂子陈某出资,应为陈某及其家人所有。一审认为:对于双方在登记结婚之前购买的登记在任某名下的1.42万股甲公司原始股,任某在婚后零操

---

* 梁瑛,上海锦天城(厦门)律师事务所高级合伙人、律师。

作，增值部分即解禁收益属于自然增值。该原始股的7.1万元的原始出资其中2.8万元系任某婚前个人出资购买，相应的解禁收益为任某婚前财产，(7.1－2.8)万元部分无证据证明具体出资人，故按照双方共同出资计算，即按照各自50%分配相应的增值部分。婚后购买的甲公司5000股原始股及其他财产，包括双方在婚内向案外人无理由转账的款项均属于夫妻共同财产，由双方平均分割，鉴于双方均有转移、隐匿夫妻共同财产的行为，互相不承担过错责任。任某不服一审法院判决，向龙岩市中级人民法院上诉，上诉请求为：确认1.42万股甲公司原始股解禁收益属任某的婚前个人财产；黄某用任某转给其的原始股解禁款项购买的不动产为任某和婚生子共同共有；其他未处理的夫妻共同财产各自一半。二审维持原判，任某继续向上一级法院申请再审，福建高级人民法院驳回其再审申请。

｜判决要旨｜

就双方在订婚同居后出资购买的甲公司原始股，按照“谁出资，谁所有”的原则进行裁判，就双方均无法证明己方出资的部分，按照公平原则对半分割；就婚后取得的甲公司原始股，在双方没有有效财产约定情况下，认定为夫妻共同共有；就婚前个人所有的甲公司原始股，在婚后没有操作自然增值的部分视为婚后个人财产；对于股票分割方式，法院对上市公司股票确定以原告起诉日收盘价作为确定股票价值的基础对双方持有的上市公司股票进行了分割。

｜判例评析｜

在婚姻法时代，对夫妻共同财产制的列举性规定中，并未把股权列入其中，其仅可归类于夫妻共同财产中的兜底条款：“其他应当归共同所有的财产。”①进入《民法典》时代，该条文就夫妻共同财产的范围进行了部分扩张(增加了“劳务报酬”和“投资的收益”)，但股权仍没有单列。主要基于股权本身还涉及财产以外的股东的身份权利，为此立法者未把股权本身简单的视作夫妻共同财产。本案中的“原始股”是指股份公司上市之前发行的股份，在股份公司上市之后转变为股票，其与有限责任公司的股权有所不同，原始股具有明确的市场交易属性。

本案为双方当事人在离婚后对财产的分割无法达成一致而向法院起诉的离婚后财产纠纷，其重点在于当事人对婚前出资购买的原始股性质存在争议，一方认为是婚前财产，而另一方认为是夫妻共同财产。在婚前出资不明的情况下应该如何认定该财产性质，以

① 参见《婚姻法》第17条规定：“夫妻在婚姻关系存续期间所得的下列财产，归夫妻共同所有：(一)工资、奖金；(二)生产、经营的收益；(三)知识产权的收益；(四)继承或赠与所得的财产，但本法第十八条第三项规定的除外；(五)其他应当归共同所有的财产。夫妻对共同所有的财产，有平等的处理权。”

及夫妻双方在婚姻持续期间都有隐匿、转移财产的行为对财产分割有何影响，法院对此的裁判具有一定的参考价值。

一、既往相关判例与观点

（一）法条演变与裁判变化

本判例主要援引法条是最高人民法院《婚姻法解释（三）》第5条，夫妻共同财产的包括范围；最高人民法院《婚姻法解释（二）》第15条，对有价证券的分割原则。在《民法典》时代，这两项规定内容体现在最高人民法院《民法典婚姻家庭编解释（一）》第26条和第72条。

本案为双方当事人在离婚后对财产的分割无法达成一致而向法院起诉的离婚后财产纠纷，其重点在于当事人对婚前出资购买的原始股性质存在争议，一方认为是婚前财产，而另一方认为是夫妻共同财产。对于此部分的认定，法院根据双方的举证程度判断是由双方出资或是一方独自出资；而之后《民法典》的出台对此部分的法律规范并无修改或新增，故其裁判规则仍不受影响。

（二）司法实践中股票分割的方法

在本案中，法院以起诉之日的收盘价确定了涉案股票的价值，再要求持有股票的一方补偿给另一方，属于对股票的价值分割。在司法实践中，离婚诉讼中对的股票分割，除了对价值进行分割外，还有对股票份额的分割。

最高人民法院《民法典婚姻家庭编解释（一）》第72条规定："夫妻双方分割共同财产中的股票、债券、投资基金份额等有价证券以及未上市股份有限公司股份时，协商不成或者按市价分配有困难的，人民法院可以根据数量按比例分配。"在一般情形下，当事人之间对股票分割无法达成一致，法院可以按照数量比例对各方予以划分。但此规定为指引性规定，并非强制性规定，法院也可以依自由裁量权按照股票的市值进行分割。然则股票价值的变动性较大，不同的时间股票对应的价值相差甚远，应在何时确定股票的价值予以分割，是当前司法的难点。就目前司法实践来看，如北京市高级人民法院民一庭《关于审理婚姻纠纷案件若干疑难问题的参考意见》第26条规定，离婚诉讼中分割上市公司股票，需要确定股票价值的，当事人对确定股票价值的时间点无法达成一致的，可以法庭辩论终结日的股票价值为准。但此标准并非唯一，例如，在孙某诉徐某离婚纠纷案中，当股票账户中有一方个人婚前财产、也有夫妻共同财产的情况时，"因股票账户的特殊性，徐某曾多次投资交易，资金反复进出，现无法确认徐某上述婚前个人财产现在的实际金额，故分割时以徐某现账户内总资产为基数进行分割，但徐某确有婚前个人财产在股票账户内，因此分割时，适当给徐某多分，具体数额法院将参考徐某婚前个人资金数额、投入金额、提取金额等因素酌定"。[①]

---

① 北京市第二中级人民法院民事判决书，（2015）二中民终字第12517号。

二、在学理框架内对相关问题的点评

一方使用婚前财产买入股票,并在婚后未作任何的操作变动,该股票在婚姻存续期间因目标公司的营利或市场的变化导致升值,在实质上属于被动升值,应属于自然增值部分,[①]认定为夫妻的共同财产。江苏省高级人民法院发布的《家事纠纷案件审理指南(婚姻家庭部分)》也对此持相同态度,认为增值部分除当事人另有约定外,应当认定为夫妻一方的个人财产。需要注意的是,如若当事人对婚前购买的股票进行了主动操作,由此导致增值收益产生的,在没有事前约定的情形下,会被法院认定为夫妻共同财产。

在本案中,法院对任某能提出证据证明是其出资部分的股权,认定为其个人财产,其无法证明出资证明的部分,则算作任某于黄某的共同出资。即使任某于婚前取得该部分股权,但因任某与黄某二人虽未领证却已经同居,故出资总额 7.1 万元扣除掉任某可证明的 2.8 万元,剩余部分在无相反证据的情形下算作夫妻共同财产。此外,任某主张在婚姻存续期间继续购买的 5000 股甲公司原始股系替他人购买,因证据不足未被法院支持;原因在于在我国夫妻共同财产制下,婚后财产的处分是默认算作夫妻共同财产,主张代持或者个人财产的一方需承担举证责任,其可出示转账记录、代持协议等证据证明,仅靠具有亲属身份关系的证人证词是无法形成完整的证据链的。并且,转账记录、代持协议的转账、签订时间也是法院判断当事人主张事实真伪的重要依据。

三、本判例的裁判逻辑

本案为离婚后财产纠纷,任某以自己与黄某自 2010 年起分居,夫妻感情破裂为由向上杭县人民法院提起诉讼,要求与黄某离婚,该院于 2015 年 10 月 28 日依法作出(2015)杭民初字第 892 号民事判决书,判决准许任某、黄某离婚。上述判决已于 2015 年 11 月 13 日生效。双方对有争议的财产无法达成一致意见,现任某又诉至上杭县法院。一审审理后认为,夫妻双方在婚姻关系存续期间,未约定分别财产制时,其在婚姻关系存续期间所得财产,除特别规定外,其他应按夫妻共同财产处理。接着对当事人有争议的财产,根据双方的举证,判断财产的所有是发生在婚姻存续期间前或是婚姻存续期间内,在上述基础上进而对当事人的财产划分作出裁判。二审法院经审理认为一审法院判决认定事实清楚,适用法律正确,遂依据《民事诉讼法》第 170 条第 1 款第 1 项规定,判决驳回上诉,维持原判。任某继续向福建省高级人民法院申请再审,福建省高级人民法院审查后认为任某的再审申请不符合 2012 年《民事诉讼法》第 200 条第 1 项、第 2 项、第 6 项规定的情形,驳回任某的再审申请。

---

① 参见《民法典婚姻家庭编解释(一)》第 26 条规定:夫妻一方个人财产在婚后产生的收益,除孳息和自然增值外,应认定为夫妻共同财产。

四、本判例的意义

当前在司法实践中，对离婚时股票归属和价值的确定原则主要有两种：分别是根据最高人民法院《民法典婚姻家庭编解释（一）》第72条规定的按数量比例分配与北京市高级人民法院民一庭《关于审理婚姻纠纷案件若干疑难问题的参考意见》第26条规定的，按法庭辩论终结日的股票价值为准，给予对方相应补偿款。在本案中当事人持有多家公司的股权，法院并未僵硬地只使用一种股票分割方式，而是既使用了按股票价值分割方法同时也使用了按股票数量比例分割的方法。虽然法院在该份判决中并未明晰表达这两种股票分配方法分别适用于何种情形最为稳妥，但还是能感受出在对于夫妻间无法达成一致的股票权属问题，法院会倾向使用按数量比例分配；而经当事人协商一致，可以由持有股票一方给付对方相应折价款的，则法院可根据股票价值分割裁判。

值得一提的是，在对双方夫妻共同财产的分割处理上，因任某与黄某在婚姻关系存续期间，均有转移、隐匿夫妻共同财产的行为，故法院在分割时均按各占50%比例分割；即认为双方对此都有过错，不细论哪方的过错更大，而是视作都有过错方之间的相互抵销，最终仍适用夫妻财产平分制，这对将来出现类似情形的案件，有一定参考意义。

五、后续判例和规范的发展

相比上市公司而言，非上市公司无论是股份有限公司还是有限责任公司的股权，在司法实践中最棘手的是如何进行定价。

北京海淀区法院于2015年作出的一份离婚后财产纠纷判决①就非上市的股份有限公司股份的分割与本案的审判逻辑具有相似性。在2015年的案件中，持有股权的一方称该公司原始股份为其婚前持有，婚后该公司上市并经资本公积金转增并非其婚后的经营行为，上述股票属于其婚前财产的自然增值，故不同意进行分割。但是法院认为，自然增值是指该财产增值的原因是通货膨胀或市场行情变化。而本案中，其作为该公司股东，实际参与公司的经营管理，该公司在双方婚姻关系存续期间上市并进行资本公积金转增之行为与董某投入的劳动、管理等经营行为密不可分，该财产的增值原因并非通货膨胀或市场行情变化，上述股权应属于在从事生产经营活动中的一种收益形式载体，故否定了当事人提出股权系自然增值的主张。紧接着持有股权方表示即便分割，其仅同意给付对方相应股票，其无力支付相应折价款；并主张即便涉及折价款，其主张应当按照该股票的现价值予以分割，不同意按照离婚时的价格进行分割。但法院在最终裁判中，因夫妻双方未能达成一致的股份之分割方案，意见始终无法统一，故最后根据相应数量按比例进行分配。

在福州中院的一份离婚后财产纠纷判决中②，当事人均不愿意取得股权，而更愿意想

---

① 参见彭某与董某离婚后财产纠纷案，北京市海淀区人民法院民事判决书，2015年海民初字第27327号。

② 参见张某与陈某离婚后财产纠纷案，福建省福州市中级人民法院民事判决书，（2020）闽01民终275号。

要股权折价款,在此情形下法院仍然以双方未达成意见一致,对股权进行平均分割。张某向法院起诉,要求依法判令分割其与陈某的夫妻共同财产,其中就包括陈某持有的某公司99%的股权。在分割方案上,张某提出公司的股权归陈某所有,由陈某支付给张某股权折价款的分割方案,陈某不同意该分割方案,表示愿意将股权平均分割,同时表示如果坚持分割股权折价款,其愿意要折价款,只要张某主张金额的八成即可。本案双方当事人对于分割方案无法达成一致,同时因公司其他股东表示同意张某成为公司股东且放弃优先购买权,并不违反《公司法》关于股权向公司以外的人转让的相关规定,且符合公平原则。法院最终引用了陈某的分割方案,由双方对股权进行平均分割。需要指出的是,在本案中张某坚持分割股权折价款但未申请股权价值评估,应是法院未使用按股权价值分割的重要因素之一。

此外也有学者提出由专业机构进行股权价值评估是较为合理的处理方案。此种方式是由专业机构对公司资产和财务状况进行综合评估,以评估后的股权实际价值决定对另一方进行补偿的数额。对于股权价值的评估通常依据审计报告、资产负债表、公司财务报表、工商登记信息等资料确定公司股权的价值。但在司法实践中,由于掌握公司经营权或控制权的一方不予配合,另一方也不掌握公司的真实财务报表,专业机构无法取得评估所需的基础文件和数据,无法对公司真实价值进行评估,该现象目前已经成为司法实践中分割公司股权对价最大的障碍。当然,如果没有参与公司经营的一方取得该公司为获得银行贷款向银行提交的申报材料,该关键性证据不仅可以明确证明该公司的真实价值,甚至会"高估"公司价值,实现案件的反转。

2025年1月《民法典婚姻家庭编解释(二)》正式发布,并自2月1日起施行,2023年底修订的《公司法》也已实施。通过《公司法》和《民法典婚姻家庭编解释(二)》进一步确立了"内外有别"原则,如司法解释规定了"夫妻一方转让用夫妻共同财产出资但登记在自己名下的有限责任公司股权,另一方以未经其同意侵害夫妻共同财产利益为由请求确认股权转让合同无效的,人民法院不予支持,但有证据证明转让人与受让人恶意串通损害另一方合法权益的除外",同时明确了工商登记股权比例并非夫妻财产分割比例。尤其值得注意的是《民法典婚姻家庭编解释(一)》第73条建立在2018年《公司法》第71条的基础上,而现行《公司法》第84条删除了"对外转让股权须经其他股东过半数同意"的前置条件,仅保留了股东对外转让股权的书面通知义务。这一修改简化了股权转让程序,为非股东配偶进入公司提供了便利,有助于提高涉股权分割离婚案件的审理效率,妥善处理双方股权争议。另外,现行《公司法》第84条要求转让方书面通知其他股东股权转让的数量、价格等事项,增加了股权转让的透明度,有利于夫妻双方的沟通协商。

085. 离婚后发现婚生子女并非亲生，原配偶能否起诉要求撤销离婚协议中财产分割条款并重新分割财产？*

林某、游某离婚后财产纠纷案‖福州市中级人民法院民事判决书，(2019)闽01民终2886号

| 事实概要 |

2017年7月6日，原夫妻双方签订离婚协议书并据此办理了离婚登记。离婚协议书约定并分割了夫妻共同财产，并约定婚生子游某某由女方抚养。2018年9月、10月，男方经两次DNA亲子鉴定，鉴定结论均为儿子游某某与自己无亲生血缘关系。男方（原告）随起诉女方（被告）至法院，要求撤销原、被告2017年7月6日签署的离婚协议书中财产及债务处理约定，要求重新分割婚内共同所有的房产并享有全部房产价值的80%份额。一审法院查明，原、被告于1994年12月24日登记结婚；2002年4月，共同收养原告妹妹的女儿林某某为养女；2008年4月生育一子游某某；男方患有强直性肌营养不良症，该病属于严重的常染色体显性遗传病；女方对男方所做的亲子鉴定结论无异议。

| 判决要旨 |

福州市鼓楼区人民法院认为，原、被告于2017年7月6日签订离婚协议书，根据《婚姻法解释（二）》第9条规定，离婚后，请求变更或撤销该离婚财产分割协议的，应当在协议离婚后一年内提起诉讼；而原告于2018年10月26日向法院提起诉讼，已超过法定期限。且原告在得知儿子游某某与自己无亲生血缘关系后，其在诉状中称精神崩溃、痛不欲生，却未曾向被告提出任何关于此方面的疑问，并仍然继续支付游某某生活费、教育费，照常关心孩子，其行为表现有悖常理，可以推定原告长期以来对游某某非其亲生子的事实完全知情。双方签订的离婚协议书系双方真实意思表示，不存在欺诈、胁迫的情形，故原告诉请，缺乏事实和法律依据，不予支持。判决驳回原告的诉讼请求。

---

* 张守真，北京浩天（福州）律师事务所律师。

原告不服一审判决,上诉至福州市中级人民法院。二审法院对一审查明的事实予以确认。经审理后认为,《婚姻法解释(二)》第 9 条规定:“男女双方协议离婚后一年内就财产分割问题反悔,请求变更或者撤销财产分割协议的,人民法院应当受理。”可见,我国婚姻法律对于男女双方协议离婚后再就财产分割问题提起诉讼的问题另有规定,现上诉人(原审原告)起诉请求变更或者撤销其与被上诉人(原审被告)签订的离婚协议书中有关财产分割协议的处理约定,应当适用《婚姻法解释(二)》第 9 条关于“协议离婚后一年内”法定期限的规定。原、被告于 2017 年 7 月 6 日签订离婚协议书,而原告于 2018 年 10 月 26 日向一审法院提起诉讼,已超过法定期限,一审判决对此适用法律无误,上诉人提出的有关一审适用法律有误的上诉主张不能成立,不予支持。综合原告所患的强直性肌营养不良常染色体显性遗传病、被告多次流产、原、被告于 2002 年 4 月合法收养女儿林某某的事实以及原告称“在得知儿子游某某与自己无亲生血缘关系后精神崩溃、痛不欲生”与其实际行为表现的不符等,一审作出原告长期以来对游某某非其亲生子的事实系知情的合理推定并无不当。因此,上诉人提出的一审对此认定有误及其签订离婚协议书时被欺诈、存在重大误解致显失公平等的有关上诉主张,没有事实依据,不予支持。原、被告于 2017 年 7 月 6 日办理了离婚登记手续,双方的婚姻关系依法已经解除,上诉人有关离婚协议系以虚假的意思表示而签订的上诉主张没有事实和法律依据,不予支持。一审判决认定事实清楚,适用法律正确,应予维持。判决:驳回上诉,维持原判。

| 判例评析 |

一、既往相关判例与观点

夫妻双方协议离婚后,原配偶一方发现婚内所生子女与其不具有血缘关系,据此认为离婚协议签订时,女方存在故意告知其虚假情况或故意隐瞒子女非男方亲生的欺诈行为,诱使男方在离婚财产分割、子女抚养安排等问题上作出错误意思表示,起诉要求撤销离婚协议、重新分割夫妻共同财产、返还已支付的子女抚养费、赔偿精神损失等诉请;根据现有判例,基本上都认为女方在婚姻存续期内与他人孕有子女,是严重违反公序良俗的行为,在法律上应给予否定评价。但一方婚内与婚外异性生育子女并不必然等同于签订离婚协议时构成欺诈,还应结合案件查明的事实,认定是否存在欺诈,是否构成重大误解,进而决定是否应当撤销双方所签的离婚协议。

法院审理该类民事诉讼案件时,常见的争议焦点主要是:(1)夫妻双方在民政局签订离婚协议(含订立财产分割协议)时是否存在欺诈情形,即原夫妻一方是否故意告知对方虚假情况,或者故意隐瞒真实情况,诱使对方当事人作出了错误的意思表示。(2)签订离婚协议时,原夫妻一方是否存在重大误解,即男方是否确实不知道婚生孩子与其没有血缘关系,并基于孩子是其亲生的而作出了错误的财产分割、直接抚养权归属、抚养费承担等安排。(3)原夫妻一方起诉时是否还在撤销权行使期限内。围绕焦点争议,司法实践中,法院裁判观点并不统一,归纳起来有下列两种不同意见:

1. 判决撤销双方签订的离婚协议或者其中的财产分割协议条款的判例。[①] 理由是女方隐瞒了婚内所生孩子并非男方的事实,使得男方在签订财产分割协议时,作出了错误的意思表示,故而依据最高人民法院《婚姻法解释(二)》第9条之规定,撤销双方所签订离婚协议书中的财产分割协议。

2. 判决不予撤销双方签订的离婚协议或者其中的财产分割协议条款的判例。[②] 理由是:(1)男方在签订离婚协议之前,已经知道或者根据证据能够推断其应当知道婚生孩子非其亲生,仍然同意签订了离婚协议中的财产分割协议,不是因受到欺诈而作出错误的财产分割意思表示,也不构成重大误解。(2)男方行使撤销权的时间超过了法定期间。《婚姻法解释(二)》第9条规定:"男女双方协议离婚后一年内就财产分割问题反悔,请求变更或者撤销财产分割协议的,人民法院应当受理。"一方起诉要求撤销财产分割协议受"离婚后一年内"期间的约束。故在《民法典》实施前,也有部分案件以这一条规定为由,驳回了当事人的诉请。[③] 本文所研究的判例就是如此。但是《民法典》施行后,最高人民法院《民法典婚姻家庭编解释(一)》第70条规定:"夫妻双方协议离婚后就财产分割问题反悔,请求撤销财产分割协议的,人民法院应当受理。人民法院审理后,未发现订立财产分割协议时存在欺诈、胁迫等情形的,应当依法驳回当事人的诉讼请求。"其删除了"离婚后一年内"的期间限制,改为适用《民法典》第152条关于撤销权行使除斥期间的有关规定,更有利于维护当事人的权利,合乎法律规范和法律逻辑。

二、在学理框架内对相关问题的点评

结合现有法律规定及民法一般理论,民事欺诈是指故意将不真实的情况当作真实的情况加以表示,以使他人产生误解,进而作出意思表示。[④] 认定构成民事欺诈应至少包括以下四方面内容:一是行为人存在欺诈行为,二是行为人具有欺诈故意,三是被欺诈方须因欺诈行为陷入错误认知并基于错误认知作出意思表示,四是被欺诈方的意思表示违背其真实意思。[⑤] 最高人民法院《民事诉讼法解释》第109条规定:"当事人对欺诈、胁迫、恶意串通事实的证明,以及对口头遗嘱或者赠与事实的证明,人民法院确信该待证事实存在的可能性能够排除合理怀疑的,应当认定该事实存在。"换言之,负有举证责任的当事人必

① 参见广东省广州市黄埔区人民法院(原广东省广州市萝岗区人民法院)民事判决书,(2015)穗萝法民一初字第372号;安徽省蚌埠市禹会区人民法院民事判决书,(2016)皖0304民初1148号。

② 参见北京市第一中级人民法院民事判决书,(2019)京01民终10083号。

③ 参见北京市西城区人民法院民事判决书,(2020)京0102民初10231号。

④ 参见刘凯湘:《民法总论》,北京大学出版社2006年版,第333页。

⑤ 参见上海市第一中级人民法院民事判决书,(2015)沪一中民六(商)终字第303号。

须证明其所主张的事实存在的可能性极高，足以排除合理怀疑，而不是只要达到一般的高度可能性标准。在满足欺诈行为的构成要件、且当事人的举证也达到证明存在欺诈行为的举证标准后，法院应当认定构成欺诈并依据最高人民法院《民法典婚姻家庭编解释（一）》第70条第2款、《民法典》第148条规定，撤销夫妻双方在离婚时所签订的离婚协议书的财产分割协议内容。

对于当事人行使财产分割协议撤销权的期间问题，最高人民法院法官在《〈关于适用民法典婚姻家庭编解释（一）〉若干重点问题的理解与适用》第3条"关于撤销离婚财产分割协议问题"一项中，认为《婚姻法解释（二）》第9条涉及的撤销权属于形成权，在婚姻家庭编对该种情况没有特别规定的情况下，应当适用总则编关于撤销权行使除斥期间的有关规定。根据《民法典》第152条规定，在受欺诈的情形下，应为当事人知道或者应当知道撤销事由之日，而不是原来规定的离婚之日……自离婚之日起5年内没有行使撤销权的，撤销权即消灭。①

三、本判例的裁判逻辑

本判例中，首先，法官从事实上判断双方在签订离婚协议时男方是否知道或者应当知道游某某非其亲生子的事实。结合男方所患的强直性肌营养不良常染色体显性遗传病，女方多次流产，原、被告于2002年4月合法收养女儿林某某的事实以及男方称"在得知儿子游某某与自己无亲生血缘关系后精神崩溃、痛不欲生"与其实际行为表现的不符等，作出男方长期以来对游某某非其亲生子的事实系知情的合理推定。其次，从程序上认定原、被告于2017年7月6日签订离婚协议书，而原告于2018年10月26日向一审法院提起诉讼，已超过离婚后一年内的法定期限。综上，根据《婚姻法解释（二）》第9条之规定，认为上诉人有关离婚协议系以虚假的意思表示而签订的上诉主张没有事实和法律依据，不予支持。判决驳回上诉，维持原判。在《民法典》未施行前，该判决事实认定充分，法律适用正确，没有问题。但是在《民法典》施行后，当事人基于本文问题提起的诉讼是否超过法定的除斥期间还需另行认定，依照现行民法典的规定，本判例关于已超过行使撤销权法定期间的认定过于简单、武断，应当根据案件事实分析当事人是否构成欺诈或重大误解，并进而适用《民法典》第152条相关期限的规定，认定当事人是否享有撤销权。

四、本判例的意义

本判例明确了协议离婚后，夫妻一方发现婚内所生子女与自己无血缘关系的，享有起诉要求撤销离婚协议中基于子女系其亲生的而作出的财产分割约定，即当事人基于该事由对已作出的财产分割享有"反悔"的民事诉权。

---

① 参见刘敏等：《〈关于适用民法典婚姻家庭编解释（一）〉若干重点问题的理解与适用》，载《人民司法》2021年第13期。

本判例也进一步明确一方仅证明婚内子女非亲生的，起诉后并不能胜券在握，法院不能据此直接认定财产分割协议应当予以撤销。当事人还需证明原夫妻另一方存在故意告知孩子系其亲生的虚假情况，或者故意隐瞒婚内与异性怀孕生子的真实情况，诱使当事人在离婚财产分割、孩子抚养等方面作出了错误的意思表示，即离婚财产分割协议应否撤销的关键，还需要证明原夫妻一方的行为是否构成欺诈，对方当事人是否基于该欺诈行为在分割夫妻财产时作出了违背其真实意思的处分行为；或者当事人在签订离婚协议之前，是否存在重大误解，即确实不知道或者不应当知道婚生子女非其亲生的，并基于孩子为其亲生的这一重大误解，作出了错误的财产分割、抚养安排等。

五、后续判例和规范的发展

由于《民法典》自2021年1月1日起施行，至今以来时间还比较短，再加上《适用民法典时间效力的规定》规定“民法典施行前的法律事实引起的民事纠纷案件，当时的法律、司法解释有规定，适用当时的法律、司法解释的规定”，对于因2020年12月31日前签订离婚协议、离婚后发现婚生孩子非亲生的而引发的离婚后财产纠纷案件，对当事人是否享有撤销权的认定，短期内可能还会适用最高人民法院《婚姻法解释(二)》第9条“协议离婚后一年内”期限的规定。对于2021年1月1日之后签订的离婚协议并就本文探讨问题发生的纠纷案件，当事人提起撤销之诉的法定期间应当适用《民法典》第152条之规定，而不再受“协议离婚后一年内”期限的限制。

笔者于2021年7月9日查询“中国裁判文书网”上公开的涉及本文所探讨问题的案例，还未见公开的裁判文书。而其他关于撤销权诉讼的民事案件，并不像已失效的《婚姻法》对此有特别规定，受《民法典》实施的影响不大，不具有对比性、参考性。《民法典婚姻家庭编解释(一)》第70条规定与《民法典》总则相关规定一致，是立法进步，婚姻中的当事人也是民事主体，其民事权利也应得到平等保护。2025年2月1日起施行的最高人民法院《民法典婚姻家庭编解释(二)》第20条第4款进一步规定：“离婚协议约定将部分或者全部夫妻共同财产给予子女，离婚后，一方有证据证明签订离婚协议时存在欺诈、胁迫等情形，请求撤销该约定的，人民法院依法予以支持；当事人同时请求分割该部分夫妻共同财产的，人民法院依照民法典第一千零八十七条规定处理。”虽然这只是针对“离婚协议约定将部分或者全部夫妻共同财产给予子女”这一特殊情形，但笔者认为，对于签订离婚协议时一方存在欺诈、胁迫等情形，离婚后另一方请求撤销相关财产分割约定的案件，该规定具有参照适用的价值。此类案件应结合最高人民法院《民法典婚姻家庭编解释(一)》第70条，《民法典婚姻家庭编解释(二)》第20条的规定妥善处理。由于《民法典》以及婚姻家庭编的司法解释已对该问题有了明确规定，相信司法审判机关会严格依据上述法律规定来判，后续的判例不会再因超过“协议离婚后一年内”期限的规定而驳回当事人的起诉或诉讼请求。

086. 离婚后损害赔偿争议中的认定“与他人同居”成立的判断标准[*]

林某诉潘某离婚后损害责任纠纷案‖福建省漳州市中级人民法院民事判决书，(2019)闽06民终1228号；福建省东山县人民法院民事判决书，(2019)闽0626民初310号

事实概要

林某(女)与潘某(男)原系夫妻关系。经潘某两次提起离婚诉讼后，双方于2018年获准离婚，相应的离婚判决于2018年8月9日生效。潘某随即与案外人林某娟登记结婚，不久之后，林某娟生下一女婴，潘某以丈夫名义在产科病情告知书上签名。林某根据时间推断，认为潘某在有配偶的情况下与他人同居并致同居女方怀孕，该行为明显存在过错并违背公序良俗，其作为无过错方有权提出离婚后损害责任赔偿，要求潘某支付离婚损害赔偿费100,000元及律师费10,000元。潘某答辩称不能仅以产科病情告知书就推断出潘某与林某娟同居，但潘某始终拒绝接受与林某娟所生的女婴进行DNA鉴定。

一审法院认为，林某提交的证据无法支持其诉求，驳回其诉讼请求。林某不服上诉，二审法院审理后，认为潘某既不承认也不否认与案外人林某娟生育的女婴与其有亲子关系，但从潘某与林某离婚的时间，潘某与林某娟的结婚登记时间以及林某娟生育时间推断，同时结合潘某多次拒绝亲子鉴定，可以推定潘某与案外人林某娟生育的女婴之间存在血缘关系，并认定潘某与林某在婚姻关系存续期间与案外人林某娟不以夫妻名义，持续、稳定地共同居住，并生育一女的事实。二审法院撤销一审法院判决，判令潘某应向林某支付50,000元的精神损害赔偿费。

判决要旨

一审法院直接适用《婚姻法解释(一)》第2条“‘有配偶者与他人同居’的情形，是指

---

* 梁瑛，上海锦天城(厦门)律师事务所高级合伙人、律师。

有配偶者与婚外异性,不以夫妻名义,持续、稳定地共同居住”,认为林某仅举证潘某在与林某离婚后很快与案外人林某娟登记结婚,不久即生育一女婴,这种举证方式没有办法证明潘某在婚姻关系存续期间有与婚外异性持续、稳定地共同居住的事实。尽管林某申请亲子关系鉴定潘某拒绝配合,但假使该女婴为潘某所生,也无法充分证明潘某在婚内与他人同居的事实。因此林某主张离婚损害赔偿费 100,000 元的诉求,不予支持。此外,律师费支出与本案没有必然的关联,故对林某主张律师费 10,000 元的诉求,亦不予支持。

二审法院作出了完全相反的认定,并阐述了夫妻之间的忠诚义务,“夫妻应当互相忠实,不背叛爱情,这不仅是传统美德,也是法定义务。对婚姻不忠实是难以容忍的不诚信,它不仅破坏了夫妻关系,拆散了家庭,也伤及无辜的子女,而且败坏了社会风气,是法律所禁止的行为。”二审法院对潘某提起离婚诉讼、离婚事件、再婚时间、女婴出生时间进行综合性的判断,结合潘某“既不承认、亦不否认”案外人林某娟生育的女婴与其有亲子关系,以及潘某多次拒绝其与林某娟所生女婴在血缘上的遗传关系进行鉴定,依法推定案外人林某娟所生女婴与潘某有血缘上的关系,由此认定潘某在与林某婚姻关系存续期间,与案外人林某娟不以夫妻名义,持续、稳定地共同居住,并生育一女的事实。二审法院综合潘某的过错程度及经济能力,并考虑当事人所在地平均生活水平,酌情确定由潘某支付给林某精神损害赔偿费 50,000 元。林某所支出的一审律师费 10,000 元,系其因诉讼而支出的费用,其诉求由潘某承担没有法律依据,不予支持。

| 判例评析 |

一、既往相关判例与观点

(一)相关法律规定的演变

本判例的法律依据是《婚姻法》第 46 条规定无过错方有权请求损害赔偿的四种情形,以及《婚姻法解释(一)》第 28 条关于离婚后无过错方的损害赔偿范围。当然,在 2021 年 1 月 1 日,随着《民法典》生效,《婚姻法》以及其解释均已被废止。不过,前述这两条规定的内容已被《民法典》及其司法解释所吸收。

《婚姻法》第 46 条被吸收在《民法典》第 1091 条,《民法典》对可请求损害赔偿的事项则增加了一项兜底条款,即有“其他重大过错”,也可被列为无过错方提出损害赔偿的事由。《婚姻法解释(一)》第 28 条则被吸收体现在《民法典婚姻家庭编解释(一)》第 86 条中,两者除了对引用法条的表述不一样外,其他的立法精神基本是一致的。

(二)既往相关判例

有配偶者与他人同居的行为,具有以下几个特点:一是当事人有较固定的住所;二是保持较稳定的性关系;三是持续性或较长时间在一起共同生活;四是双方不以夫妻名义共同生活。在审判实践中,法院一般对过错证据的审查较严格,至少要有完整的证据链证明一方确有与第三方同居行为，才能得到法官对当事人提出的损害赔偿请求予以支持，仅是间接性证据则较难让法官形成对己方有利的自由心证。

例如，北京市西城区人民法院（2015）西民初字第10673号肖某与张某离婚后损害责任纠纷民事判决书就认为，原告提交的短信记录并不能证明短信系何人所发，短信内容并不能证明被告存在出轨及外遇事宜，视频资料内容的亦无法认定被告存在外遇，考虑到原告的举证不足以证明被告长期与他人同居，故就原告的诉讼请求一审法院无法支持。在二审中，北京市第二中级人民法院于（2015）二中民终字第12522号民事判决书中进一步阐述：第一，原告提交的短信记录并不能证明短信系何人所发，短信内容亦不能证明被告存在出轨及外遇事宜；第二，视频资料中显示的女子并不清晰，且仅有的一男一女的视频亦系背影，故视频资料的内容不能说明任何问题；第三，租赁合同上虽写明二人租赁，但并不能表明另一人系何人；第四，证人证言即使属实，亦只能说明被告曾与一女子逛商场。综上，依据现有证据无法认定被告存在外遇，更不足以证明被告存在《婚姻法》第46条规定的过错情形，故对于原告的上诉请求，二审法院无法支持。综合其他同类案件的判决，可以发现生育非婚子女的事实是认定同居重要的标准。例如本判例案件中，二审法院将女婴的出生时间与当事人离婚、再婚时间进行比对，可以认定男方在与前妻婚姻关系存续期间即与女婴母亲存在不正当男女关系，从而放宽了女方的举证责任，推定男方存在婚姻过错。

二、在学理框架内对相关问题的点评

（一）如何认定“与他人同居”的过错情形

最高人民法院相关司法解释定义了“与他人同居”。根据《民法典婚姻家庭编解释（一）》第2条规定：“……‘与他人同居’的情形，是指有配偶者与婚外异性，不以夫妻名义，持续、稳定地共同居住。”这与《婚姻法》时代对“与他人同居”定义是相同的[①]，区别仅在于《民法典》为使语言精练，把“有配偶者与他人同居”改述为“与他人同居”。据此，可以理解为三个要点：第一，同居的一方或者双方是有配偶的，如果双方都不具有配偶，那么就不属于此条规范范围内；第二，同居期间不以夫妻名义对外活动，否则可能涉及重婚行为，这是另外的法律关系；第三，需要是持续、稳定地共同居住，如仅是间断性或者单次共同居住，同样不属于上述范围。

本案中，一方在离婚后与第三人所生的孩子，根据出生时间可推测属于一方在婚姻存续期间的行为导致第三人受孕，此种情形可否属于“与他人同居”，是导致一审法院与二审法院得出迥然不同结论的核心原因。根据上述分析的“与他人同居”的三点定义，很明显本案中是符合前两个要点的，然而，对于是否符合第三个要点双方存在持续、稳定地共同

---

① 参见《婚姻法解释（一）》第2条规定：婚姻法第3条、第32条、第46条规定的“有配偶者与他人同居”的情形，是指有配偶者与婚外异性，不以夫妻名义，持续、稳定地共同居住。

居住,则存有争议。一审法院认为,潘某无论与林某娟所生小孩是否有亲子关系,在林某娟没有更多证据证明潘某与林某娟有同居关系时,则不能认定潘某属于“与他人同居”的情形。二审法院推翻了这一说法,其认为潘某与林某娟所生女婴有亲子关系,即可推定二人是持续、稳定地共同居住。从二审的裁判逻辑,我们可以推断从夫妻的互负忠实义务出发以及婚外生子对当今社会伦理道德的严重违背,不应再由受损害方承担过重的举证责任,有生子的事实行为发生,即可认定“与他人同居”的情形成立。值得一提的是,离婚损害赔偿的事由除了法定的几种情形之外,[①]并不包括通奸或偶发性与他人同居,对此,最高人民法院民事审判庭吴法官认为:“对‘有配偶者与他人同居’导致离婚的,让过错方付出一定的经济代价,也算是对无过错方一个‘说法’、心理上一种慰藉。一般的通奸、偶发的性行为等属于道德领域、有关党纪政纪约束、行政处罚的范畴。”[②]

(二)离婚诉讼中可否主张律师费由对方承担

在诉讼案件中,当事人在要求实现自己诉求的同时一并向对方当事人主张律师费,但是,律师费请求并不一定受到法院的支持,而诉讼请求金额增多会需要多支付诉讼费。目前,败诉方承担律师费的情形大致分为下列三类情形:1. 有明确法律规定,如著作权纠纷案、商标权纠纷案;2. 法律未明确规定,依靠裁判机关裁量,如法律援助案、仲裁案;3. 当事人双方已在协议中有约定律师费的承担。

离婚诉讼不属于以上分类中的前两种。在本案中,当事人未曾约定律师费的承担方式,故一审、二审法院都驳回了林某对律师费的主张,是有法律依据的。但婚姻家事案件中,在未约定律师费的情况下,要求败诉方承担律师费也有例外情形。根据最高人民法院、司法部《关于开展律师调解试点工作的意见》第15条:“……一方当事人无正当理由不参与调解,或者有明显恶意导致调解不成的,人民法院可以根据具体情况对无过错方依法提出的赔偿合理的律师费用等正当要求予以支持。”据此,在离婚姻家事案件,在法院组织的诉前调解中,若一方当事人恶意导致调解不成或者无正当理由不参与调解,由此衍生出的律师费,无过错方可向法院主张由对方承担。但该条文目前实施的地域范围有限,其仅在北京、黑龙江、上海、浙江、安徽、福建、山东、湖北、湖南、广东、四川省(直辖市)实施,对此需要予以注意。

三、本判例的裁判逻辑

本案系离婚后损害责任纠纷,即法院判断的首要标准为被告是否触犯了《婚姻法》第46条规定的情形之一:“与他人同居”,如构成该情形,被告应承担相应的赔偿责任。本案

---

① 参见《民法典》第1091条。

② 参见吴晓芳:《有关适用〈婚姻法〉司法解释的几个问题》,载《法律适用(国家法官学院学报)》2002年第1期。

中，潘某主动提离婚，并在与林某离婚后不久即与案外人林某娟登记结婚，婚后不久林某娟即生育一女婴，一审认为该事实不足以证明潘某在婚姻关系存续期间有与婚外异性持续、稳定地共同居住的事实，故驳回林某的诉讼请求。二审法院则全盘推翻一审法院的观点，二审法院突破性地没有以一般证据标准认定“与他人同居”情形的成立，而是通过一方在离婚后与第三方所生的孩子，根据出生时间可推测属于一方在婚姻存续期间即导致第三方受孕，把此种情形视作属于“与他人同居”；最终撤销了一审判决书，部分支持了原告的精神损害赔偿请求。

四、本判例的意义

在本案中，一审法院认为，即便通过推定方式认定男方在婚姻存续期间导致他人怀孕，也无法充分证明潘某在婚内与他人同居的事实。二审法院却持相反观点，认为有证据证明离婚后与他人所生的孩子在婚姻关系存续期间孕育即可证明存在婚姻关系存续期间与他人同居情形，男方应承担过错赔偿责任。就同一事实，两级法院作出了完全不同的认定，且二审法院明显减轻了原告方的举证责任，对于此类案件具有一定的指导意义。此外，两级法院对无过错方主张的律师费都不予支持，但理由不尽相同，一审法院认为与本案没有必然关联，二审法院认为让过错方承担没有法律依据，对于离婚纠纷案件中律师费承担的论理阐释具有一定的参考意义。

五、后续判例和规范的发展

《民法典》实施后，当事人双方争议在婚姻关系存续期间夫妻一方是否与他人同居的案件，在中国裁判文书网发布的案例中，依然能检索到相关案例。

例如，在匡某与张某离婚后损害责任纠纷中，匡某向一审法院起诉请求：(1)判令张某赔偿其精神损害赔偿金10万元；(2)判令张某以书面形式赔礼道歉(或者登报)。匡某提交了某总医院于2021年4月20日出具的证明书及相关处方单、录音证据，证明其与张某婚姻关系存续期间，侯某长期姘居在张某处，对此张某及亲属均承认侯某的存在；由于张某出轨的过错导致双方婚姻破裂，给匡某造成极大精神伤害，应承担赔偿责任。张某对匡某与其他人的录音真实性均不认可，对匡某与张某本人的录音真实性认可，但称匡某与张某的录音均发生在双方离婚之后，且匡某在录音中故意刺激张某。北京市大兴区人民法院一审认为，有重婚，与他人同居，实施家庭暴力，虐待、遗弃家庭成员，或有其他重大过错情形之一，导致离婚的，无过错方有权请求损害赔偿。当事人对自己提出的主张有责任提供证据加以证明。本案中，匡某主张因张某婚内出轨对其造成精神损害，但其提交的现有证据不能充分证明张某在双方婚姻关系存续期间存在上述情形之一的行为。匡某提交的诊断证明系双方离婚后取得，且其未提交充分证据证明该状态与双方离婚存在因果关系。另匡某与张某的离婚诉讼中曾上诉称两人感情基础良好。综合庭审意见及双方的证据，对匡某要求张某赔偿精神损害赔偿金及以书面形式赔礼道歉的诉讼请求，均缺乏依据，法院不予支持。(2021)京0115民初12135号民事判决驳回匡某的全部诉讼请求。匡某向北京市第二中级人民法院(以下简称北京二中院)上诉,请求撤销一审判决,发回重审或依法改判。事实与理由:其一,匡某提交的书证和录音证据可以形成一个完整的证据链,证明张某婚内与他人同居的事实,结合其他证据,足以表明离婚是张某婚内出轨导致的。张某与侯某同居期间还发生过争执,派出所出警处理的纠纷。其二,关于调取派出所的出警记录,提供了同样的线索,离婚前的两次报警都调不出来,但离婚后的几次记录却能调出,匡某怀疑一审判决的公正性。其三,张某在婚姻关系存续期间经网络认识侯某,并发展到同居地步,还多次辱骂、殴打匡某,亲戚和邻居都知道,还曾闹到村委会干部都要出面调解的地步,造成了不良社会影响,有违公序良俗,应给予否定性评价,以正社会风气。二审经审理查明的事实与一审法院查明的事实无异。北京二中院认为,该案争议焦点是张某在与匡某婚姻关系存续期间是否有出轨行为,匡某据此主张张某赔礼道歉并赔偿其精神损害赔偿金是否应予支持。有下列情形之一,导致离婚的,无过错方有权请求损害赔偿:第一,重婚;第二,与他人同居;第三,实施家庭暴力;第四,虐待、遗弃家庭成员;第五,有其他重大过错。当事人对自己提出的诉讼请求所依据的事实或者反驳对方诉讼请求所依据的事实,应当提供证据加以证明,但法律另有规定的除外。在作出判决前,当事人未能提供证据或者证据不足以证明其事实主张的,由负有举证证明责任的当事人承担不利的后果。现匡某上诉主张张某存在婚内出轨行为并给其造成精神损害,其应当对此提供证据加以证明。首先,匡某提交的诊断证明系双方离婚后取得,无证据证明该诊断结果与离婚之间具有因果关系。其次,一审法院调取的相关出警记录亦系双方离婚之后发生,难以佐证匡某的上诉主张。最后,匡某虽提交了录音证据,但录音内容对匡某所主张事实表述含糊,仅依据录音难以认定张某存在出轨行为。加之匡某在与张某离婚诉讼中曾明确表示两人感情基础良好,故综合考量本案实际情况及现有证据,匡某要求张某赔偿精神损害赔偿金并书面赔礼道歉的上诉请求缺乏相关事实及法律依据,法院不予支持。综上所述,匡某的上诉请求不能成立,驳回上诉,维持原判。①

在杨某、甘某1离婚纠纷中,上诉人杨某(原审原告,男)上诉提出,一审法院认定其在昆明"与他人同居"属于事实认定错误,认定事实与实际情况之间存在偏差。首先,上诉人并不存在"与他人同居"的情况,一审中,因上诉人文化程度低,未能理解"同居"的真实含义,其自认的内容,不是其真实想表达的意思,事实上,上诉人真实想表达的想法是,2020年下半年,上诉人确实与他人存在一段时间短暂的暧昧关系,但上诉人很快就及时回头,结束了暧昧关系;实际上,上诉人与他人根本没有达到同居的程度,不符合《民法典》规定的"与他人同居"的情节。一审法院依据上诉人的错误自认,就认定其与他人同居是事实

---

① 参见北京市第二中级人民法院民事判决书,(2021)京02民终16274号。

认定错误，上诉人不存在同居情况。其次，一审法院基于错误的同居事实认定，认为上诉人不适宜抚养子女并不妥当，判决上诉人承担离婚损害赔偿费也属明显错误。上诉人的自认，是在其未充分理解“同居”的含义的情况下所作的，与其真实想表达的意思存在明显出入；实际上，上诉人虽与他人存在暧昧关系，但并未达到同居程度，并且暧昧时间也很短，上诉人及时结束了暧昧关系，同时，被上诉人已经在一审答辩状的第二页表示“但因念在两个孩子尚小，甘某 1 也愿意给予杨某改过自新的机会”，明确表达了对上诉人的原谅。因此，上诉人不存在“与他人同居”情况，不应赔偿离婚损害赔偿费，即使要赔偿，该损害赔偿金额也过高，明显超出了损害程度。二审审理中，云南省楚雄彝族自治州中级人民法院针对上诉人杨某对一审判决认定“杨某在昆明与他人同居”的事实提出异议，法院认为，杨某在一审庭审中已认可该事实，且有照片予以证实，故杨某所提异议不能成立。①

《民法典》第 1091 条对可请求损害赔偿的事项增加的一项兜底条款，“其他重大过错”，被列为无过错方可提出损害赔偿的事由，有可能将减少“与他人同居”条款的使用，即法院无须按照“与他人同居”的证明标准判断当事人是否构成该情形，只要法院认为当事人的作为违背了公序良俗或一般的社会道德标准，就可以把其列入属于“其他重大过错”的情形，要求其承担损害赔偿责任。例如，河南省上蔡县人民法院（2020）豫 1722 民初 5900 号宋某 1 与刘某 1 离婚纠纷民事判决书就认为，该案原告在婚姻存续期间公然与婚外已婚男性同居并生下女儿，且庭审中原告也无悔改之意，这是对被告精神的极大伤害，被告反诉主张损害赔偿的主张，于法有据，应予以支持。

2025 年 2 月 1 日起施行的《民法典婚姻家庭编解释（二）》坚持弘扬社会主义核心价值观，进一步增加了对“有配偶者与他人同居”情形的处罚力度，一方面对于与他人同居一方“将夫妻共同财产赠与他人或者以明显不合理的价格处分夫妻共同财产，另一方主张该民事法律行为违背公序良俗无效的”，人民法院应予以支持。合法配偶还可以因为另一方的非法同居行为“请求在婚姻关系存续期间分割夫妻共同财产”或者“在离婚分割夫妻共同财产时对该方少分或者不分”。另外，如果涉及离婚时未成年子女的直接抚养，与他人同居的一方视为存在不利于未成年子女身心健康的道德问题，可能因此丧失未成年子女的直接抚养权。

① 参见云南省楚雄彝族自治州中级人民法院民事判决书，（2021）云 23 民终 1556 号。

087. 发现子女为非亲生子女，能否提出精神损害赔偿要求？*

蒋某与张某甲离婚纠纷案‖四川省达州市中级人民法院民事判决书，(2015)达中民终字第75号

事实概要

蒋某与张某甲婚后于2008年生育一子张某乙。后双方因生活琐事发生争吵，致使夫妻感情不睦。张某甲委托某政法大学司法鉴定中心对张某甲和张某乙进行亲子鉴定。该中心作出的鉴定结论为：不支持张某甲与张某乙之间存在亲生血缘关系。张某甲遂向法院提起诉讼，请求依法判令原、被告离婚，由蒋某承担张某甲养育张某乙的抚养费41,387.5元，并赔偿张某甲精神损害抚慰金10万元。

四川省大竹县人民法院（以下简称大竹县法院）经审理判决，准予原告张某甲与被告蒋某离婚；非婚生子张某乙由被告蒋某抚养，被告蒋某支付原告张某甲养育张某乙的抚养费41,387.5元；被告蒋某赔偿原告张某甲精神抚慰金30,000元。蒋某不服一审判决，以"一审法院错误采信某政法大学司法鉴定中心的检验报告书，判决上诉人向被上诉人返还抚养费41,387.5元及赔偿精神抚慰金3万元没有事实依据，属适用法律不当"等为由向四川省达州市中级人民法院（以下简称二审法院）提出上诉。二审法院判决：驳回上诉，维持原判。

判决要旨

大竹县法院经审理认为，张某甲与蒋某夫妻感情确已破裂。张某甲请求蒋某支付精神损害赔偿应当支持，并判决确定精神抚慰金30,000元为宜；张某甲要求蒋某支付张某乙抚养费41,387.5元，理由正当，法院予以支持。

二审法院认为，原审法院判决准予离婚正确。因蒋某在婚姻关系存续期间存在过错，故原审法院判决蒋某向张某甲赔偿精神损害抚慰金并无不当。张某甲与张某乙并无血缘关系，对其并无法定抚养义务，张某甲在婚姻关系存续期间为张某乙所付出的抚养费应当

---

* 吴国平，福建江夏学院法学院教授；刘诚，福建江夏学院法学院副教授。

由蒋某支付给张某甲。

｜判例评析｜

一、既往相关判例与观点

近年来,因婚前性关系、婚外情等现象而引发的家庭纠纷增多。其中,因一方隐瞒真相而引起的欺诈性抚养纠纷案件更是呈现不断增多的趋势。有的案件当事人是在离婚时提出精神损害赔偿要求,有的案件当事人是在离婚后才发现并另案起诉提出精神损害赔偿要求。除请求解除婚姻关系和返还抚养费以外,受害人能否要求加害人赔偿精神损失,这是双方争执的焦点,也是人民法院审理此类案件的难点。有的法院是作为抚养费纠纷案件处理的,但多数法院是作为离婚后损害责任纠纷案件来处理的,且判决结果和理由各异。有的法院认为,女方在夫妻关系存续期间,生育与男方不存在亲子关系的小孩,其行为违反关于夫妻之间应当互相忠实、互相尊重的法律规定,且造成了男方的精神痛苦,属于有过错的一方,应承担精神损害赔偿责任;①也有法院认为,因一方当事人所诉另一方当事人隐瞒所抚养的子女并非亲生女儿事实,当事人双方均无证据予以佐证,且有的子女系双方婚前所生,此时当事人双方并非夫妻,自无相互忠诚之法定义务,遂以判决形式驳回原告的诉讼请求。② 有的案件中,原告不服一审判决并提出上诉后,二审法院审理认为相互忠实为夫妻之间应当履行的法定义务,一审法院判决适用法律错误,依法予以撤销,并责令被告应在判决书生效后30日内赔偿原告精神损害抚慰金人民币1万元。③ 由此可见,法院目前对一方隐瞒真相而引起的欺诈性抚养的认定与处理上存在认识上有分歧、裁判上不统一的问题。

二、在学理框架内对相关问题的点评

(一)欺诈性抚养的界定和行为定性

什么是欺诈性抚养?对此,专业认识并不一致,主要有三种观点。第一种观点认为,欺诈性抚养是指婚姻关系存续期间乃至离婚以后,妻子一方明知其所生之子女为非婚生子女,却采取欺诈手段未告知丈夫,而使丈夫承担该非婚生子女的抚养义务。④ 第二种观点认为,欺诈性抚养是指在婚姻关系或者非婚姻关系存续期间(包括离婚后),男女一方明知其所生之子女为非婚生子女,却采取欺诈手段隐瞒真情,或男女一方存在重大过失,使他方承担了对该非婚生子女的抚养义务。该观点强调当事人在主观上还应加上重大过失这一要件。持这种观点的人认为,男女一方故意欺诈是主观方面的主要表现形式,但主观

---

① 参见广西壮族自治区柳州市柳南区人民法院民事判决书,(2014)南民初(一)字第2134号。

② 参见云南省丽江市古城区人民法院民事判决书,(2014)丽古民一初字第159号。

③ 参见云南省丽江市中级人民法院民事判决书,(2014)丽中民一终字第264号。

④ 参见杨立新:《民法判解研究与适用》,中国检察出版社1994年版,第375页。

过失的后果也构成欺诈,即配偶一方不知所生子女并非配偶对方的婚生子女,经过亲子鉴定才知道不是对方的婚生子女,这虽然不是故意所为,但是其后果仍然构成欺诈,当事人也应当承担侵权责任。第三种观点认为,所谓欺诈性抚养是指基于女方主观上的过错致使男方将女方所生子女误认为是对方与自己所生而抚养所产生的权利义务关系。① 综合各方观点,所谓欺诈性抚养是指在婚姻关系存续期间及其夫妻离婚后,妻子一方明知其所生之子女系与婚外第三人所生,但却隐瞒事实真相而未告知丈夫一方,或者因疏忽大意而误认,从而使丈夫一方承担该非婚生子女抚养义务的行为。②

对于欺诈性抚养行为的行为定性,从法律层面上看,我国目前还没有针对欺诈性抚养侵权救济的相关法律规定。在司法解释层面,1992 年 4 月 2 日最高人民法院下发了《关于夫妻关系存续期间男方受欺骗抚养非亲生子女离婚后可否向女方追索抚养费的复函》(〔1991〕民他字第63 号)。该复函指出,“在夫妻关系存续期间,一方与他人通奸生育了子女,隐瞒真情,另一方受欺骗而抚养了非亲生子女,其中离婚后给付的抚育费,受欺骗方要求返还的,可酌情返还;至于在夫妻关系存续期间受欺骗方支出的抚育费用应否返还,因涉及的问题比较复杂,尚需进一步研究”。该复函只对被欺诈方就“离婚后”所支付的抚养费的返还问题作出了规定,但对“婚姻关系存续期间”所支付的抚养费的返还问题以及欺诈性抚养关系的认定与处理均没有作出规定,对于案件的处理,曾有人主张案由应当定为抚养费纠纷。③ 学术界对欺诈性抚养关系(行为)性质的认定则有否定说和肯定说两种观点之争。肯定说中还有行为无效说、无因管理说、不当得利说和侵权损害赔偿说等不同观点。④ 就当下而言,在案件的定性上应当采用肯定说,并支持侵权损害赔偿说。因为用侵权责任法理论来认定欺诈性抚养关系的性质是最为准确与合理的。这为人民法院适用《民法典》侵权责任编与相关司法解释审理案件提供了法律依据和理论支撑。人民法院可以根据《民法典》侵权责任编与相关司法解释的精神和侵权损害赔偿理论来指导具体案件的审理工作,将案件作为损害赔偿纠纷来处理。如果当事人主张精神损害赔偿,可适用《民法典》人格权编、婚姻家庭编和侵权责任编中侵害一般人格权的有关规定对案件进行审理。

(二)欺诈性抚养适用精神损害赔偿的理论与法律依据

适用精神损害赔偿的目的在于通过责令加害人对受害人在经济上予以赔偿,减轻或者化解其精神痛苦与心理创伤,从而达到精神抚慰的效果。

---

① 参见吴海强:《论欺诈性抚养的法律救济》,载中国法院网,http://www.chinacourt.org/articl-e/detail/2008/02/id/288098.shtml#rd。

② 参见吴国平:《家事法疑难问题研究》,吉林大学出版社 2020 年版,第 181 ~ 184 页。

③ 参见彭丽:《离婚后发现孩子非亲生的权利救济》,载《人民法院报》2015 年 7 月 2 日,第 6 版。

④ 参见朱渝云、白永学:《婚姻存续期间欺诈性抚养赔偿责任的认定》,载中国法院网,https://www.chinacourt.org/article/detail/2014/02/id/1218627.shtml。

第一，侵权人的违法行为伤害了夫妻感情。《民法典》婚姻家庭编第1041条明确规定我国实行一夫一妻制，第1043条第2款强调夫妻应当履行相互忠实的义务，而侵权人的欺诈行为不仅违反了《民法典》的规定，背叛了夫妻感情，导致婚姻关系破裂，还给配偶一方带来精神上、心理上无法愈合的伤害。

第二，侵权人的侵权行为所侵害的对象（客体）是受害人的抚养利益。欺诈性抚养所侵害的表面上是受害人的财产，即支出了不应支出的抚养费，但实际上侵害的真正对象（客体）是受害人的抚养利益。这种抚养利益实质上是一种人身利益，它包含着抚养人的意愿、情感与精神满足，体现着抚养人的人格尊严。当受害人知道配偶与他人有染、孩子非自己亲生的真相后，必将遭受巨大打击而造成精神痛苦、心理崩溃、情感折磨和绝望，甚至名誉受损，这实质上就是侵犯受害人的人格尊严。当然，在有的案件中可能还附带侵害到受害人的名誉权和生育权。

第三，侵权人侵权行为所造成的危害后果主要体现在受害人的精神损害方面。当受害人知道事实真相时，其所遭受的精神痛苦与心灵伤害往往难以想象与估算，这种精神损害有时甚于财产损失，而其财产上的损失只是其人身利益损失的附带结果。如果仅仅从财产权受到侵害的角度进行救济，责令侵权人返还受害人所支出的抚养费，而侵权人还是没有因其违法行为得到应有的惩戒，那么很可能使受害人的精神痛苦得不到抚慰，这对受害人是不公平的。

第四，受害人的请求符合《民法典》婚姻家庭编、侵权责任编和相关司法解释的规定。根据《民法典》侵权责任编第1183条第1款的规定，自然人的人身权益遭受他人侵害并造成严重精神损害的，被侵权人有权请求精神损害赔偿。《民法典》婚姻家庭编第1091条第1款第2项规定"与他人同居"而导致离婚的，无过错方有权请求损害赔偿。《民法典婚姻家庭编解释（一）》第86条沿袭了最高人民法院《婚姻法解释（一）》的规定，明确规定"民法典第一千零九十一条规定的'损害赔偿'，包括物质损害赔偿和精神损害赔偿。涉及精神损害赔偿的，适用最高人民法院《民事侵权精神损害赔偿的解释》的有关规定。"最高人民法院《民事侵权精神损害赔偿的解释》第1条第1款规定：自然人因人格尊严权、人身自由权等人格权利遭受非法侵害，向人民法院起诉请求赔偿精神损害的，人民法院应当依法予以受理。第2款明确规定：违反社会公共利益、社会公德侵害他人隐私或其他人格利益，受害人以侵权为由向人民法院起诉请求赔偿精神损害的，人民法院应当依法予以受理。因此，我国法律并不否认夫妻间的侵权构成损害赔偿责任。即便是运用一般侵权法对无过错当事人进行司法救济，在法律上也并无任何障碍。①

① 参见马忆南、贾雪：《婚姻法第四十六条实证分析——离婚损害赔偿的影响因素和审判思路》，载《中华女子学院学报》2016年第1期。

三、本判例的规范逻辑和裁判逻辑

《民法典》第1043条第2款规定:“夫妻应当互相忠实,互相尊重,互相关爱……”第1091条第1款规定:“有下列情形之一,导致离婚的,无过错方有权请求损害赔偿:……(五)有其他重大过错。”《民法典婚姻家庭编解释(一)》第4条规定:“当事人仅以民法典第一千零四十三条为依据提起诉讼的,人民法院不予受理;已经受理的,裁定驳回起诉。”该解释第86条还规定,《民法典》第1091条规定的“损害赔偿”包括物质损害赔偿和精神损害赔偿。涉及精神损害赔偿的,适用《民事侵权精神损害赔偿的解释》的有关规定。该解释第87条第1款和第3款分别规定,承担《民法典》第1091条规定的损害赔偿责任的主体,为离婚诉讼当事人中无过错方的配偶。在婚姻关系存续期间,当事人不起诉离婚而单独依据《民法典》第1091条提起损害赔偿请求的,人民法院不予受理。第88条规定,在适用《民法典》第1091条时,应当区分以下不同情况:(1)符合《民法典》第1091条规定的无过错方作为原告基于该条规定向人民法院提起损害赔偿请求的,必须在离婚诉讼的同时提出。(2)符合《民法典》第1091条规定的无过错方作为被告的离婚诉讼案件,如果被告不同意离婚也不基于该条规定提起损害赔偿请求的,可以就此单独提起诉讼。(3)无过错方作为被告的离婚诉讼案件,一审时被告未基于《民法典》第1091条规定提出损害赔偿请求,二审期间提出的,人民法院应当进行调解;调解不成的,告知当事人另行起诉。双方当事人同意由第二审人民法院一并审理的,第二审人民法院可以一并裁判。第89条规定,当事人在婚姻登记机关办理离婚登记手续后,以《民法典》第1091条规定为由向人民法院提出损害赔偿请求的,人民法院应当受理。但当事人在协议离婚时已经明确表示放弃该项请求的,人民法院不予支持。根据上述规定可知,就当事人的诉讼权利而言,不仅涉及离婚问题,而且还涉及返还抚养费和精神损害赔偿问题。其中,追究当事人一方欺诈性抚养致人损害的赔偿责任,可以在离婚诉讼时一并解决。如果是在离婚(包括协议离婚)后才发现的,则只能通过另行起诉来单独主张返还抚养费和精神损害赔偿。

本案是在《民法典》实施之前受理并审结的案件。首先,受案人民法院通过法定程序查明了案件事实。其次,一审和二审法院依据当时的法律规定和司法解释对案件的性质进行了确认,将欺诈性抚养关系认定为侵权关系。最后,法院依法确认并保护了受害人的精神损害赔偿权。具体而言,二审法院根据《婚姻法》第4条有关夫妻应当互相忠实、互相尊重的规定[①]和《婚姻法解释(一)》第28条规定,即“婚姻法第四十六条规定的‘损害赔偿’,包括物质损害赔偿和精神损害赔偿。涉及精神损害赔偿的,适用《民事侵权精神损害赔偿的解释》有关规定”[②]的精神,对案件进行审理,并依法作出“驳回上诉,维持原判”的

---

① 参见《民法典》第1043条之规定。

② 参见《民法典婚姻家庭编解释(一)》第86条之规定。

判决。对于该裁判结论，笔者深表赞同。

四、本判例的意义

实践中，违反忠实义务往往会对配偶的情感和精神造成非常严重的伤害。本案中，张某甲在得知张某乙并非自己的亲生子后，其精神受到伤害；而张某乙因与张某甲并无血缘关系，张某甲对其并无法定抚养义务。因此，人民法院对张某甲要求蒋某赔偿精神损害抚慰金和返还自己已承担的张某乙的抚养费的诉讼请求予以了支持。这为欺诈性抚养纠纷案件的正确处理提供了成功的判例。

五、后续判例和规范的发展

《民法典》颁布实施前后，人民法院对此类案件依法进行审理，处理结果与本案基本类似，有力地保护了当事人的权益。① 但从立法和理论层面来看，该问题往往与配偶权问题有着密切的关系。我国法律目前还没有配偶权问题的相关规定，导致此领域争议颇多。欺诈性抚养行为是否构成对配偶权的侵害，如何界定欺诈性抚养所侵害的权利客体与内容，如何确定精神损害赔偿的条件与范围，有进一步探讨的空间。同时，我国立法上是否应当确立配偶权制度，《民法典》第1091条第1款第5项规定的“有其他重大过错”是否包括欺诈性抚养之情形，可否通过立法解释或者司法解释加以明确，也是值得关注的问题。

① 参见《离婚后前夫发现养育16年的儿子非亲生——重庆一女子被判令返还抚养费并赔偿精神损失10万余元》，载《人民法院报》2021年5月14日，第3版；《一男子发现女儿不是亲生后怒上公堂——江苏如东法院：准予离婚，女方返还抚养费并赔偿精神损失》，载《人民法院报》2021年8月10日，第3版；《男子得知16岁儿子非亲生 获赔3万精神损害抚慰金》，载搜狐网，https://3g.k.sohu.com/t/n539347405?serialId=e4a063fc6a9a220c449574a962cdcad3&showType。

088. 债务人离婚协议中的财产分割约定损害债权人利益的，债权人是否有权请求撤销？*

安徽省高级人民法院民事裁定书，(2017)皖民申1331号

事实概要

已生效的合肥市庐阳区人民法院(2014)庐民一初字第03140号民事判决确认郑某军对沈某拥有合法债权432,937元。但是，在该案起诉前，沈某与其配偶张某办理了离婚登记，双方约定把全部夫妻共同财产都分给了张某，导致郑某军的债权无法实现。故郑某军向沈某、张某提起了债权人撤销权之诉，请求撤销沈某与张某离婚协议中的财产分割约定。安徽省合肥市瑶海区人民法院经审理作出(2016)皖0102民初4058号民事判决书，驳回郑某军的诉讼请求。郑某军不服一审判决，向安徽省合肥市中级人民法院提起上诉。合肥市中级人民法院审理认为，夫妻关于共同财产的约定及分割虽与身份有关，但本质上仍是双方设立、变更、终止财产权利义务关系的协议，应遵循《合同法》的规定；故而协议离婚时，当事人一方放弃分割夫妻共同财产中应得份额，导致债权人合法权益受到损害的，债权人可依据《合同法》第74条规定，行使撤销权。根据沈某、张某在离婚协议中的约定，沈某未分得任何财产，沈某放弃夫妻共同财产中应有份额，使其个人财产本应增加而未增加，等同于无偿转让财产。现在，沈某个人无财产承担郑某军债权的保证责任，亦未提供其他财产可供执行，客观上已损害了债权人郑某军的利益，符合债权人撤销权的构成要件，因此判决撤销沈某、张某在2014年6月9日签订的离婚协议书中关于夫妻共同财产分割的约定(以郑某军对沈某的债权432,937元为限)。

二审判决生效后，张某以二审法院适用法律错误为由，向安徽省高级人民法院申请再审，其理由是离婚协议属于身份关系的协议，不属于《合同法》的调整范围，债权人不能行使撤销权。安徽省高级人民法院再审审查认为，离婚协议中对夫妻共同财产的约定，本质上仍是财产权利义务关系的协议，适用《合同法》并无不当，驳回了张某的再审申请。

---

* 刘福来，福建旭丰律师事务所主任、高级合伙人、律师。

｜判决要旨｜

在离婚协议中对夫妻共同财产进行分割的条款,并不属于《合同法》第 2 条第 2 款规定的"婚姻、收养、监护等有关身份关系的协议",本质上仍是双方设立、变更、终止财产权利义务关系的协议,如无法律明确规定,应遵循合同法的精神。协议离婚时一方放弃分割夫妻共同财产,损害债权人合法权益的,债权人可依据《合同法》第 74 条的规定行使撤销权。

｜判例评析｜

债权人撤销权的对象是法律行为,不是客观事实。该类法律行为,或是债务人单方的意思表示,或是债务人与第三人的共同意思表示。可由债权人撤销的法律行为,既有合同,也有单独行为,但不包括债务人单纯的不作为。有学者认为,赠与、无息借贷、保证、合伙等真正有效的合同,遗赠、捐助、债务免除等真正有效的单独行为,均可作为债权人撤销权的标的;而无效的法律行为、债务人单纯的不作为、事实行为则不得撤销。[①] 因此,法律行为才是债权人撤销权的标的。

一、既往相关判例与观点

离婚协议中损害债权人利益的财产分割约定,债权人能否依据《合同法》第 74 条[②]的规定请求撤销,各地法院裁判意见并不相同。

认为可以撤销的,主要裁判理由为前述案例所持的观点。此外,厦门市思明区人民法院(2018)闽 0203 民初字 1646 号民事判决书亦持同样的观点,认为可以撤销。

认为不可以撤销的,主要裁判理由为:离婚协议是夫妻双方基于婚姻这一特定的人身关系,就解除婚姻关系、子女抚养、财产分割等问题综合考量后达成的合意,离婚协议中的财产分割条款不应与其他包括子女抚养、债务承担等条款割裂开来,而应作为一个整体进行分析,不能排除财产确系由另一方出资购置,或一方出于对另一方独自抚养子女而给予经济帮助或补偿等多种因素,故不能如其他民事合同一样以等价有偿作为唯一衡量标准。离婚协议应当适用民事法律行为的基本准则,但不意味着离婚财产分割当然可以适用合同法,更不能将离婚协议中的财产分割直接比照买卖合同处理,在衡量是否公平的问题上,首先应当考量和适用涉及婚姻关系的相关法律规定。[③] 北京市第二中级人民法院亦持类似的观点:离婚协议"基于夫妻这种特殊的人身关系,以解除婚姻关系作为前提,包含着对夫妻感情的考量,绝非单纯的处分财产的民事合同。仅以夫妻一方在离婚分割财产时是否获得足够

---

① 参见崔建远:《论债权人撤销权的构成》,载《清华法学》2020 年第 3 期。

② 参见《民法典》第 538 条、第 539 条、第 540 条。

③ 参见福建省泉州市中级人民法院民事判决书,(2019)闽 05 民终 43 号。

对价来判断该处分行为是否对夫妻一方的债权人造成损害，无疑是对婚姻制度的庸俗化和片面化理解。它既忽略了婚姻关系的社会属性和精神价值，也对夫妻另一方不公平”①。

二、在学理框架内对相关问题的点评

债权人行使撤销权的学理认为：为保护债权人的利益，当债务人有无偿处分财产权益、恶意延长其到期债权的履行期限、以不合理价格交易或为他人的债务提供担保等诈害行为，影响了债权人的债权实现时，债权人可以请求人民法院撤销债务人的行为。债权人撤销权的条件包含两个层面，首先，应区分有偿行为和无偿行为；其次，在区分具体行为的基础上，再设定主观和客观方面的要求。② 故债权人在行使该撤销权时应当遵循以下若干撤销规则，不得随意行使撤销权。

（一）撤销权构成要件

1. 债权人对债务人享有合法有效的债权，这是撤销权构成的首要条件。就该债权的发生时间而言，应当是成立于债务人实施处分行为之前的既存债权，不包括已经消灭或者尚未发生的债权；并且，与代位权不同，该债权无须到期。

2. 债务人实施的财产处分的诈害行为已经影响了债权人享有的债权的实现，这是撤销权构成的实质要件。对于是否构成诈害行为的判断，应一律以“无资力说”来判断债务人的行为是否影响债权人的债权实现。③ 债务人的诈害行为主要包括如下几种情形：一是放弃其债权、放弃债权担保、无偿转让财产等方式无偿处分财产权益；二是恶意延长其到期债权的履行期限；三是以明显不合理的高价受让他人财产（“明显不合理的高价”一般是指高于市场交易价的30%）；四是以明显不合理的低价转让财产（“明显不合理的低价”一般是指低于市场交易价的70%）；五是为他人的债务提供担保。这里值得注意的是，《民法典》第538条和第539条将《合同法》第74条④规定的“对债权人造成损害”修改为“影响债权人的债权实现”，降低了债务人诈害行为与债权人债权的实现之间因果关系的程度，更利于司法实践中对债务人的行为是否损害债权人利益的标准的掌握，统一裁判尺度。

3. 若债务人延长其到期债权的履行期限或其行为为非对价的有偿行为、为他人债务提供担保行为，则债务人、受益人或者受让人应具有恶意。债务人延长其到期债权的履行期限虽然本质上是一种无偿行为，但这种期限利益让步的无益性相对于实体权益放弃而言显然并非同一层次，需要债务人主观上有明显的恶意。而在债务人实施的非对价有偿行为中，所谓的“恶意”应采用“观念主义”予以确定，即只要受让人或者受益人知道其行

---

① 北京市第二中级人民法院民事判决书，（2019）京02民终6100号。

② 参见韩世远：《债权人撤销权研究》，载《比较法研究》2004年第3期。

③ 参见崔建远：《论债权人撤销权的构成》，载《清华法学》2020年第3期。

④ 现为《民法典》第538条、第539条、第540条。

为将导致债务人的责任财产减少，并有害于一般债权人的债权即可，不要求受让人或者受益人明知债务人的行为将损害特定债权人的债权。

（二）撤销权行使范围

债权人撤销权的行使范围应以债权人的债权为限，即债权人不能以其债权实现受到影响为由撤销债务人所有的非对价处分行为，否则会干涉到债务人处分财产权益的自由。

（三）撤销权除斥期间

《民法典》第541条规定："撤销权自债权人知道或者应当知道撤销事由之日起一年内行使。自债务人的行为发生之日起五年内没有行使撤销权的，该撤销权消灭。"因此，撤销权的行使受两个除斥期间的约束，前者为一年，起算点为撤销事由构成日；后者为五年，起算点为债务人的财产处分行为实施时。需要注意的是，只有当债务人的财产处分行为影响了债权人的债权实现时，其行为才构成撤销事由。

三、本判例的裁判逻辑

在本判例中，人民法院表达的法律观点与逻辑符合前述撤销规则的学理框架。虽然在一审中，人民法院认为，沈某与张某婚姻关系的破裂，因张某并无过错，故双方在离婚分割共同财产时可体现保护妇女、儿童合法权益的精神。由于张某放弃要求沈某支付子女抚育费的义务，作为交换，沈某放弃了房产和车辆的所有权，所以，张某按离婚协议取得房产和车辆的所有权的行为则不属于"无偿转让"，张某的合法权益依法应受到保护。郑某军主张沈某无偿转让夫妻共同财产系以规避债务为目的、张某明知沈某负债而无偿受让该财产，与事实不符，不予采纳，判决驳回郑某军的诉讼请求。但是，一审法院是认可离婚财产分割的本质属于财产关系，可以适用合同法的，其只是认定沈某在离婚协议中放弃房产和车辆所有权的行为不属于无偿转让财产的行为而已。

在二审和再审中，两级法院在认可离婚财产分割约定本质上仍是双方设立、变更、终止财产权利义务关系的协议，应在适用合同法相关规定的基础上，遵循前述撤销规则，认为根据沈某、张某在离婚协议中的约定，沈某并未分得任何财产，沈某对夫妻共同财产中应有份额的放弃，导致个人财产本应增加而未增加，等同于无偿转让财产，现沈某个人无财产承担郑某军债权的保证责任，亦未提供其他财产可供执行，客观上已经损害了债权人郑某军的利益，符合撤销权的构成要件，且郑某军行使撤销权亦以其对沈某的债权为限，也符合撤销权除斥期间的规定，因此撤销了原一审判决，改判撤销沈某和张某离婚协议书中关于夫妻共同财产分割的约定。

四、本判例的意义

夫妻以协议离婚的方式处理财产、债权、债务，看似两人的"家内事"，似乎可以自行做主，但若意图通过签订离婚协议的方式逃避债务，或虽无逃避债务的主观恶意，但客观上离婚协议中的财产处分行为影响了债权人的债权实现的，债权人享有撤销权，即其有权依法撤销离婚协议中的财产分割条款。法律绝非违法者的避风港！

本判例在司法实践中具有较强的指导意义。在对待离婚协议中损害债权人利益的财产分割约定债权人是否有权请求撤销的问题上，本判例是地方高级人民法院作出的一个重要而又明确的判例。它厘清了离婚协议中夫妻共同财产分割的法律关系属性，明确了财产分割协议并不属于《合同法》第2条第2款[①]规定的"婚姻、收养、监护等有关身份关系的协议"，其本质上仍是双方设立、变更、终止财产权利义务关系的协议，如无法律明确规定，应遵循合同法的精神，当夫妻财产分割行为损害债权人合法权益时，债权人可依据《合同法》第74条[②]的规定行使撤销权。本判例对夫妻之间协商分割共同财产的自由与债权人利益保护之间的冲突进行了干预，实现了公平和价值平衡。

五、后续判例和规范的发展

对于债权人能否以离婚协议中财产分割条款影响其债权实现为由主张债权人撤销权的问题，《民法典婚姻家庭编解释（二）》在平衡保护债权人和夫妻另一方合法权益的基础上，遵循诚信原则，作出了明确规定。该解释第3条规定："夫妻一方的债权人有证据证明离婚协议中财产分割条款影响其债权实现，请求参照适用民法典第五百三十八条或者第五百三十九条规定撤销相关条款的，人民法院应当综合考虑夫妻共同财产整体分割及履行情况、子女抚养费负担、离婚过错等因素，依法予以支持。"然而随着经济生活的日益丰富，债务人的财产处分行为往往有着各种名目，非常隐蔽，因此在审判实践中应注意对债务人的财产处分行为进行实质性审查。比如债务人向他人转让财产，在形式上约定了一个合理的价款，但其支付价款的方式为用无实际价值的股权来抵偿，或者支付价款的期限为一个遥远的将来，这种交易实质上就是无偿转让；又如放弃债权担保，本来约定的是物的担保，为对抗债权人却将之换成人的担保，或者本来是有履行能力的主体的担保，将之换为无履行能力主体的担保，这些行为其实质均是无偿处分财产权益，需要用"穿透式"思维予以实质审查[③]。

对于债权人来说，《民法典》第538条和第539条降低了债务人诈害行为与债权人债权的实现之间因果关系的程度，无疑是个福音。此外，对于债务人的诈害行为，存在与恶意串通行为无效竞合的情形的，债权人亦可能援引《民法典》第154条关于行为人与相对人恶意串通，损害他人合法权益的民事法律行为无效之规定，以法律行为无效之诉寻求权利救济。

---

① 现为《民法典》第464条。

② 现为《民法典》第538条、第539条、第540条。

③ 参见最高人民法院民法典贯彻实施工作领导小组主编：《中华人民共和国民法典合同编理解与适用》，人民法院出版社2020年版，第533页。

第八章

收养、人类胚胎监管和处理的纠纷

089. 对已与他人共同生活数年的养子女,养父(母)离婚时应负担继续抚养的义务*

王某与简某甲离婚纠纷案‖福建省厦门市中级人民法院民事判决书,(2009)厦民终字第3052号

事实概要

王某和简某甲于1999年9月22日登记结婚。2005年,双方共同收养儿子简某乙。后因家庭矛盾,夫妻一直分居。王某以夫妻感情破裂为由向福建省厦门市湖里区人民法院(以下简称一审法院)提起诉讼,要求解除其与简某甲的婚姻关系,夫妻共同财产依照婚前约定归其所有,养子简某乙由其抚养,简某甲每月应支付简某乙抚养费1200元,直至简某乙独立生活之日止。一审法院经审理后判决:准予王某与简某甲离婚;所有夫妻共同财产归王某所有;婚生子简某乙随王某共同生活;简某甲应从判决生效之日起至简某乙独立生活之日止,每月支付给王某子女抚养费400元;驳回王某其他诉讼请求。宣判后,简某甲以简某乙既非其亲生,又未办理合法收养手续,其不应承担抚养责任为由,向福建省厦门市中级人民法院(以下简称二审法院)提起上诉。

判决要旨

二审法院在审理时依法查明,简某乙并非简某甲、王某的亲生子女,但自2005年9月20日起即由该夫妻双方共同抚养;当事人虽未办理收养登记手续,但对外一直以父母子女关系相称,并有简某乙的户籍登记资料、满月时宴请亲朋的视频录像为证。法院认为父母对未成年子女负有法定抚养义务,离婚诉讼的一方当事人以在实施收养行为时未办理合法收养手续为由而拒不承担抚养义务的理由依法不能成立。如果认定收养关系无效,则未成年被收养人的权益将遭到严重侵害。为此,应当有条件地承认事实收养关系,以解决事实收养关系的效力问题。驳回上诉,维持原判。

---

* 吴国平,福建江夏学院法学院教授;刘诚,福建江夏学院法学院副教授。

| 判例评析 |

一、既往相关判例与观点

长期以来，各级人民法院审理了不少涉及收养纠纷的案件，既包括专门起诉要求确认或者解除收养关系、支付或者增加抚养费的案件，也包括涉及确认收养关系与抚养义务的离婚案件。其中，有的收养关系是经过国家有关机关登记成立的，也有些是未经登记的事实收养关系。此类案件的争议焦点在于养父母离婚后，不与养子女共同生活的一方是否负有继续抚养养子女的义务；在事实收养案件中，还涉及事实收养关系是否有效；离婚后，事实收养关系中的收养人对被收养人是否负有抚养义务。受案法院一般都认为，养父母与养子女之间的身份关系及其权利义务关系不因养父母离婚必然解除。养父母离婚后，养子女无论由养父或养母抚养，仍是养父母双方的养子女，例如，在“苏某某诉被告邓某某离婚纠纷案”中，湖北省老河口市人民法院认为，对于事实收养关系，只要符合收养的实质要件，都应从维护未成年养子女或者不能独立生活子女利益和有利于其健康成长出发，承认事实收养关系的效力，认定养父母对养子女负有抚养义务。即使夫妻双方离婚，也不能免除该义务。① 但因当事人的诉求与案情的不同，人民法院裁判中认定依据和判决理由有所差异。有的法院注意尊重（考虑）具有识别能力的养子女的意愿，从有利于子女健康成长的立场出发对抚养归属作出裁决，例如，“林某诉被告龙某离婚纠纷”一案；②有的案件是在养父母离婚多年后，因物价上涨或者子女义务教育阶段升学后学费标准提高等原因，造成原定支付标准不能满足正常的学习生活需求而产生新的诉求。受案法院综合考虑养子女的成长需要、当地平均生活水平、当事人双方的收入以及各自应承担的部分，作出相应判决。例如，“陈某甲与被告陈某乙抚养费纠纷案”③“田某某因与被上诉人孙某某抚养费纠纷案”。④ 有的案件是在当事人离婚多年后，协议变更了养子女的抚养归属，后成年养子女以养父母一方增加工资、自己升学后学费标准提高等原因而起诉要求养父（母）一方增加抚养费。法院认为，父母没有负担子女大学阶段费用的法定义务，例如，“郎某与被上诉人郑某甲、郑某乙抚养费纠纷案”。⑤ 有的法院根据双方当事人既有婚生子女，又有养子女的实际情况，对夫妻离婚后分别抚养婚生子女和养子女的年限作出裁判，例如，“黄某甲

① 参见湖北省老河口市人民法院民事判决书，(2015)鄂老河口民初字第00552号。

② 参见浙江省苍南县人民法院民事判决书，(2015)温苍矾民初字第112号。

③ 参见江苏省泰州市姜堰区人民法院民事判决书，(2015)泰姜民初字第01927号。

④ 参见山东省济南市历城区人民法院民事判决书，(2015)历城民初字第610号；山东省济南市中级人民法院民事判决书，(2015)济少民终字第99号。

⑤ 参见山西省太原市中级人民法院民事判决书，(2015)并民终字第890号。

与林某离婚纠纷案”。[①] 总体来看,人民法院都能够根据收养关系的具体事实和法律关于父母子女关系的相关规定,从有利于养子女健康成长出发作出相应的裁判。

二、在学理框架内对相关问题的点评

《婚姻法》第 21 条第 1 款、第 2 款规定:父母对子女有抚养教育的义务;父母不履行抚养义务时,未成年的或不能独立生活的子女,有要求父母付给抚养费的权利。[②] 第 36 条第 1 款、第 2 款分别规定:“父母与子女间的关系,不因父母离婚而消除。离婚后,子女无论由父或母直接抚养,仍是父母双方的子女。”“离婚后,父母对于子女仍有抚养和教育的权利和义务。”[③]第 26 条第 1 款针对离婚后的养父母子女关系作出专门规定:“国家保护合法的收养关系。养父母和养子女间的权利和义务,适用本法对父母子女关系的有关规定。”[④]《收养法》第 23 条第 1 款规定:“自收养关系成立之日起,养父母与养子女间的权利义务关系,适用法律关于父母子女关系的规定;养子女与养父母的近亲属间的权利义务关系,适用法律关于子女与父母的近亲属关系的规定。”[⑤]1984 年最高人民法院《民事政策法律意见》[⑥]第 28 条规定:“亲友、群众公认,或有关组织证明确以养父母与养子女关系长期共同生活的,虽未办理合法手续,也应按收养关系对待。”这些规定为正确处理养父母与养子女抚养纠纷案件提供了法律依据。

离婚时乃至离婚后的养父母是否应当承担对养子女的抚养义务,目前在学理上已经形成成熟的学理框架,即养父母与养子女的法律地位与父母与婚生子女的法律地位完全相同,由此派生出来的相互间权利义务也完全相同。养父母离婚的,其对未成年养子女和不能独立生活的养子女的抚养义务依然存在。不过,现行法律规定比较原则,在适用过程中需要结合法律解释等方法加以运用。

首先,要审查当事人之间是否存在收养关系。判断的依据是当事人是否符合我国法律规定的收养成立的实质要件和形式要件。符合法定要件而成立的收养关系是法定收养,[⑦]双方形成了拟制的父母子女关系,其相互间的权利义务关系适用我国法律对父母子女关系的规定。目前人们就事实收养的界定和法律效力认识还不一致。有的人认为事实收养是指不具备法律规定的收养的实质要件和形式要件,但已经形成了事实上的父母子女关系的收养。我国法律对 1992 年 4 月 1 日《收养法》生效之前的事实收养承认其效力,

① 参见浙江省苍南县人民法院民事判决书,(2013)温苍民初字第 939 号。
② 现为《民法典》第 1067 条第 1 款规定。
③ 现为《民法典》第 1084 条第 1 款、第 2 款规定。
④ 现为《民法典》第 1111 条第 1 款规定。
⑤ 现为《民法典》第 1111 条第 1 款规定。
⑥ 该司法解释意见已于 2019 年 7 月 20 日废止。
⑦ 参见杨立新:《家事法》,法律出版社 2013 年版,第 204 页。

其后发生的事实收养则不予承认。[①] 也有的学者认为，事实收养是符合法律规定的实质要件，当事人以父母子女关系长期共同生活，周围群众也认为是父母子女关系，但未依法办理收养手续的收养。[②] 在司法实践中，对于《收养法》施行前成立的没有办理登记手续的收养有条件地承认其为事实收养，《收养法》实施以后，只要未办理收养登记的，就不具有收养的法律效力。[③] 这两种观点的区别在于前者将欠缺实质要件和形式要件的收养行为均纳入事实收养的范畴，而后者只将符合实质要件而欠缺形式要件的收养行为纳入事实收养的范畴。也有学者认为，事实收养行为本身是不符合法律要求的，应以我国《收养法》的颁布实施作为认定事实收养成立的时间界限区别处理，对于 1992 年 4 月 1 日《收养法》实施前形成的事实收养，只要符合事实收养条件，应认定为事实收养，按合法收养对待。当事人要求补办法定收养手续的，应准予办理；反之，不予承认。如果原先不符合收养条件，现已符合收养条件，应当在办理收养手续后承认其效力。对于 1992 年 4 月 1 日《收养法》实施后形成的事实收养，都是无效的和违法的行为，一律不予承认。[④]

其次，在确认当事人之间存在收养关系的前提下，确认收养人对被收养人的抚养义务。按照《婚姻法》第 26 条第 1 款、第 36 条第 1 款、第 2 款和 1998 年《收养法》第 23 条第 1 款规定，养父母离婚，只是解除了养父母自己的婚姻关系和权利义务，但对养父母子女关系没有影响（当事人依法解除的除外）。换言之，养父母离婚后，养子女无论由养父或者养母抚养，仍是养父母双方的养子女。离婚后的养父母对未成年或者不能独立生活的养子女仍负有抚养义务。

最后，根据当事人的诉求，综合考虑子女的需求、养父母的思想品德、身体状况、抚养能力、居住环境以及养父母与养子女的感情等因素，坚持有利于养子女的抚养和健康成长的原则，确定抚养归属和抚养费支付方式、期限与数额等具体事项。

三、本判例的规范逻辑

本案是在《民法典》实施前受理并审结的案件。就收养而言，一审法院围绕事实收养关系是否有效、离婚后的养父母对养子女是否负有抚养义务等争议焦点，首先运用法律解释和发挥司法能动性，审查认定双方当事人之间存在事实收养关系，应当依法保护；其次，依法确认收养人对被收养人应承担抚养义务。法院根据《婚姻法》第 37 条第 1 款的规定，认为在养父母离婚的情况下，养父母对养子女仍然负有抚养义务；在上述基础上，法院最后依法作出判决：简某甲应从判决生效之日起至简某乙能独立生活之日止每月支付王某

---

① 参见杨立新：《家事法》，法律出版社 2013 年版，第 204 页。

② 参见蒋月、何丽新：《婚姻家庭与继承法（第 4 版）》，厦门大学出版社 2013 年版，第 257 页。

③ 参见余延满：《亲属法原论》，法律出版社 2007 年版，第 410 页；蒋月主编：《婚姻家庭与继承法（第 3 版）》，厦门大学出版社 2014 年版，第 197～198 页。

④ 参见吴国平、张影主编：《婚姻家庭法原理与实务（第 5 版）》，中国政法大学出版社 2022 年版，第 206 页。

子女抚养费400元。二审法院经审理认为一审法院判决认定事实清楚,适用法律正确,遂依据2007年《民事诉讼法》第153条第1款之规定,判决驳回上诉,维持原判。需要指出的是,一审法院判决认定简某乙为婚生子是不准确的。同时,法院判决所依据的法律规定也不完全精准与全面。如果一审和二审法院在判决时能够强调一下当事人事实收养关系和抚养义务确认的法律依据,即《婚姻法》第21条第1款、第2款,第26条第1款,第36条第1款、第2款和1998年《收养法》第23条第1款规定的精神,则判决的依据就更充分,判决书的说服力和执行力将更强。

四、本判例的意义

本判例发生在《收养法》实施之后,法院依据案件审理时的相关法律和司法解释规定确立了无论是法定收养还是事实收养,离婚后养父母仍应继续履行对养子女的抚养义务的法律规则,对保护未成年或者不能独立生活的养子女权益,促进他们健康成长是有利的。同时,也对今后事实收养关系法律效力的认定及其纠纷的处理提出了值得思考与研究的问题,因为1998年《收养法》第15条第1款明确规定:收养应当向县级以上人民政府民政部门登记。收养关系自登记之日起成立。据此,经过民政部门登记的收养关系才是合法有效的。对于1998年《收养法》施行前成立的收养关系可予以默认,而1998年《收养法》实施后未经登记的收养是不受法律保护的。[①] 但在实践中,有的法院根据最高人民法院《民事政策法律意见》第28条规定,认为未登记并不影响收养关系的成立,应从维护养子女权益出发,对在1998年《收养法》实施后形成符合收养实质要件但欠缺形式要件的事实收养亦予以认可。从目前能够收集到的案例来看,也确实鲜有因未办理收养登记而被法院否认收养效力的案例。[②]

五、后续判例和规范的发展

我国《民法典》实施之前,在立法层面上关于收养关系的成立要件、养父母与养子女之间的权利与义务的规定集中体现在1998年《收养法》第4条、第5条、第6条、第7条、第8条、第10条、第11条、第23条第1款和《婚姻法》第21条第1款、第2款,第26条第1款,第36条第1款、第2款的规定。《民法典》保留了《婚姻法》和《收养法》的相关规定,在第1067条第1款规定:"父母不履行抚养义务的,未成年子女或者不能独立生活的成年子女,有要求父母给付抚养费的权利。"《民法典》第五编"婚姻家庭"的第五章"收养"第一节"收养关系的成立"规定了收养关系成立的实质要件和程序要件;第二节"收养的效力"第1111条第1款规定:"自收养关系成立之日起,养父母与养子女间的权利义务关系,适用本法关于父母子女关系的规定;养子女与养父母的近亲属间的权利义务关系,适用本法关于

① 参见吴晓芳主编:《婚姻家庭继承案件裁判要点与观点》,法律出版社2016年版,第267页。

② 参见陈汉编著:《亲属法与继承法案例选》,中国政法大学出版社2017年版,第210页。

子女与父母的近亲属关系的规定。”但目前《民法典》对收养关系的规定仍然比较原则。立法规定的模糊不仅影响理论上的解释构造，也将影响法律适用的统一性。在实践中，对于事实收养关系，还有很多具体问题值得深入探讨。例如，对于事实收养关系是否适用身份关系时效取得制度，收养关系时效取得的要件包括哪些；是否应建立事实收养关系的撤销制度加以配套等。在《民法典》实施的大背景下，是否继续承认符合收养实质要件但欠缺收养形式要件的事实收养行为的效力？如果立法上继续对法定收养和事实收养同等对待，都赋予其法律效力，就会造成合法收养与非法收养同在，登记与不登记一个样，如此，就会使收养登记程序流于形式，造成有法不依，执法不严，从而破坏法律的权威性、统一性与严肃性。笔者主张，应当像对待事实婚姻一样来认定和处理事实收养，不再承认事实收养的效力，以彻底解决长期以来收养行为不规范的问题。这就需要今后在立法层面或者司法解释层面上予以明确，以维护法律的权威性、统一性与严肃性。

090. 事实收养中的“养父母”离婚时主张收养关系不成立的，法院应否支持？*

简某某与王某某离婚纠纷案‖厦门市湖里区人民法院民事判决书，(2008)湖民初字第4704号；厦门市中级人民法院民事判决书，(2009)厦民终字第3052号①

事实概要

1999年9月22日，简某某与王某某办理结婚登记手续。2005年9月20日，双方共同抚养儿子简某1。2007年2月以来，双方因经营公司意见不统一，产生矛盾而分居。分居期间，王某某发现简某某企图转移夫妻共同财产，由此认为双方夫妻感情已经破裂，起诉要求解除其与简某某之间的婚姻关系，夫妻共同财产依照婚前约定归王某某所有。此外，简某1虽非双方亲生，但简某某也应当负担非婚生子女的生活费和教育费，直至简某1能独立生活为止。因此，请求法院判令夫妻共同财产归王某某所有，儿子简某1归王某某抚养，简某某应每月支付抚养费1200元。

一审法院经审理后判决：第一，准予王某某与简某某离婚；第二，所有夫妻共同财产归王某某所有；第三，婚生子简某1随王某某共同生活；第四，简某某应从判决生效之日起至简某1能独立生活之日止每月支付王某某子女抚养费400元；第五，驳回王某某其他诉讼请求。宣判后，简某某不服一审判决，向厦门市中级人民法院提起上诉，诉称简某1既不是其亲生，又未办理合法收养手续，其不应承担抚养责任。

判决要旨

关于简某1的抚养问题。一审法院指出，王某某主张简某1非双方亲生儿子，该陈述与户口本登记情况不一致，故对王某某的主张不予采信，认定简某1系双方亲生儿子。考

---

* 邱翠，福建省南平市中级人民法院，一级法官。

① 判例具体内容，参见张如曦、崔建华、靳羽：《事实收养关系的司法认定与处理机制》，载《人民司法》2010年第6期。

虑到简某1与王某某一起生活，且年龄尚小，由王某某抚养相对更有利于简某1的成长，因此，简某1由王某某抚养。王某某主张简某某应每月支付孩子抚养费1200元，但没有提供简某某的收入等证据，综合考虑厦门市最低生活保障水平及最低工资标准，抚养费400元较妥，王某某要求简某某支付抚养费1200元的诉讼请求，予以部分支持。

对于该问题，二审法院认为，父母对未成年子女负有法定抚养义务，简某1虽然不是简某某、王某某亲生，但是自2005年由他们共同抚养后，即在简某某、王某某婚姻关系存续期间与他们共同生活，且对外又公开以父子、母子关系示人。对此，有简某1的户籍登记资料、简某1满月时宴请亲朋的光盘为证。因此，简某某以简某1非其婚生子而拒不履行抚养义务的理由依法不能成立。原审以简某1年龄尚小，与母亲生活更有利于其成长而判决其与王某某共同生活，简某某每月应支付400元抚养费均无不当。判决：驳回上诉，维持原判。

| 判例评析 |

一、既往相关判例与观点

收养是建立拟制血亲关系的途径之一。我国《收养法》对于被收养人、送养人的条件和收养合意等问题都作出明确的规定（通说认为是收养的实质要件），同时规定成立收养关系的法定形式是收养登记（通说认为是收养的形式要件）。但实践中，欠缺收养要件的收养行为大量存在，在解除婚姻关系或是处理同居关系产生的争议时，能否对双方当事人私自收养的未成年人的抚养问题进行处理，当前我国法院主要有以下两种处理方式：

1. 基于认定形成事实收养关系，判决确定未成年人由一方抚养，另一方支付抚养费。

法院认为，1984年《民事政策法律意见》第28条规定："亲友、群众公认，或有关组织证明确以养父母与养子女关系长期共同生活的，虽未办理合法手续，也应按收养关系对待。"例如，在贺某某与王某甲离婚纠纷案中，吉林省大安市人民法院认为，王某乙自2002年1月8日出生之日起，便由原、被告收养，虽未办理收养手续，但原、被告与王某乙之间已经形成了事实收养关系。贺某某要求抚养养女王某乙，王某甲亦同意该项请求。故该院确定王某乙由贺某某抚养，王某甲应该负担必要的生活费及教育费。① 下列法院均持与前述相同观点：苏某某与冯某甲离婚纠纷案，甘肃省环县人民法院民事判决书，（2014）环民再字第3号；胡某与招某离婚纠纷案，江苏省盱眙县人民法院民事判决书，（2014）盱马民初字第0968号；李某与董某离婚纠纷案，江苏省沛县人民法院民事判决书，（2015）沛大民初字第0083号；彭某与沈某1离婚纠纷案，河南省镇平县人民法院民事判决书，（2016）豫1324民初444号；王某某与刘某某离婚纠纷案，湖南省衡南县人民法院民事判决书，（2017）湘0422民初510号。

---

① 参见吉林省大安市人民法院民事判决书，（2016）吉0882民初84号。

2. 以不符合收养法律关于收养的形式或实质要件为由，认定未产生收养的法律效力，对该问题不予处理。

例如，同居双方在同居期间对非法收养子女的抚养问题产生争议，在张某霞与钟某龙同居关系纠纷案中，四川省高级人民法院认为，“钟某乐被钟某龙、张某霞二人领养后，并未到县级以上人民政府的民政部门办理收养登记，因此不能发生收养的法律后果。故无论钟某龙或者张某霞，如希望抚养钟某乐，均应在符合收养实质要件的情况下，向县级以上人民政府的民政部门办理收养登记后，方产生收养的法律效力，而不能由钟某龙或者张某霞起诉主张钟某乐归自己抚养。因此，原审对钟某乐的抚养问题进行判决不当，应予纠正。”[①]持有该种观点的法院还有：凌某与顾某离婚纠纷案，嘉兴市秀洲区人民法院民事判决书，(2010)嘉秀王民初字第112号；高某与陈某离婚纠纷案，江苏省阜宁县人民法院民事判决书，(2014)阜东民初字第0035号；谢某甲与付某离婚纠纷案，江西省南丰县人民法院民事判决书，(2015)丰民初字第681号；姜某某与王某某离婚纠纷案，贵州省剑河县人民法院民事判决书，(2015)剑民初字第160号；施某与张某离婚纠纷案，江苏省海门市人民法院民事判决书，(2015)门工民初字第00262号；章某某与周某某离婚纠纷案，江西省金溪县人民法院民事判决书，(2015)金浒民初字第29号。

从前述判例看，我国法院对双方当事人私自收养的未成年人的抚养问题基本持两种截然不同的立场：一种是基于被收养的未成年人的利益考量，着眼于当事人已对未成年人抚养、教育的事实，认可事实收养关系的存在，对被收养对象的权益进行保护；另一种是坚守我国收养法律制度对收养实质要件与形式要件的要求，对不具有收养要件的收养问题，不予处理。

二、在学理框架内对相关问题的点评

样本判例的核心争议点是：事实收养是否有效。考虑到学术界以及实践部门对欠缺收养要件的收养行为多用“事实收养”一词予以指代，而前述判例中法院也未细致甄别个案情形是仅欠缺形式要件还是同时欠缺形式与实质要件，故本文将不具备法定收养要件，收养人与被收养人在生活中以父母子女相称、相待且为外界周知的收养行为，界定为事实收养。学术界对于事实收养的效力有不同的观点。

1. 否定说，即不承认事实收养的法律效力。杨立新提出，亲属行为能力以及亲属行为登记的观点。按此观点，收养人需要具备收养行为能力以及进行收养行为登记，违反《收养法》规定的收养行为，包括不具备收养关系成立的形式要件或实质要件，则不产生收养的法律效力。[②] 还有学者基于收养关系是法律拟制血亲关系，提出申报与登记的过程，就是法律的“拟制”过程；没有法律的“拟制”，亲子关系之权利义务内容便无从产生，其法律

① 参见四川省高级人民法院民事判决书，(2016)川民再52号。

② 参见杨立新：《论亲属法律行为》，载《南阳师范学院学报(社会科学版)》2005年第5期。

上亲子权利义务关系并不会因为“事实”收养行为而发生，因此，“事实收养及事实终止收养并无存在与承认之实益”。[①]

2. 有限承认事实收养的法律效力。徐国栋教授探讨了取得时效制度在我国人身关系法中可适用的情形，将取得时效适用于诚信收养人取得父母身份问题就是其中之一。[②] 还有学者认为，对于不符合收养法实质要件的事实收养，是否承认其效力，取决于该实质要件上的瑕疵是否可以补正。在法律上的瑕疵补正前，如果收养的是孤儿和查找不到生父母的弃婴，且不存在其他违法行为，应该肯定该事实收养的效力；如果能够查找到生父母，则不宜承认该事实收养的效力。[③]

笔者赞同前述第二种观点。法律对收养行为从实质和形式两方面加以规制，其背后反映了国家试图通过适度干预以确保被收养人的成长权益。然而，事实收养案例大量存在，反映出我国民间实践与收养制度的相关法律规定产生了较大冲突，继续守成，对存在的问题视而不见，显然与国家干预的初衷不符。

三、本判例的规范逻辑

涉及前述争议点的法律规范主要有以下两方面：

1. 1984 年《民事政策法律意见》第 28 条规定：“亲友、群众公认，或有关组织证明确以养父母与养子女关系长期共同生活的，虽未办理合法手续，也应按收养关系对待。”该规定认可事实收养与办理合法手续的收养具有同样的权利义务后果。前述认定事实收养关系存在的案例多援引该条款作为说理论证的依据。讨论判例虽然没有直接援引该规定，但裁判理由的阐述亦体现其沿用了此规定的精神。然而，从 1992 年 4 月 1 日《收养法》施行起，就国家法层面而言，收养是要式法律行为，不承认欠缺收养实质要件或形式要件的收养行为的效力，所以从国家法的层面看，本文讨论判例中简某某、王某某二人不是收养法意义上的收养人，简某 1 也不是收养法意义上的被收养人，讨论判例仅从“父母对未成年子女负有法定抚养义务”角度说理，略显单薄。

2.《收养法》第 2 条规定：“收养应当有利于被收养的未成年人的抚养、成长，保障被收养人和收养人的合法权益，遵循平等自愿的原则，并不得违背社会公德。”[④]该条文是对收养原则的一般规定。为解决国内公民私自收养的问题，民政部、公安部、司法部等作出《关于解决国内公民私自收养子女有关问题的通知》，根据该通知的内容，如私自收养的子女

---

① 参见张作华：《事实身份行为与事实身份关系的法律保护——以事实婚姻为中心》，载《四川大学学报（哲学社会科学版）》2009 年第 4 期。

② 参见徐国栋：《论取得时效制度在人身关系法和公法上的适用》，载《中国法学》2005 年第 4 期。

③ 参见匡俊：《事实收养研究》，载《上海政法学院学报（法治论丛）》2014 年第 6 期。

④ 《民法典》将收养原则置于婚姻家庭编“一般规定”章，即第 1044 条，该条确立了“最有利于被收养人”原则，删除了原《收养法》中的平等自愿原则。

系他人送养，应当将私自收养的子女交由生父母或者监护人抚养；如私自收养的子女系拾捡，应当送交社会福利机构抚养。笔者曾就类似判例的情况走访民政部门，发现本案面临的问题是，如果双方当事人均没有提供简某1的监护人信息或是捡拾证明材料，简某1可能因当事人的行为在短时间内无法回归生父母或监护人，也无法接受社会福利机构的有效抚养。因此，笔者认为，在事实收养尚未被国家法承认的情况下，不妨直接从立法关于保护被收养人的合法权益的一般性要求出发，并结合先行行为引起作为义务的理论来论证对案涉当事人科以法律责任的正当性，以应对法律在解决事实收养带来问题方面的空白。讨论判例的裁判者实际上也是基于《收养法》保护被收养人利益的立法宗旨对事实收养关系予以适当承认。[①] 无论何种路径，其立足点均在于确保被收养人的最大利益。

四、本判例的意义

事实收养由于不被法律所认可，在侵权、婚姻家庭等纠纷中导致的法律问题已经凸显；"养父母"离婚时以收养关系不成立为由规避责任，正是其中之一。本判例的意义在于，为解决该问题提供了一种思考方式，即司法应采取能动的方式，立足于法律的精神，对现实中存在的各种具备收养外观的社会关系进行甄别，有条件、有限制地承认一部分不具备法定要件的收养关系的效力。[②] 需要说明的是，这种司法能动，无疑是权宜之计，法院裁判之后，直接抚养方的正当需求以及如何确保被收养人的健康成长，还需要政府及社会组织予以特别关注。同时，事实收养中收养人或被收养人受第三人侵权时，司法如果从事实收养关系出发轻易承认了"养父母"或者"养子女"享有请求权，可能面临侵权人对司法未严守法律规定的强烈质疑，因此，此类问题需要更加全面的思索和论证。

五、后续判例和规范的发展

我国《民法典》收养章的规定承袭了《收养法》既有的制度框架，收养条件的具备以及办理收养登记仍是收养关系成立的前提。有学者指出《民法典》收养章尚缺乏针对民间收养屡禁不绝、被收养人权益不彰等突出社会问题的有效应对。[③] 从实践中看，仍有法院对在《民法典》实施后收养弃婴但未办理登记的行为肯定其构成事实收养关系，并承认收养人是适格权利人的情况。例如，上诉人中国某财产保险股份有限公司某中心支公司与被上诉人许某玲、原审被告白某良、某运输车队机动车交通事故责任纠纷案，安徽省宿州市中级人民法院民事判决书，(2021)皖13民终1076号。法律对事实收养的保留态度与司法对良好社会效果的追求仍将不可避免地导致相悖处理结果的判例产生，事实收养带来的诸多法律问题仍亟待解决。

---

① 参见张如曦、崔建华、靳羽：《事实收养关系的司法认定与处理机制》，载《人民司法》2010年第6期。

② 参见张如曦、崔建华、靳羽：《事实收养关系的司法认定与处理机制》，载《人民司法》2010年第6期。

③ 参见邓丽：《收养法的社会化：从亲子法转向儿童法》，载《法学研究》2020年第6期。

091. 当年不符合收养条件也未办理登记但已共同生活抚育多年的,收养关系是否成立?*

许某与张某离婚纠纷案‖广东省高级人民法院民事判决书,(2013)粤高法审监民再字第21号

事实概要

许某与张某于1987年4月29日自愿登记结婚,婚后无生育子女。1993年,双方共同收养一女孩许某某(1992年2月12日出生),在北京办理入户,但未到有关部门办理收养手续。1998年3月,因双方感情不和,许某诉至深圳市福田区人民法院,要求与张某离婚。同年4月,深圳市福田区人民法院判决不准双方离婚。许某不服,提起上诉。在上诉期间,双方关系恶化。1998年9月,深圳市中院裁定撤销原审判决,将案件发回福田区人民法院重审。重审期间,张某表示同意离婚,但无法协商解决小孩抚养等问题。

深圳市福田区人民法院经重审后认为,许某、张某对离婚无异议,予以准许。因许某、张某收养小孩许某某时未满35周岁,不符合《收养法》有关规定,而且许某、张某收养许某某时并未办理收养手续,故其收养关系不成立,对小孩抚养问题未作处理。一审判决下发后,许某不服,遂向深圳市中级人民法院提起上诉,请求二审法院依法撤销原判,改判孩子许某某由许某抚养。深圳市中院审理后认为,维持一审法院准予双方解除婚姻关系的判决。但对于双方收养的孩子许某某的抚养问题,虽然双方收养许某某时并不符合《收养法》的法定收养条件,但已形成事实收养关系,双方共同收养的女孩许某某现在张某处,故应由张某抚养为宜,并由张某办理收养的相关手续。一审法院对收养关系的认定及处理不妥,予以纠正。

之后,该案经广东省人民检察院抗诉、许某申诉,案件两次由广东省高级人民法院再审,两次再审主要针对双方之间的财产纠纷,对于中院所作出的许某某抚养权归属判决予以维持。

---

* 杜志红,法学博士,西南大学法学院副教授,北京市京师(重庆)律师事务所兼职律师;宋祎然,香港大学法律学院2023级法学专业硕士研究生。

| 判决要旨 |

离婚时,夫妻双方长期共同抚育未办理收养登记的儿童,可以根据具体情况认定已形成事实收养关系。夫妻双方均有抚养该儿童的意愿的,应从儿童利益最大化角度出发确定抚养权。

| 判例评析 |

一、既往相关判例与观点

离婚时,夫妻双方与共同抚育多年但未办理收养登记的儿童之间的收养关系是否成立?该儿童的抚育责任应当如何确定?在司法实践中,对该两个问题的认识,一直存在以下截然不同的三种观点,各地法院对该类争议的判决结果也就大不相同。

1. 夫妻双方与其长期抚养但未办理收养登记的儿童之间,已形成事实收养关系,对儿童抚养责任的归属应依照有关父母子女关系的法律。[①] 在司法实践中,法官会根据具体情况,例如,夫妻双方是否给该儿童办理户口、是否符合收养资格、抚育时间长短等情形来综合考虑收养现状,从而确定是否形成事实收养关系。例如,在张某甲与殷某离婚纠纷案中,大连市西岗区法院认为原、被告虽然未为收养女张某乙办理收养手续,但他们为其办理了户口,并共同抚养至今,形成了事实收养关系。[②] 确认形成事实收养关系的,从保护儿童合法权益的角度出发,在考虑儿童生活的现状、父母双方的工作情况、收入情况、居住条件、照顾儿童时间的多少等情形来对儿童的抚养责任的归属作出判决。例如,在吴某某诉王某某离婚案中,海南省海口市中级人民法院从有利于王某甲成长的角度出发,判决王某甲由其一直跟随共同生活的吴某某抚养。[③]

2. 夫妻双方与未办理收养手续的儿童之间未形成合法的收养关系,对于儿童抚育责任的归属不予处理。1998 年《收养法》第 15 条第 1 款规定:"收养应当向县级以上人民政府民政部门登记,收养关系自登记之日起成立。"[④]第 23 条规定:"自收养关系成立之日起,养父母与养子女间的权利义务关系,适用法律关于父母子女关系的规定……"[⑤]依照上述法律规定,夫妻双方与未办理收养手续的儿童之间不存在合法收养关系,也就不存在父母子女之

---

① 参见张如曦、崔建华、靳羽:《事实收养关系的司法认定与处理机制》,载《人民司法》2010 年第 6 期。

② 参见辽宁省大连市中级人民法院民事判决书,(2014)大民一终字第 1664 号。

③ 参见海口市中级人民法院民事判决书,(2016)琼 01 民终 2769 号。

④ 参见《民法典》第 1105 条第 1 款规定:收养应当向县级以上人民政府民政部门登记。收养关系自登记之日起成立。

⑤ 参见《民法典》第 1111 条规定:"自收养关系成立之日起,养父母与养子女间的权利义务关系,适用本法关于父母子女关系的规定……"

间的权利义务关系。如果法院判决小孩由某一方来抚养，就等于强制性地施加给其毫无法律依据的抚养责任。因此，法院应对未办理收养手续的儿童抚育责任的归属不予处理。[①]例如，在黄某与梁某离婚纠纷案中，广西壮族自治区南宁市良庆区人民法院即坚持此立场；[②]在李某与刘某离婚纠纷案中，湖南省益阳市中级人民法院也秉持此观点。[③]

3. 夫妻双方与未办理收养手续的儿童之间系非法收养关系，当事人未补办收养手续的，基于儿童利益最大化原则，应由非法被收养人中的一方暂时抚养。[④] 由于未办理收养登记手续，夫妻双方与非法被收养儿童之间不构成拟制的父母子女关系，故不应依照相关父母子女的法律规定判决其抚养权的归属，但从保护未成年非法被收养儿童的权益出发，应裁决由离婚案件当事人中的一方暂时抚养。例如，在上诉人姜某某与被上诉人余某某离婚纠纷案中，河南省南阳市中级人民法院认为，姜某甲系上诉人姜某某与被上诉人余某某收养的女孩，虽然双方未办理收养手续，但已办理了户口登记，且姜某甲系年幼女孩，领养后一直随被上诉人余某某生活，因此，暂由被上诉人余某某照顾其生活并无不当。[⑤] 又如，在上诉人陈某某与被上诉人靳某某离婚纠纷一案中，甘肃省平凉市中级人民法院对双方抱养的女孩陈某，因未办理收养手续，未形成法律上的收养关系，但为了保护陈某的合法权益，在确定其合法的抚养义务人之前，鉴于孩子随靳某某生活的时间较长，确定暂由其继续抚养。[⑥]

二、在学理框架内对相关问题的点评

判决离婚时是否对抚育多年但未办理收养登记手续的儿童抚育责任进行处理实际上是法律秩序与人伦秩序的冲突如何处理的问题。

1. 依照 1998 年《收养法》规定，收养人实施收养行为但未到民政部门办理相应登记手续的，因其不符合收养关系成立的形式要件，故该收养关系不具备法律效力。但如仅以未办理登记收养手续为由，就判决收养人与长期抚育多年的儿童之间不成立收养关系，那么现实生活中将有大量的儿童因缺少监护人而流离失所，未成年人的合法权益难以得到保障。

2. 收养行为本身属于身份行为。身份行为指自然人基于意思表示发生与亲属之间的身份关系变动，如形成和解除亲属身份关系的民事法律行为。收养关系就是收养人和被收养人通过收养行为成立父母之女关系的一种民事法律行为。“亲属的身份关系本身以

---

① 参见孙文萍：《离婚案件非法收养如何处理》，载《人民法院报》2004 年 7 月 22 日。

② 参见广西壮族自治区南宁市良庆区人民法院民事判决书，(2014) 良民一初字第 391 号。

③ 参见湖南省益阳市中级人民法院民事判决书，(2016) 湘 09 民终 31 号。

④ 参见鲁强：《离婚案涉及非法收养处理机制构建之思考》，载《人民法院报》2007 年 12 月 4 日，第 6 版。

⑤ 参见河南省南阳市中级人民法院民事判决书，(2015) 南民一终字第 00034 号。

⑥ 参见甘肃省平凉市中级人民法院民事判决书，(2016) 甘 08 民终 375 号。

人伦秩序为基础，为‘先在于’法律之上的‘自在’存在，本无‘法律化’之必要”，[①]但身份关系的成立与变动，又会牵涉财产关系的调整与变动，因此，需要法律的强制力予以规范和调整。“法律对亲属身份领域的强制干预，在身份行为制度上体现为身份行为的‘要式性’即未具备法定表现形式的身份行为将受到法律的否定评价。”[②]

3. 不具备法定形式要件的身份行为为“事实身份行为”，基于该类行为产生的身份关系就是“事实身份关系”。事实收养关系是指收养人与被收养儿童事实上以亲子身份共同生活，但因未向民政部门办理登记手续而欠缺形式要件，而在法律上不承认的收养关系。[③]收养关系需要法律的规范和调整才能保障收养秩序、维护被收养儿童的合法权益。因此，收养关系需要经过登记才合法有效，但是一概否认事实抚养的效力，将枉顾收养人和被收养人长期共同生活的客观事实，伤害双方已建立的深厚的亲情。

三、本判例的裁判逻辑

在本判例中，深圳市中院认为，许某与张某在婚姻关系存续期间与许某某已形成事实收养关系，许某某由张某抚养为宜，并由张某办理相关手续，其规范逻辑如下：

首先，许某、张某与被收养儿童许某某形成事实上的收养关系。许某与张某在共同收养许某某之初，在北京为其办理户口，并且公开以父母子女身份共同生活长达五年以上，双方不仅建立了深厚的感情，而且表明张某和许某将许某某作为自己的子女进行长期抚育的真实心意。因此，从儿童利益最大化原则出发，鉴于以上事实，应认定双方已成立事实上的抚养关系。

其次，在认同事实收养关系成立的基础上，许某与张某与被收养儿童许某某之间的权利义务关系，应比照父母子女关系的有关法律规定处理。《婚姻法》第 26 条规定：“……养父母和养子女间的权利和义务，适用本法对父母子女关系的有关规定……”[④]第 36 条第 2 款：“离婚后，父母对于子女仍有抚养和教育的权利和义务。”[⑤]离婚后，父母子女之间的关系不因父母离婚而消除。因此许某与张某对其收养的许某某仍有抚养和教育的权利和义务，应根据有利于子女身心健康、保障子女合法权益的原则确定抚养权的归属。《婚姻法》第 36 条第 3 款规定：“离婚后，哺乳期内的子女，以随哺乳的母亲抚养为原则。哺乳期后的子女，如双方因抚养问题发生争执不能达成协议时，由人民法院根据子女的权益和双方

---

① 参见张作华：《事实身份行为与事实身份关系的法律保护——以事实婚姻为中心》，载《四川大学学报（哲学社会科学版）》2009 年第 4 期。

② 参见张作华：《事实身份行为与事实身份关系的法律保护——以事实婚姻为中心》，载《四川大学学报（哲学社会科学版）》2009 年第 4 期。

③ 参见靳羽：《要件欠缺收养关系的法律规制》，载《人民司法》2010 年第 3 期。

④ 参见《民法典》第 1111 条规定：自收养关系成立之日起，养父母与养子女间的权利义务关系，适用本法关于父母子女关系的规定。

⑤ 参见《民法典》第 1084 条第 2 款规定：离婚后，父母对于子女仍有抚养、教育、保护的权利和义务。

的具体情况判决。”①本案例中，在许某与张某皆有抚养意愿的情况下，许某某现与张某共同生活，由张某抚育未改变其生活和学习的环境，从而更有利于其健康成长，故许某某应由张某直接抚养。

最后，事实收养关系不具备收养关系成立的形式要件，不被法律承认，收养人应及时补办相关手续。《收养法》第 15 条第 1 款规定：“收养应当向县级以上人民政府民政部门登记。收养关系自登记之日起成立。”②由于收养关系是法律所拟制的血亲关系，应遵守法律规定的形式要件，其必须到民政部门进行登记。因此，事实收养关系的双方当事人应及时补办收养手续，从而取得法律的认可。因此，收养人张某应在案件审理结束后及时向当地民政部门为许某某办理收养登记。

四、本判例的意义

本判例以保护未成年人利益为出发点，较好地解决了法律与伦理的冲突问题。

1. 本判例尊重了既有的收养事实，维护了人伦秩序，凸显了对未成年人利益最大限度的保护。本判例从保护未成年人利益出发，尊重收养人对被收养人长时间抚育的事实，认可双方已形成事实上的收养关系，从而依照有关父母子女关系的法律对许某某的抚育权归属作出判决，这有利于保障许某某的健康成长。

2. 本判例也维护了法律权威。不具备收养手续的收养关系欠缺形式要件，并不具备法律效力。事实收养关系只有在补办了收养手续后，才能被法律承认，并产生亲子关系的权利义务。这一法律规定目的也是为了保护双方的利益。从短期来看，补办收养手续使被收养人的抚育权有了法律保障。长远来看，如收养人年老需要被收养人赡养或者收养人去世后，被收养人要继承收养人的遗产，其均需要以合法有效的父母子女关系为依据。因此，为了避免纷争，构成事实收养关系的收养人与被收养人应及时到民政部门补办相关手续。

五、后续判例和规范的发展

《民法典》已于 2021 年 1 月 1 日正式实施，根据《民法典》婚姻家庭编第 1041 条第 3 款的规定，未成年人的合法权益受到法律保护。因此，对于缺乏形式要件的收养关系，法院应根据具体的收养事实，对于事实收养关系是否成立、事实收养关系成立后的未成年被收养人抚养权归属作出符合儿童最大利益原则的判决。同时，也要依据相关法律规定，督促收养人办理收养手续，使收养关系具备法律效力，从而保护收养人与被收养人双方的合

---

① 参见《民法典》第 1084 条第 3 款规定：离婚后，不满两周岁的子女，以由母亲直接抚养为原则。已满两周岁的子女，父母双方对抚养问题协议不成的，由人民法院根据双方的具体情况，按照最有利于未成年子女的原则判决。子女已满八周岁的，应当尊重其真实意愿。

② 参见《民法典》第 1105 条规定：收养应当向县级以上人民政府民政部门登记。收养关系自登记之日起成立。

法权益。

社会生活中,不符合收养条件、未办理收养手续但以养父母子女关系实际共同生活在一起的例子,并不罕见。究其原因,既是由于1994年之前我国无收养法,对收养子女无明确法规范,制定实施了收养法之后,人们的观念并未与法治同步,又因顾虑不符合收养条件而收养孩子的行为被处罚等因素作用。待涉及继承、交通事故赔偿金分配、社会保险待遇等利益分配时,相关当事人发生争议,一方要求确认事实收养关系存在或者要求否认收养关系存在的纠纷时有发生,诉之法院寻求司法裁判的,也并非个别。基于尊重和维护已生效相关法律,人民法院对于所谓事实收养关系是否成立的争议,通常以《收养法》生效时间为基本界线,区分不同时期发生的未经登记的收养,原则上,《收养法》生效之前的事实收养,给予承认和保护;对于《收养法》实施后发生的所谓事实收养,则不承认其构成收养关系,不予保护。

(一)对于《收养法》实施之前的事实收养,给予承认和保护

再审申请人王某与被申请人刘某1确认收养关系纠纷案中,王某申请再审称。

1. 抚养纠纷涉及身份关系,身份关系是否建立的核心是双方当事人的真实意思表示并达成合意。王某强烈、坚决反对与刘某1存在法律层面的收养关系,一审、二审违背申请人的意思表示,判决将身份关系强加于王某。涉案关键证据《情况说明》以及证人证言明显前后矛盾、相互冲突,一审、二审将该类明显存在瑕疵证据中的部分内容作为裁判依据,事实认定明显违背法律与常识。一审、二审关于刘某1与王某"共同生活已逾40年"的认定完全没有任何证据支持,且与所有当事人的陈述不符,将完全不存在的事实作为裁判的事实依据。本案无论在事实上还是在法律上均不存在收养关系。

2. 本案当事人之间不存在事实上的收养关系。第一,就户籍而言,王某夫妇的户籍档案中从未显示与刘某1之间存在所谓的母子关系。王某夫妇的户籍信息中甚至从未出现过有关刘某1的任何相关信息。法定的户籍登记机关从未认可刘某3、王某与刘某1存在所谓父子、母子关系。第二,就王某夫妇人事档案信息而言,经各级组织审查认定的王某夫妇的人事档案信息中,各级党组织及工作单位从未认定王某夫妇存在养子,从未认可刘某1与王某夫妇存在收养关系。第三,就抚养行为而言,没有任何合法有效的证据证明王某夫妇对刘某1承担了抚养的义务与责任,也没有任何的长期共同居住。

3. 本案当事人之间不存在法律上的收养关系。收养行为形成的是带有人身性的身份行为,而身份行为所产生的身份关系是不能强加给任何一方的。刘某1主张的收养关系,一方面王某予以否认并坚决反对;另一方面所谓的收养关系因不符合法律规定也不被法律所认可。

刘某1提交意见称,一审、二审认定事实清楚,证据充分,适用法律正确,程序合法。王某的申诉理由不能成立,请求予以驳回。

北京市高级人民法院经审查认为，“刘某1主张其于1968年左右与王某形成收养关系，王某不予认可。因我国当时并无关于收养子女的法律规定，对收养子女没有明确的规范性要求，亦无经相关机关的登记或确认，故关于本案双方当事人之间是否成立实际收养关系，需综合全案证据予以审查认定。客观分析刘某1在本案中提交的证据，同时考虑刘某1的生母王某1与王某之间的关系，一审、二审确认刘某1与王某之间收养关系成立，并无不当”。王某的再审申请不符合《民事诉讼法》第200条第2项、第4项、第6项规定的情形，依法裁定驳回王某的再审申请。①

（二）已有两名子女的夫妻收养弃婴但未办收养登记，确认不形成收养关系

再审申请人刘某显与被申请人刘某确认收养关系纠纷案中，刘某显向一审法院起诉，请求依法确认刘某显、刘某之间的收养行为无效。事实及理由：刘某是名弃婴，刘某显收养刘某是1992年6月6日，收养弃婴应当到县级民政部门登记，刘某显至今未去登记，且在收养刘某前，刘某显也有两名亲生子女，不符合《收养法》规定，该收养行为无效。一审法院认定事实：刘某显与刘某书于1990年11月登记结婚，双方婚后未生育子女。刘某显与刘某书结婚前，刘某显已生育两个女儿，刘某书未有子女，刘某书于2015年10月29日逝世。

刘某系一名弃婴，1992年6月6日，刘某显与刘某书夫妇收养了刘某（刘某之名系刘某显与刘某书收养后所取的名字），并为刘某在大足县公安局城关派出所（现大足区公安局东门派出所）办理了户籍登记，户籍记载显示刘某系户主刘某书的长女。刘某显夫妇收养刘某后，未到民政部门办理收养登记。刘某随刘某显和刘某书夫妇一起生活、成长至刘某书逝世。在平时生活中，刘某称呼刘某显为老汉（系爸爸），称呼刘某书为妈妈，街坊邻居及亲朋好友均知道刘某系刘某显夫妇的女儿。一审法院判决驳回了刘某显的诉讼请求。

刘某显不服，上诉请求撤销原判，并改判确认刘某显与刘某之间的收养行为无效。二审法院认定事实与一审认定事实相同。二审法院认为，刘某显夫妇于1992年6月6日共同收养了刘某，并共同生活至2015年10月29日刘某书逝世。同时为刘某办理了户籍登记，户籍登记显示刘某系刘某书长女。且在平时的生活中，刘某称呼刘某显为老汉（系爸爸），喊刘某书为妈妈，街坊邻居及亲朋好友均知道刘某系刘某显夫妇的女儿。因此，双方存在事实收养关系。根据1992年4月1日实施的《收养法》第15条规定“收养查找不到生父母的弃婴和儿童以及社会福利机构抚养的孤儿的，应当向民政部门登记”。该条要求收养应当向民政部门进行登记，但并未明确规定没有登记则收养关系不能成立。因此，一审法院认定刘某显与刘某的收养关系成立并无不当。二审法院判决驳回上诉，维持原判。

---

① 参见北京市高级人民法院民事裁定书，(2017)京民申4049号。

重庆市高级人民法院再审对原审查明的案件事实予以确认。再审认为,1992年4月1日起施行的《收养法》第15条第1款规定"收养查找不到生父母的弃婴和儿童以及福利机构抚养的孤儿的,应当向民政部门登记";第24条规定"违反《民法通则》第五十五条和本法规定的收养行为无法律效力。收养行为被人民法院确认无效的,从行为开始时就没有法律效力"。该案中,刘某显夫妇收养弃婴刘某的时间为1992年6月6日,系在前述法律规定施行之后发生的收养关系,应受该法律规定的约束。按照前述法律规定,刘某显夫妇收养弃婴,未到民政部门办理收养登记的行为违反法律规定,该收养行为应当被认定为无效。对于刘某辩称其与刘某显夫妇已形成事实收养关系的意见,因事实收养关系的法律依据是1984年最高人民法院《民事政策法律意见》第28条规定,而本案收养行为发生在1992年4月1日《收养法》施行后,根据新法优于旧法的原则,对不符合《收养法》规定的收养关系不能认定为事实收养。综上所述,原一审、二审判决认定事实清楚,但适用法律错误,本院予以纠正。再审申请人申请再审的理由成立,本院予以支持。依照1992年4月1日施行的《收养法》第15条第1款,第24条,《民事诉讼法》第170条第1款第2项、第207条第1款的规定,判决如下:(1)撤销重庆市第一中级人民法院(2017)渝01民终3546号民事判决和重庆市大足区人民法院(2016)渝0111民初9411号民事判决;(2)确认刘某显收养刘某的行为无效。[①]

① 参见刘某显与刘某确认收养关系纠纷,重庆市高级人民法院民事判决书,(2017)渝民再273号。

092. 收养关系不成立的,生父母应负返还抚养费义务*

乔某甲、张某与朱某、娄某抚养费纠纷案 ‖ 重庆市第三中级人民法院民事判决书,(2015)渝三中法民终字第01651号

事实概要

乔某甲、张某以朱某、娄某严重侵犯了己方合法权益为由,向重庆市南川区人民法院(以下简称一审法院)提起诉讼,请求判令朱某、娄某支付乔某甲、张某从1999年6月6日至2014年12月29日期间对乔某乙的抚养费112,200元(600元/月×187个月)。一审法院经审理查明朱某、娄某为夫妻关系,系乔某乙(未成年人)的亲生父母。乔某甲、张某夫妇于1999年农历六月初六抱养了乔某乙后,给乔某乙上了户口。户籍登记乔某乙系户主乔某甲的女儿,但始终未向当地县级以上民政部门办理收养登记。乔某乙于2014年冬天离开乔家后与生父母朱某、娄某居住。朱某、娄某于2015年2月将乔某乙从重庆市南川区××镇小河中学转到重庆市南川××中学校读书。经审理后一审法院判决朱某、娄某自判决生效之日起十五日内向乔某甲、张某支付抚养乔某乙支出的必要费用70,000元。宣判后,朱某、娄某以乔某甲、张某自愿抱养,与乔某乙收养事实关系成立,《收养法》第15条只是规定收养应当向县级以上人民政府民政部门登记,而不是必须登记,自己未要求解除乔某甲、张某与乔某乙的收养关系,乔某甲、张某无权要求己方支付抚养费,乔某甲、张某诉求亦超过法律规定二年诉讼时效等为由,向重庆市第三中级人民法院(以下简称二审法院)提起上诉。

判决要旨

二审法院审理查明的事实与一审法院相同。二审法院认为收养应当向县级以上人民政府民政部门登记,收养关系自登记之日起成立。乔某甲、张某虽然抱养乔某乙后办理了户籍登记,且已共同生活了近十五年,但由于乔某甲、张某从未到当地县级以上民政部门办理收养登记,双方之间收养关系并未成立。且乔某乙于2014年冬天离开乔家后,朱某、

* 刘诚,福建江夏学院法学院副教授;吴国平,福建江夏学院法学院教授。

娄某亦于2015年2月将乔某乙从重庆市南川区××镇小河中学转到重庆市南川××中学校读书,至今与朱某、娄某在一起。由此可见,朱某、娄某插手乔某甲、张某与乔某乙之间关系,已有解除双方关系的行为。乔某甲、张某抚养乔某乙近十五年,有权要求受益人偿付由此支付的必要费用。故一审法院依法判决朱某、娄某向乔某甲、张某支付抚养乔某乙支出的必要费用70,000元并无不妥。至于朱某、娄某所提超过法律规定二年诉讼时效问题,本案系基于特定身份权被侵害而产生的给付抚养费,且被抚养人未满十八周岁,为保护公序良俗、生存权的基本考虑,不应适用诉讼时效之规定。驳回上诉,维持原判。

| 判例评析 |

一、既往相关判例与观点

长期以来,各级人民法院审理了不少涉及收养关系不成立,孩子的实际抚养人要求返还其垫付的抚养费的案件。此类案件争议的焦点在于若确认收养关系不成立,生父母是否负有返还抚养费的义务?因收养关系不成立要求返还抚养费的诉讼请求是否会因超过诉讼时效丧失胜诉权?

(一)若确认收养关系不成立,生父母是否负有返还抚养费的义务?

受案法院一般都认为作为人身权法律关系的抚养关系,享有权利和承担义务的主体只能是养父母和生父母,由于收养关系不成立,生父母在子女未成年亦未独立生活的情况下,依法应当承担对子女的抚养教育义务。孩子的实际抚养人在无任何法律义务的情况下抚养了孩子,有权要求孩子的生父母支付为抚养孩子支出的必要费用。例如,在乔某甲、张某与朱某、娄某抚养费纠纷案中,重庆市第三中级人民法院即持此立场。[①] 在上诉人代某、周某甲与被上诉人周某乙抚养费纠纷案中,重庆市第五中级人民法院亦持相同立场。[②] 但因当事人的诉求与案情的不同,人民法院裁判时的认定依据与判决理由有所差异。有的法院认为收养关系无效,生父母应参照《收养法》第30条第2款的规定,对孩子的实际抚养人适当补偿在收养期间支出的医疗费、生活费和教育费等抚养费用。例如,在上诉人刘某与被上诉人张某及原审被告金某乙、原审被告金某甲补偿抚养费纠纷案中,江苏省连云港市中级人民法院即持此观点。[③] 有的法院认为既然收养关系不成立,孩子的实际抚养人要求孩子生父母按照收养关系支付抚养费和精神赔偿金的请求不应得到法律的支持,但可参照《收养法》第30条第1款的规定,若将来孩子的实际抚养人缺乏劳动能力又缺乏经济来源,可在孩子成年后要求其支付生活费,又认为毕竟孩子的实际抚养人为抚

---

① 参见重庆市第三中级人民法院民事判决书,(2015)渝三中法民终字第01651号。

② 参见重庆市第五中级人民法院民事判决书,(2015)渝五中法少民终字第05497号。

③ 参见江苏省连云港市中级人民法院民事判决书,(2015)连少民终字第00028号。

养孩子付出了实际支出，在孩子无能力支付的情况下，孩子的生父母应适当给予孩子的实际抚养人一定的经济补偿。例如，在上诉人杨某、薛某与被上诉人高某、王某追索子女抚养费纠纷案中，①河南省周口市中级人民法院即持此立场。有的法院认为收养关系虽然不成立，但收养人与被收养人形成事实上的抚养关系且收养人与被收养人关系恶化、无法共同生活的，收养人可以比照《收养法》的规定要求生父母适当补偿收养期间支出的生活费和教育费。例如，在上诉人刘某、王某与被上诉人吕某、梁某甲追索抚养费纠纷案中，江苏省宿迁市中级人民法院即持此立场。② 由此可见，目前法院对收养关系不成立，生父母对孩子的实际抚养人所负的义务在认识上存在分歧，在裁判上亦不统一。

（二）因收养关系不成立要求返还抚养费的诉讼请求是否会因超过诉讼时效丧失胜诉权？

在此类案件中，受案法院一般都不支持孩子生父母一方关于诉讼时效的抗辩主张，但理由不尽相同。除本案中以公序良俗和保护生存权为由否定诉讼时效制度适用外，有的法院认为上诉人在一审期间未提出诉讼时效抗辩，在二审期间提出，人民法院不予支持，以程序法上的理由否认诉讼时效的适用。例如，在上诉人代某、周某甲与被上诉人周某乙抚养费纠纷案中，重庆市第五中级人民法院即持此立场。③ 有的法院认为在抚养孩子期间，双方均以“收养”的观念进行，抚养方不应知道自己的合法权益受到侵犯，诉讼时效的起算时间应从被抚养人重新和生父母生活或生父母一方违背送养协议的约定时起算。例如在上诉人徐某 1、王某 1 与被上诉人王某 2、曹某追索抚养费纠纷案④和上诉人代某、周某甲与被上诉人周某乙抚养费纠纷案⑤中，河南省驻马店市中级人民法院和重庆市第五中级人民法院均持此立场。

二、在学理框架内对相关问题的点评

（一）收养关系不成立，生父母对孩子的实际抚养人负何种义务？

本案中第一个学理上的认识分歧在于若收养关系不成立，生父母对孩子的实际抚养人所负的义务是应该参照《收养法》第 30 条第 2 款规定：“生父母要求解除收养关系的，养父母可以要求生父母适当补偿收养期间支出的生活费和教育费……”⑥还是直接适用《民法通则》第 93 条之规定：“没有法定的或者约定的义务，为避免他人利益受损失进行管理或者服务的，有权要求受益人偿付由此而支付的必要费用。”学术界对此均未作论述。笔

---

① 参见河南省周口市中级人民法院民事判决书，（2014）周民终字第 392 号。

② 参见江苏省宿迁市中级人民法院民事判决书，（2013）宿中民终字第 1418 号。

③ 参见重庆市第五中级人民法院民事判决书，（2015）渝五中法少民终字第 05497 号。

④ 参见河南省驻马店市中级人民法院民事判决书，（2016）豫 17 民终 3611 号。

⑤ 参见重庆市第五中级人民法院民事判决书，（2015）渝五中法少民终字第 05497 号。

⑥ 参见《民法典》第 1118 条第 2 款之规定。

者认为,依照全国人民代表大会常务委员会《立法技术规范(试行)(一)》第18.3条,"参照"一般用于没有直接纳入法律调整范围,但是又属于该范围逻辑内涵自然延伸的事项。对于本案中产生的抚养费返还请求权的规定,若法律中已有规定可以适用,就无须再参照适用其他法律规定。本案二审法院依据《民法通则》第93条规定无因管理之规定:"没有法定的或者约定的义务,为避免他人利益受损失进行管理或者服务的,有权要求受益人偿付由此而支付的必要费用。"①判决生父母返还孩子的实际抚养人所支出的抚养费。然而笔者认为,无因管理行为之目的"为避免他人利益受损失"在此收养行为中显然并不具备。收养行为中送养、收养双方当事人并不存在一方利益将受损害的情况,只是送(收)养子女符合双方的需要,故而"一拍即合"。收养关系既未成立,则生父母与子女之间抚养与被抚养的民事权利义务关系并未消灭,所谓的"收养人"在此期间为"养子女"所支付的医疗、教育、生活费用本应为生父母支付。生父母本应支出而未支出,因此得到利益,但因收养关系不成立并无合法根据,而抚养人因收养关系不成立所支出的费用转为损失,一得一失,互为因果。故本案若适用《民法通则》第92条关于不当得利返还之规定,②"没有合法根据,取得不当利益,造成他人损失的,应当将取得的不当利益返还受损失的人"应更为适合。

(二)对孩子生父母诉讼时效抗辩的否决理由

本案第二个学理分歧在于对孩子生父母诉讼时效抗辩主张的否决理由不同。

首先,本案是否可以适用诉讼时效规定?本案判决显然以请求支付抚养费的请求权关系公序良俗和被抚养人生存权为由主张其不适用诉讼时效的规定。然有学者认为,在抚养法律关系中,在抚养法律关系存续期间,给付抚养费请求权不应适用诉讼时效的规定,但在抚养法律关系不再存续的情形下,给付抚养费请求权应适用诉讼时效的规定。③相同的观点亦可见于司法实践。④本案中,双方在对簿公堂之时,收养方与孩子的抚养关系已经不复存在,争议的问题之实质在于生父母方应将不当得利返还,其目的并非抚养孩子,而是重新达到利益之平衡,是以本案应当适用诉讼时效之规定。

其次,本案是否超过了诉讼时效期间?在适用诉讼时效制度时,其期间的起算时间除最长诉讼时效期间外均自权利人知道或应该知道权利受损害时起算。本案中在养父母乔某甲、张某抚养乔某乙期间,送养收养双方均以"收养"的观念进行,此时乔某甲、张某不应知晓自己的合法权益受侵害,诉讼时效期间无以起算。而生父母朱某、娄某插手"养父母

① 参见《民法典》第979条规定。

② 参见《民法典》第985条之规定。

③ 参见吴春苑:《追索抚养费是否受诉讼时效的限制》,载中国法院网,https://www.chinacourt.org/article/detail/2016/08/id/2071977.shtml。

④ 参见刘德权主编:《最高人民法院司法观点集成(3)》,人民法院出版社2009年版,第1598页。

子女”之间关系，使“养父母子女”之间关系不复往日之融洽和谐，此时养父母意识到己方权益受损，诉诸法律，方能知晓收养关系不能成立之事实，逻辑上也才能因此产生要求生父母返还抚养费之诉求，诉讼时效期间至此方得开始计算。从本案案情看，朱某、娄某于2014年底将乔某乙领走，至2015年乔某、张某提起诉讼，其间经过并未达当时诉讼时效期间规定的2年之限。

最后，一审未提出诉讼时效抗辩，在二审中提出的，法院应否支持？本案中诉讼法上一审未主张诉讼时效抗辩，即是对时效利益的放弃，在二审中复又提出，是为对一审放弃利益的反悔，违背了“禁止反言”规则。是以2008年《审理民事案件诉讼时效规定》第4条规定：“当事人在一审期间未提出诉讼时效抗辩，在二审期间提出的，人民法院不予支持……”

三、本判例的规范逻辑和裁判逻辑

本案是在我国《民法典》实施之前受理并审结的案件。首先，受案法院根据《收养法》第15条第1款规定，“收养应当向县级以上人民政府民政部门登记。收养关系自登记之日起成立”，确认乔某甲、张某与乔某乙之间的收养关系不成立。其次，受案法院根据《婚姻法》第21条第1款规定，“父母对子女有抚养教育的义务”，明确乔某乙的生父母朱某、娄某对乔某乙负有法定的抚养教育义务。最后，根据《民法通则》第93条规定，“没有法定的或者约定的义务，为避免他人利益受损失进行管理或者服务的，有权要求受益人偿付由此而支付的必要费用”，判定乔某乙的生父母朱某、娄某对乔某乙的抚养人乔某甲、张某负有返还因抚养乔某乙所支出必要费用的义务。本判例适用法律规范的内在逻辑是较为顺畅的。但如上文所述，若适用《民法通则》第92条显然更为适当。

本案中，对于朱某、娄某在二审程序中提出的诉讼时效抗辩主张，二审法院显然以2008年《审理民事案件诉讼时效规定》第1条第4项的兜底条款规定，其他依法不适用诉讼时效规定的债权请求权的诉讼时效抗辩主张，人民法院不予支持。对于这条司法解释，最高院所作的理解适用观点非常明确：抚养费归于身份权请求权，因身份关系产生，尽管带有浓重的财产内容，但事关公序良俗和生存权，义务人不支付上述费用将使权利人的生活没有保障，故对该请求权不适用诉讼时效，以保护生存权这一基本人权。① 然而，在收养关系不成立的前提下，养父母为抚养孩子的教育费、医疗费、生活费的支出显然属于生父母的不当得利，生父母因此负有将不当利益返还于孩子养父母的义务，此时双方这种债的清偿关系虽关系公序良俗，但已非抚养费支付请求，无关孩子的生存权，并不能成为否定诉讼时效制度适用的理由。又因本案中朱某、娄某于一审中并未提出诉讼时效之抗辩，而

① 参见吴春苑：《追索抚养费是否受诉讼时效的限制》，载中国法院网，https://www.chinacourt.org/article/detail/2016/08/id/2071977.shtml。

于二审中提出，二审法院若能据最高人民法院 2008 年《审理民事案件诉讼时效规定》第 4 条规定“当事人在一审期间未提出诉讼时效抗辩，在二审期间提出的，人民法院不予支持……”直接判决驳回，应更为恰当。

四、本判例的意义

实践中，在确认收养关系不成立后，孩子的生父母对养父母抚养费用的返还义务总是存在分歧，究其缘由，是因为许多法官认为，养父母对孩子的抚养并非单纯的金钱支出，还有情感的投入。因此在收养关系不成立，收养方要求返还费用时，不应该仅仅计算钱，还应该考虑其中有一部分是养父母的情感投资，故只需“适当补偿”。所谓“适当补偿”，即非完全补偿，以示情感犹在藕断丝连之意。其用意固然甚好，但养父母与孩子的情感如何，又与孩子生父母有什么关系？收养关系不成立，孩子重回生父母身边，对孩子倾注诸多心血和精力的养父母本来就精神遭受创伤，而这样认定会使养父母在经济上再次受创？故此时法院判决宜重新平衡。本案判决虽在适用法律上犹有瑕疵，但其对抚养费用完全返还的认定彰显了对孩子养父母的公平。

五、后续判例和规范的发展

我国《民法典》颁布实施前后，人民法院依法审理此类案件后的处理结果仍见以上分歧。从立法与理论层面来看，这一分歧要得到澄清，须解决以下两个问题：一是，收养关系不成立，在重新平衡送养收养两方利益过程中，究竟是单纯的财产关系，还是具有人身性质的财产关系？二是，社会上存在大量非法收养现象，一旦被认定不成立或无效，势必造成金钱与情感的冲突，而法律在此时往往处于顾此失彼之两难状态。这在一定程度上说明我国收养法律制度的设计与社会实际情况不符，有必要重新检讨我国收养法律制度。

093. 在医疗机构中冷冻的人类胚胎的监管权、处置权之归属*

沈某某、邵某某与刘某某、胡某某二审冷冻胚胎案‖江苏省无锡市中级人民法院民事判决书，(2014)锡民终字第01235号

｜事实概要｜

沈某1与刘某1于2010年10月13日登记结婚，婚后，沈某1与刘某1因“原发性不孕症、外院反复促排卵及人工授精失败”，要求在南京市鼓楼医院（以下简称鼓楼医院）施行体外受精—胚胎移植助孕手术。2012年3月5日，刘某1与医院签署了《辅助生殖染色体诊断知情同意书》，明确对染色体检查及相关事项的知情权和同意权，愿意承担因该检查可能带来的各种风险。另表明，所取样本如有剩余，同意由诊断中心按国家相关法律、法规的要求代为处理。在治疗过程中，为预防“卵巢过度刺激综合征”，鼓楼医院未对刘某1移植新鲜胚胎，而于手术当天冷冻4枚受精胚胎。2012年9月3日，沈某1、刘某1与鼓楼医院签订《配子、胚胎去向知情同意书》，并于鼓楼医院生殖医学中心实施了试管手术，获卵15枚，移植0枚，冷冻4枚，继续观察6枚胚胎。两人当日与鼓楼医院签订了《胚胎和囊胚冷冻、解冻及移植知情同意书》，该同意书明确，胚胎不能无限期保存。约定冷冻保存期限为一年，首次费用为三个月，如需继续冷冻，需补交费用，逾期不予保存；如果超过保存期，沈某1、刘某1选择同意将胚胎丢弃。2013年3月20日23时20分许，沈某1驾驶苏B×××××车途中发生交通事故，刘某1当日死亡，沈某1于同年3月25日死亡。

因沈某1、刘某1的4枚受精胚胎仍在鼓楼医院生殖中心冷冻保存，针对上述4枚受精胚胎的监管权和处置权发生争议，沈某某、邵某某（沈某1父母）将刘某某、胡某某（刘某1父母）诉至法院，要求由原告行使监管处置胚胎的权利。一审法院认为，手术过程中留下的胚胎所享有的受限制的权利不能被继承，不支持原告诉请。二审法院基于伦理、情感和特殊利益保护之考量，撤销一审判决，裁定沈某1、刘某1存放于南京鼓楼医院的4枚冷冻胚胎由上诉人沈某某、邵某某和被上诉人刘某某、胡某某共同监管和处置。

---

* 李欣，法学博士，江南大学法学院副教授。

判决要旨

基于现行法律没有明确规定胚胎的法律属性,二审法院结合案件实际,考虑胚胎具有的生命特质伦理、情感慰藉的人格利益及胚胎具有的道德地位因素,撤销一审判决,确定胚胎的相关权利归属。

判例评析

一、既往相关判例与观点

本案涉及的人体冷冻胚胎的法律地位和性质,我国法律法规并未进行明确的界定。胚胎的法律属性,在理论与司法实务两个方面均属前沿性的问题。一审、二审两级法院审理中,各自所侧重的角度、考虑因素以及对问题、现象的认识存在差异。二审法院虽然改判,但并不当然说明一审法院的判决有误或者存在问题。《民法典》第1009条规定了从事人体基因、人体胚胎等有关的医学和科研活动时的义务。从事与人体基因、人体胚胎等有关的医学和科研活动,应当遵守法律、行政法规和国家有关规定,不得危害人体健康,不得违背伦理道德,不得损害公共利益。

有关人体冷冻胚胎的法律地位和性质,学理中主要存在主体说、客体说、阶段说和折中说四种观点。①

1. 主体说。该观点认为人类胚胎不能用民法物的标准衡量,其不仅是一个人的器官,还是男女两个人精子与卵子结合产生的生命体。民法物的使用价值具有消费性,胚胎不能用于消费,也不具有民法物能满足人们某种需要的使用价值。更有学者指出,作为一种更接近人而非物的人格体,涉及胚胎的法律调整应当在利益衡量的基础上立足于人格权法的角度来进行。笔者认为,虽然主体说抑或人格体说的观点对于生命的尊重及其法律适用存在生命伦理上的支撑,但是将尚未移入母体子宫孕育的冷冻胚胎视为生命抑或人格承载体,可能存在矫枉过正的理论疑问。事实上,我国法律对于胎儿预留份额这一继承权的规定也涵盖了这种解释,即只有当受精胚胎在母体孕育的过程中才能被视为生命体,从而可以享有继承权。

2. 客体说。该意见认为,将不具有民事权利能力的冷冻胚胎作为人来保护,在民法上是说不通的。民法上的物区分为伦理物、特殊物和普通物三个类型,将冷冻胚胎等脱离人体的器官和组织作为民法中的伦理物而不是将其作为主体,能够体现其特殊的法律属性和法律地位,能够得到民法的充分保护,因而无必要将其界定为主体。既然冷冻胚胎的法

① 参见时永才、张圣斌、庄绪龙:《父母对子女遗留冷冻胚胎享有监管、处置权》,载《人民司法》2014年第22期。

律属性是物，那么在物的所有权人死亡后，冷冻胚胎当然就成为遗产，是继承人继承的标的。杨立新教授将物的类型区分为伦理物、特殊物与普通物的观点，在整体上是可行的。但是，如果将包含人类生命潜能的冷冻胚胎纳入伦理物的范畴，进而适用关于物的继承、赠送等相关民法规定，恐怕在现有法律关于人类辅助生殖等不健全的背景下会造成观念、操作上的混乱。

3. 阶段说。该观点认为，对于胚胎的法律界定，应当以胚胎的实际样态分别予以考虑。有人指出，我国民法典应当回应科技发展的现实需要，重新审视胚胎的法律定位，通过分阶段模式保护胚胎的合法权益。具体而言，在植入母体前，早期胚胎实质上都还是卵裂细胞组成的囊胚，虽然具有发育的潜能性，但是并不具有"人"的任何组织、器官和结构特征。体外早期胚胎具有民法中物的特征，独立于人体之外，能为人所感知和支配，并且具有一定的价值，能够满足人们社会生活的某种需要；因而，它属于物的一种，可以成为民事法律关系的客体。如有人认为，胚胎在植入母体 14 天后会发生质变，胚胎由单纯的囊胚开始逐渐转化为人的生命组织，因而具有生命体的特征。可见，植入母体后 14 天是一个重要的分水岭，不满 14 天的体外胚胎在国内外的地位几乎一致，即不属于人的范畴，继而可以得出不满 14 天的胚胎是物的结论。当然，尽管其法律属性是物，但应作为特殊性质的物在法律中重新规范和处理。阶段说的观点，避免了客体说、主体上一维思维的弊端，将胚胎的法律界定按照胚胎的实际样态分别予以界定，具有相当的合理性。但是本案中由于胚胎在样态中属于静态的存在，不存在动态的变化过程，因而也不具有指导性。

4. 折中说。按此观点，冷冻胚胎既不属于人，也不属于纯粹的物，而是介于人和物之间的蕴含未来生命潜能的特殊之物体。对于该特殊之物，既不能适用人格权法的规定，也不能适用物的民法规定，因而人们在处置冷冻胚胎时应该受到双重约束，这也将赋予胚胎比一般之物更多的保护。

二、在学理框架内对相关问题的点评

（一）人体冷冻胚胎的法律地位和性质

笔者倾向于将人工胚胎视为人格伦理物的观点和做法。人体胚胎属于人身体分离出去的一部分，具有物的属性，但精子、卵细胞、胚胎等也要区别于遗体、血液、头发等，其所具有的向生性使其不同于无生命潜能的人体分离物。人体胚胎具有生命价值，同时具备人格利益和伦理属性，可以将其视为人格伦理物，故应当为其提供更高层面的法律保护。首先，将人工胚胎界定为人格伦理物，既承认和尊重了其人格属性，又明确了其物的本质属性，弥补了折中说的不足，立法上更具可行性；其次，将人工胚胎界定为人格伦理物，符合人类进化的过程和社会伦理，克服了普通物说的缺陷，更符合事实、法理和伦理；最后，将人工胚胎界定为人格伦理物，符合发展人工胚胎技术的初衷，兼顾了父母与子女之间的双向精神需求，避免了主体说的局限性，有利于对人工胚胎的适当保护。综上所述，冷冻胚胎不是民法意义上的物,而是一种具有生命潜能的特殊之物,应该与民法上的一般之物予以区别对待,也应赋予更多的权利属性和尊重。

(二)开放性司法判决的价值及其构成要素

以事实为依据,以法律为准绳是人民法院审理案件的基本原则,严格依法裁判被认为是现代法治的必然结论。因此,在没有明确法律依据时,当事人诉求被以"不予受理"或者"驳回起诉"等方式拒绝裁判也就被认为是顺理成章。① 关于人体胚胎的法律属性及其规制,现行国家法层面上,除《民法典》第 1009 条有笼统规定外,基本上没有明确的法律依据。原卫生部于 2001 年发布的《人类辅助生殖技术管理办法》《人类辅助生殖技术规范》等部门规章中,规定了"禁止以任何形式买卖配子、合子、胚胎""禁止实施胚胎赠送""医疗机构和医务人员不得实施任何形式的代孕技术"等内容,然而,这些规章仅适用于卫生部门下属的医疗机构、科研院所等单位及其医疗工作人员,并未对一般公民尤其是失独夫妻就其或者其子女遗留下来的胚胎行使监管、处置权作出禁止、限制性规定。按照"法无禁止皆可为"的私法精神,医疗机构没有权利基于部门规章的行政管理规定对抗当事人基于国家法律所享有的正当权利。但从另一角度分析,由于我国对胚胎法律性质的界定并未明确,司法机关裁判的依据的确比较薄弱。② 在相关法律不健全、不周延抑或没有明确规定的情形下,司法者纯粹担当"立法者所设计和建造的机器的操作者与执行者"角色固然不能绝对否定,但是,站在司法正义的高度则难免陷入被动。按照不得拒绝裁判的基本法理精神,司法机关在面对法律规定不完善、不明确甚至无规定的情形时,应当在遵循宪法及其相关部门法精神的基础上,综合诸如政策、伦理甚或民意等多要素,在不违背法律法规禁止性规定的前提下精巧运用各种解释方法,以更加开放性的姿态,作出兼顾各方利益主体诉求以致利益保护最大化的裁判结论。

本案中,支持失独老人享有监管、处置冷冻胚胎的权利,是有充分理由的。首先,在人伦角度看,冷冻胚胎具有潜在的生命特质,不仅含有已故夫妻的 DNA 等遗传物质,而且含有双方父母两个家族的遗传信息,双方父母与涉案胚胎亦具有生命伦理上的密切关联性。其次,在情感上,白发人送黑发人,乃人生至悲之事,"失独"之痛,非常人所能承受体会。已故夫妻遗留下来的胚胎成为双方家族血脉的唯一载体,即使不能培育为后代,对于失独老人而言,也承载着哀思寄托、精神慰藉等人格利益。最后,在特殊利益保护角度,胚胎是介于人与物之间的过渡存在,具有孕育成生命的潜质,比非生命体具有更高的道德地位,应受到特殊尊重与保护。在案中的夫妻身故后,其父母不但是世界上唯一关心胚胎命运的主体,而且亦应当是胚胎之最近最大和最密切倾向性利益的享有者。

---

① 参见张圣斌、范莉、庄绪龙:《人体冷冻胚胎监管、处置权归属的认识》,载《法律适用》2014 年第 11 期。

② 参见张圣斌、范莉、庄绪龙:《人体冷冻胚胎监管、处置权归属的认识》,载《法律适用》2014 年第 11 期。

（三）关于该案中妻子签订的知情同意书的效力问题

人体胚胎作为人格伦理物，可以由其父母根据意思表示在法律规定范围内处置。在该案中，尽管夫妻去世，妻子生前在知情同意书上的意思表示是将剩余的人体胚胎交由医院处理，但在其死后，这个意思表示应当不予适用。理由如下：首先，该项意思表示是妻子生前作出的，在作出这样的意思表示时并没有预料到自己的死亡，所以该项意思表示不是以死亡为要件作出的，不能视为遗嘱。其次，妻子生前对于人工胚胎处置的意思表示应当限缩理解为：在人工胚胎植入其体内之后剩余的胚胎，而非对所有人工胚胎都如此处置。在这样的情况下，应当由法律决定人工胚胎的归属，而非根据已逝夫妻的知情同意书来决定。

（四）关于人体胚胎的寄托合同问题

可以把人体胚胎寄托合同视为委托保管合同，而随着一方当事人死亡，委托关系也应当随之终止。就人体胚胎损害赔偿方面来讲，可以通过人格权保护来解决。由于受托人的过错导致委托人的胚胎发生损毁的情形时，可以基于胚胎上的人格利益以及生育的自主决定权请求精神损害赔偿。就维护人体胚胎方面来讲，可以采用物权法、侵权责任法来解决，如排除妨害、消除危险等。人体胚胎在植入母体乃至着床之前，只是胚胎，没有自己的思想意识，因带有遗传信息以及具有成为人的可能性而区别于物，但距发展成为具体的人还很远，所以在这一时间段，应将其视为可由其父母支配的、为其父母所有的特殊的物，夫妻双方可以共同决定将其保存、植入，抑或抛弃。①

（五）冷冻胚胎监管、处置权基础上非法代孕的风险控制

本案二审判决在支持“失独”老人享有冷冻胚胎监管、处置权的同时，也在判决书中明确载明：权利主体在行使监管权和处置权时，应当遵守法律且不得违背公序良俗和损害他人之利益，释法析理的引导义务在担当司法责任的同时也并未忽略。同时，本案的诉讼焦点在于冷冻胚胎的权利归属，其在本质上属于民事诉讼中的确权问题，而确权后的所谓代孕与否的疑问显然超出了本案的诉讼界限，并不是法院判决首先考虑的因素。因此，即使“失独”老人在获取冷冻胚胎后并未按照其原先主张的“等待国家政策改变”后再将胚胎培育成后代的观点行事，而是从事其他目前法律法规明确禁止的行为，也不存在法院判决消极漠视非法代孕风险的情形。此外，冷冻胚胎脱离医院监管交由失独老人监管处置，由此而产生的不当行使、处置的风险应该属于社会整体的把控范畴，尤其是政府职能管理部门应当承担相应的监督责任，将法院判决视同“潘多拉魔盒”打开的苛责思维显然不符合司法的基本规律和社会管理的内在机理。另外，面对生殖科技的发展和社会人工生殖需

① 参见申欣冉：《论人工胚胎的人格伦理物属性及其法律地位——以“国内首例冷冻胚胎案”为例》，载《许昌学院学报》2020 年第 4 期。

求的增加压力,我国目前的民事法律并未对胚胎保护作出特别的规定,原卫生部《人类辅助生殖及时管理办法》等部门规章具有适用范围有限、效力级别低、规范事项不足等缺陷,本案的终审判决,在某种意义上也暗示了立法机关宜在条件成熟时尽快启动相关立法程序,以健全完善人工生殖的法律体系,切实保障各方当事人的合法权益。

三、本判例的裁判逻辑

从论证逻辑看,二审判决对双方父母的处置权和监管权的确定,主要诉诸如下三个相关的论证步骤:第一,否定了南京鼓楼医院基于知情同意书而具有的对涉案胚胎的单方面处置权;第二,基于伦理、情感和特殊利益保护三个方面,确定了双方父母对涉案胚胎的处置权和监管权;第三,将是否享有监管权、处置权的问题与代孕问题加以切割,否认了上述权利的存在要以是否允许代孕这一问题作为前提,由此反驳了南京鼓楼医院的相关诉讼主张,即基于部门规章的行政管理规定(根据原卫生部的相关规定,胚胎不能买卖、赠送和禁止实施代孕),来对抗当事人基于私法所享有的正当权利。

四、本判例的意义

随着生命科学发展,尤其是人工辅助生殖技术的运用,带来一系列新的社会问题和法律问题,需要通过立法和修法来调整、干预、解决。然而,法律的制定程序十分严格,需时也较长。在相关法律未颁行之前,我们可以采取及时制定和修改行政指导办法的方式对包括人工胚胎在内的人工辅助生殖问题加以引导、指导和规制。“国内首例冷冻胚胎案”的二审判决虽是合乎情理的,但回避了相关法律规定,也没有对于人工胚胎的地位作出明确判断,存有缺憾;需要通过制定和修改相关法律法规,对人工胚胎进行适当保护,明确其法律地位,将其置于法律的保护之下,以顺应科学技术与社会发展的潮流,平衡各方利益关系,维护社会公平和谐的秩序。

五、后续判例和规范的发展

截至2021年1月31日,在中国裁判文书网以“冷冻胚胎”为关键词全文检索共收集到80份民事判决书。经逐份阅读筛选后,涉冷冻胚胎返还案件共32起。从2019年始,冷冻胚胎返还案件显著增加,这与生育困难导致的人工辅助生殖需求上升、诊疗人次增加有较大关联。此外,广东法院发生了首例适用《民法典》审判冷冻胚胎返还案。在这些案件中,绝大多数判决支持了原告对所涉冷冻胚胎应予返还的诉求。判决通常认为,通过体外受精,胚胎移植手术产生的受精胚胎具有潜在的生命特质,含有原告的DNA等遗传物质,与原告具有生命伦理上的密切关联性,原告是理所当然的权利人,因此对保存在医院的冷冻胚胎享有监管及处置的权利。在原告明确表示不愿继续将冷冻胚胎保存在被告处的情况下,被告医院应将涉案胚胎予以返还。仅有杭州一起案件作出了不予支持冷冻胚胎返还的判决。在王某某、汪某某、浙江大学医学院附属妇产科医院医疗服务合同纠纷案中,杭州市上城区法院认为根据《人类遗传资源管理条例》,涉案胚胎具有人类基因组织,属于人类遗传资源材料。而该条例规定，只有符合相关条件，并报经国务院科学技术行政部门批准才可以保藏人类遗传资源。法院认为原告不具备保管胚胎的权利，因此对原告要求被告返还冷冻胚胎的诉请不予支持。[①] 在熊某某、徐某某等与广东省人民医院医疗服务合同纠纷案中，广州市越秀区法院于 2021 年 1 月 20 日首次适用《民法典》判决了一例冷冻胚胎返还案。《民法典》第 1009 条规定：从事与人体基因、人体胚胎等有关的医学和科研活动，应当遵守法律、行政法规和国家有关规定，不得危害人体健康，不得违背伦理道德，不得损害公共利益。根据上述法律，越秀区法院判决要求原告在取得涉案胚胎后，不得使用胚胎从事代孕等违背伦理道德、损害公共利益的医学活动。两原告则表示知晓相关法律后果，并承诺遵循法庭的告诫。[②]

① 参见浙江省杭州市上城区法院民事判决书，(2019) 浙 0102 民初 2774 号。

② 参见广东省广州市越秀区人民法院民事判决书，(2021) 粤 0104 民初 23961 号。

094. 代孕协议是否有效？*

林某与冯某某等合同纠纷案 ‖ 山东省济南市中级人民法院民事判决书，(2018)鲁01民终7948号

事实概要

林某，女，系本案中代孕人；冯某某，男，系本案中委托代孕人；何某，女，系本案中代孕中介人；林某某，男，系本案中医疗服务提供者。冯某某委托周某忠与何某签订爱心代孕合作协议。协议约定：冯某某、何某双方是在完全自愿的基础上达成的代孕协议；何某指定的身体检查合格的代孕方完全自愿为冯某某代孕；本协议有效期为签订之日起至代孕方所生养的冯某某的亲生子（女）出生时止，最长期限为自协议签订之日起17个月；代孕方在服务期间所生养的小孩必须是冯某某的亲生子，不分男、女；代孕方自协议签订之日至B超确认怀孕，其间的每个月生活费用为2000元，代孕总补偿金为10万元；代孕方哺乳冯某某亲生子女的时间限制为出生日起；代孕方违约，代孕方赔偿冯某某已经在代孕上交付的所有费用。另外，代孕方必须向冯某某交纳3000元的违约金，冯某某有权利采用任何方式追缴。其间，林某为冯某某提供了代孕服务，林某某为代孕提供医疗药物服务，但代孕并未成功。冯某某诉至法院请求林某、何某、林某某偿还冯某某本金155,500元并按同期银行贷款利率向冯某某支付利息。

判决要旨

一审法院认为，何某经一审法院合法传唤未到庭应诉，该行为应视为对其自身权利的放弃，由此产生的法律后果，应由其自行承担。林某某自认，医疗服务已经提供，代孕未能实施成功，并不能代表合作未发生。林某某在本案中只提供医疗药物服务，收取的也只是药物的费用，并不涉及代孕合作纠纷。其间，冯某某向林某、何某共同转款117,750元，包括介绍费8000元、代者介绍费14,000元、医院介绍费30,000元、体检费3750元，工资2000元（9月12日—10月12日）以及代收医院费用60,000元。林某、何某向冯某某出具

* 王丽萍，山东大学法学院教授；王风瑞，中国社会科学院大学法学院博士研究生。

收条，并约定如发生纠纷由济南市长清区人民法院管辖。向何某单独转款1万元，向林某某转款34,000元，冯某某共转款161,750元。依据法律规定，当事人订立、履行合同，应当遵守法律、行政法规，尊重社会公德，不得扰乱社会经济秩序，损害社会公共利益。代孕涉及法律、伦理和社会问题，为维护正常的生育秩序，净化人类辅助生殖技术服务环境，国家现已严厉打击与代孕有关的行为和机构。无论冯某某与林某、何某、林某某之间哪方形成的代孕服务协议，因协议违反公序良俗原则，应认定无效。合同无效后，因该合同取得的财产，应当予以返还。有过错的一方应当赔偿对方因此所受到的损失，双方都有过错的，应当各自承担相应的责任。依照《合同法》第7条、[①]第52条、第58条[②]，《民事诉讼法》第64条、第144条规定，一审法院判决：第一，由林某、何某于判决生效之日起十日内返还冯某某117,750元；第二，由林某某于判决生效之日起十日内返还冯某某34,000元；第三，由林某于判决生效之日起十日内返还冯某某10,000元；第四，驳回冯某某的其他诉讼请求。

林某不服济南市长清区人民法院（2017）鲁0113民初3114号民事判决，向山东省济南市中级人民法院提起上诉。林某上诉称，首先，林某与冯某某之间不存在合同关系，不应当承担任何法律责任。冯某某与何某签订了《爱心代孕合作协议（A）》，该协议的相对方分别是冯某某与何某，林某与冯某某之间不存在任何合同关系，林某与何某仅仅是帮工关系。因此，由于林某的帮工而产生的任何法律后果都应当由何某来承担。其次，冯某某与何某之间基于《爱心代孕合作协议（A）》而转款的具体数额一审法院并未查清。林某的签字位置仅仅是确认收到了1万元。不应对其他数额的款项承担任何责任。最后，林某与何某之间是何种法律关系，一审法院并未查清，因此一审法院判决林某与何某共同还款117,750元，具体如何履行，林某与何某分别承担多少还款责任，林某与何某所承担的还款责任形式和性质是什么，一审法院未予明确，一审判决书不具有可执行性。故林某诉请二审法院驳回一审判决。

二审法院认为，当事人订立、履行合同，应当遵守法律、行政法规，尊重社会公德，不得扰乱社会经济秩序，损害社会公共利益。周某忠代表冯某某与何某签订的《爱心代孕合作协议（A）》因违反公序良俗原则应认定无效。合同无效后，因该合同取得的财产，应当予以返还。林某与何某共同收取冯某某代孕服务费用117,750元，林某单独收取服务费10,000元的事实，能够认定林某参与了整个合同的履行，且林某在合同履行过程中发挥的作用不是一个帮工所能体现的。同时，冯某某一审中提交的银行转款凭证中的金额、时间与收条中的款项、时间并不能完全对应，不能认定收条上的钱即为转款凭证上的钱。依据现有证据，一审法院综合认定林某、何某共同返还117,750元，林某在此基础上另单独返还1万元，

---

① 现为《民法典》第6条。

② 现为《民法典》第157条。

林某某返还34,000元并无不当。因此,二审法院对一审法院判决予以维持。

| 判例评析 |

本案作出判决时,我国《民法典》尚未出台,因此其裁判依据为《合同法》。关于代孕,我国原卫生部于2001年发布的《人类辅助生殖技术管理办法》第3条明确规定:“……医疗机构和医务人员不得实施任何形式的代孕技术。”但是,由于其仅为部门规章,违反该规定的合同难以直接判定合同无效。因此,本案中援引了法律条文中的公序良俗原则作为否定代孕协议效力的依据,不失为一种可行且具有说服力的裁判路径。

一、既往相关判例与观点

我国原卫生部于2001年2月20日发布的《人类辅助生殖技术管理办法》未涉及代孕问题,学理上,通说观点是反对代孕。关于代孕协议的效力,人民法院多认定无效,但亦有个别案例认定其有效。

1. 代孕协议认定为无效。当前各地法院多认定代孕协议无效,其裁判理由多与前述案例的观点相同,即援引公序良俗原则予以认定。“刘某诉李某某等合同纠纷案”中,河南省临颍县人民法院(2015)临民二初字第923号民事判决书即持此观点。①

2. 代孕协议认定为有效。这类案件相对前者较为少见,“胡某、柳某抚养权纠纷案”是其中一例。② 该案中,法院援引了《合同法》第8条第1款:“依法成立的合同,对当事人具有法律约束力。当事人应当按照约定履行自己的义务,不得擅自变更或者解除合同。”依据该条文,法院认定代孕协议已经成立,应当有效;代孕子女的生物学父母即为该子女监护人,可对代孕子女进行监护、抚养;代孕孕母与代孕子女经亲子鉴定不存在血缘关系,因此二者间不存在亲子关系。

二、在学理框架内对相关问题的点评

当前我国关于代孕协议,《民法典》并未作出明确回应,仅有原卫生部的《人类精子库管理办法》和《人类辅助生殖技术管理办法》等行政规章有所涉及。其中,《人类精子库管理办法》第3条规定:“精子的采集和提供应当遵守当事人自愿和符合社会伦理原则。任何单位和个人不得以营利为目的进行精子的采集与提供活动。”《人类辅助生殖技术管理办法》第3条规定:“人类辅助生殖技术的应用应当在医疗机构中进行,以医疗为目的,并符合国家计划生育政策、伦理原则和有关法律规定。禁止以任何形式买卖配子、合子、胚胎。医疗机构

---

① 参见刘某诉李某某等合同纠纷案,载北大法宝网,https://www.pkulaw.com/pfnl/a25051f3312b07f3b141a98a2d34db3c71ca2382becb4824bdfb.html?。

② 参见单国钧、雎素利:《代孕协议的效力问题和规制建议——从一则代孕协议被认定有效的案例谈起》,载《中国卫生法制》2019年第2期。

和医务人员不得实施任何形式的代孕技术。”据此，多认为我国对代孕总体上持否定态度。

（一）关于代孕合法化争议

有学者认为，代孕违背了人性，构成对人性的侵犯，并且会打乱社会伦理与法律关系，冲击人类社会现行的相对稳定的社会秩序。商业性代孕从客观上又会带来对代孕母亲的剥削，从伦理上的正当性乃至法律上的合法性更有待商榷。① 也有学者从法理上的无伤害不禁止原则、正义原则和人的家庭权、追求幸福的权利等方面来阐述代孕合法化的理论依据，并建议我国有限地开放代孕。② 基于我国国情，我们赞同目前不具备完全开放代孕的条件，代孕仅能在合理限度内合法化进行。同时，在条件成熟时有限地开放代孕，并在采取相应措施的情况下并不违反公序良俗原则。代孕的有限合法化，是指允许在法定范围内代孕，同时明确禁止代孕的范围，立法类型归纳如下：禁止有偿代孕，开放无偿代孕；禁止亲属间的代孕，开放非亲属间的代孕；禁止部分代孕，开放完全代孕。③ 鉴于部分不孕不育家庭确实存在代孕需求，应当继续关注代孕合法化问题并尝试寻求解决办法，如建立起完善的伦理审查制度以及登记制度，以保护代孕双方的人身和财产安全、利益。④

（二）代孕协议的类型与内容

依据代孕母与胎儿之间的关系，代孕可以区分为局部代孕（基因型代孕）和完全代孕（妊娠型代孕）。局部代孕系指“代孕母的卵子与契约父的精子通过自然或人工授精的方式结合形成的胎儿，与代孕母具有血缘关系”。完全代孕是指“求孕父母的精卵（也有可能是捐赠的精卵结合）形成受精卵植入代孕母子宫形成胎儿，胎儿与代孕母没有血缘关系”。⑤ 从代孕协议的内容来看，无论是局部代孕还是完全代孕，基本包含四项内容：一是委托代孕母亲进行代孕活动，二是委托相关医疗机构为代孕提供相关医疗服务，三是支付给代孕母亲以及医疗机构一定的报酬，四是约定委托父母为代孕所生婴儿的父母。因此，代孕协议的内容包含了委托代孕条款、委托医疗条款、报酬条款以及亲子约定条款。只不过在自然受孕的局部代孕中，可能不存在委托医疗条款。

（三）代孕协议的效力

对于代孕协议的效力，学界有不同的观点。孔德猛、刘沣娇认为，生育权作为一项人格权，夫妻享有生育自我决定权以及生育方式的选择权，代孕不仅没有促使婴儿商品化，

---

① 参见刘长秋：《代孕立法规制的基点与路径——兼论〈人口与计划生育法〉为何删除“禁止代孕条款”》，载《浙江学刊》2020 第 3 期。

② 参见张燕玲：《论代孕母的合法化基础》，载《河北法学》2006 年第 4 期。

③ 参见蒋月：《婚姻家庭法前沿导论（第 2 版）》，法律出版社 2016 年版，第 392 ~ 399 页。

④ 参见孙文希、胡凌娟：《国内外不孕不育症现状及我国的干预策略探讨》，载《人口与健康》2019 年第 12 期。

⑤ 参见肖永平、张弛：《比较法视野下代孕案件的处理》，载《法学杂志》2016 年第 4 期。

而且是受孕夫妻“生育自主权”的表现。① 而寇襄宜、曹文兵认为,局部代孕因违反公序良俗原则而无效,完全代孕如果补偿合理并且在医疗机构登记,则属有效。② 马龙倩认为,应当禁止一切形式的商业性代孕或者代孕中介,但是自愿性代孕、补偿给付或为怀孕的代孕母支付合理的费用都应当被允许。③ 刘长秋认为,代孕是一种违背人性的行为,并且造成社会伦理关系的混乱,因此代孕应当被禁止,代孕协议应属无效。④ 从代孕的效果出发,代孕活动合法化可能导致世界范围内的“女性剥削”“预制胚胎”行为隐藏代际伦理风险、“代孕产业”冲击收养制度等,甚者还可能引发代孕与人口贩卖之间的界限模糊不清,故自不应赋予代孕合同以强制性效力。⑤

代孕协议属于身份关系协议。身份关系协议可以被类型化为纯粹身份关系协议、身份财产混合协议以及身份财产关联协议,三者的伦理性渐次减弱而财产性趋强。《民法典》第464条第2款规定:“婚姻、收养、监护等有关身份关系的协议,适用有关该身份关系的法律规定;没有规定的,可以根据其性质参照适用本编规定。”这一规定实质上成为连接婚姻家庭编与合同编乃至总则编的重要桥梁,在适用时不得违背婚姻家庭编特有的价值秩序,具体包括婚姻家庭的团结、对身份的伦理考量、未成年子女的利益最大化等。就纯粹身份关系协议、身份财产混合协议、身份财产关联协议而言,要根据协议的伦理属性及财产属性的强弱不同而区别对待。当事人之间的伦理属性越强,法官在参照适用时越要考量婚姻家庭编的特殊价值。具体在处理代孕协议的效力问题上,既要依据身份关系协议的事实构成和性质来评价和发掘合同编和总则编之中被援引法条的规范意旨,还要保证该规范意旨与婚姻家庭编的原则以及待决身份关系协议的伦理属性不相排斥,避免“参照适用”条款沦为交易规则过度市场化、工具化身份关系协议和“反噬”家庭法的通道。⑥ 另外,代孕问题涉及行政管理,我们应当重新理解婚姻家庭的本质,正本清源,使民事的归民事,行政的归行政,⑦避免产生民事法律不堪重负的情形。

三、本判例的意义

“借腹生子”是对人类尊严的挑战乃至践踏。若女性怀胎十月只为替他人生子,将胎儿作为谋取利益的商品,这无异于是对女性的奴役、对生命的漠视、对人的物化,挑战人伦

---

① 参见孔德猛、刘沣娇:《从婴儿商品化的视角对国外代孕生育的研究》,载《自然辩证法通讯》2020年第1期。

② 参见寇襄宜、曹文兵:《代孕协议的效力》,载《人民司法》2020年第23期。

③ 参见马龙倩:《国内代孕乱象及其规制路径》,载《东南大学学报(哲学社会科学版)》2020年第S2期。

④ 参见刘长秋:《代孕立法规制的基点与路径——兼论〈人口与计划生育法〉为何删除“禁止代孕条款”》,载《浙江学刊》2020年第3期。

⑤ 参见玛莎·菲尔德、吴国邦:《代孕等生殖技术法律问题的教义学展开》,载《山东女子学院学报》2021年第4期。

⑥ 参见冉克平:《“身份关系协议”准用〈民法典〉合同编的体系化释论》,载《法制与社会发展》2021年第4期。

⑦ 参见韩世远:《财产行为、人身行为与民法典适用》,载《当代法学》2021年第4期。

底线。

本判例通过援引公序良俗这一民法基本原则,一审、二审法院均认定代孕协议无效,体现了我国司法对于代孕协议的否定态度。本判例具有行为引导和借鉴意义,一方面,本判例通过否定态度引导社会公众拒绝代孕行为;另一方面,也为以后出现的代孕协议相关案件的审理提供可供参考的先例。

四、后续判例和规范的发展

虽然我国《民法典》中没有关于代孕协议的明确规定,但《民法典》第 8 条规定:“民事主体从事民事活动,不得违反法律,不得违背公序良俗。”第 153 条第 2 款规定:“违背公序良俗的民事法律行为无效。”司法判例中,代孕协议亦多被认定为无效,①公序良俗原则常常被援引其中。例如,“张某某、美泰海外医疗旅游集团有限公司合同纠纷案”,广东省广州市中级人民法院(2020)粤 01 民终 16040 号民事判决书;②“陈某萍、王某霞民间借贷纠纷案”,河南省郑州市中级人民法院(2020)豫 01 民终 6438 号民事判决书③等。公序良俗,包括公共秩序和善良风俗,这一概念起源于罗马法。按照罗马法学家的观点,所谓公序即国家的安全、人民的根本利益;所谓良俗是指人民的一般道德准则。这两个概念的含义非常广泛,而且随着社会的发展,其内涵不断变化。④ 公序良俗原则的作用在于弥补强行性和禁止性规定之不足,以禁止现行法上未作禁止规定的事项,其作用在于限制私法自治原则,具有与私法自治原则相匹敌的强行法性格。⑤ 从民法典关于公序良俗的规定来看,公序良俗原则的功能主要包括:对于习惯的调控、判断法律行为的法律效力,⑥还有解释法律与补充漏洞,无具体规定时直接作为裁判依据的功效。这也意味着,公序良俗原则实际上赋予法官自由裁量权,法官可以援引公序良俗原则对代孕协议的效力作出裁判。

---

① 在笔者参阅的案例中,目前仅有湖南省常德市鼎城区法院一判决认定代孕协议有效,参见单国钧、睢素利:《代孕协议的效力问题和规制建议——从一则代孕协议被认定有效的案例谈起》,载《中国卫生法制》2019 年第 2 期。

② 参见张某某、美泰海外医疗旅游集团有限公司合同纠纷二审民事判决书,载北大法宝网,https://www.pkulaw.com/pfnl/a6bdb3332ec0adc4e344212c85b9c6bd0487bb1b0a9c733ebdfb.html?。

③ 参见陈某萍、王某霞民间借贷纠纷二审民事判决书,载北大法宝网,https://www.pkulaw.com/pfnl/a6bdb3332ec0adc4161ca3365f2af43ce14327efe0ac5742bdfb.html?。

④ 参见王利明:《民法总论》,中国人民大学出版社 2012 年版,第 57 ~ 58 页。

⑤ 参见梁慧星:《市场经济与公序良俗原则》,载梁慧星主编《民商法论丛》第 1 卷,法律出版社 1994 年版。

⑥ 参见梁慧星编:《中国民法典草案建议稿附理由:总则编》,法律出版社 2013 年版,第 21 页。

095. 代孕协议无效的，所涉费用是否应返还？*

刘某某、林某某合同纠纷案‖广东省深圳市中级人民法院民事判决书，(2019)粤03民终6372号

事实概要

2017年6月，林某某通过中介唐某介绍由刘某联系代孕事宜，林某某于2017年6月12日通过微信转账10,000元给唐某；于同年6月20日通过银行转账155,000元给刘某，同日，刘某出具收条“今收到林某某移植费15.5万(儿子)，其中包括养囊费一万元、代妈移植、若有多移胚胎二次移植收取一万元整”交给林某某。此后，林某某与刘某及中介因孕妈最后未能怀孕成功产生争议。林某某要求返还已支付的代孕费用以及因此而产生的交通费、住宿费以及要求赔偿精神损失。

一审法院认为，代孕与现行法律法规、社会伦理道德相违背，林某某、刘某之间的委托合同明显有违公序良俗和社会公德，应属无效，合同自始无效，则刘某收取林某某的155,000元理应返还；由于双方均有过错，故不予退还相关利息，林某某主张的经济及精神损失亦无法律依据，一审法院不予支持。其后，刘某提请上诉，主张其只应当返还其中一半的费用，广东省深圳市中级人民法院(以下简称深圳中院)审理后，未支持其上诉请求，认定刘某应该按照一审判决返还代孕费用155,000元。

关于林某某主张其从贵阳到深圳进行取卵等活动，支出了交通、住宿等费用，应当由刘某予以赔偿，而刘某也主张其在为林某某提供服务的过程中支出了相应的费用，要求林某某予以赔偿。二审法院认为，该部分费用的支出系双方因履行涉案无效合同所产生的损失，应由各方按照过错比例予以承担。综合考虑各方面因素，酌定林某某和刘某因履行合同所产生的损失分别为10,000元和90,000元，合计为100,000元。因为代孕行为本身违法，双方对此均具有同等的过错，故上述损失应由林某某与刘某各自承担一半即50,000元，两相抵扣之后，刘某仍应向林某某返还115,000元。

---

* 杜志红，法学博士，西南大学法学院副教授，北京市京师(重庆)律师事务所(兼职)律师；周艳，西南大学法学院2024届法学专业本科生。

｜判决要旨｜

1. 代孕违反我国法律与公序良俗，代孕合同自始无效，因代孕收取的服务费用应全额返还。

2. 对于代孕过程中所产生的损失，因双方负有同等过错，故应各自承担一半的责任。

｜判例评析｜

一、既往相关判例与观点

代孕合同违反法律与道德，在司法实践中，一般会被判为无效，但是，无效合同所涉费用是否应该返还，具体应该返还多少，一直存在不同观点，多数判例支持返还，但是，也有法院判决不支持返还，各地法院的裁判结果差异明显。

第一种观点认为，代孕合同无效，一方已支付的代孕费用，收取方应全部返还，对于因代孕而产生的损失，双方各自承担一半的责任。《合同法》第52条规定，损害社会公共利益和违反法律、行政法规的强制性规定的合同无效。[①] 代孕行为既违反公序良俗又违反法律法规，因此，代孕合同无效。同时，《合同法》第58条规定："合同无效或者被撤销后，因该合同取得的财产，应当予以返还；不能返还或者没有必要返还的，应当折价补偿。有过错的一方应当赔偿对方因此所受到的损失，双方都有过错的，应当各自承担相应的责任。"[②]因此，因代孕而支付的相关费用因合同无效而应予返还。[③] 对于双方因履行合同所支付的必要费用即损失，因为双方明知代孕合同违反法律与道德，合同当事人双方对于合同无效负有同等过错，对于损失应各自承担一半的责任。[④]

第二种观点认为，因代孕合同所给付的费用不应返还。例如，江苏省宜兴市人民法院认为，请求代孕的金某某在签订《合作协议》时对其是否具有合法性应当有充分的认识，基于违反公序良俗的原因而为的给付，属于不法给付，不应受到法律保护，给付人无权要求返还。金某某在接受对方履行后再诉请要求返还款项，也违背诚实信用原则。故金某某

---

① 参见《民法典》第153条规定：违反法律、行政法规的强制性规定的民事法律行为无效。但是，该强制性规定不导致该民事法律行为无效的除外。违背公序良俗的民事法律行为无效。

② 参见《民法典》第157条规定：民事法律行为无效、被撤销或者确定不发生效力后，行为人因该行为取得的财产，应当予以返还；不能返还或者没有必要返还的，应当折价补偿。有过错的一方应当赔偿对方由此所受到的损失；各方都有过错的，应当各自承担相应的责任。法律另有规定的，依照其规定。

③ 参见湖南省双峰县人民法院民事判决书，(2019)湘1321民初5083号；北京市朝阳区人民法院民事判决书，(2018)京0105民初712号；山东省济南市中级人民法院民事判决书，(2018)鲁01民终7948号。

④ 参见四川省长宁县人民法院民事判决书，(2020)川1524民初1718号；河南省临颍县人民法院民事判决书，(2015)临民二初字第923号。

无权要求宗某某返还其已支付的71万元。①

第三种观点认为,因代孕合同所给付的费用应扣除实际支出部分后再返还。有的法院认为,鉴于收取一方已实际花费部分用于履行合同,并且为了履行合同对身体造成损害,对工作造成影响,相较之下那些寻求代孕的人主观过错更大,所以已支出的费用不应返还,剩下的,按照过错酌情返还。② 有的法院认为,代孕方已为代孕所实际支出的费用并非用于个人支出,而是为履行代孕合同而实际支付的费用,因此,该费用并不属于因合同履行过程当中造成的损失而需要根据过错分担的范围,应该由请求代孕的人全部承担。③

二、在学理框架内对相关问题的点评

关于代孕合同中所涉及的费用是否应该返还,司法实践基本共识是应该予以返还,但是,关于是返还全部费用,还是扣除成本再返还,实践中有不同处理。在本案中,二审法院将双方因代孕而各自支付的费用算作损失后,再根据双方的过错程度来分担责任,符合《合同法》的相关规定。

1. 代孕行为违反公序良俗和社会公德,为法律明文禁止。原卫生部颁布的《人类辅助生殖技术办法》第3条规定:"人类辅助生殖技术的应用应当在医疗机构中进行,以医疗为目的,并符合国家计划生育政策、伦理原则和有关法律规定。禁止以任何形式买卖配子、合子、胚胎。医疗机构和医务人员不得实施任何形式的代孕技术。"

2. 因代孕行为而签订的合同无效,应产生合同无效的法律后果。合同无效,收取财产的法律基础不复存在,所收取的财产应予以返还。因此,所收取的费用应全部退还而不是扣除成本后退还,因履行合同而花费的金钱属于合同无效后的损失,应按照过错来进行分担,这样更符合《合同法》关于合同无效的相关规定。

3. 因代孕行为而产生的损失,应根据双方的过错程度来分担。在司法实践中,一般认为双方明知代孕合同违反法律与公序良俗仍旧签订,对合同无效应各负一半的责任。但是,有些法院会综合考虑别的一些因素,重新划定双方因过错承担的比例。其主要考量因素包括代孕行为是否已完成、④代孕服务方是个人还是公司、⑤请求代孕的目的是自己本身无子女还是已有女儿想生男孩等。⑥

---

① 参见江苏省宜兴市人民法院民事判决书,(2020)苏0282民初1005号。

② 参见江西省上饶县人民法院民事判决书,(2018)赣1121民初3180号。

③ 参见广东省清远市中级人民法院民事判决书,(2017)粤18民终2766号。

④ 参见江西省上饶县人民法院民事判决书,(2018)赣1121民初3180号。

⑤ 参见广东省广州市天河区人民法院民事判决书,(2019)粤0106民初22644号。法院认为,鉴于被告是公司,其作为合同乙方提供涉试管婴儿及代孕服务,对于案涉无效合同的签订及履行存在较大的过错,故认定被告的过错比例为70%,原告的过错比例为30%。

⑥ 参见江西省上饶县人民法院民事判决书,(2018)赣1121民初3180号。法院认为原告在其妻已经生育两个女儿的情况下,主动寻求他人代孕,不排除其求子的愿望,在得知严某所怀系双胞胎女儿时,原告产生放弃的想法,符合客观逻辑,原告的主观过错程度显然更大,故酌情判处被告仅返还部分费用。

三、本判例的规范逻辑

在本案中，深圳中院判决刘某应返还林某某155,000元，同时判决双方因履行涉案合同无效而遭受的损失由各自承担一半即50,000元的责任。分析其规范逻辑如下：

首先，林某某和刘某之间订立的委托代孕合同因违反公序良俗和法律规定而无效。代孕行为涉及社会伦理道德、婚姻家庭等诸多问题，与社会公序良俗相悖，为我国现行法律法规所明确禁止。基于此，林某某和刘某订立的委托代孕合同无效，其权利义务应按照合同无效的法律后果予以处理。根据《合同法》第58条的规定，合同无效后，因合同取得的财产，应当予以返还，故林某某为代孕所支付的费用155,000元，刘某应予返还。其次，根据《合同法》第58条的规定，合同无效后，除返还财产外，还应根据双方的过错责任对双方因此而产生的损失如何承担予以明确。深圳中院审理后认为，刘某和林某某在实施代孕的过程中，均支出了相应的费用，其损失均客观存在，根据双方提供的相关证据，酌情认定损失合计为100,000元。在责任划分方面，林某某、刘某明知两人之间的委托合同明显有违公序良俗和社会公德，仍签订合同实行代孕，应认定双方负有同等责任，各自承担一半损失。因此，每人应当承担50,000元的损失。最后，针对林某某在上诉请求中提到的精神损害赔偿，其并未提交证据证明其人身权受到侵害，同时，任何人都不因违法行为而获利，所以林某某无权因此而主张精神损害赔偿，故该项主张缺乏事实及法律依据，法院不予支持。

综上所述，代孕合同因违反公序良俗和相关法律规定而自始无效，合同无效后因代孕而支付的费用，收取费用的一方应予以返还。对于在代孕过程中，双方所产生的损失，因双方具有同等过错，故应双方各自承担一半的责任。

四、本判例的意义

代孕为我国法律所明文禁止。但是，在巨大的商业利益下，仍有部分人铤而走险，从事这条“黑色产业链”。如果不对这种情况严加干预，就可能会有更多女性选择利用自己子宫去赚钱，就会有越来越多经代孕生育的孩子得不到应有的法律保护和关爱。在本案审理中，法院按照相关法律规定，确认代孕合同无效，并判决提供代孕服务的人应将代孕服务费用全额返还给支付者；这就严厉否定了代孕产业链条中谋利的企图和行为，警示提供代孕服务的中介和个人——提供代孕服务所取得的报酬将因为行为本身的违法而导致“血本无归”；而寻求代孕的个人也将“竹篮打水一场空”，不仅可能达不到自己代孕生子的目的，反而可能因此承担代孕失败而造成的一系列损失。

五、后续判例和规范的发展

《民法典》第1007条规定：“禁止以任何形式买卖人体细胞、人体组织、人体器官、遗体。违反前款规定的买卖行为无效。”商业性的代孕，其实质是对女性子宫和胎儿的买卖，还可能导致强者对弱者的剥削，使子宫成为工具、孩子成为商品、生育成为劳务，严重损害伦理秩序,引发一系列社会问题。代孕行为本身违反公序良俗、违反法律规定。对于因代孕而所签订的合同,应坚决否定其效力,对于因此而产生的损失应根据双方的过错划定双方应承担责任的比例。例如,北京市第一中级人民法院(2021)京01民终1433号民事判决书亦持该观点[①]。

① 参见北京市第一中级人民法院民事判决书,(2021)京01民终1433号。

第九章

民事行为能力认定、家庭暴力、管辖及其他纠纷

096. 利害关系人或者有关组织可以申请法院认定某个自然人为限制民事行为能力或者无民事行为能力的人*

上海市宝山区人民法院民事判决书，(2021)沪0113民特60号；朱某农与高某仙申请宣告自然人限制民事行为能力特别程序案件‖上海市闵行区人民法院民事判决书，(2021)沪0112民特1701号

事实概要

上海市宝山区一位年逾八旬的老人马先生在老伴和儿子去世后，一人独居生活。后来，老人的生活得到同小区的水果摊主小游（化名）一家颇多照料。2017年，马先生和小游共同到上海市普陀区公证处办理了意定监护、遗赠扶养协议的公证。双方约定：马先生把自己的晚年和遗产都托付给小游，其中包括自有的价值300万元房产，受益人应履行赡养义务的严格要求，否则，遗嘱订立人可取消财产赠与。此后，马先生的妹妹等亲属获知双方约定内容后提出，老人在2017年因病住院时就被认定为患有严重的阿尔茨海默病，老人做公证之前就已无法判断自己的意识和行为。马先生的妹妹向上海市宝山区人民法院（以下简称上海宝山区法院）申请认定老人为无民事行为能力人，法院于2021年2月3日立案。司法鉴定科学技术研究所司法鉴定中心接受法院委托，于2021年4月14日出具鉴定意见书，载明结论：被鉴定人患有器质性精神障碍，目前应评定为无民事行为能力人。2021年5月8日，上海宝山区法院作出判决，认定马先生为无民事行为能力人。

判决要旨

鉴于司法鉴定意见写明被鉴定人“患有器质性精神障碍，目前应评定为无民事行为能力”，故申请人的申请符合法律规定，依据《民事诉讼法》(2017年修正)第188条、第189条第2款规定，判决被申请人系无民事行为能力人。该判决为终审判决。

---

* 蒋月，厦门大学法学院、马克思主义学院教授、博士生导师。

｜判例评析｜

一、既往相关判例与观点

人民法院审结的案件涉及无民事行为能力问题的，数以万计。仅2022年4月7日，笔者登录“中国裁判文书网”，进入“民事案件”栏目，利用“高级检索”，输入“无民事行为能力”为关键词，显示“无民事行为能力人(49,980)”，共检索到相关文书超过17万篇。其中，相当一部分案件涉及利害关系人申请法院认定某成年公民为无民事行为能力人或者要求法院鉴定涉案中的某人为无民事行为能力人的纠纷或者争议。这类争议主要涉及下列两大类：一是诉讼程序问题，包括诉讼程序是否适当；或者当事人在普通民事诉讼程序中主张对涉案当事人另一方进行精神能力鉴定，是否应予以支持；何人有权申请法院认定某成年人为无民事行为能力人等。二是实体问题，即某成年人的健康状况是否达到了全部丧失民事行为能力的程度。

(一)申请法院对涉案人员进行精神能力鉴定或者认定为无民事行为能力人的程序

无论对涉案人员进行精神能力鉴定还是认定为无民事行为能力或者限制民事能力案件，均仅适用特殊程序，而不适用普通民事诉讼程序。例如，广东省佛山市中级人民法院(以下简称佛山中院)认为，相关当事人未经特别程序认定为无民事行为能力人，其配偶依法就无权代其提起诉讼。

案例1：王某荣、王某芳不当得利纠纷案。广西壮族自治区来宾市中级人民法院2020年认为，被上诉人王某芳申请对上诉人王某荣进行精神能力鉴定的问题，其实质是对王某荣是否为无民事行为能力人或限制民事行为能力人进行认定。无民事行为能力人或限制民事行为能力人的认定应适用特别程序进行审理，而本案是适用普通程序进行审理，因此，本院对被上诉人的申请不予准许。①

案例2：陈某才与中国人民财产保险股份有限公司佛山市分公司意外伤害保险合同纠纷。广东省佛山市禅城区人民法院认为，该案由庄某在民事起诉状中签名确认提起本案诉讼，根据《民法总则》第24条第1款规定：“不能辨认或者不能完全辨认自己行为的成年人，其利害关系人或者有关组织，可以向人民法院申请认定该成年人为无民事行为能力人或者限制民事行为能力人。”对不能辨认自己行为的成年人的认定，应由特定主体向人民法院提出申请，并由人民法院最终认定。现有证据无法显示陈某才提起本案诉讼时不能辨认或者不能完全辨认自己行为，在无证据证明陈某才为无民事行为能力人或者限制民事行为能力人的情况下，即便庄某系陈某才配偶，其无权代理陈某才提起本案诉讼，故本案起诉不

---

① 参见广西壮族自治区来宾市中级人民法院民事判决书，(2020)桂13民终1391号。

符合《民事诉讼法》(2017年修正)第119条规定:"起诉必须符合下列条件:(一)原告是与本案有直接利害关系的公民、法人和其他组织……"应驳回陈某才起诉。一审法院依照《民事诉讼法》(2017年修正)第119条、第154条第1款第3项,《民事诉讼法解释》第208条第3款规定,裁定驳回陈某才的起诉。①

陈某才不服上述裁定,上诉请求撤销原审裁定,指令一审法院审理。事实与理由:其一,本案是以陈某才的名义起诉,并非以其配偶庄某作为原告或其名义起诉,诉讼权益仍属于陈某才。现行法律并无明确规定在陈某才处于持续昏迷或者已成为植物人的情况下,必须经过特别程序后才能由其他利害关系人发起诉讼。在陈某才与他人提供劳动者受损害责任纠纷案件中,已明确陈某才因颅脑等部位受重伤,其伤残等级被评定为一级伤残。该案中,伤残鉴定结论是根据陈某才存在昏迷状态,日常生活完全不能自理、四肢瘫痪等做出。陈某才已成为植物人状态是客观事实,完全能确认陈某才属于不能辨认或者不能完全辨认自己行为的事实状态。在司法实践中,对于受害人处于持续昏迷或者已经成为植物人的情形下,其近亲属以受害人名义提起诉讼,法院都会进行审理,而非必须经过特别程序认定。另案中,也是陈某才配偶庄某以其名义起诉,该案经过一审、二审诉讼程序,并无经过特别程序。有关道路交通事故损害赔偿案件的指导意见规定,受害人处于持续昏迷或者已经成为植物人的情况下,受害人的近亲属以受害人名义起诉到法院的,人民法院应予受理;受害人的近亲属先向有管辖权的法院提起宣告受害人为无民事行为能力或者限制民事行为能力特别程序诉讼,非法院受理此类案件的必经程序。其二,根据《民法总则》第21条规定,在陈某才已经成为一级伤残植物人状态下,以及在其他案件中也曾由其配偶作为法定代理人实施相关民事法律行为的情形下,本案由陈某才配偶代为主张权益,完全具有法律依据。人保财险佛山公司二审未作答辩。双方当事人二审期间均未提交证据。

佛山中院经审理查明,陈某才作为原告提起本案诉讼,但起诉状由庄某代为签名。佛山中院认为,《民法总则》第24条第1款规定:"不能辨认或者不能完全辨认自己行为的成年人,其利害关系人或者有关组织,可以向人民法院申请认定该成年人为无民事行为能力人或者限制民事行为能力人。"由于陈某才的利害关系人或有关组织未先行申请认定陈某才为无民事行为能力或者限制行为能力人,陈某才尚未经特别程序被法院认定无民事行为能力人或限制民事行为能力人,故原审认定即便庄某为陈某才的配偶,亦无权代理陈某才提起本案诉讼,并据此驳回起诉,未有不当,本院予以认可。据此,依照《民事诉讼法》(2017年修正)第170条第1款第1项、第171条规定,于2020年8月10日,裁定驳回上诉,维持原裁定。②

---

① 参见广东省佛山市中级人民法院民事裁定书,(2020)粤06民终7671号。

② 参见广东省佛山市中级人民法院民事裁定书,(2020)粤06民终7671号。

案例3：中国平安财产保险股份有限公司宿州中心支公司(以下简称平安财险宿州公司)、陈某圆机动车交通事故责任纠纷中，平安财险宿州公司上诉至安徽省宿州市中级人民法院(以下简称宿州中院)请求对一审判决依法改判或发回重审。事实和理由：(1)一审对陈某圆的诉讼主体认定错误。陈某圆未提供有效身份证明，但其提供的户籍证明中监护人显示为朱某英，同时2017年7月8日、17日病例记载其精神恍惚、反应迟钝、坐卧不宁、行为怪异、大小便失禁、口齿不清、建议精神科进一步诊治；2017年7月27日出院记录记载其智力低下，无法沟通，以上可以说明陈某圆为无民事行为能力的人，其自行委托代理人参加诉讼，其程序于法相悖。(2)一审认定陈某圆的误工费，无事实及法律依据。陈某圆提供的证明材料，能确定陈某圆系无民事行为能力人，其不具备劳动能力，不可能有劳动收入……2019年3月19日，宿州中院下达的二审判决书认为，平安财险宿州公司上诉称陈某圆系无民事行为能力人，但没有提供证据证明该主张。根据《民事诉讼法》(2017年修正)第187条、第188条、第189条规定，认定公民为无民事行为能力，应当由该公民的近亲属或者其他利害关系人向该公民住所地基层人民法院提出，申请受理后，由人民法院审理认定并判决该公民是否为无民事行为能力人。而平安财险宿州公司所称陈某圆一审中提供的户籍证明及病例可以说明陈某圆系无民事行为能力人，并非上述法律规定的认定无民事行为能力人的条件，故其关于一审对陈某圆诉讼主体认定错误的上诉理由不能成立，宿州中院未予采纳。因平安保险宿州公司没有证据证明陈某圆系无民事行为能力人，且亦未提供证据证明陈某圆在案涉事故发生前不具备劳动能力。而陈某圆发生交通事故后，连续四次接受治疗，且每次治疗时间间隔较短，另结合陈某圆的病情，说明陈某圆受伤后在持续治疗中。故一审根据最高人民法院《人身损害赔偿解释》第20条第2款规定认定陈某圆的误工期并无不当。平安财险宿州公司关于一审认定陈某圆误工费无事实及法律依据的上诉理由不能成立，本院不予采纳。陈某圆的出院记录中的医嘱记载，患肢制动，患肢肢具固定，陪人照顾。可说明陈某圆出院后没有自理能力，需要护理。一审根据陈某圆的住院天数并结合陈某圆的健康状况、护理依赖程度等因素，酌定陈某圆的护理期为60天并无不当。平安财险宿州公司关于一审认定陈某圆护理期60天无事实及法律依据的上诉理由不能成立，宿州中院也未予采纳。①

(二)关于是否属于无民事行为能力的证明与判断

1. 判定某人丧失民事行为能力，只能依据适格的专业机构的鉴定结论

在吴某1与吴某2确认合同无效纠纷中，北京市昌平区人民法院一审确认：吴某5与吴李氏为夫妻关系，二人共生育二子，分别为长子吴某4、次子吴某3。吴某5于1957年9月13日死亡，吴李氏于1990年2月20日死亡。吴某4与邢某1是夫妻关系，吴某2为二

① 参见安徽省宿州市中级人民法院民事判决书，(2019)皖13民终420号。

人之女,吴某1为二人之子。邢某1于2004年7月9日死亡,吴某4于2011年3月25日死亡。吴某3于2016年10月28日死亡。吴某3为智力残疾人,残疾等级为三级。吴某3生前未结婚,亦未生育有子女。1992年3月8日,纪某1与吴某1签订契约,载明:"立卖房产字契约人纪某1,因自己在外工作,无暇照管、维修自己的房产,全家人商议愿将自己坐落在某村南头瓦房四间和所有院墙和一切设施、土地相连,以及土地使用权一齐无条件转让。经中人介绍言明以人民币伍仟元整(5000元)卖给吴某1名下,永远为业。以后如有亲族人等发生争议,均由纪某1一人承担,与吴无关,并由监证人、介绍人作证,空口无凭,立字为证。"2008年3月22日,吴某4、吴某3、吴某2与吴某1签订财产分割协议,载明:立约人吴某4共有一男一女,二子女均已结婚。立约人吴某4现在和弟弟吴某3一起生活,弟弟吴某3无民事行为能力,吴某4是弟弟吴某3的监护人。女儿嫁在外地。现为了子女能更好地翻建房屋,确认将来所建房屋的权属,四人均表示愿意分家析产,各立门户。在平等自愿基础上,经友好协商,达成如下四条分家析产协议:第一,"吴某4、吴某3现在独立生活,以后随谁生活看老人自己的意思……"该财产分割协议中的"立约人"处有"吴某4、吴某3、吴某2、吴某1"的签字,"见证人"处有"马某1、李某1"的签字。一审法院认为,吴某1、吴某2、吴某4、吴某3所签订之协议效力,应综合考量缔约人之行为能力、是否有违法律之强制性规定等方面认定。对于诉争协议效力第一个焦点,即本案缔约人之一,亦为土地使用权人吴某3行为能力问题。法院认为,智力残疾并非等同于无行为能力,若需认定无民事行为能力人或限制民事行为能力人,仍需要鉴定机构专门鉴定,在没有相应鉴定结论的情况下,法院无法仅仅依据吴某3存在智力残疾而认定其为限制民事行为能力人或无民事行为能力人。纵使吴某3存在精神缺陷,根据查明的事实,其订立契约时所谓"监护人"吴某4亦在场。另外,诉争协议并非如吴某1所言侵犯吴某3的利益,分析协议内容,该协议并非为单纯的赠与协议,而是同时解决了吴某3和吴某4的赡养问题,明确了吴某3和吴某4可以根据自己的意愿选择和吴某1或者吴某2生活,是符合本地区农村分家析产之习惯,其目的诚为定分止争,明晰家庭成员之间财产归属,同时又为老人之赡养提供协议之约束。综合全案情况考虑,依据《民法通则》第4条、《合同法》第52条、《土地管理法》第62条规定,判决:驳回吴某1的其他诉讼请求。[①]

上诉人吴某1上诉请求撤销一审判决,改判确认财产分割协议第2条无效,其事实和理由:(1)协议不是吴某3的真实意思表示,吴某4对其房屋的处分并非更好的有利于吴某3的合法利益;(2)吴某4虽具有对吴某3行使监护权的资格,但因其年事已高,由我实际履行监护义务,故吴某4对吴某3房屋的处分应属无效。北京市第一中级人民法院(以下简称北京一中院)二审中,双方当事人未提交新证据。二审查明的其他事实与一审法院

① 参见北京市昌平区人民法院民事判决书,(2017)京0114民初3409号。

查明的事实一致。北京一中院认为，监护人应当履行监护职责，保护被监护人的人身、财产及其他合法权益，除为被监护人的利益外，不得处理被监护人的财产。本案中，吴某1主张吴某4在2008年3月22日签订的财产分割协议损害了吴某3作为被监护人的权利。吴某1并未举证证明有权机关已认定吴某3系无民事行为能力人，即使吴某1为无民事行为能力人，诉争的财产分割协议在分割两处房屋的同时也明确约定老人“以后随谁生活看老人自己的意思”，约定了吴某3赡养问题。故该财产分割协议并非单纯赠与，而是也为吴某3的赡养提供了保障，现有证据无法证明诉争财产分割协议损害了吴某3的合法利益，吴某1的该项上诉主张，证据不足，不能成立，不予支持。①

2. 当事人主张涉案人员为无民事行为能力人，应提供相应证明，否则，将承担举证不能之后果

在刘某1等与刘某4等确认合同效力纠纷中，刘某1、王某1、刘某2上诉请求撤销一审判决，改判支持刘某1、王某1、刘某2的一审全部诉讼请求。他们认为，北京市海淀区人民法院(2017)京0108民初36178号民事判决书认定刘某3在签订协议书时为无民事行为能力人，没有事实依据，据此认定协议书中涉及处分刘某3的部分无效的认定亦错误。协议书的见证人和代书人均能证明刘某3在签订协议书时，刘某1当场宣读了协议书的全部内容，见证人询问了刘某3的意见，刘某3表述清楚协议的相关后果，同意签署协议并按捺手印，协议书系刘某3的真实意思表示。刘某3前往就医的情况不能证明其丧失了民事行为能力；一审中，鉴定机构以“鉴定材料不充分”为由未予受理关于刘某3签订协议之日的民事行为能力的鉴定。专业的鉴定机构都无法凭借现有证据对于刘某3签订协议之日的民事行为能力作出鉴定，一审法院全凭主观臆断认定刘某3签订协议时欠缺民事行为能力，违反了关于认定无民事行为能力人的相关强制性法律规定，也违背了事实。在协议书签订前后，刘某3曾实施多次民事行为。吴某1、刘某4辩称，同意一审判决，不同意刘某1、王某1、刘某2的上诉请求和理由。第一，刘某1在明知刘某3患有脑梗、服用精神疾病药物的情况下，依然要求刘某3签订协议书，而且并没有让其他子女知情该协议书。虽然刘某1当时要求代书人代书，但通过代书人在询问笔录中的陈述可以得知，协议书是刘某1提前拟好的，代书人只是誊抄，代书人并未询问刘某3的意见，而且代书人并非法律工作者，并不知晓起草协议的协议人应该具备相应的民事行为能力，所以代书人在誊抄完协议后替刘某3签字，不能表明刘某3的真实意思表示，也不能证明刘某3具备民事行为能力，故协议书中涉及刘某3利益的处分的部分是无效的。第二，关于认定刘某3无民事行为能力的特别程序的判决书、安贞医院关于刘某3无民事行为能力的鉴定应当适用于本案。刘某3在签订协议书前后的行为不能说明刘某3在签订协议书时具备民事

① 参见北京市第一中级人民法院民事判决书，(2017)京01民终4239号。

行为能力,2016年5月17日签订的腾退补偿协议是刘某3接受财产的行为,当时刘某3没有做民事行为能力的鉴定,刘某1、王某1、刘某2以此推导刘某3在2016年9月13日签订的协议书有效是错误的。第三,协议书未完全履行。2016年9月13日签订协议书时,刘某3为无民事行为能力人,因吴某1是文盲,没有明确向吴某1告知协议书的内容,故2016年9月13日签订的协议书应无效。

一审中,代书人杜某1、见证人胡某1、柏某1到庭陈述了协议书签订时的相关情况,刘某3、吴某1不予认可。庭审中,刘某3、吴某1要求对协议书签订时刘某3的民事行为能力进行鉴定,法院依法委托鉴定机构进行鉴定,因鉴定材料不充分,鉴定委托被退回。根据当事人提交的刘某3的诊断情况,刘某3于2012年3月被诊断为脑梗死、脑供血不足,2016年7月做CT检查时,诊断为多发腔隙性脑梗塞,脑萎缩,2016年9月22日由刘某1陪同门诊就诊,陈述近2年无明显原因出现语乱,发脾气,忘事症状逐渐加重,2016年10月22日再次门诊就诊,精神检查为听力减退、问答不切题,交流困难等;2016年11月18日住院治疗,诊断为老年性阿尔茨海默病;2017年5月再次住院治疗,诊断为阿尔茨海默病。另查,刘某3、吴某1于2018年起诉刘某1、王某1、刘某2,要求撤销涉案协议书,理由为显失公平,且涉及刘某4利益。该案中,刘某3、吴某1即主张刘某3签订协议时无民事行为能力,协议应为无效;又主张吴某1签订协议显失公平,二人明确诉请为要求撤销协议书。法院经审理后,作出(2018)京0108民初7905号民事判决书,判决驳回原告的诉讼请求。刘某3、吴某1不服提起上诉。北京一中院作出(2019)京01民终5269号民事裁定书,认为刘某3在2016年9月13日签订协议书时以及刘某3作为原告提起本案诉讼时是否为无民事行为能力人是本案的关键问题,该事实的查明直接影响到本案一审程序是否合法及本案的实体处理结果,裁定撤销北京市海淀区人民法院(2018)京0108民初7905号民事判决,发回北京市海淀区人民法院重审。另外,2019年2月22日,申请人刘某4申请认定刘某3为无民事行为能力人并要求指定监护人,法院2019年6月28日作出(2019)京0108民特269号民事判决书,该案审理中,委托首都医科大学附属北京安定医院精神疾病司法鉴定科进行鉴定,载明刘某3诊断为器质性精神障碍,受疾病影响,辨认能力丧失,应评定为无民事行为能力,判决刘某3为无民事行为能力人,指定吴某1为刘某3监护人。

北京市海淀区人民法院一审关于刘某3的部分,认为刘某3于2019年经诉讼委托鉴定被评定为无民事行为能力人,现吴某1作为其法定代理人主张协议无效,理由为刘某3于2016年签订协议之时无民事行为能力,不清楚协议内容。涉案协议签订于2016年9月,刘某3现该项主张能否成立,应以签订协议当时刘某3的民事行为状态及签约是否系其真实意思表示作为考量的因素。就签订协议之时刘某3的民事行为能力,在本案中申请进行鉴定,因鉴定材料不具备,鉴定被退回。故确定协议是否系刘某3真实意思表示,另需结合刘某3当时被诊断的精神状态,刘某3对整个协议签订过程是否清楚了解,对协议内容产生的法律后果是否全部了解并完全同意。根据当事人提交刘某3自2012年至今病情诊断情况，2016年9月双方签订协议之后较短的时间内，刘某1即携刘某3至医院就诊，当时陈述刘某3的精神状态为语乱，发脾气，忘事症状逐渐加重、问答不切题，交流困难等。综合以上刘某3于2016年精神状态诊断情况及涉案协议签订时刘某3的精神状态、对协议内容表态等，现刘某1等三人并未提交充分证据证明刘某3在协议上签字系刘某3真实意思表示且对协议后果清楚明白，刘某1三人应就此承担举证不能的法律后果。另签订协议时吴某1尚非刘某3的监护人，且即使现其作为刘某3的法定代理人，除为刘某3的利益，亦不得处分刘某3的权利，故涉案协议中处分刘某3的利益部分应为无效。综上所述，依照《民法总则》第143条规定，判决：(1)2016年9月3日签订的协议书中涉及处分刘某1、王某1、刘某2、吴某1的利益部分有效。(2)2016年9月3日签订的协议书中涉及处分刘某3的利益部分无效。

北京一中院认为，该案争议焦点是2016年9月13日签订的协议书效力问题。当事人订立合同，应当具有相应的民事权利能力和民事行为能力。刘某3在2016年9月13日签订协议书之时是否具备相应的民事行为能力，是认定协议书中涉及对刘某3权益的处分是否有效的关键问题。18周岁以上的公民是成年人，具有完全民事行为能力，可以独立进行民事活动。当事人对自己提出的诉讼请求所依据的事实或者反驳对方诉讼请求所依据的事实，应当提供证据加以证明，但法律另有规定的除外。在作出判决前，当事人未能提供证据或者证据不足以证明其事实主张的，由负有举证证明责任的当事人承担不利的后果。现吴某1、刘某4主张刘某3在2016年9月13日签订协议书时系无民事行为能力人，应当对此提供充分证据予以证明。但其现仅提供了医疗机构的部分诊断证明，在法院委托鉴定机构对于刘某3在2016年9月13日签订协议书时的民事行为能力进行鉴定的过程中，鉴定机构因鉴定材料不充分而退回鉴定，表明鉴定机构认为仅凭医疗机构的部分诊断证明无法认定刘某3在2016年9月13日签订协议书时是否具备民事行为能力。结合代书人杜某1、见证人胡某1、柏某1到庭陈述的协议书签订时的相关情况以及刘某3在签订协议书前后所作的其他民事法律行为，二审法院认为吴某1、刘某4所提现有证据不能证明刘某3在2016年9月13日签订协议书时为不能辨认自己行为的无民事行为能力人或者不能完全辨认自己行为的限制民事行为能力人，本院对于吴某1、刘某4的该项答辩意见不予支持，应当认定刘某3在2016年9月13日签订协议书时具备民事行为能力，其有权处分其名下的相应权益。吴某1系完全民事行为能力人，其亦有权处分其名下的相应权益，且吴某1对于一审法院判令协议书中涉及处分吴某1的利益部分有效的结果并未提出异议，本院对此亦不持异议。因协议书所涉各方当事人在签订协议时具有相应的民事行为能力，协议书所涉内容系协议各方当事人的真实意思表示，不违反法律、行政法规的强制性规定，故应当认定刘某3、吴某1与刘某1、王某1、刘某2于2016年9月13日签订的协议书有效。一审法院对协议书的效力认定不当,且判决主文表述有误,二审法院予以纠正。综上所述,刘某1、王某1、刘某2的上诉请求成立,应予改判。依照《合同法》第9条第1款、《民法通则》第11条第1款、《民事诉讼法解释》第90条、《民事诉讼法》(2017年修正)第170条第1款第2项规定,判决如下:(1)撤销北京市海淀区人民法院(2017)京0108民初36178号民事判决;(2)刘某3、吴某1与刘某1、王某1、刘某2于2016年9月13日签订的协议书有效。

二、在学理框架内对相关问题的点评

《民法典》第24条规定,不能辨认或者不能完全辨认自己行为的成年人,其利害关系人或者有关组织,可以向人民法院申请认定该成年人为无民事行为能力人或者限制民事行为能力人。被人民法院认定为无民事行为能力人或者限制民事行为能力人的,经本人、利害关系人或者有关组织申请,人民法院可以根据其智力、精神健康恢复的状况,认定该成年人恢复为限制民事行为能力人或者完全民事行为能力人。

(一)哪些人有权申请法院确认某个自然人为限制民事行为能力或者无民事行为能力人

1.“利害关系人”有权申请宣告某个自然人为无民事行为能力人或者限制民事行为能力人

在民法上,利害关系是指相互之间具有民事权利义务关系或者是具有某种特定的利益关系,该关系可能影响彼此之间权利义务的履行与实现,或者影响其他相关人的利益。通常,利害关系人是指具有特定身份关系的近亲属及具有直接利益关系的其他人。在《民法典》婚姻家庭编中,“利害关系人”的范围因涉及法律事项不同而有所区别。

(1)近亲属的范围是法定的。《民法典》第1045条第2款规定:“配偶、父母、子女、兄弟姐妹、祖父母、外祖父母、孙子女、外孙子女为近亲属。”近亲属的范围大于家庭成员。第1045条第3款规定:“配偶、父母、子女和其他共同生活的近亲属为家庭成员。”家庭成员、近亲属当然属于利害关系人,因为他们相互之间享有法定权利,承担法定义务。例如,夫妻相互之间、父母子女相互之间依法享有继承对方遗产的权利,《民法典》第40条至第47条规定,相关自然人具备法定事由或者出现法定情形的,其利害关系人有权向人民申请宣告该自然人失踪或者宣告死亡。第40条规定:“自然人下落不明满二年的,利害关系人可以向人民法院申请宣告该自然人为失踪人。”第46条规定:“自然人有下列情形之一的,利害关系人可以向人民法院申请宣告该自然人死亡:(一)下落不明满四年;(二)因意外事件,下落不明满二年。因意外事件下落不明,经有关机关证明该自然人不可能生存的,申请宣告死亡不受二年时间的限制。”《民法典婚姻家庭编解释(一)》第9条规定,有权依据《民法典》第1051条规定向人民法院就已办理结婚登记的婚姻请求确认婚姻无效的主体,包括婚姻当事人及利害关系人。其中,利害关系人包括:①以重婚为由的,为当事人的近亲属及基层组织;②以未到法定婚龄为由的,为未到法定婚龄者的近亲属;③以有禁止结婚的亲属关系为由的,为当事人的近亲属。换言之,该条规定中的利害关系人,除了近亲属以外,还包括基层组织。

(2)哪些人员依法属于近亲属以外的"利害关系人"? 除了家庭成员、近亲属,"有关组织"是《民法典》第 24 条赋予申请法院认定某成年人为无民事行为能力人或者限制民事行为能力人的请求权之人。《民法典》第 24 条第 3 款明文规定,可以向法院申请认定某成年人为无民事行为能力人或者限制民事行为能力人的有关组织包括:居民委员会、村民委员会、学校、医疗机构、妇女联合会、残疾人联合会、依法设立的老年人组织、民政部门等。《民法典》有关条文中出现的"基层组织"一词的含义及范围,可以参照适用第 24 条第 3 款规定。

利害关系人,除了家庭成员、近亲属以外,还包括其他依法享有继承权的亲属、因债权债务等而与被申请人具有民事权利义务关系的其他民事主体。从出现"利害关系人"一词的涉及相身份关系的相关法律条款中,可以获得对"利害关系人"概念理解的参照和启示。最高人民法院相关司法解释明确界定了"利害关系人"。《民法典总则编的解释》第 14 条规定,人民法院审理宣告失踪案件时,下列人员应当认定为《民法典》第 40 条(关于申请宣告失踪人)规定的利害关系人:①被申请人的近亲属;②依据《民法典》第 1128 条、第 1129 条规定对被申请人有继承权的亲属;③债权人、债务人、合伙人等与被申请人有民事权利义务关系的民事主体,但是,不申请宣告失踪不影响其权利行使、义务履行的除外。《民法典总则编解释》第 16 条规定,人民法院审理宣告死亡案件时,被申请人的配偶、父母、子女,以及对公婆或者岳父母"尽了主要赡养义务"而依法享有第一顺序继承人继承权的丧偶儿媳或者女婿,应当认定为《民法典》第 46 条规定的利害关系人。

此外,符合下列情形之一的,被申请人的其他近亲属,以及依据《民法典》第 1128 条(代位继承)规定对被申请人有继承权的亲属应当认定为《民法典》第 46 条规定的利害关系人:①被申请人的配偶、父母、子女均已死亡或者下落不明的;②不申请宣告死亡不能保护其相应合法权益的。被申请人的债权人、债务人、合伙人等民事主体不能认定为《民法典》第 46 条规定的利害关系人,但是不申请宣告死亡不能保护其相应合法权益的除外。民法体系中,没有统一条款规定利害关系人。

2. 有关组织

有权申请法院宣告某个自然人为限制民事行为能力或者无民事行为能力的有关组织包括:居民委员会、村民委员会、学校、医疗机构、妇女联合会、残疾人联合会、依法设立的老年人组织、民政部门等。

(二)审理该类案件的民事诉讼特别程序

申请宣告公民为无民事行为能力人,适用《民事诉讼法》(2021 年修正)第十五章规定的“特别程序”,属于第194条至第197条规定的“认定公民无民事行为能力、限制民事行为能力案件”。首先,“申请认定公民无民事行为能力或者限制民事行为能力,由利害关系人或者有关组织向该公民住所地基层人民法院提出。申请书应当写明该公民无民事行为能力或者限制民事行为能力的事实和根据”(第194条)。“人民法院受理申请后,必要时应当对被请求认定为无民事行为能力或者限制民事行为能力的公民进行鉴定。申请人已提供鉴定意见的,应当对鉴定意见进行审查”(第195条)。《民法典总则编解释》第5条规定:“限制民事行为能力人实施的民事法律行为是否与其年龄、智力、精神健康状况相适应,人民法院可以从行为与本人生活相关联的程度,本人的智力、精神健康状况能否理解其行为并预见相应的后果,以及标的、数量、价款或者报酬等方面认定。”虽然该条规定明确针对限制民事行为能力认定问题,但是,其对认识和判断自然人是否丧失民事行为能力同样有参考价值。认定一个自然人是否丧失民事行为能力,应当从其年龄、智力、精神健康状况能否理解其行为并预见相应后果等方面综合予以考虑并作出判断。其次,人民法院审理认定公民无民事行为能力或者限制民事行为能力的案件,应当由该公民的近亲属为代理人,但申请人除外。近亲属互相推诿的,由人民法院指定其中一人为代理人。该公民健康情况许可的,还应当询问本人的意见。人民法院经审理,认定申请有事实根据的,判决该公民为无民事行为能力或者限制民事行为能力人;认定申请没有事实根据的,应当判决予以驳回。最后,根据《民事诉讼法》(2021年修正)第197条规定,人民法院根据被认定为无民事行为能力人、限制民事行为能力人本人、利害关系人或者有关组织的申请,证实该公民无民事行为能力或者限制民事行为能力的原因已消除的,应作出新判决,撤销原判决。此外,按照《民事诉讼法》(2021年修正)第185条规定,适用特别程序审理的案件,实行一审终审。

(三)认定某成年人为限制民事行为能力或者无民事行为能力人的,应当为其确定监护人

凡无民事行为能力人,均应处于监护人监护之下,以保障其权利和利益。《民法典》第28条规定:“无民事行为能力或者限制民事行为能力的成年人,由下列有监护能力的人按顺序担任监护人:(一)配偶;(二)父母、子女;(三)其他近亲属;(四)其他愿意担任监护人的个人或者组织,但是须经被监护人住所地的居民委员会、村民委员会或者民政部门同意。”本样本案例中,老先生的配偶、儿子均已亡故,其健在的同胞姐妹即是其关系最近的近亲属。

三、本判例的意义

一个成年人面临部分或者全部丧失行为能力是个大难题。随着我国社会老龄化程度加深,平均预期寿命提高,老年人占总人口的比重不断增长。2020年完成的第七次全国人

口普查结果,我国有65岁以上老年人1.91亿人,占总人口的比重13.50%。[①] 部分老人特别是高龄老人往往行动不便,有些人失智失能,生活不能自理,产生护理依赖。个人和家庭,都应了解老年是生命中的一个重要过程,坦然面对老年生活身体和环境的变化。同时,也有小部分人口是在年幼、年轻或者中年时因遭受交通事故或者意外伤害而部分或者全部丧失行为能力。

判例中的这位老人于2021年被认定无民事行为能力,但是,做出赠与房产决定的时候,该老人是否意识清晰而具有民事行为能力呢?即使现在被认定无民事行为能力,也只是目前的状况罢了。毕竟,办理赠与公证和意定监护是在2017年。患阿尔茨海默病的人的占比随着年龄增长呈显著增加,对患者而言,病情也呈发展性,刚开始时可能只是有些"忘事儿",存在阿尔茨海默病的某些症状,已初步可以诊断出患有该病了。可能这位老人那个时候,就已想到自己未来会出现无行为能力的状况,才专门设立了意定监护。意定监护,是指有关当事人可以与其近亲属或者愿意承担监护职责的其他人或者组织以书面形式确认自己的监护权,或者说,在自己意识清醒、能辨别能力时选任本人信任的人来照顾部分或者全部丧失民事行为能力的自己。意定监护在《民法总则》中已提出来,《民法典》将其保留并予以完善,作为监护方式之一。这位老人信任照顾自己十年的水果摊主,也是事出有因,他的独生儿子因病早逝,老人和孩子因病住院期间,无亲戚露面。老人选择把自己的晚年和财产都交给自己信任的水果摊主。当然,老人的近亲属确实有权起诉,请求法院确认老人为无民事行为人,若法院认定该老人无民事行为能力,势必影响其作出的赠与决定和监护权决定,效力将可能存疑。问题是,这位老人的生活是否会被妥当安排照顾好呢?这是法院审理无民事行为能力案件时不涉及的,需要由对老人享有监护权的近亲属切实承担起监护职责。

阿尔茨海默病患者数量快速增长,给中国经济社会可持续发展提出了严重挑战。上海瑞金医院发布的《中国阿尔茨海默病报告2021》显示,2019年,我国现存的阿尔茨海默病及其他痴呆患病人数为13,243,950例。[②] 高额的养老、医疗费用,以及长期照料所需的人力、设施,在老龄化快速发展的态势下,尤为突出。在《健康中国行动(2019-2030年)》提出的"健康中国行动主要指标"中,我国65岁及以上人群阿尔茨海默病率占比达5.56%,并呈上升趋势。希望未来增速能有所下降。[③] 中国作为世界上阿尔茨海默病患者

---

① 参见国务院第七次全国人口普查领导小组办公室编:《第七次全国人口普查主要数据》,中国统计出版社2021年版。

② 上海交通大学医学院附属瑞金医院:《瑞金医院发布〈中国阿尔茨海默病报告2021〉》,载澎湃新闻,https://m.thepapt.cn/baijiahao_15176604。

③ 健康中国行动推进委员会:《健康中国行动(2019-2030年)》,载中国政府网2019年7月9日,https://www.gov.cn/xinwen/2019-07/15/content_5409694.htm。

人数最多的国家,2040 年将达到 2200 万人左右。老年痴呆对老年人的影响显而易见。

健康中国行动推进委员会于 2019 年 7 月 9 日发布《健康中国行动(2019—2030)》,明确把"65 岁及以上人群老年痴呆患病率增速下降"作为目标。"我国老年人整体健康状况不容乐观,近 1.8 亿老年人患有慢性病,患有一种及以上慢性病的比例高达 75%。失能、部分失能老年人约 4000 万"。提出"行动目标"如下:"到 2022 年和 2030 年,65 ~ 74 岁老年人失能发生率有所下降;65 岁及以上人群老年期痴呆患病率增速下降;二级以上综合性医院设老年医学科比例分别达到 50% 及以上和 90% 及以上;三级中医医院设置康复科比例分别达到 75% 和 90%;养老机构以不同形式为入住老年人提供医疗卫生服务比例、医疗机构为老年人提供挂号就医等便利服务绿色通道比例分别达到 100%;加强社区日间照料中心等社区养老机构建设,为居家养老提供依托;逐步建立支持家庭养老的政策体系,支持成年子女和老年父母共同生活,推动夯实居家社区养老服务基础。提倡老年人知晓健康核心信息;老年人参加定期体检,经常监测呼吸、脉搏、血压、大小便情况,接受家庭医生团队的健康指导;鼓励和支持老年大学、老年活动中心、基层老年协会、有资质的社会组织等为老年人组织开展健康活动;鼓励和支持社会力量参与、兴办居家养老服务机构。"①多运动、多用脑、多参与社会交往,通过健康的生活方式延缓衰老、预防精神障碍和心理行为问题。老年人及其家属要了解老年期痴呆等疾病的有关知识,发现可疑症状及时到专业机构检查,做到早发现、早诊断、早治疗。一旦确诊老年人患有精神疾病,家属应注重对患者的关爱和照护,帮助患者积极遵循治疗训练方案。对认知退化严重的老年人,要照顾好其饮食起居,防止走失等。

2021 年 10 月,上海医学创新发展基金会发布的《完善阿尔茨海默病防控体系的政策建议》提出,针对未来 5 ~ 10 年我国建立和完善老龄化应对体系的"窗口期",形成阿尔茨海默病的国家疾病战略,首次提出包括制定应对阿尔茨海默病国家战略和行动计划、推动精准诊疗、加速针对明确病理机制的药物研发和上市等切实可行的五大政策建议。

四、后续判例和规范的发展

有些涉及无民事行为能力的案件,是涉及赡养义务人对老年父母或者其他应当承担赡养责任者的义务履行过程中,数个义务人之间就义务履行发生争议而引发诉讼。

案例 1:上诉人崔某、李某雨与被上诉人李某斌、李某旭不当得利纠纷。一审被告李某雨与裴某顺原系夫妻关系,育有二子一女,即原告李某旭、李某斌、李某。裴某顺于 1979 年去世。被告李某雨与被告崔某于 1980 年 2 月 15 日结婚,婚后未育子女。被告李某雨因患病在天津市河西区卫生服务中心住院治疗,2021 年 6 月 10 日天津市和平区人民法院经

① 参见《健康中国行动(2019—2030 年)》,载中国政府网,http://www.gov.cn/xinwen//2019-07/15/content_5409694.htm。

原告李某旭申请，判决被告李某雨为无民事行为能力人。因涉及李某雨住院治疗期间医疗费用承担而引发当事人之间诉讼。[①] 有的案件中，相关被申请认定为无民事行为能力人，则是因为重大疾病原因导致客观上不具有或者不完全具有辨别能力。例如，苑某与林某1物权保护纠纷中，北京市海淀区人民法院（2021）京0108民初31670号民事判决书认定，“2021年1月28日，林某1突发疾病，经首都医科大学附属北京天坛医院诊断为前交通动脉瘤破裂伴蛛网膜下腔出血等，行颅内动脉瘤栓塞术。后林某1先后在北京丰台右安门医院和北京长安中西医结合医院住院治疗至今。同年3月4日，林某2作为申请人，申请法院认定林某1为无民事行为能力人，苑某作为林某1的代理人出庭陈述同意林某2作为其监护人。经鉴定，林某1被评定为限制民事行为能力人，一审法院依法指定林某2为其监护人”。[②]

案例2：于某惠与于某慧确认合同无效纠纷再审审查与审判监督案。于某惠申请再审称，一审、二审法院审理中存在程序错误、事实认定不清、法律适用错误，应予撤销。其一，因被申请人在其他案件中表现得跟正常人一样，能够清楚认知自己的行为，基于此，申请人向一审法院申请对被申请人的民事行为能力重新鉴定，但一审、二审法院均未支持，属于严重的程序违法；且原审法院对被申请人的精神疾病司法鉴定，应通知鉴定人当庭作证，但均未通知，一审法院以结论存疑的鉴定意见书认定被申请人为限制民事行为能力人推翻相关协议，存在严重的程序瑕疵，侵犯了申请人的合法权利。其二，被申请人限制民事行为能力鉴定系欺诈所得，并在鉴定过程中存在极大的主观性，鉴定程序存在重大瑕疵，一审、二审法院采纳此鉴定结论，属于事实认定错误。延续终身的鉴定结论补充说明不具备合法性和客观性，不能作为认定被申请人行为能力的依据。被申请人申请精神司法鉴定的时间不合理，存在造假欺骗嫌疑，一审、二审法院对此未予认定。其三，被申请人能够辨认自己的行为，实施的民事行为符合其年龄、智力、精神健康状况。被上诉人主动提起并参与了若干个诉讼，对于自己的行为及行为后果有明确清楚的认知，因此不应以一份鉴定结论推翻所有的行为。北京市高级人民法院经审查认为，于某慧于2017年3月22日被法院宣告为限制民事行为能力人，依据在该案中“于某慧临床诊断精神发育迟滞”的鉴定意见，再结合该案鉴定机构在另案中对上述鉴定意见出具的《关于被鉴定人于某慧鉴定民事行为能力的补充说明》中“因为精神发育迟滞是一种持续性的病程，自幼年期即表现智力低下和社会适应困难，本民事行为能力评定是自成年期开始的，延续终身”的内容，认定于某慧在签订诉争两份协议时已是限制民事行为能力人。于某惠因对于某慧是否为限制民事行为能力人及鉴定意见存在异议，但未提供实质证据予以证明，无法推翻生效判

---

① 参见天津市第二中级人民法院民事判决书，（2021）津02民终9201号。

② 参见北京市第一中级人民法院民事判决书，（2021）京01民终11582号。

决的认定；且于某慧与于某惠签订的诉争两份协议内容已超出了于某慧智力能力范围，于某慧的法定代理人两份协议亦不认可。故于某慧与于某惠签订的诉争两份协议应为无效合同。综上，于某惠的再审申请缺乏充分的事实和法律依据，不符合《民事诉讼法》(2021年修正)第207条第1项、第2项、第6项规定的情形，本院不予支持，于2022年2月11日裁定驳回于某惠的再审申请。①

案例3：落实意定监护尊重老年人自主意愿——卢某申请指定监护人案。老年人杨某与其配偶未生育子女。杨某的配偶去世后，杨某由配偶之侄卢某照顾。经过公证，杨某与卢某签订了意定监护协议。该协议约定，杨某在丧失民事行为能力时由卢某担任其监护人，管理杨某财产，安排其养老、就医等事宜。后来，杨某突发严重疾病，意识出现障碍。医院的诊断证明书载明杨某肾功能衰竭、心力衰竭；卢某提交的视频光盘显示，杨某已无法独立进行意思表示。经卢某自行委托鉴定，鉴定结论为杨某系重度失能人员。杨某户籍地社区居民委员会出具意见确认杨某意识不清醒，长期生活不能自理，同意卢某担任杨某的监护人。卢某向法院申请：认定杨某为无民事行为能力人并指定卢某担任其监护人。

审理法院认为，本案证据能够证明杨某已完全不能辨认和控制自身的行为，应认定杨某为无民事行为能力人。杨某与卢某签订的意定监护协议经过公证，为双方当事人真实意思表示，属合法有效。根据意定监护协议约定，结合杨某住所地居民委员会的意见，对卢某担任杨某监护人的申请应予支持。最终判决认定杨某为无民事行为能力人，指定卢某担任杨某的监护人。

意定监护是《民法典》规定的一项制度，即具有完全民事行为能力的成年人可以与他人协商后，以书面形式确定适当之人担任自己的监护人，在本人丧失或者部分丧失民事行为能力时，由该监护人履行监护职责。意定监护制度有利于充分尊重老年人自主意愿，保障老年人权益。生活中，部分老年人不了解意定监护制度，产生实际需求时不懂得行使此项权利帮助化解监护困境。本案中，法院按照老年人意愿，依法支持意定监护，彰显了意定监护法律制度的功能和价值，有利于社会公众积极认识、接受和用好用足意定监护，让晚年生活多一份保障。②

案例4：李某军、河南省德瑞置业有限公司(以下简称德瑞置业公司)借款合同纠纷再审审查与审判监督案。再审申请人(一审原告、二审上诉人)李某军因诉被申请人德瑞置业公司、马某亚借款合同纠纷一案，不服河南省高级人民法院(2018)豫民终1639号民事判决，向最高人民法院申请再审。其理由是“原二审认定马某亚不具有承担违约责任的主

---

① 参见北京市高级人民法院民事裁定书，(2021)京民申6944号。

② 2024年12月31日，最高人民法院发布了老年人权益保护典型案例，“卢某申请指定监护人案”是其中第2则典型案例，载最高人民法院网，https://www.court.gov.cn/zixun/xiangqing/451591.html。

体资格缺乏证据证明，是错误的。没有证据证明马某亚无民事主体资格，是无民事行为能力人或限制民事行为能力人。投资合伙协议、李某军投资款收款对象、2014 年 10 月 29 日决议、律师见证下的 2015 年 4 月 28 日决议可以证明马某亚为德瑞置业公司真实股东，工商登记中的方某涛是马某亚为规避身份冒用的。2015 年 4 月 28 日决议中载明，现有全部会计资料由马某亚负责提供并确保其真实性；马某亚在会谈中提出的工程造价为每平方米 1540.16 元，以及 2016 年 5 月 9 日调查笔录中'史某平：李某军不负责后，公司每月支付马某亚 2 万元、李某刚 2 万元来管理公司'，还有诉讼中马某亚委托诉讼代理人所称马某亚为公司总经理等均可证明，马某亚是 2014 年 10 月 29 日纪要作出时及纪要约定的履行期间德瑞置业公司负责人，完全具备履行纪要约定内容的能力"。2019 年 12 月 26 日，最高人民法院认定，原审在未查明李某军超出注册资本的出资性质情形下，就认定李某军所交付的 3000 万元系其对公司的出资，进而否定李某军的全部诉讼请求，依据不足。综上，原审存在部分事实认定不清，李某军再审申请部分符合《民事诉讼法》（2017 年修正）第 200 条规定的应当再审情形。依照《民事诉讼法》（2017 年修正）第 204 条、第 206 条，《民事诉讼法解释》第 395 条第 1 款规定，裁定指令河南省高级人民法院再审本案；再审期间，中止原判决的执行①。

诸多诉讼案例显示，申请或者主张法院认定某公民为无民事行为能力人，除了近亲属基于善意或者责任为照顾家人或者另一方面提出申请外，更常见于涉及较大甚至巨额财产利益争议，不同民事主体基于各自利益考虑，使该类争议变得复杂。

① 参见最高人民法院民事裁定书，(2019) 最高法民申 6078 号。

097. 房屋承租人同意共住人嫁娶搬离后，是否依然享有共居权*

高女、陈某某与章某发、章某昌等共有物分割纠纷 ‖ 上海市第二中级人民法院民事判决书，(2020)沪02民终769号

事实概要

章某某和沈某某于20世纪50年代结婚，婚后生育三个子女，分别是章某发、章某昌、章某芬。另外，沈某某与前夫所生育的两子高某发、高某昌（时年分别为七岁、八岁）与沈某某夫妻共同生活。沈某某于1999年报死亡。章某某自1999年4月离家出走。2017年2月高某昌向一审法院申请宣告章某某死亡，法院于2018年3月6日作出(2017)沪0107民特33号民事判决书，判决宣告章某某死亡。高某发于2017年11月6日死亡，其生前育有一子即高某。高某昌与肖某某系夫妻，两人育有一子一女，分别为高男与高女。高女结婚后，生有一女，名为陈某某。

章某某夫妻住在兰凤新村的房屋中，该房屋于20世纪70年代获得，承租人为章某某。最初，该房屋由章某某夫妻与四个子女即章某发、章某昌、章某芬及高某发共同居住。高某昌于1964年前往新疆，并在新疆与肖某某结婚，高男出生在新疆。章某芬1982年结婚后，搬离了兰凤新村房屋，此后未再回来居住。高某发一家三口在1989年因他处分配房屋后搬离兰凤新村房屋。高某昌于1997年携肖某某、高男从新疆回兰凤新村房屋居住，不久后搬去桃浦新村房屋居住。高男于2000年前往安徽合肥参军，后于2016年转业回沪。高女出生在兰凤新村房屋，随章某某夫妻共同生活，2002年前后因结婚迁出兰凤新村房屋，2014年前后高女离婚，但没有与陈某某回兰凤新村房屋居住。2015年，兰凤新村的房屋被征收，此时，仍在该房屋中居住的有章某发、章某昌。征收决定作出时，兰凤新村房屋内的户籍人口有：章某某、高女、陈某某、章某昌、章某发、高某昌、肖某某。

2018年，高女和陈某某向上海市普陀区人民法院起诉要求作为同住人分割拆迁补偿

---

* 杜志红，法学博士，西南大学法学院副教授，北京市京师（重庆）律师事务所（兼职）律师；周艳，西南大学法学院2020级本科生。

利益。一审法院审理后认为，高女虽自出生起居住在兰凤新村房屋，但2002年结婚后便搬离，离婚后又获得一套大渡河路房屋，且不在兰凤新村房屋内居住，故其不属于兰凤新村房屋的同住人，因此，法院驳回了其请求分割拆迁补偿利益的诉讼请求。之后，高女、陈某某提起上诉，认为其符合同住人的条件，有权享有房屋的征收补偿利益。上海市第二中级人民法院审查后认为，章某某虽非高女法定监护人，但作为兰凤新村房屋承租人允许高女迁入户籍并长期居住直至成年，章某发、章某昌对此亦未提出异议，故可视为章某某及章某发、章某昌同意让渡部分兰凤新村房屋的公房居住权益由高女享有。高女未享受过福利性分房，其因结婚搬出，并不能视为其丧失了兰凤新村房屋的居住权益，基于上述分析，二审法院认定高女符合兰凤新村房屋共同居住人的条件，并判决其获得补偿款27万元。

｜判决要旨｜

未成年人在未成年时户籍迁入讼争公房，且长期在房屋中居住至成年，承租人及其他同住人未有异议，应视为其将部分公房居住权益让渡。即使该未成年人在成年后因结婚搬离系争房屋，因其未享受过福利性分房，仍符合公房同住人条件，可以享受公房拆迁补偿利益。

｜判例评析｜

一、既往相关判例与观点

未成年人在未成年时居住于公有住房，成年后，由于结婚等搬离该房屋，未再居住于该房屋，是否可以被认定为同住人，并享受拆迁利益？在司法实践中，一直存在两种不同观点。

一种观点认为，未成年人成年后因结婚搬离居屋，之后未再实际居住该公房，故不符合同住人的认定标准。《上海市国有土地上房屋征收与补偿实施细则》第51条第3项之规定："共同居住人，是指作出房屋征收决定时，在被征收房屋处具有常住户口，并实际居住生活一年以上（特殊情况除外），且本市无其他住房或者虽有其他住房但居住困难的人。"如果当事人自出生时起居住在系争房屋，但之后由于结婚搬离，属于"空挂户口"，不符合同住人条件。因此，如果当事人无法证明其在成年后仍稳定且长期居住于系争房屋内，则不属于系争房屋同住人，其不能获取拆迁利益。在李某某、张某某与李某1、李某2共有纠纷案中，上海市高级人民法院认为，虽然李某某的户籍在系争房屋内，但自1995年结婚后即搬离系争房屋，直至系争房屋被征收前，李某某未长期居住于系争房屋，故二审法院认定其不属于房屋同住人与法不悖。因此，上海市高院裁定驳回李某某的再审申请。①

另一种观点认为，未成年人由于成年后结婚搬离，之后未实际居住该公房，但户籍在

① 参见上海市高级人民法院民事裁定书，（2020）沪民申624号。

系争公房内的,也符合同住人的认定标准。例如,庄某1、刘某某等与庄某5、陈某某等共有纠纷一案中,上海市虹口区人民法院审理后认为,庄某4虽然在结婚后未再居住于系争房屋,但其户籍在系争房屋内,动迁安置,应认定为同住人。[①] 其审理依据依然是《上海市国有土地上房屋征收与补偿实施细则》第51条第3款,可见,虽然该细则对于"同住人"有明确的规定,但司法实践中,因法官对条文理解的不一仍出现了"同案异判"。

二、在学理框架内对相关问题的点评

未成年人在未成年时长期居住于公房,成年后因结婚迁出了该房屋,虽然该未成年人在房屋被征收时未实际在公房中居住,但其仍应作为同住人分享房屋拆迁利益。其主要基于以下三个方面的理由:

1. 居住权益具有特定的价值。居住权是居住权人对他人的住宅享有占有、使用的用益物权,该权利在拆迁时应得到相应的补偿。居住权设定的目的在于将房屋所有权在居住权人和所有人之间进行分配,从而满足各自不同的需求。房屋所有权人可以为自己、为再婚配偶或者其他需要帮助的弱势群体设立居住权,从而保障其"有房可住"。居住权作为一项用益物权,其本身是具有经济价值的,该价值实际等同于租赁同地段同类型房屋的租金。因此,它是有对价的,如房屋被拆迁,居住权人应对此享有相应的拆迁利益。

2. 居住权可以通过默示的意思表示设立。根据《民法总则》第140条的规定:"行为人可以明示或者默示作出意思表示。沉默只有在有法律规定、当事人约定或者符合当事人之间的交易习惯时,才可以视为意思表示。"[②]未成年人在未成年时长期居住,承租人及其他同住人没有提出异议,可认为这是一种默示的意思表示,即同意其作为家庭一分子享有该居住权益。

3. 子女结婚并不代表其在原有家庭既有权益的丧失。虽然俗话说:"嫁出去的女儿泼出去的水。"在广大农村地区,有一些民众认为,女儿出嫁后,其在原家庭所享有的权益就没有了,但这并不符合法律所倡导的人人平等与保护妇女权益原则。在本案中,高女虽因结婚搬离了承租的公房,但其在未成年人时所享有的居住权益却并不随之消失。

三、本判例的规范逻辑

本案中,上海市第二中级人民法院认为,高女符合同住人标准,可以享有拆迁补偿利益,其规范逻辑如下:

首先,高女作为共住人未享有过福利性分房,其符合同住人标准。《上海市高级人民法院关于房屋动拆迁补偿款分割民事案件若干问题的解答》规定:"……同住人,是指在拆

---

① 参见上海市虹口区人民法院民事判决书,(2020)沪0109民初11286号。

② 参见《民法典》第140条规定:行为人可以明示或者默示作出意思表示。沉默只有在有法律规定、当事人约定或者符合当事人之间的交习惯时,才可以视为意思表示。

迁许可证核发之日,在被拆迁居住房屋处有本市常住户口,已实际居住一年以上,且本市无其他住房或者虽有其他住房但居住困难的人。他处虽有住房但居住困难的情况,是指在他处房屋内人均居住面积不足法定最低标准的情况。这里所指的他处房屋的性质,仅限于福利性质取得的房屋……"在本案中,高女从出生起就居住在该房屋,户口也在该房屋内。其虽于结婚后获得过一套大渡河路房屋,但该房屋属于个人购买,并非福利分房,因此,高女符合同住人标准。其次,公房承租人和同住人均默认高女享有系争公房的部分居住权益。本案中,共住人高女从出生起就居住在该房屋,承租人和同住人均默认该行为,没有提出任何异议。这表明其愿意与共住人分享该居住权益。后面即使高女因结婚搬离了该房屋,但其并未明确表示放弃该权利。因此,在兰凤新村房屋拆迁时,高女仍对该房屋享有居住权而有权分得相应的拆迁补偿利益。最后,鉴于高女结婚后就搬离了该房屋,且在房屋被征收时并未实际居住于该房屋,因此,对其分得的补偿款应酌情减少。这既体现了公平原则,也体现了对出嫁女和其他同住人利益的平等保护。

四、本判例的意义

拆迁补偿涉及社会公共利益以及家庭内部利益,在处理类似案例时应妥善审判,注意平衡各方的利益。在本案中,出嫁女高女只是由于结婚搬离了原住房,但并不意味着其放弃了对原有住房的共居权,在该房屋被依法拆迁时,其合法权益不容侵犯。法律提倡人人平等以及保护妇女的合法权益。出嫁女在自己的合法权益受到侵害时,应积极拿起法律武器维护自己的合法权益。

五、后续判例和规范的发展

《民法典》婚姻家庭编中,明确规定妇女的合法权益应得到保护。对于出嫁女在未成年时长期在公房中居住且户籍在该公房内的,如在成年后由于结婚搬离,不能简单认为其已失去同住人权益,应重点考察承租人是否同意出嫁女在此居住以及同住人是否符合当地相关的拆迁补偿政策及规定,并基于保护妇女合法权益的原则对案件进行综合分析,从而妥善分配公房拆迁补偿利益。

098. 对家庭暴力,应"零容忍"*

杜某、邓某离婚后损害责任纠纷案‖辽宁省朝阳市中级人民法院民事判决书,(2021)辽13民再50号

事实概要

再审申请人杜某与被申请人邓某离婚后损害责任纠纷,申请再审称,第一,杜某起诉离婚时,一审法院未书面告知其享有按《婚姻法》第46条主张离婚损害赔偿权,二审法院(2017)辽13民终2383号判决确认关于邓某家庭暴力致使杜某人身伤害一事已由人民法院另案处理,杜某关于家庭暴力赔偿的要求不予处理,可另行主张权利。第二,离婚损害赔偿涉及精神损害赔偿,应适用《民事侵权精神损害赔偿的解释》有关规定来确定赔偿金额。

被申请人邓某辩称,辽宁省朝阳市中级人民法院(以下简称朝阳中院)(2018)辽13民终758号民事裁定理由不准确,但适用法律正确,裁定结果正确。第一,离婚后损害责任纠纷案由的立案应当符合《婚姻法解释(一)》第30条第1款规定中的任意一项或《婚姻法的解释(二)》第27条规定。申请人杜某提起的离婚后损害责任纠纷不符合立案条件,法院不应受理、立案。第二,杜某作为离婚诉讼原告无权在准许离婚的判决生效后再行单独起诉离婚后损害责任纠纷,朝阳中院驳回起诉是正确的。第三,夫妻感情破裂不是因被申请人邓某伤害申请人杜某而引起的,在杜某起诉离婚之前,双方感情早已破裂。申请人杜某认为是家庭暴力导致离婚而要求损害赔偿,不符合法律关于离婚损害责任赔偿的要求。

一审时,杜某向法院起诉,请求根据《婚姻法》46条规定,要求邓某给付在婚姻关系期间对杜某实施家庭暴力的损害赔偿金124,504元。

一审法院认定事实:杜某、邓某系夫妻关系。2016年8月5日,邓某向一审法院起诉,要求与杜某离婚。因杜某已怀孕,邓某于2016年9月20日撤回起诉,但杜某、邓某开始分居生活。2017年2月10日晚,在辽宁省喀左县利州街道新华街住所的缓步台处,邓某与杜某因婚姻财产问题发生口角,在厮打中,杜某倒地后仍抓住邓某不放,被邓某从二楼拖

---

* 蒋月,厦门大学法学院、马克思主义学院教授、博士生导师。

行至一楼单元口位置,致使杜某受伤。经鉴定,杜某胸部损伤构成轻伤二级,鼻部损伤构成轻微伤,同时,胸部损伤构成九级伤残。杜某于 2017 年 3 月 13 日向法院起诉,要求与邓某离婚。2017 年 8 月 30 日一审法院作出(2017)辽 1324 民初 581 号民事判决,判决准许杜某、邓某离婚。宣判后,杜某、邓某均不服法院判决,向朝阳中院提出上诉。2017 年 12 月 20 日,朝阳中院作出(2017)辽 13 民终 2383 号判决,判决"驳回上诉,维持原判"。该 2383 号判决认定"关于上诉人邓某家庭暴力致使上诉人杜某人身伤害一事,已由人民法院另案处理。杜某在起诉时没有要求家庭暴力的损害赔偿,该诉求本院不予处理,杜某可依法另行主张权利"。2017 年 4 月 13 日喀左县人民检察院指控被告邓某犯故意伤害罪,向法院提起公诉。2017 年 8 月 17 日,法院作出(2017)辽 1324 刑初 72 号刑事附带民事判决,判决:(1)被告人邓某犯故意伤害罪,判处有期徒刑八个月,缓刑一年。(2)被告人邓某赔偿附带民事诉讼原告人杜某人民币 25,069.36 元(包括医疗费、护理费、伙食补助费、误工费、交通费、住宿费、鉴定费)。宣判后,杜某以刑事附带民事判决中民事赔偿数额不准为由向朝阳中院提出上诉。2017 年 11 月 6 日,朝阳中院(2017)辽 13 刑终 259 号裁定"驳回上诉,维持原判"。另外,2018 年 4 月 17 日,杜某到喀左县中心医院检查,MR 检查报告单中影像诊断:考虑 T12 椎体陈旧性压缩性改变请结合临床;提示 T12 椎体髓核压迹样改变;L4－5 间盘突出,变性;腰椎退行性改变。2018 年 5 月 17 日喀左县残疾人联合会为杜某出具了残疾人证,残疾类别为:肢体,残疾等级:肆级。一审法院判决被告邓某应赔偿原告杜某损害赔偿金 20,995.8 元。杜某、邓某均不服一审判决,向朝阳中院提出上诉。杜某认为一审法院未判决赔偿伤残赔偿金及判决赔偿的精神损害抚慰金数额错误,请求改判。邓某上诉请求驳回杜某诉讼请求。二审法院认为,因受到犯罪侵犯,提起附带民事诉讼或者单独提起民事诉讼要求赔偿精神损失的,法院不予受理。本案中,上诉人杜某在刑事附带民事诉讼中已提出赔偿伤残赔偿金和精神损害抚慰金的诉讼请求,生效的法院刑事附带民事判决书对这两项诉讼请求均未予以支持。上诉人杜某又单独提起民事诉讼,再次要求赔偿精神损失,无法律依据,本案不属于法院民事诉讼受理范围。朝阳中院(2019)辽 13 民终 758 号民事裁定:(1)撤销喀左县人民法院(2018)辽 1324 民初 1352 号民事判决;(2)驳回上诉人杜某的起诉。

再审申请人杜某不服朝阳中院裁定,向辽宁省人民检察院申诉。2020 年 9 月 4 日,辽宁省人民检察院作出(2020)21000000006 号民事抗诉书,向辽宁省高级人民法院提出抗诉。辽宁省高级人民法院于 2020 年 11 月 9 日作出(2020)辽民抗 49 号民事裁定,提审本案。于 2021 年 3 月 29 日作出(2021)辽民再 6 号民事裁定:第一,撤销朝阳中院(2019)辽 13 民终 758 号民事裁定;第二,指令朝阳中院对本案进行审理。

针对再审请求,朝阳中院对有争议的证据和事实认定如下:再审申请人杜某在婚姻关系存续期间,基于邓某实施家庭暴力导致离婚,造成九级伤残的案件事实,已经生效的判决予以确认。根据《婚姻法》第 46 条规定和《婚姻法解释(一)》第 28 条规定,杜某有权请求损害赔偿。原一审法院判决准许赔偿请求后，朝阳中院二审裁定撤销原一审判决，裁定驳回杜某的起诉属于适用法律错误，法院再审应予纠正。对原审已经庭审质证的证据，法院再审予以确认。

经审判委员会讨论决定，依照2017年修正的《民事诉讼法》第170条第1款第2项、第207条规定，朝阳中院判决如下：维持辽宁省喀左县人民法院（2018）辽1324民初1352号民事判决。上述款项限于本判决送达之日起十日内付清，逾期支付按2017年修正的《民事诉讼法》第253条规定办理。

判决要旨

朝阳中院再审认为，再审申请人杜某与被申请人邓某在婚姻存续期间因邓某实施家庭暴力，导致夫妻感情破裂离婚，给无过错方杜某造成的损害是否应予赔偿是本案的争议焦点。从该案事实看，邓某在婚内对杜某实施家暴造成九级伤残的严重后果，导致两人感情破裂而离婚，杜某作为无过错方有权主张离婚损害赔偿。另外，朝阳中院在审理杜某与邓某离婚纠纷案时作出的（2017）辽13民终2383号判决已释明“关于上诉人邓某家庭暴力致使上诉人杜某人身伤害一事，已由人民法院另案处理。杜某在起诉时没有关于家庭暴力赔偿的请求，该诉求不予处理，杜某可依法另行主张权利”，该判决已发生法律效力。故杜某据此提起的诉讼符合2017年修正的《民事诉讼法》第119条规定的起诉条件。辽宁省喀左县人民法院于2018年11月26日作出（2018）辽1324民初1352号民事判决。宣判后，邓某、杜某均不服，向二审法院提起上诉，朝阳中院作出（2018）辽13民终758号民事裁定，撤销辽宁省喀左县人民法院（2018）辽1324民初1352号民事判决，裁定驳回杜某的起诉，适用法律错误。根据《婚姻法》第46条规定，杜某有权主张离婚损害赔偿，关于赔偿数额再审申请人杜某请求124,504元，因其请求数额过高，原一审判决参照最高人民法院人身损害赔偿司法解释对损害赔偿金的相关规定，酌定邓某赔偿杜某损害赔偿金20,995.8元，在计算方式上符合法律规定，但在支持杜某离婚后损害赔偿的表述上欠缺法律术语的准确性，应当表述为酌定邓某赔偿杜某精神损害抚慰金20,995.8元，原审判决结果适用法律并无不当，本院再审予以确认。

判例评析

一、既往相关判例与观点

何为“家庭暴力”？2015年12月颁布的《反家庭暴力法》第2条规定：“本法所称家庭暴力，是指家庭成员之间以殴打、捆绑、残害、限制人身自由以及经常性谩骂、恐吓等方式实施的身体、精神等侵害行为。”该法第37条规定，“家庭成员以外共同生活的人之间实施的暴力行为”，也视同家庭暴力。在2021年1月之前，人民法院审理相关案件时，关于家庭暴力的认定,遵循的是2001年最高人民法院《婚姻法解释(一)》[①]第1条规定,“家庭暴力”是指行为人以殴打、捆绑、残害、强行限制人身自由或者其他手段,给其家庭成员的身体、精神等方面造成一定伤害后果的行为。持续性、经常性的家庭暴力,构成虐待。人民法院以此为标准和依据来判定是否存在家庭暴力以及指控人的相关指控是否成立。不过,《婚姻法解释(一)》对家庭暴力的定义,因其有“一定伤害后果”的程度要求而受到较多质疑,也与《反家庭暴力法》秉持对家庭暴力“零容忍”立场不吻合。所以,2020年12月29日公布的《民法典婚姻家庭编解释(一)》,未保留《婚姻法解释(一)》第1条关于家庭暴力的规定。随着《民法典婚姻家庭编解释(一)》于2021年1月1日起实施,法律实务中,关于家庭暴力的定义及法律评判应已有所改变。

(一)在民事诉讼中的家庭暴力之评判

以往法律实践中,评判是否存在家庭暴力、当事人行为是否构成家庭暴力,通常涉及行为方式、行为后果等要素。在2021年之前,人民法院审理案件中涉及家庭暴力问题,事关是否构成法定离婚事由、离婚损害赔偿事由,其要求均偏于严苛。通常,对于家庭暴力的指控,凡构成家庭暴力的,法院均要求“造成一定伤害后果”,否则,不予认定行为构成家庭暴力。下列来自不同省份的法院审结的5个离婚案件,都是这类“偏于严苛”认知的案例。

案例1:沈某某与戚某某离婚纠纷二审。针对上诉人沈某某指控被上诉人戚某某“有多次家暴行为,夫妻感情已破裂”,上海市第二中级人民法院认为,“在家庭暴力是指行为人以殴打、捆绑、残害、强行限制人身自由或者其他手段,给其家庭成员的身体、精神等方面造成一定伤害后果的行为。上诉人沈某某未能提供合法有效证据证实戚某某对其造成了一定的伤害后果,其上诉理由不能成立,上诉请求本院不予支持”。[②]

案例2:刘某与王某离婚纠纷中,原告刘某指控被告王某“脾气暴躁,经常因琐事辱骂原告。且被告生性多疑,一直怀疑原告跟其他异性有染,甚至无故殴打原告,虽然婚后生活不尽如人意,但原告基于对婚姻家庭的憧憬,也不希望年幼的孩子为此失去完整的家,一直迁就被告,期待被告为了孩子能有所改变。但被告始终没有丝毫改变。因被告长期的家庭暴力,导致原告对婚姻彻底绝望”。2019年11月18日,原告向甘肃省白银市平川区人民法院提起离婚诉讼,法院以双方感情尚未破裂为由判决不准离婚。但是,事后,被告没有丝毫改善,“依旧对原告拳脚相加”。2020年3月12日,被告又无故殴打原告,导致原告受伤严重,身体多处发青发紫。经原告报警,白银市公安局平川分局电力路派出所作

---

① 该司法解释已于2021年1月1日被废止,其中大多数内容已被吸收进最高人民法院《民法典婚姻家庭编解释(一)》中的相关条款。

② 参见上海市第二中级人民法院民事判决书,(2019)沪02民终3747号。

出平公(电)行罚决字〔2020〕93 号《行政处罚决定书》,“对王某以殴打他人行政拘留十日,并处罚款伍佰元”的行政处罚。但被告依旧没有丝毫改变,被迫原告离家生活。被告答辩承认“家庭暴力有呢,都是我的错,我以后改正,再不出现这种事情了”。白银市平川区人民法院查明“婚姻过程中,王某有家庭暴力的行为”,但又认为“被告虽有家庭暴力的行为,但当庭保证悔改,原、被告之间的夫妻感情尚未完全破裂,本着维护家庭和谐稳定及为了孩子的健康成长,应尽力维持夫妻关系”,判决驳回了原告的离婚请求。①

案例 3:肖某某诉李某离婚纠纷。原告肖某某诉称,“被告经常疑神疑鬼,无缘无故与原告吵架。原告因工作关系经常上夜班,被告就到原告工作单位无理取闹,深夜打电话骚扰原告休息,原告的生活和工作都受到被告限制,给原告造成了不好的影响;在夫妻关系上被告不顾原告的感受和时间场合强行房事,导致原告不到二年时间内一次宫外孕和一次流产,严重损害原告的身心健康;在日常生活中稍不如意就家庭暴力,经常外出喝酒,酒后无德打骂虐待原告,并常常波及幼小的孩子,致使原告和孩子每天提心吊胆生活,导致现今原告身体状况很差。被告的所作所为致使原告的身心受到严重损害,给孩子幼小的心灵造成不可磨灭的影响”。被告李某承认,“自己由于性格比较急,经常和朋友在一起喝酒。特别是在日常生活中,对原告关心的不够,缺少沟通”;辩称“有时原告在上夜班时,由于答辩人晚上思念妻子,偶尔给其打个电话,这也是人之常情,不存在骚扰原告休息,更没有给原告在单位造成任何影响”;“答辩人从来就没有动手打过原告,更谈不到存在家庭暴力的问题”。吉林高新技术产业开发区人民法院查明,原、被告婚后感情较好,育有一子李某某。“原告于 2016 年 7 月 25 日向吉林市公安局高新分局长江路派出所报警,2016 年 8 月 4 日,原、被告在原告单位儿童医院因家庭矛盾发生争吵”。法院认为,“家庭暴力的表现形式为殴打、捆绑、残害、强行限制人身自由或者其他手段,是一种给其家庭成员的身体、精神等方面造成一定伤害后果的行为,并达到一定程度,造成一定的伤害后果。原告所提供的证据及陈述未能有效的证明被告李某的暴力行为达到一定程度,造成一定的伤害后果,足以导致双方感情确已破裂,故对原告肖某某要求与被告李某离婚的主张,不予支持”。②

案例 4:秦某某与李某甲离婚纠纷。原告请求判令:第一,解除原、被告之间的婚姻关系;第二,夫妻共同债务 400 元由被告偿还;第三,赔偿原告医疗费 2352. 17 元,营养费、住院生活补助费、误工费、护理费 1925 元,伤残赔偿金 17, 606 元,精神损害抚慰金 2000 元,残疾鉴定费 700 元;第四,分割夫妻共同财产……被告李某甲辩称,“我同意离婚,家庭暴力不是事实的部分我不承担”。四川省宁南县人民法院查明:原、被告经人介绍认识,于 1987 年登记结婚,婚后生育李某乙、李某丙、李某丁三个女儿,现均已成年……2014 年农

① 参见甘肃省白银市平川区人民法院民事判决书,(2020)甘 0403 民初 526 号。

② 参见吉林省吉林市高新技术产业开发区人民法院民事判决书,(2016)吉 0291 民初 717 号。

历九月，原、被告双方因琐事闹矛盾。2015 年 5 月 30 日，双方又因琐事吵闹，被告将原告打伤。原告于当晚到宁南县人民医院住院治疗，入院诊断为：鼻部开放性骨折；2015 年 6 月 6 日出院，出院诊断为：1. 鼻骨骨折；2. 脑震荡。原告住院期间，由其女儿李某丙、李某丁护理，医疗费 2352.17 元由李某丙支付。原告出院后，新型农村合作医疗住院补偿 1139.20 元由李某丙领取。原告于 2016 年 1 月 27 日委托凉山定音司法鉴定中心对其伤残级别进行评定，经凉山定音司法鉴定中心参照《劳动能力鉴定职工工伤与职业病致残等级》评定原告损伤属拾级伤残。一审法院认为，"被告因琐事将原告打伤，致原告鼻骨骨折，脑震荡，产生了一定的医疗费、护理费等，但原告住院期间由女儿李某丙、李某丁负责护理，住院医疗费用已由李某丙给付。虽然原告的伤残被评定为十级，但系参照《劳动能力鉴定职工工伤与职业病致残等级》作出，本案系家庭成员之间的伤害，不宜适用该标准对伤残作出评定，故本案对损害赔偿部分不予处理。原、被告均表示感情已破裂，同意离婚，故本院对原告要求解除婚姻关系的诉讼请求予以支持；家庭共有财产房屋四间，原、被告已达成一致，本院予以准许"。一审法院判决准予原告秦某某与被告李某甲离婚；也按原、被告协议分割了夫妻共同财产，却"驳回原告秦某某的其他诉讼请求。"①

案例 5：卢某与罗某离婚纠纷。关于损害赔偿的问题。"卢某主张存在家庭暴力，要求罗某给予损害赔偿。家庭暴力的核心是权力和控制。加害人存在通过暴力伤害达到目的的主观故意，大多数家庭暴力行为呈现周期性，并且不同程度地造成受害人的身体或心理伤害后果，导致受害一方因为恐惧而屈从于加害方的意愿。本案中，卢某所述殴打事件，系因家庭琐事引起，罗某虽存在轻微暴力行为给卢某的身体造成了伤害，但其不具有家庭暴力的上述特征，不应认定家庭暴力。故对卢某关于要求损害赔偿的诉请，不予支持"。

（二）刑事诉讼中的家庭暴力

严重的家庭暴力构成犯罪，在刑事审判及结果上，主要体现为构成故意杀人罪、故意伤害罪、虐待罪、遗弃罪等，因为我国《刑法》中没有"家庭暴力罪"。在广东省肇庆市中级人民法院审理的广东省肇庆市人民检察院指控被告人陈某土犯故意伤害罪、虐待罪案件中，一审法院判决认定：被告人陈某土、孔某颖与被害人陈某琳（女，殁年 5 岁）是亲子关系。陈某琳于 2014 年 2 月 26 日出生后就在化州老家跟爷爷、奶奶一起生活，2019 年 8 月被接回肇庆与父母共同生活。2019 年 10 月至 2020 年 2 月期间，陈某土、孔某颖为发泄对陈某琳的不满，经常采取用水果刀割、用铁衣架打、用包装绳反绑双手吊在衣柜上不让睡觉、不给吃饭等方式对陈某琳实施虐待，造成陈某琳身体消瘦、重度营养不良及多处损伤。一审法院认为，被告人陈某土、孔某颖在抚养未成年女儿陈某琳期间，长期、多次对陈某琳进行殴打且不给饭吃、不让睡觉，造成陈某琳身体消瘦、重度营养不良及多处陈旧性损伤，

① 参见四川省宁南县人民法院民事判决书，（2016）川 3427 民初 145 号。

情节恶劣,其行为已构成虐待罪,依法应予惩处。被告人陈某土、孔某颖还对陈某琳故意实施暴力行为,使陈某琳头部等处遭受钝性暴力作用,致其颅脑损伤死亡,被告人陈某土、孔某颖的行为又构成故意伤害罪,亦应依法惩处,并与其二人所犯虐待罪予以数罪并罚。在虐待的共同犯罪中,被告人陈某土、孔某颖均起主要作用,是主犯,应依法予以惩处。①

在陈某土、孔某颖故意伤害、虐待二审刑事案件中,广东省高级人民法院(2020)粤刑终1255号刑事裁定书,认定如下:上诉人陈某土的稳定供述和孔某颖在侦查阶段的供述共同证实,案发当天下午,孔某颖因不满其女儿陈某琳尿湿裤子,将陈某琳踢倒在地;当日晚饭时陈某土又因不满陈某琳穿衣动作慢,用力地踢了陈某琳腹部数脚,再次将其踢晕倒地,陈某琳经送医抢救无效死亡。鉴定意见证实陈某琳系钝性暴力致颅脑损伤死亡,其中蛛网膜下腔出血、硬膜下大量出血为新近损伤,由此可见,陈某琳的死亡是由案发当天一系列踢打行为直接造成的,孔某颖和陈某土的行为是一个前后呼应、共同作用的整体,共同导致陈某琳死亡后果的发生,二人均构成故意伤害罪。陈某土与孔某颖在对陈某琳虐待的过程中,对陈某琳施以严重暴力致其死亡,该行为不能被二人以往的虐待行为吸收,而应以故意伤害罪和虐待罪并罚。公诉机关明确对孔某颖在案发当日对被害人陈某琳踢打的行为予以指控,且在一审庭审中法庭已就孔某颖的行为是否构成故意伤害罪充分听取了控辩双方的意见,原审法院在认定事实与公诉机关指控的事实一致的情况下,按照审理认定的罪名作出有罪判决,并无不当。另外,孔某颖在侦查阶段的稳定供述与陈某土归案以来的稳定供述均证实曾先后将陈某琳踢倒在地,案发当天没有第三人踢打过陈某琳,陈某琳的致命伤是二人的行为共同导致;证人邓某、成某(均系医护人员)的证言证实,陈某琳被送到医院时已无生命体征,故可排除医护人员抢救不及时的可能,陈某土的该项辩解理由亦不成立。上诉人陈某土、孔某颖在抚养未成年女儿陈某琳期间,长期、多次对陈某琳实施虐待行为,致其消瘦、重度营养不良及身体多处损伤,情节恶劣,二人的行为已构成虐待罪;上诉人陈某土、孔某颖还对陈某琳故意实施伤害行为,使陈某琳头部受钝性外力作用致颅脑损伤死亡,二人的行为又构成故意伤害罪,应予以数罪并罚。②

二、在学理框架内对相关问题的点评

家庭暴力是家庭成员或者共同生活者中的一个或者数人对其中的一人或者数人实施身体上的、性的、精神上的恐吓、侮辱、攻击、控制及其他伤害行为。夫妻一方故意实施以伤害另一方或者使另一方感到痛苦为目的的伤害行为,又称婚姻暴力。负有经济供养义务者对受供养人的经济强制,情节严重的,也可以构成家庭暴力。

---

① 参见广东省高级人民法院刑事裁定书,(2020)粤刑终1255号。

② 参见广东省高级人民法院刑事裁定书,(2020)粤刑终1255号。

(一)家庭暴力的构成要件

判断一个人的行为是属于家庭暴力抑或是处理特定关系或情形时的合理言行,应当以行为人主观心理状态是否欲使对方心生恐惧,以及相对方事实上是否感到害怕或担心个人健康或人身安全为基本标准。依照一个理性人的正常反应来进行判别,如果一个人的行为,在理性人看来,属于合理范围内,就不应属于家庭暴力;反之,超出了合理限度的,将涉嫌家庭暴力。

1. 家庭暴力的主体。家庭暴力主要是发生在家庭内的暴力,但并不限于家庭成员。家庭暴力的施暴者与受害人,既可能是家庭成员,又可能是其他亲属关系,还可能是同居关系或曾经具有家庭成员身份的人;既要考虑直接受害人,也注意间接受害人,例如,目睹家庭暴力的儿童或家人。女性是家庭暴力的主要受害群体,既有研究揭示涉及家庭暴力的民事诉讼中,施暴者与受害人之间性别关系十分突出,妇女指控男性实施暴力的占九成多①。2005 年修正《妇女权益保障法》时,增设规定"禁止对妇女实施家庭暴力","国家采取措施,预防和制止家庭暴力"等。

2. 涉嫌构成家庭暴力的行为应具备四个基本要素。凡家庭暴力均应包含下列四个要素:愤怒情绪、主观上具有伤害意图、伤害行为、伤害后果。如果特定主体实施的行为同时具备前述四个要素,就可以将该行为纳入家庭暴力;反之,若行为缺乏其中一个要素,称之为家庭暴力则有待商榷。因此,一个人受到其他家庭成员的无意伤害,即使后果严重或者行为人被追究了法律责任,仍不是家庭暴力问题。

3. 家庭暴力发生的场域。对家庭暴力,原则上应以"家庭场所"为标准进行界定。凡在家庭场所范围内发生的暴力,均称为家庭暴力;否则,则不属于家庭暴力。所谓"家庭场所",主要指当事人的私人生活空间范围,但不限于典型的家庭生活空间。例如,父母因子女违反校规而在校园内采取殴打方式"教育"子女的,是家庭暴力的非典型情形之一。家庭成员在旅行途中相互之间发生暴力,虽然暴力发生地点已非家庭空间,但仍属于家庭暴力。

(二)家庭暴力与虐待、遗弃的关系

家庭暴力与虐待,这两个概念的外延何者为大,学术界认识不统一。在域外法上,这两个概念基本上是同义词,特别是讨论针对儿童的家庭暴力时,通常使用"虐待"一词。我国法律使用虐待概念早于家庭暴力四十年。1950 年《婚姻法》明文禁止虐待、遗弃,严格禁止溺婴或其他类似的犯罪行为等。1980 年《婚姻法》明文禁止家庭成员间的虐待和遗弃。20 世纪 70 年代以后,国际社会把家庭暴力作为社会问题而予以关注,已大大不同于

① 参见蒋月:《我国反家庭暴力法适用效果评析——以 2016—2018 年人民法院民事判决书为样本》,载《中华女子学院学报》2019 年第 3 期。

以往对虐待的认识,是社会文明的一个进步。

对于家庭暴力与虐待、遗弃这组概念相互之间关系,我国法学界的认识存在明显分歧,所以,国家立法同时使用这三个概念。2001 年修正《婚姻法》时,首次引入“家庭暴力”概念,同时保留使用“虐待”“遗弃”这两个概念。直到 2015 年《反家庭暴力法》中,始明确家庭暴力是虐待、遗弃的上位概念。不过,2021 年生效的《民法典》第 1042 条第 3 款又同时规定“禁止家庭暴力。禁止家庭成员间的虐待和遗弃。”一方面,虐待、遗弃作为家庭暴力中的两种情形,受到了立法特别关注和强干预;另一方面,也因为我国《刑法》中一直有虐待罪、遗弃罪这两个罪名。

(三)家庭暴力的类型

根据不同标准,家庭暴力可区分为不同类型。在实际生活中,受害人受到家庭暴力伤害时,常常是一种暴力往往伴随其他种类的家庭暴力。

最常见分类是根据暴力直接侵害的对象目标,将家庭暴力区分为下列三类:身体暴力、性暴力、精神暴力。

1. 身体暴力。这是指对肢体造成疼痛或伤害,主要有推、掌掴、打、拉扯头发、咬、扭绞手臂、拳打脚踢、以物品攻击、烧、刺、射、投毒等,还包括强迫行为和人身限制。轻度身体暴力是指身体上范围不大的皮外伤。中度伤害主要是大面积的或者较严重的表皮和皮下损伤,包括严重瘀伤、鞭痕、割裂伤、轻微血肿、烧伤。重度伤害则是指深度的生理组织受伤、骨折、严重烧伤、内伤等。企图或者持续性伤害可能致死。

2. 性暴力。这是指违背另一个人的性意愿和性自主权强迫实施并导致性伤害的各种情形,包括未经同意的性接触、剥削性或强迫性的性接触、攻击性器官、强迫观看与性有关的画面或行为、贬低受害人人格的性行为等。轻度的性暴力包括不当触摸、引诱或暴露等;中度的性暴力包括猥亵行为等;重度的性暴力包括强奸或企图强奸,意图或者事实上强迫实施的其他方式性交、乱伦等。严重的性暴力同样会威胁生命。

3. 精神暴力。凡施以言语或非言语上的威胁迫使他人心生恐惧或者矮化、丑化、贬损、羞辱、蔑视或者以其他方式伤害他人自尊和人格而导致受害人遭受心灵折磨、伤害及生活在可能遭受暴力的阴影下的各种行为,可以构成精神暴力。精神暴力造成的损害后果可以划分为轻度伤害、中度伤害、重度伤害三种情形,极端严重的精神暴力威胁到生命安全。

不同于上述三分法,对于家庭暴力的类型,还有其他分类法。例如,二分法即以作为与不作为为标准而将家庭暴力区分为暴力与疏忽。暴力是指意图或者被认为有意对他人造成伤害的攻击性言行。这种暴力是将愤怒直接发泄到受害人身上,牵涉身体、心理或性的伤害。疏忽是指不当对待,是透过对受害人漠不关心、拒不履行义务而达到伤害受害人身体或心理的效果。欧洲委员会将家庭暴力解释为“任何发生在家庭成员间足以危害生命、身体与心理健全、人身自由或严重妨碍人格发展的行为或疏忽”。[①] 又如，以当事人相互之间关系为据，将家庭暴力划分为婚姻暴力、亲子暴力以及其他亲属之间的暴力等。当然，家庭暴力造成的危害，可能是轻度伤害、中度伤害、重度伤害乃至威胁或非法剥夺生命。此外，也有观点主张，经济控制是家庭暴力中一个独立类型。

（四）对家庭暴力的干预

鉴于家庭暴力不仅严重损害家庭关系，而且损伤个人尊严和人格，当代国家纷纷采用立法，对家庭暴力实行强干预。2001 年《婚姻法》第 3 条第 2 款规定“禁止家庭暴力”；第 32 条第 3 款第 2 项规定家庭暴力是法定离婚事由之一；还赋权家庭暴力受害配偶在离婚时有权请求损害赔偿。家庭暴力是性别歧视的典型情形之一，妇女占家庭暴力受害人中的大多数。儿童、老人也是家庭暴力的常见受害人群。为更好地防治家庭暴力，《反家庭暴力法》于 2016 年 3 月开始实施。坚持预防为主，教育、矫治与惩处相结合原则，引入了人身安全保护令等多项全新的行政、司法措施，以预防、减少家庭暴力发生。要求“公安机关接受家庭暴力报案后应当及时出警，制止家庭暴力，按照有关规定调查取证，协助受害人就医、鉴定伤情……”（第 15 条）。家庭暴力情节较轻……由公安机关对加害人给予批评教育或者出具告诫书（第 16 条）。第 20 条规定：“人民法院审理涉及家庭暴力的案件，可以根据公安机关出警记录、告诫书、伤情鉴定意见等证据，认定家庭暴力事实。”

如前所述，《民法典》《妇女权益保障法》均积极干预家庭暴力，欲减少和消除家庭暴力，保护人权。解决家庭暴力的基本办法主要有三个：一是及时制止暴力的发生或者继续，使受害者或者可能的受害人免受损害或者避免更大损害发生；二是离开施暴者，如果对于制止暴力无能为力，则远离施暴者，通过地理上的距离间隔让施暴者“鞭长莫及”，达成安全；三是彻底消除家庭暴力。[②] 前述方法，都存在私力救济不足的可能，故有必要运用法律等公力救济途径，需通过个人、单位、国家、社会多方面共同地持续发力，多头并举，才能减少和消除家庭暴力。

三、本判例的规范逻辑和裁判逻辑

指控或者认定家庭暴力，均需证明。2021 年《民事诉讼法》第 67 条第 1 款规定：“当事人对自己提出的主张，有责任提供证据”；第 68 条第 1 款进一步规定，“当事人对自己提出的主张应当及时提供证据”。没有证据或证据不足以证明当事人主张的事实的，由负有举证责任的当事人承担不利后果。法院认定当事人一方实施家庭暴力，均需指控者举证证明，但被指控人自认的除外。

---

① ［英］凯文·布朗、［英］马丁·贺伯：《预防家庭暴力》，周诗宁译，台北，五南图书出版股份有限公司 2008 年版，第 5 页。

② 参见蒋月编著：《中华人民共和国婚姻法评注：夫妻关系》，厦门大学出版社 2021 年版，第 14 页。

(一)指控和认定构成家庭暴力,均需要证明

在样本案例杜某、邓某离婚后损害赔偿责任纠纷案中,杜某主张其曾受到家庭暴力的伤害,有伤残鉴定、生效的刑事判决书认定邓某实施家庭暴力已构成了故意伤害罪并被追究刑事法律责任等证据为证的。此处不赘述。

在典型判例廖某与廖某离婚纠纷中,广东省深圳市龙岗区人民法院查明,“原告以其与被告结婚17年以来,被告对其家暴行为致使严重受伤的就达6次,经被告请求悔改并写保证书,原告原谅后,被告于2020年3月12日晚,被告再次殴打原告致脸颊流血,致双方夫妻感情完全破裂”。其中,被告于2009年6月30日向原告出具道歉书,载明:前几天,因被告未能控制住情绪,致原告受伤一事,在此正式向原告道歉,同时接受原告就此事提出的合理要求等内容。2009年7月16日,被告又向原告出具关于以后不再动手打老婆保证书,载明:“前段时间,因本人未能控制自己的情绪,动手打了老婆,致使老婆身体和心灵受到伤害,同时给儿子和家庭造成极大影响,本人意识到问题的严重性,为着向老婆、儿子、家庭负责,本人在此保证:今后无论发生任何事情,在任何情况下,均不得对老婆动手及殴打,并努力去消除上次动手事件造成的恶劣影响。再次说明:老婆、儿子对不起!”2018年4月28日,被告再向原告出具承诺书,载明:“本人被告承诺,即日起,无论何种情况下,均不首先动手打老婆,如有违反,自愿选择净身出户。”龙岗法院认定,被告在婚姻存续期间,对原告实施多次家庭暴力,有道歉书、关于以后不再动手打老婆保证书、承诺书以及原告受到家庭暴力后受伤的照片予以证明,故本院认定被告在婚姻存续期间对原告有实施家庭暴力。在发生家庭矛盾时,双方应寻找矛盾根源,加强沟通,以平等协商、互谅互让、合理协调的原则去解决分歧,而非用暴力去解决,故本院对被告的抗辩理由不予采信。①

在赵某与王某离婚纠纷再审审查与审判监督案中,再审申请人赵某主张,“原审法院将双方偶尔产生的两次家庭冲突直接认定为赵某的家庭暴力,事实认定错误。一审法院仅根据两段选择性录音,在无其他证据进行佐证的情况下,便认定赵某构成家庭暴力,明显证据不足。赵某没有造成王某身体伤害,反倒是王某给赵某造成轻微伤。原审法院对王某的行为不进行任何认定,属于事实严重认定错误”。北京市高级人民法院认为,再审审查期间,赵某持原上诉理由提出再审申请,且未提交新证据。原审法院认定赵某实施家庭暴力并非仅依据录音,还有报警记录等其他事实依据。赵某的现有证据不足以推翻原判决。②

在郝某离婚纠纷案中,尹某申请再审称,请求依法判决郝某承担因家庭暴力导致尹某

① 参见广东省深圳市龙岗区人民法院民事判决书,(2020)粤0307民初18080号。

② 参见北京市高级人民法院民事裁定书,(2021)京民申6513号。

受伤住院治疗费用和精神损失费；主张原审法院关于郝某对尹某实施的家暴事实没有查清，导致判决结果错误。郝某存在多次严重家暴行为，尹某原审提供了证据及治疗病历、票据。辽宁省高级人民法院经审查认为，“关于尹某主张郝某存在多次严重家暴行为的问题。根据民事诉讼法的相关规定，尹某应当对其主张的情况承担举证证明责任。尹某虽主张有证人可以证明，但是原审期间证人未依法出庭作证，尹某提供的治疗病历和票据不足以证明郝某存在家暴行为以及尹某的相关病情是郝某造成的，故原审判决未支持其提出的要求郝某赔偿医疗费和精神损失费的请求，并无不当”。[①]

（二）主张和判定造成家庭成员受伤的行为属于正当防卫或者无过错的，应举证证明

在廖某与廖某离婚纠纷中，深圳市龙岗区人民法院认定“被告答辩称 2020 年 3 月 13 日的那次动手打原告，系因原告挑起并主动出手打人在先。但被告没有提交相关证据予以证明，同时，本院认为婚姻生活中出现了矛盾和争吵属于生活中的正常行为，夫妻之间在生活、习惯等方面存在差异，甚至摩擦在所难免。被告应当珍惜双方之间的感情，互相尊重，互相关爱，互相扶持”[②]。

在王某与武某侠离婚纠纷申请再审案件中，王某申请再审称，一审、二审法院认定“被上诉人有家庭暴力，属于过错方，依照照顾女方原则，可以给上诉人适当多分”明显错误。《反家庭暴力法》第 2 条规定，本法所称家庭暴力，是指家庭成员之间以殴打、捆绑、残害、限制人身自由以及经常性谩骂、恐吓等方式实施的身体、精神等侵害行为。虽然王某于 2019 年 9 月 16 日造成武某侠受伤，但武某侠受伤是源于双方在争吵过程中，武某侠拿刀伤害王某，王某的行为属于正当防卫，并非故意为之，且武某侠所受伤害是否达到轻微伤程度没有证据证明。因此，王某的行为不能被认定为家庭暴力，王某在本案中不存在任何过错，二审法院判决王某承担精神抚慰金 10,000 元错误。陕西省高级人民法院经审查认为，“2019 年 9 月 16 日晚，王某和武某侠因琐事发生争吵，王某将武某侠打伤，经长武县人民医院诊断：左侧第九肋骨骨折，右侧第三、四肋骨形态欠规则，右侧胸腔积液。王某对于打伤武某侠一事认可，但主张因武某侠欲先伤害，其行为属于正当防卫，但王某对于其主张并未提交证据证明，原审根据武某侠受伤程度，认定王某对武某侠实施家庭暴力正确。王某主张其行为不构成家庭暴力的理由不能成立。关于婚生子王某轩的抚养问题，王某存在家庭暴力行为，由王某抚养孩子不利于孩子的身心健康。武某侠有固定收入，有条件照顾孩子的学习和生活，原审判决由武某侠抚养婚生子王某轩亦合情合理”。[③]

---

① 参见辽宁省高级人民法院民事裁定书，(2021) 辽民申 1050 号。

② 参见广东省深圳市龙岗区人民法院民事判决书，(2020) 粤 0307 民初 18080 号。

③ 参见陕西省高级人民法院民事裁定书，(2021) 陕民申 362 号。

四、本判例的意义

(一)部分家庭中存在严重或较为严重的家庭暴力,受害人有权请求精神损害赔偿

样本案例杜某、邓某离婚后损害责任纠纷案,提供了下列重要事实和启示:(1)遭受家庭暴力伤害的受害人有权请求施暴者承担精神损害赔偿责任。杜某受到前夫严重家庭暴力损害导致九级伤残,其精神受损害是显而易见的,故其请求精神损害赔偿。无论婚姻法时代还是实施《民法典》以来,相关立法均允许离婚损害赔偿包括精神损害赔偿。杜某在离婚后损害赔偿中请求精神损害赔偿,不是在离婚诉讼中一并请求离婚损害赔偿,确实不常见,但其只要此前离婚诉讼中未曾请求精神损害赔偿或者请求赔偿而未获法院支持,杜某离婚后,依然有权向法院请求因家庭暴力伤害导致的精神损害赔偿的。杜某的请求原则上也得到了一审法院支持。不料,在二审期间,朝阳中院却认为在刑事附带民事诉讼或者单独就精神损害提起民事诉讼,不属于法院受理范围,裁定撤销了一审判决。朝阳中院的这一判断不符合离婚损害赔偿立法的精神。所以,在再审程序中,杜某的精神损害赔偿请求得到了法院支持。(2)民事诉讼当事人的诉求未获法院支持的裁判文书生效后,确认己方的诉求具有事实依据和法律依据的当事人,可以向相关检察院申诉寻求检察院支持。在样本案例中,杜某向辽宁省高级法院申诉后,得到了检察院支持,后者向辽宁省高级人民法院提起抗诉。这是再审程序启动并最终使得杜某的诉请得到再审法院支持的重要因素。检察院作为法律专门机关,其介入并抗诉,无论是收集证据、解读法律和说理的能力等,明显优于杜某个人。检察院作为监督机关,其抗诉意见势必会受到法院高度重视。

深圳市龙岗区人民法院“认定被告在婚姻存续期间对原告有实施家庭暴力”。首先,家庭暴力存续超过十年有余,也意味着受害人长期生活在会受到家庭暴力伤害的恐惧中。在该判例中,法院查明,丈夫廖某从婚后第三年,即 2009 年 6 月殴打老婆,致妻子受伤,到 2020 年 3 月 13 日动手殴打妻子,导致脸颊流血,其间,2009 年 6 月、7 月、2018 年,丈夫均曾实施家庭暴力,虽曾经出具承诺书等保证不再施暴,然而,均未兑现,家庭暴力依旧一次次地落在妻子身上。其次,丈夫的家庭暴力导致妻子“身体和心灵受到伤害,同时给儿子和家庭造成极大影响”。该判例中,丈夫是家庭暴力实施者,妻子是受害人,而孩子因暴露在家庭暴力中也受到伤害。最后,家庭暴力往往难以仅凭当事人自身努力就予以遏止。判例中的被告身为丈夫,对妻子实施家庭暴力后,一次次地出具保证书,例如,承诺“无论何种情况下,均不首先动手打老婆,如有违反,自愿选择净身出户”,不久,又对妻子实施了暴力。无论该判例中的丈夫出具保证时真心悔过与否,其事后行为表明他并没有真正改过自新。这种情形不是个例,相反,是家庭暴力中的常见现象。这正是法律积极干预家庭暴力的重要原因之一,并将因家庭暴力造成夫妻感情破裂列入法定离婚事由之一。对家庭暴力,正确态度是“零容忍”,必须认识到家庭暴力是违法行为,绝不可掉以轻心;继而应当避免发生或者阻止发生,如果仅凭自身努力而不足以防范时,应当积极寻求外界帮助;

当自身私力救济不力时，应当积极寻求公力救济。

（二）指控家庭暴力的，应有证据证明

1. 证明家庭暴力的证据。根据2021年修正的《民事诉讼法》第66条规定，证据包括下列八大类：

（1）当事人的陈述。当事人在诉讼活动中就有关案情向司法机关及其工作人员所作的叙述，是重要的证据材料。

（2）书证。例如，当事人的日记、声明；当事人所在单位开具的证明；当事人所在社区或者居民委员会或者村委会开具的证明；医疗诊断或者就诊病历资料证明等。

（3）物证。物证是指以其存在的形状、质拭、规格、特征等来证明案件事实的证据。常见的物证有争议的标的物、侵权损害的物体或物品（加工的物品、衣物等），遗留的痕迹（印记、指纹）等。

（4）视听资料。视听资料，又称“音像资料”，是指借助电磁、光电、电子计算机设备等技术手段所记载和再现的声音、图像、数据等信息资料，可区分为录音、录像、电脑数据以及红外线、中子束、激光等测验仪器提供的资料。第15条规定，“当事人以视听资料作为证据的，应当提供存储该视听资料的原始载体”，以审查信息存贮、输出、转换等环节是否存在误差，资料内容有无人为篡改等情况。

（5）电子数据。电子数据是案件发生过程中形成的，以数字化形式存储、处理、传输的，能够证明案件事实的数据。电子数据是基于计算机应用、通信和现代管理技术等电子化技术手段形成的包括文字、图形符号、数字、字母等的客观资料。2019年修正的《民事诉讼证据规定》第14条规定：“电子数据包括下列信息、电子文件：（一）网页、博客、微博客等网络平台发布的信息；（二）手机短信、电子邮件、即时通信、通讯群组等网络应用服务的通信信息；（三）用户注册信息、身份认证信息、电子交易记录、通信记录、登录日志等信息；（四）文档、图片、音频、视频、数字证书、计算机程序等电子文件；（五）其他以数字化形式存储、处理、传输的能够证明案件事实的信息。”第15条第2款还规定：“当事人以电子数据作为证据的，应当提供原件。电子数据的制作者制作的与原件一致的副本，或者直接来源于电子数据的打印件或其他可以显示、识别的输出介质，视为电子数据的原件。”

（6）证人证言。邻居、同事，同学、朋友、亲戚等人听到、看见当事人实施或者遭受到家庭暴力的，作证证明家庭暴力或者疑似家庭暴力发生的。例如，在某案件中，证人邹某某陈述：据他观察，“702居住的两口子经常吵架，有时男人还打孩子”。证人陈某乙的证言证实，“2020年2月15日凌晨3点多钟和5点多钟的时候，听到楼上有男人的叫声，像是人身上疼痛得受不了发出的叫声，只叫了一两声就停了”，这种叫声把他和旁边6－2的人都吵醒了。他们在各自阳台上向上看的时候,6-2的邻居说可能是7-2家两口子在扯皮。[①]

(7)鉴定意见。鉴定意见是指有关行业的鉴定人就案件中的专门问题出具的专业意见。就其本质,它是一种证人证言,所以,其质证与证人证言质证规则相同。

(8)勘验笔录。现场勘验检查笔录、现场图、现场照片。

2. 本判例中的证据分析。凡证据,必须查证属实,才能作为认定事实的根据。在本判例中,被指控实施家庭暴力的丈夫曾经签署过道歉书、保证书等承认家庭暴力行为的书证,原告得以完成了举证责任。

举证难是家庭暴力指控和审理中的重要问题。由于家庭暴力发生在家庭等隐秘场所,通常无影像资料,无目击证人,受害人因为情势所逼,时常无法收集和保存证据,或者当时有所保存,但夫妻和好后,因施暴者要求或者受害人原谅而将证据予以销毁;即使有医疗诊断或者伤情记录,但因就诊当时未言明是受到家庭暴力伤害,伤情报告与家庭暴力指控之间的关联性不足而难以证实家庭暴力存在,故家庭暴力的取证难、指控人举证难是法学界和司法公认的事实。该判例中,指控人有保存施暴丈夫当年承认施暴的几份书证及妻子因家庭暴力受伤的照片予以证明,尽管(被告)在诉讼中为打人行为辩解,称"2020年3月13日的那次动手打原告,系因原告挑起并主动出手打人在先",但是,被告没有提交相关证据予以证明。法院认为,婚姻生活中出现了矛盾和争吵属于生活中的正常行为,夫妻之间在生活、习惯等方面存在差异,甚至摩擦在所难免。被告应当珍惜双方之间的感情,互相尊重,互相关爱,互相扶持。在发生家庭矛盾时,双方应寻找矛盾根源,加强沟通,以平等协商、互谅互让、合理协调的原则去解决分歧,而非用暴力去解决,故法院对被告的抗辩理由不予采信。[②]

此外,在该判例的法院判决书中未出现家暴受害人申请离婚损害赔偿的情况,是值得关注的问题。原告是未知享有离婚损害赔偿请求权未行使请求权,还是原告已知晓享有此请求权而放弃行使?不得而知。

五、后续判例和规范的发展

(一)后续判例发展

在再审申请人赵某因与被申请人王某离婚纠纷案中,赵某申请再审称"原审法院将双方偶尔产生的两次家庭冲突直接认定为赵某的家庭暴力,事实认定错误。一审法院仅根据两段选择性录音,在无其他证据进行佐证的情况下,便认定赵某构成家庭暴力,明显证据不足。赵某没有造成王某身体伤害,反倒是王某给赵某造成轻微伤。原审法院对王某

---

① 参见重庆市高级人民法院刑事附带民事判决书,(2020)渝刑终130号。

② 参见广东省深圳市龙岗区人民法院民事判决书,(2020)粤0307民初18080号。

的行为不进行任何认定，属于事实严重认定错误”。北京市高级人民法院经审查认为，“当事人对自己提出的主张，有责任提供证据。没有证据或证据不足以证明当事人的事实主张的，由负有举证责任的当事人承担不利后果。再审审查期间，赵某持原上诉理由提出再审申请，且未提交新证据。原审法院认定赵某实施家庭暴力并非仅依据录音，还有报警记录等其他事实依据”。于 2021 年 11 月 30 日裁定驳回赵某的再审申请。①

在张某与刘某等生命权、身体权、健康权纠纷民事一审案件中，被告刘某因给过世的母亲“做七”，将其母亲头发供奉在佛像后面并点上了香，被告罗某因故掐掉了被告刘某供奉母亲的香，双方因此发生争执。在双方争执过程中，原告张某经过被告刘某身旁摔倒。被告罗某随即报警，上海市公安局闵行分局金都派出所受案处理，对相关人员询问并制作询问笔录，2019 年 5 月 7 日，上海市公安局闵行分局金都派出所向被告刘某出具家暴告诫书，载明“现查明你于 2019 年 5 月 2 日 9 时 30 分许在上海市闵行区 × × 路 × × 弄 × × 号 × × 室内推倒你的丈母娘张某，致使张某倒地受伤，以上事实有证人证言、被害人陈述、书证、鉴定意见、违法嫌疑人的陈述等证据证实”。2019 年 5 月 6 日，经上海市公安局闵行分局金都派出所委托对原告张某的损伤程度进行司法鉴定，2019 年 5 月 14 日上海 A 有限公司出具司法鉴定意见书，鉴定结论为被鉴定人张某的伤情左桡骨远端粉碎性骨折、左尺骨茎突骨折、左股骨颈骨骨折构成轻伤。原告受伤后先后至上海市第六人民医院及上海市第五人民医院就诊。根据原告申请，法院依法委托上海 B 有限公司对原告的残疾等级（肢体）及损伤后休息、营养、护理期进行司法鉴定，2021 年 4 月 27 日该公司出具鉴定意见书：被鉴定人张某因被他人推倒受伤致左桡骨远端、左尺骨茎突及右股骨粗隆骨折，后遗左腕关节活动功能丧失 50% 以上，构成人体损伤致残程度分级九级残疾；后遗左髋关节活动功能丧失 25% 以上，构成人体损伤致残程度分级十级残疾。以上事实，有家庭暴力告诫书、询问笔录、通话录音、鉴定意见书、鉴定费发票、病历卡、医疗费票据等证据以及当事人的陈述可证实，并均经庭审质证。

上海市闵行区人民法院认为，本案争议焦点之一，是被告刘某是否对原告张某实施了侵权行为。在 2019 年 5 月 7 日公安机关对被告刘某做的询问笔录中，被告刘某称当时和被告罗某因为燃香等琐事发生争执，互相推搡了几下，在家中做工的护理阿姨也在他们两个人中间劝架，当时并没有注意到原告张某在他旁边，直到原告张某摔倒在地他才发现。当时情况很混乱，被告刘某也不清楚是否和原告张某有肢体接触。在同日公安机关对原告张某的护理阿姨李某做的询问笔录中，李某称当时被告刘某与被告罗某因为一点小事发生争执，然后被告刘某想打被告罗某，其立马上去劝阻，其想将被告罗某推到她的房间里去，避免发生打架，在推的过程中其听到有人摔倒了，回头一看就看到原告张某摔倒在

① 参见北京市高级人民法院民事裁定书，（2021）京民申 6513 号。

地,不能动弹。当时其背对着男主人(被告刘某),没有看到原告张某是怎么摔倒的。根据在案证据可以看出,在被告刘某和被告罗某争执过程中,原告张某摔倒是在护理阿姨李某将被告罗某往其房间推的过程中发生的,当时李某系背对被告刘某及原告张某,被告罗某不存在碰倒原告张某的可能性,且被告刘某虽坚持称未故意推倒原告张某,但对其是否碰倒原告张某前后表述矛盾可见,被告刘某对其碰倒原告张某的事实基本是明确的,故对于被告刘某对原告张某实施了侵权行为的事实本院予以确认。本案争议焦点之二,是被告刘某对原告损害结果的发生是否具有过错。根据法律规定,行为人因过错侵害他人民事权益,应当承担侵权责任。这里的"过错",不仅包括故意,也包括过失,对于家暴告诫书中"推倒"行为的定性并非本案争议焦点,家暴告诫书是否存在程序、内容违法的问题亦对本案无实质影响,即使被告刘某并非故意推倒原告张某,其因过失将原告碰倒的行为也具有过错,对因此导致的原告的损害亦应当承担侵权责任。被告罗某当时并未实施侵权行为,且原告张某倒地也非发生在被告刘某与被告罗某互相推搡的过程中,故被告罗某对损害的发生并无过错。本案争议焦点之三,是原告张某自身对损害结果的发生是否具有过错。被告辩称"原告不顾自己体弱多病,年事已高,在被告夫妻争吵时走过来,自身亦具有一定的责任",原告张某虽年事已高,但当时被告刘某与被告罗某系夫妻关系,原告张某出于劝架的目的走到被告刘某身边,符合常理,如因此认定原告张某具有过错则有违社会公序良俗,故法院认定原告张某对损害的发生不存在过错。2021 年 10 月 12 日,判决被告刘某于本判决生效之日起 10 日内赔偿原告张某 12 万余元①。

相关刑事判例充分证明了家庭暴力的严重程度及其造成的危害。在朱某梅故意杀人罪二审中,重庆市高级人民法院认为,上诉人朱某梅因不满被害人侯某乙长期殴打其本人及其子熊某甲,采取勒颈、捂口鼻等方式致侯某乙死亡,其行为已构成故意杀人罪,依法应予惩处。朱某梅因其犯罪行为给原审附带民事诉讼原告人造成的经济损失,应当承担赔偿责任。关于上诉人朱某梅提出被害人侯某乙长期对她和孩子实施严重家庭暴力,有重大过错以及其辩护人提出本案系家庭纠纷引发,在案发起因上被害人有重大过错的辩解和辩护意见,经查,朱某梅与侯某乙婚后经常为管教孩子的事情发生争吵,并且侯某乙有打骂朱某梅和孩子的行为,激化了与朱某梅的矛盾,对于引发本案具有一定过错,但尚不构成重大过错。上述辩解和辩护意见不能成立,本院不予采纳……关于上诉人朱某梅上诉提出原判赔偿金额过高的意见,经查,因被害人在本案中有一定过错,应承担相应责任。原判对于朱某梅应当赔偿的丧葬费计算有误,应予纠正。该上诉意见成立,本院予以采纳。2020 年 12 月 3 日,终审判处上诉人(原审被告人)朱某梅犯故意杀人罪,判处有期徒刑 15 年,剥夺政治权利 5 年;上诉人(原审被告人)朱某梅赔偿原审附带民事诉讼原告人

① 参见上海市闵行区人民法院民事判决书,(2020)沪 0112 民初 15758 号。

侯某甲、李某某经济损失共计人民币252,785.7元①。

在引发社会广泛关注的“拉姆案”中，网红主播“拉姆”阿某初在直播时被前夫唐某2泼汽油烧伤致死。2021年10月14日，四川省阿坝藏族羌族自治州中级人民法院经公开审理并当庭宣判。法院经审理查明，被告人唐某2与被害人阿某初于2009年9月1日登记结婚。婚后，夫妻二人常因家庭琐事发生争吵，唐某2多次殴打阿某初。2020年3月9日在金川县民政局获准登记离婚。唐某2多次找阿某初，要求复婚。同年3月24日双方办理了复婚手续。2020年5月18日，阿某初向金川县人民法院提起离婚诉讼，诉称在长子唐某某出生后，唐某2经常对其进行殴打辱骂。同年6月24日，经县人民法院主持调解，双方自愿协议离婚。第二次离婚后，唐某2多次找阿某初复婚被拒绝，因此心生怨恨。2020年9月14日20时30分许，唐某2前往金川县观音桥镇的阿某初父亲家，向正在厨房进行网络直播的阿某初淋泼汽油并点火，致其烧伤，并于半月后经医治无效死亡。唐某2在逃离现场后，被抓获。一审法院认定被告人唐某2犯故意杀人罪，判处死刑，剥夺政治权利终身；赔偿因犯罪行为给附带民事诉讼原告人造成的物质损失。且犯罪手段极其残忍，社会影响极其恶劣，所犯罪行极其严重，依法应予严惩，四川省高级人民法院二审维持原判。②

（二）后续规范的发展

禁止家庭暴力，反对家庭暴力，是近年来我国法律的一贯立场。特别是《反家庭暴力法》针对家庭暴力，采取“零容忍”态度，对家庭暴力的干预，不仅针对家庭成员，而且凡共同生活的人之间实施的暴力，也纳入家庭暴力范围加以规制，大力促进了个人文明和家庭文明。其中，人身安全保护令制度为家庭中的弱者提供了盾牌，有利于及时制止发生或者行将发生的家庭暴力，保护受害人免受家庭暴力的伤害。《民法典》人格权编全面规定了自然人享有的生命权、身体权、健康权等一系列人格权益，把对独立个人的保护提升到了一个更高的水平。

1.2024年修正的《未成年人保护法》加大了对未成年人的家庭保护。该法第20条规定：“未成年人的父母或者其他监护人发现未成年人身心健康受到侵害、疑似受到侵害或者其他合法权益受到侵犯的，应当及时了解情况并采取保护措施；情况严重的，应当立即向公安、民政、教育等部门报告。”第21条规定：“未成年人的父母或者其他监护人不得使未满八周岁或者由于身体、心理原因需要特别照顾的未成年人处于无人看护状态，或者将其交由无民事行为能力、限制民事行为能力、患有严重传染性疾病或者其他不适宜的人员

---

① 参见重庆市高级人民法院刑事附带民事判决书，(2020)渝刑终130号。

② 吴光于：《“拉姆”遭前夫泼汽油致死案被告人被判处死刑》，载中国法院网2021年10月14日，https://www.chinacourt.org/article/detail/2021/10/id/6313501.shtml。

临时照护。未成年人的父母或者其他监护人不得使未满十六周岁的未成年人脱离监护单独生活。”第22条规定:“未成年人的父母或者其他监护人因外出务工等原因在一定期限内不能完全履行监护职责的,应当委托具有照护能力的完全民事行为能力人代为照护;无正当理由的,不得委托他人代为照护。未成年人的父母或者其他监护人在确定被委托人时,应当综合考虑其道德品质、家庭状况、身心健康状况、与未成年人生活情感上的联系等情况,并听取有表达意愿能力未成年人的意见。具有下列情形之一的,不得作为被委托人:(一)曾实施性侵害、虐待、遗弃、拐卖、暴力伤害等违法犯罪行为;(二)有吸毒、酗酒、赌博等恶习;(三)曾拒不履行或者长期怠于履行监护、照护职责;(四)其他不适宜担任被委托人的情形。”第23条规定:“未成年人的父母或者其他监护人应当及时将委托照护情况书面告知未成年人所在学校、幼儿园和实际居住地的居民委员会、村民委员会,加强和未成年人所在学校、幼儿园的沟通;与未成年人、被委托人至少每周联系和交流一次,了解未成年人的生活、学习、心理等情况,并给予未成年人亲情关爱。未成年人的父母或者其他监护人接到被委托人、居民委员会、村民委员会、学校、幼儿园等关于未成年人心理、行为异常的通知后,应当及时采取干预措施。”期待这些措施和制度的实施,能为未成年人建设起一个安全温暖友爱的家庭环境,促进未成年人健康成长。

《民法典婚姻家庭编解释(一)》第1条规定,持续性、经常性的家庭暴力,可以认定为《民法典》第1042条(禁止家庭成员间的虐待和遗弃)、第1079条(实施家庭暴力或者虐待、遗弃家庭成员)、第1091条(虐待、遗弃家庭成员)所称的“虐待”。家庭成员或者其他相关人员实施家庭暴力的,都应及时制止,并使其依法受到矫正、惩处;要做到对家庭暴力实行“零容忍”。

2. 加强人身安全保护令的贯彻实施是预防和制止家庭暴力发生或者再发生的有效措施。2022年3月,最高人民法院、全国妇联、公安部等六部委共同发布了《关于加强人身安全保护令制度贯彻实施的意见》,细化和完善了针对家庭暴力的发现、证据收集、执行联动等机制。为了解决人身安全保护令案件中的法律适用难点问题,统一法律适用标准,明晰裁判规则,最高人民法院《关于办理人身安全保护令案件适用法律若干问题的规定》于2022年7月14日公布,并于同年8月1日起施行。该规定共13条,主要内容有下列五方面:(1)明确人身安全保护令案件不依附于离婚等民事诉讼程序。人身安全保护令的申请、审理、执行等均具有高度独立性,[①]从而快速、及时制止和预防家庭暴力。(2)进一步明确家庭暴力的行为类型,不仅包括各种侵害身体、精神的行为,而且包括冻饿、经常性侮辱、诽谤、威胁、跟踪、骚扰等,扩大了人身安全保护令的适用范围。(3)适当扩大代为申请

① 《最高法发布〈最高人民法院关于办理人身安全保护令案件适用法律若干问题的规定〉(附全文)》,载微信公众号“最高人民法院”2022年7月15日,https://mp.weixin.qq.com/s/-Eyz1eZXGKK7QoAicendww。

的情形和代为申请的主体范围。(4)明确证据形式和证明标准。针对大多数当事人无法提供出警记录、告诫书等证据,导致其申请因“证据不足”而被驳回的难点问题,列举了等十种证据形式,包括当事人陈述;被申请人曾出具的悔过书或者保证书等;被申请人与申请人或者其近亲属之间的电话录音、短信、即时通讯信息、电子邮件,医疗机构的诊疗记录等。既指导审判,又为受害人收集、保留证据提供了清晰的行为指引。(5)加大惩治违反人身安全保护令的行为。此外,该司法解释还规定了参照适用《反家庭暴力法》的具体人员范围一般包括共同生活的儿媳、女婿、公婆、岳父母以及其他有监护、扶养、寄养等关系的人。该规定的实施将有助于充分发挥人身安全保护令制度的作用,最大限度保护家庭暴力受害人的合法权益。

3. 九部门联合发布的《告诫制度实施意见》。2024 年 12 月 6 日,公安部、中央政法委、最高人民法院、教育部、民政部、司法部、国家卫生健康委、全国妇联、国务院妇儿工委办公室联合印发了公通字〔2024〕34 号《告诫制度实施意见》的通知。根据该意见,公安机关认定家庭暴力事实,应当满足以下基本证据条件:一是加害人对实施家庭暴力无异议的,需要加害人陈述、受害人陈述或者证人证言;二是加害人否认实施家庭暴力的,需要受害人陈述或者证人证言以及另外一种辅证。公安机关认定家庭暴力事实,可以适用的辅证类型包括:(1)记录家庭暴力发生过程的视听资料;(2)家庭暴力相关电话录音、短信、即时通讯信息、电子邮件等电子数据;(3)亲友、邻居等证人的证言,当事人未成年子女所作的与其年龄、智力相适应的证言;(4)加害人曾出具的悔过书或者保证书等;(5)伤情鉴定意见;(6)医疗机构的诊疗记录;(7)相关部门单位收到的家庭暴力投诉、反映或者求助记录;(8)其他能够证明受害人遭受家庭暴力的证据。《告诫制度实施意见》对告诫制度的实体和程序规范、告诫制度与相关制度的衔接、告诫制度的具体实施等分别作出了明确规定。共同生活的儿媳、女婿、公婆、岳父母以及其他有监护、扶养、寄养、同居等关系的人作为家庭成员以外共同生活的人,其实施的暴力行为,参照该意见规定执行。

4. 存在实施家庭暴力行为,是法院确定未成年子女直接抚养权时考虑的不利因素。《民法典婚姻家庭编解释(二)》第 14 条规定,一方有实施家庭暴力或者虐待、遗弃家庭成员的,有抢夺、藏匿未成年子女而另一方未实施严重侵害未成年子女合法权益的情形的,人民法院应优先考虑由另一方直接抚养未成年子女。

099. 墓碑刻名是否属于符合公序良俗原则的祭奠权行使方式？*

徐某与王某婚姻家庭纠纷案‖浙江省宁波市中级人民法院民事判决书，(2019)浙02民终2702号

| 事实概要 |

徐某潘是一名现役革命军人，于1956年与廖某媚按当地民俗举办仪式结婚。次年，生育一女徐某。1957年，廖某媚不幸病逝。因部队调动，徐某潘到异地工作，徐某由舅舅抚养。1958年，徐某潘与王某登记结婚，生育二女一儿。1959年，廖某媚的坟墓因无人认领而被相关单位做了无主处理。徐某成年后，时常看望父亲徐某潘，与继母王某、同父异母弟妹有往来。1983年，徐某潘去世。1998年，王某将其骨灰安放在某革命烈士陵园。2010年，徐某潘与王某的子女将骨灰移至某陵园生态公墓，墓碑上只刻了徐某潘与王某的名字。徐某多次要求墓碑上刻自己生母廖某媚的名字，王某拒绝。徐某遂于2019年将王某诉至浙江省宁波市鄞州区人民法院，请求法院判决准许在墓碑上刻廖某媚的名字，以供子女后代祭奠，相关费用由原、被告共同承担。

宁波市鄞州区人民法院认为，公民祭奠权的行使应遵循公序良俗。本案中，墓碑对应的墓穴是徐某潘与王某的子女购买，用于安放徐某潘与王某的骨灰，具有特定性。徐某生母廖某媚的坟墓已作无主处理，并非此墓位的特定使用人，判决驳回原告徐某的诉讼请求。徐某不服，提起上诉。宁波市中级人民法院二审认为，徐某无法提供证据证明徐某潘生前有遗愿要在墓碑上刻写廖某媚的名字。王某的意愿符合社会普遍认可的善良风俗，故判决驳回上诉，维持原判。徐某不服，向浙江省高级人民法院申请再审。浙江省高级人民法院于2019年12月做出民事裁定，驳回申请人徐某的再审申请。

| 判决要旨 |

1. 祭奠权作为一项民事权利，是指死者近亲属对死者寄托哀思的权利。我国民事立

---

* 底世清，北京炜衡(杭州)律师事务所律师；雷春红，法学博士，浙江工业大学之江学院副教授、广东华商(杭州)律师事务所律师。

法没有明确规定祭奠权，司法实践中，人民法院根据公序良俗原则、尊重死者生前的意愿裁决，倡导亲属成员间互谅互让、协商处理。

2. 公序，即公共秩序，指国家社会的存在、发展所必需的一般秩序。良俗，即善良风俗，指国家社会存在、发展所必需的一般道德。公序良俗原则，指民事主体在民事活动过程中，不得违反社会一般道德，不得损害社会利益和国家利益。

｜判例评析｜

一、既往相关判例与观点

在本案之前，存在大量亲属间就墓碑刻名的意见分歧而引发的祭奠权纠纷案件。我国民事立法没有明确规定祭奠权及其性质。司法实践中，各地人民法院对其定性不一致，主要有四种意见：祭奠权属于人格权；祭奠权属于身份权；祭奠权是一种权利之外的合法利益；祭奠纠纷不属于民事诉讼的受案范围。① 其中，祭奠权属于一般人格权是大多数法院的观点，如果纠纷涉及名誉侵权等具体人格权，则案由定性为具体人格权纠纷。

在钱某明与钱某良、无锡市乌鹤山公墓一般人格权纠纷案中，江苏省无锡市中级人民法院认为，公序良俗原则是指民事权利主体实施民事法律行为的内容及目的不得违反公共秩序和善良风俗。墓碑是具有人格象征意义的特定纪念物品。根据民间风俗，逝者只立一块墓碑，而且被上诉人（原审原告）钱某良与上诉人（原审被告）钱某明同为逝者的儿子，有权在墓碑上署自己的名字。兄弟之间不应为家庭琐事相互指责，导致矛盾加剧；钱某明执意删除钱某良署名的行为，使钱钟良无法对已逝父母表达哀悼之情和寄托哀思，因此有违善良风俗，同时构成对钱某良人格权的侵犯。钱某良要求在墓碑上恢复、增刻其姓名，合情合理，予以支持，故判决“驳回上诉，维持原判”②。

在郑某水与郑某江、郑某珍、郑某秋名誉权纠纷案中，济南市槐荫区人民法院一审经调查认定，原告郑某水与其父母亲郑某和、赵某英之间存在复杂的家庭矛盾。郑某和去世后，被告郑某江、郑某珍、郑某秋（郑某水的同胞兄弟姐妹）不通知郑某水参加郑某和的葬礼及不在墓碑上刻郑某水的名字是父亲郑某和生前的意见，也是母亲赵某英的意见。一审法院认为，按照中国长幼有序的传统理念，被告遵从其母亲赵某英的意愿办理郑某和的丧葬事宜具有一定合理性，原告主张被告侵权依据不足，不予支持。③ 原告郑某水不服，提起上诉。山东省济南市中级人民法院判决驳回上诉，维持原判。不过，济南市中级人民法院持祭奠纠纷不属于民事诉讼受案范围的观点，判决理由是：上诉人郑某水所主张的事项

---

① 参见曹相见、迟莉佳：《论“祭奠权”何以不能》，载《学习与探索》2019 年第 11 期。

② 参见江苏省无锡市中级人民法院民事判决书，（2018）苏 02 民终 4927 号。

③ 参见山东省济南市槐荫区人民法院民事判决书，（2015）槐民初字第 1283 号。

为社会风俗及习惯,属于道德规范调整的范畴,而非法律规范调整的范畴,并非人民法院受理民事诉讼的范围,故不予审理①。

二、在学理框架内对相关问题的点评

与司法实践中存在大量祭奠权纠纷案件不同,法学界关于祭奠权的研究并不多,且主要探讨祭奠权是否属于一项具体的民事权利,其性质是什么。有观点赞同山东省济南市中级人民法院在前述郑某水与郑某江、郑某珍、郑某秋名誉权纠纷案中的判决理由,提出"悼念权(祭奠权)"归属于"法外空间"的争议,应当交由道德、习惯等民间规范,以私力救济的途径予以解决。② 对此,有学者撰文商榷,认为在针对类似"悼念权(祭奠权)"这类新型权利诉求的时候,法院不能简单地适用法外空间理论对其予以彻底否定,而是应当适用一般侵权构成理论对其进行正确地司法认定。③

主张祭奠权属于一项民事权利的观点中,关于祭奠权的性质,亦存在不同的认识,主要有一般人格权说和身份权说。有观点认为:祭奠权是一种比较特殊的一般人格权,即基于近亲属关系享有的人格利益。祭奠权突出保护的是死者近亲属的精神利益(一种人格利益),是一般人格权。④ 身份权说又包括独立权利说和附属权利说两种观点,持独立权利说的观点认为,祭奠权是民事主体基于亲属关系而产生的一种祭奠的权利。虽然我国法律没有明文规定祭奠权,但《婚姻法》第21条规定,子女对父母有赡养扶助的义务。⑤ 根据该条法律规定的立法精神以及民法中公序良俗的原则,可以推定子女不但对父母拥有生养的责任,同时也有死葬的义务。根据权利义务相统一的原则,该法律义务的背后隐含着一项法律权利,即子女有资格对抗或者请求他人相应地为或不为一定行为,以完成其对父母生养死葬的作为。⑥ 持附属权利说的观点认为,悼念权属于身份权的范畴,虽然不是一种法定民事权利,但符合我国传统伦理道德的观念,可以纳入法律保护的范畴。鉴于墓碑并非不可替代的唯一寄托亲属哀思的方式,立碑者依照死者生前的声明未在墓碑上对死者亲属予以署名,该行为并不构成对死者亲属悼念权的侵害⑦。

虽然法学理论界与实践界对祭奠权的性质仍存在分歧,但一致认为法律应当保护公民的祭奠权益。随着此类案件的增多,大多数学者和法官主张祭奠权是一项独立的民事

---

① 参见山东省济南市中级人民法院民事判决书,(2016)鲁01民终800号。

② 参见曹磊:《习惯在"法外空间"的规范效用》,载《法律适用·案例》2017年第20期。

③ 参见周辉斌:《论法外空间的司法认定》,载《现代法学》2020年第4期。

④ 参见黄建平:《浅析祭奠权的性质及法律保护》,载中国法院网,https://www.chinacourt.org/article/detail/2012/11/id/790208.shtml。

⑤ 参见《民法典》第1067条第2款规定:"成年子女不履行赡养义务的,缺乏劳动能力或者生活困难的父母,有要求成年子女给付赡养费的权利。"

⑥ 参见张蓉、张敏娴:《祭奠权的性质及其法律保护》,载《人民司法》2010年第8期。

⑦ 参见李源国、袁楠:《悼念权的权属辨析》,载《人民司法》2011年第8期。

权利，可依据公序良俗原则，尊重死者生前的意愿处理祭奠权纠纷。

三、本判例的裁判逻辑

本案的争议焦点有下列两个：一是徐某的祭奠权是否受到侵犯；二是墓碑上没有刻廖某媚的名字是否违背公序良俗。

首先，徐某的祭奠权没有受到侵犯。徐某提出，墓碑上未篆刻廖某媚的名字，侵犯其对母亲廖某媚的行孝权、认祖权等。然而，我国法律没有规定上述权利类型，人民法院也没有认定徐某的祭奠权受到侵犯。因为，徐某对其母亲廖某媚的祭奠权不应体现在已故父亲徐某潘的墓碑刻字上，墓碑上不刻其母亲的名字并不代表法律和社会公众不认可廖某媚是徐某的母亲，并由此剥夺了她对母亲的祭奠权。廖某媚的坟墓已于1959年被当成无主处理了，廖某媚不是本案诉争墓位的特定使用人。至于廖某媚的坟墓已被当作无主物处理，与本案无关。

其次，墓碑上没有刻廖某媚的名字，不违背公序良俗基本原则。徐某潘与廖某媚的婚姻构成事实婚姻，符合最高人民法院《婚姻法解释（一）》第5条第1项的规定，即对于没有按规定办理结婚登记而以夫妻名义共同生活的男女，1994年2月1日民政部《婚姻登记管理条例》公布实施以前，男女双方已经符合结婚实质要件的，按事实婚姻处理。[①] 但廖某媚去世，二人的婚姻关系终止。徐某潘与王某登记结婚，双方具有合法的夫妻身份关系，因此，墓碑上刻写徐某潘与王某二人的名字符合传统殡葬礼仪，不违背公序良俗。没有刻廖某媚的名字，从徐某作为女儿的情感上讲也许有所欠缺，但这并没有产生不良的社会影响。因此，人民法院没有支持徐某的主张。

此外，祭奠权的行使应当尊重死者生前的意愿，亲属间应协商处理祭奠问题。宁波市中级人民法院认为，墓碑是逝者安葬地的标志，是立碑人对亡故者祭奠、哀思的物化。亲属之间在处理祭奠问题上应本着互谅互让、互相尊重的原则。墓碑上的署名应以尊重逝者生前意愿为前提，优先考虑逝者生前最后合法配偶意愿，且不能有悖于法律精神和善良风俗。徐某没有证据证明徐某潘生前有将廖某媚作为妻子刻名于墓碑上的意愿，且王某作为徐某潘生前的合法配偶并不同意加刻廖某媚的名字，王某的意愿符合社会普遍认可的善良风俗。故驳回上诉，维持原判。[②] 浙江省高级人民法院再审持相同的意见。

四、本判例的意义

同是亲属间因墓碑刻名意见分歧引起的纠纷，本案的特殊之处在于，死者生前两任合法配偶的名字是否应刻在同一处墓碑上？没有刻写的话，是否违背公序良俗原则？是否侵犯死者近亲属的祭奠权？本案经历了一审、二审和再审，人民法院的判决结果及其观

---

① 参见《民法典婚姻家庭编解释（一）》第7条。

② 参见浙江省宁波市中级人民法院民事判决书，（2019）浙02民终2702号。

点、理由再次说明了祭奠权的行使应遵循公序良俗原则、尊重死者的生前意愿和其他近亲属的情感。可以说,该判例对于类案的审理具有借鉴意义。

徐某生母的姓名未刻写在生父墓碑上,且其生母坟茔已无迹可寻,对于徐某本人而言,的确缺少了常规性的祭奠已故母亲的途径或场所。不过,纪念已故亲人,还可以采用其他的方式和途径,让徐某对亡母祭奠权的行使得以实现。

五、后续判例和规范的发展

黑龙江省的唐某祥、王某一般人格权纠纷案与本案案情具有相似之处。闫某与王某成结婚后生育一子王某。后闫某与王某成因故离婚。闫某于1970年又与唐某结婚,生育一子唐某祥。现闫某、王某成、唐某均已经去世,闫某、唐某、王某成分别单独土葬。王某将闫某的名字刻在父亲王某成的墓碑上,唐某祥认为不妥,将王某诉至哈尔滨市呼兰区人民法院,要求其立即停止侵权行为,去除已刻在墓碑上的名字,并要求闫某与唐某的墓地合葬。哈尔滨市呼兰区人民法院经审理认为,当事人在民事活动中的地位平等。民事活动应当尊重社会公德。墓碑不仅是逝者安葬地的标志,也是承载亲属悼念哀思的纪念物。本案的双方当事人即死者的两个儿子均享有对死者祭奠、悼念的权利。王某只是将其母亲闫某的名字刻在其父亲王某成的墓碑上,表示悼念追思,并未实际改变死者闫某墓地的原有状态。考虑到死者闫某现已"入土为安",祭奠逝者既是对逝者的缅怀,也是对生者的教化,唐某祥、王某系兄弟,更应该互谅互睦,黑龙江省哈尔滨市呼兰区人民法院(2020)黑0111民初153号民事判决书判决驳回唐某祥的诉讼请求。该案件二审中,黑龙江省哈尔滨市中级人民法院持与一审法院相同的意见,认为,王某将生母闫某的名字刻在生父墓碑上,并不存在歪曲事实或贬损闫某及其近亲属人格的含义,且该行为属于对逝去亲人的祭奠且未突破公序良俗原则的要求,故对唐某祥的诉请,一审法院未予支持,并无不当①。

《民法典》第8条规定:"民事主体从事民事活动,不得违反法律,不得违背公序良俗。"由于公序良俗原则具有概括性、非规范性的特点,人民法院在审理因墓碑刻名引起的祭奠权纠纷案件中,也存在不同的意见。例如,在吴某1与吴某2人格权纠纷案件中,原告吴某1与被告吴某2是亲姐妹,二人的父亲吴某骑去世后,吴某2出资购买墓地,在墓碑上刻写吴某1、吴某2的署名。2018年2月,吴某2除去了原刻写在墓碑正面和背面上的吴某1的姓名,吴某1遂将吴某2诉至北京市东城区人民法院。北京市东城区人民法院审理后认为,民事主体从事民事活动,应当遵循诚信原则,秉持诚实,恪守承诺,不得违反法律,不得违背公序良俗。原告吴某1既未对父亲的墓地出资,亦在侍奉母亲一事中未身体力行取得家族亲属认可,竟先行将妹妹吴某2诉至法院要求在墓碑上署名,其行为实属本末倒置,故吴某1要求吴某2将父亲墓碑恢复原状、赔礼道歉、赔偿精神损失的诉讼请求于法

① 参见黑龙江省哈尔滨市中级人民法院民事判决书,(2020)黑01民终8199号。

无据，法院不予支持，判决驳回吴某1的诉讼请求［北京市东城区人民法院（2019）京0101民初19710号民事判决书］。吴某1不服，提起上诉。北京市第二中级人民认为，吴某1、吴某2二人约定共同出资购买墓地，且在吴某骑骨灰安葬在涉诉墓地时，墓碑正面、背面均刻有吴某1、吴某2的名字，表明双方均认可是共同为父亲吴某骑敬立墓碑。现吴某2因墓地出资、赡养母亲以及家族亲属意见等因素，将吴某1名字从墓碑上除去，理由不能成立，也违背了我国的公序良俗。故二审判决撤销原判，改判吴某2应将吴某1、吴某2名字并列铭刻于吴某骑的墓碑上①。

《民法典》没有将祭奠权规定为一项具体的人格权，司法实践中，人民法院依据一般人格权的规定处理此类案件是合适的。但关于公序良俗的认定与理解存在分歧在所难免，然而祭奠权纠纷大多发生在亲属成员之间，法官基于亲情的劝说在很大程度上可以化解矛盾、有效处理纠纷。

① 参见北京市第二中级人民法院民事判决书，（2020）京02民终3744号。

100. 涉外离婚案件管辖权冲突的解决*

上诉人董某某与被上诉人张某离婚纠纷案‖广东省深圳市中级人民法院民事裁定书,(2020)粤03民终24272号;上诉人林某某与被上诉人史某某离婚纠纷案‖广东省深圳市中级人民法院民事裁定书,(2018)粤03民终6034号

事实概要

案例1:董某某与张某于1988年2月27日在福建省泉州市鲤城区民政局登记结婚,后均成为香港特别行政区居民。张某于2011年在香港特别行政区法院诉讼离婚,案件尚未审结。董某某在其后向深圳市福田区人民法院提起离婚之诉,要求解除婚姻关系并分割在深圳市的房产。董某某向法院提交的中华人民共和国港澳居民居住证显示其住址为广东省深圳市福田区。张某提出管辖权异议,认为该离婚诉讼已被香港特别行政区法院受理,深圳法院无管辖权。深圳市福田区人民法院裁定驳回董某某起诉。董某某认为深圳市福田区人民法院对本案有管辖权,应受理本案并进行实体审理,于是向深圳市中级人民法院提起上诉。深圳市中级人民法院裁定撤销广东省深圳市福田区人民法院(2020)粤0304民初12823号民事裁定,指令广东省深圳市福田区人民法院审理本案。

案例2:林某某与史某某的户籍住址为广东省深圳市福田区雅颂居×座18B。二人于1999年11月19日在中国河南省登记结婚,2014年9月30日一起去美国,未取得美国国籍,也无美国永久居留权。在美国生活期间,史某某因家庭纠纷杀害林某某的亲属而被刑事拘留并进入司法程序。林某某已于2016年1月18日向美国加利福尼亚州洛杉矶高等法院提起解除婚姻关系的申请,美国法院受理但未作出最后判决。2017年2月2日林某某向美国加利福尼亚州洛杉矶高等法院提出终止婚姻关系的分案审理申请。史某某向深圳市福田区人民法院提起离婚之诉,要求解除婚姻关系并分割在深圳市的房产。深圳市福田区人民法院判决准许双方离婚,并分割了双方在深圳的房产、处理了子女抚养问题。

---

* 于飞,厦门大学法学院、马克思主义学院教授、博士生导师。

林某某不服原审法院的判决,向广东省深圳市中级人民法院提出上诉。林某某认为,一审法院在处理财产时未考虑被上诉人史某某刑事犯罪的恶意情形,而且美国法院正在处理被上诉人的刑事案件和离婚诉讼,因而应由美国法院审理双方的离婚纠纷。深圳市中级人民法院认为,被上诉人提出的离婚诉讼由美国法院审理更为适宜,本院属于不方便法院,所以裁定撤销广东省深圳市福田区人民法院(2016)粤0304民初24578号民事判决,驳回被上诉人史某某的起诉。

判决要旨

1. 对于双方当事人离婚纠纷的同一争议在我国内地法院和香港特别行政区法院均享有管辖权时,产生了管辖权的积极冲突,根据司法主权原则,我国内地法院依据我国《民事诉讼法》的规定行使管辖权,不受香港特别行政区法院是否已经行使管辖权的影响。2015年修改的《民事诉讼法解释》第533条规定:"中华人民共和国法院和外国法院都有管辖权的案件,一方当事人向外国法院起诉,而另一方当事人向中华人民共和国法院起诉的,人民法院可予受理……"第551条规定:"人民法院审理涉及香港、澳门特别行政区和台湾地区的民事诉讼案件,可以参照适用涉外民事诉讼程序的特别规定。"据此,男方当事人提起的本案离婚诉讼,广东省深圳市福田区人民法院可予受理。

2. 2015年《民事诉讼法解释》第16条规定:"中国公民双方在国外但未定居,一方向人民法院起诉离婚的,应由原告或者被告原住所地人民法院管辖。"根据双方陈述,上诉人和被上诉人没有美国国籍,亦未取得美国的永久居留权,故史某某提起离婚诉讼,深圳法院具有管辖权。但是,由于本案的特殊情况,现阶段对本案诉讼而言,深圳市中级人民法院属于不方便法院,因而应驳回被上诉人的起诉。被上诉人提出的离婚诉讼由美国法院审理更为适宜。

3. 涉外民事诉讼管辖权的冲突是指两个或两个以上法域的法院对同一涉外民事诉讼都主张管辖权或者对同一诉讼都排除或拒绝管辖。前者称为涉外民事诉讼管辖权的积极冲突,后者称为涉外民事诉讼管辖权的消极冲突。

判例评析

一、既往相关判例与观点

上述两案管辖权冲突问题的产生,缘于涉外离婚诉讼中的平行诉讼。平行诉讼在涉外民事诉讼中时常发生,多数国家并不禁止涉外民事诉讼中平行诉讼的存在,我国司法实践也是如此。例如,在"高某与蔡某离婚纠纷上诉案"中,上诉人(原审被告)高某于2015年3月10日在香港区域法院家事法庭对蔡某提出了离婚呈请,香港家事法庭于当日受理该呈请且已进入审理程序。被上诉人(原审原告)蔡某于2015年6月19日向北京市朝阳区人民法院提起诉讼，请求判决蔡某与高某离婚，北京市朝阳区人民法院受理了该诉讼。高某在法定答辩期内向一审法院提出了管辖权异议，但异议被法院裁定驳回。高某不服一审法院关于管辖权异议的民事裁定，向北京市第三中级人民法院提起上诉。北京市第三中级人民法院认为，我国《民事诉讼法》未在涉外民事诉讼程序的特别规定中对涉外离婚诉讼的管辖作出具体规定。鉴于本案当事人中的中国公民蔡某的住所地位于北京市朝阳区，且无证据证明蔡某在本案起诉前已离开北京市朝阳区而在该区以外的地址连续居住一年以上，故北京市朝阳区人民法院对本案有管辖权。① 在"TomasTocek 与崔某某所有权纠纷案"中，2011 年 5 月 26 日，TomasTocek 就离婚后的财产分割向加拿大安大略省高等法院提起诉讼，该案在安大略省高等法院并未进行实体处理，也未撤销。随后，TomasTocek 又基于同一个纠纷事实在重庆市北碚区人民法院针对崔某某提起诉讼，重庆市北碚区人民法院受理了该案。一审法院认为，我国目前相关法律对国际平行诉讼尚无明确规定，但处理涉外案件的司法实践允许平行诉讼的存在。最高人民法院在 1985 年《关于旅美华侨张某芬先后向我国法院和美国法院起诉离婚，美国法院已判决离婚，我国法院是否再作判决的批复》中明确表示并不限制平行诉讼。1989 年《全国沿海地区涉外、涉港澳经济审判工作座谈会纪要》第三部分第 1 条第 4 款中提出："凡是中国法院享有管辖权的涉外、涉港澳经济纠纷案件，外国法院或者港澳地区法院对该案的受理，并不影响当事人就同一案件在我国人民法院起诉，但是否受理，应当根据案件的具体情况决定。"1992 年最高人民法院《关于适用〈中华人民共和国民事诉讼法〉若干问题的意见》第 306 条规定："中华人民共和国人民法院和外国法院都有管辖权的案件，一方当事人向外国法院起诉，而另一方当事人向中华人民共和国人民法院起诉的，人民法院可予受理……"这些规定强化了在涉外民商事领域支持平行诉讼的司法理念，表明我国法院对平行诉讼持放任态度。重庆市第一中级人民法院认为，"原判认定事实清楚，适用法律正确"，从而驳回上诉，维持原判。②

不方便法院原则是解决平行诉讼的重要原则。对于该原则的适用，最早可溯源于"赵某琰确认产权案"和"日本公民大某某雄诉中国籍妻子朱某华离婚案"。③ 1999 年，在"住友银行有限公司与新华房地产有限公司贷款合同纠纷管辖权异议上诉案"中，最高人民法院肯定了不方便法院原则的适用，以"由于本案双方当事人均系在香港注册登记成立的法人，该融资贷款协议的签订地、履行地均在香港，当事人又选择香港法作为融资贷款协议的准据法，从方便诉讼的原则考虑，本案由香港特别行政区法院管辖更为适宜，广东省高

---

① 参见北京市第三中级人民法院民事裁定书，(2016)京 03 民辖终 56 号。

② 参见重庆市第一中级人民法院民事判决书，(2014)渝一中法民终字第 01314 号。

③ 参见彭奕：《郭叶律师行诉厦门华洋彩印公司代理合同纠纷管辖权异议案》，载《武大国际法评论》2006 年第 1 期。

级人民法院不宜受理本案”为由，撤销了广东省高级人民法院（1998）粤法经二初字第3号民事裁定书。[①] 2004年，最高人民法院在《涉外商事海事审判实务问题解答（一）》中指出，我国法院可依据不方便法院原则放弃管辖权。2005年最高人民法院《第二次全国涉外商事海事审判工作会议纪要》第11条明确，我国法院在审理涉外商事纠纷案件过程中，如果发现案件存在不方便管辖的因素，可以根据不方便法院原则裁定驳回原告的起诉。

二、在学理框架内对相关问题的点评

平行诉讼是指相同当事人就同一争议同时在系属两个或两个以上法域的法院进行的诉讼。对此，有的国家称之为“一事两诉”或“双重起诉”，也有的国家称之为“诉讼竞合”。平行诉讼包括重复诉讼与对抗诉讼。重复诉讼，是指原告在一法域法院起诉后，又针对同一被告就同一纠纷事实向系属另一法域有管辖权的法院再次起诉。对抗诉讼，是指第一个诉讼的被告依据同一纠纷事实以第一个诉讼的原告为被告向系属其他法域有管辖权的法院提起的诉讼。[②]

平行诉讼的产生与平行管辖紧密联系。从国际民事管辖权制度来看，法院管辖权可分为专属管辖、平行管辖和拒绝管辖等类型。在平行管辖中，一国一般只规定行使涉外民事管辖权的连结因素，如果该连结因素在内国，内国法院就有管辖权，如果该连结因素在外国，则外国法院有管辖权。平行管辖权的规定广泛存在于与国家公共政策仅有少量联系的案件中。各国一般都只在很少案件中规定专属管辖和拒绝管辖，每一个不属于专属管辖权范围但又没有被排除出内国法院管辖范围的案件，都处于各国的平行管辖之下。[③] 平行管辖的产生主要有两个方面原因：从事实看，国际民商事案件的“国际性”决定了这类案件必然存在不在一国境内的多个确定管辖权的联系因素，依据这些联系因素确定对案件的管辖权，不可避免地产生多个相对独立的管辖权。从立法看，国际条约和国内立法承认国际民商事案件依不同联系因素确定管辖权的合理性和合法性，承认平行管辖权的存在。如此，某一案件既有内国管辖权的存在，又未排除对外国管辖权的承认，内国法院主张管辖权的同时，并不否认外国法院也对之享有管辖权，必然会产生涉外民事案件管辖权的冲突。

平行管辖的优势在于其符合国家主权原则，也可以为当事人提供诉讼上的便利，为其获得充分合理的司法救济提供法律保障；弊端在于易引发当事人挑选法院，导致国际民事诉讼管辖权冲突，[④]造成司法资源的浪费和增加司法机关的负担。正因为平行管辖利弊兼具，各国

① 参见最高人民法院民事裁定书，（1999）经终字第194号。

② 参见徐卉：《涉外民商事诉讼管辖权冲突研究》，中国政法大学出版社2001年版，第51页。

③ 参见徐卉：《国际民商事平行诉讼研究》，载《诉讼法论丛》1998年第1期。

④ 参见刘力：《国际民事诉讼管辖权研究》，中国法制出版社2004年版，第78页。

在处理该问题时极少采取一概承认或一概否认的态度，而是区别不同情况确定不同的原则，或停止在本国的诉讼，或制止在外国的诉讼；采用“不方便法院”原则；在能承认外国法院判决的条件下，中止本国的诉讼等。[①] 我国《民事诉讼法》没有规定平行管辖，但最高人民法院在1992年、2015年关于民事诉讼法的司法解释中，均对涉外民事诉讼的平行管辖持接受态度。

“作为解决国际私法上平行诉讼问题的一种方法，不方便法院原则在减轻受案法院的诉累、实现诉讼的公正和效率、避免相互冲突判决的产生等方面具有重要意义。”[②]不方便法院原则是指一国法院根据其国内法或有关国际条约的规定对国际民事案件有管辖权，但从当事人与诉因的关系以及当事人、证人、法院的便利或者花费等方面来看，审理该案极不方便，而由同样具有管辖权的外国法院审理更为适当，因而放弃管辖权的一种制度。这一原则较早出现在苏格兰及美国法院的实践中，并已被英美法系的其他国家和地区采用。大陆法系国家的实践中则不倾向于适用该原则。不方便法院原则的适用在很大程度上依赖于法院的裁量，法官的主观意志在决定是否管辖案件时起很大作用，由此可能使法官的权力过分扩大，从而危害司法的公正。但是，不方便法院原则在协调和解决民事管辖权冲突方面的功能得到了广泛的认可，而且它通过限制本国法院的管辖权还实现了司法任务的简单化，提高了司法工作的效率，有利于当事人利益的正当保护。就我国而言，适用不方便法院原则不仅体现了国际司法礼让的精神，而且符合我国诉讼法关于管辖权规定上便于当事人进行诉讼和便于法院行使审判权的“两便”原则；其适用通过综合权衡各种因素，可以及时公正的解决纠纷，维护我国的公共利益。[③] 我国《民事诉讼法》没有明确规定不方便法院原则。多数学者认为我国应适用不方便法院原则，而且该原则在司法实践中已有多起体现及发展。2015年最高人民法院《民事诉讼法解释》第532条首次规定了不方便法院原则。

三、本判例的规范逻辑

董某某和张某离婚纠纷案为平行诉讼中的对抗诉讼。一审法院以董某某与张某均系香港特别行政区居民，双方已就离婚事宜在香港特别行政区法院提起诉讼且尚未审理终结为由驳回了董某某的起诉。上诉法院首先基于董某某在广东省深圳市福田区有经常居住地的事实，根据《民事诉讼法》第22条之对不在中国领域内居住的人提起的有关身份关系的诉讼，由原告住所地或经常居所地法院管辖的规定，确定原告经常居所地人民法院即深圳市福田区人民法院有管辖权。但是，董某某、张某离婚纠纷的同一争议在我国内地法

---

① 参见于飞：《中国国际私法理论与立法》，中国法制出版社2004年版，第577～579页。

② 黄志慧：《人民法院适用不方便法院原则现状反思——从“六条件说”到“两阶段说”》，载《法商研究》2017年第6期。

③ 参见何其生：《中国的非方便法院原则》，载《武汉大学学报（人文社会科学版）》2000年第5期。

院和香港特别行政区法院均享有管辖权，产生了管辖权的积极冲突。对于该问题的解决，根据2015年最高人民法院《民事诉讼法解释》第533条规定："中华人民共和国法院和外国法院都有管辖权的案件，一方当事人向外国法院起诉，而另一方当事人向中华人民共和国法院起诉的，人民法院可予受理……"第551条规定："人民法院审理涉及香港、澳门特别行政区和台湾地区的民事诉讼案件，可以参照适用涉外民事诉讼程序的特别规定。"因而认定董某某提起的本案离婚诉讼，广东省深圳市福田区人民法院可予受理。

林某某与史某某离婚纠纷案同为平行诉讼中的对抗诉讼。一审法院认为，原告史某某向法院起诉要求离婚，根据原告提供的证据，被告林某某亦已在美国加利福尼亚州洛杉矶县高等法院申请离婚，根据最高人民法院《民事诉讼法解释》第15条[①]规定，法院对原告的起诉有管辖权。因双方均主张要求离婚，表明双方夫妻感情已经破裂，法院据此准予离婚，并对财产分割、子女的抚养等作出判决。上诉法院依据《民事诉讼法解释》第16条规定："中国公民双方在国外但未定居，一方向人民法院起诉离婚的，应由原告或者被告原住所地人民法院管辖。"上诉人和被上诉人没有美国国籍，亦未取得美国的永久居留权，故被上诉人提起离婚诉讼，深圳法院具有管辖权。但是，由于本案的特殊情况，现阶段对本案诉讼而言，上诉法院属于不方便法院，被上诉人提出的离婚诉讼由美国法院审理更为适宜，因而裁定撤销广东省深圳市福田区人民法院（2016）粤0304民初24578号民事判决，驳回被上诉人的起诉。

四、本判例的意义

在涉外离婚案件中，往往因为当事人的身份及居住或生活在不同法域等因素，易引起一方在甲法域法院起诉，而另一方在乙法域法院起诉的情况，从而因平行诉讼而产生涉外离婚案件管辖权的积极冲突。

以上两案即属这种情况。两案的原审法院与上诉法院同为深圳市福田区人民法院和深圳市中级人民法院。上诉法院针对两案的不同，确定前案的管辖权，放弃后案的管辖权。对于前一个案例，上诉法院纠正了原审法院的做法，根据我国司法解释对平行管辖权的肯定，解决了涉外离婚案件管辖权的积极冲突。对于后一案例，上诉法院根据不方便法院原则放弃对涉外离婚案件的管辖权。根据学者对我国法院自1984年至今适用不方便法院原则的案例的考察，法院根据该原则认可自身管辖权或原审法院管辖权的居多，适用该原则拒绝管辖则较为审慎。[②] 上述后一案例肯定深圳法院具有管辖权，但考虑本案的特殊情况，认为被上诉人提出的离婚诉讼由美国法院审理更为适宜，本法院属于不方便法院

---

① 最高人民法院《民事诉讼法解释》第15条规定："中国公民一方居住在国外，一方居住在国内，不论哪一方向人民法院提起离婚诉讼，国内一方住所地人民法院都有权管辖。国外一方在居住国法院起诉，国内一方向人民法院起诉的，受诉人民法院有权管辖。"

② 参见陈向睿：《不方便法院原则在中国法院的适用及完善——以125份裁判文书为视角》，载《武汉大学国际法评论》2021年第2期。

而驳回当事人起诉,不仅反映了法院具有的司法礼让精神,也有利于保护当事人的利益。

2015 年最高人民法院《民事诉讼法解释》第 532 条规定不方便法院原则:“涉外民事案件同时符合下列情形的,人民法院可以裁定驳回原告的起诉,告知其向更方便的外国法院提起诉讼:(一)被告提出案件应由更方便外国法院管辖的请求,或者提出管辖异议;(二)当事人之间不存在选择中华人民共和国法院管辖的协议;(三)案件不属于中华人民共和国法院专属管辖;(四)案件不涉及中华人民共和国国家、公民、法人或者其他组织的利益;(五)案件争议的主要事实不是发生在中华人民共和国境内,且案件不适用中华人民共和国法律,人民法院审理案件在认定事实和适用法律方面存在重大困难;(六)外国法院对案件享有管辖权,且审理该案件更加方便。”深圳市中级人民法院的裁判书中并没有提及该条文。法院适用不方便法院原则的理由是:本案离婚诉讼涉及双方当事人身份关系的处理,但双方均未能亲自到庭,为案件事实的调查带来不便;上诉人已经向美国法院提起解除婚姻关系的申请,美国法院首先受理但未作出最后判决;上诉人和被上诉人均身在美国,且美国法院已对被上诉人展开精神病鉴定,本院无法查实被上诉人的民事行为能力问题。在无法确认被上诉人诉讼主体资格的情况下,本院无法对被上诉人提起的离婚诉讼,进行实体处理。因此,被上诉人提出的离婚诉讼由美国法院审理更为适宜。这些理由严格说来,并不完全符合司法解释第 532 条规定的条件。法院裁判书不提及该条,或许原因在于第 532 条的规定施加了“同时符合下列”六种情形的限制过于严苛,适用门槛过高。实践中,不方便法院原则的适用较为混乱。①

五、后续判例和规范的发展

2022 年,最高人民法院发布了修正后的《民事诉讼法解释》。该司法解释第 531 条、第 530 条仍保留上述 2015 年司法解释第 533 条、第 532 条关于平行诉讼与不方便法院原则的规定不变。

2023 年 9 月 1 日修改通过的《民事诉讼法》的重点是完善其中的第四编“涉外民事诉讼程序的特别规定”,其中包括有关平行诉讼与不方便法院原则的规定。

《民事诉讼法》(2023 年修正)明确了我国对平行诉讼的基本立场。在吸收 2022 年司法解释第 531 条以及 2005 年《第二次全国涉外商事海事审判工作会议纪要》第 10 条②关

① 参见黄志慧:《人民法院适用不方便法院原则现状反思——从“六条件说”到“两阶段说”》,载《法商研究》2017 年第 6 期。

② 2005 年《第二次全国涉外商事海事审判工作会议纪要》第 10 条规定:“我国法院和外国法院都享有管辖权的涉外商事纠纷案件,一方当事人向外国法院起诉且被受理后又就同一争议向我国法院提起诉讼,或者对方当事人就同一争议向我国法院提起诉讼的,外国法院是否已经受理案件或者作出判决,不影响我国法院行使管辖权,但是否受理,由我国法院根据案件具体情况决定。外国法院判决已经被我国法院承认和执行的,人民法院不应受理。我国缔结或者参加的国际条约另有规定的,按规定办理。”

于平行诉讼规定的基础上,《民事诉讼法》(2023 年修正)首次系统规定了平行诉讼。该法第 280 条规定:“当事人之间的同一纠纷,一方当事人向外国法院起诉,另一方当事人向人民法院起诉,或者一方当事人既向外国法院起诉,又向人民法院起诉,人民法院依照本法有管辖权的,可以受理。当事人订立排他性管辖协议选择外国法院管辖且不违反本法对专属管辖的规定,不涉及中华人民共和国主权、安全或者社会公共利益的,人民法院可以裁定不予受理;已经受理的,裁定驳回起诉。”也即是说,对于当事人之间的同一纠纷,无论是重复诉讼还是对抗诉讼,依照民事诉讼法规定,人民法院有管辖权的,即可予以受理,并不受当事人是否已向外国法院提起诉讼的影响。[①] 此外,《民事诉讼法》(2023 年修正)还首次规定了平行诉讼中的中止诉讼制度,充分体现司法礼让原则。该法第 281 条规定:“人民法院依据前条规定受理案件后,当事人以外国法院已经先于人民法院受理为由,书面申请人民法院中止诉讼的,人民法院可以裁定中止诉讼,但是存在下列情形之一的除外:(一)当事人协议选择人民法院管辖,或者纠纷属于人民法院专属管辖。(二)由人民法院审理明显更为方便。外国法院未采取必要措施审理案件,或者未在合理期限内审结的,依当事人的书面申请,人民法院应当恢复诉讼。外国法院作出的发生法律效力的判决、裁定,已经被人民法院全部或者部分承认,当事人对已经获得承认的部分又向人民法院起诉的,裁定不予受理;已经受理的,裁定驳回起诉。”

《民事诉讼法》(2023 年修正)增设了不方便法院原则的规定。该法第 282 条规定:“人民法院受理的涉外民事案件,被告提出管辖异议,且同时有下列情形的,可以裁定驳回起诉,告知原告向更为方便的外国法院提起诉讼:(一)案件争议的基本事实不是发生在中华人民共和国领域内,人民法院审理案件和当事人参加诉讼均明显不方便;(二)当事人之间不存在选择人民法院管辖的协议;(三)案件不属于人民法院专属管辖;(四)案件不涉及中华人民共和国主权、安全或者社会公共利益;(五)外国法院审理案件更为方便。裁定驳回起诉后,外国法院对纠纷拒绝行使管辖权,或者未采取必要措施审理案件,或者未在合理期限内审结,当事人又向人民法院起诉的,人民法院应当受理。”这条规定将 2022 年司法解释第 530 条的规定上升为法律。但它并非照搬司法解释,而是在适用条件方面做了进一步优化:[②]一是删除司法解释关于“被告提出案件应由更方便外国法院管辖的请求”内容,规定不方便法院原则的适用必须因被告提出管辖异议方才启动,如被告未在管辖权异议期间内提出适用该原则,而是在其后案件审理过程中提出的,人民法院不予支持;另外,人民法院亦不得主动适用该原则而拒绝行使管辖权。二是删除了司法解释关于案件不涉及中国公民、法人或者其他组织的利益的规定,仅规定案件不涉及中国主权、安

① 参见沈红雨、郭载宇:《〈民事诉讼法〉涉外编修改条款之述评与解读》,载《中国法律评论》2023 年第 6 期。
② 参见沈红雨、郭载宇:《〈民事诉讼法〉涉外编修改条款之述评与解读》,载《中国法律评论》2023 年第 6 期。

全或者社会公共利益。这样规定表意明确,且能够结合《民事诉讼法》中的相同措辞进行体系化的解释。同时,为不方便法院原则的适用保留了“安全阀”。① 三是将司法解释关于案件不适用中国法律、人民法院适用法律方面存在重大困难的规定,修改为“案件争议的基本事实不是发生在中华人民共和国领域内,人民法院审理案件和当事人参加诉讼均明显不方便。”凸显了审判便利性在不方便法院原则中的中心地位。② 四是该条第 2 款进一步完善了不方便法院原则的适用程序。对于人民法院裁定驳回当事人起诉后,外国法院对纠纷拒绝行使管辖权,或者未采取必要措施审理案件,或者未在合理期限内审结,当事人又向人民法院起诉的,人民法院应当受理,从而防止中外当事人因救济无门而致权利受损。

当然,涉外婚姻家事案件有其特殊的价值考量,《民事诉讼法》(2023 年修正)确认了平行诉讼、不方便法院原则。当然,这仅是发挥其制度功能的第一步,仍需通过相关配套规定予以完善及司法实践促进发展。在推进涉外法治建设的时代背景下,不方便法院原则等作为我国涉外法治体系中确定民商事案件管辖权的重要工具,理应在包括涉外婚姻家事诉讼在内的领域充分实现其功能价值。③

---

① 参见裴洋、张倩:《论中国不方便法院原则中的“中国利益”条款》,载《国际法研究》2024 年第 1 期。

② 参见裴洋、张倩:《论中国不方便法院原则中的“中国利益”条款》,载《国际法研究》2024 年第 1 期。

③ 参见杜焕芳、阮昊翔:《涉外家事诉讼的不方便法院变体与规范检视》,载《法学杂志》2024 年第 2 期。

主要参考文献

一、著作

(一)中文著作

1. 陈苇主编:《当代中国内地与港、澳、台婚姻家庭法比较研究》,群众出版社 2012 年版。

2. 陈苇主编:《婚姻家庭继承法学(第 3 版)》,群众出版社 2017 年版。

3. 房绍坤、范李瑛、张洪波编著:《婚姻家庭继承法(第 6 版)》,中国人民大学出版社 2020 年版。

4. 蒋月编著:《中华人民共和国婚姻法评注:夫妻关系》,厦门大学出版社 2021 年版。

5. 李洪祥:《夫妻共同债务制度》,社会科学文献出版社 2021 年版。

6. 梁慧星编:《中国民法典草案建议稿附理由——总则编》,法律出版社 2013 年版。

7. 梁慧星:《民法总论(第 4 版)》,法律出版社 2011 年版。

8. 马忆南主编:《婚姻家庭法》,北京大学出版社 2012 年版。

9. 陶建国:《家事诉讼比较研究:以子女利益保护为主要视角》,法律出版社 2017 年版。

10. 吴晓芳主编:《婚姻家庭　继承案件裁判要点与观点》,法律出版社 2016 年版。

11. 王丽萍主编:《婚姻家庭继承法学(第 2 版)》,北京大学出版社 2010 年版。

12. 杜万华等主编、吴晓芳副主编:《中华人民共和国婚姻法案典》,人民法院出版社 2014 年版。

13. 萨宁兰主编:《中华人民共和国婚姻法评注:家庭关系》,厦门大学出版社 2018 年版。

14. 夏吟兰主编:《婚姻家庭继承法(第 3 版)》,中国政法大学出版社 2021 年版。

15. 夏吟兰:《美国现代婚姻家庭制度》,中国政法大学出版社 1999 年版。

16. 夏吟兰等主编:《婚姻家庭法前沿——聚焦司法解释》,社会科学文献出版社 2010 年版。

17. 杨大文、龙翼飞主编:《婚姻家庭法(第 8 版)》,中国人民大学出版社 2020 年版。

18. 最高人民法院民事审判第一庭编著:《最高人民法院婚姻法司法解释(三)理解与适用》,人民法院出版社 2011 年版。

19. 最高人民法院物权法研究小组编著:《〈中华人民共和国物权法〉条文理解与适用》,人民法院出版社 2007 年版。

20. 最高人民法院民法典贯彻实施工作领导小组主编:《中华人民共和国民法典婚姻家庭编继承编理解与适用》,人民法院出版社 2020 年版。

(二)中文译著

1. [美]理查德 · A. 波斯纳:《性与理性》,苏力译,中国政法大学出版社 2002 年版。

2. [澳]帕特里克 · 帕金森:《永远的父母:家庭法中亲子关系的持续性》,冉启玉主译,法律出版社 2015 年版。

3. [美]罗兰 · 米勒:《亲密关系(第 8 版)》,王伟平译、彭凯平审校,人民邮电出版社 2024 年版。

4. 台湾大学法律学院、台大法学基金会编译:《德国民法典》,北京大学出版社 2017 年版。

5. [日]松本博之:《日本人事诉讼法》,郭美松译,厦门大学出版社 2012 年版。

6. 王融擎编译:《日本民法:条文与判例》(上下),中国法制出版社 2018 年版。

二、论文

1. 陈苇、黎乃忠:《现代婚姻家庭法的立法价值取向——以〈婚姻法解释(三)〉有关夫妻财产关系的规定为对象》,载《吉林大学社会科学学报》2013 年第 1 期。

2. 陈苇、陈思琴:《澳大利亚夫妻离婚时养老金分割立法及其借鉴》,载《法商研究》2008 年第 6 期。

3. 程新文、吴晓芳:《当前婚姻家庭案件中的若干新情况新问题》,载《法律适用》2007 年第 8 期。

4. 范李瑛:《婚内损害赔偿与夫妻共同财产制的冲突和协调》,载《烟台大学学报(哲学社会科学版)》2006 年第 3 期。

5. 辜明安、蒋昇洋:《我国〈民法典〉设立居住权的必要性及其制度构造》,载《西南民族大学学报(人文社会科学版)》2020 年第 2 期。

6. 贺剑:《夫妻个人财产的婚后增值归属——兼论我国婚后所得共同制的精神》,载《法学家》2015 年第 4 期。

7. 蒋月:《论我国现行法定离婚理由立法主义》,载《东方法学》2009 年第 4 期。

8. 蒋月:《论婚内分割夫妻共同财产制及其完善》,载《云南师范大学学报(哲学社会科学版)》2021 年第 1 期。

9. 蒋月:《当代民法典中夫妻人身关系的立法选择》,载《法商研究》2019 年第 6 期。

10. 蒋月:《域外民法典中的夫妻债务制度比较研究——兼议对我国相关立法的启示》,载《现代法学》2017 年第 5 期。

11. 蒋月、陈璐:《民法典中的夫妻共同财产分割请求权研究》,载《厦门大学学报(哲社版)》2023 年第 4 期。

12. 江钦辉:《离婚案件未成年子女直接抚养人酌定之考量因素检视——以 H 州 S 市法院近 5 年(2015—2019 年)离婚纠纷判例为分析样本》,载《新疆社会科学》2020 年第 4 期。

13. 陆青:《离婚协议中的“赠与子女财产”条款研究》,载《法学研究》2018 年第 1 期。

14. 罗敏、苏敏:《论网络直播打赏的法律性质》,载《人民司法》2020 年第 19 期。

15. 龙翼飞:《编纂民法典婚姻家庭编的法理思考与立法建议》,载《法制与社会发展》2020 年第 2 期。

16. 刘敏:《二次离婚诉讼审判规则的实证研究》,载《法商研究》2012 年第 6 期。

17. 李洪祥:《论夫妻共同债务构成的依据》,载《求是学刊》2017 年第 3 期。

18. 李洪祥:《离婚财产分割协议的类型、性质及效力》,载《当代法学》2010 年第 4 期。

19. 马忆南、罗玲:《裁判离婚理由立法研究》,载《法学论坛》2014 年第 4 期。

20. 冉克平:《论夫妻之间的侵权损害赔偿》,载《华中科技大学学报(社会科学版)》2010 年第 2 期。

21. 冉克平:《论夫妻共同债务的类型与清偿——兼析法释〔2018〕2 号》,载《法学》2018 年第 6 期。

22. 任江、张小余:《子女姓名决定、变更权的实证分析与启示——实证主义路径下的我国首部民法立法解释评析》,载《河北法学》2015 年第 11 期。

23. 孙巍:《夫妻型公司的法人资格认定问题》,载《人民司法》2007 年第 21 期。

24. 孙茜:《〈民法典〉视野下居住权制度的理解与适用》,载《法律适用》2020 年第 21 期。

25. 汤莉婷:《关于离婚协议能否排除执行的案外人执行异议之诉审查标准解析》,载《法律适用》2019 年第 10 期。

26. 王歌雅:《子女姓名权:内涵检审与制度建构》,载《求是学刊》2016 年第 7 期。

27. 王丽:《婚后父母为子女出资购房的夫妻财产性质认定——兼评〈婚姻法司法解释二〉第二十二条与〈婚姻法司法解释三〉第七条之适用》,载《中国律师》2019 年第 3 期。

28. 王洪:《论子女最佳利益原则》,载《现代法学》2003 年第 6 期。

29. 王雷:《民事案件事实形成中的方法论命题》,载《中国法学》2023 年第 1 期。

30. 王歌雅:《中国婚姻家庭立法 70 年:制度创新与价值遵循》,载《东方法学》2023 年第 2 期。

31. 郗伟明:《论婚内一般侵权责任制度的建立——兼评离婚损害赔偿制度》,载《南京大学学报(哲学·人文科学·社会科学版)》2012 年第 3 期。

32. 薛宁兰、许莉:《我国夫妻财产制立法若干问题探讨》,载《法学论坛》2011 年第 2 期。

33. 薛宁兰:《与立法相伴前行:七十年来的婚姻家庭法学研究》,载《暨南学报(哲学社会科学版)》2019 年第 10 期。

34. 夏吟兰、罗满景:《夫妻之间婚内侵权行为的中美法比较》,载《比较法研究》2012 年第 3 期。

35. 夏吟兰:《在国际人权框架下审视中国离婚财产分割方法》,载《环球法律评论》2005 年第 1 期。

36. 夏昊晗:《父母以其未成年子女房产设定抵押行为的效力——最高人民法院相关判决评析》,载《法学评论》2018 年第 5 期。

37. 夏江皓:《家庭法介入家庭关系的界限及其对婚姻家庭编实施的启示》,载《中国法学》2022 年第 1 期。

38. 熊玉梅:《离婚财产分割协议效力探究——以不动产执行异议之诉为视角》,载《江西财经大学学报》2020 年第 2 期。

39. 姚邢、龙翼飞:《〈民法典〉关于夫妻间财产协议的法律适用》,载《法律适用》2021 年第 2 期。

40. 叶名怡:《离婚房产权属约定对强制执行的排除力》,载《法学》2020 年第 4 期。

41. 张燕玲:《亲子否认之诉的理念变迁》,载《南京大学学报(哲学·人文科学·社会科学版)》2019 年第 5 期。

42. 朱晓喆:《关于〈民法总则(草案)〉诉讼时效制度的批评意见》,载《交大法学》2016 年第 4 期。

43. 曾大鹏:《居住权的司法困境、功能嬗变与立法重构》,载《法学》2019 年第 12 期。

44. 张荣芳:《新型夫妻共同财产:婚姻期间的养老金权益》,载《法学评论》2018 年第 2 期。

45. 刘敏等:《〈关于适用民法典婚姻家庭编解释(一)〉若干重点问题的理解与适用》,载《人民司法》2021 年第 13 期。

46. 牛莲莲:《夫妻养老金权益分割的司法困境及出路》,苏州大学 2021 年硕士学位论文。

47. 刘金依:《论民法典中离婚经济补偿制度的构建》,山东大学 2021 年硕士学位论文。

48. 石宝琴:《离婚时一方恶意处分财产的法律问题研究》,沈阳师范大学 2018 年硕士学位论文。

49. 孙菁:《夫妻离婚财产分割中的人身保险权益处置问题》,厦门大学 2019 年硕士学位论文。